개화기·일제강점기(1876~1945)

재조일본인 정보사전

고려대학교 글로벌일본연구원 재조일본인 정보사전 편찬위원회

보고사
BOGOSA

간 행 사

이『개화기·일제강점기(1876-1945) 재조일본인 정보사전』은 1876년부터 1945년까지 약 70년간 한반도에 거주했거나 한반도와 관련하여 활동한 일본인 인물정보를 종합적으로 조사·발굴·수집하고, 이를 체계적으로 정리하여 국내외 78명의 전문 연구자들이 집필한 것이다. 이 정보사전은 2013년부터 2016년까지 한국학중앙연구원 한국학진흥사업단으로부터 한국학사전편찬 과제의 지원을 받아 수행한 연구 성과를 담은 결과물이기도 하다.

2000년대 이후『경성일보(京城日報)』,『경성신보(京城新報)』,『조선신보(朝鮮新報)』,『조선급만주(朝鮮及滿洲)』,『조선공론(朝鮮公論)』,『조선지실업(朝鮮之實業)』,『만한지실업(滿韓之實業)』과 같이 일제강점기 한반도에서 거주하였던 일본인들이 간행하였던 일본어 신문과 잡지들에 대한 영인본이 대거 쏟아지고,『한반도·만주(1868-1945) 일본어문헌 목록집·목차집』(전40권, 도서출판문, 2011) 등 당시 일본어 문헌 정보와 관련된 자료집이 다수 간행되었다.

19세기 후반부터 20세기 전반에 걸친 이 시기에 관해『한국일보』에서「일제강점기 在朝 일본인 연구 활발」(2010.10.19.)이라는 기사를 대서특필할 정도로 역사학, 문학, 문화예술, 교육, 정치행정 등 각 분야에서 '재조일본인'에 대한 연구가 활발하게 이루어졌으며 수많은 관련 연구 프로젝트가 수행되었다. 이러한 연구경향은 식민권력의 본질이나 식민지배의 다양하고 복합적인 동인(動因)을 밝히기 위해서 제국의 이동과 더불어 현지 일본인의 이동현상에 대한 연구를 통해 재조일본인의 다면적인 성격이 규명되어야 한다는 인식에서 비롯되었다.

이러한 결과 여러 학문 분야에 걸쳐『근대 재조선 일본인의 한국사 왜곡과 식민통치론』(최혜주, 경인문화사, 2010),『제국과 식민지의 주변인 : 재조일본인의 역사적 전개(이형식, 보고사, 2013),『재조일본인과 식민지 조선의 문화 1·2』(식민지일본어문학·문화연구회,

역략, 2014/2015), 『개항장 인천과 재조일본인』(이규수, 보고사, 2015), 『재조일본인 일본어 문학사 서설』(과경 일본어문학 문화 연구회, 역락, 2017), 『재조일본인 2세의 문학과 정체성』(신승모, 아연출판부, 2018), 『제국과 식민지 사이 : 경계인으로서의 재조일본인』(이규수, 어문학사, 2018) 등 '재조일본인'을 둘러싼 연구서도 다수 간행되기에 이르렀다.

이렇듯 최근 한국과 일본의 근대사 분야에서 일제강점기의 다양한 사회상에 관한 연구가 가장 활발하게 진척되었다고 할 수 있다. 그럼에도 불구하고 당시 한반도에서 직접적인 지배자나 지배자의 대리인, 아니면 단순한 경제적, 문화적 이유로 도한한 일본인, 일본 내에서 경제적 하위층으로서 생계수단을 찾아 도한한 일본인 등 다양한 층위를 이루고 있었던 재조일본인에 대한 인물정보를 총망라한 연구는 전무한 상태였다. 『재조일본인교사 : 반식민지교육운동의 기록(在朝日本人教師 : 反植民地教育運動の記録)』(新藤東洋男, 白石書店, 1981), 『재조일본인의 사회사(在朝日本人の社會史)』(木村健二, 未来社, 1989), 『식민지조선의 일본인(植民地朝鮮の日本人)』(高崎宗司, 岩波書店, 2002) 등 이 분야의 연구가 일찍이 시작되었던 일본의 경우도 마찬가지였다.

이러한 가운데 재조일본인과 관련된 인물정보 자료집은 일제강점기 당시 일본의 식민주의적 필요성과 제국주의적 시선으로 1945년 이전에 간행된 자료집만이 존재하였다. 예를 들어 재조일본인과 관련된 가장 대표적 자료로 일컬어지던 것은 『쇼와 인명사전(昭和人名辭典) 4 : 외지 · 만지 · 해외편(外地 · 滿支 · 海外篇)』(日本圖書センター, 1987)인데, 이것은 『제14판 대중인사록 외지 만· 지 해외편(第十四版 大衆人事錄 外地 滿 · 支 海外篇)』(帝國秘密探偵社, 1943년)을 저본(底本)으로 한 것이다. 또한 이 중 「조선편」만 발췌하여 『일본인물정보대계 조선편(日本人物情報大系 朝鮮編) 제71권-제80권』(皓星社, 2001)으로 다시 영인 출판되었다. 따라서 식민지 재조일본인에 관한 정보는 1945년 이전 제국일본의 시각에서 쓰인 자료만이 영인과 복각 형태로 반복 재생산되고 있었을 뿐이었다.

이 밖에 정치, 사회, 문화예술, 경제, 문학 등 분야별 특정인을 중심으로 한 개별 연구는 국내외에 어느 정도 축적되었지만, 한반도에 거류한 일본인들의 전모를 파악한 연구나 사전자료는 전무한 실정이었다. 따라서 19세기 말부터 1945년까지 한반도를 위시한 동아시아 전역에 널리 체재한 일본인들의 인명정보와 활동내역에 관한 평가는 당시 제국일본의 일방적인 관점에서 편찬된 개별적이고 산발적인 자료들만 존재하는 상황이라고 할 수 있다. 그렇기 때문에 본 연구팀은 한국적 시각에서 재조일본인의 종합적 인물

정보사전을 편찬하여 한국학 연구의 기반을 마련하고 그 정보를 국내외에 제공해야 할 필요성을 절감하고 이 사전 편찬 작업에 착수한 것이었다.

이『개화기·일제강점기(1876-1945) 재조일본인 정보사전』은 주로 1876년 개항 이후로부터 1945년까지 각 인물의 전기적 사실과 공적 활동을 조사하였으며, 자료가 확인 가능한 경우 재조일본인들의 귀국 후 행적을 기술하기 위해 1945년 이후의 자료도 조사에 포함하였다. 이처럼 연구 대상 시기를 일제강점기에 한정하지 않고 개항 시기 및 1945년 이후를 포함하여 설정한 것은, 재조일본인들은 개항 이후 식민지의 현지 대리인격으로 활동했으며 1945년 이후에도 유·무형으로 일본의 대 한반도 정책에 일정한 영향력을 행사했기 때문이다.

본 사전이 정의하는 재조일본인의 범위는, 위 시기에 일본의 식민지주의에 기반하여 정치적, 경제적, 교육적, 문화적인 이유 등으로 한반도에서 활동했거나 거주한 일본인, 또 비교적 짧은 시기 조선을 경험한 일본인이라고 하더라도 식민지 조선과 밀접한 활동을 했거나 저서를 남겨 상당한 영향력을 끼친 일본인까지를 포함한 것이다. 또한 일제강점기 식민지화 논리에 깊이 관여하였거나 당시 재조일본인 사회에 큰 영향을 끼친 일본인의 경우 조선에 거주하지는 않았더라도 재조일본인으로 규정하고 항목에 포함하였으나, 도항 기록을 찾을 수 없는 인물의 경우에는 제외하였음을 밝혀둔다.

이 정보사전과 같은 재조일본인에 관한 인물 정보의 종합적 조사 연구는 한국은 물론 일본에서도 시도된 적이 없으며, 아직도 각 학문분야에서 새롭게 규명되어야할 많은 인물들이 존재한다. 따라서 앞으로 보충되어야 하거나 발굴되어야 할 인물정보가 다수 있으리라 생각한다. 본 연구팀은 국내외에서 처음으로 재조일본인 인물정보의 전체상을 밝히고자 하는 연구들을 시도하여 국내외 이 분야 전문가들과 더불어 재조일본인 인물 정보를 어느 정도는 망라하였다고 감히 자부하는 바이다. 이와 같은 시도를 통해 본 연구팀은 재조일본인들이 패전 이후의 일본사회에서 어떠한 위치를 차지하고 있는지, 또 어떠한 네트워크를 형성해 왔는지를 종합적으로 파악해 근현대 한일관계와 한반도 식민지 사회의 특성과 전체상을 보다 분명히 하고, 일본에서 한반도로 그리고 다시 일본으로 귀환한 일본인들의 이동 속에 내포된 사회적 제(諸) 관계를 밝히는 토대가 되기를 기대하고 있다. 그리고 본 사전이 일본학은 물론 한국학의 정치, 경제, 역사, 법률, 교육, 문화, 문학·예술 분야의 기초자료로 활용되어 각 학문분야의 기반조성에 일익을 담당하

고, 나아가 일제강점기 당시 한반도의 실상 및 동아시아 지역학의 담론을 주도해가는
데에 활용되기를 희망하고 있다.

  이 『개화기 · 일제강점기(1876-1945) 재조일본인 정보사전』이 한국에서 처음으로 간행
될 수 있도록 지원해 준 한국학중앙연구원의 한국학진흥사업단에 감사의 뜻을 전한다.
그리고 사업선정 당시 약속하였던 글로벌일본연구원의 대응 연구비를 지원해 준 서승원
원장님과 본 연구팀의 공동연구원, 연구교수님들께도 감사의 뜻을 표하고 싶다. 또한
어려운 출판환경에도 불구하고 이 사전의 간행을 맡아 주신 보고사와 꼼꼼하게 편집해
주신 박현정 부장님께도 감사의 말씀을 전한다. 그리고 무엇보다도 이 사전 편찬 작업에
참여해 주신 국내외 78명의 연구자들께 이 지면을 빌려 마음으로부터 감사의 뜻을 전하
는 바이다.

2018년 8월

고려대학교 글로벌일본연구원

『개화기 · 일제강점기(1876-1945) 재조일본인 정보사전』 편찬위원회

정병호

일러두기

1. 표제어 관련

(1) 표제어(인명)는 가나다순으로 배열하였다. 일본식 독음을 한글로 표기하고 그 아래에 원어표기(한자 혹은 가나)를 첨부하였으며, 한국식 한자 독음을 병기하였다.

(2) 기본적으로는 본명을, 소수에 한하여 필명 등 일반적으로 인지도가 높은 호칭을 표제어로 채택하였으며, 기타 통용되던 호칭이 존재할 경우 본문 상단에 별도로 명기하였다.

(3) 호, 자, 필명, 이명, 결혼 전, 결혼 후 성명 등 표제어를 제외한 기타 호칭은 일본식 독음으로 표기하고 한자를 병기하였다.

(4) 생몰년월일의 경우 '생년. 월. 일~몰년. 월. 일'과 같이 표기하였다. 단, 정확한 일자가 불명인 경우 월일을 생략하였으며, 모두 불명인 경우 '생몰년도 미상'이라 표기하였다.

(5) 각 표제어(인명)마다 고유번호를 붙여, 다른 인물의 본문에 포함된 표제어 뒤에 찾아가기 표기(→고유번호)를 하였다.

2. 표기법 관련

(1) 일본어를 비롯한 외국어, 외래어의 한글 표기는 국립국어원의 외래어 표기법을 기준으로 삼았다.

(2) 본문 내 부호 및 기호의 표기 원칙은 다음과 같다.

　　① 논문, 기사명 등: 「 」

　　② 단행본, 전집, 신문명, 잡지명 등: 『 』

　　③ 영화, 노래, 음악, 연극, 그림 제목 등: 〈 〉

　　④ 본문에서 사건명이나 특수용어를 강조, 구별하여야 할 경우: ' '

　　⑤ 인용문의 경우: " "

(3) 일본의 고유명사는 기본적으로 일본식 독음으로 표기하고 원어 표기를 병기하였으나, 서명, 잡지명 등에서 한국식으로 읽어 의미가 통하는 경우 한국식 독음으로 표기하였다. 또한 통일된 역어가 존재하지 않는 외래 용어의 경우 초출에 한하여 한글표기에 원어를 부기하였다.

(4) 표제어 및 본문에 포함된 모든 한자는 정체자로 표기하였으며, 본문 내 동일 한자가 여러 차례 반복될 경우 초출에 한하여 명기하였다.

3. 참고문헌 관련

(1) 각 항목별로 참고문헌을 명기하였으며, 원자료명을 그대로 표기하였다.

(2) 복수의 참고문헌은 쉼표 및 띄어쓰기로 구분하여 나열하며, 문헌의 성격에 따라 다음과 같은 순으로 정렬하였다.

① 단행본의 경우: 저자, 편자/역자, 서명, 출판사, 출판년

② 논문 및 정기간행물에 수록된 게재물의 경우: 저자, 논문명, 저널명 및 권/호/책, 출판사, 출판년

③ 신문 자료의 경우: 기사명, 게재신문명, 게재년, 월, 일

4. 색인어 관련

(1) 표제어로 등장하는 인물에 한해서는 직업별 인명 찾기를 만들어 사전 이용의 편의성을 제고하고자 하였다.

(2) 사전에 등장하는 인물에 대해서는 전체 인명 찾기를 통해 해당 인물의 정보를 확인할 수 있도록 하였다.

차 례

개화기・일제강점기(1876~1945)

재조일본인 정보사전

1

가나야 한조
金谷範三(금곡범삼)　　　1873.4.24~1933.6.6

육군 군인

오이타현大分縣 출신. 의사인 가나야 류키金谷立基의
차남으로 태어났다. 간요학사涵養學舍, 세이조학교成
城學校를 거쳐 1894년 7월 육군사관학교를 졸업(5기)
하고, 같은 해 9월 보병 소위로 임관하였다. 청일전
쟁 당시에는 보병 제3연대 소속으로 전쟁에 나갔다.
1901년 11월 육군대학교를 우등으로 졸업(15기)하고
보병 제3연대 중대장, 참모본부 근무, 육군대학교 교
관을 역임하였다. 러일전쟁에는 제2군 참모로 출정
하였으며, 이어 독일대사관 무관 보좌관, 참모본부
요원, 오스트리아대사관 무관, 보병 제57연대장, 참
모본부 작전과장 등을 역임하였다. 1918년 6월 육군
소장으로 진급하고, 지나支那(중국) 주둔군 사령관, 참
모본부 제1부장 등을 거쳐 1922년 8월 육군중장으로
진급하였다. 동시에 제18사단장으로 취임하였으며
이어 참모본부 차장, 육군대학교장 등을 역임하였다.
　1927년 3월부터 1929년 8월까지 2년 반에 걸쳐 조
선군사령관으로 임명되어 도한하였으며, 1928년 8
월 대장으로 진급하였다.
　1929년 8월 군사참의관의 직위에 임명되었으며,
1930년 2월에는 참모총장에 취임하였다. 1931년 12월
다시 군사참의관이 되었으며 재임 중에 사망하였다.

　[참고문헌] 秦郁彦 編 『日本陸海軍總合事典』(東京大
　學出版會, 1991), 德野眞士 『随筆 京城生活』(京城雜
　筆社, 1941), 국사편찬위원회 한국사데이터베이스
　〈http://db.history.go.kr〉　　　　【이승희】

2

가나이 도시유키
金井俊行(금정준행)　　　1850.3.1~1897.8.27

세이코晴岡(호), 세이자쿠世迪(자),
가나이 기요노스케金井淸之助(이명)
관료

나가사키현長崎縣 나가사키시長崎市 니시야마초西山
町 출신. 집안 대대로 나가사키 다이칸 데다이長崎代
官手代라고 하는 나가사키 관리를 역임했고, 가나이
도 16세인 1865년부터 가업을 이었다. 1878년 나가
사키현 소서기관少書記官, 1883년 사가현佐賀縣 대서
기관大書記官을 거쳐 1886년 현재의 시장에 해당하는
제4대 나가사키현 구장區長(현재의 시장)이 되었다. 구
장 재임 시 취임 전년 대유행한 콜레라 경험을 기반
으로 위생 측면에서 나가사키시에 상수도 부설을 계
획, 추진하였다. 1889년 1월 상수도 부설이 결정되었
으나, 나가사키현에 그 부설을 위탁한 후 행정제도
개편에 따른 시제 시행으로 3월말 퇴임하였다. 퇴임
후에는 나가사키 시회 의장, 나가사키현 미나미타카
키군南高來郡 군장郡長을 역임하였다. 가나이가 주도
한 나가사키시 상수도 부설은 1891년 3월 완성되었는
데, 철관과 여과설비를 갖춘 근대적 수도시설이었다.
　1894년 미나미타카키군 군장을 그만두고 부산거
류민총대釜山居留民總代가 되어 부산에 들어왔다.
1896년 1월 그만둘 때까지 2년 남짓 부산의 일본인
거류민단을 이끌면서 청일전쟁에 참전한 일본군을
지원하고, 거류지 상하수도 건설 등을 추진했다. 부
임 직후 직면한 청일전쟁 참전 일본군 지원과 관련해
서는 부산 일본인 거류지의 가옥을 조사하여 부산항
에 들어온 병사들의 숙박이 원활하게 이루어지도록
하였다.
　부산 거류지의 상하수도시설 건설은 가나이가 나
가사키시 구장으로 수도건설사업을 추진했던 경험
을 바탕으로 이루어진 것이었다. 상하수도 건설은
보수천寶水川 상류의 원고견산遠高見山에 상수원 저
수지를 구축하고 물을 여과하여 복병산伏兵山 배수지
로 흘러들게 하고, 여기서 일본인 거류지로 급수하
였다. 관련 공사는 1894년 6월 시작되어 이듬해인
1895년 완성되었다. 아울러 거류지 인구증가로 오염
된 거류지내 사쿠라가와櫻川라는 이름의 개천을 복
개하여 하수도 시설로 삼았다. 이렇게 만들어진 부
산 광복동 일대 일본인 거류지의 상하수도시설은 한
국 근대수도시설의 효시를 이룬다.
　1896년 1월 신병으로 부선거류민총대를 그만두고

나가사키로 돌아가 치료와 요양을 병행했으나 이듬해 8월 사망하였다. 향년 47세였다.

[참고문헌] 長崎縣敎育會 『大禮記念長崎縣人物傳』(長崎縣敎育會, 1919), 長崎縣敎育會 『長崎縣人物傳』(臨川書店, 1973), 長崎文獻社 編 『長崎事典(歷史編)』(長崎文獻社, 1982), 長崎市役所 『長崎叢書3』(國立國會圖書館近代デジタルライブラリ)   【배석만】

3

가나자와 쇼자부로
金澤庄三郎(금택장삼랑)   1872.6.12~1967.6.2

언어학자, 대학교수

오사카부大阪府 출신. 1893년 도쿄제국대학東京帝國大學 박언학과博言學科에 입학했다. 언어학을 전공하고 대학원에 재학 중이던 1898년부터 문부성文部省 유학생으로 조선에 파견되어 조선어를 본격적으로 연구했다. 1902년 학위논문으로 일본어와 한국어의 동일한 계통을 주장한 『한일어비교론日韓語比較論』과 『한일어동사론日韓語動詞論』을 제출해 박사학위를 받았다. 1909년에는 『한일양국어동계론日韓兩國語同系論』(三省堂, 1910)과 『국어의 연구國語の研究』(同文館, 1910)를 집필하여 각각 1910년에 간행하였다. 아이누, 한국, 오키나와, 시베리아, 만주 등 지역을 필드워크하며 각 언어를 비교 연구하였다. 중국어와 인도어를 공부하고, 도쿄제국대학, 도쿄외국어학교, 고쿠가쿠인대학國學院大學 등에서 가르쳤다. 저서에는 『일본문법신론日本文法新論』(早稻田大學出版部, 1912), 『사림辭林』(三省堂, 1924), 『고지린廣辭林』(三省堂, 1925), 『언어의 연구와 고대 문화言語の研究と古代の文化』(弘道館, 1913), 『지명의 연구地名の研究』(創元社, 1949) 등이 있다.

가나자와는 1909년 도쿄제국대학에서 강의할 때 "일본어와 조선어가 적어도 형제자매 관계에 있으며 더 나아가 말하면 조선어 쪽이 부모로 일본이 자식에 해당하는 관계, 혹은 조선어가 본가, 일본어가 분가라고 볼 수 있다"는 의견을 제시하기도 하였다. 1917년에는 총독부 촉탁으로 활동하였으며, 1922년부터 1924년까지 조선총독부 교과서조사위원회 위원과 언문철자법위원회 위원으로 『보통학교조선어독본』을 편찬하였다. 당시 언문철자법을 조사한 조사원은 11명이었는데, 일본인은 가나자와와 함께 후지나미 요시사다藤波義貞, 다나카 도쿠타로田中德太郞였고, 한국인은 어윤적魚允迪, 현헌玄櫶, 신기덕申基德, 지석영池錫永, 현은玄檃, 유필근柳苾根, 최두선崔斗善, 권덕규權悳奎 등이었다.

가나자와의 저술 가운데 주목되는 것은 『일선동조론日鮮同祖論』(刀江書院, 1929)이다. 일본 고대의 성립을 지명과 민족을 고찰함으로써 일본어와 조선어가 동계통이라는 자신의 학문적 입장을 드러낸 책이다. 이 책은 일선동조론을 학문적으로 최초로 사용하여 확산시켰으며 1943년에 재판이 발간되었다.

1939년 이나바 이와키치稻葉岩吉(→823), 아키바 다카시秋葉隆(→635)와 함께 내선일체를 사실로 선전하는 국민정신작흥운동에 참여하고 전국순회 강연을 하였다. 고쿠가쿠인대학 교수로 있으면서 1944년에는 '내선일체론'을 강연하였다. 국민정신총동원 경성연맹, 경성교화단체연합회 활동을 하였다. 이밖에도 『일선고대지명의 연구日鮮古代地名の研究』(조선총독부, 1912), 『조선서적목록朝鮮書籍目錄』(1911), 『조선어발음편朝鮮語發音編』(1917~1918) 등의 저서가 있다.

1944년 도쿄에서 내선문화학회內鮮文化學會를 발족하고 회장에 취임하였다. 미나미 지로南次郞(→411) 총독과 고이소 구니아키小磯國昭(→95) 총독의 지원으로 '동조론'의 선구자가 되었다.

[참고문헌] 다테노 아키라館野哲 편저, 오정환·이정환 역 『그때 그 일본인들』(한길사, 2006), 齋藤助昇 외 공저 『新選正則 日鮮會話』(日韓書房, 1912), 金澤庄三郎 『日鮮古代地名の研究』(朝鮮總督府, 1912), 金澤庄三郎 『國語敎授上參考すべき事項』(朝鮮總督府內務部學務局, 1912), 金澤庄三郎 『朝鮮語講義錄』(朝鮮語講習會, 1917)   【최혜주】

4

가네모리 군이치
金森群一(금삼군일)   생몰년도 미상

화가

조선미술전람회 출품명부에 따르면 전북 군산에서 거주했다.

도한 시기는 알 수 없으나 1932년 제11회 조선미술전람회 동양화부에서 〈고등어鯖〉로 입선하였고 이 작품은 이왕가李王家에서 매입하였다. 이후 꾸준히 조선미전에 출품했다.

[참고문헌] 京城新聞社 編『朝鮮の人物と事業』(京城新聞社, 1930), 貴田忠衛『朝鮮人事興信錄』(朝鮮人事興信錄編纂部, 1935) 【최재혁】

5

가네쓰네 기요스케
兼常清佐(겸상청좌) 1885.11.22~1957.4.25

음악학자

야마구치현山口縣 출신. 1903년 하기중학교萩中學校를 졸업하고 야마구치고등학교山口高等學校 제2부에 입학하였다. 1905년에는 야마구치 고등상업학교 대학 예과 3학년으로 진급하여 다음해인 1906년에 졸업하였다. 1907년 교토제국대학京都帝國大學 문과대학 철학과에 입학하여 1910년에 졸업 후 같은 대학 대학원에 진학하였다. 1911년 12월부터 다음해 3월까지 조선에서 음악 조사를 위한 여행을 한 것으로 추정된다. 1913년부터는 신문, 음악잡지, 학회지 등에 논평과 논문 등 적극적인 집필활동을 시작하였다. 1914년에는 도쿄음악학교東京音樂學校 방악조사계邦樂調査掛 촉탁을 위탁받았다.

일본음악의 특성, 가치에 대해 다나베 히사오田邊尙雄(→246)와 논쟁을 하기도 하였다. 사업가인 오하라 마고사부로大原孫三朗와 계명회啓明會의 지원을 받아 1922년부터 2년간 독일유학을 하였다. 1925년 박사학위를 받은 후 1929년 난키南葵 음악사업부 평의원에 취임하였다.

음악학자, 음악평론가, 문예평론가로서 저서 50권, 논문 및 수필 수백 건을 저술하였다. 기발한 발상과 언동으로 인해 독자들에게 원성을 사기도 하였는데 음향학과 음악심리학분야 연구에 많은 성과를 내

었고, 음악지각인지연구의 선구적인 인물로 평가되고 있다. 가네쓰네의 저작집은 2008년부터 2010년까지 15권 및 별권으로 발간되었다.

한일음악학계에서는 식민지 조선을 방문하여 조선음악을 조사한 최초의 일본인으로 인식하고 있다. 도한 시기에 대해서는 정확하게 알려져 있지 않으나, 추정에 의하면 1911년 12월부터 1912년 3월경까지 약 2주 간 조선에 머문 것으로 파악된다. 그의 조선음악 조사에 있어서의 협력자, 조력자등에 대해서는 자세히 알려져 있지 않다. 그러나 그가 조선의 음악을 조사 한 후에 집필한『일본의 음악日本の音樂』(六合館, 1913)의 머리말에 나이토 고난內藤湖南(교토제국대학교수, 동양사학자) 교수에 대한 언급이 있다. 나이토는 1906년에 조선을 방문할 당시 친일정치결사인 일진회一進會 관계자와 함께 조선무용과 창극을 관람하였는데 이에 관해서「조선의 음악朝鮮の音樂」이라는 글을『중외일보中外日報』(1910.6.25~27)에 기고한 적이 있다. 이러한 정황으로 볼 때 가네쓰네가 조선음악을 조사할 즈음에 나이토 교수가 조선인 관계자를 소개하는 등의 협력이 있었을 것으로 보인다.

가네쓰네의 조선음악 조사에 있어서의 문제의식은 조선인이 어떻게 음音을 인식하고 음악을 구축하고 있는지, 그 음조직을 밝힘으로써 그것과 중국의 악론樂論과 어떠한 관계를 가지고 있는지를 해명하는 데 있다. 그는 조선음악의 개요를 파악하여 악기와 음악가 등 그 실태를 접하고, 음고 측정이라는 실험적인 방법을 도입하여 그것을 채보함으로써 밝히려 하였다. 그는 조선음악을 크게 두 종류로 분류하였는데, 그것은 중국의 음악(조선궁중음악, 정악)과 조선의 음악(=민간음악, 민속악)이다. 위에서 언급한 그의 저서『일본의 음악日本の音樂』에는 조선음악 조사 내용이 포함되었는데, 제3편「조선의 음악朝鮮の音樂」과 제4편「동양에서 발달한 악론東洋に於て發達したる樂論」중,「악률의 절대음고 및 여타에 관한 실험樂律の絕對の高さ及ひ其他に關する實驗」이란 항목에 들어 있는「조선에 현존하는 악기에 관하여朝鮮は現存する樂器に就て」와「조선의 중국음악가에 관하여朝鮮の支那樂家に就て」라는 소항목이 그것에 해당된다. 식민지

조선이라는 정치적 상황 속에서 조선음악에 대한 애석함과 동시에 보존의 책임이 있다고 그의 저서에 남겼는데 이는 그의 조선음악 조사의 가장 큰 동기였을 것으로 보인다.

음악학자로, 음악평론가로, 문예평론가로 수많은 저서와 글을 남겼는데, 1957년 1월 도쿄대학병원에 입원 후 타계 전까지도 집필 활동을 계속하였다. 그의 유품은 우에노가쿠엔上野學園에 기증되었다.

[참고문헌] 兼常淸佐『日本の音樂』(六合館, 1913), 蒲生美津子·土田英三朗·川上央 編『兼常淸佐著作集 別卷』(大空社, 2010), 植村幸生「兼常淸佐の朝鮮音樂調査について」『兼常淸佐著作集 別卷』(大空社, 2010)

【김지선】

6
가네코 후미코
金子文子(금자문자)　　　1903.1.25~1926.7.23

박문자朴文子(이명)

사상가

요코하마현橫濱縣 출신. 어머니의 고향인 야마나시현山梨縣에서 어려운 유년시절을 보냈다. 아버지 사에키 후미이치佐伯文一와 어머니 가네코 기쿠노金子きくの의 불화가 심한 가운데, 아버지와 이모의 불륜으로 6세 때 어머니와 함께 집을 나갔다. 방직공장에서 일하던 어머니가 다른 남자와 동거하게 되면서 딸에 대한 학대가 심해져, 그녀는 아버지의 호적에 오르지 못한 무적자無籍者로 소학교에도 입학할 수 없었다.

1912년 가을에 가네코의 어머니는 9살 딸을 충북 청주 부용면에 있는 숙모 집에 맡긴 후 재가했다. 그런데 고리대금업을 하던 고모부가 그녀를 학교에도 보내지 않고 밥도 제대로 주지 않는 등, 가네코는 이곳에서도 심한 학대를 받았다. 12월에 부강심상소학교芙江尋常小學校에 들어갔고 부강고등여학교도 다녔다.

1920년 4월에 일본 야마나시현으로 돌아간 뒤, 신문팔이, 식모, 인쇄소 여직공 등의 직업을 전전했다. 그러다 도쿄東京의 사회주의자가 경영하는 어묵집에서 일하면서 일본 지식인과 원종린元鐘麟, 김약수金若水, 정우영鄭又榮 등의 조선 유학생들을 만났다. 이를 계기로 잡지『청년조선靑年朝鮮』창간호 작업을 도왔는데, 이때 조선청년 박열朴烈이 쓴 시를 접하며 강한 감동을 느끼게 된다. 이후 가네코는 박열과의 운명적인 만남을 갖게 되고, 1922년 5월부터 세타가야世田谷에서 동거생활을 시작했다. 가네코는 박열과 함께 사회주의연구회의 기관지『흑도黑濤』의 발간에도 힘썼다. 이와 같이 사상단체를 통해 활동하던 중 1923년 9월 간토대지진關東大震災 당시에 조선인 아나키스트들이 폭동을 일으킬 것이라는 유언비어가 돌면서 일본인에 의한 조선인대학살이 자행되었고, 당시 박열과 함께 9월 3일에 세타가야 경찰서에 검거되었다. 검찰의 취조 도중 박열의 폭탄 구입사실이 알려지면서 일본 천황을 폭살하려는 혐의를 받고 사형이 선고되었다가 이후 무기징역이 선고되었다. 사형선고를 앞두고 1926년 3월에 두 사람은 결혼신고서를 제출했다. 박열은 1945년 10월에 석방될 때까지 아키타현秋田縣의 형무소에 투옥되었고, 가네코 후미코는 우쓰노미야宇都宮 형무소에서 4년의 옥중생활을 보냈다. 그리고 1926년 7월, 가네코는 23세의 나이에 스스로 목숨을 끊었다. 갑작스런 가네코의 자살은 타살 의문을 불러일으켰지만 교도소 측에 의해 서둘러 가매장되었고, 나중에 유골이 박열의 고향인 경북 문경으로 옮겨 묻혔다. 1926년 9월에 박열과 가네코가 다정하게 찍은 사진이 공개되면서 대역 죄인을 우대했다는 비난이 쏟아지고 정계에 큰 파장을 불러일으켰다.

약 3년간의 투옥생활 중에 가집『옥중에서 생각하다獄窓に想ふ』(自我人社, 1927)를 남겼고, 자서전으로『무엇이 나를 이렇게 만들었던가何が私をかうさせた』(春秋社, 1931)가 있다.

[참고문헌] 金明燮「朴烈·金子文子의 反天皇制 鬪爭과 아나키즘 認識」『韓日民族問題硏究』4(한일민족문제학회, 2003), 盧英姬「가네코 후미코의 朝鮮體驗과 思想形成에 관한 고찰-자서전『무엇이 나를 이렇게 만들었던가』를 중심으로-」『일어일문학연구』34(한국일어일문학회, 1999)

【김계자】

7

가노스에 아이코
彼末愛子(피말애자)　　　　　　?~2000.11.19

가와이 아이코川合愛子(결혼 후)

교사, 음악가

기후현岐阜縣 출신. 1925년에 도쿄음악학교東京音樂學校 갑종사범과甲種師範科에 입학, 1928년에 졸업하였다. 졸업 후, 바로 조선으로 건너 와 평양고등여학교에서 음악교원으로 활동하였다.

『조선총독부및소속관서 직원록朝鮮總督府及所屬官署職員錄』(1929~1938)에 교원 기록이 있는 것으로 보아 장기간 조선에서 생활하며 재조일본인 교육을 위해 노력한 것으로 보인다. 『근대일본음악연감近代日本音樂年鑑』(1937~1942)의 기록으로 보아 패전까지 조선에서 활동한 것으로 추정된다.

[참고문헌] 東京藝術大學音樂部 『同聲會會員名簿』(廣濟堂, 2013), 松下鈞 編 『近代日本音樂年鑑』(大空社, 1997)
【김지선】

8

가다 긴자부로
賀田金三郎(하전금삼랑)　　　　　1857~1922

실업가

야마구치현山口縣 하기萩 출신. 합자회사 가다구미賀田組의 대표로 타이완과 조선에서 여러 사업체를 운영했다.

24세인 1880년부터 가업인 상점을 이어받아 경영했으나 경영에 실패해 1885년 도쿄東京로 상경했다. 토목청부업체인 후지타구미藤田組 도쿄 지점에 입사해, 이후 내외용달회사內外用達會社 마쓰야마松山 출장소 주임으로 일했다. 내외용달회사가 오쿠라구미大倉組로 계승된 후에는 마쓰야마 지점장으로 일하며, 오쿠라구미 대표 오쿠라 기하치로大倉喜八郎에게 신임을 얻었다. 1894년 청일전쟁 발발 이후에는 오쿠라구미의 만주 책임자로 임명되어 만주에 지점을 설립했으나, 삼국간섭으로 지점이 폐쇄되어 일본으로 귀국했다. 이듬해에 오쿠라구미 타이완 총지배인으로 발령받아 이주했다. 타이완에서 육군 용달과 총독 관아의 어용상인으로 관계官界의 신임을 얻었고, 특히 고다마 겐타로兒玉源太郎, 고토 신페이後藤新平 등의 유력 정치인과 가까워졌다. 1897년 에키덴샤驛傳社를 설립해 타이완 내 국고금國庫金 운송 등을 시작해 큰 이득을 남겼다. 1899년 오쿠라구미를 퇴사해 가다구미를 세워 독립했다. 가다구미에서는 관용 용달과 건축, 물품 판매, 운송, 토목 청부 등을 했다. 또한 타이완의 중앙은행인 타이완은행 설립에도 가담해 민간주주 중 최대주주가 되었다. 이외에도 타이완제당회사 감사역, 타이완연초회사 설립, 염전 개발, 타이완비료주식회사 설립 등에 관여하며 타이완 재계의 중심인물로 부상했다.

1907년 투자처를 넓혀 조선으로 진출했다. 초기에는 광산 경영에 치중했다. 충청북도 영동永同의 금은동광, 함경남도 단천端川, 평안남도 평원平原, 함경북도 성진城津 등지의 운모광을 매입했다. 1911년부터는 군수 제조공업을 시작했다. 지인들과 함께 주식회사 조선피혁朝鮮皮革을 설립하고 영등포에 제화 공장을 설치했다. 생산 제품은 군수용품으로 조선과 만주의 육군과 총독부, 경무총감부 등에도 공급했다. 특히 1914년 제1차 세계대전의 발발로 러시아와 계약을 맺어 사업 규모를 확대했으나, 1917년 러시아혁명으로 인해 경영난을 겪었다. 1919년에는 주식회사 조선전기흥업朝鮮電氣興業을 설립해 평양에 전력회사를 세웠다. 이밖에도 주식회사 일한운모日韓雲母 대표, 주식회사 서선식산철도西鮮殖産鐵道 상무이사, 주식회사 조선인촌朝鮮燐寸 대주주, 주식회사 조선생사朝鮮生絲 이사, 주식회사 조선정미朝鮮精米 감사, 주식회사 조선권농朝鮮勸農 감사, 주식회사 조선제연朝鮮製莚 이사로 경영에 참여하기도 했다.

1906년 동향 출신이자 타이완총독부 식산국 임무과林務課에서 일하던 이치지마 나오지市島直治를 서양자壻養子로, 누이의 아들인 이부以武를 양자로 들였다. 1917년부터 서양자인 가다 나오지賀田直治(→9)에게 조선피혁 등의 일부 사업체의 경영을 물려주었고, 1922년 사망 후에는 양자인 가다 이부賀田以武가

가업을 이어 받아 가다구미를 이끌었다.

1923년 전기 『가다 긴자부로 옹 소전賀田金三郎翁小傳』이 편찬되었다.

[참고문헌] 芳誼會 編 『賀田金三郎翁小傳』(芳誼會, 1923), 김명수 「일제하 일본인의 기업 경영: 朝鮮勸農株式會社를 중심으로」 『역사문제연구』 16(역사문제연구소, 2006), 김명수 「한말 일제하 賀田家의 자본축적과 기업경영」 『지역과 역사』 25(부경역사연구소, 2009)

【양지혜】

9

가다 나오지
賀田直治(하전직치)   1877.5.1~1949.7.10

이치규一牛(필명)
실업가

야마구치현山口縣 하기萩 출신. 주식회사 조선피혁朝鮮皮革 대표로 조선상공회의소 회장을 역임했다.

1902년 도쿄제국대학東京帝國大學 농과대학을 졸업해, 졸업과 동시에 타이완총독부臺灣總督府의 사무촉탁으로 임명되었다. 이듬해 타이완총독부의 의뢰로 유럽과 미국에 유학해 조림사업에 대해 조사했다. 특히, 독일과 보스니아-헤르체고비나 지방의 척식拓植과 천연조림사업을 주요 조사 대상으로 했다. 1906년 3월 유학을 마치고 돌아와 타이완총독부 기사技師로 임명되어, 7월 식산국 임무과林務課 과장으로 발령받았다. 같은 해에 동향同鄕 출신으로 타이완 정재계의 리더였던 가다 긴자부로賀田金三郎(→8)의 서양자壻養子가 되어, 구성舊姓인 이치지마市島를 버리고 가다 가문에 입적했다. 결혼 후에도 타이완총독부에서 칙임기사로 근무하며 임야 관련 업무를 총괄했으며, 방대한 조사 자료를 모아 『타이완임업사臺灣林業史』(臺灣總督府, 1917)를 편찬하기도 했다. 1917년 4월 관직을 물러나 장인인 가다 긴자부로의 사업을 이어받기 위하여 조선으로 이주했다.

1917년 5월 주식회사 조선피혁 대표가 되었다. 조선피혁은 주요 수출지인 러시아의 정치적 불안정과 1925년 을축대홍수 등의 영향으로 큰 타격을 받았으나, 1928년부터 해군의 지정공장으로 인정받았고 1931년부터 육군병기본창의 지정 공장이 되었다. 이외에도 여러 사업에 투자했다. 1918년 주식회사 동양축산흥업東洋畜産興業 대표로 취임해, 공업 원료 대상의 축산 산업을 운영했다. 1919년 12월에는 자본금 1,000만 원의 주식회사 서선식산철도西鮮殖産鐵道를 설립해 상무이사로 취임했다. 1923년 사설철도 합병 절차에 따라 서선식산철도를 주식회사 조선철도朝鮮鐵道에 합병하고 이사가 되었다. 농업과 임업에도 참여해 1917년부터는 전라남도 부안 일대에 잠업蠶業 농장을, 1919년부터는 전라남도 영암과 강진, 함경북도 부령富寧 등지에서 조림 사업을 운영했다. 1928년부터는 주식회사 조선권농朝鮮勸農 대표로 취임해 농사신탁업무를 시작했으며, 1930년대부터는 영등포 일대의 공장부지 부동산 개발에 주력했다. 이외에도 주식회사 조선실업은행朝鮮實業銀行 이사, 주식회사 조선인촌朝鮮燐寸 대주주, 주식회사 조선요업朝鮮窯業 상담역, 주식회사 용산공작龍山工作 상담역, 합자회사 가다구미賀田組 사원, 주식회사 조철자동차朝鐵自動車 감사역, 주식회사 조선석유朝鮮石油 감사역, 주식회사 북선척식철도北鮮拓殖鐵道 감사역, 주식회사 조선교통흥업朝鮮交通興業 감사역, 주식회사 조선임업개발朝鮮林業開發 감사역, 주식회사 화신和信 감사역 등으로 각종 사업 운영에 참여했다. 경성상공회의소 회장, 조선상공회의소 회장을 역임했으며, 조선산림회 회장, 민유림갱생회民有林更生會 회장, 조선물산협회朝鮮物産協會 회장, 국제친화회國際親和會 부회장, 조선철도협회 상무이사, 조선무역협회 고문, 경성관광협회 부회장, 일만실업협회日滿實業協會 이사, 동아경제간담회 조선위원회 위원, 조선중요물자영단朝鮮重要物資營團 감사 등으로 활동했다. 사회적으로는 경기도 평의회 의원, 녹기연맹綠旗聯盟 평의원, 조선지원병제도 제정축하회 발기인, 국민정신총동원조선연맹 이사, 국민총력 조선연맹 이사, 조선방공협회朝鮮防共協會 평의원, 배영동지회排英同志會 상담역을 역임했다. 1935년 조선총독부로부터 시정 25주년 기념 표창을 받았으며, 그해에 일본산업협회日本産業協會로부터도 공로 표창을 받았다.

사업과 각종 공직 외에 저술 활동도 왕성하게 수행하여 1917년부터 패전 직전까지 총 300편 내외의 글을 남겼다. 서술 대상은 주로 일본 제국과 식민지 조선·타이완의 경제 전망, 식민지 조선의 산업·통치 정책, 일상 감상과 회고 등 다양한 방면에 걸친다. 주요 저술로는『조선 산업에 관한 연구朝鮮産業ニ關スル硏究』(出版者不明, 1925),『조선산업정책연구 요강朝鮮産業政策研究要綱』(出版者不明, 1927),『만주국대관滿洲國大觀』(民衆時論社出版部, 1933),『조선대관朝鮮大觀』(朝鮮公論社, 1934),『사변과 우리 경제계事變と我が經濟界』(出版社不明, 1937) 등이 있다.

일본 귀환 시기는 불명확하나, 패전 이후에는 전쟁 전 가족 소개지疏開地 가나가와神奈川의 자택에서 생활했다. 일본산림회日本山林會 등에 관여한 것으로 보이며, 1948년『산지를 살리자: 일본 재건山地を活かそう: 日本再建』(江戸書院)이라는 책을 발간하기도 했다. 1949년 7월 심장판막증으로 사망했다.

[참고문헌] 친일인명사전편찬위원회『일제 협력단체사전: 국내 중앙편』(민족문제연구소, 2004), 김동명『지배와 저항, 그리고 협력』(경인문화사, 2006), 김명수「일제하 일본인의 기업 경영: 朝鮮勸農株式會社를 중심으로」『역사문제연구』16(역사문제연구소, 2006), 中村資良『朝鮮銀行會社要錄』(東亞經濟時報社, 각년판), 김명수「한말 일제하 賀田家의 자본축적과 기업경영」『지역과 역사』25(부경역사연구소, 2009) 【양지혜】

10

가도와키 기소지
門脇喜惣治(문협희총치)　　1892.6~1989

하쿠후白風(필명)
관료, 문학가

미야기현宮城縣 출신. 소년 시절 조선에 건너와서 22살 때부터 독학으로 하이쿠俳句를 시작하였다. 1917년『경성일보京城日報』하이단俳壇의 선자選者였던 구스메 도코시楠目橙黄子에게 수학했으며, 구스메 도코시가 주재하는『소나무 열매松の實』와『풀열매草の實』에 관여하였다. 1923년부터 1940년까지 조선총독부

의 직속기관이었던 체신관서遞信官署에서 서기로 근무하였다. 연간물『조선체신朝鮮遞信』(朝鮮遞信協會)에 하이쿠와 관련된 글을 다수 실었으며, 체신 하이쿠회遞信俳句會에서도 앞장서 활동하였다.

1943년에 조선문인보국회朝鮮文人報國會 하이쿠부회俳句部會 간사장이 되었다. 조선 거류시절의 하이쿠는『설몽의 시說夢の詩』(みちのく, 1980)의「까치 새かち鳥」에 수록되어 있다.

귀국 후에도 1950년 센다이 호토토기스회仙臺ホトトギス會에 참가하고, 하이쿠 잡지『미치노쿠みちのく』창간에 참여하는 등 하이쿠 창작 활동을 이어갔다.

[참고문헌] 阿部誠文『朝鮮俳壇－人と作品〈下卷〉』(花書院, 2003),『在朝鮮內地人紳士名鑑』(朝鮮公論社, 1917), 朝鮮遞信協會 編『朝鮮遞信』(朝鮮遞信協會, 1935) 【김보현】

11

가라시마 다케시
辛島驍(신도효)　　1903~1967.4.27

대학교수

후쿠오카현福岡縣 호쿠오카시福岡市 하카타博多 출신. 슈유칸중학교修猷館中學校와 야마구치고등학교山口高等學校를 거쳐 1928년에 도쿄제국대학 지나문학과支那文學科를 졸업하고 경성제국대학에 강사로 부임했다.

경성제국대학 법문학부에서 지나어학지나문학支那語學支那文學 강좌를 담당하며 1939년에는 교수로 승진하였다. 그는 1926년, 1929년, 1933년 세 번에 걸쳐 중국의 루쉰魯迅을 방문하여 교류를 하였으며, 루쉰으로부터 받은 영향을 중시하면서「중국의 새로운 문예에 대하여支那の新しい文藝に就て」(『朝鮮及滿洲』, 1930년 1~3월) 등과 같은 글을 통해 조선에 당대 중국 문학을 소개하였다. 나아가「현대중국의 제사상」(『綠人』, 1935.6)이라는 글을 통해 국민당에 대항하는 중국의 프롤레타리아 사상을 적극적으로 소개하기도 하였다.

그렇지만 가라시마 다케시는 1939년에 만들어진 '조선문인협회'의 간사로 활동하면서 국민총동원체

제 하에서 국책문학을 적극적으로 고양하기 위한 활동을 전개하였다. 한편 '조선문인협회'는 1943년 4월에 '조선문인보국회朝鮮文人保國會'로 재편되면서 더욱 노골적으로 내선일체화 황국신민화 사상을 적극적으로 유포하는데 가라시마 다케시는 이 단체의 이사장을 맡으면서 당시 국책문학의 중심적 역할을 수행했다.

1939년에 박사논문『지나현대문학의 연구支那現代文學の研究』를 도쿄제국대학에 제출하였지만 전쟁의 혼란으로 정식 박사학위 수여는 1946년에 이루어졌다. 일본 패전 이후에는 평소 가마쿠라鎌倉의 문사들과 교우관계가 깊었던 관계로 가마쿠라시鎌倉市도서관 관장, 도요대학東洋大學, 사가미여자대학相模女子大學 교수를 역임하였다. 전후에도『중국의 신극中國の新劇』(昌平堂, 1948),『중국현대문학의 연구中國現代文學の研究』(汲古書院, 1983) 등 중국문학 연구활동을 활발하게 전개하면서 중국문학도 다수 번역하였다.

[참고문헌] 今關天彭, 辛島驍『宋詩選』(集英社, 1966), 천진「식민지 조선의 支那文學科의 운명―경성제국대학의 支那文學科를 중심으로」(한국중국현대문학학회『중국현대문학』54, 2010.9), 홍석표「루쉰(魯迅)과 신언준(申彦俊) 그리고 카라시마 타케시(辛島驍)」(한국중국어문학회『중국문학』69, 2011.11)【정병호】

12

가루베 히사키
輕部久喜(경부구희)　　　　　1891.3.7~1963.9.20

우토시烏頭子(필명)
의사, 문학가

이바라키현茨城縣 출신. 돗쿄중학교獨協中學校와 구제舊制 고등학교를 거쳐 도쿄제국대학東京帝國大學 의학부를 졸업했다.

한반도로 건너온 시기는 정확하지 않으나, 1923년부터 1931년까지 경상북도의 도립 김천의원金泉醫院에서 원장과 의사로 재직하였다. 대학 동기였던 미즈하라 슈오시水原秋櫻子의 하이쿠 활동을 따라『호토토기스ホトトギス』를 강독하고 1927년부터 투고하기 시작했다. 1931년 미즈하라를 따라『호토토기스』를 이탈하여『아시비馬醉木』로 옮겨갔다. 조선 거주 시절의 하이쿠는 1928년부터 1935년까지의 작품을 모은 구집『야칠수의 꽃柙の花』(龍星閣, 1935)에 수록되어 있다.

1931년 경 조선을 떠나 도쿄전염병연구소를 거쳐, 1934년 벳부別府, 1936년 이바라키현의 쓰치우라시土浦市에 병원을 개업하였다. 1963년 사망하였다. 구집으로는『불나방: 제2구집燈蟲:第二句集』(竹頭社, 1953) 등이 있다.

[참고문헌] 阿部誠文『朝鮮俳壇―人と作品〈下卷〉』(花書院, 2003), 安住敦 外『現代俳句大辭典』(明治書房, 1980), 朝鮮總督府 編『朝鮮總督府及所屬官署職員錄』(朝鮮總督府, 1910)【김보현】

13

가메야마 리헤이타
龜山理平太(구산리평태)　　　　1872.1.26~1915.3.4

관료, 정치인

오카야마현岡山縣 출신. 가메야마 기치로龜山吉郎의 3남으로 태어났다. 야마구치고등학교山口高等學校를 거쳐 1898년 7월 도쿄제국대학東京帝國大學 법과대학을 졸업했다. 동년 12월 고등문관시험에 합격, 내무성內務省에 입성하여 토목국土木局에서 근무하였다. 야마가타현山形縣 경부장警部長을 거쳐 1903년 6월 나가사키현長崎縣 경부장에 취임했다. 자녀로 중의원衆議院 의원을 지낸 장남 가메야마 고이치龜山孝一가 있다.

1905년 2월 통감부統監府 경시警視로 부임하여 서기관, 내무부 내사과장, 법제과장, 지방과장 등을 역임하였다. 1907년 9월 이사관理事官으로 진급하여 부산 이사청理事廳에 재직하는 동안 부산 일본인 거류지의 다양한 현안을 해결하며 식민 도시로서의 초석을 마련했다.

1910년 9월 타이완총독부臺灣總督府로 전임하면서 부산을 떠나 민정부民政部 내무국장內務局長에 취임했다. 1911년 10월 경시총장警視總長에 부임하여 민정부 지방부장地方部長을 겸직했다.

일본 귀국 후 1915년 1월 도쿠시마현德島縣 지사로 취임했으나, 지방관 회의에 출석하고 돌아오는 도중 발병하여 동년 3월 5일 급성 위장염으로 사망했다.

[참고문헌] 歷代知事編纂會 編『新編日本の歷代知事』(歷代知事編纂會, 1991), 稻村徹元·井門寬·丸山信 共編『大正過去帳 物故人名辭典』(東京美術, 1973), 「龜山德島知事 逝去」(『釜山日報』, 1915.3.7), 「釜山港と故龜山知事」(『釜山日報』, 1915.3.9)　　　【이윤지】

14

가메야 아이스케
龜谷愛介(구곡애개)　　　1865.1.12~1943

실업가

원산을 거점으로 활동한 무역상.

쓰시마번對馬藩 이즈하라嚴原 출신. 쓰시마 번사藩士이자 소규모의 장사를 겸하였던 우에마쓰 규에몬植松久右衛門의 3남으로 이즈하라嚴原에서 태어났다. 부친 쪽 백모의 친정인 가메야 가龜谷家는 일본의 재래식 목조선인 화선和船을 6, 7척 소유하고 있었고, 오사카大阪와 하카타博多 등에 지점을 두고 옷감, 잡화의 도매업 및 관청과의 거래를 담당하는 유복한 상업 집안이었다. 아이스케는 후계자가 없는 이 집안의 양자가 되었다.

구마모토현熊本縣으로 유학한 1875년경부터 가세가 기울자, 가메야는 조선의 운문韻文을 익힌 후 1877년 부산으로 건너왔다. 외숙부인 사쿠라이 가쿠베에櫻井覺兵衛도 구 막부 시대부터 부산에서 상업에 종사했고, 형 우에마쓰 마사지로植松正次郎도 그 1년 전 조선에 건너와 있었다. 처음에는 사쿠라이 가의 대두 중매업을 돕다가, 이듬해 가고시마현鹿兒島縣 가와우치川內에서 온 야마니구미屋滿仁組(게이다 나오지慶田直治·니하라 기헤에新原喜兵衛의 공동 경영)에 들어가 수출입 무역에 종사했다. 1880년 점포가 분열되자 게이다 나오지의 제1차 게이다구미慶田組에 들어갔고, 1982년 재차 분열되자 게이다 리키치慶田利吉(→66)의 제2차 게이다구미가 있는 부산으로 옮기게

되었다. 그리고 경성에서 갑신정변甲申政變이 발생하였을 때 토단釷丹과 상등 홍삼紅蔘 교역에 성공하여 높은 평가를 받았다.

이후 인천을 거점으로 홍삼 밀수 등에 종사했고, 게이다구미를 그만두고 이와사 게이스케岩佐敬輔와 공동 경영을 하였다. 1887년, 오사카大阪의 요시하라 젠에몬吉原善右衛門의 후원을 받아 부산에 점포를 차려 무역상으로 독립하였다. 거래하던 상품 중 수출 품목은 대두, 소가죽, 해산물 등이고 수입 품목은 서양 면직물, 모직물, 구리, 납 등이었으며, 특히 말린 정어리와 쌀 수출로 이익을 창출했다. 그러나 1894년 겨울의 따뜻한 기온으로 해삼이 부패하고 청각채 건조에 곤란을 겪게 되자 큰 손실을 입어 오사카의 오구라 사치小倉幸 본점으로 돌아가게 되었다.

1895년 8월 오구라 사치 원산 지점에 임명되어, 일본과 서양의 목면을 수입하고 대두, 소가죽, 금괴, 말린 정어리 등을 수출하였으며 북한 항로의 설립에도 참여하였다. 그러나 1899년 본점의 하와이 이민 송출 사업이 부진해지자 조선 각 지점을 차차 포기하게 되었고, 가메야는 원산 지점을 3천 엔으로 인수하여 다시 독립하게 된다.

이후 나가사키주하치은행長崎十八銀行에서 받은 융자와 일본우선日本郵船으로부터 창고 및 선편의 편의를 얻어 조선 쌀 매입과 오사카 판매, 나가사키長崎를 경유한 만주 조의 매입으로 1902년에는 전대미문의 사업적 성공을 거두었다.

러일전쟁 때 부산에서 일본 고베神戶로 피난하여 전후 미쓰이물산三井物産이 취급하는 면포의 함경도·강원도 방면의 특약 판매권을 손에 넣었고, 그 과정에서 청진淸津 지점을 개설하는 한편 1909년 원산상업회의소의 회장으로 선출되었다. 이 시기 경원철도의 급설을 호소하고, 수력발전사업에 착수하는 등 공적 사업에 매진하였는데, 당시의 공적으로 1913년 데라우치 마사타케寺內正毅(→321) 조선 총독의 초대를 받고(1913년), 교토京都의 다이쇼 천황大正天皇 즉위식에도 함경남도 전체 대표로 참석하는 등, 이를 '공전절후의 대광영'이었다고 기술하고 있다.

제1차 세계대전 때도 사업은 한층 성업을 이루어

미쓰이물산으로부터 칭다오靑島 소금과 만주 조를 수입하고, 함경북도의 광산을 매입하거나 정미소를 매수하고 경성에 택지를 구입하여 출장점을 두고 장녀의 사위 우에마쓰 세이植松淸를 주재시키는 등 사업을 확대해 갔다.

그러나 1920년 공황으로 경영이 파탄에 이르렀다. 판매 계약되었던 조 20수레, 피 5수레가 판매되지 못하고 계약이 불이행된 사건을 발단으로 손실이 46,057엔에 이르렀고, 그에 동반한 어음 부도가 속출하여 타격을 입게 되었다. 이로 인해 회장직을 사퇴하고 은거 생활을 하다가 1943년 연말에 원산에서 사망하였다.

이처럼 가메야는 개항 직후 부산, 인천, 그리고 원산으로 진출하여 초기에는 쓰시마의 친족이나 가고시마 출신자들과의 네트워크, 이후에는 나가사키주하치은행과 오사카의 상인, 그리고 일본우선주식회사와 미쓰이물산 등 대기업과의 인맥을 바탕으로 사업을 확장시켜 갔다. 취급한 무역품도 동전 관련, 모직물, 해산물, 조선 쌀, 만주 조, 피, 소금, 일본 면포뿐만 아니라 광산이나 택지, 유력 기업의 주식을 소유하는 등 당시의 재조일본인 상인과 공통 사업을 전개하며 거류민회의장이나 상업회의소 회장 등을 역임한 유력한 무역상이었다.

[참고문헌] 芳賀登 外 共編·木村健二 解說 『日本人物情報大系』(朝鮮編)第71卷~80卷(皓星社, 2001), 龜谷愛助 『遺誌』 1979년(1935년 무렵 본인이 남긴 노트 필기를 친족 일동이 활자화하여 제본), 木村健二 「朝鮮進出日本人の營業ネットワーク-龜谷愛介商店を事例として-」 杉山伸也·リンダグローブ 編 『近代アジアの流通ネットワーク』(創文社, 1999), 木村健二 「在朝日本人史研究の現狀と課題-在朝日本人實業家の傳記から讀み取り得るもの-」 『日本學』 35(東國大學校日本學研究所, 2012) 【기무라 겐지木村健二】

15

가모이 요시카즈

鴨井吉壹/鴨井吉一(압정길일)   생몰년도 미상

영화인

조선내외배급업조합 조합원 출신으로, 1942년 5월 1일 조선 유일의 영화 배급 부문 통제회사로 설립된 사단법인 조선영화배급사의 배급부 내 배급과장이 되었다.

아울러 1944년 4월 7일 사단법인 조선영화배급사가 사단법인 조선영화제작주식회사를 흡수하여 사단법인 조선영화사로 체제 개편을 이룬 후에도 계속해서 동직을 유지하였다.

[참고문헌] 高島金次 『朝鮮映畫統制史』(朝鮮映畫文化研究所, 1943), 谷サカヨ 『第14版 大衆人事錄』(帝國秘密探偵社, 1943) 【함충범】

16

가미야 쇼이치

神谷小一(신곡소일)   1894.1~?

관료

아이치현愛知縣 지타군知多郡 고스가야초小鈴谷町 출신. 가미야 한노조神谷半之丞의 장남으로 태어났다. 1921년 도쿄제국대학東京帝國大學 법학과를 졸업하고 곧바로 한반도로 이주하였다.

1921년 6월 조선총독부 소속으로 도한하였다. 1922년 고등시험 행정과에 합격하였고 1923년에 전라북도 학무과장으로 부임하였다. 총독부 경찰관 강습소 교수도 겸임하였다. 1925년에 경상북도 재무부장, 1931년에 인천 세관장으로 있다가 1932년 12월에 함경남도 내무부장으로 자리를 옮겼다. 그리고 1935년에는 강원도 내무부장으로 근무했다. 당시 강원도는 중앙선의 신설 등으로 교통기관이 구비되고 확장되는 시기였는데, 가미야 쇼이치의 재임으로 시설운용의 편의를 얻을 수 있었고 금융조합의 활동 및 조합운동의 움직임도 강화될 수 있었다.

[참고문헌] 有馬純吉 『昭和六年版 朝鮮紳士錄』(朝鮮紳士錄發行會, 1931), 貴田忠衛 『朝鮮人事興信錄』(朝鮮人事興信錄編纂部, 1935), 藤澤淸次郎 編 『朝鮮金屬組合と人物』(大陸民友社, 1937) 【이현진】

17

가미우치 히코사쿠

上內彦策(상내언책)　　　　　　　　1890.3.15~?

보쿠타쿠안木鐸庵(호)

관료, 실업가

오이타현大分縣 우사군宇佐郡 출신. 1916년 5월 도쿄제국대학東京帝國大學 법학대학 졸업. 재학 중 1915년 10월 고등문관시험에 합격하였다. 대학 졸업 후, 1916년 6월 구하라광업주식회사久原鑛業株式會社에 입사하여 히다치광산日立鑛山 서무과庶務課에서 근무하였다.

3·1운동 직후인 1919년 8월 조선총독부 시보試補가 되어 조선총독부 관료로 주로 경찰·내무행정에 종사하였다. 1920년 6월 총독부 도리사관道理事官이 된 이후, 전매국에서 경력을 쌓아 1922년 총독부 전매국 부사무관, 1923년 평양 전매지국장이 되었다. 이어서 대구부윤大邱府尹(1926~28)을 지낸 후, 충청북도 경찰부장(1928), 전라남도 경찰부장(1929)을 지냈다. 이후에는 총독부 본부와 지방 근무를 반복하여 경무국 도서과장(1929), 내무국 사회과장(1929), 경기도 경찰부장(1931), 전라북도 내무부장(1932), 경찰국 경무과장(1933), 경무국 보안과장(1935)을 역임하였다. 최종 관직으로 1936년 5월부터 1938년 8월 의원면관이 될 때까지 3년간 근무하였다.

독실한 일련종日蓮宗 신자로 천황 신앙·국가 신도神道 보급에 힘썼다. 경무과장 시절 국경 경비 시찰 시 목탁을 손에 들고 총독부 경찰에 '일본 정신' 확립을 설파하였다. '일본국체학日本國體學'을 부르짖었던 국가주의자 사토미 기시오里見岸雄와 친분이 있어 그에게 총독부 청탁을 의뢰하였을 뿐 아니라 조선 경찰관을 독자로 하였던 『경무휘보警務彙報』에 헌법학 강의 연재(1935)를 의뢰하였다. 경무국 보안 과장 시절에는 마을 단위로 조선 민중에게 신도 신앙을 전도하기 위한 기초작업으로 마을을 지켜주는 신에게 드리는 제사인 '동제洞祭'를 이용하고자 하였다. 평안남도 지사 시절에는 사토미의 저서 『중등일본국체독본中等日本國體讀本』(里見日本文化學研究所, 1937)을 평안남도 공립중등학교의 부독본副讀本으로 채택하였다. 한편 일연종 신도이며 만주사변을 기획한 육군군인 이시와라 간지石原莞爾가 중일전쟁 중에 주창한 동아연맹운동에도 공명하였다.

1938년 8월 관직에서 물러나고 동시에 동양척식주식회사의 이사가 되어 계속 조선에 주재하였다. 한편 중일전쟁기간 동안 아래와 같이 국책회사의 임원을 지냈다.

조선미곡창고주식회사 감사역(1938), 부령수력전지주식회사 감사역, 강계수력주식회사 이사, 조선무연탄주식회사 감사역, 조선석유주식회사 감사역, 조선송전주식회사 감사역, 동척광업주식회사 감사역, 조선석유주식회사 이사, 동척광업주식회사 감사역, 조선전력주식회사 감사역, 조선유연탄주식회사 감사역(이상 1939), 조선압록강수력주식회사 감사역, 만주압록강수력주식회사 감사역(이상 1940), 조선제철주식회사 감사역, 부사장(1941) 등 관계한 회사가 다수 있다.

[참고문헌] 阿部薫 『朝鮮人物選集』(民衆時論出版部, 1934), 松田利彦 『東亞聯盟運動と朝鮮·朝鮮人』(有志舍, 2015), 靑野正明 『帝國神道の形成－植民地朝鮮と國家神道の論理』(岩波書店, 2015), 上內彦策の履歴書(外務省外交史料館 『外務省茗荷谷研修所舊藏記錄』 アジア歴史資料センター, レファレンスナンバーB06050416400)　　　　　【마쓰다 도시히코松田利彦】

18

가시무라 이치로

樫村一郎(견촌일랑)　　　　　　　　1903~?

가시무라 이치樫村イチ(이명)

교사

1923년에 히로시마고등사범학교廣島高等師範學校에 입학하여 동교를 졸업하였다. 조선에 건너온 정확한 시기는 알 수 없으나 1932년부터 촉탁교원囑託敎員, 교사, 교수 등을 지냈고, 일본으로 귀국한 후 히타치중학교日立中學校에서 강사로 근무하였다. 일본 귀국 시기와 사망 연대는 현재까지 파악하기 어렵다.

조선에서는 1930년부터 1932년까지 충청북도 부강심상고등소학교 촉탁교원, 1933년부터 1937년까지 충청남도 공주고등보통학교 교사, 1938년부터 1941년 6월까지 공주중학교 교사 등을 지냈다. 1941년 6월 17일 황해도 해주 욱정고등여학교 교사로 임명되고, 1943년 10월 6일 사범학교 교수로 임명되어 경성사범학교에서 근무하였다.

일본 귀국 후 1946년 2월 1일 현립縣立 히타치중학교日立中學校 강사로 임명되었으며, 1982년 저술한『들 넘어 산 넘어－자연을 지키는 마음野越え山越え－自然を護る心』(私家版)이 있다. 일본으로 귀국한 시기와 사망 연대는 불명이다.

[참고문헌] 하라 토모히로「재조일본인 교원의 조선체험－어느 사범학교 교원의 사례」『한국사연구』153(韓國史研究會, 2011), 국사편찬위원회 한국사데이터베이스 〈http://db.history.go.kr〉   【조미은】

19

가시와기 고지

柏木宏二(백목굉이)   생몰년도 미상

관료

경성제국대학京城帝國大學 문과를 졸업했다. 1936년부터 강원도 내무부 지방과속地方課屬으로 관료생활을 시작했다.

1937년에는 전매국으로 옮겨 사업과속事業課屬, 서무과속庶務課屬으로 근무했다. 1938년 전라북도 내무부 학무과學務課 이사관理事官을 역임했다. 1939년부터 조선총독부 학무과로 옮겨 1941년까지 학무국學務局 사무관을 역임했다. 1942년부터 경무국警務局 사무관을 겸임했다. 1943년에는 조선총독부 직속기관인 보물고적명승천연기념물보존회寶物古績名勝天然記念物保存會 간사를 역임했다.

[참고문헌] 谷サカヨ 『第14版 大衆人事錄』(帝國秘密探偵社, 1943), 국사편찬위원회 한국사데이터베이스 〈http://db.history.go.kr〉   【박우현】

20

가시이 겐타로

香椎源太郎(향추원태랑)   1867.6～1946.3.23

실업가

후쿠오카현福岡縣 지쿠시군筑紫郡 미카사무라御笠村 출신. 후쿠오카의 명문가로 메이지기明治期 이후에는 군인가문으로도 알려진 가시이 가香椎家에 양자로 입적되었다. 막부 말기부터 메이지 정부에 걸쳐 요직을 지낸 거물 정치가 가쓰 가이슈勝海舟의 문하에 들어가 7년간 공부했고, 주자학의 대가라 불렸던 스기야마 간엔杉山觀園으로부터 한학을 배웠다. 겐요샤玄洋社의 일원으로도 활동했는데, 겐요샤는 1881년 서양 열강의 동양에 대한 식민지화에 대항하는 대아시아주의와 그 속에서의 일본의 적극적 역할을 표면에 내걸고 설립된 정치결사단체로 일본 정계에 막강한 영향력을 갖고 있었다. 이후 오사카大阪로 나와 사업을 시작하여 한때 성공을 거두었으나, 결국 실패하고 1905년 조선으로 건너와 부산을 거점으로 사업을 재개하였다.

가시이가 조선에 들어와 처음 손을 댄 사업은 거제도에서 군용 통조림을 제조하는 것이었으나 큰 재미를 본 것 같지는 않다. 그가 자본가로 성장하는 결정적 계기는 당시 조선통감부 통감 이토 히로부미伊藤博文(→900)로부터 조선왕실 의친왕義親王 이강李堈 소유의 거제도 어장을 임대받아 경영하면서부터였다. 이토와의 연결은 대한제국 재정고문으로 조선에 들어와 화폐정리사업을 단행했던 메가타 다네타로目賀田種太郎의 소개에 의한 것이었다. 메가타는 가시이가 7년간 가르침을 받았던 가쓰의 사위이다. 겐요샤 활동시절 구축한 인맥인 우치다 료헤이內田良平(→806)와 도야마 미쓰루頭山滿(→335)의 도움도 있었다. 우치다는 통감부촉탁으로 이토를 수행하여 조선에 건너온 인물이고, 도야마는 겐요샤 설립의 중심인물이자 일본 중앙정계에 막강한 영향력을 갖고 있었다. 조선 왕가의 어장 경영으로 자본을 축적한 가시이는 이를 바탕으로 1907년 부산수산주식회사의 이사로 경영에 참여했고, 1915년에는 조선가스전기주식회

사朝鮮瓦斯電氣株式會社 사장, 1920년에는 부산상공회
의소 회장이 되어 부산상공업계를 대표하는 인물이
되었다. 그는 또 1919년에 조선통치사견朝鮮統治私見
이라는 건의서를 조선총독부에 올리고, 1922년 조선
수산협회장, 1923년 조선총독부가 주최한 조선수산
공진회朝鮮水産共進會 후원회장을 담당하는 등 1920
년대에 이미 지역 자본가를 넘어서 조선을 대표하는
일본인자본가로 성장해 있었다. 1925년에는 당시 조
선총독 사이토 마코토齋藤實(→469)의 지원하에 경영
난에 빠진 일본 경질도기주식회사日本硬質陶器株式會
社를 인수하였다. 일본경질도기는 원래 일본 가나자
와金澤에 본점 공장을 가지고 있었고, 부산에는 지점
공장이 있었다. 물론 가나자와 공장이 훨씬 컸다. 가
시이는 부산공장으로 본점을 옮기고 가나자와 공장
보다 크게 성장시켰다. 1930년대 일본경질도기 부산
공장은 조선 최대의 도자기 공장이었고, 생산되는
도자기는 부산항을 통해 수출되는 주요 물품 중 하나
였다. 1937년에는 조선총독부의 전력업 통합방침에
의거하여 설립된 남선합동전기주식회사南鮮合同電氣
株式會社 회장에도 취임하였다.

패전 직후 가시이는 부산일본인세화회釜山日本人世
話會 회장이 되어 철수하는 일본인을 돕는 역할을 자
임하는 한편으로 1945년 9월 1일부로 가나자와에 자
본금 14만 엔(2,800주)으로 새로운 일본경질도기주식
회사를 설립했다. 그리고 기존 부산 본점의 일본경
질도기가 이 신설 회사에 가나자와 공장을 임대하는
형식으로 해서 경영을 계속하려고 하였다. 그러나
그의 구상은 불완전한 것으로 끝났다. 1946년 12월
부터 갑자기 건강이 악화되면서 이듬해인 1946년 3
월 23일 78세로 사망했기 때문이다.

[참고문헌] 帝國秘密探偵社 『大衆人事錄: 海外, 滿·
支, 外地 篇』第14版(帝國秘密探偵社, 1943), 日本硬質
陶器株式會社 『日本硬質陶器の歩み』(日本硬質陶器株
式會社, 1965), 배석만 「일제시기 부산의 대자본가 香椎
源太郎의 자본축적 활동-日本硬質陶器의 인수와 경영
을 중심으로-」 『지역과역사』 25(부경역사연구소,
2009), 藤永壯 「植民地下日本人漁業資本家の存在形態
李坰家漁場をめぐる朝鮮人漁民との葛藤」 『朝鮮史研
究會論文集』 24(朝鮮史研究會, 1987)　　【배석만】

21
가쓰우라 센타로
勝浦仙太郎(승포선태랑)　　　　1904~?

영화인

일본의 영화감독으로, 1933년부터 1938년까지 모두
14편의 영화를 연출하였다. 〈사랑의 출범愛の出
船〉(1933)으로 데뷔하여 1934년까지 쇼치쿠松竹 가마
타촬영소蒲田撮影所에서 4편을 감독하고, 1935년에
는 신코新興 도쿄촬영소東京撮影所로 자리를 옮겨 〈게
이코오기稽古扇〉(1935)부터 〈봄의 신기루春の逃げ水〉
(1938)까지 10편을 감독하였다. 1941년에는 신코 도
쿄에서 〈서로 끌리는 영혼相寄る魂〉의 각본을 담당하
기도 하였다.

도쿄영화계에 종사하던 중, 영화제작사 통폐합의
결과로 1942년 9월 29일 창립된 사단법인 조선영화
제작주식회사의 제1제작과장으로 영입되어 조선영
화계에서 활동을 하게 되었다. 그의 입사는 나카타
하루야스中田晴康(→207) 상무의 천거를 통해 성사되었
고, 인사 발령은 1942년 10월 20일에 이루어졌다.

사단법인 조선영화제작주식회사의 제1제작과는 극
영화 제작을 담당하고 있었다. 설립 당시 연간 6종의
작품 및 각 5벌씩의 상영용 프린트 제작을 계획하였으
나, 실제로는 〈조선해협朝鮮海峽〉(박기채 감독, 1943),
〈젊은 자태若き姿〉(도요타 시로豊田四郎 감독, 1943), 〈거
경전巨鯨傳〉(방한준 감독, 1944) 등 모두 3편의 극영화
를 완성하는 데 그쳤다.

사단법인 조선영화제작주식회사의 제작 업무는
이것이 사단법인 조선영화배급사에 흡수되는 방식
으로 1944년 4월 7일 설립된 사단법인 조선영화사
에 이관되었다. 일본의 영화잡지 『영화순보映畵旬報』
1943년 7월 11일자 '조선영화 특집'호에 실린 「경성
주요 영화 관계자 명부」에 가쓰우라 센타로의 이름
이 올라와 있었던 반면 사단법인 조선영화사 창립
당시의 진용에서는 이름이 빠져 있는 것으로 보아,
조직 개편 과정을 거치며 보직에서 물러나게 된 것으

로 보인다. 한편, 그는 영화 기획 내용을 보다 강도
높게 심의하기 위해 1942년 10월 26일 총독부 경무과
내 문화조성 단체인 황도문화협회皇道文化協會에 설
치된 영화기획심의회의 간사로 활동하기도 하였다.

　[참고문헌] 한국영상자료원 편역『일본어 잡지로 본 조선
　영화 2』(현실문화연구, 2011), 한국영상자료원 편역『일
　본어 잡지로 본 조선영화 4』(현실문화연구, 2013), 高島
　金次『朝鮮映畵統制史』(朝鮮映畵文化硏究所, 1943), 일
　본영화데이터베이스〈http://www.jmdb.ne.jp〉
　　　　　　　　　　　　　　　　　　【함충범】

22
가야마 고지로
香山弘次郎(향산홍차랑)　　　　생몰년도 미상

경찰관료

후쿠오카현福岡縣 출신. 1906년 4월 1일 훈칠등勳七等
세이쇼쿠도요쇼靑色桐葉章를 수여받았다.

　1909년 9월 8일 내무경무국內務警務局 순사巡査가
되어 1910년 10월 19일부터는 전라남도에서 근무하
였다. 한일강제병합 이후 1921년 3월 4일 도 순사부
장巡査部長을 담당했다. 이후 1923년 4월 1일 전라남
도 고원雇員으로서 경비선인 다이이치카사사기마루
第一鵲丸의 선장을 맡았다.

　1935년 조선총독부 시정 25주년 기념 전라남도 표
창자로 선정되었다. 이후 1938년 10월 21일 다이이
치카사사기마루의 좌초로 인한 조선총독부 지방해
원심판소地方海員審判所의 판결이 확인되며, 이후 행
적은 미상이다.

　[참고문헌] 朝鮮總督府 編『朝鮮總督府 始政二十五周
　年記念表彰者名鑑』(朝鮮總督府, 1935), 阿部薫 編『昭
　和12年版 朝鮮都邑大觀』(民衆時論社, 1937), 「海員審
　判所裁決」『朝鮮總督府官報』3569(朝鮮總督府, 1938.
　12.10)　　　　　　　　　　　　　　【주동빈】

23
가와무라 구니스케
河村國助(하촌국조)　　　　1874~?

실업가

야마구치현山口縣 구가군玖珂郡 출신. 가와무라 주고
로河村忠五郎의 장남으로 태어났다.

　1907년 와세다대학早稻田大學 정경과를 졸업한 후
만주철도주식회사에 취직하였다. 1914년 독립하여
진남포를 거점으로 석탄업, 회조업回漕業에 종사하
였다. 이러한 사업과 더불어 진남포상공회의소의원,
진남포부의회의원으로도 재직하며 진남도를 거점으
로 다양한 활동을 하였다.

　[참고문헌] 阿部薫 編『昭和十二年版 朝鮮都邑大觀』
　(民衆時論社, 1937), 谷サカヨ『第十四版 大衆人事錄』
　(帝國祕密探偵社, 1943)　　【마스타니 유이치桝谷祐一】

24
가와바타 모토미즈
川端基水(천단기수)　　　　생몰년도 미상

송기수宋基水(이명)
영화인

생몰년도나 일본에서의 이력 등은 알려져 있지 않다.
다만『중외일보中外日報』1928년 1월 12일자 기사
「대륙키네마 창립: 일인日人의 발기로」를 보건대, 조
선에 건너오기 전 일본 쇼치쿠松竹 가마타촬영소蒲田
撮影所에 소속되어, 1921년부터 1934년까지 104편의
영화를 연출한 노무라 호테이野村芳亭 감독 밑에서
제작 경험을 쌓았던 것으로 보인다.

　가와바타는 조선인 유장안, 일본인 니시카와 히데
오西川秀洋(→234)와 함께 대륙키네마大陸キネマ를 설립
하였다. 대륙키네마는 경성에 사무소를 두었으며,
총지휘자로는 단성사 영화부를 이끌며 많은 영화 제
작 경력을 쌓아 '조선영화계의 선구자'라는 명성을
얻고 있던 박정현을 영입하였다.

　대륙키네마의 1회 작품은 '대모험 희활극'인〈나의
친구여俺の友よ〉(1928)였는데, 이것은 가와바타의 연

출로 만들어졌다. 조감독과 편집은 유장안이, 촬영은 니시카와 히데오가 담당하였다. 출연진은 나웅, 서월영, 박제행, 김소영 등 조선인들로 이루어졌다.

2회 작품으로 기획된 것은 김기진의 시대일보 연재소설을 원작으로 한 〈약혼婚約〉이었다. 이 역시 가와바타가 '송기수末基水'라는 조선식 이름을 내걸고 연출을 맡았는데, 원작 상의 공간적 배경인 도쿄東京를 베이징北京으로 바꾸어 로케이션까지 떠나기도 하였다. 그러나 이 작품은 결국 상당 부분 개작이 이루어진 채로 1929년 중앙키네마에서 김서정 감독 작품으로 완성되어 개봉되었다.

한편 3회 작품으로는 〈흑진주〉가 기획되었다. 감독은 유장안, 촬영은 니시카와 히데오였다. 이 작품은 제작 과정에서 〈지나가의 비밀支那街の秘密〉(1928)로 개명된 뒤에 완성, 개봉되었다.

[참고문헌] 김남석 『조선의 영화제작사들』(한국문화사, 2015), 김종욱 편저 『실록 한국영화총서(상)』 제1집(국학자료원, 2002), 한국영상자료원 편역 『일본어 잡지로 본 조선영화 2』(현실문화연구, 2011)　　【함충범】

25
가와사키 시게타로
川崎繁太郎(천기번태랑)　　　　1878.5.20~?

관료

오사카부大阪府 센난군泉南郡 아소고무라麻生鄕村 오아자노大字野 출신. 1902년 7월 도쿄제국대학東京帝國大學 공과대학 지질학과 졸업 후 농무성農務省 광산감독서鑛山監督署 기사技師 겸 사할린 민정서民政署 기사 등을 거쳐 1910년 10월 조선총독부 기사로 임명받아 도한하였다. 총독부 식산국殖産局에서 근무하다가 1917년 4월 관명을 받고 구미 각국으로 연구를 위해 출장을 갔고 1918년 4월 귀국과 동시에 지질조사소에서 근무했다.

1919년 5월 조선총독부 식산국 지질조사 소장 겸 광무과鑛務課 과장으로 임명되었다. 1926년 10월 이학박사 학위를 받고 1929년 4월에 다시 구미로 출장을 가서 각지를 편력하고 시찰하였으나 같은 해 6월

3일 퇴관하였다.

주요 저서로는 『함경남도 남부 정평 이남 일부 6군 광상조사보문咸鏡南道南部定平以南一府六郡鑛床調査報文』(1917~29), 『조선의 평안계 식물朝鮮ニ於ケル平安系ノ植物』(朝鮮總督府地質調査所, 1931), 『조선의 고기중생대 식물: 추가朝鮮ニ於ケル古期中生代ノ植物: 追加』(朝鮮總督府地質調査所, 1927), 『조선의 광물 황해도·평안남북도·함경남북도朝鮮の鑛物黃海道·平安南北道·咸鏡南北道』(1913) 등이 있다.

[참고문헌] 朝鮮新聞社 編 『朝鮮人事興信錄』(朝鮮新聞社, 1922), 有馬純吉 『昭和六年版 朝鮮紳士錄』(朝鮮紳士錄發行會, 1931)　　　　【김효순】

26
가와스미 이쓰오
河濟逸男(하제일남)　　　　생몰년도 미상

영화인

영화제작사 통폐합의 결과로 1942년 9월 29일 창립된 사단법인 조선영화제작주식회사의 제3제작과 과장직을 맡은 인물이다. 조선영화인의 추천을 받아 임명되었는데, 이를 통해 그가 조선영화계에서의 활동 경력 또는 조선영화인들과의 활동 교류가 있었음이 추정 가능하다. 주소지는 경성 남산정南山町 3-19였으며, 인사 발령은 1942년 10월 20일에 이루어졌다.

사단법인 조선영화제작주식회사 제3제작과는 시사영화(뉴스영화) 〈조선시보朝鮮時報〉의 제작을 담당하였다. 설립 당시 연간 12편의 작품 및 각 5벌씩의 상영용 프린트 제작을 목표로 하고 있었다. 일본의 영화잡지 『영화순보映畵旬報』 1943년 7월 11일자 '조선영화 특집'호를 보건대, 〈조선시보〉는 1942년 12월 9일 제1보가 나온 이래 1943년 5월 13일 제7보까지 1개월에 1회씩 만들어졌음이 확인된다. 또한 『매일신보』 1943년 9월 21일 기사에는 〈조선시보〉 제11보가 다음날부터 배급·상영되리라는 기사가 실려 있는 바, 적어도 이때까지는 계획대로 꾸준히 제작·공개되었음을 알 수 있다. 〈조선시보〉는 2000년대 후반 발굴되어, 2009년 한국영상자료원이 발매한

〈발굴된 과거 네 번째 고스필모폰드 발굴영상 모음〉 DVD에 수록되어 있다. 한편, 사단법인 조선영화제작주식회사에서 만든 문화영화 〈소생하는 흙蘇へる土〉의 연출과 〈영광의 날榮光の日〉의 구성을 맡은 것으로도 기록되어 있다.

사단법인 조선영화제작주식회사의 제작 업무는 사단법인 조선영화배급사에 흡수되는 방식을 거쳐 1944년 4월 7일 설립된 사단법인 조선영화사에 이관되었다. 그러나 가와스미는 퇴사하지 않고 사단법인 조성영화사의 제작부 산하 문화영화계 계장으로 보직을 변경한 채 회사에 남아 업무를 계속하였다.

[참고문헌] 한국영상자료원 편역 『일본어 잡지로 본 조선영화 2』(현실문화연구, 2011), 한국영상자료원 편역 『일본어 잡지로 본 조선영화 4』(현실문화연구, 2013), 高島金次 『朝鮮映畵統制史』(朝鮮映畵文化研究所, 1943), 함충범 「식민지 조선의 뉴스영화 〈조선시보〉에 관한 연구」 『인문과학연구』 21(대구가톨릭대학교 인문과학연구소, 2014)   【함충범】

27
가와시마 요시유키
川島義之(천도의지)   1878.5.25~1945.9.8

육군 군인

에히메현愛媛縣 출신. 사족士族 가와시마 유이치川島右一의 장남으로 태어났다. 1898년 11월 육군사관학교를 졸업(10기)하고, 보병소위로 임관하여 보병 제22연대에 배속되었다. 1903년 8월 육군대학교에 입학했으나 러일전쟁의 발발로 임시 중퇴하고 보병 제12연대 보충대대 부관, 후비보병 제11여단 부관을 역임하였다. 전후 육군대학교로 다시 복귀하여 1908년 11월 졸업(20기)하였으며, 1910년 1월 소좌로 진급하고 독일로 유학하였다. 이후 교육총감부 과원課員, 보병 제65연대 소속, 육군대학교 교관, 보병 제7연대장, 참모본부 과장, 교육총감부 2과장, 교육총감부 1과장 등을 역임하였다. 1913년 육군소장으로 진급하고 작전자재정비회의 간사장, 근위보병 제1여단장, 육군성 인사국장을 역임하였다. 1927년 12월 중

장으로 진급하고 제19사단장, 제3사단장, 교육총감부 본부장을 역임하였다. 1932년 5월 조선군 사령관(1932.5.26~1934.8.1)으로 임명되어 도한하였다.

1934년 3월 대장으로 진급하고 군사참의관이 되었으며, 1935년 9월에는 오카다 게이스케岡田啓介 내각의 육군대신으로 취임하였다. 육군대신 재임 중에 일어난 2·26사건 처리문제에 대한 책임을 지는 형태로 1936년 3월 예비역으로 편입되었으며 패전 직후인 1945년 9월 8일 사망하였다.

[참고문헌] 秦郁彦 編 『日本陸海軍總合事典』(東京大學出版會, 1991), 有馬純吉 『昭和六年版 朝鮮紳士錄』(朝鮮紳士錄發行會, 1931)   【이승희】

28
가와시마 유사부로
川島由三郎(천도유삼랑)   1876.5.28~?

실업가

시가현滋賀縣 고가군甲賀郡 미나쿠치水口 출신. 1910년 가업을 이어받아 미곡상을 경영하면서 1911년 미나쿠치 상공회 회장, 고가군 의원 등으로 활약하였다. 1914년 조선으로 건너와 충청북도 청주에 정착하여 사업을 전개하였다.

1914년 11월 충북 청주에서 목재상을 경영하는 한편, 극장이나 사원 등의 건축사업으로 명성을 얻었다. 이후 청주토지건물주식회사淸州土地建物會社를 창립하여, 토지의 자본화와 주택건설의 촉진을 도모하였으며 철도 정비 사업에도 진출하였다. 이러한 활동을 기반으로 충청북도 평의원, 청주면협의원淸州面協議員 등 지방 공직에도 진출하였으며 대전전기회사大田電氣會社 상무이사 및 청주지점 지점장, 청주토지건물주식회사淸州土地建物株式會社 사장, 강경전기주식회사江景電氣株式會社 이사, 조선운수창고주식회사朝鮮運輸倉庫株式會社 감사 등을 역임하였다.

[참고문헌] 朝鮮新聞社 編 『朝鮮人事興信錄』(朝鮮新聞社, 1922), 貴田忠衛 『朝鮮人事興信錄』(朝鮮人事興信錄編纂部, 1935), 국사편찬위원회 한국사데이터베이스〈http://db.history.go.kr〉   【강원주】

29

가와이 아사오

河井朝雄(하정조웅)   1879.12.07~?

실업가, 언론인

오이타현大分縣 오이타시大分市 출신. 1897년 무렵부터 상업에 종사하였다.

조선에 건너온 것은 1904년 6월 15일로, 당시 나이는 26세였다. 일본에서 잡화를 싣고 부산에 도착한 그는 우선 30일 동안 부산에서 간단한 한국어를 학습한 후 대구로 출발하였다. 가와이가 대구에 첫 발을 내딛었던 7~8월 무렵에는 대구를 중심으로 하여 경부선 철도 속성공사가 한창 진행 중이었다. 따라서 철도종업원, 공사청부인, 화물을 공급하는 상인, 여관, 음식점 등이 일시에 격증하여 적어도 1,000여 명 이상의 일본인이 모여들고 있었던 만큼 대구는 점차 상업의 중심지가 되어가고 있었다. 당시 부산에는 일찍부터 일본인 상인들이 다수 진출하여 이권을 나눠 가지고 있었으므로 비교적 한반도에 건너온 것이 늦은 가와이에게는 대구가 기회의 땅이었다. 따라서 1904년 7월 23일 처음 대구의 땅을 밟은 그에게 가장 주요한 용무는 대구를 시찰하는 일이었다. 5일간 대구에 머문 후 7월 28일 부산으로 돌아온 그는, 그해 11월 27일 다시 대구로 가서 터를 잡았다.

그는 우선 대구역 앞에 선어 시장을 신설하여 신선한 생선을 시민에게 신속히 공급하였으며, 미두를 위탁판매하기도 하고, 연초판매대리점도 꽤 오랫동안 운영하였다. 대구에 거주한 지 3개월째 되던 때에는 어린 나이임에도 불구하고 민회의원民會議員으로 선출되었다. 당시 대구에는 막 조선으로 이주한 젊은 일본인들이 많았기에 민회의원들의 나이도 20~30대가 대부분이었다. 이후 동양기업주식회사東洋企業株式會社의 감사역, 대구물산무역합자회사大邱物産貿易合資會社의 사장 등의 상업 활동도 이어갔지만, 조선에서 가와이는 대구를 대표하는 언론인으로 유명세를 떨쳤다.

1905년 무렵 대구에는 격일제의 『대구실업신문大邱實業新聞』이 발행되고 있었으나 대구 재류 일본인들 사이의 대립으로 인해 따로 대구신보사大邱新報社 창립 계획이 세워졌다. 그러나 관민 유력자의 조정으로 합동하여 1908년 8월 『대구신문大邱新聞』을 발행하게 되었고 이 과정에서 큰 역할을 했던 가와이가 신문사의 대표를 맡게 되었다. 이후 『대구신문』은 1913년까지 발간되었고 동년 3월, 가와이는 신문의 제호를 『조선민보朝鮮民報』로 개제改題하여 신문사를 더욱더 발전시켜 나갔다. 그러나 『조선민보』는 조선총독부의 '1도 1지' 정책으로 인해 1941년 5월 폐간되고, 1928년 10월 설립된 『대구일보大邱日報』와 합병되어 『대구일일신문大邱日日新聞』으로 창간되었다.

1930년 6월 10일부터 그는 대표로 있던 『조선민보』에 「나를 중심으로 한 대구사私를中心으로した大邱史」를 3개월에 걸쳐 연재하였고, 그것을 모아 1931년에 『대구이야기大邱物語』를 출판하였다. 이 책에서 그는 젊은 나이에 상업가로 조선에 진출하였고 경상북도 도평의회원까지 역임하였지만, 무엇보다도 일생을 신문업에 종사하면서 대구의 발전을 기록할 수 있었던 것에 감사한다고 회고하였다.

[참고문헌] 朝鮮公論社 編 『在朝鮮內地人紳士名鑑』(朝鮮公論社, 1917), 河井朝雄 『大邱物語』(朝鮮民報社, 1931), 『朝鮮功勞者銘鑑』(朝鮮總督府, 1935), 李相哲 『朝鮮における日本人經營新聞の歷史(1881-1945)』(角川學藝出版, 2009)   【전성현】

30

가와이 지자부로

河合治三郎(하합치삼랑)   1874.7.2~?

실업가

도쿄부東京府 출신. 가와이 산에몬河合三右衛門의 3남으로 태어났다. 일본법률학교 입학 후 중도 퇴학하였다.

1906년 통감부 철도관리국 서기로 도한하였다. 만주철도경성관리국경리과 주임, 평양운유시무소장을 역임한 후, 1913년에 퇴직하였다. 그 후 국제운수주식회사 전무이사, 조선운수계산주식회사 사장, 경성상공회의소 평의원, 호남트럭운수주식회사 사장, 조선트럭주식회사 사장 등 민간부문에서 운수 사업에 진력하였다.

[참고문헌] 貴田忠衛 『朝鮮人興信錄』(朝鮮人事興信錄 編纂部, 1935), 京城新聞社 編 『大京城公職者名鑑』(京城新聞社, 1936), 猪野三郎 編 『第十二版 大衆人事錄』 (帝國祕密探偵社國勢協會, 1937)

【마스타니 유이치桝谷祐一】

31

가와이 히로타미

河合弘民(하합홍민)　　　　1872~1918.10.12

문학가, 대학교수

1898년 도쿄제국대학東京帝國大學 문과를 졸업했다. 졸업 후 중학교에서 교편을 잡다가 1907년 동양협회전문학교東洋協會專門學校(1918년에 　다쿠쇼쿠대학拓植大學으로 개칭) 경성분교의 초대 간사로 취임했다. 동양협회전문학교는 1900년에 타이완협회학교臺灣協會學校로 처음 설립되었다가, 1907년에 개칭되었다. 동양협회東洋協會는 일본이 조선 및 타이완臺灣과 중국 대륙을 침략하기 위해 학교와 문화 사업에 진출하여 활동한 단체였다. 가와이는 1915년 본교로 복귀하기까지 9년간 조선에서 고전을 수집했다. 이를 바탕으로 조선의 재정財政을 연구하기 시작하여 귀국한 다음해인 1916년에 교토대학京都大學에서 『이조 세제에 관한 연구李朝稅制に關する研究』로 박사학위를 받았다. 교토대학에서 강의와 연구를 하다 1918년에 사망하였다.

가와이는 동양협회전문학교 분교장으로 '조선과 동양개발'에 종사할 인재양성을 위해 식민교육을 담당했으며, 샤쿠오 슌조釋尾春芿(→499)가 1908년에 만든 조선연구회의 상임감사와 조선고서간행회 평의원(1909~1918)으로 활동하였다. 조선연구회 모임에서는 「조선연구의 필요 및 방법」, 「조선 지방세의 현상과 연혁」 등을 발표하였다. 그는 이미 고대 한국과 일본이 식민관계였으며, 조선은 당쟁으로 망했다고 주장한 인물이기도 하다. 신화시대부터 한반도는 일본의 지배를 받아 '동종同種' 관계에 있었다며 타율성

을 강조하였다. 또한 당쟁의 원인을 사림士林 정치의 결과로 보지 않고 나라를 망하게 한 원인으로 인식하여 식민통치를 합리화시키는 이론을 만들었다. 이러한 인식은 그가 한일강제병합 후의 한국문화는 일본의 후지와라藤原(9세기 말~12세기 초) 시대와 동일한 상태라고 하여 한국사의 정체성을 폄하하는 것에서도 엿볼 수 있다.

가와이는 조선에 있을 때 1908년 강화도 정족산사고鼎足山史庫에서 서책을 수집하여 1915년 귀국 후에 이 자료들을 모아서 교토대학에 가와이 문고河合文庫를 만들었다. 이는 헌병사령관 겸 경무총감인 아카시 모토지로明石元二郎(→629)의 도움이 컸다. 내용은 공사의 문서기록, 정치, 경제, 종교, 풍속관계 등에 걸쳐 있으며, 조선의 사회사, 문화사 연구에 유익한 자료이다.

1915년에 동양협회전문학교 본교 교수로 복귀하였다. 그 후 교토대학 문과에서 조선제도를 강의하고 연구생활을 하다가 1918년에 사망하였다. 1년 뒤인 1919년 교토대학 도서관에서 교토대학 문학부 조교수 이마니시 류今西龍(→835)의 주선으로 가와이 유족으로부터 793부 2,160책을 구입하여 가와이 문고를 만들었다.

[참고문헌] 國立文化財研究所 編 『海外典籍文化財調査目錄:河合文庫所藏韓國本』(國立文化財研究所, 1933), 上田正昭 外 『日本人名大辭典』(講談社, 2001), 東洋協會 編 「河合弘民博士小傳」 『東洋時報』 241(東洋協會, 1972)　　　　【최혜주】

32

가와카미 다쓰이치로

川上立一郎(천상입일랑)　　　　생몰년도 미상

외무관료

나가사키현長崎縣 출신. 도쿄외국어대학東京外國語大學에서 조선어학을 1881년까지 배웠는데, 조수를 겸직하기도 하였다. 1880년 12월 한성에 공사관을 설치할 때 하나부사 요시모토花房義質(→912)를 따라 통역생으로 일시 도한하였다. 1885년 12월에는 주한

일본공사관 서기생으로 있었던 것이 확인된다. 이후 부산영사관에서 장시간에 걸쳐 서기생 신분으로 통역 업무를 담당하였다. 1899년 5월 1일부터 새로 설치된 부산영사관 마산포馬山浦 분관에 주임으로 발령을 받았으며, 여기서 영사대리 업무를 맡아보았다. 1901년부터 1905년까지는 원산영사관 성진城津 분관 주임으로 전근, 업무를 맡아 보다가 이곳에서 1905년 3월 13일 부영사로 승진하였다. 통감부에서부터 조선총독부가 설치된 이후 시기까지 한국에서 서기관, 비서관, 통역관 등의 직책을 맡아 활동하다가, 1914년 휴직하면서 관직 생활을 마감하였다.

임오군란 당시 한성공사관에 있다가 하나부사 공사 일행과 같이 도성을 탈출하였다가, 다시 도한하여 공사관 어용괘로 있었다. 갑신정변 발발 당일 통역으로 시마무라 히사시嶋村久와 함께 우정총국 연회에 배석하였다. 1889년부터 1900년까지는 부산영사관에서 서기생으로 근무하였다. 1899년 4월 마산포 개항에 따라 영사관 개설 준비를 위하여 출장을 갔다가 5월 2일 부산으로 돌아오면서 보고서를 작성하였다. 1901년부터 성진 지역으로 전근을 가 분관 주임 직책을 담당하였다. 1901~1902년에는 고베神戸와 블라디보스토크를 왕복하는 정기선박이 이곳에 들를 수 있도록 개시를 요청하기도 하였다. 1901년 10월부터 1903년에 이르기까지 길주와 성진 간의 통폐합과 관련하여 지방 소요가 지속적으로 발생하였는데, 지역 인심과 동향을 상세히 조사하였다. 러일전쟁 발발 후 성진 관할 지역 내에서 연안무역에 적합한 항만을 조사하여 보고하였다. 1906년 통감부 설치 이후에는 통역관, 농상공부 문서과에서 서기관으로 근무하기도 하면서 수원 농업모범시험장으로 혼다 고스케本田幸介(→952)와 시찰을 나가기도 하였다. 1907년 11월에는 순종이 태극장을 하사하였다. 1908년 2월에는 내부서기관內部書記官으로 비서관을 겸임하였다. 1909년에는 통감부 임시민정조사 촉탁 농상공부 서기관으로, 순종의 서순행과 남순행 당시 선발로 순행지역을 돌아보았다. 고마쓰 미도리小松綠(→78)와 협력하여 환영준비를 담당하고 순행하던 순종 일행을 수행하였으며, 이해 6월 순행기념장을 하사

받았다. 1911년 8월에는 '한일강제병합' 당시 기밀사무에 종사한 공로로 500엔을 받았다. 조선총독부에서는 농상공부 서무과에서 통역관으로 재직하다가, 1912년 3월에 일시 휴직하였다. 조선총독부에서 구관조사사업舊慣調査事業을 진행할 당시 촉탁이기도 했다. 1913년 6월 조선사서심사위원朝鮮辭書審査委員에 임명되어 활동하였다. 1913~1914년 사이에는 김윤식金允植을 한 두 차례 내방하면서 교제를 하였다. 1914년에 토목국 진남포출장소 촉탁을 맡은 것까지는 확인이 되는데, 이해 3월에 휴직하였다.

1914년 휴직 이후 도쿄로 돌아갈 때 김윤식이 전송하는 시(「送川上立一郎還東京」)를 한 수 남길 정도로 교류가 있었다.

[참고문헌] 국사편찬위원회 편『韓日經濟關係』卷2(국사편찬위원회, 2003), 釜山府 編『釜山府史原稿』卷6(釜山府, 1937), 金允植『雲養續集』卷1(李斌承邸, 1930), 金允植『續陰晴史』下(國史編纂委員會, 1960), 高麗大學校 亞細亞問題研究所 編『舊韓國外交文書: 日案』卷4(高麗大學校出版部, 1968)　　【박한민】

33
가와카미 하지메
河上肇(하상조)　　　　　1879.10.20~1946.1.30

경제학자, 대학교수

야마구치현山口縣 구가군玖珂郡 이와쿠니마치岩國町 출신. 1902년 도쿄제국대학東京帝國大學 법과대학 정치학과를 졸업하고 1933년 공산당원 검거 시까지 경제학자로 활동하였다. 1908년 교토대학京都大學 강사로 초빙된 뒤 1915년 교수로 승진했으며, 1919년『사회문제연구社會問題硏究』를 창간하고 마르크스주의 철학을 보급하였다. 1928년 교토대학을 사직하고, 1932년『자본론 입문』을 출간한 뒤, 본격적인 정치운동에 뛰어들었다. 1932년부터 1937년까지 투옥되었으며, 사상적 지조를 지켰다. 출소 후 일본의 패전까지는 사회적 활동을 전개하지 못했으며, 만년에는 『자서전』과『육방옹감상陸放翁鑑賞』을 집필하였다.

마르크스주의 철학자로 1920년대 조선 사상계에

가장 많은 영향을 준 인물의 한 사람이다. 그의 이론은 주로 교토대학에서 수학한 조선인 제자 이순탁李順鐸에 의해 소개되었는데, 『동아일보』 1922년 4월 18일부터 5월 8일까지 14회에 걸쳐 「맑크쓰의 유물사관唯物史觀」이 번역 등재되었고, 5월 18일부터 6월 8일까지 34회에 걸쳐 가와카미의 『근세경제사상사론』이 번역 등재되었다. 이뿐만 아니라 이 시기『동아일보』에 연재된 마르크스주의 철학이나 경제학 이론은 대부분 가와카미의 이론과 밀접한 관련이 있다. 가와카미가 편역한 『마르크스·엥겔스의 자본론』, 1929년부터 1930년까지 『개조改造』에 연재되었던 『가난 이야기貧乏物語』 등은 일제강점기 사회주의 운동에 관심을 갖고 있었던 지식인들이 애독했던 저작물이며, 일본 공산당을 이끌다가 1932년 투옥된 이후에도 조선 지식층들의 모범적 인물로 존경을 받았다.

[참고문헌] 河上肇 『人類原始ノ生活』(京都法學會發行, 有斐閣出版, 1912), 河上肇 『マルクス主義經濟學の基礎理論』(改造社, 1929), 이순탁 「맑크쓰의 유물사관」(『동아일보』, 1922.4.18~5.8)　　　【허재영】

34
가와키타 한데이시
川喜田半泥子(천희전반니자)　1878.11.6~1963.10.26

도예가, 실업가, 정치인

미에현三重縣 출신. 상인 집안에서 태어나 은행업을 발전시켰고 도예가, 정치가로도 활동하였다.

1912년경부터 도예에 관심을 가졌고 조선 각지의 도자기 가마를 방문하거나 도예가들을 불러 그들이 제작하는 것을 보며 기술을 습득하였다.

정확한 도한 시기는 알 수 없으나 자유로운 경향을 특징으로 하는 그의 도자기는 조선의 도자기 흙을 사용한 예가 많았고 1937년에는 전라남도 실업가 야마다 만키치로山田萬吉郎의 도움으로 현지에서 도자기를 제작하기도 하였다.

1930년 재단법인 세키스이회관石水會館을 설립하고 지토세문고千歲文庫를 건립하였다. 1942년에는 가라히네회からひね會를 만들어 일본 각지의 도예가

들과 교유하였다.

[참고문헌] 平瀨禮太 『日韓近代美術家のまなざし-『朝鮮』で描く』(福岡アジア美術館 外, 2015), 谷サカヨ 『第14版 大衆人事錄』(帝國秘密探偵社, 1943)　　【김용철】

35
가와타니 시즈오
河谷靜夫(하곡정부)　　1887.8.1~?

언론인, 실업가

오이타현大分縣 구스군玖珠郡 출신. 친족인 가와타니河谷 가문의 양자로 들어갔다. 가업인 주조업酒造業에 종사하면서 동군同郡의 주조조합장酒造組合長, 여러 회사의 중역, 신용조합 이사, 모리초森町 우편국장 등을 겸직했다. 동시에 그 지역의 공공사업에도 앞장서서 지역 실업계에 명성을 떨쳤다. 1916년 주조업을 법인조합으로 바꿔 집안 어른인 가와타니 마스타로河谷益太郎를 경영의 중심에 앉혔다. 그리고 그해 5월 동양척식주식회사東洋拓植株式會社 부총재 노다 우타로野田卯太郎의 도움으로 조선으로 건너왔다. 동양척식주식회사에서 4년간 근무한 후 1919년 7월 경성일보사京城日報社로 옮겨 서무부장, 경리부장을 거쳐 이사 및 매일신보사 영업국장을 지냈다. 이후 1925년 남선일보사南鮮日報社 사장을 거쳐, 1931년 대구일보사大邱日報社 사장에 취임하여 1930년대에 대구지역 언론계에서 활약했다. 각종 분쟁과 영업 적자로 곤란에 처해있던 대구일보사를 확장시켰다는 평가를 받았다. 1940년대에는 조선합성수지공업주식회사朝鮮合成樹脂工業株式會社 이사, 남선제지주식회사南鮮製紙株式會社 사장 등 주로 대구지역 실업계에서 활동했다. 부인 히사ヒサ와의 사이에 2남 1녀를 두었다.

1916년 5월 동양척식주식회사 부총재로 있던 노다 우타로의 도움으로 동양척식주식회사에 들어가 조선으로 건너왔다. 동 회사에서 여러 지점을 돌면서 4년간 근무한 후 1919년 7월 경성일보사로 옮겨 서무부장, 경리부장으로 재직하면서 신문사 경영의 실무를 담당했다. 이러한 활동을 인정받아 경성일보사 이사

겸 매일신보사 영업국장으로 승진했다. 1925년 5월 『경성일보』의 분신으로서 마산에 있던 남선일보사를 인수하여 사장에 취임하고 경성일보사에는 촉탁으로 남았다. 남선일보사는 직접 경영하지 않고 다른 사람에게 양도하여 경영했다. 1927년 당시 야마자키 린타로山崎倫太郎가 발행하던 『척식평론拓植評論』 조선 내 영업소 주간主幹으로도 활동했다. 당대에 언론이나 문장으로 한일강제병합의 대의를 설파하고 각종 오해를 일소하는 데 기여했다는 평가를 받았다.

1929년 『대구일보』 주간으로 옮겨 1931년 5월 대구일보사 사장으로 취임한 후 대구지역 신문인으로 맹활약을 펼쳤다. 『대구일보』는 대구 지사 스도須藤가 조선민족의 공격에 정면으로 대항하기 위해 창립한 신문이었다. 이 신문의 창간 이래 대구지역 신문계는 크게 두 파로 나뉘어졌다가 다시 3파, 4파로 나뉘는 등 복잡한 상황을 겪고 있었다. 게다가 대구일보사는 창립 1년도 되지 않아 경제적으로도 궁지에 몰려 결국 지역 유력자인 하마사키 기사부로濱崎喜三郎가 사장으로 취임하여 진용을 개편하기도 했으나 결국 익명조합匿名組合 형태로 남게 되었다. 이러한 상황에서 가와타니가 사장으로 추대되었던 것이다. 그는 경성일보사의 경영 실무를 맡았던 경험을 바탕으로 이처럼 분쟁이 끊이지 않던 『대구일보』의 광고를 증수하고 판매를 확장하는 등 사업을 확대시켰다.

대구일보사 사장으로 재직 중이던 1938년 2월 전시하戰時下 '언론보국言論報國'을 위해 조직된 조선춘추회朝鮮春秋會 조직에 참여했다. 대구일보사에 있을 당시에도 주식회사 매일신보사 이사도 겸하고 있었는데, 1939년 6월 사임했다. 이후 언론계를 은퇴하고 대구지역에서 실업계에 뛰어든 것으로 추정된다. 1941년 4월 30일 설립된 조선합성수지공업주식회사 이사, 1942년 4월 14일 경북무진주식회사慶北無盡株式會社 감사, 1942년 경북시멘트공업주식회사 감사 등을 맡았다. 1942년 6월 2일 설립된 남선제지공업주식회사 사장으로 취임했다. 1943년 2월 조선인조피혁주식회사朝鮮人造皮革株式會社 상무를 맡았으며, 1944년 10월 설립된 법인조합 조선기계제지공업조합朝鮮機械製紙工業組合에 출자했다.

1944~45년경까지 대구에 체재하면서 활동한 것으로 확인되나, 이후의 행적과 정확한 귀국 일시, 사망일 등은 불분명하다.

[참고문헌] 朝鮮新聞社 編 『朝鮮人事興信錄』(朝鮮新聞社, 1935), 阿部薰 編 『朝鮮功勞者銘鑑』(民衆時論社, 1935), 森川清人 編 『朝鮮總督府施政二十五周年記念表彰者名鑑』(表彰者名監刊行會, 1935), 芳賀登 外 共編 『日本人物情報大系』(皓星社, 1999~2002), 朝鮮總督府 編 『朝鮮總督府官報』(朝鮮總督府, 각호), 中村資郎 編 『朝鮮銀行會社組合要錄』(東亞經濟時報社, 각년판)

【변은진】

36

가와하라 요시히데
川原吉秀(천원길수)   1888.7.6~?

금융인

1888년, 나가사키현長崎縣 고소네小曾根 출신. 가와하라 우노하치川原卯八의 장남으로 출생하였다.

1917년 조선으로 건너와 전남 광주에 거주하며 금융조합 이사로 일했다. 이후 1934년 광주무진주식회사光州無盡株式會社 전무로 취임하였다. 그 밖에 금창광업주식회사金廠鑛業株式會社 감사 등을 역임한 바 있다.

[참고문헌] 貴田忠衛 『朝鮮人事興信錄』(朝鮮人事興信錄編纂部, 1935), 국사편찬위원회 한국사데이터베이스 〈http://db.history.go.kr〉
【강원주】

37

가와하타 도시오
川畑俊雄(천전준웅)   1886.9.1~?

금융인

가고시마시鹿兒島市 가지야加治屋 출신. 1905년 타이베이상업학교臺北商業學校를 졸업하고 타이베이은행臺北銀行에 입사하여 1913년까지 근무하였다. 1913년 조선으로 건너와 조선은행, 조선토지경영회사 등을 거쳐, 조선신탁회사 군산 지점장을 역임하였다.

1913년 조선은행 본점, 1914년 10월 진남포지점을 거쳐 1918년 만주 지점 신설과 동시에 지배인대리로 일했다. 1921년 조선토지경영회사가 창립되자 지배인으로 취임하여 조선토지신탁주식회사로 개칭한 후에도 계속하여 경영능력을 발휘, 전국신탁회사 중에서 수위의 성과를 거두었다. 1934년 조선총독부의 통제 하에 전국 신탁회사가 조선신탁회사로 합병된 뒤에도 조선신탁사업 전문가로서 활약하였다. 그 밖에 가고시마경성친교회鹿兒島京城親交會 및 경성가고시마현인회京城鹿兒島縣人會를 통하여 고향인 가고시마와의 교류도 소홀히 하지 않았다.

[참고문헌] 淵上福之助『朝鮮と三州人』(鹿兒島新聞京城支局, 1933), 阿部薰『朝鮮人物選集』(民衆時論出版部, 1934)　　　　　　　【강원주】

38

가이 군지
甲斐軍治(갑비군치)　　　　　1856~1908.8.8

실업가

나가사키현長崎縣 출신. 가이 마사유키甲斐政之의 차남으로 태어났다. 무역상회에서 일하고 있었던 것으로 확인된다. 1885년 12월 인천 재류 일본인의 호구조사 당시 조사된 인적 사항에 따르면 당시 29세였으며, 종교는 진종眞宗이었다. 김옥균金玉均 사후에는 청부업 등에 종사하면서 생활하였던 것으로 확인된다.

1879년 8월에 부산으로 건너왔다. 1882년 3월 김옥균이 1차로 도일할 때 부산에서 안내를 하면서 나가사키까지 같이 건너갔다. 조선으로 돌아온 후 1883년 한성으로 들어와 남산 부근에 사진관을 개업하고 영업을 하였던 것으로 보인다. 이해 7월 동남제도개척사東南諸島開拓使 김옥균에게 고용되어 수행원이었던 탁정식卓挺植, 백춘배白春培와 같이 활동하였다. 1884년부터 1885년까지 여섯 차례에 걸쳐 울릉도를 왕복하면서 선박 임대, 노동자 고용 등과 관련된 일을 담당하였다. 이와 관련해서는 김옥균이 갑신정변 발발 후 망명하고 난 후 일본공사를 경유하여 조선 정부에 당시 들어갔던 제반 비용을 청구하였다.

울릉도에서 벌채해 온 나무와 관련해서는 고베神戶 거류 미국인과 소송이 벌어져 두 차례 가량 재판을 진행했던 것으로 기록상 확인된다. 1885년 11월에는 백춘배와 몰래 개척사 사업과 관련하여 문서를 주고받고 있으며, 이노우에 가쿠고로井上角五郞(→825)와 빈번하게 접촉하고 있다는 혐의로 한성영사관 경찰서에 구류되어 몇 차례 조사를 받은 후 방면되었다. 1893년 11월 윤치호尹致昊가 도쿄에 있는 김옥균 집을 방문하였을 때, 김옥균과 접촉하고 있었던 것이 확인된다. 1894년 3월 10일, 김옥균이 시나가와品川에서 오사카大阪까지 열차를 타고 이동할 때 동행하였다. 상하이上海로 건너간 김옥균이 홍종우洪鍾宇에게 암살된 후, 4월 시신이 조선으로 운반된 다음 대역무도죄로 능지형에 처해진 후 유발과 의복을 몰래 수습하였다. 그것을 도쿄 분쿄구文京區에 위치한 신조지眞淨寺에 매장하였으며, 1900년 3월 28일에 김옥균 묘비를 세웠다.

1900년에 도쿄에서 피복전선공장을 인수하여 영업을 하였던 것이 확인된다. 사망 후 유언에 따라 도쿄 신조지의 김옥균 가묘 옆에 매장되었다. 묘비는 그의 딸 후지가 조성하였다.

[참고문헌] 崔仁辰『韓國寫眞史』(눈빛, 1999), 琴秉洞『金玉均と日本』(綠蔭書房, 2001), 박은숙「동남제도개척사 김옥균의 활동과 영토·영해 인식」『東北亞歷史論叢』36(동북아역사재단, 2012)　　　　　　【박한민】

39

가이즈 미쓰오
海津三雄(해진삼웅)　　　　　1853~?

육군 군인

시즈오카번靜岡藩 출신. 16살이던 1869년 시즈오카 지역 내에 설치되어 있던 누마즈병학교沼津兵學校에 1기생으로 입학하였다. 졸업 후 1874년 육군 공병소위로 임관하였으며, 1887년 소좌로 제대하였다. 현역 재직 중에는 주한일본공사관 부속무관駐韓日本公使館付武官으로 파견되어 한반도의 여러 지역을 시찰하면서 측량 작업을 진행하였다. 정탐활동을 하였던 내용을 도쿄지학협회東京地學協會에서 회원으로서 발표하고 원고를 게재하기도 하였다. 조선으로의 출장은 1877년 12월 시점부터 확인된다. 러일전쟁이 발발한 1904년 다시 소집되어 평양 병참부 사령관을 역임하였으며, 1906년 육군공병 중좌로 승진하였다. 1907년에는 통감부의 추천으로 군용급철도용지조사위원軍用及鐵道用地調査局委員으로 촉탁되기도 하였다.

1879년 도한한 후, 수원 고온포古溫浦에서 출발하여 한성에 이르는 경로를 탐사하고 측량한 결과물을 「자고온포지한성약도自古溫浦至漢城略圖」, 「약식도見取圖」로 제작하였다. 한성에 들어가 체류하는 동안 견문한 내용을 토대로 한성의 지형에 대한 내용과 풍속을 소개하는 것으로 「조선국 한성의 지형 개략朝鮮國漢城ノ地形槪略」(『도쿄지학협회보고東京地學協會報告』 제6호, 1879)과 「한성풍속漢城風俗」(『도쿄지학협회보고』 제7호, 1879)을 남겼다. 아울러 원산 지역 부두의 위치와 거리 등을 측량한 기록과 지도, 부산포거류지 측량도 등을 남겼다. 임오군란 당시에는 조선인 박영규朴永圭를 만나 군란 당시 도성 내 정황을 청취하여 정리한 보고서를 남겼다. 1883년 6월부터 8월까지 원산에서 출발하여 영변, 의주, 평양, 개성, 안변까지 왕복을 하였다. 한반도 북부 내지를 시찰하였던 이때의 행적을 「의주행기義州行記」(『도쿄지학협회보고』 제2호, 1884)라는 기록으로 남겼다. 두 달 후에는 다시 원산에서 출발하여 함흥, 북청, 길주, 회령 등 북부 지역을 돌아보면서 정탐활동을 실시하였다. 1883년 10월부터 12월까지의 활동은 「경흥기행慶興紀行」(『도쿄지학협회보고』 제3호, 1884)이라는 글을 통하여 상세히 정리하였다. 이로부터 2년 후인 1885년 2월 공사관 부속무관에 임명되어 재차 도한하였다. 다시 조선 내에서 정탐활동을 재개하여 5월부터 한성, 여주, 충주, 영주를 거쳐 강릉, 인제, 춘천 등의 강원도 지역까지 시찰하면서 조사활동을 전개하였다. 이듬해에도 정탐활동을 계속하여 서산, 보령, 김제, 무안, 강진, 구례 등 서남해안 지역을 둘러본 것이 첫 번째 활동이었다. 해주, 옹진, 곽산, 용천, 의주, 숙천, 개성 등의 서해안 이북 지대를 정찰하고 온 것이 두 번째 활동이었다. 공사관 부속무관에서는 1887년 4

월 면직되었다. '한일강제병합' 전후에 재차 도한하여 민간에서 활동하였는데, 거주지는 한성 남부 한지동漢芝洞이었다. 1908년부터 1910년까지 용산 거류민단 의원이었으며, 10월 경복궁에서 개최된 연합대간친회聯合大懇親會에서 접대위원으로도 활동하였다. 이듬해 제3회 민회를 조직할 때에도 의원으로 선출되었다. 1912년에는 조일 간 친목을 도모한다는 명목으로 조직된 세심회洗心會의 부회장으로 선출되기도 하였다. 1913년 초에는 조선권업협회의 부회장으로 활동하면서 주최한 행사, 모임에서 연설 등을 하였다. 또한 이해 9월에는 이재현李載現과 합동으로 편물강습소編物講習所를 발기하여 주식을 모집하기도 하였으나 자금 모집이 원활하지 않아 폐지되었다. 1914년 2월 경상남도 고성군에서 금은동광 채굴 신청을 조선총독부에 제출하여 허가까지 받기도 하였다.

[참고문헌] 최혜주 「일본 東京地學協會의 조사활동과 조선인식」『韓國史硏究』 151(韓國史硏究會, 2010), 박한민 「조일수호조규 관철을 위한 일본의 정찰활동과 조선의 대응」『歷史學報』 217(歷史學會, 2013), 小林茂・岡田郷子 「十九世紀後半における朝鮮半島の地理情報と海津三雄」『待兼山論叢』 42(大阪大學大學院文學研究科, 2008)   【박한민】

40

가이후 이와오
海部岩(해부암)   생몰년도 미상

경찰관료

효고현兵庫縣 출신. 1912~1919년 조선주헌병사령부에서 근무했고, 1919~1939년까지 조선총독부 경무국 등에서 근무했다.

1912년 2월 23일 조선주차헌병사령부朝鮮駐箚憲兵司令部 편찬사무 촉탁囑託을 담당했다. 1915년 10월 31일 해당 사령부의 고원雇員이 되었다. 1919년 3월 18일 다시 이 사령부의 편찬사무 촉탁이 되었다가, 같은 해 8월 31일 조선총독부 고원이 되었다. 1920년 9월 21일에는 조선총독부 관행조사사무慣行調査事務 촉탁 및 총독부 경무국警務局 위생과衛生課 업무를 담

당했다. 1925년에는 경무국 고등경찰과高等警察課에서 근무했다. 1926년 4월 24일 경무국 보안과에서 근무를 시작해서 1937년까지 근무했다. 이후 1938~1939년 조선총독부 직속 나요양소 소록도 갱생원癩療養所小鹿島更生院 서무과에서 근무했다. 그 이후의 기록은 미상이다.

[참고문헌] 朝鮮總督府 編『朝鮮總督府及所屬官署職員錄』(朝鮮總督府, 1921~1939), 朝鮮總督府 編『朝鮮總督府 始政二十五周年記念表彰者名鑑』(朝鮮總督府, 1935)

【주동빈】

41
가지야마 데이스케
梶山鼎介(미산정개)　　　1848.10.20~1933.3.25

기요사부로喜代三郎(초명)

육군 군인, 정치인

나가토長門(현 야마구치현山口縣) 후추번사府中藩士 출신. 보신전쟁戊辰戰爭 당시 보국대군감報國隊軍監이었다. 유학 후 육군참모국陸軍參謀局 등에서 근무하였다. 공사관서기관으로서 청淸에 체류하다가 1881년에 명령에 따라 귀국하였다. 1885년에는 중좌中佐가 되었고 이후 내무성 지리국장內務省地理局長이 되었다. 1890년에는 시구개정위원간사市區改正委員幹事에 임명되기도 하였다. 조선에 부임하였다가 사망한 가와기타 도시스케河北俊弼의 후임으로 조선 변리공사辨理公使에 영전되었고(1891년 3월 23일), 같은 달 31일 종4위로 승급되었다. 1893년 12월에 일본으로 귀국하였으며 이듬해인 1894년에는 중의원의원衆議院議員에 피선되었다. 1933년 향년 86세로 사망하였다.

1891년 4월 중순 조선을 향해 출발한 가지야마는 17일에 도착해 5월 2일 고종을 알현하고 국서를 봉정하였다. 가지야마는 울릉도 일본어민 어업금지 및 채취한 전복몰수 사건에 대한 항의, 함경도에서 내지행상하는 상인들의 화물에 과세한 데 대한 항의, 부산 일본전보국에 밀린 사용료 지불 독촉 등 전임자 곤도 마스키近藤眞鋤(→110) 재직 당시로부터 이어진 미결사건을 처리하고자 하였다. 가지야마가 조선주

재 변리공사로 재임하였던 1891~1892년간 조일 양국간 최대 외교적 문제는 크게 두 가지였다. 하나는 1889년 황해도 방곡령으로 인한 일본상인 손해배상 청구 문제였고 다른 하나는 제주도에서 일본어민들의 조업활동을 둘러싼 양국 어민간 마찰의 해결 및 어업관련조약인 조일통어장정朝日通漁章程 개정 문제였다. 가지야마는 한시적으로 일본인들의 어업금지 기간을 연장하는 것에 대해서는 동의하였으나 조선 정부 측의 어업관련조약 개정요구는 거부하였다. 당시 일본어민의 제주도민에 대한 살상사건이 몇 차례 발생하였다. 1891년 임순백 등 살상·약탈 사건, 이듬해 고달환高達煥 자상刺傷 사건, 오동표吳東杓 살상 사건 등이 대표적이다. 조선 정부는 이에 대하여 항의하였고 제주도 어업분쟁의 해결과 관련하여 일본 군함이 여러 차례 조선 연안을 정찰하기도 하였다. 예컨대 하야시 다케이치林武一의 황해·평안도 정찰遊歷, 야에야마함八重山艦의 황해·평안·전라 3도 정찰, 마야함摩耶艦의 전라도 정찰이 그에 해당한다. 가지야마는 그때마다 통행증護照 및 관문 발급을 요청하였다. 그 외에도 가지야마는 조선 정부 측에 인천 근해에서 어업에 종사하도록 허가한 일본어선의 수를 늘려줄 것을 요청하는 한편, 전라도 소안도所安島 근해에서 침몰한 이즈모마루出雲丸의 구조를 요청하였으며, 아울러 부산 영사관을 총영사관으로 개칭하는 건 등을 처리하였다. 스기무라 후카시杉村濬(→519)가 임시 대리공사로 임명된 후 1892년 12월 2일 일본으로 귀국하였다.

[참고문헌] 고려대학교아세아문제연구소 편『舊韓國外交文書: 日案』卷2(고려대학교아세아문제연구소, 1972), 上田正昭 外 共編「梶山鼎介」『デジタル版 日本人名大辭典+Plus』(講談社, 2009)

【김희연】

42
가지야마 도시유키
梶山季之(미산계지)　　　1930.1.2~1975.5.11

문학가, 언론인

조선 경성 출신. 부친이 조선총독부 토목기술자로

경성부청에서 근무한 관계로 경성에서 태어났다.

남대문소학교를 졸업하고 경성중학 4학년 때(15세) 일본의 패전으로 귀환할 때까지 유소년 시절의 15년 동안을 조선에서 생활했다. 1945년 11월 히로시마현廣島縣으로 귀환했다. 히로시마고등사범학교를 졸업했고 1952년 5월에 일제강점기 창씨개명을 소재로 한 소설 「족보族譜」(『廣島文學』)를 발표하면서 작가 활동을 시작했다. 제15차 『신사조新思潮』의 동인이 되어 소설을 발표했고, 『문예춘추文藝春秋』의 르포라이터로서 활약했다. 가지야마는 전후 가장 이른 시기에 조선 체험을 소설로 쓴 작가였다. 가지야마는 작가 활동 초반에 조선을 소재로 한 작품을 다수 남겼는데, 그 대표작 중의 하나인 「이조잔영李朝殘影」(『別冊文藝春秋』, 1963. 3)은 1953년 4월에 발표한 「무지개 속霓のなか」(『廣島文學』)을 개작한 작품으로, 제49회 나오키상直木賞 후보에 올랐고 1967년 최초의 한일합작영화로 신상옥 감독에 의해 영화화되어 그해 대종상 대상 후보가 되기도 했다. 「이조잔영」은 1940년 여름, 경성의 사립여학교 미술교사 노구치 료키치野口良吉가 우연히 기생 김영순金英順이 추는 조선의 궁중무용을 보고 감동하여 그 아름다움을 그림으로 그려 선전鮮展(조선미술전람회)에 출품하기까지의 과정을 묘사하고 있다. 이 작품은 1963년에 간행된 가지야마의 첫 작품집인 『이조잔영』(文藝春秋新社)에 표제작으로 수록되었다. 사회추리소설 「검은 시주차黑の試走車」(光文社, 1962)를 발표하면서 문단의 주목을 받았고, 이후 폭넓은 자료조사, 현장조사를 바탕으로 르포라이터, 기업소설, 산업스파이소설, 풍속소설, 추리소설, 포르노 소설 등 왕성한 집필활동을 하여 당대의 유행작가가 되었다. 작품에 「꿈의 초특급夢の超特急」(光文社, 1963), 「그림자의 흉기影の凶器」(講談社, 1964), 「붉은 다이아赤いダイヤ」 상하(集英社, 1962, 1963), 「푸른 군상青い群像」(集英社, 1969) 등이 있고, 월간지 『소문噂』을 창간했다. 1975년 5월 홍콩에서 취재 도중 위궤양으로 급사했다.

일본의 대표적 대중문학작가로 알려진 가지야마지만, 그에게 있어 평생의 문학적 테마는 그 자신이 밝히고 있듯이 조선, 이민, 원폭이었다. 그의 사후, 조선을 소재로 한 소설만을 모은 작품집 『성욕이 있는 풍경性欲のある風景』(河出文庫, 1985)이 출간되었다. 가지야마가 수집한 장서 가운데 조선, 이민, 원폭 관계의 자료 7천여 점은 그의 사후인 1977년에 하와이대학 해밀턴도서관에 기증되어 '가지야마 도시유키 기념문고'로 남아있다.

[참고문헌] 『李朝殘影―梶山季之朝鮮小說集』(インパクト出版會, 2002), 日本近代文學館 編 『日本近代文學大事典 第一卷』(講談社, 1977), 이원희 「가지야마 도시유키(梶山季之)와 조선」 『일본어문학』 38(일본어문학회, 2007), 牛口順二 「梶山季之文學の中の朝鮮」 『季刊 三千里』 冬號(1981)　　　　　　　【신승모】

43
가지와라 스에타로
梶原末太郎(미원말태랑)　　　　　1872.6.2~?

실업가

오이타현大分縣 시모게군下毛郡 출신. 1887년 10월 조선으로 건너와 경성에서 석유, 해산물, 방직물, 곡물 등에 대한 무역업을 통해 자본을 확보했다. 1920년대부터 이 관계 사업들의 주식회사에서 대주주 혹은 이사 및 감사 등의 중역으로 재임하는데, 금융업, 곡물 매매 및 수출업, 직물 수출업이 관련 주식회사였다. 가지와라가 대주주 및 이사로 재직했던 일반 은행 및 금융업 관련 주식회사에는 조선실업은행朝鮮實業銀行과 경성주식현물거래시장京城株式現物取引市場, 경성신탁京城信託이 있다. 곡물 매매 및 수출업 관련 회사로는 등부상회藤富商會가 있었으며, 여기서 1937년까지 이사로 재직했다. 당 회사는 곡물매매업 이외에도 토지가옥매매, 각종 보험대리업, 철도소화물 취급 등도 겸하고 있었다. 가지와라의 직물 회사로는 조선제면朝鮮製綿과 조선나사제품朝鮮羅紗製品, 조선직물朝鮮織物이 있었고, 가지와라는 여기서 각각 대주주와 이사 그리고 감사로 활동하는 한편, 같은 사업상 맥락에서 조선직물총회 감사와 경성곡물상조합 위원으로 활동하기도 했다.

경제 활동 이외의 공직 활동으로는 경성거류민단

및 경성 일본인 상업회의소 의원으로 9년간 활동했으며, 당시 도로개축위원, 위생방역 위원 등으로도 활동했다. 1915년 이후 조선인과 통합되어 만들어진 경성상업회의소에서는 1917년에 2기 상업회의소 평의원으로 활동하였다.

[참고문헌] 中村資郎 『朝鮮銀行會社組合要錄』(東亞經濟時報社, 1931~1942), 朝鮮實業新聞社 編 『(朝鮮在住內地人)實業家人名士典: 第1編』(朝鮮實業新聞社, 1913), 朝鮮公論社 編 『(在朝鮮內地人)紳士名鑑』(朝鮮公論社, 1917), 朝鮮中央經濟會 編 『京城市民名鑑』(朝鮮中央經濟會, 1922) 【기유정】

44

가쿠 덴민
加來天民(가래천민)　　　1895.10.12~1985

약리학자, 대학교수

구마모토현熊本縣 출신. 1917년 구마모토약학전문학교熊本藥學專門學校의 전신인 규슈약학전문학교九州藥學專門學校를 졸업한 뒤 만철중앙시험소滿鐵中央試驗所에서 근무하였다. 1921년 6월 경성의학전문학교 강사로 임명되어 조선에 건너와 조교수를 거쳐 교수로 승진하며 1938년까지 재직한 후, 베이징대학北京大學 교수가 되었다. 1946년 일본으로 귀국, 교수로 활동하였으며 1985년 사망하였다.

1921년 10월 경성의학전문학교 조교수, 1926년 교수가 되었으며, 1927년 12월 경성제국대학 조교수가 되고, 1930년 약학박사를 취득하였으며, 1938년까지 재직하였다. 강사나 교수 이외에도 1922년 조선총독부 의원의 약제수藥劑手, 1923~1926년 경무국 위생과 기수技手, 1926~1938년 약제사시험위원 위원 등을 역임하고, 소록도, 광주도립병원光州道立病院, 세브란스병원 등에서 나병환자를 치료하였다.

1938년 이후에 베이징대학 교수로 옮겼는데, 그 배경이 경성제국대학 의학부장으로부터 배척당했기 때문이라는 설이 있다.

1946년 귀국한 후 1949년부터 구마모토대학熊本大學 약학부 교수, 약학부장 등으로 근무하다가 1960년

에 정년퇴직하고, 1968년 4월부터 1969년 3월까지 도쿄이과대학東京理科大學 교수로 근무하였다. 저서로 『약효학藥效學』(醫齒藥, 1956)이 있다.

[참고문헌] 朝鮮新聞社 編 『朝鮮人事興信錄』(朝鮮新聞社, 1922), 中村資良 『京城仁川職業名鑑』(東亞經濟時報社, 1926), 朝鮮紳士錄刊行會 『朝鮮紳士錄-昭和六年版』(朝鮮紳士錄刊行會, 1931), 이충호 「일제강점기 조선인 의사교육에 종사한 일본인 교사에 관한 자료」 『역사교육논집』 45(역사교육학회, 2010) 【조미은】

45

가쿠 에이타로
加來榮太郎(가래영태랑)　　　1860~?

실업가

후쿠오카현福岡縣 부젠노쿠니豊前國 지쿠조군築上郡 야마다무라山田村 출신. 유년시절에 대해서는 알려진 것이 별로 없으며, 후쿠오카중학교福岡中學校나 시가현사범학교滋賀縣師範學校, 혹은 메이지법률학교明治法律學校 졸업생이었다고 전해지기도 한다. 또한 오사카부중학교大阪府中學校에서 교편을 잡은 적이 있다고 한다.

1888년 처음 한국에 왔다고 하는데 정확한 장소는 알 수 없다. 1894년에 소자본을 가지고 인천에 왔다는 것으로 보아, 처음에는 부산 또는 원산 개항장에 도착했을 가능성이 높다. 도쿄에 본점이 있었던 사에구사상점三枝商店 인천지점의 감독을 지내면서 인천미두米豆거래소의 창립에 적극적으로 참여했다. 1898년 인천미두거래소가 독점거래 등의 폐단이 있자 영사관은 이를 강제 해산했다. 그는 해산의 부당함을 주장하고, 도쿄로 가서 일본 정부 당국자들을 대상으로 거래소 부흥운동을 전개했다. 1899년 인천미두거래소가 다시 설립되면서 이사장에 취임했다. 인천미두거래소의 재설립은 그의 노력에 힘입은 바 크다고 할 수 있다.

1908년 시점에 그가 경영했던 중요 사업체는 다음과 같다. 가쿠加來 상점은 가마니를 직수입하고, 석유, 선구船具, 연초 등을 판매했다. 1905년 창설된 가

부키좌歌舞伎座는 인천에서 제일 큰 극장 중의 하나였다. 인천 어시장은 오키쓰 도주로沖津戶十郞가 경영할 때 그를 도와 업무를 독려하면서 거래소의 기초를 확립시켰다. 그는 인천 어시장의 전문 이사였고 시장 주식의 대부분을 소유했다.

1904년에는 상업회의소 의원을 거쳐 회장을 지냈고, 일본거류민회 상의원을 지냈다. 인천 거류지 번영을 위해 다양한 계획을 세우고 거류민 사회의 대소사에 관여했다.

[참고문헌] 다카사키 소지 저, 이규수 역『식민조선의 일본인들』(역사비평사, 2006), 中田孝之介『在韓人士名鑑』(木浦新報社, 1905), 外務省通商局『在外本邦人農工商家漁業者人名錄, 農商工業等二從事スル在外本房人營業狀態取調1件』(外務省通商局, 1905), 高橋刀川『在韓成功之九州人』(虎與號書店, 1908) 【김윤희】

46
가타오카 가도(4대)
片岡我童(4代目)(편강아동(4대)) 1882.9.9~1946.3.16

가타오카 도키치片岡東吉(본명), 2대 가타오카 쓰치노스케片岡土之助(예명), 12대 가타오카 니자에몬片岡仁佐衛門(예명)
가부키歌舞伎 배우

도쿄부東京府 출신. 8대 가타오카 니자에몬片岡仁佐衛門이 외조부이다. 본명은 가타오카 도키치片岡東吉로 10대 가타오카 니자에몬의 양자로 들어갔다.

1885년에 도쿄 지토세좌千歲座(현 메이지좌明治座)에서 가타오카 도키치의 이름으로 첫 무대에 섰는데, 그 후 1896년 도쿄 가부키좌歌舞伎座에서 〈증보 모모야마모노가타리增補桃山譚〉 공연을 통하여 2대 가타오카 쓰치노스케片岡土之助로, 1901년 오사카 가도좌角座에서 〈이모세야마妹背山〉 공연으로 4대 가타오카 가도片岡我童의 이름을 이어받았다. 1936년에는 도쿄 가부키좌에서 〈산젠료하루노쿠라이리三千兩初春藏入〉 공연을 통해서 12대 가타오카 니자에몬을 습명襲名하였다. 그는 〈우마키리馬切り〉에서 오다 노부나가織田信長의 배역으로 활약하였는데, 다치야쿠立役(성년 남성의 배역)와 온나가타女形(젊은 여성의 배역)를 모두

소화할 수 있는 거물급의 가부키 배우였다. 그러나 1946년 3월 16일에 도쿄의 자택에서 부인과 4남 그리고 2명의 가정부와 함께 당시 동거하고 있었던 그의 제자에게 도끼로 살해되는 참사를 당했다.

조선 공연으로는 1921년 8월과 9월의 공연이 확인된다. 8월 공연은 12일과 15일에 이루어졌는데, 이것은 경성극장이 개장을 축하하는 공연이었다. 그는 이 공연을 위해 동월 6일에 그의 일행 120여 명과 함께 경성에 도착하였는데, 재조선 예기藝妓 100여 명이 그들을 마중하기 위해 경성역에 나갔던 사건이 큰 화제를 불러일으켰다. 상연 목록은 12일에는 〈나쓰마쓰리나니와카가미夏祭浪花鑑〉, 〈겐페이누노비키노타키源平布引滝〉 등이, 15일에는 〈이가고에도추스고로쿠伊賀越道中雙六〉, 〈실록 센다이하기고텐노바實錄先代萩御殿の場〉, 〈산카쓰한시치 하데스가타온나마이기누사카야노바三勝半七 艶姿女舞衣酒屋の場〉 등이었다.

9월 공연은 오사카 대가부키 합동 다이이치좌大阪大歌舞伎合同大一座 공연으로 가타오카를 비롯하여 간사이關西 가부키를 대표하는 배우들인 이치카와 아라고로市川荒五郞, 아라시 간쇼嵐巖笑 등으로 구성되었다. 이들 이치좌一座는 7일에 경성에 도착하였으며, 공연은 8일 및 11~13일에 경성극장에서 흥행되었다. 상연 목록으로는 8일에 〈유쇼쿠가마쿠라야마有職鎌倉山〉, 〈게이세이아와노나루토 돈도로타이시노바傾城阿波の鳴門 どんどろ大師の場〉, 〈신레이야구치노와타시神靈矢口渡〉가, 11~13일에는 〈가나데혼추신구라假名手本忠臣藏〉, 〈오슈아다치가하라 소데하기사이몬노바奧州安達ヶ原 袖萩祭文の場〉, 〈우메가와 주베에 고이노다요리야마토노오라이 후인기리노바梅川忠兵衛戀飛脚大和往來 封印切の場〉가 있다. 8일인 공연 첫날은 오후 5시에 티켓이 매진될 정도로 인기가 있었고, 경성화장품공영회와 경성일본사후원클럽의 관극회觀劇會가 준비되었다. 본 공연이 끝난 후 14일에는 대구로 이동하여 15, 16일 대구좌에서, 18~21일에는 부산에서 흥행을 이어나갔다.

[참고문헌] 野島壽三郞 編『歌舞伎人名事典』(日外アソシエーツ株式會社, 1988), 金志善・鹿倉結衣「植民地朝鮮における歌舞伎公演の實態-『京城日報』の歌舞

伎記事を手がかりに－」『東京藝術大學音樂學部紀要』
43(東京藝術大學, 2018), 「歌舞伎의 大御所 市村羽左
衛門과 片岡我童 일행 120명 만주황군위문의 돌아오는
길, 드디어 오는 20일 21일 양일간 부산극장에서 개연」
(『釜山日報』, 1935.7.8.)   【김지선】

47
가타오카 기사부로
片岡喜三郎(편강희삼랑)   1883.08.22~?

히스이翡翠(필명)
교사, 언론인

지바현千葉縣 가토리군香取郡 출신. 지바현립사범학
교千葉縣立師範學校를 졸업하였다. 20대에 지바현 가
이조군海上郡 쓰루마키鶴卷 심상고등소학교의 교장
을 역임한 바 있다.

일본에 의해 강제 병합되기 전인 1909년 한반도로
건너와 인천의 거류민단에서 설립한 소학교의 교사
가 되었다. 이어서 1911년부터 1913년까지는 경성 히
노데소학교日出小學校의 교사, 1914년부터 1916년까
지는 개성소학교開成小學校의 교장을 맡는다.

이윽고 1917년 다시 경성으로 돌아오게 되었으며
용산소학교龍山小學校의 교사, 1920년부터 1924년까
지는 종로소학교鐘路小學校의 교장, 1925년부터 1929
년까지는 모토마치소학교元町小學校의 교장을 역임
하다가 1929년 11월 교편을 놓는다. 그간 경성의 아
동생도의 수용계획, 교육비 예산의 운용, 중등학교
증설 등을 주장하여 동시대 재조일본인들로부터 조
선 교육의 쇄신에 공로가 크다고 평가되었고 부회府
會 의원으로 당선된다. 교편을 놓은 이후 변호사 다
카하시 쇼노스케高橋章之助(→296)가 주재한 조선교육
신문사에서 글을 쓰다 이듬해 다카하시가 타계하자
1930년부터 월간지 『조선교육신문朝鮮教育新聞』을 경
영하며 1939년 7월 신병身病을 이유로 물러난다. 이
월간지에 꾸준히 게재한 글 외에도『유머 수필 신선로
ユウモア隨筆神仙爐』(1929), 『현대 여성의 해부現代女性
の解剖』(1931), 『쇼와 일본의 부인昭和日本の婦人』(1934)
과 같은 단행본을 저술하였다. 여성 혐오적 발언이

보이는 등 제국의 남성적 시선을 노정한 점에서 문제
적이지만, 가타오카는 1910년대부터 30년대에 걸쳐
교육과 여성 관련에서 비교적 활발한 문필 활동을
보인 인물이었다고 할 수 있다.

가타오카의 1940년 이후의 행적이나 활동 기록은
확인되지 않는다.

[참고문헌] 엄인경 외 공역『유머수필 신선로』(학고방,
2013), 大京城公職者名鑑刊行會編纂係 編『大京城公
職者名鑑』(京城新聞社, 1936), 『朝鮮教育新聞』(朝鮮
教育新聞社, 1929~1939), 이선윤「제국과 '여성 혐오
(misogyny)'의 시선」『日本研究』39집(중앙대학교 일
본연구소, 2015)   【엄인경】

48
가타오카 세이타로
片岡晴太郎(편강청태랑)   ?~1966.4.10

교사

시가현滋賀縣 출신. 1913년에 도쿄음악학교東京音樂學
校 갑종사범과甲種師範科를 졸업하였다. 졸업 후 돗토
리현사범학교鳥取縣師範學校 교사로 활동하였다. 이
후 1920년대 후반에 조선에 건너와 종전까지 평양사
범학교와 대구사범학교에서 음악 교사로 활동하였
다. 초등음악교육과 관련한 창가를 작곡하는 등 교
육 활동뿐 아니라 음악 활동도 하였다.

정확한 도한 시기는 알려져 있지 않으나『조선총
독부 및 소속관서직원록朝鮮總督府及所屬官署職員錄』
(1929~1941)의 기록에 의하면 1928년 즈음에 건너온
것으로 추정된다. 1929년에 평양사범학교가 설립되
었는데 학교 설립 당시 촉탁교원으로 초빙되었을 것
으로 보인다. 이후 1944년 대구사범학교 교수로 발
령받았다.

1939년에 경성사범학교에서 편찬한『초등창가初等
唱歌』에는 그가 작곡한〈바다의 첫날海の初日〉(제4학
년), 〈일본해군전日本海軍戰〉(제6학년)이 실려 있는데
이처럼 그는 작곡 활동도 하였다.

1942년 12월 11일부터 이틀간 조선음악협회주회
로 음악경연대회가 열렸는데『신시대新時代』(1943년 2

월호)에 의하면 본 대회 바이올린 입상자로 평양사범학교 재학 중이었던 기무라 도시오木村敏男가 그에게 사사하였다는 기사가 있다. 교원으로서 음악에 재능이 있는 제자를 후원한 것으로 보인다.

[참고문헌] 東京音樂學校 編 『東京音樂學校一覽 從明治四十五大正元年至大正二年』(1911~1912), 松下鈞 編 『近代日本音樂年鑑』(大空社, 1997), 東京藝術大學音樂部 『同聲會會員名簿』(廣濟堂, 2013), 新時代社 『新時代』(新時代社, 1943.2)　　　　　　　【김지선】

49

가토 간카쿠
加藤灌覺(가등관각)　　　　　1870.9~1948

베키호覓峰(호)
관료

나고야시名古屋市 아쓰타초熱田町 출신. 1894년 시종時宗(일본 중세에 부흥한 정토교淨土敎의 한 종파) 서부학림西部學林 본과 전문부를 졸업한 이후, 시종 동부학림東部學林 전문부 촉탁 강사(종교사)를 거쳐, 1899년부터 1902년까지 독일학협회학교獨逸學協會學校 및 도쿄제국대학東京帝國大學 인류학교실 등에서 독일어, 러시아어 및 인류학을 학습했다. 1902년 처음으로 대한제국을 방문하고, 도쿄제국대학 인류학회 촉탁으로 러시아에 유학, 1904년 러일전쟁을 피해 중국 및 남양 방면에서 유학, 1908년 한반도를 필드 조사했고, 그 이후 한국어 연구를 목적으로 재차 도한했다. 1914년 5월 도리이 류조鳥居龍藏를 수행해 경주를 조사한 이래 주요 요인을 안내했다.

가토는 1914년 7월 이후 조선총독부 촉탁 업무를 수행했다. 처음에는 조선 역사지도의 편제編製 촉탁을 수행하며, 1915년 '시정 5년 기념 조선물산공진회 사무 촉탁'을 겸임, 1916년 3월부터 패전까지 학무국에서 30년 가까이 '조선어에 관한 편수사무 촉탁' 등을 담당했다. 1922년 3월 고적 조사 사무, 1922년 11월 고서에 관한 조사 사무, 1923년 2월 '지나어' 번역에 관한 사무, 1924년 11월 관습 조사 사무, 1926년 3월 조선 고래古來의 홍수 및 관측에 관한 조사 사무,

1933년 1월부터 1938년까지 연초煙草에 관한 문헌 기타 자료수집 및 조사 사무를 수행했다. 그 외에 『조선』 편집에 관한 사무, 1924년부터 1929년까지 조선미술심사위원회 서기 등의 업무 등을 맡았다. 총독부직원록에 의하면, 가토는 1936년 경성제국대학京城帝國大學 법문학부 촉탁을 역임했는데, 경성제국대학 법문학부 교수 아키바 다카시秋葉隆(→635)의 의뢰로 민속자료, 역사 참고품, 고문적古文籍 등의 수집조사에 관한 사무를 담당한 것으로 보인다.

실제로 1936년까지 총독관방 문서과 및 외사과外事課, 내무국, 학무국(편집과, 학무과, 사회과), 경성제국대학, 전매국, 경성전기 등 여러 부서의 촉탁을 수행했다. 독일어, 러시아어, 중국어, 조선어에 능통했으며 세계 풍속을 연구 조사해, 남양南洋, 중국을 비롯한 호주·자바·수마트라·인도차이나·인도 각국 및 만주·러시아령 시베리아·몽골 등을 두루 조사했다. 필드워커로서의 재능을 인정받아 도리이, 아키바 등을 수행해 고적, 민속조사 등을 돕고, 역사학과 고문헌에도 정통하여 학무국 편집과장 오다 쇼고小田省吾(→704)와 함께 『진해요항 부근의 사적개설鎭海要港附近の史蹟槪說』(鎭海要港部, 1926)을 출간했다. 각종 향토사 강연회에 참가했고, 『향토자료 경성오백년鄕土資料京城五百年』(京城府公立普通學校敎育會, 1926)도 그의 강연을 위주로 한 것이다.

가토는 역사, 사회, 종교, 문화민속, 박물학 관련의 다양한 글을 남겼는데, 1910년대 학무국 구비문학 조사와 관련해 1921년과 이듬해 1월에 조선총독부 기관지 『조선朝鮮』에 「닭의 해에 기인하는 조선 지명과 기타 문헌鷄(西)年に因む朝鮮の地名と其の他の文獻」 등을 발표해 1910년대 학무국 조사 자료를 활용했다. 나아가 『조선』에 「내선융화의 모범촌 사쓰마의 나에시로가와무라內鮮融和の模範邨薩摩の苗代川村」(1921.4~9), 『문교의 조선文敎の朝鮮』에 「일본 내지의 단오절구와 조선의 단오절日本內地に於ける端午の節句と朝鮮の端午節」(1929.5) 등을 발표하고 조선사학회의 『조선사강좌朝鮮史講座』(1924)에도 「조선 구사회사정朝鮮舊社會事情」과 「조선도자기 개요朝鮮陶磁器槪要」를 게재하였다. 가토의 글은 '일선동조론日鮮同祖論'에

기초해 한일 유사성을 강조하고 있는데, 중일전쟁 이후 내선일체론은 더욱 강화되었다. 1940년 4월, 시정 30년을 기념해 총독부 구관저에 개관한 시정기념관施政記念館 주임을 겸임하며 조선총독부 시정을 선전했다.

말년에는 한국인 이씨 부인과 왜성대 부근에서 동거하며 패전 후에도 한반도에 잔류했다. 초대 국립중앙박물관장 김재원에게 시정기념관을 민속관으로 바꾸고, 보좌역으로라도 있게 해 달라 간청했지만 이루어지지 않았다. 전주 이씨라 내세우며 '이관각李灌覺'으로 가난하게 살다 1948년 한국에서 노령으로 사망했다.

[참고문헌] 김광식 『식민지 조선과 근대설화』(민속원, 2015), 김재원 『박물관과 한평생』(탐구당, 1992), 森田芳夫 『朝鮮終戰の記錄』(巖南堂書店, 1964), 朝鮮總督府 編 『朝鮮總督府及所屬官署職員錄』 1910~1943(ゆまに書房, 2009), 貴田忠衛 『朝鮮人事興信錄』(朝鮮人事興信錄編纂部, 1935), 越智兵一 編 『朝鮮總督府始政二十五周年記念表彰者名鑑』(朝鮮總督府始政二十五周年記念表彰者名鑑刊行會, 1935), 藤田亮策 「加藤勸覺さん」 『月刊親和』 66(日韓親和會, 1959)

【김광식】

50
가토 게이사부로
加藤敬三郎(가등경삼랑)　　　　1873.4.19~1939.12.3

관료, 정치인

아이치현愛知縣 출신. 가와무라 히로시川村浩의 아들로 태어났으나 가토 가加藤家의 양자가 되었다. 1897년 7월 사립 일본법률학교日本法律學校를 졸업하고, 그해 12월 고등문관시험 행정과 시험에 합격했다. 1898년 2월 체신성 통신서기通信書記로 전무국電務局에 배속되었으나, 그해 11월 후쿠시마우편전신국장福島郵便電信局長으로발령을 받았다. 이후 오카야마우편전신국장岡山郵便電信局長, 나가사키우편전신국長崎郵便電信局 감리과장, 가나자와우편전신국金澤郵便電信局 감리과장, 오사카우편전신국大阪郵便電信局

감리과장, 우쓰노미야우편전신국장宇都宮郵便電信局長 등을 역임했다. 러일전쟁 당시에는 군軍 우편부장으로 종군했다. 1906년 3월 센다이우편국장仙臺郵便局長이 되었고 이후, 일본대박람회 사무관, 다카마쓰우편국장高松郵便局長, 고베체신관리국장神戸遞信管理局長, 규슈체신국장九州遞信局長으로 일했다. 1913년 10월 관직에서 물러나 일본권업은행日本勸業銀行에 임용되어 발행과장, 이사 등을 역임했다. 1924년 홋카이도척식은행北海道拓植銀行 은행장으로 취임했다.

1927년 12월 8일 조선은행 총재로 취임했다. 조선은행은 제3대 총재인 미노베 슌키치美濃部俊吉(→412) 재임(1916.11.2~1924.2.1) 이래 심각한 경영난에 처해 있었다. 미노베에 이어 취임한 제4대 총재 노나카 기요시野中淸와 제5대 총재 스즈키 시마키치鈴木嶋吉 역시 모두 임기를 채우지 못하고 중도 퇴사했다. 가토는 제6대 총재로 취임해 1937년 12월 7일 퇴임하기까지 경영 정리를 주도하고 10년 동안 조선은행의 기틀을 잡았다. 그는 취임 이후 조선은행의 영업 규모와 범위를 축소하고, 방대했던 권익 범위를 축소시키는 등 긴축정리 방침을 고집해 '도깨비 총재'라는 별명을 얻었다. 또한 조선금융조합연합회 고문, 조선금융제도조사회 위원, 조선간이생명보험사업 자문위원회 위원, 조선토목회의 위원 등의 금융·경제 관련 공직을 겸임했으며, 조선무역협회장, 조선철도협회 고문, 경성상공회의소 특별의원 등으로 반관반민 단체에서도 활동했다. 친일단체인 동민회同民會의 고문이었으며, 조선총독부와 군부軍部의 지원을 받아 결성된 대아시아주의 황도사상단체 '조선대아세아협회朝鮮大亞細亞協會'의 회장을 역임하기도 했다. 조선은행 총재 재임 당시 저술한 조선 관련 저술로 「조선 경제의 전망朝鮮經濟の展望」(『朝鮮』 235, 1934.12), 「세계 경제의 귀추와 우리나라 재계의 정세世界經濟の歸趨と本邦財界の情勢」(『朝鮮』 236, 1935.1), 「선만과 중국 경제계의 대세鮮滿竝に支那に於ける經濟界の大勢」(『朝鮮及滿洲』 357, 1937.8) 등이 있다.

1937년 12월 조선은행을 퇴직하여 일본으로 돌아갔다. 1938년 1월 7일 다액납세자로 칙선勅選 귀족원 의원이 되었다. 1939년 사망했다.

[참고문헌] 친일인명사전편찬위원회『일제 협력단체사전: 국내 중앙편』(민족문제연구소, 2004), 秦郁彦 編『日本官僚制總合事典: 1868-2000』(東京大學出版會, 2001), 秦郁彦 編『日本近現代人物履歷事典』(東京大學出版會, 2002), 鄭秀日「朝鮮 金融界 王座인 朝鮮銀行의 正體 解剖」『개벽』3(開闢社, 1935.1), 조명근「日帝의 國策金融기관 朝鮮銀行 연구」(고려대학교 박사학위논문, 2011)　【양지혜】

51
가토 교헤이
加藤恭平(가등공평)　생몰년도 미상

영화인

조선키네마프로덕션에서 〈농중조〉(1926), 〈아리랑〉(1926), 〈풍운아〉(1926), 〈들쥐〉(1927), 〈금붕어〉(1927) 등 나운규가 연출한 작품들과 남궁운(김태진) 감독의 〈뿔 빠진 황소〉(1927) 등의 촬영을 맡았다. 이를 통해 그는 초창기 조선 무성영화의 제작이 자리를 잡고 그 수준이 궤도에 오르는 과정에서 중요한 역할을 행하였다.

또한 후일 나운규프로덕션에서 촬영을 담당하고 1930년대에는 고려영화협회를 운영하며 조선 영화계를 이끄는 인물로 성장하는 이창용이 이들 영화에서 촬영 보조를 맡았고 〈들쥐〉에서는 공동 촬영으로 이름에 올렸다는 점에서, 무성영화 성장기 영화 촬영 부문에서 일본인과 조선인의 교류와 도제 양상을 보여준 중심적인 인물이었다고 할 수 있다.

[참고문헌] 김남석 『조선의 영화제작사들』(한국문화사, 2015), 한국영상자료원 편역『일본어 잡지로 본 조선영화 2』(현실문화연구, 2011)　【함충범】

52
가토 긴타로
加藤金太郎(가등금태랑)　1864~?

영화인

에도江戶(현 도쿄도東京都) 출신. 1904년 철도원으로

만주에 파견되었다가 1년 후 일본으로 돌아왔으며, 1905년 다시 만주로 건너가서 철도원 제1건축반 조장으로 4년 정도 근무하고 일본으로 귀국하였다. 이후 경성으로 와서 1908년 길야정吉野町에서 요정을 개업했다. 1917년부터는 개성좌開盛座 관련 일을 시작한 것으로 보인다. 개성좌는 용산 영정榮町에 위치하였으며 용산의 유일한 극장으로 설립 당시부터 관객들에게 평가가 좋아 성황을 이루었다고 한다. 1925년 12월에는 경성보화학원京城補化學院이 주최하는 음악, 무용, 연극회를 개최하기도 했는데 이때 공연된 연극은 〈희망의 눈물〉 2막, 〈허영虛榮〉 2막의 사회극이 공연되었으며 강연장으로 사용되기도 했다.

[참고문헌] 有賀信一郎 『大京城』(朝鮮每日新聞社出版部, 1929)　【홍선영】

53
가토 데쓰지로
加藤鐵次郎(가등철차랑)　1872.1.15~?

실업가

기후현岐阜縣 기후시岐阜市 출신. 1905년 조선으로 건너와 다년간에 걸쳐 사업을 확장시켜 신의주의 원로격格 실업가로 활약하였다.

국경도시 신의주에서 마루가상회丸加商會라는 상호로 미곡매매를 비롯하여 총환, 화약, 담배, 식염 및 기타 각종 품목을 취급하였고, 신의주전기, 평안금융신탁을 비롯하여 많은 사업을 펼쳤다. 신의주 도평의원, 신의주은행 은행장을 역임하였다. 신의주 상공회의소 회장으로서 다사도多獅島 축항築港 사업에 문제가 발생하자 총독부에 독촉하였을 뿐 아니라 중앙정부에 진정하여 귀족원과 중의원 의원들에게 유세하여 축항을 실현시켰다. 평안북도 도청 이전, 상공회의소 설치, 상업거래소 개설, 목제 관제 개정, 비행장 설치 등 지역 사업의 번창과 국경도시 개척을 위해 진력한 인물로 전해지고 있다. 또한 1927년 압강일보사鴨江日報社를 설립하여 일간지『압강일보鴨江日報』를 간행하여 주로 국경 사정을 보도하였고,『국경사진대관國境寫眞大觀』(압강일보사, 1934)을 출판하

여 서조선 국경지역의 풍경을 사진으로 담아내기도
했다.

[참고문헌] 朝鮮新聞社 編『朝鮮人事興信錄』(朝鮮新聞
社, 1922), 阿部薫 編『昭和12年版 朝鮮都邑大觀』(民衆
時論社, 1937), 朝鮮功勞者銘鑑刊行會 編『朝鮮功勞者
銘鑑』(民衆時論社, 1936)   【유재진】

54

가토 마스오
加藤增雄(가등증웅)   1853~1922.11

외무관료

미에현三重縣 출신. 24세(1877) 때 외무성에 들어가
관직 생활을 시작하였다. 1884년에는 외무 2등속에
서 1등속으로 승진, 외무성 공신국公信局에서 근무하
였다. 1890년 4월부터는 네덜란드 헤이그에서 공사
관 서기관으로 발령을 받았으며, 참사관으로 승진하
였다. 이후 이탈리아, 러시아 공사관에서도 근무를
하였다. 대신관방大臣官房 기록과장을 지내기도 하였
다. 1894년 6월부터 외무서기관 신분으로 조선에 파
견되었다가 이해 10월 1등 영사에 임명되었다. 1896
년 7월부터 주한일본공사관 1등 서기관을 겸임하여
근무하다가 이듬해 2월부터 조선 주재 변리공사에
임명되었다. 1898년 11월 특명전권공사로 승진하여
근무하다가 1899년 6월 한반도 근무로부터 면직되
었다. 1902년 4월 특명전권공사직에서 의원면직을
신청하였다. 이해 8월부터 재차 한국 정부의 요청에
따라 고문으로서 도한하였다. 1909년까지 근무하다
가 사직하고 귀국하여 도쿄로 돌아갔다. 1922년 11월
사망하였다.

1894년 10월부터 부산영사관에서 1등영사로 재직
하였다. 1896년 초에는 을미사변 이후 활발하게 활
동한 안동, 충주, 진주, 김해 등지 의병들의 봉기 동
향을 조사하여 본국에 보고하였다. 1896년 6월에는
고무라 주타로小村壽太郎(→81) 특명전권공사가 귀국
하고 나서 1등 영사 겸 2등 서기관으로서 임시대리로
업무를 처리하였다. 변리공사가 되고 나서는 일본의
경부철도 부설권 계약 체결을 성사시켰으며, 민영환

閔泳煥이 러시아에 가서 체결한 밀약의 전문을 고종
으로부터 입수하여 본국에 보고하기도 하였다. 아울
러 러시아공사 슈페이에르가 자국인을 대한제국의
재정고문으로 초빙하려 하자 주한영국공사 조단
Jordan과 협조하여 이를 좌절시켰다. 만민공동회 활
동이 활발하였던 시기에는 만민공동회 지지인사의
입각, 정부 조직의 개혁 등을 고종에게 권유하였다.
한편, 경성수비대의 훈련을 매주 통보하면서 일본군
의 우수성을 강조하고, 군사유학생을 일본으로 파견
할 것을 제안하기도 하였다. 특명전권공사로 승진하
여 한국에서 재직하다가 1899년 6월 귀국하였다.
1902년 5월 초에 다시 도한하여 하야시 곤스케林權助
(→928) 공사와 고종을 알현하였다. 이때 고종의 자문
에 응하여 10가지 항목으로 된 재정구제 방책을 제출
하였다. 여기에는 화폐제도와 수세 그리고 재정 관
련 기관들의 명확한 구별, 교통제도의 발달 등에 대
한 개혁 내용이 담겨 있었다. 1902년 7월 15일부터는
수륜원水輪院 부총재에 임명되었는데, 철도원鐵道院
감독을 겸임하였다. 같은 달에는 농상공부 고문관으
로 고빙되어 계약을 체결하고 농상공부 대신의 자문
에 응하여 상의한 후 처리할 수 있는 역할을 맡게
되었다. 1903년 8월에는 삼정검찰대원蔘政檢察大員
직책에도 임명되었다가 귀국하였다. 1904년 8월 중
순에 다시 도한하였다. 이해 9월부터 농상공부 고문
이면서 궁내부 고문을 겸임하게 되었다. 1904년 10
월에는 제실제도정리국帝室制度整理局 의정관, 관제
이정소官制釐正所 의정관으로도 임명되어 활동하였
다. 1905년 8월 농상공부 고문직에서는 계약기간이
만료됨에 따라 해고되었다. 하지만 궁내부 고문으로
계속 활동하면서 궁내부 관할 광산사무 등을 감독하
고, 사무를 궁내부대신과 협의하여 처리하는 역할을
담당하였다.

1909년 귀국한 이후, 일본권업주식회사日本勸業株
式會社 창립위원장을 맡았다가 1915년에 사기횡령 등
의 혐의로 기소되었다. 1916년 초까지 재판을 받고
최종적으로 유죄판결을 받았다. 그 후로 은거하면서
생활하다가 병을 얻어 1922년에 사망하였다.

[참고문헌] 서영희『대한제국 정치사 연구』(서울대학교

출판부, 2003), 현광호『대한제국과 러시아 그리고 일본』(선인, 2007), 信夫淳平『外交側面史談』(聚芳閣, 1927), 外務省外交史料館 日本外交史辭典編纂委員會 編『日本外交史辭典』(山川出版社, 1992) 【박한민】

55
가토 분쿄

加藤文敎(가등문교)   생몰년도 미상

승려

일련종日蓮宗의 승려.

1891년 교토京都 묘카쿠지妙覺寺의 아사히 니치묘旭日苗와 함께 부산에 건너왔다. 당시 부산항의 포교소(후에 묘카쿠지 부산 별원)는 주지가 없던 상황에 신도들의 요청으로 포교소에 머물렀다. 신도 단체인 국은회國恩會를 결성하고, 매주 일요일마다 회합을 여는 등 적극적으로 사원활동을 전개해 나갔다. 또한 인천과 원산의 신도들로 결성된 만인강萬人講을 조직하여 이들 도시에 묘카쿠지 별원 설치를 위한 활동을 하였다. 이는 재조일본인을 대상으로 하는 포교 활동이었으나 한편 조선 불교의 승려들과 교류하기도 하였다. 화엄종의 승려 쓰키노와 사이묘月輪再明와 법화경, 화엄경의 우열에 대해 논하고, 결국 쓰키노와 사이묘는 법화경을 근원으로 하는 통경사通慶寺를 건립하기에 이르렀다.

이후 조선 불교의 승려를 위한 교육 사업에 매진하였으며 1892년에는 범어사梵魚寺에서 주지 의룡義龍과 더불어 300여 명의 조선인 승려와 회합하였다. 그리고 기독교 세력에 대항하여 조선 불교의 혁신과 승려를 위한 교육 사업의 필요를 설파하였고, 1893년 일시 귀국하여 묘카쿠지의 해외선교회 간사로 취임하였다. 이후 인천의 가교장假敎場으로 부임하였으며, 1894년부터 본격적으로 인천에서 포교를 개시하였다.

주요 저서로『풍속불교조선토론風俗佛朝鮮對論敎』,『한국개교론韓國開敎論』등이 있다.

[참고문헌] 中西直樹 『植民地朝鮮と日本佛敎』(三人社, 2013), 加藤文敎『韓國開敎論』(加藤文敎, 1900)
【야마모토 조호山本淨邦】

56
가토 사부로

加藤三郞(가등삼랑)   1885.9.17~?

금융인

아이치현愛知縣 아마군海部郡 다쓰타무라立田村 출신. 1911년 고베고등상업학교神戶高等商業學校를 졸업하였다.

상업고등학교를 졸업한 후 조선으로 건너와 함흥지방 금융조합에 이사 수습생으로 들어갔다. 1912년 북청금융조합 이사로 근무하다 1918년 식산은행이 설립되자 식산은행으로 이적하였다. 식산은행 부산지점장(1919), 강계지점장(1920), 포항지점장, 회령지점장, 사리원지점장, 전주지점장을 역임한 후 1939년 식산은행 광주지점장으로 임명되었다. 식산은행의 고참古參으로서 북조선 지역 금융조합의 이사로 수년간 지냈다.

『사업과 향인事業と鄕人』제1집에 의하면 식산은행 지점장으로서 공로가 많았고 지방 산업 개발을 위해서 심대한 공헌을 하였다는 평을 받고 있다.

[참고문헌] 朝鮮新聞社 編『朝鮮人事興信錄』(朝鮮新聞社, 1922), 阿部薰 編『昭和12年版 朝鮮都邑大觀』(民衆時論社, 1937), 高橋三七『事業と鄕人 第1輯』(實業タイムス社, 1939) 【유재진】

57
가토 산노스케

加藤三之輔(가등삼지보)   1914.1.31~2006.3.6

가토 산페이加藤三平(본명)

실업가

평안남도 출신. 조선 정미업계의 패자로 군림한 가토 헤이타로加藤平太郞(→61)의 차남으로 태어났다. 도쿄 내 사립중학교인 세이소쿠중학正則中學을 졸업한 후 다시 조선에 돌아와 부친의 사업을 도왔다.

부친의 주력 기업인 합자회사 가토정미소加藤精米所의 중역 사원으로 활동했다. 가토 정미소는 1918년 창립되었으며, 본점을 평안남도 진남포에 두었다.

주력사업인 정미업 외에 부대사업으로 곡물매매, 창고, 위탁매매, 비료판매, 토지가옥 및 물품 대부, 금전 대부 등도 병행하였다. 일제 말까지 가토의 지위에는 변함이 없었다.

전범으로 송환되어 1952년까지 스가모구치소巢鴨拘置所에서 복역했다. 출옥 후 기타큐슈北九州로 돌아가 부친의 가네미창고주식회사カネミ倉庫株式會社를 승계하여 경영하였다.

[참고문헌] 鎌田白堂 『朝鮮の人物と事業』第1輯 湖南篇(實業之朝鮮社出版部, 1936), 上田正昭·西澤潤一·平山郁夫·三浦朱門 編 『日本人名大辭典』(講談社, 2001)   【배석만】

58
가토 세이이치
加藤淸一(가등청일)   1884~?

의사, 영화인
본적은 교토부京都府이다. 1909년 교토의학전문대학京都醫學專門大學을 졸업하였으며, 같은 학교 소아과에서 조교수로 재직한 바 있다.

가토가 조선으로 이주한 시점은 1911년 10월이었다. 부산거류민단립병원에서 소아과 진료를 맡았다. 1916년 5월에는 부산 자택에 가토소아과加藤小兒科를 개원하였다.

이후 조선의 첫 민간영화사인 조선키네마주식회사의 창립 멤버가 되었다. 자본금 75,000원, 불입금 18,750원으로 1924년 7월 11일 부산에 세워진 이 회사에서는 총포화약상 나데 오토이치名出音一가 대표직에, 가토 세이이치와 일련종日蓮宗 출신으로 부산 묘각사妙覺寺 주지였던 다카사 간조高佐貫長(→283)가 이사에 이름을 올렸다. 또한 변호사 구보타 고로窪田梧樓와 다나카 요시노리田中美登가 감사역을, 아쿠쓰 마사아키阿久津正明가 지배인을 맡았다. 아울러, 〈해의 비곡〉의 사이토齋藤와 스도須藤, 〈운영전〉의 미야시타宮下, 〈신의 장〉의 니시카와西川 등 일본인 기술자들이 촬영을 담당하였다.

조선영화주식회사에서는 다카사 간조가 왕필렬王

必烈이라는 조선식 이름으로 창립작 〈해의 비곡〉(1924)을 비롯하여 〈신의 장(원제: 암광)〉(1925) 등의 영화를 직접 연출하기도 하였으나, 2회작 〈총희의 연(운영전)〉(윤백남 감독, 1925)의 실패 이후 조선인과의 불화가 표면화되어 영화 제작 활동이 멈추었다. 그러면서 이후 조선영화계에서 가토 세이이치의 자취도 자연스레 지워지게 되었다.

[참고문헌] 김종욱 편저 『실록 한국영화총서(상)』제1집(국학자료원, 2002), 한국영상자료원 편역 『일본어 잡지로 본 조선영화 2』(현실문화연구, 2011), 국사편찬위원회 한국사데이터베이스 〈http://db.history.go.kr〉   【함충범】

59
가토 쇼린진
加藤松林人(가등송림인)   1898~1983

가토 겐키치加藤僩吉(본명)
화가
도쿠시마현德島縣 아난시阿南市 출신. 와세다전문학교早稻田專門學校 예과를 마친 후 조선으로 이주하여 시미즈 도운淸水東雲(→553)에게 그림을 배우고 조선미술전람회에 출품하였다.

1918년 아버지의 사업을 돕기 위해 조선으로 이주하였고 시미즈 도운에게 일본화를 배운 후 1922년 조선총독부가 설치한 조선미술전람회에 출품하여 입선을 거듭하였으며 1932년에는 조선총독상을 수상하였다. 1935년부터 달라진 조선미전 규정에 따라 추천작가가 되었고 1937년에는 심사참여審査參與가 됨으로써 엘리트 화가로서의 지위를 굳혔다. 작품에서는 조선의 풍경이나 생활상을 다룬 그림을 많이 그렸다.

1945년 귀국 후에는 화단 활동보다는 한국계 신문, 잡지에 기고하는 한편 조선학회朝鮮學會의 발족, 일한친화회日韓親和會 등에 참가하며 한일친선에 힘썼다. 1958년 수필집 『조선의 아름다움朝鮮の美しさ』을 출간하였고 그 일이 계기가 되어 한국 정부가 공식적으로 초청한 일본인 제1호로 선발되어 한국을 방문하였다.

[참고문헌] 加藤松林人 외 공저 『座談會: 韓國の民藝 (上), (下)』(日韓親和會, 1963), 坂井基樹 外 編 『日韓近代美術家のまなざし－『朝鮮』で描く』(福岡アジア美術館 外, 2015)　【김용철】

60
가토 조켄
加藤常賢(가등상현)　　　1894.10.19~1978.8.3

철학자, 대학교수

아이치현愛知縣 출신. 중국고대학자. 1920년 도쿄제국대학東京帝國大學 지나철학문학과 졸업하고 1938년 「지나고대가족제도연구支那古代家族制度研究」로 문학박사 취득하였다.

시즈오카고등학교靜岡高等學校 교사로 일하다가 조선에 건너왔다. 1928년부터 1933년까지 경성제국대학京城帝國大學 법문학부 조교수로 있었다. 1930년부터 1932년까지는 경성제국대학 재외연구원의 자격으로 간도 지방 훈춘琿春에 다녀왔다. 다시 경성제국대학 조교수로 복귀했다가 1933년 12월 27일에 히로시마대학廣島大學 문리대 교수로 임명받아 일본으로 돌아갔다.

1947년 도쿄대학東京大學 중국철학과 교수. 1955년 니쇼가쿠샤대학二松學舍大學 교수 취임. 대표 저서로 『중국원시개념의 발달中國原始觀念の發達』(1951), 『한자의 기원漢字の起原』(1970) 등이 있다.

[참고문헌] 加藤常賢 『漢字の起原』(角川書店, 1970), 有馬純吉 『昭和六年版 朝鮮紳士錄』(朝鮮紳士錄發行會, 1931), 조선총독부관보활용시스템 〈http://gb.nl.go.kr〉　【박광현】

61
가토 헤이타로
加藤平太郎(가등평태랑)　　　1881.6.17~1968.11.16

실업가

야마구치현山口縣 구마게군熊毛郡 사가무라佐賀村 출신. 조부의 사망을 계기로 6살 때, 모친과 함께 쓰시마對馬로 이주하였다. 그러나 9살 때인 1890년 모친이 급사하면서 고아가 되어 이키壹岐의 사이토齋藤 집안에 맡겨졌고, 이 집안 소유 선박인 덴진호天神丸에 승선하여 취사 일을 했다. 1894년 덴진호가 평양 대동강에서 결빙으로 좌초한 것을 계기로 평양의 사이토상점齋藤商店에서 점원으로 일하게 된 것이 조선과의 최초 인연이었다. 1897년 사이토상점이 진남포항에 정미소를 설립하면서 그곳으로 자리를 옮겼고, 정미업과의 인연이 시작되었다. 1902년 상점 주인인 사이토 규타로齋藤久太郎가 백동화사건白銅貨事件에 연루되어 한국 정부로부터 퇴한 명령을 받게 되자 그를 대신하여 일본으로 돌아갔다. 일본에 돌아간 이후에는 오사카大阪에서 부기簿記학교를 다녔고, 이후에는 이키의 구마모토상점熊本商店에서 근무하기도 했다.

가토가 다시 조선에 돌아온 것은 1903년 그의 나이 22살 때이다. 사이토상점 진남포 공장의 지배인 신분이었다. 상점 주인인 사이토 규타로의 신임을 받았던 것으로 보이며, 1904년 러일전쟁이 발발하자 사이토와 함께 만주로 가서 일본 육군의 조달 상인으로 종사하였다. 1918년 독립하여 진남포에 합자회사 가토정미소加藤精米所를 설립하고 정미업자이자 곡물상으로 본격적인 기업가의 길을 걷기 시작하였다. 가토 정미소의 창립 당시 자본금은 5만 1,000엔이었으며, 정미업과 곡물 매매를 주력사업으로 하고, 부대사업으로 운수, 창고, 금전 대부 등도 병행하였다. 가토 정미소는 급격히 성장하였다. 설립 2년 만인 1920년 기존 자본금의 6배인 30만 엔으로 증자하였고, 이후에도 회사규모는 계속 커져서 1924년 57만 엔, 1925년 100만 엔으로 자본금이 늘었다. 진남포의 본점뿐만 아니라 인천, 군산, 부산 등, 미곡이 일본으로 이출되는 주요 항구에도 동일한 이름의 정미소가 건설되었다. 1935년 기존 가토 정미소를 자본금 100만 엔의 주식회사로 개조하여 가토식산주식회사加藤殖産株式會社를 설립하여 사장에 취임하였다. 1936년 1월 현재 종업원 400명, 연간 25만 석의 정미된 미곡을 생산하고 있었다.

10대 점원이었던 가토가 치열한 경쟁이 전개된 정미업에서 '반도의 정미왕'으로 불릴 정도로 큰 성공을 거둘 수 있었던 것은 안정적인 대형 고객이 있었기 때문이었다. 그는 장기간 일본군이 소비하는 양곡의 유력 납품업자였다. 아마도 러일전쟁 당시 일본 육군 조달 상인으로 활동한 것이 계기가 되었을 것이다. 중일전쟁기에는 중국파견 일본군 군용미 납품업자 중 가장 큰 손이었다. 그는 이렇게 정미업으로 축적한 자본으로 토지에도 투자하여 조선은 물론 만주에도 넓은 농지를 소유한 거대 지주로 군림하였다.

패전 직후 인천의 일본인 철수를 돕기 위해 설립된 인천일본인세화회仁川日本人世話會 회장에 선임되었다. 조선인 노무자의 퇴직금 지불문제로 구금되기도 했으나, 1946년 1월 일본으로 가족과 함께 철수하였다. 이후 재기를 위해 노력했는데, 그 기반은 1938년 기타큐슈北九州에 설립했던 규슈정미주식회사九州精米株式會社였다. 조선에서와 마찬가지로 정미업과 그 연관 사업인 미강유米糠油, 비누제조, 창고업 등을 경영하여 일정한 성공을 거두었다. 그의 사업은 가네미창고주식회사カネミ倉庫株式會社로 현재도 존속하고 있다.

[참고문헌] 加藤八千代編著 『籾から精米·糠から油を: こめ油工業化の創始者加藤平太郎一代記』(加藤平太郎傳刊行會, 1978), 淺田喬二 『日本帝國主義と舊植民地地主制』(御茶の水書房, 1968), 朝鮮新聞社 編 『朝鮮人事興信録』(朝鮮新聞社, 1922), 民衆時論社朝鮮功勞者銘鑑刊行會 編 『朝鮮功勞者銘鑑』(民衆時論社, 1935)

【배석만】

62
가토 후사조
加藤房藏(가등방장)　　　　　생몰년도 미상

가토 후소加藤扶桑, 후소산진扶桑散人(필명)
언론인, 저술가
1892년 동방협회東邦協會의 간사로 활동하였다. 1910년 동방협회의 사업으로 한국과 청국을 조사하였다. 1917년 무렵에 오카야마현岡山縣과 히로시마현廣島縣

을 배경으로 발행되던 『산요신보山陽新報』의 주간을 지냈다. 1892년부터 1917년까지 지리, 정치, 헌법에 관련된 다수의 저작을 집필하였다. 예로 들면 『일본국체론日本國體論』(博文館, 1892), 『홋카이도 지리北海道地理』(白鳥書店, 1893), 『러시아 대정책露國大政策』(同文館, 1902), 『수지중좌須知中佐』(1904), 『보호국 경영의 모범 이집트保護國經營之模範埃及』(京華日報社, 1905), 『일본헌정본론日本憲政本論』(良明堂, 1913), 『고송여영孤松余影』(出版者不明, 1917) 등이다. 이들 저작에서 일본의 대외침략을 정당화하고 국체론의 입장에서 대일본제국헌법大日本帝國憲法을 해석하였다.

1918년 7월 데라우치 마사타케寺內正毅(→321) 전 조선총독의 추천으로 경성일보사 사장에 취임하였다. 사장 재직 중에 3·1운동을 겪은 뒤 일본인과 조선인의 융화를 위한 활동에 적극 나섰다. 대표적으로 1921년 1월부터 당대 최대의 영향력을 행사하던 내선융화단체 대정친목회大正親睦會 고문으로 활동했다. 『경성일보』 1919년 11월 25일부터 29일까지 「내지인에게 계고戒告함과 아울러 조선인의 자성自省을 촉구한다」를 연재하고, 1920년 8월 28일부터 10월 8일까지 총31회에 걸쳐 「조선의 현상과 장래」를 『매일신보』와 『경성일보』에 연재했다. 이 연재물은 경성일보사에서 『조선소요의 진상朝鮮騷擾の眞相』으로 출판되었다. 1920년 2월 경성에서 창간된 잡지 『동원同源』의 편집인을 맡아서 1920년 12월에 간행된 제3호까지 발행을 주도하였다. 『동원』은 3·1운동의 원인 중 하나였던 '민족자결주의'를 부정하려고 일본과 조선이 같은 민족임을 학문적으로 증명하여 일본인과 조선인에게 널리 알렸다. 1921년 2월 경성일보사 간부들과의 불화로 사장에서 물러나면서 일본으로 돌아갔다.

1927년 『백작 히라다 도스케 전伯爵平田東助傳』(平田伯爵傳記編纂事務所)을 집필하였다.

[참고문헌] 加藤房藏 『朝鮮騷擾の眞相』(京城日報社, 1920.11), 加藤房藏 「內地人に戒告し併て朝鮮人の自省を促す」(『京城日報』, 1919.11.25~29), 加藤房藏 「內鮮人の諒解」『京城日報社誌』(京城日報社, 1920.8), 加藤扶桑 「朝鮮の現狀と將來」(『京城日報』, 1920.8.28.

~10.8), 加藤扶桑「朝鮮現狀及將來」(『每日申報』, 1920.
8.28~10.8), 최혜주「일본 동방협회의 조선사정 조사
활동과 조선인식」『한국독립운동사연구』43(독립기념
관 한국독립운동사연구소, 2012), 加藤房藏「朝鮮を想
ひたくない」『朝鮮』101(1923.8), 木春山人「評林의 評
林 新聞의 新聞(其一)」『新民』26호(1927)   【장신】

63

간바야시 마쓰키치

神林松吉(신림송길)   **생몰년도 미상**

실업가

이바라키현茨城縣 신마나베초新眞鍋町 출신. 토목 청
부업자였으며 거상의 포부를 가지고 일찍이 조선으
로 건너왔다.

1899년 조선을 한차례 방문한 이래 다시 토목 청부
업자로서 경인선 및 경부선 부설과 관련해 조선을
방문하였고 조선의 실정을 세세히 시찰했다. 그때
그는 조선에서 돈을 벌기 쉬운 것이 약종상藥種商이
라는 것을 간파하고 군산에 정착하였다. 그리고
1906년 8월에 약종상을 개점하였다. 간바야시가 약
종상을 개점하기 이전부터 조선의 남쪽 지방은 일본
인들이 농사에 뜻을 두고 조선으로 많이 건너와 있었
는데 일본인 부호들이 농장을 만드는 등 일본인의
증가로 인하여 약의 판매도 증가하는 추세였다.

간바야시는 약종뿐 아니라 화장품과 의료기기까
지 취급하였고 각고의 노력 끝에 조선 굴지의 상점을
보유하며 군산 제일의 자산가가 되었다. 그 여세로
지방인사의 추천으로 군산상공회의소평의원과 군산
상공조합장, 군산진흥회평의원이 되어 활동하였고,
군산금융조합장 등을 역임하게 되었다. 지략가로서
지방산업의 진흥 및 문화향상을 도모하였고 공공사
업에 많은 기여를 하였다. 그의 이력은 청년 후진에
대한 적지 않은 자극을 주기도 하였다.

[참고문헌] 阿部薰 『朝鮮人物選集』(民衆時論出版部,
1934), 阿部薰 編『昭和12年版 朝鮮都邑大觀』(民衆時
論社, 1937)   【이현진】

64

간바야시 히사오

神林久雄(신림구웅)   **1918.3.25~2010.7.21**

만화가, 언론인

경성 출신. 4남으로 태어났다. 야마가타동부소학
교山形東部小學校에서 도화를 배우고 다시 경성으로 돌
아와 인쇄공장에서 근무했고 『경성일보京城日報』와
『경일소국민신문京日小國民新聞』의 기자로 활동했다.

소학교 졸업 후 경성의 가도타門田 콜로타입 인쇄
소에서 인쇄공으로 근무하다가 『경성일보』에 만화
를 투고하여 편집부의 사사키 레이조佐々木禮三에게
발탁되었다. 신문용 커트 만화 원고를 그리던 중 사
사키의 소개로 조선운송朝鮮運送의 서무과에 입사하
여 사내 잡지의 교정, 삽화 업무를 담당하며 독학했
고 삽화를 포함한 자작 소설을 게재하기도 했다. 이
후 경성일보에서 발간한 『경일소국민신문』의 편집
부에 소속되어 만화가 이와모토 쇼지岩本正二(→862),
서양화가 아키요시 란秋吉巒, 조선인 홍재선洪在善 등
과 함께 근무했다. 『소국민신문』에서 담당한 일은
정치, 사회, 국제 문제 등의 기사를 어린이가 알기
쉽게 풀어쓰고 삽화를 그리며 학교 행사 등을 취재하
는 업무였다. 1940년부터 『국민신보國民新報』에 「국
책 보쿠상國策ボクさん」이라는 4컷 만화를 비롯하여,
만필과 만화풍의 삽화를 결합한 연재를 통해 시정의
풍속이나 유행을 국책과 연결하여 선전하는 시국색
이 강한 작업을 행했다.

귀국 후 프라모델과 공업제품의 디자이너로 활동
했고 식민지 조선에서의 경험과 귀국 후의 활동을
담은 자서전을 남겼다.

[참고문헌] 神林久雄『ゼロからの出發』(文藝社, 2007),
谷サカヨ『第14版 大衆人事錄』(帝國秘密探偵社, 1943)
                【최재혁】

65

간자 요시쿠니

甘蔗義邦(감자의방)   **1887.2.21~?**

관료, 정치인

이시카와현石川縣 가시마군鹿島郡 소마초相馬町 출신. 1917년 10월 고등문관시험에 합격하고 1918년 7월 도쿄제국대학東京帝國大學 법과대학 정치과를 졸업한 후 곧바로 총독부 시보試補가 되어 조선으로 건너왔다.

1918년 5월 총독부 도사무관道事務官으로 부임하여 1919년 5월에는 총독부 사무관으로 함경북도 지방계 주임을 맡았다. 1921년 이후 총독부 토목부 사무관, 공사경리계장, 사업계획계장 등을 역임하였다. 1924년 12월 평안남도 재무부장, 1926년 강원도 경찰부장, 1928년 총독부 비서관 겸 사무관을 역임하면서 고적조사회, 임야조사회에 위원으로 참여하였다. 1929년 4월 심의실 사무관 자격으로 국미歐美 각국을 시찰하고 조선으로 돌아와 같은 해 11월 경무국 위생과장, 1930년 4월 전라남도 경찰부장, 11월 함경남도 내무부장, 1932년 12월 강원도 내무부장, 1934년 5월 평양세무감독국장을 역임하였다. 1936년부터 37년까지 제12대 경성부윤, 1937년부터 40년까지 제9대 경기도지사로 진급하였다.

[참고문헌] 朝鮮新聞社 編『朝鮮人事興信錄』(朝鮮新聞社, 1922), 萩野勝重 編『朝鮮及滿蒙に於ける北陸道人史』(北陸道人史編纂社, 1927), 阿部薰『朝鮮人物選集』(民衆時論出版部, 1934), 貴田忠衛『朝鮮人事興信錄』(朝鮮人事興信錄編纂部, 1935), 阿部薰 編『昭和12年版 朝鮮都邑大觀』(民衆時論社, 1937), 谷サカヨ『第14版 大衆人事錄』(帝國秘密探偵社, 1943) 【유재진】

66

게이다 리키치

慶田利吉(경전리길)　　　　　1861~?

실업가

가고시마현鹿兒島縣 사쓰마군薩摩郡 히라사무라平佐村 출신.

1883년 인천의 개항과 함께 인천에서 선박수송업을 시작했다. 게이다구미慶田組를 설립하고 오사카상선회사大阪商船會社의 기선운항에 관여하여 영업망을 확장했다. 진남포에 지점을 설치하여 인천과 평양 사이의 상품 수송으로 영업을 확장했다.

선박수송업뿐만 아니라 1897년에는 서울에서 잡화판매점을 운영했으며, 한강 수운을 이용하여 경기도 이천까지 영업을 확장하여 서울과 이천 간 수입상품 무역에 종사하기도 했다. 1905년 무렵 게이다구미의 1년간 거래액은 5만 원에서 10만 원 사이에 달했고, 인천에서 상당한 자본력을 갖춘 인물로 알려졌다. 상업회의소 의원을 지내기도 했다.

1926년에는 오키 게이키息景紀에게 모든 업무를 맡기고 인천에 거주했다.

[참고문헌] 中田孝之介 『在韓人士名鑑』(木浦新報社, 1905), 外務省通商局『在外本邦人農工商家漁業者人名錄, 農商工業等二從事スル在外本房人營業狀態取調1件』(外務省通商局, 1905), 東亞經濟時報社 編『京城仁川職業名鑑』(東亞經濟時報社, 1926) 【김윤희】

67

고가 도에

古賀登惠(고하등혜)　　　　　1919.9.20~2016.12.14

고가 도에코古賀登惠子(이명)

언론인

미야자키현宮崎縣 출신. 미야자키시宮崎市 가미노마치上野町에서 3자매의 3녀로 태어났다. 부친 다이조大藏는 국가공무원으로 지쿠젠 비파筑前琵琶를 즐기며 국화 재배에 상당한 실력을 가지고 있었고, 모친은 단카短歌를 짓는 아취 있는 가정에서 성장했다. 숙부 구니타로國太郎는 대구방송국장이었고, 1923년 4세 때 부친의 조선총독부 부임과 더불어 일가 전원이 조선으로 이주하였다. 서대문소학교에 통학하였고 충청북도 청주여학교에 1학기까지 다녔으나 부친의 정년퇴임으로 인하여 일본으로 귀국했다. 이후 미야자키고등여학교宮崎高等女學校 졸업. 부친은 1936년에 사망하였다.

1940년 조선총독부 관리와 결혼한 맏언니를 의지하여 다시 모친, 둘째 언니와 함께 경성으로 이주하였다. 동년 21세로 경성중앙방송국京城中央放送局 아나운서 시험에 합격. 당시 여성 아나운서는 처음 등장한 화려한 직업으로 각광을 받았으나 뉴스는 담당할 수 없었고, 요리 프로그램, 어린이 프로그램, 프로그램 소개, 기상 통보 등을 담당했다. 1941년 12월 8일 태평양전쟁 돌입 후 전쟁 수행을 위한 총동원체제 아래 각지의 취재도 맡았고, 한국어·일본어 병용 잡지 『방송지우放送之友』(조선방송협회朝鮮放送協會 편집·발행)의 대담이나 르포에도 고가 도에코 명의로 등장하여 전의 고양의 일익을 담당했다. 이 잡지에는 다카하시 기요시高橋清 방송원, 야마자키 긴자부로山崎金三郎(→676) 편성과장, 만주영화협회滿洲映畫協會 리샹란李香蘭의 이름도 보인다.

일본이 항복을 선언한 8월 15일은 야근일이었으며 종전의 조칙은 장충단공원 부근의 자택에서 들었다. 그 후 바로 군 장교가 마중하러 와서 짐을 참모관사에 맡기고 군 가족으로서 무장해제되기 전인 8월 중에 빈손으로 귀국하였다. 방송국원 중 누구보다 이른 시기에 귀국하였다.

1946년 미야자키로 돌아간 후 1940년 창간된 『휴가일일신문日向日日新聞』(현 『미야자키일일신문宮崎日日新聞』) 문화부 기자로 근무했다. 1949년 미야자키현 기획국 홍보실에 들어가 현정기자실縣政記者室, 민방설립준비실民放設立準備室 등을 거쳐 〈안녕하세요 지사님おはよう知事さん〉, 〈아침의 담화실朝の談話室〉 등 현정縣政 프로그램을 1971년 현청을 사직할 때까지 통산 200회 담당했다. 1978년 조방회朝放會(구 조선방송협회직원친목조직朝鮮放送協會職員親睦組織) 멤버들과 33년 만에 서울을 방문했다. 1987년 9월 3일 첫 방송기념비 건립 제막식으로 서울을 다시 찾았으며, 그 반년 전에 전직 경성중앙방송국장 시노하라 쇼조篠原昌三(→540)가 사망했기 때문에 장남인 시노하라 요이치篠原陽一 부부와 같이 식전에 참여했다. 기념비는 방송국 건물과 인접했던 덕수초등학교 교정이 내려다보이는 언덕에 위치한다. 가족이 없어 홀몸이었기에 라디오를 가족 삼아 라디오 프로그램에 편지를 보내는 것을 즐겼다. 충남 논산 출신인 NHK 라디오 심야 프로그램의 이쓰키 히로유키五木寛之(→860)가 자신의 편지를 선정하여 서명본을 선사받은 것을 자랑스러워하고 있다. 2016년 3월 당시 미야자키 양로원

에서 생활하며 눈과 귀가 좋지 않고 노쇠로 누워 지내는 상태였으나 직접 전화 통화가 가능했으며, 그 언사는 96세라고 생각되지 않을 만큼 분명했다.

[참고문헌] 朝放會 『JODK-朝鮮放送協會回想記』(朝放會本部, 1981), 津川泉 『JODK 消えたコールサイン』(白水社, 1993), 篠原昌三 編 『舊朝鮮放送協會 日本人職員名簿』(MF(마이크로필름), 1955), 學習院大學東洋文化研究所 編 『友邦文庫目錄』(勁草書房, 2011), DVD 『證言·古賀登惠 JODK京城中央放送局女子アナ一期生』(宮崎この人企畵, 2012), 朝鮮放送協會 「放送之友」(朝鮮放送協會編集, 1944, 45)

【쓰가와 이즈미津川泉】

68

고노 로쿠로

河野六郎(하야육랑)　　　　1912.12.16~1998.10.7

언어학자

효고현兵庫縣 고베시神戶市 출신. 제일고등학교第一高等學校를 졸업하고, 1937년 「옥편에 나타난 반절의 음운적 연구玉篇に現れたる反切の音韻的研究」로 도쿄제국대학東京帝國大學 언어학과를 졸업, 1940년 오구라 신페이小倉進平(→696)의 추천을 받아 경성제국대학 조수助手로 취임하였다. 그 후 1941년 경성제국대학의 강사를 거쳐, 1942년에 조교수로 임용되었다.

일제강점기 한국에서는 한국어 한자음과 만주어 비교, 방언 연구에 몰두하였으며, 이러한 연구는 일제의 패망 이후 일본으로 돌아가서도 지속되었다. 1949년부터는 도쿄문리과대학東京文理科大學의 한문학과, 다이토분카대학大東文化大學 중국문학과에서 근무하기도 했다.

1958년에는 도쿄문리과대학의 후신인 도쿄교육대학東京教育大學 언어학교실言語學敎室 교수로 임용되었다. 1962년에는 「조선 한자음의 연구朝鮮漢字音の研究」로 도쿄대학東京大學 문학박사 학위를 받았다. 1976년 도쿄교육대학에서 정년퇴임을 하였으며, 1983년경 다이토분카대학 교수로 임용되었다. 1986년에는 학술상 공로가 뛰어난 사람을 대상으로 하는

일본학사원日本學士院의 회원이 되었으며, 1993년에는 문화공로자로 선정되었다.

도쿄제국대학 재학 시절 한국 한자음과 반절에 대한 관심이 높았다. 1937년 졸업 논문을 쓴 이후, 1938년 「조선 한자음의 특질朝鮮漢字音の一特質」(『언어연구言語硏究』 제3호, 1938), 「동국정운 및 홍무정운역훈에 대하여東國正韻及び洪武正韻譯訓に就いて」(『동양학보東洋學報』 제27권 제4호, 1939)를 발표했는데, 이 논문들은 한국 한자음과 관련된 것들이다. 1940년 한국에 건너와 경성제국대학 조수로 근무하면서 조선어와 만주어 비교 연구에 관심을 기울였는데, 이와 관련한 논문이 조선총독부 기관지인 『조선朝鮮』 1941년 6월호에 게재한 「언어상으로 본 조선, 만주의 관계言語上より見た朝鮮、滿洲の關係」이다. 이 논문은 한국어와 만주어의 음운 대조를 통한 언어 분화를 고찰하는 데 목적이 있었다. 이러한 연구는 경성제국대학 문학회京城帝國大學文學會 회지인 『학총學叢』 제3집(東都書籍株式會社, 1944)에 게재한 「만주국 흑하 지방에서의 만주어의 특색滿洲國黑河地方に於ける滿洲語の一特色」에서, 1940년부터 5년간 일본의 만주 지배 기구였던 대만사무국對滿事務局의 보조를 받아 조선어와 만주어를 비교 연구했다고 밝힌 것처럼, 1940년대 후반의 정치 상황과 무관하지 않은데, 이 사무국은 1942년 9월에 대동아성大東亞省으로 개편되어 중국과의 전쟁을 수행하는 중심 기구가 되었다.

고노의 한자음과 만주어 연구는 오구라 신페이, 가나자와 쇼자부로金澤庄三郎(→3)의 영향을 받았으며, 『경성제국대학 논문집京城帝國大學論文集』 제11집(京城帝國大學, 1945)에 「조선방언시고-협어고-朝鮮方言試攷-鋏語考-」를 게재함으로써 한국어 방언 연구에도 힘을 기울였다. 고노의 한국어 방언 연구는 오구라와 마찬가지로 방언 분화형에 대한 음운사적 해석을 고려한 것으로, 방언 연구가 문헌 연구의 한계를 보완할 수 있다는 관점에서 음운 유형을 고려한 방언 분화형을 기술하고자 한 데서 의미를 찾을 수 있다.

일제의 패망 이후 일본으로 돌아간 고노는 1949년 은사인 다케다 사카에竹田復의 초청으로 도쿄문리과대학 한문학과에서 근무하였으며, 다이토분카대학

중국문학과에서 중국 음운학을 연구하기도 하였다. 1958년 이후 도쿄교육대학에서 근무하면서 한국어 방언, 음운 및 성조 연구에도 많은 성과를 거두었으며, 이는 국어학계에도 적지 않은 영향을 미쳤다. 그의 업적은 『고노 로쿠로 저작집河野六郎著作集』(平凡社, 1979)에 수록되어 있다.

[참고문헌] 한국 방언연구회 『방언학 사전』(태학사, 2003), 河野六郎 『河野六郎著作集』 1-3(平凡社, 1979), 신창순 「고노 로쿠로 선생과 나」 『새국어생활』 14-3(국립국어원, 2004)　　　　　　　　　【허재영】

69

고노 마스이치
河野益一(하야익일)　　　　　　　생몰년도 미상

금융인

야마구치현山口縣 출신. 1922년 고베고등상업학교神戶高等商業學校를 졸업하였다. 1922년 고등학교 졸업과 동시에 도한하여 조선식산은행에 취직하였다. 평양, 춘천, 청주, 제주 각 지점에서 근무하다가 부산 지점에서 그 실력을 인정받아 포항 지점장으로 발탁되었다. 그 후 여수 지점장이 되고 1941년 2월 나남 지점장이 되었다. 일제강점기 조선식산은행 금융업무의 기반을 다지는 데 큰 역할을 수행하였다.

[참고문헌] 阿部薰 編 『昭和十二年版 朝鮮都邑大觀』(民衆時論社, 1937), 谷サカヨ 『第十四版 大衆人事錄』(帝國秘密探偵社, 1943)　　　【마스타니 유이치桝谷祐一】

70

고노 지토시
河野千敏(하야천민)　　　　　　　생몰년도 미상

금융인

동양협회東洋協會에서 설립한 학교에서 수학했다. 졸업 후 도한하였다.

조선금융조합朝鮮金融組合에서 근무하다가 조선은행으로 이적했다. 1923년 4월 한성은행에 들어가, 1925년 한성은행 평양 대화정大和町 지점의 지배인이

되었다. 이어서 1928년 본정本町 지점장이 되고 1931
년 8월 대전 지점장이 되었다. 일제강점기 다양한 은
행을 거치며 식민지 조선의 금융행정이 정착하는 데
일익을 담당하였다.

[참고문헌] 阿部薰 『朝鮮人物選集』(民衆時論出版部,
1934), 阿部薰 編 『昭和十二年版 朝鮮都邑大觀』(民衆
時論社, 1937)　　　　　【마스타니 유이치桝谷祐一】

71
고노 후시오
河野節夫(하야절부)　　　　　1890.8.21~?

경찰관료

히로시마현廣島縣 누마쿠마군沼隈郡 출신. 1917년 3
월 도쿄제국대학東京帝國大學 법과대학을 졸업하고,
동년 11월 고등문관시험에 합격했다.

1918년 1월 조선총독부 시보로 도한하였다. 1919
년 1월 총독부도사무관에 임명되어 충청남도 제일부
심사계 주임이 된다. 이후, 1919년 11월 동 지방과장,
1921년에 조선총독부 경찰관 강습소 교수 겸 총독부
사무관, 1924년 12월 강원도 경찰부장, 1926년 11월
전라북도 경찰부장, 1929년 1월 경상북도 경찰부장,
동 11월 총독부 관방 심의실 사무관, 동 12월 임시국
세조사과장, 1932년 평안남도 내무부장을 역임하였
다. 1936년에는 관계를 벗어나 서울에서 금융조합연
합회 사무부장을 맡았다. 일제강점기 전국 각지의
경찰이 주요 업무를 관장하면서 경찰행정의 기반을
다졌다.

[참고문헌] 有馬純吉 『昭和六年版 朝鮮紳士錄』(朝鮮紳
士錄發行會, 1931), 藤澤淸次郎 編 『朝鮮金屬組合と人
物』(大陸民友社, 1937)　　【마스타니 유이치桝谷祐雄一】

72
고니시 하루오
小西春雄(소서춘웅)　　　　　1879.1.17~?

금융인

후쿠오카현福岡縣 출신. 1902년 7월 도쿄전문학교東

京專門學校 정치과를 졸업, 호세이대학法政大學 고등
연구과에 들어가 1904년에 졸업하였다.

1904년 11월 제일은행 본점에서 근무하고, 1905년
12월 제일은행 함흥출장소 주임으로 도한하여, 1909
년 조선은행 창립과 동시에 조선은행으로 전직하고
조선은행 함흥출장소 소장이 되었다. 1910년 7월 경
성본점 국고과國庫課에 전임, 이후 펑톈奉天 지점장
으로 전임하였다. 일제강점기 초기 조선은행 금융업
무의 기반을 다지는 데 기여하였다.

[참고문헌] 川端源太郎 『朝鮮在住內地人 實業家人名辭
典 第一編』(朝鮮實業新聞社, 1913), 民天時報社編輯局
編 『海外邦人の事業及人物 第壹輯第一版』(民天時報
社, 1917)　　　　　【마스타니 유이치桝谷祐一】

73
고다마 히데오
兒玉秀雄(아옥수웅)　　　　1876.7.19~1947.4.7

관료

육군 군인 고다마 겐타로兒玉源太郎의 장남으로 태어
났다. 1900년 도쿄제국대학東京帝國大學 법과대학 정
치과를 우수한 성적으로 졸업하고 같은 해 대장성大
藏省에 들어갔다. 이재국 겸 참사관부로 근무하다가
고등문관시험에 합격하였다. 대장성 이재국 근무를
거쳐서 1903년 구미각국에 파견되었는데 주로 영국
런던에 체재하였다. 영국에서는 각국 식민지 재정을
연구했다. 러일전쟁 시기에는 요동수비군사령부, 만
주군총사령부 등의 재무관으로 만주군 총참모장 고
다마 겐타로 밑에서 일했다. 1906년 이토 히로부미伊
藤博文(→900) 한국통감을 따라서 조선에 들어가 통감
부 서기관으로 회계과를 주재했으며, 소네曾根 통감
시절에도 회계과를 주재했다.

1906년 8월에 아버지의 사망으로 인하여 자작을
승계했고, 1907년 4월 아버지의 훈공에 의해 백작
서위를 받았다. 같은 달 통감부 관방 회계과장에 승
진했다. 12월 철도원 참사를 겸임하고 1910년 7월 통
감 비서관을 겸임하였다. 1911년 귀족원의원에 선임
되었다. 장인인 데라우치 마사타케寺內正毅(→321)가

조선에 부임하자 총독부 회계과장과 총독 비서관을 겸임하였다. 이후 총독부의 중추라고 일컬어지는 총무국장에 취임하여 비서, 회계, 인사 업무를 주재하였다. 뿐만 아니라 이왕가 감독관으로 인사와 회계의 실권을 장악하였고, 동양척식주식회사, 조선은행, 경성일보에도 관여하는 등 총독부 권력의 중심기관을 장악함으로써 야마가타 이사부로山縣伊三郎(→651) 정무총감을 허수아비로 만들고 총독부를 좌지우지했다.

1916년 10월 데라우치가 내각을 조직하자 서기관장이 되었다. 1918년 6월에 상훈국 총재를 겸임하고 데라우치 내각이 사직하자 전임 총재가 되었다. 1923년 9월 야마모토 내각에서 관동장관에 임명되었고, 1929년 조선총독부 정무총감에 취임하였다. 평판이 좋지 않는 야마나시 한조山梨半造(→658) 조선총독의 경질이 가까워져 이케가미 시로池上四郎(→881) 정무총감이 사망한 지 2개월 가까이 후임자를 선임할 수 없는 상황에서 다나카 기이치田中義一 수상과 사이토 마코토齋藤實(→469) 전 총독이 취임을 권유했다고 한다. 취임 후 얼마 지나지 않아 야마나시 총독이 경질되고 사이토가 다시 총독에 재취임하자 사이토 총독의 의향으로 정무총감을 유임하게 되었다. 재임 중 민족운동에 대한 대응과 정당 세력에 의해 조선 통치가 혼란해지는 것을 방지하기 위해 조선지방의회 설치를 구상하고 하마구치 오사치濱口雄幸 내각과 교섭했다. 조선지방의회에는 법률이나 제령의 대한 심의권이 없고, 총독부 예산 가운데 극히 일부분에 대한 예산 심의권을 갖는다는 측면에서 조선지방의회는 한편으로는 내각의 재정 정책과 관계없이 긴급예산을 안정적으로 확보하기 위해서, 다른 한편으로는 민족운동 세력을 회유·분열시키기 위해서 고안한 궁여지책이었다. 하지만 정부 내에는 우가키 가즈시게宇垣一成(→784) 육군대신을 비롯하여 마쓰다 겐지松田源治 척무대신 등 조선지방의회의 설치에 부정적인 각료가 많아 정부에 수용되지 못하고 조선 거주자의 정치참여 문제는 결국 지방자치 확대라는 방향으로 축소되었다. 충청남도 도청의 소재지를 공주에서 대전으로 이전하는 문제로 마쓰다 겐지 척무

대신과 대립하다가 1931년 6월 사이토 총독과 함께 사임하였다.

1934년 오카다 게이스케岡田啓介 내각에서 척무대신에 취임하였고 척무대신 재임 때는 타이완의 지방제도개정 등을 비롯한 여러 사안에 대해서 귀족원과의 조정에 힘썼다. 1937년 하야시 내각의 체신대신, 1940년 요나이 내각의 척무대신, 1942년 육군군정 최고고문(남방 파견), 1944년 7월 고이소 내각에서 국무대신, 문부대신(1945년 1~4월)을 역임했다. 고이소 내각 하에서 식민지 참정권문제를 심의한 '조선 및 타이완 재주민 정치처우조사회'의 부회장을 역임하였다. 1946년 공직에서 추방되었다가 이듬해 사망하였다.

[참고문헌] 朝鮮功勞者銘鑑刊行會 『朝鮮功勞者銘鑑』 (民衆時論社朝鮮功勞者銘鑑刊行會, 1929), 李炯植 『朝鮮總督府官僚の統治構想』(吉川弘文館, 2013), 釋尾春芿 「副總督の稱ある兒玉秀雄を論ず」 『朝鮮及滿州』 108(1916.7)   【이형식】

74

고도 세이스케
五島誠助(오도성조)   1887.12.1~?

실업가

부산 출신. 고도 진키치五島甚吉(→75)의 3남으로 태어났다. 부산 제일심상소학교第一尋常小學校를 나와 1913년 도쿄고등상업학교東京高等商業學校(현 히토쓰바시대학一橋大學) 전공과專攻科를 졸업한 후, 오사카大阪에서 나니와은행浪速銀行에 입사하여 재계의 실무를 배웠다. 1916년에 사직하고 주식회사 제원상점祭原商店 무역부에 들어가 외국무역에 종사하였으며, 1920년 아버지인 고도 진키치가 은퇴한 후 고향인 야마구치현山口縣으로 돌아가자 부산으로 건너가 고도합명회사五島合名會社 사업을 물려받았다.

1921년 5월 고도합명회사의 대표사원이 되어 활동한 이래 오로지 무역업에만 전념하였다.

1926년 부산공동창고주식회사釜山共同倉株式會社 이사를 역임하고, 1928년 부산상공회의소釜山商工會議

所 의원으로 추천되었다. 1929년 부산이출동업조합釜山移出同業組合의 평의원 및 조합장을 역임하였다. 1931년 조선거래소령이 공시되어 1932년 7월 부산곡물거래소가 성립됨과 함께 상무이사에 취임하였으며, 공직 외에도 부산곡물상조합부釜山穀物商組合副 조합장을 역임하며 1933년 외지미곡통제문제外地米穀統制問題가 일어나자 당시 이사장이었던 이타니井谷와 함께 동분서주하여 조선미를 보호하기 위해 힘썼다.

이외에도　곡물수출동업조합장穀物輸出同業組合長, 남조선신탁주식회사감사역南朝鮮信託株式會社監査役, 쇼와토지건물주식회사장昭和土地建物株式會社長 등을 역임하며 정미시장 경제를 장악하여 괄목할 만한 활약을 보였다.

[참고문헌] 長田睦治『昭和十年版 釜山名士錄 附銀行會社名鑑』(釜山名士錄刊行會, 1935年), 阿部薰 編『昭和12年版 朝鮮都邑大觀』(民衆時論社, 1937), 谷サカヨ『第14版 大衆人事錄』(帝國秘密探偵社, 1943), 한국역사정보통합시스템 한국사데이터베이스 〈http://db.history.go.kr〉

【이가혜】

75

고도 진키치
五島甚吉(오도심길)　　　　　　1860.1~1937.3.1

실업가

야마구치현山口縣 오쓰군大津郡 센자키무라仙崎村 출신. 어려서부터 상업에 종사했으며 1880년 부산으로 건너온 이후 50여 년 동안 무역업을 경영하였다. 1921년 모든 사업을 셋째 아들인 고도 세이스케五島誠助(→74)에게 물려주고 고향으로 돌아가 노후를 보냈다. 1937년 3월 1일 사망하였다.

1880년 8월 19세의 나이로 조선으로 건너온 고도는 부산항의 장래를 확신하고 부산에 정착하였다. 소자본으로 미곡중매상에 투신하다 곧 무역상이 되었는데, 낙동강을 거슬러 올라가 각지에서 매입한 곡물을 수출하면서 상당한 자본을 축적할 수 있었다. 1892년 부산상업회의소 의원, 1896년 부산거류지민회 의원으로 선출된 이래 부산상업회의소 회장, 부산거류민단 의원, 부산곡물수출조합장 등 공직의 중요한 지위를 역임하면서 부산 실업가 중 굴지의 세력가가 되었다. 1894년 장유양조업을 개시하고, 1902년 정미업을 추가하는 등 사업을 확장하였다. 1906년 부산미곡거래소釜山米穀取引所의 전신인 곡물시장을 창립하여 부이사로 추대되었다. 1908년 고도합명회사五島合名會社를 조직하여 1910년 미국 쌀과 만주조의 직수입을 개시하였고, 1911년에는 만주 관동주 원염原鹽의 직수입을 개시했으며, 블라디보스토크에 정미소를 건설하였다. 곡물매매를 주로 하는 무역상에 종사하는 외에도 고도는 부산의 발전에 따라 설립되었던 여러 회사에서도 중역으로 활동하였다. 1902년에는 부산의 유력자 오이케 주스케大池忠助, 하자마 후사타로迫間房太郎(→934) 등과 함께 부산전등주식회사에 출자하면서 부산에 처음 발전시설이 만들어지는 데 기여하였고 이후 조선가스전기회사의 감사역을 역임하였다. 1906년에는 오이케 등과 함께 극장인 부산좌釜山座를 합자로 개관해 신극과 가부키, 영화 등을 상영하였다. 1909년에는 부산진-동래 간 경편철도를 부설할 목적으로 설립된 부산궤도주식회사釜山軌道株式會社의 사장으로 추대되었다. 1913년 부산공동창고주식회사 창립위원으로 참여하면서 이사를 역임하였다. 1910년 일본적십자사에 천 엔을 기부하여 유공장有功章을 받았고, 1934년에는 부산의 개항 50주년을 맞이하여 무역공로자로 표창되었다.

[참고문헌] 中田孝之介『在韓人士名鑑』(木浦申報社, 1905), 日韓商業興信所 編『在韓實業家名鑑』(日韓商業興信所, 1907), 京城新報社 編『朝鮮紳士錄』(京城新報社, 1909), 朝鮮公論社 編『在朝鮮內地人神士銘鑑』(朝鮮公論社, 1917), 長田睦治 編『釜山名士錄』(釜山名士錄刊行會, 1935), 中村資良『朝鮮銀行會社要錄』(東亞經濟時報社, 1937), 조선총독부관보시스템 〈http://gb.nl.go.kr〉

【전성현】

76

고레쓰네 하루타카
此經春隆(차경춘륭)　　　　　1902.8.10~1940.10.17

사법관료

도쿄시東京市 시바구芝區 아타고초愛宕町 출신. 아버지 고레쓰네 하루야此經春也와 어머니 에로ゑろ 사이의 장남으로 태어났다. 1927년 메이지대학明治大學 법학부를 졸업하고 1935년 7월 조선총독부 판사로 임용되어, 1940년 10월 사망할 때까지 재직한 사법관료이다.

그의 부친이 1906년 러일전쟁 후 일본통신사日本通信社 경성지국장京城支局長에 임명되어 조선으로 이주할 때 함께 왔다. 부친은 1890년 도쿄제국대학東京帝國大學을 졸업한 후 일본통신사에 입사하여, 1920년까지 경성지국장으로 근무하다가 일본으로 돌아갔다. 이후 도쿄에서 일본통신사 사장, 척식공론사拓殖公論社 사장 등을 역임하였다. 조선에 대한 지속적인 관심을 가져, 『조선위훈록朝鮮偉勳錄』(文林堂, 1911) 등의 저술을 남겼다.

1909년 4월 경성의 남대문심상소학교南大門尋常小學校에 입학하여 1915년 3월 졸업하였다. 동년 4월 경성중학교京城中學校에 입학하여 1920년 3월 4학년을 수료하였다. 동년 4월 도쿄의 가이조중학교海城中學校 5학년에 편입하여 1921년 3월 졸업하였다. 1924년 4월 메이지대학 예과를 수료하였고, 1927년 3월 메이지대학 법학부를 졸업하였다.

1932년 11월 고등시험高等試驗 사법과司法科에 합격하였다. 1933년 11월 조선총독부 사법관시보司法官試補에 임용되어, 부산지방법원釜山地方法院에서 1년 6개월 동안 실무수습을 했다. 1935년 7월 부산지방법원 진주지청晉州支廳 예비판사로 발령받았다. 1936년 6월 부산지방법원 진주지청 판사로 임명되었다. 동년 11월 공주지방법원 판사로 전보되었다. 1938년 3월 해주지방법원 서흥지청瑞興支廳 예심판사像審判事로 옮겼다. 1939년 2월 대구지방법원 김천지청金泉支廳 판사로 전보되었다. 판사로 재직 중이던 1940년 10월 17일 사망하였다.

[참고문헌] 朝鮮總督府法務局人事係 『昭和八年 司法官試補進退關係綴』(朝鮮總督府, 1933), 司法協會 編 『朝鮮司法大觀』(司法協會, 1936), 전병무 「일제시기 在朝鮮日本人 司法官試補 연구」 『해람인문』 44(강릉원주대 인문학연구소, 2017), 조선총독부관보활용시스템 〈http://gb.nl.go.kr〉　　　　【전병무】

77

고리 긴자부로
郡金三郞(군금삼랑)　　　　1847~?

실업가

나가사키현長崎縣 쓰시마對馬 이즈하라嚴原 출신. 쇼베에庄兵衛의 차남으로 태어나 숙부 이베에伊兵衛의 양자가 되었다. 한국에서 사업을 하기 위하여 1875년 부산감리관인 야마시로山城가 설립한 호텐샤報天社라는 어학교에 입학하여 한국어를 공부했다.

1877년 부산에 와서 부산 동관에 거주했다. 무역, 선박수송업을 시작했고, 고리상점郡商店을 열었다. 또한 부산회조回漕회사 지배인을 맡았다. 인천 개항 이전 한국 정부가 추진했던 주전 사업으로 인해 그 원료인 구리를 수송하는 일에 참여하여 많은 돈을 벌기도 했다. 1880년에는 동생 주스케忠助에게 사업을 넘겨주고 고향으로 돌아왔다. 고리상점은 그 후 오이케상점大池商店으로 개칭했고, 부산항에서 크게 성공을 거두었다.

고향으로 돌아간 지 얼마 지나지 않아 교도구미協同組의 다카스 기이치高須機一와 스미토모住友 지점장 구보 모리아키久保盛明의 권유로 다시 부산으로 와서 부산 거류 일본인이 조직한 회조회사의 지배인이 되었다. 1883년 인천이 개항하자 교도구미와 의논하여 울릉도 탐험선인 진제이마루鎭西丸가 인천항을 거쳐 운항할 수 있도록 했다. 그는 진제이마루가 수송한 사금과 미곡으로 큰 이익을 보았고, 이를 계기로 다시 부산과 인천 사이에 선박을 운항했다. 이것은 인천 개항 후 일본 선박이 인천항에 최초로 입항한 사례이다.

1884년 갑신정변이 발생하자 지토세마루千歲丸를 운항하여 부녀자와 부상자를 부산으로 피난시켰다. 1888년 거류지회가 조직되자 상의원으로 추천되었고, 상업회의소 설립에 참여하여 그곳의 상의원을 겸했다. 그 후 오랫동안 거류 일본사회의 단체를 위해 노력했고, 단체로부터 감사장과 금배 등을 수여받았다. 또한 인천 미두거래소가 재결성된 후 그곳의 이사를 지냈다.

부산과 인천이 개항하기 이전부터 활동했던 인물로 거류일본인의 선각자라고 할 수 있다. 부산을 거쳐 인천으로 와 오랫동안 인천에 거주했고, 거류민 사회에서 신용이 두텁고 영향력이 큰 인물이었다. 그는 관리, 상인, 회사원뿐만 아니라 선주, 중개인, 노동자에 이르기 상하귀천을 따지지 않고 교제를 할 정도로 평민적 풍모를 갖고 있었다. 인천 거류지 사교계에서 으뜸가는 명망가였다.

[참고문헌] 中田孝之介 『在韓人士名鑑』(木浦新報社, 1905), 外務省通商局 『在外本邦人農工商家漁業者人名錄， 農商工業等ニ從事スル在外本房人營業狀態取調1件』(外務省通商局, 1905), 高橋刀川 『在韓成功之九州人』(虎與號書店, 1908)　　【김윤희】

78
고마쓰 미도리
小松綠(소송록)　　1865.10.26〜1942.1.16

가난霞南(호)

외무관료, 저술가

후쿠시마현福島縣 아이즈會津 출신. 도쿄東京에서 가노메 마사쓰네鹿目政恒의 장남으로 태어나 아이즈會津 번사 고마쓰 미쓰아키小松光明의 양자가 되었다. 1882년 게이오기주쿠慶應義塾를 졸업한 후 미국에서 유학하였다. 예일대학교에서 법학사, 프린스턴대학교에서 석사학위를 취득하였다.

귀국한 1896년 1월부터 메이지가쿠인明治學院의 교수직을 맡았다. 무쓰 무네미쓰陸奧宗光로부터 능력을 인정받아 같은 해 8월 외무성에 들어갔으며, 주미 일본공사관 서기관, 방콕 영사를 역임, 러일전쟁 당시에는 요동수비군 사령부부司令部付였다. 이때 이토 히로부미伊藤博文(→900)의 측근이 된 고마쓰는 통감부가 개설되자 통감이 된 이토를 수행하여 1906년 5월 통감부 서기관이 되었다. 그 후 외무부 외국과장, 외무부장 대리, 외무부장을 역임하였다. 한일강제병합

당시에는 병합준비위원회의 일원으로, 특히 한국 관계 사항에 대해서 구체적인 병합 실행 계획을 입안하였다. 조선총독부가 설치된 후에는 조선총독부 외사국장, 임시조선총독부 총무부장관 사무취급, 조선총독부 중추원 서기관장 겸 총독관방 외사과장으로 근무하였다.

1916년 10월 사직 후 저술 활동에 전념하였다. 다수의 저서가 있는데, 한국 관련으로는 『조선병합의 이면朝鮮倂合之裏面』(中外新論社, 1920), '앵운각주인櫻雲閣主人'이라는 필명으로 『메이지사실외교비사明治史實外交秘話』(中外商業新報社, 1927 ; 『메이지외교비사明治外交秘話』로 1976년 복간) 등이 있다. 이 두 저서에서 한국 관련 부분은 다수 중복되는데, 후자는 『중외상업신보中外商業新報』(『니혼게이자이신문日本經濟新聞』의 전신)에서 연재한 것이므로 문체는 담론조이고, 그 기술은 약간 신빙성이 떨어진다. 그에 비하여 전자는 당시 발행 부수가 한정되어 있던 『조선의 보호 및 병합朝鮮ノ保護及倂合』(朝鮮總督府, 1918)과 중복되는 사료를 많이 수록하는 등, 상당히 사료적 가치가 높다. 이토 히로부미의 담화를 모은 『이토 공 전집伊藤公全集』(昭和出版社, 1928·29)과 『이토 공 직화伊藤公直話』(千倉書房, 1936)를 편집하였다. 또한 춘무공추송회春畝公追頌會 이사로 『이토 히로부미 전기伊藤博文傳』(春畝公追頌會, 1940, '春畝'는 이토의 호)의 편찬에도 진력하였다.

[참고문헌] 小松綠 『國境設備ニ關スル意見國境設備ニ關スル意見』(朝鮮總督府, 1911), 李文田 『元外事局長小松綠先生及某家秘藏書畵骨董賣立會目錄元外事局長小松綠先生及某家秘藏書畵骨董賣立會目錄』(朝鮮研究會, 1917)　　【오가와라 히로유키小川原宏幸】

79
고마쓰 히로미
小松博美(소송박미)　　1891.3.6〜?

사법관료

고치현高知縣 나가오카군長岡郡에서 태어났다. 1915년 교토제국대학京都帝國大學 법과대학 독일법과를

졸업하였다.

졸업 후 같은 해 10월 평양지방법원 사법관 시보가
되어 도한하여 1917년 7월 해주 지방법원 판사, 1919
년 6월 부산 지방법원, 마산지청 판사, 1922년 7월
대구 복심법원 판사를 역임하였다. 1929년 6월 고등
법원 판사가 되었고, 1930년 5월 경성법학전문학교
강사를 겸임하였다.

[참고문헌] 有馬純吉『昭和六年版 朝鮮紳士録』(朝鮮紳
士録發行會, 1931), 谷サカヨ『第14版 大衆人事録』(帝
國秘密探偵社, 1943)　　　【마스타니 유이치桝谷祐一】

80

고마키 마사미
小牧正美(소목정미)　　　　　　1910~1995

화가

미야자키현宮崎縣 출신. 1923년 도한 이후 경성사범
학교에 입학하여 재학 중이던 1927년 조선미전에 출
품, 입선하였고 이후 1940년까지 전부 여덟 차례에
걸쳐 입선하였다. 경성사범학교를 졸업한 후에는 교
사 생활을 하는 한편 앙데팡당전, 동엽회 등에 출품
하였다. 1945년 종전과 함께 일본으로 귀국하였다.

귀국 후에는 전쟁 이전의 교육에 대한 회의로 인해
교사로서의 활동도 하지 않고 미술 분야로부터도 멀
어졌다.

[참고문헌] 坂井基樹 外 共編『日韓近代美術家のまな
ざし-『朝鮮』で描く』(福岡アジア美術館 外, 2015)
　　　　　　　　　　　　　　　　　　【김용철】

81

고무라 주타로
小村壽太郎(소촌수태랑)　　1855.10.26~1911.11.26

외무관료, 정치인

휴가노쿠니日向國 오비번飫肥藩(현 미야자키현宮崎縣 니
치난시日南市) 출신. 1869년 나가사키長崎에서 영어를
학습하고 상경하여 공진생貢進生으로서 대학남교大
學南校(이후 개성학교開成學校로 개칭)에 입학하여 법률

을 공부하였다. 1875년 문부성 제1회 유학생으로 선
발되어 미국 하버드 대학 로스쿨에 입학, 법률을 전
공하였다. 1880년 유럽을 순회한 후 귀국하여 사법
성에 들어가 대심원판사大審院判事를 거쳐 1884년 6
월에는 외무성으로 전임하였고 이후 공신국公信局,
번역국飜譯局에서 약 9년간 근무하였다. 고무라는 부
친이 경영하였던 사립 오비회사가 도산하여 거액의
부채를 지게 되었을 때 도와주었던 스기우라 주고杉
浦重剛, 기쿠치 다케오菊地武夫의 영향으로 국수주의
에 경도되었다. 이에 오쿠마 시게노부大隈重信의 조
약개정에 반대하였다. 또한 통상국장 하라 다카시原
敬(→917)를 보좌하여 외교관시험제도 마련에도 관여
하였다. 1893년 10월 청국공사관 참사관에 임명되었
는데, 조선공사를 겸임하며 한성에 근무하고 있던
오토리 게이스케大鳥圭介(→751)를 대신하여 임시대리
공사가 되었다. 1894년 6월 청일 양국이 조선에 군대
를 파견하자 일관되게 강경론을 주장하여 개전을 촉
구하였다. 개전 후 제1군사령관 야마가타 아리토모山
縣有朋 휘하의 점령지 민정청장관으로서 만주에 출장
을 떠났으며, 당시 제3여단장으로서 출정 중이던 가
쓰라 다로桂太郎와 긴밀한 관계가 되었다. 1894년 말
에는 정무국장에 취임하여 청국 내 일본의 통상특권
확대를 주장하는 강화의견서를 기초하였다.

일본 정부는 1895년 10월 명성황후 시해사건 가담
자의 조사 및 처리를 위하여 고무라를 급히 조선에
파견하였다. 고무라는 을미사변의 진상조사를 위한
각국 외교단 회의에 참석하면서 대원군의 퇴궐, 왕
비 복위, 범인 처벌과 함께 조희연趙羲淵, 권형진權瀅
鎭의 면직을 주장하였다. 그는 또한 법부고문관 노자
와野澤鷄一의 초빙과 조선 정부에 대한 500만 원 차관
제공을 주선하기도 하였다. 나아가 한성·부산·원
산에 주둔 중인 일본후비병을 귀국시키는 대신 경부
전선 보호를 위한 상비병을 주둔하게 할 것을 통보하
고 전선절단범의 처벌을 요청하였다. 또한 탁지부
명예고문관 니오 고레시게仁尾惟茂(→240)에 대한 하사
금을 전달하였고, 조선 군부가 구입한 모제르소총毛
瑟銃 탄환 30만 개의 인계 처리 및 추가구입을 주선
하는 등 다양한 업무를 처리하였다. 1896년 2월 11일

아관파천 이후 고무라는 외무대신에게 상황을 보고하는 한편, 조선의 독립 문제와 관련하여 열강이 공동으로 보장하는 안을 택할 것인지 러일 양국이 협의하여 처리할 것인지를 타진하였다. 이때 조선 정부는 일본에 대한 태도를 바꾸어 일본군의 철수를 요구하는 한편 한성-원산간, 한성-개성간 전선을 농상공부가 인계, 수리할 것을 요구하였다. 이에 고무라는 치안이 확보되기 전까지는 철군이 불가하다는 입장을 견지하였다. 한편 일본수비대의 해방영海防營 부근 조련을 요청하였다가 조선 정부에게 거절당하기도 하였다. 이 당시 각지에서 일본인 피살사건이 빈발하였는데 고무라는 살인범의 체포·조사·처벌을 요구하는 한편 일본영사의 재판입회권, 즉 청심聽審을 요구하였다. 또한 조선 정부가 미국인 모스James R. Morse에게 경인철도의 부설을 허가하였음을 일본 정부에 전달하면서 조선 정부에 경부철도의 부설을 신청할 것을 제안하였다. 또한 청일전쟁 당시 조선 정부와 체결한 잠정합동조관朝日暫定合同條款에서 경인·경부철도 부설을 규정하였음을 근거로 타국과의 철도부설 교섭 전 일본 정부에 통지할 것을 조선 정부에 요구하기도 하였다. 또한 5월 14일에는 베베르-고무라 각서The Waeber-Komura Memorandum에 조인하여, 일본은 서울에 2개 중대, 부산에 1개 중대, 원산에 1개 중대 도합 '4개 중대'를 주둔시키고, 러시아도 동일한 군대주둔권을 보유한다고 약정하여 조선내정의 공동감독을 협약하였다.

1896년 6월 귀국하여 외무차관에 임명되었다. 주미공사(1898)·주러공사(1900)를 거쳐 주청공사(1901)로 베이징에 부임하였다. 이때 의화단사건 처리를 위한 국제회의에 일본전권대표로서 활동하면서, 열강 외교대표들에게 '쥐공사'라고 불리기도 하였다. 이해 9월 귀국하여 외무대신에 취임하여 러일협상론을 꺾고 영일동맹을 추진, 1902년 1월 조인에 성공한 공로로 남작에 제수되었다. 이후 러일개전외교, 이른바 '고무라 외교'를 전개하였다. 개전 후 조기 강화의 필요성을 인식한 고무라는 주미공사 다카히라 고고로高平小五郎(→302)와 함께 전권위원으로서 포츠머스 강화회의에 참여하여 1905년 9월 강화조약을 체결하였다. 귀국 후에는 자신의 부재중에 체결된 남만주철도에 관한 가쓰라-해리먼 협정Katsura-Harriman Agreement에 반대하여 이를 취소시킨 후 제2차 영일동맹을 체결하여 한일강제병합의 포석을 두었다. 1906년 추밀고문관으로 전임하였다가, 1908년에는 다시 외무대신이 되어 제2차 조약개정에 성공함으로써 관세자주권을 회복하였다. 한국에 대하여 러일개전과 동시에 한일의정서(1904)를, 이어서 보호조약(1905)을 강요하고, 1910년 후작에 임명되었다. 1911년 8월 외무대신에서 물러났으며 같은 해 11월 26일 향년 57세로 사망하였다.

[참고문헌] 최덕수 외『조약으로 본 한국근대사』(열린책들, 2010), 강범석『왕후모살: 을미사변연구』(솔, 2010), 김영수『미젤의 시기: 을미사변과 아관파천』(景仁文化社, 2012), 片山慶隆『小村壽太郞』(中公新書, 2011), 岡本俊平「大鳥圭介」『日本外交史辭典』(山川出版社, 1992), 藤村道生「大鳥圭介」『日本近現代人名辭典』(吉川弘文館, 2001), 秦郁彦『日本近現代人物履歷事典』(東京大學出版會, 2002), 岡田幹彦『小村壽太郞: 近代隨一の外交家その剛毅なる魂』(展轉社, 2005)

【김희연】

82

고미나토 기요시

小湊潔(소주결)   1893.3.22~1972.10.30

화학자

이바라키현茨城縣 미토시水戶市 출신. 고미나토 진노스케小湊甚之介의 손자로 태어났다. 1914년 이바라키현립공업학교茨城縣立工業學校 응용화학과를 졸업했다. 1917년 우에다잠사전문학교上田蠶糸專門學校 제사과製糸科를 졸업하고 그해 남만주철도중앙연구소에서 근무했다.

1921년 시가 기요시志賀潔(→534)에게 발탁되어 경성의학전문학교京城醫學專門學校 조교수로 취임했다. 이듬해 시가의 제안으로 마늘 연구에 착수했다. 1924년 「마늘의 성분에 관한 연구(第一報)」를 『조선의학잡지朝鮮醫學雜誌』에 게재하였으며 1926년에 경성의전을 퇴직하였다.

1927년 교토제국대학京都帝國大學 농학부 농림화학과에 입학하여 1930년 졸업했다. 동대 연구실원으로서 마늘 연구를 추진하여 1936년 마늘의 무취유효성분無臭有效成分을 발견하고 스코르디닌으로 명명했다. 1940년에 교토제국대 연구실을 퇴직, 닛세이화학日生化學을 설립했다. 1951년 리켄화학공업理研化學工業을 설립하여 사장으로 취임하고, 1940년 닛세이화학연구소日生化學研究所를 설립했다. 1953년 「마늘'의 생화학적 연구「にんにく」の生化學的研究」로 박사학위를 취득하여 '마늘박사'로 알려졌다. 지주호쇼紫綬褒章, 훈3등勳三等 즈이호쇼瑞寶章를 수상하였으며 차남인 고미나토 유즈루小湊壤는 이후 리켄화학공업 사장이 되었다.

향년 79세로 사망했다. (『인물물고대년표人物物故大年表』에서는 74년 사망으로 기록되어 있다.)

저작으로는 1924년 10월 『조선급만주朝鮮及滿洲』에 게재한 「마늘의 성분 및 그 생리적 작용에 대한 연구개요「にんにくの成分竝その生理的作用に就ての研究梗概」, 저서로는 『마늘의 신비にんにくの神秘』(叢文社, 1972), 『마늘의 신발견にんにく新發見』, 『마늘의 신비·속편にんにくの神秘·續編』(叢文社, 1986) 등이 있다.

[참고문헌] 山本賴三·小湊潔『柞蠶繭ノ色ニ就テ : 第1報』(滿鐵中央試驗所, 1919), 小湊潔『にんにくの神秘』(叢文社, 1972)　　　　　　　【이충호】

83

고미야 만지로
小宮萬次郎(소궁만차랑)　　　　　　1868.10～?

실업가

나가사키현長崎縣 시모아가타군下縣郡 이즈하라嚴原 고쿠분초國分町 출신. 보통학교를 졸업한 후 부산에서 무역업에 종사하던 부친을 따라 10세의 나이로 조선으로 이주하였다.

개항 직후인 1877년 부산으로 이주한 고미야는 장성할 때까지 부친의 사업을 보좌하였다. 이후 부산에서 큰 상점을 열고 있던 백부 오이케 주스케大池忠助의 가게에서 점원으로 일하게 되었는데, 상점 내 모든 업무를 총괄하면서 당시 부산 상업계의 청년 중 전도가 가장 유망한 자로 지목되었다. 1897년부터 독립하여 미곡의 중매를 시작했으나 중도에 한 번 실패하였고, 다시 무역상을 일으켜 1여 년 만에 곡물과 해산물을 취급하는 부산의 유력한 상인으로 성공하였다. 러일전쟁 당시에는 육군 용달에 종사하며 후방에서 전쟁을 지원하였다. 한편 상점을 독립한 것과 거의 동시에 흑연 광산을 경영하기 시작한 고미야는 충청남도 청산, 충청북도 옥천, 경상북도 상주와 성주 등지에 소재한 광산 채굴을 허가받았다. 이 가운데 상주 팔음산八音山 광산에서 채굴되는 흑연은 매월 100톤 내지 200톤 내외로 1910년대 초 부산항을 통해 일본으로 이출되는 흑연의 대부분을 차지할 정도였다. 1933년 부산 영정榮町에 합자회사 고미야흑연광업소小宮黑鉛鑛業所 공장을 지을 때까지 광산사업을 유지해 온 고미야는 1930년대 후반에는 경상남도 산청과 충청남도 천안에서도 광산을 경영하였다. 1925년 기후시岐阜市 주최로 열린 은혼식 봉축 국산공진회에 흑연을 출품하여 동패銅牌를 수상하였다. 이러한 광산경영을 기반으로 상당한 자본을 축적한 고미야는 부산 굴지의 재력가로 군림하면서 각종 회사 사업에도 참여하였다. 1923년에는 송도유원주식회사를 설립한 후 사장에 취임하고 송도 일대에 휴양시설을 조성했는데, 이후 부산부의 지원과 함께 백사장을 해수욕장으로 개발한 것이 지금의 송도해수욕장이다. 이 외에도 조선해조주식회사朝鮮海藻株式會社 이사, 조선선거공업주식회사朝鮮船渠工業株式會社 감사역 등 여러 회사의 중역을 역임하였다. 부산거류민단 의원, 부산상업회의소 의원으로 당선되며 부산 유력인사로서의 지위를 유지한 고미야는 1935년 차남 고미야 게이지小宮慶二에게 흑연공장 경영을 위임하며 일선에서 물러났다. 하지만 이후로도 부산소방조의 조두組頭로 활동하면서 지역사회에서의 영향력은 유지하였다. 1937년 총후銃後 공로자로서의 업적을 인정받아 제20사단으로부터 대순大楯을 수여받았다.

[참고문헌] 中田孝之介『在韓人士名鑑』(木浦申報社,

1905), 朝鮮公論社 編 『在朝鮮內地人神士銘鑑』(朝鮮公論社, 1917), 田內竹葉·淸野秋光 編 『新朝鮮成業銘鑑』(朝鮮硏究會, 1917), 釜山出版協會 編 『釜山大觀』(釜山出版協會, 1926), 長田睦治 編 『釜山名士錄』(釜山名士錄刊行會, 1935), 中村資良 『朝鮮銀行會社要錄』(東亞經濟時報社, 1937), 조선총독부관보시스템 〈http://gb.nl.go.kr〉　　　　　　　【전성현】

84

고바야시 마사루
小林勝(소림승)　　　　　1927.11.7~1971.3.25

문학가

경남 진주 출신. 부친이 경상남도 진주농림학교 생물 교사였다.

대구 시노노메심상소학교東雲尋常小學校를 졸업하고 1940년 대구중학교에 입학하였다. 잡지 『문학계文學界』 1957년 2월호에 발표된 고바야시의 단편소설 「일본인 중학교日本人中學校」는 고바야시가 대구중학교에서 실제로 경험한 사건을 제재로 삼아 재구성한 작품으로, 당시 대구중학교에 부임한 젊은 신임 영어교사가 최규하 전 대통령이었음을 밝히고 있어 흥미롭다. 1944년 대구중학교 4학년을 수료하고 육군예과사관학교에 입학, 1945년 3월에 육군항공사관학교에 진학하지만 일본의 패전으로 귀환하게 된다.

만 16년간 조선에서 생활한 체험은 그의 짧은 생애와 작품 활동에서 대단히 큰 비중을 차지하게 된다. 작가로서의 고바야시는 '일본인에게 조선이란 무엇인가'를 문학적 출발점으로 삼아 치열하게 고뇌한 작가였고, 그의 대부분의 작품은 식민지 조선과 전후의 재일조선인을 다루고 있다. 1946년 구제舊制 도립 고등학교 문과 갑류에 입학했고, 1949년 와세다대학早稻田大學 러시아문학과 야간부에 편입학했다. 1948년에 일본공산당에 입당한 뒤 「어느 조선인의 이야기ある朝鮮人の話」(『人民文學』, 1952)를 발표하면서 작가로서 출발했고, 1955년 신일본문학회新日本文學會에 입회하면서 잡지 『생활과 문학生活と文學』의 편집

위원이 되었다. 잡지 『생활과 문학』의 편집위원으로 활동하면서, 예전 한국전쟁과 파괴활동방지법안 반대 데모에 참가해 화염병 투척으로 체포, 수감된 경험을 쓴 작품 『단층지대斷層地帶』(書肆パトリア, 1958)를 발표했고, 소설 「포드, 1927년フォード·一九二七年」(『新日本文學』, 1956.5), 「군용노어교정軍用露語敎程」(『新日本文學』, 1956.12), 「가교架橋」(『文學界』, 1960.7)가 연이어 아쿠타가와상芥川賞 후보에 오르면서 작가적 입지를 다졌다. 유소년 시절을 보낸 조선에서의 체험을 소재로 삼아 일본인의 심층에 잠재한 차별의식을 비판하는 작품을 많이 남겼다. 1971년 장 폐색으로 사망했다. 고바야시의 사후, 『고바야시 마사루 작품집小林勝作品集』 전5권(白川書院, 1975~76)이 출판되었다. 작품집에 『쪽발이チョッパリ』(三省堂, 1970), 『조선·메이지52년朝鮮·明治五十二年』(新興書房, 1971) 등이 있다.

1952년 6월 25일 신주쿠역新宿驛 앞에서 한국전쟁과 파괴활동방지법안 반대 데모에 참가해 화염병 투척 현행범으로 체포되어 도쿄구치소에 수감되었다. 이후 제1심 공판에서 1년형을 판결 받고 항소하지만, 1959년 7월 최고재판소에서 상고를 기각하여 일본에서 전후 최초로 실형을 받은 작가가 되었다. 이런 사회적 활동과 함께 작가로서의 그는 식민자 2세 출신의 문학자로서 조선에 대한 기억과 체험을 형상화한 작품을 꾸준히 발표했지만, 수차례에 걸친 폐결핵 수술과 장폐색으로 1971년 사망했다.

[참고문헌] 고바야시 마사루, 이원희 역 『쪽발이』(소화, 2007), 日本近代文學館 編 『日本近代文學大事典 第二卷』(講談社, 1977), 『小林勝作品集』 전5권(白川書院, 1975~76), 하라 유스케 「고바야시 마사루(小林勝)와 최규하(崔圭夏)」 『사이間SAI』 12(국제한국문학문화학회, 2012)磯貝治良 「原風景としての朝鮮—小林勝の前期作品—」『季刊三千里』 29(三千里社, 1982), 磯貝治良 「照射するもの、されるもの—小林勝の後記作品—」『季刊三千里』 30(三千里社, 1982)　　【신승모】

85

고바야시 우네오
小林采男(소림채남) 　　　　　1894.1.8～1979.8.30

실업가

나라현奈良縣 출신. 어린 시절 부친을 따라 조선으로 건너왔다. 1919년 도쿄제국대학東京帝國大學 정치과를 졸업하고 농무성내 내각자원국內閣資源局 사무관, 후쿠오카福岡와 센다이仙臺의 광무서 광무과장을 지냈다. 부친의 광산업을 이어받아 1934년 고바야시광업주식회사小林鑛業株式會社를 설립했다. 1938년에 일본에 고바야시이학연구소小林理學研究所, 조선에 경성광업전문학교를 설립했다. 1943년 당시 관동기계제작소 회장. 고바야시광업과 서선중석광업의 사장, 한강수력전기회사와 조선피혁회사의 감사를 지냈다.

고바야시광업주식회사는 초기 금 채굴에 종사했으나 1937년 백년광상을 매입하면서 텅스텐 채굴에 주력했다. 텅스텐은 대표적인 군수광물로 조선의 채굴량은 일본 지배권 전체의 90%를 차지했으며 고바야시광업은 조선 내 생산량의 70%를 담당했다. 전시기 대표적인 군수기업으로 1942년 군수회사로 지정됐으며 조선식산은행으로부터 자금 지원을 받았다.

귀환 후 1947년 7월 결성된 귀환자단체인 동화협회의 이사로 활동했다. 그해 공직 추방되어 1951년 해제되었다. 일본의 고바야시광업주식회사도 전쟁협력회사로 미군이 접수한 뒤 1951년 해제되었다.

1953년 아즈마화학공업회사東化學工業會社를 설립하였고 1954년 미노요업주식회사美濃窯業株式會社의 이사로 취임했다. 1957년 일본식량창고주식회사 이사, 세이조학원成城學園 이사에 취임했다.

1969년 대한민국 대한중석광업주식회사는 그 전신인 고바야시광업 개발의 노고 등으로 그를 명예고문에 추대했다.

[참고문헌] 정병욱 『한국근대금융연구–조선식산은행과 식민지 경제』(역사비평사, 2004), 大韓重石鑛業株式會社 編 『大韓重石七十年史』(大韓重石鑛業株式會社, 1989), 帝國秘密探偵社 編 『第十四版 大衆人事錄 外地 滿·支 海外篇』(帝國秘密探偵社國勢協會, 1943), 국사편찬위원회 한국사데이터베이스 〈http://db.history.go.kr〉

【정병욱】

86

고바야시 조베에
小林長兵衛(소림장병위) 　　　　　1869～1943.4.6

실업가

효고현兵庫縣 출신. 후쿠이현福井縣 동부의 토목건축청부업 회사 미야자키구미宮崎組에 들어가 지배인이 되었다. 마이즈루舞鶴 군항의 건설공사를 맡고 각 방면의 공사를 청부하여 완성하였다.

1905년 10월 미야자키구미를 대표하여 조선에 와서 주로 철도공사에 종사하였다. 1909년 5월 미야자키구미와 단절하고 독립하여 고바야시구미小林組를 설립하여 토목건축청부업을 계속하였다. 이와 함께 수색水色과 온양溫陽 등에서 농사를 경영하였다. 다시 도쿠히사 요네조德久米三, 가메와리 야스조龜割安藏, 구마시로 쇼지로熊城鐘二郎 등과 함께 조선제빙소朝鮮製氷所를 건설하였다. 1916년 당시 조선상업은행은 그를 자산 규모가 15만 원인 경성의 일류 토목청부업자로 평가했다. 용산소방조장을 맡았고, 재력을 바탕으로 경성부협의회원에 피선되었다.

가메와리 야스조와 함께 여러 회사를 함께 경영하기도 했다. 1914년 설립된 농장인 양동식산회사陽東殖産會社 중역으로 참여했으며(대표 가메와리 야스조), 광산회사 이원철산주식회사利原鐵山株式會社(1918년 설립)의 이사이면서 가메와리의 뒤를 이어 대표이사가 되었다. 또한 자신이 설립한 토건회사 일본공업회사(합자, 1915년 설립, 본점은 도쿄)와 동북목장東北牧場(주식회사, 1934년 설립)의 대표, 학성광업鶴城鑛業(주식회사, 1936년 설립)의 이사를 지냈다.

이밖에 일본마그네사이트화학공업회사(1935년 설립) 및 일본고주파중공업회사(1936년 설립)의 사장을 지냈고, 국산자동차공업주식회사의 주주로 활동하는 등 경성의 주요한 자본가로서 일제 말기까지 각종 회사 경영에 활발히 참여하였다.

1943년 일본 고베神戸에서 병환으로 정양 중 사망했다.

[참고문헌] 이승렬 『제국과 상인』(역사비평사, 2007), 川端源太郎 編 『朝鮮在住內地人 實業家人名辭典 第一編』(朝鮮實業新聞社, 1913)　　　　　【고태우】

87
고바야시 히데오
小林英夫(소림영부)　　　　　1903~1978

언어학자, 대학교수

도쿄부東京府 출신. 1927년 도쿄제국대학東京帝國大學 언어학과를 졸업하고 1928년 소쉬르의 『일반언어학강의一般言語學講義』 영역본을 『언어학원론言語學原論』이라는 제목으로 일역하였다. 패전 후 도쿄東京로 돌아가 도쿄공업대학東京工業大學 교수, 나고야대학名古屋大學 교수, 와세다대학早稻田大學 교수 등을 역임하였다. 1977년에는 그의 수많은 언어학 관련 저서를 모아 편찬한 『고바야시 히데오 저작집小林英夫著作集』(みすず書房, 1975~1977)이 전 10권의 볼륨으로 출간되었다.

1929년에 경성제국대학의 강사로 부임하게 되어 도한하였다. 1932년에는 정식 조교수로 채용되어 그리스어학 부문을 담당하게 되었다. 경성제국대학의 『기념논문집記念論文集 : 6집. 문학』 편에 「언어학에 있어서의 목적론言語學における目的論」이라는 논문을 게재하였다. 이외에도 '조선초등교육연구회朝鮮初等教育研究會'에서 발간한 『조선의 교육연구朝鮮の教育研究』 제100호 신년호(1937)에서 「음성학의 성격音聲學の性格」이라는 글을 실었다.

또한 그의 수많은 저서들 중 다음과 같은 서적은 시기상 조선에서 집필하였을 것으로 추정된다. 『일반문법성립의 가능성에 대하여-그 서설一般文法成立の可能性について-その序說』(刀江書院, 1932)을 비롯하여 『일반문법의 원리-비판적 해설一般文法の原理-批判的解說』(岩波書店, 1932), 『언어학방법논고言語學方法論考』(三省堂, 1935), 『언어와 문체言語と文體』(三省堂, 1937), 『언어학통론言語學通論(三省堂, 1937)』, 『언어연구-태도편, 문제편言語研究-態度篇, 問題篇』(三省堂, 1938), 『문체잡기文體雜記(三省堂, 1942)』, 『문체론의 건설文體論の建設』(育英書店, 1943), 『문체론의 미학적 기초 수립文體論の美學的基礎づけ』(筑摩書房, 1944) 등이 있다.

일본 패전 후 일본으로 돌아가 1946년 「문체론文體論」으로 교토대학京都大學에서 문학박사학위를 취득하였다. 1948년에는 도쿄공업대학의 프랑스어 언어학 전임교수가 되었고, 1950년에는 나고야대학 교수를 겸임하였다. 1963년에 도쿄공대에서 정년퇴임 후 명예교수 및 와세다대학 교수로 임명되었다. 1973년에 퇴직 후 1978년에 사망하였다.

[참고문헌] 小林英夫 『小林英夫著作集』(みすず書房, 1975~1977), 고려대학교 일본연구센터 일본연구 아카이브 〈http://archive.kujc.kr〉, 국사편찬위원회 한국사데이터베이스 〈http://db.history.go.kr〉

【김욱】

88
고바야시 히로시
小林宏志(소림굉지)　　　1915.1.17 ~ 2005.8.7

법의학자

오카야마현岡山縣 이하라시井原市 우토가와宇戸川 출신. 고바야시 나오지로小林猶治郎의 3남으로 출생하였다. 3살에 출신지인 야마노우에무라山野上村의 면장인 고바야시 다이이치小林太一의 양자로 들어가 1932년 오카야마제일중학교岡山第一中學校를 졸업하였다. 1939년 경성제국대학 의학부를 졸업. 2005년 8월 7일, 향년 90세의 나이로 사망하였다.

1941년 경성제국대학 법의학 조수(7관등), 강사(1942), 조교수(1943)를 역임하고 1946년에 퇴직했다.

1948년 규슈제국대학九州帝國大學 의학부의 법의학 강사로서 활동했고, 1951년에는 히로시마현립의과대학廣島縣立醫科大學의 법의학 교수가 되었으며, 1954년에는 히로시마대학의 법의학 교수가 되었다. 1970~1976년까지 히로시마 대학의 의학부장을 역임했고, 1988년 정년퇴직을 하였다.

[참고문헌] 廣島大學醫學部法醫學敎室同門會 編『小林
宏志敎授退官記念敎室業績目錄』(廣島大學醫學部法醫
學敎室同門會, 1978), 국사편찬위원회 한국사데이터베
이스 〈http://db.history.go.kr〉　　　【이충호】

89

고스기 긴파치

小杉謹八(소삼근팔)　　　　　　　1877.5.4~?

실업가

이바라키현茨城縣 출신. 고스기 마사고로小杉政五郎
의 3남으로 태어났다. 제사고등학교第四高等學校를
졸업했다. 부인은 가쓰코勝子로 미야타 지사부로宮田
治三郎의 장녀이며 미와타고등여학교三輪田高等女學校
를 졸업했다. 슬하에 두 아들이 있다.

　1906년 11월 조선으로 건너가 경성 일한도서인쇄
회사日韓圖書印刷會社에 입사하여 지배인으로 근무했
고, 일한인쇄주식회사로 개칭된 뒤에 이사로 발탁되
었다. 동시에 후지타합명회사藤田合名會社의 전무를
겸했다. 1907년부터는 남대문통에서 고스기구미小杉
組를 설립해 토목건축청부업에 종사했고, 1913년 후
지타상회藤田商會를 인수해 제재·산림업을 겸영하
는 등 사업을 확장시켰다. 1919년 일한인쇄회사를 해
산하고 조선인쇄주식회사를 창립했고, 후지타상회
의 제재 및 산림업은 1920년 동아상공주식회사東亞商
工株式會社를 설립해 그 업무를 양도했다. 또한 조선
식산은행과 조선상업은행, 경성증권신탁의 주주, 경
성증권신탁의 발기인이자 주주, 특허시멘트와제조
特許시멘트瓦製造 감사 및 주주, 경성요업 이사 및 주
주, 경성주식현물거래시장 주주 및 이사, 조선신탁
주주 및 감사, 부산미곡증권신탁 감사 등, 여러 회사
의 자본 투자 및 경영 참여를 통해 경성의 유력 자본
가로 성장했다. 1920년 11월 경성부협의회원에 선출
되었고, 학교조합평의원 등 여러 공직을 겸했다.

　1928년 대동임업주식회사大同林業株式會社를 조직
해 조림제재업을 이어나갔으며, 유사업종인 조선산
업주식회사의 이사로 경영에 참여했다. 경성현물거
래시장 사장일 때는 인천미두거래소 합병에 공을 세

웠다. 이밖에 조선거래소 이사장, 조선서적인쇄주식
회사 이사, 경성실업주식회사 감사역, 동만주흥업東
滿洲興業 이사, 보광광업寶光鑛業과 조양광업朝陽鑛業,
그리고 조선증권금융주식회사의 사장, 국산자동차
공업과 조선제련 이사, 남조선신탁의 감사를 지내는
등 일제 말기까지 유력 자본가로서 활동했다.

[참고문헌] 이승렬『제국과 상인』(역사비평사, 2007),
角田廣司 編『在朝鮮內地人紳士名鑑』(1917), 朝鮮中央
經濟會 編『京城市民名鑑』(1922), 貴田忠衛『朝鮮人事
興信錄』(1935), 阿部薰『朝鮮功勞者銘鑑』(1935), 嶋元
勸『朝鮮財界の人人』(1941), 谷サカヨ『第十四版 大衆
人事錄 外地 滿·支 海外 篇』(1943)　　　【고태우】

90

고스기 도라이치

小杉虎一(소삼호일)　　　　　　　　1891.7~?

의사, 대학교수

사이타마현埼玉縣 가와고에시川越市 출신. 1920년 12
월 도쿄제국대학東京帝國大學 의학부를 졸업, 1921년
2월 게이오기주쿠慶應義塾 의학부 조수로 취임, 1923
년 6월 동 대학 강사로 임명되었다.

　1924년 4월 경성의학전문학교 강사로 도한하여 동
년 10월 재외연구원으로 독일, 영국, 미국 등에 유학
하다 1927년에 귀국하였다.

　유학 중인 1926년 4월 경성제국대학 조교수로 전
임되어 1927년 교수가 되었고 의학박사 학위를 취득
하였다.

[참고문헌] 有馬純吉『昭和六年版 朝鮮紳士錄』(朝鮮紳
士錄發行會, 1931), 貴田忠衛『朝鮮人事興信錄』(朝鮮
人事興信錄編纂部, 1935)　　【마스타니 유이치桝谷祐一】

91

고시카와 준키치

越川純吉(월천순길)　　　　　　　1911.10.24~?

사법관료

평안남도 순천군順川郡 내면內面 창리倉里 출신. 아버

지 고시카와 시마키치越川島吉와 어머니 시마シマ 사이의 차남으로 태어났다. 본적은 지바현千葉縣 가토리군香取郡 고자키마치神崎町로 사족士族 출신이다. 1937년 11월 조선총독부 판사로 임용되어 패전 때까지 재직한 사법관료이다.

그의 부친이 1911년 현재 평안남도 순천군 서기書記로 재직했다는 기록으로 미루어, 그 이전 시기에 조선으로 건너온 것으로 판단된다. 그는 1912년부터 1917년까지 평양고등보통학교平壤高等普通學校 서기, 1918년부터 1920년 경성부京城府 서기, 1921년부터 1923년 경성부 속屬 등을 역임하였다. 1923년 5월 안주군수安州郡守로 임명되었으나 바로 의원면직하였다. 퇴직 후 경성 소재 조선항공운수주식회사 대표를 맡기도 하였다.

1923년 3월 경성의 미사카심상소학교三坂尋常小學校 제5학년을 수료하고 4월 용산중학교龍山中學校에 진학하였다. 1928년 3월 동교를 졸업하고, 4월 경성제국대학京城帝國大學 예과豫科에 입학하였다. 1930년 3월 동교 예과를 수료하고, 4월 동교 법문학부法文學部에 입학하였다. 1933년 3월 동교를 졸업하고, 5월 조선총독부 내무국 속內務局 屬으로 임용되어 토목과에서 근무하였다. 재직 중 1935년 11월 고등시험高等試驗 사법과司法科에 합격하였다. 당시 주소는 경성부 삼판통三坂通 102번지였다. 1936년 3월 조선총독부 사법관시보司法官試補에 임용되어, 경성지방법원京城地方法院에서 1년 6개월 동안 실무수습을 했다.

1937년 11월 경성지방법원 예비판사로 발령받았다. 1938년 3월 경성지방법원 판사로 임명되었다. 1940년 7월 부산지방법원 판사로 전보되었다. 1941년 5월 대구복심법원 판사로 전보되어, 패전 때까지 재직하였다. 대구복심법원 판사로 재직 중 다음과 같은 논문을 발표하였다. 「격지취인의 준거통제가격隔地取引の準據統制價格」(『朝鮮司法協會雜誌』 23-1, 1944), 「가격의 허가 및 지시價格の許可竝指示」(『朝鮮司法協會雜誌』 23-11·12, 1944) 등이다.

패전 후 귀국하여 1946년 8월 기후구재판소岐阜區裁判所 겸 기후지방재판소 판사로 부임하였다. 1948년 10월부터 1949년 3월까지 사법연구원司法研究員

으로 「일본에 재주하는 비일본인의 법률상 지위日本に在住する非日本人の法律上の地位」(『司法研究報告書』 2-3, 1949)를 발표하였다. 이후 1952년 3월 나고야지방재판소名古屋地方裁判所, 1959년 8월 나고야고등재판소 등의 판사를 역임하였다. 또한 1949년 기후약과대학岐阜藥科大學, 1950년 나고야대학名古屋大學, 1950년 아이치대학愛知大學 등의 강사를 역임하였다. 1976년 10월 나고야고등재판소 판사를 정년퇴직하고, 11월 변호사를 개업하여 나고야변호사회名古屋辯護士會 소속으로 활동하였다. 1977년 4월부터 1978년 3월까지 메이조대학名城大學 법학부 교수를 지냈고, 1978년 4월부터 주쿄대학中京大學 법학부 교수로 재직하다가 1987년 3월 정년퇴직하였다.

[참고문헌] 朝鮮總督府法務局人事係『昭和十一年 司法官試補進退關係綴』(朝鮮總督府, 1936), 中京大學法學會『中京法學』 22-1(越川純吉教授退職記念號)(中京大學法學會, 1987), 전병무「일제시기 在朝鮮日本人 司法官試補 연구」『해람인문』 44(강릉원주대 인문학연구소, 2017), 조선총독부관보활용시스템 〈http://gb.nl.go.kr〉

【전병무】

92

고 야스히코
高安彦(고안언)　　　　　　1896.8.23~1977.9.2

관료

야마구치현山口縣 요시키군吉敷郡 다이도무라大道村 출신. 1922년 도쿄제국대학東京帝國大學 프랑스법학과를 졸업하고 동년 11월 고등시험 행정과에 합격했다. 1923년 4월에 조선총독부 경기도 촉탁으로 조선으로 이주했다.

1923년 10월 경기도 경시를 겸임하며 1924년 12월에 총독부 경찰관 강습소 교수로 부임했다. 1925년 11월 경무국 경무과 사무관으로 승진하였고, 1928년 5월 경무국 도서과 사무관, 1929년 11월 전라북도 경찰부장을 역임했다. 일제강점기 경찰행정의 이론을 확립한 인물로 평가받고 있다.

[참고문헌] 朝鮮紳士錄刊行會 編『朝鮮紳士錄』(朝鮮紳

士錄刊行會, 1931), 貴田忠衛『朝鮮人事興信錄』(朝鮮人事興信錄編纂部, 1935) 【최종길】

93
고이데 다카유키
小出譽之(소출예지)　　　　　생몰년도 미상

영화인

영화계 '신체제'가 구축되던 1940년대 초 일본의 유력 영화사 도호東寶의 조선출장소 직원으로 경성에 거주하였다. 당시 출장소장은 후일 사단법인 조선영화배급사의 영업부장이 되는 아사하라 류조淺原隆三(→617)였다.

1942년 5월 1일 조선 유일의 영화 배급 부문 통제회사로서 설립된 사단법인 조선영화배급사의 총무부 내 경리과장을 맡았다.

이후 1944년 4월 7일 사단법인 조선영화배급사가 사단법인 조선영화제작주식회사를 흡수하여 사단법인 조선영화사로 체제 개편을 이루면서, 그는 총무부 내 경리과 소속 주계계장主計係長으로 자리를 옮겼다.

[참고문헌] 高島金次『朝鮮映畫統制史』(朝鮮映畫文化研究所, 1943), 谷サカヰ『第14版 大衆人事錄』(帝國秘密探偵社, 1943) 【함충범】

94
고이데 라이키치
小出雷吉(소출뢰길)　　　　　1867~1947

교사

효고현兵庫縣 다지마노쿠니但馬國 야부시군養父郡 출신. 1885년 9월에 음악취조계音樂取調掛 전수부(도쿄음악학교東京音樂學校의 전신)에 입소하여 작곡과 바이올린을 전공하였다. 이자와 슈지伊澤修二와 사제관계를 맺은 고이데는 1889년 7월에 졸업 후 돗토리현鳥取縣 심상사범학교尋常師範學校, 도쿄부東京府 심상사범학교에서 교원 활동을 하였다. 동교 퇴직 후, 1907년에 도한하여 동년 5월에 관립한성사범학교로 부임

하여『보통교육창가집普通敎育唱歌集』(1910.5)을 편찬하였다. 한일강제병합 후 경성제일고등보통학교京城第一高等普通學校 교사로 활동, 1928년 정년을 맞이하여 귀국하였다. 대한제국기에 도한하여 약 20년간 조선에서 음악 교육 활동을 하면서 창가집 편찬에 힘을 썼다. 한국근대 음악교육계의 초기 인물이자 일본제국주의를 절찬한 인물로 평가받고 있다.

1907년 4월에 도한하여 동년 5월부터 관립한성사범학교官立漢城師範學校 음악교사로 부임했다. 대한제국 학부의 의뢰를 받아 1909년부터『보통교육창가집普通敎育唱歌集』편찬을 착수, 1910년 5월에 보급하였다. 이것은 한국 최초의 관제 음악교과서로 학교 교육뿐만 아니라 가정에서도 쓸 수 있게 편찬되었다. 전27곡으로 구성된 본 창가집은 자연, 계절, 동물, 근로 등과 관련된 가사와 학부편찬 국어독본의 내용이 포함되어있다. 고이데가 번역 및 작사한 곡으로는 〈기러기雁〉, 〈공부勉强〉, 〈부모의 은혜親の恩〉, 〈스승의 은혜師の恩〉, 〈수학여행修學旅行〉, 〈졸업식卒業式〉이 있고, 작사, 작곡을 한 곡으로는 〈사시경四時景〉, 〈운동가運動歌〉가 있다. 학부기밀보고서인『본부편찬 교과서대여 및 발매本部編纂敎科書貸與及發賣』에 의하면 본 창가집은 1,265집이 발매, 3,455집이 대여되어 전국 각 사립학교와 그 외에도 배부되었다고 한다.

이후 1911년에『조선지지창가朝鮮地誌唱歌』를 편찬하였지만 조선총독부 검정불인가를 받았다.

[참고문헌] 朴成泰「大韓帝國における愛國唱歌敎育運動と學部の植民地音樂敎育政策-小出雷吉による『普通敎育唱歌集』の編纂をめぐって-」『音樂敎育學』29-2(日本音樂敎育學會, 1999), 국사편찬위원회 한국사데이터베이스 〈http://db.history.go.kr〉 【김지선】

95
고이소 구니아키
小磯國昭(소기국소)　　　　　1880.3.22~1950.11.3

육군 군인, 정치인

도치기현栃木縣 우쓰노미야宇都宮 출신. 야마가타중학교山形中學校를 거쳐 1900년 육군사관학교를 12기로 졸업하였다. 1910년 육군대학교를 졸업하고 육군사관학교 교관, 관동도독부 참모를 역임하였다. 고이소의 경력 중 특기할 부분은 항공 관련으로, 1921년 7월부터 1923년 3월까지 항공부에 있었으며, 1922년 유럽에 파견되어 서구의 항공사정을 시찰하였다.

고이소는 우가키 가즈시게宇垣一成(→784) 육군대신 아래에서 1925년 5월부터 참모본부 편제동원과장, 1927년 7월 이래 항공본부 총무부장을 역임하였으며, 1930년 8월에 육군성 안에서 차관에 버금가는 중요 직책인 군무국장에 취임하였다. 그는 1931년 미나미 지로南次郎(→411)가 육군대신이 된 후에도 군제개혁의 중심적인 역할을 수행하였다. 우가키의 군제 개혁은 4개 사단을 삭감하여 그 비용을 군비 현대화에 투자하는 것이었고 미나미의 개혁은 화력의 충실, 기계화·과학화에 중점을 둔 것이었는데, 고이소는 장비의 근대화 중에서도 특히 항공전력 증강을 주장하였다. 그는 1932년 2월 미나미 육군대신 아래서 차관에 임명되었으나 후임 육군대신 아라키 사다오荒木貞夫와의 불화로 경질되었다. 같은 해 8월 관동군 참모장 겸 특무부장으로 부임하여 1년 반 가량을 만주에서 근무하였다.

고이소는 1935년 12월 조선군 사령관으로 용산에 부임하였다. 당시 조선총독은 우가키였으며 1937년에 부임한 후임 조선총독은 미나미였다. 그는 1937년 7월 대장으로 진급하였으나 이듬해 7월 예비역에 편입되어 조선군 사령관에서 경질되었다. 당시 현역에서 예비역으로의 편입은 징벌의 의미도 있었는데, 고이소가 이전부터 3월사건과 10월사건 등 육군 쿠데타와 관련설이 있었기 때문에 취해진 조치였다.

현역에서 물러난 후 1939년 히라누마 기이치로平沼騏一郎 내각에서 처음으로 척무대신拓務大臣으로 입각한 이래 1940년 요나이 미쓰마사米內光政 내각에서도 유임되었다. 이후 1941년 7월 만주이주협회滿州移住協會 이사장에 취임하였다.

미나미가 조선총독에서 추밀원 고문관으로 전보

되자 고이소는 제8대 조선총독(1942.5.29~1944.7.24)으로 임명되었다. 고이소의 정책은 대체로 전임 총독 미나미의 '황국신민화' 정책을 계승하면서 아시아태평양전쟁을 수행하기 위한 식민지 조선의 전시체제를 구축하는 데 중점을 두었다. 우선, 조선청년에 대한 대량동원정책을 추진하여 1943년 8월 1일 징병제 실시, 1944년 1월 20일 학도특별지원병제를 추진하였다. 육군에 이어 해군에서도 1943년 7월에 특별지원병령을 공포하고 조선청년들을 강제로 일본 해병단에 입영시켰다. 한편, 1942년 10월 1일 조선 청년 연성령을 공포하여 17세에서 27세 사이의 조선청년들에게 병역 훈련을 강요하였으며, 기초교육을 받지 못한 젊은 여성들에게는 1944년 2월 10일 조선여자청년연성소규정이 발표되었다. 노동력 수탈을 위해서 1939년 10월 국민징용령을 실시하여 1945년까지 45만 명에 대한 동원계획을 수립하였다. 한편, 1944년 2월에 조선에서 전면 징용을 실시하여 조선인들을 일본과 조선 내의 군수공장과 광산에 대거 투입하였다.

도조 히데키東條英機 내각이 퇴진한 후 고이소와 요나이 미쓰마사米內光政 해군대신에게 수상을 겸임하게 하는 이례적인 2인 수상제가 결정되었다. 전황이 악화되는 상황이었으나 현역 무관이 아닌 고이소는 육해군을 통제하지 못하였고, 1945년 4월 1일 미군이 오키나와 본도에 상륙하자 고이소 내각은 4월 7일에 총사직하였다. 그런데 고이소 내각에서는 식민지에 관한 중요한 결정으로서 1944년 12월 22일 각의에서 '조선 및 타이완 동포에 대한 처우 개선에 관한 건'을 결정하였는데, 이는 전쟁에서 불리한 상황 속에서 조선인과 타이완인을 회유하기 위한 정책이었다. 이 결과 1945년 4월 1일에 개정된 중의원 의원선거법을 통해 조선과 타이완에도 제국의회 의석이 주어졌다. 조선에서는 한상룡, 윤치호 등이 귀족원 칙선의원으로 임명되었다.

일본이 연합국에 항복한 후 고이소는 전범으로 체포되어 이듬해 4월 29일 극동국제군사재판의 A급 전범으로 기소되었다. 1948년 11월 12일의 판결에서 종신금고형을 선고받았으나 복역 중이던 1950년에 스가모구치소巢鴨拘置所에서 식도암으로 병사하였다. 향년 70세. 현재 다른 A급 전범 13명과 함께 야스쿠니신사靖國神社에 합사되어 있다.

[참고문헌] 中村晃『怒り宰相小磯國昭』(叢文社, 1991), 北岡伸一『政黨から軍部へ: 1924~1941』(中央公論新社, 1999), 北岡伸一『官僚制としての日本陸軍』(筑摩書房, 2012), 御厨貴 編『歴代首相物語』(新書館, 2013)

【김영숙】

96

고이즈미 도조
小泉苳三(소천동삼)　　　　1894.4.4~1956.11.27

고이즈미 도조小泉藤造(본명)
문학가, 대학교수

가나가와현神奈川縣 요코하마橫濱 출신. 도요대학東洋大學 전문부를 졸업하였고, 오노에 사이슈尾上柴舟에게 단카短歌를 사사하여 1914년에는 『미즈가메水甕』의 동인이 된다. 첫 번째 개인 가집 『석조夕潮』(水甕社, 1922)를 내고 이를 전후하여 교원으로서 경성으로 건너오게 된다.

1922년 4월에는 경성에서 모모세 지히로百瀬千尋(→398) 등과 한반도 최초의 단카 전문잡지인 『버드나무ポトナム』를 창간하고 이후 지속적으로 주재하였으며, 『버드나무』는 90년 이상 1,000호가 넘게 지속되는 일본 유수의 단카 잡지로 유지되었다. 『버드나무』 창간 당시까지도 고이즈미 도조는 『미즈가메』 계열의 가인이었으나 1923년 7월 경성에 유력 단카 잡지 『진인眞人』이 역시 오노에의 후원에 힘입어 창간되자 고이즈미는 『미즈가메』를 탈퇴했다.

경성에서 버드나무사ポトナム社를 기반으로 하여 함께 단카 창작 활동을 하던 가인들이 따로 『진인』을 창간하자, 고이즈미 도조는 "조선의 버드나무사에 불유쾌한 동요"가 초래되었다고 하고 "헛된 야심 때문에 결사를 만들어 잡지를 발행하려 하지 않는" 순수한 창작 자세를 강조했다. 더불어 경성에서 양식장 등의 사업 실패를 겪은 그는 이후 기반을 도쿄로 옮기게 되고 버드나무사의 독자적 단카를 구축해 나

가고자 했는데, 1923년 가을 간토대지진關東大震災 때에는 도쿄의 인쇄 상황이 어려워지면서 『버드나무』는 한동안 경성에서 속간되기도 했다.

교원으로 경성, 도쿄, 니가타新潟, 다시 도쿄, 나가노長野, 1932년에 리쓰메이칸대학立命館大學에 부임하며 나가노를 떠날 때까지 전근 생활하던 고이즈미 도조는 다음 해부터 『버드나무』의 캐치프레이즈를 '현실적 신서정주의新抒情主意'로 내건다. 그리고 지난 10년간의 애수와 고독 등을 형상화한 정서를 두 번째 가집 『구사후지くさふぢ』(立命館出版部, 1933)에서 드러낸다. 중일전쟁이 개시된 1938년 말에는 육군 촉탁으로서 중국 쓰촨四川 등의 전선에 종군하여 가인으로 따라가 가집 『산서전선山西戰線』(1940)을 내게 되는데, 이로써 전쟁협력자라는 비판을 받고 교직에서 추방(4년 후 해제)되지만 서정적 휴머니즘에 입각한 단카도 남겼다. 그는 리쓰메이칸대학 교수와 베이징사범대학北京師範大學 교수를 겸임하였으며 나중에 간세이가쿠인대학關西學院大學 교수가 되었다.

또한 단카 창작뿐 아니라 일본문학 연구자로서 전 3권에 이르는 『메이지·다이쇼 단카 자료대성明治大正短歌資料大成』(立命館出版部, 1940~42), 『근대 단카사近代短歌史』(白楊社, 1955) 등을 저술하여 근대 단카 연구에도 혁혁한 공을 세웠다.

리쓰메이칸대학 도서관에는 그가 소장하였던 근대 단카와 관련된 잡지 등의 자료들을 '버드나무'라는 의미의 '백양白楊'에서 딴 '백양장문고白楊莊文庫'라 칭하여 보존하고 있다. 재조일본인 최초로 경성에서 단카 문학결사 활동을 하고 한국어를 제명으로 삼은 단카 전문잡지 『버드나무』를 창간, 주재한 문학자로 평가할 수 있다.

[참고문헌] 大島史洋 外 共編『現代短歌大事典』(三省堂, 2000), 小泉苳三『ポトナム』創刊號(ポトナム社, 1922), 小泉苳三 『ポトナム』 2-7~11(ポトナム社, 1923), 十月會『戰後歌人名鑑』(短歌新聞社, 1985), 昭和歌人名鑑刊行會『昭和歌人名鑑』(日本代初センター, 1991)

【엄인경】

97

고이케 마사나오

小池正直(소지정직)　　　　　1854.12.23~1914.1.1

의사, 육군 군인

야마가타현山形縣 출신. 도쿄대학東京大學의 전신인 대학동교大學東校에 입학하여 1881년 3월에 졸업하였다. 1886년 5월 군의학사軍醫學舍 개교와 함께 교관이 되었고, 1888년 3월부터 1890년 12월까지 육군 관비생으로 독일에 유학하였다. 유학 중에는 뮌헨대학에서 위생학과 생리학 실험법을, 빈대학에서 건축위생학을 배웠다. 드레스덴에서는 병영병원兵營病院의 건축 위생에 대한 실지 지도를 받았다. 귀국 후 육군성 의무국에서 근무하였다. 1905년 6월 군의총감으로 육군 군의학교 교장이 되었다. 1911년 7월 귀족원 의원이 되었고, 1913년 재임 중에 사망하였다.

1883년 3월 부산에 설치된 일본 관립병원 제생의원濟生醫院의 원장으로 부임하였다. 당시 관등은 육군 군의부軍醫副였는데, 외무성 어용괘御用掛를 겸임하였다. 고이케의 파견을 계기로 이전까지 해군 군의가 담당하던 제생의원 의료업무가 육군 군의에게 인계되었다. 일본이 군의를 파견한 이유는 자신들이 펼치는 서양의학을 통해 조선인들 사이에 친일 감정을 심어주는 동시에 일본의 선진성을 인식시켜 자신의 침략을 조선의 문명화라고 가장하기 위해서였다. 당시로서는 드물었던 도쿄대학 출신 고이케가 제생의원에 부임한 이유도 마찬가지였다. 고이케는 1885년 5월까지 2년 동안 제생의원의 원장으로 근무하였다. 제생의원에 근무하면서 고이케는 조선인들을 진료하는 한편 조선에 관한 각종 조사를 행하고 자료를 수집하였다. 그 결과는 1887년 9월 『계림의사鷄林醫事』라는 책으로 정리 출간되었다. 『계림의사』는 조선의 지리, 기후, 풍속, 의식주 등을 기록한 상편과 조선인의 질환을 기록한 하편으로 구성되어 있다. 하편은 1880년대 초반 조선인의 질환을 서양의학의 관점에서 기록하였다는 점에서 의미가 있다. 청일전쟁 당시에는 일본군이 조선의 위생을 파악하는 데 참고자료로 사용되었고, 후에 동료인 모리 오가이林鷗外에 의해 독일어로 번역 출간되었다.

[참고문헌] 박윤재 『한국 근대의학의 기원』(혜안, 2005), 佐藤恒丸 『男爵小池正直傳』(陸軍軍醫團, 1940), 泉孝英 編 『日本近現代醫學人名事典: 1868~2011』(醫學書院, 2012)　　　　　【박윤재】

98

고조 가메노스케

古城龜之助(고성구지조)　　　　　1873.10~?

실업가, 정치인

오이타현大分縣 출신. 1898년 와세다전문학교早稻田專門學校 정치과 졸업, 1899년 고등문관시험에 합격한 후 홋카이도北海道 오타루시小樽市에서 근무하다가 1904년 12월 퇴직하였다. 그 후 조선으로 건너와 1905년 1월부터 경성에서 군수품 용달업, 약종상, 금융 등의 사업을 하였으며 경성상업회의소, 경성부회 등에서 공직 활동도 하였다. 종교는 불교이며, 일본으로 귀국한 시기, 귀국 후 활동, 사망 연대 등은 현재 파악하기 어렵다.

1904년 12월 오타루시에서 퇴직한 뒤 1905년 1월 경성에 삼업상사三業商會를 설립하는데, 조선에 건너온 시기도 그 즈음으로 추산할 수 있다. 이 회사에서 이사로 지내면서 주차사령부駐箚軍司令部의 용달상으로 군수품을 공급하였다. 1906년 찬화당약국贊化堂藥局을 개업하여 약종상藥種商과 의료기계 판매업으로 전업하여 1935년까지 운영하고, 1922년 교육보성주식회사敎育普成株式會社를 설립하여 대표자, 감사 등을 지냈으며, 1923년에 흥업무진주식회사興業無盡株式會社를 설립하여 사장과 이사를 역임하고, 1938년 설립된 조선중앙무진주식회사朝鮮中央無盡株式會社에서는 이사를 맡았다.

공직에서도 다양한 활동을 하였는데, 1909년부터 1915년까지 경성일본인회상업회의소 의원, 1910년 10월 경성부민대간친회京城府民大懇親會 계원係員, 1915년부터 경성상업회의소의 평의원, 조철속진운동朝鐵速進運動 상경위원上京委員, 상업부장, 상의원常議員, 부회장 등을 역임하고, 1927년 경성생산품품평회 위원, 1928년 조선박경성협찬회朝鮮博京城協贊會 상의원常議員, 1932년 경성상공회의소 특별의원 등을 지냈다. 1935년 경성부회 의원으로 당선되고, 1936년 경성중앙도매시장 개설에 관한 조사위원, 1938년 경성상공회의소 의원선거 입회인立會人을 맡았다. 경성의학전문학교 이사장과 와세다대학早稻田大學 평의원 등 교육계에서도 활동하였다.

기타 사회 활동으로는 1931년 10월 경성갑자구락부京城甲子俱樂部 주최 전선시국대회全鮮時局大會의 임원, 1932년 7월 매일신보 주최 신흥만몽박람회新興滿蒙博覽會 상담역, 1941년 2월 개최된 주식회사조선영화협회 발기인회의 발기인 등을 맡고, 1942년 매일신보 주최 '징병제도실시감사축하대회'에 참석하였다.

1945년 8월 15일 이후에는 경성내지인세화회京城內地人世話會 대표로 활동한 상황이 파악되나, 일본으로 귀국한 시기, 귀국 후 행적, 사망 연대 등은 현재까지 파악하기 어렵다.

[참고문헌] 朝鮮公論社 編『在朝鮮內地人紳士名鑑』(朝鮮公論社, 1917), 朝鮮實業新聞社『朝鮮在住內地人實業家人名辭典』제1편(朝鮮實業新聞社, 1913), 朝鮮中央經濟會 編『京城市民名鑑』(朝鮮中央經濟會, 1922), 京城日報社『大京城公職者名鑑』(京城日報社, 1936), 民衆時論社朝鮮功勞者銘鑑刊行會 編『朝鮮功勞者銘鑑』(民衆時論社, 1935), 기유정「식민지 초기 조선총독부의 재조선일본인 정책 연구—속지주의와 속인적 분리주의의 갈등 구조를 중심으로」『한국정치연구』20-3(2011), 문영주「일제하 도시금융조합의 운영체제와 금융활동(1918~1945)」(고려대학교 박사학위논문, 2004), 한국역사정보통합시스템 〈http://www.koreanhistory.or.kr〉
【조미은】

99

고조 간도
古城菅堂(고성관당)　　　　1857.9.13~1934

의사, 실업가

규슈九州 동북부 오이타현大分縣 구니사키군國東郡 출신. 1880년 도쿄제국대학東京帝國大學 의과대학 별과를 졸업하고 1882년 시모다下田 병원장이 되었지만 1887년 조선으로 건너와 일본인 거류지의 인천공립병원장으로 취임했다. 그 후 잠시 고향으로 돌아가 병원을 개업했다. 그의 친 동생이며 의사였던 고조 바이케이古城梅溪가 1886년 조선에서 찬화병원贊化病院을 개설한 후 1903년 러일전쟁 당시 중국 톈진 북양군의학당北洋軍醫學堂에 초빙되어 떠나자, 다시 조선으로 건너와 동생이 개설한 찬화병원의 원장직을 맡았다. 1907년 3월부터 1909년 3월까지 경성의회朝鮮醫會 회장을 맡아 경성에서 개업한 일본 의사들의 대표로 활동하는 한편 경성거류민단민회의원, 거류민단장 등을 역임하면서 관직에 몸담게 되었다. 1908년 동생 고조 바이케이가 다시 조선으로 돌아와 찬화병원장으로 복귀하자 그는 의사업을 그만두고 정미업, 광산업 등 경영자로 새롭게 출발했다. 1910년 이후는 은행회사의 발기인이 되어 참여하며 부제府制의 시행과 함께 경성부협의원, 경기도 평의원 등에 추대되기도 했다. 조선실업은행장, 구니사키은행國東銀行, 조선은행, 조선화재 해상보험 대표, 경성상업회의소 부회장, 동양생명보험회사東洋生命保險會社 이사, 경성기업주식회사京城起業株式會社 사장, 실업은행實業銀行 사장 등을 역임하며 조선 의료계는 물론 조선재계의 거물이었다. 1935년에는 조선의 상품을 대량으로 거래하는 상설시장인 거래소를 합병할 때 적극적으로 나서 조선거래소朝鮮取引所를 설립하였다. 조선박람회에서 경성협찬회 부회장으로 활동하였으며 경성 연예관의 사장이 되어 경성의 일본인 극장계에서도 유력한 인물이었다. 1934년 79세로 사망했다.

[참고문헌] 上田正昭『日本人名大辭典』(講談社, 2001), 홍선영「경성의 일본인 극장 변천사: 식민지도시의 문화와 '극장'」『일본문화학보』43(한국일본문화학회, 2009)
【홍선영】

100

고지마 겐키치로
兒島獻吉郎(아도헌길랑)　　　1866.7.31~1931.12.22

세이코星江, 잇시소一枝巢(호)

중국문학자, 대학교수

오카야마현岡山縣 출신. 1888년 도쿄제국대학東京帝國大學 문과대학 고전과를 졸업하였다.

제실박물관帝室博物館 기수技手, 제오고등학교第五高等學校 및 도쿄고등사범학교東京高等師範學校 교수를 역임한 뒤 1924년부터 1927년까지 니쇼가쿠샤二松學舍 학장직에 취임했다.

1926년 경성제국대학京城帝國大學 법문학부 교수로 취임하여 한반도에 건너왔다. 1929년에 이르기까지 지나支那어학·지나문학 강좌를 담당하였다.

[참고문헌] 日外アソシエーツ 編『日本人物レファレンス事典 思想·哲學·歷史篇』(日外アソシエーツ, 2013), 국사편찬위원회 한국사데이터베이스〈http://db.history.go.kr〉

【박광현】

101

고지마 다카노부
兒島高信(아도고신)　　　1896.4.22～?

관료

후쿠오카현福岡縣 지쿠시군筑紫郡 출신. 원적原籍은 도쿄시東京市 시부야구澁谷區이다. 조선총독부 기사技師였던 고지마 다카사토兒島高里의 차남으로 태어났다. 경성중학교를 제1회로 졸업하고 제일고등보통학교를 거쳐 1919년 7월 도쿄제국대학東京帝國大學 법학부 정치과를 졸업했다. 대학 졸업 전인 1918년 10월 고등문관시험 행정과에 합격했으며, 졸업 후 1919년 일본 전매국 서기 겸 대장성大藏省 속屬으로 관계에 입문했다. 1920년 4월 조선으로 건너와 조선총독부 재무국, 총독관방總督官房 참사관실參事官室, 총독관방 심의실審議室 등에서 근무하다가 1925년 총독부 문서과장이 되었다. 1928년 식산국殖産局 상공과장, 1929년 재무국 이재과장理財課長, 1933년 전라남도 내무부장, 1935년 총독관방 회계과장, 1937년 함경북도 지사, 1940년 이왕직李王職 차관, 1945년 이왕직 장관 등에 임용되어 역임했다. 사가현佐賀縣의 육군소장陸軍小將 나가야마 모토히코永山元彦의 딸 나

가야마 미네코兒島峰子와 결혼하여 슬하에 3녀를 두었다. 집안의 형과 여동생도 모두 일본육군 장교 집안과 혼인을 했다.

1920년 4월 조선으로 건너와 조선총독부 시보試補로 재무국에 근무하다가 그해 6월 총독부 사무관에 임명되어 재무국 사계과司計課에서 근무했다. 1923년 9월 총독부 참사관에 임명되었으며 1924년 12월부터 총독관방 참사관실에서 근무하면서 총독관방 비서과를 겸무했다. 1925년 8월 총독부 문서과장이 되었으며, 1926년 총독관방 회계과에서 근무했다. 1924년 이래 법규정리위원회 간사, 총독부 직속 사사사장시험위원회社司社掌試驗委員會 및 신직심상시험위원회神職尋常試驗委員會 위원, 임야조사위원회 위원, 조선미술심사위원회 간사 등으로도 활동했다.

1928년 3월 조선총독부 식산국 상공과장에 임명되었다. 재직 중이던 1929년 당시 시정20주년기념박람회始政二十周年記念博覽會 등 중요한 일을 잘 처리해 수완을 발휘했다는 평가를 받았다. 1929년 11월 재무국 이재과장으로 영전했으며, 재직 시 은행령 제정, 부동산 융자, 기타 긴급을 요하는 자금의 취입 등에서 일본 대장성 예금부와의 조정을 통해 상당한 성과를 거두었다고 한다. 1928년 이래 총독부 직속 사법법규개정조사위원회 위원, 임시소작조사위원회 위원, 세제조사위원회 위원, 조선금융제도조사위원회 간사, 조선세관소원심사위원회 위원, 조선간이생명보험사업 자문위원회 간사, 조선금융조합협회 이사, 조선식산은행재단 평의원 등 여러 위원회와 관변조직에서 활동했다.

1932년 11월 구미 각국으로 출장 가서 실상을 돌아보고 귀국한 후 1933년 8월 조선총독부 도사무관道事務官에 임명되어 전라남도 내무부장에 임명되었다. 재직 시 재정과 식산 방면에서 특히 탁월한 성과를 보였다. 1935년 1월 총독부 사무관으로서 총독관방 회계과장으로 복귀했으며, 당시 칙임관勅任官으로 승진하여 철도국 이사를 겸했다. 1936년 1935년 이래 고적조사위원회 위원, 문관보통분한위원회文官普通分限委員會 위원과 함경북도 위원장, 문관보통징계위원회 위원, 시가지계획심의회 임시위원 등으로도

활동했다.

1937년 함경북도 지사로 부임하여 이후 전시체제기에 북선개척사업北鮮開拓事業의 제일선에서 적극 활약하여 농림업의 자력갱생운동과 상공업 촉진에 큰 '실적'을 보였다고 평가된다. 청진淸津의 일본방적회사日本紡績會社 창설, 일본제련회사日本製鍊會社 건설, 청진비행장 유치, 청진경마장 및 웅기경마장 신설, 고주파공장高周波工場 및 마그네사이트공장 설치 등에 노력했다. 1940년 3월부터 1946년 1월까지 이왕직 차관을, 1945년 3월부터 5월까지는 이왕직 장관을 역임했다. 이 사이 1942년 2월 사단법인 경성골프클럽 회장, 그해 3월 조선마사회 평의원 등으로 계속 활동했다.

1945년 8·15 때까지 경성에서 활동한 것으로 확인되는데, 정확한 귀국 일시, 이후의 행적, 사망 일시 등은 불분명하다. 다만 1945년 8·15 이후 재조일본인의 안전한 귀환을 담당했던 조직인 조선인양동포세화회朝鮮引揚同胞世話會 평의원으로 참여한 것으로 확인된다.

[참고문헌] 朝鮮中央經濟會 編 『京城市民名鑑』(朝鮮中央經濟會, 1922), 朝鮮新聞社 編 『朝鮮人事興信錄』(朝鮮新聞社, 1935), 阿部薰 編 『朝鮮功勞者銘鑑』(民衆時論社, 1935), 朝鮮硏究社 編 『新興之北鮮史』(朝鮮硏究社, 1937), 高橋三七 『事業と鄕人 第1輯』(實業タイムス社: 大陸硏究社, 1939), 和田八千穗·藤原喜藏 編 『朝鮮の回顧』(近澤書店, 1945), 芳賀登 外 共編 『日本人物情報大系』(皓星社, 1999~2002), 岡本眞希子 『植民地官僚の政治史』(三元社, 2008), 『朝鮮引揚同胞世話會資料(海外引揚關係史料集成 24, 朝鮮編 7)』(ゆまに書房, 2012)   【변은진】

102

고지마 소지로

兒島惣次郎(아도총차랑)   1870.1.9~1922.10.18

육군 군인

오카야마현岡山縣 출신. 나가노 로쿠사부로長野六三郎의 3남으로 태어나 당시 육군소위였던 고지마 시게

타네兒島滋胤의 양자가 되어 고지마 가문을 이었다. 육군유년학교를 거쳐 1890년 7월 육군사관학교를 졸업(1기)하고, 다음 해 3월 육군소위로 임관하여 보병 제20연대에 배속되었다. 육군대학교에 입학했으나 청일전쟁이 발발하여 임시 퇴학하여 보병 제8여단 부관 등으로 출정하였고, 전후 육군대학교로 다시 복귀하여 1898년 12월 수석으로 졸업(12기)하였다. 이후 참모본부 출사出仕, 참모본부원, 독일공사관 주재무관 보좌관, 야마가타 아리토모山縣有朋 원수 부관, 참모본부 과장, 근위보병 제3연대장 등을 역임하였다. 1914년 8월 육군소장으로 진급하였고 보병 제30여단장, 육군보병학교장, 참모본부 제4부장 등을 역임하였다.

1918년 7월 중장으로 진급함과 동시에 조선주차헌병대 사령관(1918.7.28~1919.8.20) 겸 조선총독부 경무총장으로 임명되어 도한하였다. 3·1운동의 영향으로 1919년 8월 20일 헌병경찰제도가 폐지되고 보통경찰제도가 실시되면서 호칭이 조선헌병대 사령관(1919.8.20~1920.8.2)으로 변경되었으며 경무총장 겸직도 해제되었다.

시베리아출병에서는 사할린 북부의 점령 및 군정 실시를 위해 편성된 사할린주 파견군 사령관으로 근무하였다. 이후 교육총감부 본부장, 육군차관을 역임하였으며 1922년 10월 18일 육군차관 재임 중 사망하였다.

[참고문헌] 秦郁彦 編 『日本陸海軍總合事典』(東京大學出版會, 1991), 국사편찬위원회 한국사데이터베이스 〈http://db.history.go.kr〉   【이승희】

103

고쿠부 산가이

國分三亥(국분삼해)   1864.2.2~1962.5.1

젠안漸庵(호), 산가이타로三亥太郎(아명)

사법관료

오카야마현岡山縣 조보군上房郡 출신. 빗추마쓰야마備中松山 번사藩士 고쿠부 다네유키國分之胤의 장남으로 다카하시무라高梁村에서 태어났다. 다카하시소학

교高梁小學校를 졸업하고 오카야마중학교岡山中學校 (현 오카야마아사히고등학교岡山朝日高等學校)에 진학하였다. 1880년 퇴학 후 도쿄東京로 올라가 니쇼가쿠샤二松學舍에서 한학을, 구아학관歐亞學館에서 영어를 배웠다. 1883년 사법성법학교司法省法學校에 입학하여 1885년 동교를 졸업하고 검사보檢事補가 되었다. 1887년 판사검사등용시험에 합격했다. 이후 검사에 임용되어 오카야마지방재판소岡山地方裁判所, 요코하마지방재판소橫濱地方裁判所의 검사를 지냈다. 1894년 벳부지방재판소別府地方裁判所 검사정檢事正에 임명되었고, 고치지방재판소高知地方裁判所로 전임되었다. 1898년 오사카공소원大阪控訴院 검사에 임명되었고, 1904년 오사카지방재판소 검사정에 보임되었다. 1906년 고등관 2등으로 훈3등 즈이호쇼瑞寶章를 받았다.

1908년 구라토미 유자부로倉富勇三郎(→127)의 천거로 조선에 건너와 대심원大審院 검사총장檢事總長에 부임하였다. 1909년 통감부統監府 고등법원高等法院 검사장檢事長에 보임되었고, 고등관 1등에 서임되어, 일제의 사법권 침탈과 식민지 사법부를 세우는 데 깊이 관여하였다. 이른바 한일강제병합 후인 1910년 조선총독부 고등법원 검사장에 임명되었다. 1911년 11월 고등법원장 와타나베 도루渡邊暢와 함께 타이완臺灣의 사법제도를 시찰하기 위해 출장을 떠났다. 1913년 고등법원 검사장으로 조선총독부의 사법을 총괄하는 사법부장관을 겸임하였다. 이후 관직 개정으로 사법부장관이 법무국장으로 변경되었으며, 1920년까지 법무국장에 재직하였다. 또한 고등법원 검사장 및 사법부장관으로 재직 중 1914년 관세소원심사위원회關稅訴願審查委員會, 1918년 조선국세조사평의회朝鮮國勢調查評議會, 고등토지조사위원회高等土地調查委員會 등의 위원으로 활동하였다.

1919년 3·1운동이 발발하자 법무국장으로서 사법적 조치를 총괄하였다. 같은 해 제3대 조선총독으로 부임하던 사이토 마코토齋藤實(→469)를 부산釜山에서 경성京城까지 영접하였는데, 이때 남대문역南大門驛에서 강우규姜宇奎 의사가 총독을 향해 폭탄을 던진 의거 현장을 직접 목격하였다. 1920년 8월 고등법원

검사장을 의원면직하고 일본으로 귀국하였다.

그는 한말과 일제 초기 식민지 조선의 사법제도와 조선 사회에 대해 다수의 글을 발표하였다. 대표적인 저술은 다음과 같다. 「병합과 사법제도의 관계朝鮮併合と司法制度の關係」(『朝鮮』 1910.9), 「범죄에서 본 조선의 사회상태犯罪より見たる朝鮮の社會狀態」(『朝鮮公論』 1-5, 1913), 「사법제도통일론에 대하여司法制度統一論に就て」(『朝鮮公論』 2-4, 1914), 「특사은전집행차제特赦恩典執行次第」(『朝鮮公論』 3-3, 1915), 「조선의 사법제도개혁과 장래의 희망朝鮮の司法制度改革と將來の希望」(『朝鮮公論』 6-6, 1918), 「조선부인의 본부살해朝鮮婦人の本夫殺害」(『朝鮮彙報』 1917.3) 등이다. 그리고 자신이 경험한 조선사법에 대한 회고담도 남겼다. 「조선사법회고朝鮮司法回顧」(『朝鮮司法協會雜誌』 14-11, 1935), 「조선사법계의 지난 일을 말하다 좌담회여록朝鮮司法界の往事を語る座談會餘錄」(『朝鮮司法協會雜誌』 20-3, 1941) 등이다.

1920년 12월 공로가 있는 화족華族이나 관리에게 칙임관 대우를 해주던 긴케이노마시코錦鷄間祗候關가 되었다. 1922년 6월 구니노미야가久邇宮家 궁무감독宮務監督에 임명되었고 동궁어혼의위원東宮御婚儀委員이 되었다. 1925년 7월 궁중 고문관에 임명되었고, 동년 12월 의원면직했다.

이후 요코하마창고주식회사橫濱倉庫株式會社 감사역, 도쿄마루노우치은행東京丸の內銀行 사장 등을 역임하였다. 또한 니쇼가쿠사 이사장, 가나가와현神奈川縣 소재 즈시가이세이중학교逗子開成中學校 이사장을 맡아 교육자로서의 면모도 보였다.

1940년 8월 도쿄의 법조회관法曹會館에서 2일간에 걸쳐 조선에 대한 시정 30년을 기념하고 조선사법계의 지난 일을 회고하는 좌담회가 개최되었다. 이 자리에는 조선사법의 요직에 있었던 약 10명의 일본인이 모였는데, 이때 참석자들의 추천으로 사회를 맡았다.

1962년 5월 가나가와현 미우라군三浦郡 하야마마치葉山町에서 사망하였다.

[참고문헌] 朝鮮公論社 編 『在朝鮮內地人紳士名鑑』(朝鮮公論社, 1917), 人事興信所 編 『人事興信錄 第5版』

(人事興信所, 1918), 阿部薰 編『朝鮮功勞者銘鑑』(民衆時報社, 1935), 日外アソシエェーツ株式會社 編『昭和物故人名錄』(日外アソシエーツ株式會社, 1983), 佐藤亨 編『高梁歷史人物辭典』(2006), 南基正譯『日帝의韓國司法府侵略實話』(有法社, 1978), 홍양희「식민지 조선의 본부살해(本夫殺害) 사건과 재현의 정치학」『史學研究』102(韓國史學會, 2011)   【전병무】

[참고문헌] 朝鮮公論社 編『在朝鮮內地人紳士名鑑』(朝鮮公論社, 1917), 時論社朝鮮功勞者銘鑑刊行會 編『朝鮮功勞者銘鑑』(民衆時論社朝鮮功勞者銘鑑刊行會, 1936), 佐藤剛藏『朝鮮醫育史(復刻版)』(木村正二, 1980), 人事興信所 編『人事興信錄 第3版』(人事興信所, 1911), 국사편찬위원회 한국사데이터베이스〈http://db.history.go.kr〉   【이충호】

104

고쿠부 쇼타로

國分象太郎(국분상태랑)   1862.8.29~1921.9.7

외무관료

나가사키현長崎縣 쓰시마對馬 출신. 어렸을 때부터 부산 초량왜관 연수생으로 초량어학소에서 조선어를 공부했다. 1879년 부산 영사관의 통역 수습을 시작으로 오랫동안 한국에서 통역관 역할을 했다. 이토 히로부미伊藤博文(→900)가 조선통감부 통감으로 부임할 때 통역관으로 발탁되었다. 이후 도쿄외국어학교東京外國語學校 조선어학과를 졸업했고 경성 영사관에서 통역관으로 일했다. 이토 히로부미가 조선통감부 장관이 됐을 때 탁월한 통역 실력을 보여 두터운 신임을 받았다. 그는 잠시 미국에서도 근무했다.

1905년 11월 이토 히로부미의 수행원으로 다시 한국에 와서 을사늑약과 경술늑약(한일강제병합조약) 체결 시 통역으로 활약했다.

1906년 통감부 서기관 겸 통감 비서관, 1910년 조선총독부 인사국장 겸 중추원 서기관장(1910.10.1.~1912.4.1)을 거쳐 1917년에는 이왕직李王職 차관(1917.1.5~1921.9.7)에 임명되었다. 말단 공무원에서 시작하여 30여 년 만에 차관에까지 이르러, 중추원 서기관장이 되었다.

1921년 9월 7일 한 연회장에서 61세로 급사하였다(『동아일보』 1921.9.7, 9.9). 1년 후 고향인 쓰시마의 사찰 고쿠분지國分寺에 안장되었으며, 이완용이 묘비명을 썼다. '종삼위훈일등국분상태랑지묘從三位勳一等國分象太郎之墓'라 쓰고, 비명 왼쪽 아래엔 '후작 이완용 쓰다侯爵 李完用書'라고 뚜렷하게 써있다.

105

고타니 마스지로

小谷益次郎(소곡익차랑)   1889~?

실업가

인천 일본인 사회의 중심인물로 1933년『인천부사仁川府史』와『인천의 사화와 사적仁川の史話と史蹟』을 편찬하였다. 1939년부터 1945년 패전 당시까지 인천부의회仁川府議會 부의장을 지냈으며, 귀환 국면에서는 인천세화회仁川世話會 부회장과 회장을 지냈다. 귀국 후에는 나가사키현長崎縣에 잠시 거주하다가 후쿠오카현福岡縣에 정착한 뒤 인천에서 돌아온 사람들을 중심으로 1951년 후쿠오카인천회福岡仁川會를 결성하고 고문을 맡았다. 1952년에는 인천에 거주하던 일본인들의 귀환 체험과 현황을 정리해『인천인양지仁川引揚誌』를 간행하였으며, 전국에 흩어져 사는 인천 일본인들의 친목을 도모하는 구심점 역할을 하였다.

고타니의 부친은 효고현兵庫縣 고베神戶 출신으로 1889년 인천에 정착했다. 고타니는 인천에서 태어나 1946년 3월 일본으로 돌아갈 때까지 57년 동안 인천에 거주하였다. 스스로 '인천 사람仁川兒'이라고 자부할 정도로 인천은 그의 정체성과 뗄 수 없는 공간이었다. 현재 남아 있는 사료로는 그의 자세한 경력을 파악할 수 없으나, 조선총독부 직원록에 따르면 1937년부터 3년 동안 경성보호관찰소에서 촉탁보호사를 지냈으며, 1939년 인천부 부의원에 당선되었다.

그는 전환국 방판幇辦 안경수(1853~1900)가 조폐 관련 일을 처리하기 위해 지은 별택(현재 인천 중구문화원 아래 구 전환국 터 부근)을 사들여 이곳에서『인천부사』와『인천의 사화와 사적』등을 집필하였다.『인천부사』는 인천 개항 50주년을 기념해 인천부의 간행 요청에 따라 나카지마 데이지로中島訂治郎와 함께 편찬에 참여한 것이다. 이 책은 청일전쟁과 러일전쟁을 거치고 1920년대로 접어들면서 조선 제2의 무역항으로 급성장한 부세府勢와 인천의 번영을 이끌어낸 일본인들의 노고를 알리기 위한 것으로서, 다른 지역의 부사에 비해 사진과 지도, 사건과 관련된 서한과 문서 등 풍부한 원사료를 싣고 있어 사료적 가치가 매우 높다.

『인천의 사화와 사적』은 조선의 역사와 문화에 대한 관심을 단적으로 보여주는 자료로서 이전까지 인천 관련 자료는 일본인의 무역과 상업을 위한 실용적 영업 정보가 주를 이뤘는데, 이 책을 기점으로 인천의 지역사 연구가 시작되었다는 평가를 받았다. 그는 『조선매일신문朝鮮每日新聞』과 『경성일보京城日報』에 칼럼을 연재해 인천에 있는 고대 백제의 기원과 유적을 알리는가 하면, 근현대 한일관계의 원점인 강화도사건江華島事件을 당대의 관점에서 다루기도 했다. 아울러 조선의 도서, 회화, 서적 등 고미술품에도 조예가 깊었기 때문에 패전 직후 인천지역에서 일본인 소유의 조선 문화재를 조사하고 접수할 때 고타니를 교섭창구로 삼기도 했다.

패전 후 인천일본인세화회仁川日本人世話會 부회장과 회장을 역임하였다. 일본인 사회가 귀국파와 잔류파로 양분된 상황에서 그는 거주 연혁이 오래된 잔류파 인사로 분류되었으나 비교적 양자의 갈등을 원활히 조정하였다. 또한 미 점령군을 상대로 귀환 대기 중인 일본인 처우와 관련해 유리한 국면을 조성하는 데 중요한 역할을 하였고, 조선총독부 해체 뒤에는 조선인의 위협을 차단하고자 예비역 남성들을 동원해 일종의 자위단을 조직하는 등 주도 면밀한 귀환원호사업을 전개하였으며, 재류 일본인들의 귀환을 마무리하고 마지막에 귀국길에 올라 귀환자로부터 좋은 평가를 받았다고 전한다. 귀국 직후 동화협회同和協會 모리타 요시오森田芳夫(→396)의 조언에 따라 1947년 『인천인양지仁川引揚誌』 초고를 작성했고, 1952년 구 일본인 인천 거류자 명부를 추가해 공간함으로써 귀환 인천 일본인들의 구심점 역할을 하

였다.

[참고문헌] 小谷益次郎 編『仁川府史』(仁川府, 1933), 小谷益次郎『仁川の史話と史蹟』(仁川府, 1933), 李淵植『朝鮮引揚げと日本人』(明石書店, 2015), 小谷益次郎『仁川引揚誌』(大起産業, 1952), 이연식「해방 후 한반도 거주 일본인 귀환에 관한 연구」(서울시립대학교 박사학위논문, 2009), 小谷益次郎「傳說の仁川 彌趨忽(仁川)と百濟の建國」(『朝鮮每日新聞』, 1935.9.7.), 小谷益次郎 「(仁川の史蹟(完))朝鮮軍、よく江華線を死守」(『京城日報』, 1939.12.29)　　　【이연식】

106
고타키 모토이
上瀧基(상용기)　　　1894~1979

관료, 변호사

후쿠오카현福岡縣 출신. 제일고등학교第一高等學校를 거쳐 1917년 도쿄제국대학東京帝國大學 불법과 재학 중에 고등문관시험에 합격했다. 1918년 졸업하고 총독부 시보로 조선에 건너왔다. 1919년 5월 함경남도 사무관에 임명되었고, 1921년 10월 총독부로 돌아와 임야조사위원회 사무관 겸 총독부 사무관에 취임하였다. 1924년 12월에 전라북도 내무부장에 취임했다가, 1926년 6월 다시 조선총독부로 돌아와 전매국 서무과장에 발탁되었다. 이후 전매국에서 제조과장, 사업과장을 약 2년 반 역임한 후에 1929년 1월 총독부 광무과장에 취임하였다. 1933년 8월 관방인사과장으로 이동할 때까지 4년 반 동안 광산 감독을 담당했다. 당시 우가키 가즈시게宇垣一成(→784) 총독이 금 수출 해금으로 일본의 많은 금이 해외로 유출되는 상황에서 적극적으로 산금증산정책産金增産政策을 추진하면서 이권을 노리는 세력들이 들끓었는데 이에 대해 공정한 태도를 취했다고 한다. 이후 심의실 사무관으로 이동했다. 1936년 9월부터 1941년 1월까지 경상북도 지사를 역임하였다. 지사 시절에는 그림연극紙芝居을 이용하여 농촌에서 교화운동을 하고, 이민훈련소를 설치하기도 하였다. 1941년 1월에 내무국장 겸 중추원 서기관장에 임명되었다. 1941년 11

월에 호즈미 신로쿠로穂積眞六郎(→950)의 후임으로 식
산국장에 취임했다. 고이소 구니아키小磯國昭(→95) 총
독 시절에는 생산전력의 결승적 증강이라는 시정방
침 하에 전력증강을 위한 구체적 시책으로 광공업의
증산, 전력 통제, 송탄유松炭油 등 물자의 증산을 장
려하였다. 1943년 12월 중앙정부의 군수성, 농상성,
운수통신성 신설에 즉응하여 타이완, 조선에서의 군
수물자증산, 해륙운수의 일원화, 식량 확보를 통한
국민생활 확보를 목표로 행정운영의 간소화가 도모
되면서 식산국이 폐지되자 조선총독부를 사직하고
본국으로 귀환하였다. 패전 후 조선인양동포세화회
朝鮮引揚同胞世話會 오사카大阪 상담소장으로 재조일
본인의 귀환과 구호를 도왔다. 이후 도쿄간이재판소
에서 판사로 근무하다가 퇴직 후에는 변호사를 개업
했다. 1952년 식민지통치사료를 수집·정리·출판하
기 위해 우방협회友邦協會가 설립되자 이사에 취임했
다. 전 함경남도 지사였던 우방협회 이사 하기와라
히코조萩原彦三(→911)가 1967년 사망한 후에 협회 살
림을 맡았다. 일고, 도쿄제국대학 동기이자 경단련
회장인 우에무라 고고로植村甲五郎에게 우방협회 재
정지원을 요청하여 찬조금을 기부받아 조선통치사
료를 편찬하였다.

[참고문헌] 朝鮮人事興信錄編纂部 編 『朝鮮人事興信錄』
(朝鮮新聞社, 1922), 朝鮮功勞者銘鑑刊行會 『朝鮮功勞
者銘鑑』(民衆時論社朝鮮功勞者銘鑑刊行會, 1929), 이
형식 「패전 후 조선통치관계자들의 조선통치사편찬」
『東洋史學硏究』 131(동양사학회, 2015.6) 【이형식】

107

고토 도라오

後藤虎雄(후등호웅)　　　　　　　　1866.1~?

후코楓江(호)

관료, 실업가

나라현奈良縣 북서부 이코마군生駒郡 출신. 1878년 오
사카大阪의 세이요학교靜養學校에 들어가 영어와 한
문, 수학을 배웠고, 1885년 졸업했다. 이 무렵부터
이미 토목계에 들어갈 뜻을 세우고, 에히메현愛媛縣

마쓰야마시松山市에서 후쿠오카福岡, 오가와小川 두
공학사에게 토목건축의 측량과 제도를 배웠다. 1886
년부터 1893년까지 에히메현 토목과에서 시코쿠四國
연락국도개착공사에 종사했고, 이어서 홋카이도청
北海道廳 내무부 토목과에서 근무했다. 1893년 관직
을 사직하고 1901년까지 나라철도회사奈良鐵道會社,
난카이철도회사南海鐵道會社, 주에쓰철도회사中越鐵道
會社의 주임기사 및 건축과장을 지내며 철도 건설 및
영업사무 등에 종사했다.

가족으로 부인 나라에奈良枝, 아들 야스오泰郎를 두
었다. 부인은 경성의 화가로도 활동하였다.

1901년 4월, 주에쓰철도회사에서 근무하던 중 대
한제국 군부대신 겸 철도국 총재 민영철閔泳喆의 초
빙에 응하여 조선에 왔다. 이때 고문기사로 경부철
도 부설에 종사했고, 그 후 경부철도주식회사의 명
으로 대한제국 내 철도용달조합 일한공업조日韓工業
組를 조직해 철도 및 한국 정부의 등대건설공사를 수
행했다. 1901년부터 1907년 8월까지 그 청부금액
265만여 원에 달할 정도로, 관급공사를 통해 그의
사업이 성장할 수 있었다. 1909년 자영하던 금광을
폐업하고 1910년 11월 와카야마시和歌山市의 토목업
자 니시모토 겐지로西本健次郎의 초빙으로 니시모토
구미西本組의 고문기사 겸 대리인이 되어 약 4년간
일본 내 전기궤도 및 주요공사를 담당했고, 이 경력
을 인정받아 1916년 11월 니시모토와 공동경영 약속
을 맺어 경성지점 대표가 되었다. 이때 남조선철도
공사와 함경선 중부지방 공사 등 여러 청부 사업에
관계했다. 1925년 1월 니시모토와 계약을 해제하고
조선토목건축협회의 상무이사를 역임하다가, 1928
년 사임하고 고토공업합자회사後藤工業合資會社를 설
립했다. 이밖에 경성요업京城窯業의 이사 및 주주, 공
익제탄조公益炭製造 이사, 조선천연빙天然氷 이사 및
주주, 경성상사京城商事 이사 및 주주를 지내며 다각
도로 자본을 축적했다.

1932년 경성부 건축기사의 독직사건에서 발단된
'경성토목담합사건'에서 유죄 판결을 받았다. 1935
년 2심에서 징역 4월에 집행유예 5년을 선고받았고,
이에 상고했으나 1936년 고등법원에서 상고가 기각

되어 유죄가 확정되었다. 유죄 판결 이후에도 조선화약총포주식회사朝鮮火藥銃砲株式會社 사장, 조선제빙朝鮮製氷 이사 및 주주, 일본정공日本精工 이사, 조선경마구락부 상무이사, 경성부영등포대가조합京城府永登浦貸家組合 감사 등을 지내며 일제 말기까지 각종 기업 경영을 계속했다.

[참고문헌] 이승렬 『제국과 상인』(역사비평사, 2007), 貴田忠衛 編 『朝鮮人事興信錄』(朝鮮新聞社, 1922), 朝鮮中央經濟會 編 『京城市民名鑑』(朝鮮中央經濟會, 1922), 中村資良 編 『京城仁川職業名鑑』(東亞經濟時報社, 1926), 佐佐木太平 『朝鮮の人物と事業』(京城新聞社出版部, 1930), 有馬純吉 『昭和六年版朝鮮紳士錄』(朝鮮紳士錄刊行會, 1931), 阿部薰 『朝鮮功勞者銘鑑』(民衆時論社, 1935), 中村資郞 『朝鮮銀行會社組合要錄』(東亞經濟時報社, 1942), 「陣內等五十一名 土木大疑獄判決」(『東亞日報』, 1935.2.26), 조선총독부관보시스템 〈http://gb.nl.go.kr〉   【고태우】

108
곤도 도키지
近藤時司(근등시사)   1890.1.25~?

대학교수

니가타현新潟縣 출신. 곤도 도헤이近藤藤平의 3남으로 태어났다. 1917년 분가하여 일가를 이루었다. 1916년 도쿄제국대학東京帝國大學 문과를 졸업하고, 동대학원에 입학했다. 1917년 4월 관립 대구고등보통학교 교사로 부임하면서 도한하였다. 이어 총독부 편수관 등을 역임했다. 1924년 경성제국대학 예과 교수로 임명되었고 생도감生徒監을 담당하며, 조선의 민간 전설, 설화 등을 수집했다. 취미는 야구와 여행이며 종교는 신도神道였다. 저서에 『사화, 전설, 조선명승 기행史話傳說朝鮮名勝紀行』(博文館, 1929) 등이 있다.

[참고문헌] 谷サカヨ 『大衆人事錄』第14版(帝國秘密探偵社, 1943), 中村資良 編 『京城仁川職業名鑑』(東亞經濟時報社, 1926)   【김효순】

109
곤도 렌이치
近藤廉一(근등염일)   1883~?

금융인, 영화인

본적은 히로시마현廣島縣이다. 1913년 7월 교토제국대학京都帝國大學 법과대학을 졸업하고, 1913년 9월 8일 조선은행에 입사하여 조선은행 만주지점 총지배인 비서(1913), 본점 총무부 조사역(1920) 등을 거쳐 임원까지 역임하였다. 이처럼 조선은행 임원 출신으로, 영화 제작사 통폐합 후 자본금 200만 원을 기반으로 1942년 9월 29일 창립된 사단법인 조선영화제작주식회사의 상임감사로 이사직을 맡은 인물이다. 주소지는 경성 삼판정三坂町 335였다.

사단법인 조선영화제작주식회사의 임원 선임은 1942년 9월 19일에, 총독부의 승인은 9월 23일에 내려졌다. 그러나 그는 이미 동년 6월부터 사단법인 조선영화제작주식회사의 상무 겸 촬영소장으로 내정된 나카타 하루야스中田晴康(→207)와 공조를 하며 본격적으로 업무를 보았다. 1942는 7월에는 사단법인 조선영화제작주식회사 사장 겸 사단법인 조선영화배급사의 사장으로 내정되어 있던 다나카 사부로田中三郎(→250) 등과 함께 주식을 모집하고 재무국에 제출 서류를 작성하며 사옥을 물색하는 등 창립 사무를 처리하기 시작하였다. 아울러, 8월 11일 총독부에 제출된 허가신청서 상에 기재된 40명의 발기인 명단에 이름을 올리기도 하였다.

[참고문헌] 한국영상자료원 편역 『일본어 잡지로 본 조선영화 4』(현실문화연구, 2013), 高島金次 『朝鮮映畵統制史』(朝鮮映畵文化硏究所, 1943), 국사편찬위원회 한국사데이터베이스 〈http://db.history.go.kr〉
          【함충범】

110
곤도 마스키
近藤眞鋤(근등진서)   1840.4.1.~1892.11.1

돗켄訥軒(호), 분힌文彬(자)

외무관료

에히메현愛媛縣 오쓰大津 출신. 아버지 곤도 다다요시近藤忠質는 의사였다. 유년시절에는 한학과 더불어 나가사키長崎에 가서 난학蘭學을, 19세 때에는 의학을 배웠다. 1869년 사와 노부요시澤宣嘉를 따라 도쿄東京로 가게 되었고, 이듬해 윤10월에 외무성 외무권대록外務權大錄으로 관직을 시작하였다. 1872년 4월에는 외무대록外務大錄으로 승진, 데라시마 무네노리寺島宗則를 수행하여 영국으로 파견되었으며, 1875년 6월 7일 귀국하였다. 귀국 후 외무대록으로서 외무성 공신국公信局에서 업무를 보다가 1876년 1월 7등 출사에 임명되었다. 이해 11월부터 1878년 1월까지 부산으로 파견되었다. 이후 외무권소서기관外務權少書記官, 외무서기관, 외무권대서기관外務權大書記官 등을 두루 거쳤으며, 외무성 서무국장과 기록국장까지 지냈다.

「조일수호조규」가 체결된 해부터 조선과 깊은 관련을 맺기 시작하였다. 1876년 10월 관리관管理官으로 부산에 파견되어 1878년 1월까지 근무하였다. 이때 「부산항거류지차입약서釜山港居留地借入約書」를 동래부사 홍우창洪祐昌과 체결하면서 초량왜관이 있던 지역을 일본인거류지로 전환하였다. 이해 11월에는 대리공사 하나부사 요시모토花房義質(→912)를 따라 외무권소서기관 신분으로 도한하였다가 12월에 귀국하였다. 1879년에도 하나부사를 수행하여 재차 도한하였고, 11월까지 서기관으로 수행하면서 대리공사와 강수관의 교섭 석상에 동석하여 관련 기록을 정리하였다. 이때 판찰관 현석운玄昔運과도 접촉하면서 실무교섭을 진행하였다. 1880년 2월 부산 영사에 임명되어 파견되어 2년 동안 개항장 내 일본인 전관거류지 관리 및 일본인 유보거리 확정 등의 업무를 수행하였다. 이때 「지소대도규칙地所貸渡規則」, 「거류지가옥건축가규칙居留地家屋建築假規則」, 「거류인민영업규칙居留人民營業規則」 등의 제반 규칙을 제정하였다. 1881년에는 이중환李重煥의 『택리지擇里志』를 입수하여 『조선팔역지朝鮮八域誌』(日就社)라는 제목의 책자로 번역한 후 일본에서 출간하였다. 1882년 4월 공사관 근무를 시작하였다가 7월 23일 임오군란이

발발하자 하나부사 공사와 더불어 제물포로 피난하였다. 이때 도피하여 영국선박 플라잉 피쉬호에 탑승하게 된 경위를 「하나부사 공사 조난 전말花房公使遭難顚末」이라는 기록으로 남겼다. 이해 10월 인천 영사 겸 판사로 임명되어 제물포에서 근무하였다. 1883년 1월에 귀국하였다가 갑신정변 발발 후인 1885년 1월부터 7월 사이에 다시 공사관에 파견되어 근무하기도 하였다. 2년 후인 1887년 8월 대리공사로 임명되어 서기관 가와카미 다쓰이치로川上立一郎(→32)와 함께 도한, 1891년 면직 처분을 받고 귀국하기 전까지 조선 정부와의 교섭을 담당하였다. 이때 조선과 청국 사이에 평양을 개시開市하는 문제를 두고 교섭이 진행되고 있었는데, 일본도 이를 균점해야 한다는 요구를 제기하기도 하였다. 1889년 11월에는 외아문 독판 민종묵閔種默과 「조일통어장정朝日通漁章程」을 체결하여 일본인의 어업활동에 대한 내용을 설정하였다. 아울러 조업에 나가는 어민에 대하여 면허장을 발급하도록 규정함으로써 어선 수와 여기에 탑승한 어민의 수를 파악할 수 있도록 하였다.

1891년 3월 조선에서 귀국한 후 요양을 하다가 이듬해 위암으로 도쿄에서 53세의 나이로 사망하였다. 사후 1892년 11월 훈3등 정5위에 추서되었으며, 즈이호쇼瑞寶章가 수여되었다.

[참고문헌] 石幡貞『東嶽文抄』卷3(石幡富子, 1910), 藤村德一 編『居留民之昔物語』(朝鮮二昔會事務所, 1927), 孫禎睦『韓國開港期 都市變化過程研究』(一志社, 1982), 아이 사키코「부산항 일본인 거류지의 설치와 형성」『도시연구』3(도시사학회, 2010), 박준형「개항기 平壤의 개시과정과 開市場의 공간적 성격」『한국문화』64(서울대학교규장각한국학연구원, 2013)　　【박한민】

111
곤도 시로스케
權藤四郎介(권등사랑개)　　　　1875.11.25~?

관료, 언론인

후쿠오카현福岡縣 출신. 아버지는 번의藩醫였으며, 맏형은 사상가로 알려진 곤도 세이쿄權藤成卿, 둘째

형은 『도쿄니치니치신문東京日日新聞』, 『니로쿠신보
二六新報』 등에서 활동한 언론인이자 일본전보통신
사日本電報通信社를 설립한 곤도 신지權藤震二였다. 도
쿄전문학교東京專門學校에서 정치경제학을 수학하였
고, 1900년에 졸업하였다. 졸업 후 『오사카아사히신
문大阪朝日新聞』에서 근무하다가 1903년 퇴직하였다.
1905년에 도한하였다. 인천에서 상업회의소 서기장
이자 『조선일일신문朝鮮日日新聞』 고문으로 활동하다
가, 통감 이토 히로부미伊藤博文(→900)의 추천을 받아
1907년 대한제국의 궁내부 제실재산정리국 사무관
으로 특채되었다. 한일강제병합 이후 설치된 이왕직
李王職에서 1911년 2월부터 사무관으로 임용되어
1920년까지 10년간 재직하면서 회계경리, 문서사무,
토목건축, 전선典膳 등의 다양한 업무를 담당하였다.
사무관으로 재직하는 동안의 궁중 내 경험과 견문,
관련 인물들의 행적 등에 대해서는 『이왕직비사李王
宮秘史』로 엮어서 출간하였다. 관직에서 물러난 이후
에는 조선신문사朝鮮新聞社 부사장이자 주필로 활동
하였다. 1933년 3월 부사장직에서 사임하였다. 1938
년에는 조선신문사의 회장으로 취임하였다. 1930년
에 교정을 보고 출판했던 『뇌헌타설雷軒唾屑』은 그의
둘째형이 남긴 한시를 모아서 낸 유고집이다.

1909년 순종의 서순행 당시 회계관리로 궁내부 예
비금의 지출을 담당하고 일행을 수행하였다. 1915년
2월에는 경기도 개성군, 황해도 해주 지역으로 이왕
직에서 출장을 보냈다. 이해 4월에는 농사과장農事課
長에 임명되었으며, 경기도 고양, 양주, 광주 세 곳에
출장을 다녀오기도 하였다. 1916년 11월에도 경기도
및 황해도 여러 지역으로 출장을 나갔다. 하세가와
요시미치長谷川好道(→919)가 조선총독으로 있던 1917
년 6월에는 순종의 일본 행차와 관련하여 준비 실무
자이자 선발대로 파견되어 일본에 다녀왔다. 그 일
정과 진행과정은 『이왕직비사』를 통해서 확인 가능
하다. 1924년 11월에는 화재와 관련하여 큰 피해를
입지 않았다고 본인의 소식을 『조선신문朝鮮新聞』에
광고를 게재하였는데, 그 기사를 통해 거주지가 경
성부京城府 영락정永樂町이었음을 알 수 있다. 1927년
10월 30일 『조선일보』의 신간 소개에 따르면, 『이왕

직비사』는 1926년 출판과 동시에 3쇄를 찍고 매진되
었는데, 이 책에 대한 각계의 관심과 수요가 있어서
수정 증보하고, 가격을 2엔 80전으로 인하하여 발행
하였다. 1928년 조선비행학교 창립위원회가 조직되
었을 때 송진우, 유억겸 등과 함께 교섭위원으로 선
출되었다. 1929년 조선박람회 개최 당시에는 평의원
및 이사에 위촉되어 활동하였다. 1932년 6월에는
1926년부터 6년간 조선의 정치, 경제, 교육, 사상동
향, 사회생활, 통치의 성패와 역대 통치자의 모습 등
에 대하여 그동안 『조선신문』의 사설이나 수필로 연
재하였던 글을 편집하여 『조선한제朝鮮閑題』(朝鮮閑題
出版部)라는 책으로 출간하였다. 책의 편집과 교정은
와세다대학早稻田大學 후배인 나카시마 준키치中島駿
吉가 담당하였다. 조선신문사의 양도 및 운영을 둘러
싸고 1938년부터 사내에서 내홍이 발생하여 회장직
으로부터 퇴진 요구를 받고 있었던 것이 경성지방법
원 검사국 문서(『思想에 關한 情報』) 내에서 확인된다.
1940년 9월에는 『오사카마이니치신문大阪毎日新聞』
에 연재되고 있던 「시정30년 기념독물 늙은 척사가
보내는 살아있는 반도 이면사施政三十年記念讀物 老拓
士가贈る 生きた半島裏面史」에 「이왕은 전하께서 도쿄
로 유학李王垠殿下가東京へ御遊學」과 「비도 송별하는
마지막 황제 노부雨も餞けが最後の皇帝鹵簿」 두 편을
싣기도 하였다. 이 외의 글로는 「헌정상도와 신정당
憲政常道と新政黨」(『朝鮮公論』 15-5, 1927), 「조선인의
피폐를 구하라朝鮮人の疲弊を救へ」(『朝鮮統治問題論文集』,
井本幾次郎 編, 1929), 「다단한 시국에 직면하여多端な
る時局に直面して」(『朝鮮實業俱樂部』 10-10, 1932) 등이
있다.

1945년 해방 이후 도쿄로 돌아가 생활했던 것으로
보인다. 적어도 1957년까지는 생존해 있었다는 사실
은 그가 도쿠토미 소호德富蘇峰(→342)에게 보낸 연하
장이나 편지를 통해서 확인 가능하다.

[참고문헌] 곤도 시로스케 저, 이언숙 역 『대한제국 황
실비사』(이마고, 2007), 黑龍會 編 『東亞先覺志士記傳』
下(原書房, 1966), 이왕무 「1917년 순종의 일본 행차(東
上)에 나타난 행행의례 연구」『韓國史學報』57(고려사
학회, 2014)

【박한민】

112

곤도 쓰네나오

近藤常尚(근등상상)　　　　　　　　1893~?

관료

이바라키현茨城縣 출신. 1917년 7월 도쿄제국대학東京帝國大學 법과를 졸업하였다. 대학 재학 중이던 1916년 11월 고등문관시험에 합격함으로써 공직에 발을 들였다. 1917년 7월부터 아이치현愛知縣에서 근무하였으며, 1919년 6월 이와테현岩手縣 이사관을 거쳐 1921년 2월 조선총독부 사무관이 되었다.

1925년 6월 함경남도 경찰부장을 거쳐, 이듬해 4월 25일부터는 조선총독부 경무국 내에 신설된 도서과의 초대 과장직을 맡았다. 정식 발령은 5월 12일에 내려졌다. 총독부 고등경찰과에서 도서과가 분리된 직후에는 1924년 12월부터 고등경찰과 과장직을 수행하던 다나카 다케오田中武雄(→247)가 잠시 보안과장과 도서과장을 겸직하기도 하였으나, 1926년 4월부터 이전까지 함경남도 경찰부장으로 있던 곤도 쓰네나오가 도서과를 책임지게 된 것이다.

총독부 경무국의 기구 개편은, 기존의 고등경찰과가 보안과로 바뀌면서 정치 및 사상운동을 감시하는 것으로 업무가 집중되고 신문, 잡지, 영화, 음반 등의 출판 및 대중 미디어에 관한 검열 및 통제 사무가 도서과로 집중되는 형태로 이루어졌다.

곤도가 총독부 도서과장으로 부임한 직후인 1926년 7월 5일 최초의 전국 단위 영화 검열 규칙인 활동사진필름검열규칙活動寫眞フィルム檢閱規則이 조선총독부령 제59호로 공포되고 동년 8월 1일부터 시행에 들어갔다. 1925년 일본에서 내무성령 제10호로 공포된 동명의 규칙을 거의 그대로 가져온 이 규칙의 도입으로 인해 식민지 조선에서는 통일된 영화 검열이 실시되었으며, 이에 대한 관장 역시 조선총독부 경무국 도서과에서 이루어졌다.

한편, 그의 재임 기간 동안 총독부 도서과에서는『신문지요람新聞紙要覽』(1927),『신문지출판물요항新聞紙出版物要項』(1928),『조선에 있어서 출판물 개요朝鮮に於ける出版物槪要』(1929) 등 연보 형태를 띤 자료집과『조

선출판경찰월보朝鮮出版警察月報』(1928)와 같은 월보 형식의 언론 통제 관련 자료집이 발간되기도 하였다.

이후에는 1929년 11월 총독부 관방 비서과장, 1932년 8월 총독부 경무국 보안과장에 임명되었고, 1934년 11월부터 총독부 관방 심의실에서 근무하다가 이듬해 2월에는 전라남도 지사 자리에 오르게 되었다.

[참고문헌] 정진석『극비 조선총독부의 언론검열과 탄압』(커뮤니케이션북스, 2007), 국사편찬위원회 한국사데이터베이스〈http://db.history.go.kr〉　【함충범】

113

곤도 히로토시

近藤博俊(근등박준)　　　　　　　　1912.3~1996

잇코一鴻(필명)

문학가

요코하마橫濱 출신. 현립상공실습학교縣立商工實習學校 시절 하이진俳人 오노 린카大野林火의 제자였던 그는 스승을 따라 '석남石楠'에 입회하였다.

1932년 조선총독부에서 근무하였고, 니시무라 고후西村公鳳를 중심으로 하는 조선석남연맹朝鮮石楠聯盟의 기관지인『장생長栍』의 발행에 참여하였다. 또한 연간물로 발간되었던『조선전기잡지朝鮮電氣雜誌』(조선전기협회)의 제27권 8호, 제28권 1호에 하이쿠를 실었으며, 제27권 7호에는「하이쿠의 마음과 형태에 관하여俳句の心と型に就て」라는 글을 남기는 등 조선에서의 하이쿠 활동이 두드러지는 인물이었다.

1945년 조선을 떠나 귀국한 이후 기후현岐阜縣의 청사에 재직하였다. 구집과 저서로는『바퀴輪』(牧羊社, 1977),『곤도잇코집近藤一鴻集』(俳句協會, 1981),『가마우지鵜』(牧羊社, 1983),『하이쿠 이야기 세시기: 하이쿠의 마음·린카와 나俳話歲時記俳句のこころ·林火と私』(牧羊社, 1986), 유작 구집인『길路』(近藤雪子, 1996) 등이 있다.

[참고문헌] 阿部誠文『朝鮮俳壇-人と作品〈下卷〉』(花書院, 2003), 朝鮮電氣協會 編『朝鮮電氣雜誌』(朝鮮電氣協會, 1938), 조선총독부관보시스템〈http://gb.nl.go.kr〉　【김보현】

114

곤 와지로
今和次郎(금화차랑)　　　　1888.7.10~ 1973.10.27

건축학자, 대학교수, 화가

아오모리현青森縣 출신. 1907년 도쿄미술학교東京美術學校(현 도쿄예술대학 전신) 입학, 1912년 졸업 후 와세다대학早稻田大學에서 건축학과 조수助手로 출발하여 1914년 강사, 1915년 조교수, 1920년 교수가 되었으며 1959년 퇴직하였다. 와세다대학 이외에도 1919년 도쿄미술학교東京美術學校, 1927년 니혼여자대학日本女子大學 강사도 역임하였다. 곤 와지로는 조선 주거문화에 대한 조사를 위하여 1922년부터 1944년까지 네 차례에 걸쳐 조선을 방문했으며, 조선으로 이주하지는 않았다.

곤 와지로의 조선 방문 목적은 민가民家와 민속을 조사하고 연구하는 것이었다. 첫 방문은 1922년 9월이며 조선총독부 촉탁으로 두 달 동안 경성·평양·함흥·전주·김천·대구·경주 등에서 민가와 민속을 조사하고, 9월 30일에는 조선건축협회와 사회사업연구회 공동으로 개최하는 강연회에서 '조선주택문제'를 강연하였다. 두 번째 방문은 1923년으로 조선건축회 좌담회에 초빙되어 경성철도호텔에서 며칠 동안 묵었다. 세 번째는 1924년 10월로 제국지방행정학회帝國地方行政學會 조선본부 개최 조선지방생활연구강연회에서 '민가와 생활'을 강연하였다. 곤 와지로의 마지막 조선 방문은 9월로 일본제철회사 토건협력회 후원 아래 약 1개월 동안 경성·청진·겸이포 등에서 노무자 주택을 조사하였다. 홋카이도北海道를 비롯한 일본의 탄광·제철공장 등에 사는 조선인 노동자 주택에 대한 개선방책을 찾고자 실시된 것이었다.

조선 관련 저술로는 1922년 「조선의 지방 주택朝鮮之地方住家」(조선총독부, 1922), 「조선의 민가朝鮮の民家」(建築雜誌」37-445, 日本建築學會, 1923), 「총독부 신청사는 지나치게 노골적이다總督府新廳舍は露骨過ぎる」(『朝鮮と建築』2-4, 1923), 「조선 부락 조사 특별보고 제1책(민가)朝鮮部落調査特別報告 第一冊(民家)」(朝鮮總督府, 1924),

「조선 토속 가구·일용품朝鮮土俗家具·民具」(『野帖16』, 1924: 『곤와지로·민가견문야첩今和次郎·民家見聞野帖』(柏書房, 1986) 수록), 『조선 노무자 주택 견문 여행朝鮮勞務者住宅見旅』(私家本, 1944), 「조선 가옥 청취朝鮮家屋ききとり」(『見聞野帖4』, 營團住宅, 1944: 『今和次郎·民家見聞野帖』 수록) 등이 있다.

전후에도 와세다대학에서 계속 근무하다가 1959년 퇴직하였으며, 1971년 일본건축학회 대상을 수상했다.

[참고문헌] 박현수 「조선총독부 중추원의 사회·문화」『한국문화인류학』12(한국문화인류학회, 1980), 宮井正憲 「곤 와지로(今和次郎)의 한반도 여행」 지훈상 역 『建築』 51-7(대한건축학회, 2007), 黑石いずみ 「今和次郎の'民家研究'と'朝鮮調査'」 『紀要』 55(靑山學院女子短大學, 2001), 최석영 「일제하 곤 와지로(今和次郎)의 조선민가 조사방법의인식」『史林』35(수선사학회, 2010), 한국역사종합정보시스템 〈http://www.koreanhistory.or.kr〉, 工學院大學圖書館特別コレクション '今和次郎コレクション' 〈http://www.lib.kogakuin.ac.jp/collection/kon/chronology.html〉　　【조미은】

115

교야마 와카마루
京山若丸(경산약환)　　　　1878~1953.5.13

예능인

히로시마현廣島縣 우스이치시臼一市의 농가 출신. 신작 로쿄쿠浪曲 작품을 자신이 직접 창작하고 연행하는 것으로 이름을 널리 알렸다. 본명은 하이바라 진자부로灰原仁三郎인데, 그가 처음으로 로쿄쿠에 입문한 것은 20세 때이다. 시나야마 하쿠슈品山伯州의 문하에서 수업을 시작했다. 22세 때 오사카大阪로 나와 로쿄쿠의 명인 2대 교야마 교안사이京山恭安齋의 제자로 들어갔다. 당시 로쿄쿠는 주로 무사들의 의리에 대한 내용이 중심을 이루었지만 그는 새로운 시대에 어울리는 무사도武士道를 고취시킨다는 현대적인 내용으로 인기를 얻었다. 특히 메이지시대의 유명인물을 작품화하여 오사카 사람들에게 호평을 받았다.

노래 곡조節回しと는 물론 특히 훌륭한 목소리와 뛰어
난 인물묘사로 2대 요시다 나라마루吉田奈良丸(→774)
등과 함께 로쿄쿠의 황금시대를 개척한다. 로쿄쿠에
만 전념한 것이 아니라 정치계에도 뛰어들어 니시노
미야西宮의 시의회 의원이 되기도 했다. 중일전쟁 때
에는 와라와시대わらわし隊 위문단에 참가하여 순회
공연을 펼쳤으며, 경성 등 식민지 도시의 일본인 극
장 등에서 순회공연을 하였다. 1928년 12월 발표된
전시 로쿄쿠〈소집령召集令〉은 메이지유신을 떠올리
며 신작으로 만들었는데 크게 성공하여 영화〈소집
령〉(渡邊邦男, 1935) 등의 '소집령물'의 제작으로 파급
되었다.

[참고문헌] 全國浪花節奬勵會『浪花節名鑑』(杉岡惣吉
出版, 1924), 京山若丸・石田一松『皇軍慰安の旅 わら
わし隊報告記』(亞細亞出版社, 1938), 高橋友太郎 編
『若丸十八番講演集』(春江堂書店出版, 1918)【홍선영】

116

구기모토 도지로

釘本藤次郎(정본등차랑)   1868.1.21~1933

실업가

철물점 구기모토상점釘本商店의 대표로 1910~1920
년대 경성상업회의소를 이끌었다.

사가현佐賀縣 오기군小城郡 출신. 1895년 쓰시마對
馬로 이주해 장뇌樟腦를 제조했지만 큰 성공을 거두
지는 못했다.

1895년 쓰시마에서 인천으로 이주, 다시 경성으로
가 철물을 팔기 시작했다. 점포는 없었고 일본인 상
인들과 무리를 지어 종로 인근에서 행상으로 대패와
끌 등을 팔았다. 이후 본정本町에 점포를 열고, 평안
남도 진남포에 지점을 개설했다. 철공장은 본정의
점포와 인접한 곳에 두었고, 주물 공장은 경성 남대
문통에, 작업부는 서대문통에 두었다. 1904년 러일
전쟁 이후 거래가 크게 늘어나 철물 외에도 면과 석
유 등을 취급하기도 했다. 병합 이후에는 본업인 철
물점 외에도 여러 사업을 시작해, 주식회사 조선제
면朝鮮製綿, 주식회사 조일양조朝日釀造, 주식회사 계

림토지물산鷄林土地物産, 주식회사 경성주식현물거
래시장京城株式現物取引市場, 주식회사 대정토지건물
大正土地建物의 대표를 맡았다. 또한 주식회사 조선실
업은행朝鮮實業銀行 대주주, 주식회사 경성증권신탁
京城證券信託 대주주, 주식회사 남조선철도南朝鮮鐵道
이사, 주식회사 원산수력전기元山水力電氣 대주주, 주
식회사 조선피혁朝鮮皮革 감사, 주식회사 동양축산흥
업東洋畜産興業 이사, 주식회사 인천미두거래소仁川米
豆取引所 대주주, 주식회사 온양온천溫陽溫泉 감사, 주
식회사 경성장의사京城葬儀社 이사, 주식회사 경성극
장京城劇場 이사, 주식회사 한성은행漢城銀行 대주주,
주식회사 조선실업은행朝鮮實業銀行 대주주, 주식회
사 조선생명보험朝鮮生命保險 이사, 주식회사 조선화
재해상보험朝鮮火災海上保險 이사, 주식회사 조선서
적인쇄朝鮮書籍印刷 이사, 주식회사 압록강목재鴨綠江
木材 이사, 주식회사 월미도유원月尾島遊園 감사, 주
식회사 영흥탄광永興炭鑛 감사, 주식회사 중앙물산中
央物産 이사, 주식회사 경성연예관京城演藝館 이사,
주식회사 조선항공연구소朝鮮航空研究所 이사로도 활
동했다.

사업 외에 공직에도 진출해, 경성거류민단 의원,
경성연합번영회 총대總代, 경성상업회의소 부회장・
회장, 경기도 평의원, 산업조사위원회 위원, 조선금
융제도조사회 위원, 대정실업친목회大正實業親睦會
상담역, 동민회同民會 상담역, 조선산림회朝鮮山林會
감사, 교육실천회敎育實踐會 부회장을 맡기도 했다.
특히, 1910년대 경성신사京城神社의 조영을 직접 주
도했으며, 경성상업회의소 부회장으로 재임할 때에
는 경성공회당 신축 논의를 이끌었다. 조선의 재계
및 사회사업에 대해 많은 인터뷰를 남겼으며, 직접
기고한 글로는 「조선철도망의 완성과 산업의 개발朝
鮮鐵道網の完成と産業の開發」(『朝鮮』91, 1922.10), 「조선
철도계에 대한 사견朝鮮鐵道界に對する私見」(『朝鮮』102,
1923.10)이 있다.

1933년 사망했으며, 잡지『조선공론朝鮮公論』에는
경성 재계의 주요 인사 16명의 추모 글(「고 구기모토
도지로 씨 추도故釘本藤次郎氏追悼」, 1933.1)이 실렸다.

[참고문헌] 친일인명사전편찬위원회『일제 협력단체사

전: 국내 중앙편』(민족문제연구소, 2004), 전성현『일
제시기 조선 상업회의소 연구』(선인, 2011), 中村資良
『朝鮮銀行會社要錄』(東亞經濟時報社, 각년판), 山中
麻衣「서울 거주 일본인 자치기구 연구(1885~1914년)」
(가톨릭대학교 석사학위논문, 2001)　　　　【양지혜】

117

구노 세이이치

久納誠一(구납성일)　　　　1887.3.4~1962.3.13

육군 군인

도쿄부東京府 출신. 구노 한지로久納半次郎의 장남으
로 태어났다. 나고야육군지방유년학교名古屋陸軍地方
幼年學校, 중앙유년학교를 거쳐 1905년 11월 육군사
관학교를 졸업(18기)하였다. 1906년 6월 기병소위로
임관하여 기병 제1연대에 배속되었다. 1914년 11월
에는 육군대학교를 우등으로 졸업(26기)하였다. 이후
육군성 군무국 근무, 후시미노미야 사다나루친왕伏
見宮貞愛親王의 부관 등을 거쳐 프랑스에 파견되어
1918년 11월부터 1년간 루마니아의 프랑스군에서 종
군하였다. 육군기술본부 소속으로 유럽 출장을 다녀
온 이후 육군대학교 교관, 참모본부원 등을 역임하
고 1923년 7월 야마나시 한조山梨半造(→658) 육군대신
의 비서관이 되었다. 이후 기병 제28연대장, 육군대
학교 교관, 육군기병학교 교관, 제8사단 참모장 등을
역임하고 1925년 3월 육군소장으로 진급하고 기병
학교 간사가 되었으며, 1935년 12월 기병 제4여단장
으로 취임하였다.

　1927년 4월 조선총독 비서관으로 임명되어 도한하
였으나 3개월 만에 귀국하여 기병 제28연대장으로
이동하였으며, 1936년 12월에는 조선군 참모장(1936.
12.1~1938.3.1)으로 임명되어 다시 도한하였다.

　1938년 3월 중장으로 진급하고 군마보충부 본부장
으로 취임하였으며, 이후 제18사단장, 제22군 사령
관 등을 역임하고 1941년 1월 예비역으로 편입되었
다. 제2차 세계대전에는 종군하지 않았으며 패전 후
인 1962년 3월 13일 사망하였다.

　[참고문헌] 秦郁彦 編『日本陸海軍總合事典』(東京大學

出版會, 1991), 猪野三郎 編『日第12版 大衆人事錄』(帝
國秘密探偵社國勢協會, 1937)　　　　【이승희】

118

구니토모 쇼켄

國友尙謙(국우상겸)　　　　1876.11.29~?

경찰관료, 정치인

이바라키현茨城縣 히가시이바라키군東茨城郡 출신.
1898년 6월 재판소서기등용시험裁判所書記登用試驗에
합격한 후 곧바로 미토구재판소水戶區裁判所에서 서
기로 근무했다. 1899년 1월 시모쓰마구재판소下妻區
裁判所로 옮겨 근무하다가 1901년 2월 퇴직했다. 그
해 3월 경시청警視廳 순사가 되었고, 1903년 6월 경
시청 경부警部로 승진했다. 이 사이 1903년 2월 경찰
감옥학교警察監獄學校를 졸업했으며, 같은 해 7월 와
후쓰법률학교和佛法律學校(현 호세이대학法政大學)를 졸
업했다. 1905년 조선으로 건너와 이후 20여 년간 일
본 외무성 경부, 한국통감부 경부 및 경시警視, 조선
총독부 경시 등으로 활동했다. 평양경찰서장, 경무
총감부警務總監部 고등경찰과高等警察課 기밀계機密界
활동, 경무총감부 경무과장警務課長, 총독부 경무국
警務局 경무과장 등으로 활동하는 과정에서 '105인 사
건'을 조작하는 등 조선인의 항일운동을 탄압하는 데
주력했다. 1929년 12월 경찰직을 물러난 후에는
1936년 9월과 1939년 5월 각각 경성부회京城府會 의
원으로 당선되었으며, 1939년 이래 주식회사 경업사
耕業社 대표를 역임하였다.

　한국통감부 설치를 앞둔 1905년 조선으로 건너와
20여 년간 식민지 조선의 경찰사무의 실제를 담당하
였다. 1905년 2월 외무성 경부가 되어 4월 경성의
영사관경찰서領事館警察署 담당으로 조선에 건너왔
다. 1906년 통감부 경부가 되었으며, 1909년 11월 경
시로 승진하여 평양경찰서장이 되었다. 일제의 한국
강제병합 직후인 1910년 10월 조선총독부 직속기관
인 경무총감부로 옮겨 고등경찰과 기밀계에서 1917
년까지 근무했다. 이 시기 이른바 '105인 사건'을 조
작하는 등 조선인 항일운동을 탄압하는 데 앞장섰다.

이와 같이 한일강제병합에 공을 세웠다 하여, 1911년 6월 일본 정부로부터 단광욱일장單光旭日章, 1912년 8월 한국병합기념장韓國併合記念章 등의 훈장을 받았다.

1917년 3월 경무총감부 경무과장으로 승진했다. 1919년 8월 20일 사이토 마코토齋藤實(→469) 총독의 제도개정에 의해 조선총독부 사무관이 되어, 총독부 경무국 경무과장으로 임명되어 십여 년간 역임했다. 이 사이 1921년 조선경찰협회 간사, 1923년 총독부 직속기관인 도경부 및 도경부보 특별임용고시위원회道警部及道警部補特別任用考試委員會 위원, 1923년 조선정보위원회朝鮮情報委員會 위원 등에 임용되어 활동했다. 1926년 9월 27일 경무국장 미쓰야 미야마스三矢宮松가 전임되자 경무국장 사무취급에 임명되었다. 1927년 12월 27일 의원면관依願免官으로 퇴직했다. 경찰 재직 중『불령사건으로 본 조선인不逞事件二依ツテ觀タル朝鮮人』등을 저술했으며, 조선경찰협회 기관지인『경무휘보警務彙報』에도 각종 글을 게재했다.

1931년 4월 전직 총독부 경무국 출신들로 조직된 조선경우회朝鮮警友會 부회장에 추대되었다. 1932년 5월 26일 돈암정敦岩町 자택에 큰 화재가 났다. 1936년 9월 20일 실시된 부회의원府會議員 선거에 출마하여 당선되었다. 1937년 3월 28일 결성된 경성부 동구 방호단東區防護團의 제2분단장을 맡았으며, 이어서 4월 4일 결성된 경성부방호단京城府防護團에 참여했다. 1938년 5월 경성부회 북지시찰단北支視察團에 참여하여, 중일전쟁이 벌어지고 있던 북중국지역을 시찰하고 돌아왔다. 그해 11월 경성동부교화위원회京城東部敎化委員會에 돈암정 총대總代 자격으로 참여했다. 1939년 5월 부회의원 선거 때 경성부 동구에서 다시 당선되었으며, 경성부회 상임위원으로 활동했다. 그해 12월 21일 설립된 농업금융 계통의 주식회사 경업사 대표를 맡았다. 1941년 11월 개최된 동부경성발전기도좌담회東部京城發展企圖座談會에 돈암정 총대 자격으로 참여했다. 1943년 5월 경성부회의원후보자추천회京城府會議員候補者推薦會에 추천위원이 되었다.

1943년까지 경업사 대표, 경성부회 의원 등으로 활동했는데, 이후의 행적과 귀국일시, 사망일시 등은 확인되지 않는다.

[참고문헌] 朝鮮公論社 編『在朝鮮內地人紳士名鑑』(朝鮮公論社, 1917), 朝鮮中央經濟會 編『京城市民名鑑』(朝鮮中央經濟會, 1922), 大陸自由評論社 編『大陸自由評論-事業及人物號 第8』(大陸自由評論社, 1923), 阿部薰 編『朝鮮功勞者銘鑑』(民衆時論社, 1935), 京城日報社 編『大京城公職者名鑑』(京城日報社, 1936), 芳賀登 外 編『日本人物情報大系』(皓星社, 1999~2002)

【변은진】

119
구도 다다스케
工藤忠輔(공등충보)　　　　　　1882.3~1917.12

바오로(세례명)

변호사

구마모토현熊本縣 다마나군玉名郡 출신. 구도 다케키工藤武城(→120)의 동생으로 1911년 도쿄제국대학東京帝國大學 법과대학 독법과獨法科를 졸업하고 곧바로 조선으로 건너와 동년 8월부터 조선총독부 사법부 소속으로 이듬해 6월까지 근무했다. 1913년 10월 경성에서 변호사를 개업하였다. 한때 그의 형이 의료소송을 당했을 때 소송대리인을 맡기도 하였다. 어학에 재능이 있어서 주로 서양인 방면의 사건을 많이 취급하였다. 연구적이고 비상한 독서가이면서 다재다능한 사람으로 법률 이외의 정치, 문예, 종교에도 취미가 있고 독특한 견해를 갖고 있었다고 한다. 대표적인 논문으로『조선급만주朝鮮及滿洲』에「조선의 법률교육 프로그램朝鮮に於ける法律教育プログラム」(1911.9), 「법률상에서 본 남녀의 구별法律上より見たる男女の區別」(1914.9)이 있으며, 그 외 20여 편의 글을 게재하였다.

가톨릭에 관심을 갖고 있던 그는 1917년 제8대 조선 교구장으로 조선 가톨릭계의 책임자였던 프랑스 선교사 뮈텔에게 영세를 신청하여 '바오로'라는 영세명을 받았다. 그러나 지병인 폐병으로 조선에서 일찍 사망했다.

[참고문헌] 뮈텔 저, 한국교회사연구소 역『뮈텔 주교 일기6』(한국교회사연구소, 2002), 구도 다케키 저, 최

재목·김정곤 역『조선특유의 범죄-남편살해범에 대한 부인과학적 고찰』(영남대학교출판부, 2016), 高等法院書記課 編『(국역)高等法院判決錄』제4권(민사편-II)(법원도서관, 2008), 川端源太郎『朝鮮在住內地人 實業家人名辭典』(朝鮮實業新聞社, 1913), ヒマラヤ山人「京城弁護士界の人物」(『朝鮮及滿洲』89, 1914.12)

【최재목, 김정곤】

120
구도 다케키
工藤武城(공등무성)   1878.5.1~?

단세쓰擔雪(필명)
의사

구마모토현熊本縣 다마나군玉名郡 이쿠라초伊倉町 출신. 사족士族 출신인 구도 다다지로工藤唯次郎의 장남으로 태어났다. 구도는 청소년기에 보수적인 학교인 세이세이코濟濟黌를 나와서 실용학문인 나가사키의학전문학교長崎醫學專門學校를 졸업하였다. 일본 산부인과학의 개척자인 도쿄제국대학東京帝國大學 부인과 교수 하마다 겐타쓰濱田玄達의 조수를 거쳐 1903년 독일 뷔르츠부르크대학 부인과교실에 유학, 이듬해 7월에 의학박사 학위를 취득하였다. 이어서 1905년 4월에 베를린대학 부인과로 옮겨 태생학, 여자비뇨기학을 배우고 라틴어를 연구한 후, 1905년 12월에 한반도로 건너왔다. 이후, 식민지 조선에서 산부인과 의사로서 개인병원을 운영하는 한편, 재조일본인 사회의 유지로서 활동하였다. 특히『매일신보每日申報』와 재조일본인 중심의 잡지인『조선朝鮮』,『조선급만주朝鮮及滿洲』,『경성잡필京城雜筆』을 중심으로 부인과학 지식을 보급하였으며, 시서화詩書畵에도 뛰어나 조선미술전람회朝鮮美術展覽會에 여러 번 출품하여 당선될 정도로 문인적 기질을 겸비한 인물이다.

1905년 12월 경성 한성병원漢城病院 산과부인과 부장으로 초빙되어 경성에 온 그는 두 차례의 원장대리를 맡기도 하였다. 1907년 11월 경성 북미창정北米倉町 94번지에 경성부인병원京城婦人病院을 개원하여,

1913년 7월부터는 2년 남짓 프랑스 파리대학 퀴리라듐연구실에서 수학한 시기를 빼고는 줄곧 가족과 함께 경성에서 지냈다.

경성의사회京城醫師會 회원으로서 활동하였고, 재조일본인 사회의 유지로서 거류민회 의원을 지냈다. 1924년에는 '내선융화'를 목적으로 한 동민회同民會 평의원, 1934년에는 '황도전신의 고취와 아시아 제국의 친선단결'을 위한 조선대아세아협회朝鮮大亞細亞協會의 사업에 참여. 또한 1941년에는 총후의료사업銃後醫療事業 협력을 위한 경기도의사회京畿道醫師會 회장을 역임하였고, 황도정신에 기초한 조선유도연합회朝鮮儒道聯合會의 상무이사로서 문교보국文敎報國을 꾀하였다.

한시 짓기와 그림 그리기를 즐겼으며 불교와 유교 등, 종교문화에도 관심을 가졌다. 구도는 퇴계 이황의 벼루 및 초상화를 소장할 정도로 퇴계에 대한 관심이 많았으며, 특히 벼루 수집에 대한 남다른 애착을 지닌 애연가愛硯家였다. 이처럼 인문적인 기질을 갖고 있던 그는 의료 관련을 포함하여 약 300편에 가까운 논문과 저술을 발표하였는데, 대표적인 저서로『조선특유의 범죄-남편살해범에 대한 부인과학적 고찰朝鮮特有の犯罪-本夫殺害犯の婦人科學的考察』(京城婦人病院, 1933),『부인의 양생婦人之養生』(京城婦人病院, 1907),『의학상에서 본 한일관계醫學上より觀たる内鮮の關係』(同民會出版部, 1929)가 있고,『매일신보每日申報』에「난산과 안산難産과 安産」(1923.11.25.~1924.3.30),「암과 라듸움」(1931.4.3~1931.4.8) 등을 연재하는 등 일제강점기 부인 분야의 의료 및 연구를 주도한 인물이었다.

동생인 변호사 다다스케忠補와 법학사인 시게오重雄와 함께 식민지 조선의 경성에서 활동하면서 서로 도움을 주고받았다. 구도의 아버지는 다마나군의 요코시마橫島 촌장을 지냈으며, 그의 동생들도 도쿄제국대학 출신으로 말하자면 구도의 집안과 형제들은 당대의 엘리트에 속한다.

구도 다케키가 전후에 일본으로 돌아갔는지 한국에 남아있었는지는 아직까지 밝혀진 바가 없다. 다만 공적으로 그의 이름을 확인할 수 있는 것은「조선

총독부관보(제5284)」인데, 일본적십자사日本赤十字社에 대한 협조와 공로가 인정되어 유공장을 받았다는 기록(1944.9.13)이 남아 있다. 또한 해군 군의 출신으로 한성병원 원장을 지낸 와다 야치오和田八千穂의 회고록에 의하면, 1945년 3월 이전에 사망했을 가능성이 있거나 적어도 의료 활동을 중단한 것으로 보인다.

[참고문헌] 구도 다케키 저, 최재목·김정곤 역『조선특유의 범죄–남편살해범에 대한 부인과학적 고찰』(영남대학교출판부, 2016), 京城新聞社 編『大京城公職者名鑑』(京城新聞社, 1936), 工藤武城 『朝鮮特有の犯罪–本夫殺害犯の婦人科學的考察』(京城婦人病院, 1933), 高田誠二·藤原一毅 『日本の教育精神と李退溪』(朝鮮事情協會, 1934), 和田八千穂·藤原喜藏 編『朝鮮の回顧』(近澤書店, 1945) 【최재목, 김정곤】

121
구도 시게오
工藤重雄(공등중웅)　　　　　　1884.3~?

데쓰규코지鐵牛居士(필명)
교사
구마모토현熊本縣 다마나玉名 출신. 1903년 세이세이코濟濟黌를 졸업하고 도쿄제국대학東京帝國大學 법과대학 경제과를 졸업했다.

의사인 구도 다케키工藤武城(→120)의 둘째 동생으로 도쿄제국대학을 졸업한 법학사法學士이다. 1924년경에 경상상업회의소京城商業會議所 조사주임촉탁調査主任囑託, 1930년대에는 조선총독부 직속기관인 경성고등상업학교京城高等商業學校 촉탁 교원을 담당하였다. 구도는 법학사로서 조선에 법률 관련 신문·잡지의 필요성을 인식하고「동아와 법정東亞와 法政」이라는 제호로 발행 신청을 한 적도 있다. 주로『조선공론朝鮮公論』과『조선불교朝鮮佛教』에 글을 기고하였는데, 특히 '데쓰규코지鐵牛居士'라는 불명으로 불교 관련 글을 다수 게재하였다. 대표적으로「불교적 사회주의 선전활동의 필요佛教의 社會主義宣傳運動의 必要」(『조선공론』 77),「불교와 사회주의佛教と社會主義」(『조선불교』 2~4)가 있다. 구도는 불교의 '보은報恩' 사상

을 바탕으로 한 불교적 사회주의를 제창하였으며, 그가 말하는 불교적 사회주의는 국가의 융창隆昌과 천황의 위엄을 통한 구제를 지향하는 것이다.

또한 그는 '겸겸당謙々堂'이라는 불교서적을 주로 판매하는 서점을 운영하기도 하였고, 1925년에는 영국의 이사벨라 버드 비숍이 쓴『한국과 그 이웃 나라들KOREA AND HER NEIGHBOURS』을 초역抄譯하여『30년 전의 조선三十年前の朝鮮』(東亞經濟時報社, 1925)이라는 책으로 출판하였다. 이 책에 사이토 마코토齋藤實(→469) 총독과 이완용 후작 및 정무총감, 식산은행殖産銀行 대표의 제자題字가 실려 있는 것으로 보아, 구도의 가족과 총독부 고위 관료들과의 친분을 엿볼 수 있다. 그 외 번역서로 에드먼드 월시Edmund A, Walsh의『제정 러시아 몰락사: 로마노프 왕조의 최후와 볼셰비키의 미래ロシア帝政没落史: ロマーノフ家最後とボルセビキー未來物語』(平凡社, 1932)를 번역하였다.

구도의 전후 행적에 대해서는 그의 형 다케키와 마찬가지로 현재까지 알려진 바가 없다.

[참고문헌] 구도 다케키 저, 최재목·김정곤 역『조선특유의 범죄–남편살해범에 대한 부인과학적 고찰』(영남대학교출판부, 2016), 朝鮮公論社 編『在朝鮮內地人紳士名鑑』(朝鮮公論社, 1917) 【최재목, 김정곤】

122
구도 에이이치
工藤英一(공등영일)　　　　　　1870.10~?

행정관료
아오모리현青森縣 히로사키시弘前市 출신. 유복한 환경에서 성장하여, 1896년 도쿄제국대학東京帝國大學 법과를 졸업했다. 그해에 고등문관시험文官高等試驗에 합격하여 곧바로 농상무성農商務省 관리가 되었다. 농상무성 광산감독서鑛山監督署, 후쿠오카광산감독서福岡鑛山監督署 등에서 근무했으며, 이후 모리오카광산감독서장盛岡鑛山監督署長이 되었다. 1900년 농상무성 서기관이 되어 광산국 광정과장鑛政課長, 후쿠오카광산감독서장 등을 역임했다. 1909년 6월 조선으로 건너와 조선총독부 상공국장商工局長, 전라

남도 장관, 평안남도 장관, 경기도 지사 등으로 관리 생활을 계속했다.

1909년 6월 대한제국정부의 초빙으로 조선에 건너와 농상공부農商工部 광무국장으로 근무했다. 한일강제병합 이후인 1910년 10월 조선총독부 상공국장이 되었다. 1911년 5월 전라남도 장관에 임명되었으며, 1913년부터 전라남도 지방토지조사위원회 위원장을 겸하여 활동했다. 도장관 재직 당시 역둔토驛屯土 소작료 인상 등의 정책을 펼쳤으며, 그 결과 육지면陸地棉, 쌀, 보리 등에서 상당한 산출을 거뒀다는 평을 받았다. 1916년 3월 평안남도 장관이 되어 평안남도 지방토지조사위원회 위원장 등으로 활동했다.

1919년 9월 경기도 지사에 임명되었다. 3·1운동이 일어난 해에 경기도 지사에 임명된 것을 보면 조선에 건너와 10년간 관리로 재직하면서 이룬 성과를 인정받았음을 알 수 있다. 도지사 임용 직후인 1919년 9월 30일 "조선민중은 만약 불령不逞한 유언流言에 고혹蠱惑되어 안녕질서를 문란케 하는 언동을 감행하는 자가 있다면 누구를 불문하고 결단코 이를 가차 없이 처단할 것이다" 운운하는 내용의 고유告諭를 발표한 데서도 알 수 있다. 도지사 재직 중인 1921년 9월 조선중앙위생회朝鮮中央衛生會 위원, 1922년 8월 식량품평회 고문 등 각종 관변단체의 임원에 임용되어 활동했다.

전라남도 장관 재직 당시 『보고의 전남寶庫の全南』(片岡議 編, 片岡商店, 1913)에 서문을 실었으며, 평안남도 장관 재직 당시 「무업無業 중심의 평양」(『半島詩論』 1-5, 1917.8)을, 경기도 지사 재직 당시 「일본인의 농업이민에 대하여內地人の農業移民に就て」(『朝鮮及滿洲』 180, 1922.11) 등을 잡지에 게재했다. 1921년 2월 조선의 유학 지식인 친일단체인 유도진흥회儒道振興會의 기관지 『유도儒道』 창간호에 축사를 실은 것을 보면, 유학에도 조예가 있었던 것으로 보인다.

1923년 2월 의원면관依願免官으로 경기도 지사에서 물러났다. 당시 조선에 부임한 도지사 중 최고참이자 최고령으로서 이미 1922년 9월경부터 사직설이 나돌았다. 사임 이후의 행적은 분명하지 않다. 다만 1929년 12월, 평안남도 맹산군孟山郡에서 광명학

교光明學校를 설립하는 등 교육 사업을 하다가 그해 3월 6일 사망한 고故 구보타 세이케이窪田誠惠의 기념사업회인 창덕회彰德會에 관여한 사실만 확인된다.

도지사 사임 이후 일본으로의 귀국 여부와 정확한 사망일시 등은 알 수 없다.

[참고문헌] 朝鮮公論社 編 『在朝鮮內地人紳士名鑑』(朝鮮公論社, 1917), 朝鮮中央經濟會 編 『京城市民名鑑』(朝鮮中央經濟會, 1922), 朝鮮總督府 編 『朝鮮總督府官報』(朝鮮總督府, 각호), 朝鮮總督府 編 『朝鮮總督府及所屬官署職員錄』(朝鮮總督府, 각년판)　【변은진】

123

구라시게 슈조
倉茂周藏(창무주장)　　　　　　생몰년도 미상

군인

일본 육사 22기 출신이다. 1934년 8월 보병 제31연대 대좌, 1936년 8월 육군보병학교 교도연대장을 거쳐, 1939년 5월부터 이듬해 3월 9일까지 제5군 참모장을 지냈다. 제3대 조선군사령부 보도부장직을 맡았던 인물로, 재임 기간은 1940년 3월부터 1943년 8월까지 약 3년 반 동안으로 역대 가장 오랜 시간동안 조선군 보도부의 수장 자리를 지켰다.

그 사이에 1941년 12월 8일 일본의 진주만 공습으로 태평양전쟁이 발발하였고, 이에 따라 일본뿐 아니라 식민지 조선에서의 전시체제 또한 견고해졌다. 전시 동원정책 역시 강화되었는데, 대표적인 예로 조선인에 대한 징병제가 1942년 5월 공포되었다.

이러한 흐름 속에, 조선군 보도부는 조선인의 전쟁 동원을 위한 다양한 방식의 보도와 선전 활동을 취하였다. 대중적 파급력이 컸던 영화 분야에서의 경우, 이에 대한 통제를 가하거나 검열에 참여하는 데 머물지 않고 작품 제작 부문에도 적극적으로 관여하였다.

지원병 훈련소의 실제적 생활을 다큐멘터리 기법으로 담은 문화영화 〈승리의 뜰勝利の庭〉(방한준 감독, 1940)은 조선군 보도부 제작으로 탄생한 첫 번째 영화였다. 조선군 보도부가 제작한 다음 영화는 히나쓰 에이타로日夏英太郞라는 이름으로 일본에서 활동

하던 조선인 감독 허영이 메가폰을 잡아 조선인의
입대를 독려하고 내선일체를 강조한 〈그대와 나君と
僕〉(1941)였다. 이 영화에는 김영길, 심영, 이금룡, 최
운봉, 김소영, 문예봉 등 내로라하는 조선인 배우들
이 출연함은 물론, 쇼치쿠松竹 오후나촬영소大船撮影
所에서 아사기리 교코朝霧鏡子와 미야케 구니코三宅邦
子가, 고아興亞에서 고스기 이사무小杉勇가, 도호東寶
에서 가와즈 세이자부로河津淸三郎와 마루야마 사다
오丸山定夫가, 다이이치협단第一協團에서 오비나타
덴大日方傳이, 만주영화협회滿洲映畫協會에서 인기 스
타 리샹란李香蘭(야마구치 요시코山口淑子)이 등장하는
등 다국적 연예인이 대거 동원되었다. 이후에도 조
선군 보도부는 아동에 대한 항공경비 사상 및 애국심
고취라는 목적 하에 사단법인 조선영화제작주식회
사에서 제작된 〈우러르라 창공仰げ蒼空〉(김영화 감독,
1943)을 후원하기도 하였다.

이러한 과정을 거치며 영화계에서의 조선군 보도
부의 영향력은 더욱 커져갔다. 이에 구라시게는 조
선영화에 대한 기획과 제작의 심의를 위해 1942년
10월 총독부 경무국 산하 황도문화협회皇道文化協會
내에 설치된 영화기획심의회의 위원 자리에 이름을
올리는 한편, 일본의 영화잡지 『영화순보映畫旬報』
1943년 7월 11일자 '조선영화 특집'호에 「조선영화에
대한 희망朝鮮映畫への希望」을 게재하기도 하였다.

[참고문헌] 倉茂周藏 『決戰談義決戰談義』(朝鮮敎育出
版, 1944), 한상언 「조선군 보도부의 영화활동 연구」
『영화연구』 41(한국영화학회, 2009)   【함충범】

124
구라시나 데쓰오
倉品鐵夫(창품철부)   생몰년도 미상

금융인

히로시마현廣島縣 출신. 동양협회전문학교東洋協會專
門學校 경성분교를 졸업하였다. 미쓰이물산三井物産,
동양면화주식회사東洋綿花株式會社 등을 거쳐 조선식
산은행朝鮮殖産銀行에 입행하여 은행 발전에 기여하
였다.

미쓰이물산주식회사 경성지점에서 무역 업무를
익힌 후, 1920년 10월 동양면화주식회사에 들어가
일반상업관계 지식을 쌓아 조선식산은행에 입사하
였다. 본점에서 산업금융 및 상업금융의 일원으로
일하다 능력을 인정받아 함흥 지점으로 옮겼다.
1925년 7월 전남 송정리 파출소에 파견되어 파출소
주임으로 일하기도 했다. 1933년 조선식산은행 평양
지점장 대리, 1934년 9월 원주지점 초대 지점장을
거쳐 이후 일제강점기 말기까지 상주, 안동, 전라북
도 각 지점의 지점장 등으로 활약하였다.

[참고문헌] 谷サカヱ 『第14版 大衆人事錄』(帝國秘密
探偵社, 1943), 국사편찬위원회 한국사데이터베이스
〈http://db.history.go.kr〉   【강원주】

125
구라시마 이타루
倉島至(창도지)   1901~1993

관료

나가노현長野縣 출신. 도쿄제국대학東京帝國大學 법학
부 정치과 재학 중에 고등문관시험 행정과에 합격하
였다. 대학 졸업 직후인 1925년 4월 조선으로 건너와
경기도에서 공직 생활을 시작하였다.

1927년 8월 총독부 이사관에 임명되나, 병으로 휴
직했다. 1930년 5월 복직하여 충청북도에서 근무한
후, 총독부 체신부 사무관이 되어 부산저금관리소
장, 군산우편국장 등을 역임하였다. 1933년 경성우
편국 감독과장, 경성체신분장국 감독과장 겸 보험감
독과장을 지냈으며, 1934년에는 평양체신분장 국장
으로 자리를 옮겼다.

조선에서 여러 관직을 두루 거친 후 총독부 학무과
장에 자리하던 중, 1941년 11월 26일 총독부 내에 신
설된 정보과의 과장직을 맡아 1년 동안 근무하게 되
었다. 동시기 일본 내각정보국의 기구 개편에 영향
을 받아 설치된 조선총독부 정보과는 정보계, 보도
계, 영화계 등 모두 3계로 구성되어 있었다. 주요 업
무는 여론의 지도 및 계발, 정보의 수집, 보도, 선전,
보도 및 계발 선전기관의 지도, 내외 사정의 조사 및

소개 등이었다. 구라시마 이타루가 정보과장으로 있
던 기간은 1년여에 불과하였으나, 그의 재임 중 태평
양전쟁(1941.12.8)이 발발하였으며 그 여파로 조선총
독부 내 정보과의 역할과 기능이 중요시되었다.

패전 후 1947년부터 4년 동안 나가노시長野市 조역
으로 근무한 뒤 지방노동위원회 사무국장이 되었으
며, 1954년 12월에는 시장 선거에 나가 당선되고 4년
후에도 재선되어 나가노 시장으로 임기만료 시까지
활동하였다.

[참고문헌] 정진석 『극비 조선총독부의 언론검열과 탄
압』(커뮤니케이션북스, 2007), 국사편찬위원회 한국사
데이터베이스 〈http://db.history.go.kr〉 【함충범】

126
구라치 데쓰키치
倉知鐵吉(창지철길)   1870.1.23~1944.12.22

관료, 정치인

가나자와현金澤縣 출신. 도쿄제국대학東京帝國大學 법
과대학을 졸업하고 1894년 내무성에 취직하였다.
1899년 재독일공사관 서기관을 맡았고, 1901년부터
참사관으로 도쿄東京에서 활동하였다. 이토 히로부
미伊藤博文(→900)의 신임이 두텁고, 한일강제병합에
있어 법률의 원안 작성에 깊이 관여하였다. 1907년
헤이그에서 열린 만국평화회의에 출석하였다. 1910
년 5월 병합준비위원회 주임을 맡았다.

구라치는 '병합倂合'이라는 말을 만든 인물로 알려
져 있다. 그러나 시종 보좌관 역할을 담당하였기 때
문에 정책 의사결정 자리에서 부각되지는 않았다.
1906년 3월 한국 황실특파유학생들이 대우에 불만
을 가지고 동맹 휴교를 일으켰을 때 그 선후처리와
유학생 감독을 맡았다. 이 사건의 처리는 원래 학부
고문관인 시데하라 다이라幣原坦(→543)가 맡았으나,
이토 통감이 구라치에게 그 권한을 주고 내정에 간섭
한 것이었다. 1909년 3월, 구라치는 고무라 주타로小
村壽太郎(→81)의 지휘에 의하여 한일강제병합에 관한
「방침서급시설대강서方針書及施設大綱書」를 작성하였
고, 이 서류는 4월 10일 이토의 동의를 얻었다. 이때

'한일강제병합'의 단행이 결정되었다. 1909년 10월
26일 안중근이 이토를 암살하는 사건이 일어나자,
구라치는 바로 사건의 조사를 위하여 만주로 향하였
다. 이미 병합은 결정된 사항이었기 때문에 구라치
는 그 시기를 신중히 할 필요가 있다고 생각하였고,
민간에서 일어난 감정적인 병합론을 물리치려고 노
력하였다. 안중근 재판에서는 안중근에게 자신이 스
스로 이토를 오해하여 저격한 것이라고 인정하도록
하여 한국에서 반일운동의 고양을 억제하려고 하였
으나 이 시도는 안중근의 애국심으로 좌절되었다.

1910년 5월 병합준비위원회倂合準備委員會 주임을
맡았고, 고마쓰 미도리小松綠(→78)와 함께 각 법안을
작성하였다. 데라우치 마사타케寺內正毅(→321) 통감
이 병합을 단행하기 위하여 도한할 당시 구라치를
동반하려 하였으나, 구라치는 병합까지 시간이 오래
걸릴 것이라 예상하고 그 사이 도쿄에서 절충하는
역할을 해야 한다고 생각하여 스스로 물러났다. 그
러나 병합은 예상 밖으로 곧 단행되었다.

1899년 일본법률학교 교과서로『국제공법國際公法』
을 간행한 바 있다. 한일강제병합의 공적으로 1911년
훈2등 교쿠지쓰주코쇼旭日重光章를 수장하였다. 1913
년 2월 귀족원 칙선의원이 되었다. 또한 중일실업中
日實業의 창립에 관여하였다.

[참고문헌] 오가와라 히로유키 저, 최덕수·박한민 역
『이토 히로부미의 한국 병합 구상과 조선사회』(열린책
들, 2012), 한성민 「구라치테쓰키치(倉知鐵吉)의 '한국
병합' 계획입안과활동」『한국근현대사연구』54(한국근
현대사학회, 2010), 한성민 「황실특파유학생의 동맹퇴
교운동에 대한 일본의 대응」『역사와 현실』93(한국역
사연구회, 2014) 【마스타니 유이치桝谷祐一】

127
구라토미 유자부로
倉富勇三郎(창부용삼랑)   1853.7.16~1914.1.26

사법관료, 정치인

지쿠고노쿠니筑後國 다케노군竹野郡 도쿠도무라德童
村(현 구루메시久留米市 다누시마루초田主丸町) 출신. 구

라토미 다네아쓰倉富胤厚의 3남으로 태어났다. 아버지 다네아쓰는 유학자로 구루메번에 종사했다. 구라토미 가문은 센고쿠다이묘戰國大名 류조지龍造寺의 후예였으며, 어린 시절부터 아버지에게 한학을 전수받았다. 1879년에 사법성법학교(后에 도쿄대학東京大學 법학부로 흡수)를 졸업하고, 동년 사법성에 출사하였다. 이 사이에 일본을 방문 중이던 러시아 황태자가 순사 쓰다 산조津田三藏에게 습격을 받아 부상을 당한 오쓰사건大津事件의 처리에 관여하였다. 이 시기 재판소구성법의 시행 등 일본의 재판소 제도가 정비되었고, 구라토미의 인사 동향에도 적지 않은 영향을 끼쳤다. 민형국장民刑局長을 거쳐 1902년 대심원 차석검사로 자리를 옮겼다. 그 후 오사카공소원 검사장, 도쿄공소원 검사장 등의 검찰직을 역임하였다.

1907년 법학박사 학위를 받았다. 그러나 그에 앞서 발생한 히비야 방화사건日比谷燒打事件에서 고노 히로나카河野廣中 등 국민대회 주최자를 기소했기 때문에 여론의 반감을 사, 진퇴문제를 두고 논란이 있었다. 그러한 가운데 1907년 7월 일본은 한국과 제3차 한일협약을 체결하였고, 이른바 차관정치가 시작되었다. 구라토미는 한국 정부의 초빙이라는 형식으로 법부차관으로 취임하는 것과 동시에 통감부 참여관을 겸직하였다. 게다가 법부 법률기초위원장, 재판소구성법 및 부속법령심사위원회 위원장, 법전조사국 위원장 등에 취임하여 한국사법제도 개혁사업을 시작하였다. 1909년 7월에 체결된 한국사법급감옥사무위탁에 관한 각서로 일본이 한국의 사법권을 박탈하자, 구라토미는 새로 설치된 통감부 사법청 장관이 되었다. 한일강제병합으로 개편이 이루어짐에 따라 조선총독부 사법부 장관이 되었으며, 조선 식민지 법제의 기초를 만들었다.

1913년 다이쇼 정변大正政變 후에 성립한 제1차 야마모토 곤베에山本權兵衛 내각에서 오카노 게이지로岡野敬次郎의 후임을 노려 법제국장관으로 자리를 옮겼고, 조선총독의 권한을 크게 축소하는 관제개혁안을 구상하였다. 지멘스 사건으로 인하여 이 구상을 실현하지 못한 채 야마모토 내각이 무너지자 법제국 장관을 사임하였다.

1914년 3월 귀족원 의원 칙선의원이 되었고, 1916년 10월 사임할 때까지 귀족원 의원을 맡았다. 사임 직전에 황실 회계의 회계 감사를 실시하는 제실회계심사국 장관에 임명되어 궁내성으로 들어갔으며, 1925년 말까지 그 지위를 유지하였다. 당시 조선통이었던 구라토미는 1919년 4월 나시모토노미야 마사코梨本宮方子와 결혼한 왕세자의 고문이 되었다(1926년 5월까지). 또한 제실제도심의회 위원으로서 조선 왕공족王公族의 국법상의 지위를 둘러싼 황실전범 개정 문제에 관여하였다. 1920년에 추밀고문관이 되었고, 1925년에 추밀원 부의장, 1926년에는 추밀원 의장에 취임하였으며, 남작의 작위를 받았다. 그가 추밀원 의장을 맡았던 시기는 이른바 정당내각 시대인데, 부의장 히라누마 기이치로平沼騏一郎와 더불어 정당정치에 회의적이어서 때때로 정당내각과 대립하였다. 1930년 런던 해군군축조약 비준문제에서는 조약을 반대하였다.

1934년 추밀원 의장을 사임한 후 고향으로 돌아가 은거하면서 생활하다가 태평양전쟁 종결 후인 1948년 93세로 사망하였다. 일본 국립국회도서관 헌정자료실에는 상세하고 방대한『구라토미 유자부로 기록倉富勇三郎記』이 소장되어 있다. 현재 구라토미 유자부로 일기 연구회가 번각 작업을 진행하고 있으며, 2010년부터 순차적으로 간행 중이다.

[참고문헌] 倉富勇三郎『慣習調査報告書慣習調査報告書』(法典調査局, 1910), 朝鮮功勞者銘鑑刊行會 編『朝鮮功勞者銘鑑』(民衆時論社, 1936), 국사편찬위원회 한국사데이터베이스〈http://db.history.go.kr〉

【오가와라 히로유키小川原宏幸】

128

구로카와 요네오
黑川米尾(흑천미미)　　　　　1906?~1944.12.19

베드로(세례명)
사제

용산 신학교에서 수업을 받다가 도쿄대신학교東京大神學校로 유학을 떠났다. 유학 중인 1935년 9월 21일에 부제副祭가 되었으며, 1936년 3월 도쿄대신학교를 졸업했다. 3월 21일 사제품司祭品을 받고 신부가 되었다.

이후 3월 28일 조선으로 들어와 활동하기 시작했으나 신병으로 성모병원聖母病院에 입원하기도 했다. 1939년 11월 11일 경성교구 천주교회유지재단京城教區天主教會維持財團 이사를 맡았으며, 1942년 봄에는 경성교구장 비서로 임명되었다. 1943년 중반부터는 경성의 일본내지인교회日本內地人教會의 주임을 겸임하였다. 수년을 폐병으로 고생하면서도 직무를 성실히 수행했으나 1944년 봄부터 병이 더욱 심해져 11월 하순 성모병원 용산분원에 입원하였고, 결국 12월 19일에 사망하였다. 장례미사는 12월 21일 오전 9시 용산 예수성심성당에서 거행되었으며, 유해는 용산 성직자 묘지에 안장되었다.

[참고문헌]『경향잡지』(경향잡지사, 1935.10, 1936.4, 5, 12, 1942.2, 1943.7, 1945.1)　　【백병근】

129

구리모토 기요오
栗本清夫(율본청부)　　　　　생몰년도 미상

음악가, 교사

도쿄부東京府 출신. 1898년 도쿄음악학교東京音樂學校 전수부專修部를 졸업하였다. 졸업 후 창가, 교가 등의 작곡 활동을 하였다. 1901년에 도쿄음악학교東京音樂學校에서 심상중학교 尋常中學校 생도용 창가집인『중학창가中學唱歌』를 편찬하였는데, 본 창가집에는 구리모토가 작곡한〈항아리의 비壺の碑〉,〈조상의 영혼祖先の靈〉이 실려 있다. 교가 작곡으로는 우쓰노미야고등여학교宇都宮高等女學校 교가가 있다.

정확한 도한 시기는 알려져 있지 않지만『조선총독부 및 소속관서직원록朝鮮總督府及所屬官署職員錄』(1911~1913)에 기록이 있는 것으로 보아, 1910년경 조선에 건너온 것으로 추정된다. 조선총독부 학무국 편집과에 소속되어 경성중학교에서 음악교사로 활동하는 등 재조일본인 중등교육에 기여하였다.

[참고문헌] 東京音樂學校 編 『中學唱歌』(東京音樂學

校, 1901), 高嶋有里子「校歌をめぐる表象文化研究~近代國家成立における校歌の制定課程と現代の諸狀況をてがかりに~」(日本大學大學院博士學位論文, 2013)　　【김지선】

130

구리바야시 쓰구히코
栗林次彦(율림차언)　　　　　1859~?

관료, 언론인

구마모토현熊本縣 출신. 1871년 번립학교에서 수학한 뒤 1877년 도쿄東京에 유학했다. 1878년 사법성司法省 시검생도試撿生徒에 합격했다. 1879년부터 히로사키弘前 재판소에서 근무하다가 다음해 의원면직依願免職한 후, 1881년 부산에 도항하여 육군 통역, 신문사, 조선 박문국博文局 등에서 근무했으며, 주로 통역관으로 활동하였다. 1895년 2월 조선의 군부軍部 보좌관으로 초빙되었다.

1881년 10월 한국어 연구를 위해 부산에 도항했다. 1882년 9월 육군 공병대위 가이즈 미쓰오海津三雄(→39)를 따라 원산항으로 이동하였고 다음해 6월 가이즈가 함경·평안·황해·경기·강원 5도 순회에 나서자 이를 수행하였다. 1884년 갑신정변이 일어나자 귀국하였다가 다음해 1월『도쿄니치니치신문東京日日新聞』특파원으로 조선에 돌아왔다. 1886년 4월부터 6월까지 조선 박문국 주사로 근무했고, 1887년 5월부터 9월까지 거류민 총대표總代로 선출되었다가 박문국 업무로 일본에 귀국하였다. 1888년 2월부터 6월까지『오사카마이니치신문大阪每日新聞』에서 근무하였다. 청일전쟁이 시작되자 1894년 8월 일본군에 종군하는 인물들이 휴대했던 조선 핸드북『종군필수 조선독안내從軍必携 朝鮮獨案內』(下村幸貞, 1894)를 작성하여 발간하였다. 여기에는 조선지도, 조선의 환경과 풍습 등, 그리고 간단한 한국어 회화내용이 수록되었다. 1894년 9월부터 제1군 소속 통역관으로 고용되었고, 1895년 2월 조선 군무아문 고문이 된 구스노세 유키히코楠瀨幸彦(→142)를 따라 군무아문 고문 보좌관이 되었으며 통역관으로 활동하였다.

1887년 10월 당시 외무대신이었던 오쿠마 시게노 부大隈重信에게 조선이 일본뿐만 아니라 동양과 세계의 문제가 되고 있기 때문에 조선에 고등기밀정찰高等機密偵察을 두어야 한다는 의견서를 제출했다.

[참고문헌] 國史編纂委員會 編『駐韓日本公使館記錄』(國史編纂委員會, 1987), 栗林次彦『從軍必携 朝鮮獨案內』(下村幸貞, 1894), 早稻田大學 編『大隈關係文書』4(みすず書房, 2004)　　　　【박진홍】

131
구마가이 히사토라
熊谷久虎(웅곡구호)　　　　1904.3.8~1986.5.22

영화인

오이타현大分縣 출신. 오이타고등상업학교大分高等商業學校를 졸업하고 1925년 닛카쓰日活에 입사하면서 영화계에 발을 들였다. 다이쇼군촬영소大將軍撮影所에서 다사카 도모타카田坂具隆의 조감독으로 지내며 경력을 쌓았고, 1930년 〈연애경기장戀愛競技場〉으로 감독 데뷔하였다. 1935년에는 닛카쓰 다마카와촬영소多摩川撮影所로 자리를 옮겼으며, 1938년에는 도호東寶로 이적하였다. 그리고 자신의 대표작이 된 〈아베 일족阿部一族〉(1938), 〈상해육전대上海陸戰隊〉(1939), 〈지도이야기指導物語〉(1941)를 연속해서 연출하였다. 이후 국수주의 사상단체인 스메라학원スメラ學塾을 세우고 그 안에 극단 태양좌劇團太陽座를 조직하기도 하였다.

사단법인 조선영화배급사가 사단법인 조선영화제작주식회사를 흡수하며 1944년 4월 7일 발족한 사단법인 조선영화사에서, 그는 노자키 신조野崎眞三(→224)를 이어 상무 겸 제작부장으로 영입되었다. 이후 사단법인 조선영화사에서는 〈태양의 아이들太陽の子供たち〉(최인규 감독, 1944), 〈사랑과 맹세愛と誓ひ〉(최인규 감독, 1945), 〈고향故鄕〉(이병일 감독, 1945), 〈춘향전春香傳〉(방한준 감독, 1945) 등 비교적 다양한 극영화가 기획되었으나, 완성·개봉된 것은 〈태양의 아이들〉과 〈사랑과 맹세〉뿐이었고 나머지 두 작품은 촬영 및 제작 중에 해방을 맞이하게 되었다.

패전 후 구마가이는 1949년 게이켄프로덕션(藝研プロダクション)을 창립하여 프로듀서로 활동을 재개하였고, 〈도쿄의 연인東京の戀人〉(1952), 〈감나무가 있는 집柿の木のある家〉(1955) 등의 영화를 제작하였다. 1953년에는 〈시라우오白魚〉를 통해 12년 만에 감독으로 복귀하였으며, 이후 〈이렇게 자유의 종은 울린다かくて自由の鐘はなる〉(1954), 〈지혜자초智惠子抄〉(1957), 〈밀고자는 누구인가密告者は誰か〉(1958) 등을 연출하였다.

[참고문헌] 高橋猛『朝鮮年鑑』(京城日報社, 1945), 한상언 「조선군 보도부의 영화활동 연구」『영화연구』41(한국영화학회, 2009), 일본영화데이터베이스〈http://www.jmdb.ne.jp〉　　　　【함충범】

132
구마모토 리헤이
熊本利平(웅본리평)　　　　1879~1968

실업가

나가사키현長崎縣 이키군壹岐郡 이시다무라石田村 출신. 상인 집안에서 태어나 시모노세키상업학교下關商業學校를 졸업하고 게이오기주쿠慶應義塾 이재과理財科에서 공부했다. 수학 중 게이오기주쿠를 중퇴하고 동향 출신이자 게이오기주쿠의 동창생이며 제국의회 의원을 지낸 마쓰나가 야스자에몬松永安左衛門이 경영하던 고베神戶의 후쿠마쓰상회福松商會에 입사했다. 마쓰나가의 누이동생 구니クニ는 구마모토의 아내가 되었다.

1901년 내한하여 전북지역의 낮은 농지가격에 주목하고, 오사카大阪 등지의 유력 자본가들로부터 거액을 얻어 1903년 무렵부터 그들을 대리하여 전북 김제와 태인 일대 농지를 집중 매입하고 그것을 관리했다. 내한 동기에는 게이오기주쿠 숙장塾長 가마타 에이키치鎌田榮吉의 추천도 있었다.

1903년 10월 전북 개정면開井面 개정리開井里에 농장을 열었다. 1910년 당시 수탁 받은 토지와 자신의 토지 193정보를 포함해 1,331정보를 관리했다. 1910년대 경기 침체로 농지를 신탁했던 자본가들이 그에

게 농지를 매각하여 토지 집적이 집중되었다. 그 뒤
제1차 세계대전 특수로 미가와 지가가 크게 오르면
서 전북지역 최대지주로 부상했다. 그는 전 소유자
들의 은행 부채를 떠안거나 새로 구입한 농지를 담보
로 은행에서 거액을 빌리는 방식으로 농장을 인수했
다. 대공황기에 다시 농지를 확장하여 1932년 오쿠
라大倉 재벌의 전북 옥구군 경지를 매입해 농장으로
개편했으며, 이때 농지 소유는 3,518정보가 되었다.
1935년 2월 거대 농지 관리를 위해 구마모토농장熊本
農場(주식회사)을 설립하여 대표이사가 되었다. 1945
년 3월 당시 구마모토농장은 2,934정보의 농지를 보
유했다. 일본식 개량농법을 보급하며 과학적 영농을
지향했는데, 헨리 포드의 경영이념에 자극받아 농장
관리체계를 본장本場-지장支場·분장分場-소작인으
로 연결된 피라미드 형태로 만들고 직원을 배치하여
소작농에 대한 지도 통제를 철저히 했다. 증산을 전
제로 하고 소작료를 미리 증액했기에, 소작인의 노
동력과 비료 등을 최대한 수탈하는 방식이었다. 이
에 농장에서는 소작쟁의가 끊이지 않았다. 이를 무
마하는 차원에서 1919년부터 장학단체인 보인회輔人
會를 만들어 조선인과 일본인 유학생들을 지원했다.
1935년에는 개정본장에 자혜진료소慈惠診療所를 설
치해 교토제국대학京都帝國大學 의학박사 이영춘李永
春(1903~1980)을 초빙하여 소작인에게 무료 의료혜택
을 제공했다. 이영춘은 옥구군 개정면 구마모토의
건물들을 이용하여 1949년 농촌위생연구소와 개정
중앙병원(군산간호대학의 전신)을 설립해 한국 농촌위
생 개선에 헌신했으며, '예방의학의 선구자'로 평가
된다.

이밖에 군산교육회나 경성제국대학 등 여러 육영
사업에 기부하였고, 군산흥농群山興農과 남조선철도
南朝鮮鐵道의 주주, 조선축산朝鮮畜産의 이사를 역임
했다. 태평양전쟁에서 일본의 패색이 짙어지자 비행
기헌납기금(1,500원)을 기부하는 등 전쟁에 협력하면
서, 한편으로는 자신의 모든 농지를 조선은행 등에
담보로 넣어 거액을 빌린 뒤 일본으로 반출하는 방식
을 취했다.

1945년 8월 말에 고향인 이키로 돌아가, 이키군 인

도지항印通寺港 주변의 방파제, 소학교 강당, 도로 건
설 등을 위한 기부활동을 했다. 1968년 향년 88세에
사망했다.

[참고문헌] 홍성찬 외 공저『일제하 만경강 유역의 사회
사』(혜안, 2006), 角田廣司 編『在朝鮮內地人紳士名鑑』
(朝鮮公論社, 1917), 阿部薰『朝鮮功勞者銘鑑』(民衆時
論社, 1935), 谷サカヨ『第十四版 大衆人事錄 外地 滿
·支 海外 篇』(帝國秘密探偵社, 1943), 中村資郎『朝鮮
銀行會社組合要錄』(東亞經濟時報社, 1942), 조선총독
부관보시스템〈http://gb.nl.go.kr〉 　　　　【고태우】

133
구마타니 세이
熊谷濟(웅곡제) 　　　　　　　　1890.6~1968.8

세이슈正蜂(필명)
관료, 문학가

구마모토현熊本縣 출신. 농업학교를 졸업하고 조선
으로 건너왔다. 하이쿠는 1907년경부터 시작하였으
며 다카하마 교시高濱虛子를 스승으로『호토토기스ホ
トトギス』에 투고하였다.

1917년 도한하여 지방관서에 재직하였다. 1922년
에서 1937년까지 평안남도의 순천군 평원군 등지에
서 농무과農務科 산업기수를 지냈다. 조선에서도 구
작句作 활동을 계속하였으며 1919년 평양에서 하이
쿠 잡지『유한有閑』을 창간하여 주재하였다. 1921년
9월호『호토토기스』에 첫 입선하였다.

패전 후 구마모토의 현청에서 근무하다가 고향으
로 돌아가 귀농하였다. 이후에도 구작 활동을 계속
했으며 1968년 사망하였다.

[참고문헌] 阿部誠文『朝鮮俳壇-人と作品〈下卷〉』(花書
院, 2003), 조선총독부관보시스템〈http://gb.nl.go.kr〉
　　　　　　　　　　　　　　　　　　【김보현】

134
구보 가즈에
久保主計(구보주계) 　　　　　　　1906.9~?

고조虹城(필명)

실업가, 문학가

히로시마현廣島縣 출신. 1909년, 3살이라는 어린 나이에 조선으로 건너와 당시 평양에 살고 있었던 숙부 밑에서 자랐다. 평양공립상업학교를 졸업 후, 조선식산은행에 입사하였다. 그리고 대동활영주식회사大同活映株式會社의 중역과 서선기업주식회사西鮮企業株式會社의 감사, 주식회사 정화구락부精華具樂部의 중역 등을 역임하였다. 하이쿠는 구스메 도코시楠目橙黃子, 다카하마 교시高濱虛子 등에게 사사받았으며, 『호토토기스ホトトギス』의 동인이었다. 한편 구보는 당시 평양의 모란대牡丹臺에 있었던 '오마키의 찻집お牧の茶屋'이라는 요정料亭을 부인과 함께 2대째 이어받아 운영하였는데 다카하마 교시 등 당시 많은 하이진俳人들이 이 요정을 찾아왔다.

조선에서 창작한 하이쿠는 1977년 2월 비매품으로 발간된 『하나겐카花喧嘩』(久保虹城, 1977)에 210구 정도가 남아있다. 또한 하이진 이외에도 사진과 관련된 활동을 하여 당시 전조선사진연맹全朝鮮寫眞聯盟에서 주최한 대회에서 4차례(1934.10.19, 1936.10.31, 1937.11.17, 1940.11.19) 입선한 기록이 있다.

태평양전쟁이 끝나자마자 일본으로 돌아갔고, 1970년 오사카大阪로 거주지를 옮겼다.

[참고문헌] 阿部誠文『朝鮮俳壇－人と作品〈上卷〉』(花書院, 2003), 中村資良『朝鮮銀行會社要錄』(東亞經濟時報社, 1923)   【김보현】

135

구보 다케시

久保武(구보무)   1879.6.20~1921.8.23

지쿠토코지竹洞居士, 후지안不二庵(호)

의사, 의학자, 대학교수

이시카와현石川縣 후게시군鳳至郡 출신. 1898년 11월 가나자와시金澤市에 있는 제사고등학교第四高等學校(현 가나자와대학金澤大學) 의학부를 졸업했다. 1899년 10월 25일 도쿄의과대학東京醫科大學 조수助手, 1901년 1월 16일 교토의과대학京都醫科大學 조수가 되어

해부학실에서 근무했다. 1903년 8월 19일 아이치의학전문학교愛知醫學專門學校 교사가 되었다. 1907년 구한국舊韓國에 대한의원이 개원하면서 의육부醫育部가 신설되자 8월 9일 촉탁囑託으로 교관에 초빙되어 조선으로 건너왔다. 이때부터 1910년 11월까지 4년간 해부학 교수를 역임했다. 당시 조선인 생체에 대한 계측 연구를 수행하는 한편, 이후 조선인 두골頭骨을 포함한 골격을 수집하여 조선인의 체형과 체질에 관한 논문을 다수 발표했다. 1911년 6월 15일 남만의학당南滿醫學堂 교수로 있다가, 곧바로 가나자와의학전문학교金澤醫學專門學校 교수로 옮겨 만주로 전임했다. 1914년 9월 7일 의학박사 학위를 받았다.

1915년 8월 조선총독부의원朝鮮總督府醫院 교관으로 다시 조선에 건너왔다. 1916년 4월 경성의학전문학교京城醫學專門學校 교수가 되어 1922년까지 재임했다. 조선인의 생체와 골격에 관한 체질인류학적 연구를 주로 했던 대표적인 인물로, 조선 민족의 열등함을 증명하는 데 주력했다. 1915년부터 1922년까지 총독부 직속 의사시험위원회醫師試驗委員會 위원으로도 활동했다. 1921년 9월 28~29일에 개최된 조선의학회朝鮮醫學會 총회에서 '조선인·일본인·중국인의 지문 연구 및 지문의 감정'이라는 제목으로 강연했다. 현재 일본 내에서 발간된 사전류에는 1921년 8월 23일 43세로 사망한 것으로 되어 있다. 하지만 당대 조선에서 발행된 신문에는 적어도 1921년 9월까지(길게는 1922년경까지) 활동한 것으로 확인된다. 부인 게이코瓊子와 사이에 2남 2녀를 두었다.

경성의학전문학교 교수로 재직 중이던 1921년 6월 1일 학교 내에서 해부학 두개골이 분실되었을 때 조선인 학생에게만 혐의를 씌우고 민족성을 모욕하는 발언을 하여, 이른바 '구보 망언사건'을 야기했던 장본인이다. 당시 학생들은 이를 규탄하기 위해 동맹휴학을 단행했다. 이때 학생들이 발표한 성명서에는 "교수할 때에 걸핏하면 조선 민족은 야만이라는 말을 할 때마다 그 의논하는 근거가 박약함에 놀람이 실로 한두 번이 아니었지마는"이라고 한 바 있다. 이 사건으로 조선인 학생 9명이 퇴학 처분을 당했다.

이처럼 구보는 한말부터 일제강점기에 걸쳐 조선

인에 대한 체질인류학적·인종론적 연구를 행했던 대표적 인물로 손꼽힌다. 예컨대 "조선인은 일본인보다 골격은 크고 중량은 약간 크다. 그러나 근육계통에서는 그 반대로 일본인은 조선인보다 절대적으로도 비교적으로도 훨씬 뛰어나다는 것을 알 수 있다"라는 취지의 글을 다수 발표했다. 이러한 접근을 통해 조선인을 야만시하고 조선민족의 열등함을 증명하는 데 주력했다. 「모발의 인류학毛髮の人類學」, 「인체 발육의 순서人體發育の順序」, 「조선인의 인종해부학적 연구朝鮮人の人種解剖學的研究」, 「체질상으로 본 조선인體質上より關た朝鮮人」, 「두뇌의 인종해부학적 연구頭腦の人種解剖學的研究」 등을 잡지 『조선급만주朝鮮及滿洲』에 발표했다.

[참고문헌] 朝鮮公論社 編 『在朝鮮內地人紳士名鑑』(朝鮮公論社, 1917), 朝鮮中央經濟會 編 『京城市民名鑑』(朝鮮中央經濟會, 1922), 下中彌三郎 『大人名事典』(平凡社, 1954), 日外アソシエーツ株式會社 編 『20世紀日本人名事典』(紀伊國屋書店, 2004), 芳賀登 外 共編 『日本人物情報大系』(皓星社, 1999~2002)   【변은진】

136
구보 요시오
久保義雄(구보의웅)   생몰년도 미상

영화인

16㎜영화를 전문으로 제작한 선만기록영화제작소鮮滿記錄映畫製作所의 대표로, 1940년 12월 10일 총독부 도서과의 지도 하 영화 제작기구 정비를 위해 결성된 조선영화제작자협회의 회원이기도 하였다.

영화제작사 통폐합 결과 자본금 200만 원을 기반으로 1942년 9월 29일 창립된 사단법인 조선영화제작주식회사에서, 조선영화인들의 추천으로 촬영소의 기술주임을 거쳐 관리과장을 맡았다. 이후 1944년 4월 7일 사단법인 조선영화배급사가 사단법인 조선영화제작주식회사를 흡수하여 사단법인 조선영화사로 체제 개편을 이루면서, 그는 총무부의 영선계장營繕係長으로 자리를 옮기게 되었다.

[참고문헌] 한국영상자료원 편역 『일본어 잡지로 본 조

선영화 2』(현실문화연구, 2011), 한국영상자료원 편역 『일본어 잡지로 본 조선영화 4』(현실문화연구, 2013), 高島金次 『朝鮮映畫統制史』(朝鮮映畫文化研究所, 1943)

【함충범】

137
구보 요조
久保要藏(구보요장)   1875.9.28~?

관료, 실업가

군마현群馬縣 사와군佐波郡 출신. 사족士族 집안에서 태어나 독학으로 공부하다가 도쿄법학원東京法學院에서 2년간 수학하고 1896년 졸업했다. 재학 중인 1896년 21세의 나이로 고등문관시험에 우수한 성적으로 합격했다. 1897년 대장성大藏省 사세관보司稅官補로 마쓰에松江 및 센다이仙臺에서 사세관司稅官으로 근무했다. 1901년 아키타秋田 세무관리국장稅務管理局長에 임명되었으며, 1902년 세무감독국장稅務監督局長으로 승진했다. 1907년 불과 30대 초반의 나이에 칙임관勅任官으로 승진했다. 1907년 3월, 당시 남만주철도주식회사南滿洲鐵道株式會社 총재였던 고토 신페이後藤新平의 눈에 띄어 동同 회사에 입사했다. 도쿄東京 지사에서 근무하다가 1911년 중국 다롄大連에 있는 본사 사무국 서무과장으로 승진했다. 1912년 구미 각국으로 출장 명령을 받고 1년 반 동안 각국의 철도 사무를 둘러보고 1913년 귀국했다. 1914년 남만주철도주식회사 교섭국交涉局 제1과장 및 제2과장을 겸임했다. 다롄기선주식회사大連汽船株式會社 이사를 역임했다. 1917년 조선철도와 남만주철도가 병합되자 경성관리국장京城管理局長에 취임하여 조선으로 건너와 1923년 3월까지 역임했다. 부인 히데코秀子와 사이에 아들 다섯을 두었다.

1917년 9월 조선철도와 남만주철도가 병합되어 새로운 회사로 될 때 경성관리국장에 이사로 취임했다. 1918년 2월 7일 경성상업회의소京城商業會議所 특별평의원特別評議員이 되었다. 1919년 3·1운동 후 9월 2일 경성역京城驛 근처에서 발생한 '강우규姜宇奎의 사이토 마코토齋藤實(→469) 총독 저격 사건' 당시 경성관

리국장으로 그 자리에 참석했다가 부상을 입었다. 1920년 8월 매일신보사毎日申報社 주최로 개최된 부인수예품전람회婦人手藝品展覽會 고문을 맡았다. 1921년 조선총독부 직속 산업조사위원회産業調査委員會 위원촉탁委員嘱託, 총독부 직속 토목회의土木會議 위원 등을 역임했다. 1921년 9월 조선실업구락부朝鮮實業俱樂部 예회例會에서 강연했다. 1922년 6월 10일 발족한 조선철도협회朝鮮鐵道協會 회장에 추대되었다. 1921년 당시 한때 사직설이 나돌았으나 1923년 3월까지 역임하고 남만주철도주식회사 이사직 및 경성관리국장직을 사임했다. 그해 9월 토목회의 위원직도 사임했다.

1923년 남만주철도주식회사 이사직을 물러난 후의 행적과 귀국일시, 사망일시 등은 확인되지 않는다.

[참고문헌] 有馬純吉 『(人物評論) 眞物? 贋物?』(朝鮮公論社, 1917), 朝鮮中央經濟會 編 『京城市民名鑑』(朝鮮中央經濟會, 1922), 大陸自由評論社 編 『大陸自由評論-事業及人物號第8』(大陸自由評論社, 1923), 芳賀登外 共編 『日本人物情報大系』(皓星社, 1999~2002), 日外アソシエーツ株式會社 編 『20世紀日本人名事典』(紀伊國屋書店, 2004), 滿鐵會 『滿鐵四十年史』(吉川弘文館, 2007)　　　　　　　【변은진】

138
구보타 덴난
久保田天南(구보전천남)　　　　　1872~?

구보타 료코久保田良行(본명)
화가, 관료
고치현高知縣 가미시香美市 출신. 지방화가인 나구사 잇포名草逸峰 문하에서 남화를 배우기 시작하여 가와다 쇼코河田小龍에게 사사했다. 1907년 고치 출신 작가들이 조직한 '토양미술회土陽美術會'에서 활동했고, 1909년 내한해서 1913년 총독부 임시토지조사국 총무과 서기관이 되었고 이후 고등토지조사위원회 사무국, 임야조사위원회 및 산림부 임무과 관료를 역임했다. 1940년경 경성에서 사망한 것으로 알려진다.

1913년 총독부 관료로 내한하여, 1914년 목석남화

회木石南畵會를 결성하며 본격적인 화단활동을 시작했고, 1924년 조선남화원朝鮮南畵院을 조직했다. 1927년 총독부를 퇴직한 후에는 남화가로서 활동하며 일본에도 지부를 둔 조선남화원의 리더로서 활동했고, 『조선남화원도록』을 발행했다. 금강산 그림 등을 여러 폭 그렸음을 이 도록에서 확인할 수 있으며 일본 고치현립미술관高知縣立美術館에 〈전가조매지도田家早梅之圖〉 및 산수도 2점, 그리고 한국 개인소장의 〈묵매도〉도 전한다. 『신찬사군자제찬대성新撰四君子題讚大成』(1931)을 간행했으며, 와다 덴민和田天民(와다 이치로和田一郎→755) 저 『조선의 향기朝鮮の匂ひ』(1921)의 그림을 그리기도 했고, 센류川柳 창작도 하였다.

[참고문헌] 和田天民 『朝鮮の匂ひ』(ウツボヤ書籍店, 1921), 황빛나 「재조선 일본인 화가 구보타 덴난(久保田天南)과 조선남화원」 『미술사논단』 34(한국미술연구소, 2012)　　　　　　　　　　【강민기】

139
구보타 유키오
久保田進男(구보전진남)　　　　　생몰년도 미상

문학가
와카야마현和歌山縣 출신. 구보타 유키오는 조선으로 건너오기 이전에 확인 가능한 문학적 활동은 소학교 교원으로 재직하면서 스즈키 미에키치鈴木三重吉가 창간한 동화·동요 아동잡지인 『붉은 새赤い鳥』에 동화 「눈眼」(3권1호, 1932.1.)과 「싸움けんか」(4권1호, 1932년 7월)을 발표한 것이 전부이다.

1940년 4월에 조선으로 건너와 함경남도 영흥군 복흥공립초등학교 교장으로 재직하고 있던 중에 1942년 2월 조선문인협회가 국민문학 건설의 일환으로 공모한 오백엔 현상소설에서 2등으로 입선하였다. 『국민문학』 1942년 4월호에는 2등 입선작인 구보타 유키오의 「연락선連絡船」이 게재되었으며, 현상소설 공모의 발표와 선평이 이루어졌다. 선평에는 문학적 우수성뿐만 아니라 당시 총후생활이라는 시국 속에서 국책문학에 부응하는 작품이라는 평가도 함께 내려졌다. 구보타 유키오는 「연락선」 이후에도

『국민문학』 지면에 「맥반기麥飯の記」, 「농촌에서農村から」, 「속 농촌에서續農村から」 등 소설을 연이어 발표하면서 국민총동원 체제 하에서 재조일본인 작가로서 활동무대를 확장시켜 나갔다.

[참고문헌] 정선태 「일제 말기 '국민문학'과 새로운 '국민'의 상상─조선문인협회 현상소설 입선작 〈연락선〉과 〈형제〉를 중심으로」(『한국현대문학연구』 29, 2009.12), 신승모 「식민지 조선의 일본인 교사가 산출한 문학」(『한국문학연구』 38, 2010), 가미야 미호 「재조 일본인 작가의 소설에 나타난 '일제'말기 일본 국민 창출 양상─「국민문학(國民文學)」에 발표된 현직 교사의 작품을 중심으로」(『일본문화연구』 39, 2011.7)　【정병호】

140
구보타 유타카
久保田豊(구보전풍)　　　　1890.4.27~1986.9.9

실업가

구마모토현熊本縣 아소阿蘇 출신. 아소 지역의 농업 개발에 진력한 부친 구보타 스나오久保田愿와 모친 미쓰みつ 사이에서 장남으로 태어났다.

1914년 도쿄제국대학東京帝國大學 토목공학과 졸업. 내무성內務省에 입성하여 하천 개수 공사에 종사했다. 이후 수력 발전 사업을 계획하던 모기 소베에茂木惣兵衛에게 발탁되어 덴류가와天龍川 및 기타 하천의 개발을 진행하게 되었으며, 모기상점茂木商店 도산 후에는 기술 컨설턴트로서 수력 전기 개발을 목표로 1920년 구보타공업사무소久保田工業事務所를 설립했다.

닛치쓰콘체른日窒コンツェルン의 장진강수전長津江水電, 조선송전朝鮮送電의 이사직을 거쳐 조선전업朝鮮電業 사장에 취임, 당시 세계적인 생산 규모를 갖추고 있었던 조선질소비료朝鮮窒素肥料 흥남공장興南工場 등에 대한 전력 공급 체제를 정비했다.

조선의 수력 개발 사업에 대한 뜻을 품고 주식회사 일본질소비료日本窒素肥料의 노구치 시타가우野口遵(→212)에게 그 사업화를 건의했다. 조선의 전력 사업에 진출하자마자 바로 부전강赴戰江, 장진강長津江,

허천강虛川江, 압록강鴨綠江 등 한반도 북부의 주요 하천 개발에 임했다. 압록강수력발전주식회사 사장으로 재임 중 1943년 조선전업 사장으로 취임하는 등 조선 전역의 전력 운영을 담당하여, 종전에 이르기까지 계획, 건설 중이었던 설비를 포함하면 400만 kW를 상회한다. 특히 1941년 준공한 압록강 수풍발전소水豊發電所(수풍댐)는 당시 세계 최대의 규모를 자랑했으며, 이곳에서 생산된 전력은 경성으로도 송전되었다. 구보타는 이 개발 계획안을 1936년 당시 조선 총독이었던 우가키 가즈시게宇垣一成(→784)와 조선군 사령관인 고이소 구니아키小磯國昭(→95)에게 설명한 바 있다.

1947년 컨설턴트 회사인 일본공영주식회사日本工營株式會社를 창립하여 사장으로 취임했다. 베트남, 라오스, 인도네시아 등 동남아 및 남미, 아프리카 각국의 수력발전소 건설과 농업 수자원 개발에 대한 컨설턴트를 담당했고, 한국전쟁 시기에는 GHQ의 협력 요청으로 한국 부흥, 샌프란시스코 강화조약에 의한 동남아시아 외교 배상 의무 사업을 선도하여 UN의 메콩 강 유역 개발 조사단 멤버가 되는 등 국제적인 활약을 펼쳤다. 일본 기술 수출의 새로운 분야를 개척하며 캄보디아, 라오스, 베트남 등 각국으로부터 표창 및 서훈을 받았고, 1985년 일본 정부로부터도 훈일등勳一等 교쿠지쓰다이주쇼旭日大綬章를 수장했다.

말년에도 중근동, 아프리카, 중남미 등 세계 전역에 걸친 경제 기술 협력에 종사했으며, 1986년 향년 96세로 사망, 다마영원多磨靈園에 안장되었다. 2013년, 국제 컨설팅 엔지니어 연맹(FIDIC) 설립 100주년 기념 대회에서 생전의 세계 각국의 인프라 시설 마련 및 활약에 대한 공적이 평가되어 'FIDIC 100주년 기념상FIDIC Centenary Awards'이 수여되었다.

[참고문헌] 日外アソシエーツ 編『20世紀日本人名事典』(紀伊國屋書店, 2004), 日本工營株式會社：國內No.1の總合建設コンサルタント〈https://www.n-koei.co.jp〉

【이윤지】

141

구사노 다다오

草野唯雄(초야유웅)   1901.3.30~1977.8.6

다오駝王(필명)

문학가

구마모토시熊本市 출신. 1917년 히로세 소우廣瀨楚雨
에게 하이쿠를 배웠으며, 1919년 『호토토기스ホトト
ギス』에 처음으로 입선하였다.

1928년 도한하였으며 목포에서 부산으로 거처를
옮겼다. 조선에 재주하는 동안 『호토토기스』에 투고
하여 다수 입선하였으며, 1941년부터 부산의 호토토
기스회ホトトギス會에 참가하기 시작하였다. 1942년
부터 1945년에는 구작 활동을 하지 않았으며 구회에
참가하는 것도 한시적이었다.

1945년 일본으로 돌아가 후쿠오카현福岡縣 구루메
시久留米市에 살다가 1974년 하카타博多로 이주하였
다. 1977년 사망하였다. 구집에는 『봄 등불春燈』(かつ
らぎ, 1970)이 있다.

[참고문헌] 鷹羽狩行 外 共編 『現代俳句大辭典』(明治
書房, 1980), 阿部誠文 『朝鮮俳壇－人と作品〈下卷〉』
(花書院, 2003)   【김보현】

142

구스노세 유키히코

楠瀨幸彦(남뢰행언)   1858.4.28~1927.3.20

육군 군인

도사번土佐藩(현 고치현高知縣) 출신. 1873년 도쿄東京
의 가이난사숙海南私塾에 입학하였다. 1875년 육군유
년학교陸軍幼年學校에 입학했고, 2년 뒤 육군사관학
교에 진학하여 1880년 12월 육군사관학교 제3기생
중 포병과 수석으로 졸업했다. 1881년 프랑스에 유
학하여 1888년 귀국했다. 유학 중인 1884년 당시 유
럽 순방 중이었던 오야마 이와오大山巖(당시 육군대신),
미우라 고로三浦梧樓(당시 육군사관학교장)(→434), 가와
카미 소로쿠川上操六(당시 근위보병 1연대장) 등을 수행
했다. 이후 육사교관, 근위포병연대 중대장, 참모본

부 제1국원, 참모본부부관, 러시아 공사관 무관 등을
역임했다. 1894년 임시 조선공사관 무관으로 부임하
고 1895년 10월 을미사변에 참여했다는 이유로 귀국
한 뒤 3개월 간 투옥되었다. 러일전쟁 중에는 소장으
로 제2병참감, 제4군 포병부장, 전후에는 사할린樺太
수비대 사령관 및 사할린청樺太廳 장관 등 외직에 근
무했지만 1913년 제1차 야마모토 아리토모山縣有朋
내각의 육군대신이 되었다. 야마모토 내각 총사퇴
시 사직하고 퇴역했다.

청일전쟁 중인 1894년 11월, 러시아 공사관 소속
무관에서 조선공사관 소속 임시 무관으로 부임했다.
1895년 2월 조선 정부의 요청을 받고 정식으로 군무
아문 고문에 초빙되어, 같은 해 1월에 편성되었던 일
본식 조선군부대인 훈련대訓鍊隊의 편성과 훈련에 적
극적으로 개입하였다. 훈련대는 처음 2개 대로 1
개 연대를 편성하고, 1개 대대는 2개 중대, 1개 중대
는 3개 소대로 편제하였으나, 이후 규모를 증가하여
연대를 편성하고 각 지방에도 확대하여 편제할 계획
이었다. 이를 위해 한성에 주둔하던 일본군 부대에
서 필요한 인원을 차출하여 조선군을 교육하는 한편,
일본 육군에 회계, 의무, 군법 등을 교육할 수 있는
전문장교를 요청했다. 같은 해 6월에는 훈련대사관
양성소관제訓鍊隊士官養成所官制를 반포하여 훈련대
사관을 양성하고, 기존 조선군 부대를 대신하여 궁
궐 수비를 전담할 예정이었으나 고종高宗이 거부하
였다. 을미사변 직전인 9월 25일 귀국을 요청했다가
곧 취소하였고, 10월 7일 인천으로 내려갔다가 사건
직후인 10월 8일 일본에 왕비가 살해되었음을 알리
는 전보를 보냈다. 을미사변에 관련된 군인 측 인물
로 기소되어 10월 23일 미우라와 함께 인천을 출발하
여 히로시마에 투옥되었다. 1896년 1월, 육군 군사재
판소에서 군을 직접 지휘하지 않고 미우라 고로의
계획에 직접 개입하지 않았다는 이유로 무죄 선고를
받고 석방되었다.

석방 이후 1901년 소장으로 진급하였고 러일전쟁
이 일어나자 제2병참감으로 참전하였다. 이후 사할
린 수비대 사령관, 초대 사할린청 장관 등을 역임하
고, 1907년 육군중장으로 승진했다. 1913년 육군대

신이 되었다가 다음해 내각총사퇴로 사직했다. 1917년에 퇴역하고 1927년 병으로 사망했다.

[참고문헌] 서울대학교 규장각 編『日省錄』(서울大學校出版部, 1974), 黑龍會『東亞先覺志士記傳』下(原書房, 1966), 國史編纂委員會 編『駐韓日本公使館記錄』(國史編纂委員會, 1987), 臼井勝美 외 편『日本近現代人名辭典』(吉川弘文館, 2001), 金文子『朝鮮王妃殺害と日本人』(高文研, 2009)　　　　　　　　　【박진홍】

143
구스메 쇼스케
楠目省介(남목성개)　　　　　1889.5.4~1940.5.8

도코시橙黃子(필명)
문학가

고치시高知市 출신. 1902년 건설사인 하자마구미間組에 들어가 토목업에 종사하면서 일본 각지와 만주, 조선 등을 전전하였다. 상무로도 활약하면서 하자마구미 오사카大阪 지점과 시모노세키下關 지점 등을 담당하였다. 하이쿠는 1909년부터 창작하기 시작하였으며『호토토기스ホトトギス』에도 투고하였다.

조선의 하자마구미 경성 지점에서 재직하였으며, 1935년 2월 경성 지점장을 지냈다. 1939년에는 하자마구미 조선 지점장과 조선 사무소장을 겸직하였다. 이시지마 기지로石島雉子郎의 뒤를 이어『경성일보京城日報』의 하이쿠란인「경일하이단京日俳壇」의 선자選者를 담당하는 등 경성의 호토토기스파ホトトギス派 하이쿠를 리드하며 조선 하이단俳壇에 있어 공적이 큰 인물이다. 다카하마 교시高濱虛子를 스승으로 하이쿠를 지도받았으며, 교시의 조선 여행에도 동참하였다. 조선에서의 하이쿠는 구집『귤 밭橙圃』(龍星閣, 1935)에 수록되어 있다.

1940년 도쿄東京의 덴엔초후田園調布에서 사망하였다.

[참고문헌] 阿部誠文 『朝鮮俳壇－人と作品〈上卷〉』(花書院, 2003), 朝鮮功勞者銘鑑刊行會 編『朝鮮功勞者銘鑑·豪華版』(民衆時論社朝鮮功勞者銘鑑刊行會, 1935), 高橋三七『事業と鄕人 第1輯』(實業タイムス社: 大陸研究社, 1939)　　　　　　　　　　【김보현】

144
기노시타 사카에
木下榮(목하영)　　　　　　　　1887.1.29~?

실업가, 정치인, 교사

후쿠오카현福岡縣 출신. 후쿠오카현립중학교전습관福岡縣立中學校傳習館을 졸업하고 도쿄외국어학교東京外國語學校 영어과를 졸업한 후 조선에 건너와 경성전수학교京城專修學校에서 러시아어를 배우고, 1908년 다롄大連의 외국회사 바이지스バイヂス(또는 파이지스パイヂス)상회에서 지배인으로 수년간 근무하였다. 1911년 조선에 귀국한 후 시키구미志岐組(합자) 상업부에 입사하는 등 여러 회사에서 사원 또는 사장 등을 지냈으며, 경성부회 의원과 경기도회 의원 등 각종 공직과 사회단체에서 활동하였다.

1920년 현재의 동작구 흑석동 서달산 꼭대기에 별장과 놀이터를 갖춘 명수대明水臺를 지었으며, 1931년부터 이곳 주위의 30만여 평에 주택지 건설 사업을 전개하였다. 1934년 5월 기노시타 등 27명은 조선총독부로부터 시흥군 북면北面 흑석리黑石里(현재 흑석동)에 신명신사神明神祠 설립 허가를 받았다.

1935년 5월 시흥군 북면 면협의회원 당선, 1936년부터 1943년 5월까지 경성부회 의원을 지냈다. 1936년 노량진 은로학교恩露學校 인수, 1937년 2월 위생조합연합회衛生組合聯合會 부회장과 영등포구 방호단 조직 타합회打合會 제1분구 단장으로 선출, 5월 경기도회 의원으로 당선, 영등포 정총대회町總大會에서 영등포 시설촉진 진정위원陳情委員으로 선정되었다. 1938년 경성부회 의원 북지방면北支方面 시찰단원과 명수대 촌장격인 명수회장으로 추대, 1940년 6월 사할린樺太 시찰단원, 7월 강남정회연합회江南町會聯合會 현안 관련 진정위원, 이해 교육공로자 표창을 수상하였으며, 1944년 8월 경성해군무관부京城海軍武官府에 330여 개의 순동제불상을 헌납하였다.

사업 활동으로는 명수대토지경영明水臺土地經營, 반도산업半島産業, 제일부동산第一不動産, 제일산업第

一産業 등의 사장, 조선제빙朝鮮製氷 감사, 조선천연
빙朝鮮天然氷과 시키공업志岐工業 이사, 쇼와공업昭和
工業(합자)과 시키구미志岐組(합자)에서 사원과 중역
등을 지냈다.

기타 활동으로는 유치원을 설립하고 유원지를 건
설했으며, 흑석정총대黑石町總代, 흑석리청년회黑石
里靑年會 고문, 경성유하인회京城柳河人會 간사장, 한
강신사漢江神社 씨자총대氏子總代, 농촌진흥회農村振
興會, 국방의회, 제국비행협회帝國飛行協會 등의 임
원, 조선지원병제도축하회 발기인 등을 지냈다.
1945년 8월 패전 직후에는 경성에 있는 일본인세화
회日本人世話會, 일본인들의 귀환을 위한 지역별 조직
인 '재외방인보호인양在外邦人保護引揚' 영등포구 제1
구 등의 대표를 맡았다.

[참고문헌] 친일인명사전편찬위원회 『일제협력단체사
전』(민족문제연구소, 2004), 貴田忠衛 『朝鮮人事興信
錄』(朝鮮人事興信錄 編纂部, 1935), 阿部薰 編 『朝鮮功
勞者銘鑑』(民衆時論社, 1935), 京城新聞社 大京城公職
者名刊行會 『大京城公職者名鑑』(京城日報社, 1936),
京城日報社·每日申報社 外 編 『朝鮮年鑑』(1938), 高
橋三七 『事業と鄕人第1輯』(實業タイムス社: 大陸硏究
社, 1939)   【조미은】

145

기모토 소지
木本倉二(목본창이)   1875.5.23~?

실업가

지바현千葉縣 조세이군長生郡 출신. 1903년 7월 도쿄
제국대학東京帝國大學 정치과를 졸업하였다. 졸업과
동시에 도쿄 가스 주식회사東京瓦斯株式會社에 입사했
다. 1910년 가스 사업을 시찰하기 위해 유럽으로 출
장했으며, 1915년 4월 경성전기주식회사京城電氣株式
會社 지배인으로 조선에 오기 전까지 도쿄에서 근무
했다.

1915년 4월 경성전기주식회사京城電氣株式會社 지
배인 자격으로 조선에 건너왔다. 1921년 이 회사 전
무이사가 된 이래, 조선전기협회朝鮮電氣協會 사업 확

장을 주도했으며, 1923년 7월 이사가 되고, 1942년
에는 감사로 활동하였다. 경성전기주식회사는 1909
년 6월 23일 한미전기주식회사가 일본인에 의해 세
워진 일한가스주식회사에 인수되고, 1915년 일한가
스주식회사가 경성전기주식회사로 개칭되면서 경성
지역의 전기 사업을 독점적으로 운영했던 회사로서
1910년대 후반의 불황기에도 꾸준히 이윤을 증대시
키며 성장했던 대표적인 식민지 거대 독점기업이었
다. 1920년대부터 경성은 전등, 전차의 부설 및 운영
으로 전기사용이 대거 늘어나게 되는데, 이로 인해
전기료 상승과 서비스 문제 등을 둘러싼 경성전기회
사의 폭리 문제가 공론의 대상이 되었다. 이 비난은
초반에는 경성일보와 매일신보 등, 경성 내 주요 언
론사들에 의해 주되었으나, 1930년대 이후에는 지역
전체의 공론으로 부상하게 되면서 '전기부영화電氣府
營化' 운동으로 발전했다. 이 운동을 주도한 단체로는
부영파 경성부회의원京城府會議員과 정동총대町洞總
代가 있다. 경성상공회의소를 비롯한 경제단체들은
1920년대에는 전기요금 인하 등을 요구하며 부영화
요구에 적극적이었으나, 30년대 이후부터는 상층 자
본가의 입장에 서게 되면서 소극적인 태도로 한발
물러났다. 당시 논의는 결과적으로 1930년 경 일본
본토의 전기통제정책과 맞물려, 조선총독부가 전기
부영화에 반대한다는 입장을 정리함으로써 일단락
되었다. 기모토는 부영화 운동이 본격적으로 일어나
던 당시, 경성부 여론의 주 공격대상으로 언론지면
에 오르내렸던 대표적인 경성전기 관계자였다. 경성
전기회사 중역 이외에도 시나가와백연와주식회사品
川白煉瓦株式會社 감사 등 각종 사업에 관계하였으며,
1921년 이래 주식회사 경성극장京城劇場의 대주주의
한명이기도 했다. 1921년 제4기 경성상업회의소 평
의원으로 활동했다.

[참고문헌] 『朝鮮銀行會社組合要錄』(東亞經濟時報社,
1931~1942), 朝鮮新聞社 編 『朝鮮人事興信錄』(朝鮮新
聞社, 1922), 阿部薰 編 『朝鮮功勞者銘鑑』(民衆時論
社, 1935), 김제정 『일제 식민지기 京城지역 電氣사업
과 府營化 운동』(서울대학교 국사학과 석사학위논문,
1999), 「橫暴한 京電에 對한 公開狀, 連日筆誅에 京電

의 頭痛, 완강하고 줄기차게 버티어 경전도 대두통 그만하면 금수가 아닌 바에 각성을 할터이다, 京電의 不親切無誠意한 實例」(『매일신보』, 1922.11.8), 「陸軍側電氣自營計劃에 木本專務의 大驚愕, 살려주오 죽여주오 애걸하며 잘할 터이니 그만두어 달라고」(『매일신보』, 1922.11.11), 「상업회의소에서 교묘한 입술을 놀려 설명한 목본전무」(『매일신보』, 1922.11.12)　【기유정】

146

기미모리 다로
公森太郎(공삼태랑)　　　　　1882.3.6~1953.2.25

관료, 금융인

오카야마현岡山縣 쓰쿠보군都窪郡 나쓰카와초撫川町(이후의 오카야마시岡山市) 출신. 기미모리 나카지로公森仲次郎의 장남으로 태어났다.

오카야마중학岡山中學, 제일고등학교第一高等學校를 거쳐 도쿄제국대학東京帝國大學 법과대학 정치학과에 진학. 도쿄東京 체재 중에는 남작(이후 자작) 사카타니 요시로阪谷芳郎의 빗추칸備中館(학업을 위하여 상경한 오카야마 학생들을 위하여 1899년 사카타니를 중심으로 오하라 고시로大原孝四郎, 마코시 교헤이馬越恭平, 오하라 마고사부로大原孫三郎 등 오카야마 출신 유력자들이 발기하여 설립한 기숙사. 2016년 현재에 이르기까지 지속되고 있다)에 기숙했다.

1908년 졸업 후 대장성大藏省 임관. 대장성에서는 주세국主稅局 및 대신관방문서과大臣官房文書課에서 근무하였으며, 1908년 11월 고등문관시험에 합격한 후 본성을 떠나 히로시마廣島, 삿포로札幌, 구마모토熊本의 각 지역 세무감독국을 역임했다.

제1차 세계대전이 발발한 1914년 12월, 칭다오靑島 수비군 사령부 부속으로 칭다오 세관 부위원장으로 임명되어 1916년 7월까지 1년 반 정도의 파견 근무를 경험했다. 이후 히로시마, 오사카大阪의 세무감독국에서 근무하다가 1918년 사카타니 요시로의 필두수행원으로 3월부터 6월까지 중국을 방문했으며, 이듬해인 1919년 1월(정식 사령은 동년 9월) 대장사무관해외주재재무관 보좌로 베이징北京 부임, 1929년 다시 해

외주재재무관으로 임명되어 1930년 8월 대장성을 퇴임하기까지 10여 년을 중국에서 지내게 되었다.

퇴관 이후 일본흥업은행日本興業銀行 이사로 취임하여 7년간, 1937년 4월 조선은행朝鮮銀行 부총재로 취임하여 3년간 근무하는 등 약 10년간 금융계의 중심에서 활약했다. 귀국 후 1940년 1월 고향 오카야마의 주고쿠은행中國銀行 은행장으로 취임하여 은행의 개선과 진흥을 위하여 진력했다.

1953년 향년 71세로 사망했다.

[참고문헌] 杉謙二 編『岡山縣名鑑』(杉謙二, 1911), 財界人物選集刊行會 編『財界人物選集』(財界人物選集刊行會, 1929), 明石岩雄 「一九二〇年代日中關係における『大藏外交』の展開: 駐華大藏財務官公森太郎の記錄から」『奈良史學』(14)(奈良大學史學會, 1996)

【이윤지】

147

기시다 기요토시
岸田淸淑(안전청숙)　　　　　　1896.2~?

금융인

오사카부大阪府 출신. 1921년 고베고등상업학교神戶高等商業學校를 졸업하고 곧바로 도한하여 조선식산은행朝鮮殖産銀行에 입사했다. 본점과 목포, 군산, 인천, 대구 등 각 지점의 차석으로 근무했으며 성진城津 지점에서 근무할 당시 공장유치 항만설비, 광산개발 등이 한창이었던 함경남도 성진 개발에 공헌하였다. 이후 상주, 청진, 용산 각 지점장으로 자리를 옮겨 근무했다.

[참고문헌] 阿部薰 編『昭和12年版 朝鮮都邑大觀』(民衆時論社, 1937), 谷サカヨ『第14版 大衆人事錄』(帝國秘密探偵社, 1943)　　　【이현진】

148

기시다 도라이치
岸田虎一(안전호일)　　　　　　　1889~?

금융인

와카야마현和歌山縣 이토군伊都郡 출신. 와카야마현립농업학교和歌山縣立農業學校를 졸업하고 독학으로 정치, 경제학을 공부해 1907년 5월 금융조합사업에 관계하게 되었다.

도한 시기는 정확히 알 수 없으며 1907년 이후 반도서민금융계에서 활약한 공로자 중 한 사람이다. 경상남도 밀산(지금의 밀양)을 비롯하여 각 조합이사를 두루 거쳤고 함경북도 연합회 이사장에 선발되어 북조선 개척의 기반공작과 서민금융의 원활함에 크게 기여했다. 이후 조선식산은행朝鮮殖産銀行으로 자리를 옮겨 중앙금고과에서 조합자금의 유통을 맡았으며 조선 전역의 조합발달을 조장하였다. 1933년에 조선금융조합연합회가 신설되자 다시 조합으로 복귀했다. 1936년에 평안남도 지부장으로 자리를 옮겼고 평안남도 산업개발에 수완을 발휘하기도 하였다.

[참고문헌] 阿部薰 編 『昭和12年版 朝鮮都邑大觀』(民衆時論社, 1937), 藤澤淸次郎 編 『朝鮮金融組合と人物』 (大陸民友社, 1937)　　　　　　　【이현진】

149

기시 요네사쿠
岸米作(안미작)　　　　　　　1902.1~?

교사

시즈오카현靜岡縣 고텐바시御殿場市 출신. 1923년 3월 시즈오카현 시즈오카사범학교靜岡師範學校 본과 1부를 졸업하고 동년 4월 다마호심상소학교玉穗尋常小學校의 교사가 되었다. 그 후 히로시마고등사범학교廣島高等師範學校에 진학하여 1928년 3월 교육과를 졸업했다.

1928년 3월 히로시마고등사범학교를 졸업하고 동년 조선으로 건너와 경상북도공립 사범학교의 교사가 되었다. 기시는 도한을 결심했을 당시에 대하여 "조선이라 듣고 소위 만세운동이 있었던 식민지라기에 다소 당황하였는데, 무직으로 빈둥거리고 있을 수도 없으니 부임을 결심, 문부성文部省의 출장 사령을 받아들이기로 했다"고 회상하고 있다. 1929년 관립 대구사범학교가 개교하고 경상북도공립사범학교

가 이로 인하여 폐교 흡수된 후에도 대구사범학교 교사로 계속 근무했다.

1937년에는 국민정신문화연구소國民精神文化硏究所로 '내지 유학'을 하고 수료 후 동년 9월부터 대구사범학교 부속 보통학교의 주사主事를 담당했다. 1939년 4월 대구사범학교를 퇴직하고 동년 신설된 조선총독부 교학연수소敎學硏修所의 사감舍監 겸 강사가 되었다. 1941년 4월 전라북도의 김제공립고등여학교로 전임하여 1943년 3월까지 동교 교장으로 근무했다. 1943년 4월 충청남도 시학관視學官이 되어 1945년 8월 종전을 맞이했다.

1945년 11월, 야마구치현山口縣 센자키항仙崎港으로 귀환했다. 1946년 1월 조선관계잔무정리사무소朝鮮關係殘務整理事務所에 촉탁으로 근무한 후, 동년 4월 가나가와현神奈川縣 가와사키시립다치바나중학교川崎市立橘中學校의 교원이 되었다. 1948년 4월부터 동교의 교감이 되었고 그 후 가와사키 시川崎市 교육위원회 관리과장, 학교교육과장을 역임했다.

1959년 4월에는 가와사키시립가와사키고등학교川崎市立川崎高等學校의 교장이 되었으며 1962년 3월에 정년퇴직하였다. 퇴직 후인 1962년 4월에는 센조쿠학원洗足學園 제2중학·고등학교의 교감이 되었고, 1965년 4월부터 동교 교장, 1976년 4월부터는 센조쿠학원대학 및 단기대학의 교수로 근무하다가 1980년 3월에 의원퇴직하였다. 1977년에는 대구사범학교 시절 제자였던 당시 대통령 박정희의 초대를 받아 관저에서 재회한 바 있다.

[참고문헌] 岸米作 『流轉敎育六十年』(私家版, 1982), 山下達也 『植民地朝鮮の學校敎員』(九州大學出版會, 2011)　　　　　　　【야마시타 다쓰야山下達也】

150

기요미야 시로
淸宮四郎(청궁사랑)　　　1898.5.23~1989.10.22

헌법학자, 대학교수

사이타마현埼玉縣 출신. 1920년 제일고등학교第一高等學校 일부병류一部丙類(독법獨法)를 졸업한 후, 1922

년 고등시험 행정과에 합격했다. 1923년 도쿄제국대학東京帝國大學 법학부 정치학과를 졸업한 후 1924년 경성제국대학京城帝國大學에 촉탁되었다.

1925년 조선총독부 재외연구원으로 2년간 구미에 유학했는데 한스 켈젠Hans Kelsen에게 사사했다. 1927년 경성제국대학 조교수(헌법행정법강좌 담임), 1930년 경성제국 대학 교수를 역임하고 1933년 조선총독부 구관제도조사 사무촉탁, 1940년 조선총독부 법령조사에 촉탁되었다.

1941년 도호쿠제국대학東北帝國大學 교수(헌법학강좌 담당), 1945년 헌법문제조사위원회憲法問題調査委員會 위원을 역임하고, 1946년 일본학술진흥회 학술부 제일상치위원회第一常置委員會 위원 및 고등시험위원高等試驗委員, 1951년 법학박사, 사법시험 고사위원考査委員(~1976)을 맡았다. 1952년에는 나고야대학名古屋大學 교수를 겸임했다.

1962년 도호쿠대학에서 정년퇴임 후 니혼대학日本大學 교수, 일본공법학회 이사장, 1968년 돗쿄대학獨協大學 교수를 거쳤다. 일본 학사회 회원.

국가법인설을 바탕으로 통치권의 주체를 국가로, 통치권자는 국가의 기관에 불과하다는 학설을 통해 천황도 국가기관에 불과하다는 천황기관설天皇機關說을 주창한 미노베 다쓰키치美濃部達吉의 직계 제자이다. 당위와 존재의 엄격한 구분을 주장한 신칸트 학파에 속한 한스 켈젠의 순수법학설에 입각하여 헌법론을 개진하였으며, 한스 켈젠의 『일반국가학一般國家學』(岩波書店, 1936)을 번역하였다. 『헌법개정작용憲法改正作用』(有斐閣, 1938), 『외지법서설外地法序說』(有斐閣, 1944), 『신헌법과 재정新憲法と財政』(國立書院, 1948), 『권력분립제의 연구權力分立制の研究』(有斐閣, 1950), 『헌법요론憲法要論』(法文社, 1952), 『헌법개정의 이론과 실제憲法改正の理論と實際』(通信敎育振興會, 1954), 『헌법 1憲法 1』(有斐閣法律學全集, 1957), 『헌법의 이론憲法の理論』(有斐閣, 1968), 『국가작용의 이론國家作用の理論』(有斐閣, 1969) 등 다수의 저작을 남겼다.

1927년 경성제국대학 법문학부 조교수로 부임하면서 식민지 조선으로 이주하였다. 1933년 조선총독부 구관제도조사 사무촉탁, 1938년 동 사무촉탁으로

관제, 행정 조사를 담당했다. 1940년 조선총독부 법령 조사 촉탁을 역임했다.

1933년 조선총독부 검정중학교 교과서 『신제조선공민과제요 전新制朝鮮公民科提要全』(조선인쇄), 『조선실업공민과 제요朝鮮實業公民科提要』 상·하(조선인쇄)를 출판했다.

기요미야는 헌법의 일반이론 위에서 외지법론을 제시하고자 했다. 기요미야는 근본 규범론의 틀 위에서 지배 민족·피지배 민족을 등거리에서 파악할 수 있다는 개념을 설파했다. 「제국헌법의 외지 통용(1)(2)帝國憲法の外地通用(一)(二)」(『公法雜誌』 6-9~10, 1940)과 『외지법서설』을 통해 제국헌법이 식민지 조선에 통용된다는 해석을 완성하여, 기존의 제국헌법의 식민지 통용 논란을 정리하였다.

후나다 교지船田亨二, 하세가와 리에長谷川理衛, 유진오俞鎭午와 함께 레온 듀기Léon Dugit의 『헌법론 제1권Traité de droit constitutionnel, Tome 1』(E. de Boccard, 1927) 번역을 기획했으나, 완성하지 못했다.

기요미야는 『외지법서설』을 통해 헌법의 근본규범과 실정법적 개념의 분리를 통해 실정법규 내에서 식민지 통용문제가 존재한다고 인정하면서도, 근본규범으로서의 헌법은 제국 내 식민지에서 통용된다는 해석을 제기함으로써, 식민지와 식민본국 간의 법규 충돌, 적용 문제에 대한 해답을 추구했다. 조선에서 집필한 논문을 포함한 『국가작용의 이론』에서 법형식상의 국가인 일본 제국 하에 부분법 체계를 둘로 나누어 법 내용상의 국가인 일본 본토와 이법영역으로서의 외지라는 정태적 해석. 그리고 입법·행정·사법기관 모두가 법 창조기관이라는 켈젠의 해석을 따라 조선총독부에 의한 분권적 법 창조라는 동태적 해석을 제시했다.

1941년 도호쿠제국대학으로 옮긴 후 외지법에 대한 연구와 본령인 헌법 연구를 계속하였다. 식민지 법제에 대한 연구관심은 『외지법서설』, 『국가작용의 이론』에서도 지속되었다. 패전 후 일본 헌법학계의 기본서인 『헌법 1』을 저작, 일본 헌법학계의 리더로 활약했다.

[참고문헌] 石川健治 「コスモス－京城學派公法學の光

芒」酒井哲哉 編『岩波講座「帝國」日本の學知 第1卷:
「帝國」編成の系譜』(岩波書店, 2006), 奧平康弘・樋口
陽一 編『危機の憲法學』(弘文堂, 2013), 石川健治「「京
城」の淸宮四郞」酒井哲哉・松田利彦 編『帝國日本と
植民地大學』(ゆまに書房, 2014), 石川健治「憲法のな
かの「外國」」早稻田大學比較法硏究所 編『日本法の中
の外國法』(成文堂, 2014)　　　　　【송병권】

151
기요하라 이세오
淸原伊勢雄(청원이세웅)　　　1882.1.6~1948.5.16

가이도杮童(필명)

문학가

후쿠오카현福岡縣 출신. 1904년 「규슈일보하이단九
州日報俳壇」의 선자選者였던 이케이 세이후伊形靑楓의
지도를 받은 것이 하이쿠俳句 창작의 시작이 되었고,
1906년에는 『호토토기스ホトトギス』에도 투고하였
다. 세이후의 사후 잠시 하이쿠를 중단하였으나,
1912년 8월 다시 투고를 재개하였고 1914년 다카하
마 교시高濱虛子의 제자가 되었다. 그리고 하카타마
이니치신문사博多每日新聞社에 입사하여 「하카타마
이니치하이단博多每日俳壇」을 창설하고 그 선자가 되
었다.

도한 시기는 1923년경으로, 본격적으로 조선 하이
단俳壇의 지도자 역할을 하기 시작한 것은 1924년부
터이다. 기요하라는 고노 세이운河野靜雲 등과 함께
'목서회木犀會'를 결성하고, 1925년 3월에 『목서木犀』
를 창간하였다. 또한 1927년 목포에서 간행된 『가리
타고カリタゴ』의 「잡영雜詠」의 선자를 맡고, 전조선
하이쿠대회全鮮俳句大會에도 참가하였다. 1930년 1월
에는 '목포하이쿠회木浦俳句會'의 간청으로 가족과 함
께 목포로 이주하였다. 이주 후 기요하라는 목포신
보사木浦新報社에 입사하여 〈남조선하이단南朝鮮俳壇〉
을 창설하고 선자를 담당하였다. 구집으로는 이 시
기 호토토기스 동인들의 추천으로 간행한 프린트판
『가이도 구집杮童句集』이 있으며, 이 구집은 1934년
정식 출판된 『가이도 구집杮童句集』(素人社, 1934)의

근본이 되었다. 한편 1937년 4월에는 『조선의 교육
연구朝鮮の敎育硏究』(朝鮮初等敎育硏究會, 1937)에 「꽃이
머무르는 곳花の宿」이라는 하이쿠를 실었다.

1938년 7월 목포신보사를 그만두고 일본 고향으로
귀국하였다. 구집으로는 1943년 간행된 『가레아시枯
蘆』와 기요하라의 33주기를 기념하여 무라카미 교시
村上杏史가 1980년 5월 간행한 『기요하라 가레아시
전구집淸原枯蘆全句集』이 있다.

[참고문헌] 阿部誠文 『朝鮮俳壇–人と作品〈下卷〉』(花
書院, 2003), 鷹羽狩行 外 共編『現代俳句大辭典』(明治
書房, 1980), 朝鮮初等敎育硏究會 編『朝鮮の敎育硏究』
(朝鮮初等敎育硏究會, 1937)　　　　　【김보현】

152
기우치 주시로
木內重四郞(목내중사랑)　　　1866.1.26~1925.1.9

행정관료

지바현千葉縣 출신. 아내는 이와자키 야타로岩崎彌太
郞의 딸이다. 1888년 도쿄제국대학東京帝國大學 법학
부 정치학과를 수석으로 졸업하였다. 졸업 후 1889
년까지 도쿄전문학교東京專門學校에서 강사 생활을
하였다. 법제국法制局 참사관시보參事官試補로 임용
되면서 관직 생활을 시작하였다. 1890년부터 귀족원
서기관 겸 농상무성 참사관, 농상무성 관방서무과
장, 내무서기관 등을 역임하였다. 1898년 들어 농상
무성 상무국장, 상공국장 등의 직책을 맡았으며,
1901년 3월부터 1년간 구미 지역으로 파견되었다.
1902년 11월 미국에 재차 건너가 멕시코까지 다녀온
후 1903년에 귀국하였다. 1905년 12월부터 한국에
파견되어 통감부 농상공무총장農商工務總長, 내부 차
관, 농상공부 차관 등의 관직을 역임하였다. 1911년
7월 의원면직을 신청한 후 귀국하였고, 1925년 1월
까지 귀족원 의원을 지냈다. 1916년 4월부터 1918년
7월까지는 교토부京都府 지사를 역임하였다.

1904년 10월부터 한 달 가량 한국에 건너와 유람을
한 후 귀국하였다. 1906년 1월 통감부 농상공무총장
으로 부임하였고, 개성, 마산, 부산, 대구 등지로 출

장을 다녔다. 1906년 말에는 시노부 준페이信夫淳平 (→538)가 인천이사청仁川理事廳 이사관으로 취임해 오도록 종용하였는데, 그가 한국에서 있는 동안 사제관계 이상의 친분을 유지했던 것으로 보인다. 농상공무총장으로 재직하고 있을 때부터 이토 히로부미伊藤博文(→900) 통감이 주재하는 시정개선협의회에 참석하였다. 1907년 4월에는 법제심사위원장에 임명되었으며, 8월에는 유성준俞星濬의 후임으로 내부차관内部次官이 되었다. 임시제실유급국유재산조사국臨時帝室有及國有財産調査局 위원, 성벽처리위원장 등의 직책을 맡기도 하였다. 이해 6월에는 농상공부 차관에 임명되었으며, 8월에는 통감부 참여관 신분으로 특허국장도 맡았다. 동양척식주식회사 설립위원으로 임명된 것도 이해 9월의 일이다. 미국인 콜브란Collbran과 일본인 오우치大内 사이에 함경도 갑산광산을 두고 벌어진 권리분쟁을 일단락 지었다. 일본인이 완도 지역의 삼림을 불하해 달라고 청원한 건에 대해서는 현지 조사를 실시한 다음 각하 처리를 하였다. 1909년 3월에는 문관보통전형위원장도 맡았다. 이해 11월에는 일본인들의 연해어업 청원과 관련하여 어업구역과 연안항로 등을 확인하기 위해서 광제호를 타고 실지답사를 하였다. 한일강제병합 후 조선총독부가 설치되고 나서는 1910년 10월 농상공부장관에 임명되었으며, 곧바로 수원 지역에 출장을 다녀왔다. 삼림, 어업, 국유미간지 개척과 관련된 법안을 기초하는 데 깊숙이 관계하였다. 1911년 4월에는 농상공부장관으로 평안도 지역에 출장을 다녀온 다음, 이해 7월 의원면직 신청을 한 후 귀국하였다.

1912년 8월 한국병합기념장을 받았다. 이해에는 제생원濟生院에 귀족원 의원 신분으로 500엔을 기부하기도 하였다. 1915년 10월에 조선으로 건너와 경성에 잠시 들렀다. 이때 친분이 있던 박영효, 이완용, 조중응이 환영회를 개최하여 여기에 참석하였다. 공진회共進會 포상 모임에도 참가하여 내빈축사를 하기도 하였다. 1925년 1월 사망 소식이 조선에 전해지자 『매일신보每日申報』에서는 「木内氏의 長逝를 悼함」이라는 사설을 게재하였다.

[참고문헌] 信夫淳平 『反古草紙』(有斐閣, 1929), 馬場

恒吾 『木内重四郎傳』(ヘラルド社, 1937), 秦郁彦 編 『日本近現代人物履歴事典』(東京大學出版會, 2002)

【박한민】

153

기쿠치 겐조
菊池謙讓(국지겸양)　　　　　　　1870~1953

조후長風(필명)
언론인

구마모토현熊本縣 야쓰시로八代 출신. 도쿄전문학교東京專門學校(현 와세다대학早稻田大學) 졸업 후 동향同鄉의 도쿠토미 소호德富蘇峰(→342)가 경영하는 민유샤民友社에 들어갔다. 1893년 『국민신문國民新聞』의 특파원으로 조선에 건너가 청일전쟁 때에는 종군기자로 평양공방전을 취재했다. 1895년 한성에서 구마모토국권당熊本國權黨의 아다치 겐조安達謙藏(→588)와 함께 『한성신보漢城新報』를 창간하였다. 명성황후 살해사건에 가담하여 일시 퇴한처분을 받았지만, 1897년 재입국하여 경성학당의 평의원이 되었다. 1901년 일한국방동맹 교섭사무를 맡아 여러 차례 도쿄를 왕복하였다. 『한성신보』(1903)와 『대동신보大東新報』(1904)의 사장으로 조선 침략과 식민통치 합리화를 선전하는 데 앞장섰다. 이 두 신문은 통감부 기관지로 매수되어 1906년 『경성일보』로 이름을 바꾸었다. 기쿠치는 『대한일보』를 발행하고 1911년에 대구거류민단장이 되었다. 1920년에는 조선정보위원회 위원으로 조선 사정을 조사하였으며, 1930년에는 오다 쇼고小田省吾(→704)와 함께 『고종순종실록』 편찬사업에 종사하였다.

기쿠치는 명성황후 살해사건으로 히로시마廣島 감옥에 있으면서 도쿠토미 소호의 후원으로 『조선왕국朝鮮王國』(民友社, 1896)을 저술하여 조선의 멸망을 부패한 왕조와 양반 탓으로 돌리고 조선을 보호국으로 만들 속셈을 드러냈다. 병합 전후 조선 멸망의 원인을 분석한 『대원군전大院君傳』과 『이태공 및 민후합전李太公及閔后合傳』(日韓書房, 1910)을 저술하여 조선이 망한 것은 명성황후의 정권욕 때문이라고 보았다. 기쿠치는 조선 근대사를 대원군과 명성황후의 권력

쟁탈의 역사로 이해했다. 또한 전국을 100여 일 동안 순회하며 견문을 기록한 『조선제국기朝鮮諸國記』(大陸通信社, 1925)를 간행하였다. 이 책은 '일선日鮮의 융화'가 가능한 방법을 찾기 위한 안내서이다. 청일·러일전쟁의 전적지를 답사하여 일본이 승전한 발자취를 기록하고 '일본신이 강림했다고 하는 소시모리曾尸茂梨와 임나일본부任那日本府'의 유적을 통해 두 나라의 역사적 관계를 강조하고 있다. 그리고 일본이 대륙으로 발전해 가는 데 필요한 요충지로 청진, 회령, 간도를 들고, 일본의 식량조달과 산업 개발을 위한 군산, 부산 등을 주목하였다. 양 민족이 제휴하여 대륙으로 팽창하기 위해 조선총독부를 경성에서 평양으로 옮길 것을 제안하기도 했다.

1931년에는 『조선잡기朝鮮雜記』와 『금강산기金剛山記』(鷄鳴社)를 간행하고, 계속해서 1933년부터 조선근대사를 『경성일보』에 100여회 연재하고, 『근대이면사近代裏面史』(조선연구회, 1936)와 『근대조선사近代朝鮮史』(鷄鳴社, 1937·1940)를 간행하였다. 1940년대에는 일진회, 김옥균, 이용구전李容九傳 등에 대한 집필을 계속하였고, 국민총력운동본부에서 발행하는 『국민총력國民總力』에 기고하였다.

1945년 일본으로 돌아간 뒤에도 잡지 『일본 및 일본인日本及日本人』에 만한滿韓 국경 문제, 남북조선의 장래, 이승만의 배일관, 남북조선의 휴전 문제 등 한국관련 글을 발표하였다.

[참고문헌] 하지연 『기쿠치 겐조, 한국사를 유린하다』(서해문집, 2017), 菊池謙讓 『朝鮮諸國記』(大陸通信社, 1925), 菊池謙讓 『朝鮮雜記』(鷄鳴社, 1931), 朝鮮紳士錄刊行會 編 『朝鮮紳士錄』(朝鮮紳士錄刊行會, 1931)

【최혜주】

154
기쿠치 신노스케
菊池愼之助(국지신지개)　　1866.3.31~1927.8.22

육군 군인

미토번水戸藩 출신. 사족士族 도다 미치모리戸田道守의 아들로 태어나 기구치 게이노신菊地敬之進의 양자

가 되었다. 육군교도단陸軍教導團 보병대대를 거쳐 1889년 7월 육군사관학교를 졸업(구 11기)하고 보병 소위로 임관하였다. 1892년 12월 육군대학교에 입학했으나 1894년 청일전쟁이 발발하자 참전을 위해 일시적으로 중퇴했으나 전후 복귀하여 1897년 12월 육군대학교를 졸업(11기)하였다. 이후 참모본부원, 동부도독부東部都督部 및 교육총감부 참모, 독일, 러시아 주재 무관, 제4군 관리부장 등을 역임하였다. 러일전쟁에서는 제4군 참모로 참전하였으며, 육군성 부관, 제16사단 참모장, 육사생도대장 등을 거쳐 1913년 6월 육군소장으로 진급하여 보병 제5여단장으로 취임하였다. 이후 인사국장, 참모본부 총무부장을 역임하고 1917년 8월 육군중장으로 진급하였으며, 교육총감부 본부장, 제3사단장, 참모본부 차장을 역임하였다.

1922년 11월 조선군 사령관(1922.11.24.~1924.8.20)으로 임명되어 도한하였으며, 1923년 8월 대장으로 진급하였다. 1924년 8월 군사참의관이 되었으며, 1924년 8월에는 도쿄경비사령관東京警備司令官을 겸직하였다. 1926년 3월 교육총감으로 취임하였으나 재임 중에 사망하였다.

[참고문헌] 秦郁彦 編 『日本陸海軍總合事典』(東京大學出版會, 1991), 국사편찬위원회 한국사데이터베이스 〈http://db.history.go.kr〉　　【이승희】

155
기쿠치 쓰네사부로
菊池常三郎(국지상삼랑)　　1855.9.25~1921.5.4

의사, 육군 군인

히젠肥前(현 사가현佐賀縣) 오기번小城藩 출신. 대대로 번의藩醫를 담당해 온 집안에서 태어났다. 유년 시절 부모를 여의고 형 기쿠치 아쓰타다菊池篤忠에게 양육되었다.

1871년 오사카大阪에서 영어를 공부하고 이듬해 교토京都에서 독일어를 익혔다. 대학동교大學東校(막부 말기의 의학소醫學所가 의학교醫學校를 거쳐 1869년 개칭된 것. 이후 도쿄의학교東京醫學校를 거쳐 1877년 도쿄대학東京

大學 의학부로 정착)에 입학하여 1881년 육군성陸軍省 제1회 위탁생으로서 도쿄대학 의학부를 졸업했다. 대학 동기로는 역시 군의로 활약한 고이케 마사나오小池正直(→97), 모리 린타로森林太郎(모리 오가이森鷗外), 가코 쓰루도賀古鶴所 등이 있다.

졸업한 해 6월 육군 군의부軍醫副(중위에 상당) 보직을 받고, 이후 일등군의一等軍醫(대위에 상당)가 되어 구마모토진다이병원熊本鎭臺病院에 의관으로 근무하는 동시에 구마모토현의학교熊本縣醫學校에서 외과의를 담당했다. 1886년 11월 30일 군의 승낙을 얻어 사비로 독일 유학을 떠나, 스트라스부르크대학에서 외과학을 공부하고 이듬해 10월 튀빙겐대학으로 이적하여 1888년 3월 베를린에서 개최된 독일 외과학회에 참가했다. 동년 10월 오스트리아 빈대학에서 외과학과와 산부인과학을 전공하고 이듬해 4월부터 재차 튀빙겐대학에서 수학하던 중 관비유학생이 되었다. 1890년 베를린대학 및 파리대학을 거쳐 동년 5월 21일 귀국했다.

귀국 후 육군 군의학교 외과학 교원으로 임명되어 이등군의정二等軍醫正(중좌中佐에 상당)으로 승진, 육군위생회의陸軍衛生會議 의원이 되어 도쿄위수병원東京衛戍病院 원장을 겸직했다. 1892년 6월 24일 논문 『고회붕대론藁灰繃帶論』으로 의학박사 학위(등록번호 31)를 받았다.

1896년 12월 16일 청일전쟁에서의 육군 의무국 공식기록 편찬 위원 13인 중 한 명으로 임명되었고 1898년 10월 1일 제4사단 군의부장이 되었으나 1899년 낙마落馬로 인한 부상으로 잠시 공직에서 물러나 형 기쿠치 아쓰타다와 함께 오사카에 가이세이병원回生病院을 설립했다. 1904년 러일전쟁 대본영大本營 부속, 1905년 12월 20일부로 제1사단 사령부 부속 군의부장이 되었다. 1906년 7월 11일 휴직, 이듬해 3월 2일 군의총감軍醫總監 승진과 더불어 예비역으로 편입되었다.

퇴관 후 조선으로 건너가 대한병원大韓病院 원장으로 근무했다. 1909년 12월 22일 이재명李在明의 암살 미수로 중상을 입은 내각총리대신內閣總理大臣 이완용李完用의 수술을 집도하여 구명하고, 그 공적에 의하여 훈일등勳一等 태극장太極章이 수여되었다.

귀국 후에는 형이 원장으로 재임 중인 오사카 가이세이병원의 외과부장으로 근무했고, 1907년 7월 15일 니시노미야西宮 가이세이병원回生病院을 창설하여 초대 원장으로 취임했다.

1921년 5월 4일 향년 67세로 사망했다. 그가 설립한 가이세이병원은 현재 존속 중이다.

[참고문헌] 秦郁彦 編 『日本陸海軍總合事典』(東京大學出版會, 2005), 福川秀樹 『日本陸軍將官辭典』(芙蓉書房出版, 2001), 外山操 編 『陸海軍將官人事總覽 陸軍篇』(芙蓉書房出版, 1981), 西宮回生病院 〈http://www.kaiseihp.jp〉

【이윤지】

156
기타무라 데루오
北村輝雄(북촌휘웅)   생몰년도 미상

경찰관료

1931년부터 조선총독부에서 관료로 활동했다. 주로 경무警務 분야에서 활동했고 특히 일제 말기 방호防護와 관련된 글을 많이 남겼다.

1931년 전라남도 경찰부警察部 경무과 경부警部로 활동했다. 1932년부터는 근무지를 함경북도로 옮겼다. 1932년부터 1933년까지 함경북도 내무부 산업과 이사관理事官, 함경북도 물산진열관物産陳烈館 이사관을 역임했다. 1934년부터 1935년까지 경찰관강습소警察官講習所로 옮겨 교수를 역임했다. 1936년부터 1937년까지 조선총독부 경무국警務局 사무관을 역임했다. 1936년부터 1939년까지 시가지계획위원회市街地計劃委員會 간사를 역임했다. 1938년 전라북도 경찰부 사무관을 역임했다. 1939년부터 경무국 방호과防護課 사무관을 역임했다. 1939년부터 중앙방공위원회中央防空委員會 간사 겸 위원을 역임했다. 『조선행정朝鮮行政』, 『경무휘보警務彙報』 등 잡지에 방호와 관련된 글을 많이 남겼다.

[참고문헌] 谷サカヨ 『第14版 大衆人事錄』(帝國秘密探偵社, 1943), 국사편찬위원회 한국사데이터베이스 〈http://db.history.go.kr〉   【박우현】

157

기타무라 데이타로
北村貞太郎(북촌정태랑)　　1883.3.23~?

실업가

미에현三重縣 스즈카군鈴鹿郡 이야쿠시무라石藥師村
출신. 1896년 요코하마橫濱로 나와 무역상 다이헤이
야大平屋에 들어갔으나, 1899년 가게를 그만두고 도
쿄東京 간다구神田區 스다초須田町 오소출장소櫻組出張
所에 재직, 5년 동안 근무했다.

1907년 조선으로 건너와 양피상을 개점하였으며,
1912년 3월 업무 확장을 위해 경성 명치정明治町으로
이전하였다. 1919년 제3기 상업회의소 평의원으로
당선되어 활동했다. 1920년 2월 15일 동아출판주식
회사를 창립해 그 발기인으로 참여했다. 동아출판주
식회사는 경성주식일보京城株式日報 발행 및 출판사
업과 인쇄사업을 하던 경성 소재 회사였다.

[참고문헌] 朝鮮公論社 編『在朝鮮內地人紳士名鑑』(朝
鮮公論社, 1917), 姬野官一郎『朝鮮·臺灣·支那·豊國
人奮鬪史』(豊國人奮鬪史編纂社, 1927)　　【기유정】

158

기타무라 도메키치
北村留吉(북촌류길)　　1891.7~?

관료

교토부京都府 출신. 교토사립부기학교京都私立簿記學
校를 졸업하고 교원시험教員試驗에 합격한 후 교육계
에 종사했다. 이후 1919년 보통문관시험普通文官試驗
에 합격하여 1920년부터 조선에 건너와 행정, 경찰
관료로 종사했다.

1920년 조선으로 건너와 군서기郡書記로서 경상남
도 창원군에서 근무했다. 1921년에는 조선어이종시
험朝鮮語二種試驗에 합격하였고, 1922년 겨울 도속道
屬으로 경상남도 창원군 권업과장勸業課長으로 근무
했다. 이후 1924년 도경부道警部로 임명되어 경상남
도 경찰부 고등경찰과에서 근무했다. 1929년에는 경
시警視로 승진하여 총독부 경무국 보안과에서 근무

했다.

1935~1936년에는 함경남도 고등경찰과장高等警察
課長, 1937년에는 평안남도 경찰부 고등경찰과, 1938
~1939년 경기도 경찰부 경성동대문경찰서京城東大門
警察署, 1940년 경기도 경찰부 고등경찰과에서 근무
했다.

이후 1941~1943년 충청남도 대전부大田府, 1943년
8월 16일 부로 함경북도 나진부羅津府 부윤府尹이 되
었다. 1945년 8월 8일부터 시작된 소련군의 나진폭
격 당시 요새사령관과 상의해서 대책을 논의했다.

패전 이후 소련군은 일본의 행정권을 조선인인
민위원회朝鮮人民委員會에 위양한 후, 일본인 행
정관·사법관 수뇌부 및 경찰관 등을 억류했다. 8월
말 함경북도 고무산古茂山 일대에 수용되었다가, 9월
25일 청진淸津, 10월 25일 중국 옌지延吉, 이후 2,400
여 명 규모의 관동군포로 제1제단關東軍捕虜第一梯團
에 편입되어 소련 영내로 압송되었다. 12월 3일에는
탐보프주州의 수용소에 수용되었다. 이상 전후의 행
적은 기타무라 본인에 의해 1950년 8월 집필되었고,
해당 내용은 동화협회同和協會의 잡지『동화同和』
1964년 2~7월호에 게재되었다.

[참고문헌] 朝鮮研究社 編『新興之北鮮史』(朝鮮研究
社, 1937), 朝鮮總督府 編『朝鮮總督府及所屬官署職員
錄』(朝鮮總督府, 1921~1943), 森田芳夫『朝鮮終戰の
記錄: 米ソ兩軍の進駐と日本人の引揚』(巖南堂書店,
1964), 森田芳夫·長田かな子 共編『朝鮮終戰の記錄
資料篇 第1卷: 日本統治の終焉』(巖南堂書店, 1979)
　　【주동빈】

159

기타코가 준키쓰
北古賀順橘(북고하순귤)　　생몰년도 미상

관료, 교사

사가현佐賀縣 혼조무라木庄村(현 사가시佐賀市 남부) 출
신. 조선총독부 학무국 촉탁을 거쳐 교사를 역임했다.

조선 체제 이전 경력은 알 수 없지만, 미술 관련
일에 종사한 것으로 보인다. 1916년 10월 6일 조선총

독부 학무국 편집과 소속 임시교과용 도서 삽화에
관한 조사 촉탁으로 임명되었다. 편집과에서 간행한
근대 최초의 그림책『아해그림책 소아화편小兒畵篇』
천지인天地人 전3권(朝鮮總督府, 1918~1920)의 삽화를
담당했다. 그림책의 책임자는『조선동화집朝鮮童話集』
(朝鮮總督府, 1924)의 저자 다나카 우메키치田中梅吉(→
254)였다. 다나카를 보좌하며 그림책 간행 후, 1921년
부터 1937년까지 경성여자고등보통학교京城女子高等
普通學校 교사를 역임했다.『문교의 조선文敎の朝鮮』
에 기타코가의 권두화卷頭畵(구회口繪)〈호랑이虎〉
(1926.1),〈정물靜物〉(1929.2)이 실렸다. 1932년 5월 31
일 고등관高等官 7등으로 임명되었고, 조선총독부 시
정 25주년 기념표창을 받았다.

[참고문헌] 朝鮮總督府『朝鮮總督府及所屬官署職員錄』
1910~1943(復刻版 全33卷, ゆまに書房, 2009), 森川
淸人·越智兵一 編『朝鮮總督府始政二十五周年記念表
彰者名鑑』(朝鮮總督府始政二十五周年記念表彰者名鑑
刊行會, 1935)　　　　　　　　　　　　【김광식】

160
기토 헤이이치
喜頭兵一(희두병일)　　　　　　　1884.5.3~1954

사법관료

교토시京都市 가미쿄구上京區 데라마치寺町 출신.
1909년 7월 도쿄제국대학東京帝國大學 법과대학을 졸
업하고, 통감부統監府 판사에 임용되어 조선으로 건
너왔다. 이후 조선총독부 판사로 임명되어 각 지방
법원 및 복심법원장覆審法院長을 거쳐 1943년 조선 최
고 법원인 고등법원장高等法院長에 올라, 패전될 때
까지 재직한 사법관료이다. 판사로 재직하며 조선의
관습 및 민사법 등에 관한 많은 논저를 저술하였다.
　1909년 8월 인천구재판소仁川區裁判所 판사에 임용
되었다. 1910년 5월 경성구재판소 판사로 전보되었
다. 1911년 7월 재판소 명칭 변경으로 다시 경성지방
재판소京城地方裁判所 판사에 임용되었다. 1912년 4월
다시 재판소 명칭 변경으로 경성지방법원京城地方法
院 판사가 되었다. 1913년 1월 부산지방법원, 1914년

4월 대구복심법원, 1918년 6월 경성복심법원, 1920
년 9월 경성지방법원, 1921년 2월 경성복심법원 등
의 판사를 지냈다. 1922년 2월 대구지방법원 부장판
사, 1924년 1월 대구복심법원 부장판사를 거쳐 1925
년 6월 조선 최고의 법원인 고등법원 판사로 승진하
였다. 1927년 4월부터 구미 각국을 시찰하고 1928년
에 귀국하였다. 동년 7월 변호사시험위원, 1929년 4
월 경성제국대학京城帝國大學 법문학부 강사, 1930년
2월 금융제도준비조사위원金融制度準備調査委員, 동
년 10월 사법법규개정조사위원司法法規改正調査委員
등을 역임하였다.
　1932년 3월 고등법원 부장으로 승진하였다. 이후
에도 1936년 판사징계위원, 1937년 사법관시보실무
시험위원 등을 거치며 사법행정을 주도하였다. 또한
1937년과 1938년 사법법규개정조사위원으로 참여
하여, 창씨개명과 서양자연조壻養子緣組, 이성양자異
姓養子 등을 핵심으로 하는 1939년 제3차 조선민사령
朝鮮民事令 개정에 중요한 역할을 하였다. 1938년 경
성복심법원장으로 승진하였다. 1943년 1월 고등법
원장으로 승진하여 일제가 패전할 때까지 법원의 최
고 관료로 재직하였다.
　조선총독부 판사로 재직하는 동안 조선의 관습과
민사법 등에 관한 많은 논저를 남겼다. 대표적 저서
는『이조의 재산상속법李朝の財産相續法』(조선총독부
중추원, 1936)이다. 이 책은 조선의 제사상속과 재산상
속을 정리한 것이다. 그는 서문에서 "본서의 가치는
법규의 설명에 있는 것이 아니라 자료의 제공에 있
다. 중추원으로부터 부여받은 자료를 정리하고 열기
하여 다소라도 사열査閱에 도움이 되도록 하는 것이
이 책의 주안이다"라고 하였다.
　논문도 다수 발표했는데, 대표적인 것으로「대항
요건對抗要件」(『朝鮮司法協會雜誌』5-2, 1926),「경락허
가결정과 변제競落許可決定と辨濟」(『朝鮮司法協會雜誌』
9-3, 1930),「권리보장청구권설의 비평權利保障請求權
說の批評」(『朝鮮司法協會雜誌』9-11, 1930),「소송수속의
중단과 가집행의 선언에 의한 강제집행訴訟手續の中斷
本質と假執行の宣言に依る强制執行」(『朝鮮司法協會雜誌』
10-8, 1931),「기판력의 본질旣判力の本質」(『朝鮮司法協

會雜誌』 11-2, 1932), 「강제집행청구권에 대한 두 가지 문제朝强制執行請求權に付てて二つの問題」(『朝鮮司法協會雜誌』 11-10, 1932), 「상속의 한정승인과 급부판결相續の限定承認と給付判決」(『朝鮮司法協會雜誌』 13-1, 1934), 「민소75조民訴七五條」(『朝鮮司法協會雜誌』 14-1, 1935), 「재판상의 상쇄裁判上の相殺」(『朝鮮司法協會雜誌』 15-6, 1936), 「소의 변경訴の變更」(『朝鮮司法協會雜誌』 16-8, 1937) 등의 저술이 남아 있다.

패전 후 법원의 인수인계 잔무를 처리한 후 귀국하여 변호사로 활동하였다. 1954년 센슈대학專修大學 교수가 되었으나 곧 사망하였다.

[참고문헌] 朝鮮中央經濟會 編 『京城市民名鑑』(朝鮮中央經濟會, 1921), 貴田忠衛 『朝鮮人事興信錄』(朝鮮新聞社, 1935), 森川淸人 編 『朝鮮總督府施政二十五周年記念表彰者名鑑』(表彰者名鑑刊行會, 1935), 司法協會 編 『朝鮮司法大觀』(司法協會, 1936), 김상수 「조선고등법원 판사가 본 조선의 친족·상속에 관한 관습」 『서강법학연구』 10-1(서강대 법학연구소, 2008), 홍양희 「조선총독부 판사, 노무라 초타로(野村調太郎)의 조선 사회 인식」 『家族法研究』 23-1(한국가족법학회, 2009)

【전병무】

161

나가마쓰 노리하루
永松統治(영송통치)　　　　　1894.9.16~?

금융인

후쿠오카현福岡縣 출신. 1919년에 도쿄제국대학東京帝國大學 농학부를 졸업했다.

1919년 7월에 조선식산은행에 들어가 기술과에 근무하다 11월에 권업금융부 서기가 되었다. 1925년 4월에 춘천 지점장에 임명되었고, 1926년 이후 해주, 수원, 김천 지점장을 거쳐 1941년 2월에 산업금융과장이 되었다.

[참고문헌] 貴田忠衛 『朝鮮人事興信錄』(朝鮮人事興信錄編纂部, 1935), 谷サカヨ 『第14版 大衆人事錄』(帝國秘密探偵社, 1943)　　　　　　　【김계자】

162

나가사키 유조
長崎祐三(장기우삼)　　　　　1901.7.15~1963

사법관료

사가현佐賀縣 오기군小城郡 우시즈초牛津町 출신. 나가사키 야스타로長崎安太郎와 쓰키ツキ 사이에서 3남으로 태어났다. 1920년 사가 현립 오기중학교小城中學校를 졸업하고 1921년 사가고등학교佐賀高等學校에 입학했다. 1924년 3월 동 고등학교를 졸업하고 교토제국대학京都帝國大學 법학부法學部에 입학했다. 1927년 3월 동 대학교를 졸업하고, 1928년 10월 고등시험高等試驗 사법과司法科에 합격했다. 1929년 4월 교토제국대학 대학원에 진학하여 형법을 공부하던 중 11월 조선총독부 사법관시보司法官試補를 지원했다. 동년 12월 대구지방법원大邱地方法院 사법관시보에 임용되어 1930년 초 조선으로 건너왔다. 이후 조선총독부의 검사로서 조선총독부의 이른바 사상범전향정책에 적극 관여하였고, 패전할 때까지 경성보호관찰소京城保護觀察所 및 경성대화숙京城大和塾 소장을 맡았던 대표적인 사상검사思想檢事였다.

1932년 3월 대구지방법원 사법관시보로 1년 6개월의 실무수습을 마치고 대구지방법원 검사로 발령받았다. 1933년 전주지방법원, 1935년 공주지방법원 충주지청忠州支廳의 검사를 지냈다. 이 기간에 맡았던 사상사건으로는 조선공산당전북재건운동사건朝鮮共産黨全北再建運動事件, 전주각중학교학생적화사건全州各中學校學生赤化事件, 조선공산주의운동통일동맹사건朝鮮共産主義運動統一同盟事件, 공산주의자협의회사건朝鮮共産主義者協議會事件 등이 있다. 1936년 경성지방법원 검사 겸 경성보호관찰소 보도관輔導官으로 보임되었다. 이때 1937년 6월부터 1938년 3월까지 수양동우회修養同友會에 관련된 약 180명의 지식인을 검거한 이른바 수양동우회사건의 담당 검사로 이광수李光洙 등을 직접 심문하였다. 1938년 12월 신의주지방법원 검사 겸 신의주보호관찰소장에 임명되어 본격적인 사상범전향정책에 관여하였다. 그는 신의주보호관찰소에서 보호관찰대상 즉 사상범과 그 가족의 노동력을 동원하여 수산부授産部를 운영하여 수익을 창출하였다. 이를 바탕으로 '국어강습회'를 조직, 운영하였다. 나아가 사상범을 수용하고 교화하기 위한 시설로써 대화숙을 설계하여, 전향공작의 새로운 방식을 제안했다. 이 제안으로 대화숙이 탄생하게 된 것이다.

1941년부터 경성복심법원 검사 겸 경성보호관찰소장, 경성대화숙 소장을 맡아 패전될 때까지 사상검사로 근무하였다. 이때 조선 각계의 사상범과 보호관찰대상자, 대화숙원들과 물리적, 인적 네트워크를 형성하였다. 그 예로는 춘천春川 상록회사건常綠會事件의 주모자 이연호李淵瑚와의 관계이다. 이연호는 사상범으로 징역을 살고 난 후 대화숙에 수용되었다. 나가사키는 이러한 이연호를 자기 아들의 가정교사로 고용하고 배재중학교培材中學校에 편입할 수 있도록 도와주었다.

철저한 내선일체内鮮一體 사상의 신봉자였던 그는 사상전향 정책과 관련된 다수의 글을 발표하였다. 대표적인 저술로 「시국과 반도전향자의 장래時局と半島轉向者の將來」(『昭德』 4-2, 1939), 「사상범보호관찰의 회고思想犯保護觀察の回顧」(『朝鮮司法保護』 1-2, 1941), 「부여의 추억夫餘の思ひ出」(『朝光』 7-9, 1941), 「대화숙의 정신大和塾の精神」(『新時代』 3-5, 1943), 「조선에서의 사상보도와 황민화朝鮮に於ける思想輔導との皇民化」(『司法輔導』 9-4, 1944) 등을 남겼다. 이상에서 나타나는 그의 신념은 조선인도 '팔굉일우八紘一宇'의 대정신大精神' 아래 융합 통일될 수 있다는 것이었다. 일제 당국에 의해 사상범에 대한 깊은 이해와 인식을 가졌으며 사상범 사무를 능숙하게 처리할 수 있는 인격과 기술을 겸비한 인물로 평가받았다.

1945년 8월 15일을 전후한 시기에 나가사키는 조선총독부와 건국준비위원회建國準備委員會 여운형呂運亨 간의 연결고리 역할을 했다. 동년 8월 16일 여운형이 휘문중학교徽文中學校 교정에서 대중연설을 할 때 동행하기도 했다. 동년 10월 인민위원회人民委員會 세력을 견제하기 위한 미군과 보수파의 결정에 따라 체포되어 서대문형무소西大門刑務所에 수감되었다. 대화숙과 보호관찰소의 공문서를 훼손하고 사법보

호협회司法保護協會와 보호관찰소의 공금을 멋대로 지출했다는 혐의였다. 1946년 3월 20일 서울지방법원에서 징역 1년 6개월을 선고받고 복역했다. 1947년 1월 복역 중 일본 당국에 의해 인양引揚되어 사세보형무소佐世保刑務所에 수감되었다. 곧바로 석방되어 동년 11월부터 후쿠오카福岡에서 변호사로 개업하고 활동하였다. 이때 밀수사건 등으로 검거된 조선인의 변호를 담당하기도 하였다. 1963년 사망하였다.

[참고문헌] 朝鮮總督府法務局人事係『昭和四年 司法官試補進退書類』(朝鮮總督府, 1929), 司法協會 編『朝鮮司法大觀』(司法協會, 1936), 水野直樹「思想檢事たちの"戰中"と"戰後"」『日本の朝鮮·臺灣支配と植民地官僚』(思文閣出版, 2009), 永島廣紀「日本統治下の朝鮮における轉向者と思想善導の構圖」『佐賀大學文化敎育學部研究論文集』 12-2(佐賀大學文化敎育學部, 2008), 윤미란「일제말기 식민지배 서사 연구」『국제어문』 72(국제어문학회, 2017),「長崎祐三に 體刑 一年六個月 言渡」(『東亞日報』, 1946.3.22.) 【전병무】

163
나가시마 준이치로
長島駿一郎(장도준일랑) 1894.5~?

실업가

에히메현愛媛縣 이마바리시今治市 출신. 1919년 도쿄제국대학東京帝國大學 법과대학 정치과를 졸업한 후 지원병으로 1년간 군대생활을 했으며 만기제대 후인 1921년 조선에 건너왔다.

조선에 건너와서는 경성전기주식회사京城電氣株式會社에 입사했다. 이후 영업과에 소속되어 영업과장 대리 및 영업과장을 역임했다.

1939년에는 서선합동전기주식회사西鮮合同電氣株式會社로 이직하여 해주 지점장海州支店長을 역임했다.

경성전기에 근무하던 시절부터 뛰어난 사교술과 웅변능력을 인정받아 영업부에서 활동했다.

[참고문헌] 京城新聞社 編『朝鮮の人物と事業』(京城新聞社, 1930), 有馬純吉『昭和六年版 朝鮮紳士錄』(朝鮮紳士錄發行會, 1931), 阿部薰『朝鮮人物選集』(民衆時

論出版部, 1934), 貴田忠衛『朝鮮人事興信錄』(朝鮮人事興信錄編纂部, 1935), 阿部薫 編『昭和12年版 朝鮮都邑大觀』(民衆時論社, 1937), 국사편찬위원회 한국사데이터베이스 〈http://db.history.go.kr〉   【이가혜】

164

나가야 쇼사쿠

長屋尚作(장옥상작)   생몰년도 미상

군인

1943년 8월부터 패전 때까지 제4대이자 마지막으로 조선군사령부 보도부장직을 맡았다. 이전 직책은 군 수동원정신 지도부장이었다.

그가 지도부의 수장으로 있는 동안 조선군 보도부에서는 조선인 지원병 훈련병의 훈련소 생활을 생생하게 담은 세미다큐멘터리 형식의 장편 극영화 〈병정님兵隊さん〉(방한준 감독, 1944)을 제작하였다. 이 작품에는 남승민, 독은기, 최운봉 등 조선인 배우는 물론, 소프라노 마금희, 바이올리니스트 계정식, 음악가 이흥렬, 무용가 조택원 등 예술인과 함께 테너 히라마 분주平間文壽(→991), 만주 출신의 인기 스타 리샹란李香蘭(야마구치 요시코山口淑子) 등 유명 일본인도 참여하였다. 이후에도 조선군 보도부는 사단법인 조선영화사 내의 전시제작정신대를 통해, 전화기와 전선의 공출 문제를 다룬 박기채 감독의 〈국토 방위를 위하여國土防衛のために〉(1944), 태평양전쟁에서의 대미 항전을 강조한 〈승리勝利〉(1944) 등 몇 편의 '계발영화(啓發映畵)'를 기획, 지도하였다.

이후 전황의 악화 속에 본토 결전 대비의 차원에서 조선군사령부가 조선군관구사령부와 제17방면군으로 분리됨에 따라, 1945년 2월 조선군 보도부 또한 조선군관구 보도부로 개편되기에 이르렀다.

[참고문헌] 中田孝之助 編『在韓人士名鑑』(木浦新報社, 1905), 한상언「조선군 보도부의 영화활동 연구」『영화연구』41(한국영화학회, 2009)   【함충범】

165

나가이 데루오

永井照雄(영정조웅)   1888.8.29~1942.1.4

관료

히로시마현廣島縣 도요타군豊田郡 출신. 1917년 가고시마고등농림학교鹿兒島高等農林學校를 졸업한 후 조선에 건너와 영림창營林廠에서 근무했다. 1918년 11월 기수技手로 임명되었으나, 1920년 6월 직장을 그만두고 일본으로 돌아가 교토제국대학京都帝國大學 경제학과에서 공부하였다. 1923년 3월에 졸업한 후 1924년 4월 다시 조선으로 돌아왔다. 이후 평안남도平安南道 속屬으로 임명되었으며, 1927년 7월 함경북도 학무과장學務課長이 되었다. 1929년 12월 경상남도로 부임하여 지방과장과 산업과장을 겸하게 된다. 1932년 목포부윤木浦府尹을 거쳐 1934년에 인천부윤仁川府尹으로 부임하였다.

인천부윤 역임 중에는 상수도와 도로 문제 등에 관심을 가졌으며, 한반도 제일의 무역항을 목표로 대인천항 건설을 추진하였다.

[참고문헌] 阿部薫 『朝鮮人物選集』(民衆時論出版部, 1934), 有馬純吉『昭和六年版 朝鮮紳士錄』(朝鮮紳士錄發行會, 1931), 阿部薫 編『昭和12年版 朝鮮都邑大觀』(民衆時論社, 1937), 猪野三郎 編『第12版 大衆人事錄』(帝國秘密探偵社國勢協會, 1937), 국사편찬위원회 한국사데이터베이스 〈http://db.history.go.kr〉

【이가혜】

166

나가이 이쿠코

永井郁子(영정욱자)   1893.8.30~1983.1.28

나가이 이쿠永井いく(이명)
음악가

도쿄시東京市 출신. 1914년 도쿄음악학교東京音樂學校 본과本科 성악부를 졸업하고, 연구과에 진학하여 동양음악학교 교원으로 활동하였다. 1915년에는 작곡가 겸 지휘자인 야마다 고사쿠山田耕筰(→661)와 결혼하였으나 다음해 이혼하였다. 클래식 성악곡을 원어가 아닌 일본어로 노래한 것으로 유명한데, 1926년 방악邦樂악기 반주로 미야기 미치오宮城道雄(→421)의 곡을 노래 부른 것이 주목을 받았다.

성악가(소프라노)로 1925년 제국호텔帝國ホテル 연예장 리사이틀을 시작으로 제국극장帝國劇場, 호치강당報知公堂, 오사카大阪의 아사히회관朝日會館, 교토京都의 오카자키공회당岡崎公會堂에서 음악회를 가졌다. 일본에서 많은 독주회를 개최하였는데, 조선에서도 수차례 독창회를 가졌다.

나가이는 1928년 4월 27일 경성공회당에서 매일신보사 주최로 독창회를 열었다. 이때 반주는 오히라 유키코大平雪子가 담당하였고, 경성공립제일고등여학교 음악교원으로 이화여자전문학교에서도 교편을 잡고 있었던 오바 유노스케大場勇之助(→712)가 바이올린 연주로 찬조 출연하였다. 이때 일본 음악가(샤쿠하치尺八, 고토琴)들의 후원 출연도 있었다. 출연자로는 도잔류都山流 샤쿠하치가尺八家 사토 레이센佐藤令川을 비롯하여 후루모토 다케하루古本竹陽, 오타 요시코太田好子가 있다.

1932년 5월 19일에도 경성공회당에서 독창회를 열었다.

[참고문헌] 東京藝術大學百年史編纂委員會 『東京藝術大學百年史 東京音樂學校 編 第二卷』(音樂之友社, 2003), 東京音樂學校 編 『東京音樂學校一覽 大正五年至六年』(東京音樂學校, 1943)   【김지선】

167
나가이 주타로
永井十太郎(영정십태랑)   1883.3.19~?

관료

효고현兵庫縣 출신. 1901년에 도쿄우편전신학교東京郵便電信學校를 졸업하고 우편전신 서기에 임명되어 오사카大阪 우편국에서 근무했다.

1904년에 한반도로 건너와 부산과 경성의 우편국에서 근무하다 1921년 4월에 부산우편국 전신과장에 임명되었다. 1924년 12월에 경성우편국 전신과장에 임명되었고, 이후 원산 등의 우편국 및 경성중앙전화국에서 근무하다 1930년에 부산우편국장에 취임했다. 1936년 9월에 청진방송국장에 임명되었다.

구한말과 일제강점기 초기 한반도 각지의 우편국에 근무하면서 우편 및 체신 행정의 초석을 다진 인물로 평가된다.

[참고문헌] 中村資良 編 『京城仁川職業名鑑』(東亞經濟時報社, 1926), 谷サカヨ 『第14版 大衆人事錄』(帝國秘密探偵社, 1943)   【김계자】

168
나가이 히소무
永井潛(영정잠)   1876.11.14~1957.5.17

의학자, 생리학자, 대학교수

히로시마현廣島縣 가모군賀茂郡 출신. 패전 직후 외무차관을 역임한 가와이 다쓰오河相達夫는 실제 부모가 같은 동생에 해당한다. 1902년에 도쿄제국대학東京帝國大學 의과대학을 졸업하고 1903년에 독일 유학을 떠났고 괴팅겐대학에서 동면 동물의 대사생리代謝生理를 연구하였다. 1906년에 일본으로 귀국하여 1905년에는 오사와 겐지大澤謙二의 뒤를 이어 도쿄제국대학 의과대학 생리학교수실 제2대 교수로 취임하였다. 1930년에 일본민족위생학회日本民族衛生學會를 설립하였으며 이사장을 역임하였다. 1934년에는 도쿄제국대학 의학부장을 역임하고 1937년에 정년퇴임 후, 다이호쿠제국대학臺北帝國大學 의학부장, 경성제국대학京城帝國大學 의학원 명예교수를 지내며 해외에 부임하였다. 1938년부터 국립베이징대학國立北京大學 의학원에 주석교수로 초청받았다.

실질적으로 조선에 거류하던 기간이 매우 짧았을 것으로 추정된다. 그 이유는 1937년 경성제국대학 의학부 명예교수로 취임한 이듬해에 국립베이징대학 초청교수가 되어 중국 베이징으로 떠났기 때문이다. 그럼에도 불구하고 그는 도쿄제국대학에 재직하던 시절 네 번에 걸쳐 조선의 잡지에 글을 기고하였다. 그 중 세 편은 본인의 전공과 관련된 내용으로 『조선급만주朝鮮及滿洲』 제243호에 실린 「산아제한

문제産兒制限問題」(1928), 『조선급만주朝鮮及滿洲』 제
287호「왜 오른손은 잘 기능하는가何故右手는能く利く
か」(1931), 『경무휘보警務彙報』 제 319호에 실린「생리
학상으로 보는 개성과 직업生理學上より見たる個性及職
業」(1932) 등이며, 나머지 하나는 민족론에 대한 글로
『조선급만주朝鮮及滿洲』 제300호에「민족의 번영民族
の繁榮」(1932)이라는 제목으로 실렸다.

　패전 후에도 생리학 연구에 힘쓰며 활발한 저술활
동을 이어갔으며, 『민족의 운명-일본 국민에게 호소
한다民族の運命-日本國民に愬ふ』(村松書店, 1948)와 같
은 민족론과 관련된 글도 저술한 바 있다.

　[참고문헌] 鈴木善次 『日本の優生學-その思想と運動
　　の軌跡』(三共出版, 1983), 국사편찬위원회 한국사데이
　　터베이스 〈http://db.history.go.kr〉　　　【김욱】

169
나가타니 시게하루
永谷重治(영곡중치)　　　　　1882.2.13~?

회사원

효고현兵庫縣 출신. 1921년 대장성大藏省 시험에 합격
했다. 이후 총독부 전매국 연초회사에 파견되어 근
무하고, 1934년에 조선화재해상보험주식회사 서무
과장을 역임했다.

　[참고문헌] 谷サカヨ『第14版 大衆人事錄』(帝國秘密探
　　偵社, 1943), 京城新報社 編 『朝鮮紳士錄』(京城新報
　　社, 1909), 阿部薰 編『昭和12年版 朝鮮都邑大觀』(民衆
　　時論社, 1937), 猪野三郎 編『第12版 大衆人事錄』(帝國
　　秘密探偵社國勢協會, 1937)　　　　　【김계자】

170
나가타키 히사키치
永瀧久吉(영롱구길)　　　1866.12.12~1942.10.20

세이슈靜修(호)
외무관료

니가타현新潟縣 출신. 1883년부터 1년간 도쿄東京로
가서 체류하는 가운데 자취를 하며 센슈학교專修學校

에 통학하였다. 1887년 재차 상경하였고, 영국법률
학교와 센슈학교 법률과를 1889년 7월에 졸업하였
다. 제3회 고등문관사법관 시험을 쳐서 합격하였고,
1890년 외무성에 들어갔다. 이듬해 사법관시보로 임
명을 받고 도쿄지방재판소에서 잠시 근무를 하다가,
이해 2월 다시 외무성시보로 복귀하였다. 1893~
1895년 사이에는 부산, 인천영사관에서 근무하였다.
이후 중국 상하이上海, 샤스沙市에서는 2등 영사, 호
주 시드니에서는 1등 영사로 재직하였다. 1903년 10
월부터는 다시 중국으로 건너가 한커우漢口, 상하이
에서 근무하였는데, 상하이에서부터는 총영사직을
맡았다. 1909년 동아동문회東亞同文會 상하이지부장
에 위촉되었다. 1912년 9~12월에는 하와이 호놀룰
루 영사를 역임하였다. 이후 도쿄건물주식회사, 타
이완제마회사 등에서 이사를 지냈으며, 주오대학中
央大學 설립 평의원, 동아동문회 평의원이기도 했다.

　1892년 9월 통상국장通商局長 하라 다카시原敬(→
917)를 수행하여 조선에 건너왔다가 11월 귀국하였
다. 1893년 11월 영사관보에 임명되어 부산에서 근무
하라는 발령을 받았다. 도한 후 부산총영사관에서는
무로다 요시후미室田義文(→408) 총영사 밑에서 출납관
리와 물품회계관리 업무를 담당하였다. 1894년 3월
에는 총영사관 사무대리를 잠시 맡아보기도 하였다.
5사단 병력의 도한 및 이동과 관련하여 부대와 조선
정부 간의 각종 교섭을 중간에서 맡았으며, 업무 때
문에 원산영사관으로 출장을 가기도 하였다. 8월 22
일부터 감리서 주사 김낙준金洛駿과 함께 대구로 출
장을 나가 25일부터 4일간 체류하면서 경상감사 조
병호趙秉鎬와 일본화폐의 유통 등과 관련된 사항에
대하여 협조해 달라는 문제를 논의하였다. 부산으로
되돌아가는 길에 청도, 양산, 밀양 등지를 거치면서
견문한 내용까지 포함하여 출장복명서를 9월 3일에
작성해 제출하였다. 이해 8월 30일부로 인천영사관
에서 영사관보로 근무하라는 발령을 받았고, 인천에
는 9월 20일 부임하였다. 이해 10월부터 12월까지는
인천영사관 사무대리를 보았다. 인천 일본인 조계지
의 확장 문제와 관련하여 인천감리와 함께 만석동
일대를 답사하고 측량을 실시한 다음 이 지역으로의

확장에 대하여 의견을 첨부, 당시 조선으로 부임해 온 이노우에 가오루井上馨(→824) 전권공사에게 보고하였다. 하지만 독일 영사 등의 반대에 부딪혀 만석동으로의 확장은 실현되지 않았다. 일본에 다녀온 보빙대사報聘大使 의화군義和君이 인천에 도착하였던 11월 16일에는 영접을 나가 의화군과 잠시 보빙사행의 소감에 대하여 청취하기도 했다. 청일전쟁 중에는 병참사령관 이토 스케요시伊藤祐義와 영국영사, 그리고 프랑스 선교사들 사이에서 중간에 교섭 역할을 맡기도 하였다. 1895년 5월 26일부로 인천을 떠나 도쿄로 돌아갔다. 1909년 10월에는 간도로 파견되어 1911년 12월까지 총영사로 근무하였다. 재직하는 동안 간도 재류 한인의 청국이나 러시아로의 귀화, 한인들의 교육회 설립과 운영, 간도보통학교의 현황, 이범윤李範允처럼 일본에 대하여 저항활동을 전개한 독립운동가들의 동향에 대하여 정보를 수집, 보고하였다. 간도총영사에서는 1912년 9월 물러났다.

상하이 총영사로 재직하는 동안에는 민영익, 이범진, 이용익과 같이 망명한 인물들의 동정을 파악하여 본국으로 보고하였다. 호놀룰루에서 영사로 근무하는 동안에도 박용만, 한인 국민회 등의 동정에 대하여 여러 가지 정보를 수집한 사실이 기록상 확인된다.

[참고문헌] 永瀧久吉 『回顧七十年』(中公文庫, 1935), 東亞同文會 編 『續 對支回顧錄』 下(原書房, 1973), 박진한 「개항기 인천의 해안매립사업과 시가지 확장」 『도시연구』 12(도시사학회, 2014) 【박한민】

171

나가토모 쇼이치
長友正一(장우정일) 1909.9.29~1989.12.26

언론인

후쿠오카현福岡縣 출신. 가족이 함께 도한하였으나 시기는 불명확하다. 1923년 경성중학교에 입학하여 재학 중에는 야구부의 1루수로 활약하여 전국 중등학교대회에서 우승하였다. 그래서 고시엔甲子園 야구대회에 출장하였으나 1924년 10회 대회에서는 첫 경기 패배, 1926년 12회 대회에서는 준준결승 패배,

1927년 13회 대회에서는 첫 경기에서 패배하였다. 제4회 전선중학교삼부경기회全鮮中學校三部競技會에서 육상 400m 릴레이의 첫 주자로 출장했다. 나가토모는 1928년에 졸업(제15회)하였는데 전년도 졸업생으로 소설가 유아사 가쓰에湯淺克衛(→812)가 있다. 1929년 11월 사단법인 전신협회관리무선전신강습소電信協會管理無線電信講習所(현 전기통신대학電氣通信大學) 본과 입학. 1930년 12월 성적 갑1급으로 졸업하였다.

1931년 9월 경성방송국에 입국하였고, 1933년 8월 연희방송소延禧放送所에 근무했다. 1936년 11월 조선방송협회 기술부 기술과장, 1939년 9월 연희방송소 방송주임, 1940년 10월 조선방송협회 현업과장, 1943년 6월 조사부장을 역임하였다. 조사부는 난청 지역의 개선과 잡음 대책을 위하여 신설된 것이었다. 1944년 5월에는 신촌역에서 도보 10분 거리에 있는 연희전문학교 외국인 교수용 가옥에 발족한 시험소 소장에 취임하였다. 이 시험소는 종전 직전에 누전으로 인하여 소실되었다. 1945년 8월 2일 연희방송소 소장에 취임하였으나 8월 15일 방송기실에서 종전의 조칙을 들었다. 16일 군 사령부로부터 방송소 내 설비 파괴의 지시가 내렸다. 한편 방송국의 조선인 기술직원들은 방송 시설 파괴를 우려하여 국내에서 밤을 지냈다. 방송국장인 시노하라 쇼조篠原昌三(→540)는 각 지방국에 "방송시설을 파괴하지 말고 조선인에게 인도하라"고 지시하였다.

방송소 정문에서 60~70명의 조선인 학생들이 방송소 인도를 요구하였으나, 나가토모는 "현재 총독부는 존재하고 있으며 체신국 감독 하에 있다. 요구하는 바는 소장의 권한 밖이다. 본 방송소는 언젠가 자네들 동포의 손으로 운용될 중요한 시설이므로, 함께 본 설비를 경비하고자 하는 마음이라면 실내 접근은 사양하되, 구내 경비에 협력을 부탁한다"고 대답했다. 그날 밤 학생들이 부지 내를 경비했다. 며칠 후 경비는 무장경관이 담당하게 되었다. 신중을 기하기 위하여 나가토모가 이전의 극비명령에 대하여 본부에 문의했더니, 이미 군은 일본 현지로 퇴각하였고 명령은 자동적으로 소멸되어 있었다.

1945년 조선방송협회 해체, 연희방송소도 인계 종

료되었다. 동년 11월 하순 연희촌 최후의 귀환자로서 조선인 부하들의 전송을 받으며 이별을 아쉬워했던 광경은 당시 8세였던 3남 후미아키文昭의 기억에도 생생하다고 한다. 귀환 당시 후쿠오카 주재 기숙사 동료와 미 진주군에서 근무했다. 1946년 5월 FEN (Far East Network; 극동방송망. 1945년 9월 개시한 재일미군 대상 방송)에 근무하였으며 1948년 2월 알파상회ア ルファ商會에 근무했고 1950년 주식회사 알파상회 대 표이사로 취임했다.

1953년 9월 국제전기주식회사國際電氣株式會社 후 쿠오카 출장소에 근무했으며 1956년 1월 후쿠오카 출장소장으로 있다가 1969년 3월 퇴직했다. 동년 3 월 히타치전자日立電子 규슈 영업소에 입사하고 1973 년 3월 퇴사했다. 동년 5월 주식회사 대아공업大亞工 業에 입사했고, 1975년 4월 퇴사했다.

[참고문헌] 私家版 『あしあと』(朝鮮放送協會回想記自 筆原稿コピーと京城中學時代の思い出收錄, 1995), 朝 放會 『JODK—朝鮮放送協會回想記』(朝放會本部, 1981), 津川泉 『JODK 消えたコールサイン』(白水社, 1993), 篠原昌三 編 『舊朝鮮放送協會 日本人職員名簿』(MF (マイクロフィルム), 1955), 學習院大學東洋文化研究 所 編 『友邦文庫目錄』(勁草書房, 2011)

【쓰가와 이즈미津川泉】

172
나가토미 야사쿠
長富彌作(장부미작)   1888.8~?

관료

야마구치현山口縣 출신. 1907년 야마구치현립중학교 山口縣立中學校를 졸업했다.

1912년 조선으로 건너와 전라북도 익산군청에서 근무하다가 1914년 전라북도 김제군 서기로 자리를 옮겼다. 1918년 7월 전라북도 임실군 서무주임으로 영전하고 1919년 7월 전라북도 본청에 들어가 서무 과庶務科, 비서과秘書科, 문서과文書課 등에서 속屬으 로 근무한 후, 1924년 지방과장으로 영전하였다. 1930년 전라북도 익산군수가 되었다.

이후 관직에서 물러나 동진수리조합東津水利組合 이사로 추대되어 취임했다.

동진수리조합은 1924년 1월 전라북도 지사인 이즈 미 나카조亥角仲藏를 조합장으로 하여 설립된 것으 로, 1928년 전라북도 김제, 정읍, 부안의 3개 군 구역 이었으나 해마다 조합구역을 확장하여 1936년 1월의 총면적은 18,500정보에 이르렀다.

이후 1940년에는 남선수력전기주식회사南鮮水力電 氣株式會社의 용지과장用地課長으로 근무하였다.

[참고문헌] 有馬純吉 『昭和六年版 朝鮮紳士錄』(朝鮮紳 士錄發行會, 1931), 阿部薫 編 『昭和12年版 朝鮮都邑大 觀』(民衆時論社, 1937), 국사편찬위원회 한국사데이터 베이스 〈http://db.history.go.kr〉   【이가혜】

173
나고시 나카지로
名越那珂次郎(명월나가차랑)   1884.7.5~?

대학교수

이바라키현茨城縣 미토시水戶市 가에데코지楓小路 출 신. 1910년 교토제국대학京都帝國大學 문과대학 졸업 후 가고시마현립제이중학교鹿兒島縣立第二中學校 교 사로 부임하여 근무하였다.

1915년 5월 한반도로 건너와 부산중학교 교사로 부임하여 1921년 3월 역사학 연구를 위해 2년 동안 영국 유학의 명령을 받고 유학생활을 하다 귀국하였 다. 휴학 이후 경성법학전문학교 교수가 되었으며 이어 1924년 5월 경성제국대학 예과 교수로 임명되 었다. 종교는 신도神道이며 취미는 와카和歌와 여행 이다.

[참고문헌] 中村資良 編 『京城仁川職業名鑑』(東亞經濟 時報社, 1926), 朝鮮新聞社 編 『朝鮮人事興信錄』(朝鮮 新聞社, 1922)   【김효순】

174
나라키 스에자네
楢木末實(유목말실)   생몰년도 미상

교사

1908년 관립평양일어학교官立平壤日語學校 부교수가
되어 한반도로 건너왔다. 한일강제병합 후, 경성고
등보통학교, 함경북도 나남공립고등여학교를 거쳐
조선교육회 장학부(조선장학회)에서 근무했다.

1908년 1월 1일자로 관립평양일어학교 부교수로
임명되었다. 1909년 4월 관립평양고등학교 부교수
를 거쳐, 1909년 6월에 관립한성외국어학교 부교수
겸 서기를 역임하였다. 한일강제병합 이후, 관립한
성외국어학교가 폐교되어 1911년 11월부터 경성고등
보통학교 교사를 지내다가, 1914년 11월 황해도 신계
공립보통학교에 부임하였다. 1918년 4월부터 1922
년까지 함흥고등보통학교에 근무하였고, 1922년 4
월부터 1924년도까지 함경북도 나남공립고등여학교
에 있었다. 조선총독부 직원록에는 1922, 1923년도
에만 나라키 마사楢木マサ고라는 이름이 보이는데
이는 그의 부인으로 판단된다. 직원록에는 1924년도
함경북도 나남공립학교 교사를 끝으로 이름이 보이
지 않는다. 1935년『문교의 조선文敎の朝鮮』에 기고
한 논문의 직함에는 조선교육회 장학부로 기술돼 있
다. 나라키는 1920년대 중반에 교사직에서 행정직으
로 전직하며 귀국한 것으로 보인다. 조선총독부 학
무국에서 발간된『조선교육연구회잡지朝鮮敎育研究會
雜誌』(제59호, 1920.8) 강연회 관련 휘보를 보면, 나라
키는 조선총독부에서 주관한 교사 대상의 일본어(국
어) 강사를 담당한 것으로 보아서, 조선교육에 일정
한 영향력을 지닌 인물이었음을 확인할 수 있다.

나라키는『조선의 미신과 속전朝鮮の迷信と俗傳』(新
文社, 1913)을 경성에서 펴냈는데, 자신이 수집한 10편
의 설화와 천변지이, 조수鳥獸, 금석金石, 산천, 의식
주 등에 걸친 민간 미신과 풍속을 항목별로 열거하고
주를 달았다. 서문에는 1910년 식민지 조선의 헌병
사령관과 경무총장을 겸임한 아카시 모토지로明石元
二郎(→629)와 더불어 이마무라 도모今村鞆(→838)의 글
이 실려 있다. 아카시의 서문에서는 민간전승을 황
당무계하고, 미신을 타파하기 위해 제공된 것으로
그 내용을 비하한 것에 비하여, 이마무라는 민간전
승에 대한 상세한 연구는 시시하고 쓸데없는 것으로

보이지만 상당히 가치가 있음을 강조하고, 나라키와
같은 동료가 나타난 것을 실로 기쁘게 생각한다고
기술하였다.

1937년「내선문화의 교섭內鮮文化の交涉」(『武藏野』
24-4, 24-5, 武藏野文化協會)을 발표했고, 1942년도『사
업개요事業槪要』(朝鮮奬學會) 직원일람표에는 조선장
학회 지도부 주사主事로 무라야마 지준村山智順(→402)
과 함께 그 이름이 보인다. 이후의 행적은 명확하지
않다.

[참고문헌] 나라키 스에자네 저, 김용의 역『조선의 미
신과 풍속』(민속원, 2010), 楢木末實「武藏の語源は朝
鮮語か」『文敎の朝鮮』(朝鮮敎育會, 1935.7), 朝鮮總督
府『朝鮮總督府及所屬官署職員錄』1910~1943(復刻版
全33卷, ゆまに書房, 2009)　　　　　【김광식】

175

나베타 마사유키

銅田正之(동전정지)　　　　　　생몰년도 미상

영화인

영화제작사 통폐합 결과 자본금 200만 원을 기반으
로 1942년 9월 29일에 창립된 사단법인 조선영화제
작주식회사의 서무 및 자재 과장을 역임하였다. 부
하 직원으로는 후지타니 다쿠조藤谷拓藏, 아사지마
호즈이朝島方堆, 다미야 겐이치田宮建一, 교야마 히라
오京山平雄가 있었다. 주소지는 경성 죽첨정竹添町
2-57이었다.

이후 1944년 4월 7일 사단법인 조선영화배급사가
사단법인 조선영화제작주식회사를 흡수하여 사단법
인 조선영화사로 체제 개편을 이루면서, 총무부의
감리계장으로 자리를 옮기게 되었다.

[참고문헌] 한국영상자료원 편역『일본어 잡지로 본 조
선영화 2』(현실문화연구, 2011), 한국영상자료원 편역
『일본어 잡지로 본 조선영화 4』(현실문화연구, 2013), 高
島金次『朝鮮映畵統制史』(朝鮮映畵文化硏究所, 1943)
　　　　　　　　　　　　　　　　【함충범】

176

나쓰메 주로베에
夏目十郎兵衛(하목십랑병위)　　　1874.6.1~?

실업가

아이치현愛知縣 지타군知多郡 출신. 이치로베에市郎兵衛의 차남으로 태어났다. 일찍부터 나쓰메상점夏目商店을 경영하였다.

　나쓰메상점은 목포와 부산, 그리고 성진에 지점을 둘 정도로 한반도에서 큰 상점으로 성장하였다. 1918년 성진에 정착하여 회조업回漕業에 종사하는 한편 소방조두消防組頭, 소득세조사위원, 보호관찰소관찰사 등을 맡았고, 성진 재계의 주요인물로 지목받게 되었다.

　[참고문헌] 阿部薫 編 『昭和十二年版 朝鮮都邑大觀』 (民衆時論社, 1937), 谷サカキ 『第十四版 大衆人事錄』 (帝國祕密探偵社, 1943)　　【마스타니 유이치桝谷祐一】

177

나카가와 쓰네지로
中川恒次郎(중천항차랑)　　　1863~1900

외무관료

에도江戸(현 도쿄도東京都) 출신. 1884년 7월 도쿄제국대학東京帝國大學 정치이재과政治理財科를 졸업하였다. 졸업 후 이듬해 대장성大藏省에 들어갔으며, 1887년 2월부터 영사관 서기생으로 싱가포르에 파견되어 싱가포르 영사관에서 영사대리 업무를 보기도 하였다. 1890년 11월 공사관 서기관에 임명되어 조선으로 파견되었다. 1892년 12월에는 센슈대학專修大學 이재학회理財學會가 도쿄제국대학 강의실에서 개최한 대연설회의 연사로 다구치 우키치田口卯吉, 사카타니 요시로阪谷芳郎 등과 참가하기도 하였다. 1895년 6월 1등영사로 중국 광저우廣州에서 근무하였으며, 1896년 1월에는 호주 타운스빌로 전근을 갔다가 같은 해 7월 귀국하였다. 1897년 4월에는 호주 시드니 영사관이 새로 개설되면서 1등 영사 신분으로 재차 호주로 도항하였다. 1898년 4월에는 공사관 1등

서기관에 임명되어 미국으로 건너가 근무하였다. 1900년 8월 14일 38세의 나이로 사망한 후에는 종5위로 서훈되었다.

　1891년 3월 부영사에 임명되어 5월 부산영사관으로 부임하였고, 영사대리 업무를 맡았다. 이해 7월 외무성의 명을 받고 공립병원 건물을 거류지회에 무상으로 불하해 주었다. 1892년 3월에는 부산영사관이 총영사관으로 승격되었다는 사실을 거류민에게 고지하였으며, 9월 부산 감리서監理署가 낙성식을 거행할 때 자리에 참석하기도 하였다. 부산에서 근무하는 동안 조선의 전라도, 경상도 지역을 돌아다닌 경험과 더불어 부산 지역 거류지의 수도 설치 및 연안매립 등의 토목공사 진행과 관련하여 조선으로 초빙해 온 지리학사 가네다 나라타로金田楢太郎가 부산-한성-평양-원산 등의 내지를 시찰한 후에 나눈 이야기, 여러 정보를 수집한 것을 기초로 하여 「조선의 외국무역 및 어업의 경황朝鮮の外國貿易附漁業の景況」이라는 원고를 작성하였다. 1885년부터 1891년까지 조선의 무역 수출입 액수부터 시작하여 부산 해관의 1년 수입액, 광업이나 선박통행의 현재 상황 및 전망, 오미와 조베에大三輪長兵衛(→709)의 화폐개혁 계획, 일본어민의 조선 진출과 1년 수입, 지역별 조업 현황과 어업 방식 등 여러 가지 사항을 상세하게 작성하였다. 한성으로 출장을 다녀온 무로다 요시후미室田義文(→408) 총영사의 명령으로 외무성에 조선 정부와의 방곡 담판이 진행되는 경과를 보고하기 위해서 9월 26일 선편으로 일시 귀국하였다.

　1893년 6월부터 부영사 신분으로 원산 지역으로 전출, 7월 10일 도착한 후 영사대리 업무를 개시하였다. 원산 영사로 재직하는 동안 외무성 통상국장 하라 다카시原敬(→917)에게 빈번하게 지역 동향을 서한으로 보고하였다. 구체적인 내용은 『하라 다카시 관계문서原敬關係文書』 2권에서 확인 가능하다. 전직 원산 영사관 관리들의 비리나 도박행위, 서기생들이 쓰시마對馬 중심의 인물들이기 때문에 발생하였던 조선인과의 유착 문제 등을 지적하였다. 아울러 지역에 거류하고 있는 일본인들이 상업행위를 하면서 벌이는 문제점에 대해서도 규칙위반 조사 등을 통해

서 상세하게 보고하였다. 이해 11월 홍콩香港 영사로 발령을 받은 후, 12월 23일 원산에서 떠났다.

홍콩 영사로는 1894년 1월 16일 부임하였다. 홍콩에서 재직하는 동안 이곳에 망명해 있던 민영익閔泳翊이나 쑨원孫文 등과 빈번하게 접촉하면서 동정을 파악하여 외무성으로 보고하였다. 청일전쟁 중에는 오토리 게이스케大鳥圭介(→751) 공사가 조선 정부에 제출한 「조선내정개혁안」에 대하여 반대하는 입장을 천명하기도 하였다. 을미사변이 발생한 시점에서는 지역에서 발행되는 영자신문 등을 통해서 소식을 접하였으며, 민영익과도 접촉하여 사건발생에 대한 그의 판단이 어떠한지를 탐문하기도 하였다.

[참고문헌] 中川恒次郎 「朝鮮の外國貿易附漁業の景況」 東邦協會 編 『朝鮮彙報』(八尾書店, 1893), 高尾新右衛門 編 『元山發達史』(啓文社, 1916), 都甲玄鄕 編 『釜山府史原稿』 卷6(釜山府, 1937), 角山榮 編 『日本領事報告の硏究』(同文館出版, 1986), 山本四郎 「領事中川恒次郎について」 『史林』 68-2(京都大學文學部 史學硏究會, 1985)   【박한민】

178
나카네 류타로
中根龍太郎(중근룡태랑)   1901~1944

야마구치 류타로山口龍太郎(본명)
영화인

교토부京都府 출신. 도쿄東京로 옮겨가 14세 때부터 여러 극장, 가극단, 무용단, 오페라 무대 등을 경험하였다.

간토대지진關東大震災 이후 교토로 돌아와 1924년 마키노 쇼조牧野省三의 마키노영화제작소マキノ映畫製作所에 입사함으로써 영화계에 입문하였다. 데뷔작은 〈초현대인超現代人〉(1924)이며, 네 번째 출연작인 〈사랑의 사냥꾼戀の獵人〉(1924)부터 주연 역할을 맡았다. 현대극과 시대극을 막론하고 활발한 연기 활동을 펼치며 많은 영화에서 주연 배우로 활약하였다.

나카네는 1920년대 중반 두 번에 걸쳐 조선을 방문하였다. 첫 번째 시점은 1925년 5월이었는데, 마키

노키네마 소속으로 일본 시대극계의 대표적인 스타였던 반도 쓰마사부로阪東妻三郎 및 마키노 데루코マキノ輝子, 오카지마 쓰야코岡島艶子, 이즈미 하루코泉春子 등 여배우들이 포함된 일행 11인의 일원으로 경성의 4대 영화관 중 하나였던 중앙관의 초청으로 방문한 것이었다.

두 번째는 1926년 초여름으로, 이때에는 자신을 포함한 15명의 일행을 이끌고 영화 촬영 차 경성을 재방문한 것이었다. 이때 일행 중에 특별히 주목되는 이들이 있었는데, 여배우 마쓰우라 쓰키에松浦月枝(→366)와 남자배우 마시로 미쓰오眞城光雄가 그들이었다. 두 사람 모두 부산 출신의 재조일본인으로서 일본영화계에서 활동 중이었다는 공통점을 지녔다.

당시는 나카네가 〈사람에 대한 수군거림을 멈춰요お止めなさいよ人の噂は〉(1926)를 계기로 영화에 주연으로 출연하는 데서 그치지 않고 직접 연출하기 시작하던 때이기도 하였다.

1928년 독립하여 나카네 류타로 희극 프로덕션中根龍太郎喜劇プロダクション을 세우기도 하였으나 곧 해산되었다. 이후 쇼치쿠松竹 시모가모촬영소下加茂撮影所와 닛카쓰日活를 거쳐 다시 마키노로 돌아왔고, 마키노 해산(1931) 뒤인 1933년부터는 도호東寶의 전신인 P.C.L영화촬영소 소속으로 있으면서 기무라 소토지木村莊十二 감독의 발성영화 〈음악희극 술 취한 인생音樂喜劇ほろよひ人生〉(1933) 등에 출연하였다.

[참고문헌] 함충범 「1920년대 중반 식민지 조선에서의 일본인 영화배우에 관한 연구」 『동아연구』 34(1)(서강대학교 동아연구소, 2015), 일본영화데이터베이스 〈http://www.jmdb.ne.jp〉   【함충범】

179
나카네 유키토모
中根之智(중근지지)   1890.12~?

금융인

부산 출신. 본적은 니가타현新潟縣 다카다시高田市 미나미혼마치南本町이다. 부친은 1885년부터 조선에서 무역업에 종사했다.

1905년에 조선으로 건너와 제일은행 목포지점, 이어서 한국은행 수습으로 근무했다. 일시 귀국하여 1910년 다카다보병高田步兵 제58연대에서 복무했고 전역 후 1913년에 다시 조선으로 건너와서 함경농공은행咸境農工銀行에 입사했다. 1918년 10월 조선식산은행 서기보가 되었다. 1919년 1월 평안북도 의주義州 조선식산은행 지점장대리, 1925년 충청남도 조치원鳥致院 지점장대리를 거쳐 1927년 7월, 평안북도 영변寧邊 지점장으로 승진하였다. 1933년에 선천宣川 지점장으로 전근되었다. 1939년 식산은행 사리원沙里院 지점장으로 임명되었다. 젊었을 때부터 조선 금융계에서 경제 발전에 공헌했다. 의주 시절에는 의주 학교조합의원으로 활동하기도 하였다.

[참고문헌] 貴田忠衛 『朝鮮人事興信錄』(朝鮮人事興信錄編纂部, 1935), 阿部薫 編 『昭和12年版 朝鮮都邑大觀』(民衆時論社, 1937), 萩野勝重 編 『朝鮮及滿蒙に於ける 北陸道人史』(北陸道人史編纂社, 1927)

【나카무라 시즈요中村靜代】

180
나카노 가쓰지
中野勝次(중야승차)   1901.12~?

경찰관료

나가사키현長崎縣 출신. 제오고등학교第五高等學校 출신으로 1924년 도쿄제국대학東京帝國大學 법과대학 재학 중 고등문관시험에 합격했다. 1925년 대학을 졸업하고 동년 4월 조선총독부 도속道屬이 되어 조선으로 건너왔다. 1927년 7월 도경시道警視로 승진하여 강원도 경무과장에 보임되었다. 1928년 9월 함경남도 경무과장을 맡았고, 1930년 1월 경상남도 경무과장 및 위생과장을 겸임했다. 이후 1932년 12월 총독부 사무관으로 승진해서 경무국 보안과에서 근무했다. 이후 1933년 9월 총독관방總督官方 외사과外事課 근무로 중화민국 상하이上海 파견원이 되어 대한민국임시정부大韓民國臨時政府를 감시하는 역할을 담당했다. 1935년 2월 조선으로 다시 들어와 1936년까지 충청북도 경찰부장을 담당했다. 한편 1932년 경상남

도 경우회警友會에서 발간한 『서로의 체험お互の體驗』 편찬에 관여했다.

1937년 6월 12일 척무서기관拓務書記官으로 임명받았다. 이후 관리국 경무과장, 관방회계과장, 척무국 관리국장을 거쳐서 1945년 8월 종전 당시 중국 한커우漢口 총영사總領事였다. 전후 특별조달청特別調達廳 장관을 지냈다는 기록이 있다.

[참고문헌] 국사편찬위원회 편 『대한민국임시정부자료집』 8·29(국사편찬위원회, 2006·2008), 中野勝次 『お互の體驗』(慶尙南道警友會, 1932), 貴田忠衛 編 『朝鮮人事興信錄』(朝鮮人事興信錄編纂部, 1935), 民衆時論社朝鮮功勞者銘鑑刊行會 編 『朝鮮功勞者銘鑑』(民衆時論社朝鮮功勞者銘鑑刊行會, 1936), 人事興信所 編 『人事興信錄』 第14版 下(人事興信所, 1943)   【주동빈】

181
나카노 교타로
中野許太郎(중야허태랑)   생몰년도 미상

외무관료

나가사키현長崎縣 출신. 조선의 개항 이전부터 쓰시마對馬의 통사通詞로 활동했다. 1876년 4월에는 외무성 6등 서기생이었다.

1870년 5월 일본주재 독일 대리공사 막스 폰 브란트Max von Brandt가 부산 시찰을 위해 헤르타Hertha 호를 타고 조선으로 건너갈 때 통역으로 동행하였다. 왜관에 상륙하여 동래부東萊府 방면으로 나가려 하다가 조선 측이 이를 제지하고 퇴거를 요청함에 따라 곧바로 물러났다. 1876년 1월 구로다 기요타카黑田淸隆가 전권대신으로 조선과 수호조규를 체결하기 위해서 파견될 당시 6등 서기생으로 수행하면서 기록 업무를 담당하였고, 부산을 왕복하기도 하였다. 같은 해 7월 미야모토 오카즈宮本小一가 이사관으로 조선에 파견되었는데, 이때에도 6등 서기생 신분으로 이사관을 수행하여 도한하였다가 귀국하였다. 다시 11월부터 부산으로 곤도 마스키近藤眞鋤(→110)와 더불어 파견되었는데, 이때 신분은 외무성 소속이었다. 이듬해부터는 8등속으로 같은 지역에서 계속 근무하

는 가운데 1881년에는 7등속으로 승진, 1882년까지 부산영사관에서 재직하였다. 대리공사 하나부사 요시모토花房義質(→912)가 파견되었던 1879년 당시 수행원으로 차출되어 활동하였다. 1881년 5월 조사시찰단 이헌영이 도일하기 전 부산에 잠시 들렀을 때 영사관에서 만났으며, 일행과 같이 도일하면서 여러 가지를 주선해 주는 역할을 담당하였다. 이후 1885년에도 부산에서 근무하고 있던 것이 확인되는데, 이해 3월 초에는 일본인의 유보구역 경계표식을 세우기 위해서 인근 지역으로 출장을 나가기도 하였다. 부산에서 체류하는 동안 영사를 역임한 곤도 마스키, 마에다 겐키치前田獻吉(→375) 등을 수행하여 동래부사나 판찰관, 감리 등의 관리들과 접촉할 때 통역 역할을 담당하였던 것으로 확인된다.

1876년 5~6월 사이 조선에서 1차 수신사 김기수가 파견되었을 때 부산 및 도쿄에서 훈도 등과 접촉하면서 통역 및 접대와 관련된 업무를 담당하였다. 이 당시 나이가 40에 가까웠다는 김기수의 기록이 남아 있다. 조선 측 기록에서는 '중야허다랑中野許多郎'이라는 명칭으로도 많이 등장한다.

[참고문헌] 김기수 저, 이재호 역『日東記游』(민족문화추진회, 1977), 민건호『海隱日錄』I(부산근대역사관, 2008), 承文院 編『同文彙考』卷4(국사편찬위원회, 1978), 田保橋潔『近代日鮮關係の硏究』上(朝鮮總督府中樞院, 1940) 【박한민】

182

나카노 류이치
仲野隆一(중야륭일)   1888.3~?

교사, 실업가

시즈오카현靜岡縣 시다군志太郡 하나시촌葉梨村 출신. 나카노 에이사쿠仲野永作의 4남으로 태어났다. 1915년 도쿄제국대학東京帝國大學 농과대학 농예화학과農藝化學科를 졸업했다.

1916년 1월 총독부중앙시험소 기수技手로 임명되어 조선에 건너왔다. 이후 경성고등공업학교 교사로 취임했고 1917년에 퇴직했다.

1918년 1월 경상북도 영일군 포항읍에 있는 미쓰와포항농장ミツワ浦項農場의 농장장이 되어, 200정보 규모의 대규모 포도원을 경영했다. 포도 재배와 포도주 양조에 수년간 정진 노력하여 성공을 거두었다. 조선에 가장 적합한 유럽 종 포도를 선정하여 노지 재배에 성공하고 또 포도주의 대량 생산에 의하여 외국품 수입을 금지하는 데 성공했다. 일본에서도 '미쓰와키나테쓰포도주ミツワ規那鐵葡萄酒'라는 상품명으로 대량 판매되면서 이 업계의 권위자로 알려졌다. 1925년 2월 일월학교日月學校 조합관리자, 도구都邱 금융조합장, 영일군 소작위원, 포항 국방의회장으로 선출되었다.

[참고문헌] 有馬純吉『昭和六年版 朝鮮紳士錄』(朝鮮紳士錄發行會, 1931), 阿部薰『朝鮮人物選集』(民衆時論出版部, 1934), 貴田忠衛『朝鮮人事興信錄』(朝鮮人事興信錄編纂部, 1935), 阿部薰 編『昭和12年版 朝鮮都邑大觀』(民衆時論社, 1937), 藤澤淸次郎 編『朝鮮金屬組合と人物』(大陸民友社, 1937) 【나카무라 시즈요中村靜代】

183

나카노 세이고
中野正剛(중야정강)   1886.2.12~1943.10.27

고도耕堂(호)

언론인, 정치인

후쿠오카현福岡縣 출신. 후쿠오카번사福岡藩士 나카노 다이지로中野泰次郎의 장남으로 태어났다. 아명은 진타로甚太郎였다. 1899년 슈유칸중학교修猷館中學校에 들어가 1905년 졸업하고 4월에 와세다대학早稻田大學에 입학했다. 1909년 졸업 후 바로 도쿄니치니치신문사東京日日新聞社에 들어가 기자가 되는데 3개월 후에 퇴사하고, 아사히신문朝日新聞으로 이적하여「메이지민권사론明治民權史論」을 연재하면서 필명을 알린다.

1913년 8월 아사히신문 경성특파원으로 조선에 파견되었다. 1920년 중의원의원에 당선된 뒤 혁신구락부를 거쳐 헌정회, 민정당의 소장파로 두각을 나타냈다. 1936년 국가주의 단체인 '도호카이東方會'를 조직하여 민간에서 파시즘을 추진하는 데 앞장섰다. 태평양전쟁 발발 뒤 전쟁수행 방침을 둘러싸고 도조 히데키東條英機 정권과 대립하기에 이르렀으며 내각 타도를 기도했다는 이유로 검거되었다가 석방된 뒤 할복자살했다.

조선 각지를 취재하면서 1914년 4월 16일부터 15회에 걸쳐 연재한 것이 「총독정치론總督政治論」이다. 나카노는 총독정치를 '선의의 악정'이라고 평가하여 데라우치 마사타케寺內正毅(→321) 총독과 아카시 모토지로明石元二郎(→629) 헌병사령관 겸 경무총장의 무단통치를 비판했다. 그리고 조선에서 언론보도의 자유를 요구하고, 산미産米개량정책, 면화재배, 담배재배, 토지겸병 문제, 회사령 문제, 헌병제도 문제 등에 대해 비판했다. 이 「총독정치론」은 다른 조선 관련 논문이나 「만주유력잡록滿洲遊歷雜錄」과 더불어 이듬해 1914년 5월에 『내가 본 만선私が觀たる滿鮮』(政教社)이라는 단행본으로 출판되었다. 이 책에 「동화정책론」이란 논문이 수록되어 있다. 이 글에서는 조선총독의 무단통치는 실패했으므로 조선인에게 참정권을 주라고 주장했다. 그러면서도 조선에 일본의 황족을 받들라고 하면서 천황의 직접통치를 강화할 것을 말해 조선통치의 한계점을 드러냈다.

나카노는 1919년 3·1운동이 일어나자 『국민신문』과 『동방시론東方時論』에서 조선 문제를 논하고, 1921년 『만선의 거울에 비추어滿鮮の鏡に映して』(東方時論社)라는 단행본을 간행했다. 그는 여기에서 조선 문제를 일본의 존망 문제로 파악하고, 일본인이 마음을 개조하지 않으면 안 된다고 주장했다. 나아가 제국헌법을 조선에 시행하라는 대담한 제언을 하기도 했다. 총독정치를 비판하고 일본의 시베리아 출병을 반대하는 그의 언론활동은 크게 주목을 받았지만, 1930년대 만주사변 이후 급속하게 우경화하여 이후 일본의 파시즘 운동의 선두에 섰다.

[참고문헌] 田宮英太郎 『中野正剛』(新人物往來社, 1985), 上田正昭·西澤潤一 外 『日本人名大辭典』(講談社, 2001), 臼井勝美 外 共編 『日本近現代人名辭典』(吉川弘文館, 2001), 琴秉洞 저, 최혜주 역 『일본인의 조선관』(논형, 2008)   【최혜주】

184
나카니시 시치로
中西七郎(중서칠랑)   1923~1967.10.16

모쿠세이沐生(필명)
사법관료, 문학가

아키타현秋田縣의 후타쓰이초二ツ井町 출신. 1910년 3월, 오다테중학교大舘中學校에 입학하여 기숙사 내의 '계음사桂吟社'라는 하이쿠俳句 구회에 참가하며 구작의 길을 걷기 시작하였다.

주오대학中央大學 졸업 후, 1922년 3월에 도한하여 황해도 해주지방법원海州地方法院에서 1923년부터 1937년까지 검사와 서기로 재직하였다. 본업 이외에도 '해주구회海州句會'를 결성하여 자택을 구회의 장소로 하는 등 하이쿠 활동도 주도적으로 이끌어나갔다. 1969년 10월 나카니시의 사후 외동딸이 유작으로 간행한 구집 『수해樹海』(1969)에 조선에서 창작한 37구의 하이쿠가 남아있다.

1945년 12월 고향으로 돌아가 구작 활동을 하였고, 1967년 암으로 사망하였다.

[참고문헌] 阿部誠文 『朝鮮俳壇-人と作品〈下卷〉』(花書院, 2003), 국사편찬위원회 한국사데이터베이스 〈http://db.history.go.kr〉   【김보현】

185
나카니시 이노스케
中西伊之助(중서이지조)   1887.2.8~1958.9.1

문학가, 정치인

교토부京都府 출신. 농가에서 사생아로 태어났다. 아버지는 집을 나가고 어머니도 재혼하여 결국 외가의 조부모에게 양육되었다. 13세 되던 해에 조모가 세상을 떠났고, 그는 농사일에 몰두하며 자랐다. 1905년에 상경해 다이세이중학大成中學 5학년으로 편입하고, 기독교 사회주의에 경도되었다. 그는 1911년에 조선으로 건너와 『평양일일신문平壤日日新聞』의 기자가 되었는데, 이때의 조선 체험이 그의 작품에 크게 영향력을 미쳤다. 일본으로 귀국한 후에 주오대학中央大學에 들어가지만 1915년 9월에 중퇴하고, 이듬해 만철滿鐵에 들어가서 1917년부터 1921년까지 『시사신보時事新報』의 기자로 활동했다. 이 사이에 노동운동에 참가하고 1919년 9월에 일본교통노동조합을 결성해 이사장이 되었다. 그리고 이듬해 2월에 도쿄전철東京電鐵의 파업을 지도, 투옥되었다.

나카니시가 일본 문단에 조선 관련 글을 써 두각을 나타내기 시작한 것은 1920년대에 들어서이다. 1922년 2월에 조선에서의 체험을 소재로 한 소설 『적토에 싹트는 것赭土に芽ぐむもの』을 간행해 주목받았고, 그 후 『불령선인不逞鮮人』(1922), 『너희들의 등뒤에서汝等の背後より』(1923), 『살아있는 분묘生ける墳墓』(1923) 등을 발표했다. 1928년 7월에 무산대중당無産大衆黨에 입당했고, 이듬해 12월에 도쿄무산당 위원장에 취임해 총선거에 입후보했다. 전국대중당에 참가하고 1937년에 일본무산 중앙집행위원이 되었는데, 인민전선 사건으로 체포되었다. 패전 후 일본공산당에 입당했고, 1946년 7월에 가나가와현神奈川縣에서 중의원 의원선거에 당선되었다. 1949년 총선거에서도 당선됐지만 당의 극좌주의 경향에 반대해 탈당했다.

식민자 1세로서 조선에 건너와 신문기자로 활약하며 일제 치하에서 신음하는 식민지 조선의 현실을 직접 체험했기 때문에, 소설뿐만 아니라 그의 평론에는 조선 문제를 다루고 있는 것이 많다. 대표적인 평론으로는 「조선인을 위하여 논함」(1923), 「조선문학에 관하여」(1924), 「조선해방운동 개관」(1926) 등이 있다. 또한 1931년에 중국 지린吉林에서 조선과 중국 농민이 충돌한 '만보산사건萬寶山事件'이 일어나자 조선으로 건너와 사건을 조사해, 동년에 「만보산사건과 선농鮮農」과 「만주에 떠도는 조선인」 등의 평론을 발표해 진상을 밝히기도 했다.

[참고문헌] 『日本大百科全書: ニッポニカ』(小學館, 1994), 吳皇禪 「근대 일본문학에 나타난 조선상-中西伊之助를 중심으로-」『일어일문학회』 22(한국일어일문학회, 1993) 【김계자】

186
나카라이 기요시
半井淸(반정청)　　　　　　1888.3.31~1982.9.3

관료

도쿄부東京府 출신. 제일고등학교第一高等學校를 거쳐 1913년 7월에 도쿄제국대학東京帝國大學 법과대학 법률과를 졸업했다. 11월에는 고등문관시험高等文官試驗에 합격하고, 같은 해 12월 오사카부大阪府 속屬 및 내무부 지방과에서 관직생활을 시작했다. 1916년에 오사카부 이사관으로 영전했으며, 1917년 10월부터 1918년 6월까지 시학관視學官으로 활동했다. 이밖에 사회과장, 학무과장, 구제과장救濟課長 등을 역임했다. 1918년 11월에는 이시카와현石川縣 이사관으로 영전하고 지방과장 등을 역임했다.

1919년 10월에 조선총독부 사무관으로 처음 조선에 건너왔다. 최초의 직책은 조선총독부 학무국의 종교과장이었으며, 1920년 6월에는 총독관방總督官房 문서과장을 겸임했다. 1922년 3월에는 학무국 학무과장이 되었으며, 1923년 2월에 다시 종교과장을 겸임하였다.

이 사이에 조선총독부 직속기관인 각종 위원회의 위원 및 간사로 활동하였다. 법규정리위원회法規整理委員會 위원(1922), 공립학교직원은급심사위원회公立學校職員恩給審査委員會 위원(1923), 교과서조사위원회敎科書調査委員會 위원(1923), 소학교 및 보통학교교원시험위원회小學校及普通學校敎員試驗委員會 위원(1923), 임야조사위원회林野調査委員會 위원(1923), 재외지정학교은급심사위원회在外指定學校恩給審査委員會 위원, 조선미술심사위원회朝鮮美術審査委員會 간사, 조선정보위원회朝鮮情報委員會 위원이 그것이다.

비록 조선총독부에서 재근한 것은 약 3년 정도로 짧았지만 기간에 비해 적지 않은 글을 남겼는데, 「구미의 사회사업시찰잡감歐米の社會事業視察雜感」(『조선급만주朝鮮及滿洲』, 1922.11), 「정치의 민중에 관한 견문政治の民衆に關する見聞」(『조선朝鮮』, 1922.12), 「미국인이 본 조선 문제米人の見たる朝鮮問題」(『조선』, 1922.5), 「워싱턴회의와 조선 문제華府會議と朝鮮問題」(『조선』,

1922.2) 등이 대표적이다. 한편 1920년 종교과장이었을 때, 조선 불교계의 이회광李晦光이 조선과 일본 불교의 병합을 기도하려 하자 "이회광 스님이 조선 불교의 권력을 쥐고 통솔하려는 야심이 있다고는 하나 조선 사찰은 사찰령寺刹令에 의해 조선 총독이 결정할 것이므로 본국 대신에게 진정서를 아무리 제출해도 효과가 없을 것이니 조선의 승려는 하등 동요할 것이 없다"고 발표한 것은 향후 조선 불교의 방향을 결정한 것으로 평가받기도 한다.

귀국한 이후에도 한동안 내무관료로서의 이력을 쌓아갔다. 1923년 5월에 내무성 사회국 제2부 제2과장이 되었으며, 1924년 5월에는 시가현滋賀縣 경찰부장, 1925년 9월에 후쿠시마현福島縣 내무부장, 1928년 5월에 도치기현栃木縣 내무부장, 1929년 7월에 오사카부 내무부장을 역임했다. 1931년 1월에는 사가현佐賀縣 지사가 되었으며, 1932년 6월에 도치기현 지사, 1934년 7월에는 미야기현宮城縣 지사에 취임했다. 1935년 6월에 내무성 사회국장으로 영전하였다가 1936년 3월, 가나가와현神奈川縣 지사가 되었다. 1938년 12월에는 홋카이도청北海道廳 장관, 1939년 9월에 오사카부 지사로 활동했다. 1941년 1월에 퇴관하였으나 이후 정계에 진출하여 1941년 2월부터 1946년 11월까지 요코하마시橫濱市 시장을 역임했다. 1946년 1월 4일에 발표된 연합국최고사령관각서「공무종사에 적합하지 않은 자의 공직 제거에 관한 건公務從事に適しない者の公職からの除去に關する件」과 관련하여 잠시 공직에서 추방되었다가 1952년 8월에 해제되었다. 1952년 11월부터 1959년 6월까지 요코하마상공회의소橫濱商工會議所 회장으로 활동했고, 1959년 4월부터 1963년 4월까지 다시 요코하마시 시장을 역임했다. 1982년 사망했다.

[참고문헌] 친일인명사전편찬위원회 편 『친일인명사전』(민족문제연구소, 2009), 朝鮮中央經濟會 編 『京城市民名鑑』(朝鮮中央經濟會, 1922), 人事興信所 編 『人事興信錄 第13版 下』(人事興信所, 1941), 秦郁彦 編 『日本近現代人物履歷事典』(東京大學出版會, 2002), 국사편찬위원회 한국사데이터베이스 〈http://db.history.go.kr〉

【전영욱】

187
나카마 다케카쓰
名嘉眞武勝(명가진무승)   1905.6.23~2000

사법관료, 변호사

나가사키현長崎縣 시마바라시島原市 출신. 나카마 다케아키名嘉眞武揚와 마쓰マツ 사이에서 3남으로 태어났다. 원래 그의 선조는 류큐琉球(현 오키나와沖繩) 출신이다. 아버지는 전직 경찰관이었고 어머니가 시마바라시에서 잡화상을 경영했다. 1923년 3월 나가사키 현립 시마바라중학교島原中學校를 졸업했다.

1924년 4월 조선으로 건너와 경성제국대학京城帝國大學 예과豫科에 입학했다. 1926년 3월 예과를 수료했고, 4월 함남 사립영생고등보통학교私立永生高等普通學校 교원으로 취직했다. 1927년 3월 동교를 사직하고, 4월 경성제국대학 법문학부法文學部에 입학했다. 1930년 3월 동 대학 법문학부를 졸업했고, 5월 조선총독부 판임관견습判任官見習으로 경성복심법원京城覆審法院 서기에 임용되었다. 1931년 10월 건강이 좋지 않아 면직하고 약 1년간 일본 고향으로 돌아가 요양했다. 1933년 1월 경성복심법원 고원雇員으로 취직했고, 9월 조선변호사시험에 합격했다. 동년 11월 판임관 수습으로 경성복심법원 서기에 재임용되었다. 이 무렵 전직 조선총독부 판사 이시바시 요시오石橋義夫의 딸 이시바시 시즈코石橋靜子와 혼인하여 경성부京城府 죽첨정竹添町에서 거주했다. 1934년 11월 고등시험高等試驗 사법과司法科에 합격했다.

1935년 7월 조선총독부 사법관시보司法官試補에 임용되어 1년 6개월 동안 경성지방법원에서 실무수습을 받았다. 1937년 2월 조선총독부 판사에 임용되어, 광주지방법원 목포지청으로 발령받았다. 1939년 2월 해주지방법원 서흥지청瑞興支廳으로 전근되었다. 동년 전 부인과 사별한 후 이시바야시 후지코石林富壽子와 재혼하여 1남 1녀를 낳았다. 1941년 평양지방법원으로 전근되어 패전 때까지 근무했다.

패전 후 2년이 지날 무렵 평양平壤에서 부산釜山까지 걸어와 후쿠오카福岡로 가는 배에 올라 시모노세키下關에 상륙하여 기차로 고향 나가사키로 돌아갔

다. 이후 미야자키현宮崎縣 재판소에서 판사 등을 지
내다가 정년퇴직 후 나가사키에서 변호사를 개업하
였다. 2000년 사망하였다.

[참고문헌] 司法協會 編 『朝鮮司法大觀』(司法協會,
1936), 朝鮮總督府法務局人事係 『自昭和九年 至同十
年 司法官試補進退關係綴』(朝鮮總督府, 1935), 전병무
「일제시기 在朝鮮日本人 司法官試補 연구」『해람인문』
44(강릉원주대 인문학연구소, 2017), 조선총독부관보
활용시스템 〈http://gb.nl.go.kr〉　　【전병무】

188
나카모토 노부코
中本信子(중본신자)　　　　1909~?

가와사키 노부코河崎信子(결혼 전)
의사

도쿠시마현德島 출신으로 여성으로서는 드물게 1932
년 경성치과의학전문학교京城齒科醫學專門學校를 졸
업하였다. 패전 후 1946년 6월 평양을 탈출해 사세보
佐世保로 귀국하였다.

도쿠시마에서 치과의였던 부친 가와사키 마사노
부河崎正信가 1917년 조선총독부 관할 평안남도 평양
자혜의원 치과의장으로 부임하며 조선과 인연을 맺
었다. 아버지는 평양에서 자혜의원과 도립병원에서
근무한 뒤 1928년 퇴직하여 수정壽町에서 개인병원
을 개업하였다.

그녀는 아버지를 따라 8세 때 평양에 정착하여
1932년 경성치과의학전문학교를 졸업한 뒤 1936년
결혼하였다. 시댁 나카모토中本 가문은 1910년 한일
강제병합 직전에 야마구치현山口縣에서 조선으로 건
너온 어용상인으로 평양에서 도자기 판매업과 청량
음료회사를 경영을 통해 부를 축적했다.

그녀의 동생 가와사키 도모토시河崎智俊(1916년생)
는 1939년 도쿄치과의학전문학교東京齒科醫學專門學
校를 졸업하고 1939년 만주국 신경병원新京病院의 치
과의장으로 부임했다가 1942년 아버지가 병환으로
치과 경영이 어려워지자 평양으로 돌아와 가업을 이
었다.

1944년 10월부터 평양 일대에 연합국 전투기가 출
몰하기 시작하자 안전을 위해 평안북도 박천博川의
숙부 집으로 소개疏開하였다. 시댁은 1945년 5월부
터 원자재 조달이 어려워지자 양조업을 중단하였고,
이 무렵부터 일본인을 대상으로 한 조선인의 공격이
빈발하자 다시 평양으로 돌아가 친정 식구들과 재회
했다.

치과의사 가문이었던 나카모토 일가는 1945년 9월
24일 소련군이 평양에 진주하고 북조선인민정치위
원회 보건부가 의약품과 병원을 통제함에 따라 병원
시설 일체가 접수되었다. 또한 거주하던 집마저 접
수됨에 따라 인근의 일본인과 함께 지정 가옥에서
동거하기 시작했으며, 그녀의 동생 도모토시는 제7
인민병원에 배속되어 만주 피난민과 지역 거류민의
진료를 맡았다. 1945년 12월 전염병이 창궐하자 평
양의 일본인들은 모국 귀환을 점령당국에 탄원했으
나 거부되었다. 그 후 1946년 6월 점령당국이 집단
탈출을 묵인하기 시작하자 동생 도모토시는 피난민
단장이 되었으며, 그녀의 친정과 시댁 식구는 700명
의 일본 거류민과 함께 평양을 탈출해 38도선 이남의
미군수용소를 거쳐 일본으로 돌아갔다.

[참고문헌] 李淵植 『朝鮮引揚げと日本人』(明石書店,
2015), 中本信子「北鮮から姉と弟の引揚げ」『平和の
礎』6卷(平和祈念事業特別基金, 1996), 이연식「해방
후 한반도 거주 일본인 귀환에 관한 연구」(서울시립대
학교 박사학위논문, 2009)　　　　【이연식】

189
나카무라 겐타로
中村健太郎(중촌건태랑)　　　　1883.7.7~?

산쇼三笑(필명)
실업가, 언론인

구마모토시熊本市 이케가미초池上町 출신. 심상소학
교尋常小學校 졸업 후 세이세이코濟濟黌에 재학 중에
국권당國權黨 본부 진제이칸鎭西館의 조선회에 입회
하여 조선어를 배웠다. 구마모토현熊本縣 파견 유학
생으로 도한하여 3년간 수학하였고, 조선에 남아 일

본어 교사, 경부철도회사 사무원으로 일하였다. 1904년 『한성신보漢城新報』의 주간이 되었고, 1905년 통감부 경무고문부 번역관보로 임명되며 신문 검열을 맡았다. 1910년 매일신보의 주재가 된 후 도쿠토미 소호德富蘇峰(→342)와의 친분으로 『경성일보京城日報』의 편집국장을 겸직하였다.

1915년 당시 경성일보 사장 아베 미쓰이에阿部充家(→600)와 용주사를 방문한 후 불교에 경도되었고, 임제종 묘심사파 경성별원을 찾아가 섭심회와 일요강연에 참석하며 관련 인물들과 교류하였다. 1924년 동민회 활동을 하던 중에 고바야시 겐로쿠小林源六, 마루야마 시게토시丸山重俊의 제의를 받아 1925년 조선불교단의 실행위원이 되었고, 그 후 불교를 통한 내선융화의 추진에 전념하였다. 1920년대 후반 '조선불교사'의 사장이 되어, 기관지 『조선불교』의 발간, 일본불교 시찰단 파견, 사회구호사업, 불교행사를 추진하며 단체활동의 확장에 힘썼다. 그 중 1929년에 개최된 조선불교대회, 오니시 료케이大西良慶의 조선순회강연, 일본식 하나마쓰리의 개최, 조선 선승 친견 등의 후기를 『조선불교』에 수록하였다. 나카무라는 당시의 조선불교를 쇠퇴한 상태로 인식하였고, 발전을 위해서는 일본의 원조와 양국 불교계의 동화가 필요함을 지속적으로 강조하였다.

1922년부터 1940년까지 총독부 경무국 위생과, 고등경찰과, 보안과의 촉탁을 역임하였다. 1924년 총독부의 내선융화 정책과 보조를 맞추어 조직된 단체인 동민회의 상임이사가 되었다. 1925년 일본인 중심의 사회교화단체인 '조선불교단朝鮮佛教團'의 실행위원으로 선출된 후, 1920년대 후반에는 조선불교사의 사장이 되어 『조선불교朝鮮佛教』의 발간, 포교 유학생 파견, 각종 불교행사의 개최에 주력하였다.

1945년 11월에 일본으로 귀국한 이후 중앙조선협회의 회원으로 1960년대에 3년에 걸쳐 중앙조선협회의 기관지 『동화同和』에 한일 관계에 관한 글을 연재하였다. 1967년 10월 아사히朝日 TV의 해외 방송 프로그램으로 편성된 '1919년 경성 파고다 공원 3·1 조선독립선언 회고'와 관련하여 김성수金聖洙, 유종묵柳宗默과 함께 현존 목격자로 출연하였다. 1969년

자서전 성격의 『조선생활 50년朝鮮生活五十年』을 발간하였고 『사이토 자작을 추모함齋藤子爵を偲ぶ』(朝鮮佛教社, 1937)을 남겼으며, 『조선불교』에 많은 글을 수록하였다.

[참고문헌] 정진석 『언론조선총독부』(커뮤니케이션북스, 2005), 中村健太郎 『朝鮮生活五十年』(青潮社, 1969)

【손지혜】

190

나카무라 고타로

中村孝太郎(중촌효태랑)　　　　1881.8.28~1947.8.29

육군 군인

이시카와현石川縣 출신. 사족士族 나카무라 요시후사中村芳房의 장남으로 태어났다. 육군중앙유년학교를 거쳐 1901년 11월 육군사관학교를 졸업(13기)하고, 이듬해 6월 보병소위로 임관하여 보병 제36연대에 배속되었다. 1904년 8월에는 중위로 진급하여 보병 제36연대 대대 부관, 보병 제18여단 부관, 육군중앙유년학교 생도대生徒隊 중대장을 역임하였다. 1908년 1월 대위로 진급하였고, 다음 해 12월에는 육군대학교를 졸업(21기)하였다. 참모본부원, 제1사단 병참 참모를 거쳐 1915년 8월 소좌로 진급하였다. 이후 보병 제35연대 대대장, 참모본부원 등을 거쳐 1919년 7월 중좌로 진급하였고, 보병 제32연대 소속, 스웨덴 공사관 주재 무관, 참모본부 서무과 고급과원高級課員을 역임하였다. 1922년 8월 대좌로 진급하고 보병 제67연대장, 육군성 고급부관을 역임했으며, 1927년 7월 육군소장으로 진급하고 보병 제39여단장으로 취임하였다.

1929년 8월 조선군 참모장으로 임명되어 도한했으며 1930년 12월 22일까지 이 직책을 유지하였다. 1938년 7월에는 조선군 사령관(1938.7.15~1941.7.7)으로 임명되어 다시 도한하였다.

조선군 참모장의 임기를 마치고 귀국한 1930년 12월 육군성 인사국장으로 취임했으며, 1932년 2월에는 지나支那(중국) 주둔군 사령관을 역임하였다. 같은 해 4월 중장으로 진급하고 제8사단장, 교육총감부

본부장을 거쳐 1937년 2월 하야시 센주로林銑十郎(→ 931) 내각의 육군대신으로 취임하였다. 하지만 장티푸스에 걸려 8일 만에 육군대신을 사임하였다. 1938년 6월에는 육군대장으로 진급하고 다음 달에는 조선군 사령관으로 취임하였다.

조선군 사령관의 임기를 마치고 귀국한 후 군사참의관과 동부사령관을 역임하고 1943년 5월 예비역으로 편입되었다. 1945년 5월 상이군인에 대한 원호기관인 군사보호원軍事保護院 총재로 취임하였고, 패전 후인 1947년 8월 29일 사망하였다.

[참고문헌] 秦郁彦 編『日本陸海軍總合事典』(東京大學出版會, 1991), 川端源太郎 編『京城と內地人』(日韓書房, 1910) 【이승희】

191
나카무라 기치에몬(초대)
中村吉右衛門(初代)(중촌길우위문(초대))
1886.3.24~1954.9.5

나미노 다쓰지로波野辰次郎(본명)

가부키歌舞伎 배우

도쿄부東京府 출신. 3대 나카무라 가로쿠中村歌六의 차남이다. 1897년 도쿄 이치무라좌市村座에서 기치에몬中村吉衛門의 이름으로 첫 무대에 섰다. 어린이 가부키를 중심으로 장래를 촉망받으며 9대 이치카와 단주로市川團十郎의 보호를 받았다. 1908년 6대 오노에 기쿠고로尾上菊五郎와 함께 이치무라좌의 전속이 되어 젊은 가부키 배우로 인기를 얻어 기쿠키치菊吉시대를 풍미하였다.

1921년에는 이치무라좌를 탈퇴하여 쇼치쿠松竹로 이적하였다. 그는 전통적인 연기뿐만 아니라 9대 이치카와 단주로의 근대적인 연기를 더하여, 시대물과 현대물의 다치야쿠立役(성년 남성의 배역)를 겸할 수 있는 당대 최고의 명배우로 자리를 잡았다. 또한 부친을 여의고 고립되어 있었던 6대 나카무라 후쿠스케中村福助를 발탁하여 전후 온나가타女方(젊은 여성의 배역)를 대표하는 최고의 배우로 육성한 공적이 있다. 취미는 궁도와 하이쿠俳句이다. 작품집으로『기치에 몬쿠슈吉右衛門句集』가 있다. 옥호屋號는 하리마야播磨屋이다.

기치에몬의 조선 공연으로는 1938년 9월 25~28일 경성부민관에서 열린 공연이 있다. 이 공연은 황군 위문과 출정 군인 유가족 위안이 목적이었는데, 당시 미나미 지로南次郎(→411) 총독과 기치에몬의 돈독한 친분 때문에 그의 조선 공연이 실현되었다. 공연의 수익은 국방헌금을 할 예정이었다.

기치에몬 일행은 동월 5일에 도쿄를 출발하여 다롄大連, 펑톈奉天, 안둥安東을 지나 평양을 거쳐 23일 경성에 도착하였다. 이들 일행은 도착하자마자 간부들을 중심으로 조선신궁을 참배한 후, 총독부군사령부, 경성일보사 본사를 방문하고, 다음날인 24일에는 용산육군병원에 들러 부상병을 위문하였다.

25일부터 시작된 공연은 미나미 총독 부부를 시작으로 마키노牧野 비서 등 총독부 관계자, 군 관계자들이 관람하였다. 특히 4일간의 흥행 중 26, 27일은 부상용사와 출정 군인 유가족을 초대하는 위문 공연으로 이루어졌다. 27일의 공연이 끝난 후에는 나카무라 고타로中村孝太郎(→190) 조선군사령관과 오노大野 조선군사후원연맹회장의 감사장과 기념품이 전달되었다.

상연목록으로는〈기요마사세이추로쿠淸正誠忠錄〉,〈가지와라헤이조호마레노이시키리梶原平三藝石切〉,〈지신카토모모야마모노가타리地震加藤桃山譚〉,〈이로모요춋토카리마메色彩間刈豆〉,〈고존지스즈가모리御存鈴ヶ森〉,〈이치노타니후타바군키一谷嫩軍記〉,〈간다마쓰리神田祭〉,〈마쓰우라노타이코松浦の太鼓〉등이 있다.

1947년 일본예술원日本藝術院 회원이 되었고, 1951년에는 문화훈장文化勳章을 받았다. 1953년 11월에 도쿄 가부키좌歌舞伎座에서 열린〈오미겐지센진야가타 모리쓰나진야近江源氏先陣館 盛綱陳屋〉공연은 천람가부키天覽歌舞伎로 쇼와천황昭和天皇과 고준황후香淳皇后가 관람하는 가운데 주인공인 사사키 모리쓰나佐々木盛綱를 연기하였다. 명실공히 전후 가부키계 최고의 명배우였다.

[참고문헌] 野島壽三郎 編『歌舞伎人名事典』(日外アソ

シエーツ株式會社, 1988), 小宮豊隆『中村吉右衛門』
(岩波現代文庫, 2000)　　　　　　　　　　【김지선】

192

나카무라 나오사부로

中村直三郎(중촌직삼랑)　　　　　1880.3~?

실업가

야마구치현山口縣 시모노세키下關 출신. 나카무라 나
오쓰구中村直嗣의 장남이다. 시모노네키시립상업학
교下關市立商業學校를 중퇴하였다. 1902년에 가업인
주조업을 상속했고, 동시에 우베탄광宇部炭鑛을 운영
하였다. 또한 1908년 시모노세키에서 미쓰비시아사
히三菱旭 유리주식회사 서부판매점을 운영했다.
1904년부터 만주 대령大嶺에 무연탄 발굴이 활발해
짐에 따라, 1915년 대령무연탄광주식회사를 창립하
였다. 그 외 도쿄일본석탄주식회사 등을 창립했으며
1928년에 퇴직했다.

　장래적인 전망으로 만주의 광업을 개발하고 길회
철도吉會鐵道 종단지 나진의 웅기항雄基港에 착목하
여, 1926년 7월 조선으로 건너왔다. 친화광업주식회
사親和鑛業株式會社 회장, 동만주산금東滿州産金, 나진
웅기토지흥업羅津雄基土地興業, 친화목재주식회사親
和木材株式會社 등 각 대표로 활동하였으며 동부 상공
회연합회장, 웅기 상공회회장, 나진 웅기면 협의회
위원 등으로 조선 북부 개발을 위해 활동하였다.
1931년 만주사변 후에 웅기에 친화계열인 여러 회사
를 경영하고 조선의 북쪽 지방 및 동만주 산물의 교
역, 교통, 목재, 광업 등에 걸쳐 종합적으로 영업을
하였다. 친화무역주식회사親和貿易株式會社를 통해
콩, 시멘트, 설탕, 철재를 조선의 북쪽지방을 통하는
동만주 길을 따라 거래하였다. 목재회사를 통해 간
도間島의 목재벌채 및 동만주의 임업지 경영을 했다.
훈춘철로琿春鐵路를 손에 넣고 내륙의 둥닝東寧으로
통하는 100km에 이르는 경제 노선과 국방노선을 이
루는 광궤철도廣軌鐵道 부설을 계획하는 등 훈춘琿春
부근의 대탄전과 임업 및 야생특산품 등을 대상으로
한 물자교역 및 개발을 목적으로 한 사업을 추진했

다. 1938년 봄 국책사업에 부응하여 자본금 2천만
원 중 4분의 1을 불입하여 동만주산업주식회사東滿洲
産業株式會社를 설립하였다. 북선 개척의 공로를 세운
인물이다.

[참고문헌] 有馬純吉『昭和六年版 朝鮮紳士錄』(朝鮮紳
士錄發行會, 1931), 阿部薰 編『昭和12年版 朝鮮都邑大
觀』(民衆時論社, 1937), 阿部薰 編『昭和12年版 朝鮮都
邑大觀』(民衆時論社, 1937) 【나카무라 시즈요中村靜代】

193

나카무라 다카쓰구

中村孝嗣(중촌효사)　　　　　1886.11.28~?

금융인

미야기현宮城縣 센다이시仙臺市 하야시林 5번지 출신.
나카무라 도요사부로中村豊三郎의 장남으로 태어났
다. 1907년 7월 동양협회식민전문학교東洋協會殖民專
門學校를 졸업했다.

　1907년 한국 정부 재정부 소속 고문으로 조선에
건너와 근무하였다. 밀양금융조합密陽金融組合 이사
로 초기의 조합 사업에 관여했다. 1912년 한호농공
은행漢湖農工銀行 춘천 지점장, 본점 영업과장 대리로
근무하다가 1916년 1월, 춘천 지점장으로 승진했다.
1918년 10월 한호농공은행의 조직개편으로 조선식
산은행朝鮮殖産銀行이 되자 춘천 지점장으로 근무했
다. 1920년 조선식산은행 수원 지점장, 1922년 조선
식산은행 충주 지점장, 1930년 조선식산은행 공주
지점장, 1932년 조선식산은행 대전 지점장, 1935년
조선식산은행 경성 본점 검사역이 되었다.

[참고문헌] 朝鮮公論社 編『在朝鮮內地人紳士名鑑』(朝
鮮公論社, 1917), 朝鮮新聞社 編『朝鮮人事興信錄』(朝
鮮新聞社, 1922), 阿部薰『朝鮮人物選集』(民衆時論出
版部, 1934), 貴田忠衛『朝鮮人事興信錄』(朝鮮人事興
信錄編纂部, 1935), 阿部薰 編『昭和12年版 朝鮮都邑大
觀』(民衆時論社, 1937)　　　 【나카무라 시즈요中村靜代】

194

나카무라 료헤이

中村亮平(중촌량평)　　　　　1887.6.19~1947.7.7

교사, 미술학자, 문학가

나가노현長野縣 고카촌五加村 출신. 농부 기요자에몬 淸左衛門과 미네みね의 3남으로 출생하였다. 1911년 3월 나가노현 사범학교를 졸업하고 고향에서 교편을 잡았으나, 사직한 이후 1918년부터 무샤노코지 사네아쓰武者小路實篤가 주창한 미야자키현宮崎縣 휴가日向의 유토피아 실현을 위해 '새로운 마을新しき村'을 찾아다니고, 이듬해 봄에 가산을 정리해 가족과 함께 이주했다.

1920년 다시 교사가 되어 창작 활동을 시작했다. 1923년 말부터 조선에서 사범학교 교사를 지내고 1925년에 귀국했다. 1928년 8월 태평양화학교太平洋畫學校를 수료하고 도야마소학교戶山小學校를 거쳐, 1932년 7월부터 1947년 1월까지 도쿄부립고등가정여학교 東京府立高等家政女學校에서 교사를 역임하였다. 『호랑가시나무柊の花』(洛陽堂, 1921), 장편소설 『죽은 보리 死したる麥』(洛陽堂, 1922), 『대조 세계미술 연표對照世界美術年表』(藝艸堂, 1938) 등 동화, 소설, 미술 계몽서 등 다수의 저서가 있다. 1947년 폐결핵으로 사망.

1923년 12월 9일 울산보통학교 교사로 부임, 1925년 3월 31일부로 경북 공립 사범학교로 이적했다. 1926년 2월에 본문 558쪽에 이르는 호화판 『조선동화집朝鮮童話集』(冨山房, 1926)을 간행하고, 같은 해 8월 31일 사임했다. 나가노현 사범학교 출신으로 당시 경남에서 보통학교 교사로 있던 호리우치 요시노부堀內義信의 소개를 통해 조선에 부임하게 되었다. 경북 공립 사범학교에서 나카무라의 담당과목은 전 학급의 도화圖畫와 국어과(일본어) 수업이었다. 1923년부터 1926년까지 교장으로 근무한 와타나베 도운渡邊洞雲은 당시 일본 제국미술원전람회에 비견되는 조선미술전람회에 나카무라가 입선하여 만나보니 과묵 온화한 문화인이었기에 채용했고, 도화(미술)와 더불어 국어(일본어)를 담당하게 된 것은 나카무라가 조선 설화, 동화를 연구했기 때문이라고 증언했다.

나카무라의 『조선동화집』에는 조선 동화(43편), 전설(17편), 고전소설(심청전, 흥부전)을 수록했는데, 그 대부분이 조선총독부 편 『조선동화집朝鮮童話集』(1924) 등 선행 설화집에서 그 소재를 취했다. 1920년대부터 동화 교육의 중요성이 부각되면서 본격적으로 설화를 동화로 개작하게 되는데, 그 대표적인 출판물이 바로 조선동화집이다.

나카무라의 『조선동화집』은 1926년 발행 이후 1938년 3월에 제5판을 찍었고, 1941년 11월에는 다시 재판을 발행해, 최소한 6쇄를 찍었다. 후속편인 『지나조선타이완신화전설집支那朝鮮臺灣神話傳說集』(近代社, 1929)은 1934년에 제목을 수정해 『조선타이완지나 신화와 전설朝鮮臺灣支那神話と傳說』(大洋社), 1934년(誠文堂), 1935년(大京堂)에 거듭 증쇄되었다. 신라시대 미술을 중심으로 다룬 『조선경주지미술朝鮮慶州之美術』(藝艸堂, 1929)도 1940년 2월에 개조사改造社 문고판 『증보 조선경주의 미술增補朝鮮慶州の美術』이 간행되어, 같은 해 10월 10일에는 제11판을 찍었다.

말년에는 『동양미술의 지식東洋美術の智識』(厚生閣書店, 1930), 『일본미술의 지식日本美術の知識』(改造社, 1932), 『태서미술의 지식泰西美術の知識』(改造社, 1933)에 이어서, 『만주의 미술滿洲の美術』(寶雲舍, 1941), 『일본미술고日本美術考』(寶雲舍, 1942), 『일본미술사日本美術史』(文修社, 1944), 『아메리카의 미술アメリカの美術』(東亞出版社, 1947) 등 동서양 미술 관련서를 집필했다.

[참고문헌] 日本近代文學館 『日本近代文學大事典』(講談社, 1977), 大阪國際兒童文學館 編 『日本兒童文學大事典』(大日本圖書株式會社, 1993), 김영남 『『조선동화집』에 나타난 '美'의 '記述'에 관한 고찰』 『민속학연구』16(국립민속박물관, 2005), 김광식 「1920년대 일본어 조선동화집의 개작 양상」 『열상고전연구』 48(열상고전연구회, 2015), 今井信雄 「新しき村餘錄(中)-中村亮平傳」 『成城文藝』 52(成城大學, 1968)　　　【김광식】

195

나카무라 세이이치

中村淸一(중촌청일)　　　　　1886.1.7~?

하쿠텐白天(호)

관료

시마네현島根縣 나카군那賀郡 하마다초濱田町 출신. 나카무라 겐조中村猏藏의 장남으로 태어났다. 도쿄東京에 있는 니혼대학日本大學 전문부 법과에 입학하여 1908년 졸업했다.

대학을 졸업하고 이듬해인 1909년 5월에 조선으로 건너왔다. 처음은 조선총독부 도지부 주사主事로 취임하였는데, 1913년에 군 서기로 되어 평안남도 영변寧邊, 개천价川, 강서江西 등에서 재무주임으로 근무했다. 1913년에는 도의 서기로 평안남도 재무부에 근무. 동년 6월에 평양부平壤府로 이동, 1914년에 다시 대동군大同郡 재무부 주임으로 전출했다. 1916년에 서기관으로 평안남도청에 근무하다가, 1923년에 평안남도 재무부 세무과장으로 취임했다. 1927년에 도 이사관理事官 역임 후에 1929년 11월, 경성부 세무과장을 거쳐 1934년 5월에 인천 세무서장으로 임명되었다. 조선에 온 후 계속 세무 관련 분야에서 근무했고, 20년 동안 평안남도에서 재직하였다.

[참고문헌] 京城新聞社 編『朝鮮の人物と事業』(京城新聞社, 1930), 有馬純吉『昭和六年版 朝鮮紳士錄』(朝鮮紳士錄發行會, 1931), 貴田忠衛『朝鮮人事興信錄』(朝鮮人事興信錄編纂部, 1935) 【나카무라 시즈요中村靜代】

196

나카무라 센자쿠(초대)

中村扇雀(初代)(중촌선작(초대))

1902.2.17~1983.4.13

하야시 요시오林好雄(본명), 2대 나카무라 간지로中村鴈治郎(예명)

가부키歌舞伎 배우

오사카부大阪府 출신. 초대 나카무라 간지로中村鴈治郎의 차남이다. 1906년 교토京都 미나미좌南座에서 〈다이헤이키추신코샤쿠太平記忠臣講釋〉 공연에서 첫 무대를 섰다. 이후 1909년 〈란페이모노구루이蘭平物狂〉 공연에서 초대 나카무라 센자쿠中村扇雀로 개명하였다. 센자쿠는 어린이극과 청년극 나카무라 센자

쿠 이치좌一座의 리더座頭로도 활약하였으며, 1924년에는 오가부키大歌舞伎로 복귀하여 2대 지쓰카와 엔자쿠實川延若와 12대 가타오카 니자에몬片岡仁左衛門과 함께 가부키를 수행하였다.

1935년에는 부친인 초대 간지로의 사망으로 2대 나카무라 간지로를 습명襲名하였다. 그는 다치야쿠立役(성년 남성의 배역)와 온나가타女形(젊은 여성의 배역) 등 다양한 배역을 소화하였으며, 가미가타가부키上方歌舞伎의 전통을 계승한 대표적인 배우였다.

가부키 외에도 쇼치쿠松竹 신희극新喜劇에서도 활약하였다. 1955년에는 쇼치쿠를 퇴사, 영화와 드라마 배우로도 활약하는 등, 활동 범위가 넓었다.

1967년에 중요무형문화재(인간국보)로 지정되었다. 자녀로는 4대 사카타 도주로坂田藤十郎(가부키 배우)와 나카무라 다마오中村玉緖(영화, 드라마 배우)가 있다. 옥호屋號는 나리코마야成駒屋이다.

조선 공연으로는 1938년 6월과 1939년 3월 공연을 확인할 수 있다.

1938년 6월 공연은 18~21일에 경성부민관에서 열렸다. 센자쿠 일행은 공연 전일인 17일에 경성에 도착했으며, 상연 목록은 〈나고야산자이즈모노오쿠니하레부타이名古屋山三出雲お國晴舞臺〉, 〈오미겐지센진야카타 모리쓰나쿠비짓켄노바近江源氏先陣館 盛綱首實檢の場〉, 〈간지로주니로쿠노이치 쓰치야치카라玩辭樓十二曲の一 土屋主稅〉, 〈간지로주니로쿠노이치 신주텐노아미지마가와쇼노바玩辭樓十二曲の一 心中天網島河莊の場〉, 〈미치유키고이노오다마키道行戀の苧環〉였다.

1939년 3월 공연은 9~12일에 경성극장에서 열렸다. 이 공연은 초대 나카무라 간지로(1860~1935)의 5주기 추선흥행追善興行으로 일행 100여 명은 동월 8일에 부산에 도착하여 경성공연을 한 후, 13일에 규슈九州 이즈카飯塚로 돌아갈 예정이었다. 나카무라 일행은 9일에 경성에 도착한 후 경성일보사를 방문, 공연을 시작하였다. 상연 목록으로는 〈오메미에쿠라야미御目見得暗闇〉, 〈신사쿠쇼군요리이에新作將軍賴家〉, 〈스가와라덴주테나라이가가미 데라코야노단菅原傳授手習鑑 寺子屋の段〉, 〈간지로주니로쿠노완큐스에노마쓰야마玩辭樓十二曲の椀久末松山〉, 〈이치조오쿠라모

노가타리一條大藏卿〉, 〈가지와라헤이조호마레노이시키리梶原平三譽石切〉, 〈완큐스에노마쓰야마椀久末松山〉가 있다. 이상의 목록은 일본 본토의 상연 목록과도 일치하였다고 한다.

나카무라는 가부키 외에 영화, 드라마 등에서도 활약하였으며 대표적인 영화로는 〈오사카모노가타리大阪物語〉, 〈일본탄생日本誕生〉 등이 있고, 저서로는 『간지로의 세월鴈治郎の歲月』(文化出版局, 1972), 『배우 바보役者馬鹿』(日本經濟新聞出版社, 1974)가 있다.

나카무라는 많은 수상 경력이 있는데, 1967년 인간국보 지정 이후 1968년 시주호쇼紫綬褒章, 1969년 NHK방송문화상, 1970년 일본예술원상, 1974년 훈3등勳三等 즈이호쇼瑞寶章, 1980년 문화공로자를 수상하였다.

1983년 사망 후 정4위正四位 훈2등勳二等 즈이호쇼瑞寶章를 받았다.

[참고문헌] 中村鴈治郎 『鴈治郎の歲月』(文化出版局, 1972), 中村鴈治郎 『役者馬鹿』(日本經濟新聞出版社, 1974), 野島壽三郎 編 『歌舞伎人名事典』(日外アソシエーツ株式會社, 1988), 金志善·鹿倉結衣 「植民地朝鮮における歌舞伎公演の實態ー『京城日報』の歌舞伎記事を手がかりにー」 『東京藝術大學音樂學部紀要』 43 (東京藝術大學, 2018)　【김지선】

197
나카무라 쇼시치
中村正七(중촌정칠)　1918.11.14~2007.5.2

언론인

야마구치현山口縣 출신으로 학력, 도한 전후의 경력은 알려지지 않았다. 또 경성중앙방송국 입국년도 역시 불명이다.

1945년 8월 15일 '경성의 아타고산愛宕山'이라 불리던 경성부京城府 서북부의 고지대에 위치한 경성중앙방송국에 출근하여 근무하고 있었다. 곁에서 종전의 조칙을 들은 신인 여성 방송원이 울기 시작한 것을 보았고, 방송 후 각 관청에서 중요 서류의 소각이 시작되었다.

최후의 조선총독 아베 노부유키阿部信行(→597)는 9월 19일 미군기로 도쿄東京로 귀환, 28일부로 사임했다. 10월 2일, 조선방송협회 소속 일본인 직원 전원이 파면되었다. 미혼이었던 나카무라 아나운서 한 명만 미 군정청으로부터 잔류 요청을 받아, 나카무라는 이를 수락하였다. 기간은 12월 초까지였으며, 장기 잔류는 허락되지 않았다. 잔류한 나카무라의 모습에 대하여 윤길구尹吉九는 "내가 '일본의 천황 히로히토裕仁는……'라고 하면, 그는 "예"라고 대답하며 원고에 적고, 방송할 때에는 '천황 폐하는……'이라고 말했다"고 회상했다(『한국방송사韓國放送史』).

나카무라는 "군정하의 일본어 방송은 대폭 줄어 오후 7시 뉴스를 10분 정도 담당했을 뿐이었다. 일본어 방송은 11월 말까지 시행했을 것이다. 방송은 분명 아침 6시 20분부터 5분 내지 10분이었다. 『경성일보京城日報』의 교정쇄를 받아 방송했다"(『JODK 消えたコールサイン』)고 이야기했다. 11월 28일 경성의 명칭이 한성으로 바뀌었고, 거리명도 일본식 명칭이 잇따라 조선식으로 바뀌었다.

"11월 1일 조선인 손에 인도된 이후로도 일본어 신문으로 발행되었던 『경성일보』 역시 12월 26일 마침내 자취를 감추었다. 라디오 일본어 뉴스도 하루 1회로 축소되었다. 군정청도 쓸모가 없는 일본인은 반드시 금년 중으로 귀환하라고 명언하게 되었다"고 회고했다(『조선 종전의 기록朝鮮終戰の記錄』).

1945년 구마모토熊本로 귀환한 후, 1946년 봄에 결혼하고, 도운영화극장東雲映畫劇場 지배인이 되어 1980년 동 영화관이 사우나 및 빌딩으로 재건축될 때까지 근무하였다. 구마모토시熊本市 요코테초橫手町 쓰쓰구치筒口에 거주했다.

[참고문헌] 森田芳夫 『朝鮮終戰の記錄』(嚴南堂書店, 1964), 篠原昌三 編 『舊朝鮮放送協會 日本人職員名簿』 (MF(마이크로필름), 1955), 學習院大學東洋文化研究所 編 『友邦文庫目錄』(勁草書房, 2011), 津川泉 『JODK 消えたコールサイン』(白水社, 1993), 韓國放送公社 編 『韓國放送史』(韓國放送公社, 1977)

【쓰가와 이즈미津川泉】

198

나카무라 쇼지로

中村庄次郎(중촌장차랑)   1855~1932

외무관료

나가사키현長崎縣 쓰시마對馬島 이즈하라嚴原 출신. 조선의 개항 이전부터 초량왜관草梁倭館의 어학소에서 어학생도로 체류하면서 한국어를 학습하였는데, 생도로서의 기록은 적어도 1872년부터로 확인된다. 어학소를 수료한 이후 계고통사稽古通詞로 왜관에서 활동하였다. 「조일수호조규」 체결 이후에는 어용괘御用掛, 서기생 신분으로 조선에 파견되어 통역 업무를 담당하였다. 한일강제병합 이후에도 조선에서 계속 생활하였다.

1876년 1월 구로다 기요타카黑田淸隆 일행의 조선 파견 당시 외무성 고용 통역으로 쓰시마對馬에서부터 수행하였다. 이해 4월 조선에서 1차 수신사 김기수金綺秀 일행이 도일할 때 통역으로 이들을 담당하였다. 부산 관리관청에서 근무하다가 1879년 4월 대리공사 하나부사 요시모토花房義質(→912)가 조선으로 파견되었을 때 통역을 담당하는 수행원으로 차출되어 통역 역할을 담당하였다. 1880년 5월 원산에 총영사로 마에다 겐키치前田獻吉(→375)가 부임할 때 어용괘 신분으로 도한하였다. 1882년까지 원산영사관에서 재직하면서 원산항의 부두 축조를 감독하거나, 판찰관辦察官과 총영사 간 교섭에 대한 통역과 기록 작성 등의 역할을 수행하였다. 1890년부터 1894년까지는 원산영사관 서기생書記生으로 재직하면서 지역을 시찰한 바 있다. 1895~1898년부터는 인천영사관으로 전근을 가서 근무하였는데, 이시이 기쿠지로石井菊次郎(→854) 영사가 평양 지방에 출장을 나간 1897년 3월 그를 수행하기도 하였다. 1900~1901년에도 인천영사관 서기생으로 있었던 것이 확인된다. 1904년 12월에는 고종에게 팔괘장을 하사받기도 하였다. 통감부 설치 이후에는 경성이사청京城理事廳 통역관으로 있다가 1907년 1월 통감부 통역관이 되었다. 이듬해 1월에는 순종에게 태극장太極章을 하사받았다. 한일강제병합 직후인 1910년 9월 고등관 5등이 되었으며, '한국병합기념장'을 받았다. 1923년부터 1931년에 이르기까지 목포에 있는 후쿠다농사주식회사福田農事株式會社에서 감사직을 맡고 있었던 것이 확인된다. 1931년 6월에는 부산부립도서관에 곤도 마스키近藤眞鋤(→110)가 임오군란 당시 작성하였던 기록을 필사한 『경성적도일건전말서京城賊徒一件顚末書』를 한 부 기증하기도 하였다. 사망하기 한 달 전에는 오구라 신페이小倉進平(→696)에게 소장하고 있던 한국 관련 도서 30여 종을 기증하였다. 『인어대방隣語大方』, 『언문諺文』을 비롯한 해당 도서는 현재 도쿄대학東京大學 오구라문고小倉文庫에 소장되어 있다.

[참고문헌] 中村資良 『朝鮮銀行會社要錄』(경원문화사, 1990), 『本省官吏關係雜纂』(日本 外務省 外交史料館), 정승혜 「대마도 통사가 남긴 조선 자료」 『문헌과 해석』 43(태학사, 2008), 조선총독부관보활용시스템 〈http://gb.nl.go.kr〉   【박한민】

199

나카베 이쿠지로

中部幾次郎(중부기차랑)   1866.2.18~1946.5.19

실업가, 정치인

주식회사 하야시카네상점林兼商店의 창업가로 조선 수산업계의 대표적 인물이었다. 아카시明石에서 수산물 판매업을 하는 가문에서 태어났다. 부친 가네마쓰兼松 때부터 수산물 운반업에 주력하여, 1880년경부터 부친의 사업을 도왔다. 1904년 러일전쟁 발발로 일본군대의 수산물 수요가 급증하자 사업 근거지를 아카시에서 시모노세키下關로 옮겼다. 시모노세키에서 조선의 수산업에 대한 정보를 접했다. 1905년 일본 최초로 국내산 선박용 발동기 개발에 성공하고, 1907년 이 발동기를 탑재한 운반선을 타고 조선 사량도蛇梁島에 첫 항해를 했다. 사량도에서 활동하던 일본 어민을 상대로 갯장어를 싼 값에 매입해 오사카大阪에서 비싼 값으로 판매하여 많은 이익을 얻었다. 이후 조선 근해의 수산물을 일본 시장으로 운반하고 판매해 큰 부를 이루었다.

하야시카네구미林兼組를 설립하여 1907년 이후 남

해 나로도羅老島에 본사를 두었다. 이후 조선에 진출한 일본인 수산물 운반업자 중 처음으로 동력운반선動力運搬船, 빙장氷藏 운반, 일본 내 철도 운송에 성공하면서 사업 규모를 확장할 수 있었다. 1915년 본사를 동해 방어진方魚津으로 옮겼다. 1920년부터는 이 지역에서 직접 근대적인 대규모 어업활동을 시작했다. 특히, 기선건착망機船巾着網을 이용해 고등어, 명태, 정어리 어업을 시행해 많은 이익을 거두었다. 또한 기존의 정치定置 어장을 매수해 조선 각지의 채산성이 높은 어장을 확보했다. 이를 통해 총독부로부터 경상남도, 경상북도, 강원도 연안 다수의 어장에 관한 면허허가를 얻어, 해당 지역에서의 어업 이익을 독점할 수 있었다.

1924년부터는 종래의 개인상점 체제를 개편해 자본금 1,000만 원의 주식회사 하야시카네상점을 설립했다. 체제 개편 후에는 단순 유통업에서 벗어나 수산업, 판매업, 가공업, 조선업을 겸영했으며, 경상남도 김해에서는 농장에, 부산에서는 토지개량사업에 투자하기도 했다. 또한 1925년 캄차카에서 연어와 송어 통조림 제조 사업을 시작한 이후, 1929년 함경북도 청진에 청진유비공장淸津油肥工場을 설립해 대성공을 거두었다.

1933년부터는 만주의 관동군關東軍과 거래를 시작해 군수 제조업 및 납품업을 시작해 본격적으로 군수산업에 뛰어들었다. 이후 1937년에는 중국 화북華北, 1940년에는 화중華中, 1942년부터는 필리핀과 인도네시아 등 동남아시아로 영업망을 확장하면서 '수산재벌'로 성장했다.

사업 외에 지역 유지로도 활동했다. 경상남도 관선官選 도회의원을 역임했으며, 방어진소학교 신축비 및 구룡포九龍浦 존항비尊港費, 조선나병요양소朝鮮癩病療養所 건설비 등에 거액을 기부하기도 했다. 일본에서는 1930년부터 1943년까지 시모노세키상공회의소下關商工會議所 회장을 역임했다. 공공사업 및 수산 발달에 기여한 공적을 인정받아 일본 정부로부터 란주호쇼藍綬褒章를 받았다.

1946년 칙선勅選 귀족원 의원이 되었으나 같은 해에 사망했다. 사후 주식회사 하야시카네상점은 연합

국 최고사령관 총사령부(GHQ)의 '지주회사정리위원회령持株會社持株會社整理委員會令'(소위 '재벌해체정책')에 따라 해체, 분화되었다. 분사의 요직은 여전히 그 후손이 운영하고 있다.

전기로 1958년 출간된 『나카베 이쿠지로中部幾次郎』(大佛次郎 編, 中部幾次郎翁傳記編纂刊行會)가 있다.

[참고문헌] 다테노 아키라 편, 오정환·이정환 역「한국의 생선 중매상에서 거대 수산회사로」『그때 그 일본인들』(한길사, 2006), 中村資良 『朝鮮銀行會社要錄』(東亞經濟時報社, 각년판), 코노 노부카즈 「일제하 中部幾次郎의 林兼商店 경영과 "수산재벌"로의 성장」『동방학지』 153(연세대학교 국학연구원, 2011), 김선영 『일제강점기 울산 방어진 지역 자본가의 성격과 활동』(울산대학교 석사학위논문, 2015) 【양지혜】

200
나카야마 도요키치
中山東世㐌(중산동세길)　　　　　생몰년도 미상

영화인

1942년 5월 1일 조선 유일의 영화 배급 부문 통제회사로서 설립된 사단법인 조선영화배급사의 총무부 내 고사과장考査課長을 맡은 인물이다. 주소지는 경성 남산정南山町 2-50이었다.

이후 1944년 4월 7일 사단법인 조선영화배급사가 사단법인 조선영화제작주식회사를 흡수하여 사단법인 조선영화사로 체제 개편을 이루면서, 그는 총무부 내 서무과장과 기획과장을 겸하며 자리를 이어갔다.

[참고문헌] 한국영상자료원 편역 『일본어 잡지로 본 조선영화 2』(현실문화연구, 2011), 한국영상자료원 편역 『일본어 잡지로 본 조선영화 4』(현실문화연구, 2013), 高島金次 『朝鮮映畵統制史』(朝鮮映畵文化研究所, 1943) 【함충범】

201
나카오 긴조
中尾謹三(중미근삼)　　　　　1901.12.2~?

언론인

야마구치현山口縣 출신. 나카오 쓰네스케中尾恒輔의 장남으로 태어났다. 1925년 주오대학中央大學 법학부를 졸업했다.

1928년에 한반도로 건너왔고, 『한성신보漢城新報』 편집장을 거쳐 언론인으로 활동했다. 이후 군산부群山府 근무를 거쳐 1930년, 군산 상공회의소 이사로 취임했고 비교적으로 젊은 나이로 회장을 보좌하면서 군산상공계 발전에 주력했다. 나카오는 1920년대 후반에서 1930년대에 걸쳐 언론분야 뿐만 아니라 군산지역의 행정과 상공계에 큰 족적을 남겼다.

[참고문헌] 阿部薫 編 『昭和12年版 朝鮮都邑大觀』(民衆時論社, 1937), 猪野三郎 編 『第12版 大衆人事錄』(帝國秘密探偵社國勢協會, 1937), 谷サカキ 『第14版 大衆人事錄』(帝國秘密探偵社, 1943)

【나카무라 시즈요中村靜代】

202

나카오 도잔
中尾都山(중미도산)　　　1876.10.5~1956.10.10

나카오 린조中尾琳三(본명)
예능인

오사카大阪 출신. 어머니의 지우타地歌 소쿄쿠箏曲를 들으면서 자랐다. 1896년에 도잔류都山流를 세웠는데, 긴코류琴古流 샤쿠하치尺八와 함께 인기를 누리고 있는 유파 중 하나이다. 전통적인 샤쿠하치 곡은 대부분 독주곡인 반면 나카오는 합주곡 형태의 혼교쿠本曲라고 하는 새로운 장르를 개척하였다. 나카오 작곡의 혼교쿠는 1920년대 신일본음악新日本音樂이라고 불리는 새로운 양식의 작품으로 분리되며, 이쿠타류生田流 소쿄쿠가家 미야기 미치오宮城道雄(→421), 긴코류 샤쿠하치가家 요시다 세이후吉田晴風와 함께 신일본음악新日本音樂을 선도한 음악가로 평가되고 있다.

나카오는 일본뿐만 아니라 조선, 만주 등 순회 연주회를 활발히 하는 등, 조선에서의 제자 육성에도 힘을 썼다. 조선에서 활약한 제자로는 나가이 슈잔永井修山(부산), 호소다 도요細田都揚(경성), 사토 레이잔佐藤令山(경성)(→489), 와카사 레이카若狹令花(부산→경성), 사토 간잔佐藤漢山(부산), 다무라 도쿠잔田村督山(경성), 오하라 쇼잔小原笙山(경성), 쓰지노 고잔辻野孔山(경성)이 있다.

1916년 7, 8월에 만주, 조선 순회연주를 계기로 조선에서 연주를 하게 되었다. 연주 장소는 만주 각 지역과 경성, 부산, 진해에서 열리게 되었는데 경성에서의 연주에는 1916년 8월 3일에 창덕궁 인정전의 초대로 열린 연주회도 포함되어 있다. 그 외에 조선에서 열린 도잔 출연의 연주회로는 1921년 6월(도잔류 창립25주년 기념연주회), 1924년 7월(도잔류 연주회), 1928월 3월(신일본음악대연주회 신일본음악의 저녁新日本音樂大演奏會新日本音樂の夕), 1931년 5월(다롄. 경성특별연주회, 창립35주년 기념연주회), 1932년 10월(대구특별연주회), 1936년 9월(창립 40주년 기념 연주회) 등이 있다. 순회 연주, 기념 연주회 이외에 1929년 6월, 1936년 9월에 도잔류직격시험都山流職格試驗 심사로 조선을 방문하는 등 도잔류의 세력을 넓히고 유지하는 데 힘을 썼다.

조선에서의 연주회 중, 신일본음악을 조선에 알리는 '신일본음악의 저녁(신일본음악대연주회)'을 그의 고제高弟인 사토 레이잔이 통솔하고 있는 지쿠레이카이竹令會에 의해 1928년 3월 24, 25일에 경성일보사 주최로 경성공회당에서 개최하였다. 본 연주회는 일본에서 활약하고 있는 마치다 가쇼町田嘉章, 나카지마 도시유키中島利之, 다나베 히사오田邊尙雄(→246) 등의 일행과 조선에서 도잔류 샤쿠하치가로 활동하고 있는 나카오의 제자가 총출연하여, 당시 조선의 악단에서 주목을 받고 있었다.

이틀간 열린 본 연주회 곡목 중에는 도잔류 혼교쿠인 〈와카나若菜〉, 〈고가라시木枯〉, 〈쓰루노 스고모리鶴の巢籠〉, 〈야치요八千代〉, 〈유게쓰夕月〉, 〈간게쓰寒月〉도 연주되었다. 본 연주회는 신일본음악에 대해 다나베의 강연도 준비되었다. 마지막 연주회의 다음 날(26일)에는 경성방송국에서 방송프로그램을 변경하여 「DK의 신일본음악의 저녁DKの新日本音樂の夕」으로 편성, 연주회에 출연했던 출연진이 총출동하여 방송에 임하였다.

공적이 인정되어 1953년 일본예술원상을 수상하였다.

[참고문헌] 都山流史編纂委員會 『都山流百年史(樂會三十年史)』(財團法人都山流尺八樂會, 1998), 都山流史編纂委員會 『都山流百年史別冊名鑑』(財團法人都山流尺八樂會, 1998), 김지선·후쿠다 치에「1920년대 조선에서의 신일본음악의 전개−도잔류(都山流) 샤쿠하치(尺八) 사토 레이잔(佐藤令山)의 활동을 중심으로−」『한국음악사학보』56(한국음악사학회, 2016) 【김지선】

203
나카이 기타로
中井喜太郎(중정희태랑)   1864.8.21~1924.4.25

긴조錦城(호)

언론인, 관료

야마구치현山口縣 구가군玖珂郡 출신. 아버지 요시즈미嘉澄는 검도의 달인으로 알려진 무사였다. 소학교를 졸업하고 한학, 시문과 양명학을 배웠다. 1880년 도쿄東京로 상경해서 주로 영어로 가르치는 세이리쓰가쿠샤成立學舍에 들어가고, 1882년 도쿄대학東京大學의 예비교인 대학예비문大學豫備門에 입학했다. 재학 중『온천망국론溫泉亡國論』을『요미우리신문讀賣新聞』에 투고하여 객원客員이 되었다. 1889년 도쿄제국대학東京帝國大學을 중퇴하고 요미우리에 들어가 편집장, 주필로 활동하면서 논설을 담당하였다. 1900년부터 동아동문회, 국민동맹회, 대러동지회에 깊이 관여하여 대외문제에 분주하였다. 조선협회 등의 간사를 역임하였다. 1908년 함경북도의 서기관이 되고 그 후 남양개발에도 관심을 표명하였다. 저서에는『남양담南洋談』(糖業研究會, 1914),『조선회고록朝鮮回顧錄』(糖業研究會出版部, 1915),『무용의 서無用의 書』(實業之日本社, 1923) 등이 있다.

요미우리신문사의 기자로 일하다가 1892년 중의원 총선거에 관한 기사가 문제가 되어 그만두고, 조선특파원으로 파견되었다. 이후 경부철도부설과 목포개항 문제를 중요하게 인식하고 다시 일본으로 돌

아가 편집장, 주필로 승진했다. 이때 러시아가 만주를 점령하자 고노에 후미마로近衛文麿는 국민동맹회를 조직했다. 이에 간사가 되어 신문사를 퇴직하였고, 국민동맹회는 영일동맹이 맺어진 것을 계기로 해산했다. 그러나 그들은 러시아가 철병하지 않을 것으로 믿었기 때문에 1902년 조선협회를 결성했다. 나카이는 조선협회 간사로 경성에 파견되어 기쿠치 겐조菊池謙讓(→153)가 사장으로 있는 한성신보사에서 조선협회 지부를 결성했다. 조선협회의 취지를 알리기 위해 하야시 곤스케林權助(→928) 공사와 함께 고종도 알현했다.

나카이가 도쿄로 돌아간 뒤에도 러시아는 여전히 만주에서 철병하지 않았기 때문에 대러 강경론이 일어났다. 1903년 대러동지회가 결성되자 고노에는 더 이상 조선협회가 필요하지 않다는 이유로 자신이 회장으로 있는 동아동문회와 합병했다. 나카이는 하야시 공사의 천거로 경성거류민장이 되었다. 이후 개전을 위한 집회를 여는 한편 한성신보사 사장이 되어 러일 관계에 관한 글을 게재하고 개전의 필요성을 역설하였다. 1905년 경성거류민장을 그만두고 통감부 촉탁이 되었고, 을사늑약 체결 후 각도에 일본인 관리를 배치함에 따라 함경북도 서기관이 되었다. 이는 나카이가 함경북도의 조선인을 간도에 이민시키고 청진을 개항하며, 나남羅南의 대병영을 건축하기 위한 적임자라고 판단해서였다. 나카이는 병합이후 서기관에 유임되었다가 병으로 사직했다.

귀국 후 대지연합회對支聯合會에 들어가 만몽문제 해결을 주장하거나 지나支那 혁명에 참가하여 쑨원孫文, 황싱黃興, 쑹자오런宋敎仁 등과 왕래하였다. 대러, 대지對支 기타 만몽, 조선 문제가 일단락되자 남양방면에 나가 활동했다. 1923년 간토대지진關東大震災이 일어나자 오다와라小田原에서 도쿄로 거처를 옮기고 다음해 병으로 사망하였다.

[참고문헌] 宮武外骨 編『明治新聞雜誌關係者略傳』(みすず書房, 1985), 永田新之允 編『中井錦城君追悼演說』(1927), 葛生能久『東亞先覺志士記傳』(黑龍會出版部, 1933), 上田正昭『日本人名大辭典』(講談社, 2001), 臼井勝美 外 共編『日本近現代人名辭典』(吉川弘文館,

2001)　　　　　　　　　　　　　【최혜주】

204

나카지마 아쓰시
中島敦(중도돈)　　　　1909.5.5~1942.12.4

교사, 문학가

도쿄시東京市 요쓰야구四谷區 단스초簞笥町 59번지 출신. 한문학 교사인 아버지 나카지마 다비토中島田人와 어머니 지요チヨ의 장남으로 태어났다. 부모의 이혼으로 유년기를 조부모 슬하에서 보내다 1915년 소학교 입학을 맞이하여 아버지와 함께 생활하게 되었다. 1920년 부친을 따라 조선으로 이주하고 경성에서 초등과정과 중등과정을 마친 후 일본의 제일고등학교第一高等學校로 진학하였다. 고교시절부터 습작을 하여 교우회 잡지의 편집과 동인지 발간 등 문학활동을 시작하였다.

1930년 도쿄제국대학東京帝國大學 국문과에 입학하였고 졸업 후 사립요코하마고등여학교私立横濱高等女學校에서 국어와 영어를 가르치는 한편 동대학원에 다니면서 소설 집필과 번역 등의 문학 활동을 전개하였다. 1941년 지병인 천식 발작이 심해져 교사직을 사직하고 남양청南洋廳에 취직하여 일본 지배하에 있었던 팔라우Palau에서 교과서 편찬 업무를 맡게 되었으나 풍토병과 지병의 악화로 이듬해 귀국하였다. 천식과 기관지염이 악화되어 1942년 향년 33세의 나이에 사망하였다.

1920년 9월 아버지가 조선총독부 용산중학교로 발령을 받아 용산공립심상소학교 5학년으로 전학하였고 1922년 3월에 졸업하였다. 동년 4월 공립경성중학교에 입학하였고, 동급생으로 유아사 가쓰에湯淺克衛(→812), 고야마 마사노리小山政憲 등이 있었다. 1925년 부친은 용산중학교를 퇴직하고 새 부인과 함께 다롄大連으로 이주하여 교사로 부임하였고 나카지마는 경성여학교에 근무하는 고모 시즈志津의 집에 거주하면서 중학교 과정을 이수하였다. 1926년 4월 경성중학교 4년 과정을 마치고 조선을 떠나 일본의 제일고등학교第一高等學校 문과에 입학하였다.

조선에 거주하고 있을 때는 아직 청소년이었기 때문에 완성한 창작활동은 없었지만, 제일고등학교에서 습작활동을 시작할 무렵인 1929년 조선을 배경으로 한「수영장 옆에서プウルの傍らで」와「순사가 있는 풍경: 1923년의 스케치巡査のいる風景: 1923年のスケッチ」를『교우회 잡지校友會雜誌』에 발표하였다. 그리고 1934년 2월 조선을 배경으로 한「호랑이 사냥虎狩」을 종합잡지『중앙공론中央公論』의 현상모집에 응모하여 7월에 선외가작으로 선정되었다. 아쓰시가 조선을 배경으로 쓴 작품은 이렇게 세 작품에 불과하지만 그가 묘사한 식민지는 메리 프랫Mary L. Pratt이 서술한 '식민지 접촉시대Colonial Contact Zones'의 예를 잘 보여주고 있어 '불평등한 힘의 관계가 전제된 상황에서 지배/피지배의 관계에 놓인 두 개의 문화가 만나 충돌, 갈등하는 양상'을 읽어낼 수 있다는 평가를 받고 있다.

나카지마는 문학성을 제대로 인정받기 전에 요절하였으나 패전 후 그의 대표작「산월기山月記」가 교과서에 실리면서 널리 알려졌고 평가를 받기 시작하였다. 중국고전과 서양문학의 소양을 가지고 근대적 자의식의 극복을 주요 테마로 쓴 나카지마의 작품들은 이지적인 인물묘사, 격조 높은 표현과 잘 짜인 구성력 등으로 높이 평가받고 있다.

[참고문헌] 아쿠타가와 류노스케 외, 최관・유재진 역 『식민지 조선의 풍경』(고려대학교출판부, 2007), 高橋英夫・勝又浩 編『中島敦全集』全3卷(筑摩書房, 1993), 佐々木充「中島敦」『日本近代文學大事典』第三卷(講談社, 1977), 이헬렌「나카지마 아츠시의 조선소설-식민지도시공간 '경성'을 중심으로-」『한국학연구』28 (인하대학교 한국학연구소, 2012)　【유재진】

205

나카지마 후미오
中島文雄(중도문웅)　　　1904.11.11~1999.12.28

대학교수, 영어학자

도쿄시東京市 주오구中央區 니혼바시日本橋 출신. 1927년에 도쿄제국대학東京帝國大學 문학부 영어과를 졸업하였다. 일본의 저명한 영어학자인 이치카와 산키市河三喜의 제자이다. 1928년에 도한하여 경성제국대학京城帝國大學 법문학부 전임강사로 일했다. 동 대학의 조교수, 교수를 역임하였고 패전 후인 1947년에 도쿄대학東京大學 부교수로 임명되었다. 일본 영문학회 회장과 일본 셰익스피어 협회 회장 등을 역임하였다. 도쿄대학 명예교수를 지냈으며 1999년 사망하였다.

1928년에 경성제국대학 법문학부 강사로 부임하여 조선으로 건너왔다. 1931년 법문학부 조교수로 승진하였으며, 1939년 교수가 되었다. 『삼천리三千里』 제13권 3호에 실린 「경성제대의 전모京城帝大의 全貌」에 의하면 영어학 분야 연구를 담당하고 있었다. 『조선급만주朝鮮及滿洲』에 2편의 글을 기고하고 있다. 하나는 1931년에 작성한 「런던의 하숙생활倫敦의 下宿生活」(제288호), 다른 하나는 1937년에 기고한 「강장제로서의 민간약을 검토하다強壯劑としての民間藥を檢討す」(제358호)라는 글이다. 또한 경성제국대학의 『기념논문집記念論文集: 6집. 문학』편에 「영어의 서언英語の誓言」이라는 논문을 게재하였다.

일본에 돌아가 1947년, 도쿄대학 문학부 교수로 취임하여 영어학 전문교원이 되었다. 도쿄대학 정년 퇴임 후에는 1965년에 쓰다주쿠대학津田塾大學으로 이직하였고 이듬해 학장이 되었다.

[참고문헌] 고려대학교 일본연구센터 일본연구 아카이브 〈http://archive.kujc.kr〉, 국사편찬위원회 한국사 데이터베이스 〈http://db.history.go.kr〉　【김욱】

206
나카타니 다케사부로
中谷竹三郎(중곡죽삼랑)　　　1871.10.22~?

실업가

효고현兵庫縣 쓰나군津名郡 가리야초假屋町 출신.

1895년 수산 상황 시찰을 위해 조선으로 건너왔다. 경북, 경남, 강원 삼도의 해산물 매입판매 및 어업을 경영하면서 삼도의 곡물을 취급하기도 했다. 1904년 이후로는 포항에 거주를 정하고, 잡화, 해산물 및 곡

물 무역상을 경영하였다. 동어장鰊漁場을 개척하는 등 신식 어업의 발전에 일심전력하여 영일어업조합迎日漁業組合을 조직했다. 100만 엔의 국고보조를 받아서 포항 축항을 완성했다. 1916년에 영일수리조합迎日水利組合을 창설하여 초대조합장으로 추대되고, 이익을 얻을 수 있는 수리공작을 완성하였다. 가뭄 때 급수와 홍수로 유실되는 영일迎日, 대송大松, 형산兄山 지역을 위해 20여만 원을 들여 100마력의 중유기관重油機關을 구입했다. 동해 중부선의 개통과 형산강兄山江 개수의 촉진에 노력했다. 1928년에 지역개발의 공적을 인정받아 란주호쇼藍授褒章를 받았다. 포항 건설의 공로자로서 유지들이 서로 비용을 각출하여 1933년 동상 제막식을 했다. 주식회사 나카타니 다케사부로상점 사장, 경북어업회 사장, 포항운수주식회 사장, 포항양조회 사장, 경상북도회 부의장, 경북수산회 회장, 영일수리조합장, 포항상공회 회장, 포항금융조합장 등을 역임했고, 1939년 경상북도회 의원이 되었다.

패전 후에는 효고현 아와지淡路 지방에서 해외귀환자연맹海外歸還者聯盟의 아와지 지부장으로 활동하였다.

[참고문헌] 朝鮮新聞社 編 『朝鮮人事興信錄』(朝鮮新聞社, 1922), 阿部薰 『朝鮮人物選集』(民衆時論出版部, 1934), 阿部薰 編 『昭和12年版 朝鮮都邑大觀』(民衆時論社, 1937)　【나카무라 시즈요中村靜代】

207
나카타 하루야스
中田晴康(중전청강)　　　생몰년도 미상

영화인

쇼치쿠松竹의 영업과장 출신이며, 닛카쓰日活의 다마카와촬영소多摩川撮影所가 경영 부진에 빠져 있을 때 제작부장을 역임하였던 인물이다. 1934년에는 닛카쓰 계통 협동프로덕션協同プロダクション의 프로듀서로서 〈다정불심多情佛心〉을 제작한 것으로 알려져 있다. 이후에는 만주영화협회滿洲映畫協會와 중국 등지에서 활동을 이어가고 있었다.

영화 제작사 통폐합의 결과 자본금 200만 원을 기반으로 1942년 9월 29일에 창립된 사단법인 조선영화제작주식회사의 상무 겸 촬영소장으로 영입됨으로써 조선영화계에서 활동을 하게 되었다. 주소지는 경성 연병정練兵町 104번지였다.

사단법인 조선영화제작주식회사의 임원 선임은 1942년 9월 19일에 이루어졌고 이에 대한 총독부의 승인은 9월 23일에 내려졌으나, 나카타가 조선으로 들어온 것은 사단법인 조선영화제작주식회사 사장 겸 사단법인 조선영화배급사 사장으로 내정되어 있던 다나카 사부로田中三郎(→250)에 의해 기존 제작사들의 접수가 결정(1942.5.31)된 직후인 1942년 6월 4일이었다. 그는 이후 약 4개월 동안 사단법인 조선영화제작주식회사의 조직 구성 및 사원 채용(1942.10.11) 등을 총괄하면서 조선 유일의 통제 영화 제작사의 진용을 갖추는 데 주도적인 역할을 행사하였다.

나카타는 사단법인 조선영화제작주식회사 설립 이후에도 실질적인 업무 책임자로 자리하였다. 특히 촬영소장으로서 사단법인 조선영화제작주식회사의 핵심 사업인 영화 제작 일을 진두지휘하였다. 그렇기에, 다카시마 긴지高島金次(→286)가 『조선영화통제사朝鮮映畫統制史』(1943)의 집필 후기에서 밝히고 있듯이, 그의 병으로 인해 사단법인 조선영화제작주식회사 창립 직후 작품 제작 계획에 차질이 빚어지기도 하였다.

이후 완쾌되어 영화 제작을 이끌었으나, 1944년 4월 7일 사단법인 조선영화배급사가 사단법인 조선영화제작주식회사를 흡수하여 사단법인 조선영화사로 체제 개편을 이루는 과정에서 〈젊은 자태若き姿〉(도요타 시로豊田四郎 감독, 1943) 제작 시 거금을 투자한 일에 책임을 지고 회사를 떠나게 되었다.

한편 사단법인 조선영화제작주식회사의 상무로 있으면서, 영화 기획 내용에 대한 보다 강도 높은 심의를 위해 1942년 10월 26일 총독부 경무과 산하 문화 조성 단체인 황도문화협회皇道文化協會 내에 설치된 영화기획심의회의 위원으로 활동하였다. 또한 일본의 영화잡지 『영화순보映畫旬報』 1943년 7월 11일자 '조선영화 특집'호에 「조선영화에 대한 희망朝鮮映畫への希望」을 게재하기도 하였다.

패전 후에는 〈하와이 말레이 앞바다 해전ハワイ・マレー沖海戰〉(1942)의 감독으로 유명한 야마모토 가지로山本嘉次郎와 공동으로 〈긴자 캉캉 아가씨銀座カンカン娘〉(1949)의 시나리오를 공동 집필한 것을 시작으로, 1949년부터 1951년까지 〈도쿄 캉캉 아가씨東京カンチンカ娘〉, 〈바나나 아가씨バナナ娘〉, 〈마음의 아내こころ妻〉(이상 1950) 등의 각본과 〈달에서 온 어머니月よりの母〉(1951)의 원작을 집필하였다.

[참고문헌] 高島金次 『朝鮮映畫統制史』(朝鮮映畫文化研究所, 1943), 한상언 「일제말기 통제 영화제작회사 연구」『영화연구』 36(한국영화학회, 2008), 일본영화 데이터베이스 〈http://www.jmdb.ne.jp.ne.jp〉

【함충범】

208
나카토미 게이타
中富計太(중부계태)   1887.4~?

금융인

야마구치현山口縣 구가군玖珂郡 출신. 1908년에 고베고등상업학교神戸高等産業學校를 졸업했으며 1908년 히로시마廣島와 고베의 소사이은행湊西銀行에서 근무하여 1911년에 시가현滋賀縣 고노에近江 야하타八幡의 상업학교 교사가 되었다.

1914년 상업학교를 사직하고 조선으로 건너와 광주농공은행光州農工銀行에 입사하였다. 1918년 광주농공은행이 식산은행殖産銀行에 인수되었고 1920년 3월 식산은행 목포 지점장으로 승진했다. 이후 식산은행 함흥 지점, 식산은행 신의주 지점에 역임했다. 식산은행 본점 검사과장과 조사과장을 겸하였고 또한 심사과장을 역임했다. 1938년 봄에 식산은행 부산 지점장으로 승진했다가 그해 총회에서 식산은행 감사로 전임했다. 식산은행은 고등상업학교 출신자가 많았지만, 특히 나카토미가 졸업했던 고베고등상업학교 출신자가 간부에 많았다.

[참고문헌] 朝鮮新聞社 編 『朝鮮人事興信錄』(朝鮮新聞社, 1922), 阿部薰 『朝鮮人物選集』(民衆時論出版部,

1934), 有馬純吉 『昭和六年版 朝鮮紳士錄』(朝鮮紳士錄發行會, 1931), 阿部薫 編 『昭和12年版 朝鮮都邑大觀』(民衆時論社, 1937), 猪野三郎 編 『第12版 大衆人事錄』(帝國秘密探偵社國勢協會, 1937), 谷サカヨ 『第14版 大衆人事錄』(帝國秘密探偵社, 1943)

【나카무라 시즈요中村靜代】

209

난바 센타로
難波專太郎(난파전태랑)　　1894.4.18~1982.3.16

교사, 문학가, 저술가

오카야마현岡山縣 출신. 1921년 도요대학東洋大學 문학부 지나철학과支那哲學科를 졸업했다. 대학을 졸업한 후 1924년 조선총독부 경성중학교의 촉탁 교원으로 부임했다가, 철도종사원양성소(전신은 경성철도학교)로 옮겨 1925년부터 1930년까지 교사로 근무하였다. 조선에 재주한 약 8년간 『조선급만주朝鮮及滿洲』에 단카短歌나 에세이를 상당수 기고하였고, 직장에서 『조선철도독본朝鮮鐵道讀本』 편찬간행의 상임간사를 맡았다. 조선에 재주한 일본인으로서의 감흥과 조선의 특이점을 술회한 문예물로 1929년에 간행된 그의 수필집 『조선풍토기朝鮮風土記』와 가집歌集 『보리꽃麥の花』을 들 수 있는데, 특히 전자는 추후 원고가 추가되고 두 권으로 분책되어 1942년경 일본에서 다시 간행되었고, 1971년에도 출판사를 변경하여 재간되었다.

단카 창작에서도 두각을 나타내 당시 한반도 최대 단카 결사였던 진인사眞人社와 친교를 유지하였고, 1920년대 후반에는 조선 민요나 자연에 관한 연구논문을 진인사에 제공하기도 했다. 일본 민요의 대가 노구치 우조野口雨情의 비논리적인 향토 개념에 정면 반박하는 등 『조선풍토기』에서 보여주는 난바의 예리한 비평 태도는 일본으로 귀국한 이후 확고한 평론가적 논리로 발전하게 된다. 1931년 도쿄東京로 돌아가 평론가 지바 가메오千葉龜雄에게 사사하고 출판사 헤이본샤平凡社에서 근무하게 되었다. 이후 구제도쿄중학교舊制東京中學校 등에서 교편을 잡았으며 잡지 『문학탐구文學探求』를 주재하였다. 전쟁기인 1939년에는 『현대명화감상現代名畵鑑賞』, 1943년에는 『현대일본명화감상現代日本名畵鑑賞』 등을 출간하였다.

전후에는 1947년부터 『미술탐구美術探求』를 창간하여 27년 동안 주재하였고, 미술평론가연맹의 회원으로서 미술평론 활동에 전념하였다. 『요코야마 다이칸橫山大觀』(1954), 『가와이 교쿠도川合玉堂』(1955), 『마쓰바야시 게이게쓰松林桂月』(1958), 『마에다 세이손前田靑邨』(1960), 『가타야마 난푸堅山南風』(1966) 등 근대 일본 화가에 관한 저서를 다수 남겼으며, 이러한 미술평론가로서의 활동은 1977년 『현대 일본의 미술現代日本の美術』에 이르기까지 지속되었다. 심부전으로 1982년 향년 88세로 사망하였다.

[참고문헌] 이치야마 모리오 편, 엄인경 역 『조선의 자연과 민요』(역락, 2016), 난바 센타로 저, 이선윤 역 『조선풍토기』(역락, 2015), 美術研究所 『日本美術年鑑』昭和58年版(東京國立文化財硏究所, 1983), 엄인경 「일제강점기 재조일본인의 '향토'담론과 조선민요론」 『日本言語文化』 28집(한국일본언어문화학회, 2014.9)

【엄인경】

210

네즈 소이치
根津莊一(근진장일)　　1916~1993

화가

조선미술전람회 후반기에 서양화부에서 특선, 무감사, 추천작가로 활동했다.

1937년 제16회 조선미전에 〈어린아이〉를 출품한 이래 1938년 〈인물〉, 〈팽이〉 두 점을 출품하여 구본웅으로부터 천재의 노력이라는 말을 체험시키는 느낌이 있어 견실한 화업 태도에 경의를 표한다는 평가를 받았다. 1941년 제20회전에 〈농가〉로 무감사, 1942년 제21회 출품작 〈바위巖〉는 안정된 색채와 대담하게 그려진 작품이라는 평가를 받았다. 특선에 뽑히고 창덕궁상을 수상했다. 1943년 무감사 출품, 1944년 제23회전에서는 추천작가로 선정되었다. 1943년 야마다 신이치山田新一(→665)가 주도하여 결성된 전시체제협력 미술단체 단광회丹光會에 참여했고 1944년 결전미술전람회에서 경성일보 사장상을 수상했다.

1949년 야마나시미술협회山梨美術協會 회원으로 추천된 것으로 확인되며, 일본미술전람회의 회원, 서양화 단체인 고후카이光風會의 평의원으로 활동했다.

[참고문헌] 한국미술연구소 편『朝鮮美術展覽會記事資料集』(한국미술연구소, 1999), 谷サカヨ『第14版 大衆人事錄』(帝國秘密探偵社, 1943), 西村緣也 編『朝鮮/滿洲/南支四國人發展史』(四國人發展史編纂社(朝鮮之部), 1924)   【최재혁】

211
노구치 사부로
野口三郎(야구삼랑)   1889.1~?

관료

사가현佐賀縣 출신. 1908년 현립사가중학교縣立佐賀中學校를 졸업하고 고등소학교 교원을 거쳐 1912년 6월에 식민지 조선으로 건너와 총독부 관방참사관실官房參事官室에서 근무하다 조선총독부 철도국 서기를 겸했다. 1929년에 전라남도 여수군수를 역임, 황해도 해주군수를 거쳐 1933년 8월에 목포부윤에 임명되었고 이후에는 대전부윤을 역임했다. 일제강점기의 대표적인 지방 관료라 할 수 있다.

[참고문헌] 貴田忠衛『朝鮮人事興信錄』(朝鮮人事興信錄編纂部, 1935), 阿部薰 編『昭和12年版 朝鮮都邑大觀』(民衆時論社, 1937), 谷サカヨ『第14版 大衆人事錄』(帝國秘密探偵社, 1943)   【김계자】

212
노구치 시타가우
野口遵(야구준)   1873.7.26~1944.1.15

실업가

가나자와현金澤縣 출신. 사족士族 가문에서 태어났다. 주식회사 일본질소비료日本窒素肥料 그룹(현 짓소チッソ)의 대표로 조선의 최대 자본가이자 사업가였다.

1896년 도쿄제국대학東京帝國大學 공과대학 전기공학과를 졸업하고, 1898년 전기 기계 및 기구의 위탁판매회사인 지멘스Siemens 도쿄 지사에 입사했다. 3년 만에 회사를 사직한 후 1902년 미야기현宮城縣 산교자와三居澤에서 일본 최초로 카바이트 제조 사업을 시작했다. 1905년 미국과 유럽 각국을 순방해 최신 기술을 조사했다. 1906년에 주식회사 소기전기曾木電氣를 창립하고 가고시마현鹿兒島縣에 수력발전소를 건설했다. 1908년 독일을 방문해 프랑크·카로의 석탄질소제조 특허권을 매수해 귀국했다. 일본카바이트상회를 창립하고 구마모토현熊本縣 미나마타水俣에 특허 기술을 이용해 카바이트 제조 공장을 설립했다. 그해 소기전기와 일본카바이트상회를 합병해 사명을 '일본질소비료'로 변경했다. 이후 오사카大阪에 황산암모늄 공장을 설립하고, 히로시마전등회사廣島電燈會社, 일본광산회사日本鑛山會社 등을 창립하며 사업 범위를 넓혔다. 1921년 이탈리아의 기술자 카자레Luigi Casale를 방문해 카자레식 암모니아 제조법 특허 계약을 체결 후 귀국했다. 1922년 미야자키현宮崎縣 노베오카延岡에 세계 최초로 카자레법을 이용한 암모니아 제조 공장을 신설했다. 1924년 일본질소비료의 조선 진출을 결정했다.

조선에서는 수력발전, 화학제조공업, 석탄공업을 중심으로 사업을 전개했다. 1926년 주식회사 조선수력전기朝鮮水力電氣를 설립해 사장으로 취임하고, 이듬해에 부전강발전소赴戰江發電所 건설을 시작했다. 발전소에서 생산한 전력을 소비하기 위해 1927년 주식회사 조선질소비료를 설립하고, 사장으로 취임했다. 제조 공장은 함경남도 함주군咸州郡 일대에 건설했다. 이후 이 지역은 '흥남'이란 독립 행정구역으로 분리되었다. 또한, 1928년 함경북도의 석탄 광구 38개의 채굴권을 취득해, 이를 기반으로 1931년 8월 함경북도 영안永安에 석탄저온건류액화공장을 건설했다. 1930년대 중반 이후부터는 점차 군수공업에 치중해 사업을 확대했다. 군수공업을 위한 전력 시설로 부전강에 이어 장진강長津江, 허천강虛川江에 수력발전소를 건설했다. 또한 1937년에는 만주국과 합동해 주식회사 압록강수전鴨綠江水電을 설립해 그 일환

으로 1941년 수풍댐을 완공했다. 제조화학공업은 흥
남 지역을 중심으로 비료, 유지, 금속, 카본, 알루미
늄, 마그네슘, 인조 보석 공장을 신설했다. 석탄공업
은 주식회사 조선인조석유朝鮮人造石油를 설립해 함
경북도 아오지阿吾地와 영안, 평안북도 청수靑水를
중심으로 인조석유와 메탄올, 경유와 포르말린 등을
생산했다. 이외에 신흥철도新興鐵道 등의 철도 및 운
수업을 겸영했고, 경성 지역에서는 반도호텔 등 부
동산, 빌딩업을 운영하기도 했다.

1931년부터 1943년까지 흥남 면장과 읍장을 역임
했다. 그러나 실제 조선에 머무는 기간은 1개월에 1
주일 내외였으며, 1940년 뇌출혈로 쓰러진 이후에는
사업 일선에서 물러나 일본에 머물며 요양했다. 이
외에도 시국대책조사회 위원, 중앙방공위원회 위원,
국민정신총동원 조선연맹 발기인 및 평의원, 배영동
지회排英同志會 상담역, 동아경제간담회 조선위원회
위원 등으로 선임되기도 했다.

1941년 과학 진흥과 조선 교육 진흥을 목적으로 약
3,000만 엔(일본질소 관계 주식 약 60만 주)을 기부했다.
이 중 2,500만 엔은 과학기술연구소인 노구치연구소
野口硏究所를 일본에 설립했으며, 500만 엔은 조선총
독부의 관리 하에 재단법인 조선장학회朝鮮奬學會(일
본 내 조선인 유학생 관리·감독 기관)의 기금으로 활용되
었다. 1942년 훈일등勳一等 즈이호쇼瑞玉章를 받았
다. 1944년 1월 사망했다.

[참고문헌] 친일인명사전편찬위원회 『일제협력단체사
전: 국내 중앙편』(민족문제연구소, 2004), 中村資良 『朝
鮮銀行會社要錄』(東亞經濟時報社, 각년판), 安藤德器
編 『事業談、懷舊談 野口遵述』(生活社, 1938), 鴨居悠
『野口遵 人間と事業』(東晃社, 1943), 高梨光司 編纂 『野
口遵翁追懷錄』1~2(野口遵翁追懷錄編纂會, 1952), 吉
岡喜一 『野口遵』(フジ・インターナショナル・コンサ
ルタント出版部, 1962), 福本邦雄 編 『野口遵は生きて
いる』(フジインターナショナルコンサルタント, 1964),
柴村羊五 『起業の人 野口遵傳』(有斐閣, 1981), 漆畑充
「植民地期における朝鮮奬學會に關する一考察」 『日本
の敎育史學』 48(2005)   【양지혜】

213

노구치 준키치

野口淳吉(야구순길)   1880.11.14~1919.9.5

경찰관료

도야마현富山縣 출신. 1906년 도쿄제국대학東京帝國大
學 법과대학을 졸업했다. 1907년 11월 고등문관시험
에 합격하고 내무성에 들어가서 12월 도치기현栃木縣
속屬으로 관직생활을 시작하였다. 1908년 후쿠이현
福井縣 사무관이 되었고, 이후 아키타현秋田縣 경찰부
장, 홋카이도청北海道廳 척식부장拓植部長, 니가타현
新潟縣·야마구치현山口縣의 경찰부장을 역임했다.

1916년 4월 28일부터 1919년 8월 20일까지 일본경
시청日本警視廳 경무부장警務部長을 담당했다.

1919년 8월 20일 부로 조선총독부 경무국장警務局
長으로 취임했는데 이는 미즈노 렌타로水野鍊太郎(→
439) 조선 정무총감政務總監의 요청 때문이었다.

그러나 부임 중 중증에 걸려 오사카 가이세이병원
大阪回生病院에서 요양하던 중 5일 오후 7시에 사망했
다. 후임 조선총독부 경무국장은 아카이케 아쓰시赤
池濃로 교체되었다.

[참고문헌] 人事興信所 編 『人事興信錄』 第5版(人事興
信所, 1918), 岡本眞希子 『植民地官僚の政治史-朝鮮·
臺灣總督府と帝國日本』(三元社, 2008)   【주동빈】

214

노노무라 겐조

野々村謙三(야야촌겸삼)   1890~?

실업가

오사카부大阪府 출신. 게이오기주쿠慶應義塾 상과를
졸업하였고 조선에서 경성사진관을 개업하였다. 사
진업 외에도 택시업을 운영하고 경성자동차주식회
사를 설립하는 등 유력 자본가로서 활동하였다.

우에다 데이지로上田貞治郎가 오사카에 설립한 우
에다사진기점上田寫眞機店에서 사진기술을 습득한 노
노무라 겐조는 1907년 아버지 도스케藤助와 함께 조
선으로 와 경성사진관을 개업하였다. 그가 운영한

경성사진관은 1908년부터 1910년까지 경성 일한서
방日韓書房에서 발행한『한국풍속풍경사진첩韓國風景
風俗寫眞帖』에 실린 사진들로 사진엽서를 제작, 판매
하였다. 1915년 조선물산공진회가 열렸을 때에는 인
쇄사진관에 출품하여 장려상을 수상하였고 1919년
에는 택시업을 운영하였으며 1929년에는 일본제너
럴모터사로부터 판매권을 사서 경성자동차주식회사
를 설립하였다.

[참고문헌] 朝鮮公論社 編『在朝鮮內地人紳士名鑑』(朝
鮮公論社, 1917), 東亞經濟時報社 編『(京城仁川)職業
名鑑』(東亞經濟時報社, 1926), 권행가「근대적 시각체
제의 형성과정: 청일전쟁 전후 일본인사진사의 사진활
동을 중심으로」『한국근현대미술사학』26(한국근현대
미술사학회, 2015)   【김용철】

215

노노무라 고헤이
野々村康平(야야촌강평)   생몰년도 미상

영화인

1930년 12월 19일 경성 장곡천정長谷川町 58번지에
라디오 및 사진기 부속품 판매를 목적으로 세워진
우에다라디오사진기점上田ラジオ寫眞機店의 대표로
기록되어 있다.

1942년 5월 1일 조선 유일의 영화 배급 부문 통제
회사로서 설립된 사단법인 조선영화배급사의 총무
부 내 선정과장選定課長 자리에 올랐다.

이후 1944년 4월 7일 사단법인 조선영화배급사가
사단법인 조선영화제작주식회사를 흡수하여 사단법
인 조선영화사로 체제 개편을 이루면서, 배급부 내
편성과장으로 자리를 옮겼다.

[참고문헌] 高島金次『朝鮮映畵統制史』(朝鮮映畵文化
研究所, 1943), 국사편찬위원회 한국사데이터베이스
〈http://db.history.go.kr〉   【함충범】

216

노다 도키치
野田董吉(야전동길)   1871.12~?

실업가

도쿄부東京府 출신. 1890년 20세 때 철도청의 전신인
제국철도청에 들어가 1902년에 작업국에 근무했다.

철도청 작업국에 근무하던 무렵, 1904년 러일전쟁
때 군사상의 급무인 경부선 철도 부설을 완성시킬
목적으로 경부철도주식회사에 입사하면서 식민지
조선으로 건너왔다. 1905년에 일본 도쿄로 돌아가
호세이대학法政大學 전문부專門部 법과에 들어갔다.
졸업 후 철도청에 들어가 1918년에 부참사관으로 퇴
직하고 오시마제강소大島製鋼所의 경리과장을 역임
하였다. 1920년 조선삼림철도회사가 창립되었을 때
참사로 들어가 영업과장을 역임했다. 조선철도회사
가 창립되면서 1930년에 지배인으로 취임, 자매회사
인 조선자동차회사 이사를 역임했다.

[참고문헌] 阿部薰 『朝鮮人物選集』(民衆時論出版部,
1934), 谷サカヨ『第14版 大衆人事錄』(帝國秘密探偵
社, 1943)   【김계자】

217

노다 신고
野田新吾(야전신오)   1887.10.31~1950.10.23

금융인

미에현三重縣 출신. 1910년 고베고등상업학교神戸高
等商業學校를 졸업하고 조선총독부 탁지부의 초빙에
응해 조선으로 건너와 평안농공은행에 입사했다. 신
의주, 해주, 진남포 지점에서 근무했으며 1918년 조
선식산은행朝鮮殖産銀行으로 전환된 뒤에 계속해서
본점 심사과장, 상업금융과장, 권업금융과장, 공공
금융과장, 오사카大阪 지점장 등을 역임하고 1934년
은행 이사가 되었다. 1938년 7월 조선식산은행을 사
직하고 동년 10월 한성은행漢城銀行 은행장에 취임하
여 1943년 7월까지 근무했다.

고베고등상업학교를 졸업한 후 미쓰비시은행三菱

銀行에 취직을 희망했으나 교장의 권유에 의해 도한하게 되었다. 조선총독부가 학교에 6개 농공은행에 각 1명씩 6명을 채용할 테니 우등생을 보내 달라, 충분히 우대하겠다며 추천을 의뢰하자 교장이 그에게 도한을 권했다. 그는 조선식산은행 공공금융과장을 맡으면서 수리간척사업, 산미정책 등에 대해 지식을 쌓았으며, 미곡가의 폭락으로 인한 난국을 무난하게 해결했다는 평을 듣는다. 조선식산은행 행우회 회원 명부에 따르면 1950년 10월 사망했다.

[참고문헌] 조흥은행 편 『조흥은행백년사』(朝興銀行, 1997), 和田八千穗·藤原喜藏 共編 『朝鮮の回顧』(近澤書店, 1945), 殖銀行友會 編 『殖銀行友會會員名簿』(殖銀行友會, 1988), 국사편찬위원회 한국사데이터베이스 〈http://db.history.go.kr〉　　【정병욱】

218
노리마쓰 마사야스
乘松雅休(승송아휴)　　1863.8.25~1921.2.12

선교사

에히메현愛媛縣 마쓰야마시松山市 출신. 1887년 기독교에 입교하여 메이지학원明治學院 신학부에 입학하여 도쿄東京 니혼바시교회日本橋敎會에서 전도사로 왕성하게 활동했다. 1891년부터 약 5년 동안 일본 간사이와 에치고越後 지역을 중심으로 선교 활동을 펼쳤다.

1896년 12월, 도한하여 한글과 한국어를 익힌 뒤 서울에서 선교 활동을 시작했다. 1900년 8월, 경기도 수원 장안동으로 옮긴 뒤 '성서강론소'를 개설하여 본격적으로 전도 활동을 시작했다. 한국과 일본을 오가며 전도 활동을 펼쳤으며, 서울과 지방의 여러 지역에서 38개 교회를 개척하였다.

1921년 2월 일본에서 지병이 악화되어 사망했다.
[참고문헌] 도히 아키오 저, 김수진 역 『일본 기독교사(일본 조합교회와 노리마쓰의 조선전도)』(기독교문사, 2012), 中村敏 『日本プロテスタント海外宣教史: 乘松雅休から現在まで』(新敎出版社, 2011), 연승·이시준 「노리마쓰 마사야스의 한국 선교활동과 한국인식에 대한

고찰」 『일어일문학연구』 96(한국일어일문학회, 2016)　　【김소영】

219
노무라 조타로
野村調太郎(야촌조태랑)　　1881.12.22~?

사법관료, 변호사

후쿠이현福井縣 후쿠이시福井市 출신. 조선총독부 판사로서 조선총독부의 사법정책에 적극 관여한 사법관료이자 조선의 관습법 및 가족법을 연구한 법학자이다.

1881년 노무라 에이지로野村榮次郎와 이치いち의 아들로 태어났다. 1902년 7월 도쿄법학원東京法學院(현 주오대학中央大學의 전신)을 졸업했다. 1903년 제1회 판사검사등용시험에 합격하고 동년 12월 사법관시보에 임명되어 우쓰노미야재판소宇都宮裁判所에서 판검사실무를 수습했다. 1905년 9월 판사로 임명되어 1914년 3월까지 구마모토熊本, 도야마富山, 후쿠이福井 등지의 지방재판소에서 근무했다. 이후 조선총독부 판사로 임명되어 조선으로 건너와 경성지방법원京城地方法院, 고등법원高等法院 등에서 판사로 근무하며 조선의 관습법, 가족법 등에 관한 많은 논저를 저술하였다. 1941년 정년퇴직 이후 조선에서 변호사로 활동하였다.

1914년 4월 조선총독부 판사에 임명되어 부산지방법원에서 첫 근무를 시작하였다. 1915년 4월 경성지방법원 예심계 판사로 전근되었다. 1921년 2월 경성지방법원 부장판사가 되었다. 1923년 4월 조선 최고의 법원인 고등법원 판사에 보임되었다. 이 무렵부터 판사징계위원회 위원 및 위원장, 조선간이생명보험심사회朝鮮簡易生命保險審查會 위원 등으로 활동하였다. 1934년 8월 경성지방법원장으로 승진하였고, 동년 10월 평양복심법원장으로 취임하였다. 1937년 사법법규개정조사위원회司法法規改正調查委員會 위원으로 참여하여, 창씨개명과 서양자연조壻養子緣組, 이성양자異姓養子 등을 핵심으로 하는 1939년 제3차 조선민사령朝鮮民事令 개정에 중요한 역할을 하였다.

1941년 10월 약 7년 동안 재직한 평양복심법원장을 끝으로 정년퇴직하였다. 재직 기간 동안 그 공로를 인정받아 시정 25주년기념 조선총독의 표창을 받았고, 종4위에 서위敍位되었으며 훈3등 즈이호쇼瑞寶章를 받았다.

조선총독부 판사로 재직하는 동안 조선의 관습과 법률 등에 관한 많은 논저를 저술하여 법학자로서의 면모를 보여주었다. 대표적 저서는 다음과 같다. 『조선호적령의해朝鮮戶籍令義解』(巖松堂書店, 1923), 『조선형사법령朝鮮刑事法令』(松山房, 1929), 『신안조선육법新案朝鮮六法』(松山房, 1933), 『민사관습회답휘집民事慣習回答彙集』(朝鮮總督府中樞院, 喜頭兵一 共編, 1929), 『조선제제사상속법론서설朝鮮祭祀相續法論序說』(朝鮮總督府中樞院, 1939) 등이다. 논문도 약 30편을 발표했는데, 대표적 논문은 다음과 같다. 「치안유지법의 적용에 대하여治安維持法の適用に付て」(『朝鮮司法協會雜誌』 4-5, 1925), 「조선에 있어서 현행의 양자제도(6)朝鮮に於ける現行の養子制度(六)」(『朝鮮司法協會雜誌』 6-9, 1927), 「조선에 있어서 상속재산의 분배에 관한 법률관계朝鮮に於ける相續財産の分配に關する法律關係」(『朝鮮司法協會雜誌』 11-1, 1932), 「조선에 있어서 폐적에 관한 관습의 변천朝鮮に於ける廢嫡に關する慣習の變遷」(『朝鮮司法協會雜誌』 15-1, 1936), 「위토位土」(『朝鮮司法協會雜誌』 18-10, 1939), 「종중에 관한 법률관계宗中に關する法律關係」(『朝鮮司法協會雜誌』 18-11, 1939), 「조선가족제도의 추이朝鮮家族制度の推移」(『朝鮮』 296, 1940), 「조선관습상의 가와 상속제朝鮮慣習上の家と相續制」(『朝鮮司法協會雜誌』 19-1, 1940) 등이다. 이상에서 알 수 있듯이 그의 주요한 관심은 조선의 친족, 상속제도 즉 가족제도 및 그와 관련된 관습에 있었다.

퇴직 후 1941년 12월 경성지방법원검사국에 변호사등록을 하고 경성에서 변호사 개업을 하였으며 1944년 경성변호사회 회장에 선임되었다.

패전 후 귀국하여 변호사로 활동한 것으로 추정되나 상세한 내용은 알려져 있지 않다.

[참고문헌] 朝鮮中央經濟會 編 『京城市民名鑑』(朝鮮中央經濟會, 1921), 貴田忠衛 『朝鮮人事興信錄』(朝鮮新聞社, 1935), 司法協會 編 『朝鮮司法大觀』(司法協會,
1936), 홍양희 「조선총독부 판사, 노무라 초타로(野村調太郎)의 조선 사회 인식」『家族法研究』 23-1(한국가족법학회, 2009)　　　　　　　　【전병무】

220

노부하라 사토루

信原聖(신원성)　　　　　　　　　1900.10~?

관료

오카야마현岡山縣 출신. 1909년 조선으로 건너와서 1918년 3월 경성중학교를 졸업하고 같은 해 9월 제삼고등학교第三高等學校에 입학하여 1921년 3월에 졸업하였다. 같은 해 9월 도쿄제국대학東京帝國大學 법학부 독법과獨法科에 진학하여 1924년 4월에 졸업하고 5월에 다시 조선으로 건너와 조선총독부 관리로 근무했다.

조선에서 중학교, 고등학교를 다녔고 다시 일본으로 건너가서 대학을 마치고 1924년 5월에 다시 도한하여 조선총독부 관리로 경기도에서 근무를 시작한 것이다. 1926년에 함경남도 학무과장을 지냈고 1927년 9월에 경상북도 학무과장으로 자리를 옮겨 교육행정의 쇄신과 보통교육의 보급에 힘을 쏟았다.

1928년 9월에 경상북도 지방과장으로 천거되어 지방행정에 진력했고 그 능력을 인정받아 1930년 9월에 도사무관으로 추천되어 전라북도 재무부장에 임명되었다. 1932년 2월에는 경상남도 재무부장으로 있으면서 지방재정을 개선하였다. 1933년 12월 전매국專賣局 사무관이 되어 본국 제조과장의 요직을 맡았으며 1934년 5월 사업과장으로 영전했다. 지방재정의 쇄신에 수완을 발휘하였고 사업관청의 경영자로서 제조와 사업의 양방면에서 최신의 지식을 응용함으로써 다양한 업적을 이루었다.

[참고문헌] 有馬純吉 『昭和六年版 朝鮮紳士錄』(朝鮮紳士錄發行會, 1931), 笠原敏二 『朝鮮及滿洲に活躍する岡山縣人 第1卷』(朝鮮及滿洲に活躍する岡山縣人發行所, 1936)　　　　　　　　【이현진】

221

노세 다쓰고로

能勢辰五郎(능세진오랑)　　　　　1857~1911

외무관료

도쿄부東京府 출신. 1873년 외무성 번역 수습으로 관직을 시작하였다. 1875년에는 영국 측량선 실비아호의 해안측량과 관련하여 통역으로 승선하기도 하였다. 1876년 8월 외무성 14등 출사에 임명되었으며, 이듬해 1월 외무 9등속이 되었다. 이해 5월 미국 샌프란시스코 영사관 서기 1등 견습을 신청하여 6월에 출국, 미국에서 근무하던 중 1879년 12월 외무 3등 서기생에 임명되었다. 1881년 6월 귀국한 후 외무 8등속, 외무 7등속을 역임했다. 1882년 5월부터는 가나가와현神奈川縣으로 근무지를 옮겨 외사과에서 근무하였다. 이듬해에는 경부警部 겸 5등속에 임명되어 거류지경찰서에 근무하면서 7월 서장에 임명되었다. 1885년 경관영학교수장警官英學敎授長에 위촉되기도 하였다. 1886년 10월 다시 외무성에 채용되어 영사관 서기생으로 임명되면서 부산으로 건너가 근무하게 되었다. 1901년 6월 캐나다 몬트리올로 전근을 가게 되었으며, 총영사 신분으로 오타와에서 근무하다가 1908년 8월 면직되었다.

1886년 10월 23일 영사관 서기생으로 판임관 2등에 서임되어 부산영사관에서 근무하라는 발령을 받고 부산으로 11월 도한하였다. 공무 중 영어연구회를 조직하여 영어를 배우고자 하는 일본인과 조선인에게 교습을 진행하기도 했다. 1889년 1월 청국 지푸芝罘 영사관의 부영사 대리로 전근하였다. 1892년에는 인천영사관에서 부영사副領事로서 출납물품 회계를 담당하는 가운데 영사업무 대리를 하였다. 이듬해에는 같은 영사관에서 1894년 10월 9일까지 2등영사로 근무한 후 귀국하였다. 이때 영사로 근무하면서 조선 내지의 현황 및 정계동향, 인물 등에 대하여 수집한 정보는 외무성 통상국장 하라 다카시原敬(→917)에게 서한으로 보냈다. 서한은 『하라 다카시 관계문서原敬關係文書』에 수록되어 있다. 청일전쟁 발발 전후 시기에는 인천항에 드나드는 각국 군함의 동정을 파악하여 보고하였으며, 조선으로 도항하는 일본의 '무뢰배'들을 엄중히 단속하기 위해서 증명서를 발급해야 한다고 본국에 건의하기도 하였다. 1900년 조선으로 다시 파견되어 부산영사관에서 영사로 재직하였다. 이해 3월 우역검사소牛疫檢査所를 폐지하고 검역을 실시하지 않는다는 고시를 거류민에게 발포하였다. 10월에는 부산에서 수출하는 미곡의 판로를 조사하기 위해서 러시아 블라디보스토크로 출장을 다녀오기도 했다. 1901년 6월에는 경부철도 부설과 관련하여 예정구역 내에서 거류민들이 한국인들로부터 토지나 택지를 사취하지 않도록 주의하라는 고시를 내리기도 하였다. 1909년 대구이사청 이사관에 임명되어 6월 말 현지에 부임했다. 1910년 9월에는 부산이사청 업무를 대리하였다. 이해 10월 전라남도 장관이 되었으나 1911년 5월 15일 사망하였다.

[참고문헌] 仁川府 編『仁川府史』(仁川府, 1933), 都甲玄鄕 編『釜山府史原稿』卷6(釜山府, 1937), 外務省外交史料館 日本外交史辭典編纂委員會 編『日本外交史辭典』(山川出版社, 1992)　　　　　【박한민】

222

노세타니 간료

野世溪閑了(야세계한료)　　　　　1897.8~?

경찰관료

사가현佐賀縣 출신. 제삼고등학교第三高等學校를 나와 1922년 3월 도쿄제국대학東京帝國大學 법학부法學部를 졸업했다. 같은 해 11월 고등문관시험 행정과에 합격했다.

조선에서 관료생활을 시작한 그는 1923년 4월 전라남도 속屬으로 관료생활을 시작했다. 1924년 12월 강원도 경찰부 경무과장으로 진급했고, 1927년 2월 조선총독부 경찰관강습소장警察官講習所長을 겸했다. 같은 해 7월 강원도 이사관, 1928년 3월 평안남도 내무부 지방과장, 9월 조선총독부 사무관으로 임명되어 경무국 도서과圖書課에서 근무했다. 1929년에는 도 사무관이 되어서 충청북도 경찰부장으로 전임했고, 1931년 조선총독부 경찰관강습소警察官講習所

교수 겸 총독부 사무관에 임명되었다. 또한 1935년 이래 총독부 중추원中樞院 서기관으로 임명되어 조선사편수회朝鮮史編修會 간사를 담당했다. 1938년에는 평안남도 내무부장이 되었으며, 1941년 5월 퇴관했다. 이후 패전 이전까지 조선서적인쇄주식회사朝鮮書籍印刷株式會社 사장, 총독부 교과용도서 간행 및 판매를 주로 하는 조선교학도서주식회사朝鮮教學圖書株式會社의 이사를 역임했다.

1945년 10월 1일부 미군정청의 조선서적인쇄주식회사 접수로 사장직에서 파면되었으며, 이후 행적은 알 수 없다.

[참고문헌] 貴田忠衛 編『朝鮮人事興信錄』(朝鮮人事興信錄編纂部, 1935), 阿部薰 編『朝鮮功勞者銘鑑』(民衆時論社, 1935), 中村資郎『朝鮮銀行會社組合要錄』(東亞經濟時報社, 1942), 人事興信所 編『人事興信錄』第14版下(人事興信所, 1943), 秦郁彦 編『日本官僚制總合事典』(東京大學出版會, 2001), 岡本眞希子『植民地官僚の政治史-朝鮮・臺灣總督府と帝國日本』(三元社, 2008), 정상우「조선총독부의『朝鮮史』편찬 사업」(서울대학교 박사학위논문, 2011) 【주동빈】

223
노자와 다케노스케
野澤武之助(야택무지조)　　　1866.2.21~1941.8.1

관료

도치기현栃木縣 모오카眞岡 출신. 20세 때 미국에서 독일로 건너갔으며, 1888년 독일 뮐하임 시립공업학교를 졸업하였다. 졸업 후 스위스 제네바로 건너가 제네바대학 법학부에서 수학, 1895년 9월 법학 박사학위를 받은 후 귀국하였다. 1897년 9월부터 메이지법률학교明治法律學校에서 강사로 국제사법國際私法 강의를 하였다. 당시 강연했던 내용은『국제사법강의國際私法講義』라는 제목으로 출간하였다. 1897년부터 1902년까지는 도쿄전문학교東京專門學校에서 강의하였다. 1901년에는『세뇨보씨 문명사セーニョーボー氏文明史』를 번역하고 해설하여 출간하였는데, 이것은 2년 후 중국어로 번역되어 상하이에서『태서

민족문명사泰西民族文明史』(商務印書館)라는 제목으로 소개되기도 하였다. 대한제국에 건너온 후에는 법관양성소 소장, 법학교 교장을 역임하였다. 다시 일본으로 돌아간 이후에는 외무성이나 군부 촉탁으로 활동하였다.

1904년 3월 21일부터 정원 외 배속으로 한국주차군 사령부에서 국제법 사무촉탁 업무를 담당하였다. 1905년 10월 러일전쟁 개선과 관련하여 고종은 일본인 장교들에게 위문을 하면서 훈3등의 서훈과 팔괘장을 하사하였다. 1906년 12월 대한제국 정부의 법부 참여관參與官에 임명되어 사법행정에 관한 사무와 법령 개정사무에 참여하였다. 형법교정 작업을 실시할 때에는 형법교정관刑法校正官에 임명되어 업무를 맡아보기도 하였다. 1907년 3월에는 법부대신法部大臣 이하영李夏榮을 몇 차례 방문하였던 것이 확인된다. 6월에는 통감부 관저에서 개최된 법무보좌관 회의에 참석하여 한국 지방관과 실무를 두고 대립이 발생하고 있는 현황에 대하여 대응책을 논의하였다. 노자와를 비롯한 법부 참여관 앞으로 제출된 질의에 대한 회답을 정리한 기록으로는『융희원년 잡서철보좌관실隆熙元年雜書綴輔佐官室』(1907)이 남아 있다. 이 문서에는 법무보좌관과 법부 간의 교섭 상황이 수록되어 있다. 법관양성소 확장을 위해서 이해 9월에는 일본에 출장을 나가 사법성司法省을 시찰하고 10월 초에 돌아왔다. 순종이 즉위한 이후 12월에는 태극장을 받았다. 1908년 1월부터 법관양성소法官養成所 소장이 되었다. 이듬해 11월 법관양성소가 법학교로 개편되면서 직책이 소장에서 교장으로 바뀌었다. 1911년 11월 관립학교의 개정규칙이 시행되는 가운데 법학교는 경성전수학교京城專修學校로 학제 및 조직개편이 이루어졌고, 교장직에서 퇴직하라는 명령을 받고 사임하였다.

귀국 후 1917년에는 외무성 임시조사부 사무촉탁, 이듬해에는 블라디보스토크 파견 군사령부의 정무부政務部 촉탁으로 업무를 맡아보기도 하였다. 이후에도 외무성 번역관 등으로 활동하다가 1931년 의원면직하였다. 1941년 고향인 모오카에서 사망하였다.

[참고문헌] 이영미 저, 김혜정 역『한국사법제도와 우메

겐지로』(일조각, 2011), 김효전 『법관양성소와 근대한국』(소명출판, 2014), 明治大學百年史編纂委員會 編『明治大學百年史 第一卷史料編Ⅰ』(1986), 「定員外に增員を報告の件」(アジア歷史資料センター, Ref. C06040603500)　　　　　　　　　　　　　　　【박한민】

224

노자키 신조

野崎眞三(야기진삼)　　　　　　生물년도 미상

영화인

일본에서와 같은 홍백紅白 2계통 배급 체계를 기반으로 1942년 5월 1일 조선 유일의 영화 배급 부문 통제 회사로서 설립된 사단법인 조선영화배급사의 상무이사로 영입되어 1942년 5월 23일 취임하였다. 또한 영화 제작사 통폐합 결과 자본금 200만 원을 기반으로 1942년 9월 29일 창립된 사단법인 조선영화제작주식회사의 임원 12명 중 1인으로 이름을 올리기도 하였다. 주소지는 신당정新堂町 372-16이었다.

이후 1944년 4월 7일 사단원인 조선영화배급사가 사단법인 조선영화제작주식회사를 흡수하여 사단법인 조선영화사로 체제 개편을 이루면서, 잠시 상무이사와 제작부장을 겸직하기도 하였다.

[참고문헌] 한국영상자료원 편역『일본어 잡지로 본 조선영화 4』(현실문화연구, 2013), 高島金次『朝鮮映畵統制史』(朝鮮映畵文化硏究所, 1943)　【함충범】

225

노하라 도지로

野原藤次郎(야원등차랑)　　　　　　1876.6.2~?

실업가

교토부京都府 출신. 1906년에 한반도로 건너와 안동현 군용목재창, 조선통감부, 조선총독부 제재소製材所 소장 등을 거쳐 1925년에 오지제지王子製紙에 취임했다.

오지제지 조선공장 서무과장 겸 노무과장을 역임하면서, 신의주 부회府會 의원으로도 활동하였다.

[참고문헌] 谷サカヨ『第14版 大衆人事錄』(帝國秘密探偵社, 1943), 貴田忠衛『朝鮮人事興信錄』(朝鮮人事興信錄編纂部, 1935)　　　　　　　　　【김계자】

226

니시다 쓰네사부로

西田常三郎(서전상삼랑)　　　　1880.8·15~1940.6.6

언론인, 실업가

오카야마현岡山縣 마니와군眞庭郡 출신이다. 1905년 와세다대학早稻田大學 정치경제과를 졸업한 후 그해 9월 조선으로 건너와 함경남도 원산부元山府에 정착하여 1940년 사망할 때까지 주로 언론계, 경제계에 종사했다. 1905년 12월 경성의 중앙신문사中央新聞社를 시작으로 1906년 이후 원산에서 북선실업신문사北鮮實業新聞社, 원산매일신문사元山每日新聞社 등을 설립하여 줄곧 주필, 사장 등으로 재직했다. 또한 1920년부터 줄곧 함경남도 도회의원道會議員을 역임했다. 이밖에도 원산상공회의소元山商工會議所 특별평의원, 함경남도수산회咸鏡南道水産會 회장 등을 역임했다. 한편 원산해수욕주식회사元山海水浴株式會社 사장을 비롯하여 함흥운수주식회사咸興運輸株式會社, 동선임산주식회사東鮮林産株式會社, 원산수산주식회사元山水産株式會社, 원산축산주식회사元山畜産株式會社, 원산냉장주식회사元山冷藏株式會社 등 여러 회사의 이사직을 겸했다. 평소 바둑, 골프, 마작, 하이쿠俳句, 센류川柳, 원예, 여행 등 다양한 취미를 즐겼다고 한다. 1940년 6월 6일, 지병인 심장성 천식에 협심증까지 겹쳐 60세의 나이로 사망했다. 부인 니시다 아키코西田秋子와 사이에 2남을 두었다. 장남 니시다 교지西田共二 역시 와세다대학 상과를 졸업한 후 일본수산흥업주식회사日本水産興業株式會社에 근무했다.

도한 후 주로 언론계, 실업계, 지방정치 분야에서 활동했다. 먼저 언론계 활동을 보면, 1905년 12월 경성에서 한국어 신문인『중앙신문中央新聞』주필로 첫발을 들였다. 얼마 후『중앙신문』이 폐간되자 함경남도 원산으로 가서 1906년 9월 혼자 힘으로『북선실업신문北鮮實業新聞』을 창간하고 주필이 되었다.

1909년 1월에 『북선실업신문』을 『원산매일신문元山
每日新聞』으로 개칭하고 원산매일신문사를 창설, 사
장에 취임하고 주필로 활동했다. 1937년 3월 1일부
터 신문사를 원산의 유력자들을 주주로 자본금 20만
원의 주식회사 조직으로 개편하여 원산매일신문주
식회사元山每日新聞株式會社를 창립하고 사장직을 계
속 역임했다. 중일전쟁 이후인 1938년 2월 12일 조선
내 25개 신문사 사장으로 창립된 조선춘추회朝鮮春秋
會에 참여하여, 전시하 신문보국新聞報國 및 언론보
국言論報國 활동을 전개했다.

다음으로 실업계 활동을 보면, 1919년 7월 15일 설
립된 요시다운수주식吉田運輸株式會社 감사를 맡은 것
이 그 출발이었다. 이어서 그해 11월 30일 요시다창
고주식회사吉田倉庫株式會社가 설립될 때 대주주로 참
여했다. 이후 1920년 1월 22일 설립된 함흥운수주식
회사, 1922년 9월 2일 설립된 원산수산주식회사,
1924년 3월 7일 토지의 매매와 주택 경영을 주로 하
여 설립된 합자회사 아시다蘆田, 1925년 10월 21일
목탄 제조 판매를 위해 설립된 동선임산주식회사,
그해 12월 5일 설립된 원산축산주식회사, 1932년 8
월 18일 설립된 원산냉장주식회사 등 여러 회사의
이사직을 겸하면서 원산지역 실업계에서 활발히 활
동했다. 또한 이 사이에 원산에 해수욕장을 설치하
여 1923년 6월 원산해수욕주식회사를 창립하고 사
장에 취임했다. 송도원해수욕장松濤園海水浴場을 운
영하는 등 줄곧 해수욕장 경영 사업을 하면서 원산을
피서 관광지로 소개·선전했다. 한편 이와는 별도로
1932년 11월 4일 도키와상회トキワ商會라는 상호를
사용하여 합자회사를 설립하고, 양잠, 잠종개조, 석
탄판매, 보험대리점 등 다양한 분야의 상업 활동에
도 종사했다.

마지막으로 지방사회의 정치·사회 관련 활동을
보면, 1907년 12월 원산거류민단元山居留民團 회계역
에 임명되어 1908년 7월까지 활동한 바 있다. 1911년
1월 원산거류민단 의원으로 선출되었다. 1920년 조
선도지방비령朝鮮道地方費令이 시행되자 함경남도 도
평의회道評議會 의원이 된 이래, 임기가 바뀔 때마다
계속하여 1930년대까지 도평의회원道評議會員, 도회

의원을 여러 차례 재임했다. 이밖에 각종 사회활동
에 참여했는데, 원산상공회의소 특별평의원, 함경남
도수산회 부회장 및 회장, 함경남도멸치기름비료제
조조합 특별의원, 원산어항설치기성회元山漁港設置期
成會 위원 등으로 활동했다. 이러한 활동으로 지방제
도의 발전에 공헌했다는 평가를 받았다.

[참고문헌] 朝鮮公論 編 『在朝鮮內地人紳士名鑑』(朝鮮
公論社, 1917), 阿部薰 編 『朝鮮功勞者銘鑑』(民衆時論
社, 1935), 貴田忠衛 『朝鮮人事興信錄』(朝鮮人事興信
錄編纂部, 1935), 森川淸人 編 『朝鮮總督府施政二十五
周年記念表彰者名鑑』(表彰者名監刊行會, 1935), 朝鮮
硏究社 編 『新興之北鮮史』(朝鮮硏究社, 1937), 高橋三
七 『事業と鄕人 第1輯』(實業タイムス社: 大陸硏究社,
1939), 芳賀登 外 共編 『日本人物情報大系』(皓星社,
1999~2002), 박용규 「일제하 지방신문의 현실과 역할」
『韓國言論學報』 50-6(한국언론학회, 2006) 【변은진】

227
니시모토 게이조
西本計三(서본계삼)　　　　　　　1896.7.10~?

관료, 실업가

가가와현香川縣 출신. 니시모토 아사키치西本淺吉의 3
남으로 태어났다. 1921년 도쿄제국대학東京帝國大學
독일법과를 졸업, 고등문관시험에 합격하고 조선은
행에 취직하였다. 그 후 조선총독부 재무국과 내무
국의 각 사무관, 전매국 사무관, 사업과장, 식산국
수산과장, 임시물자조정과장, 평안북도 지사 등을
역임했다.

1940년 9월 퇴관한 후, 조선광업진흥주식회사 이
사, 조선흑염개발주식회사 대표, 조선인광주식회사
사장 등 민간 기업에서 활동하였다.

[참고문헌] 貴田忠衛 『朝鮮人事興信錄』(朝鮮人事興信
錄編纂部, 1935), 嶋元勸 『朝鮮財界の人々』(京城日報
社, 1941), 谷サカヨ 『第14版 大衆人事錄』(帝國秘密探
偵社, 1943) 【마스타니 유이치桝谷祐一】

228

니시무라 신타로
西村眞太郎(서촌진태랑)　　　　　1888~?

관료

효고현兵庫縣 출신. 1910년 도쿄외국어학교東京外國語學校 한어과를 졸업했다. 1912년 4월 경성전수학교 교사로 도한했다. 1914년 12월 조선총독부 사법부속, 1918년 1월 경성지방법원 서기 겸 통역생, 1920년 3월 경무국 통역생을 거쳐 1921년 6월 총독부통역관으로 진급했다. 1929년 5월 학무국겸무로 임명되었다. 1931년 통역관으로 승진한 후 1940년 퇴임 시까지 근무하며 조선어신문 및 잡지에 대한 검열을 담당했다.

1923년 11년간의 조선체험과 지식을 바탕으로 경찰협회 간행으로『조선의 면모朝鮮の俤』라는 저서를 출간했다. 이 책은 조선의 풍속, 자연, 지리, 사회 등에 대한 정보를 담고 있다. 1931년「국어 미간지의 개척國語未墾地の開拓」을 시작으로 조선어에 대해 연구하여 조선어의 대가라는 평을 받았다. 1939년 히노 아시헤이火野葦平의『보리와 병대麥と兵隊』라는 종군기를 총독부의 지시에 따라 번역했다.

[참고문헌] 西村眞太郎『朝鮮の俤』(朝鮮警察協會, 1923), 박광현「검열관 니시무라 신타로(西村眞太郎)에 관한 고찰」『한국문학연구』32(동국대학교 한국문학연구소, 2007)　　　　　　　　　　　　　　　　【김소영】

229

니시무라 야스키치/니시무라 야스요시
西村保吉(서촌보길)　　　1865.6.21~1942.1.15

관료

이요노쿠니伊子·國(현 에히메현愛媛縣) 출신. 니시무라 가게노부西村景信의 장남으로 태어났다. 에히메현 우와지마구宇和島區 재판소 고원雇員 및 현청 고원을 지냈고, 1980년 보통시험에 합격했다.

이후 에히메현 우마군宇摩郡 서기, 내무국內務局 근무 등을 거쳐 1901년 고등문관시험 행정과에 합격했

다. 미야자키현宮崎縣과 야마구치현山口縣 참사관, 나가노현長野縣 사무관 및 제2부장, 홋카이도청北海道廳 사무관 및 제6부장, 토목부장, 척식부장, 히로시마현廣島縣과 아이치현愛知縣 각 내무부장 등을 역임했다.

1917년 1월 시마네현島根縣 지사에 취임했고 1919년 6월 사이타마현埼玉縣 지사로 전임되었다. 동년 8월 조선총독부 식산국장殖産局長에 임명되어 도한, 1924년 12월 사직하고 퇴관했다.

이후 다테 가伊達家 고문, 유신사료편찬회維新史料編纂會 위원 등을 역임했다.

[참고문헌] 朝鮮新聞社 編『朝鮮人事興信錄』(朝鮮新聞社, 1922), 有馬純吉『昭和六年版 朝鮮紳士錄』(朝鮮紳士錄發行會, 1931), 歷代知事編纂會 編『新編日本の歷代知事』(歷代知事編纂會, 1991), 秦郁彦 編『日本官僚制總合事典: 1868-2000』(東京大學出版會, 2001)

【이윤지】

230

니시와키 조타로
西脇長太郎(서협장태랑)　　1862.3.19~1910.10.3

금융인

에히메현愛媛縣 우와지마宇和島 출신. 1879년 도쿄부립상법강수소東京府立商法講修所에 들어가 수학하였다. 1882년 3월 수료한 후에는 도쿄제일국립은행東京第一國立銀行에 입사하였다. 모리오카盛岡, 이시마키石卷 지점 등에서 근무하다가 1890년 지점장으로 승진하고 센다이仙臺 지점의 운영을 담당하였다. 이해 9월부터 조선 부산포 지점 근무 발령을 받고 도한하였으며, 이후 인천 지점으로 자리를 옮겨 지점장을 역임하였다. 1905년 니시와키 신西脇晋을 양자로 들였는데, 그는 대장성大藏省 관료, 중의원 의원, 변호사 등으로 활동하였다.

1891년 6월 제일국립은행 인천 지점의 지점장으로 발령을 받아, 7월 부산에서 인천으로 건너왔다. 이해 12월에는 각국 거류지회 회장으로 선출되었다. 1892년 4월 인천 일본거류지회 의원 보궐선거에서 당선되어 부의장이 되었다. 이해 5월에는 통리교섭통상

사무아문 독판 민종묵閔種默과 은 5천 원의 차입을 내용으로 담고 있는 '일본제일은행차관합동日本第一銀行借款合同'을 체결하였다. 갑오개혁이 진행 중이던 시기에도 조선 정부의 탁지부대신 어윤중魚允中과 이노우에 가오루井上馨(→824) 일본 공사 간에 해관세를 저당으로 설정한 13만 원의 차관이 성립하였을 때, 제일국립은행 인천 지점 지배인으로서 이노우에 공사와 사전에 차관 조건을 논의하면서 연 8%의 이율을 조건으로 내세운 바 있다. 차관 약정서에는 일본 측 담당자로서 기명날인을 하였다. 1896년에는 인천 거류지회 의원으로 당선되었으며, 14명의 발기로 주식회사 인천미두거래소 설립 신청을 하여 인가를 받았다. 아울러 인천항 일본인 상업회의소 회장會頭으로서 1896년 7월 조선에서 시행하기 시작한 '신식화폐발행장정'의 운영상 보조화폐의 통용제한이 초래한 폐해를 해결해 달라는 내용이 담겨 있는 「조선보조화폐에 관한 건의朝鮮補助貨幣ニ關する建議」를 작성하여 인천영사관에 제출하였다. 1898년 11월에도 상업회의소 회장 자격으로 영사관 사무대리 시데하라 기주로幣原喜重郎(→542)에게 9월 7일부로 인천미두거래소 해산 처분이 내려진 것에 대하여 반발하면서 일본인을 중심으로 한 미두거래소가 필요하다는 점을 역설한 「재인천일본인상업회의소의 거래소에 관한 의견在仁川日本人商業會議所ノ取引所ニ關スル意見」을 작성하여 제출하였다. 1899년 7월에는 하야시 곤스케林權助(→928) 일본공사와 함께 고종을 알현하기도 하였다.

도쿄로 돌아간 후 급환으로 사망하였다. 장례식은 진보초神保町 자택 근처에 위치한 세이쇼지靑松寺에서 거행하였다. 1933년 인천개항 50주년 기념행사가 개최되었을 당시 인천부윤仁川府尹이 인천 발전에 대한 공로자로 선정하여 표창하기도 하였다.

[참고문헌] 국사편찬위원회 편 『駐韓日本公使館記錄』(국사편찬위원회, 1997), 아오야마 고헤이 저, 정혜중 역『譯註 仁川事情』(인천광역시 역사자료관 역사문화연구실, 2004), 국사편찬위원회 편 『한국근대사자료집 8 개화기의 금융』(국사편찬위원회, 2003), 仁川府 編 『仁川府史』(仁川府, 1933)   【박한민】

231

니시자키 겐타로

西崎源太郎(서기원태랑)   1880.10.1~?

실업가

오카야마현岡山縣 조도군上道郡 다카시마무라高島村 고쿠후시장國布市場 출신. 게이오기주쿠慶應義塾 졸업 후 대동기선주식회사大東汽船株式會社, 호남기선주식회사湖南汽船株式會社, 가도은행加島銀行 등에서 근무하였다.

1909년 조선으로 건너와 기업협회 지배인이 되어 황해도 겸이포에서 근무했으며, 겸이포 일본인회 의원으로 선출되기도 했다. 1910년 말 경성으로 이사해서 석탄상을 개업하였다. 이 과정에서 산림경영 및 목재 매매를 하던 동아상공주식회사東亞商工株式會社의 상무이사가 되어 경영을 담당하기도 했는데, 이 회사는 자본금 1백만 원에 주식 수만 2만 원, 총 주주 69명의 당시로서 매우 큰 규모의 산림 주식회사였다. 1924년 7월 1일에는 스스로 자본금 1만 원을 들여 연료 판매 가공, 대리업을 하는 니시자키상회西崎商會라는 합자회사를 설립 경영하기도 했다. 또한 1927년에는 석탄 채굴 판매 사업을 하던 주식회사 영흥탄광永興炭礦의 전무이사로 근무하기도 했다.

1919년 경성상업회의소 평의원에 당선된 이래 계속 중임하였으며, 평의원 재직 시절 조선철도보급촉진을 위한 상업회의소 실행위원으로 선정되어 활동하기도 하였다. 1924년에는 경성상업회의소에서 발간하던 『조선경제잡지朝鮮經濟雜紙』에 「해운계의 정세와 전도」라는 제목 하에 당시 해운업계의 상황을 통찰하는 글을 싣기도 했다. 이 글에서 니시사키는 당시 해운계 운임이 떨어지는 것을 막기 위해 선박동맹에 의한 협정 운임 유지라는 정책을 추진하는 운동에 대해 그 실효성 없음을 이유로 반대했다. 1925년 처음으로 경성상업회의소 부회장이 되어 1928년까지 연임하였으며, 부회장으로 활동할 당시 조선공업협회 임원으로도 재직하는 한편, 이 임원 자격으로 '경성부 도시계획京城府都市計劃', '운송합동문제運送合同問題' 등 이 시기 화제가 되었던 경제 사안들에 적극 간여하였다. 1922년 12월에 경성부 정총대町總代로 추대된 이래 1936년까지 중임하기도 했다. 정총대로 활동하던 당시, 조선박람회 평의원 및 경성전기부영화기성회 위원으로도 활동하였다.

[참고문헌] 「決議文作成 齊齊한 演士들 십분간 식전과 공영에 대한 長廣舌을 둘을 터」(『매일신보』, 1931.8.2), 「朝鐵速進運動 상경위원 선정」(『매일신보』, 1924.5.4), 「工業協會 創立總會 役員詮衡決定」(『매일신보』, 1925.9.23), 「朝博評議員(二)」(『매일신보』, 1929.5.14), 「꿈같은 三十年間의 發展 大京城飛躍을 祈願 今日, 府制三十年奉告祭와 勤續者表彰」(『매일신보』, 1943.10.2), 「해운계의 정세와 전도」(『朝鮮經濟雜誌』, 1924.9.25) 【기유정】

232
니시자키 쓰루타로
西崎鶴太郎(서기학태랑)　　　1867.12.28~?

실업가

효고현兵庫縣 간자키군神崎郡 아와가무라粟賀村 출신. 성장해서는 교토京都에서 영한수학英漢數學을 전공하였고 다시 도쿄東京로 돌아와 메이지대학明治大學을 졸업하고 군대에 징집되어 육군 보병 조장曹長이 되었다. 이후 도쿄건물주식회사東京建物株式會社에 입사했고 1905년 러일전쟁이 끝나갈 무렵 조선으로 이주하였다.

조선으로 건너와 진남포에 정착, 반년간 진남포에서 각지의 정세를 살폈고, 1906년에는 중국 및 만주 지역도 시찰하였다. 1907년 도미타 기사쿠富田儀作(→333), 나카무라 세이시치로中村精七郎와 함께 황해도 재령과 은율군에 소재한 철산鐵山의 경영을 허가받으며 조선에서의 광산경영을 시작하였다. 예로부터 품질 좋은 철로 유명하였던 재령의 철산은 60여만 평의 광범위한 구역으로 채굴량도 상당하였다. 니시자키광업소西崎鑛業所를 설치하고 500여 명의 인부를 사역해서 채굴을 시작한 니시자키는 경영 초기 의병의 공격을 받는 등 어려움을 겪기도 했지만 1924년 미쓰비시광업주식회사三菱鑛業株式會社에 일체의 권리를 양도할 때까지 상당량의 철을 생산하며 광산

사업을 유지하였다. 1916년에는 충청남도 공주군 내 금광을 매수하였고 전라남도 해남군의 옥매산 광산도 매수하여 알루미늄 제련 원료인 명반석明礬石을 생산하였다. 광산경영을 기반으로 상당한 자본을 축적한 니시자키는 1914년 진남포부협의원에 선정되었고 1916년 진남포상업회의소 회장에 당선되며 지역 내 유력인사로서의 영향력을 행사하였다. 1917년 조선광업회 발기인으로 도쿄를 방문하였다. 1918년 칭다오항로靑島航路 개설, 1922년 진남포 축항 완성, 1924년 상하이항로上海航路의 진남포 기항을 실현시키기 위해 총독부 및 본국 정부를 방문하는 등 지역의 발전을 위한 기간시설 확충에 크게 노력하였다. 각종 기업 활동도 활발하게 전개하여 1910년 진남포전기주식회사, 1912년 진남포기선합자회사, 1919년 진남포창고주식회사를 설립한 것을 비롯하여 진남포수산주식회사 이사, 진남포물산시장주식회사 이사, 조선농산주식회사 감사 등 진남포에 소재한 주요 기업의 임원을 역임하였다. 뿐만 아니라 경성으로까지 진출해서 조선피혁주식회사 감사, 조선경남철도주식회사 이사, 대동은행 감사, 조선화약주식회사 상담역, 조선천연빙주식회사 감사역, 부산미곡증권신탁주식회사 이사, 남조선신탁주식회사 이사, 조선화재해상보험주식회사 감사, 조선무연탄주식회사 감사 등을 역임하였고, 조선중앙광업주식회사, 평양탄가제조주식회사, 서선식산철도주식회사, 조선철도주식회사, 조선식산은행, 조선저축은행 등 제조업, 운수업, 금융업을 망라한 조선 내 유력기업의 경영에 대주주로서 참여하였다. 1935년 조선총독부 시정 25년 기념 표창자로 선정되어 은배銀杯를 받았다.

[참고문헌] 靑柳綱太郎 『新朝鮮成業銘鑑』(朝鮮研究會, 1917), 朝鮮公論社 編 『在朝鮮內地人紳士銘鑑』(朝鮮公論社, 1917), 前田力 『鎭南浦府史』(鎭南浦史發行所, 1926) 【전성현】

233
니시카와 쓰테쓰
西河通徹(서하통철)　　　1856.12.15~1929.9.29

기조鬼城(호)

언론인

에히메현愛媛縣 우와지마宇和島 출신. 니시카와 겐키치西河謙一의 차남으로 태어났다. 장남인 형은 일찍 죽었다. 어려서부터 자유민권운동에 경도되어 『조야신문朝野新聞』에 정론을 투고하다가 1876년 3월 2일 신문조례 위반으로 체포 감금형을 받았다. 출옥 후 자유당파로서 출마를 기도한 적이 있다. 1880년 『시나노신문信濃新報』, 1881년 『소보공립신문總房公立新聞』, 1882년 『자유신문自由新聞』, 1884년 『아키타사키가케신보秋田魁新報』, 1885년 『중외전보中外電報』, 『에이리조야신문繪入朝野新聞』, 1889년 『오사카공보大阪公報』, 1890년 『간사이일보關西日報』, 1891년 『모지신보門司新報』, 『신나니와新浪華』 등에서 활동하였다. 1894년 봄 『후쿠료신보福陵新報』에 있을 때 청일전쟁이 발발하였다. 관전觀戰 기자가 되기 위해 오사카大阪에 돌아가 도쿄東京, 오사카大阪 양측의 『아사히신문朝日新聞』 특파원으로 청국 진저우錦州, 뤼순旅順, 다롄大連 등에 체재하였다.

청일전쟁이 마무리된 후 귀국하여 다시 『아사히신문』 특파원으로 조선에 파견되었다. 그 후 20년 가까이 신문기자로 서울에 체재하였다. 1895년 을미사건, 1896년 아관파천, 1904년 러일전쟁 등 역사적 사건을 경험하였다. 1906년 12월 지병이 악화되어 신문사를 퇴직하였다. 그 후 대한문 앞에 성문당盛文堂이라는 상점을 차리고 경영하였다.

1926년 경 귀국, 고향인 우와지마로 돌아갔다.

[참고문헌] 西河通徹 『鬼城自敍傳』(西河謙吉, 1931), 京城新聞社 編 『朝鮮の人物と事業』(京城新聞社, 1930)

【마스타니 유이치桝谷祐一】

234

니시카와 히데오

西川秀洋(서천수양)   생몰년도 미상

영화인

일본 데이코쿠키네마帝國キネマ 출신이라는 기록 정도가 전해질 뿐, 생몰년도나 일본에서의 이력 등은 알려져 있지 않다. 조선에서 영화 활동을 시작한 것은 조선키네마주식회사의 〈신의 장〉(1925)을 촬영하면서부터였다. 이어 조선키네마주식회사의 내부으로 조선인 배우와 스텝이 떨어져 나갔을 때, 윤백남을 따라 상경하였다.

이후 백남프로덕션에서 〈심청전〉(윤백남 감독, 1925)을, 이경손의 고려키네마에서 〈개척자〉(이경손 감독, 1925)를, 이경손과 조일제가 세운 계림영화협회에서 〈장한몽〉(이경손 감독, 1926)과 〈산채왕〉(이경손 감독, 1926) 등을 촬영하였다. 이어 김택윤프로덕션에서 〈흑과 백〉(김택윤 감독, 1927)의, 대륙키네마에서 〈나의 친구여〉(유장안 감독, 1928)의 촬영을 담당하였다.

이렇듯 1920년대 중반과 후반 니시카와가 조선에서 촬영한 영화는 모두 8편이었다. 이는 무성영화 제작 초기 조선영화의 제작 산업 규모를 고려할 때 상당히 많은 편수라 하지 않을 수 없다. 더구나 그의 영화 활동이 조선인과의 우호적 관계를 통해 이루어졌다는 점은 의미가 크다. 이러한 면에서 초창기 한국영화계의 매우 중요한 일본인 기술자 중 한 명이었다고 할 수 있다.

[참고문헌] 김남석 『조선의 영화제작사들』(한국문화사, 2015), 이영일 『한국영화전사(개정판)』(소도, 2004), 한국영상자료원 편역 『일본어 잡지로 본 조선영화 2』(현실문화연구, 2011)   【함충범】

235

니시키 모토사다

西龜元貞(서귀원정)   생몰년도 미상

영화인

영화 시나리오 작가이며, 영화계에서 활동하기 이전부터 조선에 거주하고 있었던 것으로 보인다. 주요 활동 시기는 1930년대 말부터이다. 식민지 시기에는 조선에서 다양한 영화 활동을 하였으며, 전후에는 일본으로 건너가 여러 영화사에서 각본 작업을 담당하였다. 그가 조선영화계에 발을 들인 것은 1930년대 후반 조선을 대표하는 영화 제작 및 배급회사였던 고려영화협회에 문학부 소속으로 입사하면서부터이다.

니시키는 고려영화협회에서 〈수업료授業料〉(최인규·방한준 감독, 1940)를 기획하였다. 광주 북정심상소학교北町尋常小學校 4학년생 우수영의 수기를 원작으로 한 이 영화는 일본 수출을 염두에 두고 제작되었다. 그리하여 이 작품에서는 일본의 저명한 시나리오 작가 야기 야스타로八木保太郎가 각본을 맡았으며, 주인공 아이의 담임교사 역은 일본의 대표적 극단 신쓰키지新築地 소속의 유명 신극 배우 스스키다 겐지薄田研二가 담당하였다. 이들의 영입 과정에서 니시키의 역할이 컸던 것으로 보인다.

또한 〈집 없는 천사家なき天使〉(최인규 감독, 1941)의 각본을 맡으며 시나리오 작가로 이름을 알리기 시작하였다. 이 영화는, 비록 취소는 되었지만 문부성 '추천영화'에 오르며 조선과 일본에서 반향을 일으켰다. 니시키는 1941년 2월 〈춘향전〉의 각본을 완성하여 일본의 영화사 및 일본인 배우와 교섭을 시도하기도 하였으나, 결국 영화화되지는 못하였다. 이후에는 〈풍년가豊年歌〉(방한준 감독, 1942), 〈우러르라 창공仰げ蒼空〉(김영화 감독, 1943) 등 고려영화협회에서 기획한 주요 작품들의 시나리오를 집필하였다.

한편 그는 영화 통제가 강화되어 가던 시기 각종 좌담회에 참석하여 조선영화계의 사정과 현상에 대해 설명하고 영화 국책의 필요성을 주장하기도 하였다. 1939년부터 1940년까지는 조선총독부 경무국 도서과의 촉탁에 자리하였고, 1942년 통제회사로서 설립된 사단법인 조선영화제작주식회사에는 기획과 사원으로 정식 입사함으로써 영화 활동을 이어갔다. 이후 1944년 4월 7일 사단법인 조선영화배급사가 사단법인 조선영화제작주식회사를 흡수하여 사단법인 조선영화사로 체제 개편을 이루면서, 제작부 산하 계획과의 각본계로 소속을 옮겼다.

이어 조선군 보도부에서 제작된 〈병정님兵隊さん〉(방한준 감독, 1944)과 사단법인 조선영화사에서 제작된 〈태양의 아이들太陽の子供たち〉(최인규 감독, 1944) 등 2편의 징병제 선전영화의 시나리오를 담당하였다.

전후 일본영화계에 편입하였는데, 도호東寶, 쇼치쿠松竹, 도에이東映, 신도호新東寶 등의 영화사를 오가며 1949년부터 1961년까지 개봉된 다수의 작품에서 각본을 담당하였다. 대표적인 작품으로 〈지옥의 귀부인地獄の貴婦人〉(1949), 〈분노의 거리怒りの街〉(1950), 〈흰 야수白い野獸〉(1950), 〈장미전쟁薔薇合戰〉(1950), 〈나의 일고 시절 범죄わが一高時代の犯罪〉(1951), 〈격류激流〉(1952), 〈포옹抱擁〉(1953), 〈야스고로 출세安五郎出世〉(1953), 〈강철 팔 눈물 있다鐵腕涙あり〉(1953), 〈풍운 산조 가와라風雲三條河原〉(1955), 〈암흑가의 안역暗黑街の顔役〉(1955), 〈푸른 밤안개의 도전장靑い夜霧の挑戰狀〉(1961) 등이 있다.

[참고문헌] 한국영상자료원 편역 『일본어 잡지로 본 조선영화 2』(현실문화연구, 2011), 高島金次 『朝鮮映畵統制史』(朝鮮映畵文化硏究所, 1943), 국사편찬위원회 한국사데이터베이스 〈http://db.history.go.kr〉, 일본영화데이터베이스 〈http://www.jmdb.ne.jp〉 【함충범】

236

니시키 산케이
西龜三圭(서구삼규)   1884.2~?

의사

오이타현大分縣 출신. 1909년 히로시마현 니시키 도시사다西龜利貞의 양자로 들어갔다. 1911년 교토대학京都大學 의과를 졸업하고 1930년부터 1943년까지 조선총독부 경무국 위생과정, 경성의학전문학교 및 경성제국대학 위생법규 강사 등을 역임했다.

조선나예방협회의 설립(1932년 12월)에 참가하여 소록도자혜의원 확장 기본 계획의 실무책임자가 되었다. 동 협회 상무이사. 조선총독부직속기관인 나요양소 소록도 갱생원의 제5대(1942.8.1~1945.8.20) 원장으로 취임했으며, 제2차 대전이 끝난 후 일본인이 철수할 때 그곳에 있던 당시의 모든 서류를 소각했다. 따라서 소록도에서의 환자 생체실험에 대한 자료 검색이 곤란하게 되었다.

니시키 등에 의해 고용된 조선인 직원들에게 환자 자치위원 등 84명이 학살되었는데 이 학살된 84명을 추모하기 위한 애도의 추모비가 현재의 본관 앞에 세워졌다. 전후에는 위생기관으로 1949년부터 52년까지 구리우라쿠센엔栗生樂泉園에서 근무했다.

[참고문헌] 滝尾英二 編·解說『植民地下朝鮮における ハンセン病資料集成 第7卷』(不二出版, 2003), 嶋元勸 『朝鮮財界の人々』(京城日報社, 1941)   【이충호】

237

니시하라 가메조
西原龜三(서원구삼)   1873.6.3~1954.8.22

실업가, 정치인

교토부京都府 아마타군天田郡 구모하라무라雲原村 출신. 아버지는 니시하라 주에몬西原忠右衛門이다. 1885년 가출을 시도했으나 실패하고, 1886년 14세 때 다시 집을 나가 고베神戶에서 스페인어를 배웠다. 1889년 고베에서 선박 승무원으로 근무하거나, 오사카大阪에서 미곡상을 하였다. 이후 도쿄東京로 건너가 고무치 도모쓰네神鞭友常를 만났고, 니시하라는 그 후 고무치의 비서 역으로 일하게 된다. 1894년 고향에서 후쿠치야마면포회사福知山綿布會社를 설립, 이어 마이즈루舞鶴에서 벽돌공장을 설립했다. 1898년부터 1901년까지 마이즈루에서 해군 진수부鎮守府 공사를 맡았다. 그 공사를 완료하고 나서 도쿄에 건너가 고무치의 선거운동을 도왔다. 1904년 중의원 의원에 당선되었다.

1904년 러일전쟁이 일어나자, 고무치는 한국 경영을 기도하고 동년 4월에 도한하였고, 니시하라도 그를 따라 도한하여 한국을 시찰하였다. 이때 한국의 인구가 일본에서 선전되고 있는 것보다 훨씬 많은 것을 깨달았고, 일본인의 한반도 이주는 잘못된 정책이라고 지적하였다. 고무치는 서울 체류 중 송병준宋秉畯을 만나 일진회一進會 결성의 상담을 받았으나, 당시 단체 결성에 회의적인 입장이었다. 고무치는 이해 8월에 귀국하였으나, 니시하라는 병 때문에 인천에 남았다.

10월 일진회가 결성되었고, 니시하라는 그 결성에 관여하였다. 1904년 12월에 일시 귀국하였으며, 1905년 1월 이용익李容翊이 일본에서 귀국할 때 사전 공작을 위하여 다시 도한하였다. 한국 내에서 이용익과 만나 대한책에 대해 논의한 후, 고무치에게 도

한할 것을 타진하였다. 고무치는 이해 4월에 도한하였으나, 병에 걸려 곧 귀국하였다. 귀국하기 전에 고무치는 일진회 간부인 송병준, 이용구李容九를 불러 앞으로의 방책에 대하여 조언하였다. 니시하라도 고무치를 따라 귀국하였다. 1905년 9월, 메가타 다네타로目賀田種太郎(→384)의 금융정책이 한국 경제를 혼란에 빠트리고 있는 가운데, 일진회가 니시하라의 도한을 요청하였다. 이에 따라 재차 도한하였고, 상업회의소 상담역을 맡았다. 1910년 8월 한일강제병합 이후에는 초대총독 데라우치 마사타케寺內正毅(→321)의 상담역도 맡았다. 한편으로는 『경성일보京城日報』 사장 도쿠도미 소호德富蘇峰와도 친분을 유지하였다. 1915년 1월 16일 데라우치가 귀국할 무렵에 맞추어 귀국하였다.

귀국 후 정치가의 상담역으로 막후에서 정치를 조종했다. 1918년 돤치루이段祺瑞가 이끄는 중국 정부에 막대한 차관을 제공한 이른바 니시하라 차관으로도 유명하다. 일본이 파시즘에 기울어가던 1938년 귀향하였다.

[참고문헌] 西原龜三『夢の七十年』(雲原村, 1949), 貴田忠衛『朝鮮人事興信錄』(朝鮮人事興信錄編纂部, 1935)   【마스타니 유이치桝谷祐一】

238

니시하라 다쓰코
西原田鶴子(서원전학자)   ?~1988.2.7

시라카미 다쓰코白神田鶴子(결혼 후)

교사

본적 히로시마현廣島縣. 1926년 도쿄음악학교東京音樂學校 내 제사임시교원양성소第四臨時敎員養成所에 입학, 1929년 동교를 졸업하였다. 임시교원양성소는 일본 내 중등교육기관의 확충에 따른 동 기관의 교원 양성을 목적으로, 임시적으로 만들어진 2년제 속성 교원양성기관이다. 제사임시교원양성소는 도쿄음악학교 내에 설치되어 중등음악교원을 양성했다.

제4임시교원양성소 졸업 후 바로 조선으로 건너왔다. 『조선총독부및소속관서직원록朝鮮總督府及所屬官

署職員錄』(1929~1941)에 의하면 대구여자고등보통학교(1929~1936)와 마산고등여학교(1939~1941)에 근무한 것으로 기록되어있다. 제사임시교원양성소의 복무규정에 의해 지정된 학교에서 교직의 의무(제사임시교원양성소의 경우 학자금을 받은 경우는 3년, 받지 않은 경우는 1년)를 겪었어야 했는데, 그 첫 발령이 조선이었던 것이다.

조선 중등교육기관에서 음악교과를 담당하면서 조선인 여학생 육성에 기여하였다.

[참고문헌] 東京藝術大學音樂部 『同聲會會員名簿』(廣濟堂, 2013), 阿部薰 『朝鮮人物選集』(民衆時論出版部, 1934) 【김지선】

239
니시히로 다다오
西廣忠雄(서광충웅) 1900.3.28~?

경찰관료

히로시마현廣島縣 출신. 제삼고등학교第三高等學校를 졸업했다. 1924년 11월 고등문관시험 행정과에 합격했다. 1925년 교토제국대학京都帝國大學 법학부 법률학과 졸업, 내무성內務省에 들어가 야마가타현山形縣 속屬이 된다.

이후 야마가타현 사무관, 효고현兵庫縣 사무관, 내무사무관, 기후현岐阜縣 서기관 및 경찰부장, 나가노현長野縣 서기관 및 경찰부장, 시즈오카현靜岡縣 서기관 및 경찰부장, 내무성 서기관 및 계획국計劃局 방공과장防空課長, 방공국防空局 기획과장企劃課長, 경시청 부장 및 경무부장, 도쿄부東京府 내무부장 등을 역임했다.

1943년 7월 1일 미야자키현宮崎縣 지사에 취임해서 전시하의 대응에 진력했고, 1944년 8월 1일 조선총독부 경무국장으로 임명되었다. 조선총독 아베 노부유키阿部信行(→597)가 부임하면서 대동했다고 한다.

1945년 8월 15일 패전 이후 조선총독부-조선석탄회사-조선은행 라인을 통해 신흥재벌 김계조金桂祚에 대출을 해주어 국제문화사國際文化社라는 유흥클럽을 만들었다. 1945년 10월 미군 방첩대(CIC)는 니시히로를 구속해 신문했고, 니시히로는 비자금을 공작적 목적에 사용했다고 자백했다. 추가 정보 제공이 어렵다고 판단한 CIC는 니시히로를 11월 13일 일본으로 추방했다. 그 후 공직에서 추방되었다.

[참고문헌] 人事興信所 編 『人事興信錄』第14版下(人事興信所, 1943), 秦郁彦 編 『日本官僚制總合事典』(東京大學出版會, 2001), 岡本眞希子 『植民地官僚の政治史-朝鮮·臺灣總督府と帝國日本』(三元社, 2008), 정병준 「패전 후 조선총독부의 戰後 공작과 金桂祚사건」 『이화사학연구』 36(이화사학연구소, 2008) 【주동빈】

240
니오 고레시게
仁尾惟茂(인미유무) 1853.2.6~1932.4.11

관료

고치현高知縣 출신. 1869~1870년에는 고치현에서 포대 지휘관 및 대대장으로 근무하였다. 1871년부터 군마현群馬縣에서 관리로 생활을 시작하였으며, 1874년부터는 구마모토현熊本縣에서 1등 경부警部로 재직하다가 1878년 1월 의원면직하였다. 이해 4월부터는 후쿠오카현福岡縣으로 옮겨가 1등 경부로 재직하다가 1884년 6월부터 수세장收稅長이 되었다. 1887년 11월부터 대장성大藏省 주세관이 되어 주세과, 지세과 등에서 근무하였다. 1890년 6월부터 주세국 징수과장이 되었으며, 주세국 계산과장(1893), 대장성 참사관(1894)을 겸임하다가 1894년 말 조선으로 건너왔다. 1896년 초에 귀국한 후 주세국 조사과장, 주세국 연초전매과장(1897), 사세관司稅官, 전매국장(1898~1904) 등을 역임하였다. 1903년에는 대장성 소관사무 정부위원, 1907년에는 전매국장관 등을 지내다가 12월 의원면직하였다. 퇴직 후 국세조사평의회 평의원, 중앙통계위원회 위원, 유신사료판찬회 위원으로 선임되어 활동하기도 하였다.

청일전쟁 중인 1894년 12월 13일, 대장성 주세관 겸 참사관으로 재직하고 있다가 조선으로 파견 발령을 받았다. 현지에서 특명전권공사 이노우에 가오루井上馨(→824)의 지휘를 받으라는 명령을 받고 출발하였다. 대장성大藏省 속관屬官으로 나가시마中島, 미와三輪, 이와사岩佐 세 명과 함께 1895년 1월 6일 한성에 도착하였다. 이노우에 공사는 탁지대신 어윤중에게 공문을 보내어 조세와 경비를 조사하고 개정하는 일을 전담하며, 세입·세출의 예산을 편성하고 정부의 소관 사업을 개혁하는 일 등을 담당할 수 있는 탁지부 고문관으로 고빙해 줄 것을 요청하였고, 어윤중이 이를 수락하였다. 임용은 1895년 1월 17일부터 시작되었으며, 1896년 2월까지 재정고문으로 활동하였다. 고문관이 된 후 먼저 조선 정부의 재정 상태를 조사하여 현황을 파악한 다음, 1895년 및 1896년 조선 정부의 예산안 편성, 재정 정리 작업에 참여하여 세무 전반의 개정을 실시하였다. 이러한 작업을 통해 조선 정부에서는 150여만 원 정도의 세수를 늘릴 수 있었다. 아울러 갑오개혁에 참여한 조선 관리들과 협의하여 일본으로부터 500만 엔의 신규 차관을 들이려는 「기국채의起國債議」를 작성하는 데에도 관여하였다. 아관파천이 일어나기 직전인 1896년 2월 10일 고문관 생활을 마감하고 도쿄로 돌아갔다. 고종이 재정고문으로 재직하던 시기의 공로를 치하하는 칙어와 하사금 2천 원을 내렸다. 외부대신 김윤식金允植이 다시 탁지부 고문관으로 업무를 보좌할 1인과 함께 고빙하고 싶다는 내용의 요청 공문을 1896년 2월 6일부로 변리공사 고무라 주타로小村壽太郎(→81)에게 발송하였으나 고빙은 실현되지 않았다.

귀국 이후에는 전매 관련 업무에 종사하였다. 1905년 3월에는 연초전매국장으로서 구미 각국의 연초 및 소금 전매사업의 현황을 시찰하고 조사한 내용에 기초하여 『각국시찰보고各國視察報告』(大藏省煙草專賣局)를 작성, 대장대신 소네 아라스케曾禰荒助(→509)에게 제출하였다. 1906년 8월 고종이 훈2등의 서훈과 태극장을 하사하였다.

[참고문헌] 李元淳『朝鮮時代史論集』(도서출판 느티나무, 1993), 金賢錫「갑오개혁기 일본의 조선보호국화정책과 일본인 고문관의 활동」『한국근현대사연구』24 (한국근현대사학회, 2003), 『敍位裁可書·昭和七年』(日本國立公文書館, Ref. A11114130900) 【박한민】

241

닛타 고이치
新田耕市(신전경시)   1882~?

실업가

동생인 히데요시秀吉, 마타베에又兵衛와 함께 닛타상회新田商會를 경영하면서 영화관 사업을 시작한다. 1912년 앵정정櫻井町 1정목에 대정관大正館(이후 제1대정관)이라는 전용영화관을 개관한다. 닛타 형제는 대정관을 개관한 지 2년 후인 1914년 현재의 을지로인 황금정黃金町 1정목의 세계관世界館을 매수하여 제2대정관이라고 개칭하고 재개관한다. 고등연예관은 1910년 전후 황금정에 설립된 최초의 영화관이다. 다음해인 1915년 제2대정관을 폐관하고 일본활동사진주식회사(닛카쓰日活)와 계약을 맺고 조선 대리점이 되어 닛카쓰가 배급하는 영화를 상연하였다. 처음에는 조선인 관객을 대상으로 하다고 황금정이 정비된 1915년 3월 이후에는 일본인 관객을 중심으로 하는 극장으로 바뀌었다.

황금정 도로 정비에 앞서 이 지역에 토지를 매입하여 크게 이익을 얻었다. 이를 바탕으로 활동사진 전문 상설관인 대정관을 설립하게 되는데, 2층 건물로 건물 면적 총 200여 평에 흡연실과 식당, 화장실 등의 설비를 갖추고 경축일등에는 주야로 개관하여 고가네 초 번영에 기여하였다. 닛타 상회는 1915년 3월에는 유락관有樂館(이후 희락관)을 현재 충무로 지역인 본정本町에 신축하여 개관한다. 하지만 1917년 유락관(희락관)을 하야카와 소타로早川增太郎에게 매수하고 대정관만 경영하게 된다. 1923년 대정관은 조선에 진출한 일본 영화사 '제국키네마연예帝國キネマ演藝'와 계약을 맺고 이듬해인 1924년에는 국제활영國際活映과 쇼치쿠키네마松竹キネマ로 계약을 맺는다. 관객정원수는 780명, 종업원 수는 21명, 영화설명자(변사)는 6명, 악사가 8명이었다고 한다.

당시 영화관은 현재 종로 일대의 북촌 조선인 극장과 현재 을지로 일대의 남촌 일본인 극장이 있었다. 일제강점기에 서구영화를 소개하였으며 한국영화에 많은 영향력을 행사한 인물이다.

[참고문헌] 岡良助『京城繁昌記』(博文社, 1915), 石原留吉「著名なる劇場及寄席」『京城案內』(京城協贊會, 1915)　【홍선영】

242

닛타 도메지로
新田留次郎(신전류차랑)　　　　　1873.2~?

관료, 교사

도쿄부東京府 고이시카와구小石川區 사시가야초指ヶ谷町 출신. 1897년 7월 도쿄제국대학東京帝國大學 공과대학 토목공학과를 졸업하고 토목공사 건설감독에 종사하였다. 1900년 9월에 제사고등학교第四高等學校에서 교편을 잡았고 1904년 9월 철도작업국에 입사하여 관계官界로 진출하였다.

1906년 9월 통감부 철도관리국 기사技師로 임용되어 조선으로 건너와 조선총독부 철도국에서 근무했다. 1911년 5월부터 약 1년간 구미 각국의 철도 사무 시찰을 다녀왔고, 1914년 6월에 청진건설사무소장을 맡아 조선국유철도 함경선 개설에 관여하였다.

만철滿鐵 위임 경영 후에 총독부 기사로 철도부에 들어가 주로 선로건설 계획 및 설계를 담당했다. 1925년 국유철도가 직영화 되자 철도국 기사로서 공무과장을 역임하며 조선 관계 기술관으로서는 유일하게 일등급으로까지 승진하였다. 당시 조선은 철도 공사가 한창이었고, 닛타는 약 20년간 조선 철도계를 위해서 공헌하였다. 퇴관 후에는 사철私鐵 경영을 맡아 다년간 사장으로 근무하기도 하였다.

[참고문헌] 朝鮮公論社 編『在朝鮮內地人紳士名鑑』(朝鮮公論社, 1917), 中村資良 編『京城仁川職業名鑑』(東亞經濟時報社, 1926), 京城新聞社 編『朝鮮の人物と事業』(京城新聞社, 1930), 萩野勝重 編『朝鮮及滿蒙に於ける北陸道人史』(北陸道人史編纂社, 1927)

【이현진】

243

다가와 조지로
田川常治郎(전천상치랑)　　　　　1884.11.1~?

실업가

돗토리현鳥取縣 출신.

1905년 부산으로 건너와 다가와공장田川工場을 경영하며 경부철도회사에 철공재료 및 목구재료를 제작하여 납입했다. 1909년 용산으로 이주하여 철공업을 개시. 1919년 용산공작주식회사를 설립하여 상무이사 및 사장을 맡았다. 『경성일보』(1922.9.23.~1922.9.26)에 「용산공작 상무 다가와 조지로 씨가 말하는 조선공업(1~3)龍山工作常務 田川常次郎氏談朝鮮工業(一~三)」이라는 기사가 게재된 바 있다. 1925년 9월에는 백만 원을 증자했다고 한다.

또한 경성상공회의소 부회장, 용화제지회사龍華製紙會社 사장을 비롯하여 철도, 광업 등 다수의 회사에 관여했다. 도회의원, 경기도 경제통제 협력회장, 국민총력 조선연맹 이사, 조선공업협회 부회장, 중앙물산주식회사 사장 등의 자리를 거쳤다.

[참고문헌] 猪野三郎 編『第12版 大衆人事錄』(帝國秘密探偵社國勢協會, 1937), 谷サカヨ『第14版 大衆人事錄』(帝國秘密探偵社, 1943)　【이선윤】

244

다구치 데이키/다구치 사다요시
田口禎憙(전구정희)　　　　　1889.9~?

관료

미야기현宮城縣 출신. 이후 조선에 오기까지의 이력은 불확실하다.

1912년 10월 14일부터 조선총독부 경무총감부 서무과의 판임관견습判任官見習으로 근무하게 되면서 조선에 왔다. 1915년 4월 13일에는 경무총감부 위생과 보건계 판임관견습이 되었다. 1915년 7월 31일 도경부道警部에 임명되어 고양경찰서高陽警察署에서 근무했고, 1916년 9월부터는 경성부 종로경찰서鐘路警察署에 배속되었다. 1918년 4월에는 황해도 장연경찰서長淵警察署 서장에 임명되었다.

그의 이력 중에 특이한 것은 총독부 도경부로서 외무성外務省 경부에 임명된 적이 있다는 것이다. 다구치는 1918년 9월 25일에 재간도총영사관在間島總領事官 춘분관경찰서春分館警察署 흑정자분서黑頂子分署의 서장이 되었고, 1919년 9월 22일에는 두도구분관경찰서頭道溝分館警察署 삼도구청파호분서三道溝靑波湖分署 서장에 임명되어 활동하다가 1920년 9월에 함경남도에 배속되어 다시 조선으로 돌아왔다.

이후 제3부 고등경찰과장으로 근무하였으며, 1924년 5월 26일에는 조선총독부 도경시道警視에 임명되어 혜산경찰서惠山警察署 서장이 되었다. 1926년 6월부터는 평안북도 만포경찰서滿浦警察署 서장을, 1928년 4월부터는 경성부 용산경찰서龍山警察署 서장을 역임하였다.

주로 경찰관료였던 다구치가 이전과 다른 이력을 쌓게 되는 것은 1931년 11월에 제주도 도사島司가 되면서부터이다. 그는 도사 겸 제주도경찰서 서장이 되면서 지방관서의 행정 사무를 습득하게 된다. 다구치의 제주도사 시절에서 특기할 만한 것은 부임 직후 겪은 '제주도해녀투쟁濟州道海女鬪爭'이다. 그는 도사의 자격으로 제주도해녀어업조합濟州道海女漁業組合의 조합장이 되었는데, 이 투쟁은 도사가 조합장을 겸하게 되면서 격심해진 수탈에 저항하기 위한 것으로 알려져 있다. 이 투쟁은 1931년부터 1932년 1월에 걸쳐 연인원 약 17,000명이 참여한 것으로 알려져 있다. 다구치는 1932년 1월 세화리細花里 장날에 재개된 이 시위 진압에 실패하면서 해녀들의 요구사항을 대체로 받아들였다고 한다.

1935년 9월에는 함경북도 나진읍장羅津邑長에 임명되었으며, 1936년 10월에 지방행정구역의 일부 개편에 따라 나진읍이 나진부府로 승격되자 자연스럽게 초대 나진부윤府尹이 되었다. 이때 '대나진大羅津 건설의 현장감독'(『조선공론朝鮮公論』, 1937.10)으로 많은 기대를 받았다. 1940년 12월 퇴관과 동시에 조선광업회朝鮮鑛業會 전무이사로 활동했다.

제주도사 시절에 「제주도의 해녀濟州島の海女」(『조선朝鮮』, 1933.7)를 기고한 바 있는데, 여기에는 해녀

의 작업 방식, 출어량出漁量, 어업에서의 지위 등이 잘 정리되어 있다. 나진부윤일 때에는 「항만 나진의 장래港灣羅津の將來」(『일본해경제日本海經濟』, 1939) 등의 저술을 남겼다. 조선광업회 전무이사 시절이었던 1942년 6월 23일에 식산국 사무관 노부하라 세이信原聖, 일본광업주식회사日本鑛業株式會社 조선지점 사장 고시야 아사타로越宮朝太郎, 조선석탄통제조합朝鮮石炭統制組合 이사장 다카하마 다모쓰高濱保, 조선광산연맹朝鮮鑛山聯盟 이사 노쓰키 긴이치로野附勤一郎, 미쓰비시광업회사三菱鑛業會社 조선광업소 하나타 진자부로花田甚三郎와 함께 「반도의 지하자원을 찾는 좌담회半島の地下資源を探る座談會」(『조선공론』, 1942.8)에 참석하여 '광업보국鑛業報國'을 주장하기도 했다.

[참고문헌] 朝鮮新聞社 編『朝鮮人事興信錄』(朝鮮新聞社, 1935), 朝鮮總督府 編『朝鮮總督府施政二十五周年記念表彰者名鑑』(朝鮮總督府, 1935), 朝鮮研究社 編『新興之北鮮史』(朝鮮研究社, 1937), 帝國秘密探偵社 編『大衆人事錄 第14版 外地·滿支·海外篇』(帝國秘密探偵社, 1940), 장혜련 「해녀항일운동」『제주여성사Ⅱ(일제강점기)』(제주발전연구원, 2011), 국사편찬위원회 한국사데이터베이스 〈http://db.history.go.kr〉

【전영욱】

245

다구치 사토시
田口哲(전구철)   1903.10.2〜1984.1.13

영화인

이와테현岩手縣 출신. 경성에서 성장기를 보낸 재조일본인으로서 경성중학교를 졸업하였다. 1932년 〈연인만개戀人滿開〉로 감독 데뷔하였는데, 1933년까지 닛카쓰日活 우즈마사촬영소太秦撮影所에서 3편, 1942년까지 다마카와촬영소多摩川撮影所에서 27편의 영화를 연출하였다.

닛카쓰가 다이에이大映에 흡수된 뒤 다이에이의 제2촬영소 감독으로 자리를 옮겨 〈장군과 참모와 병사將軍と參謀と兵〉(1942)를 내놓은 일을 계기로 명성을 높여가던 그가 1942년 6월 23일 경성을 방문하여 사

단법인 조선영화제작주식회사 설립에 대한 안건을 제시하게 된 것은, 사단법인 조선영화제작주식회사 및 사단법인 조선영화배급사의 사장으로 내정된 다나카 사부로田中三郎(→250)와 친분이 있었기 때문이다.

조선으로 돌아와 일을 같이하자는 다나카 사부로의 수차례의 제안에도 불구하고, 다구치는 다이에이에서 영화 작업을 계속하고 싶다는 의향을 내비치며 정중하게 사양하였다. 하지만 그는 조선에 머물면서 다카시마 긴지高島金次(→286)와 수차례 회담을 갖고 나카타 하루야스中田晴康(→207)와도 협력하는 등 사단법인 조선영화제작주식회사 창립 과정에 직간접적으로 관여하였다.

이러한 그의 활동은 조선영화계의 통제 과정을 구체적으로 기록한 다카시마 긴지의『조선영화통제사朝鮮映畵統制史』(1943)에 서술되어 있다.

전후에는 1946년부터 1961년까지 다이에이 도쿄東京, 신도호新東寶 등에서 〈이사만루二死滿壘〉(1946), 〈오리온성좌オリオン星座〉(1948), 〈철혈의 혼鐵血の魂〉(1956), 〈여왕벌女王蜂〉(1958) 등 13편의 영화를 연출하였다.

[참고문헌] 다카시마 긴지 저, 김태현 역『조선영화통제사』(인문사, 2012), 高島金次『朝鮮映畵統制史』(朝鮮映畵文化研究所, 1943), 일본영화데이터베이스 〈http://www.jmdb.ne.jp〉　　　　【함충범】

246

다나베 히사오

田邊尙雄(전변상웅)　　　　1883.8.16~1984.3.5

모토오카 히사오本岡尙雄(이명)
음악학자

도쿄부東京府 출신으로 11살 때 도쿄사범학교장東京師範學校長, 스미토모은행住友銀行 지배인 등을 역임한 다나베 사다키치田邊貞吉의 양자로 들어갔다. 도쿄제국대학東京帝國大學 이학부 물리학과를 졸업, 동대학원에서는 음향심리학을 전공하였다. 1920년에는 쇼소인正倉院과 궁내성宮內省에 있는 악기를 연구하였고, 궁내성아악연습소宮內省雅樂練習所에서 강사

로 활동하였다. 1929년에는 제국학사원상帝國學士院賞을 수상하였다. 1936년에는 동양음악학회東洋音樂學會를 설립하였고 도쿄제국대학, 도쿄음악학교東京音樂學校 등에서 교편을 잡았다. 이후 무사시노음악대학武藏野音樂大學에 교수로 취임되어 일본 음악, 동양 음악의 연구를 이어나갔다.

1920년대 초에는 레이킨玲琴이라는 악기를 발명하였는데, 이것은 당시 신일본음악新日本音樂을 위해 고안한 것이었다. 다나베는 이 악기를 1928년 3월에 경성공회당에서 열린 '신일본음악의 저녁新日本音樂の夕(신일본음악대연주회)' 공연을 위해 가지고 왔다.

1983년에는 동양음악학회東洋音樂學會에서 다나베 히사오상田邊尙雄賞을 만들어 음악학과 관련해 업적에 성과를 올린 이에게 수여하였다. 일본·동양음악 연구의 제1인자로 평가받고 있다.

다나베는 재정이 어려워진 이왕직아악부李王職雅樂部를 존속 폐지의 위험에서 구한 인물로 한국음악계에 널리 알려져 있다. 이에 관해서 그의 저서인『중국·조선음악조사기행中國·朝鮮音樂調査紀行』,『속·다나베 히사오 자서전續·田邊尙雄自叙傳』에서 자세히 알 수 있다. 이에 따르면 다나베는 1921년 4월 1일부터 14일에 거쳐 조선궁정음악의 현지 조사를 하였는데, 제례악, 연례악의 영화촬영, 각 악기의 음률측정, 악서조사 등을 하였다고 한다. 이 조사는 궁내성악부宮內省樂部의 우에 사네미치上眞行 악장이 이왕직李王職의 재정이 어려워진 관계로 왕가 소속의 동물원과 아악부雅樂部 중 하나를 폐지하는 협의를 총독부와 하였는데 아악부를 폐지하기로 하여 그 업무를 보고 있다고 다나베에게 전하게 된 것이 계기가 되었다고 한다. 이후 다나베는 재단법인 계명회啓明會에서 연구지원을 받아 조선의 궁정음악을 조사하게 되었다. 조선에서의 조사는 귀국 후 강연, 영화관람 등을 통해 성과를 발표하였고 궁내성 차관인 세키야 데이자부로關屋貞三郎(→504)와 협의하여 이왕직아악부의 보호를 하게 되었다고 한다.

이 조사에는 조선총독부의 전폭적인 지원이 있었다. 당시 미즈노 렌타로水野鍊太郎(→439) 정무총감을 비롯한 총독부 관료, 이왕직 관계자 등이 지원을 약

속하였고, 영화촬영은 총독부 소속의 활동사진반이 담당하였는데 이는 이례적인 일이었다. 그러나 다나베의 조사 직전에 이미 조선총독부에서 아악부의 존속 결정했다는 신문기사(『조선일보』1921.3.26)가 있는 것으로 보아 이왕직아악부의 존속 결정이 다나베의 조사 성과, 건의와는 상관이 없다는 평가가 있다. 오히려 그의 조사는 총독부의 이왕직아악부의 보호정책을 서포트하기 위한 행정과 학술조사와의 협의관계가 성립된다는 것이다.

이후 중국, 타이완, 몽골, 인도, 인도네시아, 필리핀, 태국 등 아시아 각 지역의 민속음악조사를 진행하여 제일의 동양음악연구자로 남게 된다.

101세로 장수하면서 음악학(동양음악, 일본음악), 음향학, 미학 등에 관한 연구를 거듭하였다. 그의 저서로는 『동양음악사東洋音樂史』(雄山閣, 1930), 『일본음악개론日本音樂概論』(音樂之友社, 1951), 『음악음향학音樂音響學』(音樂之友社, 1951), 『음악예술학音樂藝術學』(明玄書房, 1954), 『음악미의 감상音樂美の鑑賞』(日本教文社, 1955), 『악기고금동서樂器古今東西』(ダウィッド社, 1958) 등이 있다.

계몽활동의 공적으로 인해 1981년 일본 문화공로자로 선정되었다.

[참고문헌] 田邊尙雄 『中國・朝鮮音樂調査紀行』(音樂之友社, 1970), 田邊尙雄 『續田邊尙雄自敍傳(大正・昭和篇)』(邦樂社, 1982), 植村幸生 「植民地朝鮮における宮廷音樂の調査をめぐって-田邊尙雄『朝鮮雅樂調査』の政治的文脈-」『朝鮮史硏究會論文集』 35(朝鮮史硏究會, 1997), 植村幸生 「田邊尙雄の朝鮮宮廷音樂調査(1921)が問いかけるもの」 『エクスムジカ』(ミュージックスケイプ, 2000) 【김지선】

247
다나카 다케오
田中武雄(전중무웅) 1891.1.17~1966.4.30

관료

미에현三重縣 출신. 중학교 3학년 때 와카야마和歌山에서 교장 탄핵의 주모자로 퇴학당해 사립 다이큐중

학耐久中學으로 전학했다. 메이지대학明治大學을 졸업하고 내무성에 들어갔다. 나가노현長野縣 경부, 경찰부 경무과에서 근무하다가 1918년 7월 나가노현 경시로 승진하였다. 3·1운동 후 미즈노 렌타로水野錬太郎(→439) 정무총감에 의해 1919년 9월 조선총독부 사무관으로 발탁되었다. 이후 경무국 경무과, 함경북도 경찰부장(1922년 6월), 경무국 고등경찰과장(1924년 12월), 경무국 보안과장(1926년 4월)을 역임했다. 1926년 11월 구미출장을 떠났고 돌아와서도 경기도 경찰부장(1928년 3월), 경무국 보안과장(1929년) 등 주로 경찰행정에 관여하였다. 만주사변 직후에는 관방외사과장에 취임하여 안전 농촌의 설치, 간도의 집단부락, 자위단의 조직, 자작농 창립, 만주에 있는 피난 조선인 농민의 현지 귀환, 구제 등을 맡았다. 1936년 4월 우가키 가즈시게宇垣一成(→784) 총독의 발탁에 의해 경무국장에 취임하였다. 하지만 같은 해 8월 자신을 발탁한 우가키 총독이 사임하고 후임으로 미나미 지로南次郎(→411) 총독이 부임하자 총독, 정무총감의 경질과 진퇴를 같이하는 종례의 관례에 따라 사의를 표명했다. 당시 이마이다 기요노리今井田清德(→840) 정무총감은 이를 만류하고 후임 정무총감인 오노 로쿠이치로大野綠一郎(→699)와 사무인계를 할 때 유임을 의뢰했다. 하지만 미나미 총독, 오노 정무총감이 착임하여 갑자기 경기도 전출을 요구하자 1936년 11월 사직하고 도쿄東京로 돌아갔다. 1938년 6월 중화민국 신민회 감찰차장에 취임하였다. 1939년 4월에는 고이소 구니아키小磯國昭(→95) 척무대신 아래에서 척무차관에 취임했다. 다나카는 외사과장 시절 재만조선인 문제를 해결하기 위해 만주에 출장 갔을 때 관동군 참모장인 고이소 구니아키를 알게 되었다. 그 후 그들은 각각 경무국장과 조선군 사령관에 취임하여 직무상 교섭이 많아 친분을 맺게 된다. 이 인연으로 고이소가 다나카를 척무차관에 발탁하게 된다. 1942년 5월 고이소 구니아키가 미나미 지로 총독의 후임으로 조선총독에 취임하자 조선총독부 정무총감으로 다시 조선에 부임하였다. 고이소 총독의 국체본의國體本義의 투철, 도의조선道義朝鮮의 확립, 생산전력의 결승적 증강이라는 시정방침

하에 구체적인 시책을 강화하였다. 즉 국체본의의 침투를 위해서 학교 교육의 교과목에서, 지원병 및 징병 준비훈련 과목에서, 관공리를 비롯한 각종 연성을 위한 집회에서, 기회가 있을 때마다 국체본의의 해명에 지도자는 노력할 것을 요청했다. 두 번째로 도의조선의 확립을 위해 1)관공리 및 민간 지도자층의 연성, 2)학생생도의 연성, 3)남자소학교 교원의 재훈련, 4)남자 및 여자 청년의 특별 훈련, 5)국민총력운동을 강화하였다. 세 번째로 전력증강을 위해서 1)전략물자의 증산, 2)물자의 이용 증진, 회수 및 절약, 3)노무대책, 4)국민저축의 증강, 5)운송력의 강화와 조선造船, 6)치안의 유지, 7)방공시설의 충실, 8) 제일선 지방행정의 쇄신강화 등의 중요 정책을 추진하였다. 전쟁수행을 위해 불가피한 물자인 석탄 공급을 위해 노무자를 강제로 징용하였다. 1942년 중앙정부의 방침이 결정되고 나서 2년 후에 조선에 징병제를 시행하였다. 이에 대한 반대급부로 지금까지 일본인 관리에게만 지급되었던 재근가봉을 조선인 관리에게도 지급할 것을 결정하고, 1946년 4월부터 의무교육을 실시할 것을 결정하였다.

1944년 7월 내각서기장관에 취임하여 45년 2월에 사임했다. 1945년 2월부터 46년 2월까지 귀족원의원이 되었다. 1946년 9월부터 1952년 8월까지 공직에서 추방되었다. 공직추방 기간에는 한편으로는 도쿄재판에서 고이소 전 조선총독의 변호를 돕는 한편, 귀환자의 권익을 위한 지원활동을 하였다. 재조일본인의 재산을 반환, 보상받기 위한 대정부 로비활동을 주된 활동으로 삼은 귀환자단체인 동화협회同和協會의 초대회장으로 정치적 재기를 노리고 있었다. 공직추방에서 해제된 1953년 귀환자의 지위 향상과 재외재산 권리의 보호, 정치적 행정의 숙청쇄신을 기할 것을 기치로 개진당후보로 참의원 전국구 선거에 도전하나 10만 표를 획득하고 낙선하였다. 이때 동화협회의 기금의 태반을 유용했다고 한다. 1952년부터 한일 양국 간의 친교, 문화교류, 경제제휴를 표방한 중앙일한협회中央日韓協會 회장을 맡으면서 한일 관계에 관여하게 된다. 한편 재단법인 청교회請交會 회장으로 조선인 BC급 전범에 대한 생활보호사업에

종사했고 1958년 귀환자단체전국연합회 이사장에 취임하여 재외재산문제심의회 위원으로 귀환자급부금문제, 재외재산보상 문제, 총독부 직원의 재취직 알선에 분주했다.

[참고문헌] 朝鮮新聞社 編 『朝鮮人事興信錄』(朝鮮新聞社, 1922), 原田大六 編 『故田中會長を偲んで』(中央日韓協會, 1967), 水田直昌原 監修 『總督府時代の財政』(友邦協會, 1974) 【이형식】

248

다나카 미노루
田中實(전중실) 1900.10.8~1945.8

교사, 음악가

오사카시大阪市 출신. 1921년 나라현립고리야마중학교奈良縣立郡山中學校를 졸업하였다. 동년 도쿄음악학교東京音樂學校 예과 입학, 1922년 동교 본과 기악과(첼로)에 진학하였다. 1925년 본과를 졸업하였다.

조선에서의 행적에 관해 『조선총독부및소속관서직원록朝鮮總督府及所屬官署職員錄』에는 1926년에 경상북도 사범학교 교사, 1940년에 평안남도진남포고등여학교 교사를 담당한 것으로 기록되어 있다. 또한 『근대일본음악연감近代日本音樂年鑑』(1931~1932)에 의하면 안동고등여학교 교사를 담당한 것으로 기록되어 있다. 이것으로 보아 도쿄음악학교 졸업 후 바로 조선을 건너와 조선의 중등교육기관에서 교원 활동(음악교과)을 한 것으로 보이는데, 첼로 전공으로 연주 활동도 했을 것으로 보이나 자세한 활동 내역은 자료부족으로 알 수 없다.

[참고문헌] 東京音樂學校 編 『東京音樂學校一覽 大正五年至六年』(東京音樂學校, 1943), 東京藝術大學音樂部 『同聲會會員名簿』(廣濟堂, 2013), 監修松下 『近代日本音樂年鑑』(大空社, 1997), 국사편찬위원회 한국사 데이터베이스 〈http://db.history.go.kr〉 【김지선】

249

다나카 미쓰오
田中三雄(전중삼웅)　　　　?~1931.8.17

관료

1917년 조선총독부 총독관방總督官房 총무국 총무과 시보試補로 관직을 시작했다. 통계과, 재무부, 세무과, 세관 등 주로 조세 관련 기구에서 근무했다.

총독관방 총무국 총무과 시보로 관직을 시작한 이래 1918년 전라북도 사무관事務官에 임명되었고 1919년부터 1920년까지 임시국세조사과臨時國勢調査課 사무관, 1919년부터 1921년까지 통계과統計課 사무관을 역임했다. 1922년부터 1923년까지는 함경남도로 소속을 옮겨 함경남도 재무부 사무관을 지냈다. 1924년에는 평안남도 재무부 사무관을 역임했다. 1925년부터 다시 조선총독부로 옮겨 재무국 세무과 사무관과 전매국 사업과 사무관을 역임했다. 1925년부터 1927년까지는 임야조사위원회林野調査委員會 위원, 조선관세소원심사위원회朝鮮關稅訴願審査委員會 간사로도 활동했다. 제1차 세제정리가 있었던 1927년에는 세제조사위원회稅制調査委員會 위원 겸 간사도 지냈다. 1930년에 충청북도로 옮겨 내무부 사무관으로 활동했고, 1931년 인천세관장仁川稅關長을 역임했다.

1931년 8월 17일 조난으로 사망하여 동년 8월 29일 정5위 훈6등으로 서위되었다.

[참고문헌] 朝鮮新聞社 編『朝鮮人事興信錄』(朝鮮新聞社, 1922), 中村資良 編『京城仁川職業名鑑』(東亞經濟時報社, 1926), 有馬純吉『昭和六年版 朝鮮紳士錄』(朝鮮紳士錄發行會, 1931), 국사편찬위원회 한국사데이터베이스 〈http://db.history.go.kr〉　　　【박우현】

250

다나카 사부로
田中三郎(전중삼랑)　　　　1890~?

실업가

제칠고등학교第七高等學校를 중퇴하고, 주오대학中央大學 영법과英法科를 졸업했다.

1919년 12월 도한하여 시계귀금속상을 경영하기 시작해 큰 성공을 거두었다. 조선서적인쇄주식회사 대표, 경성곡물신탁주식회사감사역, 경성상공회의소의원, 경성 시계귀금속 상공조합장 등을 역임했다. 경성부회 의원 등 여러 공직에도 종사하였다.

[참고문헌] 中村資良 編『京城仁川職業名鑑』(東亞經濟時報社, 1926), 기유정「식민지초기 조선총독부의 재조선일본인 정책 연구: 속지주의와 속인적 분리주의의 갈등 구조를 중심으로」『한국정치연구』20-3(서울대학교 한국정치연구소, 2011)　　　【김소영】

251

다나카 사시치로
田中佐七郎(전중좌칠랑)　　　　1861~?

실업가

가고시마현鹿兒島縣 사쓰난히라사무라薩南平佐村 출신. 어려서부터 상업에 종사했고, 1877년 요시다구미慶田組의 점원으로 부산을 왕래하면서 무역을 하다가 1883년 요시다구미 인천지점이 개설될 때 지점장으로 인천에 왔다.

1886년 요시다구미를 사퇴하고 오사카大阪로 곡물을 수출하기 시작했다. 소가죽, 사금 등의 수출도 함께 진행했다. 이때 오사카에 본점을 두고 있는 고쿠라구미小倉組의 지점을 조직하여 지점장이 되었다. 1893년에는 범선을 구입하여 한강 연안 무역에도 종사했다.

1897년 고쿠라구미에서 독립하여 무역업을 시작했으며, 수출곡물상조합 하부조장으로 발탁되었고, 이후 미두거래소 심사역을 지냈다. 오쿠다奧田와 함께 교에키구미共益組를 조직하고 감사역이 되었다. 교에키구미는 인천곡물협회의 전신이다. 그는 1905년 10만 원에서 15만 원 사이의 거래액을 기록하고 있는 다나카상점田中商店의 주인이기도 했다. 인천미두거래소 이사를 지냈고, 인천전기회사 이사를 지냈다. 1920년대에는 조선신탁회사와 함께 온양온천의 개발에 참여했고, 온양온천 감사역으로 선출되었다.

이재에 뛰어난 능력을 갖고 있었으며, 거류민회상

의원, 상업회의소 의원 등에 여러 차례 당선되어 일본거류민 사회에서 명망이 높았다. 1908년에는 인천민단의회 부의장으로 선출되었고, 인천상업회의소 상의원을 겸직하기도 했다.

[참고문헌] 中田孝之介 『在韓人士名鑑』(木浦新報社, 1905), 外務省通商局 『在外本邦人農工商家漁業者人名錄、農商工業等ニ從事スル在外本房人營業狀態取調1件』(外務省通商局, 1905), 中村資良 編 『京城仁川職業名鑑』(東亞經濟時報社, 1926) 【김윤희】

252
다나카 세이시
田中正四(전중정사)   1915.4.12~1995.1.28

정치인

나가노현長崎縣(히로시마대학廣島大學의 기록에 의하면 기후현岐阜縣) 출신. 13남으로 태어났다. 소학교 고학년 무렵 경성으로 건너와 경성중학을 거쳐 1941년 경성제국대학을 졸업했다. 졸업 후 바로 동 대학에서 위생학 조수, 강사로 근무할 당시 일본이 패망했다. 1945년 9월 8일 경성제대에서 의학박사 학위를 수여했다.

1946년부터 2년간 하카타博多와 사세보佐世保의 인양원호국引揚援護局에서 근무했다. 1949년 히로시마의전廣島醫專 교수, 1951년 현립히로시마대학縣立廣島大學 의학부 교수로 근무하다 1979년 퇴직했다. 1983년까지 히로시마현廣島縣 환경센터 소장, 1985년까지 히로시마현 참여를 역임했다. 1995년 1월 28일에 향년 79세로 사망했다.

주요 저서로 경성제대에서의 패전 전후의 나날을 기록한 『수골선생지설첩瘦骨先生紙屑帖』(金剛社刊, 1961)이 있다. 기타 저서로는 『공중위생학입문公衆衛生學入門』(1956), 『위생통계학-의학 및 의료관계자를 위하여衛生統計學-醫學および醫療關係者のために』(1967), 『식품의 영양과 위생-공중위생의 입장에서 보는 식품의 영양과 위생-公衆衛生の立場から』(1968), 『환경보건環境保健』(1975) 등이 있다.

[참고문헌] 泉孝英 『日本近現代醫學人名事典[1868~

2011]』(醫學書院, 2012), 국사편찬위원회 한국사데이터베이스 〈http://db.history.go.kr〉 【이충호】

253
다나카 아쓰지
田中篤二(전중독이)   1887.8.13~?

금융인

야마가타현山形縣 출신. 1913년 도쿄제국대학東京帝國大學 법과대학을 졸업한 후 료우은행兩羽銀行에 입사했다.

1919년 2월 조선식산은행으로 이직하고 해주海州지점장으로 발령되었다.

1921년 식산은행 본점으로 이동하고 1931년부터 서무과장이 되었다. 1940년 8월에 조선광업진흥주식회사 이사, 조선석탄주식회사 감사 등을 역임했다.

[참고문헌] 阿部薰 『朝鮮人物選集』(民衆時論出版部, 1934), 猪野三郎 編 『第12版 大衆人事錄』(帝國秘密探偵社國勢協會, 1937), 谷サカヨ 『第14版 大衆人事錄』(帝國秘密探偵社, 1943) 【이선윤】

254
다나카 우메키치
田中梅吉(전중매길)   1883.9.6~1975.4.13

문학가, 대학교수

이바라키현茨城縣 시모다테초下館町 출신. 기무라 쓰네키치木村常吉와 야스やす 사이의 4남으로 태어났다. 1912년 4월 다나카 하쓰田中はつ와 결혼하면서 성姓을 바꾸었다. 1905년 7월 제삼고등학교를 졸업한 후, 1909년 7월 도쿄제국대학東京帝國大學 독문과를 졸업하고 1911년에 아시야 로손蘆谷蘆村과 함께 『소년잡지少年雜誌』(增澤出版社)를 간행했다. 『제국교육帝國教育』에 아동연구와 관련된 서구의 동향을 소개하며, 민속학자 야나기타 구니오柳田國男 등의 향토회에 참여하고, 『그림 동화グリンムの童話』(南山堂書店, 1914), 『하우프 동화ハウフの童話』(同, 1915)를 번역하였다. 조선총독부 학무국 편집과를 거쳐, 경성제

국대학京城帝國大學을 정년퇴임했다. 패전 후 아이치대학愛知大學, 주오대학中央大學 교수를 역임했다. 그림 형제를 중심으로 한 아동문학연구, 일본과 독일 문화교류사 연구를 남겼다.

1911년 이후의 아동문학 관련 활동을 인정받아 도쿄제국대학 호시나 고이치保科孝一 교수의 추천을 받고, 1916년 11월부터 1921년까지 조선총독부 임시교과용도서臨時教科用圖書 편집사무촉탁編輯事務囑託으로 근무하였다. 부임 직후부터 1917년에 걸쳐 '조선동화·민요·이언·수수께끼 조사'를 실시해, 1917년에 학무국 보고서를 제출했다. 다나카는 이 보고서를 활용하여, 임시교과용 도서로 최초의 근대 그림책 『아해그림책 소아화편小兒畵篇』천지인天地人 전3권(조선총독부, 1918~1920)을 간행하였다.

학무국 편집과는 1910년대 실시한 구비문학 조사를 정리해 1920년 전후에 네 권의 '조선민속자료'를 조선총독부에서 간행했는데, 그 중 3권은 다나카가 주도적으로 간행했다. 제 1편으로 『조선의 수수께끼朝鮮の謎』(1919.3)를 간행한 후, 부록 『수수께끼의 연구－역사와 그 양식謎の研究－歷史とその樣式』(1920.3)을 발간하였다. 1921년 조선총독부로부터 독일 유학을 권유받고, 5월 요코하마를 출발해 1924년 5월 28일 요코하마로 돌아왔다. 1924년 6월 초 부인의 거주지 교토京都에서 경성제국대학 예과 교수 사령을 받고, 6월 중순에 경성제국대학에 도착했다. 조선총독부 소속으로 복귀한 다나카는 곧바로 '조선민속자료' 제 2편으로 『조선동화집朝鮮童話集』(1924.9)을 간행했다. 1920년대 아동중심주의의 영향으로 민간설화를 활용한 동화교육의 중요성이 각광을 받으면서, 다나카의 귀국을 기다렸다는 듯이 출간된 책이 바로 최초의 전래동화집 『조선동화집』이었다. 그 후 일본에서 발행된 『일본민담집日本昔話集』 하권(アルス, 1929.4)에는 아이누, 류큐, 타이완과 더불어 조선이 포함되었는데, 다나카가 조선편을 담당했다. 또한 김성률金聲律과 함께 『흥부전興夫傳 조선설화문학朝鮮說話文學』(大阪屋號書店, 1929.2)을 일본어로 번역하고, 장문의 서문 「흥부전에 대하여興夫傳について」를 집필했다.

또한 일본에서 발행된 잡지와 논문집에 「조선완구

목록朝鮮玩具目錄」(『民族』 2-1, 1926), 「조선의 말잇기놀이 문구 등朝鮮の尻とり文句など」(『돌멘ドルメン』 2-4, 1933)을 기고하는 한편, 조선에서 「병합 직후시기에 유포한 조선소설 서목併合直後時代に流布してゐた朝鮮小說の書目」(『朝鮮之圖書館』 4-3, 1934) 등 다수의 글을 발표하였다.

1944년 3월 경성제국대학 정년퇴임 후, 패전 직전의 일본으로 돌아가 전쟁 중 야마나시山梨에서 가족과 피난 생활을 보냈다. 1947년 5월 아이치대학 문학부 및 예과 강사를 거쳐, 1951년부터 1964년까지 주오대학 상학부 교수 등을 역임하였다. 1965년 일본아동문예가협회로부터 아동문화 공로자로 선정되었으며, 1967년 일본동화학회 회장에 취임하였다. 『도이츠문화ドイツ文化』(18호, 1974~19·20호, 1975)에 회고담을 연재했지만, 사망으로 중단되었다. 연구서로 『그림연구グリンム研究』(矢代書店, 1947), 『총합상설 일독언어문화교류사 대연표總合詳說日獨言語文化交流史大年表』(三修社, 1968), 역서로 『조고 그림동화전집祖稿グリム童話全集』(東京堂, 1949) 등이 있다.

[참고문헌] 大阪國際兒童文學館編 『日本兒童文學大事典』(大日本圖書株式會社, 1993), 김광식 「조선총독부 학무국 '전설동화조사' 보고서를 활용한 『조선동화집』의 개작양상 고찰」 『고전문학연구』 48(한국고전문학회, 2015), 田中梅吉 「城京豫科の生誕前の昔がたり」 『紺碧遙かに－京城帝國大學創立五十周年記念誌』(京城帝國大學同窓會, 1974), 金廣植 「近代における朝鮮說話集の刊行とその研究」徐禎完·增尾伸一郎 編 『植民地朝鮮と帝國日本』(勉誠出版, 2010)   【김광식】

255

다나카 하쓰오
田中初夫(전중초부)   생몰년도 미상

교사, 문학가

언제 어디에서 태어나고 조선에 언제 건너왔는지 등에 관한 정보는 확인하기 어렵다. 1925년 아현공립보통학교의 교사였다는 것이 그에 관한 초창기 정보이고 이듬해에는 인천보통학교의 교사를 역임한다.

이어서 1927년부터 2년 동안은 경기도 사범학교의 교사, 1929년부터 1931년까지는 경성상업학교의 교사였다. 교직에 있는 동안에는 『조선의 교육 연구朝鮮の教育研究』나 『문교의 조선文教の朝鮮』와 같은 교육계 메이저 잡지에 일본어 교육이나 교재, 한국과 일본의 고대 음악, 아악, 민요의 기원 및 역사에 관한 연구 논문을 많이 발표하였다. 이때 조선 민요를 활발히 수집하고 채보하였으며 조선 민요를 중심으로 하는 전문 잡지 『황조黃鳥』를 간행했다는 기록이 있다. 시 창작도 하여 개인 시집 『산지강초姍遲鋼少』(春巫觀, 1932)도 간행된 듯하나 그 내용은 확인이 어렵다.

1934년부터 1937년까지 총독부를 위시한 제국지방행정학회 조선본부가 발행하는 대규모 잡지 『조선지방행정朝鮮地方行政』이나 그밖에 한반도에서 간행된 주요 일본어 잡지에서도 시, 민요, 신가요, 소품 등의 문예과제 모집란의 선자選者를 담당하였던 것으로 보아, 이미 이 분야에서는 최고 권위자로서 인정받았던 듯하다. 그는 1937년에는 조선총독부 도서관의 촉탁으로 근무하는데, 총독부 도서관이 발행하는 월간지 『문헌보국文獻報國』에도 일본 고대 신화나 설화와 관련된 학술적 주장을 활발히 기고하였다.

전쟁의 확대와 더불어 한반도에서는 1941년 기존의 문예잡지가 모두 폐간되고 장르별로 하나의 잡지로 통폐합되어 간행이 되는데, 이때 다나카 하쓰오는 국민총력조선연맹 문화부의 참사參事로서 하이쿠俳句 잡지 『미즈키누타水砧』의 발간 축사를 쓰고, 1941년 9월 단카短歌와 시 장르가 통합한 국민시가연맹國民詩歌聯盟의 주축 인물로서 『국민시가國民詩歌』 창간 및 발행에 적극 참여한다. 『국민시가』의 평론을 통해 한반도의 문화도 일본제국의 국민문화로서 존재해야 한다는 당위성과 '국어'인 일본어 창작을 해야 한다는 1940년대의 '국민문학론'을 주도하였다. 또한 1937년 중일전쟁 이후부터 1940년대에 걸쳐서는 〈황군전승가皇軍戰勝歌〉, 〈근로 보국의 노래勤勞報國の歌〉, 〈국민 개로의 노래國民皆勞の歌〉, 영화 〈너와 나君と僕〉의 주제가 〈지원병 행진가〉 등 전의를 고취시키는 노래들을 만든 작사가로서의 활약이 두드러진다.

그리고 1943년에 조선문인보국회朝鮮文人報國會가 결성되었을 때 김억, 정지용과 함께 시부회의 평의원에 이름을 올리게 된다. 이처럼 다나카는 1925년부터 일제 말기에 이르기까지 약 20년간 조선의 민요와 시, 노래를 아우르는 시가 분야의 창작과 연구의 제일선에서 활동하며 한반도에 일본 '국민문학'을 정립하고자 한 대표적 국책문학가였다고 할 수 있다.

[참고문헌] 엄인경 『문학잡지 『國民詩歌』와 한반도의 일본어 시가문학』(역락, 2015), 엄인경 외 6인 공역 『國民詩歌』 완역 전6권(역락, 2015), 이치야마 모리오 편, 엄인경·이윤지 공역 『조선 민요의 연구』(역락, 2016), 이치야마 모리오 편, 엄인경 역 『조선의 자연과 민요』 (역락, 2016), 朝鮮總督府圖書館 編 『文獻報國』(朝鮮總督府圖書館, 1935~1944), 朝鮮地方行政學會 編 『朝鮮地方行政』(帝國地方行政學會朝鮮本部, 1934~1937)

【엄인경】

256
다나카 한시로
田中半四郎(전중반사랑)　　　　　1871.4~?

관료, 실업가

교토부京都府 출신. 1893년 세이조학교成城學校를 거쳐 와후쓰법률학교和佛法律學校(호세이대학法政大學의 전신)에서 공부했다. 보통문관시험에 합격하여 나라현청奈良縣廳, 대장성大藏省, 사법성 회계검사원司法省會計檢查院 등에서 근무하다가 1904년 문부성文部省으로 옮겼다.

1904년 7월 중앙기상대 인천임시관측소 서기로 임명되어 한국으로 건너왔다. 1906년 통감부로 자리를 옮긴 이후 조선총독부 총무부에서 근무했다. 1913년 퇴직한 후 토목건축업에 종사했다. 경성거류민단 의원과 경성학교조합 의원으로 일했고 이후에도 경성부협의회와 그의 후신인 경성부회 의원을 역임했다. 경기도평의회 의원과 경성소방구미京城消防組 대표직을 맡기도 했다. 토목건축 회사인 다나카구미田中組를 비롯하여 경성비료주식회사京城肥料株式會社와 인천의 월미도유원주식회사月尾島遊園株式會社의 이사직에 있었다. 경성 일본인 사회의 주요 인물 중 한 명이었다.

[참고문헌] 京城新報社 『朝鮮紳士錄』(日韓印刷株式會社, 1909), 川端源太郎 『朝鮮在住內地人實業家人名辭典』第一編(朝鮮實業新聞社, 1913), 朝鮮新聞社 編 『朝鮮人事興信錄』(朝鮮新聞社, 1922), 中村資良 編 『京城仁川職業名鑑』(東亞經濟時報社, 1926), 京城新聞社 編 『朝鮮の人物と事業』(京城新聞社, 1930), 有馬純吉 編 『昭和六年度版朝鮮紳士錄-附銀行會社要覽』(朝鮮紳士錄刊行會, 1931) 【이동훈】

257

다나카 히데미쓰
田中英光(전중영광) 1913.1.10~1949.11.3

문학가, 교사

도쿄시東京市 아카사카구赤坂區 출신. 아버지 이와사키 교센岩崎鏡川은 역사가로서 문부성文部省 유신사료편찬관維新史料編纂官 촉탁囑託이었다. 그가 다나카라는 성을 사용한 것은 외가에 입적했기 때문이다. 그는 가마쿠라시鎌倉市에서 성장하면서 가나가와현립쇼난중학교神奈川縣立湘南中學校를 나와 와세다고등학원早稻田高等學院에 진학하였다. 고등학교 때는 그는 큰 체구가 보트선수로 적절할 것이라는 주위의 권유로 조정부에 들어갔다. 1932년에 와세다대학 정치경제학부에 입학하고 8월에는 제10회 로스엔젤레스 올림픽 대회에 조정선수로서 출장하였으나 예선 탈락하였다. 여자육상선수에 대한 뜨거운 애정을 묘사하여 다나카 히데미쓰의 출세작이라고 일컬어지는 「올림포스의 과실オリンポスの果實」(1940.9)은 이 올림픽대회 참가의 경험을 토대로 창작한 것이다.

한편 1932년 연말쯤에는 형의 영향을 받아 좌익운동에 참여하여 자금 모금과 1928년 창간된 일본공산당 기관지인 『적기赤旗』 배포 등에 관여하였으나 당 조직의 부패에 염증을 느끼고 전향했다. 1935년 2월에는 친구들과 더불어 제6호까지 간행된 동인잡지인 『비망非望』을 창간하여 동인이 되었다. 이 동인지에 발표하였던 「하늘에 부는 바람空吹く風」이 다자이 오사무太宰治의 눈에 띄어 크게 인정을 받고 이후 그에게 사사했다.

1935년 대학 졸업과 동시에 요코하마고무제조회사橫浜護謨製造會社에 들어가 경성에 있는 조선출장소로 부임했다. 1937년 2월에는 고지마 기요小島喜代와 결혼하였으며 다자이 오사무로부터 축하 편지를 받았다. 그러나 이해 7월에 중일전쟁이 발발하여 다나카 히데미쓰도 군대 소집을 받고 용산 제79연대에 배속되어 훈련을 받던 도중 12월에 제대하였으나 이듬해에 재소집을 받고 중국 산시성山西省 최전선에 파견되었다. 이후 제대하기까지 약 1년 5개월을 팔로군 소탕작전을 수행하였는데 1939년 5월 야전병원에서 쓴 「흑두루미なべ鶴」가 다자이 오사무의 추천으로 잡지 『와카쿠사若草』에 게재되었다. 그리고 1941년 2월에 역시 다자이 오사무의 추천으로 「올림포스의 과실」이 『문학계文學界』에 게재되었고 이 작품으로 문학신인들에게 수여하는 제7회 이케타니상池谷賞과 더불어 상금 500엔을 받았다. 군 제대 후 잠시 도쿄 지사에 근무하다가 1941년 2월 다시 경성출장소로 돌아와 근무하면서, 『나는 바다의 아이われは海の子』(1941.5) 등 연이어 소설작품을 발표하였다.

한편, 이 무렵 다나카 히데미쓰는 국책문학의 분위기에 편승하여 1941년 조선문인협회의 상임간사를 맡았으며 1942년에 이르기까지 좌담회나 문학지 『국민문학國民文學』에서 평론을 통해 내선일체와 국책문학을 적극적으로 선전하였다. 1942년 12월 회사로부터 도쿄 근무를 명받고 도쿄에서 살게 되는데 1945년 9월에는 인원정리로 인해 회사를 그만두게 되었다. 1946년에는 일본공산당에 입당하여 누마쓰지구沼津地區 위원장을 맡아 당 조직 재건을 위해 노력하였으나 관료주의적이고 파벌적인 당 운영에 염증을 느끼고 탈당했다. 1947년에는 야마자키 게이코山崎敬子라는 여성과 교제를 시작하여 동거에 들어가며 데카당스한 생활을 보냈다. 1948년에는 「청춘의 강靑春の河」, 「취한 배醉いどれ船」 등 전후 대표적 작품들이 발표되었지만 다자이 오사무의 자살에 커다란 충격을 받고 술과 수면제를 다량 복용했다. 1949년 4월 약물중독을 치료하려고 정신과에 입원하였지만

퇴원 후에도 약물 복용은 계속되었다. 같은 해 5월 야마자키 게이코와 말다툼 중에 실수하여 그녀의 복부를 찌르게 되어 경찰서에 체포되었다가 정신감정을 거쳐 불기소처분을 받았다. 그는 계속하여 환영과 환청에 시달리다가 그해 11월 3일 다자이 오사무의 묘 앞에서 수면제와 소주를 마시고 손목을 그어 자살했다.

다나카 히데미쓰는 식민지 조선에서 회사원으로 근무하면서 지속적으로 문학적 창작을 수행하고 총동원체제 하에서 조선의 국책문학을 주도하였지만 그의 작품에서는 경성에서의 경험이 잘 표현되어 있으며 전쟁 참가로 인해 청춘이 파멸되어 가는 모습 등을 생생하게 그린 전후 무뢰파無賴派 작가였다.

[참고문헌] 大久保典夫·吉田熙生 編『現代作家辭典』(東京堂出版, 1973), 磯貝治郎『戰後日本文學のなかの朝鮮韓國』(大和書房, 1992), 越前谷宏 編『田中英光事典』(三彌井書店, 2014), 金亨變「田中英光の朝鮮滯在期の作品考察」(대한일어일문학회『일어일문학』29, 2006.2), 사희영, 김순전「國民文學」을 통해 본 田中英光의 전쟁문학─「黑蟻と白雲の思い出」,「月は東に」,「吳王渡」를 중심으로」(대한일어일문학회『일어일문학』45, 2010.2)　　　　　【정병호】

258
다네가시마 시게루
種子島蕃(종자도번)　　　1891.6~?

금융인

가고시마현鹿兒島縣 출신. 현립제이중학교縣立第二中學校를 거쳐 1917년에 야마구치고등상업학교山口高等商業學校를 졸업 후 아이치농공은행愛知農工銀行에 입사했다.

1920년 7월, 조선식산은행 원산 지점장대리로 도한하여, 1924년 평안북도 강계 지점장으로 승진했다. 1928년 3월 상업금융과장대리, 1929년 3월에는 검사역, 1931년 4월 다시 상업금융과장대리로 발령을 받았다. 이후 영업과장대리, 용산출장소장, 신용산출장소장, 진남포鎭南浦 지점장, 대구 지점장을 거

쳐 1941년 2월부터 부산 지점장을 역임했다. 가고시마현후생연맹鹿兒島縣厚生聯盟의 회장을 지내기도 했다.

[참고문헌] 淵上福之助『朝鮮と三州人』(鹿兒島新聞京城支局, 1933), 谷サカヨ『第14版 大衆人事錄』(帝國秘密探偵社, 1943)　　　　　【이선윤】

259
다니 다키마
谷多喜麿(곡다희마)　　　1884.8~1952.4.2

관료, 실업가

사가현佐賀縣 오기군小城郡 미카즈키무라三日月村 출신. 1909년 7월 도쿄제국대학東京帝國大學 법과대학 독일법학과를 졸업했고 11월 고등문관시험에 합격, 통감부 경성구 재판소 판사로 도한했다.

1910년 12월 충청북도 재무부장, 1913년 2월 황해도 재무부장, 11월 충청남도 재무부장, 1917년 8월 조선총독부 식산국 수산과장, 1919년 6월 강원도 제1부장, 1923년 2월 경성부윤, 1925년 6월 평안북도 지사, 1929년 경상남도 지사를 역임하고 1930년 12월에 퇴관했다. 이후 조선화재해상보험주식회사 사장, 조선수산 회장, 조선신탁 사장, 한강수력전기 사장을 역임했다. 이러한 경력을 바탕으로 조선상공회의소 회장을 맡는 등 조선 재계에서 중요한 존재가 되었다.

[참고문헌] 朝鮮紳士錄刊行會 編『朝鮮紳士錄』(朝鮮紳士錄刊行會, 1931), 谷サカヨ『第14版 大衆人事錄』(帝國秘密探偵社, 1943), 嶋元勸『朝鮮財界の人々』(京城日報社, 1941), 국사편찬위원회 한국사데이터베이스 〈http://db.history.go.kr〉　　　　　【최종길】

260
다다 기조
多田毅三(다전의삼)　　　생몰년도 미상

화가, 저술가

쓰시마對馬 출신. 독학으로 미술을 공부하였다.

1921년 도한하여『경성일보京城日報』미술기자로

활동하며 「선전을 향한 제창(鮮展への提唱)」(1932.9. 27.) 등 비중 있는 미술시론을 발표하였다. 조선미전에도 수차례 출품하여 입선하였고 재조일본인 미술가단체인 하나노카이이花の會, 조선미술회朝鮮美術會, 조선예술사朝鮮藝術社, 니지하라사虹原社 등의 회원으로 활동하였다. 1926년에는 종합미술잡지 『아침朝』을 발행하였고 1932년 4월 경성일보사를 퇴사한 후 남양南洋으로 떠났다. 1934년 경성으로 돌아와 조선미전에 출품한 작품 〈초가을初秋〉은 조선총독부에서 구입하였다.

[참고문헌] 貴田忠衛 『朝鮮人事興信錄』(朝鮮人事興信錄編纂部, 1935), 辻千春 「植民地期朝鮮における創作版畵の展開－「朝鮮創作版畵」の活動を中心に」 『名古屋大學博物館報告』(名古屋大學博物館, 2015)

【김용철】

261

다다 마사토모
多田正知(다전정지)   1893.2~?

대학교수

니가타현新潟縣 나가오카시長岡市 조나이초城內町 출신. 1912년 3월에 니가타현 사범학교를 졸업하고 니가타현 고시군古志郡 이치노카이소학교一之貝小學校, 마키야마소학교槇山小學校, 구로조소학교黑條小學校, 나가오카시 사카노우에소학교阪之上小學校, 오모테마치소학교表町小學校, 나가오카여자사범학교長岡女子師範學校 등의 교사를 역임한 후, 1921년에 나가오카중학교長岡中學校의 교사가 되었다. 그 후 도쿄제국대학東京帝國大學 문학부에 입학하여 1927년 3월에 졸업하였다. 같은 해 10월 도한하여 경성제국대학 예과 강사로 임명되었다가 1928년 교수로 승진하였다. 1933년 시학위원視學委員에 임명되었지만 1935년 1월 25일 경성제국대학 의원을 면직하였는데 이후의 행적은 알 수가 없다. 중국문학자로 널리 알려져 있으며 한학을 가학으로 한 시오노야 온鹽谷溫(1878.7.6~1962.6.3)의 도쿄제국대학 시절 제자로, 1929년에 시오노야 온이 조선에 왔을 때 조선의 문인

들과 수창首創한 시집 『집희양광하시집緝熙揚光賀詩集』(1930)을 편집하여 헌정하였다. 근대 일본 관변 유학단체인 시분카이斯文會 회원으로 활동하며 논문을 다수 게재하였다.

주요 저서로는 「국조시산과 난설헌집國朝詩刪と蘭雪軒集」(『文敎の朝鮮』 79, 1932), 「양무제와 조선 반도의 문교梁武帝と朝鮮半島の文敎」(『文敎の朝鮮』 10, 1922), 「포은집의 판본에 대해圃隱集の板本について」(『文敎の朝鮮』 60, 1930), 「기묘명현과 그 저작(그 5)己卯名賢と其著作(其五)」(『朝鮮及滿洲』 299, 1932), 「원조와 고려의 학인(상)元朝と高麗の學人(上)」(『文敎の朝鮮』 273, 1930), 「해동가요를 읽다讀む海東歌謠を讀む」(『文敎の朝鮮』 90, 1933), 「기묘명현과 그 저작(그 4)己卯名賢と其著作(其四)」(『朝鮮及滿洲』 298, 1932), 「기묘명현과 그 저작己卯名賢と其著作」(『朝鮮及滿洲』 297, 1932), 「기묘명현과 그 저작(중)己卯名賢と其著作(中)」(『朝鮮及滿洲』 296, 1932) 등이 있다.

[참고문헌] 貴田忠衛 『朝鮮人事興信錄』(朝鮮人事興信錄編纂部, 1935), 有馬純吉 『昭和六年版 朝鮮紳士錄』(朝鮮紳士錄發行會, 1931), 박지영 「일제강점기 在朝 지식인 多田正知의 한문학 연구에 대한 試論」 『어문연구』 65(어문연구학회, 2010)

【김효순】

262

다다 에이키치
多田榮吉(다전영길)   1879~?

실업가

오사카부大阪府 출신. 러일전쟁 이래 조선과 인연을 맺었다. 조·중 국경 신의주 일대에 다다상회多田商會를 설립하고 정착한 뒤 압록강 개발 등에 공을 세워 북선변경개발北鮮邊境開發의 선구자로 불렸다. 패전 후에는 신의주일본인세화회新義州日本人世話會 회장을 지냈다.

다다는 오바야시구미大林組의 직원이었다. 러일전쟁 당시 오바야시구미는 86만 엔 규모의 공사를 수주하여 조선에 진출했으나 막대한 손해를 입었다. 그러나 그 보상으로 신의주 제재공장 건설 등 10여 건

의 사업을 수주하였다. 당시 일본 육군은 러시아군으로부터 몰수한 목재를 제재하여 철도 침목 등으로 사용하기 위해 제재공장 건설을 비롯해 증기기관, 발전기, 기계설비 일체를 오바야시구미에 맡겼다. 다다는 1904년 바로 이 프로젝트에 투입되었고, 1906년에는 신의주 지점장으로서 오바야시구미제재소大林組新義州製材所를 운영하며 러일전쟁 이래 임시 군용철도감부에서 건설 중이었던 경기선과 안봉선 철도의 군용 침목과 교량 자재를 공급했다. 그 후 그는 1909년 4월 군용 목재 공급을 완료하고 공장 일체를 통감부 영림창에 매각한 뒤 퇴사하였다.

퇴사 후 귀국하지 않고 신의주에 정착한 그는 다다상회를 설립해 미곡 무역, 임업, 토목 및 건축, 자동차 영업, 관염官鹽 특약 판매 등을 통해 부를 축적했다. 이를 바탕으로 1911년 3월 기계정미공장을 설립해 북한지역에서 산미증식계획에 적극 협력했고, 1922년 압록강수선공사鴨綠江輪船公司 사장, 1923년 다다합자회사多田林業合資會社 대표사원, 1929년 8월 국경입업조합장國境林業組合長, 1933년 6월 압록강목재산업조합鴨綠江木材産業組合 등을 통해 활동 영역을 넓혀 나갔다.

한편 국책에 적극 협력하여 1911년 신의주거류민단新義州居留民團 의원, 1914년 학교조합의원, 민선 부협의원府協議員, 1915년 지방토지조사위원, 1920년 관선 도평의원道評議員, 1932년 부회 부의장, 1933년 도회道會 부의장 등을 지냈다. 아울러 업계에서는 1914년 신의주미곡상조합장, 1917년 일본목재업연합회 이사, 1919년 신의주목재상조합장, 1920년 조선수산협회 이사, 1924년 평북곡물협회장, 1934년 신의주금융조합장, 조선금융조합연합회 간부 등 지역 및 전국단위의 산업단체와 금융기관에 관여했다.

또한 일반 사회단체 활동도 활발했다. 1914년 재향군인후원회 평의원, 1918년 신의주재향군인분회 부회장, 국민비행협회 신의주지부 이사, 1920년 조선교육회 대의원, 조선산림회 평의원, 1922년 다사도축항기성동맹회장 등을 지냈다. 다다는 개인사업 외에도 다양한 공직과 사회단체 활동을 통해 입지를 다져가며 북만주, 하얼빈, 니콜리스크, 사할린 등으로 활동 범위를 확대해 나갔다.

이처럼 다다는 러일전쟁을 기회로 진출한 오바야시구미의 일개 직원이었으나, 신의주에 정착하며 정미소, 농잠회사, 신의주 은행 등으로 사업을 확대하였을 뿐만 아니라, 사이토齋藤 총독이 국경 일대의 산업을 시찰할 때 국경개발에 관한 당찬 포부를 밝혀 표창을 받는 등 전형적인 어용기업인으로서의 발전 사례를 보였다.

패전 후 신의주일본인세화회新義州日本人世話會 회장에 추대되었다. 그러나 신의주는 한반도 북한의 국경지대로 이른 시기에 소련 점령군이 진주하였고 패전 이전부터 사회주의 운동세력이 강고하게 자리 잡은 곳이었으므로 평안북도인민위원회는 1945년 9월부터 은행을 폐쇄하고 일본인의 정치 활동은 물론 직업 활동을 금지하여 세화회는 별다른 귀국 원호 활동을 전개할 수 없었다. 특히 점령군과 지역 인민위원회는 과거 식민기구와 적극적으로 손을 잡고 부를 축적한 다다와 같은 일본인에게는 매우 엄격한 응징 조치를 취했기 때문에 다다는 세화회 회장 자리를 사임했고 오타 구라지로太田倉次郎가 제2대 회장을 맡게 되었다.

[참고문헌] 최재성 『식민지 조선의 사회경제와 금융조합』(경인문화사, 2006), 大林組社史編集委員會 編 『大林組八十年史』(大林組, 1972), 李淵植 『朝鮮引揚げと日本人』(明石書店, 2015), 김용달 「조선농회(1910~1926)의 조직과 사업」『국사관논총』64(1995), 이연식 「해방 후 한반도 거주 일본인 귀환에 관한 연구」(서울시립대학교 박사학위논문, 2009), 多田榮吉 外 「朝鮮教育上最留意すべき事項-各方面の所見: 愚見の必要なかるべしとは認むれども」『朝鮮』85(朝鮮總督府, 1922. 3), 「國境の諸問題(三)交通・林業・貿易・警備等惠澤に浴すること薄し、新義州多田榮吉氏談」(『朝鮮新聞』, 1924.8), 「多獅島의 築港」(『時代日報』, 1924.10.12.)

【이연식】

263

다다 요시오

多田義雄(다전의웅)   1902.2.22~?

사법관료

경기도 인천부仁川府 산근정山根町 출신. 아버지 다다
나오노스케多田直之助와 어머니 후지フジ 사이의 장
남으로 태어났다. 원적原籍은 도쿠시마현德島縣 도쿠
시마시德島市 쓰다초津田町이다. 1932년 조선총독부
판사로 임용되어 일제가 패전할 때까지 재직한 사법
관료이다.

부모가 조선으로 이주하여 인천仁川에 자리를 잡
은 것으로 추정된다. 모친은 1926년 9월에, 부친은
1929년 7월에 사망하여 호주가 되었다. 1921년 3월
인천우편국仁川郵便局 사무원으로 취직했다가 1924
년 1월 사직하였다. 1924년 2월 전문학교입학자검정
시험에 합격하였다.

1926년 3월 경성제국대학京城帝國大學 예과豫科를
수료하였고, 1929년 3월 경성제국대학 법문학부法文
學部를 졸업하였다. 졸업과 함께 조선총독부 판임관
견습判任官見習으로 임용되어 고등법원高等法院 서기
과書記課에서 근무하였다. 동년 12월 고등시험 사법
과에 합격하였다. 1930년 5월 조선총독부 사법관시
보司法官試補에 임명되어, 경성지방법원京城地方法院
에서 1년 6개월 동안 실무수습을 했다.

1932년 4월 부산지방법원 마산지청馬山支廳 판사
로 발령받았고, 1934년 12월 부산지방법원 판사로
전근되었다. 1939년 4월 대전지방법원 예심판사로
옮겼다. 1943년 7월 해주지방법원 부장판사로 승진
하여 패전 때까지 근무하였다.

판사로 재직 중 다수의 독립운동사건 재판에 참여
했는데, 대표적인 사건이 1941년 대구사범학교 출신
강두안姜斗安, 문홍의文洪義 등이 주도한 대구사범학
교 비밀결사운동이다. 1943년 2월 대전지방법원 예
심판사로 이 사건의 예심을 맡았다.

[참고문헌] 朝鮮總督府法務局人事係『昭和五年 昭和六
年 司法官試補進退書類』(朝鮮總督府, 1931), 司法協會
編『朝鮮司法大觀』(司法協會, 1936), 전병무 「일제시

기 在朝鮮日本人 司法官試補 연구」『해람인문』44(강
릉원주대 인문학연구소, 2017), 조선총독부관보활용시
스템 〈http://gb.nl.go.kr〉   【전병무】

264

다무라 요시지로

田村義次郎(전촌의차랑)   1860~?

실업가

에도江戶(현 도쿄도東京都) 출신. 1887년 도쿄제국대학
東京帝國大學 법과대학을 졸업하고 대장성大藏省 공무
원으로 청일전쟁 당시(1894) 만주로 파견되어 경제
재정 문제에 대한 조사를 수행하였다. 그가 식민지
와 처음 인연을 맺은 곳은 타이완臺灣으로, 1895년
오사카중립은행大阪中立銀行의 타이완 지점을 개설하
기 위해서였다. 그 후 타이완 지점 총지배인에 선발
되었으며 은행합병 사업의 실패로 1896년 사직하였
다. 1900년 소에다添田 박사의 초청으로 타이완은행
창립에 참여하여 1904년 9월까지 타이완에 체류하
였다. 1904년 10월 경성에 들어왔다. 다무라가 경성
에서 처음 시작한 사업은 전당포업이었다. 그 후 전
당포업은 부인에게 맡기고 토지가옥 경영(부동산업)
으로 사업을 확대하였으며, 경성거류민단의 세제조
사위원, 경성거류민단의 민단장을 역임하는 등 재조
일본인 사회의 거물로 성장하였다. 1912년 경성 황
금정黃金町의 황금유원이라는 테마파크를 건설하고,
이곳에 황금관黃金館과 연기관演技館을 설립하였다.
1918년 황금유원내에 있던 연기관을 재개관하여 박
승필에게 경영권을 맡겼다. 그 밖에 루나파크라는
놀이공원, 정원, 운동장, 다양한 관람물 등이 모여
있는 현재의 테마파크와 같은 시설을 소유한 자산가
였다.

1917년 김연영金然永으로부터 한국 최초의 본격적
인 상설 영화관인 단성사를 인수하였다. 1907년에
설립된 단성사는 처음에는 주로 전통연희를 공연하
는 공연장이었지만 광무대光武臺에서 조선 연극을 흥
행한 경험이 있는 박승필에게 경영을 맡기고 상설영
화관으로 개축하였다. 조선극장, 우미관과 더불어

단성사는 영화뿐 아니라 연극, 음악, 무용 등을 공연하며 새로운 문화공간으로 자리매김했다. 박승필이 단성사를 경영하면서 주로 서양영화를 상연하였다. 또 1919년 10월 27일 한국인에 의해 제작된 최초의 한국영화〈의리적 구투義理的仇鬪〉를 상연하였다. 단성사는 1939년 3월 27일 대륙극장大陸劇場으로 개칭하였다가 패전 후 1946년 다시금 단성사로 복귀되었다. 다무라가 인수한 북촌의 단성사와 남촌의 황금좌는 한국영화와 일본영화를 이어주는 가교역할을 했다고 할 수 있다. 이상과 같이 그는 경성의 문화시설, 오락시설과 관련하여 매우 중요한 역할을 함으로써 경성의 극장사에서 빼놓을 수 없는 인물이다.

[참고문헌] 谷サカヨ『第14版 大衆人事録』(帝國秘密探偵社, 1943), 猪野三郎 編『第12版 大衆人事録』(帝國秘密探偵社國勢協會, 1937) 【홍선영】

265

다보하시 기요시
田保橋潔(전보교결)　　　1897.10.14~1945.2.26

대학교수, 역사학자

홋카이도北海道 하코다테函館 출신. 1918년 제사고등학교第四高等學校를 졸업하고, 도쿄제국대학東京帝國大學 문학부 국사학과에 입학, 1921년 졸업하였다. 1921년 문부성 유신사료편찬관보維新史料編纂官補, 1922년 5월 도쿄제국대학 사료편찬관보維新史料編纂官補로 임용되었다. 1924년 9월 경성제국대학京城帝國大學 예과 강사에 촉탁, 곧 재외연구원으로 영국, 독일, 프랑스 등으로 유학길에 올랐다. 1927년 1월에는 경성제국대학 법문학부 조교수로 취임했다. 1933년 조선총독부 조선사편수회 편수주임으로 촉탁을 담당했다. 1945년 2월 26일 식도암으로 사망하였다.

1928년 4월에는 교수로 승진하여 국사학 제1강좌를 담당했다. 1933년 조선총독부 조선사편수회에서 조선사 제6편(순종, 헌정, 철종, 고종의 4조 사료)의 편수주임으로 촉탁되었고, 1938년 제6편 전4권의 간행을 완료하였다. 1894년 청일전쟁부터 1895년 5월 삼국간섭에 이르기까지 조선을 중심으로 한 청일관계사에 관한『근대일지선관계연구近代日支鮮關係の研究－天津條約から日支開戰に至る』(경성제국대학법문학부 연구조사책자 제3집, 1930), 러시아, 미국 등 일본의 외교사를 정리한『근대일본외교관계사近代日本外國關係史』(東京刀江書院, 1930)를 발간하였다. 1934년에는『메이지 외교사明治外交史』와 1935~1938년 조선사편수회에서 펴낸『조선사朝鮮史』제6편 2, 3, 4권의 집필에 참여하였다.『근대일선관계의 연구近代日鮮關係の研究』상·하(조선총독부중추원간, 1940. 3)를 발간,『근대조선의 정치적 개혁近代朝鮮における政治的改革』(『조선총독부조선사편수회연구휘찬』제1집, 경성동도서적주식회사 경성지점, 1944)을 출판하였다. 사후 청일전쟁의 외교사를 정리한『일청전역외교사의 연구日淸戰役外交史の研究』(동양문고논총32, 東京刀江書院, 1951)가 출판되었다. 이 책은 청일전쟁 전후의 외교사를 다시 정리한 것으로, 전후에 시모노세키조약下關條約 등을 추가하였다.

[참고문헌] 박찬승「다보하시 기요시(田保橋潔)의 근대한일관계사 연구에 대한 검토」『한국근현대사 연구』67(한국근현대사학회, 2013), 하지연「다보하시 기요시(田保橋潔)의『근대한일관계사 연구』와 한국근대사 인식」『숭실사학』31(숭실사학회, 2013.12), 정준영『경성제국대학과식민지헤게모니』(서울대학교 대학원 박사논문, 2009) 【박광현, 연윤희】

266

다부치 이사오
田淵勳(전연훈)　　　1888.2.25~?

금융인

히로시마현廣島縣 출신. 1911년 3월 나가사키고등상업학교長崎高等商業學校 졸업 후, 외무성 촉탁으로 남미 재류 일본인의 금융상황 조사를 위해 출장 후 조선으로 건너온 인물이다.

남미 출장에서 돌아온 후『백국 경제사정과 재백방인상태의 경제적 관찰伯國經濟事情ト在伯邦人狀態ノ經濟的觀察』(外務省通商局, 1929.12)을 집필했으며, 1911년 5월에 동양척식회사 경성부 지배인이 되어 조선

2

22

에 부임했다. 이어서 관동주 다롄大連 지점장, 도쿄東京 본사 대부과장, 경성 조선지사금융과장, 본사 감사과장을 거쳐 이사, 사장을 역임했다. 그 외에 조선송전회사 감사역, 서선합동전기주식회사 감사역, 만몽모직주식회사 이사, 조선농회 고문, 조선신궁봉찬회 고문, 선미협회鮮米協會 고문, 조선방송협회평의원, 조선유연탄 이사 등을 역임했다.

[참고문헌] 朝鮮新聞社 編 『朝鮮人事興信錄』(朝鮮新聞社, 1922), 阿部薰 『朝鮮人物選集』(民衆時論出版部, 1934), 貴田忠衛 『朝鮮人事興信錄』(朝鮮人事興信錄編纂部, 1935)   【이선윤】

267
다사키 후지오
田崎藤雄(전기등웅)   1888~?

금융인

나가사키현長崎縣 출신. 1931년 조선거래소의 신설과 함께 지배인으로 발탁되었으며, 때때로 신문 지상에 경제계의 동향에 관한 의견을 발표하기도 했다. 조선거래소 인천미곡시장 폐쇄 후 1939년 11월에 창립된 조선미곡시장 설립과 함께 회사 이사 인천 지점장으로 취임했다. 1949년 1월 23일 제24회 중의원 의원 선거에 미야자키宮崎 2구에서 무소속으로 출마하여 낙선하였다.

[참고문헌] 阿部薰 『朝鮮人物選集』(民衆時論出版部, 1934), 谷サカヨ 『第14版 大衆人事錄』(帝國秘密探偵社, 1943)   【이선윤】

268
다와라 마고이치
俵孫一(표손일)   1869.6.16~1944.6.17

관료, 정치인

시마네현島根縣 출신. 1895년 도쿄제국대학東京帝國大學 법률학과 졸업. 같은 해 고등문관시험에 합격한 후 내무성에 입사하고, 오키나와현沖繩縣 참사관(1896), 도쿄부東京府 참사관(1899), 이시카와현石川縣 서기관(1900), 가고시마현鹿兒島縣 서기관(1902)을 거쳐 1906년 1월 통감부 서기관으로 전임하였다. 이후 농상공부農商工部 상공과장 겸 수산과장, 학부學部 차관, 토지조사국 부총재, 조선총독부 임시토지조사국 총재를 지냈다.

1906년 1월 통감부 설치와 더불어 통감부 서기관으로 한국에 건너왔다. 그해 3월 농상공부 상공과장 겸 수산과장에 보임되고, 1907년 8월부터 학부 차관에 취임하였다. 학부 차관 재임 시절 다와라가 취한 교육정책은 보통학교의 보급과 사립학교의 규제, 그리고 중등 실업학교의 설치 등이다. 일본인 교사를 배치한 보통학교의 전국적 보급을 통해 교육의 탈정치화를 꾀하는 동시에 실업교육을 가미하였다. 민족교육, 국권회복운동과 연관이 있는 것으로 인식된 한국인의 사립학교에 대해서는 '사립학교령' 등을 통해 신설을 규제하고, 재원이 미약한 사립학교는 존속을 어렵게 만들었다. 또한 1909년 '실업학교령'을 제정하여 1909년에 2개교, 1910년에 13개의 실업학교가 설립되었다. 다와라는 1910년 3월부터 토지조사사업의 준비를 위해 설치된 토지조사국 부총재를 겸하게 되었고, 합병 이후인 1910년 10월부터는 임시토지조사국 부총재를 맡아 토지조사사업의 입안과 기반 조성에 힘썼다. 토지조사사업이 궤도에 오르게 되자 1912년 4월 사직하고 귀국하였다.

1912년 일본으로 돌아가 미에현三重縣 지사(1912), 미야기현宮城縣 지사(1914), 홋카이도청北海道廳 장관(1915), 척식사무국장(1923)을 역임하고, 1924년 총선거에 출마하여 당선, 이후 1942년까지 중의원 의원을 지냈다. 그 사이 하마구치 오사치濱口雄幸 내각(1929~1931)에서 상공대신을 지냈다.

[참고문헌] 戰前期官僚制硏究會 編, 秦郁彦 著 『戰前期日本官僚制의 制度·組織·人事』(東京大學出版會, 1981), 吉川萬壽彦 『統監府의 實業敎育政策과 土地調査事業: 學部次官 俵孫一(1869~1944)을 중심으로』(고려대학교 석사학위논문, 1999)   【박양신】

269

다우치 지즈코

田內千鶴子(전내천학자)   1912.10.31~1968.10.31

윤학자尹鶴子(이명)

사회활동가, 교사

고치현高知縣 고치시高知市 와카마쓰若松 출신. 1919
년 부친인 다우치 도쿠지田內德治가 조선총독부 목포
지청의 하급관리로 부임하게 되면서 조선으로 건너
온다. 목포고등여학교 재학시절 부친이 세상을 떠나
고 모친인 하루春가 조산사로 일하면서 다우치를 양
육한다. 목포고등여학교를 졸업, 정명여학교의 음악
교사로 근무하였다. 1938년 10월, 공생원共生園을 운
영하는 윤치호尹致浩와 결혼하여 열악한 재정 상황
속에서도 고아들의 양육과 교육에 헌신한다. 1945년
일본의 패망과 더불어 노모와 자식을 데리고 일본으
로 일시 귀환하나 2년 후 한국으로 다시 돌아온다.
이후 한국 땅에서 6·25 한국전쟁으로 발생한 고아들
을 위해 생을 바친다. 1963년 한국 정부로부터 대한
민국 문화훈장국가장을, 1967년 일본 정부로부터 란
주호쇼藍綬褒章를 수장하였다. 1968년 10월 공생원에
서 병으로 사망하였다.

어머니의 신앙과 고녀 시절의 은사인 다카오 마스
타로高尾益太郎의 영향으로 독실한 기독교 신앙을 소
유하고 있던 지즈코는 24세가 되던 해 다카오의 권
유로 공생원을 방문하게 된다. 공생원은 1928년 '거
지 대장'이라는 별명을 가진 전도사 윤치호가 다리
밑에서 떨고 있는 7명의 고아를 데려다 키운 것을
시작으로 만들어진 고아원이었다. 지즈코는 주변 일
본인들로부터의 질시와 비판에도 불구하고 공생원이
10주년 되는 날인 1938년 10월 15일에 윤치호와 목포
공회당(현 목포상공회의소)에서 결혼식을 올리고 열악
한 재정 상황 속에서 고아들을 양육하고 교육했다.

1945년 8월 15일 일본의 패망과 함께 노모와 자식
들을 데리고 귀환하지만, 2년도 채 되지 않아 다시
한국으로 돌아와 남은 생애를 고아들을 위해 바치기
로 결심하고 공생원에 대한 지원과 고아들을 위한
식량 확보를 위해 분투했다.

전후 윤치호와 지즈코는 공생원을 계속 운영해 가
지만, 친일파라는 낙인 아래에서 탄압은 더욱 심했
으며 남북으로 분열된 한반도의 정치상황을 불안정
하여 공생원을 위한 기부금을 모으는 일은 더욱 어려
워졌다. 1950년 한국전쟁이 발발하고 목포는 북으로
부터 내려온 공산군에 의해 잠시 점령당하여 지즈코
는 일본인이라는 이유로, 남편은 친일반역자라는 이
유로 처형을 받을 상황에 놓이지만 마을사람들의 도
움으로 처형은 면하고 그 조건으로 남편 윤치호는
인민위원장에 취임했다. 1950년 9월 15일 연합군이
목포를 수복하였으나 남편 윤치호는 다시 스파이 혐
의를 받고 체포되었다가 독립운동가인 한동운과 목
사들의 진정으로 석방되었다.

1951년 한국전쟁으로 급증하게 된 고아와 난민
500명의 식량을 구하기 위해 윤치호는 광주로 떠났
으나 그 길로 행방불명되고 혼자 남은 지즈코는 일본
으로 돌아오라는 노모의 권유에도 불구하고 한국에
남아 고아들을 위해 헌신했다.

1967년 위암으로 입원, 이듬해인 1968년 공생원에
서 아이들이 지켜보는 가운데 57세의 삶을 마감했
다. 그녀의 장례식은 목포에서는 처음으로 목포시민
장으로 치러졌으며 공생원에서 자란 고아들을 포함
해 약 3만 명의 시민이 장례식에 참석했다. 1995년에
는 지즈코의 극적인 생애는 한국과 일본이 공동 제작
한 〈사랑의 묵시록〉이라는 영화로 소개되었다.

[참고문헌] 나카무라 사토시 저, 박창수 역「한일 가교
그리스도인: 다우치 지즈코」『활천』(기독교대한성결
교회 활천사, 1915), 모리야마 사토시 저, 윤기 역『진주
의 노래: 한국고아의 어머니 윤학자의 생애』(홍성사,
2012), 다테노 아키라 편저, 오정환·이정환 역『그때
그 일본인들』(한길사, 2006)   【송혜경】

270

다지마 야스히데

田島泰秀(전도태수)   1893.10~?

교사, 관료

가고시마현鹿兒島縣 센다이초川內町(현 사쓰마센다이시

薩摩川內市) 출신. 가고시마현립센다이 중학교鹿兒島縣立川內中學校를 졸업하고, 임시교원양성소를 수료한 후 조선보통학교 교원, 총독부 직원을 역임하였다.

1914년 3월 조선에 건너와 경성고등보통학교京城高等普通學校 부설 임시교원양성소에 입학, 1년 만에 교원 자격을 취득했다. 1915년 3월 31일부터 4년간 함경북도 경성공립보통학교鏡城公立普通學校 교사로 근무하고 1919년 4월 경성으로 돌아와 1925년까지 경기도 매동공립보통학교梅洞公立普通學校 교사로 일했다. 1922년 초 조선어장려시험 갑종에 합격하고, 1923년부터 1929년까지 조선총독부 조선미술심사위원회 서기를 겸임했다. 1926년 2월 28일부터 1934년까지 학무국 편집과 편수서기編修書記로 일하며, 조선어독본을 편찬했다. 여러 차례 표창을 받고, 1934년 평안북도 선천군수를 거쳐 1936년부터 1940년도까지 평안북도 정주군수를 역임하는 등 학벌의 한계를 뛰어넘어 식민지에서 입신출세하였다.

다지마는 재담집 『온돌야화溫突夜話』(教育普成株式會社, 1923.10)를 간행했는데, 수록된 이야기 160편중에는 「산넨자카三年坂」가 포함되었고, 제3기 조선총독부 조선어 교과서 『조선어독본』 권4(1933)에도 「삼년고개」가 실려, 그 영향관계를 확인할 수 있다. 단행본 이외에도 조선어, 방언, 문학, 문화, 만화, 민요 및 설화와 관련된 수많은 글을 발표하였다. 『문교의 조선文敎の朝鮮』(朝鮮敎育會)에 「조선어 익살朝鮮語の酒落」(1925), 「조선 익살 이야기朝鮮酒落物語」(1930) 등을 연재하고, 『경무휘보警務彙報』(朝鮮總督府警務總監部)에 「만화 조선이야기漫畵朝鮮物語」(1928)를 연재했다. 또한 『금융조합金融組合』(朝鮮金融組合聯合會)에 「기생 기담妓生綺談」(1930~1932), 「조선소화朝鮮小咄」(1931~1932), 「아리랑 만화ありらん漫畵」(1931), 「조선고담朝鮮古談」(1932) 등에 삽화를 넣어 중복 연재했다.

1941년 군수 퇴임 직후의 행적은 명확하지 않지만, 1942년 국민총력조선연맹國民總力朝鮮聯盟 사무국 저축과장이라는 직위로, 전쟁 후방 지원을 위한 저축을 권장하는 글과 「이겨내는 요결勝ち拔く要訣」(『國民總力』國民總力朝鮮聯盟, 1942.4)을 발표. 1944년 동연맹 전무참사專務參事라는 직위로 「증산 진두 심방기增産

陣頭尋訪の記」(『國民總力』, 1944.7) 등을 발표해 총력전 체제에 적극 협력했다. 1945년 이후의 행적은 상세하지 않다.

[참고문헌] 안용식 편 『조선총독부하 일본인관료 연구』 전5권(연세대학 사회과학연구소, 2002), 田島泰秀 『溫突夜話』(敎育普成株式會社, 1923), 田島泰秀 「貯蓄隨想」 『半島の光』(朝鮮金融組合聯合會, 1943), 朝鮮總督府 『朝鮮總督府及所屬官署職員錄』 1910~1943(復刻版 全33卷, ゆまに書房, 2009), 貴田忠衛 『朝鮮人事興信錄』(朝鮮人事興信錄編纂部, 1935), 森川淸人·越智兵一 編 『朝鮮總督府始政二十五周年記念表彰者名鑑』(朝鮮總督府始政二十五周年記念表彰者名鑑刊行會, 1935), 阿部薰 編 『朝鮮功勞者銘鑑』(民衆時論社, 1935)   【김광식】

271
다치가라 노리토시
立柄敎俊(입병교준)   1866.2~?

교사

니가타현新潟縣 간다쓰무라神立村(현 유자와마치湯澤町) 출신. 1882년 5월 니가타학교新潟學校 사범학부 졸업 후 상경하여 영어와 독일어를 배우고, 윤리, 역사 등의 교육자 면허를 취득했다. 1897년경 귀향해 교직 생활 후, 1900년에 다시 상경해 도쿄부사범학교東京府師範學校 교사, 도요대학東洋大學 강사를 역임하며 많은 저작을 남겼다. 1911년 조선에 도항하여, 11년간 체류하며 초기 조선총독부 국어(일본어) 및 수신 교과서 등을 총괄했다. 번역서 『디스터베크 교육 요의ヂーステルウェッヒ敎育要義』(三育舍, 1899), 라인 외 『헤르베르트·칠러파 교수학ヘルバルト·チルレル派敎授學』(三育舍, 1900)와 오세 진타로大瀨甚太郞와의 공저 『심리학교과서心理學敎科書』(金港堂, 1902), 『교수법교과서敎授法敎科書』(同, 1903), 『논리학교과서論理學敎科書』(同, 1904)가 있다. 저서로 『국정수신서교수상안國定修身書敎授詳案』 고등과 제1, 제2학년용(同, 1904), 『국정수신서교수법國定修身書敎授法』(同, 1904), 『참고 강목체 서양역사參考綱目體西洋歷史』(同, 1907) 등을 다수 간행, 증쇄를 거듭했다.

1911년 3월에 관립한성사범학교 교수로 부임하여, 5월 16일에 조선총독부 교과서 편집과 초대 편수관이 되었다. 1922년 3월 15일 퇴임하기까지 11년간 조선에 체류하며 1910년대 국어 및 수신 교과서 편찬을 총괄했다. 오다 쇼고小田省吾(→704) 편집과장은 교육에 조예가 깊은 다치가라와 함께 연구한 결과, 조선의 국어(일본어) 교습방법은 종래의 번역주의를 따르지 않고, 직설법直說法에 따라 물품, 동작 등을 직감적으로 습득시킬 방침을 채택하여 가급적 친숙하고 신속하게 국어를 보급시키려는 취지로 작성된 것이 바로 제1기 『보통학교국어독본普通學校國語讀本』 전8권(朝鮮總督府, 1912~1915)이었다고 역설하였다. 국어를 강요할 게 아니라, 기뻐하며 즐겁게 배울 수 있도록 교수법과 교과서를 개선했다고 주장했다. 이러한 사고방식은 다치가라의 주장에서도 엿보인다. 다치가라는 국민성과 민족성을 구별하고 국민성 도야를 중시하였고, 국어 보급을 협박적으로 행하는 것은 반항을 초래하기 쉽다며, 국어의 필요성을 깨닫고 스스로 배우게 하는 것이 최선의 정책이라고 주장했다.

1910년 8월 한일강제병합 후, 편집과는 통감부 통치기 보호기 교과서의 자구를 긴급 수정하여 정정본을 간행하고 우선적으로 조선인용 일본어 및 수신교과서를 편찬했다. 그 후 다치가라는 재조일본인 아동용 『심상소학보충교본尋常小學校補充敎本』 전3권(朝鮮總督府, 1920~1921)을 간행해, 수신修身, 국어, 산술을 보충했다. 조선 이해와 재조일본인에 필요하다고 인정되는 사항을 실어, 재조일본인 교육을 목표로 향토교재가 활용된 것이다.

1922년에 귀국하여 도쿄시東京市 하야시초林町에 거주하며 『국민교육원리 실용교육학國民敎育原理實用敎育學』(目黑書店, 1910)의 1923년 7월 개정改訂 제5판 서언緒言, 『소학교령 준거 실용교육법小學校令準據實用敎授法』(同, 1901)의 1925년 8월 수정修訂 제20판 서언을 작성하고, 「우사미 옹 추회宇佐美翁追懷」(『宇佐美勝夫氏之追憶錄』故宇佐美勝夫氏記念會, 1943) 등을 발표했다. 1910년대 편집과 부하직원 오구라 신페이小倉進平(→696)와 계속해서 교류한 것이 확인되지만, 구체

적 활동은 상세하지 않다.

[참고문헌] 金廣植「朝鮮總督府學務局編修官立柄敎俊と朝鮮說話」石井正己 編『帝國日本の昔話・敎育・敎科書』(東京學藝大學, 2013), 立柄敎俊君 談「朝鮮に於ける敎科書編纂事業に就きて」『敎育時論』966(雄松堂書店, 1912), 立柄敎俊「國民性統一と民族同化」『中島敎授在職二十五年記念論文集』(目黑書店, 1919), 朝鮮中央經濟會 編『京城市民名鑑』(朝鮮中央經濟會, 1921), 辻大和 外 共編『小倉進平關係文書目錄』(學習院大學東洋文化研究所, 2016), 立柄敎俊「尋常小學校補充敎本(朝鮮に於ける內地人學校用)に就て」『朝鮮敎育』64(1921.1)　　　　【김광식】

272

다치다 기요토키/다치다 기요타쓰
立田淸辰(입전청진)　　　　1890.8~1942.7.28

관료, 정치인

기후현岐阜縣 출신. 1916년 도쿄제국대학東京帝國大學 법학부 법률학과를 졸업한 후 체신성에 입사하였다. 1918년 10월 고등문관시험 행정과에 합격한 뒤에는 내무성에서도 일하였다. 1919년부터 돗토리현鳥取縣, 가가와현香川縣, 가나가와현神奈川縣, 도쿠시마현德島縣, 이바라키현茨城縣, 구마모토현熊本縣 등지에서 주로 경찰 업무를 담당하였으며, 1929년에는 총독부로 발령을 받아 조선으로 넘어왔다. 1929년 12월 조선총독부 경무국 도서과장이 되었고, 1931년 7월부터는 경무과장직을 겸하다가 동년 10월에는 내무성 산하 경찰관강습소의 교수로 자리를 옮겼다.

도서과장을 맡고 있던 1931년 초 『경무휘보警務彙報』 1월호에 「1930년의 조선출판계의 회고一九三〇年の朝鮮出版界の回顧」를 게재하기도 하였다.

1933년 야마나시현山梨縣 내무부장, 이듬해 1월 미야기현宮城縣 서기관과 총무부장을 거쳐 1936년 4월 돗토리현 지사, 1939년 1월 지바현千葉縣 지사를 역임하였다. 1941년 5월 공직에서 물러난 뒤에는 주택영단住宅營團 이사를 지내기도 하였다.

[참고문헌] 정진석『극비 조선총독부의 언론검열과 탄

압』(커뮤니케이션북스, 2007), 총독부관보활용시스템
〈http://gb.nl.go.kr〉　　　　　　　　【함충범】

273

다치바나 고이치로
立花小一郎(입화소일랑)　　1876.2.23~1943.2.4

육군 군인, 정치인

미이케번三池藩 출신. 가로家老 다치바나 겐立花硯의
장남으로 태어났다. 1883년 12월 육군사관학교(구 6
기)를 졸업하고 육군소위로 임관했으며, 1889년 12월
육군대학교를 우등으로 졸업(5기)하였다. 육군사관
학교 교관, 참모본부 제1국원을 역임하고 청일전쟁
에서는 제1군 참모로 출정하였다. 1896년부터 3년간
오스트리아에 유학하였고, 그 후 청국주둔군 참모,
참모본부 소속 위안스카이袁世凱 군사고문, 육군성
인사국 은상과장, 보임과장 등을 역임하였다. 러일
전쟁에서는 제4군 참모부장으로 출정하였으며 1905
년 육군대좌로 진급하여 대본영 참모로 발령받고 귀
국하였다. 이어 포츠머스강화회의 전권 수원隨員, 미
국대사관 소속, 육군성 부관 등을 거쳐 1909년 8월
육군소장으로 진급하였다. 이후 보병 제22여단장, 보
병 제30여단장, 근위보병 제1여단장을 역임하였다.
　1912년 9월 조선주차군 참모장(1912.9.28.~ 1914.
4.17)으로 임명되어 도한하였으며, 1914년 4월 헌병
경찰제도 하에서 조선주차헌병대 사령관(1914.4.17.~
1916.4.1) 겸 조선총독부 경무총장으로 취임하였다.
1914년 8월에는 중장으로 진급하였다.
　1916년 4월 제19사단장으로 취임했으며, 이후 제4
사단장, 관동군關東軍 사령관을 역임하고 1920년 8월
대장으로 진급하였다. 시베리아출병에서는 마지막
우라지오浦塩(블라디보스토크) 파견군 사령관직을 맡
았다. 이후 군사참의관을 거쳐 1923년 3월 예비역으
로 편입되었으며, 같은 해 10월 남작의 작위를 받고
화족華族 반열에 들게 되었다. 1924년 8월부터는 1년
간 후쿠오카福岡 시장이 되었으며 1925년 7월부터
1929년 2월 사망할 때까지 귀족원 의원으로도 활동
하였다.

[참고문헌] 秦郁彦 編『日本陸海軍總合事典』(東京大學
出版會, 1991), 藤澤論天(淸次郎) 編『半島 官財人物評
論』(大陸民友社, 1926)　　　　　　　【이승희】

274

다치바나 야스노
橘柔能(귤유능)　　　　　생몰년도 미상

가나자와 야스노金澤柔能(이명)

교사

후쿠시마현福島縣 출신. 1901년에 도쿄음악학교東京
音樂學校 본과 기악부에 입학, 1904년에 졸업하였다.
졸업 후 후쿠이고등여학교福井高等女學校 교사로 활
동하였다. 이후 1910년경에 조선에 건너와 경성공립
고등여학교, 경성여자고등보통학교에서 교편을 잡
았다.
　정확한 도한 시기는 알려져 있지 않지만『도쿄음
악학교일람東京音樂學校一覽』(1910~1912)에 의하면 한
국경성고등여학교韓國京城高等女學校, 조선경성민단
립고등여학교朝鮮京城民團立高等女學校에서 교편을 잡
은 것으로 나온다. 이것으로 보아 식민지기 직전인
대한제국기에 재조일본인 교육을 위해 조선으로 건
너온 것으로 보인다.
　『조선총독부및소속관서직원록朝鮮總督府及所屬官署
職員錄』(1920~1921)에는 경성여자고등보통학교 강사
촉탁으로 기록되어 있다. 당시 조선에는 관공립중등
교육기관에서 음악을 지도할 수 있는 자격을 갖춘
교사가 부족했는데 재조일본인 교육기관에서 활동
했던 다치바나가 음악 강사로서 주로 조선인이 다니
는 경성여자고등보통학교에서도 가르쳤던 것으로
보인다.

[참고문헌] 東京音樂學校 編『東京音樂學校一覽 從明
治三十四年至明治三十五年』~『東京音樂學校一覽 從
明治四十五年大正元年至大正二年』(東京音樂學校,
1943), 松下鈞 編『近代日本音樂年鑑』(大空社, 1997)
　　　　　　　　　　　　　　　　　　【김지선】

275

다치카와 쇼조

立川昇藏(입천승장)   ?~1936.11.2

교사, 동화학자

히로시마현사범학교廣島縣師範學校에서 도쿄고등사범학교東京高等師範學校 문과 제1부로 옮겨, 1923년에 졸업했다. 오키나와현사범학교沖繩縣師範學校를 거쳐 1924년부터 조선의 사범학교에 2년간 근무한 후, 문학사 자격을 취득할 수 있는 도쿄고등사범학교 전공과에 입학하여 1928년 졸업했다. 아이치현여자사범학교愛知縣女子師範學校를 거쳐 1929년 11월 시즈오카현靜岡縣 하마마쓰사범학교濱松師範學校로 전직해 부속소학교 주사로 임명되었다. 1932년에 국민정신문화연구소가 설립되자, 그 제1회 교원연구과 연구원으로 선발돼 입소해 연구에 전념하였다. 국민정신문화연구소는 도쿄東京 시나가와구品川區에 설치된 문부성 직할 연구소로, '생도의 좌경화' 대책으로 국민정신 원리를 천명하고, 일본정신을 고양시킬 이론 구축을 목표로 설립되었다. 다치카와는 30년대 이후 우익적 성향을 강화시켰다. 그 후 사이타마 현사범학교埼玉縣師範學校에서 근무 중 1936년 급성 심장성 천식으로 사망했다.

조선총독부 직원록(1924, 1925년판)에 의하면, 충청남도 공립사범학교에 2년간 근무한 것으로 나타난다. 다치카와는 국어(일본어) 교사로 2년간 조선 체류를 통해 조선 설화를 수집하고 이를 개작하여 도쿄고등사범학교 오쓰카 강화회大塚講話會에서 실연동화집을 발간했다. 일본 구연동화의 효시 이와야 사자나미巖谷小波는 1896년 무렵부터 자신의 작품을 구연하여 1910년대에는 '구연동화'라는 명칭이 정착되었고, 교사들도 학교 교육에 도입하였다. 그 중심적 역할을 한 오쓰카 강화회는 1915년 창설되어 구연동화의 연구와 실연을 수행했다. 오쓰카 강화회는『실연 이야기집實演お話集』전9권(隆文館, 1921~7)을 비롯해 『신실연 이야기집新實演お話集』전2권(隆文館, 1926)을 간행했는데, 그 제1권이 다치카와 편『신실연 이야기집 연랑蓮娘』이다. 다치카와 동화집은 본문 382면으로 1926년 5월 10일에 발간돼 2엔에 판매되었다. 오쓰카 강화회 동인同人의 권두언에는 가르치려는 교육이 아닌, 교수자와 비교수자가 함께 즐기는 사랑과 순정한 교육을 위한 동요 및 동화 교육의 필요성을 강조했다. 이어서 다치카와는 서문에서 조선 체재 당시 동화 실연보다도 전설, 동화 수집에 노력했고, 주입식 교육이 아닌 마음으로 즐겁게 부르는 동요, 듣는 동화를 제공할 필요성을 2년간 부단히 생각하며, 조선 재래의 전설과 동화를 실연될 수 있도록 재화했다고 서술했다.

그러나 다치카와가 수록한 실연동화 총 16편 중 9편이 조선 전래동화인데, 7편은 조선총독부편『조선동화집』(1924)의 압도적 영향 하에서 개작된 것이다. 다치카와는 문체와 형식 및 줄거리를 자유롭게 변형하여 일본 아동이 이해할 수 있도록 했다. 일반적으로 한국에는 형제담이 많고, 일본에는 이웃집 노인담 즉 인야담隣爺譚이 많은데, 다치카와가 형제담을 이웃집 노인담으로 개작한 점도 주의를 요한다.

1900년 전후에 출생한 것으로 추정되며 30대 중반에 사망했다. 귀국 후「우리학교 영화교육我が校の映畵敎育」(『學習硏究』9-2臨時增刊號, 目黑書店, 1930.1)을 발표하고,『향토교육으로 본 국어교육鄕土敎育より觀たる國語敎育』(文泉堂書房, 1932)과『각과교수의 요체各科敎授の要締』(文泉堂書房, 1933) 등을 간행하며 향토 및 국어교육 관련 논고 등을 발표했다. 사후에 추도기념집『일본교육학의 제문제日本敎育學の諸問題』(成美堂書店, 1937)가 간행되었지만, 상세한 양력이나 연보는 제시되지 않고, 논문집의 형태로 편찬되었다.

[참고문헌] 김광식『근대 일본의 조선 구비문학 연구』(보고사, 2018), 立川昇藏君追悼記念論文集刊行會 編『日本敎育學の諸問題』(成美堂書店, 1937), 立川昇藏『新實演お話集 蓮娘』(隆文館, 1926), 朝鮮總督府『朝鮮總督府及所屬官署職員錄』1910~1943(復刻版 全33卷, ゆまに書房, 2009), 大阪國際兒童文學館編『日本兒童文學大事典』(大日本圖書株式會社, 1993), 김광식「1920년대 일본어 조선동화집의 개작 양상」『열상고전연구』48(열상고전연구회, 2015)   【김광식】

276

다카기 이치노스케

高木市之助(고목시지조)   1888.2.5~1974.12.23

학자, 대학교수

아이치현愛知縣 나고야名古屋 출신. 교토부립제일중
학교京都府立一中學校와 제삼고등학교第三高等學校를
거쳐 1912년에 도쿄제국대학東京帝國大學 문학과를
졸업하였다. 이후 제오고등학교第五高等學校 교수, 문
부성文部省 도서감수관圖書監修官, 우라와고등학교浦
和高等學校 교수, 도쿄제국대학 문학부 강사 등을 역
임했다. 1924년에는 영국, 미국, 프랑스, 독일에 문
학 연구를 위한 유학을 명받아 외유하였으며, 1926
년 4월 경성제국대학京城帝國大學 교수에 임명되어
조선에 들어왔다.

경성제국대학 문학과 교수에 임명된 다카기는 처
음에 '국어학 국문학 강좌'를 담당하였다. 이후 그는
'국어학'과 '국문학'의 성질이 다르므로 별개의 강좌
가 개설되어야 한다고 제안하였다. 이에 따라 해당
강좌는 1927년 6월 2일부터 제1강좌와 제2강좌로 확
대되었으며, 다카기는 제1강좌를 담당하였다. 이러
한 상황은 식민지 조선에서 '국어'로서의 일본어가
교육 과목이 아닌 학문으로 연구되기 시작했음을 시
사한다. 1932년부터 1년간 경성제국대학 법문학부
장을 역임하였으며, 1934년부터는 경성제국대학부
속도서관장을 겸임했다. 『조선급만주朝鮮及滿洲』, 『조
선의 교육연구朝鮮の教育研究』, 『문교의 조선文教の朝
鮮』 등의 잡지에 여러 글을 실었고, 1939년 4월 1일에
경성제대 교수에서 면직되었다.

1939년 규슈제국대학九州帝國大學으로 전임되어 일
본으로 귀국하였다. 1940년에 같은 대학 법문학부장
을 역임하였다. 1954년에는 도쿄대학東京大學에서 「고
문예론古文藝の論」으로 문학박사 학위를 취득하였다.
이후 니혼대학日本大學, 아이치현립여자대학愛知縣立
女子大學 등에서 교수로 재직했고, 일본학사회의 회
원, 일본 국어심의회 위원으로도 활동하였다. 일본
의 국문학계에서는 그의 학문적 성향에 대해 문예학
적 연구를 지향하고 풍토, 역사, 사회와의 관계에 깊

은 통찰력을 지녔다고 평가한다.

1974년 12월 86세의 나이로 사망하였다.

[참고문헌] 정근식 외 『식민권력과 근대지식: 경성제국
대학연구』(서울대학교출판문화원, 2011), 貴田忠衛 『朝
鮮人事興信録』(朝鮮新聞社, 1935), 人事興信所 編 『人
事興信録 9版』(人事興信所, 1931), 人事興信所 編 『人
事興信録』(人事興信所, 1941), 臼井勝美 외 『日本近現
代人名辭典』(吉川弘文館, 2001), 박광현 「식민지조선
에 대한 '국문학'의 이식과 다카기 이치노스케(高木市之
助)」 『일본학보』 59(일본학회, 2004)   【전영욱】

277

다카기 하이스이

高木背水(고목배수)   1877.9.5~1943.5.12

화가

사가현佐賀縣 마쓰바라松原 출신. 1898년경부터 도쿄
東京의 백마회양화연구소白馬會洋畫研究所에서 그림
을 배웠으며, 1904년에 미국 컬럼비아 대학 미술과
에 입학하여 2년간 수학했다. 1910년에 영국으로 건
너가 12년에 귀국했다. 1915년부터 4년간 조선에 체
류하며 금강산 개발, 조선미술전람회 설립에 주도적
인 역할을 했다. 일본의 제전帝展, 광풍회光風會 등에
서 활약했으며, 초상화가로도 이름을 떨쳤다.

다카기는 1903년 4월, 독일인 의사 베르츠 박사를
수행하고 표본기사로 처음 부산에 도착하여 경성,
금강산을 돌아보고 9월에 귀국했다. 다시 조선에 건
너온 것은 1915년으로, 서울 장충동에 화실을 건립하
고 1919년까지(1919년 왕십리로 이전) 체류했다. 이 시
기 금강산을 비롯해 조선 각지를 여행하고 48종의
그림엽서를 제작하는 한편, 고려화회(1919), 조선양
화동지회(1920) 등의 단체 발족에도 힘썼다. 1920년
유럽여행을 위해 일본으로 귀국, 1921년 조선미술전
람회 창설에 관여하여 재차 조선을 방문했다. 1922
년 건강상의 이유로 일본 벳푸府別에서 일시 요양하
고 1923년 5월 다시 경성으로 돌아왔으나, 1923년
8월 부친의 타계 소식을 듣고 일본으로 귀국, 이후
조선 방문에 관한 구체적인 기록은 보이지 않는다.

조선 체류 중에는 〈조선풍경〉, 〈수원〉 등 사실에 기초한 풍경화를 다수 제작했다.

[참고문헌] 直木友次良 『高木背水傳』(大肥前社, 1937), 『高木背水展』(佐賀縣立博物館, 1982), 坂井基樹 外 編 『日韓近代美術家のまなざし-『朝鮮』で描く』(福岡ア ジア美術館 외, 2015)　　　　　　　　　　【김정선】

278

다카노 슈자부로

高野周三郎(고야주삼랑)　　　　　**생몰년도 미상**

실업가

나가사키현長崎縣 출신. 1883년 인천 개항과 동시에 처음 인천으로 이주한 30명 중 한명이었다.

당시 나가사키 출신 일본인 중 유일한 주조업자였다. 인천에서 점차 영업을 확대하여 1905년 무렵에는 마쓰오상점松尾商店 주인으로 있었고, 정미업을 겸업했다. 당시 이 상점의 1년 거래액은 대략 8만 원에서 10만 원 정도에 달했으며, 상당한 자본력을 갖춘 인물이었다.

[참고문헌] 中田孝之介 『在韓人士名鑑』(木浦新報社, 1905), 外務省通商局 編 『在外本邦人農工商家漁業者人名錄, 農商工業等二從事スル在外本房人營業狀態取調1件』(外務省通商局, 1905), 中村資良 編 『京城仁川職業名鑑』(東亞經濟時報社, 1926)　　【김윤희】

279

다카다 신이치

高田信一(고전신일)　　　　　**생몰년도 미상**

다카다 신이치로高田信一郎(본명)

언론인, 문학가

후쿠오카상업고등학교福岡商業高等學校를 졸업하고 『경성일보京城日報』, 『조선일일신문朝鮮日日新聞』의 기자를 지냈다. 1931년 경성일보사를 사직한 다카다는 『조선일일신문』에 들어가 경제부 기자로 일했으며 만몽滿蒙 문제를 검토하기 위해 만주 지역에 특파원으로 파견되었다. 그러나 조선일일신문사의 사장 사메지

마 소야鮫島宗也에 의한 배임 사기횡령과 신문사의 경제 상황이 악화되어 1931년 12월 휴간의 위기를 맞게 되고, 다카다는 동료 사원들과 조선인 직공들을 포함한 수십 명과 아사동맹餓死同盟에 돌입하여 퇴직금 등을 요청하며 농성한다. 이 아사동맹 사건은 『동아일보』 12월 19일자에 사진과 더불어 생생히 보도되었으며, 다카다는 경성일보사 퇴사로부터 농성까지의 일련의 사건을 야마기시 미쓰구山岸貢(→678)와 공저共著한 장편소설 『마지막 회전最後の廻轉』(日韓書房, 1932)에서 사실적으로 세세히 그려냈다.

1932년 여름 이 소설을 발표했을 당시 다카다는 『조선경제일보朝鮮經濟日報』에 다시 기자로 취직했으므로, 민완 경제부 기자로서의 능력은 상당히 인정받았던 듯하다. 또한 1940년 전후에는 잡지 『금융조합金融組合』, 『조선실업朝鮮實業』, 『경성잡필京城雜筆』에는 경성일보 경제부장 다카다 신이치로高田信一郎라는 이름으로 기고된 글들이 보이는데, 전문 분야가 경제인 점과 1931년 만주 특파원 경험을 회고하는 내용으로 보아 동일인으로 판단되므로, 다카다는 경성에서 10년 이상 경제 전문 기자로 입지를 확고히 한 저널리스트였다고 하겠다.

[참고문헌] 야마기시 미쓰구 · 다카다 신이치 공저, 엄인경 역 『마지막 회전』(학고방, 2014), 京城雜筆社 編 『京城雜筆』267~272(京城雜筆社, 1941), 「日支衝突事件에 관한 管內狀況 第十報」『思想에 關한 情報綴1』(京城地方法院檢事正, 1931.9.30),　　　　　【엄인경】

280

다카마쓰 다쓰타네

鷹松龍種(응송룡종)　　　　　**1882.12~**

교사

기후현岐阜縣 출신. 1907년 7월 경성제국대학京都帝國大學 법과대학을 졸업하였다.

1908년 1월에 조선으로 건너와 총독부 내무부 주사主事로 근무하였고, 1910년 한일강제병합 후에도 변함없이 총독부 소속으로 근무했다. 1912년 8월에는 경성전수학교京城專修學校의 교사가 되었으며 1916

년에는 교수로 승진하였다.

1919년 조선교육령朝鮮教育令 개정과 함께 경성전수학교가 경성법학전문학교京城法學專門學校로 개칭됨과 동시에 교수로 임명되어 다시 근속하였다. 1920년 재외연구원으로 서구 여러 나라에 유학한 경험이 있다.

1923년 2월에 경성법학전문학교장 대리에 임명되었고 1926년 11월에는 경성제국대학 강사를 겸하며 민법 강좌를 담당하였다. 1928년 6월에 경성법학전문학교 생도감生徒監을 겸임하다가 1931년 4월에 동학교 교장으로 선출되었다.

[참고문헌] 貴田忠衛 『朝鮮人事興信錄』(朝鮮人事興信錄編纂部, 1935), 越智兵一 編 『朝鮮總督府始政二十五周年記念表彰者名鑑』(朝鮮總督府始政二十五周年記念表彰者名鑑刊行會, 1935), 국사편찬위원회 한국사데이터베이스 〈http://db.history.go.kr〉   【이가혜】

281

다카미야 다헤이
高宮太平(고궁태평)   1897~1961.7.22

언론인

후쿠오카시福岡市 출신. 재판소 서기관으로 근무했으나 이후 『후쿠오카니치니치신문福岡日日新聞』, 『다이쇼니치니치신문大正日日新聞』, 『히노데신문日之出新聞』, 『요미우리신문讀賣新聞』을 거쳐 1924년 아사히신문사朝日新聞社에 입사해 정치부 기자가 되었다. 1920년부터 30년대에 걸쳐 육군성陸軍省 담당 기자로 활약했다. 육군 담당이 되었으나 군사에 관한 사전 지식이 부족하여 스기야마 겐/하지메杉山元 전직 육군차관에게 문의한 바, 병기에 관하여 우에무라 하루히코植村東彦 병기국장兵器局長, 군제에 관하여 나가타 데쓰잔永田鐵山 사무과장軍事課長, 군정에 관하여 고이소 구니아키小磯國昭(→95) 군무국장軍務局長, 전쟁 철학에 관하여 군사과軍事課 고급과원高級課員인 무라카미 게이사쿠村上啓作라는 군 관계 유수의 인물들을 강사로 배정해 주었다고 한다.

1836년 만주국滿洲國 신경지국新京支局 전속이 되어 만주지국滿洲支局 차장이 되었고, 1942년 경성일보사京城日報社 사장으로 취임했다. 전시 중에는 내각정보국內閣情報局 촉탁嘱託으로 근무하기도 했다.

1942년 7월 사임한 미타라이 다쓰오御手洗辰雄(→449)의 뒤를 이어 사장으로 취임하여 1945년 8월까지 재직한, 경성일보사의 마지막 사장이다.

전후에는 전전의 취재 경험을 기반으로 군 및 정부 지도자들의 평전 등을 저술했다. 그 중에서도 『군국다이헤이키軍國太平記』(酣燈社, 1951)는 다이쇼 데모크라시大正デモクラシー 무렵에서부터 2·26사건에 이르기까지의 육군 내 인간 군상을 세밀히 묘사한 것으로, 육군 내의 통제파統制派와 황도파皇道派를 중심으로 일어난 파벌 다툼에 관한 중요 자료로 평가되고 있다. 『군국다이헤이키』는 이후 『순역의 쇼와사順逆の昭和史』(原書房, 1971)라는 서명으로 재출간되었고, 2010년 출간되면서 다시 『군국다이헤이키』(中央公論社, 2010)로 개제되었다. 이밖에도 『천황 폐하天皇陛下』(酣燈社, 1951), 『요나이 미쓰마사米內光政』(時事通信社, 1958), 『쇼와의 장수昭和の將帥』(圖書出版社, 1973-사후 출간) 등 다수의 저서를 남겼다.

[참고문헌] 高宮太平 『軍國太平記』(中央公論社, 2010), 高宮太平 『昭和の總帥』(圖書出版社, 1973)   【이윤지】

282

다카미 히사시
高見龜(고견구)   1871~1916.2

언론인, 교사

오카야마번岡山藩 출신. 지샤부교寺社奉行 다카미 지쓰신高見實眞의 장남으로 태어났다. 오가야마중학교岡山中學校를 졸업하고, 사카타 게이켄坂田警軒 아래에서 수학하였다. 그 후 상경하여 게이오기주쿠慶應義塾에 입학하였고, 1891년부터 시사신보사時事新報社에 들어가 신문기자로 일하였다.

1894년 6월 동학농민전쟁이 발발하고 청일전쟁이 시작되자 특파원으로 도한하였다. 일본군에 종군하여 평양을 거쳐 압록강까지 시찰하고 난 다음 한성으로 돌아갔다. 이때 이노우에 가오루井上馨(→824) 일본

공사의 추천에 의하여 조선 정부의 학부學部 고문이 되었다. 학부에서 재직하는 동안 학제 개혁을 담당하였다. 1896년 3월부터는 한성사범학교漢城師範學校 교사로도 활동하였고, 1898년까지 머물렀다.

귀국한 후에는 다시 시사신보사 기자로 활동하였다. 경제부 주임을 거쳐 편집을 담당하였다. 『오사카 시사신보大阪時事新報』 발간 시 주간으로 오사카에서 10년간 신문 경영을 담당하였다.

[참고문헌] 한용진 『근대 한국 고등교육 연구』(고려대학교 민족문화연구원, 2012), 慶應義塾 『福澤諭吉書簡集 8』(岩波書店, 2002) 【마스타니 유이치桝谷祐一】

283
다카사 간조
高佐貫長(고좌관장)   1896.2.22~1966.4.8

다카사 니치코高佐日煌(법명), 왕필렬王必烈(이명)
영화인, 승려

나라현奈良縣 고조시五條市 산자이三在 출신. 오나카 겐페이大中源平의 5남으로 출생했다. 아명은 겐고源吾. 1903년 7세 때부터 생가의 몰락으로 일련종日蓮宗 사원에 맡겨져 양육되었다.

1912년 16세의 나이로 도쿄부東京府 혼조本所 요운인陽運院의 신포 간비新甫寬美 주지를 은사로 출가한다. 1917년 일련종대학日蓮宗大學 예과를 수료하고 간조貫長로 개명하였다. 이후 부산 묘카쿠지妙覺寺 주지 다카사 겐쇼高佐顯正의 데릴사위로 들어가 조선에서 생활하게 되었다.

1924년 부산 유지들의 뜻을 모아 자본금 7만 5천 엔, 불입금 1만 8천7백 엔으로 조선 최초의 영화 회사인 조선 키네마朝鮮キネマ 주식회사를 설립했다. 할리우드의 영화 기술을 접한 토머스 구리하라トーマス栗原를 통하여 요코하마橫濱에서 영화 촬영 및 제작 방법을 익혔으며, 일련종의 승려로서 포교 활동에도 영화를 적극적으로 이용하고자 했다. 당시는 아직 무성영화 시대로, 『키네마 순보キネマ旬報』의 창간이 1919년, 일본 유성영화의 최초 등장이 1931년이었던 것을 고려하면 조선에서의 영화 사업 착수는 매우

이른 시기였음을 알 수 있다. 상당한 자금이 확보되지 않으면 불가능한 사업인 만큼 다카사의 수완 내지 의욕, 새로운 미디어에 대한 관심도는 지대한 것이었다.

1924년 11월 '왕필렬王必烈'이라는 한국명으로 다카사 자신이 원작 및 감독을 담당한 조선 키네마의 첫 작품 〈해의 비곡海の秘曲〉이 부산 보래관寶來館과 단성사團成社에서 개봉되었으며, 제작비 800원에 3000원의 흑자를 기록하는 등 흥행에 성공하여 도쿄東京에도 수출되었다. 그러나 이후의 영화 제작 및 사업은 순탄치 않아 결국 회사는 도산하고, 다카사는 이혼 후 부산을 떠나 귀국했다.

귀국 후에는 문필의 재능을 살려 『니치슈신보日宗新報』의 주필로 활약했다. 본지가 1927년 폐간된 이후로도 일간지 『요코하마석간신보橫濱夕刊新報』의 편집장, 일련종의 월간지 『니치렌주의日蓮主義』의 편집장으로 근무하는 등 집필, 편집 분야에서 활발히 활동했다.

1935년 3월 스미다구墨田區 젠교인善行院의 주지가 되었고, 1938년 황도불교회皇道佛敎會를 창설하여 천황 중심의 불교 체제를 주장했다. 패전 후에는 1950년 십자불교성도단十字佛敎聖徒團, 1954년 영단사회靈斷師會를 설립하는 등 승려로서도 파격적인 행보를 계속했다. 이후 세타가야구世田谷區 기타카라스야마北烏山 고류지幸龍寺의 주지가 되었으며, 현재 당사는 다카사가 창설한 영단사회의 본부이기도 하다.

1966년 4월 향년 70세로 사망했다.

[참고문헌] 伊藤立敎 「生死-現實そのもの-高佐貫長」 「現代日本と佛敎」シリーズ I 『生死觀と佛敎』(平凡社, 2000), 澁澤光紀 「高佐日煌の敎學(1)」 『敎化情報』 第12號(日蓮宗東京西部敎化センター, 2000) 【이윤지】

284
다카사키 세이
高崎齊(고기제)   1882.10.10~?

관료

가고시마현鹿兒島縣 히오키군日置郡 니시이치키무라

西市來村 출신. 가고시마중학교鹿兒島中學校를 졸업, 제칠고등학교第七高等學校 조사관造士館을 졸업한 후 1907년 교토제국대학京都帝國大學 이공학부 전기공학과를 졸업하였다. 대학 졸업 후 체신성遞信省에 들어가, 1908년 2월 통신기사로 임명되어 구마모토熊本 우편국 공무과에 부임하였고 이듬해 1909년 5월 아오모리靑森 우편국으로 전근하여 공무과장을 역임하였다.

1911년 10월 조선총독부 통신기사로 조선에 건너와 공무과 겸 전기과에서 근무하였고 1912년 4월 총독부 체신기사가 되어 체신국 전기과 시험계 주임을 맡았다. 1917년 5월부터는 경성공업전문학교 교수 겸임도 맡아 교편을 들었다. 1920년 10월 구미歐美 각국의 출장을 마친 후, 1923년 6월 총독부 기사겸임(2등)이 되어 체신국 전기과장을 지냈고 1929년 퇴임 후 조선전기협회 이사를 역임하였다.

일제강점기 전기사업은 공영에서 민영화로 이행하면서 전기 송전망의 확대나 사업 확장 등 일본에서도 유망한 사업으로 주목 받았다. 다카사키는 이러한 과도기에 놓인 전기사업의 발전에 기술자이자 관료로서, 그리고 퇴임 후에는 전기사업의 참모본부 격이었던 조선전기협회의 이사로서 전기회사 설립에 조력하면서 조선 내 전기사업 정비에 공헌한 인물로 평가받고 있다.

[참고문헌] 朝鮮公論社 編『在朝鮮內地人紳士名鑑』(朝鮮公論社, 1917), 中村資良 編『京城仁川職業名鑑』(東亞經濟時報社, 1926), 淵上福之助『朝鮮と三州人』(鹿兒島新聞京城支局, 1933), 阿部薰『朝鮮人物選集』(民衆時論出版部, 1934), 猪野三郎 編『第12版 大衆人事錄』(帝國秘密探偵社國勢協會, 1937)　　【유재진】

285
다카사키 헤이키치
高崎平吉(고기평길)　　　　　　1884~?

실업가

가고시마현鹿兒島縣 히오키군日置郡 니시이치키무라 西市來村 출신.

제대 후 조선으로 건너와 1907년부터 경상북도 금천읍에 거주하였다. 1911년 부산 상인 오쿠보 몬지로大久保紋次郎 밑에서 잠시 점원으로 일하였으나 러일전쟁의 공적으로 하사받은 돈을 자본금으로 하여 자신의 곡물상을 개점하였다. 1929년 초 최신식 면제조기를 구입하여 하루에 300관까지도 제조하는 등 사업이 흥하자 다카사키 헤이키치상점高崎平吉商店 (합명회사)은 금천읍 본정本町에 본점을 두고, 대구 상주에 지점, 예천과 구미, 봉화, 그리고 충청북도 황간에 출장소를 개설하여 건축 재료와 비료, 곡물, 식염, 맥분, 농기구, 석유 등을 취급하여 연 수입 100만 엔円이 넘고, 배당금이 일할이나 되는 성황을 거두었다. 사업뿐 아니라 지역사회 활동에도 적극적으로 참여하여 대구 소방조장으로 16년간 근무하였고 학교조합 의원, 읍협회 의원, 금천상고회 회장, 관선도회 의원 등을 역임하였다. 또한 약 1,000석이 넘는 술을 양조하여, 경상남북도에 여러 지점, 출장소를 둘 정도로 호황을 누렸고 자산이 수십만 원에 이르며, 취급상품은 건축재료, 만주 특산품, 당분비료, 소금, 석유, 성냥, 양분, 제면, 주류 등 다양하였다. 금삼화물자동차주식회사 사장과 금천면자주식회사 사장을 겸직하였고 대구 삼주인회 회장을 역임하였다. 민첩한 수완과 선견지명으로 상세를 신장시켜 경상북도 사업계, 재계의 중진이 된 인물이다.

[참고문헌] 阿部薰　『朝鮮人物選集』(民衆時論出版部, 1934), 阿部薰 編『昭和12年版 朝鮮都邑大觀』(民衆時論社, 1937), 淵上福之助『朝鮮と三州人』(鹿兒島新聞京城支局, 1933)　　【유재진】

286
다카시마 긴지
高島金次(고도금차)　　　　　　생몰년도 미상

영화인

일본에서의 이력은 구체적으로 알려져 있지 않으나, 그가 쓴『조선영화통제사朝鮮映畵統制史』(1943)의 집필 후기를 참고하건대 조선에 건너온 시기는 1930년경으로 추정된다. 또한, 여러 자료를 통해 볼 때 적어도 20년 이상 조선에 거주하면서 영화계와 광고계에서 적지 않은 이력을 쌓았다는 것을 알 수 있다.

다카시마는 『성공하는 광고의 방법成功する廣告の仕方』(1935)을 집필하고 라디오 방송 「광고에 관한 상식廣告に關する常識」(1936.5.10)에서 연설을 하는 등 1930년대 광고업계에서 이름을 날린 바 있다.

영화 분야에서의 활동이 두드러지게 된 것은 조선에서 영화 통제가 본격화되던 1940년대 초부터였다. 당시 조선에서는 1939년 4월 5일 공포된 일본의 영화법을 모태로 한 조선영화령朝鮮映畵令(1940년 1월 4일 공포, 8월 1일 시행)에 근거하여 제작사와 배급사의 통폐합이 진행되고 있었는데, 다카시마 긴지는 이러한 제작, 배급의 일원화 과정에서 중요한 역할을 수행하였다.

그는 통폐합 대상이던 10개 영화사 가운데 하나였던 경성발성영화제작소의 대표였고, 제작 부문 통폐합을 위해 조선총독부의 주도로 1940년 12월 10일 결성된 조선영화제작자협회 창립사무소의 상임간사로서 회계와 사무를 담당하였다. 제작사 통폐합의 결과로 1942년 9월 29일 설립된 사단법인 조선영화제작주식회사의 인선 과정을 실질적으로 총괄하였고, 사단법인 조선영화제작주식회사 산하의 제작촬영소 총무과장과 연기과 사무주임 대행 등을 역임하였다.

1942년 5월 1일 업무를 개시한 사단법인 조선영화배급사의 설립 과정에서는 창립 상무위원에 이름을 올렸고, 영화 기획 내용을 보다 강도 높게 심의하기 위해 1942년 10월 26일 총독부 경무과 내 문화조성 단체인 황도문화협회皇道文化協會에 설치된 영화기획심의회에서는 간사로 활동하였다. 1943년 3월 사표를 내고 사단법인 조선영화제작주식회사에서 나왔으나, 1942년 1월 21일 발족한 조선총독부 정보과의 직속 단체로서 1944년 7월 1일부터 조선 내 이동영사 조직을 접수하게 된 조선영화계발협회에서는 상무직을 맡기도 하였다.

아울러 그는 조선영화계의 통제 과정을 상세히 기술한 『조선영화통제사朝鮮映畵統制史』를 펴내기도 하였는데, 이 책은 1943년 9월 10일 계획 및 구상이 이루어지고 9월 15일 총독부의 허가를 얻은 뒤 10월 9일 탈고하여 조선영화문화연구소에서 출판되었다. 그 과정에서 자료 제공 등 정책 당국의 지원이 있었음은 물론이다. 이밖에 「임전영화 담의臨戰映畵談義」(『경성일보京城日報』, 1941.10.9.), 「조선영화의 새로운 발족朝鮮映畵の新しき發足」(『문화조선文化朝鮮』, 1942.9) 등을 게재하기도 하였다.

[참고문헌] 다카시마 긴지 저, 김태현 역 『조선영화통제사』(인문사, 2012), 高島金次 『朝鮮映畵統制史』(朝鮮映畵文化研究所, 1943)　　　　【함충범】

287
다카오 진조
高尾甚造(고미심조)　　　　　1898.9.5~?

관료

구마모토현熊本縣 출신. 제오고등학교第五高等學校를 거쳐 도쿄제국대학東京帝國大學 법과대학 정치과에 입학했다. 대학에 재학 중이던 1921년 11월에 고등문관시험高等文官試驗에 합격했다. 1922년에 대학을 졸업하고, 동년 12월에 조선총독부 속屬이 되었다.

1924년 12월에는 강원도 학무과장 겸 시학관視學官으로 지방교육행정에 관여하였다. 이후 강원도와 황해도의 지방과장을 거쳐 1928년 3월에 조선총독부 학무국 사무관이 되었다. 동년 9월부터는 경성법학전문학교京城法學專門學校 교수를 겸임했다. 1929년 8월에는 경무국 보안과 사무관으로 상하이上海에 파견되어 특별고등경찰 업무에 종사했는데, "상하이의 조선인 정탐계의 감독"으로 회자되었다고 한다(『조선급만주朝鮮及滿洲』, 1931.10). 1931년 9월 충청남도 경찰부장이 되었고, 1932년에는 함경북도 경찰부장으로 근무하였다. 1934년 5월에는 경상북도 경찰부장이 되었다.

1935년 2월 만주국滿洲國 신징新京에 파견되어 조선총독부만주출장소朝鮮總督府滿洲出張所 주임, 주만일본대사관駐滿日本大使館 조선과장朝鮮課長으로 활동했다. 1936년 10월에 조선에 돌아와 조선총독부 학무과장에 취임했다. 1939년 1월에는 회계과장으로 전임하였으며, 1940년 9월에 강원도 지사로 영전하였다. 1941년 11월부터 1943년 9월에 걸쳐 경상북도 지사로 활동하다가 퇴관하였다.

조선총독부 관료로서의 이력은 비교적 다채롭다. 그 중, 경찰 업무와 관련해서는 "함북 지역의 항일운동에 대한 방비를 견고히 하고, 두세 차례 국경을 넘어 항일무장대를 격퇴하였다"는 등의 높은 평가를 받았지만, 학무과장으로서는 그렇지 못했다. 실제로 그는 "학무국에는 1928, 29년경 약 1년 반 정도 사무관으로 있었지만, 학무행정에는 어두워서 그 소임을 감당할 수 있을지" 걱정하기도 했으며,(『경성일보京城日報』, 1936.10.27). "본부의 학무과장이었던 4개년간 인간이 완전히 비굴해지고 말았다"는 세간의 평가를 받기도 했다(『조선급만주』, 1940.6).

학무과장 시절 『조선교육의 단편朝鮮敎育の斷片』(政治敎育協會, 1935)이란 책을 저술했고, 그밖에 「개정교육령의 실시까지改正敎育令の實施まで」(『문교의 조선文敎の朝鮮』 152, 1938) 등의 글을 남겼다.

[참고문헌] 貴田忠衛 『朝鮮人事興信錄』(朝鮮新聞社, 1935), 阿部薰 編 『朝鮮功勞者銘鑑』(民衆時論社, 1935), 帝國秘密探偵社 編 『大衆人事錄 第14版 外地·滿支·海外篇』(帝國秘密探偵社, 1940), 稻葉繼雄 『朝鮮植民地敎育政策史の再檢討』(九州大學出版會, 2010)

【전영욱】

288
다카쿠스 사카에
高楠榮(고남영)　　　1880.11.10~1959.6.22

의사, 대학교수

효고현兵庫縣 출신, 본적지는 도쿄東京로 다케모토 다헤에竹本太兵衛의 자식으로 태어나 이후 다카쿠스 준지로高楠順次郎의 양자가 되었다.

1907년 교토제국대학京都帝國大學 의학부를 졸업하고 동년 군의중위軍醫中尉로 부임했다. 1911년 도쿄제국대학東京帝國大學 산부인과 조수, 이후 의국장醫局長을 역임하고 1916년 도쿄성루카병원東京聖路加病院 부인과에서 근무했다. 1920년 독일 유학을 떠났으며, 1923년 도쿄제대에서 박사학위를 취득했다.

1923년 조선총독부 의관醫官, 산과부인과 과장 겸 경성의전京城醫專 산부인과 교수. 경성제대 산부인과 교수, 의학부장(1929~1935)을 역임했다.

1927년 경성제국대학 의학부 교수로 영전, 동시에 재외 연구원으로 영국, 미국, 독일, 프랑스 등 각국에 유학했다. 그 뒤에 의학부장으로 선임되었고, 조선의학회 회장으로 추대되었다. 1937년 경성제국대학 부속의원, 1941, 1943년 동 대학 명예교수를 거쳐 퇴직하고 정년 후 경성여자의전 교장이 되었다.

전후 일본 진주군 관계병원장이 되었고 1949년 산부인과인 다카쿠스의원高楠醫院을 개업했다. 1959년 6월 22일 향년 78세로 사망하였다.

그의 처 쓰루코鶴子(1895~1958)는 도쿄제대 생리학 교수 오자와 겐지大澤謙二의 차녀로 도쿄여자고등사범학교 부속고등여학교를 졸업했다.

저서로는 『산부인과와 충수産婦人科と蟲垂』(醫學書院, 1956), 『산과부인과 영역에서 보는 충양돌기염産科婦人科領域より見たる蟲樣突起炎』(金原商店, 1941) 등이 있다.

[참고문헌] 佐藤剛藏 『朝鮮醫育史(復刻版)』(木村正二, 1980), 貴田忠衛 『朝鮮人事興信錄』(朝鮮人事興信錄編纂部, 1935)　　　【이충호】

289
다카하시 겐조
高橋謙三(고교겸삼)　　　1884.5.29~?

실업가

후쿠이현福井縣 오노군大野郡 오노마치大野町 출신. 1912년 와세다대학早稻田大學을 졸업한 후 조선으로 건너왔다.

조선으로 건너와 인천곡물협회 이사로 취임하여 오랫동안 이사직을 맡았고 1922년 인천미두거래소의 거래원 허가를 받아 환미換米거래점을 설립하여 경영하였다. 인천학교 조합회의원, 인천거래소 거래원위원 등을 역임하였다. 1935년 해주로 거처를 옮긴 다음 해주무진주식회사를 창립하여 사장으로서

회사 성장을 위해서 양조사업에도 적극적으로 투자하여 사업 확장을 도모하였다. 황해도회 의원, 상공회의소 의원, 해주주조주식회사 감사 등을 역임하였다.

[참고문헌] 中村資良 編 『京城仁川職業名鑑』(東亞經濟時報社, 1926), 阿部薰 編 『昭和12年版 朝鮮都邑大觀』(民衆時論社, 1937), 谷サカヨ 『第14版 大衆人事錄』(帝國秘密探偵社, 1943)　　　　　　【유재진】

290
다카하시 기쿠에
高橋菊江(고교국강)　　　　　　　1925~?

문학가

경성 출신. 경성제일고등여학교를 졸업하고 일본으로 귀환한 후 1947년 니혼여자대학日本女子大學 국어과를 졸업하였다. 1947년부터 1952년까지 출판사 근무를 거쳐 NHK 촉탁으로 근무하고, 1953년부터 1982년까지 일본노동조합 총평의회에서 근무했다. 1982년 이후 창작과 문학운동에 종사하였다. 저서로는 『아들아=어머니의 레퀴엠息子よ＝母のレクイエム』(理論社), 『여자의 라이프사이클과 행복おんなのライフサイクルと幸せ』(共著, 學習の友社), 『부부별성으로의 초대夫婦別姓への招待』(共著, 有斐閣), 『붉은 기와집赤煉瓦の家』(ドメス出版) 등이 있다.

1996년 발표한 9개의 단편소설을 모은 단편소설집 『붉은 기와집』에 실린 「붉은 기와집」, 「어머니의 나라」, 「얼어버린 봄」은 조선에서 보낸 소녀시절의 기억에 관한 것이다. 이 세 작품은 각각의 단편 형식을 취하고 있는데, 같은 주인공이 같은 배경 속에서 생활한 이야기를 쓰고 있어 스토리의 연속성을 가지고 있다. 작품은, 주인공 미카美加의 부친이 1926년 창설된 경성제국대학의 법학부교수로 취임한지 6년째 되는 해에 삼각산 성벽에 있는 북문에서 이어지는 길가에 있는 2층집에서 일어나는 일을 그리고 있다. 이 집에서 주인공은 5명의 오빠와 2살 터울의 남동생 사이의 외동딸로 9명의 가족으로 함께 생활하고 있다. 「붉은 기와집」에서는 경성제국대학을 졸업하고 언론사에서 일하다 폐병으로 사망한 큰 오빠와 그

애인, 또한 큰 오빠와 아버지와의 갈등을 그리고 있다. 「어머니의 나라」에서는 직업소개소를 통해서 들어온 조선인 거주 가정부 이 씨에게서 조선어를 배우고 이 씨와 친밀한 관계를 유지하지만, 결국 이 집에서 쫓겨나는 결과를 맞게 되는 과정을 그리고 있다. 「얼어버린 봄」에서는 주인공이 전쟁의 발발과 함께 학교생활의 변화와 그 속에서의 선배와의 유대관계 등 동경해 온 경성 D고녀에 들어가서의 학교생활을 그리고 있다.

[참고문헌] 高橋菊江 『赤煉瓦の家』(ドメス出版, 1996), 貴田忠衛 『朝鮮人事興信錄』(朝鮮人事興信錄編纂部, 1935)　　　　　　【송혜경】

291
다카하시 노보루
高橋昇(고교승)　　　　　1892.12.23~1946.7.10

가케하시 노보루梯昇(본명)

농학자, 관료

후쿠오카현福岡縣 남부 야메군八女郡 고쓰마무라上妻村 출신. 가케하시 아와지로梯岩次郎와 어머니 다키의 3남 2녀 중 차남으로 태어났다.

그의 집안은 대대로 한방의를 했는데, 아버지는 소학교 교장을 오랫동안 지낸 교육자였다. 제칠고등학교第七高等學校 시절 본래 의과를 선택했지만 적성에 맞지 않아 농과로 전과했다. 1915년 도쿄제국대학東京帝國大學 농과대학에 입학했다. 수학 중 고향 야메군의 상인 다카하시 렌키치高橋廉吉의 양자가 되어, 이때부터 다카하시 성을 사용했다. 1918년 7월 도쿄제국대학 농과대학(이후 농학부로 개명)을 졸업했다. 졸업 후 도쿄의 농림성 농사시험장에서 벼의 품종개량연구를 시작했다.

부인은 일찍 사망했으며, 메이지공업전문학교明治工業專門學校를 졸업한 아들 고시로甲四郎를 두었다.

1919년 6월 조선총독부 권업모범장 기수技手로 임명되어 조선으로 건너왔다. 수원고등농림학교 교사 및 권업모범장 강습회 강사직을 겸임했다. 1922년 5월 총독부 기사로 승진했다. 1924년 황해도 사리원

농사시험장 서선지장西鮮支場 겸무 및 서선지장장 사무취급으로 재직했다. 1926년 1월 재외연구원으로서 농학 연구를 위해 구미 각국에 출장 유학을 떠났다가 1928년 6월에 귀국했다. 귀국 후 권업모범장 서선지장장을 맡았다. 1929년 조선박람회 심사관으로 추천되어 활동했으며 대례기념장大禮記念章을 받았다. 1931년과 1933년 밭작물 다수확 경작회 심사관을 지냈으며, 1933년 고등관 3등으로 승진하였다. 1935년 2월 도쿄제국대학에서 그의 논문『벼에서의 갱나성인자粳糯性因子와 불임성인자不稔性因子의 연쇄관계−특히 선택수정에 관한 연구』가 통과되어 농학박사가 되었다. 일제 말기까지 서선지장에 근무하다가 1944년 수원 농사시험장 본장 총무부장으로 부임하여 농업 연구를 계속했다. 1945년 당시에는「논의 잡초에 관한 연구」라는 제목으로 논문을 준비 중이었다.

다카하시는 당초 일본의 선진 농학을 통해 조선의 농법을 개량하는 일을 맡았다. 막상 조선에 와서 보니 낙후되었다고 생각한 조선의 재래농법이 비가 적은 조선에서 오랜 세월에 걸쳐 개량된 합리적인 방식임을 알게 되었다. 이후 조선 농업의 실태를 전국에 걸쳐 광범위하게 조사했고, 농법과 농기구, 농민 생활에 대한 방대한 자료를 수집하고 기록했다. 그의 업적은『조선반도의 농법과 농민』으로 1998년 일본에서 출판되었고, 이를 2009년 한국의 농촌진흥청에서 상·중·하 3권으로 번역 간행하였다. 이 저작은 조선의 전통농업을 파악하기 위한 필수 자료이다.

전후 한국 측의 요청으로 농업연구자들의 교육과 농업시험장의 인수인계를 위해 남아 있다가 1946년 고향 후쿠오카 야메군으로 귀환했다. 귀국 후에도 자료 수집을 계속하다 과로로 두 달 만에 사망했다. 아들 고시로는 부인과 함께 부친의 수집 자료 출간에 매진하여『조선반도의 농법과 농민』(1998),『사진으로 본 조선반도의 농법과 농민』(2002),『조선반도의 쟁기』(2003) 등을 편찬했다.

[참고문헌] 가와타 히로시 저, 김용건 역『다카하시 노보루』(동아일보사, 2010), 有馬純吉『昭和六年版 朝鮮紳士錄』(朝鮮紳士錄刊行會, 1931), 阿部薰『朝鮮功勞者銘鑑』(民衆時論社, 1935), 河田宏『朝鮮全土を歩いた日本人 農學者·高橋昇の生涯』(日本評論社, 2007) 조선총독부관보활용시스템〈http://gb.nl.go.kr〉

【고태우】

292

다카하시 노부히코

高橋信彦(고교신언)   1905.7~1993

교사

미국 하와이 호놀룰루Honolulu 출신. 본적은 아버지 야스히라泰平의 출생지이자 일가의 묘가 위치한 일본 야마구치현山口縣이다. 1907년 부친과 함께 일본으로 귀국하여 1923년 간세이학원關西學院 중학부를 졸업한 후 히로시마고등사범학교廣島高等師範學校에 입학해 동물학을 전공하였다. 1925년 견학여행 때 조선을 방문했으며, 1927년 사범학교 졸업 후 간세이학원 중등부 교원이 되고, 1935년 인천 출신인 사토 가오리佐藤香와 결혼하였다.

1941년 간세이학원을 퇴직하고 조선으로 건너와 경성사범학교京城師範學校에 취임하였다. 1946년 3월 일본으로 귀국한 후 간세이학원신제중학부關西學院新制中學部 복직, 정년퇴직 후 쓰루바야시보육전문학교鶴林保育專門學校 강사로 활동하였으며 1993년 사망하였다.

다카하시가 조선을 처음 방문한 것은 히로시마고등사범학교 시절 조선 및 만주로의 견학여행 때였다. 그 후 1941년 일본 간세이학원을 퇴직하고 조선으로 건너와 경성사범학교에 취임하였다. 이과理科를 담당하였으며, 같은 해 7월부터 교사로, 1942년부터 조교수로 근무하였다. 1945년 8월 15일 이후 경성사범학교 잔무처리를 담당하였으며 9월 30일 동교 폐교 집회에 참가하고, 10월부터 1946년 2월까지 인천 일본인세화회仁川日本人世話會에서 미군을 대상으로 한 통역과 번역 업무를 담당하였다. 1946년 3월 1일 3·1절 기념행사를 본 후, 이튿날인 2일 인천에서 최종 인양引揚 열차에 탑승, 5일 부산을 출항하여 일본으로 귀국하였다.

조선을 다룬 저술로는 패전 이후에 쓴 것들로, 본인이 조선에 머물렀던 4년간의 주요 행적을 정리한 「조선에서의 4년간朝鮮の四年間」(『連絡船』 2-2, 1948. 7), 경성과 경성사범학교 시절을 그린 「경성의 추억京城の思い出」(1)/(2)(『醇和兵庫』, 1971.5/1988.2), 「경성사범학교에 유학하였다京城師範學校に留學しました」(『京城師範學校史 大愛至醇』醇和會, 1987) 등이 있다.

1946년 3월 귀국하여 4월에 간세이학원 신제중학부新制中學部에 복직한 후, 1947년 교무주임, 1960년 교감이 되었다. 1971년 간세이학원을 정년퇴직한 뒤 쓰루바야시보육전문학교 강사 등 교육계에서 계속 활동하였다.

1981년 옛 경성사범학교 시절 학생 7명의 초청으로 한국을 방문하였다. 1993년 사망했으며, 간세이학원 교회에서 장례식이 거행되었다.

[참고문헌] 하라 토모히로 「재조일본인 교원의 조선 체험-어느 사범학교 교원의 사례」 『한국사연구』 153(한국사연구회, 2011), 高橋信彦 「恩師の思出」 『甲麓』 1 (關西學院中學部, 1950), 高橋信彦 「京城師範學校に留學しました」 『京城師範學校史 大愛至醇』(醇和會, 1987)

【조미은】

293
다카하시 도루
高橋亨(고교형)　　　　　1878.12.3~1967.9.4

관료, 대학교수

니가타현新潟峴 나카우오누마군中魚沼郡 가와지무라川治村 출신. 1898년 제사고등학교第四高等學校 한문과를 졸업하고 도쿄제국대학東京帝國大學 한문과에 입학했다. 1902년 대학을 졸업하고 같은 해 12월 『규슈일보九州日報』 주필을 맡았으며, 1903년 말 대한제국 정부의 초청을 받아 한국에 건너와 시데하라 다이라幣原坦(→543)의 후임으로 관립중학교官立中學校 교사로 고용되었다. 1910년 우사미宇佐美 내무부 장관의 추천으로 조선총독부 종교 조사 촉탁으로 임명되었다. 1911년 경성 고등보통학교 교사로 재직하면서, 데라우치 마사타케寺內正毅(→321) 총독에게 조선 문헌

수집을 건의하여, 조선 각지의 고서와 금석문을 조사함으로써 문화재 수탈의 기반을 조성했으며, 보통학교용 언문철자법 제정 위원으로도 활동하였다. 1913년부터 1945년까지 경학원經學院 강사를 역임했으며, 1916년 대구 고등보통학교 교장, 1919년에는 「조선의 교화와 교정朝鮮の教化と教政」이라는 논문으로 도쿄제국대학 문학박사 학위를 취득하였다. 1922년 조선총독부 시학관視學官 및 교과서 조사원, 1923년 경성제국대학 창립 준비 위원, 1924년 경성제국대학 법문학부 조선어과 교수에 임용되었다. 1931년 고등관 일등에 서임되었고, 1939년 정년제에 따라 의원면직 후 1940년 혜화전문학교 교장에 취임하였으며, 1944년 경학원 제학提學 겸 명륜연성소明倫鍊成所 소장, 조선유도연합회朝鮮儒道聯合會 부회장에 임명되었다. 일제의 패망 이후 1946년 잠시 은둔하면서 신문에 전후의 이색 풍경과 관련된 글을 기고하다가, 1949년 9월 후쿠오카상과대학福岡商科大學 교수로 부임하였고, 1951년에는 덴리대학天理大學 교수로 임용된 뒤 1964년 명예교수가 되었다.

다카하시는 일제 강점기의 전형적인 관변학자이자 식민시대의 학문을 이끌어 온 학자이다. 한국과 관련된 그의 최초 저서는 관립한성고등학교官立漢城高等學校 학감 재직 시절에 쓴 『한어문전韓語文典』(博文館, 1909)이다. 이 책을 쓴 목적은 자서自序와 예언例言에서 밝혔듯이, 일본의 대한정책이 정부 차원에서 점차 일본인 전체의 차원으로 변화해가는 시점에서 일본인의 한국어 학습을 돕고자 하는 데 있었다. 그는 한국어와 일본어과 같은 계열의 어족(튜라니안파チュラニアン派)이어서 접미사가 발달해 있으며, 한어를 혼성한다고 주장했다. 이 책은 일본 문법을 전제로 한국어의 품사를 맞추어 가는 방식을 취했으나, 한국어의 발음과 구어를 중시하고, 문文의 조직組織을 다룬 점은 다카하시 이전의 한국어 연구에 비해 진일보한 면을 보였다.

다카하시는 일제의 강점 직후 조선총독부의 종교 조사 촉탁을 맡으면서, 유림儒林의 동향을 조사하고, 민담이나 이언俚諺에 관심을 기울였다. 『조선의 이야기집朝鮮の物語集 附俚諺』(日韓書房, 1910), 『조선의 이

언집朝鮮の俚諺集 附物語』(日韓書房, 1914)을 출간했으며, 『조선왕조실록朝鮮王朝實錄』을 보관하는 오대산 사고를 조사하기도 하였다. 불교에도 많은 관심을 기울였다. 또한 1919년 박사학위 취득 이후 사이토 마코토齋藤實(→469)의 문화정치에 부응하여 일본에서 발행하는 잡지 『태양太陽』에 「문화정치론」을 기고하기도 하였다(『동아일보』, 1923.5.12). 이 시기 시학관을 지내면서 조선사朝鮮史와 유림 및 불교 등에 관심을 기울여, 『조선유학대관朝鮮儒學大觀』(朝鮮史學會, 1927), 『이조불교李朝佛敎』(寶文館, 1929)를 출간했다.

이후 조선인의 민족성을 비하하고, 식민통치를 정당화하는 이론을 전개했다. 1931년에는 제국학사원帝國學士院의 보조를 받아 오구라 신페이小倉進平(→696)와 함께 조선 각지의 민요를 조사했으며, 조선 도서 조사 사업과 관련된 『조선도서해제朝鮮圖書解題』(조선총독부, 1932)를 편찬하기도 하였다. 일제강점 말기인 1944년 경성 경학원 제학 겸 조선유도연합회 부회장을 맡았을 때에는 기다 신로쿠喜田新六와 함께 『국체명징國體明徵』(매일신보사, 1945)을 출간하여, 황국 신민화 정책의 이론적 기반을 제시하였다.

일제 패망 이후인 1946년에는 은둔하면서 점술(역단易斷)에 관심을 기울여 '순수역단純粹易斷'을 열고, 신문에 전후 이색 풍경도 소개하였다. 후쿠오카상과대학 교수를 거쳐 1951년 덴리대학 교수에 임용되어 조선 문자와 조선 사상을 가르쳤다. 이때 천리교주天理敎主의 지원을 받아 조선학회朝鮮學會를 창립하고 부회장에 선임되었다. 1956년 덴리대학 내에 동양문화연구기관東洋文化研究機關을 창립했으며, 그 이후에도 천리교 활동에 전념했다.

[참고문헌] 高橋亨 『韓語文典』(博文館, 1909), 高橋亨 『朝鮮儒學大觀』(朝鮮史學會, 1927), 高橋亨 『李朝佛敎』 (寶文館, 1929), 朝鮮總督府 『朝鮮圖書解題』(朝鮮總督府, 1932), 高橋亨・喜田新六 『國體明徵』(朝鮮儒道聯合會, 1945), 朝鮮學會 「高橋亨 先生 年譜略」 『朝鮮學報』 14(朝鮮學會, 1959)   【허재영】

294

다카하시 도시오
高島利雄(고도이웅)   1893.2.27~?

실업가

가가와현香川縣 미토요군三豊郡 이치노타니무라一ノ谷村 출신. 농업에 종사한 다카시마 주타高島忠太의 차남으로 태어났다.

1916년 4월 조선으로 건너와 1919년 6월 대구곡물상조합에 입사하였다. 1932년 1월 대구곡물상조합이 대구미곡거래소로 조직이 개편되었을 때 대구미곡거래소 서기장으로 임명되었고, 이어서 1934년 1월 상임이사로 추대되었다.

잡지나 조합월보에 기고한 쌀이나 미곡거래소에 관한 글들을 모은 『진총塵塚』을 1938년에 출판하였다. 경상북도 쌀의 명성을 높인 공로가 크다고 『조선공로자명감朝鮮功勞者銘鑑』(民衆時論社, 1936)에서 평가하고 있다.

[참고문헌] 貴田忠衛 『朝鮮人事興信錄』(朝鮮人事興信錄編纂部, 1935), 阿部薰 編 『昭和12年版 朝鮮都邑大觀』(民衆時論社, 1937), 猪野三郎 編 『第12版 大衆人事錄』(帝國秘密探偵社國勢協會, 1937), 嶋元勸 『朝鮮財界の人々』(京城日報社, 1941), 谷サカヨ 『第14版 大衆人事錄』(帝國秘密探偵社, 1943), 朝鮮功勞者銘鑑刊行會 編 『朝鮮功勞者銘鑑』(民衆時論社, 1936)   【유재진】

295

다카하시 사토시
高橋敏(고교민)   1897.3~?

관료, 실업가

미야기현宮城縣 갓타군刈田郡 오다이라무라大平村 출신. 다카하시 겐로쿠高橋源六의 차남으로 태어났다. 1921년 4월 도쿄제국대학東京帝國大學 법학부 독일법학과를 졸업한 후 동 11월에 고등문관시험 행정과에 합격했다.

1922년 5월, 조선총독부 경무국 보안과 촉탁으로 도한하여 이후 강원도 지방과장으로 근무했다. 1923

년 2월 충청남도 지방과장, 1924년 12월 조선총독부 경찰관강습소 교수 겸 총독부 사무관, 1925년 9월 경기도 학무과장, 1927년 7월 충청남도 재무부장, 1928년 3월 전매국 서무과장을 역임했다. 대구전매국 지국장, 전라북도 경찰부장, 평양부윤, 경성부윤, 경상북도지사를 거쳐 1941년 퇴관했다. 조선재염공업주식회사 사장을 지내기도 했다.

[참고문헌] 朝鮮紳士錄刊行會 編『朝鮮紳士錄』(朝鮮紳士錄刊行會, 1931), 谷サカヨ『第14版 大衆人事錄』(帝國秘密探偵社, 1943), 국사편찬위원회 한국사데이터베이스〈http://db.history.go.kr〉   【최종길】

296
다카하시 쇼노스케
高橋章之助(고교장지조)   1864.5.30~?

가이쇼海照(호)

변호사, 실업가, 저술가

군마현群馬縣 출신. 1889년 메이지법률학교明治法律學校(메이지대학明治大學의 전신)를 졸업했다. 1890년 변호사 면허를 취득했다. 도쿄시회 의원, 도쿄 시구개정 위원, 도쿄 시구개정 조사위원 등에 선임되었다. 1893년 군마현 선거구에서 중의원의원으로 당선되었다.

1905년 조선으로 건너와 1909년 서울에서 변호사 겸 특허변리사特許辨理士 사무소를 개업했다. 영등포식산합자회사永登浦殖産合資會社 설립에 관여했으며 삼청동, 용산, 조치원 등에서 농장을 경영했다. 1911년 경성거류민단 의원으로 당선되어 1914년 해산될 때까지 의원으로 활동했다. 아울러 총독부가 민족운동을 탄압하기 위해 날조한 '105인 사건'의 변호인을 맡은 기록도 확인된다.

1920~1930년대에 걸쳐 교육관련 출판제조업체인 교육보성주식회사敎育普成株式會社 대표를 비롯 조선경동철도주식회사京東鐵道株式會社 이사와 마스다잠수어업增田潛水漁業의 이사를 맡는 등 실업가로도 활동했다. 저술가로도 활동했으며 쓰시마번주對馬藩主인 소 가문宗家의 역사 및 한반도와의 관계를 다룬『소 가문과 조선宗家と朝鮮』(1920)이라는 저서가 있다.

[참고문헌] 京城新報社『朝鮮紳士錄』(日韓印刷株式會社, 1909), 川端源太郎『朝鮮在住內地人實業家人名辭典』第一編(朝鮮實業新聞社, 1913), 朝鮮公論社 編『在朝鮮內地人紳士名鑑』(朝鮮公論社, 1917), 朝鮮新聞社 編『朝鮮人事興信錄』(朝鮮新聞社, 1922), 中村資良 編『京城仁川職業名鑑』(東亞經濟時報社, 1926)   【이동훈】

297
다카하시 쓰토무
高橋勉(고교면)   1910~2014.1.25

교사, 문학가, 화가

니가타현新潟縣 출신. 니가타사범학교新潟師範學校를 졸업한 뒤, 뤼순사범학교旅順師範學校 연구과에서 회화를 전공하고 졸업하였다. 남만교과서南滿敎科書 편집부, 교원, 만철 사원으로 근무한 뒤 1946년 펑톈奉天에서 귀국하였다.

다카하시의 주요 활동지는 뤼순旅順과 같은 만주 지역으로, 조선에서 머무른 기간은 1930년부터 31년 사이 조선의 용산에 입영하였던 것과 북만주에서 지낸 1932년부터 46년 사이 여행으로 조선에 건너온 것과 같이 단편적이다. 하이쿠俳句는 학생 시절부터 구집句集과 관련 서적을 통해 익히고 창작하였으나 사제 관계나 결사에 소속된 기록은 없다. 다카하시의 조선에 관한 하이쿠俳句는『대륙유정大陸有情』(東京美術, 1985)이라는 대부분 만주에서의 하이쿠로 이루어진 사가판私家版 구집에 총 34구가 남아있다.

귀국 후에는 1985년 구집을 발간하는 한편 화백으로 활발하게 활약하였다. 2014년 사망에 이르기 전까지 현대미술 공모단체인 신상작가협회新象作家協會 창간 멤버로 활동하며 미술 작품 기증, 전시회를 여는 등 말년까지 현역 화가로 이름을 남겼다.

[참고문헌] 阿部誠文『朝鮮俳壇-人と作品〈下卷〉』(花書院, 2003), 越智兵一 編『朝鮮總督府始政二十五周年記念表彰者名鑑』(朝鮮總督府始政二十五周年記念表彰者名鑑刊行會, 1935)   【김보현】

298

다카하시 조

高橋恕(고교서)   생몰년도 미상

교사

효고현兵庫縣 출신. 1873년 아이치현愛知縣 다하라소학교田原小學校 수석교원으로 학교장 사무 담당, 1901년 효고현교육회兵庫縣教育會 위원, 효고현 시카마군飾磨郡 시학視學 등을 맡았다. 조선에 건너와 부산 교육계에서 활동하였다.

1906년 4월 1일 부산공립고등소학교장에서 부산공립고등여학교 초대 교장으로 임명되고, 1907년 9월까지 동교 교장을 겸하였다. 1907년부터 부산번영회釜山繁榮會 명예회원을 맡고, 1909년부터 1915년까지 학사 시찰을 목적으로 교토京都와 도쿄東京 등 일본 지역을 방문했다. 1915년 4월부터 1917년 3월까지 부산공립유치원장에 촉탁되고, 1919년 9월 부산공립고등여학교장을 자원 퇴직하였다.

일본으로 귀국한 시기, 귀국 후 행적, 사망 연대 등은 현재까지 파악하기 어렵다.

저서로는 『소학철자초학小學綴字初學』(共編, 1877), 『소학주산전서(권7~12)小學珠算全書(卷7~12)』(共著, 1882), 『소학수신구수용서 화한선행록小學修身口授用書 和漢善行錄』(共編, 1882) 등이 있다.

[참고문헌] 홍순권 외『부산의 도시 형성과 일본인들』(선인, 2008), 釜山繁榮會 編『釜山繁榮會會員名簿』(釜山繁榮會, 1908), 釜山高等女學校 編『釜山公立高等女學校資料』권2(釜山高等女學校, 1936), 白石崇人「日淸・日露戰における間期帝國教育會の公德養成問題」『廣島大學大學院教育學研究科紀要』3-57(廣島大學大學院教育學研究科, 2008), 田原小學校のあゆみ〈http://web1.kcn.jp/tawara-elm/enkaku.htm〉, 國立教育政策研究所 教育圖書館OPAC〈http://nieropac.nier.go.jp/webopac〉   【조미은】

299

다카하시 하루이치

高橋春一(고교춘일)   1891.4.2~?

실업가

야마구치현山口縣 오시마군大島郡 출신. 다카하시 에이조高橋榮藏의 차남으로 태어났다. 1917년에 와세다대학早稲田大學 상과를 졸업하였고 오사카철공소大阪鐵工所에서 근무하였다.

1920년 2월 조선 신의주부로 건너와 국경 지대에서 교통, 임업, 온천 등 대대적으로 사업을 전개하고 있던 다다상회多田商會 지배인이 되었다. 그 후 독립하여 국경자동차운송주식회사 사장, 국경매일신문사國境每日新聞社 부사장, 주식회사압록강윤선공사 상무이사 등을 역임하였고 신의주상공회의소 상의원, 신의주금융조합 감사 등을 겸임하였다.

[참고문헌] 阿部薫 『朝鮮人物選集』(民衆時論出版部, 1934), 貴田忠衛『朝鮮人事興信錄』(朝鮮人事興信錄編纂部, 1935), 阿部薫 編『昭和12年版 朝鮮都邑大觀』(民衆時論社, 1937)   【유재진】

300

다카하시 하마키치

高橋濱吉(고교빈길)   1887.06.21~

교사, 관료

기후현岐阜縣 출신. 1913년 히로시마廣島 고등사범 영문과를 졸업하고 동년 도한했다. 경성종로공립소학교에서 교사로 재직하다 1914년에 인천공립고등상업학교로, 1915년에는 경성공립중학교 교사로 옮겼다. 1915년에 경성공업전문학교의 조교수로 취임했으며 1920년에는 교수로 승진했다. 1933년 경성제2고등보통학교 교장으로 취임했다. 1935년에는 신설된 경성여자사범학교의 교장이 되었으며 1943년에는 경성사범학교 교장이 되었다.

다카하시는 교사로 일하는 한편, 교육행정분야에서도 중요한 역할을 맡았다. 1919년부터 조선총독부 내무부 학무국에 소속되어 일하기 시작했으며, 1927

년 조선교육령의 입안 과정에 참여하기도 했다. 1942년 교학관敎學官의 지위에 올랐다. 이외에도 조선체육협회 간사, 조선미술전람회 위원 등을 맡았다. 주요 저서로『조선교육사고朝鮮敎育史考』,『조선학교관리법朝鮮學校管理法』,『구미교육의 추세歐米敎育の趨勢』등이 있다.

[참고문헌] 阿部薰『朝鮮功勞者銘鑑』(民衆時論社, 1935), 손우정「일본의 식민지교육에서의 젠더와 교육과정」(한국학중앙연구원, 2005) 【박광현】

301

다카하시 히데오

高橋英夫(고교영부)   생몰년도 미상

관료

경성제국대학 법문학부를 졸업했다. 재학 중이었던 1931년 고등문관시험에 합격했다.

1932년 조선총독부 신의주세관新義州稅關 감시과監視課 감리로 관직을 시작했다. 1933년 신의주세관 진남포세관지서鎭南浦稅關支署 감사를 역임했다. 1934년부터 1935년까지 조선총독부 재무국 이재과理財課 속屬을 역임했고 1936년부터 1937까지는 재무국 세무과 사무관을 역임했고 1938년부터 1941년까지 경성세무감독국京城稅務監督局에서 근무했다. 1943년 재무국 서기관에 임명되었다. 1943년부터 조선총독부 시가지계획위원회市街地計劃委員會와 조선관세소원심사위원회朝鮮關稅訴願審査委員會 조선전력평가심사위원회朝鮮電力評價審査委員會 간사를 역임했다. 세무관련 업무에 종사하면서『조선상속세령강의朝鮮相續稅令講義』(朝鮮財務學會, 1941)과 같은 저서를 펴내기도 했다.

[참고문헌] 谷サカヨ『第14版 大衆人事錄』(帝國秘密探偵社, 1943), 국사편찬위원회 한국사데이터베이스〈http://db.history.go.kr〉 【박우현】

302

다카히라 고고로

高平小五郎(고평소오랑)   1854.1.29~192611.28

외무관료

무쓰노쿠니陸奧國 이치노세키번一關藩(현 이와테현岩手縣 이치노세키시一關市) 출신. 1870년 공진생貢進生으로서 대학남교大學南校에 입학하고, 1873년에 졸업한 후 공부성工部省에 출사하였다. 1876년 외무성外務省으로 전임하여 1879년 외무서기생이 되어 워싱턴에서 근무하였다. 1885년부터 외무서기관으로서 한국 수도 한성漢城에서 근무하였다. 상하이주재영사(1887), 뉴욕총영사(1891), 네덜란드 겸 덴마크 변리공사辨理公使(1892), 이탈리아 공사(1894), 오스트리아 겸 스위스 공사(1895)직을 거쳤다. 1899년 외무차관, 1900년 외무총무장관 겸 외무성 관방장을 역임하였다. 1900년 6월 미국주재공사가 되어 재임 중 외무대신 고무라 주타로小村壽太郎(→81)와 함께 러일전쟁을 종결지은 포츠머스 회담(1905) 전권위원으로서 교섭을 담당하였다. 귀국 후 귀족원 의원이 되었다. 그 후 이탈리아주재특명전권공사(1907), 미국주재공사(1908)에 임명되었다. 재임 중인 1908년 11월 30일 주미일본대사로서 미국 국무장관 루트Elihu Root와 중국의 영토보전 및 중국에서 상업상의 기회균등을 결정한 루트-다카히라 협정The Root-Takahira Agreement을 체결하였다. 1912년 관직에서 물러난 후 1917년부터 1926년까지 귀족원 의원에 칙선되었다. 1926년 11월 28일에 사망하였다.

다카히라는 1885년 6월 21일 곤도 마스키近藤眞鋤(→110)의 후임으로 조선주재 임시대리공사에 취임하여 1886년 10월 1일 공사관 서기관 스기무라 후카시杉村濬(→519)가 대리공사로 임명될 때까지 여러 업무를 담당하였다. 1885년의 활동으로는 일본참모본부 대위 히라이平井直의 원산지방 정찰을 위한 통행증 발급 청구, 평양 서영사西營使 남정철南廷哲의 나가사키항長崎港 오쿠라구미大倉組 무기를 구입하는 위탁계약 처리, 등록금 체불 재일유학생들의 귀국 처리, 경의전선京義電線 가설에 대한 항의, 어청도於靑島 표착 일본선의 구호 요청, 조선 정부의 부산무역을 전관하는 원객주元客主 설정 조치가 통상장정 위반이라는 항의, 인천해관에서 몰래 제조한 홍삼 문제의 처리, 통영·진주 등지에서 몰래 상업에 종사하는 일본 상선의 단속처리, 갑신정변 후 도주한 김옥균에 대한 일본 측의 방조의혹에 대한 해명 등이 있다. 이듬해인 1886년에는 전환국 건축기사 요시자와 도모타로吉澤友太郎 고용 관련 처리, 일본공사관소속 보병 대위 미우라三浦自孝의 삼남 일대 정찰을 위한 통행증 발급 청구, 일본인 무라카미村上德八가 울릉도에서 목재를 몰래 벌채한 데 대한 벌금 납부, 신임 원산 부영사副領事 와타나베渡邊修의 인가장 발급요청, 부산 영사대리 미야모토宮本羆의 창원·함안 등지 정찰을 위한 통행증 발급 청구 등을 처리하였다.

[참고문헌] 池田宏「高平小五郎」『日本外交史辭典』(山川出版社, 1992), 酒田正敏「高平小五郎」『朝日日本歷史人物事典』, (朝日新聞社, 1994), 河村一夫「高平小五郎」『日本近現代人名辭典』(吉川弘文館, 2001)

【김희연】

303
다케나카 신타로
竹中新太郎(죽중신태랑)   1892~?

실업가

교토京都 출신. 교토부립수산강습소京都府立水産講習所(현 부립해양고등학교) 제1기생으로서 통조림 제조 기술을 배웠다. 제주도와 전라남도 나주를 중심으로 다케나카 통조림 제조소를 설립하여 지역의 수산업 농업, 축산업을 발전시켰다.

1926년 부친인 다케나카 센타로竹中仙太郎를 따라 조선으로 건너왔다. 센타로는 1916년 교토를 중심으로 통조림 공장을 개업했지만 1923년에 간토대지진關東大震災으로 요코하마橫濱 수출용 공장이 피해를 입어, 그것을 계기로 제주도 한림면 옹포리甕浦里에 있는 쇠고기 통조림 공장을 매수하여 본격적으로 공장을 창업하게 되었다. 대목장의 계획과 유제품의 연구 등 축산물과 수산물, 농산물 이용에 있어서 크

게 성공했다. 1930년에 부친 센타로가 사망하자 후계자로서 제주도와 전라남도 나주를 중심으로 활동하였다.

또한 살충제의 원료로 사용되는 제충국除蟲菊의 재배를 장려하는 총독부의 권장을 받아들여 이를 널리 보급했다. 그 외에 완두콩, 아스파라거스 등의 보급에 공헌하였고, 수산업계에 착안한 청어 통조림도 제조했다. 제주도 도사, 축산동업조합, 수산업, 농회, 전라남도 지사, 일본 산업협회총재관, 중앙축산회회장로부터 다수의 표창을 받으며, 역대 조선군 사령관, 전라남도 지사, 정무총감들이 다케나카 공장을 시찰하였다. 일본 청과 중역, 일본 통조림협회 조선 선출 대의원, 중앙 밀감통조림 공업조합 이사로 취임했다.

태평양 전쟁 시 다케나카 통조림 공장은 군수공장으로 가동했고 패전 후인 1946년, 미군정부에 의하여 몰수되었다. 귀국 후 교토에서 다케나카 통조림 제조소를 계속 운영하였다.

[참고문헌] 越智兵一 編『朝鮮總督府始政二十五周年記念表彰者名鑑』(朝鮮總督府始政二十五周年記念表彰者名鑑刊行會, 1935), 阿部薰 編『昭和12年版 朝鮮都邑大觀』(民衆時論社, 1937)   【나카무라 시즈요中村靜代】

304
다케다 한시
武田範之(무전범지)   1863.11.23~1911.6.23

사와 노리유키澤範之(이명), 한지半次(아명), 호네이산진保寧山人(호)

승려

지쿠젠노쿠니筑前國(현 후쿠오카현福岡縣) 출신의 조동종曹洞宗 승려로 조동종 겐쇼지顯聖寺의 주지를 지냈다.

1863년 구루메번사久留米藩士 사와 고레타카澤之高의 3남으로 태어났으며, 11살 때에 의사 다케다 사다스케武田貞祐의 양자가 되었다. 이후 각지를 방랑하였으며 1883년 조동종 겐쇼지의 네마쓰 겐도根松玄道 아래에서 득도, 출가하여 조동종의 승려가 되었다. 승려가 된 후 조선 문제에 관심을 가지게 되어 청일

전쟁 이전부터 수차례 조선에 건너와 1894년 국가주
의 단체인 겐요샤玄洋社의 동지와 함께 덴유쿄天佑俠
단체에 참가하였다.

청일전쟁 이후 명성황후 살해와 관련하여 일본으
로 송환되어 투옥되었다. 귀국 중이었던 1900년 겐
쇼지의 주지로 취임하고, 다음해 1901년에 국가주의
우익 조직인 흑룡회 결성에 참가하였다. 1906년 흑
룡회 주간이었던 우치다 료헤이內田良平(→806)와 함께
다시 조선에 건너와 시천교侍天教의 고문 우치다, 이
용구 등과 함께 한일강제병합 운동을 추진하였다.
또한 조동종의 한국 포교 관리로서 조선에서의 조동
종 세력 확대를 추진하였다. 이용구가 천태종의 이
회광에게 일본 불교의 원조 필요성을 말하며 다케다
를 소개한 것을 계기로 이회광에게 조동종과 천태종
의 병합 계획을 권하였다. 그러나 천태종 내부의 반
대로 이러한 계획은 무산되었다.

1911년 6월 23일에 도쿄東京 네기시根岸의 양로원
에서 사망했다.

[참고문헌] 中西直樹 『植民地朝鮮と日本佛教』(三人社,
2013), 川上善兵衛 『武田範之傳－興亞前提史』(日本經
濟評論社, 1989)　　　　　　　【야마모토 조호山本淨邦】

305

다케베 긴이치
武部欽一(무부흠일)　　　　　1881.4.25~1955.8.2

관료, 교사

이시카와현石川縣 출신. 1908년 7월 도쿄제국대東京
帝國大學 법과대학을 졸업한 후 이바라키현茨城縣에
서 근무했다. 1909년 야마구치현山口縣 사무관이 되
었고 문부성文部省으로 옮긴 후 참사관參事官과 독학
관督學官을 거쳐, 1922년부터 종무국장宗教局長, 1924
년부터 실업학무국장實業學務局長, 1927년부터 보통
학무국장普通學務局長 등을 지냈다.

1929년 6월 조선총독부 학무국장으로 임명되어 조
선에 건너와 조선사편수회朝鮮史編修會 등의 위원과
전문학교입학시험위원회 등의 위원장을 맡고, 수양
단조선연합회본부修養團朝鮮聯合會本部 회장으로도 활

동했다. 1931년 6월 학무국장직에서 퇴직하여 일본
문부성으로 귀임했다. 1951년부터 도쿄가정대학원東
京家政學院에서 학장과 이사장 등을 지내다가 1955년
4월 퇴직한 후 8월 2일 사망하였다.

1929년 10월 9일 조선총독부의 학무국장과 임시교
육심의위원회, 임시교과서조사위원회, 고적조사위
원회古蹟調査委員會 등의 위원으로 임명되어 동월 24
일 도쿄東京를 출발하여 26일 서울에 도착하였다. 12
월에는 조선사편수회 위원과 세제조사위원회稅制調
查委員會 임시위원에 임명되었다. 1930년 2월 경상남
북도에서 학사學事를 시찰하고, 5월 제9회 조선미술
심사위원회 위원, 6월 조선귀족에 관한 심사위원회
위원, 11월 교육효적자선장심사위원教育效績者選奬審
查委員으로 임명되었다. 동년 전문학교입학시험위원
회와 사립학교교원자격인정위원회의 위원장을 맡기
도 했다.

1931년 1월 조선 귀족에 관한 심사위원회 위원에
서 해임되고, 3월 소학교급보통학교교원시험위원장
小學校及普通學校教員試驗委員長과 5월 제10회 조선미
술심사위원회 위원 등을 맡았으나, 6월 27일자로 학
무국장직에서 퇴직하였다.

조선 관련 저술로는 「명륜학원설립 취지明倫學院設
立の趣旨」(『朝鮮』 178, 1930.3.1.), 「공민교육의 필요公民
教育の必要」(『文教の朝鮮』, 1931.1) 등 잡지 또는 조선총
독부 관변단체인 조선교육회 기관지 등에 투고한 글
들이 있다.

조선총독부 학무국장에서 퇴임한 후 바로 일본으
로 귀국, 1931년 12월 문부성 보통학무국장에 복직하
였다. 1934년 6월 8일 히로시마문리과대학廣島文理科
大學 학장으로 임명되었으나 학내 분규로 부임하지
않고 9일 사표를 제출, 며칠 뒤 수리되었다. 1938년
경성일보사와 매일신보사 사장이 도쿄에서 개최한
조야朝野 명사 초대 피로연에 참석하였다. 도쿄가정
대학원에서 1951년 3월부터 1955년 4월까지 학장을,
1951년 12월부터 1953년 11월까지 이사장을 지냈다.
이외에도 대일본청년관大日本靑年館 이사, 제국교육
회帝國教育會 전무이사와 회장 대리, 도쿄대학東京大學
강사 등을 역임하였으며 1955년 8월 2일 사망하였다.

저서로는 『일본교육행정법론日本敎育行政法論』(日本學術普及會, 1916), 『근로교육勤勞敎育』(隆文館, 1928) 등이 있다.

[참고문헌] 친일인명사전편찬위원회 『일제협력단체사전』(민족문제연구소, 2004), 東京家政學院大學 『學生便覽』2014年度(東京家政學院大學 大學事務局, 2014), 朝鮮紳士錄刊行會 『朝鮮紳士錄(昭和六年版)』(1931), 阿部薰 編『朝鮮功勞者銘鑑』(民衆時論社, 1935), 정재철 「일제하의 고등교육」『한국교육문제연구』5(1989)

【조미은】

306

다케우치 다케로

竹內健郎(죽내건랑)   1888.7.9~?

관료

미야기현宮城縣 센다이시仙臺市 나카지마초中島町 출신. 1914년 도쿄제국대학東京帝國大學 법과대학 영국법과를 졸업하고, 1915년 고등문관시험 합격하였다. 1914년 9월 미야기현 경부, 1917년 1월 교토부京都府 경시, 1919년 6월 경시청 경시, 1920년 3월 감찰관을 역임했다.

1921년 5월 경찰관 강습소 교수를 겸하면서 조선총독부 경찰관 강습소 교수에 임명되면서 조선으로 건너왔다. 1922년 5월 황해도 경찰부장, 1924년 3월 평안북도 경찰부장, 1926년 6월 총독부 식산국 임무과장, 1928년 1월 경상남도 내무부장을 역임하였다. 이후에 경기도 내무부장, 경찰부장, 1934년 함경북도 지사를 거쳐 1936년 7월에 퇴관. 이후 부영수력전기주식회사 사장, 조선공업 사장, 조선수산개발 사장 등을 역임했다.

조선에서 경찰 관계 업무를 담당하던 당시 경기도 경찰부를 독립시켜 사상경찰의 역할과 과학수사 기능을 강화하고자 하는 현안 문제를 담당하였다.

[참고문헌] 朝鮮紳士錄刊行會 編 『朝鮮紳士錄』(朝鮮紳士錄刊行會, 1931), 阿部薰 『朝鮮人物選集』(民衆時論出版部, 1934), 阿部薰 編『昭和12年版 朝鮮都邑大觀』(民衆時論社, 1937), 谷サカヰ『第14版 大衆人事錄』(帝

國秘密探偵社, 1943), 국사편찬위원회 한국사데이터베이스 〈http://db.history.go.kr〉

【최종길】

307

다케우치 도모지로

竹內友治郎(죽내우치랑)   1872.11.2~1936.11.10

관료

야마나시현山梨縣 출신. 도쿄법학원東京法學院을 졸업했다. 1894년 12월에 육군성陸軍省에 봉직하다가 1897년 1월 타이완총독부臺灣總督府 민정부民政部 사무촉탁事務囑託을 지냈다. 체신성에 들어간 뒤 1898년 고등문관시험에 합격했다. 1899년 통신속通信屬을 역임했고 1901년 도쿄우편국東京郵便局, 1902년 가나자와우편국金澤郵便局에서 근무했다. 같은 해 4월에는 통신사무관通信事務官이 되었다. 1904년 1등 우편국장1等郵便局長에 임명되었고 1907년 사할린청樺太廳 사무관事務官으로 사할린청 우편전신국장郵便電信局長을 역임했다. 1913년 12월부터 사할린청 척식부장拓殖部長을 역임했다. 1917년 2월부터는 도쿄지방해원심판소장東京地方海員審判所長, 1919년에는 도쿄체신국장東京遞信局長을 역임했다.

1920년 6월에는 조선총독부 체신국장으로 부임, 1921년부터 1922년까지 조선총독부토목회의朝鮮總督府土木會議 위원을 역임했으며 1921년 산업조사위원회産業調査委員會 위원으로도 활동했다. 1922년 12월 3일 『동아일보』의 체신국장송별회 기사에 의하면 1922년까지 재임한 것으로 보인다.

1923년에 농상무대신農商務大臣을 역임했다. 1924년 제15회 중의원의원총선거에 출마해 당선되었고 이후 4선에 성공했다. 다나카 기이치田中義一 내각에서는 육군정무차관陸軍政務次官을 역임했다.

[참고문헌] 朝鮮中央經濟會 編 『京城市民名鑑』(朝鮮中央經濟會, 1922), 加藤紫泉 『新代議士名鑑』(國民敎育會, 1924), 국사편찬위원회 한국사데이터베이스 〈http://db.history.go.kr〉

【박우현】

308

다케우치 로쿠노스케

竹內錄之助(죽내록지조)　　　　　**생몰년도 미상**

다케우치세이竹內生, 다케우치 긴게쓰竹內吟月(필명)
언론인

1904년 도한. 1907년 10월경 강원도 춘천 수비대에 물자를 납품하는 잡화상을 경영하였다. 1911년부터 1912년까지 잡지 『만한지실업滿韓之實業』의 인쇄인을 지냈다. 1913년부터 출판업에 나서서 잡지 『우리의 가뎡』(1913), 『신문계新聞界』(1913), 『반도시론半島時論』(1917)을 차례로 창간하였다. 1919년 3·1운동 보도를 이유로 『반도시론』이 폐간되자 주간신문인 『반도신문半島新聞』을 발행하였다.

　일본조합교회 경성기독교회의 교인으로서 1938년 5월 8일에 경성 부민관府民館에서 결성된 내선기독교연합회의 평의원으로 선출되었다. 1940년경 "주택 경영, 주택 건축 판매 및 주택 임대, 주택 건축·구매자금의 금융" 등을 목적으로 하는 동아기업주식회사東亞起業株式會社의 감사를 지냈다.

　[참고문헌] 한기형 「근대잡지와 근대문학 형성의 제도적 연관—1910년대 최남선과 竹內錄之助의 활동을 중심으로」 『大東文化硏究』 48(대동문화연구원, 2004), 李京壎 「學之光의 매체적 특성과 日本의 영향 1—學之光의 주변」 『大東文化硏究』 48(대동문화연구원, 2004)

【장신】

309

다케이 하루코

竹井春子(죽정춘자)　　　　　**1885.11.22～1979.4.25**

이노우에 하루井上はる(결혼 전)
음악가

가가와현香川縣 출신. 1912년 도쿄음악학교東京音樂學校 예과子科에 입학한 이듬해 본과本科 기악부(피아노 전공)에 진학, 1916년에는 연구과에 진학하였다.

　남편 다케이 렌竹井廉의 경성제국대학京城帝國大學 교수 임명으로 인해 함께 조선으로 건너왔다. 다케

이 렌은 미에현三重縣 출신으로, 도쿄제국대학東京帝國大學 법과대학 법률과를 졸업하고 교토京都 지방재판소판사, 가나자와金澤 지방재판소판사, 도쿄東京 지방재판소판사 등을 역임한 후 1927년에 경성제국대학교수로 임명되었다.

　1938년 국민정신총동원운동 시작과 함께 음악문화의 향상, 발전과 음악을 통한 내선일체를 목적으로 경성음악협회(1938년 10월)가 설립되었다. 본 협회는 조선 내의 일본인, 조선인 음악가 결속, 조선에 있는 각 급 학교의 음악교원이 그 회원이 되었는데, 다케이는 경성음악협회설립 발기인으로 간사로 취임하였다. 1938년 12월 5일 부민관에서 열린 경성음악협회 제1회 연주회에서는 바리톤 가수 김영철의 피아노 반주를 하는 등 협회 내에서의 연주 활동도 하였다.

　이후 1940년 국민총력운동이 시작되어 행정조직과 국민운동조직이 일원화되었는데 음악분야 또한 조선음악, 서양음악, 일본음악 등의 각각의 기존 관련 협회를 조선음악협회(1941년 1월 설립) 하나로 일원화하게 된다. 본 협회는 총독부 최대의 음악관련 관변단체로 그 목적은 음악의 건전한 발달과 음악가의 질적 향상을 도모하고 신체제문화의 발전 향상에 공헌하는 것이었다. 1941년 1월 25일 부민관에서 열린 발기식에는 악단인 500명이 총동원되었는데, 다케이는 본 협회의 발기인으로 이사를 맡았다.

　1942년 11월 11일부터 조선음악협회주최의 음악경연대회가 열렸는데, 본 대회에는 조선총독부상, 조선군사령관상, 학무국장상, 정보과장상, 조선음악협회장상, 경성일보사장상, 조선방공협회장상이 준비되어, 포상금이 마련되었다. 다케이는 본 경연대회의 심사위원을 담당했으며, 본 대회의 입상자 중 한 명인 하나무라 미요코花村美代子와는 사제지간이었다.

　조선총독부 관변음악협회 활동, 연주 활동, 제자육성 활동 등을 활발히 전개하였으며 조선 서양음악악단의 중심인물 중 하나로 평가된다.

　[참고문헌] 朝鮮人事興信錄編集部 『朝鮮人事興信錄』(朝鮮新聞社, 1935), 東京藝術大學音樂部 『同聲會會員

名簿』(廣濟堂, 2013), 金志善「總力戰體制下の朝鮮と
音樂の役割: 組織の一元化と在朝鮮日本人音樂家の活
動」『日本研究』26(高麗大學校, 2016) 【김지선】

310
다케조에 신이치로
竹添進一郎(죽첨진일랑)　　　　　1842~1917

세이세이##(호)

외무관료, 교사

구마모토번熊本藩 출신. 부친은 의사였다. 유년시절
은 구마모토 시습관時習館에서 학습하였다. 1875년
11월 모리 아리노리森有禮 공사를 수행하여 청국에
파견되었으며, 이듬해 4월부터 1877년 6월까지 청국
을 여행하였다. 1878년에는 대장성大藏省 국채국國債
局, 의안과議案課 등에서 근무하였다. 1880년에는 대
장소서기관으로 승진한 후, 5월부터는 청국 톈진天津
영사로 파견되어 근무하다가 1882년 6월 귀국하였
다. 임오군란 발발 이후 외무대서기관이 되어 조선
사무도 담당하였다. 이해 11월 변리공사로 임명되어
조선에서 1883년 12월까지 근무하다가 귀국하였다.
1884년 10월 재차 조선에 파견되었다가 갑신정변이
발발, 이듬해 1월 이노우에 가오루井上馨(→824)가「한
성조약」을 체결한 후 귀국할 때 같이 일본으로 돌아
갔다.

　1882년 12월 수신사 박영효朴泳孝 일행과 도쿄東京
를 출발하여 이듬해 1월 5일 제물포에 도착하였고,
10일 고종에게 국서를 봉정하였다. 2월부터 조선 정
부와 해저전선 부설 건에 대한 논의를 시작하여 3월
3일「해저전선부설조약」을 체결하였다. 7월 14일부
터는 묄렌도르프와 예비교섭을 개시하였고, 같은 달
25일 조선 측 전권대신 민영목閔泳穆과 전체 42조로
된「조일통상장정」을 체결하였다. 이 조약을 통해
일본인의 수출입 행위에 대한 절차와 규정을 마련하
게 되었고, 협정 관세가 성립하였다. 아울러 일본은
최혜국대우 조항을 획득하였고, 조선 근해에서 일본
인들이 어업 활동을 할 수 있는 계기를 마련하였다.
12월 6일 제물포에서 출발하여 9일 잠시 부산에 체류

한 다음 일본으로 출발하여 나가사키長崎, 고베神戶
를 거쳐 귀국하였다. 1883년 한 해 동안 조선에 체류
하면서 월별로 만난 인물들과 주고받은 선물, 조약
체결에 대해서는『부한일기赴韓日記』를 남겼다. 1884
년 10월 30일 재차 도한한 후 김옥균을 비롯한 조선
개화파 인물들과 빈번하게 접촉하면서 정변 계획에
관여하였는데, 그 정황은 김옥균의『갑신일록甲申日
錄』에서 확인할 수 있다. 11월에는 '간행이정間行里程'
의 100리 확장 시행과 관련하여 조선 측과 교섭을
벌여「조선국간행이정취극약서부록朝鮮國間行里程取
極約書附錄」을 체결하였다. 12월 4일 갑신정변이 발
발하였을 때 일본공사관 호위 병력을 동원하여 정변
에 개입하였다가 청국군이 곧바로 이를 진압하기 위
해서 투입되었기 때문에 일본군 병력을 물리고 인천
영사관으로 피신하였다. 이노우에 가오루가 전권대
사로 파견되기 전까지 조병호趙秉鎬와 사전교섭을 진
행하는 가운데 정변에 개입하였던 행동을 정당화하
려 시도하였다. 하지만 조선 측이 이를 받아들이지
않았다. 이노우에가 도한하여 조약을 체결한 후 같
이 귀국하였다.

　귀국 후 공사관 근무에서 면직되고 난 후 한동안 무
임소無任所로 있다가 1893년 3월 의원면직을 신청하
였다. 이해 10월부터 도쿄제국대학東京帝國大學 문과
대학에서 한학과 중국어 강좌를 담당하다가, 1895년
사직 후 오다와라小田原로 이전하여 생활하였다. 1914
년 학사원상을 수상하고 문학박사를 취득하였다.

　[참고문헌] 김용구『임오군란과 갑신정변』(원, 2004),
박은숙『갑신정변 연구』(역사비평사, 2005), 강범석『잃
어버린 혁명』(솔, 2006), 최덕수 외 공저『조약으로 본
한국 근대사』(열린책들, 2010), 박한민「개항장 '間行里
程' 운영에 나타난 조일 양국의 인식과 대응」『韓國史研
究』165(韓國史研究會, 2014) 【박한민】

311
다케히사 가쓰조
武久克造(무구극조)　　　　　?~1900

경찰관료

일본 경시청警視廳 경시警視. 간다경찰서神田警察署 서장으로 근무하던 중 1894년 8월 조선으로 파견될 '경관대警官隊'가 조직되자 대장으로 임명되어 조선으로 건너왔다.

1894년 일본군의 경복궁 점령사건 이후 일본 민간인과 무뢰한들을 단속하기 위해 일본 외무성이 경시청에 요청하여 1894년 8월 파견된 일본 공사관 직속 경관대의 대장으로 조선에 부임하였다. 같은 시기 조선 정부가 일본 공사에게 일본 영사관 소속 경부警部와 순사巡査 파견을 요청하자, 고문관으로 추천받아 조선 정부의 경무청警務廳 고문직을 맡게 되었다. 고문으로 재직하는 동안 일본 경찰 제도를 조선에 이식하고자 하여 경찰 업무 일원화, 지방 경찰업무 장악, 일본식 경찰복 착용와 경찰 교육 등을 실시하였다. 부임 이후 경찰관련 법규 제정에 종사하여『법규유편法規類編』, 『경찰장정警察章程』, 『탐정명심探偵銘心』 등의 편찬에 관계하고, 순검격검소巡檢擊劍所, 순검교습소巡檢敎習所를 병설하여 경찰 교육을 담당하도록 했다. 대원군의 손자 이윤용李允用 체포 등 정치범에 대한 검거 및 조사도 담당했다.

1895년 경찰청 관제를 개혁하여 경무부사警務副使, 서기관을 폐지하고 경무사警務使, 경무관警務官, 주사主事, 감옥서장監獄署長 등을 두어 한성의 경찰·소방·감옥 업무를 보도록 하였다. 아울러 각도 관찰사 아래에 경무관, 경무관보, 총순總巡을 두고 각도에 순검 2,500명을 배치했다. 같은 해 각 개항장에 감리서監理署를 두고 각국 영사 교섭, 조계지 사무를 담당하게 하였으며, 감리서 아래에 경무관을 두어 경찰 사무를 전담시켰다. 같은 해 8월 지방관제가 개정되자 관찰사 아래에 순검을 두고 경찰사무를 담당하도록 하였다. 1896년 6월 시가현滋賀縣 참사관參事官으로 임명되어 귀국했다.

1896년 6월 『경무실용警務實用』을 저술하여 발간했다. 1896년 6월 귀국 후 시가현 참사관, 1897년 가나가와현神奈川縣 경찰부장을 거쳐 1898년부터 홋카이도北海道 경찰부장으로 근무하던 중 1900년에 사망했다.

[참고문헌] 이윤정 『한국경찰사:근현대편』(소명출판,

2015), 國史編纂委員會 編 『駐韓日本公使館記錄』(國史編纂委員會, 1987), 外務省 編 『日本外交文書』(日本國際連合協會, 1955), 岩井敬太郎 『顧問警察小誌』(韓國內部警務局, 1910), 杉村濬 『明治卄七八年在韓苦心錄』(杉村陽太郎, 1932), 伊藤俊介 「갑오개혁기 경찰기구 연구」(경희대학교 사학과 박사학위논문, 2010)

【박진홍】

312
다키자와 레쓰
瀧澤レツ(농택레쓰)　　　　　　1895.11.24~1981.6.7

교사

아키타현秋田縣 출신. 1912년 아키타현여자사범학교秋田縣立女子師範學校에 입학해 1916년에 졸업하였다. 같은 해 아키타현에 있는 니시모나이심상고등소학교西馬音內尋常小學校에 봉직하였다. 그 후 1919년 도쿄음악학교東京音樂學校 갑종사범과甲種師範科(오르간) 입학과 동시에 소학교는 퇴직하였다.

1922년 도쿄음악학교東京音樂學校 졸업 후 조선에 건너온 것으로 보인다. 『조선총독부및소속관서직원록朝鮮總督府及所屬官署職員』(1924~1943)에 의하면, 광주공립고등여학교(1923~1924), 경성여자고등보통학교(1925~1936), 경기고등여학교(1937~1942)에서 교원 활동을 한 것을 알 수 있다. 그러나『조선총독부및소속관서직원록朝鮮總督府及所屬官署職員錄』에 의한 기록이 1943년까지로 되어있기 때문에 그 이후의 기록은 알 수 없지만 1945년 패전 전까지 교원활동을 했을 것으로 추정된다. 조선의 중등교육기관에서 음악교과를 담당하면서 조선인, 일본인 여학생 육성에 기여하였다.

『근대일본음악연감近代日本音樂年鑑』(1935~1942)의 기록에 의하면 다키자와가 경성공립고등보통학교 교사로 활동한 것으로 기록되어 있는데 해당 내용은 오류로 추정된다.

[참고문헌] 東京藝術大學音樂部 『同聲會會員名簿』(廣濟堂, 2013), 『近代日本音樂年鑑』(大空社, 1997)

【김지선】

313

다키타 세이지
田北政治(전북정치)　　　　　　　1874.10.19.~?

육군 군인

오이타현大分縣 출신. 아버지는 검도 사범. 도쿄東京
선린서원善隣書院 중국어과 및 육군 교도단 기병생도
대를 졸업했다. 1904년 12월 육군 기병 이등중사가
되어 나고야名古屋 기병 제3대대에 부임했다. 1906년
오사카大阪 헌병사령부 일등중사로 임관하고, 이어
서 헌병상사, 헌병특무상사로 임관했다.

　1907년 10월, 고종의 강제 퇴위·정미칠조약 체결
·군대 해산 등을 계기로 전개된 정미丁未 의병의 토
벌을 위해 조선에 파견되었다. 그 후 경기도, 충청남
도, 충청북도 각지의 헌병대에서 근무. 1915년 4월에
퇴관 후 동년 5월 일해흥업주식회사日海興業株式會社
사리원출장소 주임으로 부임했다. 황해도의회 의원,
조선 농회 황해도 평의원(1921~1923), 학교조합 관리
자, 재향군인분회고문 등을 역임했다.

　[참고문헌] 朝鮮公論社 編『在朝鮮內地人紳士名鑑』(朝
　鮮公論社, 1917), 有馬純吉『昭和六年版 朝鮮紳士錄』
　(朝鮮紳士錄發行會, 1931), 貴田忠衛『朝鮮人事興信錄』
　(朝鮮人事興信錄編纂部, 1935), 阿部薰 編『昭和12年
　版 朝鮮都邑大觀』(民衆時論社, 1937), 姬野官一郎『朝
　鮮, 臺灣, 支那 豊高人 奮鬪史』(豊國人奮鬪史編纂社,
　1927) 【이선윤】

314

다테 요쓰오
伊達四雄(이달사웅)　　　　　　　1886.1.6~?

관료

와카야마현和歌山縣 출신. 1913년 도쿄제국대학東京
帝國大學 법과를 졸업했다. 1912년 고등문관시험에
합격하고 대학을 졸업한 후, 1913년 7월 효고현兵庫縣
속관으로 임명되어 이후 1915년 효고현 이즈시出石
군장郡長, 1917년 가와베川邊 군장을 역임했다. 가족
으로 처는 히라노平野(1892년생)이며, 장남 다쿠로卓郎

(1916년생), 차남 아키오彰夫(1919년생), 장녀 와카코和
歌子(1921년생), 3남 가즈미쓰和光(1927년 생) 4남 노부
오暢生(1929년 생) 등 4남 1녀를 두었다.

　1921년 8월 조선총독부 이사관에 임명되어 조선으
로 건너왔으며, 경기도 내무부 지방과장 겸 심사과
장이 되었다. 1922년 8월 도사무관으로 평안남도 재
무부장, 1923년 6월 충청남도 경찰부장, 1925년 6월
평안남도 경찰부장, 1928년 3월 경상남도 경찰부장.
1929년 1월 평안북도 내무부장, 1929년 11월 강원도
내무부장, 1931년 1월 경상북도 내무부장을 지냈다.
1931년 9월 칙임관이 되었으며, 1932년 10월 국세조
사기념장國勢調査記念章을 수여받았다. 1933년 12월
에는 경기도 경성부윤京城府尹이 되었다. 1936년 5월
경상북도지사로 취임했다.

　이후 퇴관하여 1936년 9월 경성토목건축업협회京
城土木建築業協會 창립총회에서 회장으로 선출되었다.
이 협회는 토목담합사건으로 1934년 해체된 토목건
축업자들의 이익단체였던 조선토목건축협회朝鮮土木
建築協會의 후신이었으며, 1940년 조선토목건축업협
회로 개명하였다. 다테는 이 협회가 일제 말기 해산
되는 1944년 10월까지 회장으로 있었다. 한편 1943
년 5월에는 관 추천으로 경성부회의원에 당선되었
고, 경성부회 부의장에 선출되었다.

　이밖에 1940년 설립된 조선회수물자통제朝鮮回收
資源統制 사장을 지냈고, 삼영조수산개발三榮組水産開
發의 이사로 활동했다. 일제 말기에는 저축장려위원
회(1938~39), 물가위원회(1939), 조선중앙임금위원회
(1942~43), 조선전력평가심사위원회(1943), 조선중앙
임금위원회(1945) 등 조선총독부 직속 각종 위원회의
위원으로 활동했다.

　패전 후 고향인 와카야마현으로 귀향했다.

　[참고문헌] 阿部薰『朝鮮功勞者銘鑑』(民衆時論社,
　1935), 越智兵一 編『朝鮮總督府施政二十五周年記念
　表彰者名鑑』(朝鮮總督府施政二十五周年記念表彰者名
　鑑刊行會, 1935), 谷サカキ『第十四版 大衆人事錄 外地
　滿·支 海外 篇』(帝國秘密探偵社, 1943), 국사편찬위원
　회 한국사데이터베이스 〈http://db.history.go.kr〉

【고태우】

315

다테이시 신키치

立石信吉(입석신길)   1908~1984

실업가

후쿠오카현福岡縣 출신. 1911년 부산에 들어와 석유 판매업으로 거부를 축적한 다테이시상점立石商店 사장 다테이시 요시오立石良雄(→316)의 장남이다. 부친을 따라 5살 때 부산에 들어왔다. 부산중학교를 졸업하고 일본에 유학하여 구제도쿄상과대학舊制東京商科大學 전문부專門部를 거쳐 구제오사카상과대학舊制大阪商科大學에 진학하여 1932년 졸업하였다.

오사카상과대학을 졸업한 후에는 다시 부산으로 돌아와, 다테이시상점에 입사하여 부친의 사업을 도왔다. 1941년 부친이 출장 중에 갑자기 사망함에 따라 사업을 계승하여 회사명을 다테이시상사立石商事로 개칭하여 경영하였다. 패전 직후에는 일본인의 철수를 돕는 부산일본인세화회釜山日本人世話會 상임간사로 활동하였다. 그러나 정작 본인의 철수와 관련해서는 미군정의 한국 내 일본인재산 방침에 대한 위반으로 체포되어 형무소 생활의 곤욕을 겪었다.

일본에 귀국한 이후에는 시모노세키下關에서 다테이시상점을 재설립하고 석유 판매업을 재개하였다. 1951년에는 주로 석유 수송을 목적으로 하는 아사히탱커주식회사旭タンカー株式會社를 설립하였다. 아사히탱커는 일본 중견 해운회사로 현재도 존속하고 있다.

[참고문헌] 民衆時論社朝鮮功勞者銘鑑刊行會 編『朝鮮功勞者銘鑑』(民衆時論社, 1935), 아사히탱커주식회사 〈http://www.asahi-tanker.com〉   【배석만】

316

다테이시 요시오

立石良雄(입석양웅)   1883.8~1941.9

실업가

후쿠오카현福岡縣 무나카타군宗像郡 아카마초赤間町 출신. 1898년 무나카타실업학교宗像實業學校를 졸업하고, 16세에 오사카大阪의 마쓰오상점松尾商店에 취

직하여 상인의 길을 걷기 시작했다.

1911년 9월 10여 년간 마쓰오상점 점원으로 일하며 모은 돈을 가지고 부산에 건너왔다. 부산 부평동의 가옥을 임차하여 마쓰오상점 부산 지점을 열고 경마표競馬票라는 상표를 붙인 양초를 제조하여 판매하였다. 이때까지 양초는 대부분 일본에서 수입하였기 때문에, 원유 정제 부산물인 파라핀과 스테아린산을 원료로 양산 시스템을 갖춘 다테이시의 공장은 조선에서도 이른 시기의 근대식 양초 제조 공장이었다고 할 수 있다. 원료는 같은 시기 다국적 석유회사 로열더치셸그룹Royal Dutch-Shell Group의 일본관계회사로 영도影島에 설립된 라이징선Rising Sun 제유소에서 공급받았고, 이를 계기로 라이징선으로부터 양초의 청부 제조를 받기도 하였다. 라이징선과의 인연은 다테이시가 본격적인 석유 판매상으로 성장하는 계기가 된 것으로 보인다. 1918년 5월 양초 제조는 형인 다테이시 나오사쿠立石直作에게 맡기고 본인은 석유 판매업에 전념하였다. 1919년 8월에는 마쓰오상점에서 완전히 독립하여 기존 마쓰오상점 부산 지점의 상호를 다테이시상점立石商店으로 변경하였다. 다테이시의 석유 판매업은 독점적인 지위에 있었기 때문에 사업은 나날이 번창하였고, 다테이시는 부산 지역의 유력 일본인 기업가로 성장하였다. 1931년에는 기존 다테이시상점을 주식회사 체제로 변경하였는데, 자본금 50만 엔 전액 불입의 큰 규모였다. 사업은 주력사업인 석유 수입 판매, 양초 제조 판매 외에도 자동차 및 관련 부품 수입 판매, 운송업 등으로 확장되었다. 1934년에는 한국 최초의 원유 정제 시설인 다테이시제유立石製油 공장을 설립하였다. 이와 함께 다테이시기선立石汽船도 설립하였는데, 이것은 다테이시제유가 생산하는 석유의 운송을 목적으로 한 것이었다.

다테이시는 성공적인 자본축적을 토대로 부산 경제계에서도 두각을 나타내었다. 1928년 부산상공회의소 의원으로 당선되었고, 1935년에는 회장이 되었다. 1941년 9월 경성 출장 중에 급사하였다.

부산의 석유왕으로 불렸으며, 하자마 후사타로迫間房太郎(→934), 오이케 주스케大池忠助, 가시이 겐타

로香椎原太郎(→20), 요네쿠라 세이자부로米倉淸三郎(→771)와 함께 일제강점기 부산 5대 일본인 자본가 중 한 명이었다.

[참고문헌] 배석만『한국 조선산업사: 일제시기편』(선인, 2014), 中村資良 編『朝鮮銀行會社組合要錄』(東亞經濟時報社, 1933), 民衆時論社朝鮮功勞者銘鑑刊行會 編『朝鮮功勞者銘鑑』(民衆時論社, 1935), 高橋三七『事業と鄕人 第1輯』(實業タイムス社: 大陸硏究社, 1939)

【배석만】

317
단게 이쿠타로
丹下郁太郎(단하욱태랑)　　　　1899.3~?

경찰관료

에히메현愛媛縣 이마바리시今治市 이마바리무라今治村 출신. 1921년 11월 고등문관시험 행정과에 합격하고 1922년 3월 도쿄제국대학東京帝國大學 법학부 경제과를 졸업한 후, 1923년 12월에 조선총독부 경무국 보안과 경부로 도한했다.

1926년 3월 충청북도 보안과장, 1928년 4월 전라북도 경무과장, 1929년 9월 경상남도 경무과장, 1930년 1월 경기도 경무과장, 1931년 1월 함경남도 경찰부장을 역임하고, 이후 총독부 경무국 보안과장, 총독부 관방 자원과장, 기획부 제1과장 겸 총독관방 회계과장, 함경남도 경기도 지사를 지냈다. 경찰 관계에 근무하며 처우 개선 문제를 근본적으로 해결함으로써 경찰관의 기강을 바로 세우려는 방책을 강구하는 등 노력하였다.

[참고문헌] 朝鮮紳士錄刊行會 編『朝鮮紳士錄』(朝鮮紳士錄刊行會, 1931), 阿部薰『朝鮮人物選集』(民衆時論出版部, 1934), 谷サカヨ『第14版 大衆人事錄』(帝國秘密探偵社, 1943), 국사편찬위원회 한국사데이터베이스 〈http://db.history.go.kr〉　　【최종길】

318
데라다 아키라
寺田英(사전영)　　　　생몰년도 미상

영화인

1942년 10월 26일 조선총독부 경무국 관할의 문화조성 단체인 황도문화협회皇道文化協會 내에 설립된 기구인 영화기획심의회의 위원이었다. 당시는 '영화임전체제'의 기조 속에 사단법인 조선영화제작주식회사 설립(1942.9.29), 사단법인 조선영화배급사 설립(1942.5.1), 조선흥행연합회 결성(1942.1.7) 등을 통해 영화의 제작, 배급, 상영 체계가 일원화되어 조선 영화계가 보다 강력한 통제 하에 놓이게 된 때였다.

영화기획심의회는 "조선의 영화 문화 기획 및 지도·조성과 관련하여 조사하고 심의"(영화기획심의회 규약 제1조)하기 위해 설치되었는데, 회장직은 총독부 경무국장이자 황도문화협회 회장이 맡았다. 초대 회장에는 미쓰하시 고이치로三橋孝一郎(→419)가 이름을 올렸고, 상임위원으로는 총독부 측에서 모리 히로시森浩(→397) 도서과장이, 사단법인 조선영화제작주식회사 측에서 나카타 하루야스中田晴康(→207) 상무가 취임하였다.

[참고문헌] 高島金次『朝鮮映畵統制史』(朝鮮映畵文化硏究所, 1943), 谷サカヨ『第14版 大衆人事錄』(帝國秘密探偵社, 1943)　　【함충범】

319
데라시마 도쿠미
寺島德美(사도덕미)　　　　1883.2~?

금융인

후쿠오카시福岡市 출신. 1919년 도쿄제국대학東京帝國大學 법과대학을 졸업하고 그해 8월에 조선은행에 입사하여, 도쿄 지점, 경성 본점, 다롄 지점, 인천 지점, 목포 지점 지배인을 거쳐, 1930년 6월 부산 지점 지배인이 되었다. 조선은행뿐만 아니라 부산 상공회의소의 특별의원으로도 활동하였다.

[참고문헌] 阿部薰『朝鮮人物選集』(民衆時論出版部,

1934), 釜山名士錄刊行會 編 『昭和十年版 釜山名士錄
附銀行會社名鑑』(釜山名士錄刊行會, 1935)

【마스타니 유이치桝谷祐一】

320
데라오 모자부로
寺尾猛三郎(사미맹삼랑) 1871.10.8~?

실업가

오카야마현岡山懸 오카야마시岡山市 고바시초小橋町
출신. 1894년부터 토목건축청부업자로 활동했으며,
조선에 오기 전까지 일본의 철도교통계에서 많은 일
을 하다, 1904년 경의선 공사에 참여하게 되면서 조
선에 진출하게 되었다.

1916년 10월에는 조선총독부철도국청부인으로 지
정되었으며, 같은 해 10월에는 군사령부 및 사단사
령부청부인이자 조선총독부토목국 청부인으로 지정
되어 활동하였다. 비슷한 시기에 본토의 철도사업에
도 함께 참여하고 있었는데, 1923년에는 도쿄시청東
京市役所, 철도성공무국鐵道省工務局 청부인請負人으
로, 1924년에는 철도성건설국鐵道省建設局 청부인으
로 활동하였다. 조선에서는 경성 한강통 15번지에
사무소를 설치하고, 평양, 인천, 해주, 마산 등에는
출장소를 두어 전국적으로 활동하였다. 1910년대 말
부터 1920년대 전반에 걸쳐 철도 및 항만 그리고 간
척지 개척공사 등의 토목청부사업을 하였는데, 그
주요한 이력은 다음과 같다. 1919년 10월, 경상남도
의 함안군 함안수리조합공사, 1920년 2월, 선만개척
주식회사鮮滿開拓株式會社의 조선 황해도 연백군延白
郡 간척지 개척공사. 1922년 4월, 산림철도주식회사
의 함경남도 경흥鏡興 오노리五老里 구간 철도공사 및
연락공사. 같은 해 11월 남조선철도의 동부 제3공구
공사, 1923년 4월, 경기도 부평 수리조합공사, 1927
년 8월, 조선요업비료주식회사의 서호진항이축西湖
津港理築 제1기 공사, 1928년 12월 온천수리조합공사
등이다. 데라오는 1920년 설립되었던 남조선철도주
식회사의 대주주 중 한 명이기도 했는데, 이 회사는
자본금만 천만 원에 달했던 거대 토목회사로, 경남

마산, 진주, 하동, 전남 구례, 곡성, 전북 순창, 전남
광주 송정리 사이와 전북 남원군 원촌 전주 간을 연
락하는 경편철도를 부설해서 일반 운수업 및 부대사
업을 하던 회사였다.

이밖에 경성부협의회京城府協議會 의원, 대정친목
회장大正親睦會長을 지내는 한편, 토목건축협회土木建
築協會, 조선불교단朝鮮佛敎團, 동민회同民會, 갑자구
락부甲子俱樂部 등의 단체들에서 활동한 지방 유력자
이기도 했다.

[참고문헌] 芳賀登 編 『日本人物情報大系』(皓星社,
1999~2002), 藤澤淸次郎 編 『朝鮮金屬組合と人物』(大
陸民友社, 1937) 【기유정】

321
데라우치 마사타케
寺内正毅(사내정의) 1852.2.24~1919.11.3

오호櫻圃, 로안魯庵(호)

육군 군인, 정치인

스오노쿠니周防國(현 야마구치현山口縣) 야마구치 출신.
메이지정부明治政府 수립 후 프랑스식 보병술을 배운
뒤 1871년 육군 소위로 임관하였다. 1877년 세이난
전쟁西南戰爭에 종군하고, 1882년 간인노미야 고토히
토 친왕閑院宮載仁親王의 프랑스 유학을 수행하였다.
1887년 육군사관학교 교장, 1891년 제1사단 참모장,
1892년 참모본부 제1국장, 1896년 보병 제3여단장을
역임한 후 1898년 교육총감, 1900년 참모본부 차장
을 지냈다. 1901년 제1차 가쓰라 내각桂內閣에 육군
대신으로 입각한 뒤 이어지는 제1차 사이온지 내각西
園寺內閣, 제2차 가쓰라 내각에서 유임하였다. 1910
년 5월 한국통감, 같은 해 10월 초대 조선총독에 취
임하였다. 1916년 내각총리대신에 취임했으며, 1918
년 쌀 소동을 계기로 내각 총사직하였다. 1919년 병
사하였다.

데라우치는 육군대신의 지위를 유지한 채 1910년
5월 제3대 한국통감을 겸임하여 한일강제병합을 추
진하였다. 그는 병합을 위한 기초 작업으로 한국의
경찰권을 통감부로 통합하고, 통감부에 경무총감警

務總監을 신설하여 헌병사령관을 이에 임명함으로써 전국의 경찰사무를 총괄토록 하였다. 이를 기반으로 1910년 8월 한국을 병합한 데라우치는 그해 10월 초대 조선총독에 취임하였다. 조선총독은 친임무관親任武官으로 천황에 직속되며, 위임 범위 안에서 행정, 입법(제령制令 제정권), 사법의 권한을 가지고 육해군을 통솔하였다. 데라우치는 재임기간 중 헌병경찰제도를 핵심으로 하는 무단통치武斷統治를 통해 식민지 조선의 저항을 억제하고 치안을 확보하는 한편, 식민지 통치를 위한 기반 조성에 힘을 기울였다. 먼저 지적地籍 분쟁의 정리와 근대적 토지소유권의 확립을 명분으로 한 토지조사사업을 통해 식민지 통치를 위한 조세수입체제를 확립하였다. 다음으로 철도 부설과 치도治道 사업, 항만 수축 등을 통해 교통·통신기관을 정비하였다. 치안 유지를 위해 집회결사 및 신문잡지의 출판을 엄격히 단속함으로써 언론의 자유를 억압하였으며, 이로 인해 식민지 조선은 물론 일본 국내로부터도 '비입헌非立憲'이라는 비판이 가해졌다. 산업부문에서는 각 산업의 보호를 명목으로 삼림령, 어업령, 회사령, 광업령 등을 공포하였으나, 대부분 일본인의 산업 진출을 돕는 결과를 낳았다. 교육면에서는 1911년 제1차 조선교육령을 공포하여 '교육칙어敎育勅語의 취지에 기초한 충량忠良한 국민'의 육성을 본의本義로 하는 교육 정책을 펼쳤다. 1916년 내각총리대신에 임명되어 귀국하였다.

1916년 10월 내각을 조직하여 총리대신에 취임하였다. 재임기간 중 임시외교조사위원회를 설치하여 외교정책의 거국일치체제를 만드는 동시에 중국의 돤치루이段祺瑞 정권을 지지하여 차관을 공여하였다. 1918년 러시아혁명 간섭을 위해 시베리아출병을 단행하였다. 1918년 7월부터 전국 각지에서 발생한 쌀 소동을, 군대를 출동시켜 탄압했고 9월 그 책임을 지고 내각 총사직하였다. 이듬해 11월 병사하였다.

[참고문헌] 國史大辭典編集委員會 編『國史大辭典』第九卷(吉川弘文館, 1988), 黑田甲子郎『元帥寺內伯爵傳』(元帥寺內伯爵傳記編纂所, 1920), 정제우「조선총독 寺內正毅論」『한국독립운동사연구』6(독립기념관 한국독립운동연구소, 1992)　　　　　　【박양신】

322
데라우치 히사이치
寺內壽一(사내수일)　　　1879.8.8~1946.6.12

육군 군인, 정치인
야마구치현山口縣 출신. 통감, 조선총독, 제18대 총리대신 등을 역임한 원수元帥 육군대장 데라우치 마사타케寺內正毅(→321)의 장남으로 태어났다.

1899년 11월 육군사관학교를 졸업(11기)하고 1904년 3월 러일전쟁에 출정하였다. 1909년 12월 육군대학교를 졸업(21기)했으며 1919년 7월 대좌로 진급, 같은 해 부친인 데라우치 마사타케의 사망에 따라 12월 백작 작위를 세습하였다. 1924년 2월에는 육군소장으로 진급하였다.

1927년 8월 조선군 참모장에 임명되어 도한하여 1929년 8월 1일까지 이 직책을 유지하였다. 1929년 8월에는 중장으로 진급하고 제5사단장, 제4사단장, 타이완군 사령관 등을 역임하였다. 1935년 10월에는 대장으로 진급했으며 1926년 3월 9일 히로타 고키廣田弘毅 내각의 육군대신으로 취임하였다. 2·26사건 직후 황도파皇道派에 대한 숙군肅軍을 주도하며 군부대신현역무관제軍部大臣現役武官制를 부활시키는 등 군부의 영향력을 확대시키는 데 앞장섰다. 1937년 1월 의회에서 육군을 비판하던 입헌정우회立憲政友會의 하마다 구니마쓰濱田國松 의원과 '할복문답割腹問答'을 전개하고 정당의 반성을 촉구하며 의회 해산을 요구해 히로타 내각을 총사직으로 내몰았다. 이후 교육총감, 북지北支 방면군 사령관, 남방군南方軍 총사령관 등을 역임하고 1943년 6월 원수로 추대되었다. 1945년 9월 12일 싱가포르에서 항복문서에 조인했으며, 다음 해 6월 12일 말레이시아에서 수감 중 병사하였다.

[참고문헌] 秦郁彦 編『日本陸海軍總合事典』(東京大學出版會, 1991), 寺內壽一刊行會·上法快男 編『元帥寺內壽一』(芙蓉書房, 1978)　　　【이승희】

323

데라카도 요시타카

寺門良隆(사문량릉)   1885.5.3~?

교사

이바라키현茨城縣 미도리오카무라綠岡村 출신. 1904
년 3월 이바라키현립미토중학교茨城縣立水戶中學校를
졸업하고 1908년 고쿠가쿠인대학國學院大學 고등사
범부 국어한문과 졸업 후, 이바라키현립모오카중학
교茨城縣立眞岡中學校, 후쿠이현립후쿠이중학교福井縣
立福井中學校 등에서 교편을 잡았다. 민속학자 야나기
타 구니오柳田國男가 편찬한 『향토연구鄕土硏究』에
「에치젠 후쿠이에서越前福井より」(1914.7)와 「머리 없
는 행렬 이야기首無し行列の話」(1914.11)를 투고. 1922
년 조선에 부임하여 1943년에 퇴임했다.

데라카도는 1922년 8월에 조선총독부 고등보통학
교 교사로 임명되어 짧은 연수를 마치고, 동년 10월
에 관립 신의주고등보통학교에 부임했다. 신의주고
등보통학교는 1921년 4월 18일 신의주보통학교 교사
내에 개설되었다. 1922년 4월 조선교육령이 개정되
어 고등보통학교는 4년제에서 5년제로 바뀌었다. 신
의주고등보통학교는 1925년 4월부터 평안북도 공립
신의주고등보통학교로 개명하였으며 1926년 3월에
제1회 졸업생 47명을 배출했다. 그중에는 종교민족
학자 김효경金孝敬이 있다. 1928년 3월에는 신의주공
립고등보통학교로 개명하고 1932년에 교기校旗 및 교
가가 제정되었는데, 교가는 데라카도가 작성했다.
1923년 7월 말에 본관 완공, 당해 여름방학 과제로 데
라카도는 2학년 생도에게 원고지를 배포하여 지역 설
화를 우편으로 요청했고, 이것을『다이쇼 12년 전설집
大正十二年傳說集』(1923)으로 엮었다. 1923년 민속학에
관심을 가진 일본인 교원이 일본어 작문시간을 통해
이북의 설화를 모았다는 점에서 자료적 가치가 있다.

1934년 신의주공립보통고등학교 회지의 현직원
명단에는 교장 다음 서열 2위의 교무주임으로 데라
카도의 이름이 적혀 있다. 회지 표지글과 도안 휘호
도 데라카도가 작성한 것이다. 중국인 장원준張元俊
과의 공역서로『일역 중어전벽日譯中語全璧』(誠文信書

局, 1923.10)이 있다.

1943년 퇴임 후 일본으로 귀국한 것으로 보이나
이후의 행적은 명확하지 않다.

[참고문헌] 이시이 마사미 편, 최인학 역『1923년 조선
설화집』(민속원, 2010), 石井正己『植民地の昔話の探
集と敎育に關する基礎的硏究』(東京學藝大學, 2007),
金廣植『植民地期における日本語朝鮮說話集の硏究-
帝國日本の「學知」と朝鮮民俗學』(勉誠出版, 2014), 石
井正己 編『植民地時代の東洋學』(東京學藝大學, 2014),
新義州公立高等普通學校 編『會誌』第二號(新義州公
立高等普通學校, 1934), 金廣植「新義州高等普通學校
日本語作文集 『大正十二年傳說集』再論-寺門良隆と
金孝敬を中心に-」   【김광식】

324

데라카와 유조

寺川有三(사천유삼)   1908.4.14~?

사법관료

히로시마현廣島縣 히로시마시廣島市 가미나가레카와
초上流川町 출신. 아버지 데라카와 산조寺川三藏와 어
머니 하나ハナ 사이의 3남으로 태어났다. 본적은 후
쿠이현福井縣 오뉴군遠敷郡 오바마초濱町이다. 1936
년 6월 조선총독부 판사로 임용되어 패전 때까지 재
직한 사법관료이다.

그의 부친이 1908년 6월 대구지방재판소 및 대구
공소원大邱控訴院 판사로 임명되어 조선으로 이주하
였다. 부친은 이후 1910년 10월 조선총독부 판사가
된 후 경성지방법원, 해주지방법원, 평양지방법원,
부산지방법원 진주지청晉州支廳 등을 거쳤다. 1924
년 대구복심법원大邱覆審法院 부장판사가 되었고, 동
년 12월 해주지방법원장으로 승진하였다. 1932년 2
월 퇴직하고 동년 4월 경성지방법원 소속 공증인公證
人이 되었다. 1938년 부산釜山에서 변호사를 개업하
고 활동하였다.

1921년 4월 평양중학교平壤中學校에 입학하여, 이
듬해 4월 부산중학교釜山中學校로 전학하였다. 1924
년 4월 다시 대구중학교大邱中學校로 전학하여, 1925

년 3월 제4학년을 수료하였다. 동년 4월 일본 제오고
등학교第五高等學校에 진학하여 1928년 3월 동교를
졸업하였다. 동년 4월 도쿄제국대학東京帝國大學 법
학부에 입학하였다. 1933년 11월 고등시험高等試驗
사법과司法科에 합격하였다. 1934년 3월 도쿄제국대
학 법학부를 졸업하였다. 동년 11월 조선총독부 사법
관시보司法官試補에 임용되어, 경성지방법원京城地方
法院에서 1년 6개월 동안 실무수습을 했다. 당시 주소
는 경성부京城府 고시정古市町 18번지였다.

1936년 6월 경성지방법원 예비판사로 발령받았
다. 동년 9월 경성지방법원 판사가 되었다. 1939년
8월 판사 겸 사무관이 되어 법무국法務局 민사과民事
課에서 근무하였다. 1944년 3월 경성복심법원 판사
로 전보되었다. 1945년 7월 조선 최고 법원인 고등법
원高等法院 판사로 승진하여, 패전 때까지 재직하였
다. 경성지방법원에 재직 중 1937년 한국독립당원韓
國獨立黨員 박용철朴容喆 사건의 재판에 참여하였다.
또한 고등법원 판사로 재직하던 1945년 8월 조선어
학회朝鮮語學會 사건의 재판에 참여하였다.

[참고문헌] 朝鮮總督府 編『朝鮮總督府官報』(朝鮮總督
府, 1928~1945), 朝鮮總督府法務局人事係『昭和十一
年 司法官試補進退關係綴』(朝鮮總督府, 1936), 司法協
會 編『朝鮮司法大觀』(司法協會, 1936), 전병무「일제
시기 在朝鮮日本人 司法官試補 연구」『해람인문』44
(강릉원주대 인문학연구소, 2017)　　　【전병무】

325
데즈카 기미코
手塚君子(수총군자)　　　　　생몰년도 미상

이다 기미코飯田君子(결혼 후)
교사, 음악가
기후현岐阜縣 출신. 1927년에 도쿄음악학교東京音樂
學校 갑종사범과甲種師範科에 입학, 1930년에 졸업하
였다. 1930년대 말에 조선에 건너와 평양고등여학교
에서 음악교원으로 활동하는 한편 합창, 지휘 등의
음악활동도 하였다.

1930년대 후반부터 평양고등여학교에서 교편을

잡았다. 평양고등여학교는 데즈카의 도쿄음악학교
東京音樂學校 2년 선배인 가레스에 아이코彼末愛子가
10년 이상 근무한 학교로『조선총독부및소속관서직
원록朝鮮總督府及所屬官署職員錄』(1939~1940)의 기록을
통해서 데즈카가 가레스에의 후임으로 온 것을 알
수 있다. 데즈카 또한 재조일본인 교육 육성에 공헌
을 하였다

『근대일본음악연감近代日本音樂年鑑』(1940~1942)에
는 데즈카의 조선 활동 근황이 기록되어 있는데, 그
것을 확인해 보면 평양공립고등여학교교사 이외에
도 평양합창단원, JBBK(평양방송국)창가대 지휘자로
도 활동한 것을 알 수 있다. 교육 외에도 평양 지역을
중심으로 활발히 음악 활동을 했던 것으로 보인다.

[참고문헌] 東京藝術大學音樂部『同聲會會員名簿』(廣
濟堂, 2013), 松下鈞 編『近代日本音樂年鑑』(大空社,
1997)　　　　　　　　　　　　　　　【김지선】

326
도리야마 기이치
鳥山喜一(조산희일)　　　　1887.7.17~1959.2.19

역사학자, 대학교수
도쿄부東京府 출신. 1911년 7월 도쿄제국대학東京帝國
大學 사학과를 졸업하였다. 1911년 9월부터 주오대학
中央大學에서 강사 생활을 하다가 1919년 10월에 니가
타고등학교新潟高等學校 교수로 임용되었다. 1928년
3월에 경성제국대학京城帝國大學 법문학부 교수로 초
빙되어 조선으로 넘어왔다. 동년 11월부터 재외연구
원으로 중국, 독일, 영국, 미국의 각국에 유학을 다
녀온 후 법문학부장法文學部長에 선출되었다. 패전
후 귀국하여 1946년 1월에 제사고등학교第四高等學校
교장을 3년간 역임하였다. 대표적인 저서로「발해사
고渤海史考」(1915),「황하의 물黃河の水」(1928),「만선문
화사관滿鮮文化史觀」(1935)이 있다.

1928년부터 패전까지 경성제국대학 교수로 있는
한편, 조선총독부에 교과용도서조사위원회敎用用圖
書調査委員會에 임명되어 활동하기도 하였다. 1932
년, 경성일보京城日報에 총 15회에 걸쳐「옛 일만관계

의 회고古き日滿關係の回顧」라는 글을 연재하였으며
그밖에도 동아일보東亞日報에 만주에 관한 글을 기고
하거나, 『문교의 조선文敎の朝鮮』, 『조선급만주朝鮮及
滿洲』 등의 잡지에도 만주, 조선반도와 관련된 역사
기고문을 실었다.

귀국 후 제사고등학교 교장을 3년간 역임하다가
제사고등학교의 후신인 가나자와대학金澤大學의 교
수로 활동했다. 도야마대학富山大學, 도요대학東洋大
學에서도 근무하였다.

[참고문헌] 有馬純吉 『昭和六年版 朝鮮紳士錄』(朝鮮紳
士錄發行會, 1931), 貴田忠衛 『朝鮮人事興信錄』(朝鮮
人事興信錄編纂部, 1935)   【김욱】

327

도리야마 스스무
鳥山進(조산진)   1888.4~?

관료

히로시마현廣島縣 출신. 1925년 도쿄제국대학東京帝國
大學 정치과를 졸업한 후 도쿄시東京市에서 근무했다.

1928년 조선총독부속으로 도한하여, 경무국 보안
과에서 경찰 사무를 담당했다. 1929년 12월에 조선
총독부 전북 소작관, 1933년 총독부 도이사관으로
승진하고 경상북도 학무과장으로 발령되었다. 이후
대구 세무감독국 세무과장으로 승진. 1937년 충청남
도 경찰부장, 영남도 내무부장, 충청남도, 함경남도,
전라남도, 경상북도의 각 경찰부장 등을 역임했다.

[참고문헌] 貴田忠衛 『朝鮮人事興信錄』(朝鮮人事興信
錄編纂部, 1935), 猪野三郎 編 『第12版 大衆人事錄』(帝
國秘密探偵社國勢協會, 1937), 谷サカキ 『第14版 大衆
人事錄』(帝國秘密探偵社, 1943)   【이선윤】

328

도리카이 이코마
鳥飼生駒(조사생구)   1879.2~?

교사

구마모토현熊本縣 출신. 1896년 히로시마고등사범학

교廣島高等師範學校를 졸업하고 미에현쓰중학교三重縣
津中學校, 미야자키현사범학교宮崎縣師範學校, 나가사
키현이키중학교長崎縣壹岐中學校 교원으로 근무했다.

1916년 4월 조선공립중등학교 교원으로 발령을 받
고 도한. 평양중학교 교원, 동교 교장을 거쳐 대구사
범학교 교장을 역임했다. 1934년 3월 대구관립사범
학교장으로 부임했고 조선총독부 직속기관인 소학
교 교원시험 위원회 및 교과용 도서 조사 위원회 위
원을 맡았다. 1940년 조선총독부 학무국 교학연수소
촉탁 학감學監으로 활동했고 1939년에서 1940년에
는 청년들을 대상으로 경북칠곡군회의실, 경기도 조
선신궁 등에서 '일본정신'에 대한 강연을 한 바 있다.

[참고문헌] 貴田忠衛 『朝鮮人事興信錄』(朝鮮人事興信
錄編纂部, 1935), 阿部薰 編 『昭和12年版 朝鮮都邑大觀』
(民衆時論社, 1937), 猪野三郎 編 『第12版 大衆人事錄』
(帝國秘密探偵社國勢協會, 1937), 「日本精神發揚講演」
(『동아일보』, 1939.2.22), 「日本精神昇揚의 中堅靑年
講習會」(『동아일보』, 1940.3.27)   【이선윤】

329

도모토 도시오
堂本敏雄(당본민웅)   1907~?

관료

후쿠오카현福岡縣 출신. 1932년 3월 도쿄제국대학東
京帝國大學 영법과英法科를 졸업하였다. 대학 재학 중
고등문관시험 행정과에 합격하였으며, 졸업 직후인
1932년 5월 조선으로 건너왔다.

조선총독부 체신국 서기로 근무하였으며 감리과
근무도 겸하였다. 1934년 12월에는 체신 부사무관으
로 승진하여 전라북도 군산우편국 국장에 올랐다.
1935년 8월에는 평안북도 신의주우편국 국장으로
자리를 옮겼다.

1930년대 말 「북지구족의 기北支驅足の記」(『조선朝
鮮』, 1939.5), 「대륙에 대한 조선 인식 선전의 필요성大
陸に對する認識宣傳の必要性」(『조선행정朝鮮行政』, 1939.8),
「조선에 있어서의 정보 선전朝鮮に於ける情報宣傳」(『조
선朝鮮』, 1939.11) 등 정보 및 선전 관련 글을 발표하기

도 하였다.

이후 1942년 11월부터 총독부 정보과와 총무국 국민총력과의 과장을 겸직하였으며, 1943년 9월 30일부터는 함경북도 내무부장이 되었다.

[참고문헌] 정진석 『극비 조선총독부의 언론검열과 탄압』(커뮤니케이션북스, 2007), 국사편찬위원회 한국사데이터베이스 〈http://db.history.go.kr〉 【함충범】

330
도미나가 시카노/도미나가 가노
富永鹿野(부영녹야)　　　　?~1988.9.9

다케무라 시카노竹村鹿野(본명)
교사

본적 이시카와현石川縣으로 1912년에 도쿄음악학교東京音樂學校 갑종사범과甲種師範科에 입학해 1915년에 졸업하였다.

1915년 도쿄음악학교 졸업 후 바로 조선으로 건너왔다. 『조선총독부관보朝鮮總督府官報』 제805호에 의하면 1915년 4월 1일에 다케무라 시카노가 경성공립고등여학교에 임명된 것으로 기록되어 있다. 한편 『도쿄음악학교일람東京音樂學校一覽』(1915~1917)과 『조선총독부및소속관서직원록朝鮮總督府及所屬官署職員錄』(1915~1917)에도 경기고등여학교에 근무한 것으로 기록되어있다. 『근대일본음악연감近代日本音樂年鑑』(1920)의 기록에 의하면 '도미나가 시카노富永鹿野'로 기록되어 있는데 1917년에서 1919년 사이에 조선에서 결혼했을 것으로 추정된다. 도쿄음악학교 사범과의 복무규정에 의해 지정된 학교에서 교직의 의무(갑종사범과의 경우 학자급을 받은 경우는 4년 6개월, 받지 않은 경우는 1년 6개월)를 부담해야 했는데, 그 첫 발령이 조선이었던 것이다.

재조일본인 여학생의 음악 교육에 공헌하였다.

[참고문헌] 東京音樂學校 編 『東京音樂學校一覽 自明治四十五年大正元年至大正二年』~『東京音樂學校一覽 自大正四年至大正五年』(東京音樂學校, 1943), 東京藝術大學音樂部 『同聲會會員名簿』(廣濟堂, 2013)

【김지선】

331
도미나가 후미카즈
富永文一(부영문일)　　　　1891.1.31~?

관료

도쿠시마현德島縣 출신. 1909년 3월에 도쿠시마중학교德島中學校를 졸업하고, 1912년 7월에 제칠고등학교第七高等學校를 졸업했다. 1915년 10월 고등문관시험高等文官試驗에 합격하였다. 1916년 5월에는 도쿄제국대학東京帝國大學 법과대학을 졸업했다. 이후 최초의 관직생활을 조선에서 하게 된다.

1916년 6월에 조선총독부 시보試補로 조선에 건너왔다. 시보는 1대 조선총독 데라우치 마사타케寺內正毅(→321)가 식민지관료를 양성하기 위해 고안한 제도인데, 고등문관시험에 합격한 제국대학 출신자들을 대상으로 1년 정도의 사무수습을 거쳐 식민지관료로 임명하는 것이었다. 도미나가는 조선총독부 내무부 제1과에서 시보 생활을 마쳤다. 이후 1918년 1월에 조선총독부 도사무관道事務官에 임명되어 황해도에서 근무를 시작했다. 동년 10월에는 조선총독부 사무관이 되어 내무부 제1과에서 재근했으며, 1923년 8월에 감찰관을 겸임했다. 1925년 8월에 다시 도사무관으로서 전라북도 경찰부장에 재직했다. 1926년 11월에는 조선총독부 경무국 보안과장에 임명되었으며, 1929년 12월에 내무국 지방과장이 되었다.

1931년 10월에는 함경북도 지사가 되면서 비로소 고등관에 임명되었다. 1934년 11월 5일에는 경기도 지사로 영전하였고, 이후 1936년 5월 20일까지 재임하였다. 1936년 5월 21일에는 조선총독부 학무국장에 취임하였으며, 1937년 7월 3일에 퇴관하였다. 도미나가는 시보 출신 중에 칙임관으로 관직생활을 마친 14명 중 한 명이다.

퇴관 이후에는 주로 재계 쪽에서 활동하였다. 1937년 8월에 조선식산은행朝鮮殖産銀行 이사에 취임하였으며, 1938년 8월에는 조선화재상해보험주식회사朝鮮火災傷害保險株式會社 이사를 맡았다. 동년 10월에는 조선불교협회 기부이사로 활동했으며, 1939년에는 조선서적인쇄주식회사朝鮮書籍印刷株式會社 감사로 재임했다. 1941년 조선우선신주식회사朝鮮郵船新株式會社 이사, 1942년 조선개척주식회사朝鮮開拓株式會社의 사장을 역임했다.

　조선총독부 관료로서의 이력을 다룰 때, 빠뜨릴 수 없는 것이 바로 조선의 향약鄕約 연구이다. 그에 따르면 자신이 황해도 사무관으로 재직하는 동안에 율곡栗谷 이이李珥의 '황해향약黃海鄕約'과 '사창계약속社倉契約束'에 깊이 감복하여 향약 연구를 시작했는데, 이것이 바로 유명한 「과거 조선에서의 자치의 맹아 향약의　일반往時の朝鮮に於ける自治の萌芽鄕約の一斑」(1921)이다. 그는 이때의 연구를 바탕으로 1932년 함경북도 지사 시절에 '관북향약關北鄕約'을 직접 제정하여 "군수회의 때 군수에게 잘 설명하고 배포해서" 통치에 활용하고자 했다. 1930년 이후 "지방행정의 권위자"라거나 "자력갱생운동에 전력을 기울였다"는 세간의 평가도 여기에서 나왔을 것이다. 이밖에도 「지방자치에 대해地方自治に就て」(『조선지방행정朝鮮地方行政』, 1931.9) 등의 글을 기고하였다.

　[참고문헌] 貴田忠衛 『朝鮮人事興信錄』(朝鮮新聞社, 1935), 民衆時論社朝鮮功勞者銘鑑刊行會 編 『朝鮮功勞者銘鑑』(民衆時論社, 1935), 東亞經濟時報社 編 『朝鮮銀行會社組合要錄』(東亞經濟時報社, 각년판), 人事興信所 編 『人事興信錄 第14版 下』(人事興信所, 1943), 이형식 「1910년대 朝鮮總督府의 인사정책－조선총독부 試補를 중심으로－」 『韓日軍事文化硏究』(韓日軍事文化學會, 2012), 이광우 「1920～30년대 日本人官學者의 朝鮮鄕約 연구에 대한 검토」 『석당논총』 65(東亞大學校 附設 石堂傳統文化硏究院, 2016), 岡本眞希子 「未公開資料 朝鮮總督府關係者 錄音記錄(3) [解說]朝鮮總督府・組織と人」 『東洋文化硏究』 4(學習院大學東洋文化硏究所, 2002), 총독부관보활용시스템 〈http://gb.nl.go.kr〉

【전영욱】

332
도미노 한시
富野繁市(부야번시)　　　　1876.7.6～?

실업가

나가사키현長崎縣 기타마스우라군北松浦郡 히라도平戶 출신. 1892년 후쿠오카현福岡縣 와카마쓰시若松市에서 탄광업 및 목재상을 경영하다 1887년 미국에 건너가 13년간 상업에 종사했고, 1910년 다시 귀향하였다.

　미국에서 일본으로 귀국한 이후 1912년 조선으로 이주하였다. 이주 초기에는 전라북도 장수군 계남면 소재의 금은수연광金銀水鉛鑛에서 광업권을 허가받아 탄광업을 하다가 이후 경성 명치정明治町에 가게를 열어 사진기 무역상을 하였다. 1919년에 폐업하고, 경성요업京城窯業의 전무이사로 취임했다. 이 회사는 기와 제작 및 토관의 제조 판매 및 그에 따른 일체의 부대사업을 하던 회사였다. 이후 1924년 11월에 고무 제품 및 관련 물품의 제조 판매 등을 하던 경성고무공업소라는 합자회사의 중역으로 활동하였다. 1923년 제5기 경성상업회의소 평의원으로 당선된 이후 4번 연속 연임되어 1930년 8기 의원으로까지 재직하였다. 1929년 경 와타나베 데이이치로渡邊定一郎 회장을 둘러싸고 벌어졌던 상업회의소 내 옹호파와 반대파 간의 갈등 관계에서 반대파에 서서 와타나베 회장과 대립하기도 하였다. 1931년 9월에는 경성상업회의소에서 상거래 개선과 물가 조절 및 상점경영개선위원으로 선임되어 활동했다.

　[참고문헌] 東亞經濟時報社 編 『朝鮮銀行會社組合要錄』(東亞經濟時報社, 1931～1942), 阿部薰 編 『朝鮮功勞者銘鑑』(民衆時論社, 1935), 朝鮮總督府 編 『朝鮮總督府官報』(朝鮮總督府, 1917), 「渡邊商議會頭의 排斥運動 具體化: 會頭는 지금부터 投票選擧 反對派會合決議」(『매일신보』, 1929.12.1), 「商取引改善 委員選定發表 十一日委員會」(『매일신보』, 1931.9.12)　【기유정】

333
도미타 기사쿠
富田儀作(부전의작)　　　　1858～1930

실업가

효고현兵庫縣 출신. 형의 사업이 도산하면서 막노동을 했고, 콜타르 제조 등의 사업이 실패한 후에 수감

생활을 하기도 했다. 재기를 위해 타이완에서 장뇌 제
조나 수산업에 종사했으나 큰 성공을 거두지 못했다.

조선으로 건너와 농업·광업·임업에 투자하여 자
본을 축적하고 금융기관을 창설하는 등의 활동을 하
면서 제2의 인생을 화려하게 영위했다. 이 과정에서
일제 당국으로부터 여러 차례 수상했다. 경성중앙물
산주식회사京城中央物産株式會社 사장에 재임 중이던
1930년 암으로 사망했다.

1899년에 조선으로 건너와 처음에 황해도 은율에
서 철광채취업에 종사했다. 1904년 진남포로 이주하
면서 농장을 경영했다. 1910년에 진남포거류민단 의
원, 진남포 상업회의소 의원으로 활동했다. 1916년
도미타합자회사富田合資會社, 삼화은행三和銀行을 설
립하고 사장으로 취임했다. 1918년에 통영칠공주식
회사統營漆工株式會社 사장, 1920년에 동아잠사주식
회사東亞蠶絲株式會社 사장, 진남포기선주식회사鎭南
浦汽船株式會社 감사로 취임했다. 1921년에 조선잠사
회 부회장, 조선산림회 평의원, 조선농회 부회장, 조
선총독부산업조사위원회 위원으로 활동했다. 1924
년에 진남포과물동업조합鎭南浦果物同業組合 조합장,
조선수산회 평의원, 조선물산협회장으로 취임했다.
1925년에 조선노지무역연구회朝鮮露支貿易研究會 회
장, 진남포생우이출주식회사鎭南浦生牛移出株式會社 사
장으로 취임했다. 1926년에 조선발명협회 회장, 조
선과물동업조합연합회 회장, 조선공업회 상담역, 조
선물산주식회사 사장, 조선임산공업주식회사 사장
으로 취임하고, 조선토지개량주식회사 창립발기인
으로 활동했다. 1927년에 다이쇼천황大正天皇 대장의
大葬儀에 평안남도 총대로 선출되었고, 조선농회 고
문으로 활동했다. 1928년에 조선소방협회 명예회원
이 되었으며, 대례기념장大禮記念章을 수상했다. 경
성중앙물산주식회사 사장에 재임 중이던 1930년 암
으로 사망한 뒤 종5위에 서위되었다. 『도미타 기사
쿠 전富田儀作傳』(富田精一, 1936) 출간 당시 조선총독
우가키 가즈시게宇垣一成(→784)가 제자題字할 정도로
성공한 기업인이었다.

[참고문헌] 도미타 세이이치 저, 우정미·오미일 역『식
　　민지 조선의 이주일본인과 지역사회』(국학자료원,

2013), 中村資郎『朝鮮銀行會社組合要錄』(東亞經濟時
報社, 1942), 富田精一 『富田儀作傳』(ゆまに書房,
1936)　　　　　　　　　　　　　　　　【송규진】

334
도바리 유키오
戶張幸男(호장행남)　　　　　　　1908.5.3~1998

화가

후쿠오카현福岡縣 출신. 마타이치又市의 장남으로 태
어나 인천공립상업학교와 도쿄미술학교東京美術學校
를 졸업했고 재학 중 제국미술원전람회 입선 경험과
조선미술전람회의 참여역을 맡으며 조선조각계의
지도적 역할을 맡았다.

도쿄미술학교 시절 제전 3회 입선으로 유명해진
도바리는 1933년 도쿄東京에서 돌아와 경성상공회의
소 회장 구기모토 도지로釘本藤次郎(→116) 등 정재계
거물의 동상 제작을 통해 입지를 굳혔다. 청구회, 형
성미술가집단 등의 그룹전에 참여한 바 있으며 조선
시기의 대표작으로는 전형적인 군국주의 미담을 소
재로 한 〈육탄삼용사肉彈三勇士〉 동상이 있다. 14회
조선미술전람회에서 1/10 크기의 모형으로 특선, 총
독부상을 받았고 도쿄에서 주조되어 전시를 마친 후
1934년 장충단공원에 설치되었다. 제막식에는 유족
을 비롯하여 500여 명이 참가했고 총독의 축사 대독
등이 있었다. 이후 '군사조각가'라는 이름으로 1938
년에는 북중국 윈강 석굴 조사에 참가하는 등 일종의
종군미술가 역할도 담당했다.

군국미담을 선전했던 다른 작품으로는 일장기를
지키다 죽은 이원하李元夏를 소재로 한 〈애국 이원하
옹〉(1939), 〈구스노키 공 부인상〉(1940) 등이 있다. 조
각 부문 이외에도 예술사진촬영회의 심사원, 경성사
범학교 미술강습회 강사 등 미술 분야에서 다방면으
로 활동했다.

귀국 후 니가타대학新潟大學 조각과 교수를 역임하
며 일본미술전람회를 중심으로 활동하면서 기념 조
각을 남겼다.

[참고문헌] 谷サカヨ『第14版 大衆人事錄』(帝國秘密探

偵社, 1943), 高晟埈「彫刻家·戸張幸男の朝鮮滯在期の制作活動について」『新潟縣立近代美術館硏究紀要第』10(新潟縣立近代美術館, 2011)　　【최재혁】

335

도야마 미쓰루

遠山滿(원산만)　　　　　　　1893.5~1952

연극배우, 영화인

1920년대 '일본 검극계의 명인', '연예계의 명인', '일본에서 가장 인기 있는 무대극 배우' 등으로 알려지며, 도쿄東京에서 출생한 것으로 추측된다.

1920년대 극단을 이끌고 미국 순회공연을 했으며 이때 찰리 채플린Charlie Chaplin에게 찬사를 받았다. 귀국 후 아사쿠사淺草에서 연극 활동을 하는 한편, 1925년 배우 고하라 오하루小原小春와 결혼했다. 1927년 조선에서의 공연을 계기로 1930년대 중반까지 조선에서 영화 제작 활동에 전념했다.

도야마는 조선의 국경 지역인 안둥현安東縣에서 일본군의 마적대 퇴치를 다룬 〈국경〉(단성사, 1923)에서 원작·각본·감독을 맡으며 조선과 관계를 맺게 되었으며, 1927년 자신의 극단원 47명을 이끌고 경성에서 공연한 연극 〈피묻은 군도血染軍刀〉(경성극장, 1927.5.7)는 전쟁터에서 남편을 잃은 미망인 호시노의 남편의 1주기에 내연관계인 후지타가 와서 남편의 영정사진을 깨 버리고 그 자리에 천황의 사진을 올려 놓았다는 이유로 공연이 중지되었으며 불경죄로 입건되기도 했다.

1930년 12월 13일 경성 신당동新堂洞에 설립한 도야마 프로덕션은 영화 〈금강한金剛恨〉(단성사, 1931)을 시작으로 〈남편은 경비대로〉(1931), 〈룸펜은 어디로〉(1931), 1933년에는 연극 〈청춘 애화 빛나는 인생〉을 제작했다.

도야마 프로덕션에는 나운규羅雲奎(감독 겸 배우), 이창용李創用(촬영기사, 후에 고려영화사대표), 김연실金蓮實(배우) 등이 소속되어 있었다.

1937년 쇼치쿠松竹 교토촬영소京都撮影所에 입사하고 1939년 닛카쓰日活 교토촬영소로 이적했다. 1951년까지 41편의 영화에 출연했다. 전후 극심한 경제난으로 1952년 사망한 것으로 추정된다.

[참고문헌] 조근태『우리 영화 100년』(현암사, 2001), 「不敬演劇團」(『동아일보』, 1927.5.26), 「劇映畫」(『매일신보』, 1930.11.22), 「遠山푸로덕슌 開所式」(『매일신보』, 1930.12.17), 「劇映畫」(『매일신보』, 1931.1.14.)

【이정욱】

336

도야 마사미치

戸谷正路(호곡정로)　　　　　1886.12~?

경찰관료, 실업가

히로시마현廣島縣 출신. 히로시마메이도중학廣島明道中學을 졸업했다. 1910년 1월 조선으로 건너와 25일 내부內部 순사巡査로 임명되었고 4월 30일에 통감부 순사巡査에 임명되어 충청북도 영동경찰서永同警察署에서 근무했다. 1913년 1월 부장이 되었고, 1914년 3월 보통문관시험에 합격했다.

1916년 10월에는 경부警部가 되어 대구경찰서에서 근무했다. 1917년 10월에 영천경찰서장永川警察署長, 1919년 8월 20일 경상북도 경부, 1920년 1월 16일에 조선총독부 속屬이 되어 경무국에 근무했다. 이후 1929년 9월 16일 조선총독부 도경시道警視로 승진하여 전라북도 경무과장警務課長을 담당했다. 이후 1931년 경상북도 경무과장이 되었다가, 1933년 10월 경성의 본정경찰서장本町警察署長이 되었다. 1934년 11월 평양경찰서장을 맡았다. 이후 관직에 대한 기록은 1937년 조선총독부 도경부급도경부보특별임용고시위원道警部及道警部補特別任用考試委員, 평안남도 경찰부 순사교습소巡査敎習所 근무가 확인된다.

1938년 관직에서 물러난 것으로 추측된다. 1938~1942년 동양연료주식회사의 이사 및 상무이사를 맡았고, 1941~1942년 경업사耕業社, 1942년 회문탄광주식회사會炭鑛株式會社의 중역을 담당했다. 회문탄광과 풀삼이란 조연제助燃劑를 제조하는 동양연료는 김계조金桂祚가 운영하고 있었다. 김계조는 해방 후 유흥클럽을 운영했는데 미군정은 해당 클럽이 조선총독부의 공작임을 확인하고 클럽과 클럽으로 들어간 자금에 대해 단속을 벌였다. 그러나 이후 행적은 미상이다.

[참고문헌] 貴田忠衛 編『朝鮮人事興信錄』(朝鮮人事興信錄編纂部, 1935), 朝鮮總督府 編『朝鮮總督府 始政二十五周年 記念表彰者名鑑』(朝鮮總督府, 1935), 民衆時論社朝鮮功勞者銘鑑刊行會 編『朝鮮功勞者銘鑑』(民衆時論社朝鮮功勞者銘鑑刊行會, 1936), 中村資郎『朝鮮銀行會社組合要錄』(東亞經濟時報社, 1939, 1941, 1942), 정병준「패전 후 조선총독부의 戰後 공작과 金桂祚사건」『이화사학연구』36(이화사학연구소, 2008)

【주동빈】

337

도야마 시게루
遠山茂(원산무) 1892.9.10~?

실업가

가가와현香川縣 미토요군三豊郡 출신. 1926년 오카야마현岡山縣의 히가시가고시마전기주식회사東兒島錢起株式會社 지배인이 되었으며 이후 오카야마전기주식회사岡山錢起株式會社 서무과장을 역임하였다.

1920년 9월 울산전기주식회사 창설과 함께 초빙에 응해 조선으로 건너와 이사로 취임했다. 이후 남선합동전기南鮮合同電氣에 들어가 부산 지점 차장을 거쳐 1941년 6월 조선가스전기주식회사朝鮮瓦斯電氣株式會社 영업과장이 되었다. 당시 조선가스전기주식회사는 부산 부평에 본점을 두고 1910년 10월 창설하여, 1935년 자본금 6백만 엔 불입 275만 엔으로 남조선에서 분야 굴지의 업체로 각지에 지점 혹은 출장소를 두고 전기 및 가스의 공급 및 전차사업을 함께 경영하였다.

[참고문헌] 有馬純吉『昭和六年版 朝鮮紳士錄』(朝鮮紳士錄發行會, 1931), 『昭和十年版 釜山名士錄 附銀行會社名鑑』(釜山名士錄刊行會, 1935), 谷サカヨ『第14版 大衆人事錄』(帝國秘密探偵社, 1943), 한국역사정보시스템 한국사데이터베이스〈http://db.history.go.kr〉

【이가혜】

338

도요타 후쿠타로
豊田福太郎(풍전복태랑) 1869~1941

실업가

나가사키현長崎縣 쓰시마對馬 이즈하라嚴原 출신. 도요타 이즈미에몬豊田泉右衛門의 장남으로 태어났다. 보통학교를 수료하고 1892년 5월 부산으로 건너왔다. 도요타상점豊田商店을 근간으로 각종 사업에 종사하며 부산의 유력한 일본인으로 성장한 도요타는 1930년 이후 도쿄東京로 거주지를 옮겼으나 그 이후로도 수시로 조선을 방문하며 사업을 유지하였다.

부산으로 건너와 개항장 무역에 종사하고 있던 부친을 따라 1892년 부산으로 건너온 도요타는 곧바로 부친과 함께 일본으로 반출할 곡물을 매입하는 상업 활동에 종사하였다. 1897년 일한무역상사日韓貿易商社에 들어가 무역에 관한 사무를 보았고 몇 해 뒤에는 부산지점의 지배인으로 승진하였다. 1902년 일한무역상사의 대표인 오카자키岡崎가 일본으로 돌아가자 상점을 인수해 도요타상점으로 개칭한 후 한일간의 무역업에 종사하는 한편 해산물 도매상을 겸업하였다. 러일전쟁 후 경상도 내의 황무지 개간에도 손을 뻗쳤던 도요타는 1906년에는 동래에 온천을 겸한 숙박시설인 '봉래관蓬萊館'을 건설하였다. 기계로 온천공을 굴착해서 원수原水 문제를 해결하면서 대규모 욕장 시설을 갖출 수 있었던 봉래관은 동래온천을 대표하는 온천이 되었다. 1909년에는 온천 고객을 끌어들이기 위해 동래온천과 부산항을 연결할 수 있는 교통설비를 계획, 부산궤도주식회사釜山軌道株式會社 설립을 위한 발기인으로 참여하여 부산역에서 온천장까지 경편철도가 부설될 수 있도록 힘을 쏟았다. 이후 더욱 종횡무진하는 기략으로 오사카大阪 등 각지로 영업망을 넓히며 부산의 유력한 실업가로 성장해 간 도요타는 부산의 각종 회사 사업에도 발기인, 중역 혹은 주주로 관여하였다. 1909년 부산미곡상조합을 창립하였고, 1911년에는 조선염업합명회사를 설립하였다. 1914년 3월 부산 서부 신시가지 도로부지를 기부하여 은배銀杯를 하사받기도 하였던 도요타는 1916년에는 해산물조합장에 선임되었고, 이후로도 부산자동차주식회사의 상담역, 부산수산주식회사 감사역 등을 역임하였다. 1930년대 초에는 부산미곡수탁조합 역원으로 활동하였다. 부산거류민단 의원, 부산상업회의소 부회장 등 공직에서 활동하며 부산에 거주하는 내내 유력인사로서의 지위를 유지하였다.

[참고문헌] 中村資良 『朝鮮銀行會社要錄』(東亞經濟時報社, 각년판), 中田孝之介 編 『在韓人士名鑑』(木浦申報社, 1905), 京城新報社 『朝鮮紳士錄』(日韓印刷株式會社, 1909)　　　　　　【전성현】

339
도자와 데쓰히코
戶澤鐵彦(호택철언)　　　　　**1893~1980**

정치학자, 대학교수

도쿄시東京市 출신. 1920년 도쿄제국대학東京帝國大學 법학부 정치학과를 졸업했다.

도쿄제국대학 최초의 정치학 담당 교수였던 오노즈카 기헤이지小野塚喜平次에게 사사하여, 일본 최초의 전문적 정치학 연구모임이었던 '정치학 연구회'에 참가했다.

1922년부터 메이지대학明治大學 법학부 강사, 호세이대학法政大學 경제학부 강사를 역임했다.

1926년 4월에 경성제국대학京城帝國大學 법문학부 조교수가 되어 조선으로 건너왔다. 이듬해인 1927년 1월에 재외연구원으로 발탁되어 유럽에서 유학하게 되었으며, 유학 중인 1928년에 교수로 승진했다.

1929년 4월에 조선으로 돌아온 이래 도자와는 『정치학개설政治學槪說』(1930) 등을 편찬하여 데모크라시에 기초한 자유주의 국가이론(일명 '다원적 국가론')을 주장했다. 제국주의와 파시즘에 관한 비판적 고찰을 내포하는 그의 저술들은 주로 식민지 조선의 내부사정과 관계된 것이라기보다는 본국의 정치적 국면들을 대상으로 집필되었다는 특징이 있다. 1930년대 후반부터 도자와는 동아신질서론, 대동아공영권론에 동조하는 글들을 집필하였으나, 조선인의 동화문제에 관해서는 그 '민족적 고유성'의 존중을 주장하며 자유주의적 이념경향을 보지하였다.

전후 귀국하여 나고야대학名古屋大學 교수로 취임하였다. 1948년에 창설된 일본정치학회의 초대 이사 중 한 명으로 활동했다.

[참고문헌] 朝鮮人事興信錄編纂部 編 『朝鮮人事興信錄』(朝鮮新聞社, 1935), 기유정 「경성제대 정치학 강좌와 식민지 조선에서의 의미-戶澤鐵彦과 奧平武彦의 사상 분석을 중심으로」 『동방학지』 163(연세대학교 국학연구원, 2013)　　　　　　【박광현】

340
도쿠나가 구마이치로
德永態一郎(덕영태일랑)　　　　　**생몰년도 미상**

실업가

동아구락부 활동사진상설관 관주로 1928년 4월에 개관하였다. 본래 황금관黃金館이라 칭했으나 명칭이 바뀌었다. 동아구락부는 1922년 9월에 경성 영락정永樂町에 진출한 도쿠나가 상회德永商會의 직영관이다. 1928년 4월에 동아영화와 제휴하고 만주와 조선에서의 영화배급권을 확보하였고 이후 동아東亞와 가와이河合 영화의 개봉을 목적으로 하였다. 1929년 5월 7일 일본의 쇼교쿠사이 덴가松旭薺天華 일행이 마술奇術, 댄스, 음악 등 재미있는 프로그램과 고압 전류를 인체에 통하게 하는 과학적인 실험으로 3천 볼트나 되는 고압 전류를 육체를 통하여 흐르게 하여 전기불이 켜지는 등 종래에는 볼 수 없었던 마술이 공연되었다.

[참고문헌] 有賀信一郎 『大京城』(朝鮮每日新聞社出版部, 1929), 藤澤淸次郎 編 『朝鮮金屬組合と人物』(大陸民友社, 1937)　　　　　　【홍선영】

341
도쿠 요네조
德久米藏(덕구미장)　　　　　**1868.8.8~?**

실업가, 관료

원적原籍 야마구치현山口縣. 1886년부터 철도국에 근무하다가, 1900년 조선에 건너와 부산과 용산에서 토목건축청부업자, 벽돌과 기와상 등의 사업을 하였으며, 거류민단과 부협의회의 의원 및 의장 등을 역임하였다. 1915년 이후 행적, 귀국과 사망 시기 등은 현재까지 파악하기 어렵다.

1900년 조선에 건너와 부산에서 상품진열관商品陳列館 공사를 수주하여 완성하고, 부산수입조합 이사와 부산토목회사 기사技士를 겸임하였다. 대구로 이사하여 1904년부터 1906년까지 거류민 민장을 역임하였으며, 1906년에는 용산으로 이사하여 연와공장煉瓦工場(벽돌공장)을 매수, 병영 건축용 벽돌을 공급하고 1908년에는 용산 한지면漢芝面에 도쿠연와공장德久煉瓦工場을 설립, 운영하였다. 1909년에는 농상공부農商工部로부터 흑연 광산 22만여 평(충청북도 회인남면懷仁南面 소재)에 대한 채광권을 허가받았다.

용산거류민단에서 의원과 의장을 역임하던 도쿠는 1910년 용산민단이 경성거류민단에 통합되자 경성거류민단 의원으로 활동하였으며, 당시 창립 준비 중이던 제마회사製麻會社의 발기인으로 참여하였다. 1913년 9월 용산수산주식회사龍山水産株式會社 중역으로 계속 임명 받고, 1914년 4월 경성부협의회 의원으로 임명 받았으며, 1915년 적십자 조선본부 제2회 총회 협찬위원協贊委員으로 위촉되었다.

[참고문헌] 이승렬『제국과 상인』(역사비평사, 2007), 京城新報社 編『朝鮮紳士錄』(京城新報社, 1909), 日本電報遍信社京城支局 編『朝鮮紳士名鑑』(1911), 朝鮮實業新聞社 編『朝鮮在住內地人 實業家人名辭典』第1編(朝鮮實業新聞社, 1913), 국사편찬위원회 한국사데이터베이스 〈http://db.history.go.kr〉　【조미은】

342

도쿠토미 소호
德富蘇峰(덕부소봉)　1863.3.14~1957.11.2

도쿠토미 이이치로德富猪一郎(본명), 쇼케이正敬(자), 스가와라 쇼케이菅原正敬, 오에 이쓰大江逸, 오에 이쓰로大江逸郎(필명)

언론인, 정치인, 사상가

규슈九州 히고현肥後縣 구마모토熊本 출신. 한학자 도쿠토미 잇케이德富一敬의 5남으로 태어났다. 유년 시절 가토 기요마사加藤淸正의 조선 침략 이야기를 들으며 성장했다. 구마모토양학교熊本洋學校, 도쿄영화학교東京英和學校, 도시샤영학교同志社英學校를 다니며 영국을 모델로 한 일본 근대화의 꿈을 키웠다. 1881년 구마모토로 귀향하여 자유민권운동 결사인 소아이샤相愛社의 회원이 되어 민권운동에 뛰어들었다. 이듬해 3월 구마모토에 오에기주쿠大江義塾을 열어, 교육 활동과 저술 활동을 했다.

1886년『장래의 일본將來之日本』을 출판하여 세상에 알려졌다. 다음해 민유샤民友社를 설립하고 잡지『국민의 벗國民之友』을 출간했으며 이것을 확장시켜 1890년『국민신문國民新聞』을 창간했다.

1890년대 민권운동에 몰두하다가 삼국간섭 후 국수주의자로 전향하게 되었다. 1904년 러일전쟁 후 러일전쟁을 옹호하는 국내언론 활동을 했다. 1911년 가쓰라 다로桂太郎의 추천으로 귀족원 의원이 되었다. 1918년『근세일본국민사近世日本國民史』집필을 시작했다. 1929년 국민신문사를 퇴사했다. 만주사변 이후 군부와 제휴하여 '흥아興亞의 대의大義', '거국일치'를 선전했다. 1942년 이후 침략전쟁 수행을 위해 대일본언론보국회 회장을 맡았다.

도쿠토미는 메이지 정부의 군비증강에 반대하고 국권론적 대외확장론을 비판하다가 청일전쟁 이후 정치적 입장을 완전히 바꾸게 되었다. 정부의 침략전쟁을 지지하고, 국민을 향해 관민협조를 주장했다. 이 경향은 삼국간섭에서 더욱 높아지고 제2차 마쓰가타 내각松方內閣에서는 내무성 칙임참사관으로서 권력의 중추로 들어선다. 그의 신문은 어용신문으로 변하고, 그 자신도 어용기자로 추락한다.

1905년 을사늑약으로 인해 통감정치가 시작되고 1906년 통감부가 들어선 뒤 도쿠토미는 대한제국의 언론을 통제하는 권한을 부여받아 한국 신문들을 폐간하는 탄압정책을 주관했다. 1907년 조선·만주·중국을 시찰 여행하고 귀국 후『국민신문』의 대중화 및 통속화를 도모했다. 1910년 강제병합이 체결되고 그 공으로 총독부 기관지인『경성일보』총감독이 되어 1918년 8월까지 8년간 무단정치 확립에 크게 기여했다.

한일강제병합 직후인 10월,「조선통치의 요의朝鮮統治の要義」라는 제목으로 글을 썼는데 여기에 그의 조선관이 들어있다. 병합은 '불가항력'이라고 강변하고, 통치의 3대 요건으로 첫째, 조선인으로 하여금 일본의 통치가 어쩔 수 없음을 단념시키는 데 있다. 둘째, 일본의 통치가 자기에게 이익이 있다고 생각하게 만드는 데 있다. 셋째, 통치에 만족하고 통치에 기꺼이 복종하도록 하여 통치를 즐거워하도록 하는 데 있다고 하였다. 데라우치 마사타케寺內正毅(→321) 총독이 물러나면서 도쿠토미도 식민지 조선에서 손을 떼었다.

전후 마이니치신문사每日新聞社 사빈社賓, 대일본언론보고회 회장직을 사임했다. A급 전범 용의자로 자택 구금되어 귀족원 의원, 제국학사원 회원, 제국예술원 회원 등 일체의 공직에서 사퇴했다. 1947년 전범 용의자 자택 구금이 해제되었으며, 1952년 공직 추방이 해제되고『근세일본국민사』100권을 완성했다.

[참고문헌] 琴秉洞 저, 최혜주 역『일본인의 조선관』(논형, 2008), 和田守『近代日本と德富蘇峰』(御茶の水書房, 1990), 有山輝雄『德富蘇峰と國民新聞』(吉川弘文館, 1992), 米原謙『德富蘇峰-日本ナショナリズムの軌跡』(中公新書, 2003), 朴羊信『陸羯南-政治認識と對外論』(岩波書店, 2008), 上田正昭·西澤潤一 外『日本人名大辭典』(講談社, 2001),『日本近現代人名辭典』(吉川弘文館, 2007)　　　　　【최혜주】

343
도키에다 모토키
時枝誠記(시지성기)　　1900.12.6~1967.10.27

언어학자, 대학교수
도쿄시東京市 간다神田 출신. 일본의 언어학자이자 문학박사이다. 일본의 언어학 연구에 큰 기여를 하였으며, 일제강점기 조선의 일본어 보급 및 황민화 정책에도 앞장섰다.

1925년 도쿄제국대학東京帝國大學 문학부 국문과를 졸업한 후 제이도쿄시립중학교第二東京市立中學校 교사를 거쳐, 1927년 경성제국대학 법문학부 조교수가 되었다. 1934년 교수로 승진하였다.

1942년 조선을 떠날 때까지 일본어 보급 및 조선어 폐지에 가장 앞장선 일본인 지식인으로 유명하다. 이는 1940년에『문교의 조선文敎の朝鮮』에서 발표한「국어학과 국어교육國語學と國語敎育」에 잘 드러나 있다.

1943년 도쿄제국대학에서「일본에서의 언어의식의 발달 및 언어연구의 목적과 그 방법日本に於ける言語意識の發達及び言語研究の目的と其の方法」이라는 논문으로 박사학위를 취득하였다. 같은 해에 도쿄제국대학 문학부 국어학국문학 제1강좌 교수로 부임하였다. '도키에다 문법時枝文法'이라는 독자적인 일본어 문법의 분류방법을 창시한 학자로 유명하다.

[참고문헌] 貴田忠衛『朝鮮人事興信錄』(朝鮮人事興信錄編纂部, 1935), 安田敏朗『植民地のなかの『國語學』』(三元社, 1998)　　　　　【김욱】

344
도키자네 아키호
時實秋穗(시실추수)　　1881.11.22~1962.1.21

관료, 언론인
오카야마현岡山縣 오쿠군邑久郡 우시마도초牛窓町(현 세토우치시瀨戶內市)출신. 도키자네 소지로時實惣次郎의 장남으로 태어났다. 1907년 7월 도쿄제국대학東京帝國大學 법과대학 정치학과를 졸업하고 동년 고등문관시험에 합격하여 이듬해 이와테현岩手縣 사무관事務官으로 임용되었다. 그 후 도쿠시마현德島縣 사무관 및 경찰부장警察部長, 에히메현愛媛縣 경찰부장, 시마네현島根縣 경찰부장, 이바라키현茨城縣 내무부장을 역임하였으며 1919년 조선총독부 충청남도 지사로 전임한 후 조선총독부 감찰관監察官을 거쳐 1923년 경기도 지사로 부임했다.

퇴임 후에는 총독부 기관지『경성일보京城日報』,『매일신보每日申報』,『서울 프레스ソウル·プレス』의 각사 사장을 역임했다. 무용가 최승희崔承喜의 후원회

명단에서도 각계의 일본인 명사들과 더불어 그 이름을 확인할 수 있다.

1926년 후쿠오카福岡 시장으로 선출되어 5년간 재임하였는데, 재임 중인 1927년 동아권업박람회東亞勸業博覽會가 개최되기도 했다. 1938년에는 오카야마 시장으로 선출되어 2년간 재임했으며, 그 후 1942년에는 다마노玉野 시장으로 선출되었다.

이후 세토나이카이관광주식회사瀨戶內海觀光株式會社 이사, 슈지쓰가쿠엔就實學園 교장을 역임하고, 1952년부터 1956년까지 다마노시玉野市 교육위원장으로 근무했다. 저서로『자치소언自治小言』(1919), 『경성 후의 2년京城後の二年』(1930), 『아케비あけび』(1938) 등을 남겼다.

[참고문헌] 岡山縣行幸記念誌刊行會 編『岡山縣行幸記念誌』(岡山縣行幸記念誌刊行會, 1934), 『自治制實施五十周年記念 全國市長銘鑑』(帝國自治協會, 1938), 『福岡市市制施行五十年史』(福岡市, 1939), 人事興信所 編『人事興信錄 第14版 下卷』(人事興信所, 1943), 人事興信所 編『人事興信錄 第15版 下卷』(人事興信所, 1948)

【이윤지】

345

마노 세이이치
馬野精一(마야정일)   1884.9~?

관료

야마구치현山口縣 출신. 1908년에는 와세다대학早稻田大學 정치경제과政治經濟科를, 1909년에 같은 대학 대학원 연구과研究科를 졸업했다. 졸업과 동시에 고등문관시험高等文官試驗에 합격하여 시가현滋賀縣 속屬 및 시보試補, 가고시마현鹿兒島縣 이부스키군장揖宿郡長, 도야마현富山縣 이사관 등의 관직을 역임하였다. 1919년 3·1운동 이후 조선에 건너왔다.

1919년 8월 20일에 조선총독부 도사무관道事務官의 직위로 황해도 경찰부장에 임명되었다. 1921년에는 경상남도 경찰부장이 되었으며, 1922년 9월에는 경기도 경찰부장으로 재직하였다. 1924년 3월부터는 조선총독부 경찰관강습소장警察官講習所長을 역임

하였다. 이해에 구미 각국 출장을 명받았으며, 동년 12월에 조선에 돌아온 뒤에는 다시 경기도 경찰부장으로 근무하였다.

1925년 6월 15일에 제6대 경성부윤京城府尹에 임명되어 1929년 1월 20일까지 재임하였다. 이후 1929년 1월 21일에 함경남도 지사로 전임하였으며, 동년 12월에는 전라남도 지사가 되었다. 1931년 9월에 면관되었고 1941년 시점에 조선해수흥업朝鮮海水興業의 사장으로 활동한 기록이 있다.

마노의 경력은 대체로 불분명하지만, 조선에서의 관직생활 중 특별히 조선인과 마찰이 많았던 인물로 알려져 있다. 경성부윤 시절, 그의 부정府政은 당시 신문지상에 '위생제일주의'로 표현할 만큼 특색이 있었지만 기본적으로 조선인과 일본인 사이에 명백한 차별을 둔 정책이었다는 평가가 주를 이루었다. 더불어 관료로서의 능력과 관련해서도 적지 않은 추문이 있었는데, 그 예로 경성부윤 시절에 경성부협의회京城府協議會를 거치지 않고 경성부 신당리新堂里의 부유지府有地를 매각한 적이 있었다. 소위 '신당리 부유지매각사건'으로 불리는 이 사건은 그가 함경남도 지사로 영전한 이후 문제가 되어 당사자의 이력에는 특별한 장애가 되지는 않았지만, 1929년 경성부와 부협의회를 매우 혼란스럽게 한 행정이었다.

[참고문헌] 大陸民友社 編『半島官財人物評論』(大陸民友社, 1926), 柄澤四郎『朝鮮人間記』(大陸研究社, 1928), 人事興信所 編『人事興信錄 9版(昭和6年)』(人事興信所, 1931), 김동명「식민지 조선에서의 부협의회의 정치적 전개-1929년 경성부「신당리토지문제」를 중심으로」『韓日關係史研究』43(한일관계사학회, 2012)

【전영욱】

346

마루야마 쓰루키치
丸山鶴吉(환산학길)   1883.9.27~1956.6.3

경찰관료, 정치인

히로시마현廣島縣 출신. 히로시마현립후쿠야마중학廣島縣立福山中學, 제일고등학교第一高等學校를 거쳐

1909년 도쿄제국대학東京帝國大學 법과대학 정치학과를 졸업했다. 1909년 가가와현香川縣 경부警部로 경찰경력을 쌓기 시작하여, 경시청특고과장警視廳特高課長, 보안과장, 시즈오카현靜岡縣 내무부장을 역임했다. 조선에서 3·1운동이 일어나자 1919년 8월 조선총독부 사무관으로 발령받아 조선 내 경찰업무를 전담하였다. 같은 해 시즈오카현靜岡縣 내무부장으로 근무하던 중, 조선총독부가 3·1운동 이후 헌병에서 독립된 보통경찰 제도를 신설하자 1919년 8월 시즈오카현 지사 아카이케 유타카赤池豊와 함께 조선총독부 경무국에 배치되었다. 경무국에서 무임소사무관으로 조선 근무를 시작하였으나 당시 경무국 부장이 대부분 동기나 후배였기 때문에 부국장급으로 인식되었다. 정부 관료뿐만 아니라 재조일본인 사회와 조선인 사회의 다양한 인물과 교류하며 조선총독부 경찰관료의 소통창구 역할을 하였다. 1920년부터 조선통치와 경찰의 역할에 대한 논문과 논설을 활발하게 작성하여 기관지인 『경무휘보警務彙報』, 『조선朝鮮』 등에 기고하고 공개연설을 열었다. 후에 기고문 중 일부를 모아 1924년 『재선사년유여반在鮮四年有余半』으로 발간하였다. 1922년 6월에 조선총독부 경무국장으로 승진하였다. 조선의 경찰업무에 대해 '예방경찰' 업무를 강조했지만 조선독립에 대해서는 강경한 태도를 보였다. 조선 내의 치안활동을 강화하고 해외독립운동이 조선 내로 유입되는 것을 막기 위해 국경수비를 강화했다. 1920년 초에 한일청년간담회內鮮靑年의 懇談會를 열기도 하는 등 친일세력 양성을 위해 청년단체 활동과 민원식閔元植의 국민협회國民協會, 박춘금朴春琴의 상애회相愛會 등 친일 조선인과 단체를 지원했다. 1924년 '일선융화日鮮融和'를 주장하는 동민회同民會 결성에도 관여하였으나 9월에는 사직을 신청하여 조선총독부 경무국장에서 사임하고 일본으로 돌아갔다.

사직 후에도 조선에 대해 관심을 가지고 계속 글을 투고하였고, 1926년 도쿄시 부시장을 지낸 뒤 1929년 하마구치 오사치濱口雄幸 내각에서 경시총감警視總監이 되었다. 같은 해 광주학생운동이 발생하자 조선총독부 정무총감으로 추천하는 인물이 나올 정도

로 당시 일본에서 조선 문제 전문가로 인식되었다. 일본 귀국 후에도 친일 조선인과 교류하여 상애회 부회장 박춘금이 1932년, 1937년에 두 차례 중의원에 당선되도록 지원하였다. 1939년에는 『모던 일본 조선판モダン日本 朝鮮版』(『モダン日本』 10권 12호 임시증간호)에 「조선과 나朝鮮と私」라는 글을 투고하였다. 1940년 3월 제국의회 예산위원회에서 조선총독부의 조선어신문 폐간 문제를 거론하며 조선총독부를 비판하여 파란을 일으키기도 하였다.

1941년에는 대정익찬회大政翼贊會 사무총장을 거쳐 1942년 미야기현宮城縣 지사가 되었다. 1945년 6월 도호쿠지방총감東北地方總監이 되었지만 일본의 2차대전 패전으로 공직에서 추방되었다. 추방 해제 후 1951년 무사시노미술대학武藏野美術大學의 학장이 되었다. 자서전으로 1934년 『50년 여기저기五十年ところどころ』, 1955년 『70년 여기저기七十年ところどころ』를 간행하였다. 1956년 74세의 나이로 사망하였다.

[참고문헌] モダン日本社 『일본잡지 모던일본과 조선 1939』(어문학사, 2007), 丸山鶴吉 『在鮮四年有余半』(松山房, 1924), 秦郁彦 編 『日本近現代人物履歴事典』(東京大學出版會, 2002), 松田利彦 『日本の朝鮮植民地支配と警察』(校倉書房, 2009), 김종식 「근대 일본내무 관료의 조선경험」 『한일관계사연구』 33(한일관계사학회, 2009) 【박진홍】

347

마사키 나가토시
眞崎長年(진기장년)　　　　　1895.11~1965.11.3

관료

나가사키현長崎縣 출신. 마사키 나가토시는 현재의 이사하야시립諫早市立 모리야마니시소학교森山西小學校 교장을 역임하였던 마사카 유시로眞崎雄四郎의 차남으로 태어났다.

1920년에는 집안의 가독을 상속하였고 1921년에는 도쿄제국대학東京帝國大學 법학과를 졸업하였으며 같은 해에 문관고등시험文官高等試驗에 합격하였다. 그는 내무성內務省에 들어가 이바라키현속茨城縣屬,

내무속內務屬을 거쳐 1923년에는 야마구치현山口縣 경시警視·보안과장保安課長, 1926년에는 지방사무관으로서 아오모리현靑森縣, 이와테현岩手縣, 아이치현愛知縣 학무부장 등을 역임하고 오이타현大分縣 경찰부장警察部長, 미야기현宮崎縣 총무부장總務部長, 후쿠시마현福島縣 총무부장, 오사카후大阪府 학무부장學務部長을 역임하였다. 그의 관료생활의 대부분은 경찰 관련 업무와 학무 관련 업무였다고 할 수 있다.

그 후 1940년 4월에는 칙임관勅任官으로 승진하여 사가현佐賀縣 제34대 관선 지사知事로 임명되었으나, 재임 약 1년 만에 일본 본토와 조선총독부 교류인사의 일환으로 1941년 3월 26일 조선총독부 학무국장으로 임명되어 1942년 10월 23일까지 조선총독부에서 관료직을 수행하였다. 조선총독부 학무국장으로 있었을 때는 조선에서 간행된 교육잡지인『문교의 조선文敎の朝鮮』1942년 1월호에「대동아전쟁 하의 학원의 태세大東亞戰爭下に於ける學園の態勢」라는 글도 게재하였다. 이후에는 조선목재주식회사 사장 등 총독부 산하의 국책회사에서 활동하였다.

[참고문헌] 稻葉繼雄『朝鮮植民地敎育政策史の再檢討』(九州大學出版會, 2010), 歷代知事編纂會 編『新編日本の歷代知事』(歷代知事編纂會, 1991) 【정병호】

348

마스나가 쇼이치
增永正一(증영정일)　　　1882.12.25~?

사법관료

도쿄시東京市 고이시카와구小石川區 출신. 지바현千葉縣 사족士族 출신인 마스나가 요키치增永洋吉의 차남으로 태어났다. 1908년 도쿄제국대학東京帝國大學 법과대학 독일법률학과를 졸업했다. 1908년 7월 30일 사법관시보司法官試補가 되어 지바지방재판소千葉地方裁判所 및 동 검사국檢事局에서 사무수습 기간을 거쳤다. 1910년 8월 8일 판사로 임관하여 마에바시지방재판소前橋地方裁判所 판사 겸 마에바시구재판소前橋區裁判所 판사로 근무했다. 이후 1911년 요코하마지방재판소橫濱地方裁判所 판사, 1913년 요코스카지방

재판소橫須賀地方裁判所 판사, 1919년 요코하마구재판소橫濱區裁判所 감독판사 등을 지냈다. 1920년 9월 20일 고등법원 판사가 되어 10월에 조선으로 건너와 조선총독부 판사에 임용되었다. 이후 1932년 3월 고등법원 부장, 1934년 10월 총독부 법무국장, 1937년 11월 고등법원 검사장 등이 되어 1943년 의원면관依願免官으로 퇴직할 때까지 식민지 조선에서 사법관으로 활동했다. 부인 센코千子와의 사이에서 2남 1녀를 두었다.

1920년 10월 조선으로 건너와 조선총독부 고등법원 판사에 임명된 후 형사부 재판장 등을 역임하면서 1940년대까지 줄곧 사법관으로 활동했다. 1921년부터는 촉탁으로 경성전수학교京城專修學校 강사를, 1928년부터는 경성제국대학京城帝國大學 법문학부 강사를 겸직하면서 민법 등을 강의했다. 이 사이에 1925년 9월 24일부터 약 1년간 사법사무 시찰을 위해 구미 각국에 출장을 갔다가 1926년 9월 귀국했다. 1932년 3월 31일 총독부 고등법원 부장을 거쳐 1934년 10월 2일 총독부 법무국장에 취임해 3년간 역임한 후 1937년 11월 고등법원 검사로서 검사장이 되었다. 1943년 2월 의원면관으로 관직을 물러났다.

사법관료로 재직하는 사이에 조선총독부 직속의 여러 기관에 위원 또는 위원장으로 참여했다. 1922년 민사령 및 민적법 개정조사위원회 위원 촉탁, 1923년 판사특별임용고시위원회 위원, 총독부 사법관시보실무시험위원회 위원, 1924년 판사징계위원회 예비위원, 1925년 해원심판소海員審判所 심판관審判官, 1928년 사법법규개정조사위원회 위원, 판사징계위원회 위원, 1930년 사법관시보실무시험위원회 위원, 임야조사위원회 위원, 1934년 판사징계위원회 위원장, 1935년 간수장특별임용 학술시험 및 실무고사위원회 위원장, 문관보통분한위원회文官普通分限委員會 위원, 문관보통징계위원회 위원, 사법관시보실무시험위원회 위원장, 이왕직직원징계위원회李王職職員懲戒委員會 위원, 조선간이생명보험심사회 위원, 조선귀족세습재산심의회朝鮮貴族世襲財産審議會 회원, 조선귀족에 관한 심사위원회 위원, 조선변호사시험위원회 위원장, 조선세관소원심사위원회 위원, 판사

특별임용고시위원회 위원장, 1937년 조선중앙정보위원회朝鮮中央情報委員會 위원, 형무관연습소刑務官練習所 소장 등에 임용되어 계속 활동했다. 이밖에도 산업조사위원회 위원, 조선사회사업협회 평의원, 재단법인 사법협회 이사 등으로도 활동했다.

대표적인 저서로 『(일독오대조日獨墺對照)민사소송법民事訴訟法』(제국지방행정학회帝國地方行政學會, 1929), 『(일독대조日獨對照)형사소송법刑事訴訟法』(제국지방행정학회, 1930) 등이 있다. 20여 년간 조선에서 활동하면서 『경무휘보警務彙報』, 『사상월보思想月報』, 『조선朝鮮』, 『조선행정朝鮮行政』 등의 기관지에 「사법경찰관과 범죄수사司法警察官と犯罪搜査」, 「신흥교육연구소사건판결新興教育研究所事件判決」, 「조선에서의 사상범보호관찰제도의 실시朝鮮に於ける思想犯保護觀察制度の實施」 등 여러 편의 글을 수록했다.

1943년까지 조선에 체재하면서 활동한 것으로 확인되나 이후의 행적과 정확한 귀국 일시, 사망일 등은 불분명하다.

[참고문헌] 朝鮮中央經濟會 編 『京城市民名鑑』(朝鮮中央經濟會, 1922), 朝鮮新聞社 編 『朝鮮人事興信錄』(朝鮮新聞社, 1935), 阿部薰 編 『朝鮮功勞者銘鑑』(民衆時論社, 1935), 森川淸人 編 『朝鮮總督府施政二十五周年記念表彰者名鑑』(表彰者名監刊行會, 1935), 芳賀登 外 編 『日本人物情報大系』(皓星社, 1999~2002), 岡本眞希子 『植民地官僚の政治史』(三元社, 2008) 【변은진】

349
마스다 사다키치
增田定吉(증전정길)　　　　　　　　1879.1.2~?

실업가

지바현千葉縣 소우사군匝瑳郡 요카이치바마치八日市場町 출신. 부친 마스다 지스케增田治助의 장남으로 태어났다. 헌병대분유소장憲兵隊分遺所長을 거쳐서 1912년 퇴역했다. 그 후 실업계에 들어갔다가 러일전쟁에 출정했다.

1912년에 퇴역한 후 실업계에 들어왔다. 대흥전기大興電氣 서무과장을 거쳐, 1937년에 대흥전기, 조선가스전기朝鮮瓦斯電氣, 남조선전기南朝鮮電氣, 목포전등木浦電燈, 대전전기大田電氣, 천안전등天安電燈의 전기회사 합병에 따른 남선합동전기南鮮合同電氣 상무감사 등을 역임했다. 대구 상공회의소 의원을 역임하며 조선 전기 사업 발전에 진력했다. 이후 러일전쟁으로 인하여 출정하였다.

[참고문헌] 朝鮮新聞社 編 『朝鮮人事興信錄』(朝鮮新聞社 1922), 阿部薰 編 『昭和12年版 朝鮮都邑大觀』(民衆時論社, 1937), 谷サカヨ 『第14版 大衆人事錄』(帝國秘密探偵社, 1943)　　　【나카무라 시즈요中村靜代】

350
마스다 헤이하치
增田平八(증전평팔)　　　　　　　　1890.3.5~?

실업가

시즈오카현靜岡縣 출신. 같은 현의 소학교 교원 양성소를 졸업한 후 소학교 교사, 체신성遞信省 저금국貯金局 직원을 거쳐 1916년 메이지운송회사明治運送會社에 입사하였다. 1931년 조선운송주식회사朝鮮運送株式會社와 합병된 후 서무과장, 회계과장을 거쳐 1936년 이사로 취임했다.

메이지운송 입사 후 경리, 서무 분야에서 두각을 나타내었으며 1931년 조선운송주식회사 설립과 함께 서무, 경리과장을 겸임하면서 예산 편성과 인사 이동 입안 등에 수완을 발휘하여 이사까지 오른다. 그 외 호남트럭운수주식회사湖南トラック運輸株式會社, 조선트럭운수주식회사, 전북트럭운수주식회사 등의 이사도 역임했다. 가족과 함께 경성부京城府 청엽정靑葉町(용산)에 거주했다.

[참고문헌] 阿部薰 『昭和12年版 朝鮮都邑大觀』(民衆時論社, 1937), 朝鮮運送株式會社 編 『朝鮮運送株式會社十年史』(ゆまに書房, 2001), 국사편찬위원회 한국사데이터베이스 〈http://db.history.go.kr〉　　【강원주】

351
마쓰나가 이쿠오
松永育男(송영육남)   1937~?

교사

시즈오카현靜岡縣 후지에다藤枝 출신. 1940년 원산의 고등여학교에 부임한 부친을 따라 조선에서 생활하다가 1946년 4월 고향으로 돌아갔다.

1961년 역사 교사가 된 후에는 일본의 식민지배 문제를 학교 현장에서 학습하도록 하는 한편, 자신의 체험을 반추하며 식민자들의 모국 귀환이 지닌 역사적 성격을 성찰한 단행본『북조선에서 돌아온 '인양자引揚者'라 불리는 체험: 오늘날의 과제 '식민자'란北朝鮮からの「引揚者」といわれる體驗: 今日の課題「植民者」とは』(夢文庫, 1998)』을 출간하였다.

마쓰나가의 부친은 시즈오카현 소학교의 교사였는데 중학교 교사 문부성 검정시험에 합격하여 1940년 고등여학교 역사 교사로 자리를 옮겼다. 그러나 치솟는 물가와 박봉으로 일상의 궁핍과 매너리즘을 떨치기 위하여 1943년 조선으로 건너와 원산중학교에 부임했다. 그러나 원산 또한 전시체제기로 접어들어 정작 교육보다는 학도동원령學徒動員令에 따라 학생들을 인근의 해군 항공대, 집단농원, 군수업체인 스미토모제련소住友製鍊所 등지로 인솔하는 일을 하다가 1945년 2월 군에 소집되어 제주도에서 패전을 맞이했다.

부친을 따라 조선에 온 마쓰나가는 원산 동양척식주식회사東洋拓植株式會社 사택 부근의 명치정明治町에서 살았는데 1944년 조선의 3대 명문 소학교인 원산부립국민학교元山府立國民學校에 입학했으나 1945년 7월 이후 학교에 등교한 적이 없었다. 그러던 중 1945년 8월 소련군이 진주하여 일본인의 이동을 금지함으로써 그는 아버지가 없는 상황에서 어머니, 여동생과 함께 억류 생활을 체험하게 되었다.

패전 후 어머니, 여동생과 함께 겨울을 보낸 뒤 1946년 봄 거류 일본인들과 함께 38도선을 넘어 시즈오카로 돌아가 아버지와 재회하였다. 그 후 비록 짧은 조선 생활이었지만 '인양자引揚者'라는 자신의 꼬리표에 대해 냉철하게 되돌아보고 자신이 왜 원산에서 생활하였고, 탈출이라는 형태로 다시 일본에 돌아왔는지, 그리고 같은 원산지역에 살고 있던 조선인에 대한 기억이 없는지를 역사적으로 성찰하며 생활했다. 특히 식민지에서 돌아온 일본인 귀환자의 가해의식과 피해의식의 문제를 자신의 경험에 비추어 되돌아보고 일본의 식민지배는 과거의 일이 아니라 전후戰後의 현재진행형 문제로 인식하고, 이러한 역사의 오류를 반복하지 않기 위해 후세들에게 바른 역사 교육을 강조하며 근대 일본의 침략행위에 관한 실천수업을 강조하였다.

이러한 문제의식을 바탕으로 '이에나가 교과서 재판家永敎書裁判'을 지원하는 시즈오카현 연락회 사무국장과 시즈오카현 역사교육자 협의회 회장을 지냈다. 비록 3년 반 동안의 짧은 조선 체험이었지만 평생 동안 한일관계 속에서 아버지의 조선 도항과 자신의 일본 귀환이 지닌 역사적 의미를 반추하며 살았다.

[참고문헌] 松永育男『北朝鮮からの「引揚者」といわれる體驗:今日の課題「植民者」とは』(개인출판본, 1998), 李淵植『朝鮮引揚げと日本人』(明石書店, 2015), 이연식「해방 후 한반도 거주 일본인 귀환에 관한 연구」(서울시립대학교 박사학위논문, 2009)　　【이연식】

352
마쓰다 고
松田甲(송전갑)   1864.8.8~1945.7.17

가쿠오學鷗(호), 가이무皆夢(호)

한학자, 문학가

이와시로岩城(현 후쿠시마현福島縣) 서부 와카마쓰若松 출신. 4남으로 출생했으며, 아명은 고시고로甲子五郎였다. 원적은 홋카이도北海道 삿포로札幌이다. 청년기에 메이지明治 시대 6대 교육가의 한 사람인 곤도 마코토近藤眞琴가 창설한 도쿄東京의 고교쿠샤攻玉社 토목과에서 공부하였다. 1882년에는 참모본부 육지측량부에 봉직하며 일본의 지형 측량에 종사하였고, 30년 가량 경력을 쌓으며 메이지시대에 이미 홋카이

도, 구 만주 지역, 몽골, 중국 내륙, 타이완臺灣 등을 다니며 한시를 많이 남겼다. 1910년 경 아내 아키코ｱｷ子와 슬하에 장녀 유키코ユキ子가 있었던 것으로 확인된다.

마쓰다 고는 일본에 의해 한국이 강제 병합된 이듬해 1911년 4월 조선총독부 임시토지조사국에 들어오게 되면서 조선으로 건너왔다. 이미 이때 한시문가로 일본에서 이름이 높았던 듯 마쓰다의 조선 부임을 맞아 고관 나가이 규이치로永井久一郎 등과 이별의 한시를 주고받은 기록이 있다.

측량과의 기수로 부임한 마쓰다는 1914년에는 감사관이 되었고, 감독관을 거쳐 1919년부터는 체신국의 촉탁, 1925년부터는 총독관방 문서과의 촉탁으로 1931년까지 근무하였다. 마쓰다 고는 67세라는 고령에 이르기까지 총독부 촉탁을 역임하는 한편 일제강점기 내내 경성에서 문필가로서 활발한 저작활동을 하였다. 한시문가답게 여러 권의 한시집을 간행한 것은 물론이고, 단카短歌, 하이쿠俳句 와 같은 일본의 전통적 시가 작품도 해당 전문 잡지에 남기고 있다. 총독부의 기관지에 해당하는 잡지 『조선朝鮮』을 비롯하여 『경무휘보警務彙報』, 『경성학해京城學海』, 『문교의 조선文教の朝鮮』, 『조선급만주朝鮮及滿州』, 『조선공론朝鮮公論』, 『조선체신협회잡지朝鮮遞信協會雜誌』, 『조선지방행정朝鮮地方行政』과 같은 메이저 월간 잡지 문예란의 한시 분야 책임 선자選者를 도맡았다.

마쓰다의 저술 활동은 이와 같은 고전 시가 장르와 더불어 한일관계에 관련된 역사 이야기 분야에서 두드러지는데, 특히 1926년부터 1931년에 이르기까지 일본과 조선의 역사를 소재로 한 무수한 이야기를 『일선사화日鮮史話』 1~6권, 『속續 일선사화』 1~3권의 도합 9권에 이르는 단행본으로 엮어낸 작업이 가장 대표적이다. 이와 병행하여 마쓰다 고는 1925년의 『조선잡기朝鮮雜記』, 1928년의 『조선만록朝鮮漫錄』, 1929년의 『조선총화朝鮮叢話』라는 세 권의 수필 시리즈를 통해 조선 문화의 키워드를 소개하고 있으며, 1927년에는 『조선의 옛과 지금朝鮮の今昔』을 출판하기도 하였는데, 이러한 저술활동을 통해 명실상부 조선 전문가로서의 입지가 확고해진 것으로 보인다.

총독부 촉탁이었으므로 마쓰다 고의 저작에서는 일본인의 시각에 입각한 역사인식과 일선동조론日鮮同祖論이 드러나지만, 한반도의 과거 역사를 한문으로 기록된 사서史書를 치밀하게 고증하고 있는 점, 조선시대의 유학과 유학자들에 대한 높은 평가의 근거, 한일교류사 연구의 기반을 마련해 놓은 점 등에서 재검토할 필요성이 있다. 1911년 조선으로 건너오자마자부터 조선인 문인들과 한문, 한시로 문학적 소통을 하였고 1945년 경성에서 80세 기념 한시집을 출간하고 광복 1개월 전에 경성에서 타계할 때까지, 마쓰다는 한시, 한문은 물론이고 고전 시가, 수필, 역사 평론 등 다기에 걸친 장르에서 조선을 화두로 한 수많은 저작을 낸 대표적 재조일본인 문필가라 할 수 있다.

[참고문헌] 식민지 일본어문학·문화연구회 공역 『완역 일본어잡지 『조선』 문예란(1911년 3~12월)』(J&C, 2013), 朝鮮公論社 編 『在朝鮮內地紳士名鑑』(朝鮮公論社, 1917), 박영미 「일제 강점기 松田甲의 한문학 연구에 대하여」 『漢文學報』 22(우리한문학회, 2010), 權純哲 「松田甲の「日鮮」文化交流史研究」 『埼玉大學紀要』教養學部44-1(埼玉大學, 2008)　　【엄인경】

353

마쓰다 기미
松田きみ(송전기미)　　　　　?~1985.5.11

이토 기미伊藤きみ(본명)
교사

아이치현愛知縣 출신. 1922년에 도쿄음악학교東京音樂學校 내 제사임시교원양성소第四臨時敎員養成所에 입학, 1924년 3월에 졸업하였다. 임시교원양성소는 일본 내 중등교육기관의 확충에 따른 동 기관의 교원 양성을 목적으로, 임시적으로 만들어진 2년제 속성 교원양성기관으로, 제사임시교원양성소는 도쿄음악학교 내에 설치되어 중등음악교원을 양성하였다.

조선에 온 정확한 시기는 알 수 없으나 『조선총독부및소속관서직원록朝鮮總督府及所屬官署職員錄』(1928~1929)에 의하면 1928년부터 1929년까지 함경북도 청진에 있는 나남고등여학교羅南高等女學校에서 교사로 활동한 것을 확인할 수 있다. 『제4임시교원양성소일람第四臨時敎員養成所一覽』에는 본명인 이토 기미로 기록되어 있었지만 『조선총독부및소속관서직원록朝鮮總督府及所屬官署職員錄』에는 마쓰다 기미로 성이 바뀌어 기록된 것을 보면 졸업 후 결혼하여 남편과 함께 조선에 건너왔을 것으로 추정된다. 『근대일본음악연감近代日本音樂年鑑』(1931~1932)에 의하면 나남공립여학교에 근무한 것으로 기록되어 있는데 이것으로 1920년대 후반부터 1930년대까지 교원으로 활동했을 가능성을 배제할 수 없다.

조선 중등교육기관에서 음악교과를 담당하면서 조선인과 일본인 여학생 육성에 기여하였다.

[참고문헌] 第四臨時敎員養成所 編 『第四臨時敎員養成所一覽 自大正十一年至昭和三年』(第四臨時敎員養成所, 1928), 第四臨時敎員養成所 編 『第四臨時敎員養成所一覽 自大正十三年至大正十四年』(第四臨時敎員養成所, 1925), 東京藝術大學音樂部 『同聲會會員名簿』(廣濟堂, 2013), 松下鈞 監修 『近代日本音樂年鑑』(大空社, 1997)　　　　　　　　　【김지선】

354
마쓰다 마사오
松田正雄(송전정웅)　　　　　　1891~1941

레이코黎光(이명)

화가

출생지 불명. 경성제일고등여학교京城第一高等女學校에서 도화 교사로 근무했으며 조선미전朝鮮美展에 출품했다.

독학으로 일본화를 익혔고 경성제일고등여학교 도화 교사로 근무하며 조선미전에 출품, 특선을 거듭하였다. 그가 출품한 작품들은 화조花鳥화나 일본, 조선, 중국의 민족의상을 입은 인물화가 주류를 이루었으며 1932년 〈간澗〉과, 그 이듬해 〈신라야新羅野〉, 1934년 〈노전路廛〉 등이 특선하였다. 1935년 14회 조선미전부터 추천작가가 되었고, 고구려고분벽화 모사나 그림엽서 밑그림제작에도 관여했다. 국민

총력조선연맹 조선미술협회 이사를 지냈으며 1941년 조선에서 사망했다.

[참고문헌] 坂井基樹 外 編 『日韓近代美術家のまなざし-『朝鮮』で描く』(福岡アジア美術館 外, 2015), 朝鮮新聞社 編 『朝鮮人事興信錄』(朝鮮新聞社, 1935)　　　　　　　　　　　　　　【김용철】

355
마쓰모토 가쓰타로
松本勝太郎(송본승태랑)　　　　1874.4.13~1959.2.2

실업가, 정치인

히로시마현廣島縣 구레시吳市 출신. 토목청부업체 주식회사 마쓰모토구미松本組의 대표로 1904년부터 조선 내 많은 토목 공사 사업을 담당했다. 토목 건축업을 가업으로 하는 집안에서 태어났다. 1890년 부친을 도와 요시우라화약고吉浦火藥庫와 구레 진수부吳鎭守府의 공사를 감독하는 일을 맡았다. 1892년 제5사단 기병연대騎兵聯隊의 병영 신축 공사를 청부받았으나, 청일전쟁 등의 영향으로 임금과 자재비가 폭등해 큰 실패를 겪었다. 1896년 타이완으로 건너가 타이베이臺北 최초로 일본 육군 병영 건축을 단독 청부받아 준공했으며, 총독부 청사를 완공하는 등 타이완에서 큰 성공을 거두었다. 1901년 일본으로 돌아와 구레에 본점을, 도쿄東京와 시모노세키下關에 조선 경성에 지점을 설립해 목재 판매업과 토목 청부업을 운영했다. 산림 벌목업과 감귤 재배 농장 등을 겸영했다.

1904년 경부선과 경의선 속성 공사를 맡으며 조선에서의 사업을 시작했다. 이후 경의선 개량 공사, 나남羅南 병영 공사, 국도國道 개수 공사, 교량 공사 등을 청부 받아 완공하는 등 큰 부를 이루었다. 1925년에는 영업을 주식회사 체제로 전환해 조선에는 경성 외 청진淸津에도 지점을 두고, 토목 청부업뿐만 아니라 운수업, 공사 측량 설계 및 감독, 공사용 기계 기구의 판매와 임대, 공사용 재료의 판매, 제재업, 요업, 토지와 가옥의 경영, 광산업 등을 겸영했다. 또한 조선의 여러 사업가와 관련하며 관계를 맺어, 주

식회사 용산공작龍山工作 이사, 주식회사 경성요업京城窯業 상담역, 주식회사 동아상공東亞商工 감사, 주식회사 조선천연빙朝鮮天然氷 이사, 주식회사 조선화약朝鮮火藥 상담역 및 대주주, 주식회사 성진전기城津電氣 대주주, 주식회사 성남연예城南演藝 대주주, 주식회사 경성미술구락부京城美術倶樂部 대주주, 주식회사 북선전력北鮮電力 이사 등으로 활동했다. 1918년 창립된 조선토목건축협회의 초대 회장을 맡았지만 1920년 사임했다.

1925년부터 귀족원 다액 납세자 의원이 되었다. 1928년에는 제14회 만국의원상사회의萬國議員商事會議, 제25회 열국의회동맹회의列國議會同盟會議에 참석하기 위해 유럽을 순방했으며, 당시의 경험을 기록한 책 『해외를 돌아보고海外を巡りて』(日本評論社)를 1929년 출간했다. 1935년 6월부터 1936년 9월까지 제12대 구레 시장을 역임했다.

1947년 5월 귀족원이 폐지되기까지 귀족원 의원으로 재임했으며 1959년 2월 사망했다.

[참고문헌] 中村資良 『朝鮮銀行會社要錄』(東亞經濟時報社, 각년판), 上田正昭 外 『日本人名大辭典』(講談社, 2001), 이금도 「朝鮮總督府 建築機構의 建築事業과 日本人 請負業者에 關한 硏究」(부산대학교 박사학위논문, 2007), 김명수 「재조일본인 토목청부업자 아라이 하쓰타로(荒井初太郎)의 한국 진출과 기업 활동」 『경영사학』 26-3(한국경영사학회, 2011), 도리우미 유타카 「일제하 일본인 請負業者의 활동과 이윤창출」(서울대학교 박사학위논문, 2013)　　　　【양지혜】

356

마쓰모토 고시로(7대)
松本幸四郎(7代目)(송본행사랑(7대))
1870.5.12~1949.1.28

후지마 긴타로藤間金太郎(본명), 4대 이치카와 소메고로市川染五郎(예명), 8대 이치카와 고마조市川高麗藏(예명)

가부키歌舞伎 배우

이세노쿠니伊勢國(현 미에현三重縣) 출신. 토건업을 하는 부모 밑에서 태어나 3세 때 안무가振付師 2대 후지마 간에몬藤間勘右衛門의 양자로 들어가 이름을 후지마 긴타로藤間金太郎로 개명하였다. 1880년 9대 이치카와 단주로市川團十郎의 제자가 되어 이치카와 긴타로市川金太郎라는 이름으로, 도쿄東京 혼고좌本鄉座에서 열린 〈오미겐지센진야가타 모리쓰나진야近江源氏先陣館 盛綱陳屋〉 공연에서 고시로小四郎 역으로 첫 무대를 섰다. 1889년에는 신토미좌新富座에서 4대 이치카와 소메고로市川染五郎를 습명襲名, 1903년에는 가부키좌歌舞伎座에서 8대 이치카와 고마조市川高麗藏를 습명, 1911년에는 데이코쿠극장帝國劇場에서 7대 마쓰모토 고시로松本幸四郎를 습명하였다.

데이코쿠극장의 부좌장副座長을 역임하며 동 극장에서 신작, 번역극 등을 시도하였다. 1930년 데이코쿠극장이 쇼치쿠松竹 산하가 되자 쇼치쿠와 전속계약을 맺었다. 생애 약 1600회의 가부키歌舞伎 공연을 하였다. 자녀로는 11대 이치카와 단주로市川團十郎, 8대 마쓰모토 고시로松本幸四郎, 2대 오노에 쇼로쿠尾上松錄 등이 있다. 옥호屋號는 고라이야高麗屋이다.

조선 공연으로는 1937년 7월 3~7일 경성 메이지좌明治座에서의 공연이 확인된다. 이 공연은 고시로가 당시 68세라는 고령임에도 불구하고 조선 무대에 서는 것으로 화제가 되었다. 마쓰모토 일행은 해당 공연을 앞두고 6월 18일에 『경성일보京城日報』 도쿄지사를 방문하였다.

상연 목록은 〈오메미에교겐御目見得狂言〉, 〈누이보쿠센다이하기伽羅先代萩〉, 〈신뇨眞如〉, 〈간진초勸進帳〉, 〈스즈가모리鈴ヶ森〉, 〈고치야마河內山〉, 〈모미지가리紅葉狩〉와 니노가와리교겐二의 替狂言 〈쓰즈미노사토鼓の里〉, 〈오모리히코시치大森彦七〉, 〈혼조시모야시키本藏下屋敷〉, 〈스오오토시素襖落〉, 〈구루와노사야아테廓鞘當〉, 〈기오이지시勢獅子〉였다.

만년에도 중진 배우로서 활발한 활동을 전개하였다. 1946년에는 〈간진초〉의 벤케이弁慶 역을 맡았으며, 1948년 12월 신바시엔부조新橋演舞場에서의 공연을 마지막으로 다음해 1월, 향년 79세로 생을 마감하였다.

[참고문헌] 野島壽三郎 編 『歌舞伎人名事典』(日外アソシエーツ株式會社, 1988), 朝鮮人事興信錄編集部 『朝

鮮人事興信錄』(朝鮮新聞社, 1935), 金志善·鹿倉結衣
「植民地朝鮮における歌舞伎公演の實態－『京城日報』
の歌舞伎記事を手がかりに－」『東京藝術大學音樂學
部紀要』43(東京藝術大學, 2018)　　　【김지선】

357
마쓰모토 마코토
松本誠(송본성)　　　　　　　　1883.10~?

행정관료, 실업가

도쿄부東京府 출신. 1902년 가이세이중학開成中學을,
1905년 제일고등학교第一高等學校를 졸업했다. 1909
년 도쿄제국대학東京帝國大學 정치과를 졸업하고 그
해에 고등문관시험에 합격하였다.

1910년 4월 대한제국정부의 초청으로 건너와 내무
부 서무과장으로 근무했으며, 강제병합 후에도 조선
총독부 속관屬官으로 근무를 계속했다. 1911년 8월
서기관으로 승진하여 총독부 내무부 서무과장이 되
었다. 1912년 3월 내무부 지방국 제2과장, 4월 평안
북도 재무부장이 되었다. 1917년 3월 경상북도 제2
부장이 된 후 경상북도 물산공진회物産共進會 평의원
등을 겸하여 활동했다. 1918년 여름 경기도 재무부
장이 된 후 경기도 금융조합연합회 이사장 등을 겸하
여 활동했다. 1920년 11월 충청남도 제1부장 내무부
장, 1922년 8월 전라북도 내무부장, 1925년 8월 경기
도 내무부장 등을 거쳤다. 이 사이에 1924년 3월 구
미 출장을 명령받고 시찰을 다녀왔다.

1926년 5월 총독부 재무국 이재과장理財課長 겸 철
도국 이사로 승진하였으며, 그해 12월 조선관세소원
심사위원회朝鮮關稅訴願審査委員會 위원, 1927년 6월
금융제도준비조사회 위원 등으로 활동했다. 1928년
1월 총독부 전매국장 겸 철도국 이사가 되어 전매제
도를 고쳐서 판매사업을 직영하도록 하는 등 활발히
활동했다. 이 사이에 조선박람회朝鮮博覽會 평의원,
이사 등을 역임했다.

1931년 9월 경기도지사에 임명된 후 경기도 농회
장農會長, 농촌진흥회 이사 등을 겸하여 활동했다. 뿐
만 아니라 1932년 7월부터는 매일신보사每日新聞社

고문, 그해 12월 나병예방협회癩病豫防協會 발기인,
1933년 8월 조선금융조합연합회 설립위원, 1934년
3월 경기도 국방의회연합회國防議會聯合會 회장 등으
로도 활동했다. 도지사 재직 시 우가키 가즈시게宇垣
一成(→784) 총독의 시정방침에 호응하여 지방행정의
쇄신, 농촌진흥운동 추진, 중견인물中堅人物 양성 등
에 주력하여 직업학교, 농사훈련소를 설치하는 등
여러 활동을 펼쳤다.

1934년 11월 의원면관依願免官으로 도지사 직을 사
임했으나 이후에도 각종 국책회사, 관변단체 등의
대표나 간부로 활동했다. 사임 이후 금 제련회사 설
립에 주력하여 1935년 2월 조선제련주식회사를 창
립하였다. 창립과 동시에 사장에 취임하여 1938년 9
월경까지 역임하면서 산금사업産金事業을 진흥시키
는 데 주력했다. 이 사이에 1935년 11월 조선인 '사상
범思想犯' 선도를 목표로 조직된 소도회 회장을 역임
했으며, 1937년 2월 재단법인 약초관음회藥草觀音會
를 비롯해 사단법인 조선광업회와 조선공업협회 등
에 참여하여 활동하였다. 또 1937년에 과거 조선의
관계官界에서 고위관료로 재직하다가 실업계에서 중
요 지위를 맡은 인사들로 구성된 화월회花月會 회원
으로 활동하면서 미나미 지로南次郎(→411) 총독, 오노
로쿠이치로大野綠一郎(→699) 정무총감政務總監 등과도
친분을 쌓았다. 1938년 6월 조선중앙광업협의회 결
성 때 회장에 선임되었으며, 8월 시국대책조사회時局
對策調査會 결성 때 위원이 되어 활동했다. 1938년 8
월 조선금융조합연합회 제2대 회장에 취임하였다.
이밖에도 1930년대에 농촌진흥위원회, 물가위원회,
조선간이생명보험사업 자문위원회, 총독부저축장
려위원회 등의 위원으로 활동했다.

1940년 8월 임시조선미곡조사위원회 위원, 그해
11월 국토계획위원회 위원, 1942년 4월 조선주택영
단朝鮮住宅營團 평의원, 그해 6월 금융통제단체령시
행규칙金融統制團體令施行規則에 따라 설립된 지방금
융협의회 설립위원, 1943년 7월 조선전업주식회사朝
鮮電業株式會社 설립위원 등 총독부 산하의 여러 기관
의 간부로 활동했다. 1944년 5월에는 국민총력조선
연맹의 실천부장으로서, 일본 대정익찬회大政翼贊會

와 공동주최로 나고야名古屋에 학병위문단學兵慰問團 동해반東海班을 파견하고 직접 이끌었다. 그 이후에도 그해 12월 조선전시종교보국회朝鮮戰時宗教報國會의 참의參議, 1945년 1월 처우감사운동 준비위원, 그해 2월 대화동맹大和同盟 심의원審議員 등이 되어 활동함으로써, 일제가 패망하는 마지막 순간까지 침략전쟁 협력에 앞장섰다.

1945년 일제 패망 때까지 경성에서 활동했는데, 정확한 귀국 일시, 이후의 행적, 사망 일시 등은 불분명하다. 다만 1945년 8·15 이후 재조일본인의 안전한 귀환을 담당했던 조직인 조선인양동포세화회朝鮮引揚同胞世話會 이사로 참여한 것으로 확인된다. 총독부 위생고문衛生顧問을 지낸 야마네 마사쓰구山根正次의 딸 마쓰모토 미야코松本京와의 사이에 3남 3녀를 두었다.

[참고문헌] 貴田忠衛 『朝鮮人事興信錄』(朝鮮新聞社, 1935), 朝鮮功勞者銘鑑刊行會 編 『朝鮮功勞者銘鑑』(民衆時論社, 1935), 高橋三七 『事業と鄕人 第1輯』(實業タイムス社·大陸硏究社, 1939), 猪野三郎 編 『大衆人事錄』(帝國秘密探偵社, 1943), 和田八千穗·藤原喜藏 編 『朝鮮の回顧』(近澤書店, 1945), 芳賀登 外 編 『日本人物情報大系』(皓星社, 1999~2002), 岡本眞希子 『植民地官僚の政治史』(三元社, 2008), 『朝鮮引揚同胞世話會資料(海外引揚關係史料集成 24, 朝鮮 7)』(ゆまに書房, 2012), 朝鮮總督府 編 『朝鮮總督府官報』(朝鮮總督府官報, 각호)　　　　　【변은진】

358
마쓰모토 세이초
松本淸張(송본청장)　　　　1909.12.21~1992.8.4

나카야마 기슈中山義秀(이명)
문학가

후쿠오카현福岡縣 고쿠라小倉 출신. 가난한 집안 사정으로 인해 15세에 고쿠라 시립 기요미즈심상고등소학교淸水尋常高等小學校 고등과를 졸업하고, 곧바로 가와키타 전기川北電氣의 급사 및 인쇄소 직공으로 일했다. 직공으로 근무하면서 모리 오가이森鷗外, 기

쿠치 간菊池寬, 에드거 앨런 포 등의 작품에 흥미를 느끼고, 문학습작에 손을 대기도 했다. 우연히 빌려본 친구의 좌익문학지가 원인이 되어 가혹한 수감체험을 하게 되고, 경제적 궁핍으로 문학의 꿈을 접었다. 1942년 계약직으로 근무하던 『아사히신문朝日新聞』의 정사원이 되지만, 직장 내의 심한 학력주의로 고전을 거듭했다. 이듬해 군대에 입대하여 조선 땅에서 패전을 맞았다. 이후 아사히신문사에 복직하여 『주간 아사히週刊朝日』에서 주최한 공모에서 「사이고 사쓰西鄕札」(1951)가 3등에 입선하여 제25회 나오키상直木賞 후보가 되었다. 이어 「어떤 '고쿠라 일기' 전或る「小倉日記」傳」(1952)을 발표하여 1953년 제28회 아쿠타가와상芥川賞을 수상하였다. 1955년에는 추리소설 창작에 손대기 시작하여 1958년 「점과 선點と線」, 「눈의 벽眼の壁」이 연이어 베스트셀러가 되면서 추리소설 작가로서의 위상을 확고히 했다. 이들 추리소설은 사회적 문제와 관련된 범죄와 범죄동기를 취급하고 있어 사회파 추리소설로 언급되기도 한다. 집필 범위가 방대하여 현대소설, 역사소설, 시대소설, 현대사·고대사 연구, 평전, 논픽션 등 다방면에 걸쳐있으며, 추리소설계의 업적만으로도 전후 일본을 대표하는 작가라 할 수 있다. 1992년 뇌출혈로 인해 입원하여 간암으로 판정받고 8월 4일 사망하였다.

1944년 6월에 징집되어 7월에 남방전선의 뉴기니에 가기 위해 도한하여 서울 용산에 주둔하였고, 위생병으로 근무하였다. 이후 1945년 4월에 편성된 150사단에 편입되어, 정읍에 주둔하여 패전을 맞았다. 마쓰모토는 고대사, 현대추리, 시대물 사회소설 등 여러 장르의 한국을 다룬 작품을 많이 저술했다. 일본 고대사에 관한 것으로 「고대사의古代史疑」(1966~1967), 「고대 탐구古代への探求」(1971)를 비롯해 임진왜란 때 조선인 포로를 다룬 「주로走路」(1956), 임진왜란을 소재로 한 「염전厭戰」(1961), 이토 히로부미伊藤博文(→900)의 조선에서의 활동을 그린 「통감統監」(1966), 조선인 무정부주의자를 다룬 「박열 대역사건朴烈大逆事件」, 조선의 좌익 평론가 임화林和를 다룬 「북의 시인 北の詩人」(1962~63) 등이 있다. 조선에서의 군대체험을 추리소설 풍으로 그린 것으로는 「백

제의 풀百濟の草」,「빨간 제비赤いくじ」,「먼 접근遠い 接近」,「망網」(1975~76),「임무任務」,「번성하는 메스 繁盛するメス」 등이 있다. 이 외에도 사회문제를 다룬 것으로는 미술계의 실상을 파헤친 「진위의 숲眞贋の 森」(1958), 재일조선인의 범죄를 다룬 「닛코 중궁사 사건日光中宮祠事件」(1958), 조선전쟁을 배경으로 한 「흑 지의 그림黑地の繪」(1958),「모략 조선전쟁謀略朝鮮戰 爭」,「존엄」 등이 있다.

패전 이후에 본국에 귀환한 뒤에 본격적으로 문학 자로서 발표한 작품에는 위생병으로서의 전쟁체험, 한국 체류의 경험이 여러 형태로 드러나 있다. 한국 에서의 전쟁 체험을 소재로 한 일련의 소설들(「임무」, 「염전」,「번성하는 메스」 등)과, 전라북도 정읍에 주둔했 던 경험에 기반한 소설들(「백제의 풀」,「빨간 제비」 등) 을 그 예로 들 수 있는데, 전쟁 수행기의 한국 체험은 과거의 경험에 머무르지 않고 전후사회로 확장되고 사상화되어, 마쓰모토 세이초 문학의 기반을 다졌다 고 할 수 있다.

[참고문헌] 고려대학교 일본연구센터 일본추리소설사 전 편『일본추리소설사전』(학고방, 2014), 日本近代文 學館 編『日本近代文學大事典』(講談社, 1978), 南富鎭 『文學の植民地主義』(世界思想社, 2006), 南富鎭 『飜 譯の文學:東アジアにおける文化の領域』(世界思想社, 2011)   【이승신】

359
마쓰모토 소이치
松本操一(송본조일)   생몰년도 미상

관료

경성제국대학 문과 출신으로 1934년 9월 고등문관 시험에 합격했다. 1936년 조선총독부 체신관서遞信 官署 체신국遞信局 서무과 서기를 역임했다. 1939년 부터 1940년까지 경상북도 내무부 학무과學務課 이 사관理事官을 역임했다. 1942년에는 조선총독부로 옮겨 식산국殖産局 물가조정과物價調整課 사무관事務 官을 지냈고, 1942년에는 기획국企劃局 사무관, 1943 년에는 식산국 사무관을 지냈다.

[참고문헌] 芳賀登 外 編『日本人物情報大系』(皓星5 社, 1999~2002), 국사편찬위원회 한국사데이터베이스 〈http://db.history.go.kr〉   【박우현】

360
마쓰모토 요이치로
松本與一郎(송본여일랑)   생몰년도 미상

마쓰모토 데루카松本輝華/松本輝花, 기스이輝萃, 쓰쿠시 지로筑紫次郎, SM세이SM生(필명)

문학가, 언론인, 영화인

일제강점기 조선에서 활동한 작가, 저널리스트, 영 화인.『조선공론朝鮮公論』,『조선신문朝鮮新聞』 기자.

조선 체재 기간에 대해서 명확한 기록은 남아 있지 않지만, 조선에서의 행보는 그가 일한 매체의 기사 들로부터 대략 추정할 수 있다. 1921년 10월 잡지 『조선공론』 기자로 입사하기 전까지는 '조선중앙경 제회朝鮮中央經濟會'에 적을 두고 있었고, 한편으로는 경성의 문예영화동호회 '목동시사牧童詩社' 회원으로 활동하며 문학과 영화 연구에 매진하였다.『조선공 론』 입사 전에는 이 잡지의 독자투고 문예란인「공론 문단公論文壇」,「반도문예半島文藝」에 자주 수필 등을 투고하였고, 입사 후에는 이 문예란의 심사를 맡았다. 『조선공론』에서는 문예란 외에도 사진, 카페 탐방 기 등으로도 호평을 받았으나 무엇보다 그가 가장 심혈을 기울인 분야는 영화 관련 기사였다. 그가 입 사한 1921년 10월 전후로『조선공론』에 '영화란'이 신설되었고, 마쓰모토는『조선공론』을 퇴사하여 자 매지인『조선신문』으로 옮겨간 후에도 1928년까지 『조선공론』 영화란에 관여했다.

1923년 와세다 대학 문과에 진학하기 위해『조선 공론』을 퇴사하고 일본으로 건너갔지만, 같은 해 9 월 일어난 간토대지진關東大地震으로 인해 다시 조선 으로 돌아와『조선신문』에 입사했다.『조선신문』에 서도 지속적으로 영화란을 담당했고,『조선신문』 영 화 촬영반에서 기록영화를 연출하기도 했다. 1925년 경에 〈조선영화예술협회〉의 회원이었고 1926년 〈경 성방송국JODK〉 아나운서로 전직, 1928년에는 조선

의 영화 제작프로덕션인 〈도쿠나가교육영화촬영소德永教育映畵撮影所〉의 촬영감독으로서 각종 선전영화와 교육영화의 제작에 관여했으며 1929년경에는 〈조선무대협회〉의 감독을 역임했다. 또한 1932년에는 경기도 경찰부의 교통선전영화 각본 심사위원으로 참여하는 등, 1920년대에서 1930년대 초반에 걸쳐 일제강점기 조선영화계에서 맹활약하던 언론인이자 영화인이었다.

[참고문헌] 谷サカヨ 『第14版 大衆人事錄』(帝國秘密探偵社, 1943), 朝鮮新聞社 編 『朝鮮人事興信錄』(朝鮮新聞社, 1935)　　　　　　　　　　　【임다함】

361

마쓰무라 다이신

松村大進(송촌대진)　　　　　　1894.7.26~?

금융인

미야기현宮城縣 시다군志田郡 시모이바노무라下伊場野村 출신. 마쓰무라 분지松村文治의 4남으로 태어났다. 1921년 교토대학京都大學 법학과를 졸업하고 지원병으로 입영한 후 1년 뒤 퇴영한 다음에 식산은행에 입사하였다.

1921년 5월 조선으로 건너와서 식산은행에 입사하여 본점에서 근무했고, 1923년 5월 식산은행 부산지점으로 발령을 갔다. 1924년 3월 목포지점장 대리로 승진하였고, 1925년 7월 전주지점장 대리로 부임한 후, 1928년 3월 식산은행 도쿄사무소 주임대리로 영전하였다. 1930년 10월 식산은행 부산지점장 대리로 승진하면서 다시 조선으로 건너왔고 1932년 3월 부산진파출소 주임을 잠시 거친 후 동년 10월 식산은행 평안북도 박천지점장을 지낸 다음 나진지점장을 역임하였다. 사이토 마코토齋藤實(→469) 총독시절 조선 관재계의 중심인물이었던 마쓰무라 마쓰모리松村松盛(→362)가 친형이다.

[참고문헌] 谷サカヨ 『第14版 大衆人事錄』(帝國秘密探偵社, 1943), 民衆時論社 編 『朝鮮人物大系』(民衆時論社, 1938)　　　　　　　　　　　【유재진】

362

마쓰무라 마쓰모리

松村松盛(송촌송성)　　　　　　1886.1.25~?

관료

미야기현宮城縣 출신. 제이고등학교第二高等學校를 거쳐 1912년 도쿄제국대학東京帝國大學 법과대학 영법과英法科를 졸업하고, 그해 12월 와카야마현和歌山縣 속屬에 임명되어 관직생활을 시작하였다. 1913년 11월에 고등문관시험高等文官試驗에 합격하였고 이후에는 미쓰비시三菱에 입사하였으나 1914년에 다시 내무성內務省에 입성하였다. 나카군장邢賀郡長으로 전임한 후, 1916년 6월에 이사관으로 승진하였고, 1918년 9월에는 후쿠오카현福岡縣 이사관 및 시학관視學官 등을 역임했다.

1919년 3·1운동 이후, 식민지 조선에 대한 일제의 통치방식을 소위 '문화정치文化政治'라고 한다. 이는 일본 내 정치 상황의 변화와 맞물려 시행되었다. 당시 일본의 다이쇼데모크라시 분위기는 육군을 중심으로 하는 번벌藩閥 대신 정당을 유력한 정치세력으로 부상시켰다. 이로 인해 입헌정우회立憲政友會를 정치적 기반으로 하는 하라 다카시原敬(→917) 내각이 성립되었다. 그들은 번벌 세력을 다방면에서 압박하면서 권력의 재생산을 기도했으며, 하라가 미즈노 렌타로水野鍊太郎(→439)를 조선총독부의 새로운 정무총감政務總監으로 임명한 것도 이러한 압박의 일환이었다. 미즈노는 조선총독부 정무총감이 되자마자 '무단통치武斷統治'의 색채를 지우기 위해 중앙과 지방의 경찰관료 인선을 진행했다. 1919년 8월 20일, 마쓰무라가 전라북도 도사무관道事務官의 직위로 경찰부장에 임명된 것에는 이러한 정치적 맥락이 있었다.

이후 1921년까지 전라북도에서 근무하였고, 동년 조선총독부 총독관방 외사과外事課 감찰관 및 학무국 학무과장에 임명되면서 본격적인 조선총독부 관료의 이력을 축적하게 된다. 1922년에는 학무국 종교과장이 되었으며, 임시교육조사위원회臨時敎育調査委員會 간사 및 위원, 임야조사위원회林野調査委員會 위원, 조선정보위원회朝鮮情報委員會 위원 등으로 활동했다. 1923년에는 총독관방總督官房 비서과 및 참사관실參事官室에서 근무했다. 또한 고적조사위원회古蹟調査委員 위원, 구관 및 제도조사위원회舊慣及制度調査委員會, 조선미술심사위원회朝鮮美術審査委員會 간사, 조선어장려시험위원朝鮮語獎勵試驗委員으로도 활동했다. 1924년에는 조선제국대학창설위원회朝鮮帝國大學創設委員會 위원으로 활동하면서 이후 경성제국대학京城帝國大學 창설에 일조하였다. 1925년 총독관방 심의실審議室, 1928년에 토지개량부土地改良部 부장을 거쳐 1930년에는 조선총독부 식산국장殖産局長이 되었다. 식산국장 시절에 임시소작조사위원회臨時小作調査委員會 위원장, 조선전기사업조사회朝鮮電氣事業調査會 위원 등으로 활동하다가 1931년 7월 21일에 면관하였다.

퇴관 이후에는 당시 경성에도 지점을 가지고 있었던 노무라생명보험주식회사野村生命保險株式會社 감사, 다이토석유주식회사大東石油株式會社 이사 등으로 활동했다.

그는 조선에 부임하던 시절에 학무과장이나 종교과장, 토지개량부 부장, 식산국장 등을 역임하면서 "조선 재임 중의 공적이 찬란하여 조선 통치사상 빛나고 있다"는 평을 들을 정도로 많은 역할을 했다. 마쓰무라가 스스로의 관료 시절을 어떻게 생각했는지는 문화정치기의 '주역'이었던 미즈노 렌타로, 아카이케 아쓰시赤池濃, 시바타 젠사부로柴田善三郎, 마루야마 쓰루키치丸山鶴吉(→346), 모리야 에이후守屋榮夫(→391), 지바 료千葉了(→905) 등과 행한 1937년의 좌담회를 통해 알 수 있다. 『조선통치비화朝鮮統治秘話』란 제목의 책으로 간행된 이 좌담회에서 마쓰무라는 조선의 교육계, 조선교육령朝鮮教育令, 내선공학內鮮共學, 종교 대책, 사회 교화, 경성제국대학의 설립, 조선의 산업 발달에 관한 다양한 내용을 회고하고 있으며, 스스로의 역할에 대해서도 말하고 있다.

"문필文筆로도 풍부한 자질"을 가졌다는 평판답게 적지 않은 글을 남겼다. 「국산애용에 대해國産愛用に就て」(『조선경제잡지朝鮮經濟雜誌』 178, 1930), 「북선의 토지개량北鮮の土地改良」(『조선철도협회잡지朝鮮鐵道協會會誌』, 1928.10), 「덴마크의 농촌과 국민고등학교丁抹の農村と國民高等學校」(『문교의 조선文敎の朝鮮』 12, 1925), 「토지개량사업의 일반土地改良事業の一般」(『조선급만주朝鮮及滿洲』 262, 1929), 『밝아오는 조선明け行く朝鮮』(帝國地方行政學會, 1925) 등의 저술이 있다.

[참고문헌] 이충호 편역 『조선통치비화』(국학자료원, 2012), 大陸自由評論社 編 『大陸自由評論 事業人物號 第8』(大陸自由評論社, 1923), 阿部薫 編 『朝鮮功勞者銘鑑』(民衆時論社, 1935), 『大衆人事錄 第14版 外地·滿支·海外篇』(帝國秘密探偵社, 1940), 人事興信所 編 『人事興信錄 第14版 下』(人事興信所, 1943), 秦郁彦 『戰前期日本官僚制の制度·組織·人事』(東京大學出版會, 1981), 김종식 「1920년대 초 일본정치와 식민지 조선지배」 『동북아역사논총』 22(동북아역사재단, 2008)

【전영욱】

363
마쓰바라 준이치
松原純一(송원순일)　　　　　　　　1884.3.23~?

샤세키射石(호)
금융인

시마네현島根縣 니마군邇摩郡 오모리마치大森町 출신. 하마다중학교濱田中學校를 거쳐 1908년 고베고등상업학교神戶高等商業學校를 졸업한 후 제일은행第一銀行에 입사하였다.

1909년 12월 한국은행이 창립되자 종래 제일은행 지점이 경영하고 있던 한국중앙은행의 업무를 인계받아 한국은행으로 이직하였다. 1911년 8월 한국은행을 조선은행으로 개칭한 후에도 계속 근무하여 차츰 그 수완을 인정받았다. 겨우 30세가 넘었을 무렵인 1914년에 조선은행 장춘지점 지점장을 맡은 이래 안동출장소 소장, 영업국 지점과장, 총무국 총무과장, 경성업무부장직을 맡은 후 1924년 영업부 지배인, 조선은행 다롄지점 지점장을 역임하였다. 1925년에는 조선은행 제3차 근본적 정리계획의 수립 및 업무 정리를 맡았으며, 1927년 재계공황에 따른 전후 조치 등 업무의 개선 향상에 진력하였다고 전해진다. 1927년 9월 조선은행 이사로 임명되어 도쿄東京

에서 근무하였고, 다시 대표이사 격으로 조선은행 본점에서 근무하게 되었고 1935년 조선은행 초대 부총재로 발탁되었다. 1937년 말 만주흥은滿洲興銀 창립에 조력한 후 총재가 되었다.

[참고문헌] 朝鮮新聞社 編『朝鮮人事興信錄』(朝鮮新聞社, 1922), 有馬純吉『昭和六年版 朝鮮紳士錄』(朝鮮紳士錄發行會, 1931), 阿部薰『朝鮮人物選集』(民衆時論出版部, 1934), 嶋元勸『朝鮮財界の人々』(京城日報社, 1941) 【유재진】

364
마쓰오카 슈타로
松岡修太郎(송강수태랑) 1896~1985

헌법학자, 행정법학자, 대학교수

도쿄시東京市 출신. 1915년 제사고등학교第四高等學校 일부병류一部丙類를 졸업하고 1922년 도쿄제국대학東京帝國大學 법학부 정치학과를 졸업했다. 조선총독부립 경성법학전문학교京城法學專門學校 강사촉탁에 이어 동대학의 교수에 취임했다.

1924년 조선총독부 재외연구원으로 구미 재류를 거쳐, 1926년 경성제국대학京城帝國大學 법문학부 조교수(헌법행정법강좌 담임), 1927년 동대학 헌법행정법 제1강좌 담임, 1928년 경성제국대학 법문학부 교수를 역임했다.

1945년 패전 후 귀국하여 가마쿠라鎌倉를 거쳐, 1946년 구제모리오카중학교舊制盛岡中學校 교장으로서 재출발했다. 신제 현립 모리오카 제일고등학교 교장을 거쳐, 구제 제사고등학교에서 개조된 신제 가나자와대학 법문학부 신설에 경성제국대학 교수 출신 하세가와 리에長谷川理衛와 함께 참가하였다. 이후 홋카이도대학 법학부로 옮겨 1957년 홋카이도대학北海道大學 법학부장, 1959년 홋카이도대학 교양부장 등을 역임했으며 1960년 홋카이도대학 정년퇴임 후 동 대학 명예교수가 되었다. 1961년 후지여자대학藤女子大學 교수, 1964년 홋카이학원대학北海學園大學 법학부 교수 이후 법학부장을 거쳐 1974년 홋카이학원 대학에서 정년퇴직을 하고 동대학의 명예교

수가 되었다.

주요 저서로는「국민참정의 단계로서의 조선의 지방자치國民參政の階梯としての朝鮮の地方自治」(李種植 편『朝鮮統治問題論文集』第1集, 井本幾次郎, 1929),「조선 통치법의 특징朝鮮統治法の特徵」(『公法雜誌』第1卷 第3號, 1935), 末弘嚴太郎, 田中耕太郎 編『법률학사전法律學辭典』(第1卷~第4卷分擔執筆, 岩波書店, 1934-1937),『외지법外地法』(新法學全集 第5卷, 日本評論社, 1936),『조선행정법제요(총론)朝鮮行政法提要(總論)』(東都書籍, 1944),『헌법강의憲法講義』(有信堂, 1958初版·1961增補版) 등이 있다.

1922년 경성법학전문학교에 취임한 이후, '입헌정치'의 핵심으로서의 '국민자치'의 점차적 실현으로 가는 과정으로서 조선의 지방자치제도의 조기 확립론을 폈다. 1929년「국민참정의 단계로서의 조선의 지방자치」에서는 조선에 대해 정부의 통치 방침이었던 동화주의同化主義를 전제로 한 내지연장주의內地延長主義와 자치정책에 의한 특별 지역주의로서의 식민지주의 중 어느 것을 취할지에 대해서는 유보적인 견해를 보였다. 내지연장주의에 의하면 제국의회에 대의사代議士를 보내는 것이 목표가 될 것이지만, 식민주의에 따르면 '조선자치의회朝鮮自治議會'를 설립함으로써 '국민참정 문제'가 해결될 수 있다는 것이다.

또한 경성법정학교京城法政學校에도 출강했다. 1926년 경성제국대학의 설립과 함께 조교수로 부임하여 헌법·행정법 강좌를 담당했다. 이후 헌법·행정법 제1강좌 담당이 되었고, 1928년 교수가 되었다. 통치기법으로서의 식민지 법학 연구에 집중하게 되었다. 마쓰오카는 먼저 식민지 조선에 현존하는 통치제도를 있는 그대로 관찰한 후, 제국헌법이 취할 입헌제도와의 차이점을 규명할 자료를 확보하며, 타이완 등 일본 제국 식민지의 통치제도와 비교하여 일본 제국 식민지 통치제도, 여타 제국들과의 식민지 통치제도 비교를 연구 테마로 삼았다. 그 결과물로 1936년『외지법外地法』을 일본 최초로 발표했다. 마쓰오카는 영연방의 자치주의 속에서 식민지 조선의 미래를 전망했다. 마쓰오카는 조선통치법의 특징으로 일본 본토와 다른 법역法域, 일본인 및 조선인에

달리 적용되는 법규의 존재, 그리고 삼권분립 미비, 지방자치제도의 불완전성 등을 들었다. 이런 특징들은 제국헌법에 의한 통치의 예외를 이루는 것으로, 예외를 두기 위해서는 보다 적극적인 이유와 '통치법'이 필요하다고 하여 식민지 법제 문제를 지적했다. 향후 전망으로서 조선 문화 등 특수 사정이 일소된다면 일본 본토와 동일한 법역을 구성하거나 독자적 발전 속에서 특별통치지로서 제도상의 특수한 발달 가능성을 지적했다.

[참고문헌] 石川健治 「コスモス−京城學派公法學の光芒」『岩波講座「帝國」日本の學知 第1卷:「帝國」編成の系譜』(岩波書店, 2006), 石川健治 「「京城」の淸宮四郎」『帝國日本と植民地大學』(ゆまに書房, 2014)

【송병권】

365

마쓰우라 시게지로

松浦鎭次郎(송포진차랑)   1872.2.18~1945.9.28

관료, 대학교수, 정치인

에히메현愛媛縣 우와지마시宇和島市 출신. 마쓰우라 모토무松浦素의 차남으로 태어났다. 제일고등학교第一高等學校를 거쳐 1898년 7월 도쿄제국대학東京帝國大學 법과대학 정치학과를 졸업한 후 내무성에 입성하고 동년 12월 고등문관시험에 합격했다. 1900년 4월 도쿄부東京府 참사관參事官이 되었으며, 1902년에는 문부성文部省 참사관으로 이동했다. 이후 문부대신 비서관, 총무국 인사과장(1903), 문부대신 관방비서과장(1903), 문부대신 비서관 겸 문부성 참사관(1904) 등을 역임했다.

1906년 2월에는 교육행정학 연구를 위하여 미국 및 독일로 1년 반 유학 명령을 받았다. 1907년 8월 귀국하여 복직한 후 대신관방회계과장, 문부서기관, 문부성 전문학무국장, 문부성 참사관 겸 문부서기관을 거쳐 1924년 문부차관이 되었다.

1927년 7월 19일 경성제국대학 총장으로 취임했다. 당시 경성제국대학에는 총장 공선제가 도입되지 않은 상황이었으므로 어떠한 경위로 총장에 취임한

것인지 불명이나, 마쓰우라 자신의 증언에 의하면 조선총독부의 의향 및 핫토리 우노키치服部宇之吉(→937) 전 총장의 추천에 의한 것이라 추측된다. 핫토리 우노키치는 경성제국대학 총장임에도 도쿄 체재가 잦았던 것에 비하여 마쓰우라는 재직 중 조선에 상주하였다. 조선 내에서의 활동으로 이제까지 주목을 받지 못한 부분이지만 1929년 2월 1일부터 동년 10월 9일까지 약 8개월간 조선총독부 학무국장 사무를 겸직했으며, 조선 학무 행정에 관여하기도 했다. 학무국에서의 취임 인사로 "저는 조선에 와서 1년 반 남짓 되었습니다만 그간 학무 행정에서는 오히려 방계적 입장에 있었는데, 지금 이 직분을 담당하게 되니 여러분의 지도를 받아 조선 학무 행정을 위하여 미력을 다하고 싶습니다"라고 말했다. 경성제국대학 총장으로 약 2년 근무한 후 1929년 10월 다시 현지 일본 임무를 맡게 되어 귀국했다.

1929년 10월 9일 규슈제국대학九州帝國大學 총장에 취임하고 1930년 12월 23일 귀족원의원이 되었다. 이후로도 교학쇄신평의회敎學刷新評議會 위원, 문교심의회文敎審議會 위원, 교육심의회敎育審議會 위원, 교학국敎學局 참여參與를 담당하는 등 지속적으로 교육 분야에서 활약하였다.

1936년 11월에는 규슈제국대학으로부터 명예교수 칭호가 수여되었다. 1938년에 추밀고문관樞密顧問官, 1940년에는 문부대신(제51대)을 역임했다. 1940년 7월 요나이 미쓰마사米内光政 내각 총사직 후 다시 추밀고문관이 되어 재직 중인 1945년 9월 28일에 사망했다. 현재 도쿄가쿠게이대학東京學藝大學에는 '마쓰우라 문고松浦文庫(마쓰우라를 필두로 하는 교육사편찬회敎育史編纂會가 1938년 『메이지 이후 교육제도 발달사明治以降敎育制度發達史』의 편찬을 마친 후 수집, 사용한 도서 및 자료를 도쿄부 오이즈미사범학교大泉師範學校에 기증한 것)'로 1,470권의 자료가 소장되어 있다.

[참고문헌] 東京學藝大學附屬圖書館 『東京學藝大學所藏松浦文庫目錄』(東京學藝大學附屬圖書館, 1965), 稻葉繼雄 『朝鮮植民地敎育政策史の再檢討』(九州大學出版會, 2010), 酒井哲哉・松田利彦 編 『帝國日本と植民地大學』(ゆまに書房, 2014)　【야마시타 다쓰야山下達也】

366

마쓰우라 쓰키에

松浦築枝(송포축지)　　　　　　　1907.11.5~1999

오노 쓰키에大野月枝(출생시), 마쓰우라 쓰키에松浦月枝(예명), 마쓰다 쓰키에松田月枝(결혼 후)

영화인

부산 출신. 쇼치쿠松竹에서 활동한 바 있던 야나기 사쿠코柳さく子에게 연기를 배워, 쇼치쿠 시모가모촬영소下加茂撮影所에 입사하였다.

1925년 5월에는 반도 쓰마사부로阪東妻三郎 등과 함께 도아키네마東亞キネマ를 나와 마키노프로덕션マキノプロダクション 영화의 무대 인사 차 경성을 방문하였는데, 이를 위해 부산에 도착한 반도 쓰마사부로에게 조선에서 마키노 영화의 배급을 맡고 있던 사쿠라니와 후지오櫻庭藤夫가 마쓰우라를 배우로 써 달라고 부탁하고 반도 쓰마사부로가 이를 받아들임으로써 본격적으로 그녀의 연기 활동이 펼쳐지게 되었다.

1926년 마키노 쇼조牧野省三의 지시로 마쓰우라 쓰키에松浦築枝로 개명한 그녀는, 〈낭인지옥浪人地獄〉(1926)을 시작으로 활발히 연기 경력을 쌓아 나갔다.

그러다가 1932년 1월에는 마키노 쇼조의 아들 중 한 명인 마쓰다 사다지松田定次와 결혼하였으며, 이후에도 여러 영화사를 옮겨 다니며 많은 영화들에 출연하였다. 1935년 11월에는 마키노토키제작소マキノトーキー製作所에 남편과 함께 참여하였다.

전후에는 마키노 데루오マキノ光雄가 경영진에 있던 도요코영화東橫映畵에서 활동하다가, 이것이 도에이東映로 합병된 1951년부터는 도에이 교토촬영소京都撮影所에서 전속 배우로 활약하였다.

1965년 영화계를 은퇴하였는데, 이때까지 그녀가 출연한 작품은 〈충혼의열실록 주신구라忠魂義烈實錄忠臣藏〉(1928), 〈학생삼대기 메이지시대學生三代記明治時代〉(1930), 〈우타마로를 둘러싼 다섯 여자歌麿をめぐる五人の女〉(1946), 〈옥문도獄門島〉(1949), 〈사이카쿠 일대녀西鶴一代女〉(1952), 〈어느 배우의 복수雪之丞變化〉(1959), 〈장렬 신센구미 막부 말기의 동란壯烈新選組幕末の動亂〉(1960), 〈반역아反逆兒〉(1961), 〈무사도 잔혹 이야기武士道殘酷物語〉(1963), 〈간토 파문장關東破門狀〉(1965) 등 다수이다. 이들 영화는 마키노 쇼조マキノ省三, 마키노 마사히로マキノ正博, マキノ雅弘, 미조구치 겐지溝口健二, 사사키 야스시佐々木康, 이토 다이스케伊藤大輔, 이마이 다다시今井正 등 당대 일본을 대표하는 거장들이 연출을 맡았다는 점에서도 주목된다.

[참고문헌] 함충범 「1920년대 중반 식민지 조선에서의 일본인 영화배우에 관한 연구」『동아연구』 34(1)(서강대학교 동아연구소, 2015), 일본영화데이터베이스 〈http://www.jmdb.ne.jp〉　　　　【함충범】

367

마쓰이 게이시로

松井慶四郎(송정경사랑)　　　　　　1868~1946

외무관료

오사카부大阪府에서 출신. 1889년 도쿄제국대학東京帝國大學 법과대학 법률학과를 졸업한 후 외무성에 들어가 외무성시보外務省試補로서 총무국정무과總務局政務科에서 근무하였다. 교제관시보交際官試補로서 조선주재 공사관에 부임(1890)한 것을 시작으로 미국(1895), 영국(1898), 청국(1902) 공사관에서 차례로 근무하였다. 특히 영국에서는 1등서기관으로서 통상무역사업조사, 공채모집사무, 영일동맹교섭 등에 임했다. 1905년에 외무성참사관이 되었고, 이후 프랑스(1906), 미국(1908) 대사관참사관이 되었다. 미국에서 조약개정문제로 활약하였고 샌프란시스코 만국공업소유권보호동맹회의(1911)에 위원으로서 참여하였다. 1913년 외무차관에 취임하여 이듬해 제1차 세계대전이 발발하였을 당시 외무성을 중심으로 강화준비위원회가 조직되자 위원장으로서 회의를 주재하였다. 1915년 프랑스주재특명전권대사에 취임하여, 주요연합국이 조직한 파리연합국회의, 국제상설경제위원회 등에 일본대표로서 참가하였다. 1919년 파리강화회의에서는 사이온지 긴모치西園寺公望 등과 함께 전권으로서 참가하였다. 이듬해 동 회의에서 성립된 평화조약 실지위원장이 되었다. 1920년 9월 남작에 제수되었다. 1924년에는 기요우라 게이고清浦奎吾 내각의 외무대신에 임명되었는데, 이 무렵 미국이 일본이민을 배척하던 것에 대하여 주미대사 하니하라 마사나오埴原正直가 미국 국무장관에게 보낸 서한 중 '심각한 결과grave consequences'라는 문구가 대미공갈로 받아들여짐에 따라 불거진 외교문제의 해결에 임했다. 1925년 영국주재대사에 취임하여, 1929년 귀국 후 관직에서 물러났다. 1938년부터 1945년까지 추밀고문관樞密顧問官으로서 활동하였다. 1946년 6월 4일 향년 79세로 사망하였다.

1890년 11월 공사관시보로서 조선근무를 임명받은 마쓰이는 1891년 1월 2일에 임지에 도착하여 1894년까지 주재하였다. 이 기간 일본공사는 차례로 가와기타 도시스케河北俊弼, 가지야마 데이스케梶山鼎介(→41), 오이시 마사미大石正己(→720), 오토리 게이스케大鳥圭介(→751), 이노우에 가오루井上馨(→824)로 교체되었는데, 공사 교체 인사발령 이후 당사자가 임지에 도착하기까지의 기간 동안에는 주로 인천 주재 스기무라 후카시杉村濬(→519)가 서리공사로서 역할하였다. 마쓰이 또한 1891년 가와기타 사망 후 가지야마 부임 이전까지의 기간과 1893년 오이시의 귀국 후의 기간 동안 임시대리공사를 맡는 등 공사업무를 보조하였다. 마쓰이는 1891년에는 가와기타 공사의 사망을 통보하고 장례절차를 처리하였으며, 전보서식지電格紙 발급을 요구하였다. 또한 대동강 철도鐵島의 개항을 촉구하는 한편 평안도·황해도 지역에서 무역하는 청국 상인의 이권에 대한 균점均霑을 요구하였으며, 후임 변리공사로 가지야마가 임명되었음을 통지하였다. 또한 1893년에는 마포 사험국에 나포된 일본 상선의 석방을 요청하고, 원산 서리署理 영사로 나카가와 쓰네지로中川恒次郎(→177)가 임명되었음을 통보하고, 윤선상사輪船商社 회원 김정구金鼎九 등이 지불해야 할 윤선 구매가격의 상환을 요청하는 한편, 일본정금은행 차관원리금의 상환을 촉구하였다. 1894년에는 신임공사 이노우에 가오루井上馨(→824)의 인천 도착 및 입경을 통보하는 한편, 동학군의 움직임에 대비하여 일본병사를 안산, 과천 등지로 파병

함을 통보하고 식량 등 군수품의 준비를 요청하였다. 마쓰이가 일본과 영국의 관계에 대하여 저술한「영일양국 관계에 대하여日英兩國の關係に就て」라는 글이『조선공론朝鮮公論』(1936.1)에 실려 있다.

[참고문헌] 海野芳郎「松井慶四郎」『日本外交史辭典』(山川出版社, 1992), 臼井勝美「松井慶四郎」『日本近現代人名辭典』(吉川弘文館, 2001), 秦郁彦『日本近現代人物履歷事典』(東京大學出版會, 2002) 【김희연】

368
마쓰이 도라오
松井虎雄(송정호웅)   1887.9~?

의사

도쿄부東京府 고이시가와구小石川區 다카다오이마쓰초高田老松町 출신. 마쓰이 기치타로松井吉太郎의 장남으로 태어났다. 1908년 11월에는 지바의학전문대학교千葉醫學專門學校를 졸업하고 1909년 1월 경시청 경찰의가 되었다. 1912년 5월 독일에 유학하여 뮌헨대학Ludwig-Maximilians-Universität München 의과부에 입학. 1913년 12월 의학박사 학위를 받고 1914년 1월부터 8월까지 베를린왕립병원에서 신장, 방광 등을 연구했다. 1915년 1월 도쿄에 있는 준텐도병원順天堂病院에서 근무하기 시작하였으며, 1916년 12월부터 도쿄 간다神田에서 개업하였다. 1917년 10월부터 1919년 7월까지 하와이 히로섬Hilo에 있는 우에스병원上江州病院에서 근무하다 1919년 8월 경시청 경찰의원으로 복귀하였다.

1924년 3월 자혜의원慈惠醫院 의관으로 임명받아 조선으로 건너왔다. 황해도립 해주자혜의원, 1925년 7월 강원도립 강릉의원을 거쳐 1928년 6월 도의 기사技師를 겸하면서 강원도립 춘천의원장을 역임하였다. 1931년 구미시찰의 명령을 받고 각국의 의료상황을 사찰하고 귀국하였다.

[참고문헌] 有馬純吉『昭和六年版 朝鮮紳士錄』(朝鮮紳士錄發行會, 1931), 阿部薰『朝鮮人物選集』(民衆時論出版部, 1934), 貴田忠衛『朝鮮人事興信錄』(朝鮮人事興信錄編纂部, 1935), 阿部薰 編『昭和12年版 朝鮮都邑

大觀』(民衆時論社, 1937), 猪野三郎 編『第12版 大衆人事錄』(帝國秘密探偵社國勢協會, 1937)   【유재진】

369

마쓰이 시게루

松井茂(송정무)   1866.11.4~1945.9.9

내무관료, 정치인

히로시마현廣島縣 히로시마시廣島市 사루가쿠초猿樂町 출신. 의사 집안의 장남으로 태어났다. 1879년 히로시마 보통중학교廣島尋常中學校에 입학하였으나 1880년 부친의 전근으로 가가와현香川縣 마루가메丸龜로 이주하여 이듬해 1881년 상경하였다. 독일학협회학교(1883), 도쿄대학東京大學 예비문予備門(1884년 입학)을 거쳐 1893년 도쿄제국대학 법학대학 독법과獨法科를 졸업하였다.

1893년에 내무성에 입성, 경시과 소속 이후에도 계속해서 도쿄제국대학 법과대학 연구과에서 경찰법 연구를 하여 1895년 「일본경찰법日本警察法」을 제출하였다. 1895년 요쓰야四谷 경찰서장 직책을 맡게 되어 경찰관료의 길을 걷기 시작하였다. 가가와현 경찰부장(1896), 경보국 경무과장, 경시청 제2부장 겸임 내무 서기관, 겸임 소방서장(이하 1898) 등을 역임하였다. 이 시기는 번벌藩閥 관료들이 점령하고 있었던 관료 기구의 중핵 인물로 제국대학 출신들이 들어가기 시작한 때로, 마쓰이는 초기 '학사관료'의 대표적인 인물이었다.

또한 1910년부터 이듬해까지 내무성에서 유럽으로 파견되어, 『구미경찰시찰담歐米警察視察談』(1902), 『각국경찰제도各國警察制度』(1906) 등의 저서를 간행하였다. 1905년 러일강화조약을 반대하는 국민대회가 계기가 되어 발생한 폭동(히비야 방화 사건日比谷燒打事件)에서 경찰장으로서 진압 지휘를 맡으며 경찰감시법안, 총포화약법안 등의 입안에 힘을 기울였다.

1906년 8월 한국 부산 이사청理事廳 이사관으로 부임하여, 부산지역의 매립 공사, 마쓰시마松島 유곽遊郭의 이전, 부산교육회 설립, 감옥과 소방의 개선 등에 종사하였다.

1907년 7월 정미칠조약丁未七條約 체결의 결과로 일본인이 한국정부의 관사가 될 수 있는 길이 생기자, 한국총감부의 요청에 따라 1907년 8월 한국정부의 경찰부문을 장악하는 한국내부경찰국장(겸 총감부 참여관)으로 부임하였다. 한국내부경찰국장은 정미칠조약 이후 일본인 고위급 관료가 좌지우지하는 한국 정부 안에서 경찰부문의 정점에 해당하였다. 마쓰이는 마루야마 시게토시丸山重俊 경시총감과 협력하여 경시청관제를 만들어 한국 경찰의 중앙집권화와 일본에의 종속화를 진행시켜 나갔다. 의병진압을 중심으로 하는 치안 유지는 물론 콜레라 방역(1908), 한국 황제의 남한南韓, 서한西韓 순행(1909.1~2) 경비를 하였다. 이 시기는 후기 의병투쟁의 심화에 대응하여 주한일본헌병군이 증강되던 때로 헌병군과의 관계에 고심하고 있었다. 한국경찰(문관경찰)이 아카시 모토지로明石元二郎(→629) 헌병 군장이 지휘하는 주한헌병군의 인원수에 있어서도 권한에 있어서도 압도되었던 사태에 대응하지 않으면 안 되었다. 마쓰이는 헌병군 측과 1908년 직무분담을 위해 협정을 맺었다. 또한 영국 점령하의 이집트의 경찰 제도를 조사하여 1910년 2월 경찰기구의 지휘권을 군인에게 맡길 것, 그리고 경찰기구를 지방행정관으로부터 분리할 것을 반대하는 것을 「비밀 한국경찰에 관한 의견서極秘韓國警察二關スル意見書」에 요약하였다. 한국 민심의 장악은 민중과의 접점이 빈번한 내무 행정에 속한 경찰을 시작으로 가능하다는 것이 마쓰이의 신념이었다. 이 의견서는 제2대 한국 통감 소네 아라스케曾禰荒助(→509), 제3대 한국 통감 데라우치 마사타케寺内正毅(→321)에게 제출되었으나 마쓰이의 구상과는 반대로 문관경찰은 헌병군에 합병되어 1910년 6월 헌병경찰제도가 창설되었다. 같은 달 마쓰이는 내부경찰국장을 의뢰 면직되어 일본으로 돌아갔다.

1910년 11월 호즈미 야쓰카穗積八束의 추천으로 법학박사 학위를 받았다. 시즈오카현靜岡縣 지사(1911), 아이치현愛知縣 지사(1913)를 역임한 후, 1919년 경찰강습소장 겸 내무감찰관이 되었다. 1918년에 일어난 쌀 소동 진압 과정에서 경찰의 탄압·검거활동이 민중들로부터 반감을 사자 마쓰이는 경찰이 민중을 가까이하고, 민중도 경찰망의 구축에 자발적으로 관여해야 한다는 '경찰의 민중화, 민중의 경찰화'를 각지의 강연에서 휜전하였고, 다이쇼大正 데모크라시에 대응한 '경찰의 민중화, 민중의 경찰화' 캠페인의 중심적인 이데올로기가 되었다. 1920년대 조선에서도 『경찰휘보警務彙報』, 『조선경찰신문朝鮮警察新聞』, 『경성일보京城日報』 등에서의 논설과 담화를 통해 '경찰의 민중화, 민중의 경찰화' 보급에 열심이었던 것을 찾아볼 수 있다. 1924년 경찰강습서장을 사임하고 같은 곳의 고문으로 촉탁되었으며, 1934년 귀족원 칙선의원이 되었다. 대례관사무관(1915), 일본적십자사의 이사(1919), 경찰협회부회장(1924), 소방협회부회장(1927), 황민회장(1929), 중앙교회단체연합회의 상무이사(1928), 대일본경방협회大日本警防協會 부회장(1939) 등 경찰·소방·사회사업 관계의 많은 단체에서 직무를 맡았다. 또 경찰과 소방에 관한 많은 저서와 논문을 남겼다. 1920년 훈1등勳一等 즈이호쇼瑞寶章를 수장하였다. 1945년 9월 9일 향년 80세로 사망하고, 쓰키지築地 혼간지本願寺에서 경찰소방 장례가 치러졌다.

[참고문헌] 松井茂先生自傳刊行會 編 『松井茂自傳』(同會, 1952), 大日方純夫 『天皇制警察と民衆』(日本評論社, 1987), 大日方純夫 『警察の社會史』(岩波新書, 1993), 松田利彦 監修·解說 『松井茂博士記念文庫舊藏韓國「倂合」期警察資料』全8卷(復刻, ゆまに書房, 2005), 松田利彦 「松井茂」 伊藤隆·季武嘉也 編 『近現代日本人物史料情報辭典』第3卷(吉川弘文館, 2007), 李升熙 『韓國倂合と日本軍憲兵隊: 韓國植民地化過程における役割』(新泉社, 2008), 松田利彦 『日本の朝鮮植民地支配と警察－1905~1945年』(校倉書房, 2009), 宮地忠 『震災と治安秩序構想: 大正デモクラシー期の「善導」主義をめぐって』(クレイン, 2012), 『松井茂關係文書』(國會圖書館憲政資料室所藏) 【마쓰다 도시히코松田利彦】

370

마쓰이 유지로
松井邑次郎(송정읍차랑)　　　1873.2~?

실업가

야마구치현山口縣 마게군熊毛郡 히라오초平生町 출신. 1889년 조선으로 건너와 원산진元山鎭에 정착하여 무역업을 시작하였다. 1902년부터 목포에 자리를 잡고 수입 잡화 도매상을 경영하였다. 1904년 러일전쟁이 일어났을 때는 종군하였으며, 전쟁 후 목포거류민단 의원, 목포상업회의소 의원, 목포소방대 부장을 역임하였다. 1911년 12월 유지들을 규합하여 목포전등주식회사를 기획하고 설립하여 전무이사직을 맡았고, 1928년 7월에는 대표이사 사장이 되었다. 1913년 10월 면화재배협회의 지도에 따라 유지들과 함께 목포면업주식회사를 창립, 1914년에는 호남철도 및 남선철도 개통에 일조하였으며, 조선기선주식회사 상담역을 역임하였다. 1916년 전라북도 장관으로부터 면화 판매를 통제하는 데 있어서 전주에 조면공장을 설치할 필요가 있다는 내명을 받고 전주면업주식회사를 설립하였다. 1922년 8월 목포무진주식회사木浦無盡株式會社를 설립하고 이사에 취임, 목포금융조합 평의원, 목포상업회의소 부회장, 학교조합 평의원을 지냈으며 청일전쟁의 공로, 거류민단 재직 중의 노고, 상업회의소 재직 중의 공로, 금융조합에 대한 노력 등으로 여러 차례 표창을 수여받았다. 1926년 11월 전라남도물산공진회 및 조선면업공진회 개최를 요청하고 그 기획에 참여하여 협찬회를 조직하였고 이사장직을 맡았다. 1929년 강진군에 쇼와전기주식회사昭和電氣株式會社를 설립하고 보성군에는 전기회사를 설립하였다. 1929년 4월 조선전기협회 부회장으로 추대 받았고, 남선합동전기南鮮合同電氣의 부사장을 역임하였다.

[참고문헌] 阿部薰 『朝鮮人物選集』(民衆時論出版部, 1934), 阿部薰 編 『昭和12年版 朝鮮都邑大觀』(民衆時論社, 1937), 猪野三郎 編 『第12版 大衆人事錄』(帝國秘密探偵社國勢協會, 1937), 谷サカヨ 『第14版 大衆人事錄』(帝國秘密探偵社, 1943) 【유재진】

371

마쓰자와 다쓰오

松澤龍雄(송택룡웅)   1893.3~?

관료

야마가타현山形縣 출신. 1919년 도쿄제국대학東京帝
國大學 독일법학과를 졸업했다.

오카야마현岡山縣 내무부 상공수산과장, 지바현千
葉縣 학무부장, 후쿠이현福井縣 경찰부장, 군마현群馬
縣 경제부장을 역임하였다. 1936년 10월에 조선총독
부 농무과장에 임명되면서 조선으로 건너왔다.

[참고문헌] 猪野三郎 編『第12版大衆人事錄』(帝國秘密
探偵社國勢協會, 1937), 국사편찬위원회 한국사데이터
베이스 〈http://db.history.go.kr〉   【최종길】

372

마쓰즈키 히데오

松月秀雄(송월수웅)   1892.9.18~1993

교육학자, 대학교수

후쿠오카현福岡縣 출신. 1917년 도쿄제국대학 철학
과를 졸업하였다. 세이케이학원成蹊學園의 교사, 뤼
순사범학당旅順師範學堂의 교사, 뤼순공과대학旅順工
科大學 예과교수를 역임하였다. 1924년 교육학 연구
를 위해 독일 함부르크 대학에서 유학하였다.

1925년 경성 제일공립고등보통학교 교사가 되어
조선에 건너와, 1926년 경성제국대학京城帝國大學 법
문학부 교수에 취임하여 1945년까지 교육학 강좌를
하였다. 1942년에는 문학박사 학위를 받아, 법문학
부 학부장에 취임했다. 마쓰즈키는 1920년대 후반부
터 1940년대 초반에 이르는 시기 동안『문교의 조선
文敎の朝鮮』,『조선급만주朝鮮及滿洲』,『조선사회사업
朝鮮社會事業』,『조선의 교육연구朝鮮の敎育研究』등에
식민지 조선의 교육사정에 관한 다수의 논문을 저술
하였다. 무엇보다 연구에 매진했던 까닭으로 조선인
과의 교류는 활발하지 않았으며, 단행본 및 저작집
으로는『개성교육히자쿠리게個性敎育膝栗毛』(1930),『조
선문화의 연구朝鮮文化の硏究』(1937),『황국교학의 목

적皇國敎學の目的』(1943) 등이 있으며, 역서로는『현대
의 철학적 교육학의 사조現代の哲學的敎育學的潮流』
(1932)가 있다.

조선에 체재하는 동안 마쓰즈키의 학문적 관심사
는 크게 삼분하여 살펴볼 수 있겠다. 먼저 1920년대
에서 1930년대 초반에 걸쳐서 그는 구미의 교육학
이론을 토대로 하여 개성individuality의 확립 및 인격
personality의 도야를 강조하며 청년 및 소년교육방법
론에 관심을 가졌다. 그 이후 1930년대 전반에 걸쳐
서는 조선의 교육제도 개선 및 근대식 교육의 보급
문제에 집중하였다. 1930년대 후반 이래로는 전시체
제기에 순응하여 '국민'교육에 관한 단편적인 논고들
을 남겼으며, 이와 관련된 글들은『녹기綠旗』와『내
선일체內鮮一體』등에 수록되어 있다.

1946년 본국으로 돌아가 규슈대학九州大學 법학부
의 촉탁이 되고, 히로시마廣島로 옮겨 산요山陽고등
학교 등에서 교직 생활을 했다. 1948년 도쿄이과대
학 교수가 되었고, 이후 1961년 니혼대학日本大學 교
수, 1965년 데이쿄대학帝京大學 교수를 역임했다.

[참고문헌] 朝鮮人事興信錄編纂部 編『朝鮮人事興信錄』
(朝鮮新聞社, 1935),「松月秀雄 東尾眞三郎共著 敎育
者의 好參考『手長足長個性敎育膝毛』」(『동아일보』,
1931.1.12)   【박광현】

373

마쓰카와 도시타네

松川敏胤(송천민윤)   1859.12.2~1928.3.7

육군 군인

센다이번仙臺藩 출신. 사족士族, 마쓰카와 야스스케松
川安輔의 장남으로 태어났다. 1882년 12월 25일 육군
사관학교를 졸업(구 5기)하고, 보병소위로 임관하여
히로시마진대廣島鎭臺 보병 제11연대 제1대대에 배속
되었다. 1887년 12월 육군대학교를 우등으로 졸업(3
기)하고, 제5사단 부관, 육군대학교 교관 등을 역임
하였다. 1899년 6월 8일부터 독일로 유학하여 독일
공사관 소속이 되었고 유학중이던 1901년 11월 대좌
로 진급하였다. 귀국한 이후인 1902년 5월에는 참모

본부 제1부장 겸 동부도독부東部都督部 참모장으로 취임하였다. 1904년 6월 임시로 편성된 만주군 작전참모로서 러일전쟁에 출정하였으며, 1905년 1월 육군소장으로 진급하였다. 전후 참모본부 제1부장 겸 제5부장, 보병 제6여단장, 보병 제2여단장을 거쳐 1912년 1월 제10사단장으로 취임했으며 다음 달 육군중장으로 진급하였다. 이후 제16사단장, 도쿄위수 총독東京衛戍總督을 역임하였다.

1917년 8월 조선주차군 사령관으로 임명되어(1917.8.6.~1918.6.1) 조선에 건너왔으며, 1918년 6월 부대 명칭 변경에 따라 호칭이 조선군 사령관(1918.6.1.~1918.7.24)으로 변경되었다.

1918년 7월 대장으로 진급하고 군사참의관이 되었다. 1923년 3월 23일 예비역으로 편입되었으며, 1928년 3월 사망하였다.

[참고문헌] 秦郁彦 編『日本陸海軍總合事典』(東京大學出版會, 1991), 「軍事參議官 松川敏胤大將 中國出張」(『동아일보』, 1922.2.26)　　　　【이승희】

374

마에노 사다요시
前野定喜(전야정희)　　　　1870.7.13~1940

실업가

고치현高知縣 출신. 부친은 야마구치현山口縣의 무사계급 출신이다. 고치중학교高知中學校를 졸업한 후 1897년에 건축회사 하자마구미間組에 입사하였다.

1914년에 하자마구미 조선영업 지배인으로 조선에 건너왔다. 1917년에 하자마구미가 합자회사가 되면서 대표사원이 되었으며, 주식회사로 조직개편이 되면서 대표이사 및 부사장으로 재직하였다. 하자마구미는 토목공사, 특히 철도관계 공사(압록강 철교와 한강 인도교 공사 등)를 다수 시행한 회사였고 마에노는 토목건축 사업의 권위자로 사단법인 조선토목건축협회 회장 등으로 활약했다. 마에노는 1926년 미우라 요시아키三浦義明가 중견 토목건축기술자를 배출하기 위해 세운 경성공학원 신축시에 만 원을 기부했다는 기록이 있다. 1934년에 미우라와 함께, 한양대학교 공과대학의 전신인 쇼와공과학교昭和工科學校의 설립인가를 받았으며 기계과가 증설되면서 이사장으로 취임했으며. 1940년에 서울에서 사망했다. 1941년에 미우라 요시아키에 의해『마에노 사다요시 옹前野定喜翁』이라는 책이 조선에서 출간되었다.

[참고문헌] 貴田忠衛『朝鮮人事興信錄』(朝鮮人事興信錄編纂部, 1935), 阿部薰 編『昭和12年版 朝鮮都邑大觀』(民衆時論社, 1937)　　　　【이선윤】

375

마에다 겐키치
前田獻吉(전전헌길)　　　　1835.12.14~1894.12.21

외무관료

가고시마현鹿兒島縣 출신. 동생은 마에다 마사나前田正名이다. 미국에 다녀온 경험이 있으며, 1873년 중국 상하이上海 일본영사관에서 근무하였다. 1876년 3월 해군군의료海軍軍醫寮 6등출사로 내무6등 출사를 겸직하였다. 1879년 조선에는 관리관管理官 신분으로 부산에서 근무하도록 발령을 받았는데, 원래 해군 겸 내무5등 출사 신분에서 외무5등 출사로 보임된 것이었다. 1886년 귀국할 때까지 조선 관련 영사 업무를 담당하였다.

1879년 5월 외무성 5등출사로 관리관에 임명되어 요코하마橫濱를 출발하였고, 근무지인 부산에는 6월 11일 부임했다. 한 달 후 조선에서 콜레라가 유행하였는데 이때 부산 지역에 격리병원과 소독소를 설치하여 전염병의 확산을 막으려 조선 측과 교섭하였다. 10월 초에는 대리공사 일행과 동행하여 새로이 개항을 결정한 원산진元山津 지역을 시찰하였고, 덕원부사와 거류지 경계, 신작로 개설, 거류민 이전 등의 사항을 논의하는 자리에 참석하였다. 이해 12월에 잠시 귀국하였다. 원산의 개항이 확정된 후 1880년 2월 원산총영사에 임명되었으며 이해 5월부터 현지로 건너가 업무를 보기 시작하였다. 1881년 8월 4일에는 덕원부사 김기수金綺秀와 「원산진거류지지조취극서元山津居留地租取極書」를 체결하였다. 12월에는 상법회의소 설립을 인가하고 상법회의소규칙까지 제정했다. 1882년 3월 31일 안변安邊 지역으로 '간행이정間行里程'을 어기고 나갔던 일본인들이 조선인들로부터 살상 피해를 입는 사건이 발생하자, 실태조사에 나서는 한편 원산 거주 일본인들이 소문에 현혹되지 말도록 주의를 주었다. 사건이 발생한 지 얼마 지나지 않아 부산영사와 연서로 건너오는 일본인에 대하여 단속규칙을 제정해야 할 필요성을 건의하였다. 사건 수습 후 4월 부산으로 옮겨갔다가 5월 말 귀국하면서 외무경에게 상황을 보고하였다. 이를 통해서 일본 국내에 상세하게 사건의 전말이 알려졌다. 1883년부터 다시 부산으로 근무지를 옮겼다. 1883년 4월에는 부산의 '간행이정'을 확장하기 위해서 인근 지역으로 수행원을 데리고 시찰을 한 후 양산 지역까지 일본인들이 자유롭게 다닐 수 있는 거리를 확보하였다. 이해 겨울에 잠시 귀국하여 도쿄에 체류하다가 1884년 3월 부산으로 복귀하여 총영사 업무를 수행하였다. 1884년 11월, 동래부사 조병필趙秉弼과 일본인의 조선 내지여행을 둘러싸고 「조영수호통상조약」 제4관 제6항 조관을 준용하여 '간행이정'을 확대 적용할 지의 여부를 두고 공문으로 논쟁을 벌이기도 하였다. 1886년 2월말에 나가사키를 거쳐 귀국하였으며, 3월부터 영사 업무를 맡지 않게 되었다.

귀국 후 도쿄 고마바농학교東京駒場農學校, 도쿄 농림학교東京農林學校 교장으로 재직하던 중 1889년 3월 원로원元老院 의관議官에 임명되었다. 이해 10월 농상무성農商務省의 참사관으로 자리를 옮겼다. 귀족원貴族院 의원으로 있던 중 1894년 12월 20일 위암으로 사망하였으며, 이틀 후 종3위에 추서되었다.

[참고문헌] 都甲玄鄕 編 『釜山府史原稿』 卷5(釜山府, 1937), 박한민 「개항장 '間行里程' 운영에 나타난 조일 양국의 인식과 대응」 『韓國史研究』 165(韓國史研究會, 2014), 최보영 「개항 초기 부산주재 일본관리관의 파견 활동과 그 특징」 『東國史學』 57(동국사학회, 2014)

【박한민】

376
마에다 노보루
前田昇(전전승)   1873.1.3~?

육군 군인

도쿄시東京市 고지마치구麴町區 출신. 1894년 일본육군사관학교를 졸업했다. 그해 9월 육군 기병 소위로 임관하여 기병 제1연대에 배속되었다. 1900년 9월 기병 대위로 승진했으며, 이후 연대 소속 부관副官, 중대장으로서 육군성陸軍省 군무국軍務局에서 근무했다. 1904년 러일전쟁에 제4군 부관으로 종군했다. 1905년 8월 기병 소좌少佐로 승진했으며, 1906년 1월 개선한 후 육군성 군무국으로 복귀했다. 1908년 11월 기병 제3연대 소속 제3사단 부관으로 임명되었다. 1910년 6월 조선에 건너와, 이후 한국주차헌병대장韓國駐箚憲兵隊長 겸 경상남도 경무부장警務部長, 조선헌병대 사령부 소속 경무총감부警務總監部 고등경찰과장, 관동군關東軍 헌병대장, 조선헌병대 사령관 등을 역임했다. 1923년 9월 예비역으로 편입되었다. 예편 후에도 계속 조선에 남아 1940년경까지 여러 활동을 전개했다. 부인 마에다 센코前田鈴子와의 사이에 3남 2녀를 두었다.

1910년 6월 조선 내 경무기관의 통합으로 육군헌병 소좌로 한국에 건너와 한국주차헌병대장 겸 한국통감부 경무부장에 임명되었다. 이때부터 이후 7년간 경상남도 경무부장으로 근무하면서 의병운동 탄압을 지휘하는 등의 활동을 펼쳤다. 1914년 육군헌병 대좌大佐로 진급했으며, 1917년 4월 조선총독부 경시警視로서 조선헌병대사령부 소속 경무총감부 고등경찰과장으로 발탁되었다. 이 사이 1916년부터 1918년까지 이왕직李王職 촉탁으로서 고종의 장손이자 의친왕義親王 이강李堈의 장남인 이건李鍵의 고문 역할을 맡았다. 1919년 7월 관동군 헌병대장으로 승진했다. 1920년 7월 육군 소장으로 진급하여 조선헌병대 사령관으로서 식민지 조선의 군사 경찰의 총수가 되었다. 관동군 헌병대장, 조선헌병대 사령관 등으로 재직하면서 만주지역 항일운동 소탕 지휘 등 여러 활동을 전개했다. 1923년 9월 예비역으로 편입되었다.

예편 후에도 계속 조선에 남아 여러 활동을 전개했다. 특히 1937년 7월 중일전쟁 이후에는 육군특별지원병제 등 전시총동원을 위한 여러 단체 간부 활동과 각종 좌담회, 강연회, 강습회 등에 적극적으로 참여하고 주도하는 활동을 했다. 1926년부터 1930년까지 다시 이건 공의 고문을 맡았다. 1931년 3월 이후 주식회사 조선미술품제작소 사장을 역임했다. 이밖에 1923년 이래 1940년경까지 식민지 조선의 대표적인 내선융화단체內鮮融和團體인 동민회同民會와 대정친목회大正親睦會 이사, 조선중앙위생회 위원촉탁, 일본제국 재향군인회在鄕軍人會 경성연합회 분회 고문, 조선불교단朝鮮佛敎團 부단장, 국경경비위문회國境警備慰問會 실행위원, 만몽박람회滿蒙博覽會 상담역相談役, 나병예방협회癩病豫防協會 발기인, 경성국방의회京城國防義會 부회장, 경성교화단체연합회京城敎化團體聯合會 부회장, 경성연합청년단京城聯合靑年團 단장, 경성방호단京城防護團 분단장分團長, 경성보호관찰심사회京城保護觀察審査會 위원, 경성군사후원연맹京城軍事後援聯盟 위원, 조선보국회朝鮮報國會 발기인, 국민정신총동원조선연맹國民精神總動員朝鮮聯盟 이사, 배영동지회排英同志會 상담역, 경성지방법원 인사조정위원회 위원 등을 역임하면서 각종 전시총동원, 황군위문皇軍慰問 등 여러 활동을 주도했다.

1940년경까지 경성을 중심으로 활동한 것으로 확인되나, 이후의 행적과 정확한 귀국 일시와 사망일 등은 불분명하다.

[참고문헌] 朝鮮公論社 編 『在朝鮮內地人紳士名鑑』(朝鮮公論社, 1917), 朝鮮新聞社 編 『朝鮮人事興信錄』(朝鮮新聞社, 1935), 阿部薰 編 『朝鮮功勞者銘鑑』(民衆時論社, 1935), 芳賀登 外 編 『日本人物情報大系』(皓星社, 1999~2002) 【변은진】

377

마에다 도시카즈
前田利一(전전리일) 1921~2002

관료

인천 출신. 경성사쿠라이소학교京城櫻井小學校, 경성중학을 졸업하고 경성제대 법문학부 법학과에 진학하였다. 1943년 고등문관시험에 합격하고 1944년 대학을 졸업함과 동시에 조선총독부에 봉직했다. 패전후 일본에 귀환해서 1946년 1월부터 총독부시절의 상관이었던 야마나 미키오山名酒喜男(총독부 관방총무과장)(→657) 외무성 관리국 지방과장 밑에서 일했다. 이때 야마나는 마에다를 덴리대학天理大學에 보내어 조선어를 연수시켜 그를 외무성의 '한국통'으로 성장시켰다. 덴리대학에서는 경성제대 교수였던 다카하시 도루高橋亨(→293)로부터 한국어뿐 아니라 한국어에 대한 이해, 한국인을 대하는 방법을 배웠다고 한다. 1951년에는 조사국에서 『조선사변의 경위朝鮮事變の經緯』를 작성하였고, 한일회담 제1차 회담이 끝날 무렵부터 본성으로 돌아와 한일교섭에 관여하게 되었다. 1960년 5월부터 이세키 유지로伊關佑二郎 아시아국장 밑에서 동북아시아과장으로서 한일교섭의 실무를 담당하게 된다. 1960년 9월 고사카 젠타로小坂善太郎 외무대신을 수행해서 한국을 방문하였다. 장면 내각의 홍익표洪翼杓(내무부장관), 김영선金永善(재무부장관), 현석호玄錫虎(내무부장관), 이태용李泰鎔(상공부장관)과 허정 내각의 김성진金晟鎭(보사부장관) 등 경성제대를 졸업한 관료들에게 경성제대 동창회로부터 받은 기념품과 편지를 외무부를 통해 전달했다. 또한 박일경(국무원 사무대처 차장), 고광림(주 UN대사) 등 경성제대 선배들과 만나게 된다. 61년 8월 한국에 출장하여 국가재건최고회의 간부 및 외무부 관계자와 접촉하여 한일국교정상화에 대한 호의적인 분위기를 파악하여 "일본도 박 정권의 열의에 응답해도 좋지 않을까"라는 취지의 리포트를 상부에 제출했다. 이 '마에다 보고서'는 당시 한국의 상황을 정확히 파악했다고 외무성 내에서는 정평이 나 있었다고 한다. 이어 마에다는 65년 1월까지 9차례나 한국을 방문해서 한국의 정치, 경제, 사회 상황을 파악해서 보고하여 한일교섭의 진로를 결정하는 데 중요한 역할을 담당했다. 이후 마에다는 65년 1월부터 대신관방조사관으로 옮겨 참사관 자격으로 6년 9개월간 한국에 체재하면서 한국정세를 외무성에 보고하였

다. 2월 시이나 에쓰사부로椎名悅三郎 외무대신이 방
한했을 때 한국 측의 요청을 받아들여 방한성명 내용
에 과거에 대한 사죄 문구를 집어넣을 것을 본성에
요청했다. 본성에서는 '과거'에 대해서 한국에 사죄
하는 것 같은 뉘앙스가 풍기면 청구권 교섭을 비롯해
여러 가지 문제에 영향을 미치지 않을까 하여 도착성
명의 수위조절에 고심하였다고 한다. 마에다의 주장
이 받아들여져 시이나 외무대신은 준비했던 성명문
을 직접 수정하여 "양국 간의 오랜 역사 속에서 불행
한 시기가 있었다는 것은 참으로 유감이고 깊이 반성
합니다"라고 발표했다. 한일국교가 수립되자 마에다
는 재서울일본 정부재외사무소 소장을 거쳐, 재한국
대사관공사, 주한국대사를 역임했다. 1984년 나카소
네 야스히로中曾根康弘 수상을 도와 전두환 대통령의
방일을 실현시켜 한일 양국 간의 현안을 해결하였다.

[참고문헌] 松木孝道 「まえがき」 『歷代總督統治通觀』
(穗友邦協會, 1984), 이형식 「패전 후 귀환한 조선총독
부관료들의 식민지 지배 인식과 그 영향」 『韓國史硏究』
153(한국역사연구회, 2011), 「前田利一課長 七日 來韓」
(『동아일보』, 1961.8.3.)   【이형식】

378

마에다 세이지

前田精次(전전정차)   1894.9~?

관료, 금융인

구마모토현熊本縣 출신. 1914년 9월에 조선으로 건너
와 임시 토지조사국土地調査局에서 공무원으로 근무
한 후 1917년에 퇴직했다. 1918년 3월에 한성은행漢
城銀行에 입사하여 한성은행 연안延安 지점 창립과 함
께 초대 지점장으로 발령받았고, 평양 지점장, 본점
심사조사역審査調査役을 거쳐 1942년 9월 한성은행
검사역檢査役으로 부임했다.

[참고문헌] 阿部薫 編 『昭和12年版 朝鮮都邑大觀』(民
衆時論社, 1937), 谷サカヨ 『第14版 大衆人事錄』(帝國
秘密探偵社, 1943)   【이선윤】

379

마에마 교사쿠

前間恭作(전간공작)   1868.12.25~1942.1.4

자이잔로在山樓(호)
외무관료

나가사키현長崎縣 쓰시마對馬 이즈하라嚴原 출신. 중
학교에 들어가면서 한국어를 학습하기 시작하여 한
어학 4급 증명서를 획득하였다. 19세 때에는 두 달간
나가사키에 가서 영어를 학습하기도 하였다. 1888년
에는 게이오기주쿠慶應義塾 예과로 편입하였으며,
1891년에 졸업하였다. 같은 해 8월 한성공사관 유학
생으로 임명되어 조선에 건너왔는데 1893년까지는
유학생 신분이었다. 1894년 5월부터 6월까지는 조선
정부로부터 호조護照를 발급받은 후 해군 소좌 니이
로 도키스케新納時亮를 수행하여 기쿠치 겐조菊池謙讓
(→153)와 같이 충청도와 전라도 지역 곳곳을 돌아다
니며 정탐활동을 하였던 것으로 확인된다. 이해 7월
영사관 서기생(8급)이 되어 인천영사관에서 근무하
였고, 계속 인천에서 체류하는 가운데 1897년에는 7
급 서기생이 되었다. 1898년 7월 외무서기생 신분(7
급)으로 한성공사관에서 근무하였다. 1900년 3월에
는 호주 시드니로 파견되어 이듬해 12월까지 근무하
였다. 1901년 12월 재차 조선으로 파견되는 사령장
을 받고 서기생(5급) 신분으로 한국에 건너왔다. 이듬
해 10월에는 한성공사관 2등 통역관이 되었다. 1904
년 5월 고종으로부터 훈5등 태극장을 하사받기도 하
였다. 통감부가 설치된 1906년 1월부터는 통역관이
되었다. 8월부터는 총무부 외사과 겸 문서과 및 인사
과에서 근무하는 가운데 용암포龍巖浦로 출장을 다녀
오기도 하였다. 이듬해에는 문서과장을 거쳐 통감관
방統監官房 문서과에 재직하는 가운데 원산, 함흥, 성
진, 경성 지역에 출장을 가기도 하였다. 통역관이었
으므로 재무관 경찰관 한어필휴韓語必携 편찬위원으
로도 임명되어 교재 제작에 참여하였으며, 8월에는
경성박람회 고문으로 촉탁되기도 하였다. 1909년 12
월에는 청국거류지 설정 부위원으로도 선임되었다.
'한일강제병합' 이후 조선총독부 통역관에 임명되었

으며, 총무부 문서과장으로 재직하였다. 1911년 2월 전라도, 경상도 관내로 출장까지 다녀온 이후 3월 31일 의원면직을 제출하고 귀국하였다. 이때 고등관 4등으로 서임되었다. 저서로는 『한어통韓語通』(丸善株式會社, 1909), 『조선의 판본朝鮮の板本』(松浦書店, 1937), 『훈독이문訓讀吏文』(1940~1941년 집필 유고, 末松保和 編, 國書刊行會, 1975) 등이 있다. 편찬한 자료집으로는 『교정 교린수지校訂 交隣須知』(平田書店, 1904), 『고선책보古鮮冊譜』(전3권, 東洋文庫, 1957) 등이 있다. 『고선책보』에는 마에마가 볼 수 있었던 조선 관련 각종 문헌자료에 대하여 해제나 주기 등이 방대하게 수록되어 있다. 손진태, 이은상, 최남선, 양주동 등 한국 학자들과도 교류를 하면서 편지를 주고받았던 것이 자이산로 문고에 소장된 자료를 통해서 확인된다.

관직에서 물러난 이후에는 곧바로 귀국하였으며, 도쿄東京에 거주하며 조선의 역사나 고지명古地名, 이두吏讀 등에 대하여 여러 편의 논문, 책을 집필하였다. 또 소장하고 있던 도서를 1924년 1월 도요분코東洋文庫에 기증하였는데, 423종 1,764책에 달하였다. 1930년 후쿠오카시福岡市 하코자키 신궁箱崎神宮 근처로 거처를 옮겨 노년을 보내다가 75세의 나이로 1942년 자택에서 사망하였다. 사후 그가 모아둔 장서는 도요분코東洋文庫에 431종 714책이 추가로 기증되었다. 그 서지사항과 관련된 목록은 여기서 발간한 『재산루수서록在山樓蒐書錄』과 『속재산루수서록續在山樓蒐書錄』을 통해서 확인 가능하다. 그 외에 하코자키 자택에 남아 있던 자료들은 그의 손자를 통해 1980년 9월 규슈대학九州大學 조선사연구실朝鮮史研究室에 기증되었으며, 현재 자이산로 문고在山樓文庫라는 명칭으로 보존되고 있다.

[참고문헌] 박맹수 『개벽의 꿈, 동아시아를 깨우다』(모시는사람들, 2011), 한재영·이현희·가와사키 케이고 『韓國 書誌學의 先鞭』(서울대학교출판문화원, 2015), 高麗大學校 亞細亞問題研究所 編 『舊韓國外交文書: 日案』 卷2(高麗大學校出版部, 1967), 시라이 준 「마에마 교사쿠와 손진태」 『근대서지』 4(2011)　　　【박한민】

380

마에카와 센판
前川千帆(전천천범)　　　　　1889.10.5~1960.11.17

이시다 주자부로石田重三郎(본명)
만화가

교토부京都府 출신. 근대 일본의 서양화가 아사이 주淺井忠, 가노코기 다케시로鹿子木猛郎 등의 가르침을 받았고, 간사이미술학원關西美術學院에서 수학한 후 1915년 조선으로 와서 경성일보사京城日報社에서 삽화가로 활동하였다. 1917년 도쿄로 돌아갈 때까지 경성일보에 금강산 여행 연재기사에 관한 삽화인 〈금강산스케치金剛山スケッチ〉, 〈초겨울소품初冬小品〉 등을 게재하였다.

귀국한 후에는 『요미우리신문讀賣新聞』의 만화가로 활동하는 한편으로 판화가로서도 활발한 활동을 전개하였다. 제국미술원전람회帝國美術院展覽會, 춘양회春陽會, 일본창작판화협회日本創作版畵協會 등의 전시회에 출품하였다.

[참고문헌] 坂井基樹 外 編 『日韓近代美術家のまなざし -『朝鮮』で描く』(福岡アジア美術館 外, 2015), 국사편찬위원회 한국사데이터베이스 〈http://db.history.go.kr〉
　　　　　　　　　　　　　　　　　　【김용철】

381

마지마 우메키치
間島梅吉(간도매길)　　　　　　　　1877~?

실업가, 영화인

미에현三重縣 구와나桑名 출신. 1895년 도쿄로 상경하여 무역상 나카무라상점中村商店에 근무하였다. 1897년 타이완 병참에 종군하였으며 이후 1904년 조선에 도항한 후, 부산 오이케상점大池商店에서 근무하다 러일전쟁이 발발하자 제14단을 따라 만주에 들어갔다. 종전 후 다롄大連에서 상업에 종사하게 된다. 1914년 다시금 경성 명치정明治町에서 마쓰노스시松のすし를 개업하였으며, 1924년에는 합자회사 마지마상회間島商會를 설립하였고, 보험대리업 및 부

동산중개매매업, 공제무진주식회사共濟無盡柱式會社 감사역 등 사업을 확장하였다. 경성부회 의원, 경성 신사 상담역 등의 공직을 거쳤으며 희락관喜樂館의 소유주로서 1930년대 경성 흥행계의 거물로 성장하였다.

희락관은 1915년 경성부 본정本町 1정목丁目에 있던 영화관이다. 개관시의 명칭은 유락관有樂館이었지만 1918년 희락관喜樂館으로 개칭하였다. 희락관은 이후 1945년 화재로 전소되었는데, 당시 경성 일본인거리에 설립된 영화관 중 최고의 흥행관으로 알려지고 있다. 당시 일본영화사인 일본활동사진주식회사日本活動寫眞株式會社(약칭 닛카쓰日活)와 계약을 맺고 조선의 대리점으로 닛카쓰의 배급작품을 상연하고 조선의 다른 영화관에 배급하는 업무를 담당하기도 했다. 1928년 12월부터 닛카쓰의 직영으로 바뀌면서 크게 혁신을 맞게 되었다. 즉, 자릿세座布團代를 폐지하고 관람료를 저렴하게 하고 관내 설비를 완비하였으며 10여 명의 안내 직원을 두어 관람객의 편의를 도모하였다. 희락관은 여러 차례 경영자가 바뀌었는데 1940년부터 마시마 우메기치가 직접 운영하였다. 당시 영화(활동사진) 변사로는 사쿠라다 고사쿠櫻田耕作, 하나하 쇼요花葉少洋, 하나야마 요시미花山芳美 등이 활동하였다.

[참고문헌] 朝鮮新聞社 編『朝鮮人事興信錄』(朝鮮新聞社, 1922), 中村資良 編『京城仁川職業名鑑』(東亞經濟時報社, 1926), 阿部薰 編『昭和12年版 朝鮮都邑大觀』(民衆時論社, 1937),『昭和17年朝鮮年鑑』(朝鮮通信社, 1941)　　　　　　　　　　　　　　　　【홍선영】

382

마키야마 마사히코

牧山正彦(목산정언)　　　　　　　　1911~2000.1.4

관료

도쿄시東京市 출신. 조선에 건너 온 것은 그의 부친 마키야마 마사토쿠牧山正德가 1916년 조선총독부 경기도 공업기수에 임명된 것이 계기인 것으로 추정된다.

마키야마 마사토쿠는 기수技手에 머물렀지만, 마키야마 마사히코의 조선 이력은 그보다 훨씬 화려했다. 조선총독부 문서에서 발견되는 마사히코의 최초 이력은 경성제국대학京城帝國大學과 관련된 것이다. 그는 1928년 3월 31일에 경성제국대학 문과 예과에 입학하여 1930년 4월에 수료하였고, 바로 법학과에 입학하였다가 1933년 4월에 졸업하였다. 이후 곧 관직생활을 시작한 그는 1934년에 조선총독부 전매국專賣局 사업과 속屬이 되었으며, 1936년에는 조선총독부 이사관 직위로 함경남도 내무부 학무과에서 근무하였다. 1937년부터는 다시 경성으로 돌아와 조선총독부 총독관방總督官房 문서과 및 심의실에서 근무했는데, 이때의 직위는 사무관이었다. 이후 1942년 말까지 조선총독부직속기관인 형무관연습소刑務官練習所 강사, 조선선원보험심사회朝鮮船員保險審查會 위원, 식산국殖産局 등에서 근무하였다.

1942년 12월 15일, 서기관에 임명되었다. 1943년 농지개발위원회農地開發委員會 간사, 철강통제협의회鐵鋼統制協議會 위원 등으로 활동하였으며, 1944년에는 조선주류위원회朝鮮酒類委員會 간사, 광공국鑛工局 광산과장, 광공국착암공양성소鑛工局鑿岩工養成所 소장 겸 조선광업진흥주식회사朝鮮鑛業振興株式會社 감리관, 생산방공부生産防共部, 저축장려위원회貯蓄獎勵委員會 간사, 근로동원본부勤勞動員本部 참사, 주택대책위원회住宅對策委員會 간사 등으로 활동했다. 또한 1945년에는 전력추진연락위원회電力推進連絡委員會 간사, 조선석탄주식회사朝鮮石炭株式會社 감사관, 전시산업추진본부戰時産業推進本部 부원, 기계류생산유지위원회機械類生産維持委員會 위원, 경제안정대책위원회經濟安定對策委員會 위원으로 활동했다.

전시체제기에 군수회사법軍需會社法의 조선 시행 여부를 둘러싸고 조선총독부와 일본 군수성軍需省 간의 논쟁이 확산될 때, 마키야마는 조선총독부의 입장을 대변하는 글을 곳곳에 기고하는 중요한 역할을 했다. 당시의 대표적인 기사로「조선군수생산책임제도와 군수회사법朝鮮軍需生産責任制度と軍需會社法」(『조선朝鮮』, 1944.9)과「군수회사법의 성격軍需會社法の性格」(『조선공론朝鮮公論』, 1944.11) 등을 들 수 있다.

식민지시기에 니혼대학日本大學을 졸업하고『경성

일보京城日報』기자를 역임했던 김봉진金奉鎮은 1970년경 대한상공회의소大韓商工會議所 부회장이 되었을 때 '내 눈을 뜨게 한 외우畏友'로 마키야마를 거론한 바 있다. 그에 따르면 마키야마는 "일본인 관리로서는 보기 드물 만큼 점잖고 공부를 열심히 했으며, 특히 경제관계입법을 다룬 만큼 그 방면에 조예가 깊었다"고 한다.

귀국 이후, 오사카大阪 구레하화학공업吳羽化學工業의 임원으로 활동했으며, 2000년 1월 89세의 나이로 사망하였다. 저서로『어처구니없는 이야기べらぼうな話』(1991)를 남겼다.

[참고문헌] 정안기「식민지 군수동원과 군수회사 체제의 연구」『韓日經商論集』63(한일경상학회, 2014), 牧山正彦「朝鮮軍需生産責任制度と軍需會社法」『朝鮮』352(1944.9.1), 국사편찬위원회 한국사데이터베이스〈http://db.history.go.kr〉　　【전영욱】

383
만다이 류스케
萬代龍助(만대용조)　　　　　1881.7.14~?

실업가

야마구치현山口縣 출신. 1896년 조선으로 건너왔다. 인천仁川에서 잡화상을 시작하고 1899년부터 해주海州에 정착하여 주로 가마니와 멍석을 팔아 자본을 축적하였다. 그 후 일본인 사회의 유명인사로서 그는 농촌에 양잠업을 보급하거나 해주철도를 건설할 때 주요 발기인으로 참여하였다.

1921년 해주전기주식회사海州電氣株式會社 이사를 시작으로 1933년 해주무진주식회사海州無盡株式會社 이사, 1935년 해주주조주식회사海州酒造株式會社 이사를 지냈고, 중일전쟁 발발 이후에는 1939년 해주철공소주식회사海州鐵工所 이사, 황해흥업주식회사黃海興業株式會社 이사, 서선중공업주식회사西鮮重工業株式會社 이사, 해주연료주식회사海州燃料株式會社 이사에 대주주로 참여하였다. 아울러 사장으로서 해주운수주식회사海州運輸株式會社와 황해수산주식회사黃海水産株式會社를 직접 경영하기도 하였다.

해주에 정착한 이래 가마니 판매로 부를 축적한 그는 해륙운송업, 창고업, 광산업, 군수품 제조업, 수산업, 양식업, 연료판매업에 이르기까지 경영자 혹은 투자자로서 활발히 활동하였으며, 특히 해주가 중일전쟁 이후 급속히 진행된 북한의 군수기지화에 따라 해주항을 중심으로 중화학공업이 비약적으로 발전하자 일본 본토에서 새롭게 진출한 대기업들의 길라잡이 역할을 하였다.

패전 후 해주일본인세화회海州日本人世話會 회장에 선임되어 일본인들의 모국 귀환을 원호하는 원로로서 활동하였다. 그러나 원산元山에 상륙한 소련군 부대가 8월 25일 해주를 점령해 행정권이 이양된 상황이었으므로 일본인세화회는 별다른 귀환 원호 활동을 할 수 없었다. 오히려 소련 점령 초기 세화회의 주요 활동은 당장의 생활 보호를 위한 교섭에 집중되었다. 점령당국은 1945년 8월 말부터 관사와 사택, 상점, 일반 가옥의 순으로 일본인들이 거주하던 주택을 접수하였고, 각 단위사업장에서는 조선인 노동자의 자주관리운동이 고조되어 해주항 부근의 조선시멘트朝鮮セメント, 스미토모住友, 가네보鐘紡, 서선중공업西鮮重工業, 조선화약朝鮮火藥 등 공업단지 내 일본인들은 8월 중에 사택에서 쫓겨나 강제로 집단 수용되었다.

당시 점령당국은 해주의 일본인들을 1945년 11월까지 조선화약회사에 모두 집결시켜 집단수용할 계획이었다. 그러나 만다이를 비롯한 일본인세화회회의 거듭된 탄원과 교섭으로 1946년 1월 일본인 접수 가옥의 규모를 예정된 1,800호에서 300호로 줄여 1호당 3세대 정도가 함께 거주하는 선에서 타협을 보았다. 그 후 점령당국은 세화회를 비롯한 일본인 단체를 일체 부인했기 때문에 별다른 활동은 벌이지 못했지만, 이동 금지 명령에도 불구하고 서해안을 따라 인천지역으로 밀항단을 조직하여 탈출하도록 내밀한 활동을 벌였다.

[참고문헌] 李淵植『朝鮮引揚げと日本人』(明石書店, 2015), 이연식「해방 후 한반도 거주 일본인 귀환에 관한 연구」(서울시립대학교 박사학위논문, 2009), 「황해선 연장과 해주시민 궐기, 기정 방침대로 부설하면 해주

발전에 방해라고, 진정위원 상경」(『중외일보』, 1930.
4.24), 「海州商工會頭　萬代龍助氏當選」(『동아일보』,
1937.10.7.), 「養蠶小作に黎明期訪れる-萬代龍助氏の
犧牲的行爲で實現の運びとなる-」(『朝鮮每日新聞』,
1930.4.12)　　　　　　　　　　　　　　　【이연식】

384
메가타 다네타로
目賀田種太郎(목하전종태랑)　1853.8.25~1926.9.10

관료, 정치인

에도江戶(현 도쿄도東京都) 출신. 쇼헤이 서당昌平黌 가
이세이쇼開成所에서 한학과 수학을 배운 뒤 1870년
미국 하버드 대학에 유학했다. 1874년 졸업 후 문부
성文部省, 사법성司法省, 대장성大藏省에서 근무했다.
1880년 소마 나가타네相馬永胤, 다지리 이나지로田尻
稻次郎, 고마이 시게타다駒井重格 등과 함께 사립경제
·법률학교인 센슈학교專修學校를 설립했다. 이 시기
사법성 부속 변호인代言人으로 도쿄변호사조합東京代
言人組合 회장을 맡았다. 1895년 7월 주세국장主稅局
長이 되었다가 1904년부터 1910년까지 한국의 재정
고문으로 근무했다. 조선에 건너오기 전인 1905년 8
월부터 귀족원 의원으로 칙선勅選되어 1923월 10월
까지 유지되었다. 1907년 남작 작위를 받았다. 1920
년 국제연맹 제1회 총회에서 일본 대표로 활동했다.
1923년 추밀원樞密院 고문이 되었다.

1904년 제1차 한일협약으로 일본의 고문정치가 실
시되자 같은 해 10월 탁지부 고문으로 임명되었다.
한국으로 오기 전 고무라 주타로小村壽太郎(→81) 외무
대신과 이토 히로부미伊藤博文(→900)에게 각각 화폐정
리사업과 징수업무에 대한 지침을 받았다. 당시 체
결된 재정 고문용빙 계약서를 통해 실질적으로 대한
제국의 재정에 대한 정리와 감독, 재정에 관한 정책
을 심의하고 기안할 수 있는 권한을 얻었다. 같은 해
11월 백동화 발행을 정지하고 전환국典圜局 폐지를
결정했다. 화폐정리사업 중 백동화는 갑甲·을乙·병
丙 3종으로 나누어 교환하였는데 한국인이 가진 화
폐는 대부분 병종에 해당하는 악화였기 때문에 큰

피해를 입었다. 엽전은 납세를 통해 회수하였으나 15
할의 환율로 수납하여 실질적인 증세 효과를 얻었다.
이와 동시에 대한제국의 화폐정리사업 사무를 탁지
부 대신의 지휘 감독 아래 일본제일은행日本第一銀行
에서 집행하며 제일은행권을 공인하여 통용시키기
로 결정하여, 제일은행이 대한제국의 중앙은행으로
기능할 수 있도록 했다. 전환국 폐지와 함께 광산을
정리하여 황실재정을 정리하려 하였으나, 고종이 반
발하자 대신 일본에서 차관을 도입하여 시정개선자
금을 충당하려고 했다. 1905년 을사조약으로 통감부
가 설치되자 1907년 3월부터 9월까지 한국 통감부
재정감사장관으로 활동했다. 통감으로 부임한 이토
는 재정고문의 권한을 축소하고자 하였고, 이토와
재정정책에 대하여 이견을 보이기도 하였다. 대한제
국의 재정상황 개선에 실질적으로 성과를 내지 못하
면서 한국인의 저항이 발생하자 이토의 불신을 받았
다. 1907년 7월 정미조약으로 고문용빙에 대한 협정
이 폐지되고 차관정치로 이전되자 같은 해 10월 고문
직에서 물러났다.

대한제국 탁지부 고문직에서 해임된 1907년 9월
남작 작위를 받았다. 1917년 9월부터 다음해 4월까
지 일본 정부의 특파재정경제위원장으로 미국에 파
견되었고, 1920년 9월부터 다음해 3월까지 국제연맹
제1회 총회에서 일본 대표로 활동하였다. 1926년에
사망했다. 전기로는 『남작 메가타 다네타로男爵目賀
田種太郎』(故目賀田男爵傳記編纂會, 1938)가 있다.

[참고문헌] 오두환 『한국근대화폐사』(한국연구원, 1991),
최덕수 외 공저 『조약으로 본 한국 근대사』(열린책들,
2010), 國史編纂委員會 編 『駐韓日本公使館記錄』, 秦
郁彦 編 『日本近現代人物履歷事典』(東京大學出版會,
2002), 臼井勝美 외 편 『日本近現代人名辭典』(吉川弘
文館, 2007), 김혜정 「일제의 顧問政治와 한국재정 침
탈」(서강대학교 박사학위논문, 2004)　　　【박진홍】

385
모리 고이치
森悟一(삼오일)　　　　　　1881.12.26~?

금융인

1908년 7월 교토제국대학京都帝國大學 법률학과를 졸업하고 곧 한국 탁지부度支部 농공은행農工銀行에 들어갔다. 주식회사 함흥농공은행咸興農工銀行 함흥 지점 지배인, 광주농공은행 지배인을 거쳐, 1918년 10월 조선식산은행朝鮮殖産銀行 광주 지점장을 맡았고, 동년 11월 본점 권업대부과장, 1921년 11월 동 산업금융과장을 나아가, 1923년 8월 동행 이사에 올라갔다. 1930년 퇴사하고, 조선저축은행 은행장에 취임하였다.

[참고문헌] 朝鮮公論社 編 『在朝鮮內地人紳士名鑑』(朝鮮公論社, 1917), 有馬純吉 『昭和六年版 朝鮮紳士錄』(朝鮮紳士錄發行會, 1931)   【마스타니 유이치桝谷祐一】

386

모리 기쿠고로

森菊五郎(삼국오랑)   1876.2.24~?

실업가

효고현兵庫縣 출신. 학력은 불명이다. 병역을 마친 후 가업을 계승하여 오사카大阪에서 미곡상을 경영하였다. 부인은 기요코淸子(1885년생)이며, 자녀는 장녀로 하나코花子(1908년생), 장남으로 겐지憲二(1909년생, 교토제대 수학), 슌조俊三(1913년생, 수원고등농림학교 졸업), 요시오善雄(1916년생, 와세다대 이공과 졸업), 고로五郎(1918년생, 군산중학 졸업), 쇼헤이正平(1922년생, 군산중학 졸업), 도요사쿠豊作(1925년생), 레이코麗子(2녀, 1927년생) 등 6남 2녀를 두었다.

1905년 무렵 조선으로 건너와 처음에 부산에서 거주했다. 중국의 잉커우營口 방면을 시찰한 뒤 전라북도 군산에서 무역상을 시작했다. 정미공장을 인수 경영하고 1919년 6월에 농장을 설립하여 충남 강경에서 전북 김제, 익산, 옥구, 충남 논산, 서천, 부여 등지의 토지를 매수하여 모리기쿠농장森菊農場을 창설했다. 농장은 1934년 주식회사가 되었고, 본점을 전북 옥구군에 두었다. 1922년 당시 전답 및 기타 소유면적이 244정보, 1925년 495정보, 1931년에는 520정보에 이르는 등 거대지주가 되었다. 정미공장

에는 최신식 정미기계를 갖추어 오사카와 고베神戶 등지로 쌀을 수출했다. 군산미곡상조합 조합장, 군산미곡신탁주식회사(1920년 설립) 사장으로 활동했다. 군산거류민단 의원에 선출된 바 있으며, 전라북도 도평의회원, 군산부협의회원, 학교조합 의원, 군산상공회의소 특별의원, 군산미곡거래소 이사장을 지냈다. 이러한 과정을 거쳐 '쌀의 고장'인 군산에서 '군산의 정미왕'으로 불리며 미곡 업계의 제1인자이자 군산지역의 유력자로 군림했다.

전북수산주식회사 이사 및 주주, 군산전기주식회사와 조선해운주식회사의 주주, 군산미우회郡山米友會주식회사 및 전라북도양곡주식회사의 대표 등 군산지역을 근거로 한 여러 기업에 관여했다. 군산 이외에 대전온천주식회사의 이사, 남조선전기회사 및 조선저축은행의 대주주이기도 했다. 조선신탁주식회사 이사, 조선화재해상보험주식회사 감사, 조선미곡창고주식회사 감사 및 주주, 조선미곡시장주식회사 이사를 역임하며 조선 재계의 중앙으로도 진출했다.

[참고문헌] 角田廣司 編 『在朝鮮內地人紳士名鑑』(朝鮮公論社, 1917), 藤澤論天 編 『半島官財人物評論』(大陸民友社, 1926), 阿部薰 『朝鮮功勞者銘鑑』(民衆時論社, 1935), 阿部薰 編 『昭和十二年版 朝鮮都邑大觀』(民衆時論社, 1937), 谷サカヨ 『第十四版 大衆人事錄 外地 滿·支 海外 篇』(帝國秘密探偵社 國勢協會, 1943), 『朝鮮銀行會社組合要錄』(東亞經濟時報社, 1940), 『農地改革時 被分配地主 및 日帝下 大地主 名簿』(韓國農村經濟研究院, 1985)   【고태우】

387

모리나가 겐타로

森永健太郎(삼영건태랑)   생몰년도 미상

영화인

영화 제작사 통폐합의 결과 자본금 200만 원을 기반으로 1942년 9월 29일 창립된 사단법인 조선영화제작주식회사에서 제작된 문화영화 〈쇼와19년昭和十九年〉(1942)을 연출한 인물이다.

조선에서 징병제가 실시될 예정이던 1944년(쇼와

19)을 기념하여 전쟁과 징병제를 칭송하는 선전영화로 만들어진 이 작품은 조선총독부와 일본 내무성의 '인정작품'이 되었다. 촬영은, 경성촬영소 3회 작품이자 조선 최초의 발성영화로 제작된 〈춘향전〉(1935)을 감독한 바 있던 이명우가 담당하였다.

[참고문헌] 한국영상자료원 편역『일본어 잡지로 본 조선영화 2』(현실문화연구, 2011), 한국영상자료원 편역『일본어 잡지로 본 조선영화 4』(현실문화연구, 2013)

【함충범】

388

모리 다메조
森爲三(삼위삼)   1884~1962

동물학자, 대학교수

1909년 대한제국에 초빙되어 조선으로 건너왔다. 이후 관립한성고등학교官立漢城高等學校가 경성고등보통학교京城高等普通學校, 경성제일고등보통학교京城第一高等普通學校로 개칭되는 약 15년 동안 교사敎諭로 근속하였다. 1925년, 경성제국대학 예과에 교원으로 촉탁되었고, 이듬해 예과 교수로 정식 취임하였다. 조선의 동물학 연구에 많은 기여를 하였으며 특히 진돗개 연구, 쉬리 연구에 큰 족적을 남겼다. 일본으로 돌아간 후에도 한국의 동물에 대한 연구를 계속하였으며 1962년에 사망하였다.

1909년 이후 패전 전까지 조선에 체류하면서 한반도의 동물학연구에 많은 성과를 남겼다. 조선총독부에서 시학위원視學委員을 지내기도 하였으며 1934년부터는 고적조사위원古跡照査委員으로 활동하였다. 1942년에는 보물고적명승천연기념물보존회寶物古跡名勝天然記念物保存會에도 위촉되었다. 1935년에 경성제국대학 예과 교수로 있으면서도 1936년에 교토제국대학京都帝國大學에서 「동아시아 담수 어류의 지리적인 분포에 대한 연구東亞に於ける淡水魚類の地理的分布に就ての研究」로 박사학위를 받았다.

귀국 후 효고현농과대학兵庫縣農科大學, 무코가와여자대학武庫川女子大學 등에서 근무하였다는 기록이 남아 있으며, 한국과 일본의 조류 및 어류 연구에 종사하였다.

[참고문헌] 이충우『경성제국대학』(다락원, 1980), 貴田忠衛『朝鮮人事興信録』(朝鮮人事興信録編纂部, 1935)

【김욱】

389

모리 아쓰시
森敦(삼돈)   1912.1.22~1989.7.29

문학가

나가사키현長崎縣 출신. 식민지 조선의 경성京城에서 유년 시절을 보냈다. 경성중학교에 다니다 1931년에 제일고등학교第一高等學校(현재 도쿄대학東京大學 교양학부)에 입학하면서 경성중학교는 퇴학한다. 소설 문제를 추구한 앙드레 지드에 흥미를 가졌고, 선禪이나 화엄경華嚴經의 세계에 빠져들었다. 문학자 기쿠치 간菊池寬에게 인정받고 요코미쓰 리이치橫光利一에게 소개받아『도쿄니치니치신문東京日日新聞』에 연재한『만취한 배酩酊舟』(1934)가 주목을 받으며 모더니스트 작가로 문단에 데뷔했다. 이 작품은 일종의 메타픽션으로, 소설을 써가려고 하는 생각이 그대로 소설로 그려지는 내용이다. 단 가즈오檀一雄, 다자이 오사무太宰治와 함께 문예동인지『푸른 꽃靑い花』에도 참가했다. 그로부터 30년 남짓 나라현奈良縣, 아키타현秋田縣, 야마가타현山形縣, 미에현三重縣 등 각지를 유랑하며 문학 수행을 쌓고, 도쿄에 거주하며 인쇄회사에서 일했다. 1941년에 마에다 요前田暘와 결혼했다. 62세 되던 1974년에 중편『월산月山』(1973)이 아쿠타가와상芥川賞을 수상해 작가로서의 부활을 알려 화제가 되었다. 그리고 1987년에『내가 죽어가듯 이레이逝くもののごとく』로 노마문예상野間文藝賞을 수상했다. 화술이 좋아 잡지나 텔레비전 등에서 활약했다. 에세이로『의미의 변용意味の變容』(1984),『만다라 기행マンダラ紀行』(1986) 등이 있다.

모리 아쓰시는 자신의 식민지 체험을 바탕으로 글을 쓸 때 식민지를 '선만鮮滿'으로 칭하며 '제2의 고향第二の故鄕'이라고 불렀다. 사소설풍으로 쓴 소설「정토淨土」(『群像』 1988)는 유년시절을 식민지 조선에서 보낸 내레이터 '나'가 나중에 커서 한국을 다시 방문해 자신이 소학교에 다니던 종로로 발길을 옮기면서 조금씩 회상의 세계로 들어가는 이야기이다. 즉 '제2의 고향'으로서의 조선이 기억을 재구성해가는 방법으로 소설에 그려지고 있는 작품으로, 모리 아쓰시는 식민지 조선 체험을 기억하는 서사로 문학의 표현방법을 새롭게 시도했다.

[참고문헌] 『日本百科全書 : ニッポニカ』(小學館, 1994), 井上健「異郷と幻影と表現の革新 : 昭和作家の朝鮮と滿州」『일본연구』 50(한국외국어대학교 일본연구소, 2011)　　　　　　　　　【김계자】

390
모리야마 시게루
森山茂(삼산무)　　　　　　1842.10.28~1919.2.26

외무관료

나라현奈良縣 야오八尾 출신. 본래 성은 하시오箸尾였으나 모리야마 리도켄森山履道軒의 양자로 입양되었다. 1868년 효고현재판소兵庫縣裁判所에서 서기로 관직을 시작하였는데, 이듬해 외국관外國官 서기로 전직하였다. 외무성이 설치된 후 외무소록이 되었으며, 1869년 11월부터 이듬해 4월까지 조선으로 파견되었다. 1870년 이후 외무대록, 외무권대록, 외무소승, 외무권대승으로 승진하였는데 조선에 여러 번에 걸쳐 파견되면서 동래부사東萊府使와 현안에 대한 교섭을 담당하였다.

외무성이 새로 설치된 후 외교를 일원화하는 문제와 관련하여 조선과 서계문제로 마찰을 빚는 가운데 1870년 2월 사다 하쿠보佐田白茅가 조사단으로 파견될 때 같이 조선으로 건너왔다. 이해 4월 귀국 후 복명서를 작성하여 제출하였는데 포함외교를 실시하여 조선을 개항시킬 것을 주장하였다. 같은 해 10월 요시오카 고키吉岡弘毅, 그리고 1871년 1월 사가라 마사키相良正樹가 조선으로 파견될 때에도 같이 파견되었다. 하나부사 요시모토花房義質(→912) 외무대승이 쓰시마의 외교권과 왜관을 접수하기 위해서 조선으로 파견된 1872년 9월에도 수행원으로 와 부산에 체류하였다. 1874년 조선의 정세 변동을 파악하기 위해서 6월 부산으로 건너왔으며, 소 시게마사宗重正의 도한을 건의하였다. 아울러 동래부사 박제관朴齊寬과 교섭을 진척시켜 서계문제에 대한 대체적인 합의를 이끌어 내고 10월 외무경에게 보고하였다. 동래부사에게 10가지 요구사항을 담은 「구연서口演書」를 전달한 것도 이 시기였다. 1874년 12월 이사관에 임명되었고, 다음 해 2월 부산에 도착하여 연향 설행을 논의하고 여기에 참석할 때 착용할 복제 변통 등을 논의하였다. 조선 측에서 수용할 수 없는 사안들을 훈도를 통해 알려오자 부관 히로쓰 히로노부廣津弘信를 4월 도일시켜 상황 타개를 위해서 무력시위를 할 수 있는 한두 척의 군함 파견을 요청하였다. 이해 7월에도 외무경에게 건백서를 다시 제출하여 비상수단을 취할 것을 촉구하는 강경론을 주장하였다. 이에 따라 일본에서 실제로 파견된 함선이 운요호雲揚號이다. 이해 9월 말 나가사키로 돌아갔다가 외무경 훈령을 받고 재차 부산으로 복귀하였다. 구로다 기요타카黑田淸隆가 운요호 사건에 대한 교섭을 진행하기 위한 전권대신으로 파견되는 결정이 난 후 수행원으로 파견되었다. 하지만 실제 교섭에서는 조선에 대한 강경론을 견지하고 있었기 때문에 배제되었다. 협상은 주로 온건론을 견지한 외무대승 미야모토 오카즈宮本小一가 주도하였다. 「조일수호조규」 체결을 위한 협상 당시 조선 측에서도 갈등을 빚고 장난질을 치는 자로 주목하여 부정적인 평가를 내렸던 것은 『심행일기』에서 확인 가능하다.

1878년 의원면직을 신청하여 관직에서 물러난 후 원로원元老院에서 서기관, 의관을 역임하였다. 1890년 7월부터 2년 동안은 도야마현富山縣 지사를 지냈다. 1894년부터 사망하는 1919년 2월까지는 귀족원貴族院 의원 신분을 유지하였다.

[참고문헌] 김흥수 『한일관계의 근대적 개편 과정』(서울대학교출판문화원, 2009), 신헌 저, 김종학 역 『심행일기』(푸른역사, 2010), 田保橋潔 『近代日鮮關係の硏究』 上(朝鮮總督府中樞院, 1940), 秦郁彦 編 『日本近現代人物履歷事典』(東京大學出版會, 2002), 金義煥 『朝鮮對日交涉史硏究』(通文館, 1966)　　【박한민】

391

모리야 에이후
守屋榮夫(수옥영부)　　　　1884.11.8~1973.2.1

내무관료, 정치인, 변호사, 문학가

미야기현宮城縣 도다군遠田郡 출신. 모리야 도쿠로守屋德郎의 장남으로 태어났다. 제이고등학교第二高等學校를 거쳐 1910년 도쿄제국대학東都帝國大學 법과대학 독법과獨法科를 졸업한 이후 고등문관시험에 합격하였으며 조선총독부 비서관 겸 조선총독부 참사관, 총독관방비서과장, 서무부장을 지냈다.

내무관료로서 내무성에 입성하여 지바千葉, 아이치愛知 각 현에서 이사관, 내무감찰관, 내무성 참사관, 조선총독부 비서관, 동 비서과장, 동 서무부장, 내무성 사회국 사회부장을 역임하였으며, 1928년 2월3일, 의원면직으로 퇴직했다. 그 후 변호사 업무에 종사하였다.

정치가로서 1934년 오카다 게이스케岡田啓介 내각의 농림 정무차관에 취임했으며 시오가마鹽竈 시장, 또 해군 경리학교 강사, 해외 이주조합연합회, 중앙조선협회, 중앙교화단체연합회, 대동大東문화협회 각 이사가 되었다. 대정익찬회大政翼贊會 중앙협회의 의원. 제7회 국제노동총회(제네바)에 정부 대표위원으로 출석하였다. 그해 오카다岡田 내각이 발족해서 입각한 도미나 다케지로床次竹二郎, 야마자키 다쓰노스케山崎達之輔, 우치다 노부야内田信也 및 내각심의회 위원이 된 미즈노 렌타로水野鍊太郎(→439), 모치즈키 게이스케望月圭介가 제명되자 모리야守屋도 도미나다床次 등을 따라서 정우회政友會로 이당, 쇼와회昭和會의 결성에 참가하였다. 쇼와회 해산 후에는 원내회파院内會派의 제일의원구락부第一議員俱樂部에 속했는데, 1939년에 정우회의 분열소동이 있었고, 쇼와회 대의사代議士 중에서 정우회 출신자의 태반이 정우회 혁신파(별명 정우회혁신동맹. 총재는 나카지마 지쿠헤이中島知久平)에 합류한 때에도 모리야는 정우회 혁신파에 합류하지 않았다.

1928년, 제16회 중의원 의원 총선거에 무소속으로 초선으로 중의원 의원이 되었다. 당선 후에는 입헌정우회立憲政友會에 입당한 이래(일본진보당 미야기宮城 1구) 연속 6회(16, 17, 18, 19, 20, 21) 당선되었다.

태평양전쟁 중에는 대정익찬회중앙협력회大政翼贊會中央協力會의 위원, 대일본쇼와연맹大日本昭和聯盟 총재를 지냈다. 1942년의 제21회 중의원 의원 총선거에서 익찬정치체제협의회의 추천후보로 당선, 그 후 1942년부터 1946년까지 미야기현 시오가마 시장을 지냈다. 1942년 2월 28일에 시오가마시회鹽竈市會가 실시한 선거에 당선된 모리야가 초대 시장에 취임했지만, 급여를 받지 않고 무보수의 명예직으로 근무했다.

종전 후에는 구입헌민정당계舊立憲民政黨系·구정우회혁신파계舊政友會革新派系·구정우회통일파계舊政友會統一派系 세력과 함께 대일본 정치회의 후신으로 일본진보당 미야기현 지부를 결성했다. 1946년 1월의 공직추방령에 의해 공직에서 추방되었다. 저서로는 『평범지선정平凡之善政』이 있다.

[참고문헌]「守屋榮夫代議士　政友入黨」(『동아일보』, 1929.12.31),「國際勞働會議日本政府代表 守屋榮夫氏가 될 듯」(『동아일보』, 1925.2.5)　　【이충호】

392

모리오카 모리시게
森岡守成(삼강수성)　　　　1869.9.14~1945.4.28

육군 군인

야마구치현山口縣 출신. 농민 모리시게 고자에몬森重五左衛門의 차남으로 태어나, 관리였던 모리오카 마사키森岡正奇의 양자가 되어 모리오카 가문을 이었다. 1891년 육군사관학교를 졸업(2기)하고 다음 해 3월 기병소위로 임관하였다. 청일전쟁에서는 기병 제4대대 소대장으로 종군하였다. 1899년 12월에는 육군대학교를 우등으로 졸업(13기)하였고, 이후 기병 제9연대 중대장, 육군성 군무국 과원課員, 육군대학교 교관 등을 역임하였다. 러일전쟁에는 제5사단 참모로 출정하여 기병 제1여단 참모, 대본영大本營 막료로 근무하였다. 이후 다시 육군대학교 교관, 참모본부 소속, 참모본부원, 오스트리아 대사관 주재 무관, 기병 제16연대장, 육군기병실시학교장陸軍騎兵實施學校長, 칭타오靑島 수비군 참모장 등을 역임하였다. 1916년 5월 육군소장으로 진급하고 군마보충부 본부장, 기병감騎兵監을 역임하였다. 1919년 7월에는 중장으로 진급하고 제12사단장, 근위사단장, 군사참의관을 역임하였다.

1926년 3월 대장으로 진급함과 동시에 조선군 사령관(1926.3.2~1927.3.5)으로 임명되어 조선에 건너왔다.

1927년 3월 군사참의관이 되었으며 같은 해 9월 예비역으로 편입되었다.

[참고문헌] 秦郁彦 編『日本陸海軍總合事典』(東京大學出版會, 1991), 「조선군사령관 삼강수성[森岡守成] 대장의 글」(『부산일보』, 1926.10.17)　　【이승희】

393

모리오카 지로
森岡二朗(삼강이랑)　　　　1886.5.1~1950.12.20

내무관료

나라현奈良縣 출신. 고리야마중학교郡山中學校, 제사고등학교第四高等學校를 거쳐 1911년 7월 도쿄제국대학東京帝國大學 법과대학 법률학과를 졸업했다. 같은 해 11월 고등문관시험에 합격하여 12월 효고현兵庫縣 경부警部가 되어 경찰부 보안과로 배속되었다. 1912년 10월 효고현 이즈시出石 군장郡長, 1915년 1월 현 이사관, 1917년 9월 현 경시警視, 1919년 6월 현 사무관을 담당했다. 이후 1921년 6월 아오모리현靑森縣 경찰부장, 1922년 10월 가나가와현神奈川縣 경찰부장, 1924년 1월 경시청 형사부장, 3월 교토부京都府 내무부장을 담당했다. 이후 1926년 9월 시마네현島根縣 지사, 1927년 5월 아오모리현 지사, 같은 해 11월 이바라키현茨城縣 지사, 1929년 7월 도치기현栃木縣 지사를 담당했다.

1929년 11월 사이토 마코토齋藤實(→469) 총독의 조선 재부임과 함께 조선총독부 경무국장警務局長을 담당했다. 그러나 1931년 6월 총독이 우가키 가즈시게宇垣一成(→784)로 바뀌면서 의원면직했다.

이후 1931년 12월 내무성 경보국장警保局長을 담당

했는데, 1932년 1월 이봉창 의사의 사쿠라다몬櫻田門 의거로 문관징계령文官懲戒令에 따라 2개월 연봉 월할액의 1/10을 감봉했다. 1932년 5월 의원면직다가 1936년 9월 고바야시 세이조小林躋造의 타이완총독 부임에 따라 타이완총독부臺灣總督府 총무장관總務長官을 담당했다. 1940년 11월 다시 의원면직하였고, 퇴직하여 1941년 3월에는 일본야구연맹 회장이 되었다. 제2차 세계대전 종전으로 일본이 패망하자 1947년 10월부터 1951년 8월까지 공직에서 추방되었다. 1950년 12월 20일에 사망했다.

[참고문헌] 秦郁彦 編『日本官僚制總合事典』(東京大學出版會, 2001), 秦郁彦 編『日本近現代人物履歷事典』(東京大學出版會, 2002), 岡本眞希子『植民地官僚の政治史-朝鮮·臺灣總督府と帝國日本』(三元社, 2008)

【주동빈】

394

모리자키 가즈에
森崎和江(삼기화강)　　　　　1927.4.20.~?

문학가

경상북도 대구 삼립정三笠町(현재 대구 중구 삼덕동) 출신. 17세 되는 1944년 일본 후쿠오카현福岡縣으로 이주하여 시인, 논픽션작가로서 활동하였다.

1927년 대구에서 출생하여 1944년 일본으로 돌아가기까지 17년 동안 대구, 경주, 금천에서 생활하였다. 이는 부친인 모리자키 구라지森崎庫次가 대구고등보통학교의 교사로 경주중학교의 초대교장으로 또 금천중학교의 교장으로 전근하면서 가족이 함께 이주했기 때문이다. 특히 경주는 37세의 나이에 암으로 죽은 모친이 마지막 세월을 보낸 장소이기도 하지만, 이곳에서 얻은 10대의 추억은 그녀의 정신 풍토의 형성에 큰 영향을 끼쳤다. 모리자키가 언급하는 어머니는 조선의 거주 가정부를 가리키는 '오모니'로서 작품 속에서 그들에 대한 그리움을 자주 토로하고 있다. 『경주는 어머니의 외침소리慶州は母の呼び聲』(新潮社, 1984)나 『고향 환상ふるさと幻想』(大和書房, 1977)에서 "오모니의 생활을 몰랐고 그 말도 몰랐다. 그러나 그 향기를 알고, 업혀서 머리카락을 입술에 대었다. 군고구마를 사주고 재워주었다. 옛날이야기를 해 주었다"고 하거나 "나의 탄생과 성장과 겹쳐져있는 오모니의 마음에 매달리는 꿈을 꾼다"고 하면서 '오모니'에 대한 그리움을 작품으로 남기고 있으며, 전후 처음으로 방문한 한국에서 그 '오모니'와 재회하기도 하였다. 이외에도 조선과 조선의 '오모니'에 대한 저서로는 『엄마의 나라와의 환상 결혼ははのくにとの幻想婚』(現代思潮社, 1970), 『이족의 원기異族の原基』(大和書房, 1971), 『메아리 울려 퍼지는 산하로こだまひびく山河の中へ』(朝日新聞社, 1986) 등이 있다.

이후 1947년 후쿠오카현여자전문학교福岡縣女子專門學校(현, 후쿠오카여자대학福岡女子大學)를 졸업하였다. 졸업 후에는 후쿠오카현 지쿠호筑豊에서 창작활동을 하였다. 1950년 시지詩誌인 『모음母音』의 동인이 되었다. 1958년에는 지쿠호의 탄광촌에 거주하면서 다니가와 간谷川雁, 우에노 히데노부上野英信 등의 문예지인 『서클촌サークル村』을 창간하였고, 1959~1961년에는 여성교류지인 『무명통신無名通信』을 간행하였다. 이후 후쿠오카를 근거지로 탄광, 여성사, 해외매춘부 등에 대한 많은 논픽션과 시집을 간행하였다. 1994년 후쿠오카현 문화상 수상, 2005년 시집 『작은 피리 하나さ笛ひとつ』로 제14회 마루야마유타카기념현대시상丸山豊記念現代詩賞을 수상하였다.

[참고문헌] 磯貝治良 『戰後日本文學のなかの韓國朝鮮』(大和書房, 1992), 田沼二三子 「ふるさと幻想と遥かなる祭－森崎和江への接近」 『日語教育』(한국일본어교육학회, 1985), 田沼二三子 「慶州は母の呼び聲－わが原郷－森崎和江への接近(2)」 『日語教育』(한국일본어교육학회, 1989)　　　　　【송혜경】

395
모리타니 가쓰미
森谷克己(삼곡극기)　　　1904.1.1~1964.11.17

사회경제사학자, 대학교수

오카야마현岡山縣(현 마니와시眞庭市) 출신. 오카야마현립다카하시중학교岡山縣立高梁中學校와 제육고등학교第六高等學校를 졸업했다. 고교 2학년 때부터 사회과학연구회 및 변론부辯論部에서 활동하며 마르크스의 이론에 심취하였으며, 도쿄제국대학東京帝國大學 법학부에 입학한 뒤에도 신인회新人會와 사회과학연구회에 소속되어 활동했다. 고교시절 익힌 독일어 실력을 바탕으로 마르크스에 관한 다수의 논문과 저서들을 번역했다. 1927년 대학을 졸업하고 1928년에 경성제국대학京城帝國大學 법문학부 조교수가 되었으며 1929년부터 1945년까지 동 대학의 조교수로 일했다. 1945년 패전 이후 일본으로 돌아갔다. 1947년에 아이치대학愛知大學 법학부 교수, 1952년에 히로시마대학廣島大學 정경학부 교수, 1953년 오카야마대학岡山大學 법문학부 교수, 1954~1955년 동교 부장을 역임했다. 1964년에 무사시대학武藏大學에서 교수로 재직 중 사망했다.

모리타니는 대학시절부터 민족문제와 식민지, 제국주의론에 관심을 지니고 논문을 발표하였으며, 1928년 조선에 부임한 이후로는 주로 조선 및 중국 등의 아시아 사회경제사학 연구를 수행하였다. 경성제국대학 법문학부에서는 사회정책에 관한 강의를 담당하였다. 마르크스주의자였던 모리타니는 조선총독부의 특별 요시찰 대상이기도 했다. 경성제국대학 재임 기간에 사회과학 이론 및 사회주의적 실천, 사회정책 등을 비롯하여 주로 아시아의 경제와 사회 문제에 대한 연구에 전념하였고, 1928년에는 경성제국대학 교수인 시카타 히로시四方博(→569) 등과 조선경제연구소 부설에 참여하였다.

마르크스 연구서와 비트포겔Karl August Wittfogel의 저서 번역 작업에 착수하여 『마르크스의 역사·사회 및 국가이론マルクスの歴史社會竝に國家理論』(同人社, 1929), 『동양적 사회의 이론東洋的社會の理論』(日本評論社, 1939) 등의 번역서를 출간하였다. 모리타니는 마르크스의 '아시아적 생산양식'과 비트포겔의 '동양적 전제주의' 등을 이론적 토대로 경유하여 새로운 '아시아적 생산양식론'을 바탕으로 한 사회경제사론을 주장하였다. 모리타니의 '아시아적 생산양식론'은 동양의 봉건주의와 사회적 생산 조직과 자연환경 등을 고려하여 조선을 비롯한 아시아 각국의 역사

발전 단계와 정체 및 특수성에 대해 분석한 것이다. 대표적인 연구물로는 『아시아적 생산양식론アジア的生産樣式論』(育生社 1937), 『동양적생활권東洋的生活圈』(育生社弘道閣, 1942) 등이 있다. 한편 모리타니는 1944년 군대 소집령을 통보받지만 병약에 의한 소집해제 판정을 받았다.

패전 후 일본으로 돌아가 교수직을 수행하며 『동양적 사회의 역사와 사상-중국·조선사회경제사론東洋的社會の歷史と思想ー中國·朝鮮社會經濟史論』(實業之日本社, 1948), 『사회과학개론社會科學槪論』(法律文化社, 1953) 등의 연구물을 출판하였다. 1964년 모리타니가 사망한 뒤 유고논문집인 『중국사회경제사연구中國社會經濟史研究』(臺灣商務印書館股份有限公司, 1965)가 출간되었다.

[참고문헌] 노용필 「森谷克己의 식민주의 사회경제사학 비판」 『한국사학사학보』 22(한국사학사학회, 2010), 국사편찬위원회 한국사데이터베이스 일제경성지방법원 편철자료〈http://db.history.go.kr〉

【박광현, 임세화】

396
모리타 요시오
森田芳夫(삼전방부)   1910~1992.8.3

역사학자, 교사

히로시마시廣島市 고이己斐 출신. 모리타 요시오의 부친 모리타 구마오森田熊夫는 오카야마岡山 출신으로 1895년 조선에 건너왔다. 그의 도항기渡航記는 이후 모리타가 관여한 잡지 『녹기綠旗』에 「조선도항일기朝鮮渡航日記」라는 제목으로 실리기도 했다(1941.1). 군수물자 중개업자였던 모리타의 부친은 조선 도항 후 군산에 정착하였으며 모리타가 태어날 무렵에는 약재상을 운영하고 있었다. 어린 시절 대부분을 군산에서 보낸 모리타는 군산공립소학교群山公立小學校를 거쳐 1927년 경성공립중학교京城公立中學校를 졸업했으며 1927년 4월 경성제국대학京城帝國大學 예과에 입학했다. 1929년에는 경성제국대학 법문학부 사학과에 진학하여 조선사학을 전공했으며 『경성제대

사학보京城帝大史學報』 창간에도 관여했다. 1932년 4월 「숙종왕대 청한국경의 사정에 대하여肅宗王代の淸韓國境の査定に就いて」라는 논문으로 경성제국대학을 졸업한 모리타는 녹기연구소綠旗研究所 소원所員으로 근무했고 청화여숙淸和女塾 강사로도 근무하며 조선사를 가르쳤다. 1935년에는 녹기연맹綠旗聯盟에서 출간된 『개관불교사槪觀佛敎史』를 통해 연맹이 지향하는 국가주의적 불교를 불교사적 흐름 속에서 정리했으며, '금일의 조선 문제 강좌' 시리즈 중 하나로 출간된 『국사와 조선國史と朝鮮』에서는 식민사관에 입각하여 한일관계사를 정리하였다. 중일전쟁 발발 후에는 중일전쟁을 '새로운 일본문화의 출발점'으로 평가한 글을 『녹기』에 발표하기도 했다. 그밖에도 징병제를 사회혁신의 일환으로 평가한 글이나 고대 한일관계의 주요 현장인 부여, 경주 등을 답사한 기행문 등이 『녹기』에 발표되었다. 한편 조선에 대해서는 "고향의 추억, 어린 시절의 추억 모두 조선"이며 "내가 돌아갈 곳은 조선밖에는 없다"(『녹인綠人』 4, 1936)는 말을 남기기도 했다.

1942년 4월부터는 혜화전문학교惠化專門學校 강사로 출강했으며 국민총력 조선연맹에서 사무국 전무참사 등을 역임하며 선전업무를 담당했다. 패전 직후에는 일본인세화회日本人世和會 전임자로 활동하며 재조일본인들의 본국으로의 철수업무를 담당했다. 모리타는 1946년 3월 일본으로 귀국하였으며 1949년부터는 일본 외무성에서, 1953년부터는 법무성 입국관리국에서 대한對韓 업무에 종사하였다. 1972년에는 주한 일본대사관 참사관으로 부임하여 1975년까지 근무했다. 퇴직 후 국제교류기금파견 일본어교수로 성신여자대학誠信女子大學에 파견되었고 1986년 규슈대학九州大學 문학부에서 문학박사학위를 받았다. 1988년에는 가쿠슈인대학學習院大學 동양문화연구소 객원연구원을 역임했다.

그의 저서로는 『재일조선인 처우의 추이와 현황在日朝鮮人處遇の推移と現狀』(法務研究所, 1955), 『조선종전의 기록朝鮮終戰の記錄巖』(南堂書店, 1964) 등이 있다.

[참고문헌] 정혜경·이승엽 「일제하 녹기연맹의 활동」 『한국근현대사연구』 10(한국근현대사학회, 1999), 황

선익 「해방 전후 在韓日本人의 敗戰 경험과 한국 인식: 모리타 요시오를 중심으로」 『한국학논총』 34(국민대한국학연구소, 2010)　　　　【박광현, 조은애】

397

모리 히로시

森浩(삼호)　　　　　　생몰년도 미상

관료

함경북도 경찰부장으로 재임 중이던 1941년 12월 8일 조선총독부 경무국 도서과로 발령 받아 즉각 부임하였다. 이후 총독부 관제 개편으로 도서과가 폐지되는 1943년 12월 1일까지 도서과장으로 근무하였다. 그의 부임 일자는 공교롭게도 일본군의 진주만 공습으로 태평양전쟁이 발발한 날이기도 한데, 이후 조선영화계에서도 커다란 변화가 일어났다.

1942년 5월 1일 이전까지 40여개에 달하던 영화 배급사가 사단법인 조선영화배급사로 통폐합됨과 동시에 조선의 영화 배급 체계 역시 일본의 그것과 연동된 채 홍백紅白 2계통으로 단순화되었다. 동년 9월 29일에는 기존의 10개 영화 제작사가 사단법인 조선영화제작주식회사로 통폐합되었다. 두 회사의 사장직은 재조일본인으로서 조선상업회의소 부회장으로 있던 다나카 사부로田中三郎(→250)가 겸하였다.

그러나 두 회사의 설립에 가장 막대한 영향력을 행사한 것은 조선총독부였으며, 그 담당 부서가 바로 경무국 도서과였다. 특히 당시 도서과장으로 있던 모리 히로시의 역할이 컸다. 그는 통제 영화회사 설립을 둘러싸고 신경전을 벌이던 일본과 조선의 정책 당국 간, 조선 내 총독부와 영화업자들 간 교섭과 계약을 주도하는 등 식민지 조선의 영화 통폐합 과정의 중심에 있었다.

이러한 상황 하에서 사단법인 조선영화제작주식회사에서는 박기채 감독의 〈조선해협朝鮮海峽〉(1943), 도요타 시로豐田四郎 감독의 〈젊은 자태若き姿〉(1943) 등의 장편 극영화와 여러 편의 문화영화가 제작되었는데, 이들 영화는 일본의 식민지 동원 정책을 바탕으로 조선인의 전쟁 참여를 독려하고 내선일체內鮮一體를 강조한다는 점에서 공통분모를 지녔다. 이러한 영화들의 기획 및 제작을 심의하기 위해 1942년 10월 26일 총독부 경무국 산하 황도문화협회皇道文化協會 내에 영화기획심의회가 설치되기도 하였는데, 모리 히로시 역시 총독부 소속의 위원으로 이름을 올렸다.

한편, 그는 도서과장에 있으면서 일본의 영화잡지 『영화순보映畫旬報』 1943년 7월 11일자 '조선영화 특집'호에 「조선의 영화에 대하여朝鮮に於ける映畫に就いて」를 게재하기도 하였다.

[참고문헌] 정진석 『극비 조선총독부의 언론검열과 탄압』(커뮤니케이션북스, 2007), 高島金次 『朝鮮映畫統制史』(朝鮮映畫文化研究所, 1943), 국사편찬위원회 한국사데이터베이스 〈http://db.history.go.kr〉

【함충범】

398

모모세 지히로

百瀬千尋(백뢰천심)　　　1897.8.30~1944

사토 지히로佐藤千尋(본명)

관료, 문학가

구마모토현熊本縣 출신. 원래의 성은 사토佐藤이다. 사토 지히로라는 이름으로 1920년대부터 1940년에 이르기까지 조선총독부 철도국 경리과에 근무한 기록이 확인된다. 모모세는 십대 중반에 『아라라기アララギ』의 시마키 아카히코島木赤彦에게 단카短歌를 배웠다. 1920년대 초에 이미 조선에 건너와 있었으며, 1922년 4월 경성에서 고이즈미 도조小泉苳三(→96)와 한반도 최초의 단카 전문 잡지인 『버드나무ポトナム』를 창간하였다. 1923년 모모요百代와 결혼하였는데, 부부가 모두 1920년대 전반부터 『버드나무』의 중요 동인으로 오래도록 단카 활동을 한다. 1920년대 중반 고이즈미 도조가 일본으로 돌아감에 따라 경성의 버드나무사는 모모세 지히로에 의해 유지되는 형태가 된다. 지히로와 고이즈미 도조는 버드나무 계열의 경성에서 활동하는 가인들의 노래를 묶어 『사계집莎鷄集』(ポトナム社, 1923)을 내고 버드나무 총서로서 개인 가인들의 단카집短歌集도 간행하였다.

모모세는 1932년 가집 『은령銀嶺』을 출간했고 이 시기 도쿄에 머물며 기타하라 하쿠슈北原白秋와도 깊은 친분을 쌓았으며, 1933년에는 『종로풍경鐘路風景』, 1936년에는 『화전火田』 등의 개인 가집歌集을 냈다. 철도국에 오랫동안 근무한 모모세는 조선철도협회의 기관지적 성격을 띠는 주요 잡지 『조선철도협회회지朝鮮鐵道協會會誌』에 회원으로서 글과 단카를 기고했는데 문예란다운 성격의 단카 독자의 난이 성립되면서 1930년대 후반에는 이 회지의 단카란 선자選者를 맡는다. 또한 『조선급만주朝鮮及滿洲』 등에도 단카 창작의 마음가짐이나 형식, '진정한 조선의 단카'에 관한 이론을 개진하며 단카 쪽 지도자로서의 면모를 보인다. 모모세 지히로는 단카 외에도 조선의 동요에 관심을 가지고 『언문 조선동요선집諺文朝鮮童謠選集』, 『조선동요집朝鮮童謠集』, 『동요 조선童謠朝鮮』 등의 작품집을 간행하였다.

1941년 모모세는 일본어 문인들이 유파별로 조직을 재구성할 때 진인 계열의 가인들이 다른 유파의 가인들과 시인들까지 결합하여 만든 〈국민시가연맹國民詩歌聯盟〉에 참여하지 않았는데, 동시기에 병립한 〈조선가인협회朝鮮歌人協會〉를 이끌었던 것으로 추측된다. 이 시기를 지나 모모세 지히로는 1943년 4월 한반도의 마지막 문인단체였던 〈조선문인보국회朝鮮文人報國會〉의 이사 겸 단카부 회장이 되므로 20년 이상 한반도의 단카 문단에 종사하면서 특히 1935년부터 약 10년간 이 문단의 가장 중심역할을 한 인물 중 한 사람이었다. 1930년대부터 비행기 탑승의 경험을 단카로 노래하기도 했던 모모세는, 1944년 경성의 상공에서 비행기 사고로 사망하였다.

[참고문헌] 昭和歌人名鑑刊行會 編 『昭和歌人名鑑』(日本圖書センター, 1991), 小泉苳三 『ポトナム 創刊號』(ポトナム社, 1922), 百瀬千尋 『鐘路風景』(ポトナム社, 1933), 『昭和萬葉集 卷二』(講談社, 1980), 山本三生 編 『新萬葉集 第八卷』(改造社, 1938), 百瀬千尋 「歌作者の態度」 『朝鮮及滿洲』 第348號(朝鮮及滿洲社, 1936), 百瀬千尋 「短歌の形態」 『朝鮮及滿洲』 第350號(朝鮮及滿洲社, 1937)　　　【엄인경】

399
모치지 로쿠사부로
持地六三郎(지지육삼랑)　　1867.9.15~1923.8.16

도레이야시東嶺野史(이명)
관료

후쿠시마현福島縣 출신. 제일고등학교第一高等學校를 거쳐 1893년 도쿄제국대학東京帝國大學 법과대학 정치학과를 졸업했다. 이후 대장성大藏省 시보試補를 시작으로 야마구치고등중학교山口高等中學校 교수, 이시카와현石川縣 참사관과 서기관, 문부성 시학관視學官 등을 거쳐 1900년 7월 타이완臺灣으로 전임하였다. 타이완에서는 타이난현臺南縣 서기관, 타이완 총독부 참사관(1902), 학무과장(1903), 지방과장(1904), 통신국장(1909)을 지냈다. 1910년 12월 휴직하고, 1912년 조선총독부 토목국장으로 부임한 뒤, 체신국장관(1917), 체신국장(1919)을 역임하고 1920년 6월 사직하였다. 1923년 8월 여행지에서 병으로 사망하였다.

타이완 총독부를 휴직 중이던 모치지는 사쿠마 사마타佐久間左馬太 타이완총독의 추천으로 1912년 4월 조선총독부 총독관방에 신설된 토목국의 국장에 취임하였다. 조선총독부는 식민지 통치 첫 10년간 예산의 상당수를 투입하여 식민지 지배에 필요한 교통망 건설에 주력하였다. 모치지는 토목국장으로서 식민지 통치에 있어 인프라 건설=토목사업의 중요성을 강조하면서 사업을 추진하였다. 특히 주력했던 것은 도로건설이었는데, 당초 1911~1915년의 5개년 사업으로 계획된 제1기 치도治道계획은 최종 7개년 계속사업으로 수정되어 36개 노선 총연장 2,690km로 1917년 10월 완공되었다. 이 외에도 시구市區 개정, 항만 수축修築, 치수 및 수리사업이 그의 토목국장 시기에 진전되었다. 1917년 체신국장관 재임 기간 중에는 통신기관의 정비와 발달에 노력하였다. 3·1운동 발발 이후 식민지 통치방식을 재고할 필요성을 느낀 모치지는 1920년 6월 총독부를 사직한 이후 당국에 「조선통치론朝鮮統治論」(1920.10), 「조선통치후론朝鮮統治後論」(1920.11)을 제출하여 동화주의를 비판하고, 조선에 자치주의를 시행할 것을 건의하였다.

구체적으로 '조선의회'를 창설하여 "군사 이외의 기타 국권유지, 치안유지에 관한 제국적 정무를 제외한 조선 내정에 관한 입법권과 조선예산의 협찬권을 부여"하라고 주장하였다. 그의 저술로는 『타이완식민정책臺灣殖民政策』(富山房, 1912), 『일본식민지경제론日本植民地經濟論』(改造社, 1926)이 있다.

귀국 후 게이오기주쿠慶應義塾에서 '신영토 경제사정'을 강의하는 한편, 타이완총독부의 위촉으로 타이완사 편찬위원회의 위원장을 맡아 타이완사 편찬에 종사하는 등 식민정책, 식민사 연구에 정진하였다. 그러는 가운데 병을 얻어 1923년 8월 지바현千葉縣 호조北條의 한 객사에서 사망하였다.

[참고문헌] 阿部薫 編 『朝鮮功勞者銘鑑』(民衆時論社, 1935), 戰前期官僚制研究會 編, 秦郁彦 著 『戰前期日本官僚制の制度·組織·人事』(東京大學出版會, 1981), 박양신 「식민지 관료 경험과 식민정책론-모치지 로쿠사부로(持地六三郎)를 중심으로」 『이화사학연구』 48(이화여자대학교 이화사학연구소, 2014), 金子文夫 「持地六三郎の生涯と著作」 『臺灣近現代史研究』 2(綠蔭書房, 1979)   【박양신】

400
모토요시 세이이치
本吉淸一(본길청일)   1883.3.3~?

실업가

이시카와현石川縣 에누마군江沼郡 오세이테라초大聖寺町 출신. 집안 대대로 제과업에 종사했으며, 1573년 7월 27일 경에 처음으로 창업을 시작해서 17대 당주를 역임했다. 1910년 도쿄 시에서 개최되었던 제국과자품평회帝國菓子飴大品評會에서 심사위원을 역임했으며, 1911년에도 일본산업전람회日本産業博覽會에서 심사위원을 역임하는 등 일본 제과업계의 명망가 중 하나였다.

조선에는 1913년 4월 경성에 사는 친구의 초청을 받아 건너오게 되었다. 이후 경성부 본정本町 1-51에서 과자점을 개업하면서 출발했다. 1919년 6월 27일, 인삼, 캐러멜 및 양과자의 제조 판매 및 양과자 원료

의 매매 등을 했던 주식회사 조선제과朝鮮製菓의 사장을 역임하는 한편, 청량 음료수 제조 판매 회사였던 동아광천東亞鑛泉주식회사의 감사역 및 만년필 기계 기구의 잡화 제조 판매를 했던 파이소 상공의 이사를 지내기도 했다. 그러나 당시 모토요시는 과자점 본성옥本城屋의 대표로 가장 잘 알려져 있었는데, 이 과자점은 1927년에 합자회사로 그 규모를 확장했다. 대표는 본인이었으며, 장남과 부인이 함께 하는 가족 운영 회사였다.

모토요시는 조선에 건너온 이후 제과업에 관련된 다양한 공직을 맡았는데, 1915년 4월에는 조선제과공진회朝鮮製菓共進會 심사주임을 맡는 한편, 경성과자상조합京城菓子商組合 부장에 선출되기도 했다. 이어서 1916년에는 선만과자업연합회鮮滿菓子業聯合會 간사장을 역임했으며, 1920년 경성상공조합연합회京城商工組合聯合會 간사, 각도장려회角道獎勵會 경성지부 지부장, 빵 상공주식회사 이사 등으로 추대되기도 했다. 비슷한 시기에 경성상업회의소 평의원으로도 활동하였는데, 1923년부터 1931년까지 5, 6, 7기에 걸쳐 활동했다. 상업회의소 평의원 역임당시이던 1924년에는 전선공직자간화회全鮮公職者懇話會 실행위원 자격으로 시모오카下岡 정무총감을 방문하여 간화회의 결의 취지를 진정하기도 했다. 또한 1929년에는 경성상공조합 위원으로도 활동했다.

[참고문헌] 東亞經濟時報社 編 『朝鮮銀行會社組合要錄』(東亞經濟時報社, 1931~1942), 朝鮮公論社 編 『在朝鮮內地人紳士名鑑』(朝鮮公論社, 1917), 「공직자회 위원 下岡 총감 방문」(『매일신보』 1924.7.22), 「內鮮共同으로 大廉賣데 京城商工組合主催」(『매일신보』 1929.5.31), 「新選된 경성상의평의원」(『매일신보』 1929.12.3)   【기유정】

401
무라야마 도모요시
村山知義(촌산지의)   1901.1.18~1977.3.22

톰TOM(이명)
영화인, 문학가, 화가

도쿄시東京市 출신. 도쿄제국대학東京帝國大學 철학과를 중퇴한 후, 원시종교 연구를 위해 독일로 유학했다. 1922년 유럽에서 유행하기 시작한 '다다이즘' 미술에 많은 영향을 받고 다음해 귀국, 전위예술단체인 '마보MOVO'를 결성, 유럽의 미술을 일본에 소개하는 데 전념했다. 1926년부터는 연극을 중심으로 프롤레타리아 문화운동에 가담, 세 번에 걸쳐 투옥을 경험했다. 대부분의 프롤레타리아 문화단체가 해체된 1934년 이후부터는 신극의 대동단결을 위해 조직한 연극단체인 신협극단新協劇團을 통해 연극 활동을 하는 한편, 〈연애의 책임戀愛의 責任〉(PCL, 1936), 〈첫 사랑初戀〉(東寶, 1939)의 2편의 영화를 감독하기도 했다. 1945년 3월부터 같은 해 12월까지 조선연극문화협회의 촉탁으로 조선에서 활동한 무라야마는 일본으로 귀국 후, 연극 활동에 전념했으며 생애 1,000여 편의 연극을 연출했으며 1977년 대장암으로 사망했다.

1938년 3월 일본 처음으로 춘향전을 연극으로 상연하고 동년 6월, 춘향전 공연 준비를 위해 처음으로 조선을 방문했다. 이후, 10월 조선전역을 순회하며 춘향전 공연을 펼쳤다. 무라야마와 춘향전의 관계는 전후에도 한 번의 오페라(1948.11)와 세 번의 연극(1972.4, 1973.1, 1973.8)으로 이어졌다. 1945년 3월 22일부터 같은 해 12월 17일까지 조선연극문화협회의 촉탁으로 경성에서 생활하며 연극 활동과 영화 시나리오 작업에 전념하는 한편, 수많은 조선의 문화인과 교류를 나눴다.

조선 및 조선인을 다룬 작품으로는 1930년대 초 일본 법정에 선 조선인 노동자를 그린 「이李」(『帝國大學新聞』帝國大學新聞社, 406호, 1931년 11월 9일), 도쿄東京의 스미다가와隅田川 강변에 사는 조선인 김군을 병문안하는 「김군 병문안金君見舞」(1935년 9월 집필, 『明姬』(鄕土書房, 1948), 춘향전春香傳의 영화화를 위해 집필한 시나리오 「춘향전 시나리오-조선영화주식회사를 위해春香傳シナリオ-朝鮮映畵株式會社のために」(『文學界』文藝春秋社, 1939년 1월호), 일본인 시나리오 작가의 조선 방문기를 그린 「단청丹靑」(『中央公論』中央公論社, 1939년 10월호), 패전을 조선에서 맞이한 일본인들을 그린 「일본인들日本人たち」(1947), 조선에서의 패전 체험과 해방 이후의 조선 연극계를 위해 쓴 8편의 작품이 수록된 『죽은 아내에게 수필亡き妻に隨筆』(櫻井書店, 1947), 조선에서 맞이한 패전 경험을 기록한 「조선에서의 패전朝鮮での敗戰」(上野良治 編 『現代史의 證言⑤ 八·一五敗戰前後』汐文社, 1975) 등의 작품이 있다.

무라야마가 한반도를 다시 찾게 된 것은 중국 인민대외 문화협력회 및 중국 희극작가협회의 초청으로 북한을 방문한 1957년 4월이다. 당시 북한의 연극계를 지도하고 있던 김일영金一影, 안영일安英一, 이화삼李化三, 신고송申鼓頌 등은 일제 강점기 일본프롤레타리아 연극동맹과 1945년 무라야마가 경성에서 생활했을 때 함께 연극 활동을 했던 연극인들이었다.

전후 연극 활동에 전념한 무라야마는 신극 단체인 '제2차 신협극단'을 조직했으며, 1959년 중앙예술극장과 합동해 도쿄예술좌東京藝術座를 결성했다. 무라야마가 만든 도쿄예술좌는 현재에도 도쿄 네리마 구練馬區 시모샤쿠지下石神井에서 연극 활동을 이어오고 있다.

[참고문헌] 무라야마 도모요시 저, 이석만·정대성 역 『일본 프롤레타리아 연극론』(월인, 1995), 村山知義 『亡き妻に隨筆』(櫻井書店, 1947), 村山知義 『明姬 村山知義作品集』(鄕土書房, 1948), 土方與志 『土方與志演劇論集-演出家の道』(未來社, 1969), 上野良治 編 『現代史の證言⑤ 八·一五敗戰前後』(汐文社, 1975), 上田正昭 外 『日本人名大辭典』(講談社, 2001), 臼井勝美 外 『日本近現代人名辭典』(吉川弘文館, 2007), 무라야마 도모요시 일기(미출판, 유족 소장)　　　【이정욱】

402

무라야마 지준
村山智順(촌산지순)　　　1891.5.9~1968

승려, 관료

니가타현新潟縣 가리와군刈羽郡 출신. 어렸을 때 어머니 없이 일본 불교의 주요 종파의 하나인 일련종日蓮宗 묘광사妙廣寺에서 주지住持였던 무라야마 지젠村山智全의 가르침을 받고 성장했다. 제일고등학교第一高

等學校를 졸업했다는 설이 있으나 명확하지 않으며, 1919년 7월 도쿄제국대학東京帝國大學 문학부 철학과를 졸업했고 사회학社會學科을 전공했다. 졸업 논문은 「일본 국민성의 발달日本國民性の發達」이다. 졸업 직후 조선총독부의 촉탁囑託으로 한국에 왔으며, 편집과, 조사과, 문서과, 총무과 등의 부서에서 근무했다. 조선총독부 촉탁 근무는 일제가 패망할 때까지 지속되었는데, 특히 1926년부터는 문서과의 촉탁으로 일했으며, 1937년을 전후하여 조선총독부의 기관지 『조선朝鮮』의 편집을 담당하기도 했던 것으로 추정된다. 조선총독부 촉탁으로 무라야마에게 본래 주어졌던 업무는 사회제도와 조선인의 사상 등을 조사 보고하는 것이었다. 이 과정에서 조선인의 의식주를 포함하여, 풍습 전반에 관한 연구를 하였으며, 일부 학교에서 강사로 촉탁되기도 하였다. 무라야마는 1919년 10월 경성사립불교중앙학교京城私立佛教中央學校 강사에 촉탁되었다가 1922년 3월 해제되고, 공립상업학교公立商業學校에서 서양사 강사, 세브란스 의학전문학교醫學專門學校 강사를 거쳐, 1931년 경성법학전문학교京城法學專門學校 강사에 촉탁되었다. 1938년경에는 국민정신총동원國民精神總動員을 위한 민속 조사에 종사했으며, 1941년 일본으로 돌아갔다. 이 시기에는 조선총독부의 지소支所 성격을 띤 조선장학회朝鮮獎學會에서 근무했으며, 1945년에는 니가타 묘광사의 주직住職을 맡았다. 13년 후인 1958년 도쿄東京로 거주지를 옮겼으며, 이 기간에는 한국학 관계의 활동을 중단했다.

1919년 조선총독부의 촉탁으로 한국에 건너와 사회제도와 사상을 조사하는 업무를 맡았다. 성장 과정에서 묘광사 주지 무라야마 지젠의 영향을 받았듯이, 식민지 조선인의 풍습과 사상을 조사하는 데 많은 노력을 기울였다. 무라야마의 조사 활동은 1924년부터 본격화된 것으로 알려져 있는데 1941년 귀국할 때까지 17년간 지속적으로 이루어졌다. 이러한 조사 활동은 대부분 조선총독부의 보고서 형태로 출간되었는데, 『조선의 복장朝鮮の服裝』(朝鮮總督府, 1927), 『조선인의 사상과 성격朝鮮人の思想と性格』(朝鮮總督府, 1927), 『조선의 풍습朝鮮の風習』(朝鮮總督府,

1928), 『조선의 귀신朝鮮の鬼神』(朝鮮總督府, 1929), 『조선의 무격朝鮮の巫覡』(朝鮮總督府, 1932), 『조선의 점복과 예언朝鮮の占卜と預言』(朝鮮總督府, 1933), 『조선의 유사종교朝鮮の類似宗敎』(朝鮮總督府, 1935), 『부락제部落祭』(朝鮮總督府, 1937), 『석존·기우·안택釋尊·祈雨·安宅』(朝鮮總督府, 1938), 『조선의 향토 오락朝鮮の鄕土娛樂』(朝鮮總督府, 1941) 등이 보고서 형태로 발행되었다. 그뿐만 아니라 1931년부터 조선총독부 기관지 『조선朝鮮』에 다수의 보고서를 게재하였는데, 193년 3월호에 「민간신앙과 범죄 대책民間信仰と犯罪對策」, 1932년 1월호에 「조선무의 새신오락에 대하여朝鮮巫の賽神巫樂に就て」, 1932년 8월호에 「무격신앙의 영향巫覡信仰の影響」, 1933년 10월호에 「조선에서 행해지는 관상점朝鮮に行はるゝ觀象占」, 1932년 12월호에 「조선의 예언자朝鮮の豫言者」, 1934년 4월호에 「조선의 소인점朝鮮の素人占」, 1937년 10월호에 「조선의 부락제朝鮮の部落祭」, 1938년 9월호에 「조선의 기우제 행사朝鮮に於ける雨乞行事」, 1941년 1월호에 「반도 향토의 건전 오락半島鄕土の健全娛樂」 등의 보고서를 발표했다.

무라야마의 조사 활동은 민속학이나 문화인류학적인 관점에서 보았을 때, 적지 않은 성과를 낸 것으로 평가되기도 한다. 그러나 무라야마의 조사 보고서는 식민 지배 정책에 부합하기 위해, 조선의 사상을 이해하고, 민간 신앙이나 향토 오락, 또는 풍습 조사를 통해 조선에서의 범죄를 줄이는 데 일차적인 목적이 있었다. 그렇기 때문에 식민 지배자의 입장에서 피지배 민족의 문화와 풍습을 비하하고 열등감을 심어주는 결과를 가져오기도 하였다.

무라야마는 일본의 패망 전인 1941년 귀국하여 조선장학회에서 근무하다가 1945년 그가 성장했던 묘광사의 주직을 맡아 은둔적인 생활을 하였다. 그 이후 세상을 뜰 때까지 학문과 관련된 어떤 성과도 낸 적이 없는데, 아사쿠라 도시오朝倉敏夫의 「무라야마 씨의 수수께끼村山智順氏の謎」에 따르면, 1968년 취직 활동을 위해 서류를 작성한 바 있으며, 미발표 원고의 일부를 게이오대학慶應大學에 기증했다고 한다.

[참고문헌] 무라야마 지준 저, 노성환 역 『조선의 귀신』 (민음사, 1990), 김희영 『무라야마 지준의 조선 인식』

(민속원, 2014), 朝倉敏夫「村山智順氏の謎」『民博通信』(國立民族學博物館, 1997)　　　　【허재영】

403

무라이 도메키치
村井留吉(촌정류길)　　　　1890.8.2~?

실업가

도야마현富山縣 출신. 1902년 조선으로 건너와 평안남도 평양을 거쳐 전라북도 익산군 함열면에서 운송업에 종사하였다. 이후 정미업에도 진출하였고, 수많은 공직을 거쳐, 전라도 경제계의 중심인물이 되었다.

1917년 미곡상과 비료상에 진출하여 정미공장을 건설하고 함열咸悅米의 개선에 힘썼다. 1933년경에는 트럭 영업, 비료수입 등으로 사업을 확장하였다 1914년 이래 학교조합 의원, 면협의원, 소방부대장, 미곡상조합 조합장을 역임하였고, 조선곡용협회 간사, 조선곡용협회 전북지부 지부장 등으로 지방 재계에서 두각을 나타내 도지사로부터 공로자 표창을 받았다. 1936년에는 모든 공직을 사퇴하고 곡물협회 임원으로 활약하면서 화물 자동차업에 주력하였다.

[참고문헌] 한국사데이터베이스　한국근현대인물자료 (국사편찬위원회) 〈http://db.history.go.kr〉, 「전북도 도로경진회」(『중외일보』, 1928.7.30)　　【강원주】

404

무라카미 고지로
村上幸次郎(촌상행차랑)　　　　1867~?

덴신天眞(이명)

예능인

교토부京都府 출신. 청일전쟁 당시 『메자마시신문めざまし新聞』 종군기자로 활동하였고 조선에 체류하며 사진관 생영관生影館, 덴신당天眞堂을 운영하였다.

청일전쟁 당시 평양 전투에 참가하였고 1897년 10월 메자마시 신문사의 종군특파원으로 파견되어 경성에 체류하였다. 일본공사관과 밀접하였던 생영관을 경영하였으며 1895년 2월 압송당하는 전봉준의 모습을 촬영한 사실이 『메자마시 신문』에 보도되는 등 정치적 사건과 연관된 사진으로 주목을 받았다. 명성황후 시해사건 후 일시 귀국했던 무라카미는 1897년 다시 조선으로 와 사진관 덴신당을 개설하고 조선 풍경 및 풍속 사진으로 높은 지명도를 얻었으며, 그가 찍은 사진은 조선을 방문한 서양인과 일본인, 그리고 조선인에게 널리 판매되었다. 세키노 다다시關野貞(→502)도 『한국건축조사보고韓國建築調査報告』에서 그의 사진을 이용하였다. 1900년 전후부터 1910년 한일강제병합 이전까지의 시기에 가장 활발했던 그의 사진은 당시 고종, 순종, 영친왕 등 대한제국 황실의 인물을 담은 사진이 많고 1907년 조선을 방문한 일본의 황태자 요시히토嘉仁 즉, 후일 다이쇼大正 천황 일행의 기념사진, 1909년 순종황제 순행사진 등을 촬영하였다. 1910년에는 통감부가 발행한 『일영박람회출품사진첩』과 『한국병합기념사진첩』을 제작하였다. 이후 그의 사진가로서의 활동은 약화되었으나 주식회사 경성극장京城劇場을 설립하여 전무이사를 맡았고, 사진업은 가업이 되어 아들 이사부로亥三郎에게 이어졌다.

[참고문헌] 朝鮮公論社 編『在朝鮮內地人紳士名鑑』(朝鮮公論社, 1917), 東亞經濟時報社 編『(京城仁川)職業名鑑』(東亞經濟時報社, 1926), 권행가 「근대적 시각체제의 형성과정: 청일전쟁 전후 일본인사진사의 사진활동을 중심으로」『한국근현대미술사학』 26(한국근현대미술사학회, 2015), 김문자 「전봉준의 사진과 무라카미 텐신(村上天眞)」『한국사연구』 154(한국사연구회, 2011)　　　　【김용철】

405

무라카미 규하치로
村上九八郎(촌상구팔랑)　　　　1879.12.25~?

실업가

야마구치현山口縣 아부군阿武郡 출신. 1909년 11월 조선으로 건너와 토목건축청부업에 종사하여 큰 성공을 거두고 강원도 경제계의 중심인물이 되었다.

1930년 9월 합자회사 무라카미구미村上組 대표가 되어, 모진강母津江 가교공사 등을 완공시켰다. 1927년 강원도 토목건축 청부업 조합장으로 선출되고, 후에 조합을 개편하여 강원도토목건축협회를 설립, 협회장으로 활동하였다.

강원도 평의원 등 기타 공직과 춘천전기회사전무, 춘천금융조합조합장, 강원트럭운수회사 사장, 춘천 번영회회장, 경춘철도간부 등 각종 중요 요직을 거쳤다. 그밖에 춘천고등여학교 기성회장으로 활동하면서 삼척군도서관, 춘천공회당, 삼척경찰서 등의 건설비, 조선나병예방협회 기금, 1935년 3월 춘천군 재해민 구제 등에 많은 기부를 하였다.

[참고문헌] 朝鮮新聞社 編『朝鮮人事興信錄』(朝鮮新聞社, 1922), 藤澤淸次郎 編『朝鮮金融組合と人物』(大陸民友社, 1937) 【강원주】

406
무라카미 기요시
村上淸(촌상청)　　　　1907.11.4~1988.6.6

교시杢史(필명)
언론인, 문학가
에히메현愛媛縣의 마쓰야마松山 출신. 1929년 도요대학東洋大學을 졸업하였다.

무라카미는 대학 졸업 후, 조선으로 건너와 목포에서 신문기자로 활동하였다. 조선에서 하이쿠에 대해 흥미를 갖게 되었고, 당시 목포에 왕래하고 있었던 기요하라 가이도淸原槐童를 1930년 스승으로 맞이한다. 1931년『호토토기스ホトトギス』에 첫 입선하였고, 1934년부터 목포의 하이쿠 잡지였던『가리타고カリタゴ』의 편집과 발행을 주재하였다. 한편 무라카미는 조선 재주在住 시절, 1941년부터 1945년 동안 군에 소집되어 41년부터 약 3년 동안 각지를 떠돌아 다녔고, 1945년 두 번째 소집되었을 때는 군대에 입군하였다가 패전으로 38선을 넘어 목포로 귀환하였다. 조선에서의 하이쿠는 1967년 간행된 제1구집『고려高麗』에 1931년부터 1945년까지의 작품이 실려 있

다. 하이쿠 외에는『조선의 교육연구朝鮮の敎育硏究』(朝鮮初等敎育硏究會, 1936)에「하이쿠의 새로운 운동에 대하여俳句の新運動に就いて」라는 글을 실었다.

목포에서 고향으로 돌아 간 무라카미는 1954년『호토토기스』의 동인이 되었고, 1934년 에히메현 호토토기스 파의 하이쿠 잡지인『감나무柿』를 주재하였다. 1967년 에히메 호토토기스회 회장에 취임, 1977년 마쓰야마 하이쿠회 회장, 1987년 에히메 하이쿠협회 회장에 취임하는 등 말년까지 하이쿠 활동에 힘썼다. 구집으로는『현해玄海』(柿, 1978),『박노식 하이쿠집: 고 박노식 유구집朴魯植俳句集: 故朴魯植遺句集』(柿, 1983),『목수: 무라카미 교시 구집木守: 村上杏史句集』(柿, 1985) 등이 있다.

[참고문헌] 阿部誠文 著『朝鮮俳壇: 人と作品〈下卷〉』(花書院, 2003), 朝鮮初等敎育硏究會 編『朝鮮の敎育硏究』(朝鮮初等敎育硏究會, 1936), 에히메현 생애 학습 센터〈www.i-manabi.jp〉 【김보현】

407
무라카미 나오스케
村上直助(촌상직조)　　　　1875.9~1966.3.29

세이도星洞(필명)
실업가, 문학가
야마구치현山口縣 출신. 형을 따라서 1888년 조선에 건너왔고, 1894년 조선어 통역으로 청일전쟁에 종군하여 1895년 11월에 귀환하였다. 1897년 10월 목포항이 개항되자 목포에 잡화 상점을 개점하였다. 잡화 무역업을 하면서 무라카미는 경제계와 정계에서도 활약하였다. 상공업회의소 의원 요직을 시작으로 1914년에는 목포전등주식회사木浦電燈株式會社를 창립하여 중역을 맡았다. 또한 1920년, 전하남도의 도회의원, 1928년 조선담배판매주식회사의 중역, 조선관염판매조합朝鮮官鹽販賣株式會社의 부회장, 목포소금판매조합설립 부회장, 1929년 목포상공회의소 회장, 조선총독부 세무심사원, 1937년 남조선합동전기주식회사 감사역, 조선내화공업주식회사朝鮮耐火工業株式會社중역, 1941년 목포조선철공주식회사의 사

장, 전라남도 상공경제회의소 부회장을 맡는 등 무라카미는 조선에서 40여 년 동안 활동한 전라남도의 유력자였다.

한편 하이쿠는 52세라는 늦은 나이부터 시작하였으나 1907년 자신이 창립하고 발행한『목포신보木浦新報』에 일찍이 하이쿠란俳句欄을 마련하는 등 적극적으로 임하였다. 1927년『호토토기스ホトトギス』에 처음 입선하였고, 1936년에 투고한 하이쿠는 가와바타 보샤川端茅舍로부터 격찬을 받는 등 하이쿠 실력을 인정받았다.

귀국 후에는 하이쿠에 매진하여 1953년 첫 번째 구집을 간행하였고, 1954년 12월『호토토기스』의 동인으로 추대되었다. 1963년 무라카미의 미수米壽를 기념하며 고향인 야마구치현에서는 그의 하이쿠가 들어간 비석을 건립하였다. 사후 유구집遺句集으로『시구레時雨』(柿. 1967)가 간행되었다.

[참고문헌] 阿部誠文 著『朝鮮俳壇－人と作品〈下卷〉』(花書院, 2003), 民衆時論社 編『朝鮮人物大系』(民衆時論社, 1938), 高橋三七 著『事業と鄕人: 第1輯』(實業タイムス社, 1939) 【김보현】

408

무로다 요시후미

室田義文(실전의문) 　　　　　　1847.10.27~1938.9.5

외무관료

에도江戶(현 도쿄도東京都) 출신. 1869년 태정관太政官으로 출사하였다. 1870년부터 외무성에서 근무하면서 외무권소록, 외무권중록, 외무중록 등의 직책을 거쳤다. 1878년에는 외무2등서기생으로 미국 샌프란시스코에 파견되었으며, 1882년 9월부터 1884년 4월까지는 청국 톈진天津 영사관에서 서기생으로 근무하였다. 1886년에는 외무서기관으로 총무국에 있었으며, 1890년 4월 아오키 슈조青木周藏의 권유로 외무성 회계국장이 되었다. 1895년 3월부터 1900년 6월까지는 멕시코로 파견되어 변리공사로 재직하였고, 페루 주차공사를 겸직하였다. 귀국 후 의원면직한 다음부터 1938년 9월까지는 귀족원貴族院 의원에

선출되어 의원직을 역임하였다. 1910년부터 1912년까지는 홋카이도 탄광기선회사北海道炭鑛汽船會社 회장을 지냈다.

조선에는 두 차례에 걸쳐 부산 지역으로 파견되었다. 1886년 9월 부산영사에 임명, 11월 부임지인 부산에 도착하여 근무를 시작했다. 1887년 3월에는 동래부사 김학진金鶴鎭과 일본인 거류지 내에 감리분서監理分署를 설치하는 건을 두고 공문을 통해 논쟁을 벌이기도 하였다. 이해 4월에는 매독병원을 폐지하고 새로이 공립병원과 검사소를 설치하였다. 8월에는 개정된「거류지편제규칙居留地編制規則」을 고시하였다. 1889년 11월 휴가를 얻어 일시 귀국하였다가 1890년 3월 14일 부산영사관으로 복귀했다. 같은 해 4월 회계국장으로 전근을 가게 됨에 따라 후임으로 다치다 가쿠立田革가 부임하였다. 1892년 7월 재차 조선으로 파견되었는데, 이해 3월부터 부산영사관이 승격되었으므로 총영사總領事가 되었다. 부임한 지 얼마 되지 않아 데리고 온 딸이 10살의 나이로 부산 현지에서 사망하여 원사院寺에서 장례를 치렀다. 조선 정부가 방곡령防穀令을 시행함에 따라 1893년 8월 말부터 9월 초까지는 일본 상인의 피해를 조사차 원산으로 출장을 다녀왔다. 또한 부산에서 한성까지 왕복하는 가운데 철도국과 상의하여 데려온 기사와 측량을 실시하여 지도를 작성하고 이것을 각각 외무성과 참모본부에 제출하였는데, 이후 경부철도를 부설하는 데 있어서 참고자료가 되었다. 청일전쟁이 한창 진행 중이던 1894년 11월까지 부산에서 근무하다가 귀국하였다.

1909년 10월 이토 히로부미伊藤博文(→900)를 수행하여 중국 하얼빈에 갔다가 안중근安重根에게 저격을 당해 중상을 입었다.

[참고문헌] 민건호『海隱日錄』Ⅲ(부산근대역사관, 2010), 都甲玄鄕 編『釜山府史原稿』卷6(釜山府, 1937), 田谷廣吉·山野邊義智 編『室田義文翁譚』(財團法人常陽明治記念會東京支部, 1939), 秦郁彦 編『日本近現代人物履歷事典』(東京大學出版會, 2002) 【박한민】

409

무샤 렌조
武者錬三(무자련삼)　　　　　　　1883.1.7~?

실업가

고베시神戸市 출신. 주식회사 경성전기 사장으로 조선전기협회 부회장 등을 역임했다.

도쿄고등상업학교東京高等商業學校를 졸업한 후 제일은행에 입사했다. 도쿄 본점과 요코하마橫濱 지점을 거쳐, 1906년 경성의 제일은행 한국총지점으로 전근했다.

1906년 경성으로 전근한 후 조선 북부의 원산, 경성鏡城, 회령 등을 시찰했다. 1908년 건강상의 이유로 교토京都로 돌아가 요양했다. 1909년 건강을 회복하여 제일은행 부산지점 지배인으로 복귀했으나, 그해 일한가스전기회사日韓瓦斯電氣會社 경리과장으로 이직했다. 일한가스전기회사(1910년 주식회사 경성전기로 명칭 변경)를 동창인 소네 히로하루曾禰寬治, 히로자와 노리토시廣澤範敏와 함께 창립했다. 소네는 조선의 2대 총독 소네 아라스케曾禰荒助(→509)의 아들로 회사 설립을 위한 각종 허가 등을 담당했으며, 히로자와는 기술 관련 부문을, 무샤는 사무 관련 부분을 담당했다. 이후 회계과장, 경리과장, 총무과장 등을 거쳐, 잠시 타이완의 석탄사업경영에도 참여했으나 이후 미쓰이三井에 사업을 양도하고 다시 경성전기로 돌아왔다. 1923년 전무이사가 되었으며, 1942년 1월 사장으로 취임했다. 재임기간 동안 경성을 비롯한 조선 중부 지방과 마산, 진해 등 조선 남부 지방으로 사업 영역을 확장했으며, 조선의 전기 통제 정책 결정 등에 많은 영향을 남겼다.

일본전기협회日本電氣協會 이사, 조선공업협회朝鮮工業協會 이사, 경성방송협회京城放送協會 이사, 조선철도협회朝鮮鐵道協會 이사, 조선전기협회朝鮮電氣協會 부회장, 조선체육협회朝鮮體育協會 부회장, 조선나예방협회朝鮮癩豫防協會 평의원, 조선총독부 조선전기사업조사회 위원, 중앙방공위원회 위원, 배영동지회排英同志會 상담역, 조선주택영단朝鮮住宅營團 평의원 등을 역임했다. 재임 기간 중의 저술로 「내가 본 구미私の見た歐米−歐米を歩いて」(『朝鮮及滿洲』 268, 1930.3), 「전기가스의 현재와 과거電氣瓦斯の今昔」(『朝鮮及滿洲』 293, 1932.4), 「조선 전기문화의 진전朝鮮に於ける電氣文化の進展」(『朝鮮』 319, 1941.12)이 남아 있다.

1942년 회사를 사직하고 일본으로 돌아가 도쿠야마德山에 거주했다. 패전 후 조선근대사료 연구회에서 조선에서의 경험을 인터뷰해 「러일전쟁 당시부터 종전까지(조선과 나)日露戰爭當時から終戰まで(朝鮮と私)」(1958)를 남겼으며, 조선 진출 당시에 대한 회고록 『백음여적柏蔭余滴』(友邦協會, 1959)을 저술했다.

[참고문헌] 京城電氣株式會社六十年沿革史『京城電氣株式會社六十年沿革史』(中央日韓協會, 1958), 朝鮮電氣事業史編纂委員會『朝鮮電氣事業史』(中央日韓協會, 1981), 오진석「한국근대電力産業의 발전과 京城電氣(株)」(연세대학교 박사논문, 2006)　　【양지혜】

410

미나미 고시로
南小四郎(남소사랑)　　　　　1842.6.15~1921.1.12

육군 군인

야마구치현山口縣 출신. 1862년 5월 야마구치의 한학원에 입학했고, 같은 해 9월 야마구치현의 존황양이파 부대에 들어갔다. 1864년 7월 사카이초界町에서 전투한 뒤 귀향했다. 메이지 유신 이후 1868년 1월 보신 전쟁戊辰戰爭에 참가했고, 같은 해 10월 우고羽後 전투, 다음해 4월 하코다테函館 전투 등 메이지 정부 측에서 막부 측을 진압하는 전투에 참여하였다. 1870년 2월 야마구치현에서 탈영병이 발생하자 진압하였다. 같은 해 6월 군공을 인정받아 1대 사족士族이 되었고, 같은 해 10월 오사카에서 프랑스식 수업을 받은 뒤 1871년 8월 육군소위로 임관하였다. 1877년 2월 세이난전쟁西南戰爭이 일어나자 진압군으로 참가하였다. 1890년 육군 보병소좌로 진급한 후 후비역이 되었지만, 청일전쟁이 일어나자 1894년 9월 후비보병 19대대장에 임명되어 11월에 조선에 상륙하여 다음해 2월까지 동학농민군을 진압했다. 이후 조선 주둔 병참수비대에서 근무하다가 12월 귀국하였고, 1900년 퇴역했다.

1894년 9월 소집령을 받고 야마구치현에 배치된 후비보병 19대대장에 임명되었다. 같은 해 10월 도한波韓 명령을 받은 뒤 11월 인천에 상륙했다. 당시 인천 병참감 이토 스케요시伊藤祐義 중좌를 통해 후비보병 19대대는 동학농민군 진압을 위해 일본에서 파견된 부대로, 조선군 및 지방관에 대한 지휘권이 있다는 사실을 확인하고 3로로 나누어 진군하여 동학농민군을 충청도 및 전라도 지역에서 포위하고 섬멸하여 '초멸剿滅'할 것을 명령받았다. 이 과정에서 조선군 측 인물과 지방관들을 동학농민군과 관련된 것으로 의심하고 보고하기도 했으며, 섬으로 도망친 동학농민군을 추격하기 위해 기선을 요청하기도 하였다. 1월 28일 동학농민군이 완전히 진압되었음을 알리는 전보를 인천병참감과 공사관에 보냈고, 2월 2일 인천 병참사령관이 이토에서 이마하시 도모카쓰今橋知勝로 교체된 후 용산 귀환을 명령받고 28일 용산에 도착했다. 3월부터 19대대가 용산 병참수비대가 되자 같은 달 용산 병참사령관이 되었고, 같은 해 5월 남부 병참사령관에 임명되어 개성 병참사령부에 부임했다. 같은 해 12월 개성 병참사령부가 철수하자 귀국했다.

일본 귀국 후 1895년 12월 청일전쟁에 대한 공으로 욱일소수장旭日小綬章을 수여받았고, 1897년 다시 청일전쟁을 기념하여 조선 지역에서 복무하였다. 1900년 4월 후비역 만기로 퇴역하였다. 1904년 촌회의원村會議員 1급, 1910년 촌회의원 2급에 선출되었고, 1911년 제국재향군인회帝國在鄕軍人會 회장에 임명되었다.

[참고문헌] 근대한국외교문서편찬위원회편 『近代韓國外交文書』(동북아역사재단, 2009), 고려대학교아세아문제연구소 편 『舊韓國外交文書』(고려대학교출판부, 1968), 동학농민혁명기념재단 편 『동학농민혁명 신국역총서3』(동학농민혁명기념재단, 2015), 國史編纂委員會 編 『駐韓日本公使館記錄』(國史編纂委員會, 1988), 日本外務省 編 『日本外交文書』(日本外務省, 1985), 井上勝生 『明治日本の植民地支配』(岩波書店, 2013), 강효숙 「동학농민군 탄압 인물과 그 행적」 『동학학보』 22

(동학학회, 2011) 【박진홍】

411
미나미 지로
南次郞(남차랑)　　　　1874.8.10~1955.12.5

군인

오이타현大分縣 출신. 다카다高田의 구장이던 기헤이喜平의 차남으로 태어났다. 1884년 숙부를 따라 단신으로 상경하여 도모에소학교牁繪小學校에 입학하여 도모에소고등과牁繪小高等科에 진급했다. 1888년 도쿄부東京府 심상중학尋常中學에 입학했으나 1889년 소행 불량과 수학 성적 부진으로 정학 처분을 받았다. 이를 계기로 육군사관학교를 지망하게 되어 세이조학교成城學校에 전학했다. 1890년 육군중앙유년학교에, 1892년 육군사관학교에 입학하였다. 1895년 육군사관학교를 졸업하고 일본육군 기병소위에 임관되었는데, 곧이어 청일전쟁 후 이권으로 얻은 여순과 위해위의 수비대에 파견되었다. 이듬해 9월에 타이완 수비기병대에 배속되었다. 1903년 육군대학을 졸업하고, 러일전쟁 때에는 노기 마레스케乃木希典의 제3군 소속으로 출정하였고 육군대학교 병학교 교관, 관동도독부 육군참모를 거치는 등 초고속 승진을 거듭했다. 이후 육군기병학교장, 육군사관학교장을 역임하고, 다시 제6사단장, 참모차장 등을 거쳐 조선군사령관으로 조선에 주둔駐屯하였다. 이후 군사참의관을 거쳐 육군대신에 취임했다. 육군대신 시절 관동군이 만주를 침략하고 같은 해 10월에 군 내부의 쿠데타 미수 사건인 10월 사건이 발각되자 그에 대한 책임을 지고 12월에 육군대신을 사임했다. 그 후 일선에서 불러나지 않고 군사참의관으로 활동하다가 1934년 12월 관동군사령관 겸 만주국 특명전권대사에 임명되어 일제의 괴뢰정권인 만주국을 실질적으로 지배했다. 1936년 2·26사건으로 관동군사령관을 사임하고 예비역으로 예편되었다가 1936년 8월 우가키 가즈시게宇垣一成(→784) 총독의 추천으로 제8대 조선총독으로 부임하여, 1942년 5월 물러날 때까지 약 6년간 조선을 철권으로 통치했다.

미나미는 이미 총독에 내정된 단계에서 조선에 천황을 초청할 것, 조선에 징병제를 시행하는 것을 조선통치의 목표로 삼았다. 미나미의 통치정책은 부임 초기에 그가 1937년 5월에 천황에게 상주하여 제가를 받은 '조선통치 5대정강'에 잘 나타나 있다. 미나미가 제시한 5대강령이란, 1)국체명징國體明徵, 2)선만일여鮮滿一如, 3)교학진작教學振作, 4)농공병진農工倂進, 5)서정쇄신庶政刷新이었다. 내선일체를 실현하고 조선인을 황국신민으로 만들어 침략전쟁 수행에 동원하기 위한 정책이었다.

먼저 정신강화를 위해서 신사참배를 강요하고 '황국신민의 선서'를 학교와 직장에서 제창하도록 하였다. 또한 일본의 도나리구미隣組와 같은 마을의 '애국반'을 조직하게 하여, 아침마다 궁성요배, 국기 게양, 일본국가 제창 등을 실시하였다. 1938년에는 징병제의 정지작업으로 '육군특별지원병령'을 시행하였으며, 이를 위해 교육령을 개정하여 학교명, 교과서, 수업 연도를 일본과 같게 하고 조선어를 선택과목으로 하였다. 더 나아가서 조선민사령을 개정하여 일본식 가족제도를 조선인에게 강요했고, 창씨개명을 실시하여 약 80퍼센트의 조선인을 일본의 氏를 사용하게 하였다. 1940년에는 물자부족을 이유로 조선어신문인 동아일보, 조선일보를 폐간시켰다. 일본의 총동원연맹의 결성에 호응해서 조선인의 황민화 및 내선일체를 철저히 도모할 목적으로 국민정신총동원운동을 전개하였다. 1938년 7월 중앙본부인 국민정신총동원조선연맹 밑에 각도 이하에 지방연맹 및 그것을 구성하는 애국반과 각종연맹을 결성해서 국민운동의 기관으로 삼았다.

조선총독에서 물러나 추밀고문관, 귀족원의원, 대일본정치회회장을 역임하였다. 추밀고문관 시절에는 한층 강력한 전쟁 체계를 구축하기 위해 내외지행정을 일원화하고, 조선총독의 권한을 견제하려는 도조 내각의 내외지행정일원화정책에 대해서 정면으로 반대했다. 제2차 세계대전 후 만주사변에 대한 책임으로 A급전범으로 지명되어 도쿄재판에서는 종신금고형을 선고받았다. 미군사령부가 미나미를 전범으로 지목한 이유는 "1931년 만주사변 때에는 육군대신이었으며, 1936년부터 1942년까지는 조선총독으로서 억압정치를 했다. 또한 1945년 3월에는 대일본정치회 총재로 천거된 군벌의 유력한 멤버였다"는 것이다. 1954년에 질병으로 가출옥되었다가 1955년 81세의 나이로 세상을 떠났다.

[참고문헌] 다테노 아키라 편저, 오정환·이정환 공역『그때 그 일본인들: 한국 현대사에 그들은 무엇이었나』(한길사, 2006), 御手洗辰雄 編『南次郎』(南次郎傳記刊行會, 1957), 宮田節子『朝鮮民衆と「皇民化」政策』(未來社, 1985), 李炯植「南次郎總督時代における中央朝鮮協會」『日本歷史』720(日本歷史學會, 2008)

【이형식】

412
미노베 슌키치
美濃部俊吉(미농부준길)　　　　　　1863~1945

금융인

효고현兵庫縣 출신. 1893년 도쿄제국대학東京帝國大學 법대法大 졸업 후 농상무성에 입성하였다. 농상무성에서 농상무대신 비서관, 대장대신 비서관을 역임한 후 1903년 7월 ㈜홋카이도척식은행北海島拓植銀行 은행장에 취임하였다.

조선은행 제2대 총재였던 쇼다 가즈에勝田主計(→515)가 대장대신에 취임한 후, 1916년 11월에 조선은행 제3대 총재(1916.11.2~1924. 2.1)에 취임하였다. 미노베가 총재로 취임 직후부터 조선은행은 일제 만주 중추금융기관으로 되었고, 그에 따라 조직 및 기구가 확장하였다. 미노베 재임 시절 조선은행은 제1차 세계대전의 호황을 틈 타 주로 만주와 관련된 기업들을 대상으로 방만하게 자금을 운영하였는데 전후 반동공황이 발생하자 상당수의 대출이 고정화되었다. 1920년대 들어 조선은행 불량 대출 문제가 현안으로 대두되자 그 책임 소재를 두고 혼선과 갈등이 빚어지고 있었는데, 가장 논란이 되었던 것은 미노베 총재의 거취문제였다. 조선은행의 실적은 사실상 미노베 총재 시절에 악화되었기 때문에 일찍부터 그 책임론이 제기되었고 5년 임기가 만료되는 1921년 11월경부터는 경질론이 본격적으로 대두되고 있었다. 그러나 미노베는 중임되었고, 1922년에 들어서면서부터 조선은행의 불량 대출 문제가 매우 심각한 수준이라는 것으로 드러나자, 가을부터 끊임없이 총재 경질설이 흘러나왔다. 조선은행은 자체 정리를 시도하였지만, 이에 실패하고 일본 정부에게 자금 원조를 요청하였다. 대장성大藏省은 구제 금융을 실시하기에 앞서 감독권의 대장성 이관, 중역의 교체, 배당의 감축, 직제의 개정 등 전반에 걸친 개혁을 요구하였다. 그 결과 1924년 2월 「조선은행법」이 개정되어 조선총독이 일부 행사하던 감독권이 모두 대장성으로 이관되었고, 2월 1일자로 미노베 총재는 경질되었다.

조선은행 총재 퇴임 후에는 북해수력전기北海水力電氣 사장, 하코다테 수전函館水電 회장, 만주 주식거래소滿州株式取引所 이사장 등을 역임하였다.

[참고문헌] 高杉東峰 『朝鮮金融機關發達史』(實業タイムス社, 1940), 星野喜代治『回想錄』(日本不動産銀行十年史編纂室, 1967), 君島一郎 『私の銀行ライフ』(日本銀行, 1974), 朝鮮銀行史研究會 編『朝鮮銀行史』(東洋經濟新聞社, 1987), 한국역사정보통합시스템 〈http://www.koreanhistory.or.kr〉　　【조명근】

413
미노 쓰치조
見野槌藏(견야퇴장)　　　　　1885.9~?

관료

후쿠오카현福岡縣 야메군八女郡 출신.

1906년 2월 한국에 건너와 같은 해 8월 통감부統監府 통신수通信手로 임명되어 춘천, 대전우편국에서 근무하였다. 1910년 10월 조선총독부 통신서기보를 거쳐 1913년 총독부 체신서기로 임명되었고, 1927년 원산우체국 우편과장, 1928년 평양우체국 우편과장, 1931년 경성우체국 우편과장으로 근무하였다. 1933년 3월 신의주우편국장, 이듬해 1934년 4월 조선총독부 체신부사무관副事務官으로 임명, 1934년 10월 평양체신부장국 감독과장 등을 역임하였다.

[참고문헌] 朝鮮新聞社朝鮮人事興信錄編纂部 編『朝鮮

人事興信錄』(朝鮮新聞社內朝鮮人事興信錄編纂部, 1935), 朝鮮功勞者銘鑑刊行會 編『朝鮮功勞者銘鑑』(民衆時論社, 1936)　　　　　【유재진】

414
미마스 구메키치
三增久米吉(삼증구미길)　　　　생몰년도 미상

외무관료

나가토노쿠니長門國 하기萩 출신. 1884년 삿포로농학교札幌農學校를 졸업하였다. 1887년부터 외무성에 들어가 관직 생활을 시작하였다. 1888년 7월부터 독일로 파견되어 브레멘, 함부르크, 베를린 영사관에서 근무한 후 1895년 9월에 귀국하였다. 하와이 공사관에 파견되어 1898년까지 근무하였다. 같은 해에 귀국한 다음 5월 5일부로 외무서기생外務書記生에서 2등영사로 승진하였고, 필리핀 마닐라 영사로 발령을 받았다. 1900년 4월까지 마닐라 일본영사관에서 근무하였다. 이해 6월 한성영사관 영사로 발령을 받고 도한하였으며, 7월 21일 위임장을 대한제국 정부에 제출하였다.

1900년부터 한성영사관에서 영사로 근무하였다. 1901년 4월에는 한성부윤과 교섭하여 광희문 바깥에 위치한 부지를 빌렸고, 여기에 화장터를 설치(1902년 5월 완공)하였다. 1903년 4월 대한제국이 개최한 칭경예식稱慶禮式에 부산, 인천 등 각 지역의 일본 영사들과 함께 참석하였다. 이해에는 한성영사관 부속 경찰서에서 근무하고 있던 다무라 겐키치田村謙吉가 한국 재근 경찰들을 대상으로 하여 저술, 배포한 한국어 학습교재 『일한통화첩경日韓通話捷徑』의 서문을 작성해 주기도 하였다. 1904년 3월에는 대한제국 황제가 훈4등의 서훈과 태극장을 하사하였다. 이해 4월에는 제일은행권의 발행을 일본 거류민들에게 고지하기도 하였다. 1906년 통감부가 설치된 이후에는 마산이사청馬山理事廳 이사관으로 부임했다. 1907년에는 창원부윤昌原府尹과 협의하여 재류일본인이 이용할 수 있는 화장지 170평을 획정하였다. 1906년부터 1909년 사이에는 율구미栗九味 지역의 조차권 문제를 두고 러시아 영사와 지속적으로 접촉하였고, 최종적으로는 일본 측에서 이 지역을 매입하는 데 합의하였다. 이 문제에 깊이 관련된 지바현千葉縣 어업단에 대해서는 1909년 9월에 진출 경위와 내력, 자본금 등을 조사하여 보고하였다. 1909년 11월 이토 히로부미伊藤博文(→900)의 사망 직후에는 창원부昌原府 인근 지역민들의 동향을 정찰하여 통감부에 보고하기도 했다. '한일강제병합' 이후 1910년 10월 1일부터 1919년까지는 마산부윤馬山府尹을 역임했다. 1919년 11월 29일부로 조선총독부 참사관으로 자리를 옮겼다. 1921년 8월 25일부로 의원면직하였으며 9월 20일 정4위에 추서되었다.

1924년 11월 장남(三增祥吾)이 조선인들에게 수만 평의 토지를 빌려주고 소작료를 10년 동안 받아서 챙겼던 사건으로 인하여 언론에 그 이름이 거론되었던 것이 확인된다.

[참고문헌] 高麗大學校 亞細亞問題研究所 編『舊韓國外交文書: 日案』卷5(高麗大學校出版部, 1968), 中田孝之介 編『在韓人士名鑑』(龍溪書舍, 2005), 京城居留民團役所 編『京城發達史』(京城居留民團役所, 1912), 孫禎睦『韓國開港期 都市變化科程硏究』(一志社, 1982), 陳南澤「『日韓通話捷徑』における假名音註について」『岡山大學教育研究紀要』8(岡山大學, 2012)【박한민】

415
미시마 다로
三島太郎(삼도태랑)　　　　1871.03.05~1920.6.26

관료, 금융인

이시카와현石川縣 출신. 가나자와金澤의 제사고등학교第四高等學校를 다니다 교장배척운동으로 퇴학하고 1893년 구마모토熊本의 제오고등학교第五高等學校를 졸업했다. 1898년 도쿄제국대학東京帝國大學 법과대학을 졸업하고 동년 7월 중의원속衆議院屬으로 관리 생활을 시작했다. 동년 12월에 고등문관시험에 합격하고 1899년 중의원 서기관이 되었으며, 1900년 대장성大藏省 참사관과 1902년 임시질록처분秩錄處分 조사국 사무관을 겸임했다. 중의원에서는 위원과장,

문관보통징계위원, 비서과장을 역임했으며, 대장성에서는 주계국에 근무했다. 1905년 4월 사직하고 도한하여 제일은행주식회사의 경성지점 부지배인으로 근무했다. 1906년 '명치삽십칠팔년사건明治三七八年事件'(러일전쟁)의 공으로 4백 엔을 하사받았다. 1909년 한국은행 이사, 1911년 조선은행 이사를 지내고 1918년 10월 조선총독에 의해 조선식산은행 초대 은행장에 임명되었으며 1920년 6월 사망했다.

조선에서의 행적은 세 시기로 나눠 볼 수 있다. 첫째 시기는 1905년부터 1909년까지 제일은행 경성지점 부지배인으로 근무한 시기이다. 당시 제일은행은 대한제국재정고문大韓帝國財政顧問 메가타 다네타로目賀田種太郎(→384)가 추진하는 화폐정리사업의 집행 주체로 지정되자 이 사업을 추진할 사람으로 대장성의 추천을 받아 당시 동성 참사관이었던 미사마를 경성지점 부지배인으로 영입했다고 한다. 둘째 시기는 1909년부터 1918년까지 한국은행 및 조선은행의 이사였던 시기이다. 화폐·재정정리사업이 마무리되자 식민지의 중앙은행으로서 1909년 한국은행이 설립되었다. 은행장으로는 제일은행 경성지점 지배인이었던 이치하라 모리히로市原盛宏(→879)가 임명되었고 그는 자신을 보좌할 이사로 미시마와 당시 제일은행 부산지점장 기무라木村雄次를 기용했다. 1911년 한국은행이 조선은행으로 개명되면서 미시마는 조선은행 이사가 되었다. 한국 및 조선은행 이사로서 국고 사무를 주관하였으며, 은행 조사부를 감독 활용하여 대륙진출 계책을 비롯하여 '대만몽對滿蒙 금융책' '대지對支·대로對露 경제책' '조선산업금융시설개선책' 등의 의견을 피력했다. 이는 1910년대 조선은행의 중국·러시아 업무 확장과 궤를 같이하는 것으로, 미시마는 확장 기획과 여론 조성으로 활동하였다. 셋째 시기는 1918년부터 1920년 사망하기까지 조선은행 이사를 겸직하면서 6개 농공은행을 통합하여 설립된 조선식산은행의 초대 은행장을 맡았던 시기이다. 특기할 만한 것은 재임 중인 1919년 6월에 도쿄 사무소를 설치하여 일본 재계 및 금융시장과 연결을 꾀한 점이다. 또한 조선은행행우회 설립 운영의 경험을 바탕으로 1920년 1월 조선식산은행행

우회를 설립했다.

[참고문헌] 中島司 編『三島太郎氏記念誌』(1923, 澤田信太郎), 度支部 司計局 理財課『朝鮮殖産銀行設立關係書類』(度支部, 1918), 국사편찬위원회 한국사데이터베이스 〈http://db.history.go.kr〉　　【정병욱】

416

미시마 지카에
三島チカエ(삼도지카에)　　?~1961.1.25

다카하시 지카에高橋チカエ(결혼 전)

교사

에히메현愛媛縣 출신. 1906년에 도쿄음악학교東京音樂學校 갑종사범과甲種師範科를 졸업하였다. 졸업 후, 미야자키현宮崎縣 고등여학교高等女學校 교사로 활동하다가 1910년부터 부산고등여학교에서 교편을 잡았다. 1913년에 남편인 미시마 잇페이三島一平와 함께 사립학교인 향양학원向陽學園 삼도실업여학교三島實業女學校를 설립하여 조선여자교육계의 공로자로 평가받았다.

1910년 조선에 건너와 부산고등여학교에서 음악교원으로 활동하였다. 그 후 동교를 퇴직, 1913년 4월에는 남편과 함께 재봉여숙裁縫女塾 향양학원向陽學園을 설립, 부산실업여학교釜山實習女學校로 개명하였다. 본 교명은 조선총독부 정무총감인 야마가타 이사부로山縣伊三郎(→651)가 지어주었다 한다. 1922년에는 교사 신축을 위해 기부금을 모집, 가사과家事科를 설치하였다. 1926년 3월에는 삼도실업고등여학교三島實業高等女學校로 개칭, 1927년에는 동교 유지재단을 설립하였다. 1928년에는 연구과研究科를, 1929년에는 체조과體操科를 설치하였다. 1931년에는 학칙을 실업학교령實業學校令에 맞춰 개정, 삼도고등여학교三島高等女學校로 개칭하였다.

『매일신보每日新報』 1938년 2월 11일자 기사에 의하면 천황이 매년 우량사회사업단체와 교육효적자에게 표창을 주었는데, 당년 미시마 지카에가 경상남도 삼도고등실업여학교설립자로써 교육효적자 표창을 받을 것으로 나온다.

[참고문헌] 東京音樂學校 編『東京音樂學校一覽 從明三十九年至明治四十年』(東京音樂學校, 1907), 朝鮮功勞者銘鑑刊行會 編『朝鮮功勞者銘鑑』(民衆時論社朝鮮功勞者銘鑑刊行會, 1935)　　【김지선】

417

미쓰야 미야마쓰
三矢宮松(삼시궁송)　　1880.10.23~1959.1.10

경찰관료

야마가타현山形縣 출신. 제사중학교第四中學校와 제일고등학교第一高等學校를 거쳐 1907년 7월에 도쿄제국대학東京帝國大學 법과대학 독법과를 졸업했다. 동년 11월에 고등문관시험高等文官試驗에 합격하고 문부성文部省 속屬을 거쳐, 내무성內務省에 입성했다. 이후 기후현岐阜縣 사무관, 후쿠이현福井縣 사무관, 나라현奈良縣 경찰부장, 미에현三重縣 경찰부장, 미야기현宮城縣 경찰부장, 교토부京都府 경찰부장, 후쿠이현福井縣 내무부장을 역임하였다. 1918년 후쿠이현 내무부장으로 독직瀆職 사건에 휘말려 휴직하기도 했으나 무죄 판결을 받았다. 1920년 경찰강습소警察講習所 교수에 임명되면서 복관하였으며, 1923년 10월부터는 내무성 사회국 제1부장으로 사회정책, 노동문제, 사상문제 등을 담당했다.

미쓰야의 조선 경력은 2년에 불과하다. 당초 그가 조선에 부임한 계기는 일본 내 정치지형의 변동과 매우 깊은 연관이 있다. 1920년대 초반, 일본 내각의 권력을 장악한 헌정회憲政會는 식민지 역시 자신들의 생각대로 운영하고자 했다. 그러나 군벌이 여전히 강고한 세력을 이루고 있었기 때문에 조선총독을 교체할 수는 없었다. 대신에 헌정회는 중진 시모오카 주지下岡忠治(→551)를 정무총감으로 내세웠다. 시모오카는 부임하자마자 조선총독부 내에 존재하던 전임 정무총감 미즈노 렌타로水野鍊太郎(→439) 인사를 정리하면서 헌정회와 가까운 관료 및 일부 토착관료를 등용시켰다. 미쓰야가 마루야마 쓰루키치丸山鶴吉(→346)를 대신하여 경무국장에 임용된 것에는 이러한 경위가 있었다.

1924년 9월에 경무국장에 임명된 미쓰야가 가장 핵심적으로 추진한 것은 조선의 민족운동을 분열시키는 것이었다. 소위 미쓰야협정三矢協定의 체결 주체로 유명한 그는 겨우 2년의 재임기간 동안 만주에서의 조선독립운동을 크게 약화시키는 데 결정적인 역할을 수행했다. 미쓰야협정의 정식명칭은 「불령선인의 단속 방법에 대한 조선총독부, 펑톈성奉天省 간의 협정不逞鮮人の取締方に關する朝鮮總督府奉天省間の協定」으로, 1925년 6월에 미쓰야와 펑톈성 경무처장 우진于珍 사이에 체결되었다. 이 협정은 중국과 일본이 재만조선인을 양국의 치안을 어지럽히는 존재로 단정하고, 구체적으로는 국경수비에 있어서 양국 관헌의 월경을 금지하며 봉천성 동변도東邊道 관내의 조선인 항일세력을 중국 측이 단속한다는 내용으로 이루어져 있다.

1926년 9월, 일본 궁내부宮內府 임야국장에 임명되어 일본으로 돌아갔다. 1932년에 다시 한 번 독직죄瀆職罪로 기소되었지만, 1934년에 무죄 판결을 받았다.

1940년에 퇴관한 이후에는 요코하마쇼킨은행橫濱正金銀行 감사역監査役, 네즈미술관根津美術館 관장 등으로 활동했다. 1946년 1월 4일 발표된 연합국최고사령관각서「공무종사에 적합하지 않은 자의 공직 제거에 관한 건公務從事に適しない者の公職からの除去に關する件」에 따라 동년 10월에 공직에서 추방되었다. 1959년 1월, 79세의 나이로 사망하였다.

[참고문헌] 猪野三郎 編 『大衆人事錄 第14版 外地·滿支·海外篇』(帝國秘密探偵社, 1940), 人事興信所 編 『人事興信錄 第14版 上』(人事興信所, 1943), 『帝國大學出身名鑑』(校友調査會, 1934), 윤덕영 「1920년대 중반 일본 정계 변화와 조선총독부 자치정책의 한계」 『한국독립운동사연구』 37(한국독립운동사연구소, 2010), 김주용 「三矢協定과 한국독립운동 세력의 동향」 『한국독립운동사연구』 57(한국독립운동사연구소, 2017)

【전영욱】

418

미쓰치 주조
三土忠造(삼토충조)　　　　1871.8.11~1948.4.1

산레이三嶺(호)

교사, 관료, 정치인

가가와현香川縣 출신. 중농 계층이었던 미야와키 세이키치宮脇淸吉의 차남으로 태어났다. 미쓰치 고타로三土幸太郎의 딸 세쓰セツ와 혼인하고 1895년 2월 이후 서양자壻養子로서 미쓰치三土 성을 사용하게 되었다.

도쿄고등사범학교東京高等師範學校가 배출한 최초의 문부대신文部大臣이자, 이후 대장대신大藏大臣, 체신대신遞信大臣, 철도대신鐵島大臣, 추밀원 문관樞密顧問官, 내무대신內務大臣(한시적으로 운수대신運輸大臣도 겸임)을 역임한 전전 정계의 중진이다. 그러나 총선거에 출마하여 정치가로서의 제일보를 내딛은 것은 1908년 이후의 일이며, 정계에 투신하기 전에는 1897년 도쿄고등사범학교 졸업과 동시에 고등사범학교 부속중학교 교사로 임용되었고 1906년 대한제국大韓帝國 학부學部 학정참여관學政參與官으로 도한하는 등 교육 방면에서 활약했다.

미쓰치가 한국에 부임한 1906년은 제2차 한일협약(통칭 '보호조약', 1905년 11월 체결)에 근거한 통감부統監府가 설치되어 통감 이토 히로부미伊藤博文(→900)의 주도에 의한 한국 경영이 개시된 시기로, 이후 약 5년간은 결과적으로 한일강제병합을 향한 준비 기간이었다고 할 수 있다. 미쓰치는 당시 초기 2년간 학부 학정참여관 및 서기관으로서 '모범교육模範敎育', 즉 통감부 설치 후 일본인 관리의 참여하에 실시된 소위 신교육新敎育을 추진했으며, 귀국 후에도 '조선교육령朝鮮敎育令' 책정에 대한 건의안 작성에 중심적으로 가담했다.

1904년 8월 체결된 제1차 한일협약에 의한 소위 '고문정치顧問政治' 시대를 맞이하여, 학부에서도 1900년 11월 이래 한성중학교漢城中學校의 교사로 재직한 시대하라 다이라幣原坦(→543)가 1905년 2월 학정참여관으로 취임하여 교육 행정의 실권을 쥐게 되었다. 그러나 1906년 2월 제2차 한일협약이 체결되고 한국 통치의 주도권이 완전히 통감부로 이전된 후 시데하라는 이토 히로부미에 의하여 경질되었고, 이 토는 문부대신 마키노 노부아키牧野伸顯에게 후임 인선을 요청했다. 해당 인선에 대한 의뢰를 받은 도쿄고등사범학교 교장 가노 지고로嘉納治五郎가 추천한 인물이 바로 부하이자 제자로 그 능력을 평가하고 있었던 미쓰치였다.

1906년 6월 6일부로 도쿄고등사범학교 교수에 임용된 미쓰치는 사범학교 교수 신분을 유지한 채 도한하여 동월 10일 제2대 학정참여관으로 취임했다. 그리고 도한 직후 이토의 지시에 따라 교과서 편찬에 착수, 동년 9월부터 실시될 소위 '모범교육'을 준비하게 되었다.

미쓰치의 관명官名은 그 후 1907년 12월 13일의 학부관제 개정에 의하여 학정참여관에서 학부편집관學部編輯官으로 변경되었으며, 이어 1908년 1월 31일부로 학부서기관學部書記官으로 임명되었다. 본인 스스로 이 시기의 법령으로부터 교과서에 이르기까지의 대부분을 혼자의 힘으로 만들었노라고 자부했던 것처럼 단순한 교과서 편집자일 뿐만 아니라 교육 정책의 입안 및 시행에 관여하며 한국 교육 시책의 중추적 역할을 담당했던 것으로 추측된다.

전임자인 시데하라 다이라의 경질 이유가 교과서 편찬 지연 문제였던 만큼 한국 학부에 임용된 미쓰치의 본령은 물론 보통학교 교과서 편찬이었다. 일본인이 전 교과에 걸쳐 본격적으로 교과서 제작을 시행한 것은 미쓰치가 주도한 학부 편찬 사업을 그 효시로 한다. 단 미쓰치의 한국 재직 기간은 1908년 4월까지였으며, 이후 출판이 완료된 보통학교용 수신, 국어, 일어, 한문, 이과, 도화 교과서에 구체적으로 몇 권까지 관여했는가는 명확하지 않다. 그러나 시기적으로 거의 전부에 영향을 행사했을 것이며, 가령 그렇지 않더라도 그의 사임 후 갑작스레 편찬 방향이 변경되었을 가능성은 희박하다고 할 수 있다.

1908년 제10회 중의원 의원 총선거에 정우회政友會에서 입후보하여 초선에 성공, 이후 11기 연속 당선을 달성한다. 당의 요직을 두루 거치며 1921년 11월 다카하시 고레키요高橋是清 내각의 서기관장書記官長

으로 발탁되었고, 1927년 4월에는 다나카 기이치田中義一 내각의 문부대신으로 입각, 이후 대장대신으로 전임하게 되었다. 1931년 12월에는 이누카이 쓰요시犬養毅 내각의 체신대신, 1932년 5월부터 1934년 7월까지 사이토 마코토齋藤實(→469) 내각의 철도대신으로 입각하여, 전후 1946년에 이르기까지 내무대신, 중의원 의원 등을 역임했다.

1948년 4월 1일 아자부 히로오麻布廣尾의 자택에서 77세로 사망, 아오야마 묘지青山墓地에 안장되었다.

[참고문헌] 佐藤由美 『植民地教育政策の研究−朝鮮・1905-1911』(龍溪書舍, 2000), 稻葉繼雄 『舊韓國の教育と日本人』(九州大學出版會, 1999), 李淑子 『教科書に描かれた朝鮮と日本』(ほるぷ出版, 1985), 高橋濱吉 『朝鮮教育史考』(帝國地方行政學會朝鮮本部, 1927), 久保田優子 『植民地朝鮮の日本語教育』(九州大學出版會, 2005)　　　　　　　　　　　【이윤지】

419
미쓰하시 고이치로
三橋孝一郎(삼교효일랑)　　　　　　　1895~?

경찰관료

지바현千葉縣 인반군印潘郡 나리타초成田町 출신. 1918년 도쿄제국대학東京帝國大學 법학부를 졸업하고 같은 해 고등시험 행정과에 합격하여 시즈오카현靜岡縣에 촉탁되었다. 1919년 12월에 아오모리현青森縣 이사관, 1923년 오사카부大阪府 경시, 1929년 토치기현栃木縣 경찰부장, 같은 해 11월에 조선총독부 경무국 경무과장에 임명되었다.

[참고문헌] 京城新報社 編 『朝鮮紳士錄』(朝鮮紳士錄刊行會, 1931), 국사편찬위원회 한국사데이터베이스 〈http://db.history.go.kr〉　　　　　　【최종길】

420
미야가와 가즈이치
宮川和一(궁천화일)　　　　　　　　1880.1.1~?

실업가

히로시마시廣島市 출신. 학력은 알려져 있지 않다. 21세 무렵부터 히로시마 시에서 건축청부업에 종사하였다. 부인은 노부코ノブ子(1881년생)였고, 슬하에 장남 요시오芳男(1899년생), 차남 에이자부로榮三郎(1901년생), 후쿠조福藏(1903년생), 히로시博(1913년생), 마사미正巳(1917년생) 등 다섯 아들을 두었다. 요시오와 에이자부로는 철물 및 건축재료점인 환삼상회丸三商會를 경영하였다.

1907년 7월 조선으로 건너와 인천에서 미야가와구미宮川組를 창업해 건축청부업을 시작하였다. 1908년에는 용산역 앞으로 진출하였다. 1908년 6월 삼행양행三幸洋行에 초빙되어 공사부 주임이 되었다. 1907년 5월 탁지부에서 발주한 춘천보통학교 신축공사를 청부한 이래, 인천 심상소학교 교사, 조선총독부 중앙시험소, 동아연초주식회사東亞煙草株式會社, 조선물산공진회 회관, 인천세관 관사, 함흥자혜의원 본관, 전라북도 군산자혜의원 등의 신축공사를 준공하였다. 전국에 걸쳐 원산중학교나 대전중학교, 용산중학교, 이리농림학교 등의 학교 공사, 군청사 및 부속 창고, 각 지방재판소 등의 공사를 청부받아 건축하였다. 이로 볼 때 그는 관영건축 등의 수주를 통하여 성장한 대표적인 관 지정청부업자라고 볼 수 있다.

1928년 7월 조직을 변경해 미야가와구미 주식회사를 설립하여 대표가 되었고, 1933년 무렵 장남 요시오에게 대표직을 물려주고 본인은 상무이사가 되었다. 또 1932년 4월에는 합자회사 미야가와공무점宮川工務店을 세워 대표가 되었다. 환삼상회는 1927년 합자회사가 되었는데, 이때는 차남인 에이자부로가 대표가 되고, 자신은 사원이 되었다.

이밖에 경성건구주식회사京城建具株式會社의 이사 및 주주(1921), 사업평론사주식회사事業評論社株式會社 감사(1923), 음료회사 경성청량사주식회사京城淸凉社株式會社 이사(1931)를 지냈으며, 조선토목건축협회 이사를 역임했다. 1931년에는 대구토목담합사건에 가담하여 유죄판결을 받기도 하였다.

[참고문헌] 이승렬 『제국과 상인』(역사비평사, 2007), 川端源太郎 編 『朝鮮在住內地人 實業家人名辭典 第一編』(1913), 角田廣司 編 『在朝鮮內地人紳士名鑑』(朝鮮公論社, 1917), 中村資良 編 『京城仁川職業名鑑』(東亞經濟時報社, 1926), 佐々木太平 『朝鮮の人物と事業』(京城新聞社出版部, 1930), 有馬純吉 著 『昭和六年版 朝鮮紳士錄』(朝鮮紳士錄刊行會, 1931), 朝鮮經濟日報社 編 『昭和十年 朝鮮請負年鑑』(朝鮮經濟日報社, 1935), 「大邱土木疑獄事件 十名은 有罪決定 열한명중에서 한명만은 무죄 高等法院의 新判例」(『每日申報』, 1931.8.1)　　　　【고태우】

421

미야기 미치오
宮城道雄(궁성도웅)　　　1894.4.7~1956.6.25

음악가

효고현兵庫縣 고베神戸 출신. 7세에 실명했다. 고베의 이쿠타 류生田流의 나카시마 검교中島檢校에 입문하였고 12세에 사장師匠 면허를 취득했다. 1907년 가족과 함께 인천으로 건너 와서 10년간 지냈다. 1916년 맹인으로서 최고 벼슬인 대검교大檢校가 되었고, 1917년 도쿄東京로 귀국하여 도쿄음악학교, 도쿄맹학교 강사로 활동했다. 1919년 제1회 작품발표회로 작곡가로서 정식 데뷔하였으며, 일본 빅터 전속 음악가가 되었다. 일본 음악가로서는 최초의 기념관인 미야기 미치오 기념관이 도쿄 신주쿠新宿에 있다.

1907년부터 1917년까지 10년간 미야기는 청소년기를 제물포와 경성 등 조선에서 보냈다. 13세에 와서 23세의 성년 음악가가 되어 일본으로 귀국하는 동안 조선의 음악적 환경에서 영향을 받았다고 한다. 특히 독일군악대교사 프란츠 에케르트Franz Eckert가 육성한 조선의 군악대 연주를 듣고 음악적 영감을 받았다고 한다. 그가 조선에서 작곡한 〈물의 변태水の變態〉(1909)는 빗소리의 리듬에서 영감을 얻었고, 1914년에 작곡한 〈당침唐砧〉은 조선 여성의 다듬이질 소리에 착안하여 작곡했다고 한다. 특히 처녀작 〈물의 변태〉는 이토 히로부미伊藤博文(→900)를 감동시킨 작품으로 유명하다.

미야기는 조선인의 음악성에 대해 높이 평가한 일

본인으로, 일상에서 조선인은 음악적으로 뛰어나고, 음정이 틀린 사람은 보지 못했으며, 조선의 음악을 슬픈 망국의 노래로 여기는 당시 일본인사이에서 널리 퍼져있던 통설은 잘못 된 것이라고 자신의 경험에 근거하여 주장한다. 그의 조선에서의 활동은 일본인 중심이었다. 조선에서부터 전념하기 시작한 일본전통악기의 개량화와 신악기 발명은 후에 17현 고토琴, 80현 고토, 단고토短琴, 다이코큐大胡弓를 고안하는 성과로 이어졌다.

[참고문헌] 東京音樂協會 編 『音樂年鑑昭和十年版』(音樂世界社, 1935), 藤井浩基『音樂にみる植民地期朝鮮と日本の關係史－1920~30年代の日本人による活動を中心に－』(大阪藝術大學 博士論文, 2000), 山口理沙「宮城道雄にみる師弟關係: わざの教え學びとして」『教育研究: 靑山學院大學教育學會紀要55(靑山學院大學教育學會, 2011), 미야기 미치오 기념관 〈http://www.miyagikai.gr.jp/kinenkan/index.html〉

【이경분】

422
미야모토 노부히토
宮本延人(궁본연인)　　　　1901~1987.1

민속학자, 대학교수

나가노현長野縣 우에다시上田市 출신으로. 9세 때 가족과 함께 도쿄東京로 이주했다.

1928년 게이오기주쿠慶應義塾 문학부 사학과를 졸업한 후 타이완臺灣으로 건너가 타이베이제국대학臺北帝國大學에서 민속학 강사로 근무하며 타이완 원주민에 대한 연구에 종사하는 등 이 분야에 대한 학문적 기초를 구축한 인물이다. 1943년 타이베이제국대학 남방인문연구소南方人文硏究所의 조교수로 임용되었다.

1943년 경성제국대학京城帝國大學으로 전임하여 인문과학연구소人文科學硏究所의 조교수로 취임했다.

전후 중화민국中華民國 정부에 초빙되어 타이완대학臺灣大學의 교수로 근무했고, 1948년 일본으로 귀국하여 도카이대학東海大學 교수에 임용되었다. 1972

년 퇴임한 후 1975년 명예교수로 위촉되었다.

『인류와 문화人類と文化』(東京敎學社, 1964), 『발리섬 연구 제2차 동남아시아 벼농사 민족 문화 총합조사 보고バリ島の研究 第二次東南アジア稻作民族文化總合調査報告』(東海大學出版會, 1968), 『인류의 진보人類の步み』(東海大學出版會, 1971), 『타이완의 민족과 문화臺灣の民族と文化』(六興出版, 1987) 등의 저술을 남겼다.

1987년 1월 향년 86세로 사망했다.

[참고문헌] 國家圖書館特藏組編 『臺灣歷史人物小傳－明淸暨日據時期』(國家圖書館, 2003), 국사편찬위원회 한국사데이터베이스 〈http://db.history.go.kr〉

【이윤지】

423
미야모토 와키치
宮本和吉(궁본화길)　　　　1883.6.10~1972.10.22

대학교수

야마가타현山形縣 쇼나이莊內 출신. 제일고등학교第一高等學校를 나와 도쿄제국대학東京帝國大學 문과대학 철학과에 입학하여 1909년도에 졸업하였다. 1911년부터 이토 기치노스케伊藤吉之助와 더불어 『철학잡지哲學雜誌』 편집을 담당하였다. 니가타新潟고등학교 교원을 거쳐 1923년에서 25년까지 문부성文部省 연구원으로서 독일의 하이델베르크대학, 프라이부르크대학에서 헤겔, 리케르트, 후설을 연구하였다. 1927년에 평소 친교가 깊었던 아베 요시시게安倍能成(→602)의 추천으로 경성제국대학 교수가 되어 서양철학과 철학사를 가르쳤고 후에 법문학부 학부장에 취임하였다.

1937년에는 칸트철학으로 문학박사를 취득한다. 1946년 2월에 무사시대학武藏大學 학장과 무사시 고등학교와 중학교의 교장에 취임한다. 1956년에 무사시대학을 퇴임하고 같은 해에 세이조대학成城大學에 초빙되어 문예학부 학부장, 학장이 되었다가 1958년에서 1961년까지는 세이조학원장成城學園長이 되었다. 일본의 현대 서양철학사상가로서 탁월한 업적과 서양철학 번역서를 다수 남겼다.

[참고문헌] 宮本和吉 編 『岩波哲學辭典』(岩波書店, 1925), 伊藤友信 [ほか] 編 『近代日本哲學思想家辭典』(東京書籍, 1982)   【정병호】

424

미야모토 히구마
宮本熊(궁본비)   **생몰년도 미상**

외무관료

1879년 당시 외무2등속 신분으로 외무성 소속으로 재직 중이던 것이 기록상 확인된다.

1882년부터 1884년에 걸쳐 부산영사관에서 외무4등속으로 영사대리로 근무하였다. 이때 부산감리 이헌영과 만나 각종 업무를 처리하였다. 이해 2월과 12월에는 부산항에 정박하는 일본인 어선에 대한 단속규칙을 제정해 줄 것을 요청하는 공문을 본국에 요청하기도 하였다. 1886년 부산에서 서기생書記生 겸 판사보判事補로 재직하고 있었던 것이 확인된다. 1890년에도 영사대리 업무를 보면서 「조일통어규칙朝日通漁規則」에 의거하여 일본인들이 신청한 출어出漁 요청에 대하여 허가장을 발급해 주기도 하였다. 인천영사관 서기생 신분으로 근무하다가, 1892년 5월 원산으로 전근을 가 영사대리 업무를 수행하였다. 이때에는 주로 러시아 선박들이 함경도 지역으로 넘어와 밀무역을 하던 상황을 조사하면서 이것이 자국의 상업에 미칠 영향에 대하여 탐지하고 있음을 보고하였다. 원산에서는 이듬해 7월까지 근무하였다.

[참고문헌] 國史編纂委員會 編 『韓日漁業關係』(國史編纂委員會, 2002), 高麗大學校 亞細亞問題研究所 編 『舊韓國外交文書: 日案』 卷2(高麗大學校出版部, 1967), 國史編纂委員會 編 『敬窩集略』(국사편찬위원회, 2009), 高尾新右衛門 編 『元山發達史』(啓文社, 1916)
                    【박한민】

425

미야바야시 다이지
宮林泰司(궁림태사)   **1889.10.28~?**

실업가

오사카大阪 출신. 1912년 조선으로 건너가기 전의 학력 등 상세한 이력은 알 수 없다. 조선으로 건너온 후 처음에는 작은 상점에서 출발하여 점차 사세社勢를 확장시켜가서, 면사포綿紗布 무역상貿易商으로서 제1인자로 불리게 되었다. 미야바야시상점宮林商店 사장, 마루미야상사丸宮商事 사장, 조선직물주식회사朝鮮織物株式會社 부사장, 대흥무역주식회사大興貿易柱式會社 사장 등을 역임하면서 조선 직물계통의 거두가 되었다. 또한 여러 차례 경성도매상연맹회京城卸商聯盟會 회장에 선임되었으며, 조선면사포상연합회朝鮮綿絲布商聯合會 이사장, 경성상공조합연합회京城商工組合聯合會 상임간사, 조선실업구락부朝鮮實業俱樂部 이사, 조선기업협회朝鮮企業協會 부회장, 조선면업협회朝鮮棉業協會 부회장, 조선피복협회朝鮮被服協會 이사, 조선직물협회朝鮮織物協會 이사, 조선무역협회朝鮮貿易協會 이사 등 수많은 경제 관련 단체의 임원직을 맡아 활동했다. 1931년 9월 만주사변滿洲事變, 1937년 7월 중일전쟁中日戰爭 등의 전쟁 경기도 적극 활용했으며, 이를 위해 거액의 기금을 헌납하는 등 정치사회활동도 병행했다. 조선총독부 직속 운수위원회運輸委員會 위원, 물가위원회物價委員會 위원 등을 역임했으며, 1936년 조선산업경제조사회朝鮮産業經濟調査會에는 민간측 위원으로 참여했고, 조선면포통제위원회朝鮮綿布統制委員會 위원을 역임했다. 뿐만 아니라 '사상범思想犯 선도善導'를 목표로 한 단체 소도회昭道會 이사, 국민정신총동원國民精神總動員 경기도연맹 이사 등으로도 활동했다. 부인 요시에芳江와 사이에 1남(양자養子) 1녀를 두었다.

1912년 조선으로 건너와 경성 남산정南山町에 처음으로 직물상점을 열었다. 이후 본정本町으로 이전하여 계속 영업하다가, 1923년 장곡천정長谷川町에 건물을 신축하고 규모를 확장하여 면사포, 견직물絹織物 등을 취급했다. 이후 평양·부산·청진 등 주요 도시에 지점을 설치했으며, 만주 방면의 무역에도 힘을 기울였다. 조선사회 내에서 면사포 무역상으로서 제1인자로 불렸다. 이밖에 일본해상화재보험주식회사日本海上火災保險株式會社의 대리점으로도 활동했으며, 장곡천정 총대總代로도 활동했다. 1929년 8월 경성사상연맹회(경성도매상연맹회) 회장이 되었다. 그해 10월 20일 조선면사포상연합회 10주년 기념식에서 공로자 표창을 받았다. 그해 11월 경성상업회의소京城商業會議所 선거위원으로 선임되었다. 1930년 9월 경성상공조합연합회 상임간사로 선임되었다.

1931년 9월 일제의 만주침략 이후 사업을 더욱 확장해갔다. 만주사변 직후인 1932년 2월 '애국기愛國機 조선호朝鮮號'를 위한 기금을 내고, 중일전쟁 직후인 1937년 9월에는 '애국군용기愛國軍用機 경기호京畿號'를 위한 기금을 내는 등 1930~40년대에 걸쳐 정치사회활동도 병행하면서 사업을 키워갔다. 1932년 8월 개최된 만몽박람회滿蒙博覽會에서 부회장으로 활동했다. 그즈음 조직된 경성타이완수출협회京城對滿輸出協會 설립위원으로 활동하다가 9월에 설립될 때 고문으로 추대되었다. 그해 11월과 1935년 11월에는 경성상공회의소京城商工會議所 의원선거의 입회인立會人으로 선정되었다. 1932년 11월 경기도 시흥에 설립된 조선직물주식회사에 대주주로 참여하여, 이사와 부사장을 역임했다. 그해 11월 26일 개최된 경인교통좌담회京仁交通座談會에서 관련 문제 개선을 위한 위원으로 선정되어 활동했다. 1933년 11월 30일 경성사상연맹회 회장으로 다시 선출되었다.

1935년 저서 『조선의 직물에 대하여朝鮮の織物に就て』(朝鮮綿糸布商聯合會, 1935)를 출판했다. 그해 9월 조선실업구락부 이사로 선임되었으며, 10월 경성상업회의소 좌담회에 참석했다. 그해 11월 '사상범 선도'를 목적으로 설립된 관변단체 소도회 이사로 선임되었다. 1936년 5월 28일 창립된 조선기업협회 부회장이 되었다. 미나미 지로南次郎(→411) 총독 부임 직후 중요산업통제법重要産業統制法의 조선 적용을 둘러싸고 큰 논란이 되었던 1936년 제3회 전선공업자대회全鮮工業者大會, 그 다음날부터 열린 조선산업경제조사회에 김연수金延洙, 한상룡韓相龍 등과 함께 조선 내 민간 측 위원으로 참석했다. 이밖에도 1936년 현재 조선면사포상연합회 이사장, 조선면업협회 부회장, 조선피복협회 이사, 조선총독부 운수위원회 위원 등을 역임했다.

1937년 8월 경기도 산업조사위원회 위원으로 선임되었다. 1938년 4월 사단법인 조선직물협회 이사로 참여했으며, 5월 경성사상연맹회 총회에서 또 다시 회장으로 선출되었다. 그해 7월 15일 국민정신총동원 경기도연맹 결성식에서 이사로 선임되었다. 1938년 8월 조선총독부 직속 물가위원회 위원으로 임명되었다. 그해 8월 설립된 경기도상공지도소京畿道商工指導所 고문으로 추대되었으며, 10월 경성상공조합연합회 상담역相談役에 선임되었다. 1939년 4월 해운직물주식회사海運織物株式會社와 태창직물주식회사泰昌織物株式會社의 이사로 각각 취임했다. 그해 8월 부산에 군수용軍需用 섬유 제조를 목적으로 하는 가칭 '조선가라방적회사' 설립을 추진했으며, 9월 인견이입조합人絹移入組合 설립위원회의 설립위원이 되었다. 그해 10월 몽강지방蒙疆地方을 중심으로 무역을 개시하기 위해 설립된 대흥무역주식회사에 발기인으로 참여했다가 사장으로 취임했다. 그해 12월 장곡천정 소재 마루미야상사丸宮商事 사장 명의로 국민정신총동원 경성연맹에 사업자금으로 5천 원을, 경성부京城府에 한해의연금旱害義捐金으로 5천 원을 각각 기부했다. 그즈음 설립된 이나바광업주식회사稻葉鑛業株式會社 이사가 되었으며, 1940년 3월에는 경인기업주식회사京仁企業株式會社 발기인으로 참여하여 7월 창립 때 감사역에 선임되었다. 그해 5월 조선에 광폭면직물廣幅綿織物 배급통제에 따른 조선면포통제위원회가 설치될 때 위원으로 선정되었다. 그해 6월 경성경제통제협력회京城經濟統制協力會에 경성도매상연맹 대표로 가입했으며, 그즈음 조선무역협회 이사가 되었다.

1940년경까지 경성에서 활동한 것으로 확인되는데, 그 이후의 행적과 귀국일시, 사망일시 등은 알 수 없다.

[참고문헌] 阿部薰 編 『朝鮮功勞者銘鑑』(民衆時論社, 1935), 경성신문사 대경성공직자명간행회 『大京城公職者名鑑』(京城日報社, 1936), 芳賀登 外 編 『日本人物情報大系』(皓星社, 1999~2002) 【변은진】

426

미야사키 게이타로

宮崎佳太郎(궁기가태랑)　　1858.1.24~1936.2.2

실업가, 정치인

구마모토현熊本縣 아마쿠사군天草郡 시마고무라島子村 출신. 1865년 시마고무라에 있는 마쓰다 도슌松田洞春의 사숙私塾에서 한서漢書를 배우고 1872년 졸업한 후 고향에서 농업과 상업에 종사하다가 1890년 2월 조선에 건너와 경성에서 상업을 경영하였다. 1896년 귀국하여 1898년 시마고무라 촌회의원村會議員에 당선되었으며, 1900년 다시 조선에 건너와 경성에서 살았다. 1903년 3월 군산으로 이주하여 농장운영, 농지개량 등에 종사하며, 군산농사조합사무소 평의원, 임익수리조합장, 임옥수리조합장, 전라북도평의회 의원, 충청남도면협의회 회원 등으로도 활동하였고, 1936년 사망하였다.

　1890년 2월 조선에 건너와서 경성에서 상업을 하다가 1896년 집안 일로 귀국하였으며, 1900년 다시 경성에 와서 북1영군물제조소北一營軍物製造所에 물품을 납품하는 등 상업에 종사하며 경성일본인거류지회京城日本人居留地會 의원, 조선협회 간사 등으로 활동하였다.

　1903년 3월에 군산으로 이주하여 토지를 매수하여 농장을 만들고 농사개량에 노력하였으며, 1904년 군산농사조합 창립 때 평의원評議員, 1905년부터 1911년까지 조합장을 지냈다. 1907년부터 미야사키농장宮崎農場을 운영하면서 임익수리조합臨益水利組合과 임익남부수리조합의 평의원으로 각 당선되었다. 1909년 농업관계자 유지들과 함께 설립한 지주총대회地主總大會 대표자, 1910년 4월 임옥수리조합창립위원장臨沃水利組合創立委員長에 이어 동 조합장을 지냈으며, 군산의 수로굴착공사를 준공하였다. 1909년 창립된 군산 금강사錦江寺(현 동국사東國寺) 창립 대표 인물에 포함되며, 동 사찰 부지를 기부하였다. 1918년 전라북도 옥구군 미면米面의 기본재산으로 토지 1만여 평과 건물 21평을 기부하고, 사립군산유치원장에 취임하여 1927년 9월 사임하였다. 1920년 2월

임옥수리조합과 임익남부수리조합을 통합한 익옥수리조합益沃水利組合의 평의원을 맡았다.

　1920년 12월 전라북도평의회 옥구군 관선官選 의원으로 임명되고 1922년 3월 사임했으며, 1921년 전주·익산 등 6군권농회연합六郡勸農會聯合 포상수여식에서 일본농회가 주는 표창을 받았다. 1927년 서천군舒川郡에 살면서 옥구군 미면과 서천군 마동면馬東面의 두 곳에 농장을 운영하며 충청남도면협의회 회원을 맡았다. 1928년 12월 미면사무소 앞에 세운 미야사키 게이타로 동상 제막식이 열렸으며, 그 후 동상 오른쪽에는 그의 기념비가 세워졌다. 1929년 5월 미야사키 농장주식회사를 설립하고 사장이 되었다. 1932년경 고령高齡으로 일본 후쿠오카시福岡市에서 노후생활을 보냈다.

[참고문헌] 鈴木庸之助『日韓商工人名錄(下)』(實業興信所, 1908), 靑柳綱太郎『新朝鮮成業銘鑑』(朝鮮硏究會, 1917), 藤村德一『朝鮮公職者名鑑』(朝鮮圖書刊行會, 1927), 朝鮮總督府『朝鮮總督府施政二十五周年記念表彰者名鑑』(表彰者名監刊行會, 1935), 阿部薰『朝鮮功勞者銘鑑』(民衆時論社, 1935), 京城新聞社『朝鮮の人物と事業－湖南編』제1집(實業之朝鮮社出版部, 1936), 秋山忠三郎 編『宮崎佳太郎翁傳』(宮崎佳太郎翁偲會, 1938), 한국역사정보통합시스템〈http://www.koreanhistory.or.kr〉
【조미은】

427

미야와키 우메키치

宮脇梅吉(궁협매길)　　1883.9.12~1941.1.12

관료, 정치인

가가와현香川縣 출신. 오오치군大內郡 요미즈무라譽水村 출신. 미야와키 세이키치宮脇淸吉와 야스ヤス 부처의 4남으로 태어났다. 미쓰치 고타로三土幸太郎의 서양자로 들어가 이후 입헌정우회의 중진으로 활약한 미쓰치 주조三土忠造(→418)와 육군 대좌大佐를 거쳐 정우회의 대의사代議士가 된 미야와키 조키치宮脇長吉는 친형에 해당한다.

　미야와키의 소년기는 이미『미쓰치 국문전三土國文

典』으로 이름을 얻은 형 미쓰치 주조 덕분에 경제적으로 유복한 것이었으며, 미쓰치의 원조를 받아 제일고등학교第一高等學校를 거쳐 1909년 도쿄제국대학東京帝國大學 법과대학을 졸업했다. 히라사와 사부로平澤三郎의 차녀 스마코須磨子와의 사이에서 2남 2녀를 두었다.

1909년 11월 고등문관시험 행정과 시험에 합격, 동년 12월부터 통감부統監府 판사로 조선에서 근무하게 되었다. 진주, 대구, 경성의 재판소에서 근무했으나 얼마 지나지 않아 사직하고 일본으로 귀국했다.

1913년 6월 내무성內務省으로 옮겨 사이타마현埼玉縣 이사관, 내무부 학무과장學務課長을 시작으로 1917년부터 1925년에 이르기까지 후쿠이현福井縣 경찰부장警察部長, 와카야마현和歌山縣 경찰부장, 히로시마현廣島縣 경찰부장, 교토부京都府 경찰부장, 미야기현宮城縣 내무부장內務部長, 히로시마현 서기관 및 내무부장, 이시카와현石川縣 서기관 및 내무부장을 역임했다.

1927년 5월 와카야마현 지사, 11월 사이타마현埼玉縣 지사, 1929년 2월 지바현千葉縣 지사를 거쳐 동년 11월 휴직. 1931년 12월 다시 사이타마현 지사로 취임했다. 이후 기후현岐阜縣 지사, 니가타현新潟縣 지사를 역임한 후 1936년 3월 퇴관했다. 퇴관 후에는 일본인견직물공업조합日本人絹織物工業組合 이사장으로 근무했다.

[참고문헌] 香川縣東かがわ市「廣報東かがわ」21(東かがわ市總務部企畫財政課, 2004.12), 秦郁彦 編『日本官僚制總合事典 : 1868-2000』(東京大學出版會, 2001), 歷代知事編纂會 編『新編日本の歷代知事』(歷代知事編纂會, 1991)　　　　　　　【이윤지】

428

미야자키 세이타로
宮崎清太郎(궁기청태랑)　　　　　　　1904~1987

문학가, 교사

도쿄제국대학 지나문학과支那文學科를 졸업하고 1931년 조선으로 건너와 경성의 사립상업학교 등에서 일본어 교사로 근무하면서 조선에서 16년간 생활하며 소설, 시, 단카短歌 등의 문학작품을 다수 발표한 전형적인 재조일본인 작가이다.

그는 경성에서 교사로 근무하면서「어머니의 편지母親の手紙」(1935.11)를 비롯해 경성제국대학 법문학부 동인지인『성대문학城大文學』을 중심으로 하여 문학작품을 발표하였다. 일본인과 조선인 작가를 망라하여 국책문학을 지향하여 결성한 조선문인협회가 창립한 이후에는『국민문학』과『녹기綠旗』등으로 작품 발표의 무대를 확장하여 20편 정도의 작품을 남겼다. 미야자키 세이타로는 1942년 9월 조선문인협회 조직개편 당시에는 간사로 새롭게 선임되었는데, 이는 그가 조선 내에서 중견작가로서 상당히 대우를 받았다는 증거이기도 하다.

『국민문학』에는 그의 대표작이라고 할 수 있는「아버지의 발을 내리고—박선생에 대해父の足をさげて—朴先生のこと」를 비롯하여「신의 제매神の弟妹」, 「아이와 함께子と共に」, 「창백한 얼굴蒼い顔」, 「그 형—학병열차その兄—學兵列車」등 다수의 작품을 발표하였다. 그리고『국민문학』주최의 좌담회에도 두 번 참석하며 대동아공영권 건설과 전쟁 찬양이라는 한반도의 국책문학에 충실하고자 하였다.

일본 패전 이후에는 고향인 히로시마廣島의 중학교, 고등학교 등에서 국어교사로 근무하면서 조선 체험에 근거한 자전적 작품집인『잘 있거라, 조선이여さらば朝鮮』(1970), 『원숭이와 게의 전투猿蟹合戰』(1982), 단카短歌 작품집으로『푸른 얼굴靑き顔』(1974), 『누마타가와沼田川』(1977), 『노을夕燒け』(1981) 등을 출판하였다.

[참고문헌] 신승모「식민지 조선의 일본인 교사가 산출한 문학」(『한국문학연구』38, 2010), 가미야 미호「재조 일본인 작가의 소설에 나타난 '일제'말기 일본 국민 창출 양상—「국민문학(國民文學)」에 발표된 현직 교사의 작품을 중심으로」(『일본문화연구』39, 2011.7), 朝鮮文人協會「略歷」『朝鮮國民文學集』(東都書籍株式會社, 1943), 白川豊「「朝鮮國民文學集」について(解說)」(『日本植民地文學精選集 朝鮮國民文學集』, ゆまに書房, 2000), 芹川哲世「『新半島文學選集』第一輯 解

說」(『日本植民地文學精選集 新半島文學選集 第一輯』, ゆまに書房, 2001)　　　　　　　　　【정병호】

429
미야카와 소노스케
宮川早之助(궁천조지조)　　　　　生沒年度 미상

영화인

일본 덴카쓰天活 전속 촬영기사였다. 단성사의 유명 변사 김덕경이 오사카大阪로 건너가 거액을 주고 초빙해 옴으로써 조선영화계에서의 그의 활동이 시작되었다고 한다.

미야카와 소노스케는 조선에서 영화 제작의 서막이 열린 계기로 작용한 주요 연쇄극과 기록영화, 상업적 극영화의 촬영을 담당하였던 인물이다. 그렇기에, 1910년대 후반부터 1920년대 중반에 이르는 초창기 한국영화사를 설명할 때 빼놓기 어려운 일본인 중 한 명이라 할 수 있다.

그는 박승필이 운영하던 단성사 영화부에서 제작하고 신파극단 신극좌를 이끌던 김도산이 연출한 연쇄극 〈의리적 구토〉(1919)의 촬영을 맡으면서 활동을 시작하였다. 1919년 10월 27일 단성사에서 공연된 이 작품은 공전의 히트를 거두며 조선 최초의 연쇄극으로서 커다란 명성을 얻게 되었다. 한편, 이때에는 〈경성전시京城全市의 경景〉이라는 기록영화도 함께 상영되었는데, 이 작품의 촬영 또한 미야카와 소노스케에 의해 이루어졌다.

계속해서 박승필의 지휘하에 〈시우정是友情〉(1919), 〈의적義賊〉, 〈경은중보輕恩重寶〉, 〈천명天命〉, 〈명천明天〉(이상 1920) 등 김도산이 연출한 일련의 연쇄극과, 〈경성교외전경京城郊外全景〉, 〈고종인산실경高宗因山實景〉(이상 1919), 〈부산, 대구 전경全景〉(1920) 등의 기록영화들을 촬영하였다.

이후에는 동아문화협회에서 제작하고 그 설립자인 하야카와 고슈早川孤州가 기획·연출한 〈춘향전〉(1923)의 촬영을 담당하였는데, 이 작품은 조선 최초의 본격적 상업 극영화라는 점에서 영화사적 의의를 띠는 작품이기도 하다. 이러한 그의 촬영 활동은 동아문화협회 2회, 3회 작품으로, 역시 하야카와가 연출한 〈비련의 곡〉(1924), 〈토끼와 거북〉(1925)까지 이어졌다.

이후 그가 조선에서 어떠한 영화 활동을 하였는지에 대한 자세한 내용은 파악하기 어렵다. 그러나 일본의 영화잡지『영화순보映畵旬報』7월 11일자 '조선영화 특집'호에 그의 이름이 사단법인 조선영화배급사의 영화 위탁자 중 선만활동사진상회鮮滿活動寫眞商會 대표로 올라가 있는 바, 1940년대까지도 조선과 만주 등을 오가며 영화업을 계속하였던 것으로 보인다.

[참고문헌] 김종욱 편저『실록 한국영화총서(상)』제1집(국학자료원, 2002), 안종화『한국영화측면비사』(미학사상사, 1998)　　　　　　　　　【함충범】

430
미야케 시카노스케
三宅鹿之助(삼택록지조)　　　1899.10.20~1982.4.15

정치사회학자, 대학교수

고등학교 재학시절부터『사회문제연구社會問題研究』 등을 강독하며 마르크스주의 이론을 익혔다. 도쿄제국대학東京帝國大學 재학 중에도 신인회新人會에 가입하여 마르크스주의 경제학 이론과 노동운동, 사회운동 등에 심취했다. 1924년 도쿄제국대학 경제학부를 졸업하였다. 1927년 4월에 경성제국대학京城帝國大學 조교수로 부임하였으며, 1932년 교수로 승진하였다. 1929년 2월부터 1931년 3월까지 재외연구원의 자격으로 독일, 프랑스, 영국, 미국 등에서 유학을 했다. 1929년 3월~1930년 5월 베를린에 머무르는 동안 도쿄제국대학 의학부 교수로서 독일공산당 당원으로 활동 중이던 구니사키 데이도國崎定洞, 코민테른 집행위원인 가타야마 센片山潜 등과 교유하며 '베를린 주재 일본인 좌익그룹' 조직에 동참한다. 1931년 4월 말 조선에 돌아와 교수직을 수행했고, 1934년 5월 21일 '선내鮮內 적화공작사건' 혐의로 피체되어 치안유지법 위반과 범죄은닉죄로 징역 3년형을 언도받았다. 만기를 11개월 남긴 1936년 12월 25일 출옥하여 일본으로 돌아갔다.

미야케는 1927년 경성제국대학에 부임하여 이강국, 박문규, 최용달 등의 법문학부 학생들과 경제연구회를 이끌어나갔다. 경제연구회는 유진오, 전승범 등이 1926년 조직한 사회과학이론 서클로서 『자본론』, 『유물사관』 등의 이론서를 학습하였는데, 외부단체와 교섭하지 않고 미야케 등을 지도교수로 하는 것을 조건으로 1927년 대학의 정식허가를 받았다. 이른바 '미야케 경제학교실'의 학생들을 통해 이재유를 비롯한 공산주의자들과 만나게 되었고, 탈옥한 이재유를 자신의 대학관사의 마루 밑에 40일 가까이 은거시키는 등 도움을 주었다. 1934년 5월 검거되어 12월 중순 경성지방법원에서 '치안유지법 위반, 출판법 위판, 범인은닉 피고사건'으로 공판에 부쳐져 12월 27일 징역 3년(구형 4년)의 판결을 받았다. 공소사실은 '조선의 공산주의자들과 조선의 독립 및 공산화를 목적으로 그 실행에 관해 협의하고, 적색노동조합을 조직할 것을 협의하고, 범인을 은닉'하였다는 것이었다. 조선경제연구회 '적화공작사건'(경성콤그룹사건)으로 인해 경성제국대학 대학자치는 위축을 받게 되었다.

검거되기 전에는 당시 독일 유학 중이던 제자 이강국으로부터 코민테른의 주요 문건을 전달받고, 이를 조선공산주의 운동 그룹들에게 번역하고 소개하는 활동도 하였다. 이재유, 권영태 그룹과 관계하며 '제13차 플레넘테제'를 번역하였고, 메이데이투쟁 격문을 공동 작성하여 경성콤그룹의 기관지로 발행된 『프롤레타리아』에 게재하였다. 조선에 머무르는 동안 「내지의 관계內地の關係」(『朝鮮土木建築協會會報』 125, 1928), 『조선사회경제사연구朝鮮社會經濟史研究』(刀江書院, 1933), 「만주농업사정개설滿洲農業事情槪說」(『京城帝國大學滿蒙文化研究會報告』第1冊, 1934) 등의 연구물을 저술하였다.

1936년 가출옥한 미야케는 조선 내에서 생활의 방편을 찾지 못하여 가족들과 일본으로 귀국하였다. 귀국 후에도 교수직을 맡지 못하고 특고경찰의 보호관찰 대상으로서 자동차 해체 가게, 신문 판매점 등으로 생계를 이어갔다. 1945년까지 계속 보호관찰을 받다가 종전 이후 다시 대학 교수직을 맡게 되었다.

[참고문헌] 역사비평 편집위원회 『남과 북을 만든 라이벌』(역사비평사, 2008), 전명혁 「1930년대 초 코민테른과 미야케(三宅鹿之助)의 정세인식」『역사연구』 16(역사학연구소, 2006), 「李載裕と三宅鹿之助の邂逅-上·下」(『朝鮮新報』, 2008. 11. 28~12. 1), 국사편찬위원회 한국사데이터베이스 〈http://db.history.go.kr〉

【박광현, 임세화】

431
미와 다마키
三輪環(삼륜환)　　　　　　　　생몰년도 미상

교사

지바현립나루토중학교千葉縣立成東中學校를 거쳐 평양고등보통학교平壤高等普通學校 교사로 근무했다.

1915년 3월, 지바현립나루토중학교를 퇴임하고 조선으로 건너왔다. 1915년부터 1919년 9월 10일까지 평양고등보통학교 교사를 역임하였다. 1919년 3·1운동 직후 돌연 퇴직한 이유는 명확하지 않지만 중등교육기관인 고등보통학교에서 약 4년 5개월간 교사로 재직했다.

미와의 자세한 경력은 알려지지 않았지만, 그가 서예 및 서간을 활용한 작문 지도에 열의를 보인 일본어(당시 국어) 교사였음은 분명하다. 미와는 지바현 마쓰오마치松尾町에서 『보통편지 주고받기普通手紙のやりとり』(正時堂, 1901)를 발간했다. 그 후 평양에서 『일용문 독습日用文獨習』(脇坂文鮮堂, 1917)을 증보 출간했다. 사직서를 제출하고 귀국을 전후해 『전설의 조선傳說の朝鮮』(博文館, 1919. 9)이 출간되었다. 1920년 3월에는 『고등습자장高等習字帳』(朝鮮總督府) 4권 및 사범과용 등 총 5권을 발간했는데, 그 필자는 미와다. 조선총독부로부터 귀국 전에 습자책의 집필을 의뢰받은 것으로 보이며, 초판은 도쿄 수영사秀英舍인쇄소에서 인쇄, 조선총독부에서 발행되었다. 국립중앙도서관에 소장된 권2는 1922년 8월에 도쿄 하쿠분칸인쇄소東京博文館印刷所에서 증쇄되었다. 『고등습자장』은 1920년 3월 도쿄 수영사 인쇄판, 1922년 8월 도쿄 박문관 인쇄판, 1922년 9월 조선총독부 서무부인쇄판 등 3회 이상 발행되었다.

1919년에 간행된 본격적인 설화집 『전설의 조선』에는 139편의 조선설화가 실렸고, 1920년대 이후 나카무라 료헤이中村亮平(→194) 등이 이를 활용했다. 미와는 서문에서 구비전설의 중요성을 언급하고, 황당무계함 속에 담겨진 이면裏面에 관심을 가지고 직접 수집한 구비전설을 기록했다고 적었다. 이 책은 산천(34편), 인물(38편), 동식물 및 잡(42편), 동화(25편) 등 조선설화를 최초로 분류 수록했다.

[참고문헌] 김광식 『근대 일본의 조선 구비문학 연구』(보고사, 2018), 안용식 편 『조선총독부하 일본인관료 연구』Ⅰ(연세대학 사회과학연구소, 2002), 三輪環 『傳說の朝鮮』(博文館, 1919), 金廣植 『植民地期における日本語朝鮮說話集の研究－帝國日本の「學知」と朝鮮民俗學』(勉誠出版, 2014), 朝鮮總督府 『朝鮮總督府官報』784號(1915.3.17), 朝鮮總督府 編 『朝鮮總督府及所屬官署 職員錄』(朝鮮總督府, 1915~1919) 【김광식】

432

미요시 노보루
三好昇(삼호승)　　　　　　1908.7.6~?

사법관료

가가와현香川縣 미카타도군仲多度郡 소고무라十鄕村 출신. 미요시 요시토모三好義朝의 장남으로 태어났다. 1934년 조선총독부 판사에 임용되어 패전될 때까지 재직한 사법관료이다.

그의 부친은 일찍이 개인회사의 조선지점에 파견되어 근무하였다. 거주지는 경성부京城府 죽첨정竹添町 2정목二丁目이었다. 미요시 노보루는 1920년 4월 경성중학교京城中學校에 입학하여 1925년 3월 졸업하였다. 동년 4월 경성제국대학京城帝國大學 예과豫科를 입학하여, 1927년 3월 수료하였다. 동년 4월 동교 법문학부法文學部에 입학하여, 1930년 3월 졸업하였다. 동년 5월 조선총독부 판임관견습判任官見習으로 채용되어 고등법원高等法院에서 근무하였다. 1931년 11월 고등시험高等試驗 사법과司法科에 합격했다. 1932년 3월 경성지방법원京城地方法院 서기대리書記代理로 옮

겼다. 동년 11월 조선총독부 사법관시보司法官試補에 임용되어, 1년 6개월 동안 경성지방법원에서 실무수습을 거쳤다.

1934년 7월 대구지방법원 예비판사로 발령받았다. 1935년 7월 공주지방법원 판사로 전보되었다. 1938년 10월 평양복심법원 판사로 보임되었다. 1941년 10월 부산지방법원 진주지청 예심판사로 전보되었다. 1943년 3월 경성지방법원 예심판사像審判事로 발령받아 재직 중 패전을 맞이하였다.

경성지방법원 예심판사로 재직 중, 1943년 8월 김필상金弼相 등 3인이 경성에서 단파방송을 청취하다가 구속된 사건에 예심재판을 맡았다.

[참고문헌] 朝鮮總督府 編 『朝鮮總督府官報』(朝鮮總督府, 1931~1945), 朝鮮總督府 『朝鮮功勞者銘鑑』(朝鮮總督府, 1935), 司法協會 編 『朝鮮司法大觀』(司法協會, 1936), 朝鮮總督府法務局人事係 『昭和七年司法官試補進退關係綴』(朝鮮總督府, 1932), 전병무 「일제시기 在朝鮮日本人 司法官試補 연구」 『해람인문』44(강릉원주대 인문학연구소, 2017) 【전병무】

433

미우라 가쓰미
三浦克己(삼포극기)　　　　　1917.10.13~?

사법관료

경성부京城府 출신. 태평통太平通 2정목二丁目 213번지에서 아버지 미우라 고이치로三浦幸一郎와 어머니 도미トミ 사이의 차남으로 태어났다. 원적은 후쿠오카현福岡縣 다가와군田川郡이다. 1942년 조선총독부 판사에 임용되어 패전할 때까지 재직한 사법관료이다.

그의 부친은 1897년 10월부터 1903년 5월까지 나가사키현長崎縣에서 경찰관으로 있다가 퇴직 후 조선으로 건너와 경부철도주식회사 영등포건설사무소에서 근무했다. 1905년 1월 군속軍屬으로 만주 각지를 종군했다. 1906년부터 경성부 태평통에서 도기도매상을 경영하였고, 당시 자산이 약 60만 원에 이를 정도로 성공한 인물이었다.

1924년 4월 경성 남대문심상소학교南大門尋常小學

校에 입학하여 1930년 3월 졸업했다. 동년 4월 경성중학교京城中學校에 입학하여 1934년 3월 졸업했다. 동년 4월 경성제국대학京城帝國大學 예과豫科에 입학했고, 1937년 3월 예과를 수료했다. 동년 4월 동 대학 법문학부法文學部에 입학했다. 1939년 11월 재학 중 고등시험高等試驗 사법과司法科에 합격했다. 1940년 3월 경성제국대학을 졸업했다. 동년 4월 조선총독부 사법관시보司法官試補에 임용되어, 약 1년 6개월 동안 경성지방법원京城地方法院에서 실무수습을 받았다. 1942년 3월 조선총독부 판사에 임용되어, 경성지방법원으로 발령받았다. 1943년 7월 부산지방법원釜山地方法院 마산지청馬山支廳 판사로 전근되었다. 이후 일본이 패전할 때까지 근무했다.

판사로 재직 중 조선의 형사법에 관한 논문을 발표하기도 하였다. 「부진정부작위범의 일고찰不眞正不作爲犯の一考察」(『朝鮮司法協會雜誌』 12-13, 1941)이다.

[참고문헌] 朝鮮總督府 編 『朝鮮總督府官報』(朝鮮總督府, 1924~1945), 朝鮮總督府法務局人事係 『昭和十五年 其ノ二 司法官試補進退書類』(朝鮮總督府, 1940), 貴田忠衛 『朝鮮人事興信錄』(朝鮮新聞社, 1935), 전병무 「일제시기 在朝鮮日本人 司法官試補 연구」 『해람인문』 44(강릉원주대 인문학연구소, 2017) 【전병무】

434
미우라 고로
三浦梧樓(삼포오루)　　　　1846.11.15~1926.1.28

고로五郎(아명), 미우라 잇칸三浦一貫(이명), 간주觀樹(이명)
육군 군인, 정치인

야마구치현山口縣 출신. 하급무사 이소베 기치헤이五十部吉平의 5남으로 출생했다. 미우라 도안三浦道庵의 양자이다. 메이린칸明倫館에서 수학하였으며 1863년 5월 기병대에 입대했다. 1866년 중대사령으로 제2차 조슈長州 정벌전에 참가했고, 1868년 금위대장으로 도바 후시미鳥羽伏見의 싸움에 참가했다. 1871년 육군대좌를 거쳐 육군소장, 도쿄東京 진대 사령장관으로 진급했다. 1873년 육군성 제3국장, 1875년 원로원 의관을 지냈고, 1876년에는 히로시마廣島 진대 사령장관, 1877년은 정벌 제3여단 사령장관으로 세이난전쟁西南戰爭에 참가했다. 1878년 중장으로 진급하여 서부감군부장으로 승진했다. 1882년 육사교장, 1883년 육군경을 거쳤고 1884년 자작 작위를 받았다. 1885년에는 도쿄 진대 사령관, 1886년에는 구마모토熊本 진대 사령관을 역임했다. 1888년 가쿠슈인초學習院長, 궁중고문관을 거쳤고, 1891년 예비역으로 예편했다. 1890 7월 귀족원의원에 당선되었으나, 1891년 의원직을 사직했다.

미우라는 이노우에 가오루의 후임으로 조선주재 일본공사로 부임했다. 미우라는 공사 부임 전, '한국독립', '한일강제병합', '일러공동지배' 등을 요청하는 의견서를 제출하기도 했다. 미우라는 1895년 7월 19일 주한일본공사에 임명되었으며 9월 1일 서울에 도착하였고 9월3일 고종을 알현했다. 9월 내내 미우라는 특별거류지, 사이토 고문관 초빙 등 몇 건의 업무를 처리하며 10월 초 조선 왕실이 '내각을 무시하고 궁중정치'를 한다고 본국 정부에 보고했다. 한국의 정치변동을 살펴본 미우라는 일본 서기관 스기무라 후카시杉村濬(→519), 오카모토 류노스케岡本柳之助(→731)와 협의하여 명성황후 암살계획을 짰다.

1895년 10월 8일 새벽 미우라는 폭도들을 지휘하여 경복궁을 난입, 민비를 암살했다. 사건을 목격한 미국, 러시아인을 통해 사태의 진상이 폭로되자, 일본 정부는 미우라 등을 10월 17일 히로시마 감옥에 수감하였다.

미우라는 일본 자객을 포함한 일본 공사관원 및 수비대가 정변에 관련된 사실을 끝까지 은폐하려고 했다. 미우라는 일본 수비병은 경복궁 내 소요를 진정시키기 위해 입성했다는 논리를 일관되게 진술했다. 이후 미우라는 1895년 히로시마 지방재판소 예심에서 증거 불충분으로 면소, 석방되었다.

1918년 후비역으로 예편했고, 1926년 사망했다. 저서로는 『관수장군회고록觀樹將軍回顧錄』(政敎社, 1925), 『메이지반골장군 일대기明治反骨中將一代記』(芙蓉書房, 1981)가 있다.

[참고문헌] 정교 저, 조광 편, 변주승 역주 『대한계년사』(소명출판, 2012), 박은식 저, 김도형 역 『한국독립운동

지혈사』(소명출판, 2012), 秦郁彦 編『日本陸海軍總合事典』(東京大學出版會, 2012), 김영수「을미사변, 그 하루의 기록」『梨花史學硏究』39(이화사학연구소, 2009), 김영수「을미사변을 둘러싼 기억과 의문－명성황후 암살자에 관한 기록과 추적」『史林』41(이화사학연구소, 2012) 【김상규】

435

미우라 다마키
三浦環(삼포환) 1884.2.22~1946.5.26

시바타 다마키柴田環(이명), 후지이 다마키藤井環(이명)
음악가

도쿄부東京府 출신. 어렸을 때부터 일본무용, 나가우타長唄 등을 배웠다. 도쿄여학관東京女學館을 졸업한 후 1900년에 도쿄음악학교東京音樂學校에 입학하였다. 다키 렌타로瀧廉太郎에게 피아노를, 고다 노부幸田延에게 성악을, 윤켈 아우구스트Junker August에게 바이올린을 사사하였다.

미우라는 1903년에 도쿄음악학교東京音樂學校 주악당奏樂堂에서 열린 일본인 최초로 오페라공연에 출연하여 성공시켰으며, 1904년 동교 조교수가 되었다. 1911년에는 제국극장帝國劇場에 소속되어 프리마돈나로 활약하게 되었다.

1913년에는 미우라 세이타로三浦政太郎와 결혼하여 이듬해인 1914년에 남편과 독일로 유학을 떠났다. 하지만 제1차 세계대전으로 인해 거처를 영국으로 옮겨, 현지에서 데뷔하게 된다. 미우라의〈나비부인〉은 영국에서 좋은 반응을 얻었고 이후 미국 뉴욕, 샌프란시스코, 시카고 등에 진출하였다. 미국에서도 성공적인 공연을 펼쳐 일본을 대표하는 세계적인 프리마돈나로 발돋움했다. 1920년에는 몬테카를로, 바로세로나, 피렌체, 로마, 밀라노, 나폴리의 가극단에 객원 출연하였고 1935에는 시칠리아 팔레르모에서 열린 공연에서〈나비부인〉출연 2000회 기록을 달성하게 된다.

이후 일본에 귀국하여 활발한 공연활동을 하지만 방광암으로 인해 1946년 사망하였다. 제자로는 하라

노부코原信子, 야나기 가네코柳兼子(→645), 세키야 도시코關屋敏子(→505) 등이 있다.

『매일신보每日申報』1915년 8월 19일자에 미우라의 기사가 게재되었다. 그 내용은 영국 황제와 황후 앞에서 공연을 한 미우라가 절찬을 받았다는 것으로, 런던에서 월급 2만 4천 원을 받고 있는 것은 동양인으로서 굉장하다는 것이었다. 이처럼 조선에서도 관심을 받고 있었다.

미우라의 조선 공연에 대해서 보면 1932년 9월 10일에 조선일보사의 초빙으로 경성공회당京城公會堂에서 독창회를 개최하였다. 또한 1937년 5월 26, 27일에 매일신보사 주최로 조선 최초의 오페라〈나비부인〉(전막)을 경성부민관京城府民館에서 개최하였다. 이 공연에는 조선인 성악가로 이름이 알려진 김영길金永吉을 포함하여 약 40여 명이 출연하였는데, 반주는 중앙교향악단이 담당하였다.

『매일신보每日新報』사회·정치부장, 『조선일보』편집국장·부사장 겸 주필을 역임한 홍종인洪鐘仁(1903~1998)은『삼천리三千里』(1938년 12월호)에 미우라의 공연에 대하여〈나비부인〉에 출연한 미우라의 목소리는 청중을 선경仙境에 빠뜨릴 정도라고 평하였다.

한편, 조선인 전문학교 학생의 문화감상기(『삼천리三千里』1940년 5, 6, 7월호)에는 미우라의 공연에 대해 그 음악과 표정을 이해 할 수 없다고 비판하여 연령에 비해 감정적이라고 혹평하였다. 이처럼 조선에서 열린 미우라의 공연에 대한 호평 또는 혹평은 당시 많은 관심을 가지고 있었다는 것으로 조선인 지식층, 학생층이 일본인 음악가의 공연을 하나의 문화생활로 즐겼었다는 사실을 파악할 수 있다.

방광암으로 걷기 힘든 몸으로도 1945년 12월에 히비야공회당日比谷公會堂에서 슈베르트 가곡 전 24곡을, 1946년 3월에 동 공회당에서 슈베르트 가곡 전 20곡을 불렀다.

동년 6월 사망, 히비야 공회당에서 음악장音樂葬으로 성대하게 열려 미우라를 추도하였다.

[참고문헌] 堀內久美雄 編『新訂標準音樂辭典トーワ第二版』(音樂之友社, 1966), 金志善「植民地朝鮮における日本人音樂家による音樂會: 韓國西洋音樂受容史

の一側面として」『東京藝術大學音樂學部紀要』42(東
京藝術大學, 2017), 「三浦環女史獨唱會十日夜公會堂
서」(『동아일보』, 1932.9.10.) 【김지선】

436

미우라 야고로

三浦彌五郎(삼포미오랑)　　　　1872.2.24~1941.4.4

외무관료, 변호사

지바현千葉縣 출신. 1896년 도쿄제국대학東京帝國大學
법과대학에서 법률과 영미법 전공으로 졸업하였다.
이듬해 4월 외교관급영사관시험에 합격하였다. 1898
년 10월 공사관 3등서기관으로 브라질에서 근무하도
록 발령이 났다. 1902년 10월 영사로 임용되어 11월
에 마산영사관으로 부임하였다. 마산에서 근무하다
가 통감부가 설치된 1906년 이후에는 경성이사청京
城理事廳 이사관 겸 통감부 서기관으로 전직하여 계
속 근무하였다. '한일강제병합' 이후 1910년 10월 공
사관 1등서기관에 임명되었다. 이후 미국으로 파견
되어 대사관 1등서기관으로 근무하던 중 1913년 11월
에는 대사관 참사관으로 승진하였다. 1916년 5월 스
위스 주차 특명전권공사에 임명되었다. 이해 10월에
는 특파사절로 로마 교황청에 파견되기도 하였다.
1921년 4월 마르세유를 출발하여 일본으로 귀국하였
다. 이해 관직에서 물러나 변호사로 개업하였다. 그
의 아내 미우라 세이코三浦淸子는 1926년부터 이왕가
李王家와 관련하여 어용괘가 되었고, 이후 도쿄 저택
에서 업무를 담당하였다.

　1902년 11월 마산 주재 2대 영사로 임명되어 마산
으로 부임하였다. 1903년 4월 6일부터 11일에는 삼
랑진, 함안, 창원 지역을, 4월 19일부터 27일까지는
통영, 고성, 사천, 진주, 의령 일대를 시찰하면서 정
보를 수집하였다. 러일전쟁 개전을 앞둔 1904년 1월
에는 마산에 설치되어 있는 전신국電信局을 점령하는
건과 관련하여 일본 육군의 마산포 상륙과 점령 상황
(2월 6일)을 보고하였다. 이때 군수물자 확보를 위하
여 한국인들을 회유하는 작업을 같이 하였던 것으로
보인다. 2월 9일에는 전신국 점령을 해제하라는 명

령이 육군대신을 통해서 현지 부대로 내려왔으나,
이러한 결정에 반대한다는 공문을 외무대신 고무라
주타로小村壽太郎(→81)에게 보내기도 하였다. 그 외에
관내의 러시아 수병의 움직임 및 러시아 육군대위
로스소프와의 면담, 진주 지역 일진회의 동향 등에
대해서도 정보를 수집하여 보고하였다. 통감부가 설
치된 1906년 2월 이후부터는 경성이사청 이사관 겸
통감부 서기관으로 자리를 옮겨 근무를 시작하였다.
1907년 10월, 일본 황태자 요시히토嘉仁가 도한하였
을 때 환영 업무를 담당하는 가운데 당시 유행하던
콜레라에 대한 방역 업무도 맡았다. 이듬해 3월에는
평양, 대구, 부산, 마산 등지에 출장을 다녀오기도
하였다. 이해 6월에는 대한매일신보사大韓每日申報社
사장이었던 베델Ernest Thomas Bethel에 대한 재판과
관련하여 통감 이토 히로부미伊藤博文(→900)에게 5월
27일 부여받은 고소 권한에 입각하여 고발인 자격으
로 재판에 참석하였다. 7월부터 9월까지는 국채보상
운동 의연금을 횡령했다는 혐의로 구속 기소되었다
가 풀려나 치외법권 지역으로 피신한 양기탁梁起鐸에
대한 사법 처분을 두고 영국총영사 콕번Cockburn과
공방을 벌였다. 1909년 5월에는 장헌식張憲植, 유길
준俞吉濬과 함께 한일대친목회韓日大親睦會를 개최하
는 데에도 관여하였다. 1910년 1월에는 평양 등지를
돌면서 헌병분대 등을 시찰하기도 하였으며, 7월 경
성과 용산 거류민단을 통합시켰다.

　1918년 10월에 조선에 건너와 마산에 들른 바 있
다. 1936년 7월 29일부터 4회에 걸쳐『조선신문朝鮮
新聞』에「흥미진진한 조선발달의 과정興味津々たる朝
鮮發達の過程」을 연재하면서 마산포 개항 당시 영사로
재직하던 시절, 통감부 설치 이후 이사청 이사관으
로 부임하였을 당시 본인의 추억과 경험담을 술회하
였다. 1941년 4월 5일 도쿄 저택에서 70세의 나이로
사망하였다.

[참고문헌] 鄭晋錫『大韓每日申報와 裵說』(나남, 1987),
金文子『日露戰爭と大韓帝國』(高文研, 2014), 日本國
會圖書館 近代デジタルライブラリー官報〈http://dl.ndl.
go.jp〉, 조선총독부관보활용시스템〈http://gb.nl.go.kr〉

【박한민】

437

미우라 오사무

三浦勇(삼포용)　　　　　　　　생몰년도 미상

관료

1933년부터 1940년까지 조선총독부 경무국 도서과에서 통역관으로 근무하며 검열 사무를 담당하였다. 1937년부터는 영화검열 주임직을 맡았다. 그러면서 「축음기 레코드의 단속에 대하여蓄音機「レコード」取締に就いて」(『경무휘보警務彙報』, 1933.6), 「개정 출판법의 개요改正出版法の概要」(『경무휘보警務彙報』, 1934.7) 「영화 검열의 개황映畵檢閱の槪況」(『경무휘보警務彙報』, 1936.4), 「조선영화령의 개설朝鮮映畵令の槪說」(『경무휘보警務彙報』, 1940.8) 등의 글을 발표하기도 하였다.

[참고문헌] 정진석 『극비 조선총독부의 언론검열과 탄압』(커뮤니케이션북스, 2007), 貴田忠衛 『朝鮮人事興信錄』(朝鮮人事興信錄編纂部, 1935)　【함충범】

438

미자 사스가

美座流石(미좌류석)　　　　　　1891.2~?

관료

가고시마시鹿兒島市 우에다라다초上荒田町 출신. 1916년 고등문관시험에 합격하고 같은 해 도쿄제국대학東京帝國大學 정치학과를 졸업하였다. 1918년 조선총독부 시보가 되어 조선으로 건너왔다.

1918년 조선총독부 시보로 조선으로 건너와 1919년 1월 황해도 참사관, 9월 부산 세관감시과장, 11월 재무국 전매과 사무관, 1921년 평양전매지국장, 1923년 5월 대구전매지국장, 1925년 8월 함경북도 경찰부장, 1927년 2월 경상북도 경찰부장, 1929년 1월 경상남도 경찰부장, 1931년 1월 총독부 경무국 경무과 사무관을 지냈다.

[참고문헌] 朝鮮紳士錄刊行會 編 『朝鮮紳士錄』(朝鮮紳士錄刊行會, 1931), 국사편찬위원회 한국사데이터베이스 〈http://db.history.go.kr〉　【최종길】

439

미즈노 렌타로

水野鍊太郎(수야련태랑)　　1868.2.3~1949.11.25

고도皐堂(호)

내무관료, 정치인

도쿄부東京府 출신. 아키타秋田 번사藩士 미즈노水野立三郎正忠泰輔의 아들로 태어났다. 제국대학 법과대학(현 도쿄대학법학부)을 졸업, 제1은행에서 농상무성農商務省 광산국에 들어갔으며 1894년 내무성으로 이직하였다. 내무성에서 참사관(1894), 대신 비서관(1896), 문서과장(1898), 신사국장神社局長(1904), 토목국장(1910), 지방국장(1911)을 역임, '내무의 대가'로 불리었으며, 저작권법(1899년 시행)을 기안하여 저작권법의 권위자가 되었다. 1906년 신사국장 시절 때는 관국폐사官國弊社(가장 사격이 높은 신사)의 경비經費에 대한 국고지급을 법률화하였다. 또한 내무관료로서실무에 의거하여 『파산법강요・완파산法綱要：完』(1893), 『저작권법요의・전전著作權法要義：全』(1899), 『비교연구자치의 정수比較研究自治之精髓』(1910) 등의 법학서를 저술하였다. 정당과는 입법정우회(정우회政友會)와 관계가 깊었다. 1906년 정우회의 우두머리 하라 다카시原敬(→917)가 내무대신이었을 때 대신의 비서관을 지냈던 인연으로 신뢰를 얻었다. 1912년 귀족원 의원이 되어 정우회 계열의 한 파벌로 활동하고, 1913년에 정우회에 입당하였다. 또한 1913년 정우회를 여당으로 하는 제1차 야마모토 곤베에山本權兵衛 내각에서 내무차관으로 취임하였다. 데라우치 마사타케寺內正毅(→321) 내각에서는 1916년 내무차관을 지냈고 뒤이어 1918년 내무대신이 되었다. 내무대신 재임 중 1918년 여름, 쌀의 가격급등으로 일본 각지에서 일어난 민중 소요 운동인 쌀 소동에 직면하였다.

쌀 소동으로 데라우치 내각이 퇴진한 후, 하라 다카시原敬(→917)가 내각을 조직하였으나, 다음해 조선에서 3·1운동이 일어났다. 하라 수상은 이를 계기로 조선을 포함한 식민지에대한 통치 체제를 개혁하고, 본국의 법과 정치제도를 점진적으로 적용하는'내지연장법'을 채용하려고 생각하고 있었다. 이를 위해

하라 수상은 조선 통치체제에서 육군의 세력을 제외시키고, 해군대장 사이토 마코토齋藤實(→469)를 새로운 총독으로, 보좌역으로 미즈노 렌타로를 정무총감으로 기용하려 구상하였다. 조선총독부의 인사쇄신을 중시하였던 하라 수상은 내무성의 인재를 잘 파악하고 있었던 미즈노를 책임자로 선정하였다. 미즈노는 무관총독 아래에서 발언권을 억제 받지 않을까 하는 우려감에 정무총감직 취임을 고사하였으나, 최종적으로는 하라로부터 총독부 인사에 대한 지휘를 틀위임받아 취임을 수락하였다. 한편 하라는 자필「조선통치사견朝鮮統治私見」을 미즈노와 사이토 총독에게 맡겨 조선통치 체제 개편에 대한 자신의 의향을 반영시키려고 하였다.

1919년 8월 8일 정무총감으로 취직하고, 뒤이어 8월19일 조선 총독의 문무관병용文武官倂用과 총독의 조선주둔군 통솔권 해제를 골자로 하는 조선총독부 관제의 개정이 실행되었으나, 새로운 관제 공포를 앞둔 며칠 전, 육군 내에서는 군령에 이해 총독에게 군 지휘권을 부여하고 총독부에 총독부 무관을 두려는 움직임이 있었다. 육군의 영향력 보전을 노린 이러한 계책을 알아챈 미즈노는 정무총감직을 내걸고 이를 저지하였다.

한편 정무총감으로 취임한 미즈노는 먼저 조선총독부의 간부 쇄신을 진행하였다. 모리야 에이후守屋榮夫(→391) 총독 비서관들, 심복 내무관료를 지휘하며 이른바 '미즈노 인사水野人事'를 추진해 나갔다. 수십 명의 관료들을 본국에서 도입한 이 인사이동은 식민지조선 지배 역사에 있어서 유례가 없을 정도로 규모가 컸다. 8월 당초 인사이동은 경찰 관계에 집중되었고, 이어 연말에 걸쳐 지방관료가 채용되었다. 미즈노에게 발탁된 이들 내무성의 신진관료는 1910년대 '무단정치' 시기부터 총독부에 근무하고 있던 기존 관료와 정책면에서 자주 대립하게 되었다.

이러한 포진 속에서 미즈노는 약 3년 동안 정무총감을 지냈다. 조선으로의 적극적인 재정 투입으로 학교의 증설과 철도·도로 정비, 지방개발 등을 추진하는 방침을 취하고, 이를 위해 본국에서부터 많은 금액의 보조금을 얻는 데 힘썼다. 또한 조선인에게

『동아일보東亞日報』,『조선일보朝鮮日報』 등의 조선어 신문 발행을 허가하고, 부 협의회府協議會의 민선화와 자문기관으로서 면 협의회面協議會 설치 등 지방제도 개정을 추진했다. 미즈노의 정책은 모두 조선인 속 일제 통치정책에 의한 수익자 계층, 즉 친일파를 양성하여 조선통치의 안정화를 꾀하는 데 목적이 있었다.

1922년 본국에서 가토 도모사부로加藤友三郎 내각이 성립하자 내무대신으로 취임하게 되어 조선을 떠났다. 당시 고토 신페이後藤新平 도쿄시장이 소련의 외무관 요페를 초빙한 것에 대해 우익과 일부 관료의 반발을 저지하였으나, 이 요페의 일본 방문 문제 처리로 미즈노는 책임을 떠안게 되었다. 1923년8월 가토 수상이 사망하고 이듬해 9월 간토대지진이 일어났으나, 후임 내무대신(고토 신페이)이 정해질 때까지 내무대신을 하였다 한편 간토대지진으로 발생한 조선인 학살사건에 관해 아카이케 아쓰시赤池濃 경시총무(전 조선총독부 경무국장)과 함께 조선통치경험자로 미즈노가 치안책임자의 위치에 있었던 것이 주목된다. 1924년 기요우라 게이고淸浦奎吾 내각하에서 다시 내무대신으로 취임, 부흥원復興院 총재도 겸임하였다. 1925년 가토 다카아키加藤高明 내각 시절에는 분열한정우회와 정우본당의 합동을 꾀하는 정본합동공작으로 분주하였으나 좌절되었다. 1927년 다나카 기이치田中義一 내각에서는 문부대신이 되었으나, 수상의 인사에 반발하여 사표를 냈으나 철회된 것, 미즈노 문부대신의 우범 문제라고 불리는 정치문제를 일으켜 결국 1928년 사임으로 내몰렸다.

이후 다시 대신의 자리에 앉게 된 일은 없었으나, 동양협회회장(1930), 전국신직회회장(1933), 의회제도심의회총재(1948), 협조회 회장(1940) 등 다수의 직위를 이어갔다. 1941년에는 동아東亞 관계 단체의 총합을 목적으로 하는 대일본흥아동맹의 부총재가 되었다. 그러나 이 때문에 패전 후 1945년 12월 전범용의자로 지정되어 공직에서 추방되었다. 1949년 11월25일 오이소大磯의 별장에서 82살의 나이로 사망하였다.

[참고문헌] 松波仁次郎『水野博士古希記念論策と随筆』

(水野鍊太郎先生古希祝賀會事務所, 1937), 藤本賴生 『神道と社會事業の近代史』(弘文堂, 2009), 尚友倶樂部·西尾林太郎編 『水野鍊太郎回想錄·關係文書』(山川出版社, 1999), 松田利彥 『日本の朝鮮植民地支配と警察－1905~1945年』(校倉書房, 2009), 稻葉繼雄 『(九州大學韓國研究センター叢書1)朝鮮植民地敎育政策史の再檢討』(九州大學出版會, 2010), 李炯植 『朝鮮總督府官僚の統治構想』(吉川弘文館, 2013), 『水野鍊太郎關係文書』(國立國會圖書館憲政資料室), 大家重夫 「水野鍊太郎博士と舊著作權法」『久留米大學法學』58(久留米大學法學會 2007)　【마쓰다 도시히코松田利彥】

440

미즈노 시게카쓰

水野重功(수야중공)　　　1885.3.20~1960.5.4

사법관료

야마가타현山形縣 쓰루오카시鶴岡市 출신. 미즈노 주신水野重愼의 아들로 태어났다. 쇼나이번庄內藩의 주로中老를 지낸 미즈노 도야水野藤彌의 손자로 14대 당주當主이다.

1902년 쇼나이중학교庄內中學校를 졸업하고, 가나자와金澤제사고등학교第四高等學校에 진학하였다. 동교를 졸업한 후 도쿄제국대학東京帝國大學 법과대학에 입학하였다. 1909년 7월 동교를 졸업하고 11월 통감부統監府 평양구재판소平壤區裁判所 판사로 임명되어 조선으로 건너왔다.

이른바 한일강제병합 후인 1910년 조선총독부 평양지방재판소平壤地方裁判所 판사로 재발령받았다. 1912년 4월 재판소 명칭개정으로 다시 평양지방법원平壤地方法院 판사에 임명되었다. 동년 6월 경성지방법원 판사로 전근하였다. 1914년 10월 경성지방법원 판사에서 동 법원검사국 검사로 전직하였다. 1916년부터 1922년까지 경성지방법원와 경성복심법원 검사로 재직하면서 당시 조선 유일의 공립법률학교인 경성전수학교京城專修學校 촉탁강사로 출강하였다. 1923년 대구지방법원 검사로 옮겼다. 1924년 1월 경성복심법원京城覆審法院 검사 및 법무국法務局 형사과

장형사과장刑事課長을 겸임하였다. 동년 6월 조선 최고 법원인 고등법원高等法院 검사에 임명되었고, 12월 법무국 법무과장을 겸했다. 이 무렵부터 사법행정 실무를 본격적으로 수행하였다. 또한 사법관시보실무시험위원司法官試補實務試驗委員, 판사특별임용고시위원 등과 사법법규개정조사위원회司法法規改正調査委員會 위원, 임시소작조사위원회臨時小作調査委員會 위원으로도 활동하였다. 1930년 4월부터 구미 각국의 시찰을 위해 해외출장 길에 올라 1931년 4월 귀국하였다. 1932년 2월 경성지방법원 검사정檢事正, 1934년 10월 평양복심법원 검사장檢事長으로 승진하였다. 1939년 10월 경성복심법원 검사장으로 옮겼다. 1943년 1월 검사의 최고지위이자 법무국 서열 3위인 고등법원 검사장에 올라 패전할 때까지 재직하였다.

재직하는 동안 공로를 인정받아, 조선총독부시정 25주년기념표창, 종3위 서위, 훈2등 즈이호쇼瑞寶章 등을 받았다. 남긴 글은 「경성삼재판소 신축에 대하여京城三裁判所新築に就いて」(『朝鮮司法協會雜誌』 7-10, 1928), 「재단법인경성구호회의 창립 20주년을 맞이하며財團法人京城救護會の創立滿二十周年を迎へて」(『朝鮮社會事業』 2-1, 1934) 등이 있다.

패전 후 귀국하여 고향 쓰루오카시에서 살며 변호사 개업을 하였다. 1960년 5월 4일 쓰루오카시에서 사망하였다. 그의 묘는 쓰루오카시에 있으며 묘비명에는 "종3위 훈2등 미즈노 시게카쓰 묘從三位勳二等水野重功墓"라고 새겨져 있다.

[참고문헌] 朝鮮中央經濟會 編 『京城市民名鑑』(朝鮮中央經濟會, 1921), 貴田忠衞 『朝鮮人事興信錄』(朝鮮新聞社, 1935), 森川淸人 編 『朝鮮總督府施政二十五周年記念表彰者名鑑』(表彰者名鑑刊行會, 1935), 司法協會 編 『朝鮮司法大觀』(司法協會, 1936), 大瀨欽哉 編 『新編庄內人名辭典』(庄內人名辭典刊行會, 1986)

【전병무】

441

미즈노 이와오

水野巖(수야암)　　　1875.1~?

실업가, 교사

사가현佐賀縣 히가시마쓰우라군東松浦郡 가가미무라鏡村 출신. 1894년 도쿄전문학교東京專門學校, 1896년 사가현립사범학교佐賀縣立師範學校를 각각 졸업한 후 현하縣下 소학교장 겸 교사로 봉직하였다.

미즈노의 정확한 도선 시기는 알려져 있지 않다. 다만 부산으로 건너온 초기에는 교육계에 종사하다가 점점 상업가로 나아가 부를 축적하였다. 그는 일본 교육계에 몸담았던 경험을 바탕으로 부산거류지 소학교 교사에 임명되었고 1914년에는 부산부 학교조합 의원으로 당선되어 1920년까지 역임하였다. 이후 양조업을 주로 하였으나 조선가스전기주식회사朝鮮瓦斯電氣會社를 비롯하여 많은 전기사업 회사에도 관계하여 이사 혹은 감사역을 맡았다. 특히 1920년대 초반 부산의 전기사업 공영화 문제가 대두했을 당시 조선가스전기주식회사의 이사였던 그는, "전기 공영화에는 반대하지 않지만 일반 공영론자가 주장하는 것처럼 회사는 폭리를 취하고 있지 않으며 공영화하여 과연 민중에게 싼값에 전기를 제공할 수 있을지, 제공할 수 있다면 언제라도 회사는 매수에 응할 것"이라 주장하면서 중립적 입장에서 전기 공영화 논의를 이끌어 냈다고 알려져 있다.

부산의 유력 자본가였던 미즈노는 1916년 부산상업회의소 평의원에 당선된 이래 계속해서 상업회의소 임원을 역임하였고 1928에서 1933년까지 부회장에 당선되어 회장이었던 가시이 겐타로香椎源太郎(→20)를 보좌하며 부산 상공업 발달에 진력하였다. 한편 1920~25년에는 부산부협의회釜山府協議會 의원을 지냈으며, 1929년 경성수산주식회사, 1931년 조선송전朝鮮送電주식회사, 조선수산수출주식회사 이사에 각각 취임하였다. 이외에도 부산의 대표적 일본어신문인 『부산일보釜山日報』와 조선전력주식회사의 이사, 전기협회 평의원 등으로도 활동하였다. 그는 당시 부산의 대자본가이자 뛰어난 변론자였으며, 인망이 상당하여 부산은 물론 남선南鮮지방 사업계의 주역으로서 이름이 높았다.

[참고문헌] 홍순권 편『일제시기 재부산일본인사회 주요인물 조사보고』(선인, 2006), 朝鮮總督府 編『朝鮮功勞者銘鑑』(朝鮮總督府, 1935), 長田睦治 編『釜山名士錄』(釜山名士錄刊行所, 1935)　　　【전성현】

442

미즈시마 하루오

水島治夫(수도치부)　　　1896.12.25~1975.3.3

의사, 대학교수

오카야마현岡山縣 가쓰타군勝田郡 니노손新野村 출신. 미즈시마 라이조水島賴助의 장남으로서 출생하였으며, 본적지는 시즈오카현靜岡縣이다.

1923년 도쿄제국대학東京帝國大學 의학부를 졸업하였다. 1924년 조선총독부의원 내과 의원, 1926년 경성의전 교수 및 총독부의원 의관, 1927년 경성제대 위생학 조교수가 되었다. 1928년 미국 록펠러 재단의 지원으로 도미, 존스홉킨스 대학에서 2년간 연구하였다. 1932년 도쿄제대에서 의학박사 학위를 수여받았으며(위생), 1935년부터 1939년까지 경성제대 위생학 제2대 교수로 재임하였다. 1939년에는 시학위원을 역임하였다. 당시 주소는 경성부京城府 종일동宗一洞이다.

1940년 9월 26일 규슈대학九州大學에서 위생학 강좌를 담임했다. 동년 12월10일 칙명 제878호에 의해 민족위생학 식민위생학 강좌가 신설되었고, 1942년 4월 18일 민족위생학 식민위생학강좌를 담당하게 되었다. 위생학회와 산업위생학회의 명예회원으로 위생학 분야에 크게 공헌했다. 1960년까지 규슈대학 민족 위생학(현 공중위생학) 교수로 재임했으며 1975년 3월 3일 향년 78세로 사망했다.

저서로는 『의용통계학강요醫用統計學綱要』(南江堂, 1948), 『간약통계학簡約統計學』(南江堂, 1959), 『조선주민의 생명표朝鮮住民ノ生命表』(近澤書店, 1938) 등이 있다.

[참고문헌] 水島治夫 「氣候と人生」『문교의 조선』(1935.7), 水島治夫 「學校衛生講話」『문교의 조선』(1939.9)　　　【이충호】

443

미즈타 나오마사

水田直昌(수전직창)　　　　　1897.2.14~1985.1.10

관료, 실업가

아이치현愛知縣 출신. 부친 미즈타 나오하루水田直溫는 공사 직을 역임한 인물이었다. 1921년 도쿄제국대학東京帝國大學 경제학부를 졸업했으며, 이해 11월 고등문관시험에 합격하였다. 사세관司稅官으로서 1922년에는 후쿠오카 세무서장福岡稅務署長, 1923년에는 오사카시 미나미세무서 서장大阪市南稅務署長을 역임했다. 1924년부터 1945년까지 21년간 조선총독부에서 재무관료로 활동했다. 그 사이에 1930년 상반기에는 도쿄에 가 있다가 6월 17일부로 복귀하였다. 1935년 12월부터 8개월 간 구미 지역으로 해외시찰을 목적으로 출장을 다녀오기도 했다. 조선총독부에서 관료로 재직하던 시기의 경험에 기초해서 『조선재정여화朝鮮財政余話』와 같은 자료를 남겼으며, 83세 때에는 자서전 『낙엽롱落葉籠』을 출간했다.

1924년 도한 후 조선총독부 사무관에 임용되어 재무국 사계과財務局司計課에서 근무했다. 세제조사위원회 위원, 문관보통시험 임시위원으로도 활동했다. 1928년 사계과장司計課長이 되어 1937년까지 재직했다. 조선미술심사위원회와 금융제도조사회 간사(1928), 조선박람회 사무위원과 심사관, 조선간이생명보험심사위원(1929), 사법법규개정조사위원(1930, 1937), 임시조선미곡조사위원(1933), 농촌진흥위원과 지방세제조사위원(1935), 임시재해대책조사위원회 간사(1936), 액체연료조사위원(1937), 농촌진흥위원회 간사(1937), 국유재산조사위원(1937)으로도 활동했다. 1937년 10월 재무국장財務局長으로 승진하여 1945년 8월까지 직책을 담당했다. 1937년 말에는 조선사편수회朝鮮史編修會 위원과 주식회사 조선은행 감리관도 맡았다. 재직 중 『매일신보每日申報』에 중일전쟁에 따른 증세를 해설한 「임시증세안요강臨時增稅案要綱」(1938)이 실렸고, 『경성토목건축업협회보京城土木建築業協會報』에 예산을 설명하는 여러 편의 글을 게재했다. 이외에 조선중앙방공위원(1937), 시국대책준비위원

과 저축장려위원, 물가위원(1938), 이민위원과 산금협의위원, 개척민위원, 조선미곡시장주식회사 설립위원, 조선중앙임금위원(1939)을 지냈다. 1940년에는 세무관리양성소장을 역임했다. 아울러 교육심의위원과 국민총력운동지도위원, 조선총독부국토계획위원(1940), 조선주택영단설립위원과 광업출원처분위원(1941), 조선마사회 설립위원과 평의원, 징병제시행준비위원, 조선중앙호적정비대책위원, 임시육군대책위원(1942), 농업계획위원과 조선주류위원, 조선주택영단 평의원, 조선증권거래소 설립위원 및 평의원(1943), 과학기술심의위원과 경제안정대책위원(1944) 등 각종 직책을 맡아 활동했다. 학도동원과 노동동원 업무에도 관여했다. 1940년대 들어서는 「이기는 힘勝ち抜く力」(『국민신보國民新報』 第162號), 「저축장려와 국채소화貯蓄奬勵と國債消化」(『총동원總動員』 第2卷 第7號) 등 전시 중 저축을 장려하는 글을 기고하기도 했다. 1940년 조선주조조합중앙회朝鮮酒造調合中央會에서 발간한 『주지조선酒之朝鮮』 제12권 각 호마다 정기적으로 표지제자(表紙題字)를 써주었다. 1945년 8월 패전 이후 11월까지 한국에 체류하면서 총독부 출신 관료들이나 기업체들이 일본으로 퇴각할 수 있는 자금을 인출할 수 있도록 지원하는 역할을 담당했다. 이로 인하여 미군정 측으로부터 '재계교란죄'로 조사를 받으면서도 한편으로는 재정과 금융 업무를 인수인계하는 역할을 담당하였다.

귀국 후 1947년부터 1967년까지 20년간 가쿠슈인學習院 상무이사, 그리고 전국은행협회 전무이사를 역임했다. 귀환자와 관련해 동화협회와 중앙일한협회 이사로도 활약했다. 1967년부터 13년간 도카이대학東海大學 교수로 재직했다. 1970년부터는 우방협회友邦協會에서 이사장으로도 활동하였는데, 1975년에는 회장으로 취임하여 찬조금을 끌어오는 데 기여했다. 『재정・금융정책으로 본 조선통치와 종국財政・金融政策から見た朝鮮統治とその終局』(1962), 『이조시대의 재정李朝時代の財政』(1968) 등 우방협회 관련 자료를 출간, 감수했다.

[참고문헌] 이형식 편저 『제국과 식민지의 주변인』(보고사, 2013), 秦郁彦 編 『日本官僚制總合事典』(東京大

學出版會, 2001), 秦郁彥 編『日本近現代人物履歷事典』
(東京大學出版會, 2002), 岡本眞希子『植民地官僚の政
治史』(三元社, 2008), 정병욱 「해방 직후 일본인 잔류
자들」『역사비평』 64(역사비평사, 2003), 이형식 「패전
후 조선통치관계자의 조선통치사편찬」『東洋史學研究』
131(동양사학회, 2015)   【박한민】

444

미즈하시 다케히코

水橋武比古(수교무비고)   생몰년도 미상

관료

경성제국대학 법과 출신으로 1930년 10월 고등문관
시험에 합격했다.

1929년 3월 조선총독부 전매국專賣局 사업과事業課
에 근무했다. 고등문관시험 합격 이후인 1930년 10
월부터 전매국 염삼과鹽蔘課에서 근무했다. 1932년
5월부터는 식산국殖産局 상공과商工課에서 근무했다.
1935년부터 1937년까지 경상북도 학무과장學務課長
으로 근무했다. 1938년에는 광주세무감독국光州稅務
監督局 세무부 사무관을 역임했으며 1942년에는 전매
국 사무관, 1943년에는 전매국 서기관을 역임했다.

[참고문헌] 民衆時論社朝鮮功勞者銘鑑刊行會 編『朝鮮
功勞者銘鑑』(民衆時論社朝鮮功勞者銘鑑刊行會, 1935),
한국사데이터베이스〈http://db.history.go.kr〉
                                       【박우현】

445

미치히사 료

道久良(도구량)   1904.3.15~?

문학가

가가와현香川縣 나카타도군仲多度郡 출신이다. 조선
으로 이주한 시기는 확실하지 않으나 스무 살이 되던
1923년 호소이 교타이細井魚袋(→944), 이치야마 모리
오市山盛雄(→875)와 함께 단카 잡지『진인眞人』을 창간
한 것에서 그의 이름이 처음 확인된다. 1924년 입영
入營을 하였다는 기록과 1928년부터 1930년까지 조

선총독부 직속기관인 신의주 영림서의 기수技手였다
는 기록, 1931년에는 경기도 광주군 구천면(현재 서울
시 강동구)에서 농업에 종사했다는 기록 등이 보이는
데, 한반도에서는 가인歌人으로서의 그의 행적이 가
장 컸다고 할 수 있다.

미치히사는 노구치 요네지로野口米次郎에게 단카短
歌를 사사하였으며,『진인』의 중심 가인으로서 활동
하면서 개인 가집『맑은 하늘澄める空』(眞人社, 1929)을
출판하였다.

1930년대 중반 이후『진인』의 주요 활동축이 모두
도쿄東京로 옮겨지게 되자 조선에 계속 머무른 미치
히사는 조선의 단카를 수합하고 선별하여 도쿄로 발
신하는 역할을 하였고, 조선만의 특수한 단카를 수
립하려는 의도로『가집 조선歌集朝鮮』(眞人社, 1937)을
편찬한다.

이러한 활동을 기반으로 1930년대 말에는 "조선을
사랑하고 조선에 뼈를 묻을 각오가 된 사람에게서
비로소 조선의 맛을 담아내는 단카가 나온다"는 취
지를 설파하며 조선에 대한 애착과 한반도 가단을
통솔하는 책임자적 입장을 천명하게 된다. 노구치
요네지로, 조선 자기 연구가이자 화가, 장정가인 아
사카와 노리타카淺川伯敎(→612)와도 일제 말기까지 친
교를 길게 유지하였다.

1940년대에 접어들면서 미치히사는 단카 전문잡
지『아침朝』(『朝』發行所, 1940)을 주재하였다. 그리고
1941년 조선의 모든 문예잡지가 폐간을 맞게 되고
장르 당 하나의 잡지 출판만이 허용되는 국면을 맞아
미치히사는 단카계의 대표로서 시詩단와 더불어『국
민시가國民詩歌』(國民詩歌聯盟, 1941~1943)라는 한반도
유일의 시가 전문잡지를 주재한다.『국민시가』의 단
카와 평론 등을 통해서 국책문학 활동을 하면서, 그
가 가졌던 조선애愛는 일본이라는 '국가'에 일본어를
기반으로 하는 '국민'으로 편입될 때에만 비로소 의
미를 갖는 것으로 변질된다. 1943년〈조선문인보국
회朝鮮文人報國會〉가 성립될 때 미치히사는 이사 겸
사업 부장으로서 이름을 걸게 되고, 1943년 6월호
『국민총력國民總力』에 문인보국회 이사라는 직함으
로 게재한 글과 같은 해 11월 간행된『조선시가집朝鮮

詩歌集』(國民詩歌發行所, 1943)에 수록된 단카와 편집후기까지 확인이 되며 그 이후의 행적은 알려진 바 없다. 미치히사는 1923년부터 일제 말기까지 20년 이상 조선 고유의 농업문화나 화전민火田民 등에 관심을 가지고 조선의 단카를 수립하고자 노력한 한반도 단카계의 대표적 인물이었다.

[참고문헌] 엄인경『문학잡지 國民詩歌와 한반도의 일본어 시가문학』(역락, 2015), 道久良『歌集朝鮮』(眞人社, 1937), 市山盛雄 『朝鮮民謡の研究』(坂本書店, 1927), 山本三生 編『新萬葉集 第八卷』(改造社, 1938), 道久良「朝鮮の歌」『眞人』第15卷第2號(眞人社, 1939)

【엄인경】

446

미키 세이이치
三木淸一(삼목청일)　　　　　1884~?

관료, 금융인

가가와현香川縣 다카마쓰시高松市 출신. 향리의 중학교까지 졸업했다. 문관보통시험에 합격하여 1903년부터 다카마쓰 세무서高松税務署에 들어가 세무사로서 관리 생활을 시작했으며, 1907년에 가가와 현청香川縣廳으로 전임했다.

1908년 대한제국 탁지부 소속 대구 재무감독국 주사로 임명되어 한국에 오게 된다. 병합 후인 1910년에는 조선총독부 소속 탁지부 사세국 세무과 직원이 되었다. 1923년 조선총독부 소속 전매국 부사무관으로 등용되었으며, 1925년 12월자로 경상남도 세무과장으로 전임하여 근무하다, 1926년 경기도 세무과장이자 전매국 부사무관으로 영전되어 경성으로 돌아온다. 1930년까지 경기도 재무부 세무과 이사관으로 근무했으나 1931년 12월 11일 조선총독부발령으로 시행되었던 행정정리사업 과정에서 면직되게 된다. 당시 부윤 군수 등 총 78명의 총독부 관리들이 면직되었는데 미키 세이이치는 세무과 이사관 직을 그만둔 직후 곧이어 '조선신탁주식회사南朝鮮信託株式會社' 지배인으로 입사하게 된다. 이 회사는 1932년 12월 총독부의 '신탁회사합병방침'에 따라 정리되어 새롭

게 '조선신탁주식회사朝鮮信託株式會社'로 바뀌게 되는데 미키는 이곳에서도 지배인으로 일하였다. 조선신탁주식회사는 자본금 천만 원 규모의 당시로서는 큰 규모의 대회사였으며, '조선신탁령'에 따라 재산신탁의 인수와 보호 보관, 채무의 보증, 부동산 매매 등의 사무를 하던 회사로, 한상룡韓相龍이 회장직을 맡던 회사였다. 미키는 1937년경에는 이 회사의 이사를 역임하고 있었는데, 이 회사 이외에도 1934년 9월 3일 설립되어 경성부 장곡천정에 위치했던 '경성부동산' 주식회사의 이사이자, 1937년 경성부 영랑정에 위치했던 조선중앙무진주식회사朝鮮中央無盡株式會社의 전무이사로도 활동했다. 조선중앙무진은 이후 조선무진朝鮮無盡으로 개칭되었는데 금융 및 보험 사무를 담당하던 일종의 금융신탁회사였다. 경기도 이사관 재직 당시이던 1928년 11월에 조선재무협회에서 대전기념사업大典紀念事業의 명목으로 행해졌던 경기도청 도내 부군 재무사무공로자 중 한명으로 선정되어 표창받기도 했다. 1938년에는 경기도에 설치되었던 '저축장려위원회' 위원으로 선정되어 활동하기도 했다.

[참고문헌]『朝鮮銀行會社組合要錄』(東亞經濟時報社, 1931~1942), 阿部薫 編『朝鮮功勞者銘鑑』(民衆時論社, 1935)

【기유정】

447

미키 히로시
三木弘(삼목홍)　　　　1900.5.8~1982.7.17

화가

와카야마현和歌山縣 출신. 와카야마현립농림학교和歌山縣立農林學校를 졸업한 후 서양화가로 활동하며 이과회二科會 전시회에 출품하였다.

조선에 온 시기는 불분명하지만 용산소학교龍山小學校와 와카야마현립농림학교를 졸업하고 태평양화회연구소太平洋畵會研究所, 혼고양화연구소本鄕洋畵研究所에서 서양화를 배운 후 조선으로 돌아왔다. 1927년부터 이듬해에 걸쳐 프랑스에 유학하였으며 경성으로 돌아와 재야단체인 이과회의 전시회에 출품하

였다.

교토京都에 거주하며 자유미술가협회自由美術協會에 참가하였고 저술 활동도 벌였다.

[참고문헌] 坂井基樹 外 編『日韓近代美術家のまなざし-『朝鮮』で描く』(福岡アジア美術館 外, 2015), 「삼목홍[三木弘] 씨 개인화 전 2일부터 2일간 본사 3층 홀에서」(『부산일보』, 1935.2.2) 【김용철】

448

미타니 다케시
三谷武司(삼곡무사) 1905.4.23~?

사법관료

오사카부大阪府 도요노군豊能郡 도요쓰무라豊津村 출신. 미타니 가네지로三谷兼次郎의 장남으로 태어났다. 1933년 조선총독부 판사로 임용된 후 패전할 때까지 재직했던 사법관료이다.

그의 부친이 1919년 충남 부여군扶餘郡에서 광업에 종사한 것으로 보아 이전 시기에 조선으로 건너온 것으로 추정된다.

1927년 경성제국대학京城帝國大學 예과豫科를 수료했다. 1930년 3월 동교 법문학부法文學部를 졸업하였다. 동년 4월 조선총독부 판임관견습判任官見習으로 고등법원高等法院 서기과에 취직했다. 동년 11월 고등시험高等試驗 사법과司法科에 합격했다. 1931년 1월 조선총독부 사법관시보司法官試補에 임용되어, 1년 6개월 동안 경성지방법원京城地方法院에서 실무수습을 했다. 1932년 10월 경성지방법원 판사로 발령받았다. 1937년 6월 경성지방법원과 경성복심법원 판사를 겸임했다. 1942년 3월 전주지방법원 부장판사로 승진했다. 1944년 3월 조선 최고의 법원인 고등법원 판사로 발탁되었다. 이후 일제가 패망할 때까지 재직하였다.

경성지방법원 판사로 재직하는 동안, 1935년 의열단원義烈團員 홍가륵洪加勒 사건, 남궁억南宮檍 등이 연루된 십자가당十字架黨 사건 등의 재판에 참여하였다. 또한 고등법원 판사로 재직하던 1945년 8월 조선어학회 사건 등의 재판에 참여하였다. 그리고 조선

총독부 판사로 재직하면서 틈틈이 절차법에 대한 논문을 발표하였다. 대표적 것은 다음과 같다. 「준비수속에 있어서 수명판사의 법률상 지위 및 그 수속의 종료에 관하여準備手續に於ける受命判事の法律上の地位及其の手續の終了に聯して」(『朝鮮司法協會雜誌』 13-8, 1934), 「피고인이 판결 전에 받은 미결구류의 통산가능성의 한계被告人が判決前受けたる未決拘留の通算可能性の限界」(『朝鮮司法協會雜誌』 15-11, 1936) 등이다.

[참고문헌] 朝鮮總督府 編『朝鮮總督府官報』(朝鮮總督府, 1924~1945), 司法協會 編『朝鮮司法大觀』(司法協會, 1936), 朝鮮總督府法務局人事係『自昭和九年 至同十年 司法官試補進退關係綴』(朝鮮總督府, 1935), 전병무「일제시기 在朝鮮日本人 司法官試補 연구」『해람인문』 44(강릉원주대 인문학연구소, 2017) 【전병무】

449

미타라이 다쓰오
御手洗辰雄(어수세진웅) 1895.3.23~1975.9.7

언론인

오이타현大分縣 출신. 다이쇼大正로부터 쇼와昭和에 걸쳐 활동한 저널리스트이다.

1914년 게이오기주쿠慶應義塾를 중퇴한 후 신문기자가 되어『오이타신문大分新聞』을 거쳐 1917년 호치신문사報知新聞社에 입사했다. 사회부 및 정치부 기자로서 시베리아 출병에 종군하였으며 1922년 사회부 부장이 되었다. 1928년 사내 분쟁을 계기로 퇴사하였고, 이후『도쿄마이유신문東京每夕新聞』,『고쿠민신문國民新聞』,『니로쿠신보二六新報』 등에서 근무했다.

1934년 경성일보사京城日報社 사장을 지낸 다카다 지이치로高田知一郎에 의하여 부사장으로 입사. 39년 다구치 스케이치田口弼一의 뒤를 이어 사장으로 취임했다.

1939년 11월 1일 발행된『모던 일본モダン日本』제10권 제12호의 「조선판朝鮮版」에 게재한 「내선일체론內鮮一體論」에서 영국이 노르만인, 색슨인, 켈트족 등의 민족 전쟁을 거듭한 끝에 앵글로색슨 민족이

되었음을 소개하면서 "내선일체는 동아東亞의 환경이 명하는 자연의 제약이다…(중략)… 내선 양국은 이미 분립해서는 생존이 용납되지 않는다. 단 내선 양국만이 아니라 동아의 전 민족은 하나의 운명공동체로서 합작 협력하지 않으면 생존할 수 없는 시대가 되었다"라고 내선일체의 당위성을 주장한 바 있다.

1942년 7월 경성일보사 사임 후 『도쿄신문東京新聞』의 논설위원장論說委員長이 되었다.

전후에는 정치 평론 분야에서 활약하며 보수 정계에 영향력을 미쳤다. 선거제도 심의위원장, 요코즈나 심의위원회橫綱審議委員會 위원을 역임하였다. 저서로는 『시국하의 조선時局下の朝鮮』(京城日報社, 1938), 『신문 다이헤이키新聞太平記』(鱒書房, 1952), 『전기 쇼리키 마쓰타로伝記正力松太郎』(大日本雄弁會講談社, 1955), 『야마가타 아리토모山縣有朋』(時事通信社, 1958) 등이 있다.

1975년 향년 80세로 도쿄東京에서 사망했다.

[참고문헌] 日外アソシエーツ 編 『20世紀日本人名事典』(日外アソシエーツ, 2004), 神谷忠孝「戦時下の朝鮮文學界と日本-「內鮮一體」について」『北海道文教大學論集』(9)(北海道文教大學, 2008) 【이윤지】

450
미타 세이지로
三田政治郎(삼전정치랑)　　　1874.3~?

실업가

1896년 1월 경성의 일한무역회사日韓貿易會社에 들어가 회계주임이 되었다. 1898년 동사를 퇴사하고 독립하여 유리상을 개업하였다. 후에 십우十友 합자회사를 창업하고 업무담당 이사에 취임하였다. 1921년 난잔초南山町에 전력응용 신식 유리 기계 공장을 설립하였다.

[참고문헌] 川端源太郎 『朝鮮在住內地人實業家人名辭典 第一編』(朝鮮實業新聞社1913), 中村資良 編 『京城仁川職業名鑑』(東亞經濟時報社, 1926)

【마스타니 유이치桝谷祐一】

451
바바 시토미
馬場蔀(마장부)　　　1872.11~?

관료, 실업가

사가현佐賀縣 출신. 1899년 니혼대학日本大學을 졸업한 후 내각內閣, 1902년 회계검사원會計檢查院 등에서 근무하였다. 1908년부터 조선에 건너와 탁지부, 1910년부터 조선총독부 총무부 등의 주사主事, 경기도 도서기道書記, 도이사관道理事官 등을 지내다가 1924년에 퇴직하였다. 1925년부터 복덕무진회사福德無盡會社 등 실업 경영에 참여하였으며, 경성부회와 경기도회 의원 등으로도 활동하였다. 바바 시토미가 일본으로 귀국한 정확한 시기, 귀국 후 행적, 사망 연대 등은 현재까지 파악하기 어렵다.

1908년 1월 조선에 건너와 탁지부 재무감독국財務監督局 주사로 임명된 후 회계검사국과 임시재산정리국의 주사로도 겸임하였다. 1910년 10월부터 조선총독부 총무부 회계국 소속이 되어 장부금궤정기검사관리帳簿金櫃定期檢查官吏 등을 맡고, 1911년 12월부터 경기도 도서기를 겸임하다가 1912년 3월말 동 도서기로 임명, 1921년 3월 현재 경기도 도평의회道評議會 참여원參與員, 12월부터 동 도이사관으로 겸임되어 회계과장을 지내고, 1924년 6월 함경남도 신흥군新興郡 군수로 발령 받았으나 며칠 후 자원自願 퇴직하였다.

1925년 7월 금융신탁을 취급하는 복덕무진회사 사장으로 취임한 후 1941년 현재까지 근무하고 있으며, 복록상사福祿商事 주식회사, 송도관광松嶋觀光 주식회사, 식산금융殖産金融 주식회사, 조선초자공업朝鮮硝子工業 주식회사 등에서 감사를 맡았다. 1930년 총독부 금융제도조사위원회金融制度調查委員會 위원, 1931년부터 경성부회 의원, 1932년 경성일보사 주최 신흥만몽박람회新興滿蒙博覽會 상담역相談役 등을 지냈으며, 1938년 현재 경성부회와 경기도회 의원으로 활동하고 있음을 파악할 수 있고, 같은 해 7월 국민정신총동원國民精神總動員 경기연맹 결성식에 참석하였다.

바바는 적십자 활동에도 참여하였는데 1916년 4월 적십자특별사원 경성지부 사무위원을 맡고, 1935년 10월 일본적십자사 조선본부로부터 유공장有功章을 수상하였다.

[참고문헌] 京城新報社 編 『朝鮮紳士錄』(京城新報社, 1909), 金子南陽 『京城府會議員選擧錄(朝鮮地方自治制度施行紀念)』(朝鮮總督府內務部, 1931), 貴田忠衛『朝鮮人事興信錄』(朝鮮人事興信錄編纂部, 1935), 阿部薰 編『朝鮮功勞者銘鑑』(民衆時論社, 1935), 京城新聞社 大京城公職者名刊行會 『大京城公職者名鑑』(京城日報社, 1936), 猪野三郎『第十二版 大衆人事錄－朝鮮弁少錄』(帝國秘密探偵社, 1937), 民衆時論社 編 『朝鮮人物大系』(民衆時論社, 1938), 京城日報社·每日申報社 共編 『朝鮮年鑑』(1938), 高橋三七『事業と鄕人』第1輯(實業タイムス社, 大陸硏究社, 1939), 한국역사정보통합시스템 〈http://www.koreanhistory.or.kr〉 【조미은】

452
베르트라메리 요시코
ベルトラメリ能子(베르토라메리 능자)

1903.4.1~1973.8.2

음악가

이바라키현茨城縣 출신. 1918년에 도쿄음악학교東京音樂學校 을종사범과를 졸업하였다. 그 후 다카나와심상소학교高輪尋常小學校 교사로 있으면서 야마다고사쿠山田耕筰(→661)에게 사사하였다. 1922년에는 오페라를 공부하기 위해 이탈리아에 유학하였다. 이탈리아 국립음악학교에서는 오토리노 레스피기에게 이론을, 베리토 도 라비에게는 성악을 사사하였다. 1927년에는 이탈리아 시인인 안토니오 베르트라메리A. Beltramelli(1879~1930)와 결혼하였으나 1930년에 남편과 사별하여 짧은 결혼생활을 마감하게 되었다. 1931년에 일본에 일시 귀국하여 제1회 귀국독창회를 열었다. 이후 일본과 이탈리아를 왕래하며 생활하였으나 1935년 귀국하여 1940년부터 가마쿠라鎌倉에 거주하면서 교육활동을 전개하였다. 1959년에는 구니타치음악대학國立音樂大學의 전임강사로,

1964년에는 교수로 임명되어 후학에 힘을 쏟았다.

일본에 귀국한 지 얼마 안 된 1936년 2월 3일 오후 7시에 경성공회당에서 매일신보사, 경성일보사 주최로 독창회를 열었다. 독창회는 총 4부로 나뉘어 16곡이 준비되었는데, 제1부에서는 이탈리아 고전음악을, 제2부에서는 낭만파 음악을, 제3부에서는 이탈리아 현대파(당시) 음악을, 제4부에서는 일본 민요를 중심으로 곡을 선정하였다.

베르트라메리 요시코의 공연은 제4부의 일본 민요 선정에서도 볼 수 있듯 재조일본인 청중을 의식한 공연으로 고국에 대한 향수를 불러일으킬 수 있는 〈사도가시마佐渡ヶ島〉, 〈마쓰시마온도松島音頭〉 등의 곡이 포함되었다.

『삼천리』1938년 12월호에 베르트라메리 요시코의 공연에 대한 홍종인의 짧은 글이 있는데 그녀의 공연에 대해 여유가 있고 검은 양장을 입은 모습이 엄숙했다고 기술한다. 당시 조선에 후지와라 요시에藤原義江(→969), 미우라 다마키三浦環(→435) 등 재조일본인을 위한 현지 일본인 음악가들에 의한 음악회가 열려 주목을 받았는데, 베르트라메리 요시코의 공연 또한 마찬가지였다. 그러나 위에서 언급했듯이 조선인 지식층도 현지 일본인 음악가들에 의한 음악회에 관심을 가진 것으로 보아, 조선의 음악 공연 문화 발전에 있어 현지 일본인들의 공연은 한몫을 하였다고 볼 수 있다.

귀국 후 구니타치 음악대학에서 교수로 활동했다.

[참고문헌] 芳賀登 外 監修『日本女性人名辭典』(日本圖書センター, 1993), 日本アソシエーツ 編『新撰藝能人名事典明治~平成』(日本アソシエーツ株式會社, 2010), 金志善「植民地朝鮮における日本人音樂家による音樂會: 韓國西洋音樂受容史の一側面として」『東京藝術大學音樂學部紀要』42(東京藝術大學, 2017)

【김지선】

453
벳쇼 요시히로
別所義博(별소의박)

1899.9.5~1989.5.20

언론인

시마네현島根縣 나가군那賀郡 구모기무라雲城村 출신. 벳쇼 쓰노타로別所角太郎와 사다サダ의 3남으로 태어났다. 1917년 시마네현 현립하마다중학교濱田中學校(현 시마네현현립 하마다고등학교濱田高等學校)를 졸업한 후, 남만주철도주식회사南滿洲鐵道株式會社의 다롄大連 본사에 입사하였다. 1920년에는 하마다 연대에 입대하여 1922년 제대하였다.

1923년 조선총독부 체신국遞信局에 입국하였고, 1926년에는 사단법인 경성방송국JODK 입국했다. 당시 총무부 소속이었던 벳쇼는 DK 기자 클럽을 만들어 지역 신문 기자와 교제하였는데 이것이 인연이 되어『조선신문朝鮮新聞』의 야마자키 긴자부로山崎金三郎(→676)가 1938년에 그를 입국시켜 방송업무에 종사하게 된다. 1932년 경성방송국은 업무 규모의 강화 개선을 도모하여 사단법인 조선방송협회로 개조되었다. 1933년 마쓰시타전기松下電器(현 Panasonic) 사장 마쓰시타 고노스케松下幸之助가 라디오 수신기의 판매를 위하여 협회를 방문하였고, 협회는 조선 전역을 망라하기 위하여 1935년 부산방송국JBAK을 비롯하여 1936년 평양JBBK, 1937년 청진JBCK, 1938년 함흥JBDK, 이리JBFK 등 방송망을 확장해 나갔다. 벳쇼는 이에 따라 1938년 이리방송국장, 1939년 함흥방송국장을 역임하였다. 그 사이 1935년 경성방송국은 경성중앙방송국으로 개칭되었고, 그는 다시 1940년 경성중앙방송국 서무과장(회계과장을 겸직)이 되었다. 1945년 8월 15일 태평양전쟁 패전 후 일본인 관리직원에 금족령이 내렸고, 9월 9일 일본군이 무장해제의 명을 받아 미군이 경성중앙방송국을 경비하게 되었다. 일본어로 행하던 제1방송이 폐지되고 한국어로 행하던 제2방송이 제1방송으로 승격되었으며, 9월 15일 직원총회에서 업무부 계약과장 이정섭李晶燮이 회장대리로 취임하게 되었다. 10월 2일 일본인 직원은 전원 해임되어 11월 10일 전후로 일본으로 귀국했다.

벳쇼는 1945년 11월 부산에서 시모노세키下關와 부산을 오가던 연락선 고안마루興安丸가 모항母港으로 삼고 있던 야마구치현山口縣 오쓰군大津郡 센자키초仙崎町(현 나가토시長門市)로 돌아갔다. 그리고 다음 선편으로 귀국한 시노하라 쇼조篠原昌三(→540) 경성중앙방송국 국장을 만나 DK 직원 퇴직금 반환 소동의 선후책 협의에 후일 참여할 것을 약속한다. 1946년 오이타현大分縣 벳푸시別府市 주오 시장中央市場에 게타下駄 상점 개점하였다. 1951년 후지사와시藤澤市로 이주하여 요코하마 PX(미 진주군 기지 내 매점)에 근무하다가 1970년 PX 퇴사하였다. 1985년 나라현奈良縣 이코마시生駒市로 이주하여 1989년 이코마시에서 향년 90세로 사망했다.

[참고문헌] 朝放會『JODK－朝鮮放送協會回想記』(朝放會本部, 1981), 篠原昌三 編『舊朝鮮放送協會 日本人職員名簿』(MF(마이크로필름), 1955), 學習院大學東洋文化研究所 編『友邦文庫目錄』(2011, 勁草書房), 津川泉『JODK 消えたコールサイン』(白水社, 1993)

【쓰가와 이즈미津川泉】

454

사가타 몬지로

佐方文次郎(좌방문차랑)　　　　　1883.11.20~?

실업가

이바라키현茨城縣 나카군那珂郡 히자와촌檜澤村 출신. 본적은 도쿄부東京府 혼고구本鄉區. 가나자와제사고등학교金澤第四高等學校를 졸업하였고, 1913년 7월 도쿄제국대학교東京帝國大學 법과대학 경제과를 졸업했다.

1913년 8월 동양척식회사東洋拓殖會社에 입사했다. 경성京城에서 동척 본사 식산과殖産課에서 1916년 5월까지 일반 업무를 했다. 1918년 6월까지 강경江景 지점 사업계장事業係長으로 근무, 1918년 6월부터 1919년 5월까지 사리원沙里院 지점 금융계장으로 근무, 1919년 5월부터 1921년 7월까지 만주 펑톈奉天 지점 금융계장으로 근무, 1921년 7월 원산元山 지점장으로 근무했다. 이후 하얼빈哈爾賓 지점장, 다롄大連 지점장을 거쳐, 1930년 2월에 경성 지점장이 되었다. 이후 조선 압록강수력발전회사鴨綠江水力發電會社, 조선 중공업, 평북철도平北鐵道, 압북철도鴨北鐵道의 각 이사 등으로 이임했다.

[참고문헌] 朝鮮新聞社 編 『朝鮮人事興信錄』(朝鮮新聞社, 1922), 有馬純吉 「紳士錄」 『昭和六年版 朝鮮紳士錄』(朝鮮紳士錄發行會, 1931), 阿部薰 編 『昭和12年版 朝鮮都邑大觀』(民衆時論社, 1937), 谷サカヨ 『第14版大衆人事錄』(帝國秘密探偵社, 1943)

【나카무라 시즈요中村靜代】

455
사노 젠레이
佐野前勵(좌야전려)　　　　1859.2.18~1912.9.7

승려

에도江戶(현 도쿄도東京都) 출신. 일련종日蓮宗의 승려이다. 사노 니치유佐野日遊의 양자가 되어 아라이 닛사쓰新井日薩를 스승으로 삼았다. 메이지明治 일련종 개혁 운동의 급선봉이었으며, 1910년 일련종 종무총감을 지냈다.

사노는 1895년 2월 조선 포교를 둘러싼 일본 불교와 타 종교와의 주도권 싸움에서 우위를 차지하고, 조선 불교를 일련종 영향 아래에 포섭할 것을 목적으로 조선에 건너왔다. 3월 3일에 부산에 도착하여 일본 유학을 희망하는 사람을 모집하였다. 인천을 경유하여 3월 12일에 서울에 도착하였고, 19일 고종을 알현하여 『법화경法華經』, 『입정안국론立正安國論』과 향로 등을 헌상하였다.

조선에서 금하고 있었던 비구와 비구니의 서울 입성을 해금할 것을 궁정에 여러 번 시도하였고 이를 실현시킨 것이 사노의 조선 도항 최대의 성과였다. 1895년 4월 21일부터 22일에 걸쳐 김홍집 총리대신을 비롯한 각 대신에게 건백서를 제출하여 해금을 청원한 결과, 4월 23일 비구와 비구니 입성 해금이 결정되어 고종의 이름으로 공포되었던 것이다. 이후 일본 불교의 각 종파가 서울에 사원을 설치하게 되었고, 서울에 일본인이 정주하게 되었을 무렵에는 장례와 법요 등 일본과 같은 종교생활이 가능하게 되었다.

사노는 1895년 5월 15일 승려 3명을 포함하여 19명의 조선인 유학생과 함께 인천에서 해로를 통하여 일본으로 귀국하였다. 이상의 교섭을 불과 3개월 체재 내에 실현한 배경에는 일련종과의 관계로 사노 일행에게 자택을 숙소로 제공한 오카모토 류노스케岡本柳之助(→731), 그리고 조선 정부 관계자와의 절충 등이 있었다고 추측된다.

1910년에 일련종 종무총감이 되었으며, 1912년 9월 사망했다.

[참고문헌] 中西直樹 『植民地朝鮮と日本佛教』(三人社, 2013), 原田種夫 『佐野前勵上人』(日管上人報恩會, 1966)

【야마모토 조호山本淨邦】

456
사노 히데토시
佐野秀敏(좌야수민)　　　　1902.3.20~?

사법관료

나가사키현長崎縣 미나미타카키군南高來郡 미에무라三會村 출신. 사노 우이치佐野卯市의 장남으로 태어났다. 본적은 오이타현大分縣 우사군宇佐郡 나가미네무라長峰村이다. 1921년 3월 오이타현립 우사중학교宇佐中學校를 졸업하였다.

조선으로 건너와 1925년 3월 경성법학전문학교京城法學專門學校를 졸업하였다. 동년 5월 조선총독부 재판소서기裁判所書記에 임용되어 해주지방법원海州地方法院 재령지청載寧支廳에서 근무하였다. 동년 7월 의원면직하고, 12월 1일 지원병으로 육군 보병에 입대하였다. 1926년 11월 현역만기로 제대하였다. 1927년 9월 조선총독부 고원雇員으로 채용되어 산림부에서 근무하였다. 1929년 11월 조선총독부 임야조사위원회林野調査委員會 서기에 임용되었다. 재직 중 1933년 11월 고등시험高等試驗 사법과司法科에 합격하였다. 당시 주소는 경성부京城府 대화정大和町 1정목一丁目이었다.

1934년 11월 조선총독부 사법관시보司法官試補에 임명되어, 대구지방법원大邱地方法院에서 1년 6개월 동안 실무수습을 했다. 1936년 6월 신의주지방법원 예비검사로 발령받았다. 동년 9월 신의주지방법원 검사로 임명되었고, 1937년 8월 해주지방법원 서흥지청瑞興支廳 검사로 전보되었다. 1939년 12월 대전

지방법원 충주지청忠州支廳 검사로 옮겼다. 1941년 7월 중추지청 검사를 의원면직하였다.

[참고문헌] 朝鮮總督府 編『朝鮮總督府官報』(朝鮮總督府, 1921~1945), 朝鮮總督府法務局人事係『自昭和九年　至同十年　司法官試補進退關係綴』(朝鮮總督府, 1935), 司法協會 編『朝鮮司法大觀』(司法協會, 1936), 전병무「일제시기 在朝鮮日本人 司法官試補 연구」『해람인문』 44(강릉원주대 인문학연구소, 2017)

【전병무】

457
사누이 겐스케
讚井源輔(찬정원보)　　　　1886.1~?

금융인

후쿠오카현福岡縣 출신. 1911년 도쿄고등상업학교東京高等商業學校를 졸업하였다. 조선은행朝鮮銀行에 입행하여 청도, 상하이, 도쿄의 각 지점 지배인과 경성총재지점 과장을 역임하였다. 조선은행 제일의 환전 전문가로서 이사, 부총재 등을 역임하였다. 이후, 조선신탁주식회사로 전직하여 전무이사로서 회사 기구를 일부 변경하는 등 활발한 활동을 하였다. 1935년에는 사장 및 감사에 취임하였다. 그 외에 갑자부동산甲子不動産, 사가탄광佐賀炭鑛, 쇼와증권昭和證券 중역 등을 겸임하였다.

[참고문헌] 阿部薰　『朝鮮人物選集』(民衆時論出版部, 1934), 阿部薰『昭和12年版　朝鮮都邑大觀』(民衆時論社, 1937), 한국사데이터베이스 한국근현대인물자료(국사편찬위원회)〈http://db.history.go.kr〉

【강원주】

458
사다히로 게이스케
貞廣敬介(정광경개)　　　　1888.3~?

관료

야마구치현山口縣 출신. 1908년 야마구치고등상업학교山口高等商業學校를 졸업한 후 동년 4월에 미쓰이물

산주식회사三井物産株式會社에 입사했다.

1912년 광주지방 금융조합 이사 수습으로 조선에 건너왔다. 1912년 9월 장성長城 지방 금융조합 이사를 지내고, 1917년 12월 총독부 이재과理財課를 거쳐 1927년 9월 경기도 이사관을 겸직하고 같은 해 11월 경기도금융조합연합 이사장, 연합회 경기도 지부장을 지냈다.

각도의 금융조합연합 해산 후 설립된 조선금융조합연합회 이사, 경기도 농촌진흥위원 위원회 위원, 조선금산개발 주식회사 상무를 역임했다.

[참고문헌] 貴田忠衛『朝鮮人事興信錄』(朝鮮人事興信錄編纂部, 1935), 谷サカ키『第14版　大衆人事錄』(帝國秘密探偵社, 1943)

【이선윤】

459
사사키 고지
佐々木高治(좌좌목고치)　　　　1885.8·15~?

관료

아키타현秋田縣 센호쿠군仙北郡 하나가타무라花館村 출신. 사사키 기요타로佐々木清太郎의 3남으로 태어났다. 1914년 3월 아오모리중학교青森中學校를 졸업하여, 1922년 11월 고등문관시험 행정과에 독학으로 합격했다.

1922년 12월 조선총독부 철도국 속으로 조선으로 건너왔다. 황해도 보안과장, 1924년 충청북도 보안과장 겸 위생과장, 1926년 3월 충청북도 지방과장, 1927년 9월 황해도 학무과장과 산업과장을 겸임하면서 도시학관道視學官에 임명되었다. 1928년에 경기도 지방과장, 1929년 1월 조선총독부 사무관으로 승진하여 함경북도 재무부장에 임명되었다. 1930년 4월에 조선총독부 경무국 위생과장, 1931년 평안남도 재무부장, 1932년 임야林野조사회 사무관, 1935년 4월 함경남도 내무부장으로 재직했다. 각지의 수력자원개발과 함경남도의 농업, 수산업, 광업, 근대화학공업 등 각 산업의 발달에 진력하였다.

[참고문헌] 有馬純吉「紳士錄」『昭和六年版　朝鮮紳士錄』(朝鮮紳士錄發行會, 1931), 京城新報社 編『朝鮮紳

士錄』(京城新報社, 1909), 猪野三郎 編『第12版大衆人事錄』(帝國秘密探偵社國勢協會, 1937), 谷サカヨ『第14版 大衆人事錄』(帝國秘密探偵社, 1943), 藤澤淸次郎 編『朝鮮金屬組合と人物』(大陸民友社, 1937)

【나카무라 시즈요中村靜代】

[참고문헌] 貴田忠衛 『朝鮮人事興信錄』(朝鮮人事興信錄編纂部, 1935), 阿部薰 編『昭和12年版 朝鮮都邑大觀』(民衆時論社, 1937), 猪野三郎 編『第12版大衆人事錄』(帝國秘密探偵社國勢協會, 1937)

【나카무라 시즈요中村靜代】

460
사사키 산시
佐々木三四(좌좌목삼사)   생몰년도 미상

관료, 실업가

야마구치현山口縣 출신. 전업계의 원로로 알려진 조선전기협회부회장, 목포전등 및 소화전기주식회사 사장인 마쓰이 무라지로松井邑次郎의 보좌관으로 근무했다. 1937년 당시 목포전등주식회사木浦電燈株式會社에서 지배인으로 근무하여, 경영과 실무를 맡아 있었다. 사장인 마쓰이와 동향이다. 목포전기사업에 공헌하였다.

[참고문헌] 阿部薰 編『昭和12年版 朝鮮都邑大觀』(民衆時論社, 1937), 국사편찬위원회 한국사데이터베이스 〈http://db.history.go.kr〉 【나카무라 시즈요中村靜代】

461
사사키 시즈오
佐々木靜雄(좌좌목정웅)   1888.8~?

관료

미야기현宮城縣 도메군登米郡 요네야마촌米山村 출신. 사사키 도스케佐々木東助의 장남으로 태어났다. 동현 사누마중학교佐沼中學校를 졸업했다.

중학교를 졸업한 후, 1912년 4월에 조선으로 건너와 1918년에 대구 이원으로 취임했다. 이후 부府 서기를 걸쳐 1921년 총독부 도촉道囑으로 임명을 받았다. 이어서 경상남도, 강경북도, 강경남도에 이임하였고, 1931년에 황해도에서 조선토목 주사主事로 근무 후 1933년 1월 황해도 해주읍장으로 취임했다. 이후 시구개정, 위생설비, 행정구역확장 등에 많은 업적을 세웠다.

462
사사키 요모시
佐々木四方志(좌좌목사방지)   1868~?

의사

1894년 12월 도쿄제국대학東京帝國大學 의과대학을 졸업하고, 1895년 육군 3등군의에 임명되어 청일전쟁에 참전한 후 휴직, 1900년 기후현岐阜縣 구조군上병원원장으로 전임하였다. 1901년 아오모리현靑森縣 히로사키弘前 시립병원 원장이 되었으며, 1904년 러일전쟁에 출정하였고, 1906년 조선으로 건너와 용산철도병원 원장에 취임하여 한국에서 1922년까지 활동하였다.

당시 한국의 각 지방 경찰고문의, 각 항구, 철도연선 및 주요 도시의 병원장은 대부분 동인회同仁會의 주선으로 부임하여 활동했다. 1906년 2월에는 동인회의 주선으로 광제원 의장醫長을 맡아 이때부터 한국 의료계를 합병하는 데 중심적인 역할을 했다.

법률적 근거 없이 한약소, 양약소, 종두소를 철폐하고 새로 내과, 외과, 안과, 이비인후과, 산부인과를 설치하면서 일본인 의사들을 각과에 책임자로 선임하는 한편, 한국인 의사들을 축출하는 데 주력하였다.

1907년 대한의원 위생부장, 1908년 내부 위생국 보건과장 겸 의무과장, 시종원 전의 등을 겸직하며 한국 의료계를 실무적으로 장악했다. 1910년에는 평양재무감독국장으로 발령되었다. 그 후 공직에서 물러나 용산동인의원장과 그 후신인 철도병원장을 지냈다.

저서로는 『신국 일본神國日本』(巖松堂, 1932), 『직관론直觀論』(武田芳進堂, 1927), 『신위장병학新胃腸病學』(吐鳳堂, 1910) 등이 있다.

[참고문헌] 朝鮮公論社 編『재조선내지인 신사명감』(朝

鮮公論社, 1917),『승정원일기』(1907.9.4), 손자 佐々
木定의 증언   【이충호】

463
사사키 주에몬
佐々木忠右衛門(좌좌목충우위문)   1892.4~?

관료

미야기현宮城縣 시다군志田郡 후루카와초古川町 출신.
1918년 7월 도쿄제국대학東京帝國大學 법과대학 법률
과를 졸업했다.

1919년 8월 고등시험 행정과에 합격했고, 1918년
7월 시마네현島根縣 속관屬官이 되었다. 1919년 11월
총독부시보總督府試補가 되어 조선으로 건너와 1920
년 3월 총독부 경찰관강습소 교수 겸 사무관에 승진
했다. 1925년 6월 충청남도 재무부장, 1926년 6월
황해도 경찰부장, 1929년 8월 전라남도 경찰부장을
역임했다. 1930년 4월 총독부 경찰관강습소장을 거
쳐 1931년 9월 조선총독부 도사무관 평안북도 내무
부장에 임명되었고, 1933년 12월 황해도 내무부장으
로 되었다. 산업방면에서 면작장려棉作奬勵 및 농업
교육을 통한 중견 청년의 양성을 했다. 용당포龍塘浦
을 축항케 하여 황해도의 산업적인 발전을 진흥하였
다. 또 조선철도의 신 노선연장, 도로망의 확대강화,
자동차교통운송 촉진에 공헌하였다. 도호쿠東北 미
야기현 출신이라서 같은 도호쿠 지방출신인 사이토
마코토齋藤實(→469) 총독 시대에 동북벌東北閥이라고
도 불렸다.

[참고문헌] 朝鮮新聞社 編『朝鮮人事興信錄』(朝鮮新聞
社, 1922), 有馬純吉『昭和六年版 朝鮮紳士錄』(朝鮮紳
士錄發行會, 1931), 阿部薰『朝鮮人物選集』(民衆時論
出版部, 1934), 貴田忠衛『朝鮮人事興信錄』(朝鮮人事
興信錄編纂部, 1935), 猪野三郎 編『第12版 大衆人事錄』
(帝國秘密探偵社國勢協會, 1937), 阿部薰 編『昭和12
年版 朝鮮都邑大觀』(民衆時論社, 1937) 谷サカヨ『第
14版 大衆人事錄』(帝國秘密探偵社, 1943), 藤澤淸次郎
編『朝鮮金屬組合と人物』(大陸民友社, 1937)

【나카무라 시즈요中村靜代】

464
사사키 준자부로
佐々木準三郎(좌좌목준삼랑)   1889.2.10~?

실업가

시마네현島根縣 나가군那賀郡 쓰노즈초都野津町 출신.
1915년 조선으로 건너와 함경남도 원산에서 어업수
산, 해산물 도매상, 해운업, 비료제조업 등을 경영하
였다.

1915년, 25세 때 조선의 함경남도 원산에 건너와
어업, 해산물도매상, 해운업, 비료제조업을 광범위
하게 경영하였다. 또한 강원도 통천군通川郡 칠보리
七寶里에서도 가후리어업을 시작함. 발동기선 20척
을 마련해 연해어업 및 원양어업을 경영했다. 1937
년부터 고향 시마네의 주조업酒造業을 함경남도 원산
에 유치하여 청주 '일만日滿'과 '칠보七寶'를 제조하고
원산에서 주조업을 시작. 조선제이구기선저예망어
업조합 부조합장, 원산상공회의소 의원, 관선 도회
의원, 기타 수산회사의 역원으로 재직하였다.

1935년 12월에 강원도 어민훈련소설치에 있어서
경비 1만 8천 엔을 기부하여 〈감수포장紺綬褒章〉을
수여받았다. 우가키 가즈시게宇垣一成(→784), 미나미
지로南次郎(→411) 총독 2대에 걸쳐 농산진흥운동의 민
간 공로자로 인정받았다.

고향 시마네현에서도 수산의 대부로 불리며, 수산
어업에 공헌하였다. 전시기에 제조되었던 사사키의
선박 제15 '오토시호大歲號', 제16 '오토시'호는 전시
선박으로 등록되어 있다.

[참고문헌] 阿部薰 『朝鮮人物選集』(民衆時論出版部,
1934), 阿部薰 編『昭和12年版 朝鮮都邑大觀』(民衆時
論社, 1937)   【나카무라 시즈요中村靜代】

465
사에키 아키라
佐伯顯(좌백현)   1893.3~?

경찰관료

히로시마현廣島縣 출신. 1916년 주오대학中央大學 법

률과에 재학 중 고등문관시험에 합격하여, 1917년 1
월에 경시청 경부로 관리가 되었다. 이후 1918년 7월
에 형사과 감식과장을 거쳐 1919년 6월에 경시로 진
급되어, 9월에 사할린청樺太廳 지방과장 겸 심의사무
관審議事務官으로 근무하였다. 1921년 9월 후쿠이현
福井縣 경찰부 보안과장 겸 공장과장이 되었다.

1923년 4월 총독부 경찰관 강습소교수 겸 경무국
위생과 사무관으로 조선으로 건너왔다. 1924년 3월
에 충청북도, 1925년 6월에 충청남도, 1928년 9월에
함경남도 각 경찰부장으로 역임하였다. 1929년 1월
에 총독부 사무관으로 옮겨 사회제도, 경찰행정조사
를 위해 구미 각국을 시찰한 후 11개월 만에 귀조하
였다. 1929년 12월에 경찰관 강습소장, 동월 평안북
도 경찰부장으로 취임했다. 1931년 1월에 평안북도
내무부장으로 옮겨 동년 9월 평안남도 경찰부장에
임명되었다. 1934년 경기도 경찰부장으로 전직되었
다. 많은 관직자가 도쿄제국대학東京帝國大學 출신인
가운데 사립대학교 출신자로서 활약했다. 평안남도시
대에는 금괴밀수사건 등을 해결하여 공로를 세웠다.

[참고문헌] 有馬純吉「紳士錄」『昭和六年版 朝鮮紳士
錄』(朝鮮紳士錄發行會, 1931), 阿部薰『朝鮮人物選集』
(民衆時論出版部, 1934), 貴田忠衛『朝鮮人事興信錄』
(朝鮮人事興信錄編纂部, 1935), 阿部薰 編『昭和12年
版 朝鮮都邑大觀』(民衆時論社, 1937), 猪野三郎 編『第
12版大衆人事錄』(帝國秘密探偵社國勢協會, 1937), 藤
澤淸次郎 編『朝鮮金屬組合と人物』(大陸民友社, 1937)

【나카무라 시즈요中村靜代】

466

사와야마 세이하치로

澤山精八郞(택산정팔랑)　　　1855.11.3~1934.3.21

실업가

나가사키현長崎縣 출신. 나가사키영어학교長崎廣運館
에서 영어를 배운 후 나가사키 미국영사관에서 근무
하였다. 1885년 부친이 경영하던 나가사키 항 선박
급수, 항만운송, 하역업을 계승하여 사와야마상회澤
山商會를 설립하였다. 일본 해군 사세보 진수부佐世保

鎭守府에 석탄을 조달하는 등 군납업자로 성장하여
나가사키의 유력 경제인으로 부상하였다. 1907년 나
가사키 상공회의소 부회장에 선출되었다.

1909년 동생인 사와야마 구마지로澤山熊次郎과 함
께 부산에 사와야마형제상회澤山兄弟商會를 설립하였
다. 부산항을 배경으로 해륙운송업, 물품판매업, 중
개업 및 관련 부대사업을 영업내용으로 하였다. 조
선, 일본 간의 해운업에도 진출하였는데, 관부연락
선 화물 체화滯貨에 착목한 것으로 조선총독부의 인
가를 받아 부산-간몬關門-오사카大阪 항로의 해운업
을 경영하였다. 제1차 세계대전의 전시호황에 힘입
어 1917년에는 사와야마형제상회에서 해운업을 분
리하여 사와야마기선주식회사澤山汽船株式會社를 설
립하였다. 1922년에는 사와야마형제상회를 자본금
20만 엔의 주식회사 체제로 재설립하였다. 사장에
취임하였으나, 주로 나가사키에 거주하였기 때문에
경영은 동생인 구마지로가 담당했고, 1920년 구마지
로가 사망한 이후에는 그의 아들 사와야마 도라히코
澤山寅彦가 계승하였다. 1925년에는 일본 귀족원貴族
院 의원에 당선되어 정치인의 길을 걷기도 했다.

[참고문헌] 中村資良 編『朝鮮銀行會社組合要錄』(東亞
經濟時報社, 각년도), 民衆時論社朝鮮功勞者銘鑑刊行
會 編『朝鮮功勞者銘鑑』(民衆時論社, 1935)

【배석만】

467

사이조 리하치

西條利八(서조리팔)　　　1879~1942.11

실업가

도쿠시마현德島縣 아와군阿波郡 하야시무라林村 출신.
숙부가 있는 오사카로 나와 상업 및 공업기술을 익혔
고, 현장 경험을 축적하여 1902에는 오사카마에다철
공소大阪前田鐵工所 공장장이 되었다.

사이조가 한국에 들어온 것은 27세 때인 1904년이
다. 일본에서 직공 60여 명을 인솔하여 부산에 들어
와서 공사현장 감독으로 경부철도 건설공사에 참여
하였다. 경부철도공사가 끝난 후 일본으로 돌아가지

않고 부산에 남아 철공, 조선造船의 청부공사를 목적으로 자본금 7,000엔으로 사이조 철공소西條鐵工所를 설립하였다. 사이조 철공소 설립 당시 직원은 일본인 15명, 한국인 20명으로 총 35명의 제법 큰 철공소였다. 이후 조선업으로 본격 사업 영역을 확장하는데, 1912년 해운업을 하던 부산의 유력 자본가 오이케 주스케大池忠助와 합작으로 부산 영도 영선동瀛仙洞에 선박수리용 독dock을 건설한 것이 계기가 되었다. 이것은 1916년 자본금 40만 엔의 조선선거주식회사朝鮮船渠株式會社가 되었고, 이후 경영난 등으로 인한 우여곡절 끝에 사이조가 동 회사를 완전히 인수하였다. 1928년 사이조는 기존 부평동의 사이조 철공소를 영도로 이전, 조선선거와 합병하여 사이조조선철공소를 신설하였다. 1930년대에는 강선鋼船 건조도 실시하여 1935년 384톤급, 1936년에는 533톤급 선박을 건조하였다. 1937년 대형선박 건조 전문 조선소로 신설된 조선중공업주식회사朝鮮重工業株式會社에 회사를 매각할 당시 사이조철공소는 국내 유일의 1,500톤급 선박 수리용 독을 보유하고 있었고, 500톤급 강선건조, 500마력 디젤엔진 제작이 가능한 수준이었다. 조선총독부가 국책적 관점에서 설립을 주도한 조선중공업은 원래 사이조에게 경영을 맡길 예정이었다. 사이조도 여기에 호응하여 조선중공업 설립계획이 공식화된 1937년 8월 시설확장에 필요한 부지 마련을 위해 사이조철공소 앞의 공유수면 12만 2,800평방미터에 대한 매립면허를 조선총독부에 출원하였다. 사이조는 매립한 부지에 5,000톤급 및 10,000톤급 독을 각각 건설할 계획이었다. 그러나 최종적으로 조선중공업의 경영은 미쓰비시 중공업三菱重工業이 맡게 되었고, 사이조는 경영에서 배제되었을 뿐만 아니라, 본인의 철공소도 조선중공업에 매각할 수밖에 없었다. 철공소 매각 대가로 조선중공업 지분 일부를 받았고, 감사역으로 경영진에 합류했지만 실권은 없었다. 사이조는 1939년 시행된 조선중공업 2차 자본불입을 거부하고 소유주식 중 4,000주를 방매하였다. 1942년 11월 사이조가 사망하면서 조선중공업에서 사이조 철공소의 흔적은 완전히 사라지게 된다. 철공소 경영 외에 부산부회釜山府會 의원, 부산상공회의소 의원으로 활동했다.

[참고문헌] 배석만 『한국 조선산업사: 일제시기편』(선인, 2014), 民衆時論社朝鮮功勞者銘鑑刊行會 編 『朝鮮功勞者銘鑑』(民衆時論社, 1935) **【배석만】**

468

사이토 가쿠노스케

齊藤格之助(제등격지조) 1905.11.30~?

사법관료

사가현佐賀縣 미야키군三養基郡 도스마치鳥栖町 출신. 아버지 사이토 고지로齊藤小二郎와 어머니 도미トミ 사이에서 장남으로 태어났다. 사족士族 출신이다. 1940년 6월 조선총독부 판사로 임용되어 패전 때까지 재직한 사법관료이다.

그의 부친이 1907년 당시 구한국舊韓國 농상공부農商工部 광산사무국鑛山事務局 기수技手로 재직했다는 기록으로 미루어, 그 이전 시기에 조선으로 건너온 것으로 판단된다. 부친 고지로는 1910년 조선총독부 농상공부 상공국 광무과속鑛務課屬으로 임명되어, 1913년까지 근무하다가 의원면직하였다.

1924년 3월 경성중학교京城中學校를 졸업하고, 동년 4월 경성제국대학京城帝國大學 예과豫科에 입학하였다. 1926년 3월 동교 예과를 수료하고, 동년 4월 동교 법문학부法文學部에 입학하였다. 1929년 3월 동교 법문학부를 졸업하고, 동년 5월 동교 조수助手로 임용되었다. 1930년 2월 조수직을 의원면직하고 간부후보생으로 보병 제77연대에 입영하여, 동년 11월 만기 제대하였다. 동년 12월에는 경성제국대학 법문학부 부수副手로 임용되었다. 1933년 11월 부수직을 의원면직하고 경성복심법원京城覆審法院 고원雇員으로 취직하였다. 재직 중 1937년 11월 고등시험高等試驗 사법과司法科에 합격하였다. 당시 주소는 경성부京城府 청엽정青葉町 2정목二丁目이었다. 1938년 11월 조선총독부 사법관시보司法官試補에 임용되어, 경성지방법원京城地方法院에서 1년 6개월 동안 실무수습을 했다.

1940년에는 6월 경성지방법원 예비판사로 발령받

앉다. 동년 11월 경성지방법원 판사로 임명되었다. 1942년 7월 대구지방법원 판사로 전보되었다. 1943년 7월 대구지방법원 상주지청尙州支廳 예심판사像審判事로 전보되어, 패전 때까지 재직하였다.

[참고문헌] 朝鮮總督府 編『朝鮮總督府官報』(朝鮮總督府, 1924~1945), 朝鮮總督府法務局人事係『昭和十三年 其ノ二 司法官試補進退關係書類』(朝鮮總督府, 1938), 전병무「일제시기 在朝鮮日本人 司法官試補 연구」『해람인문』44(강릉원주대 인문학연구소, 2017)

【전병무】

469

사이토 마코토
齋藤實(재등실)　　　　　　1858.12.2~1936.2.26

관료, 해군 군인

이와테岩手의 미즈사와水澤 출신. 1879년 해군병학교(제6기)를 졸업하고 해군성海軍省 인사과 등 해군성의 요직을 거쳤다. 1884년 9월부터 1888年년 10월까지 미국에 유학하면서 주재부관으로 공사관에서 근무했다. 귀국해서 해군성참모부원, 함선 아키쓰시마秋津洲와 이쿠쓰시마嚴島의 함장 등을 거친 후 1898년 오쿠마 시게노부大隈重信 내각 시기에 야마모토 곤베에山本權兵衛 해군대신에 의해 해군차관에 발탁되었다. 1900년부터는 해군성 군무국장을 겸임하고 러일전쟁 시기에는 대본영해군군사총감, 함정본부장, 해군교육본부장을 겸임하였다. 1906년 1월부터 약 8년간에 걸쳐 해군대신을 역임했다. 1914년 4월 지멘스 Siemens 사건으로 해군대신에서 물러나서 예비역에 편입하였다. 3·1운동을 계기로 하세가와 요시미치長谷川好道(→919) 총독을 대신해서 현역에 복귀하여 조선에 부임하여 약 8년간 조선총독을 역임하였다.

사이토는 조선 총독에 취임하자 하라 다카시原敬(→917) 수상이 제시한 '조선통치사견 朝鮮統治私見'에 의거해 5대 정책 즉 치안의 유지, 교육의 보급·개선, 산업의 개발, 교통·위생의 정비, 지방제도의 개선을 조선 통치의 기본방침으로 했다. 사이토는 먼저 무단통치로 악명이 높았던 헌병경찰을 보통경찰로 바

꾸고 경찰권을 지방장관에 이관하는 한편, 경찰, 군대를 증강하여 지배력을 더욱 강화하기도 했다. 다음으로 도(道)평의회, 부(府)·면(面)협의회 등 지방 자문기관을 설치하고 조선인의 관리 등용을 확대함으로써 친일파(대일협력세력)를 늘리고 조선인을 회유하려 했다. 뿐만 아니라 무단통치 시기에 극도로 제한되었던 언론·출판·집회·결사를 제한적으로 허용하여 한글 신문과 잡지의 발행을 허가하였다. 이로 인해『동아일보』,『조선일보』,『개벽』,『신생활』등이 창간되어 근대문학과 각종 예술운동이 활성화되었다. 그러나 검열을 통해 기사를 삭제하거나 정간, 폐간 등의 조치를 취해서 언론을 탄압하였으며 1925년 치안유지법을 제정하여 반일운동과 사회주의 운동을 탄압하였다. 교육면에서는 조선인의 교육에 대한 요구를 수용하여 학교 시설을 확충하고 수업 연한을 일본과 동일하게 하였으나, 조선어 시간을 축소하고 일본어 시간을 확대하는 등 동화교육을 강화하였다.

한편 경제면에서는 회사령을 철폐하고 1918년 일어난 '쌀 소동' 이후 일본에서 부족한 식량문제를 해결하기 위해서 산미증식계획을 추진하였다. 이러한 경제정책은 일본자본의 조선투자를 유도하는 한편, 지방이익을 공여함으로써 일본 통치정책의 수익자층을 조성하여 통치체제 내로 끌어들이려 한 것이었다. 이처럼 조선에 부임하여 약 8년간 조선총독을 역임하면서 사이토는 3·1운동을 기점으로 '무단통치'를 '문화통치'로 전환해 폭력과 회유의 양면책을 구사하면서 경제수탈을 강화하였다. 그 사이에 제네바군축회의전권대사로 파견되었다가 1927년 12월 조선총독에서 물러나 추밀고문관에 취임하였다. 1929년 8월 야마나시 한조山梨半造(→658) 총독이 '조선총독부 의혹사건'으로 사실상 해임되자 그 후임으로 다시 조선총독에 취임하여 1931년 6월 충남도청이전문제로 물러날 때까지 약 2년간 재임하였다. 재임기간동안 조선을 둘러싼 내외의 통치환경이 변화하는 가운데 조선민족운동대책과 정당세력의 조선침식에 대한 대책의 일환으로서 조선지방의회를 구상하여 중앙정부와 교섭했으나 받아들여지지 않아 대신에 지방

자치를 확대하는 조선지방제도를 개정했다. 한편 사이토는 식민지 통치에 개입하려 하는 정당내각에 대항해 총독의 위신을 유지하려고 노력했다. 1931년 조선총독부가 제출한 충청남도의 도청이전예산을 중의원의 다수당이자 여당인 민정당民政黨이 삭감하자 사이토는 천황을 대표해 존재하는 조선총독의 위신을 바탕으로 의회에서 여당에 대항했다. 이 충남도청 이전문제는 정우회 내각이 임명한 고다마 히데오兒玉秀雄(→73) 정무총감을 경질시킬 목적으로 내각이 의결한 예산을 정부 여당이 부결시킨 초유의 사건이었다. 사이토는 고다마와 협력해서 귀족원에 예산 삭감의 부당성을 호소하여 삭감된 예산을 부활시켰다. 하지만 충남도청 이전문제의 후유증으로 민정당 내각에 의해 조선총독에서 경질되었다. 5·15사건으로 정당내각이 몰락한 후 1932년 5월에 내각총리대신에 취임하여 2년 1개월간 거국일치내각을 이끌었다. 1935년 12월에 천황의 최측근인 내대신에 취임했다가 2·26사건 때 황도파 장교들에게 피살당했다.

[참고문헌] 다테노 아키라 편저, 오정환·이정환 공역 『그때 그 일본인들: 한국 현대사에 그들은 무엇이었나』(한길사, 2006), 李炯植『朝鮮總督府官僚の統治構想』(吉川弘文館, 2013), 有竹修二『日本宰相列傳14 齋藤實』(時事通信社, 1986), 岡本眞希子「總督政治と政黨政治-」『朝鮮史研究』38(한국사연구회, 2000)

【이형식】

470
사이토 세이지
齋藤淸治(재등청치)　　　　　1886.11.16~?

금융인

미야기현宮城縣 출신. 사이토 세이자에몬齋藤淸左衛門의 장남으로 태어났다. 1910년 고베고등상업학교神戸高等商業學校를 졸업한 후, 곧바로 고베가와사키조선소神戸川崎造船所에 입사하여 창고과倉庫課에서 근무했다. 1910년에 1년 지원병으로 군대에 입대하였으며 제대 후에는 고베가와사키조선소에 복직하여 구매과로 이동했다. 1915년 1월 사직 후 조선으로 건너왔다.

1915년 1월 조선으로 건너와 충청북도 청주금융조합淸州金融組合 이사견습理事見習이 되었고, 1915년 8월 이사로 승진하였다.

이후 충청북도금융조합연합회忠淸北道金融組合聯合會와 평안북도금융조합연합회平安北道金融組合聯合會 이사 및 이사장을 역임하였다. 1927년 7월 평안남도금융조합연합회平安南道金融組合聯合會로 전직하여 이사장에 취임하였다.

1933년 8월에는 각도各道 연합회의 조직변경으로 조선금융조합연합회朝鮮金融組合聯合會가 조직되자 평안남도 지부장으로 근무하고 1936년에는 서무부장庶務部長으로 승진, 1938년에는 금융부장이 되었다.

[참고문헌] 朝鮮公論社 編『在朝鮮內地人紳士名鑑』(朝鮮公論社, 1917), 有馬純吉「紳士錄」『昭和六年版 朝鮮紳士錄』(朝鮮紳士錄發行會, 1931), 阿部薰『朝鮮人物選集』(民衆時論出版部, 1934), 貴田忠衛『朝鮮人事興信錄』(朝鮮人事興信錄編纂部, 1935), 阿部薰 編『昭和12年版 朝鮮都邑大觀』(民衆時論社, 1937), 한국역사정보통합시스템 〈http://www.koreanhistory.or.kr〉, 국사편찬위원회 한국사데이터베이스 〈http://db.history.go.kr〉

【이가혜】

471
사이토 슈이치로
齋藤修一郎(재등수일랑)　　　　1855.7.12~1910.5.6

관료, 실업가

에치젠노쿠니越前國(현 후쿠이현福井縣) 출신이다. 누마즈병학교沼津兵學校 부속 소학교에서 수학하였으며, 1870년 도쿄東京의 대학남교大學南校(이후 開成學校로 개칭)에 입학했다. 1875년 8월 미국으로 유학을 떠났고, 1878년 6월 보스턴대학 법학교를 졸업하였다. 1880년 9월에 귀국한 후 11월부터 외무권소서기관外務權少書記官으로 임용되어 외무성 공신국에서 근무를 시작하였다. 1883년 4월 의원면직 신청을 하였다. 귀국 후 8월부터 다시 외무소서기관에 임용되었다. 11월부터는 외무경外務卿 이노우에 가오루井上馨

(→824)의 비서관이 되었다. 1885년부터 1886년까지 외무성 번역국장, 외무대신 비서관 겸 총무국 정무과장을 지냈다. 1886년 10월부터 주미 일본공사관 참사관 신분으로 미국에 파견되어 근무하다가 1888년 10월에 귀국하였다. 귀국 후 농상무대신 비서관, 농상무성 상무국장, 공무국장, 상공국장 등을 역임하였다. 1893년 3월 9일 농상무차관으로 승진하였다. 이듬해 1월 8일부로 차관직에서 사임하였다. 1897년 9월부터 1898년 12월까지는 중외상업신보사中外商業新報社의 사장직을 맡았다. 이외에 도쿄 미곡거래소米穀取引所 이사장을 지내기도 하였다.

1882년 임오군란 발생 후 외무경을 수행하여 시모노세키下關로 출장을 나갔으며, 조선사무괘朝鮮事務掛로도 잠시 활동하면서 이노우에의 신임을 얻었다. 박영효朴泳孝가 4차 수신사로 일본에 파견되어 외무경 및 원로원 의장 사노 쓰네타미佐野常民와 접견할 당시 외무권소서기 신분으로 그 자리에 참석하였다. 1883년 5월, 미국공사 푸트Lucius H. Foote가 조선을 방문할 당시 통역을 위해서 조선으로 같이 파견되어 7월까지 활동하였다. 이때 윤치호尹致昊와 같이 영어 통역 활동을 하면서 「조일통상장정」 및 세칙, 「조미수호통상조약」 비준서 교환 등 조약교섭 현장에서 있었던 일과 조선 정계의 동향 등을 외무경에게 서한을 통해 상세히 보고하였다. 1884년 12월 4일 갑신정변 발발 후 이노우에 가오루가 전권대사로 조선에 파견될 당시 수행원으로 파견되어 약 1개월 정도 조선에서 체류하면서 업무를 본 다음 귀국하였다. 1894년 10월 특명전권공사 이노우에의 수행원으로 재차 조선에 건너왔다. 도한 직후 미국공사관에 가서 미국공사 씰John M. B. Sill과 서기관 알렌Horace N. Allen과 면담을 하면서 미국 측의 조선 정세 파악에 대하여 의견을 청취하였고, 이노우에 공사가 명성황후를 만날 수 있도록 주선해 줄 것을 요청하는 역할을 수행하였다. 11월에는 조선 내에 체류하는 청국인 관리 문제와 관련하여 이노우에의 의견을 전달하기 위해서, 혹은 다른 용무로 외무대신 김윤식金允植을 방문하기도 하였다. 이해 12월 17일부터 조선 정부의 내부고문으로 임용되었다. 박영효가 내무대신으로 취임한 후 추진한 지방제도 개편작업에 관여하였다. 1895년 1월에는 평양 대동강에 위치한 진남포鎭南浦 개항 문제와 관련하여 재조사를 실시하기 위해서 현지 출장을 다녀오기도 하였다. 이해 3월 조선 정부에서 내각관제內閣官制를 실시한 이후 김홍집金弘集과 박영효가 인선을 두고 정치적으로 대립하는 가운데, 호시 도루星亨(→949)와 더불어 박영효 세력 쪽에 가담하여 활동하였다. 을미사변 발생 직후인 10월 11일 가정 형편상의 이유를 들어 사직서를 제출하고 급히 귀국하였다. 고종이 그간 근무한 공을 치하하면서 칙어와 은사금을 내부대신 서리 유길준兪吉濬을 통해 전달하도록 하였다.

1883년 도한 당시 윤치호와 같이 활동을 하면서 친분을 쌓았던 것으로 보이는데, 귀국 후 윤치호에게 서한을 보냈던 것이 확인된다. 1889년 농상무성 상무국장으로 재직하던 중, 원산元山으로 수입되는 중국산 직조물의 가격조사와 관련하여 외무성 통상국장과 견본의 매입 건을 두고 공문을 주고받기도 하였다.

[참고문헌] 朴宗根 著, 朴英宰 譯 『淸日戰爭과 朝鮮』(一潮閣, 1989), 秦郁彦 編 『日本近現代人物履歷事典』(東京大學出版會, 2002), 朴泳孝 『使和記略』(國史編纂委員會, 1958), 高麗大學校亞細亞問題研究所 編 『舊韓國外交文書: 日案』 卷3(高麗大學校出版部, 1967), 國史編纂委員會 編 『駐韓日本公使館記錄』(國史編纂委員會, 1997), 國史編纂委員會 編 『韓日經濟關係』 卷2(國史編纂委員會, 2003)　　　　　　　【박한민】

472

사이토 오토사쿠

齋藤音作(재등음작)　　　　　1866.9.16~1936.6.28

관료, 실업가

니가타현新潟縣 이와후네군岩船郡 출신. 부친 사이토 젠사쿠齋藤善作의 장남으로 태어났다. 1890년 7월 도쿄고등농림학교東京高等農林學校(이후 도쿄제국대학東京帝國大學 농과대학農科大學)를 졸업했고, 임학을 전공했다. 졸업 후 바로 농상무성農商務省 산림국에 들어가서 관리생활을 시작했다. 1893년 8월 기후현崎阜縣의 대홍수 때는 조사비를 사비로 지출하여 지역 산림정책 수립에 기여했다. 1896년 타이완총독부 무간서장撫墾署長에 임명되어 타이완으로 건너갔으며, 아리산阿里山 편백림扁柏林을 발견했다. 1899년 일본에 돌아와 야마나시山梨, 이시카와石川 두 현의 임업과장, 홋카이도청北海道廳 임정과장林政課長에 역임하며 치산정책을 입안했다.

1906년 4월 가업을 승계했다. 부인은 야마나시현山梨縣 출신의 무라武良(1872년 10월생)이며, 3남 1녀를 두었다. 장녀는 다마코玉子(1897년, 경성제일고등여학교 졸업), 장남은 다카시隆(1899년생, 도쿄제대 법과 졸업), 2남 오사무修(1903년생, 도쿄제대 농과 수의과 졸업), 3남 다스쿠佑(1908년생, 사립 일본신학교 졸업)이다.

1909년 12월 홋카이도청 근무 중에 대한제국정부에 초빙되어 1910년 1월 조선으로 건너왔다. 농상공부農商工部 산림국 칙임기사勅任技師로 취임했고, 조선임적조사朝鮮林積調査를 단행했다. 조선총독부가 들어서면서 총독부 농상공부 식산국 산림과장山林課長이 되었다. 1915년 3월에는 영림창장營林廠長에 임명되었다. 이 과정에서 1911년 조선삼림령 입안을 주도하며 조선총독부 치산치수사업의 기본 정책을 수립했고, 조선인에게 식수植樹관념을 부여한다는 명분으로 1910년에 기념식수일을 제안해 성사시켰으며, 속성간이조림을 주장하여 포플러와 아카시나무의 장려에 힘썼다.

1918년 3월 민간 조림사업造林事業 진흥을 목표로 삼고 영림창장을 사직했다. 퇴관 후 임업 관계 활동을 계속하며 일본인들에게 조선으로의 임업 투자를 강조했고, 산림신탁업에 종사했다. 1920년 주식회사 황해사黃海社에 임업부가 설치되자 고문이 되어서 산림의 매매 알선과 경영 위탁 업무를 보았고, 1930년 황해사 임업부의 업무 일체를 계승하여 사이토임업사무소齋藤林業事務所를 설립했다. 1930년대 후반 임업소는 조선 각지 약 70여 곳의 임야 3만 6천 정보를 신탁 경영하고 있었던 것으로 추정된다. 1921년 4월 조선산림회朝鮮山林會 설립 당시 발기인이자 창립위원장이었으며, 1927년 산림회 상담역이 되었다.

1923년 4월에는 제국삼림회帝國森林會 평의원에 선출되었다.

이밖에 1925년 경기도평의원에 당선되었으며, 경성 로타리구락부의 회원으로서 활약했다. 경성임학회京城林學會 회장과 대일본산림회大日本山林會 평의원, 경성도시연구회 공원부장公園部長 등을 역임했다.

그는 수많은 글을 발표하며 조선 임업계의 대표적인 주창자로 활동했다. 「수방림 증설의 급무水防林增設の急務」(『조선총독부월보朝鮮總督府月報』 1915.2), 「영림창 사업과 조선의 식림營林廠の事業と朝鮮の殖林」(『조선급만주朝鮮及滿洲』 107, 1916.6), 「조선의 발전책 및 총독정치에 대한 비판朝鮮の發展策及總督政治に對する批判」(『조선급만주』 182, 1923.1), 「조선의 녹화운동에 관하여朝鮮の綠化運動に就て」(『조선朝鮮』 179, 1930.4) 등의 논설과 『조선임업투자의 유망朝鮮林業投資の有望』(朝鮮印刷株式會社, 1930)이라는 책자를 남겼다. 이러한 글을 통해 조선에서의 조림과 치산정책의 필요성을 줄곧 강조했다.

1936년 6월 28일 급성 폐렴에 패혈증으로 조선에서 사망했다. 그의 묘비가 현재 서울 중랑구 망우동의 망우리공원묘지에 남아있다.

그의 산림녹화를 실현하기 위한 산림보호론과 식림활동은 환경보호 차원에서 선구적인 의의가 있지만, 조선인들에 대한 멸시관을 동반하며 궁극적으로는 일본 자본의 이익 추구를 목적으로 한 점에서 근본적인 한계가 있었던 것으로 평가받고 있다.

[참고문헌] 朝鮮中央經濟會 編 『京城市民名鑑』(1922), 貴田忠衛 著 『朝鮮人事興信錄』(朝鮮人事興信錄編纂部, 1935), 阿部薰 『朝鮮功勞者銘鑑』(民衆時論社, 1935), 越智兵一 編 『朝鮮總督府施政二十五周年記念表彰者名鑑』(朝鮮總督府始政25周年記念表彰者名鑑刊行會, 1935), 「齋藤相談役永眠」(『朝鮮山林會報』 137, 1936.8), 齋藤林業事務所 編 『齋藤音作先生の追憶』(齋藤林業事務所, 1938), 고태우 「개발과 이윤 추구에 갇힌 산림보호 - 식민지 임업가 사이토 오토사쿠(齋藤音作)를 중심으로」 『역사와 현실』 103(한국역사연구회, 2017)

【고태우】

473

사이토 요시코

齋藤尚子(재등상자)   1916~?

문학가

중국 칭다오青島 출신. 1923년 조선으로 이주하여 살다 1945년 일본의 패망과 함께 귀환하였다. 서울 경성공립제일고등여학교京城公立第一高等女學校를 졸업하고 일본여자대학日本女子大學 가정학부家政學部를 중퇴하였다. 아동문학동인지『다 · 카포だ · かぽ』모임에서 공부하였다. 일본아동문학자협회의 회원이며, 보도단카회步道短歌會의 동인으로 활동하였다.

1923년에서 1945년까지 조선 경성에서 살았던 기억을 7개의 단편소설로 엮어 단편소설집『사라진 국기消えた國旗』(岩波書店, 1974)로 발표하였다. 책 제목이기도 한「사라진 국기」는 1936년 베를린 올림픽에서 우승한 손기정 선수의 이야기를 소재로 하고 있다.

일본인 주인공 '나'는 같은 신문사에서 일하는 윤두영의 생일에 스크랩북을 선물한다. 첫 페이지를 가장 소중한 것으로 장식하자는 약속을 하는데 '나'는 지워진 국기를 달고 시상대 위에 서 있는 손기정 선수의 사진을 윤두영의 스크랩북에서 첫 페이지에서 발견하게 된다는 이야기이다. 한편「박구」는 야경원으로서 근무하는 관청의 현관에 세워진 해태의 대리석이 울고 있는 것을 발견한다. 해태에 이끌려서 문 안으로 들어가니 사람들이 '독립만세'를 외치고 있다.「에이사 마을エイサの町」은 일본인 소녀가 산에 올라가서 많은 등불을 보았던 날, 집 앞 문 앞에서 있는 천하대장군, 지하여장군이 말을 걸어와서 그 속에서 만세소리와 조선인 소녀의 이야기를 듣는다는 이야기이다. 이외에도「무궁화 꽃」,「강바닥의 에밀레종」이 있다.

[참고문헌] 齋藤尚子『消えた國旗』(岩波書店, 1972), 磯貝治良『戰後日本文學のなかの韓國朝鮮』(大和書房, 1992)   【송혜경】

474

사이토 이와쿠라

齋藤岩藏(재등암장)   1901.3~?

관료

야마가타현山形縣 출신. 대학에 재학 중이던 1925년 11월 고등시험 행정과에 합격했다. 1926년 교토제국대학京都帝國大學 경제학부經濟學部 선과選科를 졸업한 후, 동년 6월 조선총독부 도속朝鮮總督府道屬이 되어 조선에 건너왔다.

1926년 6월 조선총독부에 들어가 평안북도平安北道 재무부財務部 세무과稅務科에서 근무하였다. 1928년에 총독부 도이사관道理事官에 임명되어 평안남도 학무과장學務課長 겸 시학관視學官, 내무부의 지방과장地方課長을 역임하였다. 이후 총독부 도사무관道事務官에 임명, 전라남도 재무부장財務部長이 되었다. 1934년 5월 조선총독부 세무감독국稅務監督局 사무관에 임명, 경성 세무감독국稅務監督局 세무부장稅務部長에 취임하였으며, 12월 경리부장과 사무취급을 겸임하였다.

1937년에는 조선총독부직속기관인 도경부급도경부보道警部及道警部補특별임용고시위원 및 전라남도 경찰부警察部 사무관을 역임하였다. 1942년부터는 부산세관釜山稅關의 세관장을 역임하였다.

[참고문헌] 有馬純吉「紳士錄」『昭和六年版 朝鮮紳士錄』(朝鮮紳士錄發行會, 1931), 貴田忠衛『朝鮮人事興信錄』(朝鮮人事興信錄編纂部, 1935), 阿部薰 編『昭和12年版 朝鮮都邑大觀』(民衆時論社, 1937), 한국역사정보통합시스템 한국사데이터베이스 〈http://db.history.go.kr〉   【이가혜】

475

사이토 히사타로

齋藤久太郎(재등구태랑)   1874.8~?

실업가

나가사키현長崎縣 이키군壹岐郡 이시다무라石田村 출신. 학력은 불명이다.

가족으로 부인은 나가사키현長崎縣 출신인 야에코
八重子(1878년생)였고, 슬하에 5녀를 두었다. 아들이
없어 세 명의 양자를 두었는데, 가계 계승자는 히사
야久哉(1920년생, 도쿄 다카치호고등상업학교東京高千穗高
等商業學校 졸업)이다. 양자인 신지信次(1907년생, 다카
치호 고등상업 졸업)는 둘째딸 마스요增代(1912년생)와
혼인시켰으며, 양자 사부로三郎는 셋째 딸 지에코千
重子(1916년생)와 혼인시켰다. 장녀 히사코久子(1909년
생)는 이키군安藝郡 출신인 가나마루 나오토시金丸直
利(1900년생, 교토제국대학京都帝國大學 경제학부 졸업)와
결혼했다. 넷째딸은 기누코絹子, 막내딸은 히사요久
代였다. 히사야와 신지, 사부로, 그리고 사위 가나마
루 모두 히사타로가 설립한 회사 경영에 참여했다.

사이토는 1894년 9월 조선에 건너와 청일전쟁에서
통역으로 종군했다. 1904년 러일전쟁 때는 일본군의
평양 침투에 군량 및 물자 지원을 했다. 1896년 인천
에서 매갈이(벼를 매통에 갈아 현미를 만드는 일) 및 잡화
상을 개업했다. 그 뒤 평양에서 수출입무역과 미곡
상을 경영하고 진남포鎭南浦에 지점 및 공장을 설치
하여 미국식 정미기계를 갖추고 본격적으로 정미업
을 시작했다. 무역업으로 자본을 축적한 뒤 1912년
에는 다롄大連으로도 진출하여 수출입무역을 했고
여러 은행 및 회사의 사장 및 이사를 역임했다. 초기
에 평양과 진남포를 중심으로 활동하다가 이후에는
경성으로도 진출했다. 제분업과 양조업, 창고업, 농
업, 광산업, 정미업, 고무공업 분야 등 각종 산업분
야에서 활약했다. 그가 사장으로 있었던 기업들만
사이토주조齋藤酒造 합명회사와 사이토정미소주식
회사, 풍국제분豊國製粉주식회사, 황해농업주식회
사, 태평양조太平釀造주식회사, 국량장유國良醬油주
식회사 등이었으며, 1930년대 이후에도 경인상선京
仁商船주식회사, 경성식료품주식회사, 태양제유太陽
製油주식회사, 풍국제과製菓주식회사, 경성창고금융
주식회사, 조선평안철도주식회사, 서선미유西鮮米油
주식회사의 대표 및 사장이 되었다. 이밖에 진남포
전기주식회사와 평양전기주식회사, 진남포창고주
식회사, 조선상업은행의 주주, 조선개척주식회사의
감사 및 주주를 지냈다. 또 오랫동안 조선곡물협회

회장을 맡았고, 선미협회鮮米協會 고문, 조선공업협
회朝鮮工業協會 상임이사, 조선주조조합중앙회 회장,
조선총독부 시국대책조사회 위원 등을 역임했다. 이
러한 다양한 경력 덕분에 1930년대에는 조선재계의
중진으로 성장했다. 그가 설립한 회사들은 대체로
아들과 사위가 중역진을 이루었고, 1930년대 후반부
터는 아들과 사위가 일부 회사의 대표직을 맡으며
일종의 족벌경영체제를 형성했다.

회사경영과 자본투자뿐만 아니라 대지주로서 사
이토농장齋藤農場을 건설하여 농업경영도 함께 했다.
1911년경부터 평안남도와 황해도에서 지주경영을 시
작했고, 1931년 당시 농장과 개인 소유로 충남 아산
·천안에 205정보, 황해도 신천 322정보, 평남 용강
·강서에 466정보 등 약 1,000정보를, 아들 히사야
는 평안북도 정주에서 115정보의 농지를 경영했다.

[참고문헌] 이승렬『제국과 상인』(역사비평사, 2007),
阿部薫『朝鮮功勞者銘鑑』(民衆時論社, 1935), 『朝鮮總
督府施政二十五周年記念表彰者名鑑』(朝鮮總督府始政
25周年記念表彰者名鑑刊行會, 1935), 谷サカオ『第十
四版 大衆人事錄 外地 滿·支 海外 篇』(帝國秘密探偵
社, 1943), 朝鮮總督府 編『朝鮮總督府及所屬官署職員
錄』(朝鮮總督府, 1921~1943), 中村資郎『朝鮮銀行會
社組合要錄』(東亞經濟時報社, 각년판), 『農地改革時
被分配地主 및 日帝下 大地主 名簿』(韓國農村經濟研究
院, 1985)　　　　　　　　　　　　　　【고태우】

476

사카모토 도모아키
坂本知明(판본지명)　　　　　1908.9.1~1935.9.6

사법관료

도쿠시마현德島縣 이타노군板野郡 기타시마무라北島
村 출신. 아버지 사카모토 다메노스케坂本爲之助와 어
머니 미야ミヤ 사이의 장남으로 태어났다. 1935년 7
월 조선총독부 판사로 임용되어 동년 9월 조선에서
사망한 사법관료이다.

조선으로 이주한 시기는 정확하지 않지만 그의 부
친은 1921년 당시 온양경찰서溫陽警察署 경부警部로

재직 중이었으며, 이후 1922년부터 1925년까지 서대
문경찰서, 평택경찰서 등에서 근무하였고 1926년 경
기도 지사관방속知事官房屬으로 임명되어 1931년까
지 재직하였다.

1921년 4월 경성중학교京城中學校에 입학하여 1926
년 3월 졸업하였다. 동년 4월 경성제국대학京城帝國
大學 예과豫科에 입학하여 1928년 3월 수료하였다.
동년 4월 경성제국대학 법문학부法文學部에 입학하
여 1931년 3월 졸업하였다. 동년 4월 조선총독부 전
매국속專賣局屬으로 임용되어 전매국 사업과事業課에
서 일하였다. 당시 주소는 경성부京城府 황금정黃金町
4정목四丁目이었다. 재직 중 1932년 11월 고등시험高
等試驗 사법과司法科에 합격하였다. 1933년 11월 조선
총독부 사법관시보司法官試補에 임용되어, 경성지방법
원京城地方法院에서 1년 6개월 동안 실무수습을 했다.

1935년 7월 경성지방법원 예비판사로 발령받았다.
동년 8월 의열단원義烈團員 김공신金公信의 재판에 판
사로 참여하였다. 동년 9월 경성지방법원 판사에 임
명되었으나 동월 6일 사망하였다.

[참고문헌] 朝鮮總督府 編『朝鮮總督府官報』(朝鮮總督
府, 1926~1935), 朝鮮總督府法務局人事係『昭和八年
司法官試補進退關係綴』(朝鮮總督府, 1933), 國史編纂
委員會 編『韓民族獨立運動史資料集』31(國史編纂委
員會, 1997), 전병무「일제시기 在朝鮮日本人 司法官試
補 연구」『해람인문』44(강릉원주대 인문학연구소,
2017)   【전병무】

477

사카모토 이치로
坂本一郎(판본일랑)   1909.3.11~?

사법관료

평안남도 진남포鎭南浦 출신. 나가토미 이치노스케長
富一之祐의 장남으로 태어났다. 원적은 효고현兵庫縣
이보군揖保郡 무로쓰무라室津村이다. 원래 사카모토
가坂本家의 양자로 입양되었으나, 어려서 양부모가
사망하여 실부實父 나가토미에게 양육되었다. 1934
년 조선총독부 검사로 임용되어 패전될 때까지 재직

한 사법관료이다.

실부 나가토미는 1893년부터 인천과 진남포에서
무역상으로 활동하였다. 1910년경 인천미두거래소
仁川米豆取人所의 주주 및 감사를 지냈다. 1917년 나카
무라구미中村組 이사 지점장으로 평양平壤에 왔다.
1918년부터 1931년까지 평남남금융조합平壤南金融組
合 사장, 조선상공회사朝鮮商工會社 사장, 평양권번平
壤券番 감사 등 다방면으로 수완을 발휘하며 성장하
였다. 마침내 평양상공회의소平壤商工會議所 회장까
지 올라 평양 실업계의 유력자가 되었다.

1915년 4월 고베시립심상소학교神戸市立尋常小學
에 입학하였다. 1917년 1월 평양공립산수심상소학교
平壤公立山手尋常小學學로 전학하였다. 1921년 4월 동
교를 졸업하고, 4월 평양중학교平壤中學校에 입학하
였다. 1925년 3월 동교 제4학년을 수료하고, 4월 구
마모토熊本 제오고등학교第五高等學校에 진학하였다.
1928년 3월 동교를 졸업했다. 1929년 교토제국대학
京都帝國大學 법학부에 입학하였다. 1931년 11월 고등
시험高等試驗 사법과司法科에 합격했다. 1932년 3월
교토제국대학을 졸업했다. 동년 11월 조선총독부 사
법관시보司法官試補에 임용되어, 1년 6개월 동안 평
양지방법원平壤地方法院에서 실무수습을 했다.

1934년 7월 신의주지방법원 예비검사로 발령받았
으며 1935년 7월 신의주지방법원 검사가 되었다.
1936년 6월 해주지방법원 사리원지청 검사로 전보
된 후, 1938년 2월 공주지방법원 청주지청 검사, 7월
대전지방법원 청주지청 검사를 지냈다. 동년 12월
경성지방법원 검사 겸 보도관輔導官에 임명되어 경성
보호관찰소京城保護觀察所 업무도 보았다. 1939년 8
월 고등법원 검사 겸 사무관으로 발령받아 법무국에
서 근무하다가 1942년 3월 전주지방법원 검사로 전
보되었다. 1944년 3월 함흥지방법원 검사 겸 함흥보
호관찰소장에 임명되어, 패전할 때까지 재직하였다.

조선에서 평양고등보통학교平壤高等普通學校 교장
을 지낸 이마이 가이치今井嘉一의 딸 요시코芳子와 혼
인하였다.

[참고문헌] 朝鮮總督府 編『朝鮮總督府官報』(朝鮮總督
府, 1932~1945), 阿部薰『朝鮮功勞者銘鑑』(朝鮮總督

府, 1935), 司法協會 編 『朝鮮司法大觀』(司法協會, 1936), 朝鮮總督府法務局人事係 『昭和七年 司法官試補進退關係綴』(朝鮮總督府, 1932), 전병무 「일제시기 在朝鮮日本人 司法官試補 연구」『해람인문』 44(강릉원주대 인문학연구소, 2017) 【전병무】

478

사카이 다네토시
酒井種壽(주정종수)   **1910~?**

관료

고등소학교 졸업 후 일자리를 찾다가 지인의 소개로 1924년 취직 차 조선의 북부지역으로 이주하여 철도 관계 일을 하다가 1946년 5월 일본으로 돌아갔다.

단기 교육을 마치고 1925년 북한의 어느 작은 역의 역무보조원으로 현장에 배치되었다. 그는 학력이 곧 승진을 결정하는 문화 속에서 매년 승급시험에 응시하였는데 가장 어려웠던 과목이 어학시험이었다. 당시 승급을 위해서는 지정된 영어와 조선어 가운데 어느 하나를 반드시 통과해야 했으므로 상대적으로 수월한 조선어를 택해 독학하던 중 현지인의 도움을 얻고자 조선인 집에 하숙하며 학습하였다.

1930년 만 20세가 되어 직장을 그만두고 사세보해 병단佐世保海兵團에 현역 입대하여 3년 반 동안 복무하였다. 제대 후 귀향하였으나 취직난에 봉착하자 그는 다시 북한으로 건너와 화물계 철도원으로 취직하였다. 다행히 열심히 일한 대가로 용산철도종사원 양성소 입소 자격을 얻게 되었고 졸업과 동시에 열차구 차장으로 승진하였다. 1937년 중일전쟁 발발 후 교통운수 업무는 기구 개혁에 따라 군용열차 증강을 위해 모든 업무가 조정되었다. 철도, 해사, 항만, 항공, 세관을 일원화한 종합교통관리체제가 도입되었으며, 교통종사원양성소交通從事員養成所도 종래 용산의 1곳에서 전국의 3곳으로 늘어 그는 함흥교통종사원양성소로 전근하여 역무과, 전신과, 기관과 등 7과목 가운데 역무과를 담당했다.

패전 직전까지 함흥교통종사원양성소에 근무하던 사카이는 청진 쪽에서 내려오는 피난민들을 보고 패전을 직감했다. 양성소 안에서는 조선인과 일본인의 관계가 서서히 역전되더니 조선인 직원이 상사인 일본인을 폭행하는 일이 빈발했고, 사카이는 귀국을 위한 마음의 준비를 하고 있었다. 이러한 상황에서 1945년 8월 21일 소련군이 함흥에 진주하였고, 9월 14일에는 조선인 보안대가 함흥 재주 20세 이상의 남성을 소집하여 집단 관리하였다. 그리고 재류 일본인들의 개인 소유 가옥을 접수한 뒤 한 방에 대략 5세대씩 공동 수용하였다. 이 과정에서 사카이도 면직되어 각종 하역과 철도보수, 그리고 화차 인부로 동원되었으며 약 1년간의 억류생활을 마치고 1946년 5월 당국의 묵인 아래 38도선을 넘어 일본으로 돌아갔다.

[참고문헌] 李淵植 『朝鮮引揚げと日本人』(明石書店, 2015), 酒井種壽 「咸興引揚げ體驗」(引揚體驗集編集委員會), 引揚體驗集編集委員會 編 『死の三八度線』(國書刊行會, 1981), 이연식 「해방 후 한반도 거주 일본인 귀환에 관한 연구」(서울시립대학교 박사학위논문, 2009) 【이연식】

479

사카이 마사시
酒井正志(주정정지)   **생몰년도 미상**

금융인

전라북도 김제식산은행金堤殖産銀行지점장 대리로서 근무했다.

전라북도 김제는 원래부터 벼농사가 번성하였고, 그에 따라 은행의 투자 목적 대상도 많았는데 사카이는 김제의 농업경영 발전에 은행인으로서 관련하였을 뿐만 아니라 한편으로서 은행이 농업경영에 투자하여 막대한 이윤을 남겼다.

[참고문헌] 阿部薫 編 『昭和12年版 朝鮮都邑大觀』(民衆時論社, 1937), 谷サカヨ 『14版 大衆人事錄』(帝國秘密探偵社, 1943) 【나카무라 시즈요中村靜代】

480

사카타 분키치
坂田文吉(판전문길)   1876.5~?

실업가, 교사

후쿠오카현福岡縣 지쿠고노쿠니築後國 야메군八女郡 조히로가와무라上廣川村 출신. 집안은 대대로 상업에 종사하였고 그의 양부는 부산에서 사카타상점坂田商店을 경영하고 있던 사카타 요이치坂田與市(→481)이다. 1891년 6월 구루메시久留米市 메이젠중학교明善中學校에 입학하였다. 원래 사카타는 군인을 희망하였지만 병약했기 때문에 어쩔 수 없이 1895년 4월 후쿠오카현사범학교福岡縣師範學校에 입학했고 1899년에 졸업하였다. 그리고 바로 도쿄고등사범학교東京高等師範學校 이과에 입학하여 1903년 졸업하였지만 교육계로 나가지 않고 가업을 이어 수출무역에 종사한다. 1902년 결핵에 걸렸던 것이 그가 진로를 바꾸게 된 결정적인 계기였다.

1903년 9월 처음으로 조선에 건너온 사카타는 부산부 본정本町에 거주를 정하고 부산에서 상점을 경영하고 있던 양부 사카타 요이치의 지도하에 본격적으로 수출 무역업에 뛰어들었다. 그리고 1905년 11월, 요이치가 조선에서의 모든 상점 업무를 상속자인 그에게 인계하고 고향으로 돌아간 후 본격적으로 상점 경영에 착수하였다. 그는 상점의 경영뿐만 아니라 부산의 중요 상업시설과 정치단체에서도 활발히 활동하였다. 1906년 부산창고회사, 부산전등주식회사 이사를 지낸 그는 동년 10월에는 부산거류민회 의원에 당선되어 거류민단체가 폐지되기까지 매 기마다 재선되었다. 또한 동년 11월에는 부산상업회의소 평의원에도 당선되었고 부산곡물시장 이사로도 활동하였다. 1907년에는 부산수산회사 감사역, 1908년 7월에서 1916년까지는 부산교육회 부속 실업야학교釜山實業夜學校 교장에 취임하여 경영난에 빠진 학교를 살리기 위해 자발적으로 경비를 대고 경영 및 훈육을 주관하였다. 1909년, 1911년에는 부산상업회의소 상의원, 1910년 4월부터 1930년 11월까지는 부산교육회장직을 맡았다.

1911년 4월에는 그의 사업 기반이던 사카타 상점에 일본에서 목재를 수입하여 도매하는 것을 전문으로 하는 재목부材木部를 설치하여 사업을 확장시켰다. 1914년 1월에는 부산자선교사釜山慈善敎社의 경영을 맡았고 4월에는 부산부협의회 의원으로 당선되었으며 동시에 부산학교조합 의원도 경험하였다. 동년 조선가스전기회사朝鮮瓦斯電氣會社 감사역도 겸임하였으나 1916년 사임한다. 1918년 5월 조선에서 처음으로 부산연거래시장釜山延去來市場을 창설하고 1928년 9월까지 조합장으로 근무하였으며, 1919년부터 1925년에 이르는 6년 동안은 부산의 대표적 일본어신문인 『부산일보釜山日報』의 이사를 역임하는 한편 사비를 들여 보트를 건조하고 부산체육관을 창설하여 청소년들에게 각종 체육활동을 장려하였다.

1920년에는 부산요업회사장釜山窯業會社長에 취임, 1920~21년, 1926~27년 또다시 부산상업회의소 평의원을 역임하였다. 1920년 3월에는 부산곡물신탁주식회사 전무이사, 7월에는 부산무덕회釜山武德會를 설립하여 무덕관武德館을 건설하였다. 1922~28년까지 부산제1금융조합장, 1922년 4월에는 부산교육회 부회장, 6월에는 부산곡물상조합장, 7월에는 대일본미곡회大日本米穀會 조선지부 부장副長에 취임하였다.

1931년 1월 이래 연이어서 관선 경상남도평의원 및 도회의원에 선출되었고 동년 5월에는 부산부회의원에 당선되어 부의장에 취임하였다. 이 외에도 나병예방협회 설립위원, 부산국방의회 부회장, 조선총독부 임시치수조사회 위원, 경상남도마약중독예방협회, 부산서양요리연합회 고문 등 다수의 단체에 이름을 올리고 있다. 부산의 유력 일본인 자본가로서 정치 경제 사회 문화 등 다방면에 걸쳐 굉장히 활발한 활동을 하였다.

[참고문헌] 日韓商業興信所 編 『在韓實業家銘鑑』(日韓商業興信所, 1907), 森田福太郞 『釜山要覽』(釜山商業會議所, 1912), 朝鮮公論社 編 『在朝鮮內地人紳士名鑑』(朝鮮公論社, 1917), 朝鮮經世新聞社 編 『全鮮府邑會議員名鑑』(朝鮮經世新聞社, 1931), 朝鮮功勞者銘鑑刊行會 編 『朝鮮功勞者銘鑑』(民衆時論社, 1936), 長田睦

治 編 『釜山名士錄』(釜山名士錄刊行會, 1935), 田中麗
水 編 『全鮮商工會議所發達史』(釜山日報社, 1936)

【전성현】

481

사카타 요이치

坂田與市(판전여시)   1840.11~?

실업가

후쿠오카현福岡縣 지쿠고국築後國 야메군八女郡 출신. 그의 집안은 대대로 상업을 하고 있었다. 부친의 사망 이후 나가사키長崎에서 차茶의 제조와 판매를 하였으나 곧 산코샤三光社에 들어가 무역업에 종사하게 된다. 이곳에서 그는 무역에 관한 지식과 경험을 축적해 나갔다.

　1882년 여름에 조선으로 이주하여 부산 본정本町 3정목丁目에 사카타상점坂田商店을 설립하였다. 사카타상점은 무역업과 위탁판매업을 주로 하였다. 그리고 도한渡韓한 지 20년 만에 부산 제일의 무역상 중 한명으로 성장하였다. 사카타상점의 명성은 조선 각지로 퍼져나갔고 목포에 지점을 두기에 이르렀다. 그는 상업적 감각이 타고났다고 알려져 있으며 착실하고 청렴하여 절대 투기적인 사업에는 손을 대지 않았다고 전해진다. 부산의 유력한 자본가로 성장한 사카타는 거류민회 의원, 부산상업회의소 의원도 역임하였다. 1905년 11월 12일, 그는 65세에 조선에서의 모든 상점 업무를 상속자인 양자 사카타 분키치坂田文吉(→480)에게 인계하고 고향으로 돌아가 노후를 보냈다.

[참고문헌] 홍순권 편 『일제시기 재부산일본인사회 주요인물 조사보고』(선인, 2006), 中田孝之介 『在韓人士名鑑』(木浦新報社, 1905), 高橋刀川 『在韓成功之九州人』(虎與號書店, 1908)

【전성현】

482

사쿠라이 요시유키

櫻井義之(앵정의지)   1904~1989

사쿠라이세이櫻井生(필명)

서지학자, 문헌학자

후쿠시마현福島縣의 구지카와久慈川 출신. 1926년 주오대학中央大學 경제학과를 졸업한 후 1928년 요시노사이조吉野作造의 소개로 경성제국대학京城帝國大學 법문학부 경제연구실 조수助手가 되어 조선에 건너왔다. 1933년에는 경성제국대학 조선경제연구소朝鮮經濟硏究所 연구원이 되어 시카타 히로시四方博(→569)의 문하에서 서지書誌 정리를 도왔다. 이후 사쿠라이는 조선을 떠날 때까지 조선의 서지문헌 정리를 위해 힘을 기울였는데 개인 출간한 단행본으로 『조선의 향토지朝鮮の鄉土誌』(地方史誌, 1941)가 있으며, 그가 주도 편찬한 『조선연구문헌지朝鮮硏究文獻誌: 메이지연간明治年間』(1941)을 비롯하여 주로 메이지 시기의 조선관계문헌들을 정리하는 데 주력하였다. 1941년에는 경성제국대학을 퇴직하고 조선총독부 문서과文書課에 배속받아 조사 담당 주사로 일하며 조선총독부 기관지인 『조선朝鮮』의 편집에도 참여하였다.

　이뿐 아니라 경성京城 서물동호회書物同好會 소속으로 『서물동호회회보書物同好會會報』 발행에도 관여하였다. 그는 서물동호회 설립 초창기부터 간사를 역임하며 가장 활발한 활동을 벌인 인물 중 한 사람이다. 그는 『서물동호회회보』 제1호에서 「본회의 설립에 대해本會の設立に就て」라는 제목으로 발문發文을 작성하였으며 이후에도 제4회, 제6회, 제8회, 제9회, 제13회, 제14회, 제15회, 제19회에 이르기까지 활발하게 게재활동을 하였다.

　패전 후 일본으로 돌아가 전 경성제국대학 법문학부 교수부장이었던 우에노 나오테루上野直昭(→796)의 소개로 도쿄예술대학에 자리를 잡았다. 1950년에는 도쿄도립대학 도서관 사무장이 되어 근무하였고, 1956년에는 동 대학의 서지학 전임강사로 강의를 하였다. 이 와중에도 1950년에 설립된 조선학회朝鮮學會의 상임간사로 일하며 총무를 담당했다. 1968년에 정년퇴임을 하고 전 경성제국대학 도서관장이었던 후나다 교지船田享二의 초청으로 사쿠신作新여자단기대학의 도서관학書館長學 주임교수가 되었다. 1974년과 1984년 두 차례에 걸쳐 그가 개인적으로 수집한

장서를 도쿄東京경제대학에 기증하고 사쿠라이요시
유키문고櫻井義之文庫를 창설하였다. 장서의 내용은
메이지, 다이쇼大正, 쇼와昭和에 간행된 식민지시대
의 일본인에 의한 조선관계문헌이 중심으로 구성되
어 있다.

> [참고문헌] 京城書物同好會 『書物同好會會報』(롱계序
> 詞, 1937~1944), 노경희 「일제강점기 京城 거주 일본인
> 의 한국 고문헌 연구 활동」『서지학보』(한국서지학회,
> 2010), 고려대학교 일본연구센터 일본연구 아카이브
> 〈http://www.arg.ne.jp〉   【김욱】

483

사쿠마 간지로

佐久間權次郎(좌구간권차랑)   1875.8~?

실업가

아이치현愛知縣 지타군知多郡 출신. 미국 스탠포드대
학 전기공학과를 졸업했다. 이와무라岩村 전기철도
주식회사 기사장技師長, 니가타수전新潟水電 주식회
사 기사장, 예술전기주식회사 지배인 겸 기사장, 가
와키타川北 전기기업사 기술부장을 거쳤다.

1920년 8월 조선가스전기주식회사朝鮮瓦斯電氣株式
會社 상무이사로 취임하면서 조선으로 이주했다.
1942년 감수포장紺綬襃章을 수여 받았으며 남조선수
력전기주식회사 전무로 근무했다.

> [참고문헌] 長田睦治『昭和十年版 釜山名士錄 附銀行
> 會社名鑑』(釜山名士錄刊行會, 1935), 谷サカヨ『第14
> 版 大衆人事錄』(帝國秘密探偵社, 1943)   【이선윤】

484

사토 고조

佐藤剛藏(좌등강장)   1880.7.5~1960.5.13

의사, 대학교수

니가타현新潟縣 나가오카시長岡市 출신. 사족士族이
었던 나쓰메 센조夏目洗藏의 형으로 태어나 1902년
사토 오리이佐藤織居의 양자가 되었다. 교토제국대학
京都帝國大學 의과대학에서 이토 하야조伊藤隼三 교수

(외과학)에게서 수학하고 1906년 11월 졸업하였다.

1907년 6월 한국으로 건너와 평양平壤 동인의원同
仁醫院의 원장을 지냈다. 동인회同仁會는 동아시아에
서 일본의 영향력 강화를 위해 1902년 만들어진 일본
인 의사 단체로, 사토는 이 단체에서 파견된 인물이
었다. 그러나 1910년 일본의 한국 식민지화와 함께
동인의원이 조선총독부에 이관되고 평양 동인의원
은 관립 평양 자혜의원慈惠醫院이 되었다. 사토는 평
양 동인의원·평양자혜의원에서 주로 조선인 의학생
교육을 담당하였다. 같은 해 10월, 사토는 조선총독
부 위원 교관·조선총독부 의원 교육장 발령을 받고
경성京城으로 거주지를 옮겼다. 조선총독부 의원(구
대한의원)부속 의학 강연소에서 생화학과 의화학을
강연하였고, 1914년에는 교토제국대학 의화학 교실
에서 연구를 하였다. 이때 총독부의원 부속 의학 강
연소를 의학전문학교로 승격시켜 일본인의 입학도
가능하도록 후지타 쓰구아키藤田嗣章 의원장에게 진
언하였다. 이러한 사토의 구상에 입각하여 경성의학
전문학교의 창설이 결정되자 사토는 창설위원이 되
었고, 1916년 4월 경성의전이 개교되자 교수가 되었
다. 1920년 9월부터 1921년 12월까지 총독부의 파견
으로 유럽과 미국으로 출장을 가게 된다. 귀국 후,
1925년 경성제국대학 의학부 창설 사무 촉탁으로서
주로 의학부의 예산관계 조사를 행하였다. 1926년 4
월 경성제대 교수 겸 경성의전 교수로 제직하였으며,
경성제대에서는 의화학 강좌를 담당하였다. 1927년
10월부터 1945년 8월까지 경성의전 교장을 맡았으
며, 1938년 5월부터 8월까지 경성여자전문학교장을
지냈다. 1920년대부터 영양학과 관련된 연구를 발표
하였으며, 배아미胚芽米와 조선 인삼에 관하여 집필
한 논문이 있다.

패전 후 1945년 12월 일본으로 귀환하여 교토에서
거주하였고, 1946년 5월 퇴관하였다. 효고현兵庫縣
아시야시芦屋市의 센주제약千壽製藥 과학연구부장,
동 과학연구소의 소장을 맡았다. 1956년 5월 『조선
의육사朝鮮醫育史』를 간행하였는데 이 저서의 기초가
된 것은 1951~1952, 1955년에 『조선학보朝鮮學報』
제1·2·3집에 집필, 게재한(「조선의육사朝鮮醫育史」)

였다.

1960년 5월 13일에 향년 79세로 사망하였으며, 묘지는 니가타현 나가오카시 젠쇼지善照寺에 있다.

[참고문헌] 佐藤剛藏 『朝鮮醫育史』(佐藤先生喜壽祝賀會, 1956), 泉孝英 「佐藤剛藏」 『日本近現代醫學人名辭典』(醫學書院, 2012), 石田純郎 「佐藤剛藏と京城醫學專門學校－朝鮮で醫學教育に盡した人々(上)」 『日本醫事新報』 4377(2008.3)　【마쓰다 도시히코松田利彦】

485

사토 구니오

佐藤九二男(좌등구이남)　　　　1897~1945

화가

출신지는 알려져 있지 않다. 삿포로 홋카이중학교北海中學校에서 수학했으며 도쿄미술학교東京美術學校 서양화과 출신이다. 1927년 조선으로 건너왔으며, 경성제이고등보통학교(지금의 경복고등학교) 교사로 재직하며 많은 제자를 배출했다.

사토는 1927년 도쿄미술학교 서양화과 동기였던 야마다 신이치山田新一(→665)의 후임으로 경성제이고등보통학교 교사로 부임하게 된다. 1942년 9월에 병으로 쓰러질 때까지 입체파, 야수파 등을 가르쳤으며, 학생들의 작품을 모아 '제이고보전第二高普展'이라는 전람회를 개최하고 많은 후학들을 배출했다. 그에게 그림을 배운 한국인 화가로는 유영국, 이대원, 장욱진, 권옥연 등이 있다. 제7회(1928) 및 제8회(1929) 조선미전에서 특선을 수상하였고, 이듬해 부터는 참가하지 않았다. 일본 본토에서 열린 독립미술협회 전시회에 출품하는 한편 조선예술사, 조선창작판화협회, 조선앙데팡당전 등의 단체전에 적극적으로 참여했다.

[참고문헌] 谷サカヨ 『第14版大衆人事錄』(帝國秘密探偵社, 1943), 坂井基樹 外 編 『日韓近代美術家のまなざし－『朝鮮』で描く』(福岡アジア美術館 외, 2015)

【김정선】

486

사토 기요시

佐藤淸(좌등청)　　　　1885.1.11~1960.8·15

대학교수, 문학가

미야기현宮城縣 센다이仙臺에서 출신. 1910년 7월 도쿄제국대학東京帝國大學 영문과를 졸업하고 1910년 9월 사립도쿄학원私立東京學院 교사가 되었다. 1913년 사립고베관서학원私立神戶關西學院 교사로 근무 후 1917년 3월부터 1919년 3월까지 영국으로 유학했다. 1923년 도쿄여자고등사범학교東京女子高等師範學校 교수를 역임하였다.

1924년 6월 경성제국대학京城帝國大學 예과교원으로 촉탁되어 조선에 건너왔고, 7월 재외연구원으로 영국, 프랑스, 독일에 유학하였다. 1926년 4월 경성제국대학 법문학부 영문학과 교수로 임명되었다. 경성제국대학 교수로 재임하는 한편 『경성일보京城日報』의 경성시단京城詩壇 선고 위원으로 활동했다. 1938년 시집 『절로집折蘆集』과 1942년 『벽령집碧靈集』을 출간하는 등 약 20년 가까이 조선의 시단의 유력 인물로 활동하였다. 전후 아오야마가쿠인대학靑山學院大學 교수를 역임했다.

[참고문헌] 김윤식 『최재서의 국민문학과 사토 기요시 교수』(역락, 2009), 김승구 「사토 기요시(佐藤淸) 시에 나타난 식민지 조선의 전통예술」 『한국민족문화』 48 (부산대학교 한국민족문화연구소, 2013), 신승모 「식민지 조선의 일본인 교사가 산출한 문학」 『한국문학연구』 38(동국대학교 한국문학연구소, 2010)　【김소영】

487

사토 노리시게

佐藤德重(좌등덕중)　　　　1884~?

관료, 실업가

오이타현大分縣 출신. 사토 다케조佐藤健造의 4남이며 부인은 도리코トリ子이다.

1901년 총독부 군서기郡書記가 되었고, 그 후 도道서기, 평안남도 재무부장을 거쳐 1919년 퇴관 후 동

양척식주식회사 경성지사에 입사했다가 1921년 퇴사하였다. 동탁 근무 중이던 1920년에 경성일보(京城日報, 3.4.-3.5일자)에 사토의 의견을 담은 「잎담배의 가격문제에 대해葉煙草の價格問題に就て一·二」라는 기사가 게재된 바 있다. 1921년에는 총독부 도속道屬으로 임명된 후 충청북도 세무과장을 거쳐, 1923년 평양부 내무과장, 1925년 대구부 내무과장을 역임하였다. 1929년 총독부에서 통영군수로 임명되었으며 1931년부터 군산부윤 및 평양 부윤府尹 등을 역임했다. 통영군수 시절인 1932년에 해저터널을 건설하였으며, 1941년 퇴임 후 조선 유연탄有煙炭 주식회사 상무로 재직했다.

일본 국립국회도서관 헌정자료실國立國會圖書館憲政資料室 「아이카와 요시스케 관계 문서(MF)기탁목록鮎川義介關係文書(MF)寄託目錄」 중 「유후인 댐 계획의 반향由布院ダム計劃の反響」 항목 중에 우에다 오이타 시장 서간 아유카와 앞上田大分市長書簡 鮎川宛(1953.1) / 신문 반향 기사新聞反響記事 / 오이타 면직자 명부大分面識者名簿 / 슈토 사다무 서간 아유카와 앞首藤定書簡 鮎川宛(1953.8) 「사토 노리시게 씨의 찬성이유서佐藤德重氏の贊成理由書」가 포함되어 있다. 오이타현 출신 관료였던 사토는 전후 오이타현 유후인由布院 지역 댐건설 반대 운동 당시 건설에 찬성하는 의견을 피력한 기록이 있다.

[참고문헌] 貴田忠衛 『朝鮮人事興信錄』(朝鮮人事興信錄編纂部, 1935), 猪野三郎 編 『第12版 大衆人事錄』(帝國秘密探偵社國勢協會, 1937), 谷サカヨ 『第14版大衆人事錄』(帝國秘密探偵社, 1943), 國立國會圖書館憲政資料室 『鮎川義介關係文書(MF)(寄託)目錄』(2014)

【이선윤】

488
사토 다케오
佐藤武雄(좌등무웅)　　　　1895.10.17~1958.7.1

법의학자, 대학교수

나가노현長野縣 출신. 사토 사다조佐藤定藏의 차남으로 출생하였다. 1922년 도쿄제국대학東京帝國大學 의학부를 졸업. 그 후 미타 사다노리三田定則 교수에게 지도를 받았다. 도쿄제국대학 조교수로 지내다가 1926년 경성제국대학京城帝國大學 조교수가 되었다. 1928년 도쿄제국대학에서 의학박사(법의학)을 수여받았고, 1931년부터 1933년까지는 독일 하이델베르크 대학 법의학 교실에서 공부했다. 평소 하이쿠俳句를 즐겼으며 1940년대까지 조선 하이쿠 문단에 중요한 인물로 활동하였다.

1926년, 경성제국대학 조교수로 재직했으며 1929년 경성제대의 초대 법의학 교수로 취임했다. 1939년 제24회 일본법의학회를 경성에서 개최했고 1940년부터 1944년까지 경성제대 의학부장 역임했다. 1944년, 인천항에서 배 한 척을 빌려서 일본으로 귀국했다.

1944년 일본으로 귀국, 1948년 마쓰모토의대松本醫大의 학장 및 나고야대학名古屋大學의 교수를 겸임했다. 1953년에는 신슈대학信州大學 법의학 교수가 되었으며 1954년 신슈대학의 학장으로 재직 중이던 1958년, 향년 62세의 나이로 사망했다.

[참고문헌] 佐藤剛藏 著, 李忠浩 譯 『朝鮮醫育史』(螢雪出版社, 1993), 국사편찬위원회 한국사데이터베이스 〈http://db.history.go.kr〉　　　　【이충호】

489
사토 레이잔
佐藤令山(좌등령산)　　　　생몰년도 미상

사토 도레이佐藤都令(이명)

예능인

1916년부터 1930년까지 조선에서 퉁소의 일종으로 일본전통악기인 샤쿠하치尺八 연주가로 활동하였다. 레이잔令山은 도잔류都山流 샤쿠하치가尺八家의 이에모토家元인 나카오 도잔中尾都山(→202)의 제자로, 지쿠린켄인쿄竹林軒允許 등록번호 23번으로 도잔에게 직접 전수를 받았다. 레이잔의 제자로는 와카사 가잔若狹花山, 사토 간잔佐藤漢山, 이와타 우잔岩田宇山, 야마모토 단잔山本端山, 이치마루 유잔一丸由山, 고이즈미 준잔小泉純山 등이 있다.

레이잔의 자세한 경력은 알려져 있지 않으나 조선에서의 활동은 1916년 도잔이 조선을 방문할 때 동행한 것이 그 시작으로 보인다. 조선에서 거주할 당시 연주활동, 교수활동과 더불어 오선보로 샤쿠하치보尺八譜를 작성, 시치코 샤쿠하치七孔尺八에도 관심을 가지고 개발하려고 하는 등 미래를 앞서 활동한 샤쿠하치 연주가로 평가 할 수 있다.

1916년 8월 3일 창덕궁 인정전에 초대되어 나카오 도잔과 함께 연주한 것을 계기로 조선에서의 활동이 시작된 것으로 보인다. 이후 남산에 도잔류 샤쿠하치 교습소를 설치, 1927년에는 인천에도 교습소를 설치하였다.

1916년 이후부터 조선에서의 연주활동을 본격적으로 하게 되는데 그가 출연, 직접 관여했다고 보이는 연주회를 『경성일보京城日報』 기사로 확인해 보면 1916년 8월 3일자에서 1930년 3월 15일자에 이르기까지 수십 회나 등장한다. 연주회는 경성을 중심으로 부산, 평양, 인천, 춘천, 함흥, 목포, 대구 등 조선 주요도시에 걸쳐 있다. 연주회장으로는 경성공회당, 조선호텔, 용산극장, 인천공회당, 부산방천가, 목포공회당, 만철滿鐵 함흥사우회회장, 상업회의소, 조선은행합숙장 등이 이용되었다.

레이잔의 샤쿠하치 연주회에 대해서 확인해 보면 1919년 4월에 사범승격(이때 이름이 도레이都令에서 레이잔令山으로 바뀜) 축하 연주회가 열리는 한편, 1923년 8월에는 만철 경성관리국의 초빙으로 인해 북조선지역(원산, 영흥, 함흥 등)의 순회공연을 하였다. 또한 오선보표기의 신음보新音譜를 창작하는데 그 성과를 1925년 2월에 조선호텔에서 피로한다. 이때 조선인 피아니스트인 김영환이 레이잔의 작품 〈하루사메春雨〉, 〈하고로모羽衣〉를 반주하였다. 그리고 도잔류 샤쿠하치 공연은 재조선 일본군에게도 인기가 있어 위문공연, 샤쿠하치 연구회가 열렸고 경성제국대학 방악부원京城帝國大學邦樂部員과의 교류연주회도 열렸다. 1927년 당시 레이잔令山이 통솔하고 있는 지쿠레이카이竹令會의 회원은 약 천 명 정도 되었고, 그 인기는 경성방송국에서 1928년 4월에 레이잔에 의한 샤쿠하치 강좌를 일주일간 방송할 정도였다.

1930년 3월에 조선을 떠나 일본으로 귀국하여 오사카大阪로 거처를 옮긴다. 부산에서 샤쿠하치 거장으로 활동하고 있었던 그의 제자 와카사 가잔이 경성으로 옮김으로 그 활동을 이었다.

1931년에 사토 세이잔佐藤聖山으로 다케나竹名를 변경하여 도잔류를 떠나 새로운 유파를 세웠다.

[참고문헌] 都山流史編纂委員會 『都山流百年史(樂會三十年史)』(財團法人都山流尺八樂會, 1998), 都山流史編纂委員會 『都山流百年史別冊名鑑』(財團法人都山流尺八樂會, 1998), 김지선·후쿠다 치에 「1920년대 조선에서의 신일본음악의 전개-도잔류(都山流) 샤쿠하치(尺八) 사토 레이잔(佐藤令山)의 활동을 중심으로-」『한국음악사학보』 56(한국음악사학회, 2016) 【김지선】

490

사토 마사지로
佐藤政次郎(좌등정차랑)   1865.1~1936

언론인, 실업가

에히메현愛媛縣 출신. 고향에서 소학교 교원을 한 후, 도쿄東京의 게이오기주쿠慶應義塾를 졸업했다. 1897년 오사카마이니치신문大阪每日新聞에 입사했으며 경제부 기자로 활동했다. 1903년 가을, 일본헌정본당日本憲政本黨의 두 거물인 영수 오이시 마사미大石正巳(→720), 이누카이 쓰요시犬養毅와 함께 청나라와 조선의 경제상황을 취재하기 위해 처음으로 조선을 방문했다.

1904년 7월 신문사를 사직한 후 가족과 함께 조선으로 이주했으며 군산群山에서 금융업과 함께, 토지매수, 주택과 농장경영 등 다방면에서 활동했다. 또한 그는 군산일본인 사회의 핵심 멤버로 일하며 축항 문제, 철도부설, 중학교 설립, 군산 고등여학교 설립을 위해 거금을 기부하기도 했다. 1936년 도쿄東京에서 지병으로 사망했다.

[참고문헌] 鎌田白堂『朝鮮の人物と事業 第1輯 湖南篇』(實業之朝鮮社出版部, 1936), 阿部薰 編『昭和12年版 朝鮮都邑大觀』(民衆時論社, 1937), 佐藤政次郎 編『韓半島の新日本, 一名, 韓國起業案內』(日進舍印刷所,

1904)   【이정욱】

491

사토 마사지로
佐藤政次郎(좌등정차랑)   1878~?

관료, 실업가

이와테현岩手縣 출신. 1901년 삿포로농학교札幌農學校를 졸업하고, 1년간 지원병 생활을 한 후 목축업에 종사했다. 1906년 5월 조선에 설치되었던 통감부 권업모범장勸業模範場 기수技手에 임명되었으며, 같은 해 6월부터 목포출장소에서 근무하였다.

1906년 6월부터 전라도 목포 면화시험장에서 기수로 근무한 뒤 1907년 11월 통감부 권업모범장勸業模範場 기사技師로 승진하였고 1908년 12월 임시면화재배소臨時棉花栽培所 소장 겸 기사로 재직하였다. 1906년 9월 진도 지역을 조사하던 중 발견한 동학농민군 지도자의 두개골을 수집하여 모교인 삿포로농학교로 보냈다. 1910년 1월에는 진주종묘장장晉州種苗場長에 임명되었고, 같은 해 3월 공립진주실업학교장公立晉州實業學校長이 되었다. 1912년 의주에서 평안북도 기사로 근무하였고, 1919년까지 면화재배 사업에 종사한 뒤 41세로 은퇴하였다. 은퇴 후에는 서울에서 농장을 경영하면서 미곡을 일본으로 송출하였다.

[참고문헌] 민족문화추진회 편『국역 승정원일기』(한국학술정보, 2005), 박맹수『개벽의 꿈, 동아시아를 깨우다』(모시는사람들, 2011), 井上勝生『明治日本の植民地支配』(岩波書店, 2013)   【최덕수】

492

사토 사부로
佐藤三郎(좌등삼랑)   1871.8.10~?

관료

니가타현新潟縣 출신. 1894년 7월 10일 도쿄고등공업학교東京高等工業學校 기계과를 졸업했다. 졸업 직후 지원병으로 병역에 복무했다. 1895년 12월 철도부鐵道部에 들어갔다. 1897년 철도회사에 입사해 나가노

長野, 신바시新橋 등의 공장에서 근무했다.

1920년 6월 조선총독부 체신국장遞信局長으로 부임했다. 1921년부터 1922년까지 조선총독부토목회의朝鮮總督府土木會議 위원을 역임했으며, 1921년 산업조사위원회産業調査委員會 위원으로도 활동했다. 1922년 12월 3일『동아일보』의「체신국장송별회」기사에 따르면 1922년까지 재임한 것으로 보인다.

1923년에는 농상무대신農商務大臣을 역임했다. 1924년 제15회 중의원의원총선거에 출마해 당선되었고 이후 4선에 성공했다. 다나카 기이치田中義一 내각에서는 육군정무차관陸軍政務次官을 역임했다.

[참고문헌] 朝鮮中央經濟會 編『京城市民名鑑』(朝鮮中央經濟會, 1922), 加藤紫泉『新代議士名鑑』(國民教育會, 1924), 한국사데이터베이스〈http://db.history.go.kr〉
                                    【박우현】

493

사토 스스무
佐藤進(좌등진)   1845.12.23~1921.7.25

의사, 육군 군인

이바라키현茨城縣 출신. 1867년 3월 사토 쇼추佐藤尚中의 양사자養嗣子가 되면서 순천당順天堂의 제3대 당주가 되었다. 1869년 6월 사비로 독일에 유학하였으며, 유학 중이던 1870년 대학동교大學東校의 관비생이 되었고 1874년 일본 최초로 베를린대학 의학부를 졸업하였다. 귀국 후 평소에는 순천당 의원장으로 근무하면서 외과를 담당하였고, 전시에는 육군으로 참전했다. 서남전쟁이 발발하자 1877년 4월 오사카大阪 임시육군병원장으로 취임하였다. 이후 청일전쟁, 러일전쟁에도 참전하였으며 1900년 일본외과학회 제2총회에서 회장으로 활동하였다. 1909년 2월 조선에서 활동을 마치고 순천당의원의 원장으로 복귀하였다. 1913년 기타사토 시바사부로北里柴三郎와 함께 일본결핵예방협회 창립에 참여하였고, 부회장으로 취임하였다.

통감부는 기존 의료기관이었던 광제원, 적십자사병원, 의학교 부속병원을 합쳐 새로운 중앙 의료기

관을 설립하고자 하였는데, 사토는 이 설립을 주도하기 위해 일본에서 초빙되었다. 당시 사토는 통감부의 의료정책을 지원하던 동인회同仁會의 부회장으로 활동 중이었다. 사토는 조선에 온 후 새로운 병원인 대한의원大韓醫院의 창립을 위해 준비위원회를 조직하고 위원장으로 취임하였다. 위원회는 통감부, 일본 육군, 적십자병원, 건축소 등에 근무하던 일본인들로 구성되었다. 대한의원은 1907년 3월 창립되었고, 내부에는 치료부, 교육부, 위생부를 두었다. 치료부는 질병 치료와 빈민 시료, 교육부는 의사 약제사 산파 및 간호부 양성을 담당하였다. 위생부는 종래 경무국 위생과가 담당하던 각종 위생 관련 업무를 이관 받아 처리하였다. 대한의원의 낙성식은 1908년 10월 진행되었다. 창립 당시 대한의원은 의정부에 직속되었고, 내부대신이 원장을 겸임하였다. 사토는 1908년 1월 대한의원 원장에 임명되었고, 1909년 2월 대한의원 원장에서 면직되었다. 사토의 면직은 그동안 동인회가 주도하던 통감부의 의료정책이 군의가 중심된 의료정책으로 전환되는 과정에서 이루어졌다.

[참고문헌] 박윤재『한국 근대의학의 기원』(혜안, 2005), 泉孝英 編『日本近現代醫學人名事典: 1868~2011』(醫學書院, 2012)　　【박윤재】

494

사토 시즈에
佐藤靜江(좌등정강)　　　1903.5.20~1986.12

야마모토 시즈에山本靜江(결혼 전), 사토 시즈에佐藤靜枝(이명)

음악가

시마네현島根縣 출신. 1920년에 야마와키고등여학교山脇高等女學校 본과本科를 졸업하였다. 1921년에는 동교 가사과를 졸업, 그 후 1923년 도쿄음악학교東京音樂學校 예과子科에 입학하였다. 1924년에는 동교 본과本科 기악부(피아노전공)에 진학, 1927년에 동교를 졸업하였다.

『근대일본음악연감近代日本音樂年鑑』(1931~1941)의

기록에 의하면 조선에서 활동을 한 것으로 확인되는데, 이것으로 보아 1930년경에 조선을 건너온 것으로 추정된다.

1942년 11월 11일부터 열린 조선음악협회주최의 음악경연대회 양금부(피아노)에서 다케이 하루코竹井春子(→309), 박경호, 이흥렬, 김영환과 함께 심사위원을 맡았다. 본 대회에는 전시체제의 국책 음악경연대회였다.

현시점에서 사토에 관한 자료가 없는 관계로 자세한 활동사항을 파악 할 수 없지만, 조선에서 피아니스트로 음악회 출연과 피아노 레슨으로 제자를 육성했었을 것으로 추정된다.

[참고문헌] 東京藝術大學音樂部『同聲會會員名簿』(廣濟堂, 2013), 東京音樂學校 編『東京音樂學校一覽 從大正十二年至大正十三年』(東京音樂學校, 1924), 東京音樂學校 編『東京音樂學校一覽 從昭和二年至昭和三年』(東京音樂學校, 1928)　　【김지선】

495

사토 조고로
佐藤長五郎(좌등장오랑)　　　생몰년도 미상

실업가

미야기현宮城縣 다마쓰쿠리군玉造郡 이치쿠리무라一栗村 우에노메上野目 출신. 동양협회 전문학교東洋協會專門學校를 졸업했다.

1908년 5월에 조선에 건너왔으며 1927년 3월 진남포무진주식회사鎭南浦無盡會社를 설립하여 1935년에는 100만 엔 가까운 계약고를 올렸다. 진남포 무진주식회사 사장, 평안남도 금융조합平安南道金融組合 이사장, 금융조합연합회平安南道金融聯合會 이사장 등을 겸임했다. 한때 언론계 방면에서 활약했다. 진남포 상공회의소 의원, 진남포 부회의원府會議員으로 활동하였다. 평양에서 평안남도 금융연합회 회장으로 수년 동안 있었고, 퇴직 후 평양에서 다쓰미 히코사부로辰己彦三郎의 평양무진회사 고문으로 재적했다.

[참고문헌] 貴田忠衛『朝鮮人事興信錄』(朝鮮人事興信錄編纂部, 1935), 阿部薰 編『昭和12年版 朝鮮都邑大觀』

(民衆時論社, 1937), 猪野三郎 編『第12版 大衆人事錄』(帝國秘密探偵社國勢協會, 1937), 谷サカヨ『第14版大衆人事錄』(帝國秘密探偵社, 1943)

【나카무라 시즈요中村靜代】

496
사토 지야코
佐藤千夜子(좌등천야자)   1897.3.13~1968.12.13

사토 지요佐藤千代(본명)
음악가

야마가타현山形縣 출신. 어렸을 때부터 덴도天童 교회 주일학교에 다녔다. 덴도소학교天童小學校, 후렌도여학교普聯土女學校를 졸업, 1920년에 도쿄음악학교東京音樂學校 예과子科에 입학하였다. 재학 당시에 야마다 고사쿠山田耕筰(→661), 나가야마 신페이中山晋平, 노구치 우조野口雨情를 알게 되어, 그들과 일본 전역으로 노래 여행을 떠났다.

사토는 동교 본과에 진학하지 않고 중퇴하여 1925년 〈파란 억새靑い芒〉라는 곡으로 가수 데뷔하였다. 그 후 1928년에 〈파부의 항구波浮の港〉가 10만장, 1929년에는 〈도쿄 행진곡東京行進曲〉이 25만 장 이상 팔리는 대히트로 스타 가수가 되었다. 그 후 〈사랑해 주세요愛して頂戴〉, 〈검은 백합꽃黑ゆりの花〉, 〈이 태양この太陽〉 등의 곡을 발표하였다.

1931년경에는 오페라를 배우기 위해 약 1년간 이탈리아 유학을 하였다. 제2차 대전 중 에는 위문공연을 위해 남방(동남아시아, 태평양 각지) 전선을 돌았다.

1930년 9월 22일에 매일신보사 주최로 경성공회당에서 독창회를 열었다. 본 독창회는 2부로 나뉘어졌는데 가곡, 신민요, 동요, 영화주제가, 고토琴·샤쿠하치尺八 이중주 등으로 구성이 되었다.

일본에서는 레코드 가수로 널리 알려졌는데, 당시 조선에서의 그의 독창회에 대한 신문기사에는 소프라노 가수의 이미지를 부각시켜 신인성악가로서의 독창회로 알리면서 그를 악단의 천재로 표현하였다. 본 독창회에서는 그의 히트곡인 〈파부의 항구〉와 〈도쿄 행진곡〉은 선정되지 않았다. 본 독창회의 반

주자로는 피아니스트 무라오카 가쿠도村岡樂童가 출연하였다.

『매일신보每日申報』(1930.9.19,21,23,24) 기사 의하면 사토는 4년 전인 1926년에도 경성에 온 적이 있다고 하면서 경성은 낯익은 곳이라고 하였다. 그의 독주회 사진에는 한복 차림의 여인, 기모노 차림의 여인, 정장차림의 남성, 교복 차림의 학생 등으로 인해 공연장이 청중으로 가득한데, 재조일본인뿐만 아니라 조선인 청중들에게도 그의 공연이 주목받고 있었음을 추측할 수 있다.

전후에는 가수로서의 이름보다 불명예스러운 사건으로 인해 세간의 이목을 끌게 되었다. 1946년에는 한 교사에게 사기로 돈을 갈취하여 체포, 1952년에는 헌옷가게에 자신의 코트를 판 후 무단으로 가지고 간 혐의로 세간을 떠들썩하게 하였다.

71년 생애 독신이었으며, 암으로 사망하였다.

[참고문헌] 結城亮一『あゝ東京行進曲』(河出文庫, 1985), 芳賀登 外 監修 『日本女性人名辭典』(日本圖書センター, 1993), 菊池淸麿『永遠の歌姬佐藤千夜子』(東北出版企畫, 2008)   【김지선】

497
사토 히로시
佐藤豁(좌등활)   1905.2.20~?

사법관료

도쿄시東京市 출신. 사토 세이지로佐藤政次郎의 장남으로 태어났다. 원적原籍은 홋카이도北海道 이시카리군石狩郡 도베쓰무라當別村이다. 1932년 조선총독부 검사로 임용되어 패전할 때까지 재직한 사법관료이다.

부친 세이지로는 삿포로농학교札幌農學校를 졸업하고 지원병으로 러일전쟁에 참전하였다. 1906년 6월 권업모범장勸業模範場 기사技師가 되어 조선으로 건너왔다. 사토 히로시는 이때 함께 건너와서 부친의 직업 관계로 평양에서 성장했다. 1923년 3월 평양중학교平壤中學校를 졸업하고 동년 4월 가고시마제칠고등학교鹿兒島第七高等學校 조시칸造士館에 입학하였다. 1926년 3월 조시칸을 졸업하고 동년 4월 도쿄제

국대학東京帝國大學 법학부에 입학하였다. 1928년 10월 고등시험高等試驗 행정과行政科에 합격하였다. 1929년 3월 도쿄제국대학을 졸업하고, 동년 4월 도쿄제국대학 대학원에 입학하였다. 동년 12월에 고등시험 사법과司法科에 합격하였다.

　1930년 3월 조선총독부 사법관시보司法官試補에 임명되어, 경성지방법원京城地方法院에서 1년 6개월 동안 실무수습을 했다. 1932년 4월 경성지방법원 검사로 발령받았다. 1935년 1월 경성지방법원 및 개성지청 검사를 겸임하였고, 동년 8월 평양지방법원 진남포지청 검사로 전근하였다. 1937년 대구복심법원 검사, 1939년 부산지방법원 마산지청 검사를 역임했다. 1941년 2월 신의주지방법원 검사 겸 보도관輔導官으로 신의주보호관찰소장新義州保護觀察所長에 임명되었다. 1942년 2월 고등법원 검사에 임명되어 사무관으로 조선총독부 법무국法務局에 파견되었다. 동년 4월 법무국 보호과장保護課長이 되었고, 11월 서기관으로 승진하였다. 1944년 5월 법무국 형사과장으로 전근되어 패전 때까지 근무하였다.

　검사로 재직할 때 조선독립운동 관련 사건을 담당하기도 했는데, 대표적인 사건은 1941년 2월 기독교 선교사들과 교회 여성들을 검거하여 기소한 이른바 만국부인기도회사건萬國婦人祈禱會事件이다. 신의주보호관찰소장에 재직 중 『대화숙大和塾』(新義州大和塾, 1941)을 편집, 발행하였다. 또한 논문으로는 다음과 같은 것이 있다. 「견련 또는 연속하는 범죄牽聯又は連續する犯罪」(『朝鮮司法協會雜誌』 11-4, 1932), 「조선에 있어서 재산범의 정세朝鮮に於ける財産犯相の情勢」(『朝鮮司法協會雜誌』 18-2, 1939), 「범죄자의 보호관찰제의 개관犯罪者の의 保護觀察制の槪觀」(『朝鮮司法協會雜誌』 13-10, 1934), 「보호사의 역할과 방법에 대하여保護司の役割と方法に就て」(『朝鮮司法協會雜誌』 16-6, 1937) 등이다. 형사법과 이른바 조선사상범의 보호관찰제도에 대한 관심이 많았다.

　패전 후 귀국하여 삿포로고등재판소札幌高等裁判所 검찰관, 법무성法務省 보호국保護局 참사관參事官 등을 역임하였다.

　[참고문헌] 朝鮮公論社 編 『在朝鮮內地人紳士名鑑』(朝鮮公論社, 1917), 朝鮮總督府法務局人事係 『昭和五年 昭和六年 司法官試補進退書類』(朝鮮總督府, 1931), 司法協會 編 『朝鮮司法大觀』(司法協會, 1936), 전병무 「일제시기 在朝鮮日本人 司法官試補 연구」 『해람인문』 44(강릉원주대 인문학연구소, 2017)　【전병무】

498

사토 히사나리
佐藤久成(좌등구성)　　　　　　　　1893~?

금융인

1919년 교토제국대학京都帝國大學 영문과를 졸업하고, 같은 해 조선식산은행朝鮮殖産銀行에 입사했다.

　조선식산은행 권업금융과, 상업금융과 등에서 근무 후 1921년 8월 인천점 지배인대리로 승진하였고, 이후 본점 상업금융과장 대리, 1926년 3월 전라남도 벌교지점장을 거쳐 1930년 상주지점장으로 발령받았다. 산업금융과장 대리, 목포지점장 등을 거쳐 1940년 조선식산은행 상업금융과장을 지냈다.

　[참고문헌] 阿部薰 『朝鮮人物選集』(民衆時論出版部, 1934), 谷サカキ 『第14版 大衆人事錄』(帝國秘密探偵社, 1943)　【이선윤】

499

샤쿠오 순조
釋尾春芿(석미춘잉)　　　　　　　　1875~?

도호東邦(호), 이쿠오旭邦(이명), 도호산진東邦山人(필명)
언론인

오카야마현岡山縣 비젠가타가미備前片上 출신. 니시마쓰 사찰 출신. 그의 가계나 성장과정 등을 알 수 없다. 1897년 데쓰가쿠칸哲學館(현 도요대학東洋大學의 전신)을 졸업하였다. 이 학교는 불교철학자, 국가주의자인 이노우에 엔료井上圓了가 설립하였다. 샤쿠오는 그에게 사상적 감화를 받고 졸업 후 조선과 중국 문제에 관심을 갖고 교토京都에서 신문업에 종사하였다. 1900년 부산의 개성학교에서 교편을 잡은 뒤 다음해 11월 대구 달성학교로 전근을 갔다. 주간主幹

겸 교두教頭로 교편을 잡고 있으면서 진언종眞言宗의 승적僧籍을 가지고 남문南門 안에 작은 사찰(대구여자보통학교 자리)을 세워 포교활동을 했다. 이 학교는 1901년 이래 동아동문회東亞同文會의 원조를 받다가 1906년 동아동문회가 조선교육에 손을 떼면서 통감부에 인계되었다. 1903년 이후 대구에서 일본불교 포교활동을 하다가 경성으로 가서 경성민단의 제1과장으로 경성제일고녀, 경성중학교 설립을 준비하고 민단의 역사를 수집하여 『경성발달사京城發達史』의 편찬을 담당하였다. 1908년에는 조선연구회를 설립하여 조선연구를 시작하고 조선고서간행회를 만들어 8년간에 걸쳐 조선고서 80여 책을 출판하였다. 내한 후 40여 년 동안 잡지사를 경영하면서 본국과 재조일본인 사회에 미친 영향력은 컸다.

샤쿠오는 일한서방日韓書房의 모리야마 요시오森山美夫가 창간하고 기쿠치 겐조菊池謙讓(→153)가 주간으로 있던 잡지 『조선朝鮮』의 편집장으로 조선에서의 언론활동을 시작하였다. 이 잡지는 1912년 모리야마가 사업 확장을 위해 경영을 샤쿠오에게 맡기면서부터 『조선급만주朝鮮及滿洲』로 개제하여 발행하였다. 1941년 1월까지 34년간 통권 398호가 간행된 식민지 조선의 최장수 잡지이다. 샤쿠오는 내한 후 주로 언론활동에 종사하면서 역대통감과 총독의 통치를 경험한 인물이다. 그의 활동의 대부분은 식민통치를 선전하고 이에 협조하는 역할이었다. 그러나 이토 히로부미伊藤博文(→900) 통감에 대해서는 일본인 위주가 아닌 조선인 위주의 정책을 실시하여 재조일본인의 이익에 냉담했다는 점과 온건책을 취하여 조기병합을 감행하지 않는 점에 불만을 가지고 있었다. 데라우치 마사타케寺內正毅(→321) 총독에 대해서는 그의 언론탄압, 조선인 우대, 조선이주 문제 등을 비판했다.

조선급만주사朝鮮及滿洲社 사장으로 재직 중이던 1920년 봄 경성일일신문사를 창립하여 잠시 경영했다. 1924년 7월, 병으로 이 회사를 타인에게 양도하고 도쿄로 가서 저술 작업에 전념하여 『조선병합사朝鮮併合史』를 저술한 후 1925년 다시 경성으로 돌아왔다. 그는 일본국민이 거국일치의 자세로 조선 경영에 매진해야만 일본의 장래가 보장될 것임을 호소하

기 위해 천 페이지가 넘는 이 대저大著를 저술했다고 밝히고 있다.

1935년 조선급만주사 편찬으로『조선·만주안내』를 교열·발간하는 등 조선과 만주에 관한 정보를 제공하는 데에도 앞장섰던 샤쿠오는 1941년 1월에 노령을 표면적 이유로『조선급만주』를 폐간하게 된다. '조선의 문화개척'에 기여하고 '선만개척과 대륙진출의 급선봉'이라는 역할을 수행한 '문장보국'이었다고 자평하고 있다.

[참고문헌] 朝鮮公論社 編『在朝鮮內地人紳士名鑑』(朝鮮公論社, 1917), 朝鮮新聞社 編『朝鮮人事興信錄』(朝鮮公論社, 1922), 阿部薰『朝鮮人物選集』(民衆時論社, 1934), 高橋三七『滿鮮人物選集』(大陸研究社, 1935),『朝鮮功勞者銘鑑』(民衆時論社, 1935), 笠原敏二『(朝鮮及滿洲に)活躍する岡山縣人』제1권(活躍する岡山縣人發行所, 1936)　　　　　　【최혜주】

500

세코 도시오
瀬古敏雄(뢰고민웅)　　　　　　생몰년도 미상

문학가

세코 도시오라는 가인歌人에 관해서는 1928년부터 1929년까지 『진인眞人』에 남긴 단카短歌와 수필 외에 그의 행적을 알 수 있는 자료가 현재로서는 매우 부족하다. 조선으로 와 1923년 한반도의 단카 전문잡지『진인』을 창간한 가인 호소이 교타이細井魚袋(→944)와 친분이 두터웠던 것으로 보이며, 진인사의 회원으로서 약 1년 반 동안 적극적으로 단카를 잡지에 기고하였다.

그의 단카에 '내교來校'나 '교가校歌' 등을 소재로 한 내용으로 미루어 학교에 소속이 되거나 학교와 관련된 인물이었을 것으로 추측할 수 있으나 교원명부에서는 이름이 보이지 않는다.『진인』에 「겐지모노가타리에 나타난 사람들의 노래源氏物語に表れたる人々の歌」의 6회에 걸친 연재를 비롯하여 이 시기 진인사의 중핵적 가인으로 활동했으며, 1929년 7월 진인사 7주년 기념 「조선의 자연朝鮮の自然」이라는

특집호에 「수수께끼와 속전과 자연謎と俗傳と自然」이
라는 글을 수록한 것을 끝으로 그의 이름을 문헌상에
서 찾기가 어렵다. 같은 시기 『진인』에 수록된 그의
마지막 단카를 보면 소시민들에게 연대를 선동하고
자본가 지주의 타도를 강력하게 주장하고 있어, 이후
프롤레타리아 운동에 깊이 관여한 것으로 추측된다.

일본의 고전과 조선의 자연 및 예로부터의 속신 등
에 깊은 관심을 가지고 연구하며 평명한 단카를 창작
하던 가인이 1920년대 말 단편적으로나마 프롤레타
리아 사상으로 변모한 궤적을 보여주는 인물의 예라
할 수 있다.

[참고문헌] 이치야마 모리오 편, 엄인경 역 『조선의 자
연과 민요』(역락, 2016), 市山盛雄·細井魚袋 外 編 『眞
人』(眞人社, 1927~29)　　　　　　　　　【엄인경】

501

세키 시게타로
關繁太郎(관번태랑)　　　　　　　　　1856~?

실업가

사가현佐賀縣 히젠노쿠니肥前國 니시마쓰우라군西松
浦郡 마가리카와무라曲川村 출신. 주조업을 하는 집
안 출신. 8세에 어머니의 죽음, 11세에 조부의 죽음
으로 비참한 유년을 보냈고, 제대로 배우지도 못한
채 싸움과 노름에 빠졌었다. 사가 현청이 이마리伊萬
里로 이전하면서 그 지역이 번화해지자 그도 이마리
로 나와서 백부가 경영하는 여관에서 머슴을 하고
때론 회계를 보기도 하면서 문자를 깨우쳤다. 여관
에 투숙하는 수많은 여행객을 통해 경험담을 듣고
세상사를 알게 되었고, 상업에 뜻을 갖기 시작했다.
18세 때에는 히라토平戶 포경회사 사원인 구마모토
현熊本顯 사족士族 기요나리 신이치淸成親一와 동업을
했다가 결별했다. 그리고 1876년에는 구마모토로 가
서 기요나리의 집에 머물다가 야채판매 등짐장사를
했다. 이후 밀가루제조에 종사하여 다소의 이익을
보았지만, 기요나리의 충고를 듣고 그만두었다. 기
요나리가 2천 원으로 대금업을 시작했을 때 그를 도
왔다. 대금업의 주요 대상은 구마모토 시내에 거주

하는 노동자, 직공, 빈민 등이었고, 사업이 번창했
다. 세이난전쟁西南戰爭 으로 채무자들이 피신을 하
는 바람에 큰 손해를 보게 되었지만, 전쟁 이후 채무
자들이 돌아와서 변제를 하는 바람에 손해를 만회할
수 있었다. 이 과정에서 중요한 역할을 했던 그는 기
요나리 집의 지배인이 되었다. 그러나 화물수송 선
박이 전복되는 등 기요나리의 가세가 기울어지자,
그는 다시 고향으로 돌아왔다.

고향에서 그는 결혼을 하고 곡물상을 개업했다. 2
년 동안 수 천 원을 저축했고, 그것을 자본으로 하여
고베神戶와 요코하마橫濱에 고향에서 생산되는 도기
류를 수송 판매했다. 그러나 그때 마침 일본이 불경
기에 빠지면서 그의 사업도 파산했다. 그는 사세보佐
世保 진주부鎭守府 개간지로 가서 미곡, 주류 판매를
본업으로 하고 각종 부업을 하면서 1년 만에 많은 돈
을 벌었다. 그러나 곧 사기를 당해 2천 원의 손실을
입고 다시 고향으로 돌아왔다. 그 후 내지 행상 등을
해보았지만 모두 실패했다. 이에 그는 새로운 기회
를 찾아서 1888년 조선으로 도항했다.

조선에 올 때 쓰시마에서 140에서 150원하는 어류
를 사서 인천에 상륙했고, 오카모토 가메스케岡本龜
助의 집에 머물면서 위탁판매를 했다. 때 마침 천장
절天長節 직전이라 거류지 일본인을 상대로 어류를
판매하여 의외의 막대한 이익을 얻었다. 그는 한국
시장이 유망하다고 생각하여 영주할 계획을 세웠다.

1889년 서울로 이주하여 면제품 소매업과 중개업
을 시작했지만 소득이 별로 없었다. 다시 남대문 조
시장朝市場에 나아가 한국인과의 무역에 종사했다.
당시 조시장의 일본인은 그를 포함해서 단지 3명뿐
이었다. 그는 매일 새벽 3시에 일어나서 오전 7시 조
시가 끝날 때가지 일했고, 3년 동안 돈을 모았다.
1892년에는 전당포를 개설하고 청일전쟁 때에는 군
수품 조달로 돈을 벌었다. 1897년에는 개성 부근의
토지를 매입하여 관삼을 재배하여 큰 이익을 얻었다.
이후 그는 거류민회, 상업회의소 등의 의원으로 당
선되었다. 1901년에는 화폐교환소의 감사역을 지냈
고, 이어서 경성기업합자회사의 이사를 지냈다.
1904년에는 주식회사 수산위탁가매시장水産委託假買

市場 감사역, 조선제면주식회사 이사 등을 지냈다. 1905년 전후로 서울에서 1, 2위의 자산가라 불릴 정도였다.

[참고문헌] 中田孝之介 『在韓人士名鑑』(木浦新報社, 1905), 高橋刀川 『在韓成功之九州人』(虎與號書店, 1908)　【김윤희】

502

세키노 다다시
關野貞(관야정)　1868.1.9~1935.7.29

대학교수, 고고학자

니가타현新潟縣 다카다시高田市 출신. 1895년 도쿄제국대학東京帝國大學 공과대학工科大學 조가학과造家學科를 졸업한 후, 도쿄미술학교 강사, 내무성 촉탁 고샤지古社寺 보존위원 등으로 활동했다. 1901년 도쿄제국대학 조교수가 되었고, 1902년 도쿄제국대학으로부터 조선의 고건축 조사를 명받고 조선으로 건너와 조선고적조사사업에 참여했다. 이후 조선과 일본을 오가면서 활발한 활동을 펼쳤다. 나라현奈良縣 기사技師로서 고샤지 건축의 조사와 수리를 담당했으며, 건축의 세부 양식으로 성립 연대를 판정하는 건축사, 미술사 연구의 기초를 확립했다. 1905년에 「호류지法隆寺 비재건론非再建論」을 발표하여 '재건론'을 주장했던 기다 사다키치喜田貞吉와 논쟁을 벌이기도 했다.

1909년에는 탁지부度支部 건축소 고건축물 조사 촉탁으로 낙랑고분 발굴에 깊이 관여했다. 1911년 평남·황해·경기·경상남북도의 고분 및 고대 유적지를 발굴 조사했다. 1912년 도쿄제국대학 공과대학 건축학과에서 조선 관련 기와·고문서·탁본·사진 전람회를 개최했다. 1915년 조선총독부 고적주임이 되어 경주고분을 집중 발굴 조사했다. 1916년 조선총독부 고적조사위원회 위원, 1921년 조선총독부박물관 협의원協議員 등이 되어 1920~30년대까지 줄곧 활동했다. 1928년 도쿄제국대학을 정년퇴직하고 명예교수가 되었으며, 1929년 일본 외무성 동방문화학원연구소 평의원에 임명되어 활동했다. 1933년에는 조선

보물 고적명승 천연기념물 보존위원회朝鮮寶物古蹟名勝天然記念物保存委員會 위원이 되어 활동했다. 1935년 7월 68세로 사망했다.

세키노는 1904년 『한국건축조사보고韓國建築調查報告』(東京帝國大學工科大學)를 작성하여 간행한 이래 수많은 조사·발굴보고서를 직접 작성하였는데『조선고적조사특별보고朝鮮古蹟調查特別報告』(1909~1930), 『조선고적조사약보고朝鮮古蹟調查略報告』(1914), 『조선고적도보朝鮮古蹟圖譜』(1915~1935), 『고적조사보고서古蹟調查報告書』(1917~1937) 등이 그것이다.

이밖에도 조선의 각 분야에서 대표할 만한 수많은 저작과 논문을 남겼다. 『조선건축의 연구朝鮮建築之研究』(度支部建築所, 1910), 『낙랑군시대의 유적樂浪(らくろう)郡時代の遺蹟』(朝鮮總督府, 1925), 『고구려시대의 유적高句麗時代の遺蹟』(朝鮮總督府, 1930), 『조선미술사朝鮮美術史』(朝鮮史學會, 1932) 등이 주요 저서이다. 연구논문은 신라, 가야, 낙랑, 고구려 등의 유물·유적과 관련한 것이 대부분이다. 특히 1932년에 집필한 『조선미술사』는 조선미술을 중국미술의 모방 내지 아류로 규정함으로써, '반도적 성격론', '정체성론', '일선동조론日鮮同祖論'으로 대표되는 식민사학植民史學의 기초 위에서 저술된 대표적인 저서로 평가된다.

[참고문헌] 이구열 『근대 한국미술사의 연구』(미진사, 1995), 이구열 『한국문화재수난사』(돌베개, 1996), 최석영 『한국 근대의 박람회·박물관』(서경문화사, 2001), 김인덕 『조앨조선인사와 식민지 문화』(서경문화사, 2005), 이순자 『일제강점기 고적조사사업 연구』(경인문화사, 2009), 프랑크·B·깁니 編集 『ブリタニカ國際大百科事典: 小項目事典』(ティビーエス·ブリタニカ, 1972), 關野克 『建築の歷史學者關野貞』(上越市總合博物館, 1978), 太田博太郎 『建築史の先達たち』(彰國社, 1983), 齋藤忠 『考古學史の人人』(第一書房, 1985), 小學館 編 『日本大百科全書』(小學館, 1988), 朝鮮總督府 編 『朝鮮總督府官報』(朝鮮總督府, 각호), 朝鮮總督府 編 『朝鮮總督府及所屬官署職員錄』(朝鮮總督府, 각년판), 우동선 「세끼노 타다시의 한국 고건축 조사와 보존에 대한 연구」 『한국근현대미술사학』 11(한국근현대미술사학회, 2003), 정인성 「關野貞

의 낙랑 유적 조사·연구 재검토」『호남고고학보』24
(호남고고학회, 2006), 이종수「關野貞의 고구려 고분
벽화에 대한 조사 연구, 그 성과와 한계」『미술사학연구』
260(한국미술사학회, 2008)　　　　　　【변은진】

503
세키미즈 다케시
關水武(관수무)　　　　　　　　　　1883.1~?

관료, 실업가
가나가와현神奈川縣 출신. 1911년 도쿄제국대학東京帝
國大學 법과대학 법률학과를 졸업하고, 이바라키현茨
城縣 속屬과 경부를 겸임하면서 관직생활을 시작하였
다. 1912년에 고등문관시험高等文官試驗에 합격하였
다. 이바라키현 이사관과 니시이바라키군장西茨城郡
長 등을 역임하였다.

1919년 8월에 조선총독부 도이사관으로 조선에 건
너왔다. 충청남도 경찰부장으로 조선에서의 관직생
활을 시작하였으며, 이후 1923년에는 충청남도 사무
관 겸 감찰관에 임명되어 경무국警務局 위생과장으로
재근무하였다. 1924년에는 구미 각국에 출장하였으며,
돌아온 이후에는 1926년 평안남도 내무부장, 1928년
경상남도 내무부장, 1929년 1월 경기도 내무부장을
차례대로 역임하였다. 1929년 12월 11일에 제8대 경
성부윤京城府尹에 취임하여 1930년 11월 11일까지 활
동하였다. 1930년 11월 12일부터 함경남도 지사,
1933년 8월부터는 경상남도 지사로 근무하였다.
1935년 4월에 관직에서 물러난 이후, 1935년에 특수
회사인 조선석유회사朝鮮石油會社의 상무이사로 활동
하였다. 그의 사망 시기를 정확히 특정하기에는 어
렵지만, 『매일신보每日新報』 1939년 7월 8일자에 "뇌
일혈이 재발하여 위독하다"는 기사가 있는 것이 참
고가 된다.

조선에서의 관료생활 중에서는 지사 시절을 특기
할 만하다. 임기가 짧았던 부윤 시절과는 달리 그는
미개척 오지부락의 자력갱생自力更生에 큰 관심을 기
울였다. 1933년에 『부읍면잡지府邑面雜誌』에 게재한
「자력갱생정신의 당당한 발로를 더욱 기대한다自力

更生精神の鬱然たる發露を此の上にもまた期待する」에서
일본 본토에서는 국민의 약 6할, 조선에서는 약 8할
의 인구에 해당하는 농산어촌민을 경제적 중압에서
구제하기 위해서는 "민심작흥民心作興, 자력갱생의
기운을 촉발해야 한다"고 말하기도 했다.

이밖에 조선신궁봉찬회朝鮮神宮奉贊會의 경상도 지
부장이기도 했으며, 『조선朝鮮』과 『조선급만주朝鮮及
滿洲』 등에 여러 편의 글을 게재하였다.

[참고문헌] 朝鮮新聞社 編『朝鮮人事興信錄』(朝鮮新聞
社, 1935), 阿部薰 編『朝鮮功勞者銘鑑』(民衆時論社,
1935), 人事興信所 編『人事興信錄 第9版』(人事興信
所, 1931), 貴田忠衛『朝鮮人事興信錄』(朝鮮人事興信
錄編纂部, 1935)　　　　　　　　　　　　【전영욱】

504
세키야 데이자부로
關屋貞三郎(관옥정삼랑)　　1875.5.4~1950.6.10

관료, 정치인
도치기현栃木縣 출신. 내무관료, 시즈오카현靜岡縣
지사, 귀족원 의원을 역임하였다.

구 니혼마쓰二本松 번사藩士 세키야 료준關屋良純의
장남으로 태어났다. 15세에 상경하여 제일고등학교
第一高等學校를 거쳐 도쿄제국대학東京帝國大學에 진
학했다. 1899년 도쿄제국대학 법과대학 법률학과를
졸업하고 동년 고등문관시험에 합격하고 1900년부
터 타이완총독부臺灣總督府 참사관, 내무대신 비서
관, 타이완총독 비서관, 관동도독부關東都督府 사무
관, 다롄大連 민정서장, 사가현佐賀縣 내무부장, 가고
시마현鹿兒島縣 내무부장 등을 역임했다. 타이완총독
부에 근무하는 동안, 타이완총독 고다마 겐타로兒玉
源太郎(재임기간 1898.2~1906.4)가 내무대신을 겸직하
게 되자 세키야도 내무대신 비서관을 겸직한 것을
보면 고다마로부터의 신뢰가 두터웠던 것으로 짐작
된다. 1903년 화족여학교華族女學校 출신이자 기독교
도인 오사다 기누코長田衣子와 결혼했다.

1910년 10월 1일 조선총독부 내무부 학무국學務局
의 초대 국장으로 취임한다. 교육 행정 부문에서의

경험이 없는 세키야의 학무국장 기용에는 데라우치 마사타케寺内正毅(→321) 총독의 비서관으로 근무한 고다마 히데오児玉秀雄(→73)와 우사미 가쓰오宇佐美勝夫(→790) 조선총독부 내무부 장관이 관여했을 가능성이 높다. '조선교육령朝鮮教育令'(1911)이 제정되는 과정에서는 통감부 시기로부터 학무관료였던 구마모토 시게키치隈本繁吉 등이 작성한 초안을 검토, 조정하고 총독의 결재를 거쳐 중앙 정부에 제안했다.

1917년 10월부터 조선총독부 중추원中樞院 서기관장을 겸직했고, 1919년 3·1운동이 진압된 후 조선을 떠났다. 학무국장으로서의 재임기간은 1910년 10월 1일부터 1919년 8월 20일까지였다. 이후 조선에서의 학무국장 시절을 회고한 담화에「문외한으로서 교육을 바라보며門外漢として教育を眺めて」라는 제목을 붙인 것처럼 교육에 관해서는 '문외한'이었으나 학무국장으로서 '조선교육령'의 제정, 각 학교 규칙의 제정, '사립학교규칙私立學校規則'의 개정 등 1910년대 조선에 있어서의 교육 정책 추진에 진력하였다. 조선에서는 외국인들이 모여 생활하던 대화정大和町에서 거주했다.

1919년 8월 시즈오카현 지사가 되었다. 그 후 1921년 3월 궁내차관宮内次官으로 전임하고 1933년 12월 귀족원 의원, 1935년 2월 일본은행 감사, 1939년 6월 중앙협의회 이사장, 1946년 3월 추밀고문관樞密顧問官을 역임했다.

세키야는 귀국 후에도 일본에서 공부하는 조선인 학생들을 위한 지원 활동을 하거나, 조선어를 익히지 않았기 때문에 조선인과의 대화에서 통역을 거칠 수밖에 없었던 것이 유감이었음을 기록하는 등, 조선에 대한 관심, 친근감을 유지했다. 세키야 앞으로 우송된 서간이나 조선 활동 당시 내무관료 시기의 서류, 일기, 궁내·황실 관계의 자료 등 2,209점이 '세키야 데이자부로 관계문서'로서 일본 국립국회도서관 헌정자료실憲政資料室에 소장되어 있다.

[참고문헌] 關屋貞三郞『朝鮮統治の回顧と批判』(朝鮮新聞社, 1936), 佐藤由美『植民地教育政策の研究[朝鮮·1905-1911]』(龍溪書舍, 2000), 伊藤隆·季武嘉也 編『近現代日本人物史料情報辞典1』(吉川弘文館, 2004),

稲葉繼雄『朝鮮植民地教育政策史の再檢討』(九州大學出版會, 2010)　　【야마시타 다쓰야山下達也】

505

세키야 도시코
關屋敏子(관옥민자)　　　　1904.3.12~1941.11.23

음악가

도쿄시東京市 출신. 어렸을 때부터 일본무용과 나가우타長唄 등을 배웠다. 외할아버지는 프랑스계 미국인으로 일본(1872~1875)과 조선(1890~1899)에서 외교고문을 역임한 찰스 윌리엄 조제프 에밀 리젠더Charles William Joseph Emile Le Gendre(1830~1899)이다.

어렸을 때부터 미우라 다마키三浦環(→435)에게 사사하여 황후 앞에서 독창을 한 천재 음악소녀로 신문에 실릴 정도였다. 이후 미우라의 추천으로 이탈리아 테너가수이자 작곡가인 아돌퍼 사르코리Adolfo Sarcoli(1867~1936)에게 성악을 배웠다. 1921년에는 도쿄음악학교 성악과에 입학하였지만 당시 독일계가 주류였던 도쿄음악학교는 이탈리아계 성악을 배운 세키야에게 맞지 않아 도중에 학업을 중단하게 되었다. 이후 고마쓰 고스케小松耕輔(1884~1966)에게 작곡을 배워 1925년 작곡가로 데뷔하였다. 1927년에는 이탈리아에 유학을 하여 볼로냐 대학Universty of Bologna에서 일본인 최초로 디플로마diploma(특별졸업증서)를 취득하였다. 이후 밀라노에 있는 라 스칼라La Scala에 입단하여 프리마돈나로 활약하였다.

1929년 귀국하여 1930년에는 후지와라 요시에藤原義江(→969)와 함께 오페라 〈춘희椿姬〉에 출연하였고 〈자장가子守唄〉(스즈키 시게요시鈴木重吉 감독)라는 영화에도 출연하였다.

이후 1937년에 농림성 관료인 야규 고로柳生五郞와 결혼하였으나 1941년 11월, 결혼 3년 만에 이혼하였다. 그 후, 우울증, 작곡 활동의 슬럼프 등으로 인해 37살이라는 젊은 나이에 자살하여 생을 마감하였다.

외할아버지 찰스 리젠더의 묘지가 양화진에 위치한 외국인 묘지에 있는 관계로 조선에서 독창회가 열릴 때는 성묘를 하였다. 세키야의 조선 공연은 큰 화제를 불러 일으켰는데 그에 대해 신문 지면에는 「동도악단의 명성」, 「반도악단의 신성광」, 「세계적인 일류가수」 등으로 평하였다.

조선 공연으로는 1927년 5월, 1930년 3월, 1934년 7월 공연이 있다. 1927년 5월 공연은 26일과 29일에 경성공회당에서 개최하였다. 1930년 3월 공연은 매일신보사의 초빙으로 16일에 열렸는데, 이때 밀라노라 스칼라에서 〈춘희椿姬〉에 출연할 당시에 입었던 복장으로 출연하여 화제를 모아, 청중이 약 1,500명이나 모여 대성황을 이루었다. 1934년 7월 공연은 경성공회당에서 10일에 열렸다.

조선에서 열린 세키야의 모든 독창회는 공연이 정해지면서부터 경성 도착, 공연 준비까지 그 일거수일투족이 신문기사로 전해졌다. 이것으로 조선음악계에서 세키야의 독창회에 대한 관심이 상당히 높았던 것을 알 수 있다.

그러나 『매일신보每日新報』 사회·정치부장, 『조선일보』 편집국장·부사장 겸 주필을 역임한 홍종인洪鐘仁(1903~1998)은 『삼천리三千里』(1938년 12월호)에 세키야의 공연에 대해 세간에서 칭찬하고 있지만 그다지 감격은 없었다고 비평하였다.

[참고문헌] 芳賀登 外 監修 『日本女性人名辭典』(日本圖書センター, 1993), 堀内久美雄 編 『新訂標準音樂辭典アーテ第二版』(音樂之友社, 1966), 金志善 「植民地朝鮮における日本人音樂家による音樂會: 韓國西洋音樂受容史の一側面として」 『東京藝術大學音樂學部紀要』 42(東京藝術大學, 2017)　　【김지선】

506
세키자와 아키키요
關澤明淸(관택명청)　　　　　1843.3.17~1897.1.9

실업가

가가번加賀藩 출신. 에도·나가사키에서 유학 후 번명藩命에 따라 런던에서 유학하였다가 3년 만인 1868년에 귀국하였다. 1872년 태정관 정원正院 6등출사六等出仕로 임명되었다. 이듬해 오스트리아 만국박람회에 참석한 것을 계기로 유럽의 수산상황을 목격하였으며 이후 수산인의 길을 걸었다. 세키자와는 이때 어망漁網 제조기계와 연어 인공부화 기술을 도입하였다. 1876년에는 미국 건국 100주년 기념 만국박람회에 다녀왔으며, 캐나다에서 연어 인공부화법을 조사하였고 콜롬비아주에서 통조림제조법을 습득하는 한편 통조림제조기계를 구입하여 귀국하였다. 1877년에는 홋카이도 관영 이시카리石狩 통조림공장을 건립하였다. 내무경 오쿠보 도시미치大久保利通에게 인공부화사업의 중요성을 건의하였으며 몸소 권농국 수산계장으로서 인공부화사업 진흥에 힘썼다. 대일본수산회大日本水産會 창설(1882), 수산전습소水産傳習所(현재 도쿄수산대학東京水産大學) 창설(1888)에 진력하였고 수산전습소 초대 소장이 되었다. 재직 중에 미국식 건착망巾着網을 사용하는 원양어업의 필요성을 설파하여 개량건착망 발전에 기여하였다. 1892년 관직에서 물러난 후 보슈房州 다테야마館山로 거처를 옮겨 보난포경조房南捕鯨組를 조직하였고, 이즈伊豆 근해에서 미국식 흑고래잡이槌鯨漁를 개시하였다.

원양어업에 유용한 포경총을 직접 개발·시연하기도 하였던 수산전문가 세키자와는 메이지시대 최초의 조선 해양에 관한 본격적 조사 보고서인 『조선통어사정朝鮮通漁事情』을 저술하였다. 그는 1892년 11월 도쿄를 출발하여 부산을 거쳐 인천에 도착한 다음, 한성에 들어갔다가 다시 인천에서 일본 해군의 조카이鳥海함에 탑승하여 여러 섬을 순찰한 후 부산으로 돌아왔다. 이듬해인 1893년 3월 초에 귀국하여 같은 해 4월 『조선통어사정』을 탈고하였다. 이 책은 총론, 일본인어부의 조선조업의 기원과 연혁, 어업규칙, 지리, 해리 및 기상, 중요수산물, 조선인 어업의 상황, 조선조업에 종사하는 일본 어선수와 이익, 어획물의 판매 및 제조뿐만 아니라 조선조업종사자·정부·자본가에 대한 희망사항 및 조선과 일본 사이에 체결된 어업관련조약을 수록했다. 당시 일본신문에서는 이 책을 '조선어업 관련 정보를 망라한 저술'로서 널리 홍보하고 있었다. 1894년 2월 원산상업회의소를 주축으로 한 원산거류민들이 함경도 수산업 확장을 위해 수산회사 설립을 도모하였을 당시,

전문가 자문을 구하고자 세키자와를 지명, 초빙요청을 하기도 하였다. 당시 원산영사 우에노 센이치上野專一의 건의내용에 따르면 원산거류민들은 세키자와를 초빙하여 함경도 연해의 어족魚族, 해초 등 수산물 개황과 어획 가능한 계절漁期의 조류, 어업종사방법, 회사조직예산 등 수산사업 관계 사항 전반에 대한 가르침을 구하고자 하였다. 이를 전달 받은 외무성 통상국장 하라 다카시原敬(→917)는 즉각 세키자와에게 초빙 의사를 타진하였으나, 당시 세키자와는 원양어업 계획에 착수하여 한창 선박 개조작업 중이었으므로 응하지 못하였다. 이때 세키자와를 대신하여 실제로 원산에 파견된 인물은 농상무성 기수技手 가부라기 요미오鏑木餘三男였다.

세키자와는 1894년 긴카산金華山 앞바다를 항해하여 향고래를 두 마리 포획하여 일본 원양포경의 기선을 잡기도 하였다. 1896년에는 양식 범선을 제조하여 참치잡이를 떠나는 등 원양어업을 실천하였다. 1897년 10월 9일 향년 55세로 사망하였다.

[참고문헌] 農商工部水産局 편찬, 이근우 외 역『韓國水産誌1-2』(새미, 2010), 國史編纂委員會 編『韓日漁業關係』(국사편찬위원회, 2002), 宇佐美修造「關澤明淸」『日本近現代人名辭典』(吉川弘文館, 2001), 이근우「明治時代 일본의 朝鮮 바다 조사」『수산경영론집』43(한국수산경영학회, 2012) 【김희연】

507

세토 도이치

瀬戸道一(뢰호도일)　　　　　　　1899.8~?

관료

히로시마현廣島縣 아키군安藝郡 에다지마무라江田島村 출신. 1924년 4월 도쿄제국대학東京帝國大學 법학부 독일법학과를 졸업하고 1925년 11월 고등문관시험 행정과에 합격했다. 대학을 졸업하던 1924년 5월에 경기도 촉탁으로 임명되어 조선으로 이주하였다.

1926년 8월 전라남도 경시, 1927년 전라북도 학무과장, 1931년 1월 강원도 재무부장을 역임하였다. 이후에 경기도 재무부장, 신의주 세관장, 강원도 경찰

부장, 평안남도 경찰부장, 경상북도 내무부장, 경기도 경찰부장을 등을 거쳐 1942년 함경남도 지사를 역임하였다.

[참고문헌] 朝鮮總督府 編『朝鮮總督府及所屬官署職員錄』(朝鮮總督府, 1927), 朝鮮紳士錄刊行會 編『朝鮮紳士錄』(朝鮮紳士錄刊行會, 1931), 谷サカヨ『第14版 大衆人事錄』(帝國秘密探偵社, 1943), 국사편찬위원회 한국사데이터베이스〈http://db.history.go.kr〉 【최종길】

508

센사이 사다키치

千歲定吉(천세정길)　　　　　　　1867.3~?

실업가

나가사키현長崎縣 시모아가타군下縣郡(현 쓰시마시對馬市) 이즈하라초嚴原町 출신. 학력 및 기타 사항은 불분명하다.

부산의 무역상이었던 이소야마 군페이磯山軍平로부터 상관商館 건축을 의뢰받고 1888년 조선으로 건너와서 이를 완성했으며, 이듬해 4월부터 토목청부업을 개시했다. 이때 실력을 인정받아 곧바로 부산상업회의소를 준공했다. 청일전쟁 때는 부산-대구간 군용전신공사를 완성했다. 이후 철도와 관청의 지정 청부인이 되어 영사관, 경찰서 등의 공사를 맡았다. 1895년 부산영사관 및 부산경찰서, 1899년 마산영사관 및 마산경찰서 건설이 대표적이다. 이 과정에서 부산 건축계의 실력자로 신망을 얻었다. 1892년에는 미요시 도요사부로三好豊三郎와 협력해 공생회工生會를 조직했고, 여기서 의용소방구미消防組를 만들어 조장으로 추대되었다. 이는 부산소방구미의 기원에 해당한다. 러일전쟁 당시에는 부산-대전간 임시철도사무를 단독으로 건설했다. 이후 동래고등보통학교, 진주 자혜병원, 전매국의 경상남도 각 군 지서, 기타 경남간선도로, 부산 목도牧島 도로, 입석제유立石製油 공장, 부산세관수산품검사소, 부산 측후소, 제주도 측후소, 방어진方漁津 방파제, 부산 남항 매축방파제, 초량草梁 토목사무소, 거문도巨

文島 제빙소, 경남수산시험장과 부산부 청사 등을 건설하여 경상남도 유수의 토건업자로 발돋움했다. 1935년 10월에는 합자회사 센사이구미千歲組를 설립하여 가족들과 함께 경영했다. 거주지였던 부산 부평정富平町 총대總代와 용두산 신사 우지코 총대龍頭山神社氏子總代 등에도 추대되었다. 1942년 12월에는 부산대가조합釜山貸家組合의 설립 구성원으로서 이사를 역임했다.

[참고문헌] 釜山出版協會 編『新釜山大觀』(釜山出版協會, 1934), 阿部薰 編『朝鮮功勞者銘鑑』(民衆時論社, 1935), 長田睦治 編『昭和十年版 釜山名士錄』(釜山名士錄刊行會, 1935), 朝鮮經濟日報社 編『昭和十年 朝鮮請負年鑑』(朝鮮經濟日報社, 1935), 東亞經濟時報社 編『朝鮮銀行會社組合要錄』(東亞經濟時報社, 1925), 조선총독부관보시스템 〈http://gb.nl.go.kr〉【고태우】

509
소네 아라스케
曾禰荒助(증녜황조)   1849.2.20~1910.9.13

관료, 정치인

야마구치현山口縣 출신. 자작子爵의 작위를 받았다. 메이지유신明治維新 직후부터 메이지시대 일본의 입법, 행정, 재정, 외교, 군사, 한국 침략 등의 다방면에서 폭넓게 활동한 대표적인 관료 정치인이다.

조슈 번의 번교藩校 메이린칸明倫館에서 한학을 공부하고 메이지유신 직후 정부군으로 보신전쟁戊辰戰爭(1868)에 종군했다. 이후 1869년 육군병학료陸軍兵學寮에 입학하고, 2년 후인 1872년 프랑스 육군사관학교에 유학했다. 1877년 프랑스에서 귀국하여 육군성陸軍省에 출사하여 군무에 종사했으나 1881년 태정관太政官으로 자리를 옮겨 참사원參事院 의관보議官補, 법제국法制局 참사관, 내각기록국장, 관보국장, 법제국 서기관 등 1889년까지 정부의 주요 보직을 두루 역임했다. 1890년 제국의회가 개설되자 중의원 서기관장에 발탁되었고, 1892년의 제2회 중의원 선거에서는 본인의 고향인 야마구치현에서 중의원에 당선되어 제3회, 제4회 의회에서 중의원 부의장을

역임했다. 중앙교섭부, 의원구락부에 속해 정부를 원조하고 국민협회에도 참가했다. 중의원의 임기가 남은 상태에서 1893년 정부의 요청에 의해 프랑스 주차 특명전권공사로 부임하여 청일전쟁(1894)과 3국 간섭(1895)에서 프랑스 정부와의 교섭을 담당했다. 이후 1898년 제3차 이토 히로부미伊藤博文(→900) 내각에서 사법대신으로 입각한 이래, 제2차 야마가타 아리토모山縣有朋 내각에서 농상무대신으로 입각했고 칙선으로 귀족원 의원이 되었다. 1901년 제1차 가쓰라 다로桂太郞 내각에서는 대장대신으로 입각하였는데 일시적으로 외무대신, 체신대신을 겸임하기도 하였다. 일본이 러일전쟁을 일으키자 마쓰가타 마사요시松方正義와 이노우에 가오루井上馨(→824) 두 국가원로의 후원을 받아 곤란한 정부의 재정상황에서 국채발행, 외채모집, 증세 등을 단행하여 전쟁에 필요한 전비를 성공적으로 조달하였다. 이후 1906년 추밀원 고문관을 취임했고, 1907년 이토 히로부미 한국통감의 추천에 의해 부통감이 되어 한국에 부임했다. 이토가 통감재임기간동안 장기간 도쿄에 머물러 있었기 때문에 믿고 맡길 수 있는 부하가 필요하여 같은 고향 출신으로 성실한 소네 아라스케를 발탁했다고 한다. 부통감 시절에는 1907년 7월 헤이그밀사사건 이후 고종황제 폐위와 한일협약개정을 한일강제병합의 발판으로 삼고자 하는 일진회와 사사건건 대립했다. 일진회가 한국, 일본, 만주 연방에 중국을 더한 '아시아연맹' 구상의 일환으로 만주이민계획을 주장하자 일진회에 불신감을 가지고 있던 소네는 이를 반대하였다. 일진회의 만주이민계획은 합자회사 형태로 동양척식주식회사 설립으로 귀착되었다. 또한 고종의 퇴위와 함께 본격적인 반일의병투쟁이 일어나자 일진회는 주차군 병력만으로는 의병투쟁을 제대로 진압할 수 없으니 한국인으로 편재되는 자위단을 조직할 것을 주장했다. 자위단 설립을 달갑게 생각하지 않은 소네 부통감은 이에 반대했다. 우치다 료헤이內田良平(→806)는 이토 통감에게 자위단 설립을 호소했지만 그 설득에 실패하자 통감부 촉탁직을 사직하고 이토를 통감직에서 쫓아내려는 공작을 획책하기에 이르렀다. 1909년 6월 이토가 한국통

감을 사직하자 이토의 뒤를 이어 제2대 통감이 되어서도 소네는 이토의 한국정책을 승계했다. 1909년 10월 이토가 중국 하얼빈에서 안중근에 의해 사살당한 후에도 이토의 한국정책을 계승하여 한국의 상황을 통제했다. 한일강제병합에 대해서 시기상조론을 내세우며 실행에 소극적이었기 때문에 '합방상신서'를 제출한 일진회와 극우단체로부터 사임압력이 빗발쳐, 1910년 5월 지병을 이유로 사임했다. 소네의 후임으로 육군대신 데라우치 마사타케寺內正毅(→321)가 부임하여 한일강제병합을 단행하였다. 소네는 군인 출신이지만, 사건의 해결방식이 급진적이지 않은 현상유지형 관료 정치가로 평가받는다. 또 '한일강제병합' 직전의 통감으로서 소네의 한국정책에 대해서는 유약했다는 평가와 성공적으로 한국의 상황을 관리했다는 평가가 상존한다.

[참고문헌] 鵜崎熊吉 『閥人と黨人』(東亞堂書房, 1913), 曾根荒助 『歲計子算論』(丸善, 1892)　　　【이형식】

510
소노베 지요
園部チヨ(원부지요)　　　　　?~1965.3.23

교사

아키타현秋田縣 출신. 1910년에 도쿄음악학교東京音樂學校 갑종사범과甲種師範科를 졸업하였다. 졸업 후 아키타현 여자사범학교秋田縣女子師範學校 교사로 지냈다. 이후 조선에 건너와 경성여자고등보통학교 교사로 지낸 후, 다시 일본으로 돌아가 일본의 중등교육기관에서 교육활동을 하였다.

소노베가 도한한 정확한 시기는 알려져 있지 않지만 대략 1913년 무렵으로 추정된다. 1889년에서 1920년까지의 『도쿄음악학교일람東京音樂學校一覽』에는 졸업생의 현직정보가 게재되어 있다. 『도쿄음악학교일람 종대정이년지대정삼년東京音樂學校一覽 從大正二年至大正三年』에 의하면 소노베가 조선 경성여자고등보통학교 교원으로 활동하고 있다고 나온다. 그러나 『도쿄음악학교일람 종대정사년지대정오년東京音樂學校一覽 從大正四年至大正五年』의 기록부터는 사이

타마현埼玉縣 여자사범학교女子師範學校 교사로 활동하고 있다고 나오는데, 이것으로 보아 소노베는 1913년경부터 1914년경까지 약 2년간 경성여자고등보통학교에서 음악담당 교사로 교편을 잡았을 것으로 추정된다.

귀국 후, 사이타마현 여자사범학교埼玉縣女子師範學校 교사로 활동하였다.

[참고문헌] 東京音樂學校 編 『東京音樂學校一覽 從明治四十年至明治四十一年』(東京音樂學校, 1908), 東京音樂學校 編 『東京音樂學校一覽 從大正七年至大正八年』(東京音樂學校, 1918), 東京藝術大學音樂部 『同聲會會員名簿』(廣濟堂, 2013)　　　【김지선】

511
소다 가이치
曾田嘉伊智(증전가이지)　　　　1867~1962.3.28

사회활동가

야마구치현山口縣 출신. 나가사키長崎에서 일찍이 근대식 교육을 받고 타이완臺灣 소재의 독일계 회사에서 근무하였다. 1899년 31세, 타이완에서 병으로 쓰러지자 이를 발견한 한국인의 도움으로 가까스로 죽음을 면하게 된다. 그 후 은인의 나라 한국에 은혜를 갚고자 1905년 한국행을 결심한다.

서울에 정착한 소다는 서울에서 황성기독교청년회(현 YMCM)의 일본어 교사로 일하다가 그곳에서 만난 독립운동가 이상재의 감화에 감동하여 기독교 신자가 되었다. 그 후 1908년 일본인 소학교 교사로 한국에 와 있던 우에노 다키上野タキ를 만나 결혼에 이른다. 1921년, 의사 사타케 오토지로佐竹音次郎가 서울에 설립한 가마쿠라鎌倉 보육원(영락보린원)의 지부장이 된 소다는 1913년부터 전쟁이 종결될 때까지 보육원에서 30년간 1,000명 이상의 고아를 위한 보육활동에 매진하였다.

그 후 화재로 보육원이 전소하자 1947년 아내인 우에노를 서울에 남겨두고 앞으로의 계획을 위해 일본으로 일시 귀국한다. 그의 아내는 1945년 패전 후에도 귀국하지 않고 1950년 74세의 나이로 한국에서

별세하였다. 그 뒤 소다는 1961년에 한국전쟁으로 인하여 입국이 어려운 상황임에도 불구하고 기독교 관계자의 도움을 받아 내한하였고, 1962년 95세로 한국에서 별세하였다. 일본인으로서는 처음으로 한국 정부의 문화훈장을 받았으며, 유해는 양화진 외국인 선교사 묘지에 부인 우에노 여사와 함께 안장되었다. 양화진 외국인 묘지의 유일한 일본인으로 조선 고아의 아버지로 불리고 있다.

[참고문헌] 김영식 『그와 나 사이를 걷다 : 망우리 사잇길에서 읽는 인문학』(호메로스, 2015), 전택부 『양화진 선교사와 열전』(홍성사, 2012), 貴田忠衛 『朝鮮人事興信錄』(朝鮮人事興信錄編纂部, 1935)   【제점숙】

512

소다 도쿠이치로

曾田篤一郎(증전독일랑)   1886.10~?

관료

시마네현島根縣 마쓰에시松江市 조가초雜賀町 출신. 독학으로 1907년 8월 시마네현 농사시험장 서기가 되어, 9월에 문관보통시험에 합격하여 1908년 도쿄부東京府 농무과 속탁으로 근무하여 이후 조선총독부 군속이 되었다.

1911년 4월 조선으로 건너왔다. 이후 충청북도 청주군, 충청북도 서무계 주임, 충청북도 지사관방 주사, 평안남도 비서과장 겸 문서과장, 평안남도 지사관방주사 등을 역임했다. 이후 군수에 임명되어 경기도 시흥 군수, 경상북도 경주 군수로 영전했다.

퇴관 후 경상북도 금천읍민의 간절한 청원으로 경상북도 금천군 금천읍장에 취임한 이후 고등여학교 신설 등 지방발전을 위해 활동하였다.

귀국 후 시마네현으로 돌아갔다. 현재 손주 사의가 동주소지에서 사설도서관 소다도쿠이치로 문고갤러리曾田篤一郎文庫ギャラリー를 운영하고 있다. 도쿠다가 소장했던 500권의 서적이 보존되어 있다.

[참고문헌] 有馬純吉 『昭和六年版 朝鮮紳士錄』(朝鮮紳士錄發行會, 1931), 阿部薰 編 『昭和12年版 朝鮮都邑大觀』(民衆時論社, 1937)   【나카무라 시즈요中村靜代】

513

소에다 세쓰

副田節(부전절)   생몰년도 미상

외무관료

후쿠오카현福岡縣 출신. 1873년에는 외무성 3등서기생이었으며, 이듬해에는 2등서기생으로 승진하여 오스트리아 빈에서 근무하였다. 1876년까지 2등서기생 신분을 유지하였다. 조선에는 1877년 출장을 나오면서부터 관계를 맺기 시작하였다. 1884년 말까지 부산, 원산에서 영사로 근무하였다.

1877년 10월 외무 2등속으로 대리공사 하나부사 요시모토花房義質(→912)를 수행하여 조선에 건너왔다. 곤도 마스키近藤眞鋤(→110) 관리관管理官이 공사 일행과 같이 귀국함에 따라 부산에 체류하면서 관리관 대리 업무를 수행하면서 판찰관 현석운玄昔運과 접촉하였다. 1878년 4월 일시 귀국하였다가 근무에 다시 복귀하였다. 1881년 3월 24일 한성에 개설된 일본공사관에서 근무하라는 발령을 받고 외무2등속 신분으로 재차 도한하였다. 변리공사인 하나부사 요시모토가 이해 6월 잠시 귀국하면서 공사대리 업무를 맡았다. 1882년 7월에는 외무1등속 신분으로 부산 영사에 임명되어 부산 거류 일본인 상법회의소 및 거류지회 구성원들과 모임을 갖기도 하였다. 임오군란 발발 후 8월 1일 출장차 부산에 잠시 들른 히사미즈 사부로久水三郎(→997)를 만나면서 그 소식을 처음 접하였으며, 이를 통하여 거류인민에게 군란의 전말과 주의방침 등을 고시하였다. 아울러 가이즈 미쓰오海津三雄(→39)가 정탐하여 수집한 군란 발발 당시의 정황에 대한 정보를 본국으로 송부하였다. 이로부터 얼마 지나지 않아 인사이동으로 인하여 8월 원산으로 곧바로 옮겨갔는데, 이때도 부산과 마찬가지로 영사로 업무를 담당하였다. 1884년까지 원산에서 총영사로 재직하다가 이해 12월 요코하마橫濱를 거쳐 귀국하였다.

귀국 이후에는 직책을 맡지 않는 영사 겸 판사 신분을 유지하고 있다가 1885년 7월 27일 해임되었다.

[참고문헌] 근대한국외교문서 편찬위원회 편 『近代韓國

外交文書』6(서울대학교출판문화원, 2013), 都甲玄鄕編『釜山府史原稿』卷5(釜山府, 1937), 박한민「조일수호조규 관철을 위한 일본의 정찰활동과 조선의 대응」『歷史學報』217(歷史學會, 2013) 【박한민】

514

소에지마 미치마사

副島道正(부도도정)   1871.11.26~1948.10.13

정치인, 언론인

도쿄부東京府 출신. 메이지明治의 원훈元勳이라 불리던 소에지마 다네오미副島種臣의 3남으로 태어났다. 1885년 가쿠슈인 중학교에 입학했으나 1887년에 중퇴했다. 1887년 9월 영국으로 유학을 떠나서 1888년 리스중학교에 입학하였다. 1891년 7월 리스중학교 대학 예비과를 졸업하였다. 같은 해 9월에 캠브리지대학으로 진학하여 1894년 6월 정치학과를 졸업하였다. 1894년 10월 일본으로 귀국하였다. 1895년 3월 시종侍從이 되었다. 1897년 12월 기타 미네北ミネ와 결혼하였다. 1899년부터 학습원에서 강사로 일했다. 1903년부터 동명해상보험東明海上保險 이사, 일영수력동맹日英水力同盟 발기인 등 경제계에서 활동했다. 1905년 아버지의 죽음으로 백작을 계승하였다. 1911년 7월 귀족원貴族院 의원 선거에서 낙선했으나 1918년 7월에 당선되어 귀족원 연구회硏究會 소속으로 정치활동을 하였다.

1924년 8월 조선총독부의 일본어 기관지인 경성일보사京城日報社 사장에 취임하였다. 1925년 11월 26일부터 28일까지『경성일보』에「조선자치朝鮮自治의 근본의根本義」라는 사설을 게재하였다. 이 사설에서 조선민족운동의 해결책으로서 조선인에게 참정권을 주는 것을 반대하고 조선자치론을 제창하였다. 아일랜드인에게 참정권을 주어서 영국의회가 혼란스러워졌다는 게 소에지마의 영국 유학의 경험이었다. 소에지마의 자치론은 'Home Rule'의 자치였다. 일본제국의 영토로서 조선 고유의 문화적 특질에 입각한 문명적 정치형식을 주자는 것이었다. 소에지마의 자치론은 제기되자마자 논쟁에 휩싸였다. 조선인 민족

주의자와 공산주의자는 조선총독부와 조선인 자치론자의 제휴를 확신하고 후자를 비난하였다. 재조일본인사회는 '한일강제병합'의 정신에 어긋난다면서 소에지마 배척운동을 벌였다. 소에지마는 1927년 12월 경성일보사를 사임하면서 조선을 떠났다.

1929년부터 남만주철도주식회사의 부속기관인 동아경제조사국東亞經濟調査局 이사로 지내다가 1933년 3월에 사임하였다. 1929년 태평양문제조사회 평의원, 1931년 일본바스켓볼협회 초대 회장에 취임하였다. 1934년 5월부터 1938년 7월까지 IOC 위원을 지내면서 1940년 제12회 올림픽의 도쿄 유치에 성공하였다. 1939년 7월 귀족원 의원에 당선되었다. 1948년 10월 13일에 사망하였다.

[참고문헌] 朝鮮公論社 編『在朝鮮內地人紳士名鑑』(朝鮮公論社, 1917), 趙聖九『朝鮮民族運動と副島道正』(硏文出版, 1998) 【장신】

515

쇼다 가즈에

勝田主計(승전주계)   1869.10.19~1948.10.10

관료, 정치인

에히메현愛媛縣 출신. 도쿄제국대학 법학대학 정치학과를 졸업한 뒤 1895년 7월 대장성大藏省 주세국主稅局에서 경제 관료생활을 시작했다. 이후 주세 분야 전문으로 요코하마橫濱, 하코다테函館의 세관을 거쳤지만 1901년부터 1903년 유럽파견에서 귀국하여 같은 해 10월 국채과장이 된 뒤부터 이재理財 분야로 전향했다. 1905년 10월 임시국채정리국이 설치되자 임시국채정리국 제1과장이 되었고, 이후 1906년 국장 대리, 1907년 5월 이재국장, 1912년 12월부터 3년 4월까지 대장차관大藏次官을 지냈다. 1914년 3월부터 1946년 8월 공직추방 전까지 귀족원 의원을 지냈다. 1915년 12월부터 1916년 10월까지 2대 조선은행 총재를 맡았다. 1916년 12월부터 1918년 9월까지 데라우치 마사타케寺內正毅(→321) 내각의 대장대신이 되었다. 1924년 1월부터 6월까지 기요우라 게이고淸浦奎吾 내각의 대장대신, 1928년 5월부터 1929년 7월까

지 다나카 기이치田中義一 내각의 문부대신이 되었다. 니시하라 가메조西原龜三(→237)의 중개로 중국 군벌 돤치루이段祺瑞에게 1917년부터 1918년까지 차관 1억 4,500만 엔을 제공했지만 돤치루이가 다른 군벌에게 패하자 회수할 수 없게 되어 제국의회에서 비판을 받았다. 1923년 간토대지진關東大震災의 피해복구 재원을 위해 외채를 발행한 것이 러일전쟁의 외채 차환借換과 겹쳐 발행조건이 불리해졌기 때문에 '국욕공채國辱公債'라는 비난을 받았다. 1945년 4월 스즈키 간타로鈴木貫太郎 내각의 대장대신 후보가 되었지만 노령이라는 이유로 이를 거절했다.

　1909년 4월부터 7월까지 한국과 청으로 출장을 다녀온 뒤 『청한만유여력淸韓漫遊餘瀝』을 발간하여 당시 한국과 청의 사정을 일본 내에 알렸다. 당시 한국 여로는 부산에서 한성을 거쳐 인천, 다시 한성에서 1주일간 머무른 뒤 평양을 거쳐 신의주를 통해 청에 들어갔다. 『청한만유여력』은 1909년 한국과 만주, 중국 본토를 시찰한 결과를 남긴 것으로 경제관료의 시각에서 당시 한국의 재정, 경제, 무역, 농업, 공업, 광업, 교통기관, 동양척식회사 등에 대해 기록한 것이다. 1909년 조선은행이 설치된 후 니시하라의 추천을 받고 데라우치 총독이 요청하여 1915년 12월부터 1916년 10월까지 8개월 간 2대 조선은행 총재로 근무하였다. 재직하는 동안 조선은행의 방향성을 결정하였다. 오쿠마 시게노부大隈重信 내각 당시 일화신조약日華新條約을 계기로 만주에 신설 금융기관을 설치하고자 하였지만 조선총독인 데라우치, 귀족원 의원 고토 신페이後藤新平 등이 강하게 반대하여 무산되었다. 적극적인 만주 진출은 이후에도 조선은행의 특징이 되었다. 오쿠마 내각에 이어 데라우치 내각이 성립되자 대장성 차관으로 취임하게 되어 조선은행 총재에서 사임하였다. 사위인 히로세 도요사쿠廣瀨豊作의 절친한 인물들이 조선은행에 있었기 때문에 총재에서 물러난 이후에도 계속 인사에 개입하며 영향력을 행사했다.

　1916년부터 1918년까지 데라우치 내각, 1924년 기요우라 게이고淸浦奎吾 내각의 대장대신, 1929년 다나카 내각의 문부대신을 지냈다. 데라우치 내각의

대장대신 임기 중 니시하라 차관西原借款 사건이 일어났다. 2차 세계대전 말기 대장대신 후보가 되었지만 노령을 이유로 거절하고 사위인 히로세를 추천했다. 1948년 78세로 사망했다. 동향의 시인 마사오카 시키正岡子規, 해군 아키야마 사네유키秋山眞之와 친분이 있었다.

　[참고문헌] 勝田主計 『淸韓漫遊餘瀝』(景仁文化社, 1989), 朝鮮銀行史硏究會 編『朝鮮銀行史』(東洋經濟新聞社, 1987), 秦郁彦 編『日本近現代人物履歷事典』(東京大學出版會, 2002), 조명근 「日帝의 國策금융기관 朝鮮銀行 연구」(고려대학교 한국사학과 박사논문, 2011)　　　　　　　　　　　　　　　【박진홍】

516

쇼쿄쿠사이 덴카쓰
松旭齊天勝(송욱제천승)　1886.5.21~1944.11.11

나카이 가쓰中井かつ(본명), 야로 가쓰野呂かつ(개명)
예능인

가난한 집안 출신인 그녀는 심부름꾼으로 초대初代 쇼쿄쿠사이 덴이치松旭齊天一 집안에 들어가지만 덴이치의 인정을 받아 문하생이 되어 마술을 배우기 시작한다.

　1895년경 쇼쿄쿠사이 덴이치좌松旭齊天一座에 입단하여 덴이치의 수제자가 되어 마술을 전수받는다. 또 해외순회공연에 동행하면서 아직 십대의 문하생이던 덴카쓰는 '구미순업歐美巡業'을 통한 서양체험을 하게 된다. 최초의 미국 공연과 영국, 프랑스, 독일 등의 유럽 공연, 다시금 미국으로 돌아와 공연을 하면서 5년여 기간 동안 덴카쓰는 서양의 근대무용을 익히며 구미 각국의 근대 마술을 체득한다. 구미순회공연을 통해 서양인에게 일본 마술의 이국 정취로 인기를 얻음과 동시에 서양 마술을 본격적으로 익히게 된 것이다. 그리하여 일본의 '대도예大道藝' 즉, 거리예능이던 마술은 근대적인 서양 마술 즉 무대 예술로 거듭나게 된다. 1905년 가부키좌 귀국공연에서 덴카쓰는 훤칠한 키와 수려한 외모로 서구식 모던 여성의 이미지를 구축하며 자신의 존재감을 알

리는 계기가 되었다. 1911년 덴이치天一가 은퇴하자 그녀는 27세 나이로 흥행기획자 노로 다쓰노스케野呂辰之助와 함께 독립하여 1930년대까지 덴카쓰이치좌天勝一座를 이끌며 일본 근대 마술계의 대표적인 존재가 된다. 그녀가 왕성하게 활동한 1910년대, 20년대에는 '마술의 여왕'이라는 호칭으로 불릴 정도였다. 덴카쓰이치좌의 특징으로 주목할 점은 무대공연에서 서양연극과 마술은 물론 댄스, 발레, 레뷰, 재즈, 클래식 연주, 토막극寸劇, 고전동화극お伽劇, 중국雜技, 애크러뱃acrobat(曲藝) 등 다양한 레퍼토리로 구성하였다는 점이다. 덴카쓰이치좌는 경성에서도 공연을 하였다. 1915년 10월 10일 경복궁내 경회루 환영 행사를 마친 후 경성공연을 시작했고, 1차 공연은 14일까지 5일간 예정으로 진행되었으며 〈살로메〉에 대한 관객호응이 좋아 15일까지 연장 공연이 결정된다. 이어 2차 공연은 연예관에서 15일부터 19일까지 레퍼토리를 바꾸어 진행하였으며 3차 공연은 일본인 극장가로 옮겨가게 된다. 22일부터 26일까지 경성일보 광고란에 대대적인 홍보를 하며 1차 공연의 레퍼토리 가운데 유락관有樂館에서 〈살로메〉만 재공연되었다. 왜 '살로메'만이 재공연 되었는지는 확실하지 않지만 가장 인기 있는 종목이었을 것으로 추정된다. 다시금 4차 공연은 27일부터 30일까지 1차 공연을 했던 연예관으로 옮겨 새로운 레퍼토리로 최종 공연을 하게 된다.

당시 경성공연을 위해 건너온 공연단 인원은 총 30여 명, 10월 10일부터 30일까지 21일간의 흥행, 연예관과 유락관 2개의 극장에서 이루어졌으며 흥행내용은 마술쇼를 가미한 연극 3편 〈살로메〉(오스카 와일드 원작)와 〈신부호궁新浮胡弓〉(巖谷小波 원작), 희극 〈포서捕鼠〉(원작자 미확인), 그리고 모던댄스, 서양악기의 연주, 그리고 마술, 곡예 등의 레퍼토리를 중심으로 진행하였다.

[참고문헌] 松旭齊天勝 『魔術の女王一代記』(かのう書房, 1991), 홍선영 「제국의 文化領有와 外地巡行－天勝一座의 '살로메' 景福宮 공연을 중심으로」 『일본근대학연구』 33(한국일본근대학회, 2011)　【홍선영】

517
스가와라 미치요시
菅原通敬(관원통경)　1869.2.16~1946.12.18

게이도敬堂(호)

관료, 정치인

미야기현宮城縣 센다이시仙臺市 출신. 번사藩士로 군장郡長을 지낸 스가와라 미치자네菅原通實의 장남으로 태어났다. 센다이중학仙臺中學 및 제일고등학교第一高等學校를 거쳐 1895년 7월 도쿄제국대학東京帝國大學 법과대학 정치학과를 졸업했다.

대장성大藏省에 입성하여 주세국主稅局에 배속되었고, 동년 11월 고등문관시험 행정과에 합격하여 요코하마橫濱 세관창고稅關倉庫 과장에 취임했다. 이후 오키나와현沖繩縣 수세장收稅長, 구마모토熊本 세무관리국장稅務管理局長, 하코다테函館 세무관리국장稅務管理局長 및 세관장稅關長, 마루가메丸龜 세무관리국장, 고베神戸 세무관리국장, 고베 세무감독국장稅務監督局長, 대장성 서기관 및 주세국 내국세과장內國稅課長, 1915년까지 주세국장主稅局長 등을 역임했다. 일본 세제稅制의 권위자이자 신탁사업信託事業의 창시자이기도 하다.

1915년 7월 대장성 차관次官으로 취임하여 1916년 10월까지 재임했다. 퇴관 후 귀족원貴族院 칙선의원勅選議員으로 임명되어 도세이카이同成會(1919년 11월 15일 결성되어 1947년 5월 2일까지 지속된 일본 귀족원의 원내회파. 주로 칙선의원과 고액 납세 의원으로 구성)에 소속되어 1938년 2월까지 재임했다. 1922년 2월 13일 긴케이노마시코錦鷄間祗候(화족華族이나 관리의 공적을 우대하기 위하여 1890년 5월 30일 신설된 명예직)에 임명되었다.

1930년 12월 5일부터 1932년 3월 9일까지 동양척식회사東洋拓殖會社 총재로 부임했다.

1938년부터 1946년까지 추밀고문관樞密顧問官을 지냈다. 1946년 12월 향년 77세로 사망했다.

[참고문헌] 秦郁彦 編 『日本近現代人物履歷事典』(東京大學出版會, 2002), 秦郁彦 編 『日本官僚制總合事典: 1868-2000』(東京大學出版會, 2001), 衆議院·參議院 編 『議會制度百年史－貴族院·參議院議員名鑑』(衆議

院, 1990)　　　　　　　　　　　【이윤지】

518

스가이 도키오
須階ときを(수계도키오)　　　　?~1932.9.6

교사

야마가타현山形縣 출신. 1910년에 도쿄음악학교東京
音樂學校 갑종사범과甲種師範科를 졸업하였다. 졸업
후 야마가타현 쓰루오카고등여학교鶴岡高等女學校 교
사로 활동하였다. 이후 조선의 사립여학교에서 교편
을 잡았으나 얼마 안 되어 사망하였다.

　정확한 도한 시기는 알 수 없으나 『근대일본음악
연감近代日本音樂年鑑』(1931~1934)에 진명여자고등보
통학교 강사로 활동했다는 기록이 있는데, 이것으로
보아 1929년 말에서 1930년 초에 조선에 건너왔을
것으로 추정된다.

[참고문헌] 東京音樂學校 編 『東京音樂學校一覽 從明
治四十年至明治四十一年』(東京音樂學校, 1908), 東京
音樂學校 編 『東京音樂學校一覽 從大正七年至大正八
年』(東京音樂學校, 1918), 東京藝術大學音樂部 『同聲
會會員名簿』(廣濟堂, 2013), 松下鈞 編 『近代日本音樂
年鑑』(大空社, 1997)　　　　　　　　　【김지선】

519

스기무라 후카시
杉村濬(삼촌준)　　　　1848.2.16~1906.5.21

준파치順八(아명)
외무관료

이와테현岩手縣 모리오카시盛岡市 출신. 부친은 번사
藩士 슈조秀三이다. 번교藩校인 사쿠진칸作人館에서
한학과 산술을 배웠고, 일찍 재능을 발휘하여 조수
를 맡았다.

　1868년 보신戊申 전쟁에서 막부군 측에 서서 모리
오카에서 싸웠으나 패퇴하였다. 그 후 사쿠진칸이
근대 학교로 변화하고 스기무라는 실직하였다. 1871
년 도쿄에 나와 시마다 고손島田篁村의 소케이세이샤

雙桂精舍에서 배우면서 숙장塾長을 맡았다. 1874년 타
이완 출병에 참여하였고, 타이완 도독부에서 1875년
까지 일을 하였다. 1878년 『요코하마마이니치신문橫
濱每日新聞』 기자가 되어 「조선론朝鮮論」을 집필한 바
있다. 1879년 외무성 어용괘御用掛로 부산에 파견되
어 근무하였다. 외무 서기생 등을 거쳤으며 1882년
4월 7일 서울에서 근무하기 시작하였다. 그 직전에
나가미네 요시長嶺ヨシ와 결혼하였다. 그 후 1887년
까지 공사관에서 근무하였다. 1889년 초대 캐나다
주차 일본영사가 되어 밴쿠버에 부임하였다. 1891년
9월 경성공사관 서기관 겸 영사가 되었고, 1894년
갑오농민전쟁, 청일전쟁, 1895년 명성황후 시해 사
건에 관여하였다.

　1883년 5월 인천 부영사가 되어 외교 사안에 관여
하게 되었고, 공사관 서기관, 대리공사 등 직책으로
외교 사무를 담당하였다. 이 시기에는 인천영사관
확장, 해관세 문제, 경부전신선 부설, 조일 어채 문
제, 절영도 조차, 인천항 선박잠행장정의 체결 등이
주요 현안이었다. 1887년 3월에 귀국하였다. 1891년
공사관 서기관으로 다시 도한하여 서울로 부임하였
다. 1893년 7월 임시대리공사가 되었고, 10월 오토
리 게이스케大鳥圭介(→751)가 부임할 때까지 업무를
담당하였다. 이 시기에는 함경도 방곡령의 따른 배
상 요구, 어채 문제 등을 처리하였다. 1894년 동학농
민군이 봉기하자 청국의 위안스카이袁世凱와 출병에
대해서 협의를 하는 한편, 이 기회에 조선에서 일본
세력을 증가시킬 것을 획책하였다. 이에 민씨 세력
을 제거하고 친일정권을 수립시키기 위하여 7월 23
일 경복궁 점령을 실행하였고, 일본의 간섭을 배경
으로 한 갑오개혁에 관여하였다. 이노우에 가오루井
上馨(→824)가 전권공사로 부임하고 나서는 대원군 및
명성황후의 개입을 억제하면서 개혁을 단행하였다.
그러나 이준용 의옥 사건, 박영효 불궤 사건 등 정세
는 안정되지 않았고, 이노우에가 궁중 보호로 정책
을 전환하였기 때문에 일본의 영향력은 후퇴하였다.
1895년 9월 미우라 고로三浦梧樓(→434)가 공사로 부임
하자, 전 공사 이노우에의 정책에 불만을 가지고 있
던 스기무라는 일본인 고문관 오카모토 류노스케岡

本柳之助(→731) 및 대원군 등과 모의하고 이 기회에 명성황후를 제거하려고 하였다. 그리하여 10월 8일, 명성황후 시해 사건을 일으켰으나, 일본인이 일으킨 소행임이 알려져 미우라, 오카모토 등과 같이 히로시마 감옥에 수감되었다. 1896년 1월 20일 재판 결과 재판소는 왕비 살해를 기도한 것은 인정하면서도 실제 살해에 대해서는 증거 불충분이라 하여 무죄방면 처분을 받았다. 다만 스기무라는 왕비 제거를 획책하였으나 살해까지 기도했던 것은 아니었고, 왕비 사망은 우연히 일어났던 것이라고 그가 나중에 쓴 회고록을 통해 주장하였다.

명성황후 시해 사건의 재판이 끝난 후 석방되어 타이완총독부 사무관, 외무성 통상국장 등 외교 사무를 계속 맡았다. 1905년 브라질 주차 공사가 되었고, 일본인의 이민 사업에 진력하였다. 그러다가 1906년 5월 21일 브라질 현지에서 병에 걸려 사망하였다.

[참고문헌] 이민원『명성황후 시해와 아관파천』(국학자료원, 2002), 高麗大學校 亞細亞問題研究所 編『舊韓國外交文書: 日案卷1, 卷2』(高麗大學校出版部, 1967), 杉村濬『明治卅七八年在韓苦心錄』(杉村陽太郎, 1932), 菊池孝育「カナダ日系移民史研究ノート: カナダにおける杉村濬」『盛岡大學短期大學部紀要』14(盛岡大學短期大學部編集委員會, 2004)

【마스타니 유이치桝谷祐一】

520

스기야마 시게마루
杉山茂丸(삼산무환)　　　　1864.9.15~1935.7.19

소노히안其日庵(호)

정치인, 실업가, 금융인

후쿠오카현福岡縣 출신. 1880년 9월 상경하여 정치운동을 하다가 1년 반 만에 귀향했다. 1884년 삿사 도모후사佐々友房를 만나 회견하고 다시 상경하였다. 1885년 삿사 등의 소개로 겐요샤玄洋社의 창립자 도야마 미쓰루頭山滿(→335)를 만나 친교를 맺었다. 현양사의 경제적 기반을 마련할 목적으로 도야마에게 지쿠보 탄전筑豊炭田을 취득하도록 하였다. 1886년 원

로원의원 야스바 야스카즈安場保和를 후쿠오카 현령에 추천하여 취임하자 모지門司 항구건설, 규슈철도 부설, 해군소유 탄광 개방 등 기타규슈北九州 산업개발에 참여했다. 현양사 기관지인『후쿠료신보福陵新報』의 창간에도 관여하였다. 1888년 도야마의 소개로 청에서 정보 수집을 하던 군인 아라오 세이荒尾精와 친교를 맺었다. 1895년 청일강화교섭 당시 이토 히로부미伊藤博文(→900)를 만나 요동遼東 반도 할양에 반대하였다. 마쓰가타 마사요시松方正義, 이노우에 가오루井上馨(→824), 야마가타 아리토모山縣有朋 등에게 접근하여 정계의 '흑막'으로 활동했다. 1898년 일본흥업은행日本興業銀行 창립에 진력했고, 1899년 타이완은행臺灣銀行 설립으로 타이완총독부 민정장관 고토 신페이後藤新平에게 헌책하였다. 러일전쟁 이후 고토가 남만주 철도회사 총재에 취임하자 함께 일했다. 한국강제병합 당시 일진회의 고문이 되어 수상 가쓰라 다로桂太郎와 육상 데라우치 마사타케寺內正毅(→321) 등과 일진회 사이에 가교 역할을 담당하였다.

1891년부터 조선 문제에 관심을 두기 시작하였다. 1898년 고다마 겐타로兒玉源太郎에게 조선 문제 해결을 위해 대러對露주전론이 필요함을 주장했다. 1905년 한국통감으로 부임하는 이토에게 우치다 료헤이內田良平(→806)를 추천하여 흑룡회黑龍會를 결성하여 재야낭인으로 활동하던 우치다가 권력 내부에서 '합방운동'을 실현할 수 있는 계기를 마련했다. 이후 우치다가 공작하는 '한일강제병합' 운동에 대한 상담역으로 일본 내에서 호응하여 활약하였다. 우치다가 일진회의 이용구李容九, 송병준宋秉畯과 친교를 맺고 '한일강제병합' 운동을 일으키자, 일본에서 원로 중신들을 움직이기 위해 노력하며 우치다가 보내는 한국 정황을 일본 고관들에게 전달했다. 1907년 3월 송병준을 일본으로 불러 야마가타, 이토 등에게 소개하고 같은 해 5월 우치다의 요청으로 일본 육군 자금을 일진회에게 보조하도록 공작했다. 같은 해 7월 헤이그 밀사사건이 일어나자 이용구, 송병준, 우치다가 모의한 고종 퇴위 계획을 상담했다. 1908년 이토에 반대하는 입장으로 돌아선 우치다를 설득하여 통감부 촉탁 사임을 철회하도록 하였다. 하지만

통감부와 일진회 사이에 불화가 심해지자 이토 통감 사직공작을 추진하기 시작했다. 1909년 일본에서 이토 사임과 한국에 대한 '병합방침'이 결정되자 우치다에게 이토 사임 내용을 전달하면서 비밀엄수를 요청하였다. 아울러 차기 통감으로 결정된 소네와 우치다, 이용구, 송병준 사이를 중재했다. 일본의 '한일강제병합'이 확실시되던 중 우치다에게 일진회를 서북학회, 대한협회와 '합병'하도록 지시하고 일본 정부에 일진회의 '청원서' 제출계획을 입안하여 1909년 12월 4일 일진회는 우치다와 다케다 한시가 기안한 「합방청원서」를 한국 정부와 통감부에 제출하였다. '한일강제병합' 이후 1923년 일본 총리대신에게 시정개혁을 요구하기 위해 작성한 「건백建白」을 제출하였는데, 여기에서는 일본 정부의 조선 정책을 비판하였다.

다이쇼大正 시기 향촌경제성장을 위해 노력하였다. 1918년 간몬關門 해저터널 필요성을 주장하며 각 방면에 청원하였다. 1915년 인도독립운동가 비하리 보스Bihari Bose, R.가 일본에 오자 그를 옹호하는 입장에 서기도 하였다. 1935년 7월 19일 72세에 뇌일혈로 사망했다. 묘는 후쿠오카 시 잇쿄지一行寺에 있다. 저서에 『백마白魔』, 『백마속편白魔續篇』 등이 있다. 소설가 유메노 규사쿠夢野久作의 아버지로 유명하며, 관련 저술로 「아버지 스기야마 시게마루를 말한다父杉山茂丸を語る」, 「아버지 스기야마 시게마루父·杉山茂丸」가 있다.

[참고문헌] 강창일 『근대 일본의 조선침략과 대아시아주의』(역사비평사, 2002), 杉山茂丸 「建白」 『植民地帝國人物叢書』 33(ゆまに書房, 2011), 秦郁彦 編 『日本近現代人物履歷事典』(東京大學出版會, 2002), 黑龍會 編 『東亞先覺志士記傳 下』(原書房, 1966), 頭山滿 外 『玄洋社怪人傳: 頭山滿とその一派』(書肆心水, 2013)
【박진홍】

521

스기 이치로헤이
杉市郎平(삼시랑평)   1869.11~?

육군 군인, 언론인

오카야마현岡山縣 마니와군眞庭郡 출신. 스기 마고타헤이杉馬子太平의 3남으로 태어났다. 도쿄법학원에 입학, 1885년 9월 오카야마현 교사가 되어 소학교원으로 2년 근무하였다.

청일전쟁이 시작하자 랴오둥반도에 출정하였고, 점령지총독부부占領地總督府附로서 일하였다. 1897년 타이완 헌법대부에 전임하고 헌병 분대장이 되었다. 1899년 퇴역한 후 『제국시보帝國時報』 주간이 되었다. 1902년에는 중의원 의원에 입후보하였지만 실패한 후, 『제국시보』도 퇴사하고 『산요신보山陽新報』 객원으로서 일하였다.

1904년 러일전쟁이 발발하자 다시 소집을 받아 히메지姬路 헌법분대장이 되었고, 동년 9월 한국주차 헌법대부 함경도 헌병장, 1905년에는 인천 헌병분대장을 맡았다.

1906년 퇴역하고 일한인쇄회사 사장에 취임한 후, 조선일일신문 사장을 겸임, 1918년에는 안만安滿 자동차 상회를 창립 경영하였다. 1921년 동아공창회東亞共昌會를 조직, 1924년 동민회同民會 상임간사, 1926년 내목회乃木會 이사 등 사회운동에도 참여하였다.

저서에 『병합기념 조선사진첩倂合記念朝鮮寫眞帖』(1910), 『장백산에서 본 조선과 조선인長白山より見たる朝鮮及鮮人』(1921) 등이 있다.

[참고문헌] 有馬純吉 『昭和六年版 朝鮮紳士錄』(朝鮮紳士錄發行會, 1931), 笠原敏二 『朝鮮及滿洲に活躍する岡山縣人 第1卷』(朝鮮及滿洲に活躍する岡山縣人發行所, 1936)
【마스타니 유이치桝谷祐一】

522

스기하라 조타로
杉原長太郎(삼원장태랑)   1891.10~?

실업가

오카야마현岡山縣 출신. 1913년 야마구치고등상업학교山口高等商業學校를 졸업했다. 아버지 스기하라 신키치杉原新吉가 대구에서 개업한 합자회사 스기하라상점杉原商店의 직원으로 들어가 1927년 사장이 되었다. 이후 대구곡물주식회사 및 동양제사주식회사東洋製絲株式會社 이사, 경남합동은행 및 대구은행의 대주주가 되었으며, 재력을 바탕으로 대구부의회, 경상북도 도회 위원을 지내며 지역의 유지로 활동하였다. 일본 패전 후에는 대구일본인세화회大邱日本人世話會 회장으로서 재류 일본인의 안전한 모국 귀환을 도왔다.

스기하라의 아버지는 1903년 조선으로 건너와 대구부 원정元町에 자리를 잡고 무역상으로 스기하라상점을 개업하면서 조선과 인연을 맺었다. 1918년 합자회사로 확장한 스기하라상점은 대구성 북문 밖에서 목재, 농기계, 비료, 설탕, 밀가루 등을 팔아 큰 이익을 얻었다. 이 상점의 사원은 모두 스기하라 일가로서 장남인 그를 비롯해 그의 처, 차남, 3남이 각기 10,000엔의 지분을 보유하고 있었으며, 1927년 아버지가 경영 일선에서 물러나자 사장이 되었다. 그는 1,700주를 보유한 대주주로서 동년 조선의 자본가들과 함께 대구은행 설립에 관여하였고, 이후 경남은행과 합병과정에서 경상합동은행의 설립위원으로 활동하면서 곡물업과 제사업으로 발을 넓혔다.

지역사회의 유지로서도 활발히 활동했다. 경상북도 관선의원, 대구상공회의소 특별의원, 경상북도산업자문회, 도평의회, 도회, 상공회의소, 소방협회, 무덕회武德會, 체육협회 등의 위원을 지냈다. 1931년 대구소년단이 창단되자 단장으로 추대된 바 있으며 대구부회에서는 부의장까지 지내며 대구지역의 유지로서 확고한 입지를 다졌다. 재조일본인 기업가로서 명망을 쌓은 그는 상인조합제도를 만들어 노점상을 없애고 물가를 통일하는 등 지역사회에서 막강한 실력을 행사했다. 아울러 조선총독부가 압록강 지대의 삼림을 벌채하여 목재를 생산하자 이것을 독점판매하며 식민정책에 적극적으로 호응하였다.

스기하라는 교우하던 시라가미 주키치白神壽吉의 영향으로 조선의 골동품 수집에도 깊은 관심을 보였다. 시라가미는 히로시마고등사범학교를 나와 1919년 조선으로 전임되어 진남포, 평양, 대구 등지의 학교에서 근무했으며 평양중학교 재임 시절 고구려와 낙랑고분 유물 수집에, 1926년 대구여자고등보통학교(현 경북여고)로 전근한 뒤에는 신라 연구에 몰두했다. 당시 평양은 개성에 이어 일확천금을 노리는 일본인 골동품 수집상들이 모여들던 지역으로서 그가 근무했던 평양중학교의 서기 기타무라 주지北村忠次는 대낮에도 낙랑고분과 고구려고분을 파헤쳐 부장품을 내다 팔던 자였으므로 시라가미는 고미술품을 쉽게 수집할 수 있었다. 이로써 시라가미는 조선고고학회의 중심인물인 경성제국대학교의 고고학 교수 후지타 료사쿠藤田亮策(→972)와 친분을 쌓을 수 있었고, 대구 굴지의 자본가로서 고미술품 수집광이었던 스기하라와 오쿠라 다카노스케小倉武之助 등에게 많은 조선의 유물들을 소개하였다. 덕분에 스기하라는 선사시대의 유물을 비롯해 삼국시대, 고려시대, 조선시대의 서화, 도자기, 인장 등 다방면에 걸쳐 골동품을 수집했고, 1934년에는 퇴계 이황 선생의 진적眞蹟을 모아『이퇴계선생유보李退溪先生遺寶』를 간행해 지인들에게 돌리기도 하였다. 그의 수집품 내역은 후지타 류사쿠를 중심으로 조선고고학회에서 도록을 간행하여 전하고 있고(『스기하라 조타로 씨 수집품 도록杉原長太郎氏蒐集品圖錄』), 현재 수집품 가운데 일부가 구 대구부립박물관을 거쳐 현재 경북대학교 박물관에 소장되어 있다.

패전 후에는 대구일본인세화회大邱日本人世話會 회장으로서 일본인의 안전한 귀환에 조력했다. 패전 후 대구지역을 포함한 경상도 지역은 1945년 9월 하순 이후 일본에서 재일조선인을 태운 귀국선 우키시마마루浮島丸가 도중에 의도적으로 폭침되었다는 소문이 돌아 귀환 대기 중인 일본인에 대한 위협이 고조되었다. 이 과정에서 스기하라는 조선인들의 불만을 무마하며 일본인의 무사귀환을 원호하였다고 전한다.

[참고문헌] 朝鮮考古學會 編『杉原長太郎氏蒐集品圖錄』(桑名文星堂, 1944), 李淵植『朝鮮引揚げと日本人』(明石書店, 2015), 김일수「일제 하 대구지역 자본가층의 존재형태에 관한 연구」『국사관논총』94(국사편찬위원회, 2000), 이연식「해방 후 한반도 거주 일본인 귀환에 관한 연구」(서울시립대학교 박사학위논문, 2009), 「壁新聞」『三千里』第6號(1931.9) 【이연식】

523
스도 히사에몬
須藤久左衛門(수등구좌위문)　　　1880.12~?

관료, 실업가

후쿠오카현福岡縣 다무라군田村郡 출신. 1900년 호세이대학法政大學을 졸업하고, 동년 대장성大藏省 세무감독국에서 근무하였다.

1907년 한국정부 재정고문부 초빙으로 인하여 도한하여 전라남도에서 근무하였다. 1915년 퇴관하고 귀국하였으나 1916년 7월에 다시 도한하여 조선제약합자회사를 창립하여 이 회사의 사장에 취임하였다.

[참고문헌] 有馬純吉 『昭和六年版朝鮮紳士錄』(朝鮮紳士錄發行會, 1931), 貴田忠衛 『朝鮮人事興信錄』(朝鮮人事興信錄編纂部, 1935)　【마스타니 유이치桝谷祐一】

524
스마 쇼지
須磨正而(수마정이)　　　1890.7~?

금융인

히로시마현廣島縣 출신. 스마 도요기치須磨豊吉의 3남으로 태어났다. 1915년 동양협회전문학교東洋協會專門學校를 졸업하였다.

1914년 5월 조선으로 건너와서 금융조합 이사에 취임하였다. 1916년 온성금융조합 이사로 부임한 후 소사, 영등포조합을 거친 후 1920년까지 경기도 관내의 조합 이사를 역임하였다. 오산에서는 가마니 짜기를 부업으로 장려하였고 양우養牛로 조합원들의 소득을 늘렸다. 각 조합을 역임한 후 총독부소속 관청으로 방향을 전환하여 2년간 경기도 재무부에서 근무했다. 1927년 금융조합으로 돌아와서 평안북도로 부임하였고, 1933년 조선금융조합연합회 경상남도지부 참사를, 1936년 인사이동 때 조선금융조합연합회 황해도지부 지부장으로 발탁된 후 조선금융조합연합회 이사를 역임하였다.

[참고문헌] 貴田忠衛 『朝鮮人事興信錄』(朝鮮人事興信錄編纂部, 1935), 阿部薰 編 『昭和12年版 朝鮮都邑大觀』

(民衆時論社, 1937), 藤澤清次郎 編 『朝鮮金屬組合と人物』(大陸民友社, 1937)　　　【유재진】

525
스에다 아키라
末田晃(말전황)　　　1900~?

문학가

오이타현大分縣 나카쓰시中津市 출신. 교육자 스에다 신쇼末田新松의 3남 2녀 중 맏아들로 태어났다. 아버지를 따라 1911년 조선으로 건너와 황해도 해주에서 십대를 보냈다. 스에다 아키라는 경성제대 예과를 다녔고, 졸업한 후에도 1930년대부터 1940년대에 이르기까지 여러 잡지에 기고한 글에서 자신의 소속을 경성제대 예과로 밝히고 있는데, 1941년의 경성제대 직원록에서 예과 도서관 직원으로 일한 것이 확인된다.

스에다 아키라는 이십대 때부터 와카和歌 관련의 창작과 연구에 몰두하였으며, 1928년 7월 경성에서 단카短歌 전문 잡지 『히사기久木』를 창간하였고, 10년 이상 책임 편집을 맡으며 주재하였다. 『히사기』의 현존본이 많지 않아 전모를 알기는 어려우나, 표지의 제자題字를 당시 일본의 대표 가인歌人 사이토 모키치齋藤茂吉가 써 주었고, 『히사기』에도 일본 최고最古의 가집이라 일컬어지는 『만요슈萬葉集』에 관한 연구 내용이 많으며 '히사기 만요 연구회'도 운영한 것으로 보아 『만요슈』를 중시하는 사이토 모키치의 강력한 영향을 받은 것을 알 수 있다.

또한 『히사기』에는 경성제대 예과 교수이자 가인인 나고시 나카지로名越那珂次郎(→173)도 시가 문학 관련의 글을 기고하고 있는데, 나고시 교수는 경성제대 예과 도서관의 과장을 맡고 있었고 스에다 아키라가 그의 직속 도서관 직원이라 오래도록 서로 가깝게 문학적 교류를 한 사이였음을 알 수 있다.

1930년대에 스에다는 조선을 대표하는 가인에 이름을 올리며 단카 작품집 『조선가집朝鮮歌集』(1934)에 참가하고, 『현대조선단카집現代朝鮮短歌集』(1938)을 편찬하게 된다. 스에다가 한반도의 가단歌壇에서 자리를 잡게 된 이후로는 조선총독부가 발간한 잡지

『조선朝鮮』과 조선산림회의『조선산림회보朝鮮山林會報』 단카 부문의 선자選者를 담당하게 되었다. 또 스에다는 단카뿐 아니라 일제강점기 주요 매체인『금융조합金融組合』,『경성잡필京城雜筆』 등에 평론과 수필,『경무휘보警務彙報』에서는 탐정소설까지 발표하는 등 다양한 장르의 창작활동을 하였다.

1940년대 스에다의 활약상을 통해 그를 한반도 일본어 시가문단의 마지막 주역이었다고 볼 수 있는데, 즉 1941년 모든 문예잡지가 폐간되고 일본어 시와 단카 부문이 통합하여 국민시가연맹國民詩歌聯盟이 탄생하여 한반도 유일의 시가 잡지『국민시가國民詩歌』가 창간되었을 때, 스에다는 단카 쪽 대표 편집자로 활동한다. 단카 창작은 물론『만요슈』로부터의 '일본 정신'과 '국민 전통'을 강조하는 논고를 지속적으로 게재하고, 1943년 일본문학보국회가 펴낸『애국백인일수愛國百人一首』의 상세한 평석과「애국단카집愛國短歌集」을 간행하여, 단카를 통해 '국민' 의식과 '애국심'을 고취하는 데에 앞장섰다.

1943년 4월 17일 조직된 조선문인보국회朝鮮文人報國會에서 스에다 아키라는 단카부의 간사장에 이름을 올린다. 1943년 11월 시가 선집인『조선시가집朝鮮詩歌集』의 단카 쪽 책임 편자로 편집후기를 쓴 이후에는 그에 관한 기록을 찾기 어렵다.

[참고문헌] 엄인경『문학잡지 國民詩歌와 한반도의 일본어 시가문학』(역락, 2015), 朝鮮新聞社 編『朝鮮人事興信錄』(朝鮮新聞社, 1922), 朝鮮公論社 編『在朝鮮內地人紳士名鑑』(朝鮮公論社, 1917), 山本三生 編『新萬葉集 第四卷』(改造社, 1938),『久木』第5卷 第6號·第12號(久木社, 1932) 【엄인경】

526
스에마쓰 야스카즈
末松保和(말송보화) 1904.8.20~1992.4.10

대학교수, 역사학자
후쿠오카현福岡縣 출신. 1927년에 도쿄제국대학東京帝國大學 문학부 국사학과를 졸업, 1928~1933년 조선총독부 조선사편수회 수사관보修史官補로 임용되

었으며, 1933년 경성제국대학京城帝國大學 강사, 1935년 6월 경성제국대학 조교수로 임명되어 1945년까지 조선사학 제2강좌를 강의하였다.

조선 고대사·고대 한일 관계에서 고려·조선사의 실증적 연구에 의해 조선사 연구의 기틀을 다진 것으로 알려져 있다. 1910년 일본이 한국을 병합한 이후, 고대부터 일본이 한반도의 임나 지방을 오랫동안 지배했음을 의심하는 이가 없어지고, 그 사실을 전제로 연구가 진행되자, 스에마쓰는 1933년 기존의 문헌고증 연구들을 개설적으로 정리하였다. 스에마쓰는 4세기~6세기에 일본이 한반도 남부 지역에 임나(가야의 일부)에 통치 기구를 세워 한반도 남부 지방의 일부를 다스렸다는 임나일본부설任那日本府說을 내놓았다. 저서로는『근세에서의 북방 문제의 진전近世に於ける北方問題の進展』(至文堂, 1928)『조선역대실록일람朝鮮歷代實錄一覽』(京城帝國大學, 1941)과 임나사연구의 회고, 임나문제의 기원, 임나의 성립, 임나의 창성昌盛, 임나의 쇠퇴, 임나의 멸망, 임나문제의 결말, 가야제국과 그 문화, 임나문제와 일본상대문화日本上代文化 등 '임나' 문제를 집대성한『임나흥망사任那興亡史』(大八洲出版, 1949)가 있다.

패전과 함께 귀국하여 1949년 가쿠슈인學習院대학 교수로 초빙되어 1961년 문학부 교수가 된다. 1951년 가쿠슈인 동양 문화 연구소가 발족되면서 설치 계획 위원회 주임으로 임명되며, 실질적으로 연구소의 중심적 역할을 한다. 1951년 도쿄 대학에서『신라사의 연구 新羅史の硏究』로 문학 박사 학위를 받는다.

[참고문헌] 역사비평 편집위원회『논쟁으로 읽는 한국사1』(역사비평사, 2009), 정준영「경성제국대학과 식민지 헤게모니」(서울대학교 대학원 박사논문, 2009), 이근우「日本學界의 韓國古代史 硏究動向-'임나' 문제 인식을 중심으로」『지역과 역사』13(부경역사연구소, 2003.12) 【박광현, 연윤희】

527
스즈키 기요시
鈴木淸(영목청) 1898.4.17~1967.1.16

해부학자, 의사, 대학교수

효고현兵庫縣 아와지시마淡路島 쓰나군津名郡 스모토초洲本町 출신. 1923년 3월에 오사카의과대학大阪醫科大學을 졸업하고 동년 4월에 니가타新潟 의과대학 조수助手로 발탁되었다. 동년 11월에는 군에 입대하여 육군 2등 간호장, 1925년 4월에는 1등 간호장을 역임하였다. 1926년에는 도한하여 경성제국대학京城帝國大學 조교수로 부임하였다. 1933년 11월 해부학 연구를 위해 만 1년6개월간 구미에서 유학하였다.

1926년 7월에 조선으로 들어와 경성제국대학 의학부 조교수로 부임하였다. 1933년 유럽 유학의 기회를 얻어 1935년까지 독일. 프랑스. 영국. 미국 각국에 재류를 허가받아 순방하였다. 이후 패전하기까지 계속 경성제국대학 의학과 교수로 재직하였다.

귀국 후 1948년에 오사카시립의과대학大阪市立醫科大學 교수가 되었다. 1957년에는 동교의 의학부장을 역임하였다. 1961년에는 와카야마현립 의과대학和歌山縣立醫科大學 학장으로 이직하였으며, 1965년에는 오사카여자대학大阪女子大學 학장을 역임하였다. 스즈키 씨 도은법鍍銀法의 발명자로 알려져 있다.

[참고문헌] 片山喜一郎 『淡路の誇』 上卷(實業之淡路社, 1929), 有馬純吉『昭和6年版 朝鮮紳士錄』(朝鮮紳士錄發行會, 1931)   【김욱】

528

스즈키 다케오
鈴木武雄(영목무웅)   1901.4.27~1975.12.6

경제학자, 대학교수

효고현兵庫縣 고베시神戶市 출신. 제삼고등학교를 졸업하고, 1925년 도쿄제국대학東京帝國大學 법문학부 정치학과를 졸업했다. 1928년 4월 경성제국대학 법문학부 강사로 위촉 받아서 조선에 건너온다. 1935년 경성제국대학 교수가 되었으며 동대학에서 1945년 때까지 재직했다. 일본의 패전으로 귀환한 후, 1949년 무사시대학武藏大學 교수, 경제학부장이 되었다. 1957년 도쿄대학 경제학부 교수, 1961년 경제학 박사학위를 받았다.

1928년 4월 경성제국대학 법문학부 강사로 위촉 받아서 조선에 건너왔고, 5월 같은 대학 조교수로 발령받는다. 법문학부 경제학 제2강좌를 담당하면서 1945년 때까지 재직했으며, 그 사이 1933년 1월부터 2년 동안 경제학 연구를 위해 독일, 프랑스, 영국, 미국 각국에서 유학했다. 조선경제와 관련된 저서를 다수 출간했는데, 가령 아시아 태평양전쟁 중에 발표된 글 「병참기지로서의 반도兵站基地としての半島」(『大東亞戰爭と半島』, 1942)는 '대동아공영권' 안에서의 조선의 지위를 주로 경제적인 면을 논의하면서 부각시켰다. 향후 조선이 지녀야 할 지도자적인 영예와 책임의 당위성을 강조하는 스즈키는 당시 제국의 새로운 영토로서 지위가 급부상하고 있던 '남방'으로의 과도한 관심을 경계하면서, 경제적 비중을 중심으로 조선의 존재감을 다시금 내외에 환기하고자 했던 것이다. 이처럼 조선과 관련된 스즈키의 글에서는 '내지' 일본인과는 달리 '재조在朝'의 입장에서 '대동아공영권' 내 조선의 위상을 다시금 강화하고자 하는 재조지식인으로서의 발화 위치와 모색이 토로되고 있음을 알 수 있다. 대표적인 저서로는 『조선의 경제朝鮮の經濟』(日本評論社, 1942), 『전후 경제의 이론적 제문제戰後經濟の理論的諸問題』(實業之日本社, 1948), 『금융론金融論』(弘文堂, 1956) 등이 있다.

일본의 패전으로 귀환한 후, 1949년 무사시대학 교수, 경제학부장이 되었다. 1957년에는 도쿄대학 경제학부 교수가 되었고, 1961년 경제학 박사학위를 받았다. 1962년에 정년퇴임하였고, 도쿄대학 명예교수가 되었다. 이어서 무사시대학 학장을 역임했다.

[참고문헌] 有馬純吉『昭和六年版 朝鮮紳士錄』(朝鮮紳士錄發行會, 1931), 貴田忠衛『朝鮮人事興信錄』(朝鮮人事興信錄發行會, 1931), 人文社編集部 編『大東亞戰爭と半島』(人文社, 1942), 武藏大學學會 編『武藏大學論集』(武藏大學學會, 1962)   【신승모】

529

스즈키 데쓰로
鈴木哲郎(영목철랑)   1889.09.20~?

관료, 실업가

시즈오카현靜岡縣 출신. 1914년 교토제국대학京都帝
國大學 공과 채광야금과探鑛冶金科를 졸업했다. 이후
조선총독부와 동양척식주식회사東洋拓植株式會社에
서 근무했다.

1914년 8월 조선총독부 기수技手로 임명되었고,
1915년 공업전습소工業傳習所 강사를 맡았다. 1916년
4월 경성공업전문학교京城工業專門學校 광물학과 및
지질학과 강사를 맡았다. 이후 1917년 8월 조선총독
부 기사技師로 승진하여 농상공부農商工部 광무과鑛務
課에서 근무했다. 이후 1932년 조선총독부 식산국殖
産局 광무과 신흥출장소장 겸 상주출장소장이 되었
다. 같은 해 칙임기사勅任技師로 승진하였다가, 동양
척식주식회사東洋拓植株式會社에 초빙되어 기사로 입
사했다. 1935년까지 같은 회사 광무과 기사로 근무
한 기록이 나타난다. 1939~1941년 동척광업주식회
사東拓鑛業株式會社 이사, 1942년 상무이사를 담당했
다. 이후 행적은 미상이다.

[참고문헌] 朝鮮總督府 編『朝鮮總督府及所屬官署職員
錄』(朝鮮總督府, 1915~1931), 朝鮮中央經濟會 編『京
城市民名鑑(再版)』(朝鮮中央經濟會, 1922), 貴田忠衛
編『朝鮮人事興信錄』(朝鮮人事興信錄編纂部, 1935),
民衆時論社朝鮮功勞者銘鑑刊行會 編『朝鮮功勞者銘
鑑』(民衆時論社朝鮮功勞者銘鑑刊行會, 1935), 中村資
郎 『朝鮮銀行會社組合要錄』(東亞經濟時報社, 1939,
1941, 1942), 人事興信所 編『人事興信錄』(人事興信
所, 1943)   【주동빈】

530

스즈키 미쓰요시

鈴木充美(영목충미)   1854.7.9~1930.5.23

외무관료, 변호사

미에현三重縣 이세노쿠니伊勢國 출신이다. 게이오기
주쿠慶應義塾에 입학하여 수학하였으며 1875년에 졸
업하였다. 다시 도쿄대학東京大學 법학부에 들어가
1881년 법학사 학위를 받았다. 졸업 후 도쿄센슈학
교東京專修學校 강사로 활동하였는데, 그의 강연을 들
은 학생들의 필기에 기초한 내용을『법률총론法律總
論』으로 센슈학교에서 발간하였다. 또한 도쿄법학교
東京法學校에서 위촉을 받아 영국 상법에 관하여 강연
하기도 하였는데, 이 내용은 1885년『영국상법강의
英國商法講義』(遵理社)로 간행되었다. 가쿠슈인學習院
에 교사로 고빙되었다가, 1885년 외무성 어용괘御用
掛로 전직하였다. 외무성에서는 공신국公信局, 번역
국飜譯局, 취조국取調局에서 겸직하면서 근무하였다.
1886년부터 1888년까지 도한하여 인천영사관에서 3
년간 재직하였다. 1889년 2월 청국 홍콩香港 영사로
전근을 가서 판사 업무까지 맡아보다가 1899년 귀국
하였다. 이후에는 센슈학교, 전문학교, 상업학교 등
에서 법학을 강의하였고, 실업가들을 대상으로 상법
강의도 실시하였다.

1886년 1월 14일자로 부산에서 영사로 근무하라는
발령을 받았으나, 2월 6일부로 면직되었고 동시에
인천항 영사로 근무 발령을 받았다. 인천에는 3월 11
일에 도착하여 다음날부터 영사업무를 개시하였다.
이해 11월 조선 내지시찰을 위해 영사관 서기생 시오
가와 이치타로鹽川一太郎(→563)와 함께 파주, 개성, 평
산, 봉산, 황주, 중화, 평양 등지를 돌아보겠다고 하
여 조선 정부로부터 호조를 발급받은 후 11월 9일 인
천을 출발하였고, 12월 5일 영사관으로 복귀하였다.
특히 이 당시 평양을 개시開市하는 문제와 관련하여
조사활동을 벌였는데, 출장에서 돌아온 후「평양개
시에 대한 의견서」와 9쪽 분량의 기행문을 작성하여
아오키 슈조青木周藏 외무차관에게 제출하였다. 의견
서에는 평양지역의 지리, 물산, 금광, 석탄광, 호구
등에 대하여 조사한 정보를 토대로 평양개시가 필요
하다고 판단한 내용이 담겼다. 유람기록으로 작성한
「평양기행平壤紀行」에서는 개인적 감상을 서술하였
다. 1888년 6월 서울에서 유아가 납치되었다는 유언
비어가 퍼지면서 소란이 발생하였을 당시, 거류민
및 공관 보호를 명분으로 삼아 인천에 체재하고 있던
해군 병력의 입경 관련 건에 관여하였으며, 인천 내
각국 동향에 대하여 기록을 남겼다. 본국 정부로부
터 발령을 받고 1888년 12월 일시 귀국하였다가 곧
홍콩 영사로 부임하였다. 1907년 3월에는 러일협상

과 관련하여 조선병의 훈련과 같이 중대한 문제를 러시아 사관에게 일임해도 일본에게 불리한 것은 없느는지에 대하여 오쿠마 시게노부大隈重信 외무대신에게 문의하였다(「조선병 훈련에 관한 건朝鮮兵訓練ニ關スル件」). 1912년 8월 변호사총회 참석을 위해 일시 도한, 데라우치 마사타케寺内正毅(→321) 총독과도 만난 후 평양 지역까지 돌아보고 귀국하였다.

1888년 홍콩 영사로 전근을 가서 근무하다가 1889년 1월에 귀국하였다. 1890년 7월 5일 의원면직을 신청하여 영사직을 그만두었다. 1898년 7월부터 10월까지 내무차관을 역임하였다. 1894년부터 미에현에서 두 차례에 걸쳐 중의원으로 당선되었고, 1897년까지 정치활동을 전개하였다. 이후에는 법률사무소를 열고 변호사로 활약하였다.

[참고문헌] 高麗大學校 亞細亞問題研究所 編『舊韓國外交文書: 日案』卷1(高麗大學校出版部, 1965), 日下南山子 編『日本弁護士高評傳』(誠協堂, 1891), 間瀬文彦 編『議會と外交』(五車樓, 1910), 박준형 「개항기 平壤의 개시과정과 開市場의 공간적 성격」『한국문화』64 (서울대학교 규장각한국학연구원, 2013) 【박한민】

531

스즈키 소로쿠

鈴木莊六(영목장육) 1865.3.16~1940.2.20

육군 군인

에치고노쿠니越後國 가바하라군蒲原郡 출신. 상인 스즈키 고지鈴木高次의 3남으로 태어났다. 1883년 니가타사범학교新潟師範學校를 졸업하고 교편을 잡았으나 군인이 되기 위해 노력해 1886년 하사관 양성소인 육군교도단陸軍教導團에 들어가 1887년 이를 졸업하고 센다이仙臺의 포병 제2연대로 배치되었다. 1890년 7월에는 육군사관학교를 졸업(1기)하고 다음 해 3월 기병소위로 임관하였다. 다음 달인 1891년 4월에는 육군대학교에 입학했으나 1894년 청일전쟁의 발발에 의해 원대 복귀하여 제4사단 소속으로 출정하였다. 전후 육군대학교로 복귀하여 1898년 12월 졸업(12기)하고 기병 제11연대 중대장으로 임명되었다.

1901년 11월에는 소좌로 진급하였고 러일전쟁이 발발하자 제2군 참모로 참전하였다. 전후 참모본부원, 육군대학교 교관을 역임하였으며 1914년 8월 8일 육군소장으로 진급하여 기병 제3여단장으로 취임하였다. 이후 기병실시학교장騎兵實施學校長을 거쳐 1918년에는 중장으로 진급하고 제5사단장, 제4사단장, 타이완군 사령관을 역임하였다.

1924년 8월 대장으로 진급함과 동시에 조선군 사령관(1924.8.20~1926.3.2)으로 임명되어 도한하였다.

1926년 3월 2일에는 육군참모총장의 지위에 올랐고 1930년 참모총장직 퇴임과 동시에 정년으로 퇴역하고 추밀원 고문관이 되었다. 이후 제국재향군인회 회장, 대일본무덕회大日本武德會 회장을 역임하고, 1940년 2월 20일 협심증으로 사망하였다.

[참고문헌] 秦郁彦 編『日本陸海軍總合事典』(東京大學出版會, 1991), 谷サカヨ『第14版 大衆人事錄』(帝國秘密探偵社, 1943) 【이승희】

532

스즈키 시게타미

鈴木重民(영목중민) 1860.12.8~?

경찰관료

이바라키현茨城縣 히타치노쿠니常陸國 니하리군新治郡 출신. 1879년 이바라키현 사범학교 분교에 들어가 수학하였고 이듬해 3월 졸업하였다. 1883년 도치기현栃木縣에서 군서기로 관직을 시작, 이듬해 11월 경부보警部補를 거쳐 1885년 11월 경부로 승진하였다. 1887년 9월에는 외무성 경부에 임명되어 부산영사관에서 근무하게 되었다. 1890년 8월 경시청 경부에 임명되어 제3국에서 재직하였다. 1893년에는 도쿄 아자부麻布 경찰서와 시바芝 경찰서에서 근무하였다. 1895년 1월부터 8월까지는 조선에 건너가 활동한 후 귀국하였다. 1899년 10월 교토부京都府 경부가 되어 재직하던 중 1904년 5월 교토부 고조五條 경찰서장으로 보임되었으며, 교토부 경찰강습회에서 행정법 강의를 들어 과목을 수료하였다.

1894년 12월 공무로 조선에 출장 명령을 받았는데,

다케히사 다쓰조武久克造 경시警視의 지휘를 받는다
는 단서가 붙었다. 이듬해 1월부터 후비보병 독립 제
18대대 제3소대에 배속되어 순사 15명을 이끌고 충
청도 보은報恩 부근의 동학농민군을 토벌하는 임무
를 부여받았다. 토벌 임무 중에는 포로를 심문하는
일을 전담하고 정세를 정확하게 파악한 일로 특수공
로자로 인정받았다. 1895년 8월 5일 이노우에 가오
루井上馨(→824) 일본공사의 명을 받고 귀국하였다. 이
때 종군하였던 일로 1898년 12월 상훈국 총재로부터
종군기장從軍記章을 받았다. 한국에는 1905년 6월 경
시 신분으로 경무청警務廳 고문이 되어 함경남도 함
흥으로 파견되었다. 1907년에는 충남 경무고문지부
경무보좌관, 충청남도관찰도경무서忠淸南道觀察道警
務署 경시에 임명되어 활동하였다. 1908년에는 공주
경찰서장으로 재직하는 가운데 지역 내 의병의 색출
과 체포 업무를 담당하여 성과를 마쓰이 시게루松井
茂(→369) 경무국장에게 수시로 보고하였다. 1909년부
터 3년간 경성 북부경찰서에서 서장으로 재직하면서
관내 인구조사, 풍기단속, 부랑자 조사와 색출 등을
실시하였다. 그 외에 경성가로시설물정리위원회京城
街路施設物整理委員會 위원으로도 활동하였다. 1913년
1월 의원면관을 신청하고 퇴직하였다. '한일강제병
합' 공로로 '한일병합기념장'을 받았다.

1918년부터 외무성의 대신관방大臣官房 문서과 보
통정서계普通淨書係에서 촉탁 신분으로 타이핑 업무
를 담당하면서 14년간 추가로 활동하였다. 1943년
당시 84세로「외무성에서 24년外務省に24年」이라는
회고담이 일본신문에 실렸던 것이 확인되므로, 적어
도 이 시기까지는 생존해 있었음을 알 수 있다.

[참고문헌] 국사편찬위원회 편『韓國獨立運動史: 資料』
卷9(정음문화사, 1983), 統監府 編『統監府公報』(統監
府, 1908), 岩井敬太郎『顧問警察小誌』(韓國內部警務
局, 1910), 日本國會圖書館 近代デジタルライブラリー
官報〈http://dl.ndl.go.jp〉   【박한민】

533
스즈키 에이타로
鈴木榮太郎(영목영태랑)   1894.9.17~1966.9.20

사회학자, 대학교수

나가사키현長崎縣의 이키노시마壹岐島 출신. 나가사
키현 이키중학교壹岐中學校, 제일고등학교第一高等學
校를 거쳐 1922년 도쿄제국대학東京帝國大學 문학부
를 졸업하였다. 이후 교토제국대학京都帝國大學 대학
원에 진학하여 요네다 쇼타로米田庄太郎(→769)에게 사
사받았다. 1925년부터 기후고등농림학교岐阜高等農
林學校 교수로 재직하다 1942년 경성제국대학京城帝
國大學에 발령을 받아 도한하였으며, 이 시기에 조선
의 농촌사회에 대해 연구하였다. 종전 후 귀국하여
홋카이도대학 교수를 지내며 농촌사회학과 도시사
회학에 관한 다수의 연구를 집필하여 이 분야의 학문
을 선도하였다고 평가받았다.

1942년 3월에 경성제국대학 조교수로 임명되어 도
한하였다. 이듬해인 1943년에는「조선의 농촌사회
집단에 대해朝鮮の農村社會集團に就にて」라는 글을『조
선총독부조사월보朝鮮總督府調査月報』에 세 번에 걸
쳐 게재하였다. 1944년에는 잡지『조선朝鮮』에「호
남농촌조사야장발서湖南農村調査野帳拔書」를 실었고,
그해 저서로『조선농촌사회답사기朝鮮農村社會踏査記』
를 저술하였다.

일본에서는 농촌사회학農村社會學과 도시사회학都
市社會學의 태두로 알려져 있다. 특히 자연촌自然村과
행정촌行政村의 개념을 정립한 것으로 유명하다.
1946년에는 GHQ 민간정보교육부民間情報敎育部 고
문顧問을 지냈다. 1947년부터 홋카이도대학北海道大
學 교수를 역임하였고, 이후 도요대학東洋大學 교수,
와코대학和光大學 교수를 맡았다.

[참고문헌] 한국역사정보통합시스템〈http://www.korean
history.or.kr〉, 국사편찬위원회 한국사데이터베이스
〈http://db.history.go.kr〉, 조선총독부관보활용시스
템〈http://gb.nl.go.kr〉   【김욱】

534
시가 기요시
志賀潔(지하결)　　　　　　　　　1870.2.7~1957.1.25

의학자, 세균학자, 대학교수

미야기현宮城縣 센다이시仙臺市 출신. 1878년 번의蕃醫였던 어머니의 친정인 시가志賀 집안의 양자가 되었다. 1892년에 도쿄제국대학東京帝國大學 의학부에 입학하여 1896년에 졸업하였고, 바로 전염병연구소에 들어가 기타자토 시바사부로北里柴三郎에게 지도를 받았다. 전공은 세균학이었는데 1897년 이질이 유행할 때 병원체를 발견하여 그의 이름을 딴 'Shigella Dysenteriae'를 학명으로 명명하였다. 1901년부터 독일에서 유학하였는데, 왕실 실험 의학연구소의 에를리히Ehrlich의 지도하에 3년간 면역학 및 혈청학을 공부했다. 유학기간 중이던 1904년에는 에를리히와 함께 최초의 화학요법 보고인 트리파노소마 병 색소 치료 시험을 발표하면서 '트리판로토'를 개발하기도 하였다. 이후 하이델베르크에서 생화학을 공부하다가 1905년 귀국, 도쿄제국대학에서 의학박사 학위(세균학)를 받았다. 1912년 유럽에 건너가 로마에서 만국의학회 총회에 일본 대표로 출석하고 재차 에를리히 문하에서 암 및 결핵 연구에 임하다가 1913년 귀국하였다. 다음해인 1914년 '전염병연구소 이관 사건(내무성 관할 하의 전염병연구소를 돌연 일본 문부성 관할로 이관하여 도쿄제국대학의 권한 하에 전염병연구소를 두기로 한 사건)'으로 인하여 다른 연구자와 함께 기타자토를 따랐고, 다음해인 1915년, 사립 기타자토 연구소의 부장이 되었다. 1920년 게이오기주쿠慶應義塾 의학부가 창설되면서 기타자토 연구소의 많은 연구자들이 의학교수로 취임하였는데, 시가도 이들과 함께 의학교수로 취임하였다. 마닐라 의학협회 명예회원(1903), 영국왕립열대병학회 명예회원(1907), 파스퇴르Pasteur 연구소 찬조회원(1908), 벨기에 학사원 명예회원, 독일 학사원 명예회원(1926), 빈 세균학회 명예회원(1927), 문화훈장(1944), 일본학사원 회원(1948), 문화 공로 연금(1951) 등의 영예를 누렸으며 1957년 1월 향년 86세의 나이로 사망했다.

게이오기주쿠 의학부 교수로 취임 후 반년 만에 이를 사임하고 1920년 8월 9일 조선총독부 의원장, 경성의학전문학교 교장 겸임으로 부임하여 1927년 6월까지 근무하고 사토 고조佐藤剛藏(→484)에게 자리를 인계했다. 이후 조선의 나병 및 공중위생에 대한 조사를 실시했다.

1929년 10월부터 1931년 10월까지 경성제국대학 총장을 역임했다.

[참고문헌] 佐藤剛藏 著, 李忠浩 譯『朝鮮醫育史』(螢雪出版社, 1993), 貴田忠衛『朝鮮人事興信錄』(朝鮮人事興信錄編纂部, 1935)　　　　　　　【이충호】

535
시게나가 아리치카
重永有隣(중영유린)　　　　　　　　　　1905.12~

유린幽林(필명)

문학가, 관료

가고시마현鹿兒島縣 출신. 1929년 가고시마 고등농림학교를 졸업하였다.

1929년 졸업 후, 조선총독부 권업모범장勸業模範場에 재직하였다. 구체적으로는 평안남도에서 1930년부터 1936년까지 내무부의 농무과農務課와 원잠종제조소原蠶種製造所에서 산업기수産業技手로, 1937년부터는 황해도에서 잠업취제소蠶業取締所 산업기수로 1941년까지 봉직하였다. 1938년『잠업지조선蠶業之朝鮮』(朝鮮蠶絲會) 제4호에「자산상에 관하여慈山桑에 就いて」라는 글을 실었다.

하이쿠 활동은 평안남도 재직 중에는 관공서에서 열리는 구회句會에 참가하였고,『호토토기스ホトトギス』에도 투고하였다. 황해도 지방 재직 시절에는 '해주구회海州句會'를 결성하고,『호토토기스』에도 입선한 구가 많아 활발한 구작 활동을 펼쳤다. 조선 시절의 하이쿠는 1975년 6월 간행된 구집『비원秘苑』(重永有隣, 1975)에 실려 있다.

1945년 12월 조선을 떠나 가고시마로 귀국하였다.

[참고문헌] 阿部誠文『朝鮮俳壇-人と作品〈下卷〉』(花書院, 2003), 朝鮮蠶絲會 編『蠶業之朝鮮』(朝鮮蠶絲

會, 1938), 朝鮮總督府 編『朝鮮總督府及 所屬官署職員錄』(朝鮮總督府, 1927)　　　　　【김보현】

536

시노다 다이이치로
信田泰一郎(신전태일랑)　　　　1888.3~?

실업가

이바라키현茨城縣 출신. 도요대학東洋大學을 졸업했다.

도한 시기는 알 수 없으며 평양과 함흥의 각 금융조합 이사를 역임하며 다년간 이 지역의 금융행정의 기반을 다지기 위해 동분서주하였다. 1923년 무진회사無盡會社, 신탁회사信託會社 등을 창립하여 직접 경영했으며 함흥의 금융계에서 다대한 활동을 전개하였다. 이후 신탁회사는 함흥토지금융회사로 개칭했고 1934년 상공회의소 회장, 소득세조사위원회장, 조선금융조합참여 함흥사장 등을 역임하였다. 특히 상공회의소 회장으로 있으면서 함흥의 철도부설 촉진, 사범학교 및 중학교 설립 등 지방의 개발에 매진했다.

[참고문헌] 阿部薰 編『昭和12年版 朝鮮都邑大觀』(民衆時論社, 1937), 猪野三郎 編『第12版 大衆人事錄』(帝國秘密探偵社國勢協會, 1937)　　　　【이현진】

537

시노다 지사쿠
篠田治策(소전치책)　　　1872.11.12~1946.1.23

법학자

시즈오카현靜岡縣 오가사군小笠郡 이케신덴무라池新田村 출신. 이후 제일고등학교第一高等學校와 도쿄대東京大 법학과를 나왔다. 1904년에 육군성陸軍省 국제법 사무촉탁事務囑託으로서 3군사령부에 종군하였다. 1907년에 도한하여 간도間島 문제를 연구한 이래 1921년 3월에 간도연구로 박사학위를 받았다. 학생 시절 스포츠광이었으며 유도는 3단이고 수영도 발군이었다고 한다. 1932년 7월에는 이왕직李王職 장관이 되었다. 이후 경성제국대학京城帝國大學 총장이 되어

1944년까지 역임하였다. 1943년에는 일본의 최고훈장 중 하나인 욱일대수장旭日大綬章을 받았다. 1946년에 사망하였으며 슬하에 5남 5녀를 두었다.

한일강제병합 이전에 일찍이 도한하여 조선과 관련된 제반사항에 관여하였다. 1907년 간도통감부間島統監府에 발령을 받아 통감비서관統監祕書官, 조선총독부의 한국농상공부서기관韓國農商部書記官, 평안남도내무부장平安南道內務部長을 거쳐 1919년에는 평안남도도지사平安南道道知事로 출세하였다. 이 시기 시노다의 강직한 성격을 엿볼 수 있는 유명한 일화가 있는데, 평안남도 관내의 모군에 출장을 갔을 때, 그의 위세를 빌어 호가호위하는 수행원이 있었다. 어느 날 밤 소학교 교직원들과의 술자리에서 그 수행원이 취한 김에 교장들에게 노래를 해보라고 시킨 적이 있었는데, 그러자 시노다가 격노하여 "교육자에게 대고 이게 무슨 짓인가. 바로 사표를 제출하라."라고 꾸짖었다. 그 수행원은 얼굴이 파랗게 되어 사죄하였고, 시노다는 아동교원의 직분이란 존귀한 것이라 역설하였다고 한다. 1923년에 도지사를 퇴직한 후에는 이왕직 차관이 되었다. 1932년 7월에는 이왕직 장관이 되었고 1940년까지 임무를 수행하였다. 1940년 7월부터 경성제국대학 총장에 임명되어 1944년까지 역임하였다.

문필文筆과 친한 학자 기질을 지닌 인물이라는 평을 받았으며, 조선에서도 여러 저서를 내놓았다. 알려진 저서로『임진왜란과 평양文祿役と平壤』(脇坂文鮮堂, 1920), 『남한산성의 개성사南漢山城の開城史』(谷岡商店, 1930) 등이 있다. 또한 그가 많은 관심을 가졌던 간도 문제에 대한 글이「간도 문제의 회고間島問題の回顧」(『朝鮮』 90, 1922)에 나타나 있는데, 이에 의하면 간도가 당시 "50년 동안 조선인이 이주한 지역으로 토문강 이남의 영토는 조선의 것이라 믿어마지 않으며, 문제 해결 이후에도 십 이삼 년 동안 조선인 이주자가 3배나 증가하였고 앞으로도 계속 늘어날 간도는 조선과 밀접한 관계가 있는 곳이다"라고 서술되어 있다. 간도 문제를 떠나 조선 역사나 내부에 대한 관심을 표현한 글도 다수 게재된 바 있으며,「조선과 러일신조약朝鮮と日露新條約」(『朝鮮』 122, 1925), 왕공

가궤범에 대하여「王公家軌範に就て」(『朝鮮』141, 1927) 등
의 글을 저술하였다.

[참고문헌] 中西末銷 『平壌と人物』(平壌日日新聞社,
1914), 藤澤論天 『半島 官財人物評論』(大陸民友社,
1926), 中村資良 『京城仁川職業明鑑』(東亞經濟時報社,
1926), 有馬純吉『昭和6年版, 朝鮮紳士錄』(朝鮮紳士錄發
行會, 1931), 貴田忠衛 『朝鮮人事興信錄』(朝鮮人事興信
錄編纂部, 1935), 阿部薰『昭和12年版 朝鮮都邑大觀』(民
衆時論社, 1937), 狩野三郎『第12版大衆人事錄』(帝國祕
密探偵社國勢協會, 1937), 谷サカキ『第14版 大衆人事錄』
(帝國祕密探偵社, 1943), 秦郁彦 編『日本近現代人物履
歷事典』(東京大學出版會, 2002), 篠田勇治『靜岡大百科
事典』(靜岡新聞社, 1978), 고려대학교 일본연구센터 일본
연구 아카이브 〈http://archive.kujc.kr〉, 한국역사정보
통합시스템 〈http://www.koreanhistory.or.kr〉, 국사
편찬위원회 한국사데이터베이스 〈http://db.history.go.
kr〉   【김욱】

538

시노부 준페이
信夫淳平(신부순평)   1871.10.14~1962.11.1

외무관료, 대학교수

이바라키현茨城縣 출신. 1890년 도쿄전문학교東京專
門學校 영어보통과를 졸업한 후 시립니가타상업학교
市立新潟商業學校 교사, 시립구루메상업학교장市立久
留米商業學校長 겸 교사 등을 맡았다. 1897년 9월 외교
관급영사관시험에 합격한 후 영사관보로서 첫 근무
지가 한성영사관이었다. 1901년 공사관 3등서기관
으로 승진하여 멕시코로 전근을 갔으며, 이곳에서
영사를 겸직하였다. 1905년 12월에는 관동총독부關
東總督府 부속으로 근무하였으며, 이듬해 10월 인천
이사청仁川理事廳 이사관으로 부임하였다. 1910년 3
월 대사관 1등서기관으로 승진하여 오스트리아로 파
견되었다. 1912년에는 네덜란드, 1914년에는 인도
캘커타 총영사로 근무하였다. 1917년 의원면직하였
다. 이후 1943년까지 와세다대학早稻田大學에서 강사
로 강의하였다. 1927년부터 1928년까지 『요로즈초

호萬朝報』 사장을 역임하였다. 1939년에는 도쿄대학
東京大學에서 박사학위를 취득하였다. 와세다대학早
稻田大學에서는 1941년부터 1956년까지 교수로 재직
하였다. 전공은 국제법, 외교사였다.

1897년 가을부터 1900년까지 한성영사관에서 영
사관보領事館補로 근무하였다. 1899년 10월에는 아키
즈키 사쓰오秋月左都夫(→640) 영사가 귀국함에 따라 12
월까지 영사대리 업무를 잠시 맡기도 하였다. 영사
관보로 재직하던 중 1898년에는 대한제국의 행정조
직에 대하여 정리한 「한국 현행 행정 조직일반韓國現
行行政組織一斑」을 『도쿄경제잡지東京經濟雜誌』에 게
재하기도 하였다. 이로부터 3년 후인 1901년에는 『한
반도韓半島』를 집필하고 출간하였다. 이 책에는 부
산, 인천, 경성, 평양, 개성, 진남포 등에 대한 지역
소개에서부터 출발하여 조선의 행정조직, 조선과 국
제관계상 밀접한 관련을 맺고 있던 일본과 청국을
비롯한 서구 열강들의 조약 체결 연혁, 수출입 통계
및 무역액, 호구수 등의 다양한 정보를 수록하였다.
이후 1906년 11월 10일 인천이사청 이사관으로 발령
을 받아 재차 도한하였다. 여기에는 한국에서 차관
직을 맡고 있던 기우치 주시로木內重四郎(→152)의 종
용이 크게 작용했던 것으로 보이는데, 그와 상당한
친분을 유지하고 있었던 것으로 보인다. 1907년 8월
에는 순종즉위예식 기념장을 받았다. 1908년 4월에
는 위촉을 받아 인천개항 25년에 대한 연혁과 거류
일본인들의 활동상, 무역과 교통, 금융 등의 사항을
정리한 『인천개항 25년사仁川開港二十五年史』의 집필
에 관여하였다. 이해 6월에는 해주경찰서장의 기독
교도 관련 보고를 받아 통감부 쓰루하라 사다키치鶴
原定吉(→579)에게 이첩하기도 하였다. 재직 중이던
1909년에는 셋째 아들로 이후 역사학자가 되는 시노
부 세이자부로信夫淸三郎가 태어났다. 이해 4월에는
이용익李容翊과 관련하여 상하이로 도항하려 하는 한
국인들의 동태를 파악하여 보고하였으며, 12월 일진
회一進會의 「합방청원서合邦請願書」가 발표된 이후 인
천 재류 일본인들과 조선인들의 민심 동향 등을 파악
하는 등의 업무도 담당하였다. 인천에서는 1910년 2
월까지 근무하였다.

인천 이사청 이사관 근무 이후에는 1917년까지 외교관으로서 활동하였다. 이후 대학 강단에서 전시국제법, 외교사, 국제정치 등을 강의하였다. 외무성에서 활동할 당시 외무대신이었던 고무라 주타로小村壽太郎(→81)의 전기에 대한 초고를 집필하였는데, 이후 외무성 편찬으로 『고무라 외교사小村外交史』라는 제목으로 출간되었다.

[참고문헌] 信夫淳平 저, 정혜중 역 『譯註 仁川開港25年史』(인천광역시역사자료관, 2004), 國史編纂委員會 編 『統監府文書』(國史編纂委員會, 1998), 信夫淳平 『韓半島』(東京堂書店, 1901), 信夫淳平 『反古草紙』(有斐閣, 1929), 仁川府 編 『仁川府史』(仁川府, 1933), 秦郁彦 編 『日本近現代人物履歷事典』(東京大學出版會, 2002) 【박한민】

539
시노자키 한스케
篠崎半助(소기반조)　　　　　1882.8~?

실업가

1899년 인천 마치다상점町田商店에서 근무하다가 1900년 독립하여 미곡상을 경영하였다. 러일전쟁에 참전하여 훈8등을 받았다. 군대 제대 후 마치다 상점 경성 지점에 들어갔다가 독립하고 시노자키 상점을 경영하였다. 1913년 6월 상업회의소 평의원에 당천, 또한 조선토지주식회사 사장, 조선인쇄주식회사 감사역, 동아상공주식회사 감사역, 도다戸田 농구주식회사 사장 등 사업가로 활동하였다.

[참고문헌] 朝鮮公論社 編 『在朝鮮內地人紳士名鑑』(朝鮮公論社, 1917), 朝鮮新聞社 編 『朝鮮人事興信錄』(朝鮮新聞社, 1922) 【마스타니 유이치桝谷祐一】

540
시노하라 쇼조
篠原昌三(소원창삼)　　　1890.3.9~1987.3.19

실업가

후쿠오카현福岡縣 후쿠오카시福岡市 신다이쿠마치新大工町 출신. 1945년 일본 패전 당시 경성중앙방송국 국장이었으며 구 조선방송협회 직원 친목단체인 '조방회朝放會'의 초대 회장을 역임하였다.

시노하라 다이이치로篠原多一郎의 막내아들로 태어났다. 후쿠오카사범학교부속소학교와 후쿠오카현립중학슈유칸修猷館을 졸업하고 1918년 도쿄고등공업학교東京高等工業學校(현 도쿄공업대학東京工業大學) 전기과에 입학하여 1922년 3월 졸업하였다. 동년 4월 조선총독부 체신국 체신기수에 임관되었다.

1922년 부산으로 건너가 후쿠오카와 부산 사이의 무선전화 실험에 종사했다. 1923년 5월 체신성遞信省 직원 양성 기관인 도쿄체신관리연습소東京遞信官吏練習所 전수과에 재입학했으며, 같은 해 9월 간토대지진關東大震災 피해를 입었다. 1924년 봄 경성체신국으로 전근하여 유일한 무선 기술자로서 조선 최초의 라디오 실험을 담당했다.

1925년 봄 광화문 체신국에서 조선 최초의 라디오 전파를 송출했고, 당시 시노하라는 JODK의 제일성을 아나운스하였다. 당시 JO○○의 콜 사인은 일본 국내로 보류하고 조선은 JB○○로 한다는 의향의 체신성에 대하여 '내선일체'의 국책에 어긋난다는 조선총독부 체신국장의 영단에 의한 사용이 결정되었다(『일본방송사日本放送史』 「JODK의 콜사인JODKのコールサイン」). 1926년 12월 경성방송국 기술부장, 1932년 6월 조선방송협회 기술부장, 1945년 3월 경성중앙방송국 이사에 취임하여 국장 및 기술부장을 겸임했다. 8월 15일 패전 후 10월 2일 조선방송협회가 접수되어 해임되었고 20년의 방송국 생활은 막을 내렸다. 그러나 GHQ로부터 퇴직금 반환 명령이 하달되어 간부 직원들은 동산과 부동산 전부로 이에 충당하려 했으나 역부족이었고, 결국 조선과 가까운 후쿠오카로 귀환하는 시노하라가 반환 책임자가 되는 것을 조건으로 간부 일동의 귀국이 허가되었다.

1945년 11월 하순, 이나바초因幡町의 NHK 후쿠오카 방송국에 자리를 빌려 퇴직금의 반환을 독촉하는 잔무 정리에 임했으나 원망을 살 뿐 집행이 진척되지 않았으며, GHQ로부터 계속 추궁을 받아 전전긍긍하는 나날을 보냈다. 그러한 가운데 기술부의 부하 나가토모 쇼이치長友正一(→171)의 소개로 가스가바루春日原의 미 진주군 항공무선국에서 근무하게 되었다. 1949년 관리연습소 시절 교관의 소개로 오사카大阪 관구 경찰본부 경비부 무선통신과장에 임관되었다. 1953년 11월 주고쿠中國 관구 경찰본부 무선통신부장으로 히로시마廣島로 전입되어 히로시마현 구레시吳市 출신의 기술부 부하 와카미야 요시마로若宮義麿(→757)와 재회하였다. 1960년 3월 간토關東 관구 경찰국 통신부장에서 퇴관하여 동년 5월 다이아 공업 주식회사大亞工業株式會社 대표이사 부사장으로 취임하여 1981년까지 근무하였다. 1963년 일본방송협회로부터 감사장을 받았다. 1969년 훈5등 교쿠지쓰소코쇼旭日雙光章 수장. 서훈 이유는 경찰용 단파전화의 실용화, 국산화 및 소형 무선기를 비롯한 기동통신의 개발 개량, 경찰용 유무선 통신의 총합적 운용과 경찰업무 효율화, 경찰용 마이크로 통신망과 기타 각종 시설의 건설 등에 대한 공헌으로 경찰 행정에 기여한 업적에 의한다.

[참고문헌] 『續·私共의 生涯』(私家版, 1982), 朝放會 編 『JODK-朝鮮放送協會回想記』(朝放會本部, 1981), 篠慧子 『幻의 放送局-JODK』(鳥影社, 2006), 篠原昌三 編 『舊朝鮮放送協會 日本人職員名簿』(MF(マイクロフィルム), 1955), 學習院大學東洋文化硏究所 編 『友邦文庫目錄』(勁草書房, 2011), 日本放送出版協 編 『日本放送史』(日本放送出版協會, 1965)

【쓰가와 이즈미津川泉】

541

시노하라 에이타로

篠原英太郎(소원영태랑)　　　　1885.10.10~1955.3.7

관료

나가노현長野縣 출신. 제오고등학교第五高等學校를 거쳐 1911년 7월 도쿄제국대학東京帝國大學 법과대학 법률학과를 졸업했다. 졸업 직후 내무성에 들어가 야마나시현속山梨縣屬이 되었다. 1912년 내무성속內務省屬으로 위생국衛生局에서 근무했다. 같은 해 11월 고등문관시험에 합격했다. 1913년 나가사키현長崎縣

경시警視를 역임했다. 1914년 이시카와현石川縣 이사관理事官으로 내무부 교육과장教育課長 겸 지방과장地方課長 및 시학관視學官 등을 역임했다. 1918년에는 오사카부大阪府 이사관으로 내무부 학무과장學務課長을 역임했다.

1919년 9월 조선총독부로 옮겨 사무관事務官 겸 참사관參事官, 식산국殖産局 농무과장農務課長에 취임했다. 1920년 식산국 토지개량과장에 취임했다가 다시 농무과장을 역임했다. 1920년부터 1922년까지 임야조사위원회林野調査委員會 위원을 역임했다. 또한 1920년 12월 사이토 마코토齋藤實(→469)가 설치했던 조선정보위원회朝鮮情報委員會에도 위원으로 참여했다. 이 위원회는 일본과 외국에 조선사정을 소개하고, 조선에서는 일본의 사정을 소개하며 총독정치의 진상과 시정방침을 널리 보급하는 것을 목표로 했다. 1921년 9월부터 구성된 제2기 조선농회朝鮮農會에서도 이사를 역임했다.

1927년 5월 야마가타현山形縣 지사에 취임했다. 1929년 10월에는 문부성文部省 보통학무국장普通學務局長으로 이전했다. 1931년 12월부터는 오카야마현岡山縣 지사, 1934년 8월부터는 아이치현愛知縣 지사, 1937년 2월부터는 내무차관을 역임했으나 같은 해 6월 사임하고 퇴관했다. 1942년 7월 도쿄시부시장東京市助役을 거쳐 교토시장京都市長에 취임했지만 1946년 2월 공직추방으로 퇴임했다. 1955년 3월 7일 향년 69세로 사망했다.

[참고문헌] 정진석 『극비 조선총독부의 언론검열과 탄압』(커뮤니케이션북스, 2008), 朝鮮中央經濟會 編纂 『京城市民名鑑』(朝鮮中央經濟會, 1921), 秦郁彦 編 『日本官僚制總合事典: 1868-2000』(東京大學出版會, 2001), 金容達 「朝鮮農會(1910~26)의 組織과 事業」『國史館論叢』64(국사편찬위원회, 1995)　　【박우현】

542

시데하라 기주로

幣原喜重郎(폐원희중랑)　　　　1872.9.13~1951.3.10

외무관료, 정치인

오사카부大阪府 출신. '시데하라 외교'로 불리는 합리주의적 외교로 알려져 있다. 외무대신을 네 번 역임하였으며, 일본을 국제적 고립상태에서 벗어나도록 하는 데 주력했다. 군부와 우익에게 '연약외교軟弱外交'로 비난받다가 만주사변 이후 내각 붕괴와 함께 정계에서 물러났지만, 제2차 세계대전 후 미국 점령 하의 총리대신에 임명되어 인간천황선언을 기초하는 등 신일본 건설에 참여했다.

1896년 9월 외교관 시험에 합격하여 10월 인천 영사관보領事官補에 임명된 후 1897년 1월 인천에 부임했다. 러시아 군함, 러시아 수병 등의 동태를 한성의 일본 공사 가토 마스오加藤增雄(→54)에게 보고하고, 청일전쟁 당시 공을 세운 민간인에게 훈장을 전달하였다. 1898년 5월 가토 공사에게 한국인을 해관장海關長에 임명하는 문제에 대해, 한국인들만으로 운영하기는 어려우니 일본인이나 기타 외국인을 고용해야 하며 한국인이 해관장이 된다면 영어보다는 한국어를 사용하는 것이 비용이 적게 들 것이라고 답변하였다. 1899년 3월 일본으로 귀국하여 런던 총영사를 지낸 뒤, 1901년 10월 부산 영사로 부임하였다. 부산 영사 재임 시절 동안 경부철도와 마산·삼랑진 철도 건설을 위한 측량에 협력하였고, 1904년 2월 러일 간 국교가 단절되자 전쟁이 터질 듯한 분위기 속에서 일본군이 부산과 마산의 전신국을 점령할 수 있도록 지원했다. 러일전쟁 개전 직후인 1904년 3월 일본으로 귀국하였다.

외무대신을 네 번 역임하는 등 외교 일선에서 활약하지만 만주사변 이후 관직에서 물러났다. 1945년 일본 패전 후 미국 점령 하의 일본에서 총리대신으로 활동했다. 1949년 중의원의장에 취임했지만, 1951년 3월 사망했다.

[참고문헌] 國史編纂委員會 編 『駐韓日本公使館記錄』(國史編纂委員會 編, 1988), 仁川府廳 編 『仁川府史 上』(景仁文化社, 1989), 日本外務省 『日本外交史辭典』(山川出版社, 1992), 服部龍二 『幣原喜重郎と二十世紀の日本』(有斐閣, 2006)　　　　【박진홍】

543
시데하라 다이라/시데하라 단
幣原坦(폐원탄)　　　1870.10.12~1953.6.29

도쿠지로德治郎(아명)

동양사학자, 관료, 대학교수

오사카부大阪府 가도마시門眞市 출신. 야마나시현山梨縣 심상중학교尋常中學校를 졸업하고, 1893년 도쿄제국대학東京帝國大學 문과대학 국사학과를 졸업하였다. 1900년 11월 대한제국학부 중학교 교사로 고용되어 한국에 왔으며, 1905년 학부 참여관, 경기중학교 외국인 교사를 거쳐, 1910년 일본으로 귀국하여 도쿄제국대학 교수가 되었다. 이 시기에 구미 제국을 시찰하여 교육제도를 연구하였으며, 1913년에는 문부성文部省의 명령에 따라 히로시마고등사범대학廣島高等師範大學 교장으로 전임되었다. 1928년 타이베이제국대학臺北帝國大學 창설을 주도하고, 초대 총장에 취임하였다. 1942년 태평양 전쟁 발발 직후 흥남연성원興南鍊成院의 초대 원장을 지냈으며, 패전 직후인 1946년에 추밀고문관樞密顧問官에 취임하였다. 1953년 오사카에서 지병으로 사망했다.

그의 동생은 외교관이자 정치가인 시데하라 기주로幣原喜重郎(→542)로 일본의 패망 직후 제44대 내각 총리를 지낸 인물이다. 시데하라는 도쿄제국대학 국사학과를 졸업한 뒤, 대한제국의 중학교 교사로 고용되면서 한국에 본격적인 관심을 갖게 되었다. 한국에서는 중학교 교사와 학부 참여관으로 활동했을 뿐만 아니라 동아개진교육회東亞開進敎育會의 회원으로 각종 연설회의 연사로도 활동하였다. 시데하라가 최초로 쓴 저서는 『남도연혁지론南島沿革誌論』(富山房, 1899)이며, 한국에서 활동하면서 『일로간지한국日露間之韓國』(博文館, 1905), 『한국정쟁사韓國政爭史』(三省堂, 1907), 『학교론學校論』(同文館, 1909) 등의 저서를 남겼다. 이들 저서는 이른바 일제의 보호 정책을 뒷받침하기 위한 이론적 근거를 담고 있으며, 서양의 교육제도를 소개하면서 전근대적인 한국 교육을 개혁해야 한다는 논리를 담고 있었다.

1910년 귀국 후 한국 문제에 더 많은 관심을 기울

였는데, 도쿄제국대학 교수로 임용되고 조선사 강좌 개설을 준비하면서 본격적으로 식민 경영에 관심을 기울였다. 그 결과 『세계소관世界小觀』(寶文館, 1912), 『식민지 교육植民地教育』(同文館, 1912), 『만주관滿洲觀』(寶文館, 1916), 『조선교육론朝鮮教育論』(六盟館, 1919) 등을 저술하였다.

시데하라는 1924년 문화사 연구를 위해 영국·독일·미국을 방문하고, 『세계의 변천을 바라보며世界の變遷を見る』(冨山房, 1926)를 저술하였으며, 타이베이 제국대학 총장을 거쳐 태평양 전쟁 전후에는 이른바 대동아 공영권론大東亞共榮圈論을 확립하기 위해 노력했다. 이 시기의 저술로는 『남방문화의 건설南方文化の建設へ』(冨山房, 1938), 『대동아의 성육大東亞の成育』(東洋經濟新報社, 1941), 『흥아의 수양興亞の修養』(明世堂書店, 1941)이 있다. 이처럼 시데하라의 저술 활동은 일제의 식민 통치를 합리화하고, 효과적으로 식민지를 경영하는 데 목표가 있었다.

시데하라는 1946년 일본 추밀원 고문관에 취임한 뒤, 『극동문화의 교류極東文化の交流』(關書院, 1949), 『문화의 건설, 시데하라 다이라 육십년 회상기文化の建設·幣原坦六十年回想記』(吉川弘文館, 1953)를 저술하였다.

[참고문헌] 정재철 『일제의 대한국식민지교육정책사』(일지사, 1985), 최혜주 『근대 재조선 일본인의 한국사 왜곡과 식민통치론』(경인문화사, 2010)　【허재영】

544

시라이시 고지로
白石光治郎(백석광치랑)　　　　　1897.10~?

관료

아이치현愛知縣 출신. 1922년 도쿄제국대학東京帝國大學 법과대학을 졸업한 후 1922년 4월 조선으로 건너왔다. 이후 1945년 패전 시까지 각종 요직을 지냈다.

조선으로 건너와서 총독부 속屬이 되었다. 1923년 경기도 이사관으로 임명되어 도 지방과장으로 임명되었다. 이후 1924년 도 사무관으로 진급하여 강원도 재무부장, 평안북도 재무부장을 역임한 후 조선총독부 경무국 사무관으로 임명되었다. 1931년에는

평안북도 경찰부장으로 근무하면서 만주사변 전 국경 경비를 담당하였고, 1934년도부터 경상남도 경찰부장으로서 근무했다. 총독부 비서가 되어서 구미를 출장했고 조선으로 건너와 1936년 평안남도 내무부장이 되었다. 1939년에는 총독부 체신국 전기과장이 되었다. 1940년 경무국 보안과장 및 외사부外事部 사무관事務官(동아국東亞局 제3과장第三課長), 1941년 11월 19일 평안북도지사, 1943년 7월부터 1944년 8월까지 체신국장遞信局長, 1944년 8월 17일부터 패전시까지 조선총독부 농상국장農商局長을 담당했다.

패전 후 미군정청에 의해서 1945년 9월 15일 부로 해임됐다. 이후 서류 소각 혐의로 미군정에 체포되었다. 이후 행적은 미상이다.

[참고문헌] 國史編纂委員會 編 『資料大韓民國史』 第1卷(國史編纂委員會, 1968), 貴田忠衛 編 『朝鮮人事興信錄』(朝鮮人事興信錄編纂部, 1935), 民衆時論社朝鮮功勞者銘鑑刊行會 編 『朝鮮功勞者銘鑑』(民衆時論社朝鮮功勞者銘鑑刊行會, 1936), 岡本眞希子 『植民地官僚の政治史-朝鮮·臺灣總督府と帝國日本』(三元社, 2008)　【주동빈】

545

시라이시 무네키
白石宗城(백석종성)　　　　1889.12.4~1979.3

실업가

도쿄東京 간다神田 출신. 주식회사 조선질소비료 흥남공장의 공장장으로, 일본의 제2차 세계대전 패전 이후 중앙일한협회 회장을 역임했다.

실업가이자 정치가였던 다케우치 쓰나竹內綱가 외조부였으며, 내각 총리대신을 역임한 요시다 시게루吉田茂와 도쿄제국대학東京帝國大學 법과대 교수였던 나카다 가오루中田薰가 외숙이었다. 부친 시라이시 나오지白石直治는 미국, 독일 유학파로 도쿄제국대학 이공학부 토목공학과 교수였다. 부친은 대의사代議士로 정치에 참여했으며 민간사업에도 관여하는 등 일본 정재계의 주요 인사였다.

1913년 도쿄제국대학 전기공학과를 졸업하고, 부

친이 이사로 근무한 주식회사 일본질소비료에 입사했다. 가가미鏡 공장과 미나마타水俣 공장에서 근무했으나, 1918년 회사를 휴직하고 미국을 시찰했다. 1919년 부친의 사망으로 다시 귀국해 복직했다. 1920년 회사를 퇴직하고 독일로 유학을 떠나 베를린대학에서 연구원으로 암모니아합성 등의 화학실험을 연구 후 1922년 유학을 마치고 귀국했다. 일본질소에 재취업해 1923년 일본질소 연구부장과 노베오카延岡 공장 차장을 겸임하게 되었다. 1924년 일본질소가 조선 진출을 논의하게 되자 조선을 시찰해 공장부지를 물색했다. 1926년 회사 대표로 조선에 건너와 함경남도 함주군咸州郡 일대에서 공장 건설 준비에 착수했다.

1927년 주식회사 조선질소비료가 설립되자 상무이사, 공장장으로 임명되었다. 대표 노구치 시타가우野口遵(→212)를 보좌해 공장의 건설을 실질적으로 책임졌다. 이후 일본질소비료 그룹은 대규모 수력발전소를 건설해 얻은 값싼 전력을 이용해 제조화학공업과 석탄 공업 등 각종 중화학공업으로 사업 영역을 확대했다. 그룹의 성장과 함께 승진해서 1936년 주식회사 일본질소비료의 이사가 되어 최고 간부로 임명되었다. 또한 1941년에는 일본질소비료의 상무이사로, 1944년에는 전무이사로 선출되었다. 그 사이 조선 내에서의 책임 역시 높아졌다. 1938년에는 계열사인 주식회사 함흥합동목재咸興合同木材의 사장, 1939년에는 주식회사 조선질소비료의 전무이사, 1941년 주식회사 조선알루미늄공업 사장, 주식회사 일본질소비료 상무이사, 1942년 주식회사 일질고무공업 사장, 1943년 주식회사 조선인조석유 사장, 1944년 조선인조석유 회장 등을 겸임하였다.

1945년 7월 말 베이징北京으로 출장을 떠나 8월 초 흥남에 도착했다. 패전 정국의 혼란 속에 조선 내 일본질소비료 그룹 정리의 책임을 맡고 8월 22일 경성으로 이동했다. 그달 말 그룹의 본사가 있는 오사카로 출장을 가서 9월 초 경성으로 돌아왔지만, 10월 1일 도쿄로 출장을 떠난 이래 조선으로 돌아올 수 없었다.

1946년 '공직추방령'을 지정받아, 가족과 함께 주식회사 시라이시건설白石建設을 설립해 초대 사장이 되었다. 1950년 10월 추방령에서 해제된 후 이듬해 7월 신일본질소비료新日本窒素肥料의 사장으로 취임해 1958년 1월까지 재직했다. 퇴직 후에도 노구치연구소野口研究所 상담역, 건설컨설턴트협회 회장 등으로 활동했다. 또한 호즈미 신로쿠로穗積眞六郎(→950)가 주도하는 조선 관련 사업에도 협력해서 중앙일한협회 회장, 우방협회 이사 등을 역임했다. 1979년 3월 사망했다.

[참고문헌] 中村資良 『朝鮮銀行會社要錄』(東亞經濟時報社, 각년판), 鎌田正二 『北鮮の日本人苦難記: 日窒興南工場の最後』(時事通信社, 1970), 日本窒素史への證言編集委員會 編 『日本窒素史への證言』1(日本窒素史への證言編集委員會, 1977), 이형식 「패전 후 귀환한 조선총독부관료들의 식민지 지배 인식과 그 영향」 『韓國史研究』 153(한국사연구회, 2011), 白石宗城 外 「朝鮮における重化學工業の建設(1965.8.4)」 『東洋文化研究』 12(學習院大學東洋文化研究所, 2010.3)

【양지혜】

546

시라카미 유키치

白上佑吉(백상우길)　　　　　1884.12.19~1965.1.24

관료

이시카와현石川縣 출신. 1910년 7월 도쿄제국대학東京帝國大學 법과대학 정치학과를 졸업하고, 동년 11월 고등문관시험 행정과에 합격하였다. 내무성에 들어간 후 경시청警視廳, 교토부京都府, 나가노현長野縣 등을 거친바 있으며, 도야마현富山縣 경찰부장으로 재임 중이던 1919년 8월 28일자로 조선총독부 경무국 고등경찰과 과장으로 부임하였다.

총독부 경무국 내 고등경찰과는 1911년에 설치되었다. 주요 업무는 고등경찰에 대한 관리 및 신문, 잡지 등 출판물과 영화 등에 대한 통제 등이었다. 1919년까지는 현역 군인이 과장직을 맡아오다가, 1919년 3·1운동의 여파로 실시된 문화정책의 기조에 따라 문관 출신 관료가 그 자리를 이어갔다.

시라카미가 부임한 1919년 8월은 3·1운동이 몇 개월밖에 지나지 않은 때였으므로, 총독부 고등경찰과장으로서의 임무는 주로 사상범을 검거하거나 언론을 통제하는 일 등에 두어졌다. 그가 재임하던 1920년 9월까지 약 1년 동안 그의 휘하에는 일본인 15명, 조선인 3명 등 모두 18명의 직원이 근무하였고, 이 가운데 일본인으로서 조선어 통역관도 3명이 포함되어 있었다.

1921년 11월 27일 경기도 경찰부장으로 자리를 옮겼는데, 이듬해 9월에는 다시 일본 지바현千葉縣 내무부장으로 전출되었다. 이후 1927년 가을에는 1년여 동안 구미 시찰을 다녀온 뒤, 1928년 10월부터 다시 경기도 경찰부장에 임명되기도 하였다.

그는 1924년 10월 돗토리현鳥取縣 지사에, 1926년 9월에는 도야마현 지사에 취임하였다. 1927년 8월에는 문부성 실업학무국장이 되어 1928년 6월까지 재임하였고, 1929년 4월부터 1931년 7월까지는 도쿄시東京市 조역助役을 맡았다. 그러나 재임 중 뇌물 수수 혐의로 재판에 회부되어 1934년 4월 도쿄지방법원東京地方法院에서 유죄를 선고 받아 6개월 간 복역하였다. 전후에는 1951년 8월까지 공직 추방의 대상이 되었으나, 제재에서 풀려난 뒤 에비스식량운송회사惠比壽食糧運送會社의 회장을 지내기도 하였다.

[참고문헌] 정진석『극비 조선총독부의 언론검열과 탄압』(커뮤니케이션북스, 2007), 貴田忠衞『朝鮮人事興信錄』(朝鮮人事興信錄編纂部, 1935)　　【함충범】

547

시라토리 구라키치
白鳥庫吉(백조고길)　　1865.3.1~1942.3.30

시라토리 구라키치白鳥倉吉(본명)
동양사학자, 대학교수
가즈사노쿠니上總國(지금의 지바현千葉縣) 나가라군長柄郡 하세무라長谷村 출신. 1879년 지바중학교에 입학하였고 1882년 졸업하였다. 1887년 도쿄제국대학 사학과에 진학하여 랑케의 제자인 리스에게 역사학을 배우고 제1회 사학과 졸업생이 되었다. 1890년 26세에 가쿠슈인學習院 교수가 되었으며, 중국 주변의 여러 민족사를 강의하였다. 1899년 로마에서 개최된 국제동양학회에서「흉노 및 동호 민족의 언어에 대하여」,「돌궐 궐특근비명고突厥闕特勤碑銘考」를 발표하고, 1901년 유럽 유학을 떠나 프랑스, 독일, 헝가리에서 언어를 연구하였다. 1902년 함부르크에서 열린 국제동양학회 일본 대표로 참가하고, 1903년 겨울 귀국하여, 도쿄제국대학 사학과 교수를 지내면서 동양사를 강의하였다. 1905년 아세아학회亞細亞學會를 창립했는데, 같은 해 동양협회東洋協會와 합하여 학술조사부를 만들고,『동양협회조사부학술보고東洋協會調査部學術報告』제1책을 출간하였다. 이 학술지는 1911년『동양학보東洋學報』로 명칭을 바꾸었으며, 현재도 발행되고 있다. 1906년 만주와 조선의 자료 수집을 위해 조선 여행을 하고, 1908년 만주철도주식회사 총재 고토 신페이後藤新平를 설득하여 '만주역사지리조사실滿洲歷史地理調査室'을 설치하여, 본격적으로 만선사관滿鮮史觀을 만들어 냈다. 1914년 만철회사가 폐쇄되기까지 조선에서 5천 여 권 이상의 서적을 수집해 갔으며,『조선왕조실록』오대산본을 도쿄제국대학으로 이관하는 데 결정적 역할을 했다. 1914년부터 1920년까지 동궁어학문소東宮御學問所 교무주임으로 쇼와昭和 천황의 교육을 담당했으며, 1924년 재단법인 동양문고東洋文庫를 설립했다. 1925년 도쿄대학에서 정년퇴임하고, 동양문고를 중심으로 연구 활동을 하다가 1942년 3월 77세로 세상을 떠났다.

시라토리는 일본에서 동양학이라는 학문 분야를 개척하고, 이를 바탕으로 만선사관滿鮮史觀을 확립한 인물이다. 일제의 관학자로서 실증주의 역사학자 리스의 학문을 바탕으로, 조선사, 만주 지역 민족사, 서역사를 연구하였다. 1894년 첫 논문「단군고檀君考」를 썼으며, 1897년에 이르기까지 10편의 한국사 관련 논문을 썼다. 그는 단군신화를 불교 사상의 영향 아래 후세 사람들이 만든 것이라고 주장하였고,「조선 고대 지명고朝鮮古代地名考」,「조선 고대 왕호고朝鮮古代王號考」등의 논문을 통해 한국어의 알타이어설을 제기하였다. 역사 비교 언어학의 비교 방법을 적용하여 한일어 동계설을 주장하다가, 1909년 「일·한·아이누 삼국어의 수사에 관하여」에서는 한일어 동계설을 부정하고, 1913년 「동양사상에서 바라본 일본국」에서는 일본어가 일본 고유의 언어라는 특수론으로 입장을 바꾸었다. 또한 1914년 「조선어와 우랄·알타이어와의 비교 연구」에서는 일선동조론을 주장한 가나자와 쇼자부로金澤庄三郎(→3)의 이론을 비판하면서, 일본어의 특수론, 곧 동아시아에서 독특한 위상을 갖는 일본어론을 제기하였다.

조선에서의 활동은 1906년 만한滿韓 여행으로부터 시작되었다. 1908년까지 조선을 여행하며 5천 권 이상의 서적을 수집하였는데, 1907년 만주 지역 답사 후 '광개토태왕비'를 일본으로 옮기려다 실패하기도 하였다. 1913년 데라우치 총독에게 부탁하여 조선왕조실록 오대산본을 도쿄대학으로 이관했는데, 이 책은 2006년 47권이 반환되었다. 단군 조선을 부정하고 임나일본부설을 주장했으며, 조선사를 만주와 몽고, 중국의 변방으로 인식하는 만선사관을 확립하는 데 주력하였다.

1919년 제국학사원회원帝國學士院會員이 되었으며, 1922년부터 1923년까지는 자료 수집 및 논문 발표를 위해 제2차 유럽 여행을 하였다. 1912년 12월 18일 훈3등 즈이호쇼勳三等瑞寶章, 1913년 2월 10일 종4위從四位, 1918년 2월 20일 정4위正四位의 포상 및 작위를 받았으며, 1934년 일본민족학회 이사장을 역임하면서, 조선, 만주, 몽골, 중앙아시아, 오리엔트, 중국 역사, 문화 연구를 지속하였다. 1970년 이와나미岩波서점에서 10권으로 된 『시라토리구라키치전집白鳥庫吉全集』을 발행하였다.

[참고문헌] 白鳥庫吉 『白鳥庫吉全集』(岩波書店, 1970), 박찬흥 「白鳥庫吉와 滿鮮史觀의 성립」 『동북아역사연구』 26(동북아역사재단, 2009), 이준성 「昭帝以後의 朝鮮(白鳥庫吉·箭內亘)譯註」 『만주연구』 13(만주학회, 2012), 최혜주 「일본 東洋協會의 식민활동과 조선인식」 『한국민족운동사연구』 51(한국민족운동사학회, 2007)

【허재영】

548

시마다 주사쿠
島田忠作(도전충작)　　　　1878.5.17~?

실업가

후쿠오카시福岡市 나카도이초中土居町 출신.

1905년 조선으로 건너와 경기도 인천의 미노타니상점美濃谷商店에서 오랫동안 근무한 후, 1908년 경성부 한강통에 철물점 및 철공업 관련 상점을 독자 개업하였으나 당시 회사명은 정확치 않다. 이후 그는 기존 회사를 합자회사로 공동출자하여 1929년 3월 8일, 자본금 50,000원 규모의 조선차륜철공朝鮮車輛鐵工이라는 회사로 만들고, 공동출자자 겸(7,500원 출자) 중역으로 임하였다. 이 회사는 경성부에서 차량 부속품과 철공품 및 목공품을 제조 판매하던 회사로, 1년 뒤인 1930년 11월 14일에는 같은 주소지에서 소화상공昭和商工이란 주식회사로 그 이름을 바뀌어 설립되게 된다. 당시 자본금은 50,000원 이었으며, 조선차륜철공朝鮮車輛鐵工과 마찬가지로 차량의 토공품 및 철공품을 제작 판매하는가 하면, 토목건축공사의 청부 관련 부대업무도 겸하고 있었다. 시마다는 이 회사에서 1942년까지 중역으로 근무하는 한편, 1931년 12월 10일 설립되었던 주식회사 시마다철공소島田鐵工所에서 1939년까지 전무이사도 역임하였다. 당 회사는 소화상공과 그 성격은 유사했지만 자본금 200,000원으로 그 규모가 보다 컸을 뿐만 아니라, 철도건설에 사용되는 철골, 토목, 전기용품의 제작 및 매매를 주 사업으로 하는 본격적인 토건 회사였다. 시마다는 1935년에 이 회사의 대주주 중 한 명이 되고, 1939년까지 중역으로 근무하였다. 같은 시기 인천에 1933년 11월 1일 설립되었던 주식회사 인천철공소仁川鐵工所의 감사로도 활동하였다. 인천부 항정 7정목 22에 위치하고 있던 이 회사는 자본금 200,000원에 선박 및 기계의 제조 수선, 제철사업, 선박재료기타 물품의 판매 등을 담당하고 있었다.

이처럼 성공한 토목 건축업자로서 시마다 주사쿠은 그 주소지였던 경성에서 경성상업회의소 의원으로 1925년 처음 당선된 이후 1929년까지 연임하여 활동하였고, 1932년 12월 8일에는 상공회의소에서 주는 퇴직 상의원 표창장까지 받았다. 그는 또한 경성철공조합 임원으로도 활동하고 있었는데, 경성철공조합은 1939년 2월 1일 조선총독부로부터 나온 '조선공업조합령'에 따라 만들어졌던 최초의 공업 관련 조합이었다.

[참고문헌] 東亞經濟時報社 編『朝鮮銀行會社組合要錄』(東亞經濟時報社, 1931~1942), 朝鮮中央經濟會 編『京城市民名鑑』(朝鮮中央經濟會, 1922), 「退職商議表彰金銀盃贈呈」(『매일신보』, 1939.2.3), 「新選된京城商議評議員」(『매일신보』, 1929.12.10), 「京城鐵工組合役員」(『매일신보』, 1939.2.3)　　　　　【기유정】

549
시마모토 아이노스케
島本愛之助(도본애지조)　　　　1879.8.20~?

대학교수

도쿄부東京府 출신. 1905년 도쿄제국대학東京帝國大學 문과대학 철학과를 졸업한 후, 미국으로 유학하여 캘리포니아대학, 시카고대학 철학과에서 수학했다. 1909년 3월에 일본으로 귀국해, 같은 해 6월 모리오카고등농림학교盛岡高等農林學校 교수가 되었다. 이후 도쿄외국어학교 교수, 도쿄고등사범학교 강사, 제일고등학교 강사, 경성제국대학 법문학부 교수 등을 역임했다.

미국유학을 마치고 도쿄외국어학교 교수 등을 역임한 시마모토 아이노스케는 1924년 10월 경성고등공업학교 교수로 임명된다. 임명되자마자 바로 윤리학 연구를 위한 구미 유학을 명받아 1년 4개월 동안 프랑스, 영국, 미국 각국에서 유학했다. 1926년 일본으로 귀국한 시마모토는 같은 해 4월 경성제국대학 법문학부 교수로 임명되어 조선으로 건너왔다. 경성제대에서 맡은 강좌는 윤리학이었다.

[참고문헌] 中村資良 編『京城仁川職業名鑑』(東亞經濟時報社, 1926), 有馬純吉『昭和六年版 朝鮮紳士錄』(朝鮮紳士錄發行會, 1931)　　　　【신승모】

550
시모야마 군페이
下山郡平(하산군평)　　　　생몰년도 미상

언론인, 영화인

후지오 노부히코藤尾信彦(→966)에 이어 두 번째로 조선군사령부 보도부장을 역임한 인물이다. 임명 당시의 계급은 소장이었고, 활동 기간은 1939년 11월부터 1940년 3월까지였다.

신병 문제로 인해 그는 4개월 남짓의 짧은 기간 동안 보도부장으로 있었으나, 재임 중이던 1940년 1월 4일 영화업의 허가제, 영화인의 등록제, 영화 검열의 강화, 뉴스 및 문화 영화의 강제 상영 등을 골자로 한 조선영화령朝鮮映畵令이 공포되는 등 식민지 조선영화계에는 커다란 변화가 일었다. 동년 2월 11일에는 조선일보 대강당에서 조선영화인협회 제1회 정기총회가 열렸는데, 조선군 보도부에서 영화 부문을 담당하고 있던 아쿠타카와芥川 소좌가 축사를 낭독하기도 하였다. 조선영화인협회는 조선영화계의 일원화와 통폐합을 위해 총독부가 주도하여 설립된 범영화인 조직이었던 바, 이를 통해 당시 조선군 보도부 역시 영화 분야에 대한 통제권을 행사하고 있었음을 확인할 수 있다.

[참고문헌] 한상언 「조선군 보도부의 영화활동 연구」『영화연구』41(한국영화학회, 2009), 함충범 「중일전쟁 이후 식민지 조선에서의 영화 법령과 조직의 특징적 양상(1937~1941)」『현대영화연구』14(한양대학교 현대영화연구소, 2012)　　　　【함충범】

551
시모오카 주지
下岡忠治(하강충치)　　　　1870.10.26~1925.11.22

관료

효고현兵庫縣 출신. 1895년 제국대학 법과대학을 졸업하고 같은 해 내무성에 들어갔다. 고등문관시험에 합격한 후 구마모토현熊本縣 참사관, 교토부京都府 참사관, 이바라키현茨城縣 서기관을 거쳐서 1899년 법제국 참사관, 1902년 법제국 서기관, 1906년 아키타현秋田縣 지사, 1908년 농상무성 농무국장, 1912년 농상무차관, 1913년 추밀원 서기관장, 1914년 내무차관, 1915년 내무성 참정관을 역임했다. 1915년부터 중의원선거에 출마하여 당선되어 야당인 헌정회憲政會의 간부로 활약하였다. 1924년 제2차 호헌운동에서 활약하여 가토 다카아키加藤高明 호헌3파 내각의 출현에 진력하지만 내각각료는 되지 못하고 대신에 조선총독부 정무총감에 취임했다. 취임 후 조선총독부의 대대적인 인적쇄신을 단행하였다. 1919년 미즈노 렌타로水野錬太郎(→439) 정무총감이 내무성에서 데려온 내무관료들을 도태시키고 헌정회 당색이 강한 관료들로 교체했다. 또한 정부의 긴축재정, 행·재정정리방침에 충실히 따라 총독부에 행정정리위원회를 설치하여 1924년 12월에 대대적인 행정정리를 단행하였다. 서무부 및 토목부, 참사관, 감찰관, 행정관습소의 폐지를 주요한 내용으로 하는 관제개혁을 발표했다. 이와 함께 고등관 350명, 판임관 850명, 판임관 대우 2,000여 명에 달하는 대규모 인원을 정리하였다. 또 재정조사위원회, 구관제도조사위원회, 정보위원회, 산업조사위원회, 법규정리위원회 등 각종위원회를 폐지하였다. 나아가 부국의 통폐합과 함께 지방관청의 권한을 확장해서 사무 간소화를 도모한다는 명목 하에 총독부소속업무를 지방관청에 이관했다. 자혜의원, 관립중학교, 측량소 등 많은 기관업무를 지방단체에 이관시켰다. 산업제일주의를 표방하고 산미증식계획과 철도12년계획을 추진하였다. 일본인의 인구 증가, 식량 문제의 해결책으로서 수립된 갱신산미증식계획(제2차 산미계획)은 1926년 이후 12개년 동안 860만 석을 증산하는 것을 목표로 사업자금 3억 2,500만 엔(토지개량소요자금 2억 8,500만 엔, 농사개량자금 4,000만 엔)을 상정하고 있었다. 이 가운데 토지개량소요자금은 국고보조금 6,500만 엔, 기업조달자금 2,200만 엔을 제외한 1억 9,800만 엔의 반액을 대장성예금부에서 저리예금으로 충당하고 나머지는 조선식산은행 및 동양척식주식회사가 조달하기로 하였다. 시모오카는 갱신산미증식계획을 성공시키기 위해 진력했다. 또한 조선통

치안정과 산업개발과 밀접한 관계가 있는 조선철도 확충에 심혈을 기울였다. 만철에 경영이 위탁되었다가 1925년 4월 위탁 경영이 풀린 조선철도를 철도국이 직영하게 되자 시모오카는 진해선, 경전북부선, 평원선 등의 완성을 서두르고 1927년부터 12개년 계속사업으로 새롭게 도문선, 혜산선, 만포선, 동해선, 경전선 등 총 840마일의 건설, 도문철도회사선 외 4선 200여 마일의 사설철도선의 매수를 계획하는 조선 철도 12년 계획을 수립하였다. 정무총감 재임 중 1925년 11월에 병사하였다.

[참고문헌] 三峰會 編『三峰下岡忠治傳』(三峰會, 1930), 貴田忠衛 『朝鮮人事興信錄』(朝鮮人事興信錄編纂部, 1935), 李炯植『朝鮮總督府官僚の統治構想』(吉川弘文館, 2013)　　　　　　　　　【이형식】

552

시미즈 긴타로
淸水金太郎(청수금태랑)　　　1889.2.11~1932.4.30

음악가

도쿄시東京市 출신. 1910년 도쿄음악학교東京音樂學校 본과本科 성악부를 졸업하였다. 성악가(바리톤)로 일본 가극(오페라)의 여명기 시절부터 활약한 인물이다. 1911년 제국극장帝國劇場 가극부歌劇部가 창설되었는데, 당시 도쿄음악학교 연구과에 재학 중에 있던 시미즈가 교사로 초대되었고, 당시 부원이었던 미우라 다마키三浦環(→435)를 지도하였다. 그는 1912년 제국극장에서 창작 가극인〈유야熊野〉로 데뷔하였다.

부인 시즈코靜子와 함께 1926년 12월 1일과 2일의 양일간 매일신보사 주최로 경성공회당에서 음악회를 열었다.『매일신보每日申報』1926년 12월 2일 광고에는 그들의 공연을 「가극적음악회」로 표현하였다. 그의 부인 시즈코는 제국극장 가극부의 제2기생으로 많은 무대에 선 실력파였다. 이들 부부는 1915년 제국극장 양극부洋劇部(1914년 개칭)가 해산된 이후 아사쿠사 가극단淺草歌劇團을 조직하였다. 이후 로얄관ローヤル館, 도쿄가극좌東京歌劇座, 아사쿠사극장淺草劇場 등에서 활동하였으며, 가극의 선구자로서 활

약하였다. 1926년 경성공회당에서 열린 음악회에서는 덕혜옹주가 지은 시에 시미즈가 곡을 붙인 작품이 프로그램에 포함되었다.

[참고문헌] 阿部薫 『朝鮮人物選集(民衆時論出版部, 1934), 金志善「植民地朝鮮における日本人音樂家による音樂會: 韓國西洋音樂受容史の一側面として」『東京藝術大學音樂學部紀要』 42(東京藝術大學, 2017), CD 『淺草オペラ 華ひらく大正浪漫』「라이너노트」(山野樂器, 1998)   【김지선】

553
시미즈 도운
淸水東雲(청수동운)   1868년경~1929년경

화가

교토부京都府 출신. 시미즈 도요淸水東陽의 문하에서 수학하고 그의 양자가 되어 데라야寺谷라는 성을 시미즈로 바꾸었다. 염직물에 밑그림을 그리거나 수출용 병풍을 제작하는 화가였으며 사진술을 익혀 사실적인 초상화에 능했다. 1904년 11월에 내한하여 1908년 일한인쇄회사 고문을 지냈으며, 25~6년간 한국에 체류하면서 61세로 사망했다.

1904년에 내한하여 1908년 경성에 그림과 사진기술을 가르치는 강습소를 개설, 운영하면서 많은 일본화가들을 길러냈다. 경성박람회京城博覽會 심사위원(1907), 조선물산공진회朝鮮物産共進會(1915)의 실무를 담당하는 등 공적 업무를 맡았고, 1911년 조선미술협회朝鮮美術協會, 1919년경 여운사如雲社 조직에 깊이 관여하는 등 25~6년간의 체류기간 동안 재조선 일본화가들의 구심점 역할을 했다. 국립고궁박물관에 〈설중웅도·응도〉, 고려대 박물관에 〈잡화도〉가 있으며 그 외 한국 개인소장의 작품들, 엽서그림 등이 확인된다.

[참고문헌] 강민기「근대 한일화가들의 교윤-시미즈 도운(淸水東雲)을 중심으로」『한국근현대미술사학회』 27(한국근현대미술사학회, 2014)   【강민기】

554
시미즈 사타로
淸水佐太郎(청수좌태랑)   1876.11.25~?

실업가

히로시마현廣島縣 후쿠야마시福山市 출신. 1906년 조선으로 이주하여 조면繰綿사업 및 정미精米공장 경영 등으로 성공을 거둔 뒤 전기와 운송업 등에도 진출하였다.

1906년 5월, 진주晉州에 거주하면서 잡화상을 시작으로 1914년 조면업에 진출하였다. 1928년에는 삼천포에 정미공장을 신설하였다. 이후 전기사업의 유망함을 깨닫고 진주전기주식회사를 설립하였다. 뒤에 이를 조선가스전기회사와 합병하여 중역으로 활동하였다. 1925년 진주합동운송주식회사 창설, 경상남도 나와가마스繩叺 주식회사신설, 1927년 진주신탁주식회사 창립 등 다방면으로 사업영역을 확대하였다.

그 밖의 경력으로는 조선화재해상보험회사 중역, 진주학교조합관리자, 학교조합의원, 경상남도평의회원 및 도회의원, 진주금융조합장, 진주소방대장 등이 있다.

[참고문헌] 阿部薫 『朝鮮人物選集』(民衆時論出版部, 1934), 阿部薫 『昭和12年版 朝鮮都邑大觀』(民衆時論社, 1937)   【강원주】

555
시미즈 시게오
淸水重夫(청수중부)   1894.1.8~1982.10.13

관료

사이타마현埼玉縣 출신. 1918년 7월 메이지대학明治大學 법과를 졸업하고 미쓰이은행三井銀行에 입사하여 1920년 6월까지 근무하다가, 1921년 11월 고등문관시험 행정과에 합격함으로써 공직 생활에 발을 들이게 되었다. 이듬해 5월부터 내무성 소속으로 홋카이도北海道와 교토京都 등에서 경험을 쌓은 뒤 경찰부 순사교습소의 소장과 보안과장을 역임하였다. 1929

년에는 지방사무관이 되었으며 1930년 9월부터는 경보국警保局 소속으로 경찰강습소 교수와 내무사무관을 겸직하였다.

시미즈 시게오는 1931년 10월 조선총독부 사무관에 임명된 후 곧이어 도서과장에 올랐다. 그는 교통 분야에 대한 지식을 바탕으로『도로교통정리론道路交通整理論』,『교통정리의 원리交通整理の原理』,『도시와 소음의 단속都市と噪音の取締』등의 단행본을 편찬하였다.

한편, 시미즈가 총독부 도서과장에 있던 1934년 8월 7일 조선에서는 영화에 대한 단속 규칙을 명시한 활동사진영화취체규칙活動寫眞映畵取締規則(조선총독부령 제82호)이 공포되어, 동년 9월 1일부터 시행되었다. 이 규칙은 1926년 도입된 활동사진필름검열규칙活動寫眞フィルム檢閲規則과 더불어, 조선영화령朝鮮映畵令이 도입되는 1940년까지 조선 내 영화 통제의 법제적 기반이 되었다. 아울러, 이 규칙의 도입을 계기로 상영영화 총길이에 따른 외국영화의 비율이 1934년까지 3/4 이내, 1936년까지 2/3 이내, 1939년까지 1/2 이내로 제한되어, 조선에서 일본영화와 조선영화를 아우르는 '국산영화'의 비중이 더욱 커지게 되었다.

1935년 1월 24일까지 재임한 후, 그는 동년 2월 내무성 산하 경찰관강습소의 교수로 발령 받아 일본으로 돌아갔다. 1939년 1월에는 와카야마현和歌縣 지사에 올랐고, 1940년 10월에는 대정익찬회大政翼贊會 조직부장이 되었으며, 이듬해 5월부터는 해군사정장관으로 발령받아 남서 방면 함대 사령부 관할 지역인 스람Ceram 민정부 장관과 셀레베스Celebes 민정부 장관을 역임하였다. 1944년 10월부터는 일본출판회 이사 겸 사무국장을 지냈고, 1945년 4월에는 미에현三重縣 지사에 취임하였다.

전후에는 전범용의자로 체포되어 1946년 4월부터 1948년 1월까지 구속 상태에 있었으며, 1951년 10월까지 공직에서 추방되었다. 이후 신정치경제연구회 사무국장, 일본자전거진흥회 감사 등을 역임하기도 하였다.

[참고문헌] 정진석『극비 조선총독부의 언론검열과 탄압』(커뮤니케이션북스, 2007), 국사편찬위원회 한국사데이터베이스〈http://db.history.go.kr〉 **【함충범】**

556

시미즈 야사부로

清水彌三郎(청수미삼랑)　　　　1868.9.15~?

실업가

효고현兵庫縣 남부 아카시시明石市 출신. 고베시神戸市에서 건축업에 종사하여 관청과 학교 등의 여러 대공사를 청부하였다. 1904~1905년 러일전쟁 때 만주에서 1년 여를 보내며 군사 관련 공사에 종사하였다. 부인은 미쓰코光子였다.

러일전쟁 이후 1906년 조선에 건너와 경성 신정新町에서 토목건축청부업을 개시하였다. 대전보병대대 본부, 용산공병대 병사, 용산기병대, 중앙수리조합, 동인수리조합, 전라남도사범학교 등 관공서 및 군 시설 관련 공사를 많이 수주하였다. 이러한 공사 수준을 통해 1920년 경성 한강로에 설립된 합명회사 시미즈구미淸水組는 당초 자본금이 30,000원이었다가 1920년대 이후에는 350,000원으로 증대되었다.

건축청부 외에 목재와 건축재료 판매를 겸영하였다. 1920년 설립된 선만공재주식회사滿鮮工材株式會社의 이사 및 주주를 지냈다.

[참고문헌] 貴田忠衛 編『朝鮮人事興信錄:大正11年版』(朝鮮新聞社, 1922), 中村資良 編『京城仁川職業名鑑』(東亞經濟時報社, 1926), 東亞經濟時報社 編『朝鮮銀行會社組合要錄』(東亞經濟時報社, 1925) **【고태우】**

557

시미즈 효조

清水兵三(청수병삼)　　　　1890.7.20~1965.3.14

효잔氷山, 세이큐도진靑丘同人, 세이큐세이靑丘生(필명)
관료, 민속학자

시마네현島根縣 마쓰에시松江市 다테마치竪町 출신. 현립 마쓰에 중학교, 도쿄외국어학교東京外國語學校 조선어과를 졸업했다. 재학시절 초기 일본신화학 및 설화학을 개척한 다카기 도시오高木敏雄와 교류했다. 졸업 후, 조선총독부에 근무하며 조선 민요, 민담과 관련된 다수의 논문을 썼고, 일본에서 간행된 야나기타 구니오柳田國男, 다카기 편집의 『향토연구鄕土研究』에 자주 투고해 다카기의 『일본전설집日本傳説集』(鄕土研究社, 1913)에도 수록되었고, 미나카타 구마구스南方熊楠, 손진태의 책에도 인용되었다. 한반도·만주·몽고·시베리아 방면을 여행하며 여러 민족의 설화·민요를 수집하여 비교연구를 시도했다.

시미즈는 1913년 도교외국어학교 조선어과를 졸업하고 조선총독부 직원으로 근무해 패전까지 체류했다. 1913년 9월 건축사학자 세키노 다다시關野貞(→502)의 조선고적조사 수행원으로 서북 조선을 탐방했다. 조선총독부 관보 및 직원록 정식 기록에 의하면, 시미즈는 1914년 6월부터 평안북도 신의주부 서기를 수행하고, 1918년부터 3년간 평안북도 용천군 서기로 근무하였다. 1921년부터 조선총독부 내무국에 배치되었고, 1922년부터 1929년까지 사회과에 근무하는데 이 시기에 다수의 조선민속 관련 논고를 발표하였다. 다카기의 영향을 받아 총독부 기관지 『조선휘보朝鮮彙報』에 「조선 이야기의 연구朝鮮物語の研究」(1916.1)를 실었는데, 주요 설화를 들고 한중일은 물론이고, 몽고, 슬라브, 집시, 아프리카 자료까지 언급하고 있어 그 넓은 관심 범위를 확인할 수 있다. 『조선朝鮮』에는 1927년 5월부터 9월까지 다섯 차례에 걸쳐 「조선의 동요朝鮮の童謠」와 「조선의 민요朝鮮の民謠」 등을 연재했다.

또한 『조선급만주朝鮮及滿洲』에 청구동인靑丘同人이라는 필명으로 1927년 5월부터 10월까지 「조선의 연애문학에 나타난 양성 문제에 대한 사회적 고찰朝鮮の軟文學に現はれた兩性問題に對する社會的考察」 등을 연재하고, 사회과 근무시절 『조선사회사업朝鮮社會事業』에 「조선동화朝鮮童話」(1927.1~1927.11)를 11회 연재했다. 재조일본인을 독자로 상정해 작성된 이 글들은 조선의 독특한 설화보다는 보편적인 이야기를 중심으로, '두더지 색시 찾기', '호랑이보다 무서운 곶감', '당나귀 알' 등을 소개하였다. 경성 안내 책자로 기획된 『조선요리를 앞에 두고朝鮮料理を前にして』(京

城旅行案内社, 1928)를 발간하고, 『조선 민요의 연구朝鮮民謠の研究』(坂本書店, 1927) 등에 조선 민요론을 다수 발표했는데, 그의 논의는 손진태孫晉泰의 영향을 받았다.

조선총독부 사회과가 1931년에 일시 폐지되었는데, 시미즈는 1930년에 조선총독부관방 외사과外事課로 이동, 1931년부터 1934년 7월까지 경상남도 통영군 군수를 역임했다. 사임 후, 창덕궁에서 패전까지 근무하였다.

일본 패전 후, 수집한 자료를 경성에 남긴 채 귀국해, 마쓰에시 신사이카마치新雜賀町에 거주했다. 산인민속학회山蔭民俗學會에 가입해 『전승傳承』(山蔭民俗學會)에 자주 기고했다. 1965년 3월 『이즈모의 민화민요집出雲の民話民謠集』(第一書房)을 마쓰에시에서 출판했다.

[참고문헌] 김광식 『식민지 조선과 근대설화』(민속원, 2015), 朝鮮總督府 編 『朝鮮總督府及所屬官署職員錄 1910~1943』(ゆまに書房, 2009), 島根縣大百科事典編集委員會 編 『島根縣大百科事典』(山蔭中央新報社, 1982), 金廣植 「1920年代前後における日韓比較說話學の展開」 『比較民俗研究』 28(比較民俗研究會, 2013), 石井正己 「鄕土研究と出雲－清水兵三と高木敏雄·柳田國男」 『山蔭民俗研究』 14(山蔭民俗學會, 2009)

【김광식】

558

시바 시로
柴四朗(시사랑) 　　　　　　1852.12.2~1922.9.25

도카이 산시東海散士(이명)
문학가, 정치인

아와노쿠니安房國(현 지바현千葉縣) 출신. 부친 사타쿠라佐多藏는 아이즈 한시會津藩士이다. 5남 중 4남이고, 5남 고로五郎는 육군대장까지 올라갔다. 1868년 메이지 정부와의 전투 때 포로로 도쿄에 갔다가 거기서 수학하였다. 1877년 서남전쟁이 발생하면 신문기자로 종군하고 『도쿄니치니치신문東京日日新聞』, 『도쿄아케보노신문東京曙新聞』에 기사를 연재하였다.

1879년 미국으로 건너가 샌프란시스코상법학교Pacific Business College를 거쳐 하버드대학교, 펜실베이니아 대학교에서 수학하였고, 1884년 펜실베이니아대학교에서 학위를 받았다. 1885년 귀국 후 소설『가진의 기우佳人之奇遇』초편을 발표하였다. 1888년『오사카 마이니치신문大阪毎日新聞』주필을 맡은 한편, 동방 협회東邦協會 창립에 관여하는 등 정치활동을 시작하여 1892년 중의원의원에 당선되었다. 1895년 미우라 고로三浦梧樓(→434)를 따라 조선에 들어가 명성황후 시해사건에 관여하였다. 그 후도 정치가 활동을 하는 한편, 소설가로서도 다수 작품을 남겼다. 국수보존주의자로 평가를 받고 있다.

1885년 발표한 소설『가진의 기우』는 대국에 억압을 당하는 소국의 이야기를 모은 것이고, 당시의 청년층에게 적지 않은 영향을 미쳤다. 그 제2권에 김옥균이 발문을 쓰고 있는 것으로 보아 귀국 후 바로 조선 개화파와 친교를 맺은 듯하다. 1891년 동방협회 설립에도 중심적인 역할을 맡았고, 1893년 박영효가 설립한 친린의숙親隣義塾에는 동방협회를 통해서 시바가 협력하고 있다. 1894년 3월 이일직이 주선해서 발생한 김옥균 암살과 박영효 암살 미수 사건이 일어나자 박영효는 사건의 증거물을 시바에게 맡겼으며, 시바는 박영효 등의 재판 과정에서 금전적인 지원을 하였다. 1894년 10월 조선에 들어가 박영효가 정치계에 복귀할 수 있도록 활약하였다. 그 후 귀국하였다. 1895년 6월 재일 조선인 유학생들에게 본인이 집필한『이집트 근세사埃及近世史』100여 권을 기증하였다. 미우라 고로가 조선주재 전권공사로 조선에 가면서 그에 따라 다시 조선으로 건너가 활동하였다. 1895년 10월 8일 명성황후 시해사건이 일어났을 당시 용의자로 체포당하였다. 그러나 판결문에서는 시바의 적극적인 관여는 인정되지 않았다. 실제이 사건에서 시바가 어떻게 관여를 하였는지는 명확하지 않다.

1896년 진보당進步黨을 결성, 1900년에는 국민동맹회國民同盟會를 발기하는 등, 크고 작은 정치단체에 관여하였다. 실무관료로서 1898년에 농상무차관이 되고, 1915년에는 외무참정관이 되었다. 1904년

에 고향 아이즈에 자신의 소장도서를 기부해서 도서관을 설립하였고, 그 장서가 지금도 현지에 보관되어 있다.

[참고문헌] 杉村濬『明治廿七八年在韓苦心錄』(杉村陽太郎, 1932), 中井けやき『明治の兄弟』(文藝社, 2008), 上野格「東海散士(柴四朗)の藏書」『成城大學經濟研究』55·56(成城大學經濟學會, 1976), 高井多佳子「柴四朗の「國粹保存主義」」『京都女子大學大學院文學研究科研究紀要 史學編』1(京都女子大學大學院, 2002)

【마스타니 유이치桝谷祐一】

559
시바타 젠자부로
柴田善三郎(시전선삼랑)　　　　　1877~1943

관료, 정치인

시즈오카현靜岡縣 출신. 1904년 도쿄제국대학東京帝國大學 법과대학을 졸업하고 동 대학 대학원을 수료했다. 고등문관시험에 합격한 후 와카야마현和歌山縣 사무관으로 진출하여 각 부현의 경찰부장, 내무부장을 역임했다.

오사카부大阪府 내무부장에서 조선총독부 학무국장으로 발령을 받아(「조선총독부관보」, 1919.8.28) 1924년까지 근무했다. '조선교육령' 개정을 위한 심의기구로서 조직된 임시교육조사위원회의 위원. 조선의 교육사업을 크게 쇄신 확충한 인물이다. 경성제국대학 출현의 과정, 예과의 개설이나 기타 사항들은 시바타가 학무국장 시절에 실시한 것이며, 그밖에도 많은 공적을 올렸다.

1906년 1월 문부성 소속이 되었고, 1907년 7월 와카야마 사무관, 1909년 7월 에히메현愛媛縣 사무관, 아이치현愛知縣 경찰부장 등을 역임하였다. 그 후 913년 6월 미야기현宮城縣 내무국장, 1914년 4월 홋카이도北海道 척식부장拓植部長으로 전임했다. 그리고 1916년 5월 오사카부 내무부장을 역임한 후 조선총독부 학무국장을 담당했다.

1924년 조선을 떠나 각 부현의 지사를 역임하고, 1932년에는 내각 서기관장에 임명되었다. 미에三重,

후쿠오카福岡, 아이치, 오사카 각 부현 지사, 선거제도 조사회 위원, 타이완 척식주식회사 설립위원, 무역심의회 위원 등을 지냈다.

[참고문헌] 朝鮮總督府 編 『朝鮮總督府官報』(亞細亞文化社, 1985), 朝鮮中央經濟會 編 『京城市民名鑑』(朝鮮中央經濟會, 1922) 　　　　　【이충호】

560
시부사와 에이이치
澁澤榮一(삽택영일)　　　1840.3.16～1931.11.11

세이엔靑淵(호), 이치사부로市三郎, 에이지로榮二郎(아명), 에이이치로榮一郎, 도쿠다유篤太夫, 도쿠타로篤太郎(이명)

관료, 실업가, 금융인

에도시대江戸時代 말기, 무사시노쿠니武藏國 한자와군榛澤郡 지아라이지마무라血洗島村(현 사이타마현埼玉縣 후카야시深谷市 지아라이지마血洗島) 출신. 다이이치국립은행第一國立銀行(현 미즈호은행みずほ銀行의 전신)과 도쿄증권거래소東京證券取引所를 비롯한 500개 이상의 기업의 설립, 운영에 관여하여, '일본 자본주의의 아버지'라 불린다.

농업을 비롯하여 양잠과 염료 제조, 자금 융통 등 다양한 분야에 종사한 부친 이치로에몬 모토스케市郎右衛門元助와 모친 에이榮 사이에서 장남으로 태어났다. 이치로에몬은 본래 무사로 입신하고자 했던 까닭에 무예는 물론 학문, 하이카이俳諧에 능하여, 에이이치가 6세가 되던 무렵부터 부친이 직접 그를 지도했다. 또한 어려서부터 신슈信州, 조슈上州 등지로 쪽을 매입하는 가업을 거들었으며, 14세가 되면서부터 단신으로 매입 사업에 임하는 등 유년 시절부터 이재에 능한 면모를 보였다.

1858년 통칭을 에이이치로榮一郎, 본명을 에이이치榮一로 바꾸고 동년 12월 학문을 사사하기도 한 종형 오다카 아쓰타다尾高淳忠의 여동생 지요千代와 혼인했다.

1863년 존왕양이 기운이 고조되던 가운데 종형 오다카 아쓰타다, 시부사와 기사쿠澁澤喜作와 더불어 다카사키성高崎城을 점령하고자 하는 모의를 꾸미며 70

명 가까이 동지를 규합했으나, 아쓰타다의 동생인 조시치로長七郎의 설득에 의하여 해당 계획은 중지되었다. 계획이 발각된 것은 아니었으나 고향에 남는 것은 위험하다고 판단한 에이이치와 기사쿠는 히토쓰바시一橋 기문의 요닌用人(에도시대 막부幕府, 다이묘大名, 하타모토旗本 가문에서 금전의 출납이나 잡무 등을 담당하던 직책)이었던 히라오카 엔시로平岡円四郎의 가신이라는 명목하에 교토京都로 피신했다.

교토에서 히라오카의 추천으로 도쿠가와 요시노부德川慶喜와 면담, 히토쓰바시 가문의 가신이 되었다. 이후 요시노부가 쇼군將軍이 되자 에이이치는 막신幕臣으로서 능력을 인정받아 요시노부의 동생 도쿠가와 아키타케德川昭武를 수행하여 파리만국박람회를 견학하는 등 2년 가까이 유럽 각국의 실정을 파악하게 되었으며, 유신 후 메이지明治 원년이 된 1868년 11월 귀국했다.

1869년 메이지 정부에 사관하여 민부성民部省에서 조세 사무 처리를 담당했고 이듬해부터 대장성大藏省에 소속되어 국립은행 조례의 기초 입안을 행하며 다이이치국립은행 등의 설립에 진력했으나, 재정 개혁에 대한 주장이 승인되지 않아 1872년 사임했다.

34세로 퇴관한 직후 스스로 설립에 관여한 다이이치국립은행에 입사, 이후 은행장을 역임했다. 이밖에도 여러 국립은행의 설립을 지도하고 일본권업은행日本勸業銀行, 홋카이도척식은행北海道拓殖銀行, 아키타은행秋田銀行, 타이완은행臺灣銀行 등의 설립, 운영에도 협력했다.

1872년 설립된 일본 최초의 양지洋紙 제조회사인 쇼시회사抄紙會社의 사장으로도 활약했으며, 동사는 오지제지王子製紙로 사명을 변경하여 현재 일본 최대의 제지회사로 군림하고 있다. 일본 최초의 방적회사인 오사카방적회사大阪紡績會社의 상담역을 역임하기도 했으며 해당 회사는 미에방적주식회사三重紡績株式會社와 합병하여 동양방적주식회사東洋紡績株式會社로 사명을 변경한다. 기타 교토직물회사京都織物會社, 도쿄모직물주식회사東京毛織物株式會社, 제국제마주식회사帝國製麻株式會社, 대일본방적연합회大日本紡績連合會의 창립 등에 관여하여 방적업계에도 지대한 영향을 미쳤다.

운수, 교통 관련으로는 일본우선주식회사日本郵船株式會社의 전신인 도쿄풍범선회사東京風帆船會社의 창립에 기여했고, 일본 최초의 민영철도인 일본철도주식회사日本鐵道株式會社의 설립에 공헌했으며, 산구철도參宮鐵道, 홋카이도탄광철도北海道炭礦鐵道, 지쿠호흥업철도筑豊興業鐵道, 호쿠에쓰철도北越鐵道, 도쿄철도東京鐵道, 게이한전기철도京阪電氣鐵道, 동양기선東洋汽船, 닛신기선日淸汽船, 조부철도上武鐵道 등 각 주식회사의 상담역과 창립위원장을 역임했다.

이외에 아사노시멘트공장淺野セメント工場 설립에 있어 아사노 소이치로淺野總一郎에게 막대한 원조를 제공하고 이후 도쿄가스회사東京瓦斯會社의 창립에도 협력했다. 도쿄전등회사東京電燈會社, 도쿄인조비료회사東京人造肥料會社, 일본연와제조회사日本煉瓦製造會社, 제국호텔회사帝國ホテル會社, 삿포로맥주회사札幌麥酒會社, 도쿄전력주식회사東京電力株式會社, 동양유리제조주식회사東洋硝子製造株式會社, 메이지제당주식회사明治製糖株式會社, 시부사와창고주식회사澁澤倉庫株式會社 등 그가 개입하지 않은 업종은 전무하다고 여겨질 정도로 광범위한 활약을 보였으며, 이화학연구소理化學研究所의 부총재 및 일본방송협회 고문까지 역임했다. 도쿄상업회의소東京商業會議所의 전신에 해당하는 도쿄상법회의소東京商法會議所의 초대 회장으로서 정부를 상대로 재계의 중요성을 주장하기도 했다. 이처럼 당대의 경제계에 전무후무한 영향력을 행사한 만큼 현재까지도 그가 관여한 회사의 전수가 파악되지 않아, 현재 시부사와 에이이치 기념 재단이 운영하고 있는 실업사연구정보센터實業史研情報究センター에서 그 내역을 조사 중에 있다.

시부사와는 1898년 5월 일본 엔은円銀 통용 부활을 목표로 한 첫 번째 방한, 1900년 11월 경인철도 개통식 참석 및 다이이치은행 2, 3지점 시찰, 500만 엔 차관 문제 등을 목표로 한두 번째 방한을 통하여 한국의 현실을 직접 관찰했다. 그의 실업가로서의 활약에 있어 한반도에서의 활동은 상당히 중요한 부분을 차지한다고 할 수 있는데, 특히 다이이치은행의 한반도 진출은 극히 이른 시기에 이루어졌으며 당시 중요한 수익원이도 했다. 1876년 조일수호조규朝日修好條規 체결에 의한 '거류지무역체제居留地貿易體制'로 일본 통화의 한반도 유통 및 진출의 발판이 마련되자 유신 정부의 오쿠보 도시미치大久保利通는 오쿠라 기하치로로大倉喜八郎에게 조선 경제 진출을 역설했고, 오쿠라가 금융권 진출에 대하여 시부사와에게 타진했던 것이 그 발단이었다. 1878년 다이이치국립은행 부산지점이 개설되었고, 개설 직후로부터 공격적으로 업무 분야를 확장시켜 나갔다. 1880년 사금 수매를 목표로 원산출장소를 개설하고 1884년부터 사금 매입을 개시, 1886년에는 일본은행과 지금은地金銀의 매입 계약을 체결하여 본격적으로 조선산 금 매입을 시행했다. 1883년에는 인천출장소를 설치하여 이듬해 인천, 부산, 원산 3항의 해관세海關稅 취급 계약을 체결하고 부수적으로 일람불수표 발행권을 획득하는 한편 해관세를 저당으로 삼아 조선 정부에 대한 차관을 공여했다. 1888년에는 경성출장소가 개설되었는데, 이는 다이이치국립은행의 주도에 의한 것이라기보다 "경성 거류민 → 영사관 → 외무성의 간청에 의한 조치"라 평가될 만큼 외적, 정치적 요청에 의한 것이었다. 이 무렵부터 경기 회복, 인천항의 발달 등이 원인이 되어 조선 지점의 순이익이 현저히 증가, 청일전쟁 이전 단계에서는 전 지점의 10% 정도를 차지하기에 이르렀다. 정부의 주도 및 시부사와 자신의 조선에 대한 정치적 관심이 맞물려 이루어진 한반도 조기 진출은 이처럼 소기의 성과를 달성했고, 이후 조선 경제 침탈의 교두보가 되어 식민지화를 가속하게 된다.

1897년에는 일본 정, 재계의 의견을 모아 경인철도인수조합을 결성하여 자금난을 겪던 미국인 모스James R. Morse로부터 경인철도의 부설권을 인수한다. 인수조합은 이후 경인철도합자회사로 개칭되었고, 경인선은 완공 후 1899년 9월 18일 인천(제물포)-노량진 간 33.8km 구간에서 철도 운행을 시작했다. 또한 1898년 9월 경부철도 부설권을 취득하여 경부철도주식회사를 설립(1903년 경인철도합자회사를 흡수)하고 1904년 12월 27일 완공, 1905년에 전선이 개통되었다.

70세를 맞이한 1909년 6월 금융관계를 제외한 60여 개 회사의 직책에서 물러났고, 1916년 10월에는 금융계로부터도 은퇴하여 사회공공사업에 진력했다. 시부사와는 사업가 시절부터 미래의 사업가, 기술자를 육성하기 위하여 도쿄고등상업학교東京高等商業學校, 오쿠라고등상업학교大倉高等商業學校, 다카치호학교高千穗學校, 도쿄고등잠사학교東京高等蠶絲學校, 이와쿠라철도학교岩倉鐵道學校 등 각종 실업계 학교의 창설과 발전에 기여했으나 은퇴 후로는 국제친선, 여성 교육의 진흥, 학술 문화의 조성 등에 몰두했으며, 그가 관계한 공공사회사업은 무려 600여 개에 달한다.

1931년 향년 91세로 사망했다. 장례 행렬의 연도에는 3만 명에 이르는 사람들이 운집했다고 하며, 과거의 주군이었던 요시노부의 묘소이기도 한 도쿄 우에노上野의 야나카묘지谷中墓地에 안장되었다.

[참고문헌] 澁澤榮一 『靑淵回顧錄』(靑淵回顧錄刊行會, 1927), 澁澤榮一 著, 小貫修一郎 編『澁澤榮一自敍傳』(偉人烈士傳編纂所, 1937), 明石照男 編『靑淵澁澤榮一』(澁澤靑淵記念財團龍門社, 1951), 澁澤秀雄『澁澤榮一』(澁澤靑淵記念財團龍門社, 1956), 山口平八『澁澤榮一』(平凡社, 1963), 朝鮮銀行史研究會 編『朝鮮銀行史』(東洋經濟新報社, 1987), 澁澤研究會 編『公益の追求者·澁澤榮一』(山川出版社, 1999), 三好信浩『澁澤榮一と日本商業敎育發達史』(風間書房, 2001), 東京商工會議所 編『澁澤榮一 日本を創った實業人』(講談社, 2008), 島田昌和『澁澤榮一 社會企業家の先驅者』(岩波書店, 2011), 島田昌和「第一(國立)銀行の朝鮮進出と澁澤榮一」『經營論集』 9-1(文京學院大學總合研究所, 1999), 片桐庸夫「澁澤榮一と朝鮮: その對朝鮮姿勢を中心として」『慶應義塾創立一五〇年記念法學部論文集/11 慶應の政治學: 國際政治』(慶應義塾大學法學部, 2008)   【이윤지】

561

시부야 레이지

澁谷禮治(삽곡예치)   1877~1961

관료

니가타현新潟縣 출신. 어렸을 적에 아버지를 따라서 홋카이도北海道로 이주하였다. 취학을 위해 상경하여 우익인사인 도야마 미쓰루頭山滿(→335)의 집에 기숙하였다. 이것을 계기로 도야마를 평생 존경하였고 도야마에 감화되었다고 한다. 1905년 도쿄전문학교東京專門學校(현재 와세다대학早稻田大學) 정치경제과를 졸업하고 한국재정고문 메가타 다네타로目賀田種太郎(→384)의 추천으로 1907년 한국 정부에 초빙되었다. 병합 후에도 조선에 근속하여 1911년 함경북도 이재과 주임에 임명되어 1916년 퇴직하였다. 이후 조선은행에 들어가서 조사부 조사역, 조사과장을 역임하고 1938년에 퇴직할 때까지 조사 업무를 담당하였다. 조사과장 시절에는 은행합동, 신탁회사 합동을 위해 지방은행 관계자 사이를 조정, 알선해서 기초공작에 활약했다. 만주방면에 약 1개월에 거쳐 금융경제를 조사하고 왔다. 퇴직 후에는 조선동아무역 상무이사, 조선인 자본가 백낙승이 운영하는 선광수출공예鮮光輸出工藝 이사, 대흥무역주식회사大興貿易株式會社 전무, 조선무역협회 부회장(1938)과 이사장, 조선공업협회 상무이사 등을 역임하는 등 주로 대륙관계 무역에서 활약하였다. 특히 조선은행 조사과정 시절부터 조선무역협회 이사로 관여하였고, 조선은행 퇴직 후에는 부회장에 취임하여 조선무역의 진흥을 위한 선전, 알선, 조사기관인 조선무역협회의 진용을 확대 정비하는 한편 거대한 무역회사를 설립할 것을 제창하고 조선총독부가 조선의 수출허가사무를 통제하는 것을 비판하면서 시정을 요구했다. 결국 조선총독부는 시부야가 주장한 바와 같이 거대한 무역회사를 설립할 것을 결정했다. 『조선급만주』, 『조선무역협회보』, 『조선공업협회보』에 조선무역에 관한 다수의 글을 게재하는 한편 배영동지회排英同志會(1939), 총력연맹사무국總力聯盟事務局(1940)에서도 활약했다.

패전 후 얼마 지나지 않아 도쿄로 와서 동화협회同和協會에 들어가 호즈미 신로쿠로穗積眞六郎(→950), 곤도 기이치近藤釰一와 함께 1952년 6월 재단법인 우방협회友邦協會를 설립했다. 이사의 인선과 자금조달에 힘써 우방협회우 설립과 초기 운영에 핵심적인 역할을 담당했다. 1958년부터 협회 간부와 와세다대학 대학원생이었던 강덕상, 미야타 세쓰코宮田節子, 도쿄대학 학부생 가지무라 히데키梶村秀樹가 참여하는 조선근대사료연구회를 조직하여 150여 차례에 걸쳐 연구회를 개최했다. 83세의 고령으로 사망했다.

[참고문헌] 도원권『朝鮮財界の人々』(京城日報社, 1941), 阿部薰『朝鮮功勞者銘鑑』(驪江出版社, 1987), 阿部薰『朝鮮人物選集』(民衆詩論出版部, 1934), 朝鮮中央經濟會 編『京城市民名鑑』(朝鮮中央經濟會, 1921), 송규진「중・일전쟁시기 조선무역협회의 조선무역에 대한 인식과 그 실상」『韓國史學報』10(고려사학회, 2001), 「1961년 4월 추모기사」(『月刊同和』160호) 【이형식】

562
시시쿠라 무니
宍倉六二(유창육이)　　　　　　생몰년도 미상

실업가

1925년 5월 대흥전기주식회사大興電氣株式會社 함흥지점咸興支店 지점장支店長으로 부임하였다. 1927년 4월 대흥전기주식회사 통영지점統營支店 지점장으로 영전되었다가 1927년 8월 다시 함흥지점 지점장에 임명되었다. 대흥전기주식회사는 창립 당시 자본금 75만 원으로 경영을 시작하다가 업무의 확장으로 자본금을 3백만 원으로 증자하였는데, 본점은 경상북도 대구에 두고 전라남도 광주, 경상북도 김천, 함경남도 함흥에 지점을 두고 있었다. 함흥지점은 1917년 설립되었으며, 흡입가스 발동기를 이용하여 초기 75마력의 전력을 공급하였다. 1921년 말 기관을 증설하고 175마력을, 1924년 7월 3대의 기관을 이용하여 550마력(10촉광燭光으로 환산 시 1만 800등燈)의 전기를 공급하였다.

김천과 함흥지점장, 본점 조사과장등을 거쳐 1936년 광주지점장이 되었다. 1939년에는 남선합동전기주식회사의 회계과장직을 맡고 있었으며, 1942년에는 기계 기구의 제작 판매 및 이에 부수하는 사업 및 군수품을 생산하는 대구제작소주식회사의 이사

직을 역임하였다.

[참고문헌] 阿部薰 編『昭和12年版 朝鮮都邑大觀』(民衆時論社, 1937), 阿部薰『朝鮮人物選集』(民衆時論出版部, 1934) 【이가혜】

563
시오가와 이치타로
鹽川一太郎(염천일태랑)　　　　1864.11.28~?

관료

사이타마현埼玉縣 출신. 시오가와 고헤이鹽川廣平의 장남으로 태어났다. 1879년 12월 외무성 소속 계고통변稽古通辯이 되었다. 도쿄외국어학교東京外國語學校에 설치된 조선어과로 외무성에서 보내어 1880년부터 1882년까지 수학하였는데, 고쿠부 쇼타로國分象太郎(→104)가 동기였다. 도한 이후 영사관이나 공사관에서 장기간에 걸쳐 서기생書記生으로 근무하였다. 1900년 2월부터 공사관 2등 통역관, 1903년 7월부터 1등 통역관이 되었다. 1904년 2월 말 일본공사관 2등통역관 신분으로 여권을 발급받은 후 부인 사토를 데리고 도한하였다. 이해 3월 대한제국 정부로부터 훈4등에 서훈되고 태극장을 하사받았다. 1906년 1월부터 통감부 통역관으로, 1907년 8월부터는 경상북도관찰부 사무관, 이듬해 1월 1일부로 도서관으로 승진하였다. 조선총독부가 설치된 후 취조국取調局 사무관으로 1910년 10월부터 1912년 3월까지 근무하였다. 조선총독부 취조국 관제가 폐지됨에 따라 부서가 사라지게 되었고, 1912년 4월 11일부로 퇴직하였다. 고등관으로 10년 이상 재직한 공로로 같은 해 5월 20일 종5위에 서훈되었다.

1883년부터 인천영사관에 고용되어 활동하다가 1886년 7월부터 서기생으로 임명되었다. 1892년 12월부터 한성영사관으로 자리를 옮겼으며, 경기・충청・황해 지역의 농상업 현황을 조사하러 출장을 나가기도 하였다. 군국기무처軍國機務處가 설치되었던 1894년 당시 서기로 참여하여 업무를 보조하기도 하였다. 이해 10월 29일에는 대원군大院君과 이노우에 가오루井上馨(→824) 일본공사의 회견에 통역으로 참

석하였다. 1895년 1월 16일 의정부도헌議政府都憲 유길준俞吉濬과 주임관 대우로 의정부 고문관 사무를 보좌하며, 통역 업무 등을 맡는다는 내용으로 3년 기한의 계약을 체결하였다. 이때 조선에서 체류하면서 견문한 정보에 기초하여 『조선통상사정朝鮮通商事情』을 출간하였다. 조선 정부에서는 담당하는 업무가 없어서 1897년 9월 1일부로 해고급여를 지급하고 보좌원에서 해임하였다. 1898년 11월 일시 귀국하던 중 안경수安駉壽와 접촉한 바 있는데, 1900년 5월 안경수가 사망하였을 당시 일본인 의사들과 함께 감옥서에 입회, 검시에 참석하였다. 1899년에는 시부에 다모쓰澁江保가 쓴 『미국독립전사米國獨立戰史』를 국한문으로 번역하여 『미국독립사美國獨立史』라는 제목으로 황성신문사皇城新聞社에서 발행하였다. 이 책의 서문은 현은玄檃, 발문은 이일상李一相이 지었다. 러일전쟁 시기에는 각종 조약 체결, 군대주둔 등의 업무에 있어서 민관 간의 조율 업무를 담당하였다. 1905년 4월 보빙대사報聘大使 일행의 수행원 역할을 맡으면서 일시 귀국하였다. 다시 도한하여 11월 「제2차 한일협약」(을사조약) 체결 당시에는 마에마 교사쿠前間恭作(→379)와 함께 일본어 문서를 정서하였다. 통감부 시기에도 통역관으로 재직하는 가운데, 통감 이토 히로부미伊藤博文(→900)가 주재하는 시정개선에 관한 협의회에 참석하기도 하였다. 이해에는 잡지 『조선지실업朝鮮之實業』의 명예회원이기도 했다. 1906년 2월에 설립된 조선진서간행회朝鮮珍書刊行會에서는 평의원이었다. 4월에는 지방조사위원, 9월에는 내부內部 참여관 사무 촉탁, 11월에는 지방세조사위원에 위촉되었다. 1908년 7월부터 경기도로 전근을 갔다. 이해 10월까지 경찰 임시사무대리 업무를 맡아보면서 의병 토벌과 관련된 정보를 경무국장 마쓰이 시게루松井茂(→369)에게 보고하였다. 이해 2월 순종純宗의 서순행이 진행되고 있을 때 개성행재소에서 접견에 참여하였다. '한일강제병합' 이후 조선총독부 사무관으로 재직하면서 조선어사전 편찬과 관련하여 조사업무를 담당하였다. 1911년 네 차례 개최되었던 조선어조사회의朝鮮語調査會議에도 참가하여 철자법을 논의하였다. 부군서기나 보통학교 교감을

대상으로 한 강습회에서 2시간씩 '조선사정'에 관하여 강연을 맡기도 하였다.

강연기록으로는 「구관에 관하여舊慣に就て」(『東京外國語學校韓國校友會會報』 第5號, 1908), 「조선의 사회계급朝鮮に於ける社會階級」[『(公立普通學校教員)講習會講演集』 4, 1917]이 있다. 잡지 『조선朝鮮』에는 「지방시찰담地方視察談」(第36號, 1911), 「조선이라는 이름에 관하여朝鮮と云ふ名に就て」(第37號, 1911), 「조선인에 대한 오락기관의 설비와 개량을 추진하라朝鮮人に對する娛樂機關の設備と改良を圖れ」(第39號, 1911)가 실려 있다. 조선의 통치방향과 관련하여 1920년대 초에 언론과 교육, 법률 적용, 조선어 학습 등의 정책추진을 논한 「조선의 통치朝鮮ノ統治」라는 의견서를 작성하기도 했다. 이외에 『조선약사초朝鮮略史草』 등의 저작을 남겼다.

[참고문헌] 국사편찬위원회 편 『한국독립운동사 자료』 11·15(국사편찬위원회, 1982), 國史編纂委員會 編 『要視察韓國人擧動』 卷1(國史編纂委員會, 2001), 國史編纂委員會 編 『駐韓日本公使館記錄』(國史編纂委員會, 1997), 鹽川一太郎 『朝鮮通商事情』(八尾書店, 1895)

【박한민】

564

시오다 마사히로

鹽田正洪(염전정홍)　　　　　　　1899.8.23~?

관료

기후현岐阜縣 출신. 1924년 도쿄제국대학東京帝國大學 법과 졸업. 재학 중에 고등시험 행정과에 합격해 식민지 조선의 총독부 관료로 식민지 조선으로 건너왔다.

1924년 5월에 도한渡韓한 시오다 마사히로는 1928년 8월에 조선총독부 사무관으로 일하다 식산국 농무과에 근무했다. 1933년 1월에 농림국 임정林政 과장을 거쳐, 1935년 총독부 관방문서과장을 역임, 1937년 7월에 총독부 강원도 내무부장에 임명되었다. 이후, 1942년 10월에 총독부 농림국장에 취임했다.

[참고문헌] 貴田忠衛 『朝鮮人事興信錄』(朝鮮人事興信錄編纂部, 1935), 谷サカヨ 『第14版 大衆人事錄』(帝國

秘密探偵社, 1943)　　　　　　　【김계자】

565
시오바라 도키사부로
鹽原時三郎(염원시삼랑)　　　1896.2.18~1964.10.27

관료, 정치인

나가노현長野縣 출신. 나가노 중학교, 제8고등학교를 거쳐 1920년 7월에 도쿄제국대학東京帝國大學 법학부를 졸업했다. 이후 체신국 서기, 전기국 근무를 겸했다. 1921년 11월에 고등시험에 합격, 저금국 과장, 시즈오카현靜岡縣 우편국장을 역임하고 1928년에 타이완 총독부로 옮겨 교통국 참사관이 되었다. 1929년에 시즈오카현 시미즈淸水 시장에 취임, 1934년에 재만 관동국 비서과장을 거쳐 이듬해에 만주국의 국무원 총무청에서 일했다.

1936년 8월에 조선총독부로 옮겨 비서관에 취임, 1937년 7월부터 조선총독부 학무국장 대리, 군수성 전력 국장, 통신원과 체신원 총재를 거쳐 학무국장에 취임해 식민지 조선의 황민화교육을 추진했다. 1941년에 후생성 직업국장에 취임한 이후, 전기청 장관과 체신원 총재를 역임했다. 1945년에 일본이 패전을 맞이한 후 사임하고, 동년 12월 극동국제군사재판의 A급 전범 용의자인 기무라 헤이타로木村兵太郎의 변호인으로 활동했다. 1953년에 시즈오카현 중의원 선거에 당선되었다. 저서에 『도조 메모-이렇게 천황은 구제되었다東條メモ － かくて天皇は救われた』(ハンドブック社, 1952)가 있다.

[참고문헌] 岡崎茂樹 『時代を作る男鹽原時三郎』(大澤築地書店, 1942), 猪野三郎編 『第12版 大衆人事錄』(帝國秘密探偵社國勢協會, 1937)　　【김계자】

566
시오바라 야에
鹽原八重(염원팔중)　　　1901.7.26~1987.10.15

미야타 야에宮田八重(결혼 전), 시오바라 야에코鹽原八重子(이명)

음악가

아이치현愛知縣 나고야시名古屋市 출신. 1914년에 나고야시립제이고등여학교名古屋市立第二高等女學校에 입학, 1916년에 사립학교인 나고야세이류여학교名古屋淸流女學校에 전학하여 1918년에 졸업하였다. 1919년에는 도쿄음악학교東京音樂學校 예과予科에 입학, 다음해에 본과本科 성악부聲樂部(메조소프라노)에 진학, 1924년에 졸업하였다. 그리고 같은 해 대학원 연구과研究科에 진학하였다.

1936년 남편이 조선총독부 비서관에 취임됨에 따라 조선에 온 것으로 보인다. 그녀의 남편은 시오바라 도키사부로鹽原時三郎(→565)로 1937년에 조선총독부 학무국장이 되었는데, 당시에는 학무국장 부인으로 더 알려져 있었다. 도키사부로는 경성음악협회장, 조선음악협회장 또한 역임하였는데, 이러한 영향으로 야에도 관료 부인으로 협회와 관련된 특정 지위를 갖지는 않았지만 연주회 등에 참여하는 방식으로 음악 활동을 하였다.

1938년 12월 5일에 경성음악협회 제1회 연주회가 부민관에서 열렸는데 이때 김메리의 피아노반주로 슈베르트의 〈마왕〉을 불렀다.

[참고문헌] 東京音樂學校 編 『東京音樂學校一覽 從大正八年至大正九年』(東京音樂學校, 1919), 東京音樂學校 編 『東京音樂學校一覽 從大正十四年至大正十五年』(東京音樂學校, 1926), 東京藝術大學音樂部 『同聲會會員名簿』(廣濟堂, 2013)　　【김지선】

567
시오타니 야사부로
鹽谷彌三郎(염곡미삼랑)　　　1885.6.14~?

금융인

후쿠시마현福島縣 출신. 1905년에 도쿄오쿠라상업학교東京大倉商業學校 본과를 졸업했다.

1906년 5월에 한국 재정고문부의 초빙으로 도한해 한성농공은행 창립사무소 근무를 명받았다. 1907년에 동 은행장 대리가 된 후 대전 지점을 거쳐, 1912년 9월에 본점 근무를 하면서 조사과 근무조사를 역임했다. 1918년에 조선식산은행 사리원 지점장이 되었고, 1920년 3월에 조선상업은행을 거쳐 1924년에 실업은행 합병 후 서무과장에 취임하였다.

[참고문헌] 朝鮮公論社 編『在朝鮮內地人紳士名鑑』(朝鮮公論社, 1917), 猪野三郎 編『第12版 大衆人事錄』(帝國秘密探偵社國勢協會, 1937)　　　【김계자】

568
시카타 겐
四方健(사방건)　　　　　　　생몰년도 미상

영화인

1942년 5월 1일 조선 유일의 영화 배급 부문 통제회사로서 설립된 사단법인 조선영화배급사의 총무부 내 사업과장을 맡았다.

조선 내 영화 배급 부문의 통제 기류에 따라 1939년 1월 재결성된 조선내외배급업조합 임원 출신 8인 중, 아사하라 류조淺原隆三(→617), 야마모토 기지山本季嗣(→669)과 함께 영화배급사에 소속된 몇 안 되는 인물이었다.

[참고문헌] 高島金次 『朝鮮映畫統制史』(朝鮮映畫文化研究所, 1943), 阿部薰 『朝鮮人物選集』(民衆時論出版部, 1934)　　　　　　　　　　【함충범】

569
시카타 히로시
四方博(사방박)　　　　　1900.1.2~1973.5.13

경제학자, 대학교수

효고현兵庫縣 고베시神戸市 출신. 1923년 3월 도쿄제국대학東京帝國大學 경제학부 졸업 후 모교의 조수가 되었다. 1924년 경성고등상업학교 강사로 조선에 부임했으나 곧바로 재외연구원으로서 영국, 미국, 독일 등에서 유학하였다. 1926년 6월 조선으로 돌아와 같은 해 경성제국대학京城帝國大學 법문학부 조교수가 되었다. 1930년에 교수로 승진하였다. 패전 후에는 일본으로 건너가 1947년 아이치대학愛知大學 교수로 임용되었다. 나고야대학名古屋大學 법경학부의 창

설에 참여하였으며 1948년 나고야대 경제학부장, 1961년에 기후대학岐阜大學 학장, 1969년 아이치대학 학장 등을 역임하는 등 연구와 교육뿐만 아니라 대학의 행정가로도 활동했다. 1965년부터 1968년까지 일본 학술회의 회원으로 선출되었고, 1971년에는 훈2등 교쿠지쓰주코쇼勳二等旭日重光章를 수장하였다.

1926년에 경성제국대학 부임 후 경제학 강좌를 담당했던 시카타는 1928년에 같은 대학 교수인 모리타니 가쓰미森谷克巳(→395) 등과 함께 동同대학에 조선경제연구소를 부설하고 자료의 수집과 정리에 나섰다. 조선경제연구소의 자료와 조선왕조의 고문서를 바탕으로 「조선의 근대 자본주의의 성립 과정朝鮮に於ける近代資本主義の成立過程」(1933), 「조선의 대가족제와 동족부락朝鮮に於ける大家族制と同族部落」(1937), 「이조인구에 관한 일연구李朝人口に關する一研究」(1937), 「이조인구에 관한 신분계급별적관찰李朝人口に關する身分階級別の觀察」(1938), 「이조시대의 도시와 농촌에 관한 시론李朝時代の都市と農村とに關する一試論」(1941) 등 조선사회의 자본주의 형성사와 인구론, 경제·가족제도 등에 대한 연구를 진행하였다. 조선왕조시대의 호적대장 등을 바탕으로 각종 통계작업을 진행하였고, 이것을 자본주의 발전단계에 비추어 조선사회의 정체를 증명하는 사료로 활용하였다.

패전 뒤 귀국 이후에도 조선 사회와 경제에 대한 연구를 계속하여 「구래의 조선사회의 역사적 성격에 대하여舊來の朝鮮社會の歷史的性格について」(1951~1952), 「조선근시의 경제정세朝鮮近時の經濟情勢」(1961) 등의 연구물들을 발표하였다. 시카타의 사후에 조선에 대한 연구논문을 집대성한 『조선사회경제사연구朝鮮社會經濟史研究-상·중·하』(國書刊行會, 1976)가 간행되었다.

귀국 후 교수·대학행정가로서의 활동 외에도 조일협회日朝協會 아이치현愛知縣 연합회 초대 회장, 아이치현 원수폭금지일본협의회原水爆禁止協議會 이사, 일본 평화위원회 전국 이사를 지내는 등 한일韓日 우호 운동과 사회 운동에 참여하였다.

[참고문헌] 조동걸 외『한국의 역사가와 역사학』(창비, 1994), 東京經濟大學圖書館『四方博朝鮮文庫目錄』(東

京經濟大學圖書館, 2010), 朝鮮新聞社 編『朝鮮人事興信錄』(朝鮮新聞社, 1922), 심재우「조선후기 사회변동과 호적대장 연구의 과제」『역사와 현실』62(한국역사연구회, 2006)　　　　　　　【박광현, 임세화】

570

시키 노부타로

志岐信太郎(지기신태랑)　　　　　1869.3.23~?

실업가

후쿠오카현福岡縣 출신. 토목청부업자로 합자회사 시키구미志岐組를 운영했다. 어려서는 촉매 석탄을 운반하는 일을 했으며, 도쿄東京에서 낮에는 일을 하고 밤에는 야간공수학교夜間工手學校에서 공부해 1887년 졸업했다. 1896년 토목청부조합인 시키구미를 만들고 일본, 타이완, 홋카이도北海道 각지에서 철도 공사 청부를 맡았다.

1900년 경부선京釜線 속성 공사를 맡아 조선에서의 사업을 시작했다. 1900년대는 압록강 연안에서 삼림 벌채와 판매업을 겸영해 사업 기반을 다졌다. 이후, 경의선京義線, 경원선京元線, 호남선湖南線, 청회선淸會線, 만철선滿鐵線, 서선식산철도西鮮殖産鐵道 등의 철도 공사를 맡았으며, 원산수력전기회사 등의 발전소 공사도 담당했다. 만주 지역으로도 진출해 푸순撫順시가지 개발 공사, 주식회사 만몽모직滿蒙毛織 공장 신축 공사 등을 담당했다. 토목건축청부업 외에도 주식회사 조선천연빙朝鮮天然氷, 주식회사 조선화약朝鮮火藥, 주식회사 조선화약총포朝鮮火藥銃砲, 합자회사 목포토지木浦土地, 합자회사 한강창고, 주식회사 조선제빙朝鮮製氷 등의 회사를 직접 운영했다. 또한 주식회사 덕본상사德本商事 이사, 주식회사 일화목재日華木材 상담역, 주식회사 경성요업京城窯業 상담역으로도 활동했다.

1919년 조선토목건축협회의 창립을 주도했으며 1920년 제1대 회장 마쓰모토 가쓰타로松本勝太郎(→355)가 퇴임하자 제2대 회장으로 취임했다. 그러나 함경북도 웅기雄基에서 육군 군마보충소軍馬補充所 설립 당시의 공사 담합이 사회적으로 문제가 되어

취임 후 불과 몇 달 만에 회장직을 사임했다. 이후 1937년 재건 토목건축협회의 상담역을 맡았다.

1910년대부터 경성상업회의소 의원, 경성부협의회 의원, 경성 위생조사위원 등으로 활동했다. 1922년 3월과 10월, 1923년 2~4월에는 전선全鮮상업회의소 대표로 도쿄를 방문했다. 도쿄에서 일본 의회 의원과 재계 인사, 의회 출입기자 등을 방문해 조선 경제 개발 '4대 요항要項'(조선 철도 건설, 이입세 철폐, 산미 증식, 수산水産 개발)에 대한 청원 운동을 벌였다.

관련 기록으로 시키구미 점원 상호 친목 잡지로 발간된 『삼선회지三扇會誌』가 남아 있다.

[참고문헌] 친일인명사전편찬위원회 『일제협력단체사전: 국내 중앙편』(민족문제연구소, 2004), 전성현『일제시기 조선 상업회의소 연구』(선인, 2011), 國史編纂委員會 編 『駐韓日本公使館記錄』(國史編纂委員會, 1988), 中村資良 『朝鮮銀行會社要錄』(東亞經濟時報社, 각년판), 이금도「朝鮮總督府 建築機構의 建築事業과 日本人 請負業者에 關한 硏究」(부산대학교 박사학위논문, 2007), 기유정「일본인 식민사회의 정치활동과 조선주의에 관한 연구: 1936년 이전을 중심으로」(서울대학교 박사학위논문, 2011), 도리우미 유타카「일제하 일본인 請負業者의 활동과 이윤창출」(서울대학교 박사학위논문, 2013)　　　　　　　【양지혜】

571

신바 고헤이

榛葉孝平(진엽효평)　　　　　1879.11~?

관료

시즈오카현靜岡縣 오가사와라군小笠郡 출신. 부친은 신바 사쿠헤이榛葉作平로, 그의 4남으로 태어났다. 1903년 7월 도쿄제국대학 공과대학 토목공학과를 졸업하고 1904년 같은 대학 대학원을 수료하였다. 1904년 체신성 항로표지관리소 기수가 되었다. 1905년 1년지원병으로 공병 제3대대에 입영하여 예비소위에 임명되었다. 1907년 3월 대장성大藏省 임시건축부 기수技手로 전임되어 고베神戶 축항공사를 담당했다. 같은 해 12월 기사技師로 승진했다.

배우자는 신바 쓰유榛葉露(1890년 6월생)이며, 그와 사이에 1남 3녀를 두었다. 장남 아키라朗(1911년 7월생)는 아버지의 뒤를 이어 도쿄제대 공학부를 졸업하고 조선총독부 기사가 되어 경성토목출장소에서 근무했다. 장녀는 노리코規子(1913년 12월생, 경성제일고등여학교 졸업), 2녀 레이코玲子(1917년 11월생, 경성제일고등여학교, 도쿄도립제삼고등여학교 고등과 졸업), 3녀 시게코滋子(1920년 9월생, 레이코와 동교 졸업).

1911년 조선총독부 기사로 부임하여 조선에 왔다. 부산 제1기 축항공사에 종사했으며, 1918년 1차 공사가 완공된 다음해부터 제2기 공사에 착수했다. 1922년 7월부터 1년간 토목사업 시찰을 위해 구미 각국으로 출장을 갔다. 1924년 체신기사를 겸했으며, 부산토목출장소장으로서 부산항 공사를 거의 마무리하고 1925년 8월 조선총독부 내무국 토목과장으로 임명되었다. 이후 1939년 9월까지 14년 동안 토목과장에 재임하며 조선토목행정의 수장이 되었다. 1931년 9월에는 기술관으로서는 매우 드물게 칙임고등관勅任高等官 1등이 되었다. '조선토목기술계의 최고봉'으로 불리며 특별한 스캔들 없이 토목예산의 처리와 계획 수립을 주도하며 수완을 발휘했다. 특히 1930년대 대공황에 대한 대책으로서 '궁민구제토목사업窮民救濟土木事業' 계획의 수립은 그가 주도한 것이다. 이밖에 화전(火田)조사위원회 위원(1929~31), 전기사업법규조사위원회 간사(1930), 시가지계획위원회 간사(1936~39), 압록강수력발전개발위원회 위원(1937~39), 자원위원회 간사(1939), 철강통제협의회 위원(1939) 등을 겸임하였다.

1939년 퇴관과 동시에 강계수력전기江界水力電氣(주)의 부사장에 취임했다. 강계수력전기회사는 뒤늦게 수력발전업에 뛰어든 동양척식주식회사에서 설립한 자본금 1억 원의 거대회사였다. 강계수력은 전기와 전력사무에도 관여했고, 사실상 국장급 이상의 인물이었던 신바를 영입함으로써 총독부와 관계를 더욱 긴밀하게 가져갈 수 있었다.

조선총독부에서 매달 간행한 기관지인 『조선朝鮮』에 「부산축항釜山築港」(1923.10), 「조선의 치수사업朝鮮の治水事業」(1937.7) 등 다수의 글을 남겼다.

패전 뒤 일본으로 돌아가 여생을 보내면서 같은 총독부 관료 출신의 혼마 다카요시本間孝義(→954), 혼마 도쿠오本間德雄와 함께 『조선의 국토개발사업朝鮮の國土開發事業』(友邦協會 編, 1967)을 저술하였다. 이 책은 토목 분야에서 자신들의 업적을 정리하면서 조선총독부의 통치를 정당화하는 내용을 담고 있다.

[참고문헌] 角田廣司 編 『在朝鮮內地人紳士名鑑』(朝鮮公論社, 1917), 中村資良 編 『京城仁川職業名鑑』(東亞經濟時報社, 1926), 貴田忠衛 著 『朝鮮人事興信錄』(朝鮮人事興信錄編纂部, 1935), 朝鮮總督府 編 『朝鮮總督府施政二十五周年記念表彰者名鑑』(朝鮮總督府, 1935), 阿部薰 編 『朝鮮人物選集』(1934), 阿部薰 編 『昭和十二年版 朝鮮都邑大觀』(民衆時論社, 1937), 谷サカヨ 著 『第十四版 大衆人事錄 外地 滿·支 海外 篇』(帝國秘密探偵社, 1943), 朝鮮總督府 編 『朝鮮總督府及所屬官署職員錄』(朝鮮總督府, 1915~1931), 中村資郎 編 『朝鮮銀行會社組合要錄』(東亞經濟時報社, 각년판), 中野伊三郎 「榛葉孝平さんと江界水電」 『朝鮮公論』 319(朝鮮公論社, 1939) 【고태우】

572

신조 유지로
新庄祐次郎(신장우차랑)　　　　　　생몰년도 미상

관료

1923년 4월 5일부터 1924년 8월까지 전임자 야마구치 야스노리山口安憲(→656)의 뒤를 이어 조선총독부 경무국警務局 고등경찰과의 과장직을 수행하였다. 그의 재직 당시 고등경찰과의 직원은, 1923년 22명이었던 것이 1924년에는 25명으로 다소 늘어나게 되었다.

[참고문헌] 정진석 『극비 조선총독부의 언론검열과 탄압』(커뮤니케이션북스, 2007), 谷サカヨ 『第14版 大衆人事錄(帝國秘密探偵社, 1943) 【함충범】

573

신카이 하지메

新貝肇(신패조)   1896.7~?

관료

오이타현大分縣 출신. 1920년 10월 고등시험행정과
에 합격하고 1921년 5월 도쿄제국대학東京帝國大學 법
학부 정치학과를 졸업했다.

1921년 5월 조선총독부 체신국 서기로 임용되어
도한하였다. 1922년 7월에 조선총독부 체신국 부사
무관이 되었고 군산우체국장을 지냈다. 1923년 4월
체신국 사무관으로 승진하고 감리과監理課에서 근무
하였다. 1924년 12월에는 조선의 공업도시였던 평양
으로 와서 평양우체국장을 지냈다. 1927년 4월 해원
심판소이사관海員審判所理事官이 되었고 1928년 11월
에는 해원심판소심판관, 1929년 10월에는 체신국 서
무과장 겸 경리과장으로 일했다. 1931년에는 1년간
구미시찰을 다녀왔고 황해도 경찰부장과 강원도 내
무부장을 역임하며 지방행정을 담당하였다. 1941년
5월부터 1942년 10월까지 조선총독부 체신국장을
지냈다.

[참고문헌] 藤澤論天 編 『半島 官財人物評論』(大陸民
友社, 1926), 京城新聞社 編 『朝鮮の人物と事業』(京城
新聞社, 1930), 有馬純吉 『昭和六年版 朝鮮紳士錄』(朝
鮮紳士錄發行會, 1931), 阿部薰 『朝鮮人物選集』(民衆
時論出版部, 1934)   【이현진】

574

쓰다 마코토

津田信(진전신)   1878~1944

교사

이바라키현茨城縣 미토시水戶市 출신. 사족 가문의 장
남으로 출생하여 1904년 도쿄고등사범학교東京高等
師範學校 본과 영문학부를 졸업하였다. 이후 미에현三
重縣 사범학교 교사, 1907년 동교 부속소학교 주사,
1915년 구마모토현熊本縣 학무과장 등을 역임한 후
도한하여 동래고등보통학교東萊高等普通學校 교장,

평양사범학교平壤師範學校의 초대 교장 등으로 일했
다. 종5위從五位 훈4등勳四等으로 그 공훈을 인정받
았다.

1918년 7월 구마모토현 과장을 퇴직한 후 조선으
로 이주하였다. 1919년부터 1922년까지 경성중학교
교사, 1923년부터 1924년까지 동래고등보통학교 교
장, 1925년부터 1928년까지 대전중학교 교장, 평양
사범학교 초대 교장 등에 취임하여 8년 10개월간 교육
행정에 종사하였다. 그의 교육관은 무사도 정신과 공
맹孔孟의 인의예지신仁義禮智信에 페스탈로치Johann
Heinrich Pestalozzi의 근대적 자유주의 교육 이념을
더한 것이라 평가할 수 있다.

1939년 3월 퇴임 후 고향 미토시에 돌아가 1944년
에 사망했다.

[참고문헌] 有馬純吉 『昭和六年版 朝鮮紳士錄』(朝鮮紳
士錄發行會, 1931), 朴永奎 「平壤師範學校について:
植民地朝鮮における教員養成の一事例」 『飛梅論集: 九
州大學大學院敎育學コース院生論文集』 3(九州大學大
學院, 2003)   【강원주】

575

쓰다 미쓰오

津田三雄(진전삼웅)   1895.9.3~?

금융인

오사카부大阪府 출신. 1913년 타이베이중학교臺北中
學校를 졸업하였다.

학교 졸업 후 조선으로 건너와 1918년 한성은행에
서 근무하였다. 1929년 평양 대화정大和町 지점 지배
인 대리, 1931년 평양 지점 지배인 대리를 거쳐 1935
년 대구 지점 지배인으로 승진하여 은행업에 종사하
였다.

[참고문헌] 京城新聞社 編 『朝鮮の人物と事業』(京城
新聞社, 1930), 국사편찬위원회 한국사데이터베이스
〈http://db.history.go.kr〉   【강원주】

576

쓰다 세쓰코

津田節子(진전절자)   1902~1971

교사

도쿄시東京市 출신. 6남매 중 넷째로 부친은 대장성大藏省의 관리이고 모친은 고등여학교 교사였다. 1915년 도쿄부립제삼고등여학교에 입학하고 1922년 도쿄여자고등사범학교(현 오차노미즈여자대학)의 임시교원양성소 국한과에 입학하여 1924년 수석으로 졸업한다. 같은 해 쓰다 사카에津田榮와 결혼하고 경성제국대학 예과 교수로 부임하는 남편을 따라 경성으로 온다.

1924년 경성으로 온 쓰다 세쓰코는 같은 해 4월 숙명여자고등보통학교에서 교원으로 일본어를 가르친다. 1933년 남편 쓰다 사카에를 중심으로 조직된 녹기연맹에서 여성문제에 관한 핵심적인 역할을 수행한다. 세쓰코는 녹기연맹의 '부인부'에서 부장으로서 사업을 주도하면서 연맹의 기관지인『녹기綠旗』와『신여성新女性』에 조선의 문화와 가정생활, 전시 여성의 임무에 관한 많은 글들을 발표하고 여성의 존재에 주목하여 여성에 대한 국체의식의 함양과 일본문화의 보급 나아가 의식주, 자녀교육 등에 관한 개선방안을 제시하였다. 또 전시 하에서의 여성의 역할과 조선인 생활개선의 중요성을 역설하여 총독으로 하여금 '부인문제연구회'를 조직하게 하였다. 1934년에는 여학교를 졸업한 조선거주 일본인 2세 여성을 위해 청화여숙을 설립하고 숙감으로서 녹기연맹의 중심 이념인 국체사상과 일본정신을 함양하는 다도, 수신, 재봉, 불교 등을 교육하였다. 1943년 일본으로 귀국하였다.

「어떤 부인의 이야기ある夫人の話」(『綠旗』1940.7)는 세쓰코는 처음 발표한 소설로, 조선의 하층민을 위해 산파가 되기로 결심하고 공부하는 어떤 부인이 찾아와 10만 원을 요구하면서 만주로 가서 일하고 싶다는 계획에 대한 두 사람의 대화로 이루어져 있다. 이외에도「할머니의 병환おばあさまの病氣」(『綠旗』1941.7)「즐거운 편지樂しき便り」(『綠旗』1941.11) 등의

소설이 있고「여자로서의 반성女性としての反省」(『綠旗』1936.9) 등의 평론이 있다.

[참고문헌] 이승엽「내선일체운동과 녹기연맹」『역사비평』(역사비평사, 2000), 안태윤「식민지에 온 제국의 여성 재조선 일본여성 쓰다 세츠코를 통해서 본 식민주의와젠더」『한국여성학』24(한국여성학회, 2008), 채호석「1940년대 일본어 소설 연구:『綠旗』를 중심으로」『외국문학연구』37(한국외국어대학교외국문학연구소, 2010)   【송혜경】

577

쓰루노 오사무

鶴野收(학야수)   1906.4~?

관료

도쿄시東京市 출신. 1928년 고등시험에 합격하고 1929년에 경성제국대학 법과를 졸업했다.

1929년 경성제국대학을 졸업한 것으로 볼 때 그 이전에 도한한 것으로 보인다. 1929년 4월 조선총독부 철도국 서기에 임명되어 경성역에서 근무했다. 경성열차구京城列車區, 상인천역上仁川驛 조역助役, 경성역 화물조역, 경성운수사무소, 부산운수사무소 서무계 주임을 역임했다. 이어서 1932년 10월에 철도국 부참사에 임명되었다. 대전철도사무소 주임을 거쳐, 1933년 9월 철도국 영업과 여객계장을 역임했다. 1938년 철도국 참사參事에 임명되었다.

[참고문헌] 朝鮮新聞社 編『朝鮮人事興信錄』(朝鮮人事興信錄編纂部, 1935), 국사편찬위원회 한국사데이터베이스 〈http://db.history.go.kr〉   【박우현】

578

쓰루타 고로

鶴田吾郎(학전오랑)   1890~1969

화가

도쿄시東京市 출신. 와세다중학교早稻田中學校 중퇴 후 백마회연구소白馬會硏究所, 태평양화회연구소太平洋畵會硏究所에서 서양화를 배우고 1912년 국민신문

사國民新聞社를 거쳐 경성일보사京城日報社 삽화가로 근무하였다. 1914년 귀국 후에는 제국미술전람회(제전帝展)을 중심으로 작품활동을 하였고, 전쟁화제작에도 적극 관여하였다.

1912년 이케베 히토시池部鈞(→889)의 후임으로 경성일보사 삽화가로 활동하였다. 조선 체류기간 중에 도쿠토미 소호德富蘇峰(→342)와 로카 형제, 고스기 미세이小杉未醒와 후지타 쓰구하루藤田嗣治(→975) 등과 만났으며 1914년 귀국하였다. 그 후임자가 마에카와 센판前川千帆(→380)이다.

육군성, 해군성 종군화가로 활동하였고 대일본육군종군화가협회大日本從軍畵家協會, 육군미술협회陸軍美術協會 등의 회원으로 활동하며 전쟁화를 제작하였다.

[참고문헌] 鶴田吾郎 『半世紀의 素描』(中央公論美術出版, 1982), 坂井基樹 外 編 『日韓近代美術家のまなざし -『朝鮮』で描く』(福岡アジア美術館 外, 2015)

【김용철】

579
쓰루하라 사다키치
鶴原定吉(학원정길)　　1857.1.10~1914.12.2

관료, 실업가, 정치인

후쿠오카현福岡縣 출신. 1883년 도쿄대학東京大學 문학부를 졸업하고 외무성에 입사하였다. 외무성 근무를 거쳐 서기생書記生으로서 런던영사관, 톈진天津영사관, 상하이上海 영사관 등에 근무한 뒤 사직하고, 1892년 니혼은행日本銀行 오사카大阪 지점 필두서기를 시작으로 동 지점장, 니혼은행 영업국장, 동 이사를 거쳐 1899년 간사이關西 철도주식회사 사장, 1901년 오사카시장을 역임하였다. 1905년 12월~1908년 10월 통감부 총무장관, 1907년 8월부터는 궁내宮內차관도 겸하였다. 1909년 도쿄인조비료회사 사장, 1910년 『주오신문사中央新聞社』사장, 1912년 중의원 의원 등을 지냈다.

통감부 설치와 동시에 총무장관에 발탁되어 1906년 2월 조선으로 건너와 통감부의 초기 시정을 담당하였다. 그의 재임 기간에 이루어진 주요 조치들을 살펴보면 우선 궁중과 정부를 분리시켰다. 궁내부 관제를 개정하여 황실재산과 국유재산을 구분하고, 황실제사와 국가제사를 구별했으며, 궁정의 관리를 4천명에서 200명으로 감축하였다. 둘째 치안 면에서 의병을 철저 진압하고, 신문지법과 보안법을 만들어 사상 및 집회, 결사를 단속하였다. 셋째 행정구역을 종래의 13도道 1목牧 3부府 341군郡에서 13도道 11부府 333군郡으로 개편하고, 감독을 위해 일본인 참여관을 두었다. 또 종래의 영사관을 이사청理事廳으로 바꾸고 새로 26개소의 지청支廳을 설치하였다. 넷째 3심제 사법제도를 도입하여 총 125개소에 재판소를 설치하고, 주요 부분은 모두 일본인 법관이 담당토록 하였다. 다섯째 재정은 탁지부度支部의 관할 하에 관세관管稅官을 두고, 15개소에 재무감독국財務監督局, 231개소에 세무서를 두었다. 1907년 제3차 한일협약 이후 일본인 차관정치가 행해지게 됨에 따라 쓰루하라는 궁내차관을 겸하게 되었다. 1908년 10월, 사법, 행정, 군사, 외교가 모두 일본인의 손에 장악되었다는 판단 아래 사직하고 귀국하여 정계 진출을 꾀하였다.

귀국 후 1909년 군마현群馬縣에서 중의원 보궐선거에 출마했으나 낙선하고, 1912년 고향인 후쿠오카에서 출마하여 당선되었다. 그 사이 도쿄인조비료회사 사장, 주오신문사中央新聞社 사장, 호라이생명보험상호회사蓬莱生命保險相互會社 사장을 지냈다.

[참고문헌] 池原鹿之助 『鶴原定吉君略傳』(池原鹿之助, 1917), 戰前期官僚制研究會 編, 秦郁彦 著 『戰前期日本官僚制の制度・組織・人事』(東京大學出版會, 1981)

【박양신】

580
쓰모리 슈이치
津守秀一(진수수일)　　생몰년도 미상

김창선金昌善(이명)

영화인

조선키네마프로덕션의 제작 실무 책임자였으며, 회

사의 설립자이자 사주였던 요도 도라조淀虎藏(→772)의 조카사위이기도 하였다. 조선키네마프로덕션에서 만들어진 영화는 모두 6편이었는데, 이들 작품에서 그는 총지휘자로 이름을 올리며 그 역할을 담당하였다.

한국영화학계에서 그의 이름은 '민족영화'의 대표작으로 알려진 〈아리랑〉(1926)의 감독이 나운규인가, 쓰모리 슈이치인가 하는 논란과 함께 유명세를 타기도 하였다. 실제로, 『영화평론映畵評論』 등의 일본 영화잡지는 물론 『조선일보』, 『동아일보』 등 조선어 일간지에 실린 일부 기사 및 광고에서조차 〈아리랑〉, 〈농중조〉(이규설 감독, 1926), 〈들쥐〉(나운규 감독, 1927)의 감독명이 '쓰모리 슈이치' 또는 '김창선'으로 표기되어 있는 경우도 발견된다.

물론, 『영화연극』 1935년 창간호에 실린 「나운규 일대기」라는 윤봉춘의 글 중 그가 "조선말도 모르고 풍속도 모르는 사람"이었다는 내용을 참고하건대, 대다수의 한국영화사 연구자들의 주장대로 시나리오의 영화화 및 검열 통과를 위해 일본인 쓰모리 슈이치의 이름이 명목상으로만 사용되었을 가능성이 높아 보인다.

동시에, 정종화의 지적대로 "쓰모리 슈이치가 연출로 이름을 올린 이유는 제작 진행을 맡았던 연출에 관여했든 어느 정도의 역할이 있었기 때문"이며, 특히 영화의 형식적인 면에서 커다란 공헌을 한 촬영기사 가토 교헤이加藤恭平(→51) 등 일본인 스텝과 나운규 등 조선인 제작 참여자 간의 의사소통을 원활히 해주었다는 점에서는 공로가 인정될 수도 있을 것이다.

[참고문헌] 김종욱 편저 『실록 한국영화총서(상)』 제1집(국학자료원, 2002), 이영일 『한국영화전사』(소도, 2004), 한국영상자료원 편역 『일본어 잡지로 본 조선영화 2』(현실문화연구, 2011) 【함충범】

581

쓰무라 이사무

津村勇(진촌용)   1884~?

영화인

오사카시大阪市 출신. 1908년 측후기술양성소測候技手養成所를 졸업하였다. 1909년 육군헌병오장陸軍憲兵伍長 한국주답헌병대韓國駐劄憲兵隊에 들어가, 한일강제병합 직후인 1910년 10월 조선총독부 경부警部에 임명되었다.

이후 경기도경찰부 순사교습소 교관(1918), 조선총독부 총독관방 총무국 직원(1919) 등을 거쳐 1923년부터 총독부의 조사과, 사회과, 문서과 등에 촉탁으로 있으면서 1940년까지 활동사진 관련 사무를 담당하였다.

한편, 1939년 4월 5일 공포된 일본의 영화법을 모태로 한 조선영화령朝鮮映畵令(1940년 1월 4일 공포, 8월 1일 시행)에 근거하여 영화 제작사와 배급사의 통폐합이 진행되고 있을 때, 그 대상이던 영화사는 모두 9개사였다. 해당 회사와 대표자 명단은 다음과 같다. 조선영화주식회사(최남주), 고려영화협회(이창용), 명보영화합자회사(이병일), 한양영화사(김갑기), 조선예흥사(서항석), 경성영화제작소(야나무라 기치조梁村奇智城→647)), 황국영화사(후루하타 세이조降旗淸三(→962)), 조선문화영화협회(쓰무라 이사무津村勇(→581)), 경성발성영화제작소(다카시마 긴지高島金次(→286)). 그리고 얼마 뒤에 조선예흥사가 빠지고 동양발성영화촬영소(國本武夫-조선인 이기호의 창씨)와 선만기록영화제작소(구보 요시오久保義雄(→136))가 합류하면서 10개사가 되었다.

쓰무라는 조선문화영화협회의 대표였다. 조선문화영화협회사에서는 조선어 발성영화 〈국기 하에 나는 죽으리國旗の下に我死なん〉(오카노 신이치岡野進一(→724) 감독, 1939)와 일본어 발성영화 〈산촌의 여명山村の黎明〉, 〈바다의 빛海の光〉(이상 야마나카 유山中裕 감독, 1940) 등의 작품이 만들어졌다. 이들 작품은 농산어촌에서의 국책협력과 생산증진을 독려하기 위한 계몽적 성격의 선전 문화영화였다.

그는 『조선휘보朝鮮彙報』에 「조선화폐의 연혁朝鮮貨幣の沿革」(1920.4), 『조선朝鮮』에 「문화영화의 전망文化映畵の展望」(1938.2) 등의 글을 실었으며, 산소, 압축, 액화 가스의 판매, 광산용 기계 및 고압공기의 설계 제작 및 판매, 형석, 규석, 기타 중공업용 광물

채광 및 판매, 산소가스 용기의 판매, 관련 사업에의
투자 및 부대 사업을 취급하며 1939년 설립된 주식회
사 반도상사와 주식회사 쇼와산소昭和酸素의 이사직
에 이름을 올리기도 하였다.

그러는 한편 1943년 7월 현재에도 조선문화영화협
회의 대표직을 겸한 채 사단법인 조선영화배급사의
영화 위탁자로 활동하고 있었다.

[참고문헌] 한국영상자료원 편역『일본어 잡지로 본 조
선영화 4』(현실문화연구, 2013), 高島金次『朝鮮映畵
統制史』(朝鮮映畵文化硏究所, 1943), 국사편찬위원회
한국사데이터베이스〈http://db.history.go.kr〉

【함충범】

582
쓰보이 가즈이치
坪井和一(평정화일)　　　　　　1879.5~?

실업가

히로시마현廣島縣 출신. 쓰보이 히사키치坪井久吉의
장남으로 태어났다.

1907년 7월 도한하여 어업 및 농업에 종사하였다.
1921년 부산무진주식회사釜山無盡株式會社를 창립하
고 사장에 취임하였다.

[참고문헌] 釜山名士錄刊行會 編『昭和十年版 釜山名
士錄 附銀行會社名鑑』(釜山名士錄刊行會, 1935), 谷サ
カヨ『第十四版 大衆人事錄』(帝國祕密探偵社, 1943)

【마스타니 유이치桝谷祐一】

583
쓰보이 사치오
坪井幸生(평정행생)　　　　　　1913~?

경찰관료

오이타현大分縣 출신. 1936년 경성제국대학을 졸업
하고, 같은 해 고등문관시험에 합격했다.

1937년 고등관 견습행정관으로 조선총독부에 재
직하기 시작하였다. 경찰부경무국, 농림국 농촌진흥
과에 근무했고, 경찰관강습소 교수를 거쳐, 1939년

5월부터 함경북도 경찰부 외사경찰과장(총독부도경
시), 1940년 7월부터 총독부사무관으로 경무국 보안
과에서 근무했다. 1945년 6월부터 충청북도 경찰부
장이 되었으나 2개월 후 일본이 패전하게 되었다.

패전 후 처리에 진력하여 11월에 인양되었다. 1946
년 가고시마현鹿兒島縣 경시, 1947년 오사카부大阪府
경시, 경찰청감식과장, 사이타마현埼玉縣, 야마구치
현山口縣 경찰본부장, 경찰국장 등을 역임했다. 1964
년 규슈관구 경찰국장을 마지막으로 공직에서 퇴임
했다. 같은 해 4월에 오이타현 부지사에 선임되어 4
년간 재직하고 퇴임했다. 약 14년간의 조선체험을
회상하며『어떤 조선총독부 경찰 관료의 회상ある朝
鮮總督府警察官僚の回想』이라는 수기를 저술, 일본의
조선 식민지배 실상을 식민통치자의 시각에서 서술
하였다.

[참고문헌] 坪井幸生『ある朝鮮總督府警察官僚の回想
』(草思社, 2004), 이연식「구 조선총독부 경찰관료와
사상범의 '식민지 조선' 회고와 남·북한 인식」『한일민
족문제연구』28(한일민족문제학회, 2015), 이형식「패
전후 귀환한 조선총독부관료들의 식민지 지배 인식과
그 영향」『한국사연구』153(한국사연구회, 2011)

【김소영】

584
쓰쓰이 다케오
筒井竹雄(통정죽웅)　　　　　　1902.5~1968.9

관료

와카야마현和歌山縣 출신. 1925년 11월 고등문관시험
행정과에 합격, 1927년 3월 도쿄제국대학東京帝國大
學 법학부 정치과를 졸업했다.

1927년 4월 도한하여 조선총독부 경기도 재무과에
근무했다. 1929년 1월 함경남도 내무부 지방과장에
임명되었다. 1930년 4월 경기도 학무과장을 거쳐,
1931년 1월 총독부 사무관으로 진급되어 조선총독부
경무국 보안과에 근무했다. 함경북도 경찰부장, 황
해도지사를 역임하고 일본의 패전으로 귀국했다.

일본 패전 이후 시베리아에 억류되어 있다가 1950

년 4월이 되어서야 일본으로 귀국, 이후 경찰예비대에 입대하였다. 1954년 육상자위대 발족시 초대 육상막료장陸上幕僚長으로 복무하다가 퇴임하였다.

[참고문헌] 미야타 세쓰코, 정재정 역『식민통치의 허상과 실상』(혜안, 2002), 이형식「패전 후 귀환한 조선총독부관료들의 식민지 지배 인식과 그 영향」『한국사연구』 153(한국사연구회, 2011)　【김소영】

585
쓰지 만타로
辻萬太郎(십만태랑)　　　　　　생몰년도 미상

실업가
생몰년 및 출생지는 알 수 없으나 부친인 쓰지 긴노스케辻謹之助는 시가현滋賀縣 출신이다. 오사카고등공업양조과大阪高等工業釀造科를 졸업했다.

도한 시기는 정확히 알 수 없다. 단지 부친 쓰지 긴노스케가 대전에 정착했고 여러 차례 도평의원道評議員으로 당선되어 활동했으며 대전 충청남도 개발의 선구자였다. 쓰지 만타로는 후지추쇼유富士忠醬油주식회사 사장이자 경영인으로서 부친의 피를 이어 장사 재주가 아주 탁월했다. 당시 약진하고 있던 대전의 실업계를 이끈 인물 중 한 사람이었다.

[참고문헌] 阿部薫 編『昭和12年版 朝鮮都邑大觀』(民衆時論社, 1937), 川端源太郎『朝鮮在住內地人 實業家人名辭典 第一編』(朝鮮實業新聞社, 1913)　【이현진】

586
쓰카사 요시노부
政吉信(정길신)　　　　　　　　1881.3~?

실업가
가고시마현鹿兒島縣 출신. 그 후 야마구치현山口縣 시모노세키시下關市로 이주했다.

1921년 닛센구미日鮮組 시모노세키에서 여수로 건너와 1923년 6월 가족과 함께 영주 시작한 여수 지역의 대표적 일본인 세력가. 수산업 개발, 운송 교통에 관심을 두었다. 면협의원, 도평의회원道評議會員을 역임 후 1933년 민선 도회의원에 당선되었다.

남조선철도회사 설립하고 가와사키기선川崎汽船에 의해 여수시모노시키간 연락항로를 실현하였다. 전라남도제빙회사 전무이사. 흥양興洋수산주식회사 이사, 전남수산주식회사 전무이사, 전라남도수산회 의원 등을 지냈다.

[참고문헌] 有馬純吉『昭和六年版朝鮮紳士錄』(朝鮮紳士錄發行會, 1931), 淵上福之助『朝鮮と三州人』(鹿兒島新聞京城支局, 1933),「關麗聯絡航路と南朝鮮鐵道の開通/船車聯絡の大業成り全南平野に歡聲湧く」(『京城日報』, 1930.12.25)　【이선윤】

587
쓰쿠다 준
佃順(전순)　　　　　　　　　　생몰년도 미상

영화인
영화 시나리오 작가이다. 1920년대 중반 쇼치쿠松竹 가마타촬영소蒲田撮影所에서 제작된〈어영가지옥御詠歌地獄〉(1925)과〈폭풍우嵐〉(1926)의 각본을 담당한 기록이 있다. 그가 정확히 언제 조선으로 넘어 왔는지에 대해서는 자세히 알려진 바 없으나, 영화계에서의 주요 활동 시기는 1940년대라 할 수 있다.

쓰쿠다는 제작사 통폐합의 결과로 1942년 9월 29일 설립된 사단법인 조선영화제작주식회사의 기획과 사원으로 있으면서〈조선해협朝鮮海峽〉(박기채 감독, 1943),〈거경전巨鯨傳〉(방한준 감독, 1944),〈어머니의 품에母の胸に〉(안석영 감독, 1944) 등 3편의 극영화의 각본을 집필하였다. 이 가운데〈조선해협〉과〈거경전〉은 완성·개봉된 작품이다.

이후 1944년 4월 7일 사단법인 조선영화배급사가 사단법인 조선영화제작주식회사를 흡수하여 사단법인 조선영화사로 체제 개편을 이루면서, 제작부 산하 계획과의 각본계로 소속을 옮기게 되었다.

전후에는 일본 교에이敎映에서〈도레미파 선생ドレミハ先生〉(1951)의 시나리오를 썼다는 기록이 남아 있다.

[참고문헌] 한국영상자료원 편역『일본어 잡지로 본 조선영화 2』(현실문화연구, 2011), 일본영화데이터베이

스 〈http://www.jmdb.ne.jp〉 【함충범】

588

아다치 겐조
安達謙藏(안달겸장)　　　　1864.11.22~1948.8.2

간조漢城(호)

언론인, 정치인

구마모토현熊本縣 출신. 삿사 도모후사佐佐友房가 교장으로 있던 세이세이코濟濟黌에서 20세 무렵부터 수학하였다. 구마모토국권당熊本國權黨 소속으로 조약개정 반대운동에 참여하는 가운데 미우라 고로三浦梧樓(→434)와 알게 되었다. 1894년 11월부터 부산에서 『조선시보朝鮮時報』를 발행하였다. 이듬해 1월부터는 『한성신보漢城新報』의 사장으로 재직하였다. 이해 10월 발생한 을미사변에 가담하였다. 10월 30일 시모노세키下關에서 구인되어 히로시마 감옥에 수감되었다. 하지만 히로시마 지방재판소廣島地方裁判所에서 열린 예심에서 증거불충분으로 석방되었다. 1902년 제국당으로 출마하여 1942년까지 14회 연속으로 중의원 의원을 지냈다. 1925년 5월부터 1927년까지 2년간 체신대신遞信大臣, 1929년 7월부터 1931년 12월까지는 내무대신內務大臣을 역임하였다. 1932년 12월에는 국민동맹회國民同盟會를 결성하여 총재에 취임하였다. 1940년부터 1941년 사이에는 내각 참의를 지냈다.

조선에 처음으로 건너간 것은 1893년 3월 하순이었다. 이때 인천에서 조선과 중국을 시찰 중이던 육군 참모차장 가와카미 소로쿠川上操六 등과 접촉하였다. 재차 조선으로 건너가려고 출발한 것은 갑오농민전쟁이 한창 진행 중이던 1894년 6월 30일의 일로, 『규슈니치니치신문九州日日新聞』의 종군기자로 활동하면서 아산, 성환 등지에서 전투가 진행되는 상황을 시찰 후 일시 귀국하였다. 이해 10월 초 부산으로 건너간 것이 세 번째 도한에 해당하였다. 이때 부산 총영사 무로다 요시후미室田義文(→408)의 의뢰를 받아 『조선시보』를 발행하기도 하였으나 얼마 지나지 않아 폐간하였다. 한성으로 올라간 후에는 시나가와

야지로品川彌二郎의 소개장을 가지고 이노우에 가오루井上馨(→824) 일본공사를 만난 후 이해 11월 『한성신보』의 사장이 되었다. 이 『한성신보』는 주한 일본공사관의 기밀비를 매달 보조받아 운영되고 있었으므로 기관지적인 성격을 갖고 있었다. 신보사 건물을 건설하는 데 있어서 토지건물 제공과 관련해서는 탁지부度支部 협판協辦 안경수安馴壽와 계약을 체결하였다. 한성신보사 사장이 된 후 구마모토 지역 출신자로 구니모토 시게아키國友重章를 주필로, 고바야카와 히데오小早川秀雄를 편집장으로 삼아 한성으로 불러들였다. 한성신보사의 운영에는 주로 구마모토국권당 계열의 인물들이 많이 관여하였으며, 신보사 건물은 구마모토 낭인들의 숙박시설로 이용되기도 하였다. 『한성신보』는 4쪽 발행으로 1~2면은 한글, 3~4면은 일본어로 발행하였다. 1895년 10월 8일 을미사변이 발발하기 전부터 미우라 공사와 접촉하면서 왕비 시해를 결의하고 여기에 가담할 일본 낭인들을 동원하는 역할을 담당하였다. 간부회를 개최하여 협의를 마친 후, 사변 당일에는 한성신보사 앞에서 삿사 마사유키佐佐正之, 다나카 겐도田中賢道 등과 집합하였다. 이들은 오카모토 류노스케岡本柳之助(→731) 일행과 함께 공덕리로 이동하여 대원군大院君을 대동하고 돌아와 광화문으로 들어가는 역할을 담당하였다. 사건 발생 이후 한성에 잠시 체류하다가 고무라 주타로小村壽太郎(→81) 공사가 퇴한 명령을 내렸고, 부산을 잠시 경유한 다음 시모노세키로 돌아간 후 10월 30일 체포, 히로시마 감옥으로 호송되었다. 귀국하기는 하였으나 1901년 당시 한성신보사와 관련해서는 롤 기계, 구활자판 등에 대하여 출자한 금액이 있어서 주한 일본공사로부터 소유권을 인가받았던 것이 확인된다.

히로시마 감옥으로 호송된 후 지방재판소에서 예심이 진행된 후 1896년 1월 20일 증거불충분으로 면소免訴한다는 결정서를 받고 석방되었다. 석방 후에는 압수되었던 증거품으로 칼과 기타 물품을 돌려받았다. 이해 8월부터 구마모토국권당으로 복귀하여 상임위원으로서 일본 국내 정치활동을 재개하였다. 1935년 11월 10일과 11일에는 조선총독부 시정 25주

년을 맞이하여 『조선신문朝鮮新聞』에 「내가 품었던 한국 이분의 계획私の懷いた韓國二分の計劃」이라는 제목의 글을 두 차례에 걸쳐 게재하기도 했다.

[참고문헌] 강창일 『근대 일본의 조선침략과 대아시아주의』(역사비평사, 2003), 김영수 『미쩰의 시기』(景仁文化社, 2012), 秦郁彦 編 『日本近現代人物履歴事典』(東京大學出版會, 2002), 安達謙藏 『安達謙藏自敍傳』(新樹社, 1960), 金文子 『朝鮮王妃殺害と日本人』(高文研, 2009)
【박한민】

589

아다치 조키치
足立長吉(족입장길)　　　　　1873.6.23~?

실업가

효고현兵庫縣 출신. 입대 후 육군공병 소위로 청일전쟁과 러일전쟁에 참전하였고, 제대 후 강계에 정착하여 기업가로서 활동하였으며, 패전 후에는 강계일본인세화회江界日本人世話會 부회장을 지냈다.

1893년 만 20세 때 징병으로 오사카大阪 육군 제4사단 공병 제4대대에 입대하였다. 청일전쟁淸日戰爭과 러일전쟁露日戰爭에 모두 참전하였고 훈육등勳六等을 서훈 받았으며 육군 공병 소위로 1905년 퇴역하였다.

1906년 7월 만주 안동현安東縣 군용목재창軍用木材廠 촉탁囑託으로 임명되어 벌목공사採木公司의 군용목재창고를 관리하였다. 당시 삼림과 목재 조사를 위하여 이따금 강계로 출장을 갔으며, 이것이 인연이 되어 1910년 평안북도 강계읍 서부동에 정착한 뒤 자본금 5만 엔을 출자하여 강계공업주식회사江界工業株式會社를 설립하고 토목 건축의 청부, 건축용 목재의 벌채와 매매, 건축 재료의 매매, 금전 대부, 기타 부대사업에 종사했다.

목재업으로 자본을 축적한 그는 1924년에는 자본금 15만 엔 규모의 강계전기주식회사江界電氣株式會社를 설립하고 전등과 전력 공급, 전기 기구의 제조와 판매, 전기공사 설계와 감독 청부에 종사했다. 이 발전소는 약 170킬로와트 발전 설비를 갖추었고 전등

수는 2,500개에 달했다. 특히 이 회사는 안만철도安滿鐵道 개통으로 강계 지역이 한반도와 만주를 잇는 교통의 요지로 부상하자 1935년 신의주전기회사新義州電氣株式會社를 대주주로 끌어들여 경영규모를 비약적으로 확대하였으며 수력전기시설을 대대적으로 확충하였다.

또한 자동차산업이 새로운 유망산업으로 대두하자 다이쇼자동차운수주식회사大正自動車運輸株式會社의 이사 및 대주주로 경영에 참여하였다. 이처럼 1910년 강계에 정착한 이래 기업가로서 승승장구하며 지역 유지로서 사회단체 활동도 활발히 하였다. 강계읍회 의원, 강계소방조 조두組頭, 학교조합 관리자, 재향군인분회 분회장 등을 지냈다.

아다치는 1946년 1월 강계일본인세화회가 결성되자 부회장을 맡았다. 당시 회장은 조선총독부 내무국 토목과 기사 출신으로서 조선압록강항운주식회사朝鮮鴨綠江航運株式會社 이사를 지낸 야지마 시게루八島茂가 추대되었으나 관료 경력이 문제가 되어 활동이 어려워지자 사실상 회장 역할을 대행하였다. 당시 세화회가 파악한 재류 일본인 규모는 약 2,000명 정도였으나 소련군의 진주와 함께 18~55세의 일본인 남자는 경찰서 연무장演武場에 집단적으로 분리 수용되었고, 이들의 식사를 각 가정에서 실어 나르게 할 정도로 강도 높은 제재가 가해진 지역이었다. 이들 중 재향군인과 독신자들은 타 지역으로 압송되었으며 나머지 남성들을 11월 중순부터 석방되기 시작하여, 이 무렵부터 강제사역에 대한 유상화가 시작되었다. 사역에 동원되지 않은 남성들은 대개 2인 1조로 땔감용 장작을 패는 일을 하였는데 세화회世話會가 인력 공급을 담당하였으며, 이들은 20엔에서 40엔의 일당이 제공되었다. 당시 강계의 강제노역은 시베리아식 '노르마'도 부과되지도 않았고 노동의 강도 또한 그다지 높지 않았다고 한다. 하지만 당국이 노동의 유상화를 도입했다고 해도 이들을 동원한 각 보안서에서는 임금을 지불할 재정이 책정되지 않아 사실상 11월 이후에도 무상노동이 이어졌다. 이러한 상황에서 세화회는 은밀히 집단 탈출을 모색하였으나 1946년 4월 초 탈출자가 발생하자 연대 책임을

지워 세화회와 정회町會 간부를 구속하기도 하였다. 그러나 그 후로는 1946년 늦봄 무렵부터 당국의 묵인 하에 집단적으로 남하 이동이 이루어졌다. 이들의 남하 이동은 미군정의 항의에 의해 1946년 6월 7일 재차 금지령이 내려졌으나 남한에 남아 있던 일본인 들의 도움으로 9월 이후 재개되어 대부분의 거류민 들은 38도선을 넘어 일본으로 돌아갔으며 고급 기술 을 지닌 엔지니어들은 1948년 하반기까지 북한 당국 의 요청에 따라 잔류했다.

[참고문헌] 李淵植 『朝鮮引揚げと日本人』(明石書店, 2015), 中村資良 編『朝鮮銀行會社要錄』(東亞經濟時 報社, 1921), 이연식 「해방 후 한반도 거주 일본인 귀환 에 관한 연구」(서울시립대학교 박사학위논문, 2009), 「安滿鐵道期成會 第1回 委員會」『時代日報』(1925. 11.21), 「國境鐵道速成, 速成要望打電, 江界 有志들이」 (『中外日報』, 1928.10.6.) 【이연식】

590
아라이 겐타로
荒井賢太郞(황정현태랑) 1863.11.25~1938.1.29

관료, 정치인

니가타현新潟縣 출신. 니가타사범학교新潟師範學校를 졸업하고 소학교 교사로 일하다가 상경하여 제국대 학帝國大學 법과대학에 진학했다. 1892년 제국대학을 졸업한 후 대장성大藏省에 들어가 주계국主計局, 국채 국國債局 등을 거친 뒤 1903년에는 주계국장이 되었 다. 1907년 9월 한국으로 건너가 탁지부度支部 차관 이 되었고, 1910년부터 1917년 사직할 때까지 조선총 독부 탁지부 장관으로 근무했다. 1917년 5월부터 1926년 10월까지 귀족원 의원에 칙선勅選되었다. 1922년 가토 도모사부로加藤友三郞 내각에서 농상무 대신이 되었고, 1926년에는 추밀고문관樞密顧問官이 되었다.

1907년 정미조약이 체결되자 대한제국 탁지부 차 관으로 초빙되어 도한했다. 탁지부 차관으로 근무하 며 한국의 재정을 실질적으로 관리하고 재정 관련 정책의 결정과 집행과정을 장악하고, 임시재산정리

국장관臨時財産整理局長官, 문관보통전형위원장文官普 通銓衡委員長, 임시국세미감금정리위원장臨時國稅未勘 金整理委員長 등을 겸임했다. 한국 중앙은행인 한국은 행을 설립하고 고문정치 기간 동안 사립은행이었던 제일은행에 위탁했던 업무를 한국은행으로 이관했 다. 1910년 한국이 일본에 병합되자 조선총독부 탁 지부 장관이 되었다. 이 기간 동안 조선총독부 초창 기 조선의 재정경제를 책임졌으며, 주세酒稅, 연초세 등 총독부 재정의 근본을 확립했다. '한일강제병합' 에 대한 공로로 한국강제병합 후인 1910년 대한제국 이화대훈장大韓帝國李花大勳章, 일본에서는 1912년 한 국병합기념장韓國倂合記念章을 수여받았다. 1917년 6 월 조선총독부 탁지부 장관을 사직했다.

1917년 5월부터 1926년 10월까지 칙선勅選 귀족원 의원에 되었다. 1922년 처음으로 내각에 들어가 가 토 내각의 농상무대신을 맡았다. 1926년에는 추밀고 문관이 되었으며, 1936년 추밀원 부의장이 되었지만 재직 중이던 1938년에 사망했다.

[참고문헌] 최덕수 외『조약으로 본 한국 근대사』(열린 책들, 2010), 정태헌『일제의 경제정책과 조선사회』(역 사비평사, 1996), 세종대왕기념사업회 편『각사등록 근 대편』(國史編纂委員會, 2004), 國史編纂委員會 著『高 宗時代史』(國史編纂委員會, 1967), 秦郁彦 編『日本近 現代人物履歷事典』(東京大學出版會, 2002), 臼井勝美 外『日本近現代人名辭典』(吉川弘文館, 2001)
【박진홍】

591
아라이 다쓰오
荒井龍男(황정용남) 1905.1.18~1955.9.20

화가

오이타현大分縣 나카쓰시中津市 출신. 어릴 때 조선으 로 이주했고 니혼대학日本大學 입학 후 태평양화회太 平洋畫會 연구소에서 수학했으며 프랑스에 유학한 후 자유미술가협회自由美術家協會, 모던아트협회モダン アート協會 등의 단체에서 활동하였다.

니혼대학과 태평양화회연구소에서 수학한 후 1927

년 조선으로 돌아와 조선총독부 체신국 등에 근무하며 이과회二科會, 조선미전 등에 출품하였다. 1932년 금강산다방金剛山喫茶店에서 개인전을 열었으며 1933년 조선미전에 특선하였다. 프랑스에서 돌아온 1936년 경성 미쓰코시三越 백화점에서, 이듬해 가네보鐘紡 스테이션 갤러리에서 개인전을 개최하였다. 1937년 귀국 후에는 일본 및 조선의 화가들로 구성된 자유미술가협회에 참가하였고, 이 단체가 미술창작가협회로 이름을 바꾼 후인 1940년 미술창작가협회 경성전에 출품하였다.

1950년까지 자유미술가협회에 참가했으며 1950년 탈퇴 후에는 모던아트협회 활동에 참가하였다. 1952년 미국, 프랑스, 브라질 등을 순방하고 1955년 귀국하였다.

[참고문헌] 坂井基樹 外 編 『日韓近代美術家のまなざし-『朝鮮』で描く』(福岡アジア美術館 外, 2015), 朝鮮新聞社 編 『朝鮮人事興信錄』(朝鮮新聞社, 1922)

【김용철】

592
아라이 하쓰타로
荒井初太郎(황정초태랑)   1868.3~1945.6.25

실업가

도야마현富山縣 시마무라군礪波郡 출신. 토목청부업자로 주식회사 아라이구미荒井組를 운영했다.

이시카와현石川縣 가나자와金澤의 사숙私塾에서 수학했다. 1884년 가업을 승계했다. 이후 엣추越中 지역 자유민권운동가 이나가키 시메스稻垣示를 존경해 운동의 자금모집을 담당했다. 1891년에는 이나가키가 창당한 호쿠리쿠자유당北陸自由黨의 당원으로 평의원에 선출되었다. 1892년 2월에는 상대당의 후보를 낙선시키는 운동에 행동대원으로 참가한 혐의로 수감되기도 했다. 정치운동과 함께 경제활동으로 토목청부업을 시작했다. 1889년 아라이구미와 호쿠리쿠구미北陸組를 만들어 호쿠리쿠본선北陸本線 철도의 가설 공사 등을 담당했다. 이 공사가 일단락된 1900년에는 홋카이도北海道로 진출해 철도 부설에 참여했다.

1904년 대외팽창론자인 대의사代義士 우에노 야스타로上埜安太郎와 오가와 헤이키치小川平吉로부터 조선의 경부선 철도 속성 공사 참가를 권유받아, 1905년부터 경부선 속성 공사에 참여했다. 1908년부터는 안봉선安奉線 개축 공사를 담당했다. 한일강제병합 이후에는 경부선 선로 개량공사, 경성역 신축공사 기초공사, 함경선 공사, 도문선圖們線, 혜산선惠山線, 경전선慶全線 등의 각종 철도 관련 공사와 총독부 내무국, 지방청, 사설 철도, 수리조합 공사 등을 담당했다. 1931년에는 조합 형태를 주식회사 체제로 전환해 자본금 100만 원의 주식회사 아라이구미를 설립했다. 토목건축청부업 외에도 주식회사 동양축산흥업東洋畜産興業, 합명회사 조선흥업朝鮮興業, 주식회사 조선토지경영, 주식회사 경성축산, 합자회사 해운대기업海雲臺企業, 양동수리조합陽東水利組合, 합자회사 해운대온천, 주식회사 조선토지신탁, 주식회사 부산교통 등을 직접 운영했다. 또한 주식회사 삼파주조조三巴酒造 이사, 주식회사 조선정미朝鮮精米 대주주, 주식회사 용산공작龍山工作 감사, 주식회사 조선천연빙朝鮮天然氷 대주주, 주식회사 경성미술구락부京城美術俱樂部 감사, 주식회사 대동임업大同林業 이사, 주식회사 조선산업朝鮮産業 이사, 주식회사 조선미곡창고朝鮮米穀倉庫 감사로도 활동했다. 1927년에는 인천미두거래소仁川米豆取引所 사장으로 선임되어 거래소의 경성 이전 문제 해결에 앞장섰다.

사회 활동으로는 1920년대부터 경성부협의회 의원, 경성도시계획 위원, 경성상업회의소 의원, 경기도평의회 의원을 역임했다. 1920년부터 조선토목건축협회 회장을 맡았으나 1934년 사임했다. 이외에도 조선광업회 이사, 조선축산회 부회장, 사단법인 조선경마구락부朝鮮競馬俱樂部 회장, 동민회同民會 재정 담당, 배영동지회排英同志會 상담역, 조선방송협회朝鮮放送協會 평의원, 조선총독부 물가위원회 위원을 담당했다.

1932년 토목 담합 혐의로 재판을 받아 1936년 최종 판결에서 징역 8월에 집행유예 5년을 선고받았다. 관련 기록으로 오카다 쇼사쿠岡田庄作의 『경성토목 담합사건변론』이 남아 있다.

[참고문헌] 친일인명사전편찬위원회 『일제협력단체사전: 국내 중앙편』(민족문제연구소, 2004), 中村資良 『朝鮮銀行會社要錄』(東亞經濟時報社, 각년판), 이금도 「朝鮮總督府 建築機構의 建築事業과 日本人 請負業者에 關한 硏究」(부산대학교 박사학위논문, 2007), 김명수 「재조일본인 토목청부업자 아라이 하쓰타로(荒井初太郎)의 한국 진출과 기업 활동」『경영사학』 26-3(한국경영사학회, 2011), 도리우미 유타카 「일제하 일본인 請負業者의 활동과 이윤창출」(서울대학교 박사학위논문, 2013)

【양지혜】

593
아라키 다케지로
荒木武二郎(황목무이랑)　　　1886.5~?

실업가

도야마현富山縣 이미즈군射水郡 출신. 조자부로長三郎의 4남으로 태어났다. 1909년 3월 고베고등상업학교神戸高等商業學校를 졸업하고 동년 5월 오사카大阪 가스회사에 입사하였다. 그 후 1910년 4월 사카이堺 가스회사, 1911년 7월 지요다千代田 가스회사를 거쳐, 시코쿠四國 가스, 고토히라琴平 가스, 주고쿠中國 가스, 산인山陰 가스를 창설하였다. 기타 닛토유지日東油脂, 지바 코크스千葉コークス의 창설에도 관여하였다.

1922년 5월 조선경남철도주식회사 경리과장으로서 도한하였다. 1923년 5월 동사 지배인이 되었다. 1923년 6월 천안전등주식회사를 창설하여 전무로 취임하였다. 1926년 10월 경남철도를 퇴사하고 사설철도 창설에 착수하여 1928년 8월 조선경동철도주식회사를 창설하고 상무이사에 취임하였다.

[참고문헌] 有馬純吉 『昭和六年版 朝鮮紳士錄』(朝鮮紳士錄發行會, 1931), 貴田忠衛 『朝鮮人興信錄』(朝鮮人事興信錄編纂部, 1935)　【마스타니 유이치桝谷祐一】

594
아루가 미쓰토요
有賀光豊(유하광풍)　　　1873.5.23~1949.5.31

관료, 금융인, 실업가

나가노현長野縣 출신. 1891년 마쓰모토중학교松本中學校, 1894년 도쿄법학원영어법률과를 졸업하고, 1897년 고등문관시험에 합격했다. 1898년 메가타 다네타로目賀田種太郎(→384)의 추천으로 대장성大藏省의 속관屬官으로 주세국主稅局에 근무했으며, 이듬해 나가사키세관長崎稅關 감시부장이 되었다. 이후 미국 알래스카의 채금법採金法을 견학하고, 부친의 병으로 인한 귀향으로 잠시 관을 떠났다가 1903년 하코다테函館 세무서장으로 복귀하였고 1904년에 다시 나가사키세관 감시부장이 되었다. 1905년 동향 출신인 실업가의 딸과 결혼했고, 당시 대한제국재정고문大韓帝國財政顧問인 메가타의 권유로 조선행을 결심했다. 1906년부터 조선에서 세관장, 총독부 관료, 은행 중역을 역임했다. 1937년 조선식산은행朝鮮殖産銀行 은행장을 사임한 뒤에도 일본고주파중공업회사日本高周波重工業 사장 등 조선관련 회사의 중역을 지냈다. 패전 이후 1946년 공직 추방되었으며 1949년 사망했다.

아루가의 조선에서 행적은 네 시기로 나눠 볼 수 있다. 첫 번째 시기는 1906년부터 1909년까지로 진남포鎭南浦에서 세관장을 지냈다. 처음에는 한국총세무사韓國總稅務司의 사령辭令에 의해 임명되었으며, 1907년 제3차 한일협약으로 통감부에, 1908년 관제 개정으로 대한제국에 소속되었다. 두 번째 시기는 1910년부터 1918년까지로 경성에서 조선총독부의 서기관·사무관으로서 탁지부 관세과장(1910~1911)을 지내고, 경기도내무부장(1911~1916), 탁지부 관세과장(1916~1917), 동 이재과장(1917~1918)을 거쳤다.

세 번째 시기는 1918년부터 1937년까지로 관계를 떠나 조선식산은행 이사(1918~1920), 동 은행장(1920~1937)이 되었다. 1918년 6개 농공은행農工銀行을 합병하여 설립된 조선식산은행은 조선총독부의 정책금융기관으로 산업금융을 담당하여 '조선식산은행사가 곧 조선경제사'라고 할 정도로 조선경제와 깊은 관련을 맺었다. 아루가는 조선식산은행의 은행장을 맡으면서 산하 또는 유관 회사로 조선저축은행, 성업사成業社, 조선제련회사朝鮮製鍊會社, 일본마그네사이트화학공업회사, 경춘철도회사 등을 설립하였고, 조선잠사회朝鮮蠶糸會 회장, 조선곡물상연합회朝鮮穀物商聯合會 회장, 조선삼림회朝鮮山林會 회장, 조선저축은행 초대 은행장, 조선사회사업협회 이사, 조선광업협회 이사, 조선방송국 부총재, 경성국방의회京城國防議會 회장 및 조선국방의회연합회 부회장, 조선경마협회 회장, 선미협회鮮米協會 회장, 조선금융조합연합회 고문, 일만면화협회日滿棉花協會 조선지부 고문, 일만실업협회日滿實業協會 평의원, 약초관음봉찬회若草觀音奉讚會 회장, 제국재향군인회경성지부 고문, 경성도시계획연구회 회장을 역임했다. 조선총독부의 조선산업조사회, 금융제도조사회, 조선총독부시가지계획위원회, 조선산업경제조사회의의 위원, 일본 정부의 인구식량문제조사회, 미곡조사회, 미곡통제조사회, 미곡생산비조사회, 조선전기사업조사회, 미곡대책조사회, 미곡자치관리위원회의 위원과 농림성農林省 미곡부米穀部 고문을 지냈으며, 1934년에 귀족원貴族院 의원이 되었다.

　네 번째 시기는 1938년부터 1945년까지로 은행장 사임 이후 도쿄에 거주하며 일본고주파중공업회사 사장을 맡았다. 이 회사는 본점을 경성에, 공장은 성진城津과 일본의 기타시나가와北品川, 도야마富山에 두고 철강 및 특수강을 생산하는 군수회사로, 일본 육군 및 해군의 관리공장으로 지정되었다. 이 시기에 조선제련회사 회장, 한강수력전기회사와 일본원철회사日本原鐵會社 사장, 중앙협화회中央協和會 이사, 조선총독부시국대책조사위원회 위원, 농림성식량관리국 고문을 역임했다.

　패전 직후 일본고주파중공업의 성진공장은 소련군에 의해 접수되었고, 일본 내 공장은 연합군최고사령부로부터 민수民需 생산 전환을 허가를 받아 사업을 재개했다. 1946년 아루가는 '일본의 팽창과 관계된 금융기관'의 중역으로 공직 추방되었다. 1949년 도쿄 자택에서 사망하였고, 1951년 추방 해제되었다.

　[참고문헌] 정병욱 『한국근대금융연구-조선식산은행과 식민지 경제』(역사비평사, 2004), 「有賀さんの事蹟と思い出」編纂會 編『有賀さんの事蹟と思い出』('有賀さんの事蹟と思い出'編纂會, 1953), 帝國秘密探偵社 編『第3版 大衆人事錄 アーソ之部』(帝國秘密探偵社, 1930), 帝國秘密探偵社 編『第十三版 大衆人事錄 東京篇』(帝國秘密探偵社 國勢協會, 1939), 국사편찬위원회 한국사데이터베이스 〈http://db.history.go.kr〉

【정병욱】

595
아리요시 주이치
有吉忠一(유길충일)　　　　　1873.6.2~1947.2.10

관료

교토부京都府 출신. 1896년 제국대학 법학과를 졸업하고 같은 해 내무성에 들어가 근무했다. 고등문관시험에 합격하고 시마네현島根縣, 효고현兵庫縣 참사관(1997), 1901년 내무성 참사관이 되었으며, 총무국 문서과장, 대신관방大臣官房 타이완과장, 사할린과장을 역임하였다. 1907년부터 1908년까지 유럽출장을 다녀왔고 이후 1910년 6월 한국통감부 총무장관에 취임했다. 한일강제병합 후에도 총독부 총무부장관에 취임하여 1911년 3월까지 재임했다. 이후 지바현千葉縣, 미야기현宮崎縣, 가나가와현神奈川縣, 효고현에서 철도건설, 토목공사, 학교증설 등 적극정책을 실현해서 목민관으로 널리 이름을 날렸다. 1922년 조선총독부 정무총감으로 발탁되었다. 한일강제병합 전후 통감부 총무장관, 총독부 총무부장관을 역임한 경력이 높이 평가된 것으로 보인다.

　아리요시는 관료 생활의 대부분을 지방관으로 보내다 보니 중앙정치에 어두웠고, 그로 인해 내각과 의회 교섭에서는 추천자인 정무총감 미즈노 렌타로水野鍊太郞(→439)의 협력에 의존할 수밖에 없었다. 총독부 관료 가운데 마루야마 쓰루키치丸山鶴吉(→346) 경무국장, 모리야 에이후守屋榮夫(→391) 서무부장으로 대표되는 미즈노 계열의 내무성 출신 관료들과 미즈노 만큼 권위를 갖지 못하면서도 사사건건 간섭하려 드는 아리요시 사이에는 갈등이 끊이질 않았다. 아리요시는 초창기 전임 정무총감인 미즈노 렌타로의 노선인 적극정책을 고수하려다 소장 관료들의 반발을 샀다. 내각의 긴축재정 방침에 따라 행정정리위원회를 설치했으나 행정정리에 미온적인 태도를 보였고 실무까지 간섭함으로써 총독부 관료들의 반발을 샀다. 또한 조선은행이 제1차 세계대전 후 발생한 전후공황에 의해서 방대한 불량채권을 껴안아 그 정리가 시급해지자 조선은행 총재를 경질하여 조선은행정리의 주도권을 확보하려고 시도했지만 실패했다. 조선산업의 실적을 거두기 위해서 교통기관의 정비, 특히 철도보급을 제1과제로 삼아 사설철도를 장려하기 위해 보조금의 비율을 올리고 종래 10년이었던 보조기간을 15년으로 연장하고 각 회사를 합병해서 강력한 회사로 만들기 위해 2천만 엔의 사채를 정부가 보증하는 사철보증법안私鐵保證法案을 의회에 제출했으나 미숙한 정국운영으로 좌절되었다. 간토대지진關東大震災이 발생했을 때에는 조선인학살이 조선통치에 미치는 영향을 심각하게 받아들였고, 학살을 은폐하면서 대책마련에 고심했다. 지방관에서 일약 친임관인 정무총감에 취임한 아리요시에 대해서 조선에서의 여론은 호의적이지 않았고, 내각과 의회 교섭에서는 추천자인 미즈노의 협력에 의존할 수밖에 없어, 총독부 내의 그의 입지는 확고하지 않았다. 정치력의 부족으로 내각과 제국의회에서의 예산획득과 정책협조에 많은 차질을 초래하여 몇 번이나 사임을 표명하기도 했다. 1924년 6월 내각 교체와 함께 정무총감을 사임하고 1925년부터 31년까지 요코하마 시장, 1930년부터 46년까지 귀족원 의원을 역임했다.

[참고문헌] 山村一成「日露戰後山縣系官僚の積極政策－有吉忠一知事の千葉縣における施策を例に－」, 櫻井良樹 編『地域政治と近代日本』(日本經濟評論社, 1998), 李炯植『朝鮮總督府官僚の統治構想』(吉川弘文館, 2013), 石森久彌「歷代政務總監の風貌」『朝鮮公論』13-10(1925.10) 【이형식】

596

아리이즈미 도루
有泉亨(유천형) 1906.6.10~1999.12.20

법학자, 변호사, 대학교수

야마나시현山梨縣 나카코마군中巨摩郡 시라네마치白根町 출신. 1928년에 제일고등학교第一高等學校를 졸업하였으며 도쿄제국대학東京帝國大學 법학부 법률학과에 진학하여 1932년에 졸업하였다. 1933년에는 동 대학 법학부 조수助手가 되었다. 1940년에는 경성제국대학京城帝國大學 법문학부法文學部에 발령을 받아 도한하였고, 패전 후에는 일본으로 돌아와 호세이대학法政大學 법학부 교수가 되었다. 1962년에 도쿄대학 법학박사를 취득하고 1967년부터는 변호사로 활약하였다. 1999년에 사망했다.

아리이즈미는 1940년에 조선으로 건너와 경성제국대학 법문학부 조교수助敎授로 발령을 받았다.『삼천리三千里』제13권 3호에 실린「京城帝大の 全貌」에 의하면 그는 민법民法과 민소民訴 분야 연구를 담당하고 있었다. 그는 재직 중에『경성제국대학법학회논집京城帝國大學法學會論集』에 활발하게 투고활동을 하였으며「불법행위이론의 조작적구성不法行爲理論の操作的構成」(제12권 2호),「미성년자 보호의무자의 과실과 민법 제722조 제2항의 적용未成年者の監護義務者の過失と民法第七二二條第二項の適用」(제13권 4호) 등 총 일곱 편의 글을 게재하고 있다. 1944년에는 동 대학 법문학부 부교수部敎授로 승진하였으나 1년 후 패전을 맞이하자 귀국하였다.

귀국 후에는 1946년에 호세이대학法政大學 법학부 교수, 1947년에 도쿄대학 사회과학연구소 조교수로 자리를 옮겼고 1948년에 정교수가 되었다. 1955년에는 사회과학연구소의 소장을 맡았다. 1962년에 도쿄대학에서 법학박사학위를 받고 1966년에 연구소를 정년 퇴소하였다. 변호사 활동을 하는 한편 조치대학上智大學 법학부 교수, 동 대학 대학원 법학연구과 위원장 등을 역임하였고, 1970년에 조치대학 평의원, 1972년에 조치대학 법학부 특임교수 등을 거친 뒤 1977년에 퇴임하였다.

[참고문헌] 沼田稻次郎「有泉先生略歷」『勞働法の解釋理論』(有斐閣, 1976),「京城帝大の 全貌」(『삼천리三千里』13-3, 1940), 국사편찬위원회 한국사데이터베이스〈http://db.history.go.kr〉 【김욱】

597

아베 노부유키

阿部信行(아부신행)　　　1875.11.24~1953.9.7

육군 군인, 관료

이시카와현石川縣 가나자와金澤 출신. 육군사관학교 9기 졸업생이며 육군대학 졸업 시 우등생으로 천황에게 군도를 하사받았다. 참모본부 제1과장, 육군대학 간사, 참모본부 총무부장, 육군성 군무국장 등 요직을 거쳐 1928년 우가키 가즈시게宇垣一成(→784) 육군대신 밑에서 차관에 취임하였다. 우가키가 와병 중에는 육군대신 대리를 맡는 등 활약하였으나 오히려 이 경력으로 우가키 파로 분류되면서 그 후 육군 파벌 대립의 영향으로 육군대신의 자리에는 오르지 못하였다. 이후 타이완군 사령관과 군사 참의관을 역임한 후 2·26사건에 책임을 지고 예비역으로 편입되었다.

1939년 8월 23일 독소불가침조약이 체결되자 당시 노몬한에서 소련과 교전 중이던 일본은 큰 충격을 받았다. 추진 중이던 독일과의 방공협정강화 교섭 중지를 통고한 후 히라누마 기이치로平沼騏一郎 내각이 8월 28일에 총사직하자, 육군은 아베 노부유키를 차기 수상으로 추천하였다. 친독일노선의 후퇴를 받아들일 수밖에 없었던 육군은 적어도 친영미노선은 아니었던 아베를 선택한 것이며, 쇼와 천황은 일찍이 천황 앞에서 군사학을 강의한 바 있었던 아베에게 호감을 느끼고 있었기 때문에 대신조차 역임한 적 없는 아베의 수상 취임을 승인하여 군을 통제하고자 하였다.

아베 내각(1939.8.30~1940.1.16)은 해군대장 노무라 기치사부로野村吉三郎를 외무대신에 임명하여 미일통상항해조약 폐기를 막아보려 하였으나 실패하였으며, 중국에 대해서는 국민정부의 제2인자 왕징웨이汪精衛를 탈출시켜 괴뢰정권을 수립시키는 공작을 추진하였다. 왕징웨이가 남경에 정권을 수립하는 것은 1940년 3월 30일이지만 그와 일본 육군 사이의 교섭이 난항하는 가운데 교섭 내용이 폭로되는 등 왕징웨이 정권에게 장개석 정권을 대신할 만큼의 실

력을 기대하기는 이미 어려워졌다. 더욱이 일본군은 중국과의 군사적 교전에서 고전하여 1940년 1월까지 전사자 2,100명, 부상자 6,200명이라는 큰 희생자를 냈다. 이 가운데 아베 내각은 1939년 10월 20일에 모든 물가를 9월 18일 수준으로 동결시키고 총동원법을 전면적으로 발동했다. 또한 소작료 통제령을 시행하였으나 서일본과 조선에서 가뭄이 심하였고 특히 일본의 쌀 공급지인 조선의 흉년으로 큰 타격을 입었다. 이런 상태에서 아베 내각에 대한 불신임안을 제출하는 움직임이 일어났으며, 아베 내각은 총사직하였다.

1944년 7월 22일 고이소 구니아키小磯國昭(→95) 조선총독이 제41대 내각 총리대신으로 취임하면서 차기 조선총독으로 아베 전 수상을 지명하였다. 아베는 고이소 총독의 정책을 계승하면서 식량 및 군수물자 공급에 중점을 둔 정책을 폈다. 고이소 내각이 1944년 12월 22일 각의에서 '조선 및 타이완 동포에 대한 처우 개선에 관한 건'을 결정하고, 1945년 4월 1일 중의원 의원 선거법을 개정함으로써 조선에도 참정권이 부여되어 한상룡, 윤치호 등이 귀족원 칙선의원으로 임명되었다. 더불어 조선인 관리에 대하여 재근 가봉在勤 加俸이 전면적으로 지급되었다. 또한 전력 증강을 위하여 식량, 주요 광물 등의 긴급 증산과 수송력 증강, 노무동원 및 근로원호, 저축 증강 등이 추진되었으며, 국토방위책 강화와 국민의용대 결성 등도 이루어졌다. 특히 만 12세 이상 40세 이하의 배우자 없는 조선 여성들을 대상으로 '여자정신대근무령'을 공포하여 이들을 일본 본토와 남양군도 등지로 징용하였다.

1945년 8월 15일 일본이 무조건 항복하자 여운형과 안재홍 등 민족지도자들은 조선건국준비위원회를 결성하였다. 엔도 류사쿠遠藤柳作(→690) 정무총감은 일본의 항복 직전에 여운형과 회담하면서 조선인과 일본인이 충돌하지 않도록 협조를 요청하였으며 이 자리에는 니시히로 다다오西廣忠雄(→239) 경무국장도 동석하였다. 천황의 항복 방송 후 아베 총독의 명으로 각종 기밀문서가 소각되었다. 당시 아베의 중요한 과제는 군관민을 포함한 100만 명의 일본인을

무사히 귀국시키는 문제였다. 그러나 아내와 손자 두 명과 함께 부산에서 80톤짜리 배에 짐을 싣고 미리 일본으로 탈출하다 폭풍으로 부산으로 돌아가는 해프닝을 연출하는 바람에 조선 거류 일본인들의 반감을 샀다. 9월 9일 인천에 상륙한 연합국 대표 하지 중장 앞에서 아베 총독은 항복문서에 서명하였으며, 미군의 명령으로 9월 12일 일본으로 퇴거하였다.

아베는 귀국 후 9월 21일에 A급 전범으로 체포명령을 받았다. 그러나 같은 날 체포된 도이하라 겐지土肥原賢二가 기소되어 교수형을 당한 데 비하여 아베는 극동국제군사재판 개정 직전에 기소 예정자 명단에서 제외되었다.

[참고문헌] 北岡伸一 『政黨から軍部へ: 1924~1941』 (中央公論新社, 1999), 御厨貴 編 『歴代首相物語』(新書館, 2013), 五百旗頭眞 『戦争·占領·講和: 1941~1955』(中央公論新社, 2001) 【김영숙】

598

아베 다쓰이치

阿部達一(아부달일) 1907~?

관료

도쿄시東京市 출신. 1931년 도쿄제국대학東京帝國大學 법학부를 졸업하였다. 대학 재학 중에 고등문관시험 행정과에 합격하여, 1931년 4월 조선총독부 체신국 서기로 발령받았다.

1933년 5월 경기도 산업부로 자리를 옮겼으며, 6월부터는 경무과 근무를 겸하였다. 1934년 12월에는 강원도 철원군수 자리에 올랐다. 이후 경상북도 경찰부장으로 있던 중, 1943년 10월 조선총독부 총무국 국민총력과장 겸 정보과장에 임명되었다.

한편, 1943년 12월 1일 총독부의 기구 개편으로 폐지된 도서과의 주요 업무였던 문학, 음악, 영화, 음반 등에 대한 검열 사무가 사상 억압과 첩보 활동을 담당하고 있던 경무국 보안과로 넘겨졌는데, 1945년 4월 17일 총독부의 또 한 번의 기구 개편으로 관련 사무는 신설된 검열과로 이관되었다. 이때 초대 검열과장을 겸직하게 된 인물이 바로 아베 다쓰이치였다.

전후의 이력으로는 1952년 1월부터 1954년 10월까지 도호쿠東北 재무국장財務局長 자리에 있었던 것으로 확인된다.

[참고문헌] 정진석 『극비 조선총독부의 언론검열과 탄압』(커뮤니케이션북스, 2007), 국사편찬위원회 한국사 데이터베이스 〈http://db.history.go.kr〉 【함충범】

599

아베 메이지타로

阿部明治太郎(아부명치태랑) 1893.3~?

교사, 관료

아키타현秋田縣 출신. 히로시마고등사범학교廣島高等師範學校를 졸업하고 홋카이도北海道와 나가노현長野縣의 중학교에서 교편을 잡았다. 1921년 교토제국대학京都帝國大學 영법과英法科를 졸업하고 나서 한반도의 관계官界로 들어왔다.

1921년 조선총독부 소속으로 도한하여 총독관방 서무부總督官房庶務部에서 근무하였다. 1922년 고등시험 행정과 시험에 합격하고 1923년 총독부 도이사관道理事官으로 임용되었다. 전라남도 지방과장, 충청북도 학무과장과 시학관視學官을 지냈다. 1927년에 도사무관으로 진급했으며, 함경북도, 평안남도 재무부장과 충청북도 경찰부장을 역임하였다. 1933년 12월에는 전라북도 내무부장으로 자리를 옮겼다.

[참고문헌] 貴田忠衛 『朝鮮人事興信錄』(朝鮮人事興信錄編纂部, 1935), 阿部薫 『朝鮮人物選集』(民衆時論出版部, 1934), 阿部薫 編 『昭和12年版 朝鮮都邑大觀』(民衆時論社, 1937) 【이현진】

600

아베 미쓰이에

阿部充家(아부충가) 1862~1936

무부쓰無佛(호)

언론인

구마모토현熊本縣 출신. 유소년기 이케베 기치주로池邊吉十郎의 사숙에서 배웠다. 1880년 상경하여 도진샤同人社에서 수학하였다. 당시 도쿄에서 한학을 배우고 있던 도쿠도미 소호德富蘇峰를 만나게 된다. 이를 계기로 두 사람은 60년에 걸친 교유를 시작하였다. 아베는 도쿠토미를 따라 구마모토에 내려와 오에기주쿠大江義塾에서 4년 반 동안 교사로 일하게 된다. 1886년 상경하여 도쿠토미가 설립한 민유샤民友社의 사원이 되어 편집에 종사했는데, 민유샤와의 인연이 평생 조선과 함께 하는 계기가 되었다. 1888년 혁신당 봉기에 참여하여 보안조례保安條例에 의해 퇴경退京 조치를 당하여 고향으로 돌아가 구마모토 신문을 경영하였다. 1889년 국민신문사에 입사해서 정치부 기자로 활동하였다. 청일전쟁 시기 만주 특파 종군기자로 활약하고, 1897년 국민신문사의 주간으로 승진한 후, 편집국 주간이자 이사(1899)가 되었다. 1905년 히비야방화日比谷燒打 사건으로 2년형을 언도받고 집행유예가 되었으나 사면되었다. 1911년 국민신문사 부사장으로 추천되었고 1914년 경성일보사 및 매일신보사 사장으로 조선에 부임하였다.

1910년 도쿠토미가 『경성일보』의 감독으로 부임하고, 『국민신문』 부사장으로 재직 중이던 아베가 1914년 8월 1일에 『경성일보』의 제4대 사장이 되었다. 아베는 『매일신보』 3대 사장도 겸하고 있었는데, 『경성일보』 취임 이후 양 신문의 경영 개선, 지면 충실 등의 업적을 남겼다. 칭타오전적靑島戰跡 시찰단, 만주규슈滿洲九州 시찰단 조직, 시정5주년기념 조선물산공진회 개최를 계기로 사옥을 개방하여 '가정박람회' 개최 사업을 추진하였다.

사장 재임 시절 와세다대학 고등예과에 재학 중이던 이광수를 처음 만나게 되고, 다음해 이광수가 『매일신보』에 「무정」, 「개척자」, 「도쿄잡신」 등을 연재하게 되었다. 아베는 조선 부임 후에 조선 불교에 깊은 관심을 갖고 1914년 말 조선 불교 30대 본산 중의 하나로 인가된 용주사龍珠寺를 시찰하였다. 주지 강대련姜大蓮은 친일승려로 부상하고 있던 인물이다. 1916년에는 각황사覺皇寺 승려와 불교중앙학림佛教中央學林 재학생들을 대동하고 안정사安靜寺를 방문하였다. 총독부의 영향력 아래 정비된 조선불교 중심 기관의 승려와 학생들을 대동하고 사찰을 방문한 것

이다. 이처럼 아베는 조선청년들과 모임을 자주 갖고 있었으며 『경성일보』 재직시절에 이광수, 최남선, 최린 등 총독부의 조선지식인, 일반인의 회유 공작에 미친 영향은 막대하였다.

1916년 『경성일보』와 『매일신보』에 「호남유력湖南遊歷」 및 「무불개성잡화無佛開城雜話」를 게재하였다. 이 기행문은 식민경영의 일환으로 건설된 '호남선'을 둘러싼 당시의 정치 경제적 관심과 개성의 고적지와 경제상황을 탐방한 감상을 발표한 것이다.

아베는 도쿠토미와 함께 1918년 6월 29일 경성일보사에서 손을 뗀 뒤, 국민신문 부사장으로 복귀하여 1923년까지 재직한다. 그러나 이 시기부터 자주 조선에 출입하며 사이토 마코토齋藤實(→469) 총독의 정책 참모로 활약한다. 1926년에는 조선 관련 전직 관료들과 함께 중앙조선협회를 조직하여 이사로 활동하는 등, 경성일보사 재직시절 보다 더 많은 영향력을 행사했다.

[참고문헌] 심원섭 『아베 미츠이에와 조선』(소명출판, 2017), 民天時報社編輯局 編 『海外邦人の事業及人物』(民天時報社, 1916), 朝鮮公論社 編 『在朝鮮內地人紳士名鑑』(朝鮮公論社, 1917), 朝鮮公論社 編 『朝鮮公論』(朝鮮公論社, 1914~1931) 【최혜주】

601

아베 센이치

阿部千一(아부천일) 1893.11.23~1972.9.3

관료, 정치인

이와테현岩手縣 하나마키시花卷市 출신. 1919년 7월 도쿄제국대학東京帝國大學 법학부 정치학과를 졸업하고 곧바로 한반도 관계官界로 들어왔다.

1920년 총독부 소속으로 도한하여 토지조사국과 본부 비서과에서 근무했다. 평안남도 학무과장과 경상남도 재무부장, 함경북도 경찰부장, 강원도 내무부장 등 주요 요직을 거쳤고 평양부윤府尹으로 영전했다. 당시 평양은 공업도시로서 발전하고 있었는데, 아베의 재임으로 시설경영에 대한 획기적인 발전이 있었다. 이후 경상북도 내무부장으로 자리를

옮겼고 마찬가지로 아베의 재임으로 인해 시가市街 정비와 공장유치, 교통기관 설비 등의 비약적인 진보가 있었다. 어촌 진흥을 위한 금융조합도 활성화시켰다.

귀국 후에는 이와테현 부지사를 지냈고 1952년에는 중의원의원衆議院議員으로 당선되었다. 1955년부터 1963년에 걸쳐 8년간 이와테현 지사를 지냈다. 1972년 뇌연화증腦軟化症으로 사망했다.

[참고문헌] 有馬純吉『昭和六年版 朝鮮紳士錄』(朝鮮紳士錄發行會, 1931), 阿部薫『朝鮮人物選集』(民衆時論出版部, 1934), 阿部薫 編『昭和12年版 朝鮮都邑大觀』(民衆時論社, 1937), 藤澤淸次郎 編『朝鮮金屬組合と人物』(大陸民友社, 1937) 【이현진】

602

아베 요시시게
安倍能成(안배능성)　　1883.12.23~1966.6.7

철학자, 대학교수

이요노쿠니伊予國(현 에히메현愛媛縣) 출신. 1909년 도쿄제국대학東京帝國大學 철학과를 졸업했다.

도쿄제국대학 재학 중에 나쓰메 소세키에게 사사하여, 고미야 도요타카小宮豊隆, 모리타 소헤이森田草平, 아베 지로阿部次郎와 함께 '소세키 문하의 사천왕漱石門下の四天王'이라 불린다.

도쿄제국대학 졸업 이후 자연주의 문예비평에 참여하는 한편, 게이오기주쿠慶應義塾와 제일고등학교의 강사, 호세이대학法政大學 교수를 역임했다.

1924년부터 약 1년 동안 유럽에서 유학하였고, 1926년 경성제국대학京城帝國大學 법문학부 교수가 되어 1940년까지 철학 및 윤리학 강좌를 하였다. 그는 대략 15년 동안 경성에 거주하며 조선과 관계된 다수의 저술을 남겼다. 대표적으로 견문기인 『청구잡기靑丘雜記』(1932)를 들 수 있으며, 수필집인 『정야집靜夜集』(1934), 『초야집草夜集』(1936), 『조모초朝暮抄』(1938) 등에서도 관련 내용을 찾아 볼 수 있다. 조선의 일상문화에 깊은 관심을 갖고 있던 아베는 조선 도자기 연구가 아사카와 다쿠미淺川巧(→613), 조선사

연구자 이마니시 류今西龍(→835) 등과 교류하였으며, 1928년경 야나기 무네요시柳宗悅(→646)를 중심으로 결성된 '조선취미를 논하는 모임朝鮮趣味を語る會'에 참여하기도 했다. 아베는 이들과 교류하며 조선의 자연, 생활 집기, 건축물, 풍속 등을 미적 대상으로서 재발견하여 위의 저술들을 남겼다.

또한 교수로서는 조선인과 일본인 사이의 상호 이해 및 자유로운 학풍을 강조하여, '철학사의 명강사'로서 조선인 학생들에게 명망 높은 인물로서 손꼽혔다. 물론 아베의 이러한 실천은 식민지 경영에의 기여라는 사명의식과 무관하지 않으나, 한편으로는 조선에 대한 일본인의 멸시감정을 해소하고자 노력한 인물로서도 평가되고 있다.

1940년 귀국하여 모교인 제일고등학교의 교장에 취임했다. 당시 내각의 수장이었던 고노에 후미마로近衛文麿에게 전쟁에 대한 조기평화를 진언한 까닭으로 헌병대에 감시대상이 되기도 하였다. 전후에는 시데하라幣原 개조내각改造內閣에 참여하여 문부대신이 되었다. 문부대신 퇴임 후에는 가쿠슈인學習院 원장 등을 하였다. 또한 평화운동에도 참여하여, 이와나미서점岩波書店 『세카이世界』의 창간기 대표책임자를 맡기도 하였다.

[참고문헌] 가야마 미호 「아베 요시시게(安倍能成)의 눈에 비친 조선: 조선견문기 『靑丘雜記』를 중심으로」 『세계문학비교연구』 18(세계문학비교학회, 2007.3), 최재철 「경성제국대학과 安倍能成, 그리고 식민지 도시 경성의 지식인」 『일본연구』 42(한국외국어대학교 일본연구소, 2009.12) 【박광현】

603

아베 요시오
阿部吉雄(아부길웅)　　1905.5.12~1978.5.30

중국철학자, 대학교수

야마가타현山形縣 출신. 야마가타고등학교山形高等學校를 거쳐 1928년에 도쿄제국대학東京帝國大學 문학부 지나철학과支那哲學科를 졸업하였다. 「순자 연구荀子の硏究」를 졸업 논문으로 내고, 이후 중국과 조선

의 유교 철학에 깊은 관심을 가졌다. 1930년부터 동방문화학원東方文化學院 도쿄 연구소에서 조수로 근무하였고, 핫토리 우노키치服部宇之吉(→937)의 조수 역할도 병행하였다. 1935년에 연구원이 되어 「주자경설의 연원朱子經說の淵源」 연구를 진행하였다. 1941년에 도한하여 경성제국대학京城帝國大學 법문학부法文學部 조교수가 되었고, 전후에는 일본으로 돌아와 도쿄대학東京大學 교양학부 교수에 취임하였다. 1966년에 퇴직 후 명예교수가 된 후에는 짓센여자대학實踐女子大學 교수직을 1978년에 사망하기까지 맡았다. 퇴계 이황 연구사에 중요한 업적을 남겼다.

그가 조선 유학에 본격적으로 관심을 가진 것은 1941년 경성제국대학에 조교수로 취임한 이후부터이다. 특히 조선의 대유학자인 이퇴계李退溪와 일본 근세 초기에 암제학闇齋學을 정립했던 유학자 야마자키 안사이山崎闇齋 간의 사상적 관련성에 대해 주목하였다. 1942년부터 조선유도연합회朝鮮柔道聯合會에서 발행된 잡지 『유도儒道』 제2호에 「퇴계와 야마자키 안사이退溪と山崎闇齋」, 제3호에 「아사미 교쿠사이와 퇴계·율곡淺見曲齋と退溪·栗谷」, 제4호에 「아사미 도사이와 퇴계·율곡淺見洞齋と退溪·栗谷」, 제6호에 「우리 문교사에서의 이퇴계我文敎史上ニ於ケル李退溪」, 1944년에 잡지 『녹기綠旗』(9권 제2호)에서 「야마자키 안사이와 이퇴계山崎闇齋と李退溪」 등을 발표하며 이퇴계에 지대한 관심을 두고 퇴계 연구에 선구적인 역할을 수행하였다.

1944년에 출간한 『이퇴계(李退溪)』(文敎書院, 1944)는 그간 일제말기 조선에서 행해왔던 퇴계 연구를 집대성한 결과물로, 제1장 「행실行實」에는 퇴계 이황의 품행과 성격에 대한 연구가, 제2장 「야마자키 안사이와 이퇴계山崎闇齋と李退溪」에서는 암제학과 퇴계학의 유사성에 관한 내용이, 제3장 「교학사상敎學思想」에서는 이퇴계의 교학사상에 대해 상술하고 있다.

패전 후 일본에 돌아가서도 조선유학과 이퇴계 연구를 지속하였으며 일본유학과의 접점과 관련된 연구도 발표하였다. 도쿄대학 교양학부 교수 재직 중, 1961년에「에도초기유학과 조선유학江戶初期儒學と朝鮮儒學」으로 박사학위를 받았다. 1972년에 이퇴계연구회李退溪硏究會를 조직하였고, 1974년에는 회장에 취임해 한일 양국에서 이퇴계연구국제학회李退溪硏究國際學會를 개최하였다.

[참고문헌] 韓國研究院 『東アジアの思想と文化 故阿部吉雄博士を偲ぶ』(圖書文獻センター, 1980), 국사편찬위원회 한국사데이터베이스 〈http://db.history.go.kr〉, 고려대학교 일본연구센터 일본연구 아카이브 〈http://archive.kujc.kr〉　　　　　　　　　　　　【김욱】

604

아베 이즈미
阿部泉(아부천)　　　　　　　　　　생몰년도 미상

관료

함경남도 문천군文川郡 명효면明孝面 소재 조선총독부 감화원장感化院長 아베 도라노스케阿部虎之助의 아들이다. 경성중학교京城中學校와 경성제국대학 법문학부를 졸업했다. 재학 중이었던 1931년 10월 고등문관시험에 합격했다.

1932년 5월 경기도 보안과保安課 수석首席을 역임하고 1933년 8월 경기도속京畿道屬으로 재임했다. 1934년 12월 6일부터 경기도 경찰부警察部 겸임 내무부 지방과地方課에서 근무했다. 1935년 7월 19일부터 경상북도 경무과장警務課長을 역임했다. 1939년부터 1940년까지는 조선총독부 경무국警務局으로 옮겨 경무과 사무관을 역임했다. 1941년 충청북도 경찰부 사무관, 1942년 전라남도 경찰부 도사무관道事務官을 지낸 뒤 1943년에는 경무국 서기관에 임명되었다.

패전 이후 일본인 관료 심판을 위해 만들어졌던 특별검찰청特別檢察廳의 첫 심의 대상이 되었다. 사유는 공문서 훼기 및 업무횡령이었다. 1945년 12월 15일 공판이 시작되어 1946년 1월 26일 1심에서 징역 8개월을 받았고, 1946년 1월 30일 이에 불복하여 공소했다.

[참고문헌] 民衆時論社朝鮮功勞者銘鑑刊行會 編 『朝鮮功勞者銘鑑』(民衆時論社朝鮮功勞者銘鑑刊行會, 1935), 국사편찬위원회 한국사데이터베이스 〈http://db.

【박우현】

605
아부라타니 호조
油谷保三(유곡보삼)   생몰년도 미상

관료

이시카와현石川縣 출신. 이시카와현립중학교石川縣立中學校를 졸업하고 1890년 가나자와재무감독국金澤財務監督局에서 근무했다.

1907년 한국정부의 초빙으로 조선에 건너와, 한국정부 재정고문財政顧問으로서 1908년 전주재무감독국全州財務監督局 은진재무서恩津財務署에서 주사主事로 근무하였다. 1910년 한일강제병합 이후 지방관관제地方官官制 실시에 따라 전라남도로 자리를 옮겨 지방행정관으로 목포부내무과장木浦府內務課長으로 근무했는데, 다년간의 관직생활로 조선의 실정에 매우 밝았으며 당시 목포부민들 사이에서 신망이 두터웠다고 한다. 1926년 관직을 그만두고 목포상공회의소木浦商工會議所 서기장을 거쳐 이사로 재직하였다. 슬하에 3남 1녀를 두었다.

[참고문헌] 阿部薰 『朝鮮人物選集』(民衆時論出版部, 1934), 阿部薰 編 『昭和12年版 朝鮮都邑大觀』(民衆時論社, 1937), 猪野三郎 編 『第12版 大衆人事録』(帝國秘密探偵社國勢協會, 1937), 萩野勝重 編 『朝鮮及滿蒙に於ける 北陸道人史』(北陸道人史編纂社, 1927), 국사편찬위원회 한국사데이터베이스〈http://db.history.go.kr〉

【이가혜】

606
아비루 게이사쿠
阿比留銈作(아비류계작)   1867.11~?

실업가, 관료

나가사키현長崎縣 시모아가타군下縣郡 이즈하라마치嚴原町 출신. 1894년 청일전쟁이 일어나자 육군통역관으로 종군했다.

부친은 1871년 폐번치현廢藩置縣 직후 부산으로 이주해 부산의 거류민회장을 지낸 바 있다. 아비루 게이사쿠는 1877년 모친과 함께 부산으로 건너왔고 부산에서 보통교육을 받았다. 1887년 일본으로 돌아갔다가 1895년 2월에 한국정부 경무청 고문부顧問部 보좌관으로 다시 도한하였다.

1900년 3월에 경부철도주식회사에서 일했고, 퇴사 후에는 당시 진화주의를 견지한 인물로 주목받던 현영운玄暎運과 함께 내탕금內帑金을 받아 한자신문韓字新聞을 만들기도 하였다. 1910년에 오사카의 부호 아베 이치사부로阿部市三郎 씨의 농장을 맡아서 경영하였다. 그런데 농장 소재지인 영광군靈光郡 서부西部 칠개면七箇面은 수리가 빈약하여 3년에 한 번 수확이 가능했다. 그래서 아비루는 당국의 힘을 얻어내 조합을 설치하였고 수리공사를 일으켜 농민계몽에 주력했다. 1929년 포천산업조합을 설치하고 농촌진흥에 대한 공헌으로 수차례 산업공로자 표창을 받았다.

[참고문헌] 阿部薰 『朝鮮人物選集』(民衆時論出版部, 1934), 朝鮮公論社 編 『在朝鮮內地人 紳士名鑑』(朝鮮公論社, 1917)

【이현진】

607
아사노 게이지
淺野敬二(천야경이)   1890.9.24~?

금융인

기후현岐阜縣 출신. 히로세 가이이치로廣瀬外一郎의 4남으로 출생하였으나 아사노淺野 가의 양자로 들어갔다.

1910년 도한하여 공직을 거쳐 1912년 한호농공은행漢湖農工銀行에 입사하였다. 1918년 식산은행殖産銀行이 창립되자 각 지점 부지배인 등을 거쳐 1926년 식산은행 남원지점장, 1929년 식산은행 영산포榮山浦 지점장을 역임하였다. 영산포 지점 근무 시, 속성재배연구로 농업전문가에 비견될 만한 성과를 올리기도 했다. 1933년 식산은행의 추천으로 조선신탁朝鮮信託 군산 지점장이 되었다.

[참고문헌] 阿部薰 『昭和12年版 朝鮮都邑大觀』(民衆時論社, 1937), 波形昭一 外 『朝鮮信託株式會社十年史 社

史で見る日本經濟史, 植民地編; 第25卷』(ゆまに書房, 2004)　　　　　　　　　　　　　　　　【강원주】

608
아사노 다이사부로
淺野太三郎(천야태삼랑)　　　　1872.11~?

실업가

야마구치현山口縣 시모노세키下關 출신. 시모카와 고헤이下川五平의 4남으로 출생하여 아사노 분키치淺野文吉의 양자가 되었다. 가업을 물려받아 미곡도매상으로 거부가 되었으나 이후 사업에 실패하고 1905년 조선으로 이주하였다.

1905년 3월 조선으로 건너와 인천에서 잡화상을 경영하였다. 1906년 경성으로 이전하여 잡화상, 목욕탕업, 곡물 중매업 등을 거쳐 1922년부터는 주택 임대업에 종사하였다. 1928년 12월 거액의 사재 기부로 재단법인 아사노육영회淺野育英會를 설립하였다. 불우한 처지의 재능 있는 청년을 발굴하여 장학금을 지급하고 그밖에도 여러 학교에 사재를 기부하는 등 교육의 보급 및 발전에 노력하였다. 경성에 있는 야마구치현 출신자들 중 성공한 견실한 자산가로, 공공사업에 진력한 것으로 평가받고 있다. 노기 신사乃木神社에 기부한 적도 있다.

[참고문헌] 高橋猛 編『昭和16年度·18年度 朝鮮人名錄』(京城日報社, 1940~42), 京城新聞社 編『朝鮮の人物と事業』(京城新聞社, 1930), 국사편찬위원회 한국사데이터베이스〈http://db.history.go.kr〉　　【강원주】

609
아사다 다다오
朝田直夫(조전직부)　　　　생몰년도 미상

금융인

한국정부재정고문부에 들어가 금융조합 건설 업무를 담당하기 시작했다. 1908년 탁지부 재무서 대구재무감독국 성주재무서 주사主事, 1912년 강원도 춘천군 군서기郡書記, 1916년 강원도 울진군 군서기,

1920년 강원도 홍천군 군서기, 1921년 강원도 홍천군 군속郡屬, 1922년 강원도 철원군 군속. 1925년 조선총독부의 직속기관인 전매국의 경성전매지국 사업과, 1927년 강원도 재무부 이재과理財課 속屬으로 근무했다. 원주금융조합이사를 거쳐 1934년 춘천조합이사로 발령받았다.

[참고문헌] 藤澤淸次郎 編『朝鮮金屬組合と人物』(大陸民友社, 1937), 국사편찬위원회 한국사데이터베이스〈http://db.history.go.kr〉　　【이선윤】

610
아사미 린타로
淺見倫太郎(천견륜태랑)　　　　1868.12.10~?

사법관료, 조선법률학자

1892년 7월 도쿄제국대학東京帝國大學 법과대학을 졸업하고 동년 8월 사법관시보에 임명되었다. 검사가 되어 도쿄시東京市 고지마치구麴町區 재판소에 봉직하였다. 그 후 판사에 임명되어 요코하마지방재판소橫濱地方裁判所 부장 및 도쿄공소원東京控訴院 판사를 거쳐 경성공소원 도쿄지방재판소 검사를 역임하였다.

1906년 6월 총독부 법무원 평정관評定官으로서 도한한 후 조선총독부 판사가 되어 고등법원 판사에 임명되었고 1918년까지 근무한 기록이 있다. 1916년 조선과 일본 공동 고적古跡 조사에 참가했다. 조선법제사 연구의 개척자로 평가받고 있으며, 캘리포니아 버클리대학 동아시아도서관의 아사미콜렉션은 그가 수집한 조선자료이다. 주요저서로는『조선법제사고朝鮮法制史稿』(大空社, 2001.5/學文閣, 1968/巖松堂書店, 1922.11),『일본건국의 법제와 바빌론日本建國の法制とバビロン』(1936),『이태왕실록 중 외교관계 발췌李太王實錄中外交關係拔粹』(1930),『조선 예문지朝鮮藝文志』(朝鮮總督府, 1912),『법제 요의 : 중등교과法制要義:中等敎科』(育成會, 1901.11),『상속법相續法』(日本法律學校, 1901)이 있다. 또한, 가쓰모토 진사부로勝本勘三郎와 아돌프 프린스 저『최근 형법론最近刑法論』(早稻田大學出版部, 1903)을 공역했고, 아버지 아사미 시신淺見資深의 유고 시집『한포시집飯峯詩集』(경성, 1914)을 편집했다.

[참고문헌] 淺見倫太郎『朝鮮法制史稿』(學文閣, 1968), 貴田忠衛 『朝鮮人事興信錄』(朝鮮人事興信錄編纂部, 1935) 【김효순】

611

아사야마 겐조
淺山顯藏(천산현장) 1849~1901

외무관료

나가사키현長崎縣 쓰시마對馬 이즈하라嚴原 출신. 원래 진종 고세이지光淸寺의 주지인 히라야마平山壽喬의 아들로 태어났으나 번사 아사야마 집안으로 입양되었다.

조선이 「조일수호조규」를 체결하기 전부터 부산에 건너와 왜관에 체류하면서 어학생 신분으로 한국어, 한문을 익히면서 계고통사稽古通詞로 있었다. 1879년 대리공사 하나부사 요시모토花房義質(→912)가 조선으로 파견되었을 당시에는 육군성陸軍省에 고용된 신분으로 가이즈 미쓰오海津三雄(→39)를 수행하는 통역 역할을 맡았다. 1881년 4월, 부산영사관에 체류하고 있을 때 이헌영이 조사시찰단朝士視察團으로 일본에 파견될 때 곤도 마스키近藤眞鋤(→110) 영사와 함께 이들을 내방한 적이 있다. 이듬해 변리공사辨理公使 하나부사가 파견되었을 때에는 외무7등속으로 공사관에서 근무하였다. 임오군란 발발 당시에는 하나부사 공사 일행을 인천으로 도피시키는 데 진력하는 가운데 부상을 입었으며, 영국선박에 승선하여 귀국하였다. 한성공사관 근무 외무3등속으로 재차 도한하였다가 1883년 8월 다케조에 신이치로竹添進一郎(→310) 공사의 명령을 받고 사이토 슈이치로齋藤修一郎(→471)와 함께 일시 귀국하였다. 이해 9월 히가키 나오에檜垣直枝 내무소서기관 일행이 도항을 금지하였던 울릉도에 체류하면서 어채와 벌목 등을 하고 있던 자국민을 조사하여 소환하려고 조선으로 파견되었다. 이때 외무성 통역관으로 이들과 동행하여 울릉도 도장島長과의 통역업무를 맡았다. 갑신정변 발발 시기에는 다케조에 신이치로를 수행하여 통역으로 활동하였다. 정변을 수습하기 위해서 이노우에 가오

루井上馨(→824)가 이듬해 1월 대사로 파견되었을 때에도 통역관으로 활약하였다. 1885년 3월부터는 부산영사관으로 옮겨 근무하였다. 1886년 12월에는 서기생書記生 신분으로 경상도 대구시장 조사를 위해서 출장을 다녀온 후 귀국하였으며, 1888년에는 원산영사관에 가서 근무하였다. 청일전쟁 시기에는 통역관이 되어 노즈野津 제1군사령관을 따라 평양, 의주, 구련성九連城 등지로 종군하다가 12월에 한성으로 돌아왔다. 갑오개혁이 진행되고 있던 중 조선 정부의 내부에서 통역 보좌로 고빙되어 활동하였다. 을미사변 발발 당시 이주회李周會와 접촉하여 대원군의 입궐을 알리고 사건에 가담하였다. 사건 발생 후 추방 처분을 받고 인천에서 히로시마로 호송되어 수감되었다. 히로시마 지방재판소廣島地方裁判所에서 재판을 받았는데, 증거불충분으로 1895년 1월 20일 석방되었다.

1898년 11월에는 직책을 맡지 않은 외무성 소속 신분으로 조선인 망명자들의 동향을 탐지하기 위해서 후쿠오카福岡, 시모노세키下關 지역에 파견되었다. 이때 후쿠오카에서 박영효朴泳孝와 면담한 후 일본 정부에 그의 동향을 보고하였다. 1899년 5월 목포영사관 분관木浦領事館分館이 군산에 새로 설치됨에 따라 주임主任으로 25일에 부임하였으며, 영사대리 업무를 맡아보았다. 주임으로 재직하면서 군산항 각국 거류지를 측량하고, 활빈당活貧黨 등의 도내 활동 등을 조사하는 업무를 보다가 1901년 12월 22일 관사에서 52세의 나이로 사망하였다.

[참고문헌] 石幡貞『東嶽文抄』(石幡富子, 1910), 金正明 編『日韓外交資料集成』卷2(巖南堂書店, 1966), 國史編纂委員會 編『要視察韓國人擧動』卷1(國史編纂委員會, 2001), 金賢錫「갑오개혁기 일본의 조선보호국화 정책과 일본인 고문관의 활동」『한국근현대사연구』24 (한국근현대사학회, 2003) 【박한민】

612

아사카와 노리타카
淺川伯敎(천천백교) 1884.8.4~1964.1.14

교사, 화가, 예능인

야마나시현山梨縣 기타코마군北巨摩郡 가부토무라甲村 출신. 조사쿠如作와 게이けい 사이에 장남으로 태어났다. 아버지 조사쿠를 여섯 살 때 여의고 할아버지 덴에몬傳右衛門에게 한학이나 일본 전통시가, 다도와 같은 문화적 소양에서 영향을 받으며 유년기를 보낸다. 1891년 무라야마니시村山西 심상소학교에 입학하고 4년 후에는 아키타秋田 심상고등소학교에 진학한다. 1901년에는 야마나시 현립사범학교에 입학하려 했으나 불합격하였고, 아키타 심상고등소학교의 임시 교사로 근무하다 이듬해 검정시험을 통해 아쓰나熟那 소학교에서 교편을 잡는다. 1903년에 다시 야마나시 현립사범학교에 합격하고 곧바로 기독교에 입문하여 1905년에는 감리교 교회에서 세례를 받는다. 이듬해 사범학교를 졸업한 노리타카는 곧 1907년 시오자키鹽崎 심상소학교, 1909년 야마나시 현립사범 부속소학교 등에서 근무하였다. 이 무렵부터 그는『시라카바白樺』를 애독하고 조각가를 꿈꾸게 되었다.

노리타카는 1913년 5월 조선의 공예품에 관심을 갖게 되어 조선으로 건너왔고, 정동에 살면서 청자나 백자와 같은 조선 고미술을 수집하기 시작하였다. 경성의 남대문 공립심상소학교 부임하였고 1914년에는 다카요たか代와 결혼하였다. 이때 서대문 공립심상소학교로 전근하였으며, 지바현千葉縣으로 야나기 무네요시柳宗悅(→646)를 찾아가기도 하였는데 조선 도자기와 공예의 아름다움을 매개로 야나기와의 교유는 이후 지속된다. 경성중학교 부속 소학교 교원양성소에서도 근무하였는데 1919년 4월에는 교직을 그만두고 신카이 지쿠타로新海竹太郞의 제자가 되어 홀로 도쿄에서 조각 공부에 몰두한다. 1920년 10월 노리타카의〈나막신을 신은 사람〉이라는 조선인상 조각이 제국미술전람회에 입선하였고, 이때부터 본격적으로 동생 다쿠미巧와 야나기 무네요시와 함께 조선민족미술관 설립에 관하여 진력하게 된다.

1922년 다시 미술전에서 조각 '평화의 사람'이 입선했지만 노리타카는 조선으로 다시 돌아와 이후 도자기와 가마터 연구에 몰두하였다. 1923년에는 경성고등상업학교에서 강의를 하기도 했지만 다시 한반도와 일본 각지를 직접 다니며 조선의 다완과 도자기를 연구하였다. 1924년 4월 9일에는 야나기, 다쿠미와 함께 노력한 결과 마침내 조선민족미술관을 개관하게 되었고, 1931년 다쿠미의 사후에는 그가 조선민족미술관을 책임지게 된다. 1929년부터 일본으로 귀국할 때까지 노리타카는 본격적으로 조선의 가마터를 조사하였는데 그가 기록한 가마터는 도합 700여 곳에 이른다. 특히 1930년에 출간한 그의『부산요와 대주요釜山窯と對州窯』라는 책은 오랫동안 조선 가마터에 관한 중요 연구서의 역할을 했다. 또한 화가로서 재조일본인 문필가들과의 교류도 꾸준하여 한반도에서 간행된 일본어 문학잡지나 서적의 장정裝幀 등도 상당수 담당한 것을 알 수 있다. 일제 말기 노리타카가 조선총독부에 일정 부분 협력하여 조선미술전에 참여 혹은 관여한 일, 전쟁 시기에 국민총력 조선연맹 문화부 위원을 지낸 것 등에 대해 국책에 따랐다는 비판적 시각도 있다. 다만 1945년 8월 15일 패전 때 대부분의 일본인들이 도망치듯 귀국하려 했음에도 노리타카는 조선에 머물 생각이 강했고 실제로 1년 이상 경성에 더 있으면서 도자기와 가마터 연구를 진행한 것은 특기할 만하다.

패전 이후 미국 점령군은 노리타카의 연구 실적 등을 높이 평가하여 조선 체류를 특별히 허락하였다. 노리타카는 조선 공예품과 다쿠미의 일기 등을 처분한 후, 1946년 11월 3일 33년에 걸친 조선 생활을 청산하고 일본으로 귀국하였다. 가마터 조사나 강연, 다도, 단카, 하이쿠 창작, 글 기고 등으로 만년을 보냈으며『조선의 도자기』(1956),『백자·청화·철화 이조』(1960) 등을 출판하였다. '조선 도자기의 신神'으로까지 일컬어지던 노리타카는 1964년 화농성 늑막염으로 인해 향년 80세로 세상을 떠났다.

[참고문헌] 다카사키 소지 저, 김순희 역『아사카와 다쿠미 평전』(효형출판, 2005), 엄인경·신정아 공편역『『진인眞人』의 조선 문학 조감鳥瞰』(역락, 2016), 백조종 편저『한국을 사랑한 일본인』(부코, 2011), 김정기 지음『미의 나라 조선』(한울, 2011), 정병호·엄인경『조선의 미를 찾다-아사카와 노리타카의 재조명』(아연출판부, 2018), 淺川伯教·巧『淺川伯教·巧兄弟の心と

眼』(美術館聯絡協議會, 2011), 淺川伯教 『白磁·染付·
鐵砂 李朝』(小山富士夫 監修, 平凡社, 1960), 市山盛雄
·細井魚袋 外 編 『眞人』(眞人社, 1927~1937)

【엄인경】

613

아사카와 다쿠미
淺川巧(천천교)   1891.1.15~1931.4.2

조선민예학자, 관료

야마나시현山梨縣 기타코마군北巨摩郡 가부토무라甲
村 출신. 유복자로 태어났다. 1897년에는 무라야마
니시村山西 심상소학교에 입학하였고, 1901년 열 살
무렵 경애하던 할아버지 덴에몬傳右衛門의 죽음을 지
켜보게 된다. 같은 해 아키타秋田 심상고등소학교 입
학하여 4년 후 졸업하였고, 1년간 보수과補修科를 거
쳐 1907년에 야마나시현립농림학교山梨縣立農林學校
에 진학한다. 학생 시절에 형 노리타카伯教와 함께
감리교회에 다녔으며 1907년에는 교회 목사에게 세
례도 받았고 이후 평생 독실한 기독교 신자로 살게
된다. 농림학교를 졸업하고 아키타현의 오다테영림
서大館營林署에 근무하게 된 1910년, 한국은 일본에
의해 강제 합병이 되었다. 다쿠미는 1914년 영림서
를 퇴직하고 5월에 형을 따라 조선행을 결심하여 경
성으로 건너오게 되었다.

다쿠미는 조선총독부 농상공부農商工部 산림과에
임업시험소 직원으로 취직하여 조림造林을 위한 연
구 활동을 하면서, 조선어를 배우고 바지저고리 차
림을 하여 조선식으로 생활하였다. 임업시험소 직원
으로서 다쿠미의 가장 큰 업적은 한국 잎갈나무의
양묘 성공이라 할 수 있고, 그밖에도 조선의 크고 오
래된 나무를 조사하고 수집하는 작업을 하였다. 1916
년 2월 미쓰에みつえ와 결혼하였고 이해에 형 노리타
카와 알고 지내던 야나기 무네요시柳宗悅(→646)를 경
성에서 만나게 되어 평생의 지우가 된다. 다쿠미는
1917년 딸 소노에園繪를 얻는데 아내 미쓰에가 1921
년 9월 병으로 사망한다. 3·1독립운동을 경성에서 목
도한 다쿠미는 1920년 경부터 조선민족미술관의 설

립에 관하여 형 노리타카와 야나기 무네요시와 함께
뜻을 모으며 서양회화전람회, 이조李朝도자기전람회
등을 개최하였다. 1922년에는 청량리의 임업시험장
으로 이사를 하였고, 다쿠미는 이 무렵부터 일기를
쓰기 시작한다. 그의 일기에서는 조선신궁朝鮮神宮
건설과 광화문 파괴를 비판하는 내용, 간토대지진關
東大震災 때 조선인을 옹호하는 내용, 『동아일보』 사
장 김성수, 오상순, 염상섭, 변영로, 김만수 등 '폐허'
의 동인들과 접했던 기록들도 볼 수 있다.

1924년 4월 9일 다쿠미, 노리타카, 무네요시의 백
방에 걸친 노력으로 경복궁 집경당에 드디어 조선민
족미술관이 개관되었다. 1925년에는 야나기의 중매
로 오키타 사키大北咲와 재혼하고 이듬해 차녀가 태
어나지만 출생 직후 사망한다. 1926년에는 경성제국
대학 교수인 아베 요시시게安倍能成(→602)와도 교우를
쌓았다. 다쿠미는 수종樹種이나 묘포, 민둥산, 비료
등에 관한 산림 연구 발표도 지속하는 한편으로 도자
기 연구가인 형과 함께 한반도 여러 지역의 가마터
유적을 조사하여 그 성과를 발표하기도 하였다. 또
한 조선의 백자와 함께 소반이나 목공예품 등 조선의
전통 공예물에도 큰 관심을 가져 원고를 발표했으며,
사후에 조선의 다기나 요업窯業, 조선의 공예와 식문
화에 관한 유고들이 발표되며 1933년 3월 일본 공예
계의 대표 잡지 『공예工藝』는 아사카와 다쿠미 기념
호를 내기에 이르는 등 조선 공예의 아름다움에 주목
하고 알린 대표적 일본인으로 평가된다.

다쿠미는 1931년 4월 급성폐렴으로 향년 40세로
타계하였는데, 당시 일본인 지우들뿐 아니라 평소
그와 교감하며 생활하던 수많은 조선인들이 이문동
까지 운구와 노제를 청하며 애도를 표했던 것은 유명
한 일화이다. 묘소는 이후 망우리로 이장되어 현재
에 이르고 있으며, 그는 일제강점기 재조일본인으로
서 유례없는 '조선을 사랑하여 조선의 흙이 된 일본
인'으로 자리매김하였다. 『조선의 소반朝鮮の膳』, 『조
선도자명고朝鮮陶磁名考』를 저술하였으며 일기, 평론
과 연구논문 등의 귀중한 자료도 남겼다.

[참고문헌] 다카사키 소지 저, 김순희 역 『아사카와 다
쿠미 평전』(효형출판, 2005), 아사카와 다쿠미 저, 심우

성 역『조선의 소반·조선도자명고』(학고재, 2012), 백조종 편저『한국을 사랑한 일본인』(부코, 2011), 김정기 지음『미의 나라 조선』(한울, 2011), 정병호·엄인경『조선의 미를 찾다-아사카와 노리타카의 재조명』(아연출판부, 2018), 小澤龍一『道·白磁の人淺川巧の生涯』(合同出版, 2012)　　　　　　　【엄인경】

614

아사쿠라 노보루

朝倉昇(조창승)　　　　　　　1892.9~?

관료, 학자

야마구치현山口縣 출신. 1914년 3월 우에다잠사전문학교上田蠶系專門學校를 졸업했다. 이후 나가노현長野縣 이원吏員을 거쳐 1917년 야마구치현山口縣 농업기수農業技手, 1919년 도야마현립 후쿠노농학교富山縣立福野農學校 교사로 근무했다. 1922년 3월에는 기후현岐阜縣 8농학교 교사가 되었지만, 곧바로 퇴직한 후 동년 4월에 교토제국대학京都帝國大學 경제학과에 입학했다. 대학에 재학 중이던 1924년 11월에 고등문관시험에 합격하였으며, 1925년에 4월에 대학을 졸업했다.

대학을 졸업하고 그해 6월 조선총독부 도경부보道警部補에 임용되면서 조선에서의 관직 생활을 시작하였다. 이어 1926년 7월에 경상북도 경찰과 보안과장이 되었고, 1928년 3월에는 경기도 보안과장으로 활동했다. 1929년, 경기도 경찰부 순사교습소巡査敎習所 교관으로 근무했으며, 1930년 4월에는 조선총독부 경무국警務局 사무관으로 재직했다.

1930년 9월에는 경상남도 산업과장에 발탁되었다. 당시 그는 "산업방면의 일은 처음이지만, 학교 다닐 때 경제학을 전공했기 때문에 경찰 방면보다 자신이 있다"고 할 정도로 의욕을 보였다(『부산일보釜山日報』, 1930.9.17). 1931년에는 경상남도 물산진열소物産陳列所 관장으로 활동했으며, 이후 평안북도 재무부장을 거쳐 1934년에 진남포부윤鎭南浦府尹으로 영전하였다. 1936년 5월 23일에는 조선총독부 전매국專賣局 사무관이 되어 평양전매지국장으로 근무하

다가 1937년 4월에 사직하였다. 한편 1935년 시점에 "학위논문을 제출 중에 있다"는 소개가 여러 군데 등장하는데, 실제로 학위를 받았다는 기록은 찾을 수 없다.

그는 "연구열이 왕성한 점에서 조선의 관계官界에서 그 사람보다 뛰어난 사람이 없다"는 평가를 받을 정도로 왕성한 저술활동을 벌였다. 「조선농업의 동향朝鮮農業の動向」(『조선행정朝鮮行政』, 1937.2)이나 「조선의 노동자원문제朝鮮の勞動資源問題」(『조선행정』, 1937.3), 「조선의 전력자원朝鮮の電力資源」(『조선행정』, 1937.4) 등, 그 주제도 매우 다양했다. 특징적인 것은 연재물이 많다는 것이다. 「소작문제의 전개와 그 대책小作問題の展開並に其の對策」(『경무휘보警務彙報』, 1928.6~9)이나 「간디의 스와데지운동 고찰ガンヂーのスワデジ運動の考察」(『경무휘보』, 1930.5~9), 「경찰관교육론警察官敎育論」(『경무휘보』, 1931.1~9) 등이 이에 해당된다.

아사쿠라가 일본에 귀국한 것은 1937년 4월 시점이다. 그에 따르면 당시 일본에서 시행되는 총선거에 이시카와현石川縣 제2구 후보로 출마하기 위해서였다고 한다. 그는 이때의 경험을『총선거의 실천總選擧の實踐』(朝倉經濟硏究所, 1937)이란 제목의 소책자로 정리한 바 있다. 아사쿠라는 이때의 총선거가 "황국일본皇國日本의 흠정헌법欽定憲法의 정신에 어울리는 의회의 신생新生을 위해 큰 의의가 있는 선거"라고 생각했기 때문에 "일신을 던질 결심"을 하고, "4월 9일 경성에서 열린 지방전매국장회의를 마치고 15분 만에 경성역으로 자동차를 몰았다"고 묘사하고 있다. 선거에서는 낙선하였다.

이후 그는 자신의 이름을 딴 아사쿠라경제연구소朝倉經濟硏究所를 설립하고, 스스로를 "퇴관하고 오직 경제정책, 농정학農政學 연구에 전념하고 있다"고 소개하면서 다양한 저서를 출판했다. 식민지 조선과 관련해서는『조선공업경제독본朝鮮工業經濟讀本』(朝倉經濟硏究所, 1937)을 주목할 만하다. 이 책은 조선의 공업과 경제에 대한 정보를 다방면으로 정리한 것으로 식민지조선의 공업 구조를 이해하는 데 많은 도움이 된다. 이밖에『액체연료문제의 검토液体燃料問題の

檢討』(朝倉經濟研究所, 1937), 『농업의 북지나農業の北支那』(朝倉經濟研究所, 1939), 『전시경제동원대강戰時經濟動員大綱』(國防經濟協會, 1942), 『일본경제의 분석과 정책日本經濟の分析と政策』(朝倉經濟研究所, 1958) 등의 저서를 남겼다.

한편 그의 저서 중에 『한국 및 한국인韓國および韓國人』(朝倉經濟研究所, 1961)은 한국현대사에서도 특별히 언급할 만하다. 1963년 12월에 열린 제5대 대통령선거에 민정당 후보로 출마한 윤보선은 이 책의 내용—"박 장군은… 제1군 참모장을 역임하였으나 그 사이 남로당의 군사부장을 지냈고, 여수반란사건을 계획하여 군사재판에서 사형언도를 받았다"—을 근거로 박정희에게 보내는 「공개질의서公開質議書」를 각 신문사에 발송한 바 있다(『동아일보東亞日報』, 1963.10.4).

[참고문헌] 행정안전부 국가기록원 기록편찬문화과 편 『국가기록원소장 일제시기 주요도서 해제 2』(국가기록원, 2009), 貴田忠衛 『朝鮮人事興信錄』(朝鮮新聞社, 1935), 阿部薰 『朝鮮功勞者銘鑑』(民衆時論社, 1935), 谷サカヨ 『大衆人事錄 第14版 外地・滿支・海外篇』(帝國秘密探偵社, 1940), 朝鮮總督府 編 『朝鮮總督府及所屬官署職員錄』(朝鮮總督府部, 각년판), 朝倉昇 『總選擧の實踐』(朝倉經濟研究所, 1937), 秦郁彦 『戰前期日本官僚制の制度・組織・人事』(東京大學出版會, 1981)

【전영욱】

615

아사쿠라 도모테쓰
朝倉外茂鐵(조창외무철)　　　　1863.3.5~1927.6.14

정치인, 변호사

가가노쿠니加賀國 가나자와金澤(현 이시카와현石川縣 가나자와시金澤市) 출신.

이시카와현 전문학교石川縣專門學校, 도쿄에이와학교東京英和學校(현 아오야마가쿠인대학靑山學院大學의 전신)를 거쳐, 1885년 도쿄대학東京大學 법학부 선과選科(규정 학과의 일부만을 선택하여 수강하는 과정)에 입학했다. 이후 본과로 이적하여 1899년 제국대학帝國大學(도쿄대학에서 개칭) 법과대학 영법과英法科를 졸업했

다. 시부사와 에이이치澁澤榮一(→560)의 인정을 받아 다이이치은행第一銀行의 법률 고문이 되었으며, 아사노 소이치로淺野總一郎의 법률 고문을 담당하기도 했다. 또한 도쿄법학원東京法學院, 도쿄전문학교東京專門學校, 도쿄상업학교東京商業學校, 센슈학교專修學校, 일본법률학교日本法律學校 등의 강사를 역임했다.

1890년 다가와탄광田川炭鑛 고문 취임과 더불어 도쿄지방재판소 검사국에 변호사로 등록하고, 1896년에는 일본 변호사 협회 결성에 참가했다. 동년 도쿄시회東京市會 의원에 당선되었고, 1898년에는 시회 참사회원參事會員으로 선출되었으며 고급조역高級助役으로 취임했다. 1900년에 일어난 도쿄시 참사회 수뢰사건에서 수뢰죄 의혹을 받았으나 무죄로 판결되었다.

1900년 9월 사직하고 다시 변호사 활동을 시작하여, 1901년 언문일치회言文一致會 회장으로 취임하고 잡지 『신문新文』, 『신기원新紀元』을 발행했다. 1902년 제7회 중의원衆議院 의원 총선거에 출마하여 당선되었고, 1904년 1월 29일부로 변호사 등록을 취소했다.

기록에 따라 이동異同이 있으나 아사쿠라의 도한은 1905년 무렵으로 추정된다. 1905년부터 인천에서 농업 및 제염업에 종사하여, 1909년 6월 자본금 10만 엔으로 인천제염소를 설립하고 인천부 빈정濱町에 본점, 1912년 만석정萬石町에 분사를 설치하였다. 1913년 주거를 경성으로 옮겨 9월 23일 광주지방법원 검사국에 변호사로 등록하고 경성부에서 변호사로서 활동했다. 동년 12월경 경성 서소문동 경성신보사 터에 변호사 사무소를 열었으며 1915년에는 조선은행, 동양생명보험주식회사, 조선흥업주식회사 등의 법률 고문으로 취임했다. 경성일보 법률 고문으로도 활동하였으며 1920년 6월 『동아법정신문東亞法政新聞』을 창간하여 7년에 걸쳐 사장으로 근무하였다.

이후 시기에 비하여 발간 부수가 훨씬 적었음에도 7년 동안이나 아사쿠라가 사장의 직위를 유지한 이유 중 하나로 그가 조선은행, 조선식산은행, 조선권업신탁주식회사 등에서 법률 고문으로 근무하고 있었던 것을 들 수 있다. 이 시기 신문의 마지막 페이지에는 조선은행이나 조선식산은행 등 아사쿠라가 법

륜고문을 맡고 있었던 회사의 광고가 매호 게재되었다. 광고료는 1페이지 당 100엔으로 독자 500명의 구독료에 해당되는 액수였으며, 이와 같은 유력한 광고주의 확보는 독자층이 법조인에 한정된 신문의 지속적인 발행에 상당한 도움이 되었을 것으로 추정된다.

변호사로서는 1920년의 대동단사건大同團事件에서 고노오 도라노스케木尾虎之助, 마쓰모토 마사히로松本正寬, 최진崔鎭, 김우영金雨英, 이조원李祖遠 등과 함께 변론을 맡았으며, 1921년 10월에는 베이징北京에서 열린 국제변호사대회에 가코 데이타로加古貞太郎, 아카오 도라키치赤尾虎吉, 다카하시 쇼노스케高橋章之助(→296), 오쿠보 마사히코大久保雅彦, 박승빈朴勝彬, 윤태영尹泰榮 등과 함께 참석하였다. 『영국상선법英國商船法』(東京法學院, 1890), 『상법(해상)商法(海商)』(東京法學院, 1892), 『상사대리법商事代理法』(東京法學院, 1893), 『해상법海商法』(東京法學院, 1897), 『어음법手形法』(日本法律學校, 1900) 등 다수의 상법 관련 저서를 남기기도 하였다.

[참고문헌] 日下南山子 編 『日本弁護士高評傳』(誠協堂, 1891), 『立身致富信用公錄 第5編』(國鏡社, 1902), 人事興信所 編 『人事興信錄 初版』(人事興信所, 1903), 奧平昌洪 『日本弁護士史』(有斐閣書房, 1914), 岡良助 『京城繁昌記』(博文館, 1915), 吉川絢子 「1920년~1941년 경성 발행 『법정신문(法政新聞)』」 『서울대학교법학』 53(서울대학교법학연구소, 2012) 【이윤지】

616
아사쿠라 시게지로
朝倉重次郎(조창중차랑) 1876~?

실업가

야마구치현山口縣 무로즈미室積에서 출신.

전라남도 광주를 근거지로 철물 거래업 분야에서 활약한 광주 굴지의 실업가였다. 철물 거래 사업을 하면서 광주상공회의소光州商工會議所 의원을 역임했다. 아사쿠라는 근대 초기 광주의 대표적인 일본인 사업가로 알려져 있다.

[참고문헌] 阿部薫 編 『昭和12年版 朝鮮都邑大觀』(民衆時論社, 1937), 有馬純吉 『昭和六年版 朝鮮紳士錄』(朝鮮紳士錄發行會, 1931) 【이선윤】

617
아사하라 류조
淺原隆三(천원륭삼) 1909~?

영화인

일본의 유력 영화사 도호東寶의 간부 사원 출신으로, 영화계 '신체제'가 구축되어 가던 1940년대 초에는 도호 조선출장소 소장으로 경성에 거주하고 있었다.

사단법인 조선영화배급사의 설립 과정에서 일본 측의 지지와 협력을 얻는 데 일조하였다. 일례로, 1942년 1월 20일 도쿄東京에서, 총독부 도서과의 무라카미 마사쓰구村上正二 사무관과 1942년 2월 1일 일본 유일의 영화 배급 통합회사로 출범한 사단법인 영화배급사의 사장 우에무라 야스지植村泰二가 회견 한자리에 동석하여 이들 간 의견 조율에 조력하였다. 그럴 수 있었던 것은, 우에무라 야스지가 도호의 사장 출신이었기 때문으로 보인다.

일본 측과의 교섭이 마무리된 후 1942년 2월 10일 조선에 모리 히로시森浩(→397) 총독부 도서과장을 위원장으로 하는 독자적인 영화 배급 통제 기구의 창립 위원회가 발족되었는데, 아사하라 류조 또한 위원으로 위촉되었다.

아울러 1942년 5월 1일 조선 유일의 영화 배급 부문 통제회사로서 설립된 사단법인 조선영화배급사의 업무부장으로 자리하여 실무를 담당하였다. 그러나 사단법인 조선영화배급사가 사단법인 조선영화제작주식회사를 흡수하여 1944년 4월 7일 사단법인 조선영화사로 체제 개편을 이루는 과정에서 회사를 떠나게 된 것으로 보인다.

전후에는 다이에이大映에서 간사이關西 지역의 지사장까지 역임한 뒤, 1965년 도와흥행同和興行의 회장으로 취임하였다.

[참고문헌] 高島金次 『朝鮮映畵統制史』(朝鮮映畵文化研究所, 1943), 京城新聞社 編 『朝鮮の人物と事業』(京

城新聞社, 1930)　　　　　　　　　　【함충범】

618

아소 오토나미
麻生音波(마생음파)　　　　1868.9.28~?

실업가

오이타현大分縣 기타아마베군北海部郡 출신. 1884년 육군에 입대하여 만기 퇴역하였고 사립공수학교私立工手學校에 입학한 후 접광치금과接鑛治金科로 졸업하였다. 미쓰비시三菱와 미쓰이三井, 구메공업사무소久米工業事務所 등에 입사하여 광산 사무에 종사하였다.

1904년 러일전쟁 당시 구메 다미노스케久米民之助를 따라 조선으로 건너온 아소는 경의선 군용철도 건설에 종사하였다. 이후 황해도 각지를 두루 살피며 광산을 조사하였고 1906년 9월 재령과 신천에 있는 3개의 광산에 대한 채굴을 신청하며 조선에서의 철산鐵山 경영에 본격적으로 뛰어들었다. 1907년 9월 황해도 안악군의 철산을 발견하면서 채굴을 허락받았다. 1913년 자본금 10만 엔으로 아소광업합자회사麻生鑛業合資會社를 설립한 아소는 함경남도 영흥, 함경남도 북청과 이원, 평안북도 벽동, 평안남도 개천과 순천, 황해도 황주와 해주, 경기도 김포와 강화, 강원도 정선과 홍천, 삼척 등 전국 각지에 소재한 철광 407만여 평을 경영하며 조선 내 유력한 광산업자로 성장하였다. 특히 안악철광의 철은 우수한 품질에 채굴량도 많아서 조선에서 손꼽히는 철산으로 주목받았다. 이러한 철광을 배경으로 아소는 1918년 만주의 실업가 두세 명과 함께 전기제철주식회사電氣製鐵株式會社를 설립하였다. 1920년 3월 아소광업합자회사가 조선철산주식회사朝鮮鐵山株式會社와 합병되면서 근거지를 경성으로 옮긴 아소는 아소광업주식회사를 설립했다가 1930년 1월 아소광업합자회사로 조직을 바꾸었다. 한편 1912년 대동강을 운항할 목적으로 설립한 진남포기선합자회사에 참여한 아소는 1912년 조선 연안항로를 하나로 통일하면서 설립한 조선우선주식회사에서 감사역을 역임하였다.

1924년 함경북도 천연자원의 생산 및 개발의 필요성에 대해서 논평한 『함경북도의 대부원咸鏡北道の大富源』을 저술로 남겼다.

[참고문헌] 朝鮮總督府 編 『朝鮮總督府官報』(朝鮮總督府, 1924), 東亞經濟時報社 編 『朝鮮銀行會社要錄』(東亞經濟時報社, 1927), 朝鮮公論社 編 『在朝鮮內地人神社銘鑑』(朝鮮公論社, 1917), 前田力 編 『鎭南浦府史』(鎭南浦府史發行所, 1926)　　　　　　【전성현】

619

아소 이소지
麻生磯次(마생기차)　　　1896.7.21~1979.9.9

일본문학자, 대학교수

지바현千葉縣 산무시山武市 출신. 도쿄제국대학東京帝國大學 국문학과를 졸업하고 경성제국대학 교수, 제일고등학교第一高等學校 교장, 도쿄제국대학 교양학부 교수 및 학부장, 제19대 가쿠슈인學習院 원장 등을 역임하였다. 주요한 저서로는 패전 이전에 『하이카이취미의 발달俳趣味の發達』(1943)이 있고 전후에는 『교양의 국문학사敎養の國文學史』(1957), 『고전과의 대화古典との對話』(1966), 『일본문학사개론日本文學史概論』(1967) 등 다수의 일본문학 관련 저서를 남겼다.

1920년 11월 조선총독부에 편수서기編修書記가 되어 도한하였다. 1922년 3월에는 편수관編修官으로 승진하였다. 1924년 아이치현愛知縣 제일고등여학교第一高等女學校 교사로 전임하였고, 1925년 3월에는 제육고등학교第六高等學校 교수로 임명되었다. 1928년 4월에 경성제국대학 조교수로 임용되어 4년 만에 다시 경성으로 돌아왔다. 1935년에는 일본 『도쿄아사히신문東京朝日新聞』에 「근세문예사연구近世文藝史研究」라는 글을 기고하기도 했다. 1939년에 조교수에서 교수로 승진하였다. 조선에서는 잡지 『문교의 조선文敎の朝鮮』, 등에 글을 기고하였다.

귀국 후 도쿄제국대학 교양학부 교수로 국문학 연구에 종사하였으며 1966년 가쿠슈인 제19대 원장으로 취임하여 1970년까지 4년간 재임하였다. 1970년에는 문화공로자로 선정되었으며 1974년에는 출신지인 지바현 산무시에서 명예시민 제1호로 위촉되었다. 또한 사후 10년째인 1989년에 지바현 이치카와시市川市에서도 명예시민으로 선정되었다.

[참고문헌] 貴田忠衛『朝鮮人事興信錄』(朝鮮人事興信錄編纂部, 1935), 有馬純吉『昭和六年版 朝鮮紳士錄』(朝鮮紳士錄發行會, 1931) 【김욱】

620
아시다 에노스케
芦田惠之助(노전혜지조) 1873.1.8~1951.12.9

게이우惠雨(호)
교사, 관료

효고현兵庫縣 다케다무라竹田村 출신. 오가사와라 기헤에小笠原儀兵衛와 가나카 사이의 2남 2녀 중 막내로 출생했다. 1894년 아시다 후키芦田ふき와 결혼하면서 개성改姓하였다. 1887년 다케다 촌립村立 메이신고등소학교明新高等小學校(소학교 4년 수료 후, 4년 수학)를 졸업 후, 고학하며 소학교 대용代用 교원을 거쳐, 1899년 1월 도쿄고등사범학교東京高等師範學校 부속 소학교의 교사가 되었다. 종래의 과제주의課題主義적인 모범문장을 모방하는 작문교수법綴方敎授法의 개혁에 관심을 지니고, 1913년 자유롭게 과제를 선택해서 기술하는 수의선제주의隨意選題主義를 제창했다. 또 읽기와 사고력을 중심으로 한 읽기 교수법 개혁을 시도했다. 1917년부터 문부성 촉탁을 겸임하며, 다카노 다쓰유키高野辰之와 야쓰나미 노리키치八波則吉를 보조하며 국정교과서『심상소학 국어독본尋常小學國語讀本』전12권(文部省, 1917~1923)에 관여했고, 이를 인정받아 야쓰나미의 추천으로 1921년 조선총독부에 부임한 입지전적인 인물이다. 주요 저서로『작문 교수綴り方敎授』(有英書院, 1913),『읽기 교수讀み方敎授』(同, 1916),『제이 읽기 교수第二讀み方敎授』(芦田書店, 1925) 등이 있다. 1951년 뇌출혈로 사망하였다.

아시다는 1921년 10월부터 1924년 4월까지 조선총독부 학무국 편집과 편수관으로 근무하였다. 업적과 경력을 인정받아 고등소학교 출신으로 고등관이 된 것이다. 아시다는 "조선의 국어독본만큼 발로 뛰며

쓴 것은 없을 것이다"고 자부했듯이 조선의 풍습, 사상을 교재화하기 위해 조선 각지는 물론이고 '만주'까지 방문하여 교재를 수집했다. 아시다가 조선 체재 기간 중, 가장 깊은 인상을 받은 곳은 경주였고, 그를 안내한 이가 경주고적보존회의 오사카 긴타로大坂金太郎였다. 오사카는 당시 경주보통학교 교장으로 재직 중이었고, 아시다와 함께 조선총독부 교과서조사위원회에 참가해 대면한 것으로 보인다. 1922년 가을, 아시다는 오사카의 안내로 경주를 답사했고, 특히 석굴암에 매료되었다. 2시간이나 석굴암을 감상한 아시다는 "석굴암의 석가만큼 뛰어나고 아름다운 것은 세상에 없다."고 느끼고, '내지'의 나라박물관 전시물을 보고 경주 석굴암에 비해 서운함을 느끼며 경주 문화의 우위성을 인정했다. 아시다 독본에는 '나라'와 '석굴암'이 수록되었고, 이 단원은 이때의 체험을 바탕으로 한 것이다.

아시다가 편찬한 제2기 일본어 교과서『보통학교 국어독본通學校國語讀本』전8권(朝鮮總督府, 1923~1924)은 미국에서 엘이세프와 라이샤워가 펴낸 "대학생을 위한 초등일본어Elementary Japanese for University Students"(Harvard-Yenching Institute, 1941.5)에 활용되었다. 아시다 독본은 미국 등 이민족에게도 쉽게 학습할 수 있도록 고안된 외국어로서의 일본어 교과서였다. 아시다 전집에는 식민지 지배를 정당화하는 '내선' 동화주의 언설이 산견되며, 그의 일본어 교과서가 제국주의 질서 안에서 조선의 일본어 보급을 위해 활용되었음을 확인할 수 있다. 아시다는 조선인 대상의 일본어 교과서에 일본설화를 수록하지 않고, 조선 아동에게 친근한 조선동화를 다수 수록했다. 조선 아동에게 친근한 소재를 통해 일본어를 보급시키려는 아시다의 의도가 반영되었다. 아시다는 일본 설화를 활용하기보다 조선에서 전승되는 '내선융화內鮮融和' 설화를 활용함으로써, 조선을 효율적으로 지배하려 꾀했다.

1924년 귀국하여 아시다 서점芦田書店을 개업했다. 남양청南洋廳 교과서편찬 촉탁으로 남양군도南洋群島를 시찰한 후『남양군도 국어독본』(본과용 3권, 보습과용 2권, 1925)을 완성했다. 1925년 3월 남양청 독본편

찬 촉탁을 끝으로 공직을 청산하고 일본 전국 교단을 돌아다니며 실천 교육을 행했다. 잡지 『동지동행同志同行』(1930 창간)을 발행, 1936년 1월에는 5,500부를 발행했다. 사망 1개월 전까지 수업을 계속했다.

[참고문헌] 김광식 『식민지 조선과 근대설화』(민속원, 2015), 芦田惠之助 『芦田惠之助國語教育全集』(明治圖書, 1987), 芦田惠之助 『尋常小學國語小讀本卷一 編纂趣意書』(芦田書店, 1924), 實踐社 編 『回想の芦田惠之助』(實踐社, 1957), 芦田惠之助 『惠雨自傳』(開顯社, 1950), 朝鮮總督府 編 『普通學校國語讀本 自卷一至卷八 編纂趣意書』(朝鮮總督府, 1925), 『日本大百科全書』(小學館, 1994~1997) 【김광식】

621

아시하마 노부오

葭濱信夫(가빈신부)　　　　1893.5.1~?

실업가

야마구치현山口縣 출신. 1916년 와세다대학早稻田大學을 졸업하였다.

조선으로 건너와 동양척식회사에 입사하였고 퇴사 후 원산수산주식회사를 인수하여 스스로 경영에 참여하였다. 사업 확장을 위해서 수산회사의 부대사업으로 제빙회사를 설립하였다. 일본흥업주식회사日本興業株式會社의 원산지점장을 역임하는 한편, 영흥만에서 대규모 굴조개 양식업을 운영하거나 정어리 건착망巾着網 어업을 경영하였다. 1934년 함남어업조합 설립에 참여하였고 평원철도 촉진운동, 질소회사 문제, 제사製糸회사 설치, 비행장 설치 등 원산 건설에 관여하였다. 부평의원, 원산 상공회의소 의원, 함남수산회 특별의원, 조선수산회 의원, 영흥만어업조합 조합장, 원산매일신문사 중역, 원산해수욕회사 중역 등을 역임하였다.

[참고문헌] 朝鮮功勞者銘鑑刊行會 編 『朝鮮功勞者銘鑑』(民衆時論社, 1936), 高橋三七 『事業と鄕人 第1輯』(實業タイムス社, 1939), 土屋幹夫 著 『(皇紀二千六百年記念)咸南名鑑』(元山每日新聞社, 1940) 【유재진】

622

아오야기 고로

靑柳五郎(청류오랑)　　　　1906.12.10~?

사법관료

후쿠오카현福岡縣 다가와군田川郡 고토지마치後藤寺町 출신. 아버지 아오야기 히로시靑柳廣와 어머니 다노タノ 사이의 차남으로 태어났다. 규슈제국대학九州帝國大學을 졸업하고 1936년 조선총독부 검사로 임용되어 패전 때까지 재직한 사법관료이다.

1924년 3월 후쿠오카현립福岡縣立 다가와중학교田川中學校를 졸업하고, 4월 경성고등상업학교京城高等商業學校에 입학하였다. 1927년 3월 동교를 졸업하고, 전남 광주고등보통학교光州高等普通學校 교사가 되었다. 1928년 3월 동교 교사를 의원면직하고 규슈제국대학 법문학부에 입학하였다. 1931년 3월 동교를 졸업하고 4월 충남의 공주고등여학교公州高等女學校 교사가 되었다. 1932년 2월 동교 교사를 의원면직하였다. 1933년 11월 고등시험高等試驗 사법과司法科에 합격하였다. 당시 주소는 전남 광주군光州郡 광주읍 황금정黃金町이었다.

1934년 11월 조선총독부 사법관시보司法官試補에 임명되어, 경성지방법원京城地方法院에서 1년 6개월 동안 실무수습을 했다. 1936년 6월 경성지방법원 예비검사로 발령받다. 동년 9월 경성지방법원 검사로 임명되었고, 1937년 7월 전주지방법원 정읍지청 검사로 전보되었다. 1938년 9월 경성지방법원 수원지청 검사로 옮겼다. 1940년 11월 전주지방법원 군산지청 검사로 전보되었다. 1941년 7월 함흥지방법원 검사 겸 보도관補導官에 임명되어 함흥보호관찰소장咸興保護觀察所長을 겸하였다. 1944년 3월 경성복심법원京城覆審法院 검사에 임명되어, 패전 때까지 재직하였다.

[참고문헌] 朝鮮總督府 編 『朝鮮總督府官報』(朝鮮總督府, 1921~1945), 朝鮮總督府法務局人事係 『自昭和九年至同十年 司法官試補進退關係綴』(朝鮮總督府, 1935), 司法協會 編 『朝鮮司法大觀』(司法協會, 1936), 전병무 「일제시기 在朝鮮日本人 司法官試補 연구」 『해람인문』 44(강릉원주대 인문학연구소, 2017) 【전병무】

623
아오야기 쓰나타로
青柳綱太郎(청류강태랑)　　　　　1877.3.14~1932.8.26

아오야기 난메이青柳南冥(이명)
관료, 언론인, 저술가

사가현佐賀縣 사가군 나베시마촌鍋島村 출신. 사가시의 간쇼학사唖學舍를 졸업했다. 1899년에 도쿄전문학교東京專門學校(현 와세다대학早稻田大學)에 들어갔으나 1901년에 퇴학했다.

1901년 9월『간몬신보關門新報』의 통신원으로 한국에 건너왔다. 1903년『오사카마이니치신문大阪每日新聞』의 촉탁으로 조선 남부지역의 실업조사를 했다. 이때의 경험을 바탕으로 1904년에『한국 농사 안내韓國農事案內』, 1905년에『제주도 안내濟州道案內』를 출판했다. 조선통감부가 설치된 뒤에 통신국 소속으로 전라남도 나주와 진도의 우편국장으로 활동했다. 이후『목포신보木浦新報』의 주필을 잠시 맡았다. 1907년 9월부터 한국정부 재정고문부의 재무관으로 근무했다.

1907년 10월 31일 제실재산정리국帝室財産整理局 주사, 1908년 8월 31일 전선사典膳司 주사가 되었다. 1908년 궁내부 촉탁으로 궁중개혁에 관여하고, 창덕궁과 덕수궁 등의 칠궁을 조사하고 궁중장서를 정리하였다. 1909년 규장각에 설치된 이조사李朝史 편찬과의 과장으로 사료를 수집했다. 1910년 8월 일본의 한국강점 직후에 관직에서 물러나서 조선연구회朝鮮研究會 설립에 참여했다. 조선연구회는 데라우치 마사타케寺內正毅(→321) 조선총독과 고미야 미호마쓰小宮三保松 이왕직 장관의 후원을 얻어 약 40여 종의 조선 고전을 번역하여 출판했다. 잡지『조선朝鮮』(1913)과『신조선新朝鮮』(1916)을 발간했다. 1913년 1월 경성거류민단 의원에 당선되었다. 1917년부터 1932년에 사망할 때까지 주간 경성신문사京城新聞社의 사장을 지냈다. 이 무렵『후쿠오카일일신문福岡日日新聞』의 조선총지국을 관할했다. 1920년 4월 17일 조선총독부에 출원한『경성일일신문京城日日新聞』의 인가를 받고 부사장 겸 지배인에 취임했다. 1927년

9월 경성의 월간잡지 13개사가 설립한 경성언론협회의 상담역, 1929년 조선박람회 평의원으로 선출되었다. 1932년 8월 26일에 사망하였다.

저서로『남한의 실업南韓之實業』(青山嵩山堂, 1906),『한국식민책韓國植民策』(日韓書房, 1908),『일한사적日韓史蹟』(町田文林堂, 1910),『조선종교사朝鮮宗敎史』(조선연구회, 1911),『조선인이 기록한 도요토미 다이코 정한전기鮮人の記せる豊太閤征韓戰記』(조선연구회, 1912),『이조오백년사李朝五百年史』(조선연구회, 1912),『신찬경성안내新撰京城案內』(조선연구회, 1913),『최근경성안내기最近京城案內記』(조선연구회, 1915),『조선사천년사朝鮮四千年史』(조선연구회, 1917),『총독정치總督政治』(조선연구회, 1918),『조선미인보감朝鮮美人寶鑑』(조선연구회, 1918),『불로불멸의 영법不老不滅の靈法』(조선연구회, 1918),『조선철도연선 명소사적 미술대관鮮鐵沿線名所史蹟美術大觀』(滿鮮出版協會, 1919),『조선독립소요사론朝鮮獨立騷擾史論』(조선연구회, 1921),『조선삼강록朝鮮三綱錄』(朝鮮三綱錄出版所, 1921),『조선통치론朝鮮統治論』(조선연구회, 1923),『조선문화사대전朝鮮文化史大全』(조선연구회, 1924),『산업의 조선産業の朝鮮』(朝鮮産業調査會, 1925),『신조선新朝鮮』(경성신문사, 1925),『조선 국보급 유물과 고적대전朝鮮國寶的遺物及古蹟大全』(경성신문사, 1927),『총독정치사론總督政治史論』(경성신문사, 1928),『대일본사담大日本史談』(조선연구회, 1929) 등이 있다. 사후에『적나라赤裸裸하게 본 내선사론內鮮史論』(東亞同民協會, 1935)이 출간되었다. 그의 저서는 주로 일본인에게 조선의 역사와 문화, 관광이나 사적을 소개하거나 조선통치론 등을 주제로 삼았다. 조선연구회와 경성신문사를 통해 출판하였다.

[참고문헌] 최혜주『근대 재조선 일본인의 한국사 왜곡과 식민통치론』(景仁文化社, 2010), 貴田忠衛『朝鮮人事興信錄』(朝鮮人事興信錄編纂部, 1935)　　　【장신】

624
아오야기 야오조
青柳八百造(청류팔백조)　　　　　1881.12.21~?

실업가

오이타현大分縣 하야미군速見郡 출신. 대전과 충북 청주 등지에서 사업하면서 읍장, 소방대장, 학교조합관리자 등을 역임하였다. 청주전기회사를 창립하여 1919년 대전전기와 합병하여 이사로 활약하였다.

러일전쟁 당시 참전하였다가 종전 후 다시 조선으로 건너왔다. 충주를 시작으로 충북지역에서 사업기반을 확대함과 동시에 청주읍장 등 여러 공직을 통해 지역사회에 대한 영향력을 높였다. 대전 소방조 조장, 대전방위단 단장, 학교조합관리자, 관선 도의회 의원, 상공회의소특별의원 등의 경력이 있다. 사업 면으로는 대전전기주식회사, 남선합동전기주식회사, 남조선수력전기주식회사, 북선합동전기주식회사, 조선전력주식회사, 함남합동전기주식회사주식회사 등에서 이사, 대표직 등을 수행하였다.

[참고문헌] 阿部薰『昭和12年版 朝鮮都邑大觀』(民衆時論社, 1937), 阿部薰『朝鮮人物選集』(民衆時論出版部, 1934), 국사편찬위원회 한국사데이터베이스〈http://db.history.go.kr〉　　　　　　　【강원주】

625
아오야마 고케이
靑山好惠(청산호혜)　　　　1872~1896.11.13

언론인

우와지마宇和島 출신. 번사 무라마쓰村松嘉久藏의 차남이다. 그의 큰형은 무라마쓰 쓰네이치로村松恒一郎로『간사이일보關西日報』,『국회國會』,『오사카아사히신문大阪朝日新聞』등에 관여한 언론인이자 중의원 의원으로 활약한 인물이었다. 동생은 인천 조선신보사朝鮮新報社에서 근무하였던 무라마쓰 다다오村松忠雄이다. 도한 후 인천에서 거주하면서『조선신보朝鮮新報』의 발행인으로 활약하였다. 청일전쟁 전후 시기에는 인천 지역에서 통신원으로 활동하면서 조선에 관련된 기사를 작성, 일본으로 송부하였다.

지병 때문에『오사카아사히신문』의 통신원을 그만두고 난 후, 1889년 인천으로 건너왔다. 인천에서 거류하던 중 1890년 1월『인천경성격주상보仁川京城隔週商報』(1891년 9월『조선순보朝鮮旬報』로 제호를 변경하

였다가, 1892년 4월 제호를 다시『조선신보』로 바꾸어 매주 토요일마다 발행)를 발간하였다. 이마이 다다오今井忠雄와 함께 신문 발행 업무에 종사하였는데, 인천과 경성 지역의 상업 및 무역 관련 경제기사를 주로 게재하였다. 도한 후 3년간 견문하였던 각종 정보에 기초하여 인천의 호구수, 기후, 풍속, 일본영사관 및 경찰, 해관, 인천 진출 일본은행(제18국립은행, 제58국립은행, 제일국립은행), 거류민 관련 기구, 학교, 신문 등의 각종 사항을 정리한『인천사정仁川事情』을 저술, 인천활판소를 통해서 출간하기도 하였다.『조선신보』의 주필로 활동하는 가운데, 1893년 동학농민군의 교조신원운동 당시의 동향을 보도하였다. 이듬해인 1894년 청일전쟁이 발발한 이후,『오사카아사히신문』과『도쿄아사히신문東京朝日新聞』에 인천지역 거주 통신원으로서「인천특보仁川特報」,「조선근사朝鮮近事」,「조선통신朝鮮通信」,「조선시사朝鮮時事」등의 여러 제목으로 인천 내 상황변동과 관련된 각종 정보를 수집하여 기사로 제공하였다. 청일전쟁이 끝난 후 1895년 7월 23일부로『오사카아사히신문』의 통신원에서 해촉되었다. 이해 10월 25일부터 청일전쟁 동안 휴간하였던『조선신보』를 다시 격일로 발행하는 데 진력하였다. 한편으로 인천 각국거류지 안에 있던 인천활자소의 주주 가운데 한 명이기도 했다. 1895년 6월 창립된 조선협회朝鮮協會의 회원 명단에서도 김인식, 현영운과 더불어 간사 직책을 맡고 있었던 것을 확인할 수 있다.

귀국하여 고향에서 요양을 하던 중, 1896년 25세의 나이로 사망하였다. 사망 후『조선신보』는 1897년 3월부터 나카무라中村忠吉가 인수, 사장이 되어 신문을 계속 간행하였다.

[참고문헌] 靑山惠好 著, 양윤모 역주『譯註 仁川事情』(인천광역시 역사자료관 역사문화연구실, 2004), 仁川府 編『仁川府史』(仁川府, 1933), 黑龍會 編『東亞先覺志士記傳』下(原書房, 1966), 中川未來『明治日本の國粹主義思想とアジア』(吉川弘文館, 2016), 장신「한말·일제초 재인천 일본인의 신문 발행과 조선신문」『인천학연구』6(인천대학교 인천학연구원, 2007)

【박한민】

626
아오키 겐자부로
青木健三郎(청목건삼랑)   1871.11.2~?

실업가

나가사키현長崎縣 출신. 아오키 미치青木ミチ의 양자로 입적하였다. 나가사키상업학교 졸업 후, 항만하역업자인 후지타藤田 조합으로 들어갔다.

1893년 조선으로 와 인천 진남포에서 아오키青木조합을 설립하였다. 회조업回漕業을 시작하여 선박 통관 등의 작업을 진행하였다. 특히 불가능하다고 알려진 겨울철 하역작업을 완수함으로써 해당 사업에서 그 능력을 인정받았다. 그 밖에 진남포수산주식회사 감사, 진남포토지주식회사 감사, 평안철도주식회사 대표 등을 역임하였고 평안남도평의원으로 선출되었다. 이후 상공회의소의원으로 추대되었다. 농장을 소유하고 경영하였으며 1942년에는 천황으로부터 훈장을 받았다.

[참고문헌] 朝鮮公論社 編『在朝內地人 紳士名鑑』(朝鮮公論社, 1917), 朝鮮新聞社 編『朝鮮人事興信錄』(朝鮮新聞社, 1922), 국사편찬위원회 한국사데이터베이스〈http://db.history.go.kr〉   【강원주】

627
아유카이 후사노신
鮎貝房之進(점패방지진) 1864.2.11.~1946.2.24

가이엔槐園(호)

역사학자, 교사

미야기현宮城縣 모토요시군本吉郡 마쓰이와무라松岩村(현 게센누마시氣仙沼市)의 유력 가문 출신으로, 큰형은 초대 게센누마초장氣仙沼町長인 아유카이 세이토쿠鮎貝盛德이고, 둘째 형은 오치아이 나오부미落合直文이다. 언어학적 시각으로 조선 고대의 지명, 왕호 등을 고증하였으며, 한국 문학, 민속학 연구에도 힘을 쓴 것으로 알려져 있다. 1878년 센다이현립사범학교仙臺縣立師範學校를 졸업하고, 1884년 관비학생으로서 도쿄외국어학교東京外國語學校 조선어학과에 입학하였다. 1890년 미야기현회宮城縣會 의원에 당선되었다. 1894년 도한하여 동양협회식민전문학교 경성분교 강사가 되었으며, 경성 5개소 사립소학교 창설 책임자가 되었다. 이 당시 근무한 일본인학교 을미의숙乙未義塾 동료로는 가인 요사노 뎃칸與謝野鐵幹이 있다. 1895년 명성왕후 살해 사건에 직접 개입하여 12월 일본으로 추방되었으나 1910년 한일강제병합으로 다시 조선에 돌아와 조선총독부에서 조선의 역사와 민속을 연구하였다. 1902년 10월 서울에서 한국연구회라는 월례연구담화회를 설치하는 데 깊이 관여하였다. 1906년 러일전쟁의 공로로 훈6등勳六等을 받았다. 1916년 조선총독부 박물관 협의원協議員이 되었고, 1931년 대표저작『잡고雜攷』출판을 개시하였다. 1933년에는 조선총독부 보물고적 명승 천연기념물 보존회위원朝鮮總督府寶物古蹟名勝天然記念物保存會委員이 되었으며, 1942년에는 총독부에서 조선문화공로상을 수상하였고 그 중 하나로『화랑고花郎攷』(1932)를 발표하였다. 1946년 귀국 도중 하카타博多에서 중풍으로 병사했다. 초기 일본인들의 조선에 대한 본격적인 연구활동의 중심인물 중 하나였다.

[참고문헌] 朝鮮公論社 編『在朝鮮內地人 紳士名鑑』(朝鮮公論社, 1917), 中田孝之助 編『在韓人士名鑑』(木浦新報社, 1905), 鈴木庸之助『日韓商工人名錄 下卷』(合資會社實業興信所, 1908), 조범환「일제강점기 일본인 연구자들의 신라 화랑 연구」『신라사학보』17(신라사학회, 2009)   【김효순】

628
아카기 만지로
赤木萬二郎(적목만이랑)   1868.7.19~1931.12.26

교사

오카야마현岡山縣 출신. 사족士族 가문에서 태어났다. 오카야마현 사범학교를 거쳐 1891년 고등사범학교高等師範學校(1902년 이후 도쿄고등사범학교東京高等師範學校) 문과를 졸업했다. 같은 해 후쿠이현福井縣 심상사범학교尋常師範學校 교사가 되었다. 1902년 신설된 히로시마고등사범학교廣島高等師範學校 교수로 전임하였으나 1916년에 사임하고 조선으로 건너왔다.

1916년 4월 평양중학교 초대 교장으로 부임했다. 1921년 4월에는 신설된 경성사범학교의 교장으로 전임하였고, 1930년 1월까지 초대 교장으로 근무했다. 경성사범학교 교사로 근무했던 다케다 세이조武田誓藏의 증언에 의하면, "경성사범은 1921년 4월 창립되었는데, 데라우치 마사타케寺內正毅(→321) 총독은 학교장 전임에 신중을 기하였고, 존경하던 호조 도키유키北條時敬 선생(히로시마사범학교 초대 교장)의 의견을 여쭈어 아카기 선생을 초대 교장으로 선임하였다"고 한다. 아카기는 3등 2급의 주임관奏任官이었지만, 착임 후 얼마 되지 않아 '칙임勅任 대우'를 받았다. 재임 중에는 교장의 업무 외에도 경성사범학교에 설치된 조선초등교육연구회의 회장을 겸직했으며, 조선 교원들에게 '일상 업무의 지침' 내지 '반려'를 목표로 하여 잡지 『조선의 교육 연구朝鮮の教育研究』를 창간하거나 『사도師道』를 발행함으로써 조선에서의 교원 양성 교육에 진력했다. 경성사범학교의 표징이나 기숙사의 명칭, 응원가는 아카기가 졸업한 도쿄고등사범학교의 교표와 학생가學生歌의 영향을 강하게 받아 지어진 것이다. 교원, 학생들은 아카기에 대한 외경과 경애의 감정을 품고 있었던 듯하고, 1930년 퇴임 때에는 졸업생을 중심으로 아카기의 유임 운동이 전개되었다. 『조선의 교육 연구』 1930년 2월호에는 '아카기 전 순화회장醇和會長(경성사범의 동창회장)을 보내다'라는 글이 게재되었고, 해당 글에는 "선생이 퇴임한다는 소문을 듣자 지방에서 수십 통의 전보를 받았고, 경성부내府內 졸업생들은 바로 집합하여 그 대처 방법에 대하여 협의하였으며 졸업생 일동의 명의로 그들의 애정哀情을 통감, 총독에게까지 진정하였다"라고 기재되어 있다. 교장을 퇴임하고 조선을 떠나는 1930년 1월 14일에는 아카기를 따르는 3,000명 이상의 사람들이 경성역에서 이별을 아쉬워했다고 한다.

경성사범학교 교장을 퇴임 후 1930년 1월 16일에 일본 도쿄로 돌아가, 이듬해 1931년 12월 26일 가미샤쿠지이上石神井의 자택에서 병으로 사망했다. 다마영원多磨靈園에 안장되었다.

[참고문헌] 朝鮮公論社 編『在朝鮮內地人紳士名鑑』(朝鮮公論社, 1917), 赤木萬二郎『師道』(京城師範學校醇和會, 1928), 『朝鮮の教育研究』(京城師範學校朝鮮初等教育研究會, 1930), 稻葉繼雄『舊韓國~朝鮮の「內地人」教育』(九州大學出版會, 2005), 山下達也『朝鮮の學校教員－初等教員集團と植民地支配－』(九州大學出版會, 2011) 【야마시타 다쓰야山下達也】

629

아카시 모토지로

明石元二郎(명석원이랑)　　　1864.9.1～1919.10.26

육군 군인

후쿠오카번福岡藩(현 후쿠오카현 후쿠오카시)에서 후쿠오카 번사藩士 아카시 스케쿠로明石助九郎의 차남으로 태어났다. 1883년 육군사관학교(구 육사6기)를 졸업하고 1889년 육군대학교(5기)를 졸업하였다. 1894년 독일 유학, 1896년 프랑스 식민지였던 인도네시아 출장, 미국·스페인전쟁의 마닐라 관전무관觀戰武官(1898)을 거쳐 1910년 프랑스 공사관부 육군무관이 되었다. 1902년 페테르부르크에서 일본공사관부 육군무관으로 전임, 러시아 군사정보를 입수하는 첩보 활동을 하기에 이르렀다. 또한 러일전쟁이 일어나자 중립국 스웨덴을 거점으로 러시아 혁명 지원 공작을 계획하였다. 아카시의 공작은 망명 핀란드인의 반反러시아 저항운동 지도자였던 콘니 시리야크스와 협력하여 러시아 내외에서 활동하고 있던 여러 반 차르 당파를 규합하여 자금과 무기원조를 받아 러시아 국내의 반전, 반정부운동을 선동하려 하였던 것이다.

1907년 10월 한국헌병대장으로 취임하였다. 당시 항일의병운동이 활발하였을 때 아카시는 그 대응책으로 헌병군의 규모와 권한 강화를 꾀하였다. 1907년 말 797명이었던 헌병군 인원은 이듬해 1908년 말에는 6,632명이 되었다. 이러한 증가는 1908년 5월 조선인을 헌병보조원으로 채용한 것이 크게 작용하였다. 아카시는 1896년 타이완, 프랑스 식민지 인도네시아를 시찰할 때 현지의 지리·관습에 능하고 유지비도 적게 드는 '토병土兵'의 이용이 이민족 지배에 매우 유효한 것을 직접 눈으로 확인하였다. 1908년 6월 3,000여 명을 모집하였으며, 8월에는 총인원이 약 4,300명에 달하였다. 또한 한국의 치안기관으로는 일본인 경무국장 마쓰이 시게루松井茂(→369)를 그 정점에 두었으며, 한국 정부의 문관경찰도 있었으나 아카시는 이들을 경합시키며 헌병의 권한을 확대해 나갔다.

의병 진압에 있어서는 초토 전술을 채택하였는데, 특히 1909년 가을 '남한폭주대토벌작전'에서는 한 지역을 헌병과 경찰이 봉쇄, 포위하여 그 안에서 의병을 모조리 처리하는 이른바 '교반적 방법攪拌的方法'이라는 전법을 채용하였다.

아카시는 의병 투쟁을 수습한 후, 치안유지뿐만 아니라 다양한 지방행정사무를 헌병에게 수행시키겠다는 구상을 가지고 있었다. 한국 강점 2개월 전인 1910년 6월에는 한국경찰을 헌병군에 흡수하여 합병하는 방식으로 헌병경찰제도를 만들어내었다. 이와 함께 한국주차헌병군사령관韓國駐箚憲兵隊司令官 겸 한국통감부 경찰총장이 되었다. 헌병경찰제도는 아카시 경무총장을 정점으로 중앙과 지방의 각 수준에 따라 헌병이 문관경찰을 지휘하는 매우 군사색이 짙은 구조였으며, 1910년대에는 데라우치 마사타케寺内正毅(→321) 조선총독이 행한 무단정치의 근간이 되었다. 아카시는 특히 고등경찰에 주의를 기울이며 헌병경찰은 조선 밖 독립운동가의 기지건설과 연동한 조선 내의 기밀결사의 탐색, 철저한 언론탄압, 기독교를 포함한 종교 감시 등에 중점을 두었다. 1911년에 일어난 105인 사건에서 아카시의 이러한 방침이 반영된 것을 확인할 수 있다. 그리고 지방 말단에서도 아카시의 헌병활용구상을 반영하여 헌병은 도로건설에 관여, 위생산업, 교육기관의 감시, 임야관리 등 다양한 행정사무에 관여하였다. 1914년 4월 데라우치 마사타케의 추천으로 참모차장이 되어 조선을 떠났다.

1914년 참모차장이 되고 얼마 지나지 않아 제1차 세계대전이 발발하였다. 아카시는 중국의 보호국화, 만주·몽고의 병합까지 사정에 둔 강고한 중국권익 확장론을 부르짖었다. 그 뒤 1915년 제6사단장을 거쳐, 1918년 7월에 타이완 총독에 취임하였다. 타이완

총독으로서 타이완인의 철저한 동화를 주장하며 타이완종관철도 중 중부 해안선부설사업을 진행하고, 타이완전력주식회사를 설립해 일월담日月潭 전기사업을 행하였다. 또한 총독 임기 중, 본국의 하라 다카시原敬(→917) 수상이 채용한 '내지연장주의'에 의거하여 타이완총독부 관제개혁, 지방제도개혁, 사법제도개혁(모두 1919년) 등을 실시하였다. 그러나 총독 재임 약 일 년 뒤 병으로 고향 후쿠오카에서 만 55세의 나이로 사망하였다. 유언에 따라 유골은 후쿠오카에서 타이완으로 옮겨져 매장되었다.

[참고문헌] 小森德治『明石元二郎』上·下卷(臺灣日日新報社, 1928), 松田利彦「日本陸軍의 中國大陸侵略政策과朝鮮－1910－1915年」『한국문화』31(서울대학교 韓國文化研究所, 2003), ソウル大學校韓國文化研究所 編『韓國近代社會와 文化Ⅱ－1910年代 植民統治政策과 韓國社會의 變化』(ソウル大學校出版部, 2005), 松田利彦『日本の朝鮮植民地支配と警察－1905~1945年』(校倉書房, 2009), 尚友俱樂部史料調査室 編『寺内正毅宛明石元二郎書翰:付 『落花流水』原稿』(尚友俱樂部, 2014), 檜山幸夫·東山京子 編著『明石元二郎關係資料』(創泉堂出版, 2010), 秦郁彦 編『日本陸海軍總合事典 第2版』(東京大學出版會, 2005), 稲葉千晴『明石工作:謀略の日露戰爭』(丸善, 1995)

【마쓰다 도시히코松田利彦】

630

아카이케 아쓰시

赤池濃(적지농)   1879.1.27~1945.9.10

관료, 정치인

나가노현長野縣 출신. 아카이케 시치에몬赤池七右衛門의 장남으로 태어났다. 도쿄부립일중東京府立一中, 제일고등학교第一高等學校를 거쳐 1902년 7월 도쿄제국대학東京帝國大學 법과대학 법률학과를 졸업했다. 시즈오카현靜岡縣 지사 및 경시총감을 지냈으며 귀족원 의원이었다. 국세참고, 메이지 신궁明治神宮 조영 평의원 등이 되었고 조선총독부 내무국장 겸 동 토목부장(「조선총독부관보」, 1919.8.28)을 역임했다.

1923년 간토대지진關東大震災으로 인한 사회 혼란이 탄압의 좋은 기회가 되었을 때 일본 경시청이 정부에 출병을 요청했고, 내무대신 미즈노 렌타로水野鍊太郎(전 조선총독부 정무총감)(→439), 경시총감 아카이케(전 조선총독부 경무국장) 등은 2일 도쿄東京·가나가와현神奈川縣의 각 경찰서와 경비대로 하여금 조선인 폭동의 유언비어를 퍼뜨리도록 했다.

1902년 내무성에 들어가 교토京都 부속 내무부 제1과에 배속되었다. 동년 11월 고등문관시험 행정과에 합격하였다. 1904년 5월, 내무속, 대신관방 비서과 겸 지방국에 근무하고, 이후 후쿠시마현福島縣 참사관, 동 현 및 효고현兵庫縣의 사무관, 시가현滋賀縣 경찰부장, 아이치현愛知縣 경찰부장, 효고현兵庫縣 경찰부장 등을 역임했다.

1913년 6월, 내무성으로 돌아와 내무서기관으로 취임했다. 이후 지방국 부현府縣 과장, 내무감찰관 겸 내무성 참사관 등에 근무, 1918년 5월, 시즈오카현 지사에 취임했다.

1922년 6월, 내각척식무국장관內閣拓務局長官에 취임하고 동년 10월 경시총감이 되었다. 1923년 8월, 귀족원 칙선 의원이 되고, 동화회同和會에 소속되어 사망까지 재임했다. 1924년 1월, 경시총감으로 재임되고 동년 6월까지 근무했다.

저서로 『공자─만세의 사孔子─萬世の師』(玄黃社, 1928), 『정교에서 본 논어신석政教より觀たる論語新釋』(早稻田大學出版部, 1930), 『명의 군신 망명과 그의 비호明の君臣の亡命と其の庇護』(神乃日本社, 1938), 『지나사변과 유태인支那事變と猶太人』(政經書房, 1939) 등이 있다.

[참고문헌] 秦郁彦 編 『日本近現代人物履歷事典』(東京大學出版會, 2002), 衆議院·參議院 編 『議會制度百年史─貴族院·參議院議員名鑑』(衆議院, 1990), 秦郁彦 編 『日本官僚制總合事典: 1868~2000』(東京大學出版會, 2001) 【이충호】

631

아쿠타가와 다다시

芥川正(개천정)　　　　　　　1865.5.27~1928.1.6

한엔蕃淵(이명), 노다 다다시野田正(이명)
언론인

구마모토현熊本縣 구마모토시熊本市 쓰보이마치坪井町 출신. 아쿠타가와 사나이芥川左内의 3남으로 태어났다. 부친인 사나이의 가숙家塾과 과거 구마모토번熊本藩의 번교藩校에서 유년 교육을 마쳤고, 17세 무렵 구마모토의 정치결사 시메이카이紫溟會에 들어가 『시메이신보紫溟新報』의 기자로서 언론계에 첫발을 내딛었다. 19세에는 구마모토번의 번주 호소가와細川의 권유로 도쿄東京로 가서 도쿄니치니치신문사東京日日新聞社의 기자가 되었다.

1884년 12월 조선에서 갑신정변이 일어나자 아쿠타가와는 2개월간 한성에 잠시 특파된 적이 있다. 이것이 조선과의 첫 인연이다. 그 후 삿사 도모후사佐佐友房와 함께 국권당國權黨에서 활동하였고 구마모토의 입헌자유당立憲自由黨에도 투신하는 등 일본 내에서 정치활동을 하였으나 1894년 청일전쟁이 발발하자 정치단체 활동을 정리하고 종군기자로 조선에 진출하였다. 이후 아쿠타가와는 조선에서 본격적으로 언론인의 삶을 살게 된다. 그의 조선에서 활동은 부산을 무대로 하였지만, 그 이전에 먼저 『대구실업신문大邱實業新聞』의 주필을 맡는 등 대구의 언론계에서도 활동하였다.

1904년 부산에 자리 잡은 그는 1906년 『부산일보釜山日報』의 전신이던 『조선시사신보朝鮮時事新報』의 조선시사신보사에 입사하였다. 그리고 1908년 10월 1일, 제58은행 부산지점으로부터 2천 엔의 자본금을 융통하여 조선시사신보사를 인수하고 제호를 『부산일보』로 바꾼 후 주필 겸 사장으로 취임하였다. 당시 부산에는 일본어신문으로 『부산일보』와 『조선시보朝鮮時報』가 발행되고 있었다. 신문 발행 초기, 부산일보사는 아쿠타가와 혼자서 사장, 주필, 광고부장, 영업국장, 기자, 편집장까지 다역을 소화해야 할 만큼 영세하였다. 그러나 1919년 2월 1일 주식회사로 조직을 변경한 이후 부산일보사는 부산 경남 일원에서 가장 영향력 있는 언론사로 군림할 수 있었으며, 일제 말 조선총독부의 '1도道1지紙' 정책에서도 『조선시보』와 『남선일보南鮮日報』를 흡수하면서 살아남았다. 아쿠타가와가 부산에서 언론인으로 성공할 수 있었던 것은 부산의 유력 일본인 대자본가였던 오이케 주스케大池忠助, 가시이 겐타로香椎源太郎(→20), 하자마 후사타로迫間房太郎(→934) 등과의 인맥 덕분이었다. 이들은 당시 부산일보사의 대주주와 중역을 맡고 있었으며 아쿠타가와와 사적으로도 친분을 유지하던 사람들이었다.

1928년 1월 6일 오후 6시 45분 경 숙환으로 64세의 일기를 마쳤다. 이후 가시이 겐타로가 임시로 회장을 맡아 운영하다가 1930년 1월 그의 조카 아쿠타가와 히로시芥川浩(→632)가 전무이사를 거쳐 1932년 2월 주주총회의 만장일치로 부산일보 사장에 취임하였다.

아쿠타가와의 언론활동은 그의 사명이었던 '문장보국文章報國'이라는 국가주의를 실천하기 위하여 언론을 통해 일본인과 조선인의 차별 및 일본인의 독점적 이익을 옹호하였다는 점에서 '식민주의'와 분리될 수 없는 것이었다.

[참고문헌] 홍순권 편『일제시기 재부산일본인사회 주요인물 조사보고』(선인, 2006), 홍순권 편『일제시기 재부산일본인사회 사회단체 조사보고』(선인, 2005), 朝鮮總督府 編『朝鮮功勞者銘鑑』(朝鮮總督府, 1935), 河井朝雄『大邱物語』(朝鮮民報社, 1931), 배병욱「일제시기 부산일보 사장 아쿠타가와 타다시의 생애와 언론활동」『석당논총』52(동아대학교 석당학술원, 2012)

【전성현】

632

아쿠타가와 히로시
芥川浩(개천호)　　　　　　　　1893.11.20~?

육군 군인, 언론인
구마모토현熊本縣 구마모토시熊本市 출신. 아쿠타가와 주조芥川忠藏의 차남으로 태어났다. 1907년 구마모토육군지방유년학교熊本陸軍地方幼年學校에 입학하였고 1910년에는 중앙유년학교中央幼年學校에 진학하였다. 1912년 육군사관학교를 거쳐 1914년에는 기병소위에 임관되어 근위연대에서 근무하였으며, 1920년 육군기병학교 교관으로 봉직하였다. 1929년에는

기병 소좌로 승진하였다.

1928년 1월 부산일보사 사장이던 숙부 아쿠타가와 다다시芥川正(→631)가 사망하자 그 유지를 계승하기 위해 1929년 퇴관하고 1930년 1월『부산일보釜山日報』의 전무이사에 취임하였다. 아쿠타가와 히로시가 전무이사에 취임한 후 얼마 되지 않은 1931년 1월 27일, 화재로 신문사옥이 전소하는 사건이 발생하였다. 그는 이 위기에도 신문을 휴간하지 않고 부산공회당 소집회소를 임시 편집국으로 하여 호외 또는 2~4면의 신문을 발행하는 등 영업을 계속하였다. 그리고 위기를 기회로 삼아 최신식 윤전기 및 자동주조기를 증설하고 한 달 후인 2월 20일에는 당시로서는 첨단인 최신식활자를 이용한 1면 13단段제를 채용하여 부산일보사를 완벽하게 부활시켰다. 또한 같은 해 7월 1일에는 같은 규슈九州지방 출신이자 신문계의 달련된 장인職人이라 일컬어지던『규슈일보九州日報』의 시노자키 쇼노스케篠崎昇之助를 영입하여 지배인 겸 편집국장으로 삼는 등 신문사의 진용을 새로이 하였다. 이러한 노력에 힘입어 그는 1932년 2월, 주주총회의 만장일치로 사장에 취임하였다. 그리고 1932년 5월에는 부산일보 사옥을 신축 이전하고 지면 쇄신을 단행하였다. 전前 사장인 아쿠타가와 다다시가 부산일보사의 초석을 다졌다면 히로시는『부산일보』의 사세를 확장하는 데 전력을 기울였다.

그는 신문경영에 전념하는 한편 부산부회釜山府會 의원으로서도 활약하였고, 기병이었던 경험을 바탕으로 부산경마구락부釜山競馬俱樂部 이사장을 역임하였다. 1945년 폐전 시에는 부산일본인세화인회釜山日本人世話人會에서 일본인의 귀국을 도왔다.

[참고문헌] 홍순권 편『일제시기 재부산일본인사회 주요인물 조사보고』(선인, 2006), 阿部薰 編『朝鮮功勞者銘鑑』(朝鮮總督府, 1935), 長田睦治 編『釜山名士錄』(釜山名士錄刊行所, 1935)

【전성현】

633

아키라 이사오
章勳夫(장훈부)　　　　　　　　1878.2.9~?

실업가

홋카이도北海道 출신. 1904년 도쿄외국어학교東京外國語學校 러시아어과를 졸업했다.

1906년 조선으로 건너와 한국세관에서 세관사무관보税關事務官補로 근무했으며, 육군통역관보陸軍通譯官補를 역임했다. 1916년 5월에 조선은행에 들어가 사사司事를 거쳐 1918년 조사역調査役을 맡았다. 1924년 원산상공회의소 이사에 취임하여 원산의 상업경제계의 발전을 위해 진력하였다. 함경남도 원산을 중심으로 한 교통기관의 완비에 노력한 점이 대표적인 공적이라 할 수 있다. 또한 평원철도平元鐵道, 동해안철도東海岸鐵道, 함경선咸鏡線 등의 건설 시 참모격參謀格으로 활동했으며, 특히 평원철도기성회平元鐵道期成會 조직 당시의 활동이 대표적이다. 1939년 7월 원산상공회의소 이사직을 퇴직했다.

[참고문헌] 朝鮮新聞社 編『朝鮮人事興信錄』(朝鮮新聞社, 1922), 阿部薰 編『昭和12年版 朝鮮都邑大觀』(民衆時論社, 1937), 猪野三郎 編『第12版 大衆人事錄』(帝國秘密探偵社國勢協會, 1937), 국사편찬위원회 한국사데이터베이스〈http://db.history.go.kr〉 【이가혜】

634

아키모토 도요노신
秋本豊之進(추본풍지진)　　　1873.11.21~1934.11.27

고칸黃冠(호)

행정관료, 실업가

야마구치현山口縣 출신. 1892년 9월 도쿄법학원東京法學院에 입학하여 수학했으며, 1894년 10월 제1회 고등문관시험에 합격하였다. 1894년 12월 대장성大藏省 시보試補로 관직생활을 시작했다. 1895년 9월 검사관보檢查官補에 임명되었으며, 1901년 6월부터는 회계검사원會計檢查院 서기관을 겸임했다. 1903년 2월 의원면관을 신청했다. 1904년 6월 나라현奈良縣 참사관이 되었으며, 이듬해 4월에는 오이타현大分縣 사무관으로 자리를 옮겨 근무했다. 1906년 7월 말에 휴직 신청을 냈다. 1907년 3월 30일부로 진남포이사청鎭南浦理事廳 이사관에 임명되었다. 1910년 '한일강제병합' 이후 평양부윤平壤府尹으로 발령을 받아 재직하다가 1912년 3월 3일 퇴직하였다. 퇴직한 해에는 곧바로 일본 규슈九州 지역으로 건너갔고, 이해 5월 오이타현大分縣 중의원 의원衆議院議員에 당선되었다. 1917년부터 1922년까지는 조토전기주식회사城東電氣株式會社에서 이사와 감사역을 역임했다.

1907년 4월부터 3년 6개월 간 진남포 이사관으로 근무했다. 1908년 6월 진남포 이사청理事廳을 신축하여 낙성식을 거행했다. 이 건물은 '한일강제병합' 이후 진남포부청鎭南浦府廳으로 사용되었다. 1910년 10월 1일부로 평양부윤에 임명되었다. 1912년 3월 5일 질병을 이유로 면직 신청을 하였다. 평양부윤으로 재직하는 동안 지역 내 발행 신문들을 통폐합하여『평양일일신문平壤日日新聞』을 창간하였으며, 퇴직 후에는 신문사 사장을 역임하기도 했다. 한편으로는 일본인 경제단체인 평양실업협회의 설립과 후원에도 관여하였다. 이사관과 부윤으로 재직하고 있던 시기에는 황해도 출신 장덕수張德秀, 장덕준張德俊 형제와도 인연을 맺어 이들의 학업과 생활에 적지 않은 도움을 주었던 것으로 보인다. 1913년 4월에는 '한국병합기념장韓國併合記念章'을 받았다. 이후에는 철도와 관련된 일에 집중하여 조선경남철도주식회사朝鮮京南鐵道株式會社의 창립에 주력했다. 회사 창설 후에는 이사가 되었으며, 1923년에는 상무 직책을 맡았다. 1924년 10월 조선경남철도주식회사 부사장에 취임했으며, 조선철도협회 이사로도 활동하였다. 재직 중 1927년 10월에는 천안-장호원 간 경기선의 철로를 연장했으며, 1931년 8월에는 충남선을 장항까지 연결시켰다. 이외에 충청남도 지역에 세워진 주식회사로 온양전기溫陽電氣, 조선중앙광업朝鮮中央鑛業, 대천전기大川電氣 등 전기와 철도, 광업 관련 회사에서 이사를 맡았던 것도 확인된다. 온양온천 경영에도 관여했다. 1929년 5월 1일부로 조선박람회 평의원에 위촉되기도 하였다. 1934년 11월까지 조선철도협회 천안天安 지역 상무로 이름을 올려놓고 있었다. 공주, 부여를 거쳐 군산에 이르는 임해항만철도회사臨海港灣鐵道會社를 설립하려는 계획을 세우기도 했다. 서화와 골동품에 상당한 감식안을 가지고 있었으며, 1930년대에는 자선단체나 빈민구제사업에 의연금을 내는 활동을 병행하기도 했다.

1934년 11월 27일 지병으로 사망한 후, 추도식은 도쿄 아오야마南山에서 11월 30일 거행되었다. 『조선철도협회회지朝鮮鐵道協會會誌』에 그의 사진과 함께 도쿄東京와 남산 히가시혼간지 별원東本願寺別院에서 거행된 추도회에 관한 내용이 수록되어 있다. 와다 이치로和田一郎(→755)가 도쿄에서 『고칸 아키모토 도요노신 군黃冠秋本豊之進君』이라는 책을 발행하였는데, 여기에는 아베 미쓰이에阿部充家(→600)와 우가키 가즈시게宇垣一成(→784) 등 여러 인물들이 그를 추모하는 글이 실렸다. 이 책에는 유고로 「조선의 농촌중심주의朝鮮の農村中心主義」라는 글이 수록되었다.

[참고문헌] 和田一郎 編 『黃冠秋本豊之進君』(和田一郎, 1935), 前田力 『鎭南浦府史』(鎭南浦府史發行所, 1926), 大陸研究社 編 『滿鮮人物選集』(大陸研究社, 1935), 秦郁彦 編 『日本官僚制總合事典』(東京大學出版會, 2001), 최선웅 「1910년 일본유학 전후 張德秀의 행적과 민족문제의 자각」 『韓國史學報』 47(고려사학회, 2012), 조선총독부관보활용시스템 〈http://gb.nl.go.kr〉
【박한민】

635
아키바 다카시
秋葉隆(추엽융)　　　1888.10.5~1954.10.16

민속학자, 대학교수

지바현千葉縣 출신. 1921년 도쿄제국대학東京帝國大學 사회학과를 졸업하고 1924년에 경성제국대학 예과 강사로 임명되었다. 1924년 10월에 재외연구원으로 임명되어 독일, 프랑스, 영국, 미국 등지에서 문화인류학을 공부하고 1926년 11월 조선으로 돌아와, 경성제대 법문학부에 조교수로 취임하여 본격적으로 조선민속학을 연구하기 시작하였다. 전후에는 규슈제국대학九州帝國大學에서 문학부 강사를 하다가 아이치대학愛知大學 문학부장 등을 역임하였다. 1954년 사망하였다.

조선으로 돌아오는 배에서 이마무라 도모今村鞆(→838)의 『조선민속학朝鮮民俗學』을 읽고 감명을 받아 조선의 무속연구를 하는 계기가 되었다. 기존의 조선민속학은 총독부나 경찰의 조사 결과에 기반하여 연구가 이루어졌으나, 아키바는 당시에 선진적인 문화인류학의 방법을 전유하여 직접 필드워크에 뛰어드는 방식으로 연구를 진행하였다. 1926년, 경성제국대학 조교수에 부임한 이후 1929년 교수로 승진했다. 직원록에 의하여 확인된 바로는 1943년까지 근속했다.

조선 체류 시에는 조선민속학 연구에 매진하였으나 귀국 이후로는 주로 아쓰미반도渥美半島의 민속학을 연구하였다.

[참고문헌] 貴田忠衛 『朝鮮人事興信錄』(朝鮮人事興信錄編纂部, 1935), 有馬純吉 『昭和六年版 朝鮮紳士錄』(朝鮮紳士錄發行會, 1931)　　【김욱】

636
아키야마 고에이
秋山幸衛(추산행위)　　　생몰년도 미상

교사

고치현高知縣 나가오카군長岡郡 출신. 1902년 7월 메이지법률학교明治法律學校를 졸업하였다.

1908년 1월 법관양성소法官養成所 조교수로 임명되었으며, 한 달 후부터는 같은 곳에서 주사主事를 겸임하였다. 법관양성소에서 법학교로 개칭된 1909년 11월 1일부터는 법학교에서 조교수 겸 서기(판임관)에 임명되어 근무하였다. 당시 이곳에는 법학교 교장 노자와 다케노스케野澤武之助(→223), 교수 조 쓰라쓰네長連恒, 조교수 가코 사다타로加古貞太郎가 재직하고 있었다. 1911년 11월 1일부터 경성전수학교京城專修學校 교사로 임명되어 이듬해 12월까지 재직하였다. 조선총독부로부터 '한국병합기념장'을 받기도 하였다. 1912년 12월 20일부로 경성전수학교 교사에서 의원면직 처리가 되었다.

[참고문헌] 김효전 『법관양성소와 근대한국』(소명출판, 2014), 貴田忠衛 『朝鮮人事興信錄』(朝鮮人事興信錄編纂部, 1935)　　【박한민】

637

아키야마 도쿠지
秋山督次(추산독차)   1887.10.20~1936.3.12

실업가

니가타현新潟縣 니시쿠비키군西頸城郡 출신. 부친 아
키야마 햐쿠타로秋山百太郎는 1877년 조선에 건너와
서 경성에 토목건축청부업을 개업하였다. 아키야마
도쿠지는 중학을 졸업하고 잠시 소학교 교사로 근무
하다가 1908년 요코하마 후쿠인福音 영어학사에 들
어가 외국인에게 어학을 배우며 미국 유학 준비를 하
였다. 이때 손위누이의 부고를 접하고 귀향했을 때,
당시 조선에서 부친이 광양만廣梁灣의 염전공사와 개
성역 확장공사에 착수하게 되어 그를 돕게 되었다.
    1909년 6월 조선으로 건너와서 부친의 일을 돕다
가, 그가 사망하자 1915년 1월 선대의 가업을 상속하
였다. 이후 철도 및 총독부 청부공사를 맡았다. 토목
건축기업 아키야마구미秋山組를 경영하였고, 1932년
에는 대덕토목大德土木 합자회사를 설립하여 고바야
시 도쿠이치로小林德一郎와 함께 대표가 되었다. 이
와 함께 기계 제작 및 주물 제조 판매를 한 합자회사
조선공작소朝鮮工作所(1924년 설립)와 용산정미소(1932
년 설립)의 주주로서 경영에 참여하였다.
    1919년부터 거주지인 사카에마치榮町 총대總代를
맡았고, 12월에는 의용소방대를 조직하여 소방구미
消防組의 조장으로 활동하였다(용산소방조). 같은 해
11월에는 용산금융조합 창설에 참여하여 1920년에
감사직에 취임하였으며, 1929년에는 조합장에 올랐
다. 또한 시내 도로의 개착운동을 벌였으며 용산지
역 재조일본인들의 요청을 받아 경성학교조합의원
에 당선되었다. 1920년대 경성공직자대회에도 참여
하여 재조일본인의 이익 추구운동에 가담하는 등 2
대에 걸쳐 경성에서 쌓은 재력, 사회활동으로 축적
한 인망을 통해 1931년 경성부회의원에도 당선되었
다. 경성부회의원 현직에 있던 1932년 경성부 건축
기사의 독직사건에서 발단된 '경성토목담합사건'에
서 유죄판결을 받았다. 1935년 2심에서 징역 3월에
집행유예 4년을 선고받았으며, 이에 상고했으나

1936년 2월 고등법원에서 상고가 기각되어 유죄가
확정되었다. 같은 해 3월 12일 사망했다.

[참고문헌] 이승렬 『제국과 상인』(역사비평사, 2007),
朝鮮中央經濟會 編 『京城市民名鑑』(1922), 貴田忠衛
編 『朝鮮人事興信錄』(朝鮮新聞社, 1922), 中村資良 編
『京城仁川職業名鑑』(東亞經濟時報社, 1926), 荻野勝
重 編 『朝鮮及滿蒙に於ける北陸道人史』(北陸道人史編
纂社, 1927), 東亞經濟時報社 編 『朝鮮銀行會社組合要
錄』(東亞經濟時報社, 1925), 「陣內等五十一名 土木大
疑獄判決」(『東亞日報』, 1935.2.26), 「京城府公職者竝
に府關係職員物故者追悼會」 『京城彙報』 185(1937)

【고태우】

638

아키야마 마사노스케
秋山雅之介(추산아지개)   1866.3.9~1937.4.11

관료, 법학자

아키노쿠니安藝國(현 히로시마현廣島縣) 출신. 사족 아
키야마 준이치秋山恂一의 장남으로 태어났다. 히로시
마중학교廣島中學校, 제일고등학교第一高等學校를 거
쳐 1890년 7월 도쿄제국대학東京帝國大學 법과대학(영
법)을 졸업하였다. 외무성에 들어가 정무국 등에서
근무한 후, 영국과 러시아 주재 일본공사관에서 서
기관 등으로 재직하였다. 1897년 미국이 하와이를
병합하려는 움직임을 감지하여 호놀룰루로 파견되
어 담판하였으나 실패하고 귀국 후 자살을 시도하였
다. 1898년 1월부터 대기발령, 1903년 1월 외무성에
서 퇴직하였다.
    러일전쟁 직전 육군성 참사관에 임명되었으며, 법
제국 참사관도 겸직하였다. 국제법 고문으로 활약하
였으며, 육군대신 데라우치 마사타케寺內正毅(→321)
가 중용하였다. 그 후 조선총독이 된 데라우치가 불
러들여 조선총독부 참사관도 겸임하였다. 조선총독
부에서는 사법부 장관, 중추원서기관장 사무취급 등
을 역임하였다. 또한 1906년 제네바에서, 또한 1912
년 워싱턴에서 열린 만국적십자 총회에 정부위원으
로 참석하는 등 국제무대에서 활동하였다. 또한 1917

년부터 1922년에 칭다오靑島 수비군이 폐지될 때까지 민정장관을 맡았다. 그 사이에는 도쿄전문학교東京專門學校(현 와세다대학早稻田大學), 와후쓰법률학교和佛法律學校(현 호세이대학法政大學), 메이지법률학교明治法律學校(현 메이지대학明治大學)에서 국제법(평시국제공법, 전시국제공법)의 강사를 맡았다. 1905년 4월 국제법 연구의 업적을 인정받아 법학박사 학위를 받았다.

학술계에서는 특히 호세이대학과의 관련이 깊었다. 1898년 이래, 와후쓰법률학교 강사, 교무주간『법학지림法學志林』의 편집주임 등을 맡았다. 그 후로는 1923년 11월에 호세이대학 이사에 취임하였고, 1931년 2월에는 학장 사무취급이 되었으며, 1933년 11월부터 이듬해 5월까지 학장으로 재직하였다. 그의 장서는 아키야마 마사노스케 문고秋山雅之介文庫라는 명칭으로 호세이대학에 소장되어 있다. 전기로는『아키야마 마사노스케 전秋山雅之介傳』(秋山雅之介傳記編纂會, 1941)이 있다.

한국 관련으로는 러일전쟁 발발 후 외무성이 국제법학자에게 의뢰한 보호국에 관한 조사에서 보고서를 작성하였다. 이 보고서는 러일전쟁 이후 일본의 대한방침을 결정한 1904년 5월 31일 각의결정 '제국의 대한방침'과 '대한시설강령 결정의 건'의 참고자료로 이용되었다고 한다. 한편, 아키야마도 정부위원으로 관여한 1906년 제네바에서 만국적십자 총회에서는 제2차 한일협약 이후 일본의 보호국이 된 한국의 외교권을 어떻게 운용하느냐가 문제가 된 첫번째 사안이었다. 일본 측의 인식 부족으로 인하여 한국 황제가 여전히 한국의 외교권을 행사하고 있다고 받아들일 여지가 있을지도 모른다는 실책을 저질렀다. 1910년 한국강제병합 무렵에는 데라우치의 법률고문이라는 입장에서 헌병경찰제도 구상을 비롯하여 다수의 의견서를 기초하고, 조선총독부에서도 지방제도개혁 등 많은 정책 입안에 관여하였다.

[참고문헌] 秋山雅之介 『和佛法律學校』(和佛法律學校, 1903), 秋山雅之介『國際公法 平時・戰時』(法政大學, 1908), 朝鮮新聞社 編『朝鮮人事興信錄』(朝鮮新聞社, 1922) 【오가와라 히로유키小川原宏幸】

639
아키야마 요시후루
秋山好古(추산호고)　　　1859.2.9～1930.11.4

육군 군인

이요伊子 마쓰야마번松山藩 출신. 사족士族 아키야마 히사타카秋山久敬의 3남으로 태어났다. 오사카大阪사범학교를 거쳐 1879년 12월 육군사관학교를 졸업(구3기)하고, 기병소위로 임관하여 도쿄진대東京鎭臺에 배속되었다. 1883년 2월 기병중위로 진급하고 육군사관학교 교관으로 이동하였으며, 1885년 12월 육군대학교를 졸업(1기)하고 참모본부 소속, 도쿄진대 참모로 근무하였다. 1886년 6월 대위로 진급하고 기병전술 습득을 위해 프랑스로 4년간 유학하였으며, 귀국 후 기병 제1대대 중대장, 육군사관학교 교관을 역임하였다. 1892년 11월 소좌로 진급하고 기병 제1대대장으로 재직 중 청일전쟁이 발발하자 출정하였으며, 1895년 5월 중좌로 진급하였다. 1896년 5월 육군기병학교장이 되었으며, 다음 해 10월 대좌로 진급하였다. 이후 육군기병실시학교장陸軍騎兵實施學校長, 육군수의학교장, 제5사단 병참감, 청국주둔군 참모장, 청국주둔군 수비사령관을 역임하고 1902년 6월 육군소장으로 진급하였다. 1903년 4월 기병 제1여단장으로 취임하고 러일전쟁이 발발하자 휘하의 기병 제1여단을 이끌고 출정하여 주요 격전지에서 활약하였다. 그 공로로 '일본 기병의 아버지'라고 불리게 되었다. 이후 기병감을 거쳐 1909년 8월 중장으로 진급하고 제13사단장으로 취임하였으며, 1915년 2월 근위사단장으로 이동하였다.

1916년 8월부터 다음해 8월까지 조선주차군 사령관으로 임명받아 도한하였고, 같은 해 11월 대장으로 진급하였다.

귀국 후 군사참의관, 마정馬政위원회 위원장, 교육총감, 군사참사관을 거쳐 1923년 3월 예비역으로 편입되었다. 1924년 4월 사립 호쿠요北子중학교 교장으로 취임하였으며, 1930년 11월 당뇨병으로 인한 심근경색으로 사망하였다.

[참고문헌] 秦郁彦 編『日本陸海軍總合事典』(東京大學

出版會, 1991), 野村敏雄 『秋山好古: 明治陸軍屈指の
名將』(PHP研究所, 2002)　　　　　　【이승희】

640

아키즈키 사쓰오
秋月左都夫(추월좌도부)　　　1858.4.7~1945.6.25

로쿠사부로六三郎(아명)
외무관료

다카나베번高鍋藩(현 미야자키현宮崎縣) 출신. 가로家老
아키즈키 다네요秋月種節의 3남으로 태어났다. 번교
메이린도明倫堂에서 수학하였다. 1876년 사법성 법
학교司法省法學校에 입학하였으며, 1884년에 법률과
를 졸업하였다. 1885년 외무성外務省 관비유학생으
로 선발되어 벨기에로 유학을 다녀왔다. 1891년 공
사관서기관 시험에 합격하였다. 이해 7월부터 외무
성 정무국政務局에서 외무성시보外務省試補로 근무를
시작하였고, 참사관參事官으로 통상국通商局에서 근
무하였다. 이후 2등영사, 문부성 참사관, 1등영사,
러시아 및 프랑스 일본공사관 1등 서기관 등의 직책
을 두루 거쳤다. 1904년부터는 스웨덴 겸 노르웨이
특명전권공사가 되었다. 1909년에는 오스트리아-
헝가리 특명전권대사로 임명되어 활동하였다. 1914
년 9월 독일과의 국교 단절 후 귀국하였으며, 의원면
직을 신청하였다. 1917년부터 1919년까지는 『요미우
리신문讀賣新聞』 사장, 1919년 파리강화회의 개최 당
시에는 사이온지 긴모치西園寺公望 대사의 고문 등을
맡았다.

1896년 4월 23일부로 부산영사관 1등영사로 발령
을 받았다. 부산영사로 있는 동안 강원도, 경상도 등
지에서 발생한 의병활동의 동정과 일본인들의 피해
상황 등을 조사하여 보고하였다. 이해 7월 13일부로
다시 공사관 2등서기관 발령을 받았으며, 8월 2일
한성공사관에 착임하였다. 1897년 2월부터는 한성
주재 1등영사 직무를 겸하게 되었는데 조선 정부에
서는 3월 1일부로 인가장認可狀을 교부하였다. 이전
부터 일본 거류민들이 요구해 왔던 왜장대 공원 설치
건에 대해 가토 마스오加藤增雄 일본공사의 교섭 결

과, 영구임차계약이 체결되었다는 소식을 통지하였
다. 한성영사로 있는 동안 조선 정부의 보조화폐 남
발로 인한 피해와 관련하여 이를 잠시 중지해 줄 것
을 가토 변리공사에게 요청하기도 하였다. 1898년 3
월에는 무기류의 매매 양도 혹은 대여에 대하여 허가
를 받도록 단속조치를 취하였다. 5월에는 거류민들
의 가옥마다 하수구와 물받이 통을 설치하고 뚜껑을
덮도록 포고를 내렸다. 이해 7월에는 한국에 있는 학
생 수십 명의 발의로 설립된 한성의숙漢城義塾과 관
련하여 가토 마쓰오, 히오키 에키日置益와 더불어 찬
성원으로 이름을 올리고 있었던 것이 확인된다. 또
한 이 달에는 재조 일본상인들의 상품진열소商品陳列
所 설치와 관련하여 이들에게 편의를 제공하고자 한
다고 하면서 관련 규칙 및 사무규정, 출품수속 등을
입수하여 본국에 보고하였다. 1899년 상순에는 활빈
당活貧黨 봉기나 일본망명자들의 활동 등으로 소란스
러운 가운데, 6월 14일 영사의 사전허가 없이 일본인
가옥에 조선인들이 체류할 수 없도록 엄중히 단속한
다는 포고를 내리기도 하였다. 이해 8월 30일 개최된
고종의 만수성절萬壽聖節 연회에 참석하였다. 이해
10월에 영사직에서 물러나 귀국하였는데, 12월에 야
마자 엔지로山座圓次郎(→675) 영사가 부임하기 전까지
는 시노부 준페이信夫淳平(→538)가 영사업무를 대리하
였다. 이로부터 22년 후인 1921년 6월부터 1924년
8월까지 3년간 『경성일보京城日報』 사장으로 재직하
였다. 아울러 영자신문으로 조선총독부 기관지였던
서울 프레스Seoul Press의 감독 직책을 겸임하였다.
이해 8월에는 『매일신보每日申報』 사설란에 「태평양
회의太平洋會議」를 네 차례에 걸쳐 연재하였다. 1921
년 10월부터는 조선중앙위생회朝鮮中央衛生會 위원으
로도 위촉을 받아 1924년까지 활동하였던 것이 확인
된다.

1920년 9월 20일자 『매일신보』에는 「日鮮人에게 期
望함」이라는 제목의 담화가 실렸는데, 여기서 사이
토 마코토齋藤實(→469) 총독이 조선통치에 적임자이
므로 그를 떠나보내서는 안 된다고 주장하였다. 1941
년에는 기쿠다 사다오菊田貞雄와 공저로 『정한론의
진상과 그 영향征韓論の眞相と其の影響』(東京日日新聞社)

을 출간하였다.

[참고문헌] 國史編纂委員會 編『駐韓日本公使館記錄』(國史編纂委員會, 1997), 국사편찬위원회 편『國權回復』(국사편찬위원회, 2004), 국사편찬위원회 편『要視察韓國人擧動』卷1(國史編纂委員會, 2001), 高麗大學校亞細亞問題研究所 編『舊韓國外交文書 : 日案』卷3·4 (高麗大學校出版部, 1967), 京城居留民團役所 編『京城發達史』(京城居留民團役所, 1912), 京城府 編『京城府史』(京城府, 1934), 朝鮮中央經濟 編『京城市民名鑑』(朝鮮中央經濟, 1922), 秦郁彦 編『日本近現代人物履歷事典』(東京大學出版會, 2002)   【박한민】

641

안도 사다요시

安東貞美(안동정미)   1853.10.20~1932.8.29

육군 군인

시나노信濃 이다번飯田藩 출신. 창술사범 안도 다쓰무安東辰武의 3남으로 태어났다. 1872년 6월 오사카육군병학교大阪陸軍兵學校를 졸업하고 보병소위로 임관하였으며, 1874년 11월에는 중위로 진급하여 도쿄진대東京鎭臺 보병 제1연대 중대장 심득心得이 되었고, 1877년 정토별동征討別動 제2여단에 편입되어 세이난西南전쟁에 출정하였다. 같은 해 5월 대위로 진급하였으며, 1878년 4월 육군사관학교 소속을 거쳐 1883년 2월 소좌로 진급하고 보병 제2연대 제3대대장, 육군사관학교 교관, 참모총장 전령사傳令使, 참모본부 제3국 제1과장, 참모본부 제1국원, 육군사관학교 교관을 역임하였다. 1891년 4월 중좌로 진급하고 육군 도야마戶山학교장, 철도선구鐵道線區 사령관을 역임하였다. 1894년 12월 1일 대좌로 진급하고 1896년 9월 28일 육군사관학교장으로 취임하였다. 1897년 9월 28일 보병 제6연대장으로 이동하였고, 1898년 10월 1일 육군소장으로 진급하여 타이완수비혼성混成 제2여단장에 취임하였다. 1899년 8월 26일에는 보병 제19여단장이 되었고 1904년 3월 러일전쟁에 출정하였다. 1905년 1월 15일 중장으로 진급하고 제10사단장으로 취임하였으며, 1907년 9월 12일

남작의 작위를 받고 화족華族의 반열에 들게 되었다. 1910년 8월 26일에는 제12사단장으로 취임하였다.

1912년 1월부터 1915년 1월까지 조선주차군 사령관으로 임명되어 도한하였다. 1915년 1월 25일 육군대장으로 진급하였으며, 같은 해 5월 1일 타이완 총독으로 취임하였다. 1918년 8월 19일에는 후비역後備役으로 편입되었고, 1932년 8월 29일 사망하였다.

[참고문헌] 秦郁彦 編『日本陸海軍總合事典』(東京大學出版會, 1991), 阿部薫『朝鮮人物選集』(民衆時論出版部, 1934)   【이승희】

642

안도 요시시게

安藤義茂(안등의무)   1888~1967

화가

에히메현愛媛縣 마쓰야마시松山市 출신. 1911년 도쿄미술학교 도화사범과를 졸업하고 중학교에서 교편을 잡았다. 1927년 조선으로 건너와 35년까지 체류했다. 1927년부터 일본의 제전帝展, 문전文展을 중심으로 출품하여 연이어 입선했다. 1943년 이후, 화풍과 기법을 완전히 바꾸어 수채화를 기반으로 한 도화刀畫 기법을 독자적으로 창작했다. 전후에는 주로 이 도화를 위주로 제작했다.

안도는 1927년 당시 안도安藤 악기상을 운영하고 있던 부모님을 찾아 부산으로 건너왔다. 부산에 정착하던 해 처음으로 일본 제전帝展에 〈조선인 부락의 장날〉을 출품하여 입선하고, 이후 입선을 거듭했다. 7년간 부산에 거주하며 제전, 문전 등에 작품을 출품하며, 부산미술전람회(1928~42) 심사위원을 역임 하는 등 왕성한 활동을 이어갔다. 그러나 1935년 아내가 병사하자 5명의 자녀와 일본으로 귀국했다.

부산 체류 기간에는 시장, 빨래터, 우물가, 아이, 노인 등 조선의 일상적인 모습을 담은 작품을 다수제작했으며, 스케치를 비롯해 〈자라 파는 여인〉(1927년, 개인소장) 등 현재 비교적 많은 수의 조선관련 작품이 남아 있다.

[참고문헌] 서울역사박물관 편『1920~1930년대 그림으

로 보는 경성과 부산』(서울역사박물관, 2017), 北九州
市立美術館 編『安藤義茂展(北九州市立美術館, 1980),
坂井基樹 外 編『日韓近代美術家のまなざし-『朝鮮』
で描く』(福岡アジア美術館 外, 2015) 【김정선】

643
야규 시게오
柳生繁雄(유생번웅) 1897~?

관료

아이치현愛知縣 나고야시名古屋市 출신. 도쿄제국대
학東京帝國大學 법학부를 졸업하였다.

야규가 조선으로 건너온 것은 1923년 6월이었다.
조선총독부 체신국에서 사무 견습을 마친 뒤, 총독
부 이사관이 되어 평안남도 지방과장, 경기도 학무
과장 등을 거쳤다. 이후에는 충청북도 재무부장, 평
양 전매지국장을 지냈다.

1933년 1월에는 총독부의 도 사무관보에 임명, 전
라남도 경찰부장이 되었다. 또한 1935년 1월 24일
조선총독부 경무국 도서과 과장으로 발령을 받아 근
무한 뒤, 1936년 10월 16일에는 내무국 사회과장직
으로 자리를 옮겼다.

1941년 11월부터 1943년 12월까지 강원도 지사를
역임하였다.

[참고문헌] 정진석『극비 조선총독부의 언론검열과 탄
압』(커뮤니케이션북스, 2007), 국사편찬위원회 한국사
데이터베이스〈http://db.history.go.kr〉
【함충범】

644
야기 노부오
八木信雄(팔목신웅) 1903~?

경찰관료

도쿄시東京市 출신. 1925년 11월 고등시험행정과에
합격하고, 1926년 3월에는 도쿄제국대학東京帝國大學
법학부 정치과를 졸업했다.

1926년 4월 조선총독부 전매국 사업과에 임관되어

도한했다. 1928년 9월 도경시에 취임하고, 황해도
경찰부 경무과장, 1930년 5월 경상북도 경찰부 경무
과장, 1931년 2월 조선총독부 사무관으로 임명되었
다. 황해도지사 및 전라남도지사에 임명되었다. 일본
이 패전하기까지 19년간 총독부 관리, 독립운동, 사
회주의운동을 감시하고 억압하는 최고책임자였던 경
무국보안과장 등으로 식민통치의 실무를 담당했다.

전후 한일 간의 화해와 우호증진의 필요성을 주장
하며 활동하였다. 1983년 조선에서 자신의 경험과
일본의 식민통치 전반에 관한 회고록『일본과 한국日
本と韓國』을 저술, 발간하였다.

[참고문헌] 八木信雄 『日本と韓國』(日韓文化出版社,
1983), 貴田忠衛『朝鮮人事興信錄』(朝鮮人事興信錄編
纂部, 1935) 【김소영】

645
야나기 가네코
柳兼子(류겸자) 1892.5.18~1984.6.1

음악가

도쿄시東京市 출신. 1909년 도쿄음악학교 본과에 진
학하여 성악을 전공했다. 1910년 야나기 무네요시柳
宗悅(→646)와 교제하였고. 1912년 도쿄음악학교 본과
졸업 후 연구과로 진학한 후 1913년 야나기 무네요시
와 약혼하였다. 1914년 도쿄음악학교 연구과 중퇴하
고, 야나기 무네요시와 결혼하였다. 1928년 5월 독
일에 유학하였고, 1938년부터 1944년 폐교까지 제국
음악학교 성악교사를 지냈다. 신교향악단과 말러 음
악을 일본에서 초연했다. 일본의 대표적인 알토 성
악가로 인정받아 일본예술원의 상을 수상하고 1972
년 일본예술원 회원이 되었다.

야나기 가네코는 1914년 야나기 무네요시와 결혼
한 이후 조선과의 관계가 깊어져 1920년부터 1934년
까지 조선을 여러 차례 방문하여 연주회를 가졌다.
제1차 연주회는 1920년 5월 동아일보사 주최로 경성
에서 '야나기 가네코 독창회'를 6회 개최하였고,
1921년 무네요시가 '조선민족미술관' 설립 계획을 세
운 이후 제2차로 조선을 방문하여 기금 모금 연주회

를 조선 각지(부산, 경성, 평양, 개성, 진남포 등)에서 개
최하였으며, 같은 해 9~10월에는 일본각지에서도
모금연주회를 개최하였다. 1923년 11월에는 간토대
지진關東大震災에 희생된 조선인을 위해 '대진재 조선
인 구제음악회'를 예정했으나 병으로 포기하였다.
1924년 4월 조선민족미술관 모금 독창회를 4회 개최
하였고, 4월 9일 조선민족미술관이 경복궁에 개관한
이후에도 같은 취지의 모금연주회를 오사카 등지에
서 하였다. 1925년 10월에는 무네요시와 도시샤여전
의 학생 14인으로 구성된 합창단을 데리고 조선각지
에서 음악회를 개최하였으며, 1926년 4월 독일로 유
학가는 도중 경성에서 경성 메소디스트 교회 주최로
'야나기 가네코 부인 송별연주회'를 개최하였다.
1934년 6월 무네요시가 일본민예협회를 설립하고
회장으로 취임한 후, 11월 가네코는 경성에서 독창회
를 개최하는 것으로 식민지 시기 조선을 마지막 방문
하게 된다. 무네요시가 조선민족미술관 건립을 계획
하는 데 가네코의 연주회는 경제적으로 매우 중요한
뒷받침이 되었다. 전후에는 1968년 10월 하순 동아
음악콩쿠르 심사위원으로 동아일보사의 초청을 받
아 한국을 한 번 방문한다.

태평양 전쟁이 발발한 후에는 국민가요의 가창지
도나 1945년 5월까지 공장위문연주회 순례공연에도
참가하는 등 전시체제의 프로파간다에 동원되었다.
1954년 구니타치 음대 교수가 되었고, 1965년 일본
예술원상을 수상하였다. 85세까지도 공식 리사이틀
을 개최하였고 1984년 사망하기 1년 전까지도 제자
레슨을 지속하였다.

[참고문헌] 다코 기치로 저, 박현석 역『(야나기 가네코)
조선을 노래하다』(21세기북스, 2009), 松橋桂子『楷書
の絶唱 柳兼子』(水曜社, 2003),『音樂家人名事典』(東
京: 日外アソシエーツ, 1991), 小池靜子『柳兼子の生
涯 歌に生きて』(勁草書房, 1989), 小池靜子『柳宗悅を
支えて－聲樂と民藝の母・柳兼子の生涯』(現代書館,
2009), 이병진「청중의 탄생－야나기 가네코(柳兼子)
의 '조선을 노래하다'」『日本語文學』61(일본어문학회,
2013)   【이경분】

646

야나기 무네요시
柳宗悅(류종열)   1889.3.21~1961.5.3

민예운동가, 미학자

도쿄시東京市 출신. 젊은 시절부터 다채로운 분야에
관심을 가졌다. 가쿠슈인學習院 고등과 재학 중『시
라카바白樺』창간 동인으로 참가해 전공인 심리학 논
문을 발표한다. 동시에 비어즐리Beardsley, 로댕Rodin
등의 서양미술을 소개하고, 1914년 25세에 대작『윌
리엄 브레이크ウィリアム・ブレイク』를 저술했다. 이
시기에 야나기의 관심은 서양미술에서 동양미술로,
심리학에서 종교철학으로 옮겨 갔다. 1913년 도쿄제
국대학東京帝國大學 철학과를 졸업했다.

동양미술에 대한 구체적 관심은 아사카와 노리타
카淺川伯敎(→612), 아사카와 다쿠미淺川巧(→613) 형제를
통한 조선 도자기와의 만남에서 시작되어, 이후 1916
년부터 1940년에 이르기까지 약 21회에 걸쳐 조선을
여행했다. 아사카와 다쿠미는 당시 조선 민예품의
아름다움을 소개하고 안내했던 조력자였다. 주목해
야 할 점은 야나기가 민예품의 수집과 감상에 머무르
지 않고 올바른 미는 올바른 사회에서 가능하다는
그의 사상적 독창성이다. 야나기의 미에 대한 관심
은 사회와 긴밀하게 연결되었으며, 이는 조선에 대
한 관심으로 확장되었다. 조선의 발견이 사상적으로
야나기 전 생애에 걸친 사고의 엔진이 되었다는 평가
도 있다.

야나기의 사상적 특징은 사물이 지니는 아름다움
과 종교성의 상관성을 발견하고 그것을 사회개혁운
동으로까지 확대시킨 점이다. 따라서 민예운동은 미
의 영역에 종교성을 부여하고 자리매김함으로써 종
교적인 색채가 짙은 도덕성 회복 운동을 가능하게
했다. 이처럼 올바른 민예와 올바른 사회의 관계를
발견한 야나기는 민예의 미를 억압한 자본주의 제도
에 대신해 협단제도(중세 길드)의 재건이 필요하다는
주장에 이른다.

야나기의 조선 관련 언급 가운데 일본의 조선정책
을 비판한「조선인을 생각한다朝鮮人を想う」(『讀賣新聞』,

1919.5), 동양미술의 보고인 광화문 철거를 반대한 「사라지려 하는 하나의 조선 건축을 위하여失はれんとする一朝鮮建築のために」(『改造』, 1922.9) 등이 있다. 이러한 글은 독자의 마음을 움직이기에 충분한 힘을 지니고 있었다. 그러나 일본 제국주의에 대한 야나기의 도덕적 항의가 "자기만족에 지나지 않으며, 전형적인 식민지 사관의 변형이다"라는 1970년대 한국에서의 비판도 있었다. 그 비판의 중심에는 조선의 예술이 '비애의 미悲哀の美'라고 규정한 야나기의 초기 조선예술론에 대한 반론이 자리하고 있었다. 그리고 야나기가 활동한 시대, 정치적 상황이 조선총독부의 문화정책으로부터 자유롭지 못한 것도 하나의 원인이다. 1990년대에 들어 야나기를 재조명하려는 움직임과 함께 한·일간의 야나기 연구가 활발하게 이루어지고 있다.

야나기의 조선 관련 글들은 1920년대 전후에 집중된다. 이는 아사카와 다쿠미의 재조 시기(1914~1931)와도 유사하며, 이렇듯 아사카와 형제의 절대적인 협력을 통해 조선에서의 민예품 수집 활동은 1924년 경성 경복궁 집경당에 조선민족미술관을 설립하고 전시함으로써 그 결실을 맺었다. 그리고 조선민족미술관의 실현을 계기로 1925년 민중이 사용하는 일상품의 미에 착목한 야나기는 하마다 쇼지濱田庄司, 가와이 간지로河井寬次郎 등과 함께 무명의 장인들이 만든 민중적 공예품을 '민예'라고 명명했다. 이것은 이후 1936년 야나기가 초대관장으로 취임하는 도쿄 고마바駒場의 일본민예관日本民藝館의 설립으로 이어졌다. 일본민예관은 '민예'라는 새로운 미의 개념의 보급과 미의 생활화를 목표로 출발했다. 현재 경영 모체는 공익재단법인으로 등록박물관으로서 운영되며, 민예사상 보급에 주력하고 있다.

1961년 『민예도감民藝圖鑑』 제2권에 「조선의 석공朝鮮の石工」과 「조선의 금공朝鮮の金工」을 기고하고 동년 5월 3일 뇌출혈로 타계했다. 이후 1984년 대한민국 정부가 외국인 최초로 야나기에게 보관문화훈장을 수여했다.

[참고문헌] 나카미 마리 저, 김순희 역 『야나기 무네요시 평전』(효형출판, 2005), 『「平常」の美·「日常」の神秘 柳宗悅展』(三重縣立美術館, 1997), 『야나기 무네요시柳宗悅』(국립현대미술관, 2013), 이병진 「近代 日本의 아이덴티티 확립의 갈등—야나기 무네요시의 조선 민예론을 중심으로」『日本學研究』29(단국대학교일본연구소, 2010), 이병진 「3.11 동일본 대지진과 야나기 무네요시의 민예론」『日本學報』93(韓國日本學會, 2012), 이병진 「사상가로서의 야나기 무네요시 읽기」『日本言語文化 제24집』(韓國日本言語文化學會, 2013), 日本民藝館 〈http://www.mingeikan.or.jp〉　　【이병진】

647

야나무라 기치조
梁村奇智城(양촌기지성)　　　　　　생몰년도 미상

영화인

1939년 4월 5일 공포된 일본의 영화법을 모태로 한 조선영화령朝鮮映畵令(1940년 1월 4일 공포, 8월 1일 시행)에 근거하여 영화 제작사와 배급사의 통폐합이 진행되고 있을 때, 그 대상이던 영화사는 모두 9개사였다. 해당 회사와 대표자 명단은 다음과 같다. 조선영화주식회사(최남주), 고려영화협회(이창용), 명보영화합자회사(이병일), 한양영화사(김갑기), 조선예흥사(서항석), 경성영화제작소(야나무라 기치조梁村奇智城→647)), 황국영화사(후루하타 세이조降旗淸三(→962)), 조선문화영화협회(쓰무라 이사무津村勇(→581)), 경성발성영화제작소(다카시마 긴지高島金次(→286)). 그리고 얼마 뒤에 조선예흥사가 빠지고 동양발성영화촬영소(國本武夫-조선인 이기호의 창씨)와 선만기록영화제작소(구보 요시오久保義雄(→136))가 합류하면서 10개사가 되었다.

경성영화제작소의 대표였으며, 제작 부문 통폐합을 위해 조선총독부의 주도로 1940년 12월 10일 결성된 조선영화제작자협회의 일원으로 참여하였다. 1941년 2월 10일에는 5인의 상임 창립위원 중 한 명으로 이름을 올렸다.

1941년 10월 28일에는 야마모토 후미히코本山文彦와 함께 자본금 18만 원으로 주식회사 조선문화흥업을 세웠는데, 여기서는 교육 및 문화영화의 순회흥업, 문화적 도서의 간행, 영사기의 중개 판매 등의 사업을 하였다. 동시에 사단법인 조선영화배급사의 촉탁으로도 활동을 겸하였다.

한편, 『조선은 어떻게 움직이나朝鮮は何う動く』 (1931), 『선만을 용로에 넣어鮮滿を鎔爐に入れて』(1933), 『조선의 갱생朝鮮の更生』(1935), 『만주근대변천사론滿洲近代變遷史論』(1935), 『국민정신총동원과 심전 개발國民精神總動員運動と心田開發』(1939) 등의 저서를 집필하기도 하였다.

[참고문헌] 한국영상자료원 편역 『일본어 잡지로 본 조선영화 4』(현실문화연구, 2013), 高島金次 『朝鮮映畵統制史』(朝鮮映畵文化研究所, 1943), 국사편찬위원회 한국사데이터베이스 〈http://db.history.go.kr〉

【함충범】

648
야나베 에이자부로
矢鍋永三郎(시과영삼랑)　　　생몰년도 미상

영화인

1941년 국민총력 조선연맹의 문화상위원장과 조선문인협회의 명예총재를 역임한 인물이다.

영화 제작사 통폐합의 결과 자본금 200만 원을 토대로 1942년 9월 29일 창립된 사단법인 조선영화제작주식회사의 고문 겸 일본에서와 같은 홍백紅白 2계통 배급 체계를 기반으로 1942년 5월 1일 조선 유일의 영화 배급 부문 통제회사로서 설립된 사단법인 조선영화배급사의 감사직을 맡으며 조선영화계에서도 활동하였다.

[참고문헌] 다카시마 긴지 저·김태현 역 『조선영화통제사』(인문사, 2012), 高島金次 『朝鮮映畵統制史』(朝鮮映畵文化研究所, 1943)

【함충범】

649
야노 모모로
矢野桃郎(시야도랑)　　　1894.11~?

관료

도쿄시東京市 시바구芝區 아타고초愛宕町 출신. 1919년 7월 도쿄제국대학東京帝國大學 법과대학 정치학과를 졸업하였다. 같은 해 10월 고등시험 행정과에 합격하고 11월 경시청 소속 경감으로 발령을 받았다. 이후 조선으로 건너와 조선총독부 도사무관을 두루 거치다가 퇴관했다.

1922년 5월에 조선총독부 경찰관 강습소 교수 겸 총독부 사무관으로 임용되어 도한하였다. 1924년 12월에 평안남도 학무과장으로 부임했고, 1926년 3월 평안북도 재무부장, 1928년 3월부터는 경상남도 재무부장을 지냈다. 같은 해 9월에 충청남도 경찰부장과 내무부장을 거친 후 1933년 3월 총독부 감신減信 사무관으로 자리를 옮겨 감신국減信局 보험운용 과장직을 맡았다. 그 후 충청북도와 전라남도 내무부장과 평양 부윤府尹으로 있다가 1942년 5월에 퇴관하였다. 취미로 승마를 즐겼으며 조선마사회朝鮮馬事會 부회장직을 맡아 활동하기도 했다.

[참고문헌] 有馬純吉 「紳士錄」 『昭和六年版 朝鮮紳士錄』(朝鮮紳士錄發行會, 1931), 貴田忠衛 『朝鮮人事興信錄』(朝鮮人事興信錄編纂部, 1935)　【이현진】

650
야노 요시테쓰
矢野義徹(시야의철)　　　?~1917.1.20

의사

도치기현栃木縣 하가군芳賀郡 출신. 1876년 12월 부산으로 근무지 발령을 받기 전까지 해군의 우라가병원浦賀病院에서 근무하였다. 장남이 야노 요시유미矢野義弓로, 대를 이어 제국생명보험帝國生命保險에서 이사를 지냈으며, 요코하마매립회사橫濱埋立會社 사장을 역임하는 등 재계에서 활약하였다.

1876년 7월 미야모토 오카즈宮本小一 이사관理事官이 조선으로 파견될 때 수행원으로서 같이 출장을 나왔는데 이때가 두 번째 도한이었다. 부산 지역에서 체류하는 동안 종두법種痘法을 시행하였으며, 조선의 습관이나 풍속, 의료상황 등을 조사하여 보고서로 작성 후 이사관에게 제출하였다. 이에 기초하여 미야모토는 이해 9월 외무성에 부산 지역에 의원을 두고 의술을 실시할 수 있도록 하자고 건의하였다. 이해 11월 13일 제생의원濟生醫院이 부산에 새로 설치되었다. 한 달 후에 부산 근무 명령을 받았고, 이듬해 1월 9일 도쿄東京에서 처와 종자 1명을 데리고 출발하였다. 2월 해군대군의海軍大軍醫로서 제생의원 초대원장에 취임하였다. 거류 일본인과 조선인들을 대상으로 진료하였으며, 매월 15일에는 무료로 우두 접종을 하기도 하였다. 1878년 12월에는 병원을 이용하는 사람들이 점차 증가함에 따라 제생의원에 열네댓 명가량 입원할 수 있는 시설을 구비할 수 있도록 외무경外務卿과 해군경海軍卿에게 청원서를 제출하였고, 허가를 받아냈다. 1879년 6월 하나부사 요시모토花房義質(→912)가 대리공사代理公使로 한성에 들어갈 때 수행원으로 동행하여 의료 관련 업무를 열흘 간 담당(6월 13~23일)한 다음, 8월 7일 부산으로 복귀하였다. 이해 11월 2일에 일시 귀국하였다. 1880년 3월 원산 파견이 결정되었고, 5월에 새로 개항한 원산으로 건너갔다. 원산에 새로 설치된 관립 생생병원生々病院의 초대 원장으로 취임하였다. 여기서도 일본 거류민의 질병구호 및 위생 업무를 담당하였다. 2년간 원산 생생병원에서 근무하다가, 1882년 7월 6일 해군 군의소감軍醫少監 마에다 기요노리前田淸則와 함께 귀국하였다.

1883년 1월, 일본에서 김옥균金玉均, 서광범徐光範, 윤치호尹致昊가 그를 방문한 적이 있다. 귀국 후에도 해군에서 군의대감軍醫大監 등의 보직을 받고 있었던 것이 확인된다. 1893년 12월에는 제국생명보험帝國生命保險의 이사로 취임하였다.

[참고문헌] 황상익 『근대 의료의 풍경』(푸른역사, 2013), 承文院 編 『同文彙考』 卷4(國史編纂委員會, 1978), 都甲玄鄕 編 『釜山府史原稿』 卷5(釜山府, 1937), 高尾新右衛門 編 『元山發達史』(啓文社, 1916), 『帝國生命保險株式會社五十年史』(帝國生命保險株式會社, 1939), 琴秉洞 『金玉均と日本』(綠蔭書房, 2001) 【박한민】

651
야마가타 이사부로
山縣伊三郎(산현이삼랑)　　　1958.2.6~1927.9.24

관료

조슈長州 출신. 메이지유신明治維新의 공훈자인 야마가타 아리토모山縣有朋의 조카이다. 어려서 아리토모의 양자가 되어 양부에 의해 길러져 성장하였다. 1870년 오사카大阪에 가서 개성학교開城學校에 들어가 프랑스어를 배웠다. 1871년 이와쿠라 사절단岩倉使節團의 수행원으로 파견되어 독일에 체류했다. 독일 유학 목적은 군사 연구를 하여 군인이 되는 것이었는데, 근시로 군사 연구를 포기하고 정치학 연구에 전념했다. 얼마 있지 않아 병에 걸려 귀국하여 잠시 정양한 후에 외무성에 출사하였다. 1878년 12월부터 외무성 번역 견습으로 근무하다가 1880년 3월 3등서기생으로 독일 베를린 공사관 재근을 명령받았다. 1881년 12월 외무서기생이 되고 1883년 귀국해서 1885년 12월에 법제국 참사관, 1887년 3월 아이치현愛知縣 서기관, 1890년 10월 내각서기관, 1892년 12월 도쿄부서기관에 취임했다. 이후 도쿠시마현德島縣(1896년 8월), 미에현三重縣(1899년 2월) 등 각 지사를 거쳤다. 체신성 관선국장 겸 고등해원심판소장, 내무성 지방국장, 내무성 총무국장을 역임하고 1903년 12월에 내무차관에 승진했다. 제1차 사이온지 내각 때에는 체신대신으로 입각하였고 체신대신 시절 철도국유법 및 경부철도매수법이 공포되었다. 철도국유법안은 내각의 반대로 난항을 거듭했다. 1908년 철도건설비 예산편성을 둘러싸고 사카타니 요시로阪谷芳郎 대장대신과 대립해 사직하였다. 7월 귀족원의원에 임명되고 1910년 한국 부통감에 취임했다.

데라우치寺內 총독 시절에는 총독이 사무 일절을 통리함으로써 이름은 정무총감이라고 해도 실제 일은 우사미 가쓰오宇佐美勝夫(→790) 내무부장관이 하고, 실제의 권위는 데라우치 총독의 사위인 고다마 히데오兒玉秀雄(→73) 총무국장이 휘둘렀다고 한다. 하세가와長谷川 총독시절에는 데라우치 총독의 직계 관료들이 본국에 돌아가고 하세가와가 정무, 사무 일절에 관여하지 않음으로써 점차 리더십을 발휘하기 시작했다. 야마가타는 철도대신의 경험을 살려 1917년 조선철도와 남만주철도를 통일해서 그 기능을 발휘시킬 필요를 절감해 남만주철도주식회사와 계약을 체결해서 조선철도의 업무를 만철에 위탁하는 한편 제2기 치도공사계획을 수립하여 운송, 교통시설의 정비와 확충을 도모했다. 또한 1917년 면제面制를 시행하여 면에 사업능력을 인정함과 동시에 종래 각종 단체에 의해 경영되고 있던 사업을 면에 통일하여 지방제도의 기초를 확립하려 했다. 면제 시행은 통치비용을 지방에 전가하는 한편 지방통치의 거점을 마련하기 위한 것이었다. 1914년도부터 시작된 독립재정5개년 계획을 완수하기 위해 주세, 지세, 연초세 등을 늘리고, 법인소득세, 전시이득세를 신설하여 1919년 일본 정부로부터 받은 보조금을 전폐하였다. 이러한 독립재정5개년계획은 각종 증세를 통해서 일본의 통치비용을 조선민중에게 전가한 것으로 3·1운동의 한 원인이 되기도 하였다. 또한 1910년부터 시작한 토지조사사업을 1918년 완료했고, 이어서 1918년 1월부터 1918년 12월 사이에 토지조사사업의 부대사업으로서 이른바 '역둔토분필조사驛屯土分筆調査'라는 것을 실시해 소작농별·지목별 강계疆界를 사정하고 국유지대장과 지적도를 작성해 국유지에 대한 지배체계를 최종적으로 확립했다. 이 토지조사사업의 결과 일본인을 위시한 소수의 지배계급이 대부분의 토지를 '근대적'인 형태로 소유하고 지금까지 실제로 토지를 소유해 왔던 수백만의 농민은 토지에 대한 권리를 잃고 소작인으로 전환되어 때로는 화전민으로 혹은 자유노동자로 전락하게 되었다. 한편 산업제일주의의 기치하에 제1차 세계대전의 '열광적인 호경기'에 의한 기업신설, 확장 붐에 촉발되어 회사령의 적용을 완화하고 식산은행을 신설하고 지방금융조합을 금융조합으로 개칭하고 연합회를 신설하는 등 금융기관을 정비, 통일하여 적극적으로 일본자본을 유치하려 했다. 3·1운동이 발발하자 하라 내각의 각의에 출석해서 조선통치상황과 데라우치, 하세가 두 군인총독의 실정을 보고했다. 이후 하라 다카시原敬(→917) 수상과 결탁하여 문관총독에 취임하려 노력했으나 양부인 야마가타 아리토모를 비롯한 육군 장로들의 반대로 좌절되었다.

1919년 8월 퇴임하고 1920년 5월 관동청장관에 부임했다. 1922년 공작의 작위를 계승하고 1922년 11월 추밀고문관에 임명되었다. 1926년 일본에 귀환한 조선총독부 고관을 중심으로 조선과 관계가 있는 재계인·언론인·중의원의원·귀족원의원·재조일본인 등을 회원으로 한 중앙조선협회가 도쿄에서 조직되자, 초대 회장을 맡았다.

[참고문헌] 德富猪一郎 編『素空山縣公傳』(山縣公爵傳記編纂會, 1929), 石森久彌「歷代政務總監の風貌」『朝鮮公論』13-10(1925.10)　　　【이형식】

652
야마구치 다케오
山口長男(산구장남)　　　　　1902.11.23~1983.4.27

화가

경성 출신. 태어나 도쿄미술학교東京美術學校를 졸업하고 프랑스 유학 후 조선미전과 이과회二科會 전시회에 출품하였다.

경성의 히노데심상소학교日の出尋常小學校, 경성중학교를 졸업한 후 1922년 도쿄미술학교 서양화과에 입학하여 1927년 졸업하였다. 1931년까지 프랑스에 유학하였고 조선으로 돌아와 조선미전과 일본 본토의 재야미술단체인 이과회 전시회에 출품하였다. 이과회 전시회에 출품한 김환기와 친구로 지냈으며 종전 후 귀국할 때는 김환기에게 자신의 작품을 맡겼다고 한다.

1956년 베니스 비엔날레에 참가하였다.

[참고문헌] 坂井基樹 外 編『日韓近代美術家のまなざし-『朝鮮』で描く』(福岡アジア美術館 外, 2015), 有馬純吉 『昭和六年版　朝鮮紳士錄』(朝鮮紳士錄發行會, 1931)　　　【김용철】

653

야마구치 다헤에

山口太兵衛(산구태병위)   1866.9~1934.12.10

실업가

가고시마현鹿兒島縣 출신. 1881년 진학을 위해 도쿄로 상경했으나 가정 형편상 학업을 중단하고 미곡판매점을 물려받아 상인의 길을 걸었다. 서울 남산 아래에 일본거류지가 지정되기 이전 서울로 들어와 무역상과 포목판매 등을 통해 부를 축적했다. 포목판매점인 야마구치오복점山口吳服店을 비롯 은행과 회사 경영에도 참여했다. 사비를 들여 경성일본인소학교 및 경성신사神社 건립 비용을 지원하는 등 서울 일본인 사회의 중심인물이었다.

1884년 오사카에 위치한 신바라상점新原商店에서 조선과의 무역업에 종사하면서 부산지점과 인천출장소를 왕래했다. 신바라상점이 파산하자 인천 소재 상점의 점원으로 일하다가 1884년 경성수비대京城守備隊에 군용 물품을 납품하는 업자로 서울에 들어왔다. 1886년 징병검사를 받기 위해 일본으로 잠시 귀국했다가 1887년 서울로 다시 들어와 무역상을 시작했다. 초기에는 소가죽과 소뼈를 일본으로 수출하고 해산물과 가마니를 수입했다. 1890년에 포목상吳服商으로 전환하여 야마구치오복점山口吳服店을 개업했다.

거류 초기에 서울에 들어온 자로 나카무라 사이조中村再造와 와다 쓰네이치和田常市 함께 일본인사회의 '개척자' 혹은 성공한 실업가로 칭송받았던 인물이다. 오사카상선大阪商船, 제일은행第一銀行, 제58은행第五十八銀行의 지점이 인천 및 서울지역에 개설되도록 활동했다. 거류민 단체인 총대역장總代役場 대표로 일했으며 경인·경부철도 부설권을 획득하기 위해 활동하기도 했다. 장기간 경성거류민단京城居留民團과 경성상업회의소京城商業會議所 의원으로 일했다. 거류민단이 해체된 1914년 이후에도 경성학교조합京城學校組合 의원으로 당선되었고 경성부협의회京城府協議會 위원에 선임되었다.

1905년 야마구치오복점의 경영을 동생에게 맡긴 후에는 회사와 은행 경영에 참여했다. 경성기업주식회사京城起業株式會社 사장, 일한가스주식회사日韓瓦斯電氣株式會社 이사, 경성전기주식회사京城電氣株式會社 이사, 경성은행 이사, 실업은행實業銀行 이사, 경성히노마루수산주식회사京城日丸水産株式會社 사장, 조선우선주식회사朝鮮郵船株式會社 감사, 조선경편철도주식회사朝鮮輕便鐵道株式會社 감사, 대전전기주식회사大田電氣株式會社 이사회 회장 등으로 일했다.

그 외에도 야마구치는 1889년 일본인소학교 설립과 1895년 교사 신축 등에 관여했다. 1898년 경성신사京城神社 창건 시에는 거류민 대표로 활동했다. 아울러 경성부인회와 애국부인회愛國婦人會 경성지부 설립에도 관여했다. 이러한 행적들이 인정을 받아 1934년 그의 공적을 기리는 사업회가 조직되었고 남산공원 내에 흉상이 건립되었다. 기념사업 발기인 대표는 가다 나오지賀田直治(一9)였으며 발기인 명단에는 한상룡韓相龍, 박영철朴榮喆, 장헌식張憲植 등의 이름도 보인다. 남산정南山町 2정목町目에 서양식 2층 저택이 있었다. 1934년 12월 10일 도쿄東京 도시마구豊島區에서 사망했다.

[참고문헌] 中田孝之介 編 『在韓人士名鑑』(木浦新報社, 1905), 京城新報社 『朝鮮紳士錄』(日韓印刷株式會社, 1909), 高橋刀川 『在韓成功之九州人』(虎與號書店, 1908), 川端源太郎 『朝鮮在住內地人實業家人名辭典』第一編(朝鮮實業新聞社, 1913), 朝鮮公論社 編 『在朝鮮內地人紳士名鑑』(1917), 朝鮮新聞社 編 『朝鮮人事興信錄』(朝鮮新聞社, 1922), 北川吉昭 『山口太兵衛翁』(谷岡印刷部, 1934)   【이동훈】

654

야마구치 세이

山口精(산구정)   1876.10~?

실업가, 관료

이키현岐阜縣 이키군士岐郡 이즈미무라泉村 출신. 1896년 12월 이즈미무라의 명예조역名譽助役으로 추천되어 시장을 보좌했는데, 재임 중 동지들과 같이 정우회正友會를 조직해 회장직을 맡기도 하였다. 이후 학교와 촌역장村役場을 신축하였고, 국도國道·중산도中仙道의 변경, 현도縣道의 개수, 하천 및 호안의 수리, 지가地價 수정 등 사업이 추진되자 도도지방위원장都度地方委員長으로 선출되었다. 정치에도 관심이 있어 도우노東濃 지방의 대부분을 정우회파正友會派의 기반으로 만드는 데에 많은 노력을 기울였다. 1904년 미노도기조합美濃陶器組合의 촉탁으로 조선과 중국 각지를 시찰하게 되는데, 이때 조선이 유망하다고 판단하고 1906년 경성으로 이주하였다.

야마구치는 조선으로 이주한 후 경성일본인상업회의소에서 마련한 도서관인 경성문고京城文庫의 주임으로 있으며 조선에 관한 자료를 수집했는데, 이를 토대로 1920년 경성도서관이 개관하였다. 1909년 7월 경성일본인상업회의소 서기장에 취임한 야마구치는 1910년 5월 남대문시장 상인들의 분쟁사건을 중재하여 상인단체로부터 감사장을 받기도 하였다. 1912년 7월 조선상업회의소연합회의 조선미곡수출세철폐청원위원 자격으로 도쿄東京를 방문하여 관계 부처로 청원 및 진정하여 그 목적을 달성하였다. 1917년 12월에 도미타 기사쿠富田儀作(→333)와 함께 전조선 소공업에 대한 조사에 착수하여 1922년 10월까지 13도의 주요 도읍을 시찰했는데, 그 과정에서 1918년 11월 경남 통영에 통영칠공주식회사統營漆工株式會社를 설립하고 전무이사에 취임하였다. 이후 야마구치는 통영으로 옮겨 통영의 발전을 위한 많은 활동을 하였다. 1921년 2월 통영면립병원을 세우는 데 앞장섰고 체신국에 진정하여 통영우편국을 설치하도록 하였다. 1910년 이래로 통영운하의 개착을 주장한 야마구치는 1923년 6월 통영항만운하기성회를 조직한 후 운하개착에 착수, 1932년 11월에 준공시켰다. 1926년 1월 고치현高知縣의 조선기업회사鮮滿起業會社가 소유한 해안 매립지 약 8천 평을 매수해 통영토지주식회사를 조직하고 사장에 당선되었다. 1927년 11월 통영실업협회를 조직하고 회장에 당선되었다. 이러한 활동에 힘입어 1928년 11월에는 어즉위대례 때 지방개발 공로자로서 향찬饗饌을 하사받았고 동시에 어즉위대례기념장을 받았다. 1930년 1월 통영 내만內灣의 준설을 주장하고 위원장에 당선되었다. 1929년 선거에서 통영면장(1931년 이후 읍장)에 당선된 야마구치는 이후 통영 발전을 위한 중요한 현안이었던 통영임항철도 건설을 위해 기성회를 조직하여 이를 성사시키기 위해 매진하였고, 이 외에도 통영공립수산학교승격운동 등 지역의 발전을 위한 여러 활동을 펼치는 등 통영에서 가장 영향력 있는 일본인이었다.

1911년 조선의 산업을 정리한 『조선산업지朝鮮産業誌』를 편찬하였다. 1913년에는 『중외상업소보中外商業新報』 지상에 조선과 만주의 사정을 1개월 이상 연재하였고, 『조선朝鮮』 1936년 8월호에는 「반도 도부의 대관−통영항半島都府의 大觀−統營邑」을 실었다.

[참고문헌] 山口精 『朝鮮産業誌』(寶文館, 1910), 川端源太郎 『朝鮮在住內地人實業家人名辭典』 1(朝鮮實業新聞社, 1913), 越智兵一 編 『朝鮮總督府始政二十五周年記念表彰者名鑑』(朝鮮總督府始政二十五周年記念表彰者名鑑刊行會, 1935)　【전성현】

655
야마구치 시게마사
山口重政(산구중정)　　　　　1887.12~1957.11.4

금융인

도쿄부東京府 출신. 1916년 도쿄제국대학東京帝國大學 독법과獨法科를 졸업하고 바로 도한하여 전주농공은행全州農工銀行에 입사했다. 1918년에 조선식산은행朝鮮殖産銀行 창립과 함께 동 은행에서 각지 지점장 및 본점 과장을 거쳐 1930년 산업금융과장産業金融課長이 되었으며, 1939년 조선식산은행 이사가 되었다. 1945년 8월 15일 이후 병으로 귀환한 은행장 하야시 시게조林繁藏(→932)를 대신하여 미군정과 미국인 은행장에 업무를 인수인계하고 11월 해임되었다. 이후에도 자문 역할을 하다가 1946년 4월 일본으로 귀환했다.

야마구치는 1916년 도한하여 전주농공은행에 입사한 이래 줄곧 은행에서 근무했다. 조선식산은행 때 부산지점장 대리, 공주지점장, 본점 권업과勸業課 과장대리, 군산지점장, 본점 공공금융과公共金融課長, 계산과장計算課長 겸 증권과장證券課長, 산업금융과장産業金融課長을 역임했으며 1939년부터 행원출신으로 은행 이사가 되었다. 전시기 군수산업 지원을 위해 설치된 특별금융부의 담임 중역이었다.

1945년 8월 15일 이후 은행의 책임자로서 '융자명령'에 따라 특별금융부를 통해 일본인 기업들에 퇴각자금 1억여 엔을 대출했는데, 이는 회수되지 않는 대출금으로 은행에 손해를 끼쳤다. 미군의 책임 추궁에 대해 그는 융자명령과 같은 자금유용은 일본인의 생명, 나아가 미군의 생명을 보호하고 미군의 수고를 덜어주는 치안유지비였다고 강변했다.

1946년 4월 일본으로 귀환한 후 그는 '일본의 팽창과 관계된 금융기관'의 중역으로 공직 추방되었다가 1951년 해제되었다. 그 사이에 1947년 7월 결성된 귀환자단체인 동화협회同和協會 이사, 조선저축은행청산인으로 활동했다.

[참고문헌] 『殖銀行友會會員名簿』(殖銀行友會, 1988), 정병욱 「해방 직후 일본인 잔류자들—식민지배의 연속과 단절」 『역사비평』 64(역사비평사, 2003.8), 정병욱 「8·15 이후 '融資命令'의 실시와 무책임의 체계」 『한국민족운동사연구』 33(한국민족운동사학회, 2002), 이형식 「패전 후 귀환한 조선총독부관료들의 식민지 지배 인식과 그 영향」 『한국사연구』 153(한국사연구회, 2011.6), 국사편찬위원회 한국사데이터베이스 〈http://db.history.go.kr〉　【정병욱】

656

야마구치 야스노리
山口安憲(산구안헌)　　　1887.10~1962.1.22

관료

도쿠시마현德島縣 출신. 도쿄제국대학東京帝國大學 법과대학 법률학과 재학 중이던 1911년 11월 고등문관시험 행정과에 합격하고, 이듬해 대학을 졸업하였다. 그리고 1913년 가가와현香川縣 시보試補로 공직에 입문하였다. 1918년 1월부터는 효고현兵庫縣 이사관으로 있었는데, 재임 중이던 1919년 8월에 발령을 받아 조선으로 넘어왔다.

야마구치는 1920년 9월부터 전임 시라카미 유키치

白上佑吉의 뒤를 이어 1923년 4월까지 조선총독부 경무국 고등경찰과의 과장직을 맡았다. 당시 총독부 경무국 내에는 고등경찰과 이외에도 경무과, 보안과, 위생과가 있었는데, 그는 고등경찰과와 더불어 보안과의 과장도 겸직하였다. 1921년 당시 고등경찰과에는 사무관 3명, 통역관 6명 등 모두 23명의 직원이 있었으며, 1922년에는 통역관이 한 명 늘어나 모두 24명이 근무 중이었다.

총독부 고등경찰과 과장의 주요 업무는 사상범에 대한 감시 및 독립운동의 억제, 신문, 잡지, 출판 등에 대한 검열 등을 주도하는 일이었다. 그런데, 마침 야마구치의 재임 즈음에 『조선일보』의 1차 정간(1920.8.27)과 2차 정간(1920.9.5) 사건이 발생하였고, 이에 그는 9월 6일 기자들을 모아 놓고 신문 기사에 대한 검열 방침을 제시하였다. 아울러, 이러한 상황하에 1920년 9월 25일에는 『동아일보』에 대한 정간 처분이 내려지기도 하였다.

이후 일본으로 돌아가 1929년 7월 가고시마현鹿兒縣 지사에 취임하였으며, 1931년 10월 야마가타현山形縣 지사, 1936년 6월 이시카와현石川縣 지사 등을 역임하였다.

전후에는 중앙공동모급협회 이사, 도쿄도東京都 사회복지사업협회 이사장 및 회장 등을 지냈다.

[참고문헌] 정진석 『극비 조선총독부의 언론검열과 탄압』(커뮤니케이션북스, 2007), 국사편찬위원회 한국사데이터베이스 〈http://db.history.go.kr〉　【함충범】

657

야마나 미키오
山名酒喜男(산명주희남)　　　1905~?

관료

히로시마현廣島縣 출신. 1929년 3월 도쿄제국대학 법과를 졸업했고, 재학 중 고등시험행정과에 합격했다.

1929년 4월 조선총독부속에 임명되어 도한, 총독관방심의실에 근무했다. 이후 조선총독부도이사관이 되어 전라남도에 근무했으며, 다시 1933년 9월 조선총독부사무관으로 총독관방외사과 및 총독관방

심의실에서 근무했다. 같은 해 12월 농림국, 총독관 방심의실 및 토지개량과에 근무했다.

[참고문헌] 미야타 세쓰코 저·정재정 역『식민통치의 허상과 실상』(혜안, 2002), 山名酒喜男『朝鮮總督府終 政の記錄』(中央日韓協會, 1956)　　　【김소영】

658
야마나시 한조
山梨半造(산리반조)　　　1864.4.6~1944.7.2

육군 군인, 정치인

가나가와현神奈川縣 출신. 빈농의 아들로 태어나, 1876년 사립초·중등교육기관인 고요주쿠耕余塾에 서 배웠다. 고요주쿠 기숙사 방 벽에 '육군대장 야마 나시 한조'라는 종이를 붙이는 등 육군군인을 목표로 삼았다. 1883년 육군사관학교에 진학하여 1886년 졸 업하고 육군보병 소위로 임관하여 본격적으로 군인 의 길을 걸었다. 1889년 육군대학에 진학하였다. 육 군대학 시절에는 육군의 실력자 다무라 이요조田村怡 與造에 접근하여 그 장녀와 결혼함으로써 군인으로 서의 입지를 굳건히 하였다. 또한 육사와 육군대학 의 동기이자 조슈파의 장자인 다나카 기이치田中義一 와 친밀한 관계를 유지함으로써 육군의 비주류이면 서도 출세가도를 걷게 되었다. 1892년 육군대학을 졸업하고 얼마 안 있어 청일전쟁이 발발하자 보병4 여단 부관으로 참전했다. 이후 보5연대 중대장, 제2 군 군관, 점령지총독부 부관을 역임하였다. 청국에 서 귀국한 후에는 참모본부 부원과 육군대학 교관을 겸임하다가 러일전쟁이 발발하자 다시 출정했다. 러 일전쟁 때에는 제2군 참모로 전투에서 작전용병으로 오쿠 야스타카奧保鞏 제2군 군사령관의 절찬을 받았 다고 한다. 이후 오스트리아 공사관 부관, 독일 대사 관 무관, 육군대학 간사, 보병 51연대장, 보병 30여 단장, 제1여단장을 거쳐 참모본부 총무부장에 취임 했다. 제1차 세계대전이 발발하자 일본은 독일령 청 도를 공격하였는데, 독일의 청도공략 때에도 참모장 으로 가미오 미쓰오미神尾光臣 군사령관을 보좌해서 위훈을 세웠다. 이후 다나카의 발탁으로 교육총감본

부장教育總監本部長, 육군차관을 역임하고 다나카의 후임으로 육군대신에 취임했다. 육군대신 시절에는 대량의 인원을 삭감한 소위 '야마나시 군축'을 단행 하였다. 이후 군사참의관, 관동계엄사령관關東戒嚴司 令官, 도쿄경비사령관東京警備司令官 등을 역임하고 1927년 12월 조선총독에 취임하였다.

다나카가 정우회에 입당하여 총재가 되자 야마나 시는 다나카가 걸었던 정치군인의 길을 답습하게 되 었다. 그 후 야마나시는 스즈키 기사부로鈴木喜三郞, 미즈노 렌타로水野錬太郞(→439), 오키 엔키치大木遠吉 등과 함께 정우회와 정우본당을 재결합시키려고 했 다. 재결합공작이 실패하자 정우본당 의원을 매수해 서 정우본당 의원의 탈당을 종용하려다가 이것이 탄로 나 중의원에서 정치문제가 되었다. 정치적 야 심을 불태우고 있던 야마나시는 정우회에 정식으로 입당하려고 했으나, 정우회 간부 등의 반대로 실패 로 돌아가자 이후 조선총독 취임에 의욕을 불살랐다. 다나카 수상은 애시 당초 야마나시의 조선총독 취임 에 대해 탐탁히 여기지 않았지만, 스즈키 기사부로 내무대신이 적극적으로 지지하여 수락하였다고 한 다. 야마나시의 총독취임이 결정되자 여론은 정우회 의 조선 이권 획득 활동을 우려하였다.

야마나시 주위에는 전 요미우리 신문기자 요리미 쓰 요시아키依光好秋, 전 국민신문기자 오마 릿켄尾間 立顯, 히다 리키치肥田利吉 등 평판이 좋지 않는 인물 들이 포진해 있었고, 각종 의혹사건의 주인공인 이 누이 신베에乾新兵衛도 조선 이권획득 을 위해 움직 이기 시작했다.

야마나시가 총독으로 부임하고 얼마 안 있어 일본 은 총선거에 돌입한다. 1925년 보통선거법이 통과된 후 처음으로 치러진 선거로 기대와는 달리 많은 정치 자금이 필요했다. 이러한 이권에 총독주변의 인사들 이 개입하여, 이것이 정치문제로 비화되었다. 총독 주변의 인물들은 "총독의 이름을 이용해서 혹은 정 우회를 위해서 라고 칭하면서 각종 방면에서 물적 이익을 거두었고", 총독 측근들 사이에서 내부 대립 이 생겨 서로 그 비행을 고발하면서 민간에 알려지게 되었다. 급기야 1929년 부산거래소 설립인가를 둘러

싸고 야마나시가 히다로부터 5만 엔을 받았다는 사건이 발각되었고, 야마나시는 조선총독을 사임하였다. 조선의 최고 권력자가 검찰 소환을 받는 초유의 사태가 벌어진다. 이에 후배인 육군대신 우가키 가즈시게宇垣一成(→784) 육군대신이 중재하여 야마나시는 불기소 처분에 취해졌다. 이는 군 위신의 실추와 식민지 통치의 악영향 등을 고려하여 사법부와 정치적으로 타협한 것이다.

조선 통치에 대하여 백지상태로 부임하여 주로 문교 정책과 경제 정책에 힘을 쏟았다. 경제정책으로는 권농자금대부안, 소작관행조사, 조선간이생명보험실시 등 잇따른 증세와 산미증식계획의 실행에 의해 피폐해진 농촌을 구제하기 위한 일련의 정책이 실행되었는데, 이것은 전임총독인 사이토 총독시대에 입안된 정책들이었다. 문교 분야에서는 이진호 학무국장의 건의를 받아들여 보통교육의 확장을 위해 1면 1교주의 계획을 입안하여 이를 적극 추진하였다.

[참고문헌] 李炳植 『朝鮮總督府官僚の統治構想』(吉川弘文館, 2013), 欄木壽男 「山梨半造朝鮮總督の『普通教育擴張案』」 『海峽』 1(社會評論社, 1974), 伊藤金次郎 『陸海軍人國記』(芙蓉書房, 1980), 飯沼二郎 「山梨總督疑獄事件と米穀取引所」 『朝鮮民族運動史研究』 3(朝鮮民族運動史研究會, 1986)   【이형식】

659
야마나카 야스오
山中康雄(산중강웅)　　　　　1908.10.2~1998.11.5

대학교수, 법학자

히로시마현廣島縣 출신. 도쿄제국대학東京帝國大學을 졸업하고 교토재판소京都裁判所 판사를 지냈으며, 1940년을 전후하여 조선에 건너와 일제 강점기 말기까지 경성제국대학 조교수로 민법을 강의하였다. 일제 강점기까지 그의 행적이 자세히 밝혀져 있지 않으나 『매일신보』 1940년 4월 3일, 1942년 10월 1일자 기사에 그의 직함이 경성제대 조교수로 표시되어 있다. 일제의 패전 이후 1947년 12월 일본법사회학회日本法社會學會 창립에 기여했으며, 1948년 『시민사회와 민법』, 1949년 『근대법의 성격』 등을 저술하였다. 1956년 아이치대학愛知大學 교수가 되었으며, 마르크스주의의 관점에서 일본 민법 체계를 확립하였다.

조선에서의 행적은 정확히 알려진 것이 없다. 다만 조선총독부 직원록에는 1940년부터 1943년까지 조선총독부 직속기관 경성제국대학 법문학부의 조교수로 임명되었음을 확인할 수 있다. 담당 교과는 민법이었으며, 패전 이후 일본의 법사회학 발전에 기여하였다.

[참고문헌] 山中康雄 『市民社會と民法』(日本評論社, 1948), 山中康雄 『近代法の性格』(富士出版, 1949), 阿部薫 『朝鮮人物選集』(民衆時論出版部, 1934) 【허재영】

660
야마나카 유타카
山中裕(산중유)　　　　　　　생몰년도 미상

영화인

쓰무라 이사무津村勇(→581)가 대표로 있던 조선문화영화협회가 1940년 제2회 및 3회작으로 내놓은 일본어 발성영화 〈산촌의 여명山村の黎明〉과 〈바다의 빛海の光〉을 연출한 인물이다. 두 작품은 각각 농산물의 품종 확대와 어민들의 협력 고양을 통해 농어촌에서의 생산증진을 선전하기 위한 계몽적 성격의 문화영화였다.

[참고문헌] 함충범 「1940년대 초반 식민지 조선영화에서의 언어 상황의 변화 양상과 특수성(1940~1941)」 『아시아문화연구』 30(가천대학교 아시아문화연구소, 2013)
【함충범】

661
야마다 고사쿠
山田耕筰(산전경작)　　　　1886.6.9~1965.12.29

야마다 고사쿠山田耕作(이명)
음악가

도쿄부東京府 출신. 부친은 의사였는데 1896년 그가 10살 때 사망했다. 그 후 지에이칸自營館이라는 시설

에 입관하여 13살(1899) 때까지 보냈다. 그 후 오카야마岡山에 있는 요추학교養忠學校에 입학, 14살(1900)에는 간사이가쿠엔關西學園 중학부로 전학 갔다. 1904년에는 도쿄음악학교東京音樂學校 예과에 입학, 본과(성악부), 연구과에 진학하였다. 1910년에는 미쓰비시三菱 재벌 총수인 이와사키 고야타岩崎小彌太의 지원을 받아 독일 베를린 음악학교 작곡과에 유학, 1912년에는 일본인 최초로 교향곡 〈승리의 함성과 평화かちどきと平和〉를 작곡하였다. 귀국 후 1914년부터는 이와사키가 조직한 도쿄 필하모니의 관현악부 수석 지휘자로, 1924년에는 고노에 히데마로近衛秀麿와 함께 일본교향악협회(현 NHK 교향악단)를 설립하였다.

1937년에는 소아이여자전문학교相愛女子專門學校 교수로 취임, 1940년 연주가협회를 발족하여 회장으로 취임, 1941년에는 일본정보국 관할 하에 일본음악문화협회를 발족하여 부회장으로 취임하였다. 1942년에는 제국예술원 회원으로 1944년에는 일본음악문화협회 회장으로 취임하였다. 1948년에는 뇌일혈로 쓰러져 반신을 자유롭게 쓸 수 없게 되었다.

오케스트라 운영자, 지휘자, 작곡자, 교육가 등 폭넓은 활동을 하였다.

경성일보사 주최, 매일신보사의 후원에 의해 1929년 4월 15과 16일 이틀간에 걸쳐 경성공회당에서 작품발표연주회를 열었다. 출연자로는 본인(피아노) 이외에 구로야나기 모리쓰나黑柳守網(바이올린), 아사노 지즈코淺野千鶴子(소프라노)가 있다.

많은 작품을 남겼는데 무대음악으로는 42곡, 기악곡으로는 154곡, 성악곡으로는 688곡, 편곡으로는 195곡 등이 있다. 그리고 저작, 저서로는 『신무음정시창교본新式音程視唱教本』(大阪開成館, 1915), 『근세화성학강화近世和聲學講話』(大阪開成館, 1918), 『간이작곡법簡易作曲法』(大阪開成館, 1918), 『근대무용의 봉화近代舞踊の烽火』(アルス, 1922), 『성악입문聲樂入門』(日本交響樂協會出版部, 1928), 『화성학·작곡법和聲學·作曲法』(文藝春秋社, 1933), 『십인백화제3十人百話第3』(毎日新聞社, 1963), 『야마다 고사쿠 저작 전집山田耕筰著作全集』全3卷』(岩波書店, 2001) 등이 있다.

1937년 독일獨日 합작영화 〈새로운 땅新しき土〉의 음악을 담당했고, 그 외에도 〈전국군도전戰國群盜傳〉, 〈가와나카지마 전투川中島合戰〉등의 전쟁영화 음악을 담당하였다. 그리고 〈영영찬가英靈讚歌〉, 〈미영격멸의 노래米英擊滅の歌〉, 〈불타는 대공燃ゆる大空〉 등 100곡이 넘는 전쟁협력곡(군가)을 작곡하였다.

이상의 군가는 조선에도 보급되었다. 1943년 국민총력운동 요강에는 결전생활(국민개창운동, 조기운동, 사교의례 간소화)의 확립을 추진하는 항목이 있는데, 장기화된 전쟁에 명랑, 강건한 정신력을 유지하기 위한 목적으로 조선음악협회가 중심이 되어 국민개창운동을 전개하였다. 이 운동의 선정곡 중에는 그의 곡 〈불타는 대공燃ゆる大空〉이 포함되었다.

일본음악문화협회 부회장으로 취임 당시 음악정신대를 결성하여 점령지에서의 음악지도를 하였는데 당시 장관대우를 받으면서 가끔 군복을 입고 행동을 하였는데 그의 음악 활동은 전후에 많은 논란을 일으키게 된다.

전후, 전쟁 기간 중에 행한 음악활동에 대해 많은 비난을 받았다. 『도쿄신문東京新聞』에 실린 음악평론가 야마네 긴지山根銀二의 「전범논쟁」 글이 대표적이다.

1950년에는 일본지휘자협회 회장으로 취임, 방송문화상을 수상하였다. 1956년에는 문화훈장을 수상하였다. 1965년 12월 29일 79세의 나이에 심근경색으로 세상을 떠났다.

[참고문헌] 岩野裕一『王道樂士の交響樂滿州―知らざる音樂史』(音樂之友社, 1999), 後藤暢子『山田耕筰―作るのではなく生む』(ミネルヴァ書房, 2014), 下中邦彦 篇『音樂大事典 第5卷』(平凡社, 1983), 金志善「植民地朝鮮における日本人音樂家による音樂會: 韓國西洋音樂受容史の一側面として」『東京藝術大學音樂學部紀要』 42(東京藝術大學, 2017)　　　【김지선】

662

야마다 기타로

山田龜太郎(산전귀태랑)　　　　　1874.9.12~?

실업가

오사카시大阪市 히가시구東區 규호지초久寶寺町 출신.
1885년 오사카의 후쿠주양행福壽洋行 본점에 입사하
여 근무하던 중 1894년 징모병으로 제4사단에 입영
하였다. 1897년 만기 제대함과 동시에 오사카시 준
케이마치順慶町에 본점의 옥호屋號를 빌어 야마다 염
료점山田染料店이라는 가게를 내어 직접 경영하였다.
그러나 러일전쟁 발발로 소집되어 이후 폐점하고 종
군하였다. 종군의 공으로 훈8등 백색동엽장白色桐葉
章을 하사받았다. 1906년 퇴영하여 후쿠주양행 본점
으로 들어갔다가 경성에 그 지점이 설치되면서 조선
으로 건너오게 되었다.

러일전쟁 종료와 함께 퇴영 후 다시 근무하게 된
후쿠주양행 본점이 1918년 2월에 경성에 지점을 내
게 되자 사원 자격으로 경성으로 이주하게 되어,
1923년경에는 후쿠주양행 경성 지점 대표가 되었다.
이 회사는 염료 가공, 염료 및 공업용품의 매매 등을
하던 합자회사였는데, 야마다는 이 회사를 운영하면
서 동시에 1938년 11월경에 식물성 염료의 제조 및
원료품의 매매를 하던 조선신남흥업이란 합자회사를
세우고 그 대표로 재직하기도 했다. 1919년에는 제3
기 경성상업회의소 평의원으로 당선되어 활동했다.

[참고문헌] 姫野官一郎 『朝鮮·臺灣·支那·豊國人奮
鬪史』(豊國人奮鬪史編纂社, 1927), 朝鮮新聞社 編 『朝
鮮人事興信錄』(朝鮮新聞社, 1922)　　【기유정】

663

야마다 마사타케
山田正武(산전정무)　　1907.4.1~?

사법관료

이시카와현石川縣 가나자와시金澤市 출신. 이나가와
쇼신稻川尙新과 다네코胤子의 3남으로 태어났다. 1911
년 야마다 요시아키山田義明의 양자로 들어갔다. 양
부養父는 1926년 사망하였다. 가나자와 시립 바바심
상소학교馬場尋常小學校를 졸업하고, 이시카와 현립
가나자와제일중학교金澤第一中學校에 진학했다.

가나자와제일중학교에서 1년을 다닌 후 실부實父
의 가족과 함께 조선으로 건너왔다. 실부가 1919년

대구공립심상소학교大邱公立尋常小學校 교사로 재직
중인 것으로 미루어 이 시기를 전후해 조선으로 이주
한 것으로 추정된다. 실부는 1935년까지 대구본정공
립심상소학교大邱本町公立尋常小學校 교사, 경성여자
고등보통학교大京城女子高等普通學校 교사 등을 역임
하였다. 1938년 당시 맏형 이나가와 쇼이치稻川正一
는 조선총독부 철도국 영업과 계장으로 재직 중이고,
둘째 형 이나가와 쇼지稻川正二는 조선식산은행원朝
鮮殖産銀行員으로 재직 중이었다.

1928년 3월 경성중학교京城中學校를 졸업하고, 4월
경성제국대학京城帝國大學 예과豫科에 입학했다. 1930
년 3월 예과를 수료하고, 4월 동 대학 법문학부法文學部
에 입학했다. 1933년 동교를 졸업하고, 8월 대구상공
은행大邱商工銀行에 취직했다. 1934년 12월 동 은행을
퇴사하고, 고등법원高等法院 고원雇員으로 취직했다.

1937년 11월 고등시험高等試驗 사법과司法科에 합격
했다. 1938년 3월 조선총독부 사법관시보司法官試補
에 임용되어, 경성지방법원京城地方法院에서 약 1년 6
개월의 실무수습을 받았다. 1939년 12월 경성지방법
원 예비판사로 발령받았다. 1940년 5월 경성지방법
원 판사로 임명되었으며 동년 7월 함흥지방법원 북
청지청北靑支廳 판사로 전근되었다. 1945년 7월 다시
경성지방법원 판사로 보임되었다. 이후 일제가 패전
할 때까지 근무하였다.

[참고문헌] 朝鮮總督府 編 『朝鮮總督府官報』(朝鮮總督
府, 1919~1945), 司法協會 編 『朝鮮司法大觀』(司法協
會, 1936), 朝鮮總督府法務局人事係 『昭和十三年 其ノ
一年 司法官試補進退關係書綴』(朝鮮總督府, 1938), 전
병무 「일제시기 在朝鮮日本人 司法官試補 연구」 『해람
인문』 44(강릉원주대 인문학연구소, 2017)【전병무】

664

야마다 사부로
山田三良(산전삼량)　　1869.12.10~1965.12.17

법학자, 대학교수

나라현奈良縣 출신. 1896년 제국대학 법과대학(현 도
쿄대학 법학부)을 졸업한 뒤, 동 대학원을 수료했다.

도쿄제국대학 법과대학 조교수, 교수를 거쳐, 경성제국대학 총장을 역임했다. 1943년 12월부터 1947년 5월까지 귀족원의원(제국학사원회원의원)을 맡았고, 1954년 문화공로자로 추대되었다.

경성제국대학 총장으로 재직한 경험을 바탕으로 식민지법과 외국인의 법적지위 문제, 미국 캘리포니아주에서의 일계인日系人의 토지소유권 문제 등의 법적 분야에서 활발하게 활동했다. 일본에서는 국제사법의 권위로서 일본과 프랑스의 문화교류의 공헌자로서도 알려져 있다. 또한 귀족원의원을 맡고 있을 때에는 일본국 헌법 작성에도 관여했고, 최고재판소의 재판관 국민심사의 도입에 진력한 인물로서도 알려져 있다.

도쿄제국대학 법학부장, 국사편수원장 등을 역임했고, 제14대 일본학사원 원장으로 재직했다.

[참고문헌] 『回顧錄』(山田三良先生米壽祝賀會, 1957), 淺野豊美 『帝國日本の植民地法制―法域統合と帝國秩序』(名古屋大學出版會, 2008)　　　　【신승모】

665
야마다 신이치
山田新一(산전신일)　　　　1899.5.22~1991.9.16

화가, 교사

타이베이臺北에서 태어나 도쿄미술학교東京美術學校를 졸업하고 경성제이고등보통학교(현 경복고등학교) 미술교사를 역임하였다. 프랑스 유학 후 조선미전에 출품하고 전쟁화를 제작하였으며 종전 후 화가로서의 활동과 함께 미술대학 교수를 지냈다.

1923년 사에키 유조佐伯祐三, 이종우 등과 함께 도쿄미술학교를 졸업하였고, 간토대지진關東大震災 후 아버지가 제재공장을 경영하던 조선에 옴. 경성제이고등보통학교 미술교사로 부임하여 1928년 프랑스 유학에 나설 때까지 근무하였다. 프랑스 유학중에는 사에키 유조, 이하라 우사부로伊原宇三郎 등과 교유하였으며 살롱 도 톤느, 살롱 앙데팡당에 출품하였다. 프랑스 유학이 끝난 1929년 조선으로 돌아와 조선미전에 출품하여 특선을 거듭하였고 무감사無鑑

查, 심사참여審査參與가 되었다.

1941년 2월 히요시 마모루日吉守(→999), 에구치 게이시로江口敬四郞(→686), 김인승, 심형구 등과 함께 경성미술가협회京城美術家協會를 결성하고 같은 해 3월 단체의 이름을 조선미술가협회朝鮮美術協會로 바꾸었다. 1943년 2월에는 네즈 소이치根津莊一(→210), 마쓰자키 요시미松崎喜美, 김인승, 심형구, 임응구, 손응성, 박영선 등과 함께 단광회丹光會 결성을 주도하였고 대표를 맡았다. 19명의 단광회 회원들은 「조선징병제실시기념화」를 제작하여 제1회 단광회 전시회에서 공개하고 조선군사령부에 기증하였다. 1939년에는 이하라 우사부로의 추천으로 성전미술전람회聖戰美術展覽會에 「조선지원병」을 출품하였으며 이듬해 기원 2600년 봉축미술전람회紀元二千六百年祝記念美術展覽會와 1941년 제2회 성전미술전람회, 1942년 대동아전쟁미술전람회大東亞戰爭美術展覽會, 1944년 전시특별문부성미술전람회戰時特別文部省美術展覽會, 결전미술전람회決戰美術展覽會에 출품하였다. 종전 후 주변 여러 미술가들의 반대와 박해에도 불구하고 GHQ의 전쟁화 수집에 적극적으로 협력하여 일본 각지를 순회하고 조선을 방문하였다.

전후 문부성이 주최할 때와 민영화 후 일전日展에 출품하였고 심사원과 평위원을 지냈다. 광풍회光風會 전시회, 간사이종합미술전람회關西總合美術展覽會에 출품하는 등 활발한 활동을 전개했으며 교토공예섬유대학京都工藝纖維大學 교수, 교토여자대학京都女子大學 교수를 역임하였다.

[참고문헌] 坂井基樹 外 編 『日韓近代美術家のまなざし-『朝鮮』で描く』(福岡アジア美術館 外, 2015), 山田新一 『素顔の佐伯祐三』(中央公論美術出版, 1980), 都城市立美術館 編 『山田新一回顧展』(都城市立美術館, 1982)　　　　【김용철】

666
야마다 신이치
山田眞一(산전진일)　　　　1881.4.12~?

실업가

미에현三重縣 마쓰사카시松阪市 출신. 도쿄부립 제1 중학東京府立第一中學을 졸업했다. 해군海軍 군속軍屬으로 1904년 일어난 러일전쟁에 참여했다. 1909년부터 해군에 근무하면서 구미 시찰을 명령받아 1912년까지 2년간 유럽 각국을 돌아보고 귀국했다. 이후 '민간을 대표하는 구미통'으로 평가되곤 했으며, 이때부터 호텔, 음식점 경영 등 특히 각국의 실업에 큰 관심을 가졌던 것으로 보인다. 1917년경 조선으로 건너와 경성클럽京城俱樂部, 조선총독부 식당 등 여러 음식점을 경영했으며, 조선활동사진주식회사朝鮮活動寫眞株式會社, 조선건물주식회사朝鮮建物株式會社, 송학관광주식회사松嶋觀光株式會社 등 회사에 주주나 이사로 참여하는 등 주로 실업계에 종사했다.

1917년경 조선으로 건너온 이래 곧바로 구미시찰의 경험을 바탕으로 경성클럽을 열고 지배인이 되어 줄곧 경영했다. 이밖에도 경성상업회의소 회원으로 활동하면서 이후 조선총독부 식당, 경성제국대학본부 식당과 대학병원 내 소오식당昭五食堂, 조선신궁朝鮮神宮 경내의 남산정南山亭 등 여러 음식점을 경영했다. 또한 시간이 날 때마다 종종 도쿄, 오사카 등 일본의 주요 도시로 가서 조선의 출산품을 소개하고 선전하는 일을 했다.

이렇게 사업을 하면서 쌓은 인맥과 자본력을 바탕으로 1935년부터 경성부회의원京城府會議員 선거에 관심을 갖기 시작하여, 1936년 9월 20일 실시된 선거에서 부회의원으로 당선되었다. 하지만 선거운동 과정에서 부인 야마다 가네山田カネ가 규정을 넘어선 향응을 제공한 것이 문제시되어, 1937년 2월 15일 경성지방법원京城地方法院에서 조선지방선거단속규칙朝鮮地方選擧取締規則 제17조 위반으로 벌금 30원 형을 언도받았다. 곧바로 항소했으나 1심, 2심 모두 유죄 판결을 받았다. 고등법원에 상고까지 했으나 기각되어, 결국 1938년 2월에 당선무효가 확정되었다. 이 사건은 당시 조선에서 일어난 최초의 선거법 위반 사건이었다. 부회의원으로 활동하던 시절, 조선의 쌀을 선전하기 위해 각지의 박람회에 특설관을 개설하는 데 주력했다.

한편 1920년대 초부터 1940년경까지 줄곧 각종 회사 설립과 운영에도 참여했다. 1921년 4월 28일 설립된 조선활동사진주식회사에 대주주로 참여하여 1930년대까지 계속 관여했다. 1937년 5월 17일 창립된 조선건물주식회사에 중역으로 참여했다. 이 회사는 월부주택사업月賦住宅事業 등을 했던 회사였다. 1938년 4월 15일 설립된 송학관광주식회사에 이사로 참여했다. 이 회사는 호텔, 음식점, 각종 유흥시설, 유람시설 등 관광사업과 관련한 일체를 취급하는 회사였다. 1940년경까지는 조선의 실업계에서 이와 같은 여러 활동을 한 것으로 확인된다.

[참고문헌] 朝鮮新聞社 編『朝鮮人事興信錄』(朝鮮新聞社, 1935), 京城新聞社 編『大京城公職者名鑑』(京城日報社, 1936), 芳賀登 外 編『日本人物情報大系』(皓星社, 1999~2002), 朝鮮總督府 編『朝鮮總督府官報』(朝鮮總督府, 각호), 東亞經濟時報社 編『朝鮮銀行會社組合要錄』(東亞經濟時報社, 각년판) 【변은진】

667
야마다 주지
山田忠次(산전충차)   1890.7.8~?

관료, 실업가

야마가타현山形縣 출신. 제육고등학교第六高等學校를 거쳐 1917년 도쿄제국대학東京帝國大學 법과대학을 졸업했다. 동년 10월에 고등문관시험高等文官試驗에 합격하고 체신성遞信省에 입성하였다. 이후 체신국遞信局 서기 및 속屬, 통신사무관보通信事務官補, 아키타현秋田縣 우편국장, 후쿠시마현福島縣 우편국장으로 근무했다. 1921년에 조선총독부 사무관에 임명되어 경성저금관리소장京城貯金管理所長으로 근무하다가 2년 만인 1923년에 귀국하였다. 교토부京都府 우편국장, 히로시마현廣島縣 체신국 규획과장規劃課長, 오사카부大阪府 체신국 규획과장 및 용품과장, 대신관방大臣官房 보건과장 및 비서과장 등을 역임했다. 1936년에 센다이仙臺 체신국장에 취임하였고, 동년 7월에 조선총독부 체신국장에 임명되었다.

야마다는 두 차례에 걸쳐 조선총독부 관료를 역임했다. 처음으로 조선에 왔던 1921년에 조선총독부

사무관으로 체신국 감리과 및 해사과海事課에서 근무했다. 1923년 귀국하기 전까지 해원심판소海員審判所 이사관, 무선전신종사자자격검정위원회無線電信從仕者資格檢定委員會 위원, 체신관서현업원공제조합심사회遞信官署現業員共濟組合審査會 위원으로 활동했다.

1936년 7월, 조선총독부 체신국장이 되었으며, 이 직책으로 1941년 5월에 면관하였다. 이밖에도 조선총독부 직속기관인 각종 위원회에서 활동했다. 1937년에는 무선통신사자격검정위원회無線通信士資格檢定委員會 위원장, 압록강수력발전개발위원회鴨綠江水力發電開發委員會 위원, 조선간이생명보험심사회朝鮮簡易生命保險審査會 위원, 조선중앙방공위원회朝鮮中央防共委員會 및 조선중앙정보위원회朝鮮中央情報委員會 위원, 체신관서현업원공제조합심사회遞信官署現業員共濟組合審査會 의장, 체신관서현업원공제조합재산관리위원회遞信官署現業員共濟組合財産管理委員會 위원장 등으로 활동했다. 1938년에는 국유재산조사회國有財産調査會 임시위원, 저축장려위원회貯蓄奬勵委員會 위원, 조선간이생명보험사업자문위원회朝鮮簡易生命保險事業諮問委員會 위원, 조선애국우편절수기부금관리위원회朝鮮愛國郵便切手寄附金管理委員會 위원장으로 활동했다. 1939년에는 국민정신운동원위원회國民精神運動員委員會, 농촌진흥위원회農村振興委員會, 물가위원회物價委員會, 산금협의위원회産金協議委員會, 시국대책조사회時局對策調査會 위원으로 활동했다. 1940년에는 공장사업장기능자양성위원회工場事業場技能者養成委員會 위원, 기획위원회企畫委員會 위원으로 활동했다. 이후 1944년 6월 28일에 조선주택영단朝鮮住宅營團 이사장이 되었다.

한편 그는 체신국장의 신분으로 조선전기협회朝鮮電氣協會 회장을 겸하고 있었다. 조선전기협회는 당시 조선에서 활동하던 전기회사의 이익을 대변하는 조직이었다. 야마다가 체신국장과 협회 회장을 겸직했다는 점은 조선 내 전기산업의 운영에서 관계官界와 재계가 매우 긴밀히 유착되어 있었음을 말하는 것이기도 하다. 때문에 이들은 국가가 완전히 전력을 관리하고 통제하는 것에 대해 반대했다. 야마다 역시 '전원개발이 먼저이고, 통제는 나중의 일'이라는 논리를 펼치면서 국가의 전력통제계획에 반대했다.

그러나 태평양전쟁을 전후하여 시행된 일본의 전력국가관리 강화조치가 조선에도 영향을 미쳤다. 일본이 국가총동원법國家總動員法에 근거해 1940년 2월 전력조정령電力調整令을 공포하자 조선을 비롯한 제국 전체에 이 법령이 시행되기 시작한 것이다. 실제로 조선총독부 체신국에서도 1941년 9월에 전력조사실을 설치하고 전력국가통제안요강電力國家統制案要綱을 작성하는 등, 전력을 통제하는 권한이 완전히 국가로 넘어가게 된다. 야마다가 1941년 5월에 체신국장에서 면관된 것은 조선 내 전기산업의 성격이 전환되었음을 상징하는 일일 것이다.

남긴 글이 많지는 않지만, 「획기적인 체신사업劃期的な遞信事業」(『조선朝鮮』, 1939.2), 「조선주택영단에 대해朝鮮住宅營團に付て」(『조선사회사업朝鮮社會事業』, 1942), 「조선주택영단설립 후의 1년 반을 돌아보며朝鮮住宅營團設立後の一年半を顧みて」(『조선사회사업』, 1943) 등을 통하여 그의 사상을 살필 수 있다.

[참고문헌] 高橋三七 『事業と郷人 第1輯』(實業タイムス社·大陸研究社, 1939), 帝國秘密探偵社國勢協會 編 『大衆人事錄 第14版 外地·滿支·海外篇』(帝國秘密探偵社, 1940), 人事興信所 編 『人事興信錄 第13版 下』(人事興信所, 1941), 朝鮮總督府 編 『朝鮮總督府官報』(朝鮮總督府, 각년판), 朝鮮總督府 編 『朝鮮總督府及所屬官署職員錄』(朝鮮總督府, 각년판), 秦郁彦 『戰前期日本官僚制の制度·組織·人事』(東京大學出版會, 1981), 오진석 「한국근대 電力産業의 발전과 京城電氣(株)」(연세대학교 경제학과 박사학위논문, 2006)

【전영욱】

668

야마다 후미오

山田文雄(산전문웅)　　　　　1898~1978.8.16

대학교수, 경제학자

도쿄시東京市 출신. 해군병학교海軍兵學校, 제일고등학교第一高等學校를 졸업하고, 1927년 경성제국대학 예과 강사, 1929년 경성제국대학 법문학부 조교수를 거쳐, 1930년 도쿄제국대학東京帝國大學 경제학부 조교수, 1931년 교수가 되어 공업정책을 담당했다. 1939년 도쿄대학 자유주의 학자의 대표자인 가와이 에이지로河合榮治郎가 히라가 슈쿠가쿠平賀肅學 총장에 의해 휴직되자, 이를 비판하고 도쿄제대 경제학부 교수직을 사임하였다. 이해 태평양협회太平洋協會에 들어가 조사부장을 맡았다. 1947년 도쿄도東京都 부지사副知事를 거쳐 1950년 아이치대학愛知大學 법경학부 교수가 되었으며, 1969년부터 1970년까지 이 대학의 분쟁 시기에 학장으로 문제 해결에 힘썼다. 1978년 8월 16일 사망했다.

야마다 후미오는 1929년부터 경성제국대학 조교수로 가와이 에이지로 문하의 대표적인 학자이다. 1930년대 조선인 노동자 문제에도 관심을 기울였으며, 1938년 가와이 에이지로의 필화 사건으로 인해 히라가 총장을 성토하는 성명서를 발표하고 교수직을 사임한 뒤, 기무라 다케야스木村健康, 이노키 마사미치猪木正道, 세기 요시히코關嘉彦, 쓰치야 기요시土屋淸 등과 함께 사회사상연구소社會思想研究所를 설립하고, 철학과 실천의 중개를 위한 사회사상 연구 및 보급에 힘썼다. 지식 계급의 자각과 학생의 책임 등과 같이 지식인의 사회적 책임에 관한 논저를 다수 저술하였다. 그러나 일제 강점기 그의 주요 관심사는 공업 정책에 관한 것이었으며, 1941년 저술한 『남방권의 현실과 태평양』과 같이, 일제의 대동아 공영론의 이데올로기를 극복한 것은 아니다.

[참고문헌] 김형식 · 加捧問題 檢討『동광』24(동광사, 1931.8), 山田文雄 『大同亞戰爭と南方圈』(萬里閣, 1942), 山田文雄 『工業經濟學』(嚴松堂, 1939)

【허재영】

669
야마모토 기지
山本季嗣(산본계사)   생몰년도 미상

영화인

1941년 3월 조선내외배급업조합의 조합장에 취임한

인물이다. 조선에서 총독부 정책 당국과 업자들 사이에 배급 부문의 통제 문제가 논의되기 시작한 것은 같은 해 4월부터였는데, 조선내외배급업조합은 1934년 7월 결성된 후 활동이 끊겼다가 1939년 1월에 재결성된 배급업자들의 이익단체였다.

1942년 1월 10일 총독부 당국의 지명으로 사단법인 조선영화배급협회가 결성될 당시에도 평의원 명단에 이름을 올렸다.

1942년 5월 1일 조선 유일의 영화 배급 부문 통제 회사로서 설립된 사단법인 조선영화배급사에서는 총무부 내 총무과장을 맡았다.

야마모토는 조선내외배급업조합 임원 출신 8인 중, 아사하라 류조淺原隆三(→617), 시카타 겐四方健과 함께 영화배급사에 소속된 몇 안 되는 인물이었다. 그러나 사단법인 조선영화배급사가 사단법인 조선영화제작주식회사를 흡수하여 1944년 4월 7일 사단법인 조선영화사로 체제 개편을 이루는 과정에서 회사를 떠나게 된 것으로 보인다.

[참고문헌] 한국영상자료원 편역『일본어 잡지로 본 조선영화 4』(현실문화연구, 2013), 高島金次『朝鮮映畫統制史』(朝鮮映畫文化研究所, 1943) 【함충범】

670
야마모토 마사나리
山本正誠(산본정성)   1891.1.25~?

교사

이바라키현茨城縣 미토시水戶市 나라야마초奈良町 출신. 1914년 3월 도쿄東京 외국어학교外國語學校 조선어과를 졸업한 뒤 같은 해 4월부터 조선총독부 내무국內務局에서 고용원으로 근무하였다. 1918년 9월 동양협회東洋協會의 경성전문학교京城專門學校 강사로 임용되었으며, 1922년까지는 경성고등상업학교京城高等商業學校, 경성의학전문학교京城醫學專門學校, 경성공업전문학교京城工業專門學校 등의 학교에서 조선어과 교수 또는 강사로 활동하였다. 1923년부터 1932년까지는 경성의학전문학교 교수로 활동하는데, 1931년 고등문관시험 행정과에 합격한 이후,

1932년 회령會寧공립상업학교 교장, 1935년 원산元山 상업학교 교장, 1936년 조선공립고등보통학교 교장 겸 교사, 1945년 조선공립중등학교 교장 겸 인천仁川 공립여자상업학교 교장을 지냈다.

야마모토는 전형적인 식민 교육 행정가로 경성의 주요 학교에서 교수 또는 강사로 활동하였다. 그의 행적은 조선총독부 관방총무국官房總務局 총무과장總務課長 명의로 발행된 『조선휘보朝鮮彙報』 1917년 10월호의 「조선의 이언에 대하여朝鮮の俚諺に就て」와 1920년 5월호의 「언문에 대하여諺文に就て」, 경성부 내에 존재했던 조선어연구회朝鮮語研究會의 『조선문조선어강의록 합본朝鮮文朝鮮語講義錄合本』 하권의 「학습상으로 본 조선어學習上より見たる朝鮮語」, 조선총독부의 직원록 자료, 『동아일보』 1936년 4월 1일자 '사령' 등을 통해 확인할 수 있다. 1914년 처음 도한渡韓하였을 때는 조선총독부의 고용인 신분(조선총독부속朝鮮總督府屬)이었으며, 조선어 학습서의 일종인 『신신조선어회화新新朝鮮語會話』(1921, 大阪屋號書店, 日本東京), 『조선어연구朝鮮語研究』(1922, 大阪屋號書店, 日本東京)를 출판할 당시에는 경성공업전문학교와 경성의학전문학교의 촉탁囑託 강사講師 신분이었다. 1923년부터 1932년까지 경성의학전문학교 교수를 지내면서, 조선어 학습서인 『최신조선어회화사전最新朝鮮語會話辭典』(1925, 조선인쇄주식회사, 경성)을 출판했다.

야마모토는 '한일어 동계론韓日語同系論'을 바탕으로, 식민 통치상 필요에 의해 조선어를 가르쳐야 한다는 차원에서 조선어 교육에 종사했으며, 그가 남긴 몇 편의 논문과 저서도 이러한 입장을 반영하고 있다. 이는 「조선의 이어에 대하여」에서 "우리의 국어(일본어)와 동계에 속하는 조선어에도 동의·이의同意異義의 어語를 많이 쓰는데, 국어와 같이 언어상 이른바 유희로 쓰며, 또 종종의 미신迷信을 만들어 내기도 한다."라고 서술한 점이나, 「학습상으로 본 조선어」에서 '조선어는 망국어亡國語'라고 규정한 데서 확인할 수 있다. 이러한 태도를 반영하듯, 그는 1932년 회령상업학교 교장으로 재직한 이래 여러 학교의 교장을 지내면서, 조선인을 멸시하고 악독한 방식으로

일본어 보급에 전력했음을 증언하는 자료가 남아 있다. 원산상업학교 교장 시절에는 민족 차별과 비하로 인해 학생들의 항일투쟁을 유발하기도 하였으며, 조선공립고등보통학교, 조선공립중등학교, 인천여자상업학교 교장 시절에도 창씨개명 반대자와 지원병 반대자를 색출하여 처벌하는 데 앞장 선 인물로 알려져 있다.

대표적인 저서인 『조선어연구』는 제1장 언문諺文으로부터 제12장 조선어 장려 시험 문제朝鮮語獎勵試驗問題 및 부록인 '조선 십삼도 부군도명朝鮮十三道府郡島名'으로 구성되었으며, 『최신 조선어 회화 사전』은 '언문 조직 및 발음 방법', '언문어·한자어', '동사·형용사 활용' 등을 주요 내용으로 하였다.

[참고문헌] 허재영 『일제강점기 조선어 장려 정책 9』(역락, 2004), 山本正誠 『新新朝鮮語會話』(大阪屋號書店, 1921), 山本正誠 『朝鮮語研究』(大阪屋號書店, 1922), 山本正誠 『最新朝鮮語會話辭典』(朝鮮印刷株式會社, 1925), 朝鮮語研究會 『朝鮮文朝鮮語講義錄』 下卷(朝鮮語研究會, 1932), 山田寬仁 『植民地朝鮮における 朝鮮語獎勵政策』(不二出版, 2004) 【허재영】

671

야마모토 사이조
山本犀藏(산본서장) 1886.5~?

관료, 실업가

효고현兵庫縣 출신. 제일고등학교第一高等學校를 거쳐 1910년 도쿄제국대학東京帝國大學 법과대학 정치학과를 졸업한 직후 도쿄부東京府 속屬에 임명되어 재근하였다. 1910년 11월에 고등문관시험高等文官試驗에 합격하였다. 이후 군마현群馬縣 사무관이 되었으나, 뒤에 자리를 옮겨 법제국 참사관 겸 내각 은급국恩級局 서기관에 임명되었다. 이후 다시 법제국 제1부장 등을 역임하였다.

1924년 조선총독부 사무관에 임명되었으며, 1925년부터는 조선총독부 총독관방總督官房 심의실에서 근무하였다. 이 시기에 조선총독부 직속기관인 문관보통징계위원회文官普通懲戒委員會(1925), 보통시험위

원회普通試驗委員會(1926), 세제조사위원회稅制調査委員會(1927), 임야조사위원회林野調査委員會(1927), 토목회의(1927) 등에서 위원으로 활동했다.

　조선에서 가장 중요한 그의 이력은 조선총독부 체신국장일 것이다. 1928년부터 1933년에 걸친 재임기간은 당시 조선 내 전기산업의 성격과 관련하여 매우 중요한 시기였다. 조선총독부가 일관되게 구상한 전력통제정책은 우수한 회사에 조선의 전력개발을 위탁하여 국가와 함께 운영하는 것으로서 이는 매우 자연스럽게 관계와 재계의 결합을 유도하는 것이었다. 야마모토 또한 이를 뒷받침할 수 있는 법령을 구비하는 데 영향력을 행사했는데, 1930년부터 조선전기사업령朝鮮電氣事業令의 제정을 둘러싸고 전기사업법규조사위원회電氣事業法規調査委員會에서 활동한 것을 특기할 수 있을 것이다. 이러한 분위기는 체신국과 업계의 자연스러운 커넥션을 가능하게 했다. 야마모토가 1933년에 체신국장을 사직하는 동시에 1934년에 조선송전주식회사朝鮮送電株式會社 이사 및 서선합동전기주식회사西鮮合同電氣株式會社 사장에 취임할 수 있었던 것도 이를 대변하는 것이다.

　1928년에는 무선통신종사자자격검정위원회無線通信從仕者資格檢定委員會 위원장 및 체신관서현업원공제조합심사회遞信官署現業員共濟組合審査會 의장으로 활동했다. 1930년에는 조선간역생명보험심사회朝鮮簡易生命保險審査會 의장으로 활동했으며, 또한 조선총독부 해원심판소海員審判所 소장을 겸임하기도 했다. 더불어 퇴관 이후에는 위에서 언급한 전기회사뿐만 아니라 조선방송협회 이사를 비롯하여 각종 회사의 중역을 겸했고 1937년에 퇴직했다.

　그는 체신국장으로서 당시 조선총독부의 전기산업을 정당화하는 글을 적지 않게 발표했다. 「조선체신사업의 진보발달朝鮮遞信事業の進步發達」(『조선급만주朝鮮及滿洲』, 1932.4), 「조선의 체신사업朝鮮の遞信事業」(『조선급만주』, 1929.10), 「체신사업의 실시와 신규계획遞信事業の實施と新規計劃」(『조선朝鮮』, 1932.1), 「전기통제계획의 확립시대電氣統制計劃の確立時代」(『조선의 전기사업을 말하다朝鮮の電氣事業を語る』, 1937), 「조선전기사업령의 실행에 대해朝鮮電氣事業令の施行に就て」

(『조선전기협회회보朝鮮電氣協會會報』, 1934.4) 등을 들 수 있다.

　[참고문헌] 朝鮮新聞社 編『朝鮮人事興信錄』(朝鮮新聞社, 1935), 阿部薫 『朝鮮功勞者銘鑑』(民衆時論社, 1935), 中村資良『朝鮮銀行會社組合要錄』(東亞經濟時報社, 각년판), 朝鮮總督府 編『朝鮮總督府及所屬官署職員錄』(朝鮮總督府, 각년판), 人事興信所 編『人事興信錄 第13版 下』(人事興信所, 1941), 秦郁彦『戰前期日本官僚制の制度・組織・人事』(東京大學出版會, 1981), 오진석「한국근대 電力産業의 발전과 京城電氣(株)」(연세대학교 경제학과 박사학위논문, 2006)【전영욱】

672
야마무라 진사쿠
山村仁策(산촌인책)　　　　　　　　　1905.4.28~?

경찰관료

히로시마시廣島市 출신. 야마무라 마사오山村正夫의 양자가 되었다. 1931년 교토제국대학 법과를 졸업 후 충청북도, 경상북도 각 경찰부 경찰과장, 경기도 외사 경찰과장, 총독부 경찰관 강습소 교수 겸 총독부 사무관, 경무국근무 도사무관, 충청남도, 평안북도 각 경찰부장 등을 역임하였다.

　[참고문헌] 阿部薫 編『昭和12年版 朝鮮都邑大觀』(民衆時論社, 1937), 猪野三郎 編『第12版 大衆人事錄』(帝國秘密探偵社國勢協, 1937), 谷サカヨ『第14版 大衆人事錄』(帝國秘密探偵社, 1943)

【마스타니 유이치桝谷祐一】

673
야마사키 겐타로
山崎源太郎(산기원태랑)　　　　　　　생몰년도 미상

야마사키 니치조山崎日城(이명)
언론인

1903년 대한제국에 건너와 언론인으로 활동했다. 처음에 인천에 정착했는데, 조선일일신문사朝鮮日日新聞社에 근무하며 1906년 9월에『재한의 건괵대在韓の

巾幗隊』(朝鮮日日新聞社)를 간행하였다. 건괵이란 부인들이 머리를 꾸미기 위하여 사용하던 쓰개의 하나로 오늘날의 머릿수건을 말한다. 이 책은 러일전쟁 당시 대일본적십자사 인천임시병원의 보고서를 바탕으로, 야마사키가 견문한 인천부인회 활동을 다룬 것이다.

『조선일일신문朝鮮日日新聞』은 1903년 『인천상보仁川商報』로 출발해, 1906년에 『조선일일신문』으로 개칭, 1908년에 본사를 인천에서 서울로 옮겼다. 즉 야마사키는 『인천상보』, 『조선일일신문』 기자를 거쳐 1910년 한일강제병합 이후 조선총독부에 의한 언론사 재편과정에서 경성일보사로 전직해 1919년 말까지 근무한 것으로 보인다. 이듬해 야마사키는 『조선의 기담과 전설朝鮮の奇談と傳說』(ウツボヤ書籍店, 1920)을 펴냈다. 권두에는 경성일보 사장 가토 후사조加藤房藏(→62)의 「서序」와 야마사키의 「권두언 발간 유래－내선인 친화」가 실려 있다. 가토와 야마사키는 1919년 3·1운동 직후에 '내선융화內鮮融和'를 거듭 강조했다. 야마사키는 '일선동조론'에 기초한 신념을 지니고 '내선융화'를 목적으로 일본인을 대상으로 조선을 이해시키고, '내선동원'임을 널리 알리기 위해 한일 공통의 설화를 의도적으로 활용했다.

1921년 3월 5일자 『매일신보』에 야마사키를 전북일보사 기자로 보도했으나, 이후의 행방은 명확하지 않다.

[참고문헌] 최준 『한국신문사논고』(일조각, 1976), 櫻井義之 『朝鮮研究文獻誌－明治·大正編』(龍溪書舍, 1979), 藤村忠助 編 『京城日報社誌』(京城日報社, 1920), 山崎日城 『朝鮮の奇談と傳說』(ウツボヤ書籍店, 1920), 山崎源太郎 『在韓の巾幗隊』(朝鮮日日新聞社, 1906)　【김광식】

674

야마시타 겐이치
山下謙一(산하겸일)　　　　　1885.1~1951.6.27

관료
사가현佐賀縣 출신. 제오고등학교第五高等學校를 거쳐

1910년 도쿄제국대학東京帝國大學 법과대학 법률학과를 졸업했다. 1911년 11월 고등문관시험에 합격했다. 1912년 내무성內務省에 들어가 9월에 지바현千葉縣 경시警視에 임명되었다. 1913년 3월 지바현 이치하라군市原郡 군장郡長, 10월에는 인바군印旛郡 군장을 역임하며 지방행정의 실무를 쌓았다. 1919년 9월 경시청警視廳 이사관理事官, 공장 감독관 등을 역임했다.

1919년 8월 조선총독부로 옮겨 전라남도 경찰부장을 역임했다. 1921년 11월 충청북도 내무부장에 임명되었고 1922년 11월부터는 구매조합 조합장을 겸임했다. 퇴직 후 1935년 11월 18일부터 22일까지 『조선신문朝鮮新聞』에 '조선통치의 회고와 엄정비판: 시정 25주년에 즈음해 조야명사의 집필朝鮮統治の回顧と嚴正批判: 施政廿五周年に際し朝野名士の執筆'이라는 기획 중 「경찰제도의 확립警察制度の確立」을 4회에 걸쳐 연재했다.

1928년 5월 도쿠시마현德島縣 지사에 취임해 1929년 7월까지 재임했다. 1931년 12월 구마모토현熊本縣 지사로 옮긴 뒤에 1933년 7월 8일 퇴임했다.

[참고문헌] 天野行武 『忠北産業誌』(湖南日報忠北總支社, 1923), 秦郁彦 編 『日本官僚制總合事典: 1868-2000』(東京大學出版會, 2001), 「朝鮮統治の回顧と嚴正批判(179)施政廿五周年に際し朝野名士の執筆: 警察制度の確立(一)」(『朝鮮新聞』, 1935.11.18)　【박우현】

675

야마자 엔지로
山座圓次郎(산좌원차랑)　　　　1866.12.2~1914.5.28

외무관료
후쿠오카현福岡縣 출신. 1892년 도쿄제국대학東京帝國大學 법과대학 법률학과를 졸업하였다. 이후 외무성에 들어가 1893년 10월 부산 영사관에서 근무를 시작하였고, 청일전쟁 직후 인천영사로 근무하면서 전시상황을 감독 지도하였다. 1896년부터 영국 런던에서 근무했으며 1899년 다시 한국에서 근무했다가, 1901년 외무성 정무국政務局 국장 직무대리心得, 국장으로 근무하며 영일동맹 체결, 러일 교섭, 러일전쟁 개전 등에서 중심적인 역할을 담당했다. 1905년 7월 강화전권위원 수행원으로 미국에 파견되었고 12월 청일협약 조인을 위해 고무라 주타로小村壽太郎(→81) 외무대신을 수행했다. 1908년 6월에는 영국대사관 참사관으로, 1913년에는 중국 특명전권공사로 재직하였다.

청일전쟁과 러일전쟁 시기에 최일선의 외교관으로 활동하였다. 1893년 부산 영사관에서 영사관보領事官補로 외교관 경력을 시작했을 당시 천우협天佑俠의 전신인 부산 법률사무소 동인들과 친밀한 관계를 가졌고 당시 부산영사 무로다 요시후미室田義文(→408)에게 사냥을 가장하여 한성-부산 간 측량할 수 있는 방법을 제안했다. 이후 청국 상하이上海 영사관에서 영사관보로 근무한 뒤 청일전쟁 발발 직후 다시 조선에 부임하여 1894년 8월에는 부산, 1895년 5월에는 인천에서 근무했다. 청일전쟁 기간 동안 일본군과 민간상인들이 서울로 들어오는 최대의 관문이었던 인천지역에서 영사로 근무하면서 전시상황을 감독했다. 또한 을미사변乙未事變이 발생하자 당시 외무성 정무국장 고무라 주타로 등과 함께 조사원 신분으로 사건 조사에 참여했다. 같은 해 11월 영국으로 전근하였다가 1899년 3월에 일본으로 귀국하였다. 곧바로 다시 한국으로 건너와 근무를 재개하였고, 1903년 3월까지 재직했다. 이때 관료, 중의원으로 활동하던 고무치 도모쓰네神鞭知常의 딸과 결혼했다. 1901년 귀국 후 외무성에서 근무하였다. 외무성 정무국장政務局長으로 재직하고 있던 1904년, 나카이 요자부로中井養三郎가 독도를 일본영토로 편입시켜 줄 것을 요청하자, 독도의 군사적 필요성을 강조하면서 1905년 1월 독도 편입을 결정하는 데 영향을 미쳤다.

1901년 귀국 후 외무성 정무국政務局에서 근무하며 영일동맹 체결, 러일교섭, 러일전쟁 개전 등에서 중심적인 역할을 담당했다. 1905년 7월 포츠담 회담, 12월 청일협약 조인에 고무라 외무대신을 수행하며 고무라 외교의 중심적 존재로 활약하다가 중국 특명전권공사로 근무 중이던 1914년 베이징北京에서 사망했다.

[참고문헌] 日本外務省 編『日本外交文書』(日本國際聯合協會, 1960), 秦郁彦 編『日本近現代人物履歷事典』(東京大學出版會, 2002), 臼井勝美 外 編『日本近現代人名辭典』(吉川弘文館, 2007), 黑龍會『東亞先覺志士記傳』下(原書房, 1966), 長谷川峻『山座圓次郎: 大陸外交の先驅』(時事通信社, 1967), 김수희「나카이 요자부로中井養三郎와 독도 강점」『독도연구』17(영남대학교 독도연구소, 2014) 【최덕수】

676

야마자키 긴자부로
山崎金三郎(산기금삼랑)　　　　1905~1983

야마자키 레이몬도山崎黎門人, Y・레이몬도Y・黎門人(필명)
언론인, 문학가

본적은 시가현滋賀縣 이누카미군犬上郡 도요사토초豊鄉町 가미에다上枝 253번지이다.

조선에 건너오기 이전의 이력은 불명이며, 경성 용산경찰소의「경용고비 제780호京龍高秘第780號」(『사상에 관한 정보철思想ニ關スル情報綴』제2책, 1930년 2월 19일자)에 야마자키 긴자부로는 요주의인물로 올라 있다. 해당 서류에는 '철도학교 제1회 졸업생(선반공)으로『조선신문朝鮮新聞』기자'라고 기재되어 있다. 철도학교가 조선의 경성철도학교京城鐵道學校(현 한국교통대학교)라면 1905년에 철도이원양성소鐵道吏員養成所로 문을 열어 1919년 경성철도학교로 개칭되었기 때문에, 그 제1회 졸업생이라면 연령적으로 합치할 가능성이 있다.

1928년부터 조선신문사에서 사회부 기자로 8년간 근무한 후 정치부 차장으로 약 2년간 조선총독부를 담당했다. 그 무렵 조선방송협회의 벳쇼 요시히로別所義博(→453) 서무과장에게 초빙되어 1938년 경성중앙방송국에 입국, 프로그램 편성에 종사했다. 기자로서의 경험을 살려 후쿠오카현福岡縣 가호광업소嘉穗鑛業所에 '산업전사'로서 한반도에서 끌려온 '응징사應徵士'를 총독부 정보과의 주선으로 국민총력조선연맹에서 파견된 문인들과 함께 방문했다. 이에 근거하여 르포「규슈九州에서 과감히 싸우는 반도 응징

사」(『방송지우放送之友』)에서 "회사 측이 전혀 차별 의식 없이 대우해 준다고 해서 반도인은 결코 한만한 자세가 되어서는 안 된다" 운운의 리포트를 남겼다. 한편 경성 탐정 취미 모임京城探偵趣味の會의 동인同人 야마자키 레이몬도라는 이름으로 1928년부터 30년대에 걸쳐 『조선공론朝鮮公論』 등에 탐정소설을 기고하였다. 레이몬도黎門人라는 필명은 아마 미국 탐정소설의 창시자 레이먼드 챈들러Raymond Chandler(1888~1959)에서 유래한 것으로 추측된다. 야마자키 긴자부로와 야마자키 레이몬도의 동일인물 여부에 관해서는 야마자키의 유복 자식인 다지마 레이지田嶋黎兒 씨에게 확인한 결과, 자신의 이름은 부친의 펜네임인 '레이黎'에서 유래한 것이라고 증언했다. 참고로 「여간첩의 죽음女スパイの死」이라는 작품에는 '가와노 레이지川野黎兒'라는 인물명도 등장한다.

1945년 패전 후 야마자키 긴자부로는 일본인 직원이 10월 2일부로 모두 해고되었을 당시의 모윤숙毛允淑의 말을 기록하고 있다. 여류시인이었던 그녀는 방송국 직원으로서 교양 프로그램 편성과 더불어 한국어 뉴스 해설 등의 직무를 담당하고 있었다. "지금까지는 직제 상 노사 관계에 있거나 일을 진행하는 데 있어 필요한 계급제도가 마련되어 내지인의 우위가 확보되어 왔지만, 종전을 계기로 그 상황이 역전되었습니다. 야마자키 씨, 앞으로는 서로 평등한 인간으로 사귑시다."(『회상기回想記』)

1945년 10월 28일, 1931년 가을에 경성에서 결혼한 아내와 만 2세 9개월이 된 장남을 데리고 아내의 고향인 시마네현島根縣 오치군邑智郡 후세무라布施村로 귀환하여, 이듬해 작은 집을 건축하고 문구점을 경영했다. 1946년에 통고된 조선방송협회 구 직원에 대한 퇴직금 반환 문제에서 500엔씩 2회의 반환 수속을 취한 야마자키는 도쿄東京의 점령군사령부 맥아더 원수 앞으로 "퇴직금 반환 청구 조치는 실로 무기를 사용하지 않는 잔학 행위이다. 신속히 철회 조치의 지시를 바란다"라는 탄원서를 우송했다. 그 후 시마네현 산촌에 거주하던 야마자키에게 배달되는 우편물은 철저한 검열을 받았다고 한다. 1955년 여름, 히로시마廣島로 나와 모 소규모 기업에 취직했

고, 1957년 1월 친구의 주선으로 오카야마岡山로 옮겨 지역 시민지의 편집 기자로 근무하다가 1973년 퇴직했다.

[참고문헌] 朝放會 『JODK-朝鮮放送協會回想記』(朝放會本部, 1981), 篠原昌三 編 『舊朝鮮放送協會日本人職員名簿』(MF(마이크로필름), 1955), 學習院大學東洋文化硏究所 編 『友邦文庫目錄』(勁草書房, 2011), 津川泉 『JODK 消えたコールサイン』(白水社, 1993), 朝鮮放送協會 『放送之友』(朝鮮放送協會, 1944·45), 李賢珍·金津日出美 『京城の日本語探偵作品集』(學古房, 2014)　【쓰가와 이즈미津川泉】

677

야마자키 후지에
山崎藤江(산기등강)　　　　　생몰년도 미상

야마자키 유키히코山崎行彦/山崎幸彦(이명), 김소봉金蘇峰(이명)
영화인

쇼치쿠松竹 시모가모촬영소下加茂 撮影所에서 하야시 조지로林長次郎 주연의 검극영화를 연출한 중견 감독 출신으로, 1920년대 후반 기누가사영화연맹衣笠映畵聯盟에서 5편의 작품을, 나카네프로덕션中根プロ에서 6편의 작품을 감독한 경력을 가지고 있었다.

그가 '야마자키 유키히코山崎行彦/山崎幸彦'라는 이름을 사용하며 조선영화계로 활동 무대를 옮긴 시점은 1930년대 초중반이었다. 이듬해 중순 개봉을 목표로 다가 야스로多賀安郎가 주연을, 복혜숙과 심영이 조연을 맡고 경성촬영소가 기획한 권투영화 〈피 묻은 매트血染のマット〉에서 연출자로 이름을 올렸던 것이 1933년 8월경이었다.

이후 그는 '김소봉金蘇峰'이라는 조선식 이름으로, 일본인 와케지마 슈지로分島周次郎(→760)가 세운 경성촬영소에서 제작된 여러 편의 영화를 연출하였다. 경성촬영소 창립 작품인 〈전과자〉(1935)와 2회작인 〈대도전大盜傳〉(1935)에서 감독을 맡은 것이다. 이어, 엑스트라만 300명가량이 출연한 〈홍길동전 전편〉(1935)에서도 이명우와 공동으로 연출을 담당하였다.

1930년 중후반 조선영화계는 본격적으로 발성영화 제작 시기로 접어들었는데, 이후 그의 감독 이력은 찾아보기 어렵다.

[참고문헌] 김종욱 편저『실록 한국영화총서(상)』제1집 (국학자료원, 2002), 한국영상자료원 편역『일본어 잡지로 본 조선영화 2』(현실문화연구, 2011), 일본영화데이터베이스〈http://www.jmdb.ne.jp〉　　【함충범】

678
야마기시 미쓰구
山岸貢(산안공)　　　　　　　생몰년도 미상

언론인, 문학가, 실업가

1910년대 후반부터 기자 생활을 했고,『다이쇼일일신문大正日日新聞』,『오사카마이니치신문大阪毎日新聞』,『국민신문國民新聞』등의 기자를 거쳐 1924년 조선에 오게 되었다. 그때부터 1930년까지『경성일보京城日報』에서 근무하다 사표를 내고 1931년 새롭게 탄생한『조선일일신문朝鮮日日新聞』으로 옮긴다.『조선일일신문』에서 야마기시는 사회부 부장으로 근무하며 만몽滿蒙 문제와 관련된 시국강연회를 주최하여 성공을 거두었고, 해당 지역의 특파원 파견으로 반향을 일으켰다. 그러나 회사의 경제 상황이 악화되고『조선일일신문』의 사장 사메지마 소야鮫島宗也의 배임 사기횡령이 더해지면서 1931년 12월 휴간의 위기를 맞게 되자, 야마기시는 남은 신문사 사원들과 조선인 직공들을 포함한 수십 명과 단식투쟁, 즉 아사동맹에 돌입하여 퇴직금 등을 요청한다. 이 아사동맹 사건은『동아일보』12월 19일자에 사진과 더불어 생생히 보도되었으며, 야마기시는 이해의 일련의 사건을 기자 다카다 신이치高田信一(→279)와 공저共著한 소설『마지막 회전最後の廻轉』(日韓書房, 1932)에서 사실적으로 세세히 그리고 있다. 이듬해 봄인 1932년 4월 야마기시는 오사카로 갔다가 같은 해 8월에 다시 경성으로 돌아왔다. 1938년에 전前『고베우신일보神戸又新日報』편집국장이라는 직함으로 기고한 글이 확인되는데, 1930년대 중반에는 고베에서 3년간 생활한 것으로 보인다. 또한 1938년 12월에는 중앙자동

차회사에 소속했으며 1941년 4월에는 펑텐奉天 산소제조공사에 소속되어 있어 태평양전쟁기에 접어들면서 만주 지역으로 옮겨간 것으로 추측된다.

[참고문헌] 야마기시 미쓰구·다카다 신이치 공저, 엄인경 역『마지막 회전』(학고방, 2014), 京城雜筆社 編『京城雜筆』238, 266號(京城雜筆社, 1938, 1941),「日支衝突事件에 관한 管內狀況 第十報」『思想에 關한 情報綴1』(京城地方法院檢事正, 1931.9.30)　　【엄인경】

679
야스나가 덴시치
安永傳七(안영전칠)　　　　　　1894.2~?

금융인

야마구치현山口縣 출신. 1906년 야마구치고등상업학교山口高等商業學校를 졸업하고 1909년 요코하마橫濱의 이와가미합명회사岩上合名會社에 입사했다가 1911년에 퇴사했다.

1911년에 조선에 건너와 진주지방 금융조합에 들어가 1913년 의령군 지남역指南驛 국유지 소작인 조합설립위원장이 되었고, 같은 해 5월에 조합이사로 승진했다. 경상농공은행慶尙農工銀行에 들어간 것이 금융계에 첫발을 내디딘 것으로 1918년 식산은행이 설립되자 바로 입사해 계산과장 겸 증권과장으로 근무했다. 1920년 평안도 박천지점장과 1924년 본점 검사역檢查役 서무과장대리, 상업금융과장대리 등을 역임했으며 군산 지점장을 지냈다.

[참고문헌] 朝鮮新聞社 編『朝鮮人事興信錄』(朝鮮新聞社, 1922), 阿部薰『朝鮮人物選集』(民衆時論出版部, 1934), 阿部薰 編『昭和12年版 朝鮮都邑大觀』(民衆時論社, 1937)　　【이현진】

680
야스다 무네쓰구
安田宗次(안전종차)　　　　　　1894.6~?

관료

도쿄시東京市 출신. 1926년 12월 고등시험사법과에

합격하고 1927년 3월 도쿄제국대학東京帝國大學 법학부 정치과를 졸업하였다. 같은 해 12월 고등시험행정과에 합격하고 1928년 조선으로 건너왔다.

1928년 4월 총독부 전매국專賣局 사업과 소속으로 조선에 건너왔다. 1930년 5월에 도道 경시警視로 승진했고 황해도 경무과장警務課長을 지냈다. 1931년 12월에 평안남도 경무과장과 1933년 12월에 경기도 보안과장으로 있었고 1934년에는 평안북도 경찰부 고등과장으로 근무했다.

[참고문헌] 有馬純吉『昭和六年版 朝鮮紳士錄』(朝鮮紳士錄發行會, 1931), 貴田忠衛『朝鮮人事興信錄』(朝鮮人事興信錄編纂部, 1935)　　　　　【이현진】

681
야스다 미키타
安田幹太(안전간태)　　　　1900.1.2~1987.5.16

대학교수, 변호사

오이타현大分縣 출신. 1923년 3월 도쿄제국대학東京帝國大學 법학부 법률과를 졸업했다. 졸업 후 잠시 미쓰비시은행三菱銀行에서 근무했으나, 얼마 지나지 않아 퇴사하였다. 1925년 3월부터 도쿄지방재판소東京地方裁判所 및 도쿄구재판소東京區裁判所 판사로 활동했다. 1927년에는 문부성文部省의 명령을 받고 구미유학을 경험했는데, 이때 독일민법학에 큰 영향을 받았다.

야스다는 1928년 2월 10일에 경성제국대학京城帝國大學 법문학부 법학과의 '민법 민사소송법 제3강좌'의 조교수로 임명되어 조선에 왔고, 1929년 10월부터는 독일, 프랑스, 영국, 미국 등지에 재외연구원으로 출장한 이력이 있다. 1930년 6월 25일에 교수로 임명되었으며, 1939년 10월 9일에 면관된 후 변호사가 된다. 이 사이에 그는 조선총독부 직속기관인 사법법규개정조사위원회司法法規改正調査委員會 및 조선변호사시험위원회朝鮮辯護士試驗委員會 위원으로 활동하기도 했다.

1942년 8월에는 도쿄제국대학에 「임차권의 본질賃借權の本質」이라는 제목의 박사학위 논문을 제출하였

다. 이는 당시 신문지상에 '조선에 거주하면서 도쿄제대에서 박사학위를 취득한 두 번째 사례'로 소개되었다. 해당 논문은 기본적으로 민법에 대한 연구로서 "소유권이 임차권에 대해 절대 우위를 차지하게 되면 그것이 임차권의 무리한 희생을 가져오고 나아가서는 국가 전체의 이익에도 반하게 된다"는 내용이라고 알려져 있다.

교수 퇴임 이후 특필할 만한 이력은 1942년에 발생한 '조선어학회 사건' 공판에서 변호사로 활동한 점이다. 함흥지방법원은 이극로李克魯, 최현배崔鉉培, 이희승李熙昇, 정인승鄭寅承 등에 대한 「예심종결결정서豫審終結決定書」를 통해 각각 6년, 4년, 2년 6개월, 2년의 징역형을 언도했다. 이들은 판결에 불복하여 고등법원에 상고하였는데, 야스다는 최현배와 이희승을 변호했다고 한다. 그는 최현배와 이희승이 "조선독립운동의 거두로 주목된 이극로처럼 정치적 행위를 한 것이 아니라 순수한 학술적 목적으로 조선어사전에 참여한 것이므로 예심 판결이 파훼되어야 한다"는 내용의 취지문을 제출했다. 참고로 이 상고는 기각되었다.

경성제국대학 교수 신분으로 몇 편의 글을 남기기도 했다. 이 중에 『경무휘보警務彙報』에 실린 「법률과 상식 및 재판과 조정法律と常識及び裁判と調停」(『경무휘보』, 1934.3~6)이라는 연재물은 1933년 10월에 경성제국대학 법문학부가 주최한 공개강좌를 기록한 것이다. 변호사로 활동할 때도 「일신하고 있는 법률생활一新しつゝある法律生活」(『조선朝鮮』, 1942.5), 「조선에서의 가족제도의 변천朝鮮に於ける家族制度の變遷」(『조선』, 1940.1) 등의 글을 남겼다.

귀국 후 1947년 제23회 중의원의원총선거에 일본사회당日本社會黨 소속으로 출마하여 당선되었다. 당선 이후 열린 제1회 일본국회에서 그는 '여성의 재혼 금지기간'을 설정한 민법 제733조가 '양성의 본질적 평등'을 보장한 「일본국헌법」 제24조에 위배된다고 지적함으로써 세간의 주목을 받았다.

1950년에 규슈제국대학九州帝國大學의 후신인 하치만대학八幡大學의 교수가 되었고 1955년에 이 대학의 학장이 되어 4년간 부임하였다. 1969년에는 대학 이

사장이 되어 1983년에 퇴임하였으며, 1987년 5월 16일에 사망하였다.

[참고문헌] 정근식 외『식민권력과 근대지식: 경성제국대학연구』(서울대학교출판문화원, 2011), 朝鮮新聞社編『朝鮮人事興信錄』(朝鮮新聞社, 1935), 朝鮮總督府編『朝鮮總督府及所屬官署職員錄』(朝鮮總督府, 각년판), 鄭肯植「조선어학회 사건에 대한 법적 분석-〈豫審終結決定書〉의분석-」『애산학보』 32(애산학회, 2006), 행정안전부 국가기록원〈http://theme.archives.go.kr〉

【전영욱】

682

야스오카 쇼타로

安岡章太郎(안강장태랑)   1920.5.30~2013.1.26

문학가

고치현高知縣 출신. 육군 수의였던 아버지의 근무지를 따라 식민지 조선의 경성에서 소학교를 다녔다. 이후 히로사키弘前, 도쿄東京, 아오야마靑山 등 계속 전학을 다니다 게이오기주쿠慶應義塾 문학부에 입학하였다. 재학 중이던 1944년에 군대에 소집되어 중국과 소련 국경 근처로 가게 되는데, 흉부질환으로 입원해 전사는 피할 수 있었다. 전후에 척추 질병으로 괴로워하면서 소설을 집필해『유리구두ガラスの靴』(1951)를 발표했다. 동료 문인 고지마 노부오小島信夫나 엔도 슈사쿠遠藤周作 등과 친교를 쌓았으며, '제3의 신인'으로 불렸다. 어머니의 죽음에서 발상을 얻어 쓴『해변의 광경海邊の光景』(1958) 등, 야스오카의 작품에는 사소설적 요소가 많은데, 점령기 이후에 가족 서사를 통해 전후 일본의 모습을 고찰하고 있는 시선은 일본사회가 당면하고 있는 동시대 문제로 연결되어 있다.

1960년부터 이듬해까지 약 반년간 미국 남부로 유학을 가서 이때의 체험을 바탕으로 에세이집『미국감정여행アメリカ感情旅行』(1962)을 썼고, 이후 에세이 방면에서 활약이 두드러진다. 재일조선인 잡지『계간 삼천리季刊三千里』 2호(1975.여름)에 조선인을 대하는 전후 일본인의 이중적인 내면에 대한 기고가 있

다. 그 외에, 막부 말기를 배경으로 자신의 집안사람들을 자전적으로 쓴 장편 역사소설로『유리담流離譚』(1976~1981)이 있다. 에세이『나의 쇼와사僕の昭和史』(1979~1988)는 야스오카의 개인적인 자전이기도 하지만 전시 중과 전후를 살아온 시대사로서도 중요한 자료이다. 특히 직업군인의 아들로서 조선에서 보냈던 유년시절에 관한 서술은 사적인 체험을 바탕으로 하여 식민지 조선을 바라보면서 문학적 꿈을 키웠던 스스로의 내면을 그려내고 있다. 그의 작품에는 전후의 대중화된 사회에서 전시를 보낸 세대의 전쟁에 대한 기억이 잘 그려져 있다.

[참고문헌] 小學館『日本百科全書：ニッポニカ』(小學館, 1994), 安岡章太郎「弱者の偏見-S上等兵の記憶-」『季刊 三千里』夏(三千里社, 1975)

【김계자】

683

야시마 유키시게

八島行繁(팔도행번)   생몰년도 미상

야시마 류도八島柳堂(필명)
문학가, 언론인

야시마 류도八島柳堂라는 이름으로 구연동화를 보급하며, 경성일보京城日報 시모노세키下關 지국장을 역임했다. 야시마는 1921년 12월에 조선으로 건너와『경성일보』 및『매일신보每日申報』 소아회 간사로 활동했고, 1920년대 조선에서 각종 구연동화 및 아동극 보급을 위해 조선총독부 기관지『경성일보』 및『매일신보』가 기획한 각종 어린이 행사를 주도했다.『경성일보』의 독자 확보와 구연동화가 긴밀히 연계된 것이다.

1922년 어린이날을 기념해 매일신보가 주최한 독자위안 활동사진대회(단성사團成社에서 개최)에서는 야시마가 제작한〈애의극愛之極〉이라는 사회극이 영사되었다. 경성일보 및 매일신보가 개최한 각종 구연회를 성황리에 개최하고,『강화자료 동화의 샘講話資料童話の泉』(京城日報代理部, 1922.3)을 출판해 '선녀와 나무꾼'을 포함한 조선동화 등을 재화했다. 1923년 5월, 6월에는 자동차강연대自動車講演隊를 조직해 전

국의 보통학교 등을 순회하며 구연강연을 행했다. 『오사카마이니치신문大阪每日新聞』기자들의 글을 엮은 책『신문인이 털어놓은 이야기新聞人の打明け話』(一元社, 1931)에 글이 실렸으며, 귀국 후 오사카마이니치신문 기자로 근무했다. 종전 후 미에현三重縣 욧카이치시四日市에 거주하며 구연동화가로 유명한 구루시마 다테히코久留島武彦 선생 50주년 기념동화집『곰의 엉덩방아熊のしりもち』(推古書院, 1949)에 동화(「그림 연극 기념탑紙芝居記念塔」)를 싣고, 1962년까지 짧은 글을 기고했음이 확인되나 그 후의 행적은 알 수 없다.

[참고문헌] 김광식『근대 일본의 조선 구비문학 연구』(보고사, 2018), 金成姸『越境する文學』(花書院, 2010), 朝鮮總督府 編『朝鮮總督府及所屬官署職員錄』(ゆまに書房, 2009)　　　　　　　　　【김광식】

684

야즈 쇼에이

矢津昌永(시진창영)　　　　1863.3.13~1922

지리학자, 대학교수

구마모토시熊本市 센단바타마치千反畑町 출신. 8세에 구마모토의 번사藩士인 우치다 요도에內田澱江의 사숙에서 한학을 배우고, 안양원 공립사숙에 입문하여 한학, 산술, 습자를 배웠다. 1877년에 일어난 세이난전쟁西南戰爭으로 교육시설이 파괴되어 구사바학교草葉學校와 지구사학교千草學校에서 배우고 1879년 구마모토사범학교熊本師範學校에 입학했다. 졸업 후에는 시게미소학교重味小學校에서 2등 교사로 첫 교편을 잡았다. 이후 사범학교, 중학교 교사로 근무했다. 1889년 제오고등중학교第五高等中學校(현 구마모토대학熊本大學) 조교수로 재직하였다.

이 학교에 재직하면서 여름방학을 이용하여 1893년 7월 24일부터 8월 14일까지 약 20여 일간 부산과 원산, 블라디보스토크의 개항장을 중심으로 여행을 하고 견문한 내용을 이듬해『조선시베리아기행』으로 간행하였다. 이 책은 같은 해 나온 혼마 규스케本間久介의『조선잡기朝鮮雜記』와 함께 일본인들이 가장 많이 읽은 조선 견문기였다.『조선시베리아기행』

의 자료적 가치는 첫째, 100여 년 전의 우리 조상들의 모습을 세밀하게 그린 민속학 자료라는 것이다. 차별적이고 편견에 가득 찬 서술을 제외하면 저자가 본 지역의 풍습, 기후와 지질 등의 자연환경과 조선인들의 사는 모습을 적나라하게 그렸다. 둘째, 여행 일정에 대한 자세한 기록과 함께 여행에 필요한 기본적인 정보를 수록한 점이다. 또한 근대 일본 지식인의 조선 인식을 엿볼 수 있는 책이다.

세계 역사와 지리에 정통한 지리학자로서 조선과 시베리아를 여행하면서 자신의 학문적 호기심을 확인했다. 그는 근대 일본인의 시각으로 조선의 문화와 풍속을 접하면서 여러 풍경을 생생하게 여행기에 담았는데, 이 여행기의 여러 곳에서 노골적으로 조선인에 대한 멸시관을 드러낸다. 1868년 이후 문명개화를 이룬 '문명국' 일본이 타자의 시선으로 '미개화'된 조선을 바라보는 '문명과 야만'의 교차점을 읽을 수 있다.

1900년에는 고등사범학교 지리과 교수, 1904년에는 육군교수와 도쿄고등사범학교(현 와세다대학) 교수를 겸했다. 그는 중등학교 학생을 위한 교과서 및 참고서를 저술하여 지리교육계의 중진이 되었으며, 매년 두세 권씩 지리, 지도 및 지학관련 책을 간행할 정도로 활발한 저술활동과 교육활동을 했다.

1904년 와세다대학 교수로 있으면서『한국지리韓國地理』(丸善)를 출간했는데, 1906년에 3판이 간행되었다. 이 책에 나타난 조선 인식은 첫째, 일본인이 신라 건국 이전에 한반도 남부에 식민해서 상당한 세력을 가졌으며, 둘째, 조선은 혼자서는 독립할 수 없는 나라이고, 셋째 조선은 일본의 경제적 식민지로 적당하다는 것이었다.

[참고문헌] 矢津昌永 저, 최혜주 역『조선시베리아기행』(선인, 2016), 源昌久『近代日本における地理學の一潮流』(學文社, 2003), 貴田忠衛『朝鮮人事興信錄』(朝鮮人事興信錄編纂部, 1935)　　　　　　【최혜주】

685

에가시라 로쿠로

江頭六郎(강두육랑)   1887.6~?

교사

후쿠오카현福岡縣 출신. 1907년 후쿠오카사범학교福岡師範學校를 졸업했고, 후쿠오카현여자고등소학교福岡縣女子高等小學校 교사, 1909년 3월 후쿠오카고등소학교福岡縣高等小學校 교사를 거쳐 도쿄고등사범학교東京高等師範學校에 입학했다. 1915년 3월에 도쿄고등사범학교를 졸업한 뒤, 1915년 6월에 히로시마중학교廣島中學校 교사, 1917년 10월 와카마쓰고등여학교若松高等女學校 교사, 1918년 3월 와카마쓰중학교若松中學校 교사를 거쳐 1920년 10월 후쿠이사범학교福井師範學校 교사를 역임했다.

1922년 5월 조선총독부 사범학교 교사로 임명받아 조선으로 건너왔다. 경성사범학교 교사 겸 조선총독부 편수관編修官이 되었다. 이후 경성사범학교 부속 보통학교의 주사보主事補를 거쳐 1924년 4월 청주고등보통학교 교장으로 진급한다. 1925년 4월에는 공주공립고등보통학교 교장으로 전임했고, 1929년 4월 충청남도 공립사범학교 교장, 1930년 5월 경성제2공립고등보통학교 교장을 역임했다. 또한 총독부 시학관視學官 겸 경기도 시학관 등도 역임했으며, 1934년부터 경성공립중학교 교장이 되었다. 경성중학교는 당시 조선의 일본인중학교 중에서도 가장 중심이었고, 교장의 발탁 또한 신중을 기했는데 에가시라는 다년간 중등교육기관에서 종사해온 경력과 공적, 또한 그 인품이 평가받아 적임자로 임명되었다고 한다.

[참고문헌] 有馬純吉『昭和六年版 朝鮮紳士錄』(朝鮮紳士錄發行會, 1931), 貴田忠衛『朝鮮人事興信錄』(朝鮮人事興信錄發行會, 1931), 阿部薰 編『昭和12年版 朝鮮都邑大觀』(民衆時論社, 1937)   【신승모】

686

에구치 게이시로

江口敬四郎(강구경사랑)   1907~?

고세이湖生(호)

화가

교토부京都府 출신. 1932년 교토회화전문학교京都繪畫專門學校(현 교토시립예술학교京都市立藝術大學) 일본화과를 졸업했다. 1933년 평양고등여학교 미술교사로 조선에 건너왔으며 이후 1935년까지 이 학교에서 근무했다. 경성으로 옮겨 1936년부터 1941년까지 경성여자사범학교의 미술교사로 재직하며 약 12년간 한국에 체류했다. 1934년부터 1944년까지 경성에서 조선미전을 중심으로 화단 활동을 했다.

경성여자사범학교 재직 시 이 학교를 다니던 박래현樸崍賢을 가르쳤고, 개인교습도 한 바 있으며, 후에 그녀에게 일본으로의 미술유학을 권유하기도 했다. 1934년 조선총독부 주최 제13회 조선미술전람회(약칭 조선미전)에 처음으로 입선하고, 이어 제14회 조선미전에서 특선을 한 후 1944년 제23회까지 꾸준히 출품하며 일제강점기 화단에서 입지를 굳혔다. 1940년에 조선미전의 추천작가가 되었다.

[참고문헌] 朝鮮總督府 編『朝鮮總督府及所屬官署職員錄』(朝鮮總督府, 1933~1941), 강민기 「1930~1940년대 한국 동양화가의 일본화풍-일본화풍의 전개와 수용」『미술사논단』29(한국미술사연구소, 2009) 【강민기】

687

에구치 다쓰시게

江口辰茂(강구진무)   1887~?

행정관료

사가현佐賀縣 기시마군杵島郡 출신.

1914년 9월 황해도 이재과理財課에서 근무하다 1915년 6월 이재과장으로 진급하였고 이후 금융조합 지도에 진력하였다. 1930년 도이사관道理事官으로 임명받은 후 얼마 지나지 않아 관계를 떠나 같은 해 10월 금융조합으로 방향을 선회하여 평안북도 금융조합연합회 이사로서 신의주에 부임하였고 1936년 8월 인사이동 때 발탁되어 조선금융조합연합회 충청북도 지부장으로 발탁되었다. 조선에서 다년간 지방재무를 위해 근무하였다.

[참고문헌] 藤澤淸次郎 編『朝鮮金屬組合と人物』(大陸民友社, 1937), 高橋三七『事業と郷人 第1輯』(實業タイムス社, 1939)　　　　　　　【유재진】

688

에구치 모토아키
江口元章(강구원장)　　　　1890.10.13~1952.11.17

한에이로帆影郎(호)
실업가, 문학가

오카야마현岡山縣 하마노濱野 출신. 하이쿠는 소년시절부터 시작하였으며 1914년 도키 젠마로土岐善麿를 스승으로 섬기고『연음緣蔭』을 1년 정도 간행하였다. 1915년 오사카大阪의 요네이米井무역회사에 근무하였으며, 1917년 상하이上海로 건너가서 자신의 무역상을 경영하는 한편 하이쿠에도 열중하며『호토토기스ホトトギス』에도 투고하였다. 이 시기의 구집으로는 1921년 상해에서 발간된『당토구집唐土句集』(上吟社, 1921)이 있다.

1922년 조선의 평안북도로 이주, 1925년에는 정주定州 읍장을 그만두고 원산의 교외 지역인 송하리松下里로 이주하여 과수원을 경영하였다. 한편 원산 시절에 자신이 주재하는 하이쿠俳句 잡지『산포도山葡萄』를 간행하고 1935년에는 신흥 하이쿠 운동新興俳句運動에 참가하는 등 원산 지역의 하이쿠를 이끌어 나갔다.『산포도』는 1937년 12월부터 1939년 5월까지 휴간하였다가 신흥하이쿠 규탄 사건으로 1941년 8월 15호를 끝으로 폐간되었다.

패전 후 1946년 나가사키현長崎縣에 정착하여 하이쿠 잡지『태양계太陽系』와『환상幻像』에서 활동하였으며, 1952년 심장마비로 사망하였다.

[참고문헌] 阿部誠文 『朝鮮俳壇-人と作品〈上卷〉』(花書院, 2003), 安住敦 『現代俳句大辭典』(明治書房, 1980)　　　　　　　　　　　　　【김보현】

689

에비나 단조
海老名彈正(해로명탄정)　　　1856.9.18~1937.5.22

기사부로喜三郎(아명)
목사, 사상가

일본의 사상가이자 교육자이며 일본조합교회日本組合敎會 기독교 목사로 구마모토 양학교熊本洋學校에서 수학했다. 1882년 요코이 쇼난橫井小楠의 장녀 미야코みや子와 결혼한 후, 1884년 마에바시前橋로 거주지를 옮겨 마에바시 교회를 창립했다. 1886년에는 도쿄東京의 혼고교회本鄕敎會를 설립하였으며 1890년 일본기독교전도회사 사장으로 취임했다. 1893년 고베교회神戶敎會 목사로 취임하지만, 1897년 교회를 사임하고 도쿄로 다시 돌아왔다. 1900년 7월에 잡지『신인新人』을 창간하여 많은 지식인을 양성하였고, 신앙의 이해를 둘러싸고 정통주의 신앙의 우에무라 마사히사植村正久와 복음주의 논쟁을 벌여 주목을 받기도 했다. 이후 도시샤대학同志社大學 총장(1920~28) 등을 역임하고 1937년 사망할 때까지 혼고교회에서 명예목사로 활동하였다.

기독교의 박애는 곧 충군=애국이며 이것의 구체적인 실천이 국력강화로, 이를 위해서는 전쟁도 정당화할 수 있다고 에비나는 주장했다. 그는 결국 조합교회가 지향해야 할 목적이 '충량한 제국신민'으로 만드는 길이라 보았다. 조선전도의 실천은 그의 제자 와타세 쓰네키치渡瀬常吉에 의해 실현되었으며, 그 역시 조선전도론을 내세워 '제국과 연계하여 일선일체日鮮一體의 사명을 실행하는 것'이 조합교회의 사명이라고 언급했다. 한국인 박병철, 제자 와타세와 협력하여 경성 서대문 밖에 경서교회京西敎會를 설립하는 데 기여하기도 했다.

저서로『기독교 본의基督敎本義』(日高有隣堂, 1903),『정적종교와 동적종교靜的宗敎と動的宗敎』(大鐙閣, 1918),『일본정신과 기독교日本精神と基督敎』(同志社敎會, 1944) 등이 있다.

[참고문헌] 金文吉 『近代日本キリスト敎と朝鮮:海老名彈正の思想と行動』(明石書店, 1998), 이현진「병합

초기 일본의 동화주의적 조선인전도-일본구미아이교회파(日本組合敎會派)를 중심으로」『일본어문학』45(한국일본어문학회, 2010), 김문길 「우치무라 간조(內村鑑三)의 생애와 사상-에비나단조(海老名彈正)사상과 관련하여-」『일본문화학보』39(한국일본문화학회, 2008), 성주현 「1910년대 식민지 조선의 일본조합교회 동향」『한국독립운동사연구』24(독립기념관 한국독립운동연구소, 2005)　　　　【제점숙】

690
엔도 류사쿠
遠藤柳作(원등류작)　　1886.3.18~1963.9.18

관료, 변호사

사이타마현埼玉縣 출신. 와세다중학교早稻田中學校, 제이고등학교第二高等學校를 졸업하고 도쿄제국대학東京帝國大學에 진학했다. 1910년 법학부를 졸업하고 조선총독부 시보에 임명되었다. 총독비서관 및 관방비서과장을 역임하였고 3·1운동 이후 도쿄부 산업부장으로 이동하였다. 아오모리현青森縣 지사, 미에현三重縣 지사를 역임했다.

1928년 제1회 보통선거에 출마하여 중의원 의원에 당선되었으나 1930년 하마구치 오사치濱口雄幸 내각 하에서 실시된 총선거에서는 낙선하였다. 1928년에 변호사를 개업하고 무사시노철도武藏野鐵道 사장에 취임하였다가 1931년 가나가와현神奈川縣 지사로 관계에 복귀했다. 아이치현愛知縣 지사를 거쳐서 1933년에는 총무처장으로 만주국에 부임하였다.

1938년에 귀족원 칙선의원에 임명되었고, 1939년 아베阿倍 내각의 서기관장에 취임하였다. 1942년 익찬정치체제협의회翼贊政治體制協議會(회장은 아베 노부유키阿部信行(→597))가 결성되자 그 위원에 임명되었다. 1943년 신문통폐합 방침에 따라 『국민신문國民新聞』과 『미야코신문都新聞』을 합병하여 『도쿄신문東京新聞』이 탄생하자 그 사장에 취임하였다.

1944년 7월 아베 노부유키가 조선총독에 임명되자 정무총감에 취임하였다. 정무총감 시절에는 조선인 참정권 문제와 전시동원에 힘을 쏟았다. 먼저 1943

년 12월 조선 독립을 보장한다는 내용을 담은 연합국의 카이로 선언이 발표되자 징병, 징용의 강화에 따른 민심악화를 수습하는 차원에서 일본 정부에 조선인 참정권을 부여할 것을 일본 정부에 건의했다. 1944년 12월 고이소 내각은 '조선 및 타이완 동포에 관한 처우 개선에 관한 건'을 발표하고 그 일환으로 조선인에게 참정권을 부여하였다. 1945년 4월 중의원의원선거법과 귀족원령이 개정되어 1년 이상 국세 15엔 이상을 납부한 자에 대해서 선거권이 부여되었고, 칙선의원이 조선에서 선출되도록 하였다. 이에 따라 송종헌宋鍾憲, 이기용李埼鎔, 윤치호尹致昊, 김명준金明濬, 한상룡韓相龍, 박상준朴相駿, 이진호李軫鎬, 박중양朴重陽 등 8명이 칙선의원勅選議員에 임명되었다. 또한 조선인 관리에 대한 재근가봉在勤加俸을 전면적으로 지급하는 등 일련의 차별철폐조치를 취하였다. 다음으로 전시동원과 관련해서는 먼저 농지개발영단農地開發營團의 활동을 촉진해서 토지개량사업을 서둘러서 시행하고 미곡 공출을 강제하였다. 다음으로 석탄, 철광석, 경금속 등 전쟁에 필요한 중요광물에 대한 증산을 강요하고 노무동원을 강화하는 등 일련의 인적, 물적 수탈을 강화하였다. 나아가 B29 폭격기가 한반도에도 출현하는 등 패색이 짙어지자 주요 도시에 대한 방공시설을 강화하고 방공감시망을 확충하고 국방도로를 신설·개량하고 항공보안시설, 통신기관을 강화하고 보안통신시설을 확충하는 등 일련의 방어태세를 강화하다가 조선에서 패전을 맞이했다. 8월 15일 중도 좌파 지도자인 여운형을 만나, 1) 전국에 걸쳐 정치 및 경제적 죄목의 수감자를 즉시 석방할 것, 2) 앞으로 3개월간의 식량을 비축하도록 보장할 것, 3) 한국의 치안유지나 독립을 위한 행동에 절대 간섭하지 않을 것, 4) 학생과 청년의 훈련에 절대로 간여하지 말 것, 5) 노동자와 농민의 훈련에 절대로 간여하지 말 것을 약속하고 '조선건국준비위원회'에 치안권과 행정권을 이양했다.

전후 공직에서 추방되어 향리에서 은거했다. 1951년 공직추방 해제와 함께 1952년 주식회사 무사시노은행武藏野銀行 이사장에 취임했다. 1955년 참의원 선거에 출발하여 당선되었고, 1956년 무사시노은행

이사장, 수도권정비심의회 회장에 취임했다가 1963
년 사망하였다. 종3위 훈1등의 서훈을 받았다.

[참고문헌] 貴田忠衛 『朝鮮人事興信錄』(朝鮮人事興信
錄編纂部, 1935), 水田直昌原 監修 『總督府時代の財政』
(友邦協會, 1974), 日外アソシエーツ 『新訂 政治家人
名事典 明治~昭和』(日外アソシエーツ, 2003)

【이형식】

691
오가 가메키치
大賀龜吉(대하구길)　　　　　1866.7.19~?

실업가

후쿠오카현福岡縣 모지시門司市 출신. 1892년 도쿄법
학원東京法學院을 졸업하고, 1898년 이후부터 1913년
까지 외무성에서 봉직했다. 외무서기생外務書記生으
로서 샤먼廈門, 싱가포르新嘉坡, 산터우汕頭, 쑤저우
蘇州, 간도間島 등지의 영사관에서 근무했으며, 이 시
기 간도지역에서 일어났던 조선인 의병운동 등 소위
'배일선인사건排日鮮人事件' 실태에 관한 보고업무에
종사했다.

1913년 10월 외무성 외무서기생 직을 사직하고, 경
성으로 이주하여 1916년 6월부터 야스다 가安田家에
서 경영하던 도쿄건물회사東京建物會社의 경성지점에
서 근무하기 시작했다. 1917년 경성상업회의소 2기
평의원에 당선되었으며, 1918년 4월에는 상업회의
소신축위원회 위원으로 활동하는가 하면, 같은 해 12
월에는 1급 평의원으로 당선되기도 하였다.

[참고문헌] 朝鮮公論社 編 『在朝鮮內地人紳士名鑑』(朝鮮
公論社, 1917), 한국독립운동사정보시스템 〈http://search.
i815.or.kr〉　　　　　　　　　　　　　【기유정】

692
오가와 게이키치
小川敬吉(소천경길)　　　　　1882~1950

관료

후쿠오카현福岡縣 지쿠가미초築上町 출신. 공수학교

工手學校(현 공학원대학工學院大學)를 졸업하고 조선에
와서 조선총독부 기수技手로 근무하였으며 1944년
퇴직 후 귀국하였다.

공수학교에서 건축학을 공부하고 내무성에 근무
하며 고건축 관련 측량이나 조사에 참여하였고, 1916
년 세키노 다다시關野貞(→502)의 권유로 조선으로 건
너와 조선총독부박물관 촉탁囑託 자격으로 조선 근
무를 시작했다. 조선총독부 관방토목부官房土木部와
학무국 근무를 겸임하는 한편 조선건축회 주거문제
연구위원 촉탁을 지냈고, 1944년 퇴직할 때까지 조
선총독부 물품출납검사관, 관방회계과 직원, 재단법
인 이토공기념관伊藤公記念館 사무위원, 경성신사 평
의원, 조선총독부 철도국 기사 등을 역임하며 수덕
사, 화엄사, 장안사 등의 고건축 조사와 수리사업, 측
량, 제도에 관여하였다. 그가 작성한 자료는 정확도
가 높아 문화재조사, 수리 및 보존과 관련하여 중요
한 사료적 가치를 지니며 현재 일본의 교토대학, 사
가현佐賀縣 나고야박물관名護屋博物館 등에 남아 있다.

1944년 8월 귀국하여 후쿠오카현 핫타무라八津田
村 촌장에 당선되어 재직 중이던 1950년 2월 20일
사망하였다.

[참고문헌] 韓國文化財硏究所 編 『小川敬吉調査文化財
資料』 海外所在文化財調査書第5冊(韓國文化財硏究所,
1994), 水谷昌義 「「故小川敬吉蒐集資料」目錄」 『朝鮮
學報』 116(朝鮮學會, 1985), 杉山信三 「「小川敬吉氏蒐集
資料目錄」について」 『建築史學』 7(建築史學會, 1986),
浦和和也 「小川敬吉と「小川敬吉資料」について-朝鮮
總督府の「文化財行政」に關する資料-」 『研究紀要』 9
(佐賀縣名古屋城博物館, 2003)　　　　　　【김용철】

693
오가와 쇼헤이
小川勝平(소천승평)　　　　　1876.12.2~?

변호사

오이타현大分縣 홋카이군北海郡 출신. 1903년 7월 메
이지대학明治大學을 졸업하였다.

1904년에 9월 러일전쟁에 의하여 한국 주차군사령

부로 조선에 건너왔다. 1906년 5월 경성에서 소송대리업을 개업하였다. 그 후 위생조합장, 경성상업회의소 의원, 경성거류민단 의원, 경성부협의회원, 경성학교조합 의원 등을 맡았고, 경극京劇, 조선제약회사의 임원에도 취임하였다.

[참고문헌] 朝鮮新聞社 編『朝鮮人事興信錄』(朝鮮新聞社, 1922), 中村資良 編『京城仁川職業名鑑』(東亞經濟時報社, 1926)　　　　　　【마스타니 유이치桝谷祐一】

694
오구라 다케노스케
小倉武之助(소창무지조)　　　1870.9.7~1964.12.26

실업가, 금융인, 정치인

지바현千葉縣 나리타시成田市 출신. 부친은 제국의회 중의원(2~4회) 의원이자 지바현회千葉縣會 의원, 나리타철도成田鐵道 사장, 나리타은행장成田銀行長을 지낸 오구라 료소쿠小倉良則(1848~1920)이며, 그의 장남으로 태어났다.

1896년 도쿄제국대학東京帝國大學 법과대학을 졸업했다. 졸업 후 일본우선日本郵船에 입사하였고, 뒤에 경부철도회사에 입사하여 조선에 왔다. 그가 조선에 온 이유는 아버지의 낙선과 사업 실패, 뇌물 수수사건으로 체포·수감된 일로 집안이 경제적으로 파탄하여 자신이 집안의 재정을 회복하기 위해서였다고 전해진다.

부인은 이네イ木이며, 슬하에 장남 야스유키安之(1910년생, 도쿄제대 이과 졸업)와 차남 다케오武雄(1917년생, 도쿄제대 법대 졸업)를 두었다.

1904년 경부철도회사 대구출장소로 부임하여 조선에 건너왔다. 1905년 2월 경부철도회사를 나온 뒤 대구에 근거지를 마련했다. 자금을 모아 부동산에 투자해 거금을 축적했다. 1905년 8월 대구일본인회 평의원, 대구거류민단 의원 및 의장을 역임했다. 1913년 2월 대구상업회의소 위원을 시작으로 여러 차례 특별위원이 되었고, 상공회의소 회장에 수차례 취임했다. 이외에 대구부회의원, 경상북도평의회원·도회의원, 대구학교조합의원 등에 선임되었다.

1911년 대구전기주식회사를 설립해 사장으로 취임했고, 1918년 대흥전기大興電氣㈜를 설립하여 이를 모체로 조선 각지의 전기회사를 설립 및 인수해 조선 전기업계의 일대 권위자가 되었다. 통영전기㈜(1919년 설립), 여수전기㈜(1919년 설립), 회령전기㈜(1921년 설립), 울산전기㈜(1922년 설립), 울산본부전기蔚山本府電氣㈜(1924년 설립), 경주전기㈜(1923년 설립), 제주전기㈜(1925년 설립), 안동전기㈜ 사장(1925년 설립), 고성전기固城電氣㈜(1925년 설립), 남원전기㈜(1925년 설립), 순천전기㈜(1925년 설립), 벌교전기㈜(1925년 설립) 영법전기靈法電氣㈜(1926년 설립), 남선수력전기㈜(1940년 설립)의 사장을 지냈다. 이들을 인수 합병하는 과정을 거쳐서 1930년대 말에는 남선합동전기南鮮合同電氣㈜, 북선합동전기北鮮合同電氣㈜, 조선전력㈜ 등 조선 3대 전기회사의 사장이 되었다.

전기업뿐만 아니라 금융업에도 진출하여 선남은행鮮南銀行 대표(12년 설립), 경일은행慶一銀行 상임감사, 대구상공은행장, 대구증권㈜ 주주 및 사장을 역임했다. 이밖에 대광흥업大光興業㈜을 비롯하여 조선석유㈜ 이사, 선광공예鮮光工藝㈜ 사장, 대구제작소㈜ 대표, 삼척철도㈜ 및 삼척개발㈜의 감사, 대구일보사의 주주이기도 하였다. 또한 대구지역 유력자로서 가네가후치방적공장鐘淵紡績工場 대구 설치 결정을 이끌어냈고, 대구복심법원, 보병제80연대, 대구의학전문학교, 세무감독국 등의 설치를 위한 기성회장으로 활동하면서 지역개발운동을 주도했다. 조선총독부 시국대책조사회 위원(1939)이기도 하였다.

1945년 10월 귀국하면서 1920년대부터 사들인 골동품의 상당수를 가져갔다. 1956년 나라시노시習志野市에 재단법인 오구라 컬렉션 보존회를 설립해 회장이 되었다. 이 컬렉션에는 삼국시대 고분 출토 유물 등 국보급 유물이 대거 포함되어 한일회담에서 줄곧 한국정부가 반환 요청을 했지만, 1965년 한일기본조약에서 개인 소장을 이유로 반환되지 못했다. 1981년 보존회가 오구라 컬렉션을 도쿄국립박물관에 일괄 기증하고 해산했다. 현재까지도 한국 시민단체가 지속적인 반환운동을 벌이고 있다.

[참고문헌] 다테노 아키라 편, 오정환·이정환 역『그때

그 일본인들』(한길사, 2006), 貴田忠衛 編『朝鮮人事興信録』(朝鮮新聞社, 1922、1935), 阿部薫『朝鮮功勞者銘鑑』(驪江出版社, 1935), 越智兵一『朝鮮總督府施政二十五周年記念表彰者名鑑』(朝鮮總督府始政二十五周年記念表彰者名鑑刊行會, 1935), 猪野三郎 編『第十二版 大衆人事録』(帝國秘密探偵社, 1937), 谷サカヨ『第14版 大衆人事録』(帝國秘密探偵社, 1943), 東亞經濟時報社 編 『朝鮮銀行會社組合要録』(東亞經濟時報社, 1925), 朝鮮總督府 編『朝鮮總督府及所屬官署職員録』(朝鮮總督府, 1927)

【고태우】

695

오구라 스에코

小倉末子(소창말자) 1891.2.18~1944.9.25

오구라 스에小倉末/小倉すえ(이명)

음악가

도쿄시東京市 출신. 1906년 고베여학원음악과神戸女學院音樂科를 입학, 1910년에 졸업하였다. 1911년 4월에 도쿄음악학교東京音樂學校에 입학하였으나 같은 해 10월에 퇴학, 다음해인 1912년에 베를린왕립음악원에 입학하였다. 그러나 제1차 세계 대전으로 인하여 1914년에 거점을 독일에서 미국으로 옮겼다. 미국에서는 여러 연주회에 출연하면서 피아니스트로 왕성한 활동을 하는 한편, 시카고에 있는 메트로폴리탄 음악학교에서 피아노 교사로도 활동하였다.

그 후 26살 때인 1917년에 도쿄음악학교東京音樂學校 교수로 취임, 사망하기 전 까지 28년간 후학을 위해 힘을 썼다. 수많은 연주회를 열었는데 그 중에는 기독교인으로써 선교를 위한 공연도 개최하였다.

신문, 잡지에는 그녀에 관한 수많은 기사가 게재되었는데, 당시 일본을 대표하는 실력파 피아니스트로 미모 또한 뛰어나 인기가 많았다.

피아니스트로서 일본에서 많은 연주회를 개최하였는데, 조선에서도 자선 연주회 명목으로 출연하였다. 1916년 12월 19일에 열린 제1회 자선연주회는 조합교회의 조선부인회와 경성기독청년회 등의 주최로 경성에 있는 조선호텔 대 식당에서 개최되었다.

이날 준비 된 좌석은 300석으로 야마가타 이사부로山縣伊三郎(→651) 정무총감을 비롯한 정재계 관련 인사들도 참석하였다.

이틀 후인 21일에 제2회 자선연주회가 종로청년회관에서 열렸는데 청중이 700~800명 정도 있었다. 이들 자선연주회에서는 바흐, 쇼팽, 리스트, 드뷔시 등의 곡이 연주되었는데, 오구라의 하루 출연료가 300원이나 되었다.

다음날인 22일에는 순종과 황후, 각 공전하公殿下를 위한 어전연주회를 창덕궁 인정전에서 가졌는데 연주곡 3곡과 황후의 리퀘스트 2곡을 연주하였다. 어전연주회 때는 보석이 들어간 순금으로 된 부인용 회중시계와 머리장식 1구, 일백 원을 하사받았다.

이번 연주회를 위해 14일부터 23일까지 열흘간 조선을 머물렀는데, 연주회 이외에도 경성에 있는 각 학교를 참관, 숙명고등여학교학감 후치자와 노에淵澤能惠(→977), 윤치호 등의 초대연회에도 참가하였다.

또한 1918년 4월 27일에 조선교화사업을 위한 자선음악회를 자신이 일본에서 주최하고 출연 연주하였다. 자선음악회는 마루노우치丸の内에 있는 제국극장에서 개최되었는데 야나기 가네코柳兼子(→645)와 구스타브 크론Gustav Kron 교수가 찬조출연 하였다. 이번 자선음악회 또한 독실한 기독교인인 오구라가 기독교를 조선인에게 전도하기 위한 사업 확장 모금 활동으로써 개최하였다.

[참고문헌] 津上智實 編『神戸女學院創立135周年記念「100年前の卒業生: ピアニスト小倉末子の軌跡」展 圖録』(神戸女學院「小倉末子展」實行委員會, 2010), 津上智實 「旅する女性ピアニスト~小倉末子の朝鮮演奏旅行」『神戸女學院大學女性學評論』23(神戸女學院大學, 2009), 金志善 「植民地朝鮮における日本人音樂家による音樂會: 韓國西洋音樂受容史の一側面として」『東京藝術大學音樂學部紀要』42(東京藝術大學, 2017)

【김지선】

696

오구라 신페이

小倉進平(소창진평)   1882.6.4~1944.2.8

언어학자, 대학교수

미야기현宮城縣 센다이시仙臺市 출신. 1903년 도쿄제국대학東京帝國大學 문학부에 입학하여 언어학을 전공하였으며, 1906년에 논문「헤이안조의 음운平安朝の音韻」으로 졸업하였다. 그 이후 도쿄제국대학東京帝國大學 국어연구실 주임이었던 우에다 가즈토시上田萬年의 보조원으로 근무하다가 1910년 한국으로 건너왔다. 1911년부터 1925년까지 조선총독부 내무부 학무국學務局 편집과에서 편수서기編修書記 및 편수관編修官으로 근무하였으며, 1913년부터 1918년까지 경성고등보통학교의 교사로 근무했다. 1918년부터는 경성의학전문학교의 교수를 지냈으며, 1922년부터 1924년까지는 교과서 조사위원을 역임했다. 1924년부터 1926년까지는 유럽과 미국에서 유학하였으며, 1926년부터 경성제국대학 법문학부의 교수로 근무했다. 1933년부터 1943년까지는 경성제국대학 교수뿐만 아니라 도쿄제국대학 언어학과 주임 교수로 근무했다. 1935년『향가 및 이두의 연구鄕歌及び吏讀の硏究』로 '제국학술원 은사상'을 받았으며, 1943년에는 조선총독부로부터 '조선문화공로상'을 받았다.

오구라는 1910년 한국으로 건너와 조선총독부의 편집국 편수서기로 근무하였으며 1913년부터 경성고등보통학교의 교사로 근무했다. 이 시기 주요 업무는 조선총독부에서 주관한 조선어사전 편찬과 관련된 일로, 1914년부터는 조선총독부에서 편찬하는『조선어사전』의 심사위원으로 임명되었으며, 1918년에는 경성의학전문학교 교수로 심사위원에 촉탁되었다. 조선총독부에서 발행한 기관지『조선휘보朝鮮彙報』제92호(1915.3.)에「쓰시마 견문기對馬見聞記」, 동 제93호(1915.4.)에「경상남도 방언慶尙南道方言」을 게재했으며,『조선朝鮮』1923년 7월호에「영동방언嶺東方言」, 동 10월호에「교통기관 개선이 언어와 풍속, 사상에 미친 영향交通機關改善の言語・風俗・思想に

及ぼしたる影響」, 동 1924년 2월호에「조선어의 역사적 연구상으로 본 제주도 방언의 가치朝鮮語の歷史的硏究上より見たる濟州道方言の價値」, 동 1932년 4월호에「재성 및 거서간 명의고在城及び居西干名義考」,『월간잡지 조선어月刊雜誌朝鮮語』1925년 1월호에「함경북도 방언咸鏡北道方言」, 동 1927년 4월호에「함경도 방언咸鏡道方言」 등의 논문을 발표했다.

오구라의 대표적인 저서인『조선어학사朝鮮語學史』(東京:大阪屋號書店,1920)는 한국어의 역사적 변천 과정을 서술한 책으로, 조선조의 어학 기관語學機關, 조선 반도 내의 언어, 일본어학, 지나어학支那語學, 만주어학滿洲語學, 여진어학女眞語學, 거란어학契丹語學, 기타 언어에 대한 관찰 등을 내용으로 하였으며, 1940년 증보판이 발행되었다. 또한『국어와 조선어를 위하여國語及朝鮮語のため』(東京: ウツボヤ書籍店, 1920),『국어 및 조선어 발음 개설國語及び朝鮮語發音槪說』(京城: 近澤印刷所出版部, 1923) 등은 일본어와 한국어의 비교 연구 성과를 바탕으로, 한국어 학습에도 도움을 줄 수 있도록 한 저술이다.『향가와 이두의 연구鄕歌及び吏讀の硏究』(京城:近澤印刷所出版部,1929)는 현전하는 향가 25수를 주해하고, 향가의 형식과 이두의 해독 방법을 서술한 책이다. 이처럼 오구라의 조선어 연구는 문헌 해석과 역사적 변천 과정, 문자학에 기반을 둔 것으로, 국어학계에 많은 영향을 주었다. 이뿐만 아니라『조선어의 겸양법과 존경법의 조동사朝鮮語における謙讓法・尊敬法の助動詞』(東京: 東洋文庫,1938)는 국어 문법사 연구에 영향을 준 저서이며,『조선어 방언 연구朝鮮語方言の硏究』(岩波書店,1944)는 한국어 방언 기술의 정밀성이 떨어지는 한계를 갖고 있지만, 국어 방언학 연구에 적지 않은 영향을 준 저서이다.

[참고문헌] 小倉進平『朝鮮語學史』(大阪屋號書店, 1920), 小倉進平『國語及朝鮮語のため』(ウツボヤ書籍店, 1920), 小倉進平『國語及び朝鮮語發音槪說』(近澤印刷所出版部, 1923), 小倉進平『鄕歌及び吏讀の硏究』(近澤印刷所出版部, 1929), 小倉進平『朝鮮語における謙讓法・尊敬法の助動詞』(東洋文庫, 1938), 小倉進平『朝鮮語方言の硏究』(岩波書店, 1944), 河野六郎「故小

倉進平 博士」『河野六郎著作集』3(東洋印刷株式會社, 1980) 　　　　　　　　　　　　　**【허재영】**

697

오노 겐이치

大野謙一(대야겸일) 　　　　　　　　　1897.4~?

관료

야마구치현山口縣 출신. 1915년 보통문관시험에 합격하여 1917년부터 1920년까지 대장성大藏省의 척식국拓殖局, 항공국航空局 등에서 근무하였으며, 1921년 10월 고등문관시험에 합격했다. 1922년 6월 조선에 건너와 조선총독부 강원도 소속이 된 후 1944년 8월 학무국장과 중추원서기관장직에서 자진 퇴직할 때까지 전국 각지에서 공직 생활을 했다. 일본으로 귀국한 후에는 조선귀환동포세화회朝鮮引揚同胞世話會와 동화협회同和協會에서 일본인 미귀환자와 귀환자들을 위한 활동을 전개하였다.

조선에서는 강원도부터 시작하여 평안도·황해도·충청도·경상도·함경도 그리고 서울 등에서 공직 생활을 하였다. 1922년부터 강원도에서 학무과장, 심사과장, 지방과 이사관 등을 지내다가, 1925년 말에 평안남도 지방과장으로 전임되었다. 1926년과 1927년에는 조선총독부 식산국殖産局 토지개량과, 수리과水理課에서 근무하며 수원고등농림학교 강사로도 활동하였고, 1927년 7월부터 1928년까지 황해도 재무부장, 1929년에 충청북도 경찰부장, 같은 해 11월부터 1932년까지 경상북도 경찰부장 등을 지냈다. 1933년부터 1936년까지 조선총독부 학무국 학무과장을 지내면서 1934년 8월부터 다음 해 5월까지는 학무국 편집과장 대리겸무代理兼務를 맡기도 하였다. 1937년부터는 경상남도에서 내무부장으로 지냈는데, 이 시기에 미국으로 유학하였다.

1938년 11월 칙임관勅任官으로 대우받고, 총독관방總督官房 외무부 겸 경무국外務部兼警務局에 근무하게 되었다. 1940년부터 함경북도 지사로 지내면서 재단법인 함경북도과학교육재단 이사를 맡고, 1942년 9월 고등관 1등으로 승진하여 10월에 조선총독부

학무국장이 되었다. 1943년 12월 중추원 서기관장書記官長을 겸임하다가 1944년 8월 17일 학무국장과 중추원서기관장직에서 자원 퇴직하였다.

각종 위원회나 단체 활동으로 1942년 이전까지는 교과용도서조사위원회, 농촌진흥위원회, 공무원징계위원회吏員懲戒委員會, 문관보통분한위원회文官普通分限委員會, 방공위원회防空委員會, 사립학교교원자격인정위원회, 전문학교입학자시험검정위원, 조선총독부 도경부 및 도경부보고시위원회道警部及道警部補考試委員會, 조선미술심사위원회, 중등교육조사위원회, 초등교육조사위원회 등의 위원을 역임하였으며, 보통시험위원과 소학교급보통학교교원시험위원회에서는 위원과 경상남도위원장을 맡았다. 지방행정강습회와 신규채용자강습회에서는 강사로 활동했다.

1942년 이후에는 과학기술심의회, 교육심의위원회, 국민총력운동연락위원회, 국토계획위원회, 금속류회수위원회金屬類回收委員會, 기업정비위원회, 조선총독부기획위원회, 농업계획위원회, 박물관건설위원회, 보물고적명승천연기념물보전회, 부여신궁조영위원회扶餘神宮造營委員會, 임시행정사무간첩위원회臨時行政事務簡捷委員會, 저축장려위원회, 조선근로자중앙표창심사회, 조선임금위원회 등의 위원을 지냈고, 국민학교교원시험의 위원장, 산금협의회産金協議會의 위원과 위원장, 조선교육회 부회장, 조선마사회朝鮮馬事會 평의원, 제생원장濟生院長 등을 맡았다. 그리고 재단법인인 결핵예방회조선지방본부, 이토 히로부미공기념회伊藤博文公記念會, 조선교육재단, 조선사회사업협회, 조선총독부시정기념관유지朝鮮總督府始政記念館維持, 창복회昌福會, 사루타레루재단サルタレル財團 등의 이사를 역임하였다. 교육효적자선장위원敎育效績者選奬委員(뒤에 교육효적자선장심사위원으로 개칭), 문관보통징계위원회, 시가지계획위원회市街地計劃委員會, 한국사를 일본사 교과서에 편입하려는 목적에서 설치된 임시역사교과용도서조사위원회 등에서는 1942년 전후 시기에 걸쳐 위원으로 활동하였다.

조선 관련 저술로는 「조선 초등교육의 장래에 대한

사견朝鮮に於ける初等普通敎育の將來に對する私見」(『文敎
の朝鮮』, 朝鮮敎育會, 1933. 9), 『조선교육문제관견朝鮮
敎育問題管見』(朝鮮敎育會, 1936) 등이 있다.

1946년 3월 1일 도쿄東京에 설립된 조선귀환동포
세화회와 1947년 7월 그 세화회를 개편 출범한 사단
법인 동화협회의 평의원으로 활동하면서, 조선으로
부터 미귀환 한 자의 귀환 촉진과 수속, 귀환자의 원
호援護, 권익 옹호, 생활안정, 사업재기 등을 지원하
였다.

[참고문헌] 朝鮮紳士錄刊行會 編 『朝鮮紳士錄 昭和6年
版』(朝鮮紳士錄刊行會, 1931), 阿部薰 『朝鮮功勞者銘鑑
』(民衆時論社朝鮮功勞者銘鑑刊行會, 1935), 朝鮮人事
興信錄 編纂部 『朝鮮人事興信錄』(朝鮮人事興信錄編纂
部, 1935), 阿部薰 『朝鮮都邑大觀』(民衆時論社, 1937),
帝國秘密探偵社 編 『大衆人事錄 昭和12年版』(帝國秘密
探偵社, 1937), 中西利八 編 『朝鮮人物大系』(民衆時論
社, 1938), 『大衆人事錄 昭和14年版』(帝國秘密探偵社,
1939), 朝鮮引揚同胞世話會 編 『朝鮮引揚同胞世話會資
料』(朝鮮引揚同胞世話會, 2002), 紀元二千六百年奉祝
會 編 『紀元貳千六百年祝典記念光榮錄』(朝鮮新聞社,
1941), 정병욱 「조선총독부 관료의 일본 귀환 후 활동과
한일교섭-1950, 60년대 同和協會·中央日韓協會를 중
심으로-」『역사문제연구』 14(역사문제연구소, 2005), 한
국역사정보통합시스템〈http://www.koreanhistory.or.kr〉

【조미은】

698
오노 도시오
小野敏雄(소야민웅)　　　　　　　1881.7.2~?

관료, 실업가

도쿄부東京府 출신. 일본법률전문학교를 졸업 후 저
금국 사무관, 국고저금과장, 은급과장, 저금과장, 진
체저금과장振替貯金課長을 역임하였다.

1921년에 퇴관하고 8월에 조선에 건너온 후, 조선
생명주식회사의 창립에 종사하였으며, 회사 창립과
동시에 사장에 취임하였다. 후에 경성흥산주식회사
감사역을 겸임하였다.

[참고문헌] 有馬純吉 『昭和六年版 朝鮮紳士錄』(朝鮮紳
士錄發行會, 1931), 猪野三郎 編 『第12版 大衆人事錄』
(帝國秘密探偵社國勢協會, 1937)

【마스타니 유이치桝谷祐一】

699
오노 로쿠이치로
大野綠一郞(대야록일랑)　　　　　1887.10.1~1985.9.2

행정관료, 변호사

사이타마현埼玉縣 출신. 1936년부터 1942년까지 조
선총독부 정무총감으로 재직했다.

1912년 도쿄제국대학東京帝國大學 법과대학 법률학
과를 졸업하고, 내무성 관료가 되었다. 1914년 아키
타현秋田縣 서무과장, 1916년 가가와현香川縣 권업과
장, 1921년 내무서기관, 1926년에는 도쿠시마현德島
縣 지사, 1927년에는 기후현岐阜縣 지사, 1931년 내무
성 지방국장을 거쳐 1932년 1월 경시총감으로 취임
했다. 그러나 취임 직후인 1월 8일 이봉창 의사가 천
황의 마차에 폭탄을 던진 '사쿠라다몬 사건櫻田門事
件'이 일어났고, 이어서 그해 5월 해군장교들이 총리
이누카이 쓰요시犬養毅를 암살한 '5·15사건'이 발생
해 1932년 5월 경시총감직을 사임했다. 1935년 3월
관동군關東軍 경제고문이 되어 미나미 지로南次郎(→
411)를 알게 되었고, 그해 5월 관동국關東局 총장으로
발탁되어 만주의 행정기구를 정비했다. 1936년 8월
미나미의 조선 총독 취임을 계기로 총독부 정무총감
으로 임명되었다.

미나미가 총독에 취임한 1936년 8월 5일 총독부
정무총감으로 부임해, 1942년 5월 29일 미나미와 함
께 사직했다. 약 5년 10개월의 재임기간은 1937년
7월 중일전쟁 발발부터 1941년 아시아태평양전쟁이
전개된 시기였다. 일본 본토는 물론 식민지 조선에
서도 전시동원체제가 확립되어 간 전환기였다. 이
시기 총독부의 주요 정책 기조는 국체명징國體明徵,
내선일체內鮮一體, 선만일여鮮滿一如, 교학진작敎學振
作, 농공병진農工竝進, 서정쇄신庶政刷新이었다. 이에
따라 전시체제 확립을 위한 인적, 물적 자원의 통제

와 징발 정책을 비롯해, 각종 사회 통제 정책이 실시되었다. 대표적으로는 1936년 조선사상범보호관찰령 제정, 1938년 조선인 육군특별지원병제 공포, 1938년 제3차 조선교육령 개정을 통한 조선어 교과 폐지, 1940년 창씨개명 실시, 1941년 국민징용령 시행(군수軍需 관련), 1941년 조선사상범예비구금령 공포, 1941년 국민노동보국협력령國民勞動報國協力令 공포를 통한 근로보국대 강제 동원을 들 수 있다. 미나미 총독과 함께 이러한 전시 황민화 정책을 이끌어 나갔다. 정무총감 재임 기간 중에는 국민정신총동원 조선연맹 명예총재 및 고문, 국민총력조선연맹 부총재, 조선방공협회朝鮮防共協會 총재, 조선유도연합회朝鮮儒道聯合會 총재, 조선사회사업협회 총재, 해군협회 조선본부 본부장 등을 역임하기도 했다. 재임 기간 중인 1940년 4월 29일 훈일등 교쿠지쓰다이주쇼旭日大綬章를 받았다. 1942년 미나미가 총독 직을 사직할 때 그와 동반해 정무총감 직을 사직하고 일본으로 돌아갔으며 그해 5월부터 귀족원 의원이 되었다.

패전 후인 1946년 3월까지 귀족원 의원을 역임했으나, 그해 9월 공직에서 추방되어(1951년 8월 해제) 변호사로 전업했다. 1985년 9월 사망했다.

관련 기록으로 녹취록인 「미나미 총독 시대의 행정南總督時代の行政」(朝鮮近代史料研究會, 1959), 『오노 로쿠이치로 씨 좌담 속기록大野綠一郎氏談話速記錄』(內政史研究會, 1968)이 있다. 이외에 일본 국립국회도서관 헌정자료실憲政資料室에 오노의 서간과 문서 약 5,000점으로 구성된 「오노 로쿠이치로 관계문서」가 소장되어 있다.

[참고문헌] 宮田節子 解說·監修, 정재정 역 『식민통치의 허상과 실상』(혜안, 2002), 宮田節子 解說·監修 『東洋文化硏究』 2(學習院大學東洋文化硏究所, 2000), 內政史硏究會 編 『大野綠一郎氏談話速記錄』(內政史硏究會, 1968), 秦郁彦 編 『日本官僚制總合事典: 1868-2000』(東京大學出版會, 2001), 秦郁彦 編 『日本近現代人物履歷事典』(東京大學出版會, 2002), 岡本眞希子 『植民地官僚の政治史: 朝鮮·臺灣總督府と帝國日本』(三元社, 2008)　　　　　【양지혜】

700

오노 쓰나카타

小野綱方(소야강방)　　　　　1877.7~?

관료

오카야마현岡山縣 출신. 본적은 오카야마현 오다군小田郡 오다초小田町 1189라 기록되어 있다. 1896년 3월에 사립 오다 수도관小田修道館을 수료하였다. 오노가 처음 조선 땅을 밟은 것은 1898년 11월로, 한국어 연구를 위해 조선으로 건너와 부산공립학교 한어과韓語科를 수료하였다. 그 후 1901년 9월 도쿄사립철도학교를 졸업하고 경부철도주식회사 서기 겸 통역으로 근무하였다.

1906년 4월 오노는 한국정부의 재정고문부財政顧問附에 촉탁되어 재무관보財務官補로 일하게 된다. 이듬해인 1907년은 고종의 강제 퇴위와 대한제국 정부군의 해산에 반발한 해산군인들이 의병에 가담함으로써 이전보다 거국적인 규모의 항일무력전인 정미의병丁未義兵(제3기 의병전쟁)이 궐기한 해로, 이 시기 조선에 체류 중이던 오노 또한 이를 피해갈 수 없었던 것으로 보인다. 각지에서 전개된 의병 활동에 위협을 느낀 오노를 비롯한 일본인 수 명이 10월 13일에 안성으로 피난하던 도중, 무장한 한인 병사 수십 명을 비롯한 의병 300명가량에게 습격을 받고 후일 이를 신고한 기록이 남아있다.

재무관보 시절을 제외하고 오노는 한반도 체류기간 동안 대부분 자신의 전공을 살려 정부기관에 소속되어 통역업무를 담당했다. 1909년 2월부터는 조선 헌병 사령관 기밀과에서 통역을 담당하였으나, 1918년 8월 30일 기밀과의 통역 직책을 의원면직依願免職하고 경무국 고등경찰과에 고원雇員으로 임명되었다. 이후, 1921년 1월에 조선총독부 통역생에 임명, 같은 고등경찰과 소속으로 1925년까지 근무하였다. 이듬해인 1926년부터는 같은 경무국 내의 도서과로 옮겨 일하였고, 1933년 8월에 조선총독부 통역관(고등관 7등)으로 임명되어 경무국 보안과에서 근무하면서 총독관방의 외사과 소속 통역관의 직책을 겸임하였다.

저서로는 『국어선어 쌍설통해國語鮮語雙舌通解』(日韓印刷, 1913)가 있다. 또한 조선총독부 경무국 고등경찰과에 있던 1920년 5월부터 12월까지, 총 일곱 차례에 걸쳐 조선총독부 경무총감부에서 발행하는 관보 『경무휘보警務彙報』(1912~1944. 원제는 『경무월보警務月報』로 1910년 7월 25일 창간, 1912년 4월 15일에 『경무휘보』로 개제)에 「조선어연구朝鮮語研究」라는 제목의 논문을 발표하였다(제180호~제187호).

[참고문헌] 한국사사전편찬회 『한국근현대사사전』(가람기획, 2005), 國史編纂委員會 編 『韓國獨立運動史資料8: 義兵篇1』(國史編纂委員會, 1979), 芳賀登 外 編 『日本人物情報大系 第74卷 朝鮮編4』(皓星社, 2001), 韓國敎會史文獻硏究院 編·鄭晋錫 監修 『朝鮮總督府及所屬官署職員錄』第12卷~第27卷(ゆまに書房, 2009)

【김보경】

701

오다기리 마스노스케

小田切萬壽之助(소전절만수지조)

1868.2.18~1934.9.12

외무관료, 금융인

도쿄부東京府 출신. 사족으로 요네자와米澤 번사藩士의 장남으로 태어났다. 1882년부터 도쿄외국어학교東京外國語學校 한어과漢語科에서 수학하였다. 1887년 12월 19일 영사관 서기생領事館書記生으로 관직생활을 시작하였으며, 인천영사관과 한성공사관에서 근무하였다. 1888년 9월 시마다 요시오島田義雄, 데라다 나가하루寺田長治와 공동으로 발의하여 거류지 내 일본청년들을 대상으로 영국인을 초빙해 영어를 배울 수 있는 영어학교를 개설하였다. 이해 11월에는 한성공사관 서기생 가토 요시미쓰加藤義三가 휴가차 귀국함에 따라 인천에서 한성으로 이동하여 번역 업무 등을 대리하였다. 1889년 2월 23일 번역관이 새로 부임해 옴에 따라 다시 인천영사관으로 내려가서 근무하였다. 1890년 4월에는 공사관 부속무관公使館附武官으로 있던 육군 보병대위 시바야마 나오노리柴山尙則(참모본부參謀本部에서 1888년 5월부터 1891년 6월

까지 한성공사관으로 파견)와 같이 생활하면서 조선의 형세에 대하여 나눈 이야기에 기초하여 『조선朝鮮』이라는 책을 저술 후 출간하였다. 책의 발문은 대리공사代理公使였던 곤도 마스키近藤眞鋤(→110)가 작성하였으며, 교열은 당시 인천 부영사였던 하야시 곤스케林權助(→928)가 맡았다. 책에서는 조선과 인접한 일본, 청국, 러시아 그리고 구미 열강과의 관계를 장별로 서술한 다음, 마지막으로 조선의 미래에 대한 정략으로 러시아의 남침을 방어하고 조선 내에서 일본상인들의 이익을 확장할 수 있는 방책을 논하였다. 1891년 가지야마 데이스케梶山鼎介(→41)가 변리공사辨理公使로 조선에 부임할 때까지 공사관의 서기생으로 있다가 이해 10월에 귀국하였다.

조선에서 귀국한 이후에는 주로 청국 내에 설치된 일본공관으로 파견되어 청일 간에 관계된 영사 업무를 담당하였다. 1896년 6월 2등영사로 승진하여 중국 항저우杭州에서 근무하였다. 1897년 5월부터 상하이上海로 발령을 받았으며, 이듬해 6월 1등영사가 되었다. 1902년 1월 총영사總領事로 승진하였고, 1905년 5월 상하이 총영사로 재직하는 동안 고종의 밀서를 휴대하고 온 자들과 파블로프 간의 접촉에 대하여 정탐하여 주한 일본공사 하야시 곤스케에게 보고하기도 하였다.

같은 해 7월 8일부로 총영사직에서 의원면직하였고 같은 달 요코하마쇼킨은행橫濱正金銀行 고문으로 촉탁되었다. 1906년 3월 이사에 당선되었고, 1911년 3월에는 이 은행의 청국지점 출장소 감리에 위촉되었다. 1912년 3월에는 중국으로 출장을 가서 5개국 은행단 모임에서 일본은행단의 대표를 맡기도 하였다. 1921년 10월에는 워싱턴 회의의 일본 측 전권위원의 수행원으로 참가하였다. 중이염으로 입원 치료를 받다가 67세로 사망하였다.

[참고문헌] 高麗大學校 亞細亞問題硏究所 編 『舊韓國外交文書: 日案』卷1·卷2(高麗大學校出版部, 1967), 國史編纂委員會 編 『駐韓日本公使館記錄』(國史編纂委員會, 1997), 東京外國語學校 編 『東京外國語學校一覽』(東京外國語學校, 1882~1884), 于乃明 「小田切萬壽之助と中國」 KYOTOCONFERENCEON JAPANESE

STUDIES 1994 Ⅳ(國際日本文化研究センター·國際交流基金, 2015) 【박한민】

702

오다 나라지

織田楢次(직전유차)　　　　　　1908~1980

목사

오사카부大阪府 출신. 토목건축업을 하는 집안에서 10남매 중 막내로 태어나, 효고현兵庫縣 아시야시芦屋市에서 성장하였다. 생후 1세 때 모친, 11세로 부친을 여의고 그때부터 절에서 생활하였다. 1925년, 중학교를 졸업하자마자 절을 나와 고베神戸 시내를 방황하다가 노방 전도대의 뒤를 따라 고베 기독교 교회로 가게 되었다. 이곳에서 호리우치 분이치堀内文一 목사의 설교에 감동을 받아 기독교로 개종하여 세례를 받은 뒤 1926년 성서학사聖書學舍(현 간사이성서신학교關西聖書神學校)에 입학했다. 그 후 조선전도를 위해 단신으로 조선으로 건너왔다.

1928년, 조선 목포에 도착하여 광주에 있는 일본기독교회에서 생활하다가 경성으로 와서 조선어를 배웠다. 이후 성진으로 건너가 조선어로 설교를 하다가 스파이로 의심을 받고 추방당하기도 하였다. 1934년 경성의 동양선교회 성서학원을 졸업하고 스스로 개척한 천연동 교회에서 정식 목사가 되었다. 1935년 일본으로 귀국하여 일본 호리네스교회 연회에 출석, 당시 신학생이었던 요네다 시게코米田重子와 결혼하여 부부의 연을 맺고 조선으로 다시 돌아왔다. 1937년 평양 조선인의 목사 의뢰로 신사참배에 대해 강연을 하였는데, 신사참배를 비판했다는 이유로 일본인 관헌에게 체포되어 고문을 당하기도 하였다. 이후 불기소처분으로 석방되지만 경찰의 방해로 조선 전도에 어려움을 겪게 된다.

1939년 일본으로 귀국하여 일본신학교(현 도쿄신학대학)에 입학, 1941년 졸업하여 미카와시마교회三河島敎會 목사가 되었다. 1945년 이후에는 재일조선인교회 요청으로 후쿠오카교회 목사가 되어 인양자 구호활동을 했다. 이 무렵 전영복이라는 조선이름으로 개명하였다. 1949년 재일대한기독교에서 목회를 실시, 1970년 동 교회를 사임하고 명예목사가 되었다.

[참고문헌] 中村敏 『日本プロテスタント宣教史』(新教出版社, 2011), 柳大河 『朝鮮傳道者·織田楢次』(新幹社, 2008), 飯沼二郎·韓晳曦 共著 『日本帝國主義下 朝鮮傳道:乘松雅休·渡瀬常吉·織田楢次·西田昌一』(日本基督教團出版局, 1985) 【제점숙】

703

오다 미키지로

小田幹治郎(소전간치랑)　　　1868.4.3~1929.3.1

관료, 변호사

효고현兵庫縣 출신. 와후쓰법률학교和佛法律學校에서 수학하였다. 졸업 후 1901년 12월 사법성의 사법관시보司法官試補로 관직 생활을 시작하였고 1904년까지 3년간 나가노지방재판소長野地方裁判所에서 판사로 근무하였다. 1907년 1월에 조선에 건너와 법무보좌관, 법전조사국 사무관 및 서기관 등을 지냈다. 조선총독부 설치 이후 사무관, 중추원의 조사과장, 구관심사위원회 위원, 조선휘보 편찬위원, 시정5년 기념 조선물산공진회심사관 등을 역임하였으며, 조선총독부 중추원 서기관장書記官長까지 승진하여 관직 생활을 하였다. 1923년 3월 29일부로 의원면직 후 귀국하였다.

같은 고향 출신이자 학교 선배였던 우메 겐지로梅謙次郎(→788)의 추천으로 1906년 12월 한국 정부에 고빙되었다. 1907년 1월부터 평안북도 영주재판소의 법무보좌관으로 근무하면서 한국 사법제도의 운영 실태를 파악하였다. 법전조사국法典調査局이 설치된 후 1908년부터 1909년까지 전임 사무관으로 있으면서 사무 전반을 관장하였으며, 『관습조사보고서慣習調査報告書』 편찬을 주도하였다. 1910년 9월 법전조사국이 폐지되고 취조국이 설치됨에 따라 10월 1일부터 사무관이 되었다. 1918년 1월 조선민사령朝鮮民事令 및 민적법民籍法 개정조사위원회에 조사위원으로 선임되어, 조선민사령 제11조 개정과 조선호적령朝鮮戶籍令 제정 안건을 심의 의결하는 데 참여하였

다. 아울러 이해 10월에 설치된 구관심사위원회舊慣
審査委員會에 위원으로 참여하면서 소작, 친족의 범
위, 재산 상속, 분가 등의 사안 심의를 하였다. 여기
서 구관의 개요 및 현황을 작성하거나 기술하는 역할
을 담당하였다.

1921년 중추원中樞院 산하로 구관심사위원회가 재
차 설치되었을 때에도 역시 위원으로 임명되어 활동
하였다. 특히 한국의 관습조사에 15년 정도 종사하
면서 관습법 정립과정에서 회답안 작성 등에 깊숙이
관여하였다. 1922년 9월부터는 중추원 서기관장書記
官長으로서 중추원 업무 전반을 관장하다가 6개월 후
면직되었다. 저술로「조선의 양자에 관하여韓國に於
ける養子に就て」(『朝鮮』 4-3, 1909),「조선친족법 일반朝
鮮親族法一斑」(1912),『조선급만주朝鮮及滿洲』에「고려
조의 판목에 관하여高麗朝の板木に就いて」(1916),『경
무휘보警務彙報』에「조선의 가족제도朝鮮の家族制度」
(1920),「혼인에 관한 조선의 풍속婚姻に關する朝鮮の習
俗」(1920),「최면술과 천리안催眠術と千里眼」(1922)을,
『조선朝鮮』에「조선인의 성에 관하여朝鮮人の姓に就て」
(1920),「조선풍속−첩에 관하여朝鮮風俗−妾について」
(1920),「온돌한화溫突閑話」(1920),「내지에 건너간 고
려판대장경內地に渡れる高麗板大藏經」(1921),「경주에서
의 이틀慶州の二日」(1923) 등이 있다.

1923년 3월 23일 가족을 데리고 경성에서 떠났으
며, 이해 7월에 다시 경성에 건너와 일시 체류한 바
있다. 귀국 후에는 일본 고베神戶 지역에서 변호사로
등록하여 활동하다가 1929년 3월 1일 자택에서 숙환
으로 요양하다가 사망하였다.

[참고문헌] 이승일『조선총독부 법제 정책』(역사비평
사, 2008), 이영미 저, 김혜정 역『한국사법제도와 우메
겐지로』(일조각, 2011), 이승일「오다 미키지로(小田幹
治郞)의 한국 관습조사와 관습법 정책」『한국민족문화』
46(부산대학교한국민족문화연구소, 2013) 【박한민】

704

오다 쇼고

小田省吾(소전성오)　　　　　1871.5.2~1953.12.12

관료, 대학교수

미에현三重縣 도바鳥羽 출신. 1887년 신궁황학관神宮
皇學館을 중퇴한 후 1891년에 제일고등중학교第一高等
中學校 예과에 입학하였다. 그 후 학제 변경으로 제일
고등학교를 졸업하고 1896년 도쿄제국대학 문과에
진학하여 서양사, 국사(일본사), 동양사(조선사) 등 사
학연구의 기초를 배웠으며 1899년 7월 대학 졸업 후
나가노현사범학교長野縣師範學校, 야마구치현山口縣
하기중학교萩中學校, 도쿠시마현사범학교德島縣師範
學校, 나라현奈良縣 우네비중학교畝傍中學校를 거쳐
1908년 11월 제일고등학교 교수 전임이 되었다. 같
은 해 11월 17일 대한제국 학부 서기관으로 발령받아
12월 5일 서울에 부임하였고, 학부 소속 교육 관료로
서 교과용 도서 편찬 및 업무에 종사했다. 1910년 10
월 1일자로 조선총독부 내무부 학무국學務局 편집과
장(1924년 10월 학무국 편집과장 겸임을 물러남)으로 승진
했고, 1918년 중추원中樞院 편집과장을 겸하여『조선
반도사朝鮮半島史』편찬 실무에도 종사했다. 1921년
부터는 학무국 안에 신설된 고적조사과장을 겸하면
서 세키노 다다시關野貞(건축사), 구로이타 가쓰미黑板
勝美, 도리이 류조鳥居龍藏(고고학) 등과 함께 낙랑군,
고구려 유적 발굴을 비롯한 조선총독부의 고적 조사
사업의 배후 역할을 담당했다.

1924년 5월 경성제국대학 교수(예과부장, 사무관 겸
임)가 되어 1926년 4월 본과 개학에 따라 법문학부
사학과 조선사학 제2강좌를 담당하여 1932년 정년
퇴임 때까지 다가와 고조田川孝三 같은 차세대 식민
사학자를 양성해 냈다.

1925년 7월 조선사편수회朝鮮史編修會 위원이 되었
고, 1932년 3월 퇴임 후에도 각종의 지방사(『부산부사
釜山府史』,『경성부사京城府史』)를 편찬하고,『시정이십
오년사施政二十五年史』,『시정삼십년사施政三十年史』
의 책임 편찬, 그리고 이왕직李王職 과 중추원中樞院
의 위탁에 의한『고종실록高宗實錄』,『순종실록純宗實
錄』의 편찬에까지 참여했다. 또한 한국사에 대한 직
접 연구와 각종의 연구 단체에 깊이 관여했는데 그
대표적인 연구기관은 ‘조선고서간행회朝鮮古書刊行
會’나 ‘조선연구회’이다. 그는 ‘조선사학회’를 조직하

였으며, 청구학회의『청구학총青丘學叢』과 총독부 기
관 간행물, 그리고 잡지에 사학 관련 논문을 빈번하
게 집필을 하는 등 식민지 '조선사' 연구에서 인적인
네트워크의 구축에 중추적 역할을 담당하였다. 오다
의 조선사 관련 대표적 저술로는『조선사요약朝鮮史
要略』(조선교육회, 1915),『조선사강좌 상세사, 최근세
사朝鮮史講座 上世史, 最近世史』(조선사학회, 1924),『조
선사대계 최근세사朝鮮史大系 最近世史』(조선사학회,
1927),『신미 홍경래난의 연구辛未洪景來亂の研究』(小田
先生頌壽記念會, 1934),『조선 도자사 문헌고 및 부산화
관고朝鮮陶磁史文獻考 附釜山和舘考』(學藝書院, 1936),『덕
수궁사德壽宮史』(近澤印刷所, 1938),『창덕궁 이왕실기
昌德宮李王實記』(朝鮮總督府, 1943),『덕수궁이태왕실기
德壽宮李太王實記』(朝鮮總督府, 1943) 등이 있으며, 1945
년 패전 후 고향인 미에현으로 은퇴하여 1953년 83
세로 사망하였다.

[참고문헌] 小田省吾『辛未洪景來亂の研究』(小田先生
頌壽記念會, 1934), 朝鮮人事興信錄編纂部 編『朝鮮人
事興信錄』(朝鮮人事興信錄編纂部, 1935), 朝鮮功勞者
銘鑑刊行會 編『朝鮮功勞者銘鑑』(朝鮮功勞者銘鑑刊行
會, 1936), 朝鮮中央經濟會 編『京城市民銘鑑』(京城中
央經濟會, 1922), 하지연「오다쇼고(小田省吾)의 한국
근대사 연구와 식민사학」『한국근현대사연구』63(한국
근현대사연구회, 2012), 최혜주「小田省吾의 교과서 편
찬활동과 조선사인식」『동북아역사논총』27(동북아역
사재단, 2010), 나가시마 히로키永島廣紀「朝鮮總督府
學務局의 역사교과서 편찬과 '國史/朝鮮史' 교육」『제
2기 한일역사공동연구보고서』6(교과서위원회 편, 제
2기 한일역사공동연구위원회, 2010)   【하지연】

705
오다 에이세이
織田永生(직전영생)   생몰년도 미상

교사
고치현高知縣 출신. 1931년에 도쿄음악학교東京音樂學
校 갑종사범과甲種師範科를 졸업하였다. 졸업 후 조선
에 건너와 해주고등여학교 교사로 재직하였다. 1930

년대 후반에서 1940년대 초반에 타이완臺灣으로 건
너가 중등교육기관인 대북주립의난중학교臺北州立宜
蘭中學校에서 음악교원으로 활동하였다.

조선에 건너온 정확한 시기는 알 수 없으나『조선
총독부및소속관서직원록朝鮮總督府及所屬官署職員錄』
(1933~1936)에 기록이 나오는 것을 보면 1932년 즈음
에 왔을 것으로 추정된다.

[참고문헌] 東京音樂學校 編『東京音樂學校一覽從昭和
七年至昭和八年』(東京音樂學校, 1935), 朝鮮總督府 編
『朝鮮總督府及所屬官署職員錄』(朝鮮總督府, 1927),
山本和行 外 共著「戰中戰後臺灣における敎育經驗−宜
蘭・李英茂氏への聞取きろくから−」『天理大學學報』
67(2)(天理大學, 2015)   【김지선】

706
오마 게이지
尾間啓治(미간계치)   생몰년도 미상

외무관료
1874년 6월 외무성 15등 출사로 모리야마 시게루森山
茂(→390)와 함께 조선에 출장을 나와 소 시게마사宗重
正의 도한을 건의하는 내용을 도쿄 외무성에 전달하
는 역할을 담당하였다. 이듬해 1월 히로쓰 히로노부
廣津弘信를 조선으로 파견할 때 7등 서기생書記生 신
분으로 수행하였다. 1876년 4월 조선 정부에서 1차
수신사修信使로 김기수金綺秀 파견을 결정하였을 당
시 7등 서기생 신분으로 외무성의 미즈노 세이치水野
誠一 외무소보와 함께 부산으로 파견되어 수신사 일
행의 도일과 관련된 전반적인 사무를 담당하였다.
김기수 일행이 도쿄에서의 일정을 마치고 조선으로
귀국할 때 호송관의 자격으로 부산까지 동행하였다.
이때 연배가 30여 세 가량이었다고 한다. 구체적인
실무 담당 내역은『항한필휴航韓必攜』를 통해서 확인
가능하다. 미야모토 오카즈宮本小一가 이해 7월 중순
이사관 신분으로 부산에 건너왔을 때 7등 서기생 신
분으로 재류하고 있었던 것이 확인된다.

[참고문헌] 김기수 저, 이재호 역『日東記游』(민족문화
추진회, 1977), 김흥수『한일관계의 근대적 개편 과정』

(서울대학교출판문화원, 2009), 外務省 編『外務省職
員錄』(外務省, 각년판), 日本外務省『宮本大丞朝鮮理
事始末』(日本外務省外交史料館所藏本, 각년판)

【박한민】

707
오무라 긴지
大村金治(대촌금치)　　　　　　　1883.7.13~?

교사

오카야마현岡山縣 출신. 1903년 오카야마중학교岡山
中學校, 1907년 제육고등학교第六高等學校를 졸업하였
다. 1911년 교토제국대학京都帝國大學 법학과를 졸업
하고 1912년부터 아마기중학교天城中學校 교사로 지
내면서 1914년 검도 관련 단체인 부토쿠카이武德會
오카야마지부 검도조교수劍道助敎授 촉탁을 맡았다.
1915년부터 오카야마농업학교岡山農業學校 교사, 1917
년부터 이마리상업학교伊萬里商業學校 교장, 1922년
부터 가사오카상업학교笠岡商業學校 교장 등을 역임
하였다. 1923년 3월 경기상업학교(개교 당시 이름은 '경
기도립갑종상업학교')로 발령받고 조선에 건너왔다.
1924년 9월에는 조선총독부가 주최하는 약 1개월 동
안의 중국·만주교육시찰단 단원으로 발령받았고,
1928년에는 소학교·보통학교교원시험위원小學校及
普通學校敎員試驗委員을 맡았으며, 1940년에는 6월 칙
임관 대우와 11월 교육공로자표창敎育功勞者表彰을 받
았고, 1942년 8월 실업학교졸업정도검정위원實業學
校卒業程度檢定委員을 맡았다. 도쿄東京에 본부를 두고
사회정화를 표방하던 수양단조선연합회修養團朝鮮聯
合會 본부의 찬조원으로도 활동하였다.

　오무라가 경기상업학교를 퇴직한 이후의 행적으
로 현재까지 파악할 수 있는 것은, 1943년 12월 9일
자『조선총독부관보』'상업등기商業登記' 란에 조선
낙농주식회사朝鮮酪農株式會社의 감사로 되어 있는 정
도이다. 일본으로 귀국한 시기, 귀국 후 행적, 사망
연대 등은 현재 파악하기 어렵다.

　[참고문헌] 경기상업고등학교 편『京畿商高五十年: 開校
　50週年特輯』(경기상업고등학교, 1973), 친일인명사전편

찬위원회『일제협력단체사전』(민족문제연구소, 2004),
朝鮮總督府 編『朝鮮總督府官報』제5056호(朝鮮總督
府, 1943.12.9), 東亞經濟時報社 編『京城仁川職業名
鑑』(東亞經濟時報社, 1926), 京城新聞社 編『朝鮮の人
物と事業』(京城新聞社, 1930), 朝鮮神社錄刊行會 編
『昭和六年版 朝鮮紳士錄』(朝鮮紳士錄刊行會, 1931), 朝
鮮新聞社 編『朝鮮人事興信錄』(朝鮮人事興信錄編纂部,
1935), 阿部薰『朝鮮功勞者銘鑑』(民衆時論社, 1935),
猪野三郎『大衆人事錄』12(帝國秘密探偵社, 1937), 阿
部薰『朝鮮都邑大觀』(民衆時論社, 1937), 高橋三七『事
業と鄕人』1(大陸研究社, 1939), 한국역사정보통합시
스템〈http://www.koreanhistory.or.kr〉　【조미은】

708
오무라 도모노조
大村友之丞(대촌우지승)　　　　　　1871.1.10~?

긴카琴花(필명)

언론인

시마네현島根縣 마쓰에松江 출신. 1889년 도쿄에 유
학한 뒤 오사카로 가서 병역에 복무하고, 청일전쟁
에 참가한 공으로 훈8등 백색동엽장白色桐葉章을 받
았다. 1896년 오사카아사히신문사大阪朝日新聞社에
입사한 뒤 구마모토熊本, 히로시마廣島 지국에 근무
하다가 1901년 본사로 복귀하였다. 1904년 러일전쟁
시 조선에 출장하여 종군기자로 제12사단을 따라 평
양에 들어갔다. 7월 뤼순旅順에 종군하여 1905년 12
월까지 있었다. 1907년 모지門司 지국장으로 근무하
다 10월에 경성특파원으로 1909년 4월까지 근무하
였다. 1909년 6월 이 신문사를 퇴직하고, 1910년 10
월에 기쿠치 겐조菊池謙讓(→153), 아오야기 쓰나타로
靑柳綱太郎(→623)와 함께 병합을 기념하여 조선연구회
를 창립하였다. 1912년 8월부터『조선신문朝鮮新聞』
객원으로 근무하였고, 1913년 경성거류민단 의원으
로 당선되고 12월 경성일본인상업회의소 서기장이
되었다. 1915년 12월 경성상업회의소가 창립되자 서
기장이 되었다. 1916년에는 서기장으로 러시아령 시
찰원이 되어 다녀왔다. 1919년에는 만선상의滿鮮商議

연합회를 개최하였다. 이후 1930년까지 경성상업회의소 서기장으로 활동하였다.

오무라는 1910년 7월 30일부터 3일간 조선일보사에서 각 분야의 조선 전문가를 초빙하여 강연회를 개최하였다. 이때 참석한 사람들 가운데는 이마무라 도모今村鞆(→838), 오다 쇼고小田省吾(→704), 아유가이 후사노신鮎貝房之進, 기쿠치 겐조, 미야케 조사쿠三宅長策, 혼마 규스케本間久介 등이 있었다. 강연회의 내용에 두 세 전문가의 내용을 보충하여『조선강연朝鮮講演』(조선일보사, 1910)을 간행하였다. 오무라는 편집인으로 이 책의 간행의의를 조선병합을 기념한 조선인 동화에 있음을 밝히고 있다. 이밖에도 병합을 기념하는 사업으로 조선연구회를 창설하였다. 오무라는 조선연구회의 간사로 활동했는데, 조선에 관한 연구 및 조선 사정조사와 고전을 수집하여 서적을 간행할 목적으로 만들어진 단체이다. 가장 중요한 업적은 조선경영과 '내선동화'를 위해 조선 고전을 수집하여 간행한 일이다. 이 연구회의 구성원은 총독부의 실무자급 관료와 저명 대학교수, 언론인으로 편성되었다.

오무라의 저술로는 조선연구회에서 간행한『조선귀족열전朝鮮貴族列傳』(1910)과『경성회고록京城回顧錄』(1922)이 있다. 전자는 병합에 공로가 있는 한국인을 '조선귀족'으로 선정하여 총 76명을 수록하였다. 후자는 경성에서 활동한 거류민단의 발달 경과와 해체 전말을 기록하였다. 데라우치에 의해 거류민단이 해체되는 과정을 서술하여 무단통치하의 언론탄압을 비판한 책이다. 이밖에도 조선연구회에서 간행한 고전 중에『목민심서牧民心書』,『평양속지平壤續誌』,『장릉지莊陵誌』등을 맡아 간행하였다.『매일신보每日新報』의 기사에 의하면 오무라는 경성상업회의소 서기장으로 1930년까지 활동하였다.

[참고문헌] 民天時報社編輯局 編『海外邦人の事業及人物』(民天時報社, 1916), 朝鮮新聞社 編『朝鮮人事興信錄』(朝鮮新聞社, 1922), 朝鮮中央經濟會 編『京城市民名鑑』(朝鮮中央經濟會, 1922), 東亞經濟時報社 編『(京城仁川)職業名鑑』(東亞經濟時報社, 1926), 京城商工會議所 編『京城商工會議所二十五年史』(京城商工會議

所, 1941), 大阪朝日新聞社整理部 編『新聞記者打明け話』(世界社, 1928)　　　　　　【최혜주】

709
오미와 조베에
大三輪長兵衛(대삼륜장병위)　　1835.6.4~1908.1.31

오가 잇칸大神一貫(아명)
실업가, 정치인

후쿠오카현福岡縣 출신. 하코자키구筥崎宮 구지宮司 오가 가노大神嘉納의 장남으로 태어나 1851년 나가사키長崎로 나가 상인이 될 것을 결심했다. 1858년 오사카大阪로 나간 이후 해운업과 도매업으로 성공했다. 1878년에는 제58국립은행第五十八國立銀行을 설립하여 은행장에 취임했다. 오사카어음교환소大阪手形交換所 대표, 오사카부회大阪府會 부의장 및 의장, 오사카시회大阪市會 의장 등을 역임했고, 1882년에 오사카여학교大阪女學校를 창립했다. 1891년 10월 전환국典圜局을 통해 신화폐를 교환하는 업무의 책임자로 조선 정부의 초청을 받아 화폐제도개혁에 고문으로 참가하였으며, 「신식화폐조례新式貨幣條例」 등을 기초하였다. 전환국 교환서회판交換署會辦에 임명되어 인천에 개설한 제58은행을 통해 전환국이 주조하는 신화폐와 기존의 구화폐를 인수하여 취급하였다.

1891년 말에 일본에 건너가 화폐 주조에 필요한 자금을 모집하고자 노력하였고, 일본 정부에 전환국 인천 이전과 신기계 도입에 필요한 자금을 요청하여 경비 27,000여 엔을 기증받아 1892년 5월 인천전환국에 기증하도록 하였다. 1892년 말까지 화폐 20여만 원을 마련하여 1893년 2월에 시행하려 했던「신식화폐조례」가 사장되자, 인천 전환국 사업의 재기를 위해 1893년 7월 안경수安駉壽와 함께 지금地金을 매입하고 기술자를 고빙하러 일본으로 건너갔다. 이후 안경수와 함께 조선으로 돌아가지 않고 일본에 남았고, 11월 17일에 일본 외무대신을 통하여 사직서류를 제출했다. 그 후 오사카에 거주하면서 1896년 다케우치 쓰나竹內綱 등과 경부철도주식회사 발기

위원회를 발족하여 시부사와 에이이치澁澤榮一(→560)를 회장으로 선출하였고, 교섭 대표로 경부철도 부설에 관련된 교섭업무를 담당하였다. 1898년 9월 조선 정부와 경부철도합동(조관)을 체결하여 경성철도 부설권을 획득하였고, 경부철도주식회사가 설립되자 이사가 되었다. 1900년 3월 한국 철도원 감독 및 참정대신에 임명되었으며, 1903년 3월 훈3등에 서임되고 태극장太極章을 하사받았다. 같은 해 8월 철도원 감독 및 참정대신에서 해임되었다. 1904년 2월 일본 정부의 지시를 받고 조선에 들어와 한일의정서韓日議定書 체결 교섭과정에서 주한 일본공사를 보좌하였다.

조선의 관직인 전환국회판이 되면서 일본법에 따라 1893년 1월 오사카 부회 회장을 사임하였지만, 귀국 후 1898년 3월부터 1902년 8월까지 중의원 의원을 지냈다. 일본 정부는 한일의정서 체결을 위해 노력한 공을 인정하여 1905년 훈4등 욱일장旭日章을 수여하였다. 1908년 1월 조선 정부는 훈2등 팔괘장을 수여하였고, 같은 해 사망하자 조선 왕실은 후쿠오카에 만들어진 오미와의 가족묘에 조선식 석등롱石燈籠을 보냈다.

[참고문헌] 國史編纂委員會 編『駐韓日本公使館記錄』(國史編纂委員會, 1987), 오두환『한국근대화폐사』(한국연구원, 1991), 정재정『일제침략과 한국철도(1892~1945)』(서울대학교 출판부, 1999), 葦津泰國『大三輪長兵衛の生涯』(葦津事務所, 2008)   【박진홍】

710

오바 간이치

大庭寬一(대정관일)　　　1865.12~1916.3

내무관료

야마구치현山口縣 하기萩 출신. 조슈長州 번사 집안 출신. 1887년 제국대학법과대학을 졸업하고 다음해 11월 27일 내무성시보內務省試補가 되어 현치국縣治局에 배속되었다. 이후 내무속內務屬과 경보국警保局 근무, 군마현群馬縣 참사관, 효고현兵庫縣 참사관 등을 역임하였다. 1895년 조선 정부의 초빙을 받아 내무

고문관에 취임하였다.

오바가 조선에 처음 건너간 것은 1895년이며 조선 정부의 초빙을 받아 내무고문관에 취임하여 1897년까지 근무하였다. 이 사이 1896년에 동방협회東邦協會의 회원으로 가입하여 고문관에 재직하면서 조선 사정을 두루 조사하였다. 동방협회는 1891년 설립된 아시아주의 단체로 근대 일본 형성기에 설립되어 일본의 대외팽창을 정당화하는 이념적 역할을 하고, 일본 내에서 영향력 있는 정·관계, 군인, 민간지식인 등이 회원으로 활동하였다. 오바도 동방협회의 회원으로 조선에 근무하는 동안 조선사정을 조사하는 임무를 수행하였다. 동방협회의 요청으로 그 결과물을 집필하여 1896년에『조선론朝鮮論』을 간행하였다. 이 책에서 조선의 현 상태를 "난치병에 걸린 노인과 같다"고 진단하고 있다. 당장의 급무는 고질병에 대한 치료법을 강구하는 일이며, 이 병자를 간호하는 일본의 임무와 역할이 매우 중요하다고 보았다. 그는「총론」에 이어「국력론」,「국교론」,「외교론」등으로 구분하여 자신의 입장을 개진하고「결론」에 이른다. 이 책은 조선에 대한 멸시관에 기초하고 있다. 조선은 수천 년간 악폐가 쌓여서 사리를 분별하지 못하므로 이를 고치려면 간호해줄 상대를 잘 선택하고 그들을 믿고 따를 결심을 하는 것이라고 본다. 다음 장래의 반도와 대한정책에서 일본이 취해야 할 방향은 '반도'가 고질병에 걸렸어도 그 지역이 동양의 요충이므로 소홀히 해서는 안 되며 조선에서 부원을 개척하여 여러 시책을 단행할 것을 제안하고 있다. 이 자료는 일본이 청일전쟁에 승리한 후 대륙침략의 일환으로 조선에 대해 여러 조사를 단행하고 조선을 강점할 계획을 준비하고 있던 상황의 한 단면을 보여준다.

이후 사가현佐賀縣 서기관, 시즈오카현靜岡縣 서기관을 역임하고 1898년 12월 22일 에히메현愛媛縣 지사에 취임하였다. 에히메현농학교愛媛縣農學校, 마쓰야마松山, 와지마宇和島, 이마바리今治의 세 고등여학교를 설립하는 등 중등교육에 진력하다가 1900년 4월 26일 병으로 지사를 휴직하였다.

두 번째로 조선에 간 것은 1910년 10월 1일이며 초

대 경성부윤京城府尹에 취임하여 1912년 4월 1일까지 재임하였다.

[참고문헌] 中西未鉛 『平壤と人物』(平壤日日新聞社, 1914), 朝鮮紳士錄刊行會 編『朝鮮紳士錄』(朝鮮紳士錄刊行會, 1931), 愛媛縣史編纂委員會 編『愛媛縣史人物』(愛媛縣史編纂委員會, 1988), 秦旭彦 編『日本官僚制總合事典:1868~2000』(東京大學出版會, 2001), 歷代知事編纂會 編 『新編日本の歷代知事』(歷代知事編纂會, 1991)

【최혜주】

711
오바 쓰네키치
小場恒吉(소장항길)   1878.1.25~1958.5.29

예능인

아키타현秋田縣 출신. 도쿄미술학교東京美術學校 도안과를 졸업하였고, 이후 아키타현립공업학교秋田縣立工業學校 교사, 도쿄미술학교 조교수를 역임한 후 1912년 세키노 다다시關野貞(→502)의 고구려 벽화고분 발굴조사에 참여하여 벽화의 모사를 주도하였다. 강서대묘를 비롯하여 쌍영총, 매산리고분군 등 고구려 벽화고분에 그려진 문양연구를 통해 고대 동아시아의 문화전파경로와 일본 고대문화의 형성과정에 관한 이해를 심화시켰고, 고구려 벽화고분과 낙랑고분의 조사와 모사의 전임을 희망하여 1916년 도쿄미술학교 조교수직을 그만두고 조선총독부 촉탁이 되었다. 그의 조선체류는 1925년까지 이어졌고 이후에는 장기간 출장 등의 형태를 띠었다. 고구려 벽화고분과 낙랑고분, 경주 남산의 불교유적 등을 중심으로 한 문화재 조사와 보존사업 관여는 1945년까지 지속되었으며 1933년에는 조선총독부 보물고적명승천연기념물보존회寶物古蹟名勝天然記念物保存會 위원으로 위촉되어 조선총독부의 문화재 보존사업에 깊이 관여하였다. 고구려 강서대묘와 진파리고분, 백제 능산리고분 등의 벽화를 모사한 모사본이 한국 국립중앙박물관과 일본의 도쿄대학에 보관되어 있으며 남산의 불교유적을 조사하여 펴낸 보고서『남

산의 불적南山の佛蹟』을 비롯하여『세계미술전집 별권 벽화편世界美術全集別卷壁畵編』(平凡社, 1931),『조선미술공예편朝鮮美術工藝編』東洋史講座第10卷(雄山閣, 1931) 등을 저술하였다.

1946년 도쿄미술학교 공예과 주임교수가 되었고, 1949년 도쿄예술대학 교수로 부임하여 1952년까지 재직하였다.

[참고문헌] 坂井基樹 外 編『日韓近代美術家のまなざし-『朝鮮』で描く』(福岡アジア美術館, 2015), 佐々木榮孝『紋樣學のパイオニア小場恒吉』(朗文堂, 2005)

【김용철】

712
오바 유노스케
大場勇之助(대장용지조)   1887.11.11~?

음악가, 교사

야마가타현山形縣 출신. 1905년 육군도야마학교陸軍戶山學校 군악생도대軍樂生徒隊를 졸업하였다. 1911년 육군군악대 악수로 제대하였으며 1912년 도쿄음악학교 기악부 예과에 입학하였고, 1916년 같은 학교 바이올린 전공 연구과를 졸업하였다. 1921년 조선에 오기 전까지 도쿄東京 가즈야보통소학교數矢尋常小學校, 히로시마여학교廣島女學校, 오사카제일에이신소학교大阪第一盈進小學校 교사를 역임하였다.

오바는 1921년에 조선에 와서 일차적으로 음악교사로서 활동했는데, 경성공립여학교, 경성사범학교, 이화여자전문학교 등에서 강사로 가르쳤지만 가장 오랫동안(16년간) 재직한 학교는 일본인 학생이 압도적 다수였던 경성제일공립고등여학교이다.

중일전쟁 이후부터 그의 문화적, 정치적 활동이 증가하는데, 경성음악협회, 조선음악협회, 국민개창운동에 관여하면서 조선총독부의 정책에 협조하였다. 또한 조선총독부로부터 1926년 10월 경성부 신청사 낙성식을 위해 모집한 가사〈경성부가〉의 작곡을 위촉받아 노래를 만들었고, 1937년 "황국위문조성조선문예회 신작발표 애국가요 대회"에서 6곡을 작곡하여 발표하였는데, 이들은 전쟁수행을 위한 노래

였으며, 1943년에는 〈바다의 지원병〉이라는 곡을 작곡하여 해군성에 바쳤다. 군악대출신이었고, 도쿄음악학교를 졸업한 실력자이자, 20년대 초부터 경성에서 오랫동안 교육활동을 한 바이올리니스트로서 조선의 원로음악인 김인식, 이상준, 김형준과 함께 조선음악계의 은사로 1941년 11월 27일 사은음악회에 초대되었다. 1924년부터 조선에서 음악교사로 활동한 이가라시 데이자부로五十嵐悌三郎(→817)와 달리 오바는 조선총독부와 좋은 관계를 유지하며 전시체제의 음악 정책에 적극 협력하였다.

[참고문헌] 東京音樂協會 編『音樂年鑑 昭和十年版』(音樂世界社 1935), 김지선「일제강점기 국내의 일본인 음악가들과 그 활동」『韓國音樂史學報』45(한국음악사학회, 2010), 金志善「植民地朝鮮における中等音樂教育と教員の實態-『日本近代音樂年鑑』と『東京音樂一覽』の資料をめぐって」『こども教育寶仙大學紀要』2(こども教育寶仙大學, 2011) 【이경분】

713

오바 지로

大庭二郎(대정이랑)　　　　　1864.7.26~1935.2.11

육군 군인

조슈번長州藩 출신. 사족士族 오바 히멘大庭比面의 장남으로 태어났다. 1866년 6월 육군사관학교를 졸업(구 8기)하고 육군소위로 임관했으며, 1892년 12월에는 육군대학교를 우등으로 졸업(8기)했다. 이후 참모본부 출사出仕, 병참총감부 부관, 참모본부 제1국원을 거쳐 1895년부터 1900년까지 독일에 유학하였으며, 귀국 후 육군대학교 교관, 참모본부원 겸 야마가타 아리토모山縣有朋 원수元帥 부관, 대본영 참모 등을 역임하였다. 러일전쟁에서는 제3군 참모부장參謀副長으로 출정하였으며, 1905년 1월 후비後備 제2사단 참모장이 되어 한국 북부에서의 작전에 종사하였다. 이후 근위보병 제2연대장, 육군 도야마학교장戶山學校長을 거쳐 1910년 11월 육군소장으로 진급하고, 육군보병학교장, 보병 제11여단장을 역임하였다. 제1차 세계대전에서는 관전무관으로서 러시아군

에 동행하였다. 1915년 2월 중장으로 진급함과 동시에 제3사단장에 취임하여 시베리아출병에 종사하였으며, 이어 군사참의관이 되었다.

1920년 8월에는 조선군 사령관으로 임명되어(1920.8.16~1922.11.24) 조선으로 건너왔으며, 같은 해 12월 대장으로 진급하였다.

1922년 11월 다시 군사참의관이 되었고, 1923년 3월 교육총감으로 취임하였다. 1926년 3월에는 예비역으로 편입되었으며 1935년 2월 11일 사망하였다.

[참고문헌] 秦郁彦 編『日本陸海軍總合事典』(東京大學出版會, 1991), 長南政義『坂の上の雲5つの疑問』(竝木書店, 2011) 【이승희】

714

오비 주조

小尾十三(소미십삼)　　　　　1908.10.26~1979.3.8

문학가, 교사

야마나시현山梨縣 출신. 고후상업학교甲府商業學校를 중퇴한 후 나가노철도국長野鐵道局 교습소 전신과에 입소했다. 이후 철도국에 근무하면서 공산당 영향하의 전농지부청년부全農支部靑年部 서기로 좌익운동을 했다. 이즈음 처음 창작한 시가『야마나시일일신문山梨日日新聞』의 일면 중앙에 게재된 일에 고무되어서 시 창작에 몰두했다. 1934년 25세의 나이로 조선총독부 체신국에 근무하게 되면서 조선으로 건너왔고, 경성에 거주하던 중 정칙正則 영어학교 야간부에서 면학하여 실검상업과의 면허를 따고 중등교원자격을 취득한 뒤 1939년부터 원산공립상업학교에 영어교사로 부임했다. 거기서 담임이었던 조선인 학생 중 한명이 '공산당사건'으로 검거되어 그 경위에 근거해서 일본인 교사와 조선인 학생의 교류를 그린 작품이 오비의 데뷔작「등반登攀」이다. 작품 자체는 1943년 오비가 모리나가제과의 만주본사 창설과 함께 경리과장으로 전직한 후에 쓰였고, 조선에서 발행된『국민문학』(1944.2)에 실린 후 작가 이와쿠라 마사지岩倉政治가 아쿠타가와상芥川賞 후보로 추천하여 1944년 상반기 제19회 수상작으로 선정되었다.

1942년 신징중앙방송국新京中央放送局에 취직하고, 1943년에는 모리나가제과森永製菓의 만주본사 창설과 함께 경리과장으로 전직했다. 이후 1944년 문예춘추사文藝春秋社가 만주로 진출하면서 창간한 잡지인 『예문藝文』에 「걸레 선생雜巾先生」(1945)을 발표한다. 이어서 1945년 8월에 단행본 『걸레 선생』(滿洲文藝春秋社)을 간행했고, 이에는 「등반」, 「나니와부시浪花節」, 「유품形見」 등의 작품이 수록되었다. 「등반」은 1965년 6월에 학습연구사學習研究社에서 아쿠타가와상 작가 시리즈로 간행된 『신세계新世界』에 수록될 때 오비에 의해 많은 부분이 삭제, 개작되었다.

1947년 히비야출판사日比谷出版社에 초빙되어 경리를 담당했다. 이 출판사의 월간잡지 『문예독물文藝讀物』에 「열차극장列車劇場」, 「대륙적大陸的」 등의 작품을 발표했다. 신농민문학집에 작품 「목가牧歌」를 게재했고, 이 작품은 NHK에서 연속 방송되었다. 1965년 고후상업고등학교 교사가 되어 1969년까지 근무했다. 학습연구사에서 18년 만에 「아쿠타가와상 시리즈」로 『신세계』를 집필, 1965년 6월 간행한다. 이후 야마나시현 예술제전문위원, 동 전형위원 등을 역임하다가 1979년 3월 8일 고후시에서 위암으로 사망했다.

[참고문헌] 文藝春秋 編 『芥川賞全集 第3卷』(文藝春秋, 1982), 小田切進 編 『日本近代文學大事典 机上版』(講談社, 1984), 任展慧 「芥川賞受賞作 『登攀』の改刪について」(『季刊三千里』 1975年春號), 小尾十三 「受賞作家へのアンケート」 『國文學解釋と鑑賞』 42(2)(至文堂, 1977)   【신승모】

715
오사와 야와라
大澤柔(대택유)   생몰년도 미상

주삼손朱三孫(이명)
영화인
생몰년도나 이력 등이 자세히 알려져 있지 않다. 다만 『조선일보』 1925년 12월 16일자 「조선의 영화제작계: 계림영화협회」라는 제명의 기사를 보건대, 당시 그가 21세였고 일본 극계에서 3~4년간 활동한 경험을 가지고 있었음이 확인된다. 아울러 "일본 이름이 지마는 실상은 조선 사람이라"는 소문도 무성하였다.

'주삼손朱三孫'이라는 이름으로 1920년대 중후반 조선영화계를 풍미한 유명 남자배우 오사와 야와라는 1920년대 초 일본에서 건너온 것으로 알려져 있다. 그가 영화계에 발을 들이게 된 계기는 부산에 있던 무대예술연구회의 배우 합숙실에서 동인들과 만나면서부터였다. 그는 상당한 미남 배우인데다가 조선인과 같은 언행을 하였기에, 조선인들과도 두터운 친분을 쌓을 수 있었다.

오사와는 조선 최초의 민간 영화회사였던 조선키네마주식회사가 제작한 〈해의 비곡〉(다카사 간조高佐貫長(王必烈)(→283) 감독, 1924)에서 주인공의 친구 역을 맡으면서 영화계에 데뷔하였다. 조선키네마주식회사에서 내분이 발생하였을 때에는 윤백남 등 조선인들을 따라 상경을 선택하였다. 이어, 백남프로덕션 제작의 〈심청전〉(윤백남 감독, 1925)에서 임금 역을 연기하고 고려키네마주식회사 제작의 〈개척자〉(이경손 감독, 1925)에도 주연급으로 캐스팅되면서 이름을 알렸다.

계림영화협회 제작의 〈장한몽〉(이경손 감독, 1926)에서는 주인공 이수일 역을 맡았다. 그러나 당대 최고의 여배우였던 전옥과 염문설을 뿌리다가 〈장한몽〉 촬영 도중 갑자기 잠적하여 물의를 빚기도 하였다. 그러다가 〈장한몽〉의 이수일 역할은 심훈으로 대체되었다.

그럼에도 불구하고, 이후에도 그는 다수의 작품을 통해 연기 활동을 이어갔다. 조선키네마프로덕션에서 나운규 감독의 〈풍운아〉(1926), 〈금붕어〉(1927)에 나온 뒤, 나운규프로덕션으로 자리를 옮겨 〈잘 있거라〉(1927), 〈옥녀〉(1928), 〈사랑을 찾아서〉(1928), 〈벙어리 삼룡〉(이상 나운규 감독, 1929), 〈사나이〉(홍개명 감독, 1928) 등에 연이어 출연하며 전성기를 구가하였다.

1930년대 초에도 동양영화사 제작의 〈승방비곡〉(이구영 감독, 1930), 태양키네마사 제작의 〈지지마라 순이야〉(김태진 감독, 1930), 대경영화양행 제작의 〈수일과 순애〉(이구영 감독, 1931) 등에 출연하며 배우 활

동을 지속하였다. 하지만 1930년대 중반 이후에는 영화계에서 거의 두각을 나타내지 못하였다.

1938년 11월 1일 『삼천리』에 게재된 「사라진 명우 군상名優群像, 생각나는 사람 보고 싶은 사람」을 참고 하건대, 당시 그의 행적은 이미 알려져 있지 않은 상 태였다. 다만, 영화계를 떠나 남쪽 어느 지방에서 사 진업을 한다는 소문 등이 있을 뿐이다.

[참고문헌] 김종욱 편저 『실록 한국영화총서(상)』 제1집 (국학자료원, 2002), 함충범 「1920년대 중반 식민지 조 선에서의 일본인 영화 배우에 관한 연구」『동아연구』 34(1)(서강대학교 동아연구소, 2015)　　【함충범】

716
오시무라 아키오미
押村暉臣(압촌휘신)　　　　1888.4~?

금융인

돗토리현鳥取縣 출신. 1916년 7월 교토제국대학京都 帝國大學 법과를 졸업하고 산료창고주식회사三陵倉庫 株式會社 오사카大阪 지점에 입사했으나 다음해 퇴사 했다.

1917년 6월에 조선으로 건너와 광주농공은행光州 農工銀行에 입사했다. 광주농공은행이 조선식산은행 朝鮮殖産銀行에 합병되자 식산은행에서 근무하였다. 마산지점, 본점공공금융과, 부산지점 등에서 근무했 고 부산진파출소 주임을 거쳐 1929년 3월에 금천지 점장으로 자리를 옮겼다. 보수적이며 수동적인 성격 이었으나 과도기의 조선식산은행 지점장으로서는 가장 이상적인 인물이었다.

[참고문헌] 貴田忠衛 『朝鮮人事興信錄』(朝鮮人事興信 錄編纂部, 1935), 阿部薫 『朝鮮人物選集』(民衆時論出 版部, 1934)　　　　　　　　　　　【이현진】

717
오야마 겐지
大山建二(대산건이)　　　　1904.2.8~1970

오야마 겐지大山健治(본명)

영화인

후쿠시마현福島縣 출신. 소학교 졸업 후 부모와 함께 조선 경성으로 이주하였다. 경성약학전문학교를 졸 업하고 병원에서 근무하다가, 1925년 도쿄東京로 건 너가 쇼치쿠松竹 가마타촬영소蒲田撮影所 내 연구소 에 발을 들였다.

연구소 졸업 직후인 1926년 3월 공개 오디션을 통 해 〈사랑의 힘은 눈이라도 녹인다愛の力は雪でも溶か す〉(1926)에 출연함으로써 배우의 길을 걷게 되었다. 그리고 나루세 미키오成瀬巳喜男 감독의 〈여자는 소 매를 조심女は袂を御用心〉(1932)을 통해 주연 배우로 서 경험을 쌓기 시작하였다. 1936년부터는 쇼치쿠 오후나촬영소大船撮影所로 옮겨 활동을 지속하였다. 이후 마키노 마사히로マキノ正博 감독의 〈불침함격 침不沈艦撃沈〉(1944) 출연을 기점으로 쇼치쿠에서 나와 프리랜서가 되었다.

전후에는 도호東寶와 신도호新東寶를 중심으로 활 동하다가, 1957년 다이에이大映 도쿄촬영소東京撮影 所에 입사하여 조연 역할로 여러 작품에 출연하였다. 1959년에는 후지TVフジテレビ에서 제작된 시리즈 영 화 〈도시바토요극장東芝土曜劇場〉에 얼굴을 비추었 으며, 1960년대에는 다이에이TV大映テレビ에서 제작 된 여러 편의 연속 텔레비전 영화에 출연하였다. 마 지막 작품은 〈어느 견습 간호사의 기록 붉은 제복あ る見習看護婦の記録 赤い制服〉(1969)이었다.

[참고문헌] 阿部薫 『朝鮮人物選集』(民衆時論出版部, 1934), 일본영화데이터베이스 〈http://www.jmdb.ne.jp〉
　　　　　　　　　　　　　　　　　【함충범】

718
오야마 도키오
大山時雄(대산시웅)　　　1898.2.15~1946.12.2

조요세이超洋生, 료쿠후세이綠風生(필명)

언론인

후쿠시마현福島縣 출신. 11세였던 1909년에 통감부 관리인 아버지 오야마 마쓰조大山松藏를 따라 조선으 로 건너와 경성거류민단의 단립소학교를 다녔다. 오야마 마쓰조는 일제의 한국 강제병합 후에 조선총독부의 회계과장으로 일했고, 1921년부터 6년간 군수로 김천에서 살았다. 도키오는 아버지를 따라 유년시절부터 기독교도 조합교회에 다녔다. 1918년에 경성중학교를 졸업하고, 동양사업학교(후일의 경성고등상업학교)에 진학했다. 1920년에 조선인 김순학(결혼 후 오야마 준코大山淳子로 개명)과 결혼하고, 도시샤대학同志社大學 상과에 진학한다. 오야마는 도시샤 대학을 다니면서 에스페란토어 공부를 시작했고, 사회주의 사상에도 관심을 갖는다.

오야마는 도시샤 대학을 졸업하고 조선으로 다시 돌아와 에스페란토 연구회를 설립해 에스페란토어 운동을 시작했으며, 김억에게 초보를 배웠다. 1926년 2월에 종교 성격을 띤 민간단체 정도사正道社를 설립하고 회장으로 취임했다. 그리고 정도사의 기관지격인 잡지『조선시론朝鮮時論』(1926.6~1927.10)을 발간했다. 오야마가 식민지 조선에서 벌인 활동은 정도사와 조선시론사에서 보인 내용으로 집약된다.

오야마는 정도사와『조선시론』의 공동강령을 통해 현실을 직시한 조선 문제의 비판, 조선 민중의 여론 및 문원文苑 소개, 조선 및 조선인의 미적 탐구, 조선 문제에 대한 몰이해 철저한 비판, 민중을 기조로 하는 양 민족의 공영을 제창하고 있다. 그리고『조선시론』창간호에 조선인을 '요보'라고 멸칭하는 차별적 언동이나 '내선융화'에 대해 비판하는 글을 게재하는 등, 잡지의 편집자이면서 동시에 필자로 활동했다. 거듭된 질병과 재정 악화로 고생하다, 1938년에 베이징北京으로 이주해 8년간 거주했다. 패전 후 고향으로 돌아가 심장병으로 사망했다.

[참고문헌] 다테노 아키라 편저, 오정환·이정환 역『그때 그 일본인들』(한길사, 2006), 김계자「번역되는 '조선'-재조일본인 잡지『조선시론』에 번역 소개된 조선의 문학-」『아시아문화연구』28(가천대학교 아시아문화연구소, 2012)　　　　　　　　　【김계자】

719
오야부 하루히코
大藪春彦(대수춘언)　　　　　1935.2.22~1996.2.26

문학가

경성 출신. 태어난 후 곧 일본의 야마가타현山形縣으로 이주해 살다 1941년에 다시 신의주로 건너와 국민학교에 입학했다. 1945년에 아버지가 징병되어 부재한 가운데 조선의 북부지역에서 패전을 맞이한 오야부 하루히코는 1946년에 배편으로 일본으로 돌아갔다. 이 과정에서 겪은 힘든 체험과 일본에 돌아간 이후에 전후 일본사회에서 인양자引揚者 소년으로서 겪은 차별과 폭력성은 이후의 창작활동에서 국가나 권력에 대한 불신이나 반발로 나타나는 등 작품 활동에 큰 영향을 끼쳤다.

일본으로 돌아간 오야부는 1956년에 와세다대학早稻田大學 교육학부 영문과에 입학했지만 중퇴한다. 재학 중에 미국 미스터리 소설을 접하게 되면서 1957년에 창설된 와세다 미스터리클럽에 가입하고 와세다대학 동인지에『야수는 죽어야 한다野獸死すべし』를 실었다. 이 작품은 만주에서 자라 전쟁을 경험한 청년의 인간상을 그리고 있는데, 에도가와 란포江戸川亂步에게 소개되면서 1958년에 잡지『보석寶石』7월호에 실렸고 큰 반향을 일으켰다. 대표작으로는 이후 영화로도 제작된『되살아난 금빛 이리蘇える金狼』(1964),『더럽혀진 영웅汚れた英雄』(1967) 등이 있는데, 강한 금욕주의와 반권력 지향성을 가진 주인공이 등장하는 작품이다. 오야부의 작품에는 격렬한 액션과 폭력을 묘사한 통속적인 내용이 많다. 하드보일드, 암흑소설의 선구자로 평가받고 있다.

[참고문헌] 일본추리소설사전 편찬위원회『일본추리소설사전』(학고방, 2014), 朴裕河「「引揚げ文學」に耳を傾ける」『立命館言語文化硏究』24-4(立命館大學國際言語文化硏究所, 2013)　　　　　　　【김계자】

720

오이시 마사미/오이시 마사키
大石正巳(대석정이)/大石正巳(대석정사)
1855.5.26~1935.7.12

정치인

고치현高知縣 출신. 릿시학사立志學舍에서 배우고, 릿시立志 사원이 되어 1878년 애국사재흥대회愛國社再興大會에 출석했다. 1880년 바바 다쓰이馬場辰猪 등과 국우회國友會를 설립하고 자유당自由黨 창립에 참가하여 간사, 상임의원常議員, 『지유신문自由新聞』 사주가 되었다. 1882년 이타가키 다이스케板垣退助의 서양행에 반대하여 탈당했다가 1887년 고토 쇼지로後藤象二郎의 대동단결운동大同團結運動에 참가했다. 1892년 조선주재 변리공사辨理公使가 되어 청일전쟁 직전 조선과 일본 정부 사이의 최대 외교적 현안이었던 방곡령防穀令 문제 교섭을 담당했다. 1898년 헌정당憲政黨 결성 창립위원이었으며 제1차 오쿠마 시게노부大隈重信 내각에서 농상무대신을 지냈고 같은 해 중의원에 당선되어 이후 6선을 지냈다. 헌정당 분열 후 헌정본당에 소속하여 정무위원, 상의원 등을 지냈다. 1910년 입헌국민당立憲國民黨을 창당했지만 1913년 탈당하여 입헌동지회立憲同志會에 참가하다가 1915년 정계에서 은퇴했다. 1935년 81세로 사망했다.

자유민권론자로 정부에 비판적인 태도를 보이며 『부강책富强策』, 『일본의 2대정책日本之二大政策』을 통해 일본이 주도해서 한국을 열강의 보호국 혹은 중립국으로 만들어야 한다고 주장했다. 이후 2차 이토 히로부미伊藤博文(→900) 내각이 총선에 패배하자 야당 회유책의 일환으로 1892년 12월 조선 변리공사辨理公使로 부임했다. 공사 부임 후 전임 공사 가지야마 데이스케梶山鼎介(→41)가 1891년부터 교섭 중이었던 방곡령 손해배상 문제를 담당했다. 당시 방곡령 문제는 청일전쟁 직전 조선과 일본 간 최대의 외교적 현안으로, 오이시는 방곡령 문제 해결을 위해 조선에 파견되었던 외무성 통상국장 하라 다카시原敬(→917)와 더불어 1893년 2월 공사관 철수 및 군함 파견 등을 건

의하는 등 강경한 자세로 조선 정부를 압박하였다. 방곡령 배상액은 청의 개입과 일본 정부의 최후통첩, 조선 내 보은집회 등의 사정으로 1893년 4월 원안이었던 26만 엔보다 적은 액수인 11만 엔을 보상하는 것으로 타결되었다. 이해 7월 조선 공사직에서 물러나 귀국하였다. 러일전쟁 종전 후에 한국의 보호국화를 지지하였고, 1910년 '한일강제병합' 이후에는 조선총독부의 전제적 권한에 반대하며 동화주의를 주장했다.

1896년 진보당進步黨, 1898년 헌정당憲政黨, 1913년 입헌동지회立憲同志會 결성에 참가하는 등 활발히 정계 활동을 유지하다가 1915년 정계에서 은퇴했다.

[참고문헌] 秦郁彦 編『日本近現代人物履歷事典』(東京大學出版會, 2002), 臼井勝美 外 編『日本近現代人名辭典』(吉川弘文館, 2001), 權錫奉「防穀素賠妥結에 있어서의 淸側 介入」『中央史論』6(중앙사학회, 1989), 한철호「일본 자유민권론자 大石正巳(1855~1935)의 한국 인식」『史學硏究』88(한국사학회, 2007)

【최덕수】

721

오이시 사다시치
大石貞七(대석정칠)
1886~?

영화인

가가와현香川縣 출신. 경성 중앙극장과 함흥 흥남관의 흥행주이자 조선흥행연합회 부이사장을 거쳐 이사장직에 오른 인물이다. 경기도 지부장을 겸하기도 하였다. 조선흥행연합회는 식민지 말기 영화계 '신체제'하 조선의 영화 제작사가 사단법인 조선영화제작주식회사로, 배급사가 사단법인 조선영화배급사로 통폐합되는 과정에서 흥행업계의 대표 조직 결성의 필요성이 대두됨에 따라 1942년 1월 7일 영화 흥행업자들을 총망라한 채 발족을 이룬 단체였다. 인사 구성은 이사장 1인, 부이사장 2인(1인은 지방 대표), 20인 이내의 이사로 이루어졌다.

초대 이사장에는 마지마 우메키치間島梅吉(→381)가, 부이사장에는 오이시 사다시치와 호리코시 유지로堀

越友二郎(→942)가 이름을 올렸고, 이시바시 료스케石橋良介(→852)가 사무이사 역할을 담당하였다. 이들 모두 1942년 2월 10일 사단법인 조선영화배급사 창립위원회의 위원으로 선임되었으며, 동년 5월 1일 회사 설립 이후에는 마지마 우메키치와 이사바시 료스케가 이사에 취임하기도 하였다.

오이시가 조선흥행연합회 이사장 겸 경기도 지부장이 된 이유는 전임자인 마지마 우메키치가 사망하였기 때문이며, 『영화순보映畫旬報』1943년 7월 11일자 '조선영화 특집'호에는 여전히 오이시의 직함이 부이사장으로 되어 있다가 다카시마 긴지高島金次(→286)가 쓴 『조선영화통제사朝鮮映畫統制史』(1943)에는 10월 10일 현재 이사장으로 기록되어 있는 것으로 보건대 그 시점은 1943년 7월부터 10월 사이로 추정된다.

[참고문헌] 한국영상자료원 편역 『일본어 잡지로 본 조선영화 1』(현실문화연구, 2011), 한국영상자료원 편역 『일본어 잡지로 본 조선영화 4』(현실문화연구, 2013), 高島金次 『朝鮮映畫統制史』(朝鮮映畫文化硏究所, 1943), 京城日報社 編 『昭和十六年度朝鮮人名錄－朝鮮年鑑附錄』(京城日報社, 1940)　　　　【함충범】

722
오자키 히데오
尾崎英雄(미기영웅)　　　　1885.1.20~1926.4.7

호사이放哉(필명)
문학가

돗토리현鳥取縣 출신. 돗토리 지방 재판소의 서기관이었던 오자키 신조尾崎信三의 차남으로 태어났다. 제1고등학교와 도쿄제국대학東京帝國大學 출신으로 엘리트 코스를 밟았으며, 26살 때 동양생명보험주식회사에 취직하여 오사카大板 지점의 차장 등 요직에 오르기까지 하였다. 사회 활동을 하면서 신경향 하이쿠 기관지인 『소운層雲』에 기고하며 자유율 하이쿠自由律俳句로 전향하였으며, 특히 직장을 그만두고는 하이쿠에 매진하는 등 생애 꾸준히 구작 활동을 하였다. 생에 남긴 개인 구집은 없으나, 사후 오기와라 세이센스이荻原井泉水가 그의 죽음을 기리며 생전의 하이쿠를 모아 1926년 6월 『넓은 하늘大空』(春秋社, 1926)을 간행한 것이 남아 있다.

오자키가 조선에 건너온 것은 1922년으로, 조선화재 해상 보험회사의 지배인으로 부임한 것이 계기가 되었다. 조선에서의 거주 기간은 정확히는 남아 있지 않으나 1922년 4월경부터 만주로 이주하기 전까지 약 1년으로 추정된다. 오자키는 조선에 사회인으로 건너왔으나 하이쿠 창작도 겸하였으며, 이 시기의 하이쿠는 『넓은 하늘』 1922년에 21구가 실려 있다.

조선에서 파면된 후 오자키는 만주를 거처를 옮겨 재기를 다짐하지만 늑막염이 악화되어 입원하게 되고, 수기手記 「무량수불無量壽佛」을 부인에게 받아쓰게 하였다. 1923년 9월 간토대지진關東大震災 소식을 듣고 일본으로 돌아와 부인과는 별거하게 되고 종교적 생활 단체인 잇토엔一燈園에서 생활, 지온인知恩院과 조코지常高寺에서 잡일을 하며 말년을 보냈다. 1924년 11월 「입암잡기入庵雜記」를 쓰는 등 병중에도 문학 활동을 계속하였으나, 1926년 4월 7일 유착성 늑막염으로 미나고안南鄕庵에서 생을 마감하였다.

[참고문헌] 阿部誠文 『朝鮮俳壇－人と作品〈上卷〉』(花書院, 2003), 安住敦 『現代俳句大辭典』(明治書房, 1980), 오자키호사이기념관 〈http://ww8.tiki.ne.jp/~kyhosai〉　　　　【김보현】

723
오카 기시치로
岡喜七郎(강희칠랑)　　　　1868.4.23~1947.7.4

내무관료

비젠노쿠니備前國(현 오카야마현岡山縣) 출신. 이타미 기사부로伊丹喜三郎의 장남으로 태어나, 구 막부의 신하인 오카 게이코岡敬孝의 양자가 되었다. 오카야마중학교岡山中學校, 세이리쓰학사成立學舍, 대학 예비문을 거쳐 1891년 7월 제국대학帝國大學 법과대학 법률학과(영법英法)을 졸업하였다. 같은 해 10월 고등문관시험에 합격하였고 내무성內務省 시보試補가

되어 경보국警保局(현재 경찰청에 해당)에 배속되었는
데, 다시 현치국縣治局으로 부서를 옮겨갔다. 1893년
11월에는 돗토리현鳥取縣 참사관으로 취임하였으며,
이후 아오모리현靑森縣 내무부장, 내무서기관 및 경
보국 경무과장, 오사카부大阪府 내무부장, 아키타현
秋田縣 지사 등을 역임하였다.

　1905년 12월에는 통감부로 자리를 옮겨 경무총장
으로 취임하였다. 이어서 제3차 '한일협약'으로 이른
바 차관정치가 시작되자, 한국정부 농상공부차관 겸
통감부 경무총장 사무취급이 되어 근무하였다. 1908
년 6월에는 그때까지 농상공부대신이었던 송병준宋
秉畯이 내부대신으로 자리를 옮기면서 한국 내부차
관이 되었다. '한일강제병합'에 신중한 자세를 견지
하고 있다고 여겨지던 오카는 1910년 들어서 일본 정
부가 내부적으로 한국을 병합하기로 결정하고 소네
아라스케曾禰荒助(→509)의 통감 해임을 결정하자, 그
에 따라 같은 해 6월 돗토리현 지사로 자리를 옮겼다.

　그 후 1913년 2월 내무성 경보국장이 되었다. 다이
쇼정변大正政變 이후에는 입헌정우회立憲政友會에서
활동하였으나, 1914년 3월 31일 귀족원 의원으로 칙
선되자 교우구락부交友倶樂部에 속하였고, 1946년 5
월까지 재임하였다. 하라 다카시原敬(→917) 내각 및
그 후계인 다카하시 고레키요高橋是淸 내각에서 경시
총감(내무대신 직속)에 취임하는 등 내무관료로서 활
약하였으나 1946년 9월 공직에서 추방되었다.

　[참고문헌] 臼井勝美 外 編 『日本近現代人名辭典』(吉
　川弘文館, 2001), 阿部薰 『朝鮮人物選集』(民衆時論出
　版部, 1934)　　　　【오가와라 히로유키小川原宏幸】

724

오카노 신이치

岡野進一(강야진일)　　　　　생몰년도 미상

영화인

쓰무라 이사무津村勇(→581)가 대표로 있던 조선문화
영화협회가 1939년 제1회작으로 내놓은 조선어 발성
영화 〈국기 하에 나는 죽으리國旗の下に我死なん〉를
연출한 인물이다.

이 작품은 생산 확충을 통해 총후 국민의 의무를
다하려는 자세를 견지한 구장 노인이 가뭄으로 인해
말라 버린 공동 경작지에 물을 길어 나르다가 쓰러지
고, 이를 계기로 마을 사람들도 그 일에 동참한다는
줄거리를 지닌 문화영화였다. 이 영화의 필름은 약
9분 정도의 분량으로 현존해 있다.

　[참고문헌] 阿部薰 『朝鮮人物選集』(民衆時論出版部,
　1934), 함충범 「1940년대 초반 식민지 조선영화에서의
　언어 상황의 변화 양상과 특수성(1940~1941)」 『아시아
　문화연구』 30(가천대학교 아시아문화연구소, 2013)
　　　　　　　　　　　　　　　　　　【함충범】

725

오카다 가즈오

岡田一男(강전일남)　　　　　1922.12~2007.2.7

실업가

효고현兵庫縣 히카미군氷上郡 가스가초春日町(현 단바
시丹波市) 출신. 다이와실업大和實業의 창업자이다. 전
조선방송협회朝鮮放送協會 일본인 직원 친목 조직인
조방회朝放會의 마지막 회장이기도 하다.

　1941년 3월 도쿄東京 소재의 나카노고등무선전신
학교中野高等無線電信學校를 졸업하였다. 1940년 말
우치사이와이초內幸町 NHK 방송회관에서 조선방송
협회, 타이완방송협회, 화북전전華北電電, 만주전전
滿洲電電의 4개 방송협회 면접을 치르고, 모친이 홀몸
이라는 가정환경을 고려하여 가장 가까운 경성을 택
했다.

　1941년 4월, 경성중앙방송국에 기술직으로 입국
하여 정동연주소貞洞演奏所(스튜디오)에서 약간 거리
가 있는 연희방송소延禧放送所에서 근무했다. 구내
합숙소에 거주하며 조정기기의 관리에 몰두하는 한
편, 스스로 코일을 감아 제작한 올 웨이브 수신기로
기숙사 내에 울려 퍼지는 음량으로 해외로부터의
VOA나 KGEI(샌프란시스코 방송) 등 당시 금지되어 있
던 단파방송(주로 재즈)을 밀청했다. 이것이 당국에
알려지게 되어 단파 사건 단속의 주역이었던 사이가
시치로齊賀七郎 형사에게 사정청취를 받기도 했다.

가혹한 심문을 당한 조선인들과는 달리 오카다는 일본인 기술자라는 점도 있어 특별히 배려를 받은 듯하다.

1944년 교육소집으로 귀국하였으나 3개월로 소집이 해제된 후 경성으로는 돌아가지 않고 간사이배전關西配電(현 간사이 전력)에 입사했다. 1945년 재소집되어 후쿠이현福井縣 사바에鯖江의 연대에 입대했다가 연대가 배치된 구마모토熊本에서 종전을 맞아 9월에 오사카로 돌아갔다.

1945년 간사이배전에 복귀한 후 46년에 독립하였으며, 라디오 수리점을 거쳐 전기용품점, 이후 전구공장을 세웠으나 48년 폐업하였다. 그때까지의 자금을 기반으로 1955년에는 수입 잡화 및 화장품을 취급하는 가게 프랑스상회ふらんす商會를 설립하고, '야구라스시やぐら壽司' 1호점을 출점하여 요식업계에 뛰어들었다. 57년에는 양주 카페 개점, 1960년에 다이와 실업을 설립하여 사장직에 취임했다. 64년 회원제 고급 클럽인 '에스콰이어클럽エスカイヤクラブ'을 오픈하고, 이것이 수 년 후 폭발적인 인기를 얻어 다이와 실업의 기반을 다지게 되었다. 1984년 란주호쇼藍綬褒章(교육·위생·자선·방역의 사업, 학교·병원의 건설, 도로·하천·제방·교량의 수축, 임야 개간, 삼림 재배, 수산 번식, 농상공업의 발전에 관하여 공공의 이익을 증진시키고 성적이 현혁한 자 또는 공동의 사무에 근면하고 그 노고가 현저한 자에게 수여되는 포장褒章)를 수장하였으며, 1986년에는 곤주호쇼紺綬褒章(공익을 위하여 사재를 기부한 공적이 현저한 자에게 수여되는 포장褒章)를 수장하였다. 1990년에는 ㈜다이와실업大和實業이 농림수산대신상農林水産大臣賞을 수상했다.

1996년 다이와실업 대표이사 회장에 취임하여 83년부터 95년에 이르기까지 일본푸드서비스협회 부회장, 오사카음료경영협회大阪飲料經營協會(현 오사카 외식산업협회) 회장을 거쳐 동 협회의 명예회장을 역임하였다. 1997년 훈4등 즈이호쇼瑞寶章(국가 및 지방 공공단체의 공무 혹은 공공 업무에 오랜 기간에 걸쳐 종사하며 공로를 쌓아 성과를 거둔 자에게 수여되는 훈장)를 수장하였다. 1995년 한신·아와지 대지진阪神淡路大震災의 피해를 입고 그 후유증 치료를 위하여 98년에 조방회 회장에서 퇴임했으며, 2007년 2월 7일 사망하였다.

[참고문헌] 商業界 編『外食産業を創った人びと』(社團法人日本フードサービス協會, 2005), 津川泉『JODK-朝鮮放送協會回想記』(朝放會本部發行, 1981), 津川泉『JODK 消えたコールサイン』(白水社, 1993), 篠原昌三 編『舊朝鮮放送協會 日本人職員名簿』(MF(マイクロフィルム, 1955), 學習院大學東洋文化研究所 編『友邦文庫目錄』(勁草書房, 2011) 【쓰가와 이즈미津川泉】

726

오카다 겐사쿠
岡田謙作(강전겸작)　　　　　　　1887.8.12~?

실업가

히로시마현廣島縣 출신. 황해도 안악安岳에 정착하여 자동차운수업과 농장 경영을 통해 지역 유지로 활동하며 학교조합 관리자, 재향군인회 분회장, 소방구미消防組 간부, 안악신사安岳神社 창립위원을 지내고 패전 후에는 안악일본인세화회安岳日本人世話會 회장으로서 소련 점령당국의 일본인 이동 금지 정책에도 불구하고 집단 탈출을 조직화하였다.

1910년대에 황해도에 정착하여 사리원무진주식회사沙里院無盡株式會社(이사), 진남포자동차주식회사鎭南浦自動車株式會社(감사), 황해일보사주식회사黃海日報社株式會社(감사), 황해산업주식회사黃海産業株式會社(이사), 황해자동차운수주식회사黃海自動車運輸株式會社(이사), 신천온천호텔주식회사信川溫泉ホテル株式會社(이사), 서선도요타자동차판매주식회사西鮮トヨタ自動車販賣株式會社(이사), 서선식품공업주식회사西鮮食品工業株式會社(이사)의 대주주로 활동하였다.

1928년 유람도로 건설과 민간 운수업의 진흥을 위해 조직된 전조선자동차협회全朝鮮自動車協會 황해도 분회장, 1929년 안악신사 창립위원, 시구개정위원을 지냈다.

패전 후에는 안악일본인세화회 회장으로서 소련 점령당국이 일본인을 집단 억류하고 있는 상황에서 1946~1947년 남하 탈출을 조직하였다.

[참고문헌] 李淵植 『朝鮮引揚げと日本人』(明石書店,

2015), 이연식「해방 후 한반도 거주 일본인 귀환에 관한 연구」(서울시립대학교 박사학위논문, 2009), 「自動車協會組織」(『조선일보』, 1928.4.11), 「安岳神社에서 戰勝奉告祭擧行」(『동아일보』, 1937.7.20)   【이연식】

727

오카다 미쓰구

岡田貢(강전공)   1873.3.31~?

교사, 문학가

원적지 야마구치현山口縣 사도군佐渡郡. 1900년 3월 야마구치현립사범학교를 졸업하고 야마구치현 내의 소학교에서 교편을 잡았다. 1904년 4월에는 경성의 일본인거류민 관청의 초빙으로 조선으로 건너오게 되었다. 오카다는 경성으로 온 후에도 거류민단이 설립한 일본인 소학교에 들어가 교육에 종사하였고, 1910년 3월 30일에는 경성 거류민단립 제이심상고등소학교의 교사訓導로 부임했다. 아내 시게노시게와의 슬하에 2남 1녀를 두었다는 기록이 있는데 그들의 출생이 1908년부터 1916년까지 걸쳐 있어 모두 경성에서 낳은 것임을 알 수 있다. 1914년 8~9월경부터는 조선공립보통학교장으로서 인현공립보통학교仁峴公立普通學校 교장을 역임하였다. 1919년 5월에는 교동공립보통학교校洞公立普通學校 교장이 되며 1922년 4월에는 효창공립보통학교의 교사 겸 교장에 취임한다.

교직에 있는 동안 오카다는『문교의 조선文敎の朝鮮』과 같은 교육계 대표 잡지에 경성과 경기도 부근의 명소나 사적과 관련된 전설 등을 기고하였다. 1927년 3월에는 교직에서 물러나 경성부 내무과 내무계의 촉탁으로서『경성부사京城府史』의 편찬에 관한 사무를 맡게 되었으며, 1939년까지 여기에 근무하면서 경성의 역사와 사적의 연구를 본격적으로 수행하였다. 1934년, 1936년에 경성부가 펴낸『경성부사』1권, 2권에는 오카다의 조사와 기술이 영향력 있게 반영되었다.

한반도에서 간행된 여러 일본어 문헌을 통해 1920년대 후반부터 일제 말기까지 오카다의 활발한 저술 활동을 확인할 수 있는데, 우선 대표적인 저술로는『일상생활에서 본 내선융화의 요체日常生活より見たる內鮮融和の要諦』(京城出版社, 1928), 『경성사화京城史話 1, 2』(日韓書房, 1936~37), 『경성의 연혁京城の沿革』(京城觀光協會, 1936) 등이 있다. 이러한 단행본 저술 외에도 1930년대에는『금융조합金融組合』이나 총독부 기관지『조선朝鮮』과 같은 메이저 잡지에 역사와 전설이 얽힌 경성 곳곳을 소재로 한 그의 수필이 다수 게재되어 있다. 촉탁의 업무가 끝난 뒤인 1940년대 초에도 오카다는『조선행정朝鮮行政』과 같은 주요 잡지에 여전히 경성의 명소와 관련된 이야기를 연재하는 등 당시 경성의 역사에 정통한 문필가로 통용되었다는 것을 알 수 있다. 그의 마지막 저서로 보이는『경성의 연혁과 사적京城の沿革と史蹟』(京城府, 1941)은 1944년에 재판이 나오기도 한다.

1944년 경성로컬사京城ローカル社가 간행한『조선 야담·수필·전설朝鮮野談·隨筆·傳說』에「조선 명종 기담朝鮮名鐘綺譚」이라는 제목으로 보신각종에 관해 쓴 것을 끝으로, 이후의 오카다와 관련된 기록이나 행적, 저술은 찾아보기 어렵다.

[참고문헌] 모리카와 기요히토 저, 엄인경·이윤지 공역『조선 민요의 연구』(역락, 2016), 이치야마 모리오 저, 김효순·강원주 공역『조선 야담 전설 수필』(학고방, 2014), 岡田貢『日常生活より見たる內鮮融和の要諦』(京城出版社, 1928), 岡田貢『京城史話 1, 2』(日韓書房, 1936~1937), 岡田貢『京城の沿革』(京城觀光協會, 1936), 京城府『京城府史 1~3』(京城府, 1934, 36, 41)

【엄인경】

728

오카다 준이치

岡田順一(강전순일)   生沒年度 미상

관료, 영화인

1933년부터 1941년까지 조선총독부 경무국 도서과에서 근무하였다. 7급으로 들어가, 1936년 6급, 1938년 5급, 1940년 4급으로 승진하였다. 주요 업무는 영화 및 음악에 대한 검열이었다. 조선에서 영화 통제

가 본격화되던 1930년대 후반부터 1941년까지는 영화검열실의 주임으로 활동하였다. 그러면서 조선영화령朝鮮映畵令 도입 후 영화인 등록을 위해 조선영화인협회 내에 설치된 기능심사위원회의 간사를 맡는 등 식민지 조선에서의 영화계 '신체제' 수립에 여러모로 관여하였다.

총독부에서 발행된 『경무휘보警務彙報』에 「축음기레코드 단속에 대하여蓄音機レコード取締に就いて」(1933. 6), 「개정 출판법의 개요改正出版法の概要」(1934. 7), 「영화 검열의 개황映畵檢閱の槪況」(1936.4), 「조선영화령의 개설朝鮮映畵令の槪說」(1940.8) 등의 글을 쓰기도 하였다.

1941년 6월에는 전라북도 경제경찰과장에 발령되어 자리를 옮겼으나, 일본에서와 같은 홍백紅白 2계통 배급 체계를 기반으로 1942년 5월 1일 조선 유일의 영화 배급 부문 통제회사로서 설립된 사단법인 조선영화배급사의 상무이사로 영입되어 1942년 5월 23일 취임하였다. 이 과정에서 그는 영화배급업조합의 상담역을 맡아 영화 배급사의 통폐합 과정에 깊이 관여한 바 있었다. 사단법인 조선영화배급사 출범 이후에는 총무부장직도 겸하여 조선 내 영화 배급 업무의 실질적인 운용을 주도하였다.

아울러 영화 기획 내용에 대한 보다 강도 높은 심의를 위해 1942년 10월 26일 총독부 경무과 산하 문화 조성 단체인 황도문화협회皇道文化協會 내에 설치된 영화기획심의회 위원으로도 활동하였다.

이후 1944년 4월 7일 사단법인 조선영화배급사가 사단법인 조선영화제작주식회사를 흡수하여 사단법인 조선영화사로 체제 개편을 이루면서, 오카다는 총무, 배급, 제작 3부 가운데 총무 및 배급부의 부장직을 겸하며 자리를 이어갔다.

[참고문헌] 高島金次 『朝鮮映畵統制史』(朝鮮映畵文化研究所, 1943), 한상언 「일제말기 통제 영화제작회사 연구」『영화연구』36(한국영화학회, 2008), 국사편찬위원회 한국사데이터베이스 〈http://db.history.go.kr〉

【함충범】

729

오카모토 게이지로
岡本桂次郎(강본계차랑)　　　1867.10.17~1938.10.13

관료, 실업가

이시카와현石川縣 출신. 친아버지 아오키 로쿠로에몬青木六郎右衛門의 차남으로 태어났는데, 친부와 막역한 사이였던 오카모토 신타로岡本新太郎가 죽자 그의 양자가 되었다. 1891년 7월 도쿄의 제일고등학교, 1894년에 도쿄제국대학東京帝國大學 공학과를 졸업하였다. 졸업 후 전화교환국 기사에 임명되어 도쿄전신교환국東京電信交換局에서 근무하였다. 1895년 임시타이완전신건설부臨時臺灣電信建設部 기사를 겸하였고, 같은 해 10월 영·미에 파견되어 전신전화사업을 시찰 조사하였다. 1896년 3월 귀국하여 후쿠오카福岡, 나가사키長崎, 모지門司, 구마모토熊本 등 각지의 전화교환국장을 역임하였다. 1902년 교토전화국장京都電話局長에 임명되었으며, 10월에는 교토제국대학京都帝國大學 이공대학 강사촉탁을 겸직하였다. 1903년 4월 관제 개정으로 통신기사가 되어 교토우편국京都郵便局 공무과장으로 자리를 옮겼다.

1905년 4월 대한제국 통신기관 인계위원 중 1인으로 임명되어 조선에 건너왔다. 인계업무를 완료하고 1906년 1월 통감부 통신관리국 공무과장에 임명되었다. 이해에 고종으로부터 황제즉위기념장을 수여받았다. 통신업무를 통해 의병 탄압에도 가담하였다.

조선총독부 설치 후 1910년 10월 체신국 공무과장 겸 전기과장에 취임하였다. 1913년 병합기념장을, 1915년에는 대례기념장을 받았다. 1920년에 고등관 1등이 되었고, 1921년 12월 퇴관하였다. 1923년 5월 금계문기후錦鷄問祇候에 임명되었다. 1927년 5월 금강산전기철도주식회사金剛山電氣鐵道株式會社 감사에 추대되었고, 1931년 1월에는 전무이사에, 1933년 5월에는 주주총회에서 대표이사로 선출되었다. 1934년 5월에는 조선송전주식회사朝鮮送電株式會社 이사가 되었고, 이듬해 1935년 5월에는 조선전기협회장에 취임하였다. 1938년 10월 13일 경성제국대학 병원에서 췌장암으로 사망하였다.

총독부 체신국에서 오랫동안 전기과장을 지낸 경력을 바탕으로, 자본금 1,200만 원의 금강산전기철도회사를 경영하는 등 전기사업계의 핵심 인물로 성장하였다. 이밖에 북선전력주식회사北鮮電力株式會社의 대주주이기도 하였다. 『조선휘보朝鮮彙報』에 「조선에서의 전기사업朝鮮に於ける電氣事業」(1918년 11월) 등의 글을 기고하였다.

배우자는 시즈코靜子(1872년 7월생)였고, 양자로 게이조圭三(1892년생, 의학박사)를 두었다.

[참고문헌] 角田廣司 編『在朝鮮內地人紳士名鑑』(朝鮮公論社, 1917), 貴田忠衛『朝鮮人事興信錄』(朝鮮人事興信錄編纂部, 1935), 阿部薰『朝鮮功勞者銘鑑』(民衆時論社, 1935), 阿部薰『朝鮮人物選集』(民衆時論社, 1934), 朝鮮總督府 編『朝鮮總督府及所屬官署職員錄』(朝鮮總督府, 1927), 東亞經濟時報社 編『朝鮮銀行會社組合要錄』(東亞經濟時報社, 1927), 阿部薰 編『岡本桂次郎傳』(岡本桂次郎傳記刊行會, 1941)   【고태우】

730
오카모토 기요지로
岡本淸次郎(강본청차랑)　　　　생몰년도 미상

영화인

선린상업善隣商業 출신으로 부친은 청량음료 기업인이자 대정관大正館을 경영하여 영화산업에도 종사하였다. 이러한 부친의 유지를 계승하여 약초정若草町 부근에 '약초극장'을 신설 경영하였다.

[참고문헌] 阿部薰 編『昭和12年版 朝鮮都邑大觀』(民衆時論社, 1937), 貴田忠衛『朝鮮人事興信錄』(朝鮮人事興信錄編纂部, 1935)   【홍선영】

731
오카모토 류노스케
岡本柳之助(강본류지조)　　　1852.9.27~1912.5.14

도코東光(호)
육군 군인
에도江戶(현 도쿄도東京都) 출신. 와카야마和歌山 번사

藩士 스와 신에몬諏訪新右衛門의 차남으로, 유년 시절에는 번교藩校에서 4서 5경의 한학을 배웠다. 12세 때 번의 감찰관이었던 오카모토 고노신岡本鎹之進의 양자가 되었다. 15세가 되어 막부의 포병연습소에 들어가 프랑스식 포병과를 배운 후 포병대를 이끌었다. 20세 때 번의 포병연대장에 임명되기도 하였다. 폐번치현廢藩置縣으로 번의 부대가 해산된 후 새로이 도쿄진대東京鎭臺로 편입하였다. 1874년 육군 대위가 되어 오사카진대大阪鎭臺에서 근무하던 중 사가佐賀의 난을 진압하기 위해서 파견되었다. 1877년 발생한 세이난전쟁西南戰爭에서 참모로 종군하여 공을 세웠으며 육군소좌로 진급하였다. 이후 도쿄진대에서 예비포병 대대장을 역임하다가 반란 주모자의 혐의를 받아 1878년 재판을 받고 종신 관직 진출금지 처분을 받았다. 이후 민간에서 상업에 종사하는 가운데 일련종日蓮宗에도 깊숙이 관여하였으며, 일청무역연구소日淸貿易研究所 창립에도 관계하였다. 김옥균과도 친분이 있었는데, 그가 암살당했을 당시 상하이로 건너가 청국의 동향을 파악한 후 귀국하였다.

조선 문제와 관련해서는 이미 1875년 9월 운요호雲揚號 포격 사건 당시 정한征韓 작전계획을 이타가키 다이스케板垣退助에게 제안한 적이 있었다. 이듬해 1월 조선에 파견된 구로다 기요타카黑田淸隆의 수행원으로 도한하기도 했다. 1891년 3월 24일에는 사법대신 야마다 아키요시山田顯義에게 올리는 방책으로「동양정책東洋政策」을 작성하였는데, 여기서 조선과 일본의 관계, 조선의 자주, 군비 등을 논하면서 조선에 대하여 취해야 할 외교정책을 논하였다. 1894년 5월부터 8월까지 조선에서 체류하는 동안 일본공사관 측과 긴밀한 관계를 유지하는 가운데 조선의 내정개혁, 청국의 동향 등을 탐지하면서 대응방책을 강구하여 이를 외무대신 무쓰 무네미쓰陸奧宗光에게 건의하였다. 7월 23일 일본군이 경복궁을 점령할 당시 대원군大院君을 설득하여 정계에 다시 나가도록 하는 역할을 담당하였다. 10월 말 이노우에 가오루井上馨(→824)가 특명전권공사로 조선에 부임할 때 재차 조선으로 건너왔다. 11월 18일 대원군에게 보내는 서한 두 통은『논책論策』에 수록되어 있다.

이해 12월 조선 정부의 궁내부고문 및 군부고문에 임명되었으며, 차관 촉구 건으로 무쓰를 만나러 귀국하기도 하였다. 1895년 9월 이노우에 공사의 후임으로 미우라 고로三浦梧樓(→434)가 조선공사로 부임하고 나서 한 달 후에 을미사변을 일으켰다. 사변이 일어나기 전 이목을 피해 인천에 내려가 있다가 훈련대 해산 소식을 접하고 급히 상경, 용산에서 기다리고 있던 호리구치 구마이치堀口九萬一 일행과 합류하였다. 그 후 일본순사들과 낭인들을 대동하고 공덕리에 가서 스즈키 준켄鈴木順見, 호리구치와 같이 대원군을 만났으며, 그가 입궐하도록 회유하는 역할을 맡았다. 10월 8일 새벽 3시 넘어 대원군을 끌어내어 그를 데리고 궁궐 앞에 도착하였다. 그 다음 집합해 있던 일본인들이 임기응변으로 대처하여 왕비 시해를 벌이도록 지휘하였다. 시해 사건 발생 이후 가담자들과 함께 곧바로 일본으로 송환되었다. 대원군을 대동하고 입궐하도록 한 경위에 대해서는「대원군입궐시말大院君入闕始末」이라는 기록을 남겼다. '한일강제병합' 직후에는 조선사건구담회朝鮮事件舊談會라는 자리에서 조선과 일본 간의 교섭을 주제로 강연을 하기도 하였다.

을미사변 이후 사건 관련자들과 함께 일본으로 송환당하여 히로시마에서 수감되었다. 히로시마 지방재판소에서는 1896년 1월 20일 예심종결결정서를 통해 증거 불충분으로 석방한다는 판결을 내렸다. 1897년 10월 25일에는 특사를 받아 다시 관직에 나아갈 수 있게 되었다. 내무성에서 유럽과 청국을 순회하면서 종교의 실황과 제도를 조사해 달라는 촉탁으로 임용하였다. 중국으로 건너간 후 우한봉기武漢蜂起에 관계하다가 61세의 나이로 상하이上海에서 병으로 사망하였다.

[참고문헌] 최문형 외 공저『明成皇后 弑害事件』(民音社, 1992), 金文子『朝鮮王妃殺害と日本人』(高文研, 2009), 井田錦太郎 編『論策』(無盡風月書屋, 1898), 岡本柳之助 述, 平井駒次郎 編『風雲回顧錄』(武俠世界社, 1912), 柳永益『甲午更張硏究』(一潮閣, 1990), 金賢錫「갑오개혁기 일본의 조선보호국화정책과 일본인 고문관의 활동」『한국근현대사연구』24(한국근현대사학회, 2003)

【박한민】

732

오카모토 신이치

岡本新市(강본신시)　　　?~1962.9.1

교사

돗토리현鳥取縣 출신. 1912년에 도쿄음악학교東京音樂學校 갑종사범과甲種師範科에 입학하여 1915년에 졸업하였다. 1920년대 중반부터 후반까지 해주공립고등여학교, 평양고등여학교에서 교사로 활동하였다. 이후 타이완으로 건너가 화련고등여학교花蓮高等女學校에서 교편을 잡은 것으로 보인다.

오카모토가 조선에서 활동한 기록은『조선총독부 및 소속관서직원록朝鮮總督府及所屬官署職員錄』(1925~1928)과『근대일본음악연감近代日本音樂年鑑』(1926)에서 찾아 볼 수 있다. 이들 자료를 통해서 1920년대 중반부터 후반까지 해주사범학교, 해주공립고등여학교, 평양고등여학교에서 교사로 활동한 것을 알 수 있다.

이후 타이완으로 건너간 것으로 알려져 있으나, 이에 관해 정확한 시기는 알 수 없다. 조선에서보다 타이완에서의 교육활동이 활발한 것으로 보이는데 타이완의 교육 잡지에 창가 가사에 관한 문제점에 대한 글을 발표 할 정도이다.

그의 작곡으로는 스모창가相撲唱歌인〈찬양하자 국기讚えよ國技〉가 있다. 또한 작사로는 타이완의『공학교 창가집公學校唱歌集』(제2기)에 수록된〈백조조ぺたこ(白鳥鳥)〉(제2학년용)가 있다.

[참고문헌] 東京音樂學校 編『東京音樂學校一覽 從明治四十五大正元年至大正二年』(東京音樂學校, 1926), 松本鈞編『近代日本音樂年鑑』(大空社, 1997), 劉麟玉『植民地下の臺灣における學校唱歌敎育の成立と展開』(雄山閣, 2005)

【김지선】

733

오카 시게마쓰

岡稠松(강조송)　　　　　　생몰년도 미상

관료, 영화인

1927년부터 1937년까지 조선총독부 경무국 도서과에 근무하며 영화검열 주임직을 맡은 인물이다. 직책에 있으면서 「조선에서의 영화 검열에 대하여朝鮮に於ける映畵の檢閱に就いて」(『조선朝鮮』, 1931.3), 「영화검열 잡감映畵檢閱雜感」(『조선급만주朝鮮及滿洲』, 1933.4), 「영화를 둘러싼 난센스映畵を巡るナンセンス」(『조선급만주朝鮮及滿洲』, 1933.7), 「영화 관견映畵管見」(『경무휘보警務彙報』, 1936.7) 등 영화(검열) 관련 글을 발표하기도 하였다.

[참고문헌] 정진석 『극비 조선총독부의 언론검열과 탄압』(커뮤니케이션북스, 2007), 阿部薰 編 『昭和12年版朝鮮都邑大觀』(民衆時論社, 1937)　　【함충범】

734

오카 이마지로

岡今治郎(강금치랑)　　　　　　생몰년도 미상

금융인

동양협회東洋協會 출신으로 1927년 경상북도 금융조합연합회 이사로 부임한 후 금융조합 본부의 과장, 1936년 8월 강원도 춘천에서 금융조합 지부장직을 역임하였다.

[참고문헌] 阿部薰 編 『昭和12年版 朝鮮都邑大觀』(民衆時論社, 1937), 端源太郎 『朝鮮在住內地人 實業家人名辭典 第一編』(朝鮮實業新聞社, 1913)　　【유재진】

735

오쿠 기세이

奧義制(오의제)　　　　　　생몰년도 미상

외무관료

아오모리현靑森縣 사족 출신. 1870년부터 외무성에서 근무하기 시작했다. 1872년 9월 하나부사 요시모토花房義質(→912) 외무대승이 조선에 파견될 때 외무소록으로 부산에 특파되었다. 초량왜관에 체류하면서 대관代官과 조선인 사이의 사교에 대한 감찰 겸 학사學士 역할을 담당하면서 모리야마 시게루森山茂(→390)에게 현지 상황 및 조일 간 무역동향에 대한 조사 보고를 실시하였다.

1873년부터 이듬해까지는 외무권중록外務權中錄 신분으로 조선에 계속 체류하면서 고종의 친정 단행과 동래부사 교체 등을 외무성으로 보고하였다. 1875년 4월 히로쓰 히로노부廣津弘信와 함께 도쿄로 돌아가 교섭 정체를 타개하기 위해서 조선으로 군함을 파견할 것을 건의하고, 5월에 정부 훈령을 받고 부산으로 돌아왔다. 운요호雲揚號의 1차 시위가 실패한 후 이해 7월에도 모리야마 이사관이 진퇴 여부에 대한 훈령을 요청하기 위해서 재차 도일하도록 하였다. 1876년 1차 수신사 김기수金綺秀가 도일하였을 당시에는 요코하마橫濱에서 일행을 영접하는 역할을 담당하였다. 이해 7월 미야모토 오카즈宮本小一 이사관이 조선으로 파견되었을 때, 외무중록 신분으로 같이 조선에 건너와 조선 측 관리들에게 전달할 한문으로 된 문서를 작성하는 역할을 담당하였다. 8월 말 귀국하던 도중 병에 걸려 증세가 심해졌기 때문에 도쿄로 돌아가지 않고 나가사키長崎 지역으로 이송되어 치료를 받았다. 1878년 11월 하나부사가 부산 두모진豆毛鎭 수세를 정지시키려고 파견될 때 일행으로 건너왔으며, 관련 교섭 기록을 이듬해 1월에 정리하여 편찬하였다. 1879년 하나부사가 대리공사로 조선에 다시 파견될 때에도 외무4등속으로 공사를 수행하는 일행으로 조선에 건너왔다. 강수관講修官과 대리공사가 회담을 할 당시 문답 기록을 정리하는 역할을 담당하였다. 1880년에는 부산에서 외무4등속으로 근무하면서 거류지 구획 등의 업무에 참여하였다. 1882년부터 원산으로 전근을 가 외무2등속으로 영사관에서 근무하였다. 이해 3월 안변安邊에서 일본인에 대한 살상 사건이 발생하였을 때 외무3등속 신분으로 덕원부사德源府使와 사건 처리에 대하여 논의하고 이를 하나부사 공사와 본국으로 보고하였다. 이해 5월 마에다 겐키치前田獻吉(→375) 영사가 일시 귀국하였기 때문에 그를 대신하여 조선 측과의 교섭을 계속하였다. 1884년 12월 소에다 세쓰副田節 (→513) 영사가 귀국한 이후 1886년 8월 원산으로 와타나베 오사무渡邊修 부영사가 부임하기 전까지 원산에서 외무2등속으로 영사대리 업무를 수행하였다. 이때 순사와 상인들을 데리고 영흥부 지역으로 출장을 나가 금광 채굴을 위한 실지조사를 실시하기도 하였다. 「위생회규칙衛生會規則」이 1887년에 제정되었는데, 위생회 위원으로도 참여하였다.

1879년 하나부사 대리공사를 따라서 도한하기 전인 1월 하순 외무성에서 1878년 조선으로 파견되었던 하나부사의 도한과 관련된 각종 공문 서류를 모아서 『메이지 11년 대리공사 도한시말明治十一年代理公使渡韓始末』을 편찬하는 역할을 담당하였다. 1888년 7월 원산에서 귀국하였다.

[참고문헌] 김흥수 『한일관계의 근대적 개편 과정』(서울대학교출판문화원, 2009), 石幡貞 『東嶽文抄』(石幡富子發行, 1910), 高尾新右衛門 編 『元山發達史』(啓文社, 1916), 박한민 「개항장 '間行里程' 운영에 나타난 조일 양국의 인식과 대응」 『韓國史研究』 165(韓國史研究會, 2014) 【박한민】

736
오쿠다 데이지로
奧田貞次郎(오전정차랑) 1856.3~?

실업가

나가사키현長崎縣 출신. 1888년 인천으로 건너와 곡물 무역과 정미소 경영을 통해 부를 축적한 인물이다. 1880년대 일본에서 내화耐火 벽돌 제조에 성공했으나 판매는 부진했다. 동생에게 사업을 물려준 후 1888년 7월 인천으로 건너와 곡물무역상인 하야시상점林商店의 점원으로 일했다. 중국 산동반도의 즈푸芝罘(현 옌타이煙臺)에 대두를 판매하여 이익을 거뒀다. 1892년 타운젠트상회와 공동으로 정미소(후일의 오쿠다정미소奧田精米所)를 설립했다. 조선에서 처음으로 증기력을 이용한 정미소였다.

1893년 하야시상점을 그만두고 독립하여 오쿠다

상점奧田商店을 개업해 청일전쟁 기간 중 큰 수익을 얻었다. 다이너마이트 등의 화약류와 모직물을 취급했던 것으로 보인다. 조선석유조합朝鮮石油組合 총지배인과 간장제조회사인 니혼쇼유日本醬油의 이사직으로도 일했다. 1896년 설립된 인천미두거래소仁川米豆取引所 이사와 감사직으로 일했다. 인천거류민회와 인천상업회의소 의원으로 활동했으며 인천거류민단 해산 후에는 인천부협의회 의원으로 선임되었다.

곡물무역업과 정미업 동업자의 모임인 수출곡물조합, 곡물협회, 정미판매조합, 정미업조합 등을 조직하거나 그 대표로 활동했다. 장기간 인천상업회의소 회장으로 일하면서 곡물수출과 인천항 축항과 관련된 청원 활동을 주도했다. 대표적인 것이 일본으로 반입되는 곡물에 대한 이입세 철폐 운동이다. 오쿠다는 조선 각지의 일본인 상업회의소 관계자가 참가하는 조선상업회의소연합회 대표로 활동하면서 도쿄의 관련부처와 신문사를 방문하는 등 청원 활동을 주도했다.

1917년 선박제조 및 수리 회사인 인천선거주식회사仁川船渠株式會社와 성냥제조업체인 조선성냥제조주식회사朝鮮燐寸製造株式會社 설립에 관여했다. 그 외 비료 및 유지 제조회사인 조선화학공업주식회사朝鮮化學工業株式會社 설립에 관여하는 등 인천 경제계의 주요 인물이었다.

[참고문헌] 仁川開港二十五年記念會 編 『仁川開港二十五年史』(仁川開港二十五年記念會, 1908), 京城新報社 『朝鮮紳士錄』(日韓印刷株式會社, 1909), 高橋刀川 『在韓成功之九州人』(虎與號書店, 1908), 仁川商業會議所 編 『仁川商工案內-付商工人名錄』(仁川商業會議所, 1916), 秋山滿夫 編 『株式會社仁川米豆取引所沿革』(仁川米豆取引所, 1923), 仁川府廳 編 『仁川府史』(仁川府, 1933), 岡本保誠 編 『仁川商工會議所五十年史』(仁川商工會議所, 1934) 【이동훈】

737
오쿠다이라 다케히코
奧平武彦(오평무언) 1900.8.5~1943.5.26

대학교수

효고현兵庫縣 출신. 1924년 도쿄제국대학東京帝國大學 법학부 정치학과를 졸업했다.

재학 당시 요시노 사쿠조吉野作造에게 사사하였으며 1926년 경성제국대학 조교수로 부임하여 조선으로 건너왔다. 정치학과 정치사 강좌를 분담하다 이듬해 제1강좌를 담당했다. 1928년 외교사 연구를 위해 재외연구원의 자격으로 구미를 유학한 후 돌아와 1930년부터 국제공법 강좌를 담당한 이즈미 데쓰泉哲(→873)가 겸담兼擔했던 외교사 강좌를 담당하였다. 1932년에 교수로 승진했다. 대외활동으로는 조선총독부 보물고적명승기념물보존위원, 조선박물관위원, 이왕가李王家 미술관 평의원 등을 역임했다. 조선에서의 논저로서『조선개국교섭시말朝鮮開國交涉始末』(1935), 『이조李朝』(1938), 『일선교섭사日鮮交涉史』(1942) 등을 저술하며 조선의 외교사 및 정치사학 연구를 개진했다. 한편 그는 자신의 전공분야 외 주제에 대해서도 다수의 저작을 남겼다.『도기강좌陶器講座』(1937), 「조선의 사람과 문화朝鮮の人と文化」(1937) 등을 저술하며 조선의 문화 및 예술에 대한 관심을 드러냈다. 1943년에 장티푸스로 조선에서 별세했다.

[참고문헌] 정근식 외『식민권력과 근대지식: 경성제국대학 연구』(서울대학교출판문화원, 2011), 기유정「경성제국대학 정치학 강좌와 식민지 조선에서의 의미: 戶澤鐵彦과 奧平武彦의 사상 분석을 중심으로」『동방학지』163(연세대학교 국학연구원, 2013) 【박광현】

738

오쿠무라 엔신
奧村円心(오촌원심)　　　　　1843~1913

승려

사가현佐賀縣 출신. 메이지시대明治時代와 다이쇼시대大正時代 진종대곡파 승려이다. 히가시혼간지東本願寺 고덕사高德寺 주지승인 료칸了寛의 장남이며, 모친은 야마다 다유山田太夫의 딸이다. 생가 고덕사는 부산해 고덕사釜山海高德寺로 불리었으며 이는 도요토미 히데요시豊臣秀吉 시기에 조선에서 건너온 내용

에서 유래한다. 아버지 료칸은 구게公家 니조 하루다카二條治孝의 3남 간사이寬齋의 아들이고, 여동생 이오코五百子는 애국부인회愛國婦人會의 창시자이다. 1850년 득도 후, 1859년부터 구사바 센자이草場船山에 가르침을 얻어, 이때부터 겟쇼月照의 저서인「불법호국론佛法護國論」에 심취, 아버지의 존왕애국론尊王愛國論의 영향과 맞물려 1863년 국사國事에 전념했다. 막말幕末에 기독교 탐색을 위해 나가사키長崎에 잠입한 오쿠무라는 당시 나가사키에 체재한 사카모토 료마坂本龍馬 등과 국사에 공모했다 하여 스파이 혐의를 받고 메이지 초년에 칩거蟄居를 명령받게 되지만, 1877년 9월 세이난전쟁西南戰爭 종결을 계기로 시작한 히가시혼간지 조선포교에 발탁되어 같은 해 10월 히라노 에스이平野惠粹(→990)와 함께 도항하여 다음 달 부산별원을 세우고, 조선 각지에 포교를 전개하였다.

오쿠무라는 교단 본부의 명을 받아 1877년 9월28일 부산에 도착했다. 여기에는 내무대신 오쿠보 도시미치大久保利通와 외무대신 데라시마 무네노리寺島宗則의 권유가 있었다. 이들은 부산에 별원을 설치하고 일본인 포교뿐만 아니라 조선인을 대상으로 포교활동을 위한 개교사開敎師 양성을 목적으로 하는 한어학사韓語學舍를 설립하였다. 또한 뇨닌코女人講를 조직하기도 했다. 한어학사를 통해 일본에서 온 어학 연수생들의 뒷바라지에도 힘썼으며, 일본의 문명개화에 관심을 보인 조선 승려 이동인李東仁을 일본으로 밀항하게끔 도움을 주기도 했다. 또한 박영효, 김옥균이 일본에서 활동하는 데 지원과 주선을 아끼지 않았다. 오쿠무라의 부산 활동은 일본의 불교 각 종파 가운데 한국 포교의 효시이며 부산 별원의 부속사업으로 자선교사慈善敎社 및 유치원 등을 경영하여 좋은 성과를 내기도 했다. 그 이후 오쿠무라는 1880년 원산 개항, 1882년 인천 개항과 더불어 원산과 인천으로 부임하여 포교활동을 전개하였고, 부산에 남아 있던 히라노는 별원에서 거류민 자제들의 교육을 담당하였다. 그의 저서로는『조선국 포교일지朝鮮國布敎日誌』(1877)가 있다.

1895년 청일전쟁 종결 후 조선에서의 포교활동이

궤도에 오르자, 1899년 홋카이도구토인보호법北海道舊土人保護法 공포를 계기로 오쿠무라는 지시마千島 포교에 전임을 명령받았다. 그러나 다음해 혹한의 땅에서 아이누 포교에 실패하여 포교는 중단되었다. 그의 나이 71세인 1913년에 사망하였다.

[참고문헌] 柏原祐泉 外 編 『眞宗人名辭典』(法藏館, 1999), 柏原祐泉 外 編 『眞宗史料集成11』(同朋舍メ ディアプラン, 2003), 大久保高明 『奧村五百子評傳』(愛國婦人會, 1908), 최인택 「개항기 奧村圓心의 조선 포교 활동과 이동인」 『동북아문화연구』 10(동북아시아 문화학회, 2006)　　　　　　　　　　【제점숙】

739

오쿠무라 이오코
奧村五百子(오촌오백자)　　　　　1845.6.7~1907.2.7

사회활동가

사가현佐賀縣 출신. 히가시혼간지東本願寺 고덕사高德寺 주지 료칸了寬과 아사코淺子의 딸이다. 초혼은 사별, 두 번째 결혼에서는 이혼했다. 1889년 메이지헌법明治憲法 발포 후 정치에 관심을 가진 이오코는 아버지, 오빠 엔신円心의 영향을 받아 존왕양이尊王攘夷운동을 도왔다. 1894년 김옥균 등과 교류하여 몇 번인가 도한하여, 그들의 독립운동을 도왔다. 1900년에는 히가시혼간지로부터 파견되어 중국을 시찰했다. 1897년 오빠 엔신의 포교지인 조선으로 건너와 광주에 실업학교를 설립하였다. 1900년 북청사변北淸事變이 일어나자 히가시혼간지 오타니 쇼신大谷勝信의 북청파견군 위문단에 가세하여 전쟁터를 순회하였다. 이때 부상병의 구호, 병사 유가족의 구호를 목적으로 한 부인단체의 필요성을 통감하고 귀국 후 고노에 아쓰마로近衛篤麿와 오가사와라 나가나리小笠原長生, 그 밖의 화족華族 부인으로부터 지원을 받아 1901년 2월 애국부인회愛國婦人會를 결성했다. 처음에는 상류부인을 중심으로 했지만, 검약한 생활을 권장하는 이오코의 주장이 전국적으로 확산되어 여성의 사회참가를 촉진하는 계기가 되었다. 1905년 말 회원수가 46만에 달하였고, 부인회 발전의 기초

를 구축했다. 이오코의 사거 후 그녀의 활동이 1931년에는 고등소학교 여학생용 국정수신교과서에 채택, 영화로 만들어지는 등, 일본 군국주의사상 보급에 큰 역할을 하였다.

고노에와 오가사와라에 힘입어 1897년 6월 히가시혼간지의 한국 개교사인 오빠 엔신이 먼저 새로운 포교지인 광주에 도착하였다. 이어 이듬해 4월 이오코 일행이 광주에 도착하여, 이오코는 고향에서의 양잠사업 경험을 살려 광주에 실업학교를 설립하였다. 함께 온 일행은 목수, 의사, 실업학교 관계자들 외에도 엔신의 부인 마사코マサ子, 이오코의 차녀 미쓰코光子였다. 실업학교 운영의 중점계획은 조선의 산업진흥, 조선인의 일본 견학, 학교 설립이었다. 그러나 운영상 용지 확보의 어려움, 농작을 둘러싼 조선인과의 갈등, 양장사업에 있어서 누에 유충 확보의 어려움 등 난관을 겪기도 했다. 이러한 시행착오 속에서도 이오코는 일본인 이주 계획까지 염두에 두면서 실업학교 운영에 노력했으며 부속시설로 시약원施藥院을 두기도 했다. 하지만 교사 건설을 진행하면서도 학생 모집이 제대로 이루어지지 않아 큰 성과 없이 광주에서의 운영이 중단되었다. 이오코는 1899년 1월 일시 귀국, 다시 도한하기도 했지만 병으로 귀국하였다.

조선에서 귀국한 뒤, 이오코는 애국부인회 활동으로 전국 각지에 유설을 하면서 활발한 활동을 전개하였다. 또한 1906년 6월에는 애국부인회 위문사로써 만주지역 전사자를 위한 위문을 나가기도 하였다. 1906년 4월에는 훈6등勳六等 실관장實冠章을 받는 등 그간의 활동을 인정받았지만, 1907년 2월 7일 지병으로 사망했다.

[참고문헌] 大久保高明 『奧村五百子評傳』(愛國婦人會, 1908), 愛國婦人會 編 『愛國婦人讀本』(愛國婦人會, 1935), 柏原祐泉 外 監修, 赤松徹眞 外 編 『眞宗人名辭典』(法藏館, 1999), 朝日新聞社 編 『朝日日本歷史人物事典』(朝日新聞社, 1994), 奧村円心 『韓國布敎日記』(眞宗史料集成 第11卷 「維新期の眞宗」 拔刷, 1877), 야마모토 조호 「대한제국기 광주에 있어서의 오쿠무라(奧村) 남매진종포교 · 실업학교 설립을 둘러싸고」 『民族文

化硏究』57(고려대학교민족문화연구원, 2012)

【제점숙】

740

오쿠보 하루노

大久保春野(대구보춘야)　　　1846.10.8~1915.1.26

육군 군인

시즈오카현靜岡縣 출신. 오미쿠니타마신사淡海國玉神社의 궁사宮司였던 오쿠보 타다나오大久保忠尙의 장남으로 태어났다. 아버지와 함께 보신전쟁戊辰戰爭에 종군했던 오쿠보는 메이지유신明治維新 후 1870년 5월 오사카병학교大阪兵學校의 유년교 생도가 되었으며, 같은 해 10월부터는 프랑스로 유학하였다. 1875년 7월 귀국과 동시에 육군성 7등 출사出仕로 임명되었으며, 1877년 4월 육군 보병소좌로 임관되어 육군성 제2국 제5과장, 제2국 제1과장, 인원국人員局 보병과장, 구마모토진대熊本鎭臺 보병 제14연대 대대장, 참모본부 관서국원管西局員을 역임하였다. 1885년 중좌로 진급하여 7월 24일부터 참모본부 편찬과장 겸 제2국 제3과장, 보병 제12연대장을 역임하였다. 1889년에는 대좌로 진급하여 육군도야마학교장陸軍戶山學校長, 육군사관학교장, 제2사단 참모장을 역임하였다. 1894년 11월에는 육군소장으로 진급하여 보병 제7여단장으로 취임함과 동시에 청일전쟁에 출정하였다. 전쟁 기간 중에는 가이조海城 방면 수비대 사령관 및 호오조鳳凰城 방면 수비대 사령관을 맡았고, 1897년 12월에는 근위보병 제1여단장으로 취임하였다. 1900년에는 육군중장으로 진급하여 교육총감부 참모장에 임명되었으며, 1902년 5월 5일에는 제6사단장에 취임하여 러일전쟁이 발발하자 휘하의 제6사단을 이끌고 출정하였다. 1906년 7월 6일 제3사단장으로 이동했으며, 같은 해 9월 21일 남작 작위를 받고 화족華族 반열에 들게 되었다. 1908년 8월 7일에는 육군대장으로 진급하였다.

1908년 12월 한국주차군 사령관으로 취임하여 (1908.12.21~1910.10.1) 후기의병에 대한 무력탄압을 지휘하였다. 1910년 10월 일제가 한일강제병합을 단행함에 따라 호칭이 조선주차군 사령관(1910.10.1.~1911.8.18)으로 변경되었다.

1911년 8월 18일에는 후비역後備役으로 물러났으며, 1915년 1월 26일 사망하였다.

[참고문헌] 秦郁彦 編『日本陸海軍總合事典』(東京大學出版會, 1991), 中村修二『大久保春野』(奉公會, 1920)

【이승희】

741

오쿠야마 센조

奧山仙三(오산선삼)　　　생몰년도 미상

교사

도쿄외국어학교東京外國語學校를 졸업하고 1913년 조선총독부 학무과學務課 고용인으로 출발하여 1919년 경성의학전문학교 조교수, 1922년 조선총독부 제학교諸學校, 사범학교師範學校 강사로 촉탁되었다. 1923년부터 경상남도와 경상북도의 이사관理事官으로 재직하였으며 1928년에는 경기도와 경성부의 이사관으로 활동하였고, 1931년부터는 조선총독부의 학무국 사회과 촉탁으로 활동하였다. 1935년 조선총독부 직속 기관인 명륜학원明倫學院 강사를 맡았으며, 1937년 경성보호관찰소京城保護觀察所, 경성방송국 방송선전협의회放送宣傳協議會 강사, 1939년 조선총독부 직속 기관인 농촌진흥위원회 간사, 경성보호관찰소 촉탁보호사, 조선미술심사위원회 서기, 1941년 중견청년수련소中堅靑年修鍊所 강사 등을 역임하였다.

출생지와 출생 연도는 불명이다. 그러나 그의 저서인 『어법회화 조선어대성語法會話朝鮮語大成』(조선총독부 학무국 내 조선교육회朝鮮敎育會, 1928)의 다나카 도쿠타로田中德太郞가 쓴 서문에서는 오쿠야마가 도쿄외국어학교를 졸업하였으며, 가나자와 쇼자부로金澤庄三郞(→3)의 제자였다고 밝히고 있다. 『어법회화 조선어대성』에는 당시 조선총독부 학무국장이었던 이진호李軫鎬, 문학박사 가나자와, 조선총독부 통역관 후지나미 기칸藤波義貫, 다나카의 서문이 실려 있는데, 이 가운데 후지나미와 다나카는 조선총독부의 언문 철자법 제정 위원으로 활동하기도 하였다. 이들은 모두 언어를 통한 동화정책을 주도했던 인물들인데, 오쿠야마는 이론적인 면보다 각종 강습을 통해 식민 통치상 필요했던 조선어 학습을 이끌었던 인물이다.

오쿠야마는 『어법회화 조선어대성』의 출판 서문 「상재에 붙여梓に當つ」에서, 1917년 조선총독부에서 조선인 교육에 종사하는 일본인을 교육하기 위해 개최한 강습회에 강사로 참여하고, 총독부 명의名義의 『조선어법급회화서朝鮮語法及會話書』(朝鮮總督府 總務局印刷所, 1917)를 편찬하는 데 관여하면서, 강습용 대본臺本을 집필하고자 했음을 밝히고 있는데, 두 책의 편제는 매우 유사하다. 『어법회화 조선어대성』은 제1편 어법, 제2편 회화, 부록으로 이루어졌으며, 제1편 어법은 언문, 명사, 대명사, 접속사, 조사 등의 품사를 중심으로 구성하였고, 제2편 회화는 교제, 관청·사무, 교육 등의 주제를 중심으로 구성하였다. 부록은 조선어와 일본어의 용자用字 비교, 천자문, 조선의 풍습으로 구성하였는데, 풍습을 자세히 기록한 것은 "조선을 이해하고자 하는 일본인에게 참고 자료로 제공하기 위한 목적"을 갖고 있었다. 그렇기 때문에 '사회 계급', '일가', '가정', '남녀 구별', '언어 태도' 등의 주제별로 구성된 풍습은 조선의 발달되지 못한 모습을 강조하는 내용이 많다. 1940년대에는 국민총력연맹國民總力聯盟 회원으로 활동하면서, 일본어와 일본 정신을 주제로 한 강의를 담당하기도 하였다.

[참고문헌] 朝鮮語研究會 編, 허재영 엮음 『월간잡지 조선어』(역락, 2004), 朝鮮總督府 編纂 『朝鮮語法及會話書』(朝鮮總督府 總務局印刷所, 1917), 奧山仙三 『語法會話 朝鮮語大成』(日韓書房, 1928)　　【허재영】

742

오키 야스노스케
大木安之助(대목안지조)　　　생몰년도 미상

외무관료, 실업가

교토부京都府 출신. 1880년부터 1884년까지 도쿄외국어학교東京外國語學校 조선어과朝鮮語科에서 수학

하고 졸업하였다. 아유카와 후사노신鮎川房之進이 학교 동기이다. 조선 지역 영사관에서 근무하다가 1899년 5월 5일부로 귀국 명령을 받고 일본에 돌아갔다. 같은 해 9월 20일부로 미국 뉴욕에서 근무하라는 발령을 받고 미국으로 건너갔다. 뉴욕영사관에 있다가 1901년 10월 시애틀 근무 발령을 받고 전근을 갔다. 1903년 4월까지는 시애틀 일본영사관에서 영사 사무대리를 수행하였다. 외무서기생外務書記生에서 원산 부영사副領事로 승진한 이후에는 다시 조선으로 복귀하여 활동하였다.

서기생으로 1892~1893년에는 원산영사관에 있었는데, 나카가와 쓰네지로中川恒次郎(→177) 영사가 홍콩으로 전근을 감에 따라 1893년 11월부터 한 달 간은 영사대리 업무를 보았다. 1894~1896년에는 한성영사관에서 근무했다. 1895년에는 개성, 평양, 순안 등 서북지역 여행을 위한 호조護照를 발급받고 출장을 다녀왔다. 3월 19일에 출발하여 4월 29일까지 42일 간의 일정이었는데, 평양 지역 지도를 첨부한 「조선북부 시찰 보고朝鮮北部視察報告」를 남겼다. 출장 후 같은 해 5월에는 대동강 개항 예정지로 기진포旗津浦, 철도鐵嶋, 진남포鎭南浦, 어은동漁隱洞 네 곳의 입지와 교통편 등도 보고했다. 1897년 10월 진남포가 개항되었는데, 11월부터 이 지역으로 건너가 영사 사무대리 업무를 보았다. 1년 후에는 진남포영사관을 신축하였다. 평양지역 개방을 앞두고 1898년 12월에는 평양 지역에 출장을 나가 개시開市 지역을 조사하고 일본영사관 부지를 1만 평 정도로 선정하는 작업을 진행하였다. 이해 3월에 발생한 평양민란 상황을 가토 마스오加藤增雄(→54) 공사에게 조사하여 보고하기도 했다. 1903년 7월 14일 부영사에 임명된 후 8월 27일 원산에 도착했다. 대한제국 외부外部에서는 9월 8일 인가장認可狀을 발부했다. 성진城津 지역에서 발생한 러일 간 분쟁사건의 해결을 위해 이달 말에는 출장을 다녀왔다. 러일전쟁 기간 중에는 러시아 함정이나 인근 지역의 동향에 대한 보고를 하는 한편으로, 원산항 내 일본 보조화補助貨 유통 상황, 명태 조업 현황, 강원도와 함경도의 지세와 전반적인 산업 현황 등을 조사하여 보고서로 남겼다. 통감

부 설치 이후 1906년 2월 1일부로 원산이사청元山理事廳 이사관으로 직책이 변경되었는데, 곧바로 성진이사청城津理事廳의 부이사관副理事官으로 자리를 옮겼다. 1907년 8월 15일 평안남도 관찰도觀察道 사무관으로 고빙되었고, 이듬해 1월 1일 서기관으로 승진했다. 퇴직 후에는 주로 전북 익산 지역에 설립된 농업이나 상업과 관련된 회사의 설립과 운영에 관여했다. 1918년 10월 설립된 조선잠업합자회사朝鮮蠶業合資會社에서는 지속적으로 임원 지위를 유지했다. 1922년에는 제조업을 주로 하는 대륙호모공업주식회사大陸護謨工業株式會社 발기인으로 참가했으며, 설립 후에는 주식을 보유했다. 1930년대 들어서는 토지관리나 중개업을 하는 전북상사주식회사全北商事株式會社 대표이사와 사장을 역임했다. 1935년 12월 말에는 『평양매일신문平壤每日新聞』에 회고담 「진남포 개항 전후와 평양의 여명鎭南浦開港前後と平壤の曉」을 두 편 게재하였다. 다른 한편으로 광업활동에도 종사하였다. 1914년에는 충남 공주군, 1918년에는 함북 성진군에서 광업사무소를 개설하고 채굴활동을 벌이기도 했다.

[참고문헌] 國史編纂委員會 編『駐韓日本公使館記錄』(國史編纂委員會, 1997), 高尾新右衛門 編『元山發達史』(啓文社, 1916), 前田力『鎭南浦府史』(鎭南浦府史發行所, 1926) 【박한민】

743

오타니 고즈이
大谷光瑞(대곡광서) 　　　　1876.12.27~1948.10.5

교뇨鏡如(법명), 다카마로峻麿(아명), 신에이인信英院(이명)
승려, 정치인

정토진종淨土眞宗 혼간지파本願寺派의 제21대 오타니 고손大谷光尊의 장남으로 태어났으며, 척무대신拓務大臣을 지낸 남동생 오타니 손유大谷尊由, 여동생으로 가인歌人 구조 다케코九條武子가 있다. 1866년에 득도하였으며, 1898년 구조 미치타카九條道孝 공작의 셋째 딸 가즈코籌子와 결혼하였다.

이듬해 1899년 첫 외유로 중국을 순회하고, 동년

12월부터는 인도 불교 유적 참배 여행과 유럽 여행을 떠났으며 런던에서는 제1차 오타니 탐험대를 조직하여 스스로 참가하였다. 이후 세 차례에 걸친 서역西域 탐험을 통하여 불교 유적 물품을 가지고 돌아왔다.

1903년 정토진종 혼간지파의 종주宗主가 되어 종파 개혁, 학문 흥륭, 인재 육성, 해외 포교에 힘썼다. 1914년 종주를 사임하고 중국과 터키에서 사업을 하며 쑨원孫文과 교류하기도 했다. 한편 귀족원 위원으로 내각참의, 내각고문 등을 역임하였다. 불교계를 대표하는 아시아주의자로서 대륙과 일본을 때때로 왕래하였으며 전쟁 말기에는 다롄大連에서 지냈다.

1903년 정토진종 혼간지파의 종주가 된 고즈이는 이듬해 자신의 대리로 종형제 오타니 손포大谷尊寶(→746)를 한국에 파견, 고종을 알현하여 정토진종 혼간지파의 한국 포교 원조를 구했다. 청일전쟁 이후 정토진종 혼간지파는 한반도 각지에 사원을 건립하였으며, 종주가 된 고즈이는 해외 포교의 강화책 아래 러일전쟁 전후로 활발한 활동을 전개하였다.

1906년 10월에는 한국에서의 개교開敎 체제를 본격적으로 정비하기 위해 한국개교총감부를 설치하였으며, 책임자인 개교총감에 오타니 손포를 임명하였다. 이후 고즈이가 이끄는 세력은 식민지 조선에서의 일본 불교 중 가장 많은 신자와 사원을 가지고 있었으나, 그 활동 대상은 주로 재조일본인들이었다.

외유 중 고즈이는 여러 차례 조선을 방문하였는데 그 첫 번째는 종주 사임 직후인 1914년 12월이었다. 이때 조선에 재주하고 있었던 혼간지파의 승려와 문도를 비롯한 다수의 재조일본인과 조선인 승려, 신도들이 남대문역(현재 서울역)에 몰려들었는데, 이처럼 종주 사임 후에도 고즈이는 재조일본인들에게 종교적 카리스마를 지닌 인물로서 존재감을 가지고 있었다. 이러한 열렬한 환영을 보여준 현지 승려와 문도들의 강한 요망으로 당초 예정에 없었던 정토진종 혼간지파 경성 별원에서 기념식수와 설교를 행하였다. 그러나 고즈이의 본래 목적은 데라우치 마사타케寺內正毅(→321)와의 회담이었으며, 이외에도 야마가타 이사부로山縣伊三郎(→651) 정무총감과 다치바나 고이치로立花小一郎(→273) 경무총장과도 면담을 가졌다. 이러한 고즈이의 움직임에 관하여 데라우치 총감으로부터 자금을 제공받은 고즈이가 군사 탐색을 행할 계획이라는 소문이 보도되었으나(『중외일보中外日報』, 1914.12.2.), 진상은 명확하지 않다. 1916년 고즈이가 행한 사업인 오타니 탐험대의 수집품이 뤼순旅順의 관동청關東廳 박물관과 조선총독부 박물관에 분산되어 기증되었으며, 373점이 총독부 박물관의 소장품이 되어 1935년부터 그 일부가 일반 공개되었다.

미식가로도 알려진 고즈이는 처음 조선을 방문했을 때 접한 조선 요리가 즐겨 먹던 중국 요리와 비교하여 손색이 없다고 높이 평가하였다. 또한 배추김치를 좋아하여 서울에서 매년 주문 계약하여 교토로 가져오게 할 정도였다.

1945년 11월, 방광에 생긴 병으로 만철다롄병원滿鐵大連病院에 입원했고 1947년 2월 다롄에서 귀국하였다. 이후 일본에서 요양 생활을 계속하였으나 1948년 10월 오이타현大分縣 벳푸別府 별장에서 만 73세의 나이로 사망하였다. 유골은 정토진종 혼간지 역대 종주의 묘소인 교토 히가시야마고조조東山五條의 오타니 본묘에 매장되었다. 또한 조선총독부 박물관에 소정되어 있었던 탐험 수집품은 국립중앙박물관에 양도되어 현재에도 '오타니 컬렉션'으로 소장 및 전시되고 있다.

[참고문헌] 中西直樹 『植民地朝鮮と日本佛教』(三人社, 2013), 柴田幹夫 編 『大谷光瑞とアジア』(勉誠出版, 2010), 山本淨邦 「韓國〈大谷コレクション〉の現代史」 『アジア遊學』156(勉誠出版, 2012)

【야마모토 조호山本淨邦】

744

오타니 기요시

小谷淸(소곡청)　　　　　　　　　1875.1.13~?

실업가

고치현高知縣 출신. 현립고치중학교縣立高知中學校를 졸업하였다. 1889년 4월 창업 이래 일본 굴지의 토목회사가 되었던 하자마구미間組의 지배인으로 시작해, 1931년 이후에는 이 회사의 사장 및 이사회장을

역임했다. 조선(경성)뿐만 아니라 일본(도쿄)에도 주소소지(1931년 당시 도쿄시東京市 아카사카구赤坂區 아오야마미나미초靑山南町 6)를 두고, 본토와 조선을 오고 가며 사업했던 이 시기 대표적인 토목건축업자이다.

1903년 8월 하자마구미의 조선지점 설치와 함께 그 지점장으로 취임하며 도한하게 된다. 경성에 거주하면서 경성상업회의소 의원으로 1915년부터 1918년까지 제1기와 2기에 걸쳐 재임하였다. 1917년에는 가지하라 스에타로梶原末太郎, 한상룡韓相龍 등과 함께 상임의원常議員을 역임하기도 했다. 오타니는 1917년부터 하자마구미를 거대 토목회사로 키우는 데 중추적인 역할을 하는데, 같은 해 12월 이 회사를 자본금 50만 엔의 합자회사로 변경시키는 한편, 대표사원으로서 경영의 요충을 담당했다. 1924년에는 자본금을 80만 엔으로 증자하고 4년 후에는 백만 엔으로 확대하고 있었다. 1931년 4월 조직을 변경해 자본금 2백만 엔의 주식회사를 설립하고 그 사장에 취임한다. 취임 당시에는 마에노 세이노스케前野定喜 등과 함께 공동사장을 역임했으나 1935년부터는 1인 사장에 취임하였다. 이 회사는 1942년에는 기존 경성과 오사카 이외에도 북경으로까지 그 지점을 확장시켰던 일본 내에서도 확고한 지위를 갖는 대표적인 토목건축회사가 된다. 오타니는 이 회사를 통해 일본 본토의 철도망 건설 확충 사업뿐만 아니라, 수력발전소 공사, 고층건축물 축조, 조선철도, 남만주철도 공사 등 거대 토목건축 사업을 진행하였다.

그리고 이와 같은 재력을 배경으로 일본토목협회 통제위원장으로 활동하기도 했다. 오타니가 이 토목협회 통제위원장을 역임하던 1936년 10월에는 후일 일본의 거대 철도건설비리 사건으로 화자 될 '국철의 옥사건國鐵疑獄事件'에 연루되기도 한다. 이 사건은 1934년 오카다 게이스케岡田啓介 내각 설립 당시 철도대신이었던 우치다 신야內田信也가 국철 증설을 앞두고 토목협회 통제부로부터 정치자금을 받은 사실이 발각되면서 발발했던 사건으로, 당시 토목협회 관계자들뿐만 아니라, 철도성 공무국장과 철도성 도쿄 개량사무소장, 요코하마토목국장橫濱土木局長, 대의사代議士 등 정관계 인사들이 대거 연루된 거대 비

리 사건이었다. 취임 당시 우치다 철도대신은 원래 기존 일본에서 횡행하고 있던 토목담합비리의 척결 조치의 하나로 토목협회 통제부 소속 청부업자들이 철도건설 입찰에서 우선권을 갖는 관례를 금지하고, 공사예정 가격의 누설 엄계와 예산절약을 위주로 한 공사예산 단가 감하 등을 추진하는 등의 조치를 취한다. 이로 인해 당시 일본토목협회 통제부는 우치다 철도 대신과 친교가 있는 정우회 소속 중의원을 매개로 하여 로비활동을 벌이게 되는데, 이 과정에서 우치다는 당시 오카다 내각의 선거자금 명목으로 토목협회 통제부에 5만 원을 요구한 사실이 후일 발각되게 된다. 오타니는 이 사건 당시 토목협회 통제위원장을 맡고 있었기 때문에 1936년 10월 일본 미야자키현宮崎縣에서 체포되어 압송되게 된다. 결과적으로 오타니는 법원 판결을 통해 무죄 선고를 받고 풀려났으나 1930년대 일본 본토뿐만 아니라 조선에까지 횡행하고 있던 건설업계의 담합 및 비리 사건의 면모를 보는 데 중요한 사례를 제공했다.

1938년 일본에서 출판되었던 『시대를 창조하는 자. 재개인물 제3집時代を創る者. 財界人物編 第3輯』에서 근대 일본의 대표 건축회사인 하자마구미의 산 역사이자, 토목계의 대표적 지도자로 소개되고 있다.

[참고문헌] 人物評論社編輯部 編 『時代を創る者 財界人物編 第3輯』(人物評論社, 1938), 東亞經濟時報社 編 『朝鮮銀行會社組合要錄』(東亞經濟時報社, 1931~1942), 阿部薫 編 『朝鮮功勞者銘鑑』(民衆時論社, 1935), 「國鐵疑獄의 全貌 檢察當局의 公訴峻烈」(『매일신보』, 1938.4.7)　　　　　【기유정】

745

오타니 기쿠조

大谷喜久藏(대곡희구장)　　　　1856.2.4~1923.11.26

육군 군인

오바마번小濱藩 출신. 사족士族으로 번교藩校 준조칸順造館 교수였던 한학자 오타니 세이토쿠大谷盛德의 7남으로 태어났다. 1871년 10월 오사카진대大阪鎭臺에 입영하였고, 1875년 12월 육군사관학교에 입학하여

1878년 12월 졸업(구 2기)하고 다음 해 2월에 보병소위로 임관하였다. 1883년 2월 중위로 진급하고 1886년 3월 센다이진대仙臺鎭臺 참모로 임명되었으며, 같은 해 5월 대위로 진급하였다. 1892년 1월 참모본부 제2국원으로 이동하였고, 같은 해 11월 소좌로 진급했으며, 그 다음 달에는 보병 제8연대 대대장으로 취임하였다. 1893년 10월부터 제6사단 참모로 이동하였고 청일전쟁이 발발하자 대본영大本營 소속으로 참전하였다. 1895년 4월에는 중좌로 진급했으며, 1896년 9월 25일 제4사단 참모장이 되었다. 1897년 10월 11일 대좌로 진급함과 동시에 근위사단 참모장으로 취임했으며, 이후 교육총감부 본부부장, 교육총감부 참모, 육군도야마학교장陸軍戶山學校長을 역임하였다. 1902년 6월 육군소장으로 진급하고 보병 제24여단장에 취임했으며, 이후 다시 육군 도야마학교장, 제12사단 병참감을 역임하였다.

러일전쟁이 발발하자 1904년 3월 11일 한국주차군 병참감으로 임명되어 도한하였다. 이어 제2군 병참감, 보병 제8여단장을 역임하고 1905년 4월 한국주차군 참모장(1905.4.8~1906.6.1)이 되었다.

1906년 6월 1일부터는 다시 육군 도야마학교 교장, 교육총감부 참모장, 교육총감부 본부장을 역임하였으며, 1909년 8월 1일에는 중장으로 진급하고 제5사단장으로 취임하였다. 1915년 5월 4일 칭타오靑島 수비군 사령관에 임명되었으며, 1916년 11월 16일에는 육군대장으로 진급하였다. 이후 군사참의관, 우라지오浦鹽(블라디보스토크)파견군 사령관, 교육총감 등을 역임하고 1920년 12월 28일 예비역에 편입됨과 동시에 남작의 작위를 받고 화족華族 반열에 들게 되었다. 그로부터 3년 뒤인 1923년 11월 26일 사망하였다.

[참고문헌] 秦郁彦 編 『日本陸海軍總合事典』(東京大學出版會, 1991), 安藤良夫 編 『陸軍大將大谷喜久藏の年譜』(安藤良夫, 1993)　　　　【이승희】

746

오타니 손포

大谷尊寶(대곡존보)　　　　생몰년도 미상

히노 손포日野尊寶(법명)

승려

오사카부大阪府 다카쓰키시高槻市 출신. 돈다고보富田
御坊(혼쇼지本照寺라고도 함)에서 태어났다. 이후 교토
京都의 정토진종淨土眞宗 혼간지本願寺 오타니 가大谷
家의 호적에 들어갔다.

당시 정토진종 혼간지의 신몬新門(차기 종주宗主)이
었던 종형제 오타니 고즈이大谷光瑞(→743)와 함께
1900년부터 인도에서 불교 유적을 조사하고 유럽을
유람하였으며, 고즈이의 지시로 한때 캠브리지대학
에서 공부했다. 또한 1902년부터 1904년까지 제1차
오타니 탐험대 인도 탐험대의 일원으로 참가하였으
며, 한국 개교총감을 지내고 청국 개교총감을 역임
하였다.

1911년 11월 신해혁명이 발발했을 때 정토진종 혼
간지파에 설치되어 있었던 특별임시부에서 부장을
겸임하여 중국에서 부상자의 구호 활동과 재류 일본
인의 보호 활동을 지휘하였다.

1904년 정토진종 혼간지의 종주가 된 오타니 고즈
이의 대리로 한국에 건너와 하야시 곤스케林權助(→
928) 일본 공사와 함께 고종을 알현하여 정토진종 혼
간지파의 한국 포교 원조를 요청했다. 청일전쟁 이
후 정토진종 혼간지파는 조선 각지에 사원을 건립하
였으며, 러일전쟁 전후로 활동에 박차를 가했다.
1906년 10월에는 한국에서의 개교開敎 체제를 본격
적으로 정비하기 위해 개교총감부를 설치하고, 그
책임자인 개교총감으로 오타니 손포가 부임하게 되
었다(임명은 1905년 12월). 이에 대하여 『대한매일신보
大韓每日申報』 1906년 10월 16일호에서는 이토 히로
부미伊藤博文(→900)가 '정치상의 통감'인 데 반해 손포
는 '종교상의 통감'으로 '한국인의 정신을 결속하는
자'라고 비판하였다. 11월 통감부령 제45호 '한국에
서의 종교 선포에 관한 규칙'에 기초하여 정토진종
혼간지파는 이듬해 1907년 2월에 손포를 감독자로
하여 종교 활동을 허가받았다. 이후 1909년 2월 개교
총감 퇴임에 이르기까지 조선 지방 도시로의 거점
확대를 꾀하며 정토진종 혼간지파의 발전 기반을 구
축하였다.

[참고문헌] 中西直樹 『植民地朝鮮と日本佛敎』(三人社,
2013), 柴田幹夫 編 『大谷光瑞とアジア』(勉誠出版,
2010), 白須淨眞 『大谷光瑞と國際政治社會』(勉誠出
版, 2011), 淨土眞宗本願寺派國際部・淨土眞宗本願寺
派アジア開敎史編纂委員會 編 『淨土眞宗本願寺派ア
ジア開敎史』(本願寺出版社, 2008)

【야마모토 조호山本淨邦】

747

오타니 운요

大谷雲用(대곡운용)　　　　　　생몰년도 미상

금융인, 영화인

한성은행의 이사였다. 한성은행은 1905년 9월 20일
경성 남대문통에 설립된, 조선은행이 대주주로 있던
주식회사 형태의 은행이었다.

그는 기존의 영화 제작사 통폐합 결과 자본금 200
만 원을 기반으로 1942년 9월 29일 창립된 사단법인
조선영화제작주식회사의 감사직을 맡았으며, 1942
년 8월 11일 총독부에 제출된 허가신청서 상에 기재
된 40명의 발기인 명단에 이름을 올리기도 하였다.

[참고문헌] 한국영상자료원 편역 『일본어 잡지로 본 조
선영화 4』(현실문화연구, 2013), 高島金次 『朝鮮映畵
統制史』(朝鮮映畵文化硏究所, 1943), 국사편찬위원회
한국사데이터베이스 〈http://db.history.go.kr〉

【함충범】

748

오타 쇼지로

太田晶二郎(태전정이랑)　　　1913.3.29~1987.2.20

역사학자, 대학교수

도쿄부東京府 도요타마군豊多摩郡 시부야마치澁谷町
출신. 1936년 도쿄제국대학東京帝國大學 문학부 국사
학과를 졸업하고 1937년에 동 대학 사료편찬관보史
料編纂官補가 되었다. 1942년에 조선에 건너와 경성
제국대학 예과교수에 올랐다. 1945년 패전 후, 예과
교수직에서 퇴관하여 도쿄제국대학 사료편찬소에

복귀하였다. 1954년에는 사료편찬소 조교수, 1966년에는 교수로 승진하였고 1973년에 정년퇴임을 맞았다.

조선에서는 특별한 저작을 남기지 않았으나 『매일신보每日新報』 1944년 6월 10일자 기사인 「전시국사교육구현戰時國史教育具現－역사교과용도서조사위원회 총회 개최歷史教科用圖書調査委員會總會開催－조사위원회 임원조사委員會役員」에 의하면, 그가 이 조사회의 임원에 이름을 올리고 있음을 확인할 수 있다.

귀국 후에는 한적漢籍을 중심으로 고증 연구를 행하였다. 1987년에 사망하였으며, 생전에는 논문 집필에만 몰두하여 한 권의 저서도 남기지 않았다. 사후에 이이다 미즈호飯田瑞穗 등을 중심으로 그의 생전 저작집 총5권을 내었다.

[참고문헌] 太田晶二郎 『太田晶二郎著作集』(吉川弘文館, 1993), 한국역사정보통합시스템 〈http://www.koreanhistory.or.kr〉　　　　　【김욱】

749

오타카 도모오
尾高朝雄(미고조웅)　　　1899.1.28~1956.5.15

학자, 대학교수

부산 출신. 출생지가 서울이라는 기록도 있으나 오타카 자신은 부산에서 태어났다고 회고한다. 이는 부친인 오타카 지로尾高次郎가 당시 제일국립은행第一國立銀行을 경영하던 시부사와 에이이치澁澤榮一(→560)의 사위로 이 은행의 부산지점에서 근무하고 있었기 때문이었다. 그에 의하면 자신의 이름이 '조웅朝雄'인 것은 조선에서 태어났기 때문이라고 한다. 1903년 5살 때 일본으로 귀환하였다.

1911년 3월과 1916년 3월에 도쿄고등사범부속소학교東京高等師範附屬小學校와 중학교를 졸업했고 1919년 7월에는 제일고등학교第一高等學校 1부 갑류甲類를 졸업했다. 1923년 3월에는 도쿄제국대학東京帝國大學 법학부 정치학과를 졸업했다. 도쿄제국대학을 졸업하자마자 1923년 4월, 교토제국대학京都帝國大學 문학부 철학과에 다시 입학하여, 1926년 3월에 졸업했

다. 1926년 6월에는 법리학을 연구하기 위해 교토제국대학 대학원에 입학했다. 1928년 3월 17일에 경성제국대학 조교수에 임명되자 대학원을 그만두고 1928년 4월 6일에 다시 조선에 들어왔다.

오타카는 경성제국대학 법문학부 법학과에서 '정치학 정치사 제2강좌'를 맡을 것을 명받았지만, 4월 8일에 이를 그만두고 '법리학강좌'를 담임하게 되었다. 1928년 11월 13일에는 독일과 영국, 프랑스, 미국에 법리학 연구를 위하여 유학했다. 독일의 빈Wien에서 한스 켈젠Hans Kelsen에게 국가학을 배웠으며, 프라이부르크Freiburg에서는 에드문트 후설Edmund Husserl에게 현상학을 배웠다. 유학 중이던 1930년 6월 25일에 경성제국대학 교수로 임명되었으며, 1932년 7월 1일에 귀임하였다. 이후 1944년 5월 12일에 도쿄제국대학 교수로 전임할 때까지 계속 법리학 강좌를 담당하였다.

1937년 중일전쟁 발발 이후의 오타카에 대해서는 "맹렬한 국가주의자가 되어 … 왕년의 자유주의자의 모습은 찾아볼 수가 없게 되었다"는 평가를 참고할 수 있다. 그는 1938년 조선총독부 학무국 사회교육과가 조선연합청년단朝鮮聯合靑年團을 대상으로 실시한 교육에서 「우리 국체와 일본정신私が國體と日本精神」이란 제목의 강연을 맡았다. 1941년 5월에는 국민총력조선연맹國民總力朝鮮聯盟 학술부문의 연락담당 및 참사를 역임하였다. 1943년 9월에는 동 연맹의 이사 및 총무부 기획위원회, 연성부鍊成部 연성위원회, 선전부 문화위원회 위원 등을 지냈다. 한편 1940년 10월 30일부터 1943년 3월 27일까지 경성제국대학 학생주사를 겸임했는데, 이 시기 그는 "자신의 머리를 박박 깎고 육군 소위의 군복을 입고서" 학생들의 단발을 주도했다고 한다.

오타카의 법철학은 경성제국대학을 나온 한국인 법학자들에게 많은 영향을 끼친 것으로 알려져 있다. 유진오俞鎭五, 이항녕李恒寧, 황산덕黃山德 등이 오타카에게 수학한 대표적인 법학자이다. 『국가구조론國家構造論』(岩波書店, 1936), 『실정법질서론實定法秩序論』(岩波書店, 1942) 등의 저서를 남겼고, 『문교의 조선文教の朝鮮』이나 『조선행정朝鮮行政』, 『조선의 교육연

구朝鮮の教育研究』와 같은 잡지에 글을 싣기도 했다.

1944년 5월 13일에 도쿄제국대학 교수로 임명되어 조선을 떠났다. 1953년 4월부터 55년 3월까지 도쿄대학東京大學 법학부장을 역임하였다. 귀국 이후에도 한국의 법학자들과 지속적으로 교류한 것으로 보인다. 1953년 4월에 「신속히 한일관계의 조정을 도모하라速かに日韓關係の調整を圖れ」를 썼다. 일본에서의 저술 활동은 더욱 활발하여 『자유론自由論』(勁草書房, 1952), 『법철학法哲學』(勁草書房, 1956), 『법철학개론法哲學槪論』(學生社, 1953) 등을 저술했다. 전후 일본의 법철학계에 지대한 영향을 끼친 인물로 평가받고 있으며, 일본학술회의 회원 및 부회장, 국립교육연구소평의회 평의원, 일본 유네스코 국내위원회 의원 등을 지냈다. 「대일본제국헌법」과 「일본국헌법」에 명시된 일본의 국체國體를 해석하는 방식을 둘러싸고 도쿄대학 헌법학 교수 미야자와 도시요시宮澤俊義와 벌인 논쟁은 지금까지도 매우 중요한 헌법논쟁으로 평가받고 있다. 1956년 치과치료 중, 페니실린 쇼크로 사망하였다.

[참고문헌] 이항녕 『(소고 이항녕 선생 유고집)작은 언덕 큰 바람』(나남, 2011), 朝鮮新聞社 編 『朝鮮人事興信錄』(朝鮮新聞社, 1935), 尾高朝雄敎授追悼論文編輯委員會 『自由の法理-尾高朝雄敎授追悼論文集』(有斐閣, 1963), 김창록 「오타카 토모오(尾高朝雄)의 법사상-오타카 토모오와 식민지 조선-」 『法史學硏究』 46(법사학연구회, 2012), 김창록 「오타카 토모오(尾高朝雄)의 법사상 Ⅱ-패전 전후 일본의 연속을 변증한 '노모스주권론'자-」 『法史學硏究』 48(법사학연구회, 2013), 김효전 「경성제국대학 공법학자들의 빛과 그림자」 『공법연구』 41(4)(한국공법학회, 2013) 【전영욱】

750
오타케 주로
大竹十郎(대죽십랑) 1888.7.28~1979.8.4

관료

시즈오카현靜岡縣 출신. 1914년에 고등문관시험高等文官試驗에 합격하고, 1915년에 도쿄제국대학東京帝國大學 법과대학 정치과를 졸업했다. 문부성文部省 속屬으로 관직생활을 시작했다. 이후 야마구치현山口縣 쓰노군장都濃郡長을 거쳐 후쿠시마현福島縣과 가나가와현神奈川縣 이사관을 역임했으며, 사가현佐賀縣, 미야자키현宮崎縣縣, 미에현三重縣, 오카야마현岡山縣, 후쿠오카현福岡縣, 오사카부大阪府의 경찰부장으로 재근했다. 조선에 오기 전에는 경시청 경무부장을 역임하고 있었다.

그가 경시청 경무부장으로 재근하던 시절, 1932년 5월 15일 당시 일본의 내각총리대신이었던 이누카이 쓰요시犬養毅가 젊은 해군 장교들에게 암살되는 소위 '5·15사건'이 발발했다. 오타케는 이를 수습하는 과정에서 인책사직을 당했으며, 이로부터 1년 반 정도 후인 1933년 12월 경상북도 내무국장으로 부임하면서 관직생활에 복귀했다.

1934년 조선총독부 경무국 보안과장이 되었다가 1935년에 평안북도 지사에 임명되었다. 1936년에는 임시국세조사과 국장, 중추원中樞院 서기관장書記官長으로 활동했으며, 1937년에는 조선총독부 내무국장, 총독부의 직속기관인 제생원濟生院 원장으로 활동했다. 1940년에는 조선총독부 내무국 토목과 지방관리양성소 소장으로 근무했다. 1941년 1월에 퇴관하였으며, 이후 조선장학회朝鮮奬學會 이사장으로 활동하였다.

이밖에 중앙방공위원회中央防空委員會, 중등교육조사위원회中等敎育調査委員會, 조선사편수회朝鮮史編修會, 조선간역생명보험심사회朝鮮簡易生命保險審査會, 저축장려위원회貯蓄奬勵委員會, 자원위원회資源委員會, 임시교육심의위원회臨時敎育審議委員會, 이왕직직원징계위원회李王職職員懲戒委員會, 압록강수력발전개발위원회鴨綠江水力發電開發委員會, 시국대책조사회時局對策調査會 등, 각종 위원회의 위원으로 활동하였다. 이러한 오타케의 이력은 당시 재조일본인 사이에서 "조선 전역에 걸쳐 주어진 대임大任을 완전무결하게 발휘했다"고 평가받을 만큼 매우 활발했다.

저술 활동은 활발했다고 보기 어렵지만, 『조선사회사업朝鮮社會事業』이나 『조선철도협회회지朝鮮鐵道協會會誌』, 『문교의 조선文敎の朝鮮』 등에 남긴 몇 편의 글을 확인할 수 있다.

[참고문헌] 朝鮮新聞社 編『朝鮮人事興信錄』(朝鮮新聞社, 1935), 阿部薫 編『朝鮮功勞者銘鑑』(民衆時論社, 1935), 高橋三七『事業と鄕人 第1輯』(實業タイムス社, 1939), 日本官界情報社 編『日本官界名鑑 昭和13年版』(日本官界情報社, 1940), 日本官界情報社 編『日本官界名鑑 昭和15年版』(日本官界情報社, 1940), 朝鮮人事興信錄編纂部 編『人事興信錄 第13版 上』(人事興信所, 1941), 朝鮮總督府 編『朝鮮總督府及所屬官署職員錄』(朝鮮總督府, 각년판)　　　　　【전영욱】

751

오토리 게이스케
大鳥圭介(대조규개)　　　1833.4.14~1911.6.15

준쇼純彰(이명), 조후如楓(호)
외무관료

하리마노쿠니播磨國(현 효고현兵庫縣) 아코군赤穗郡 출신. 1866년 막신幕臣으로 발탁되어 보병차도역두취步兵差圖役頭取, 보병부교步兵奉行로서 프랑스식 군사훈련을 받았다. 1868년 도바후시미전투鳥羽·伏見戰鬪 후 에도江戶에서 주전론을 주장하다가 에도 개성을 계기로 200여 명의 동지를 이끌고 탈주하여 정부군에 항전하였다. 하코다테箱館에서 에노모토 다케아키榎本武揚와 함께 관군과 싸우다가 1869년 5월 항복하여 1872년까지 수감되었다. 출옥 후 개척사4등출사開拓使四等出仕에 임명되었고 대장소승大藏小丞을 겸하였다. 이해에 요시다 기요나리吉田淸成와 함께 외채모집을 위하여 도미渡美하였고, 시찰을 마친 후 『석탄편石炭編』, 『석탄편도石炭編圖』, 『석유편山油編』, 『목초편木酢編』, 『아교편阿膠編』 등을 작성하였다. 1874년 육군성사등출사陸軍省四等出仕, 1875년 공부성사등출사工部省四等出仕, 공학권두겸제작두工學權頭兼製作頭, 공학두工學頭를 거쳐 1877년 공부대서기관工部大書記官, 공작국장工作局長, 1881년 공부기감工部技監을 역임하였다. 1882년 공부대학교장工部大學校長을 겸임하게 되었고, 1886년에는 원로원의관元老院議官, 학습원장學習院長을, 1887년에는 화족여학교

장華族女學校長을 각각 겸하게 되었다. 1889년 청국주재 특명전권공사로 임명되어 이해 11월 부임하였으며, 1893년부터는 조선주차공사朝鮮駐箚公使도 겸임하였다. 1894년 조선에서 동학농민전쟁이 발생하자 정부의 훈령에 따라 조선 정부에 청국군의 철수와 내정개혁의 실행을 내용으로 하는 요구안을 제출하여 청일전쟁의 직접적인 계기를 마련하였다. 이해 10월에 귀국한 뒤 11월에 추밀고문관이 되었고, 1900년에는 남작에 제수되었다. 1911년 6월 15일 사망하였다.

1894년 조선에서 전라도에서 농민들이 봉기를 일으켜 정부군을 무찌르고 전주에 입성했다. 6월 1일 조선 정부는 청국군 파견을 요청하였다. 스기무라 후카시杉村濬(→519)의 급보로 이를 알게 된 외무대신 무쓰 무네미쓰陸奧宗光는 대청개전을 상정하고, 일시 귀국해 있던 오토리의 파견을 결정하였다. 6월 3일 각의는 '조선에 대한 권력의 균형', '거류민 보호'를 위한다는 명분으로 조선으로의 군대 파견을 승인하였다. 5일 대본영이 설치되었고, 오토리는 군인 430명과 함께 요코스카橫須賀를 출항하였다. 9일 인천에 도착한 오토리 일행은 10일 조선의 수도 한성에 입성, 12일에는 혼성여단도 뒤따라 상륙하였다. 그러나 11일 농민봉기 진정 소식을 접한 오토리는 청국의 위안스카이袁世凱와 협의하여 쌍방 간 병력증파를 중지하기로 합의하였다. 하지만 이미 4천명의 일본군이 인천 주변에 결집해 있었고 개전여론이 비등하여 동시철병은 불가능했다. 이 가운데 오토리는 17일 청국에 철병을 요구하여 청국이 이를 거부할 경우 조선의 종속 문제를 명분으로 청국을 공격하자고 타전하였다. 그러나 무쓰는 경부간 전선 양도 등 이권을 요구하라는 등 강경책을 고수하는 한편, 양국군 충돌 시 조선국왕과 정부를 편으로 삼는 것이 중요하다고 지시하였다. 명분 없는 군 주둔이 장기화되자 조선 정부가 항의하였고, 열강도 의혹을 제기하였다. 사태의 타개가 급선무였으므로 28일 오토리는 조선 정부에 청국의 속국 여부를 문의하는 한편, 내정개혁과 관련한 교섭(노인정회담)을 계속하였다. 한편 7월 18일 청국군 증파결정이 내려지자 19일 오후

무쓰는 개혁에 필요한 수단을 취하라고 명령하였다. 이날 오토리는 여단장 오시마 요시마사大島義昌와 면담하여 개전협의를 하였다. 한편 조선 정부에는 경부전선공사 강행을 통고하고 일본군경비병 숙소 설치를 요구하며 22일까지 회답하라는 최후통첩을 보냈다. 23일 오토리는 오시마에게 계획개시 전문을 발송, 용산에 주류하고 있던 일본군이 경복궁을 점령하였다. 또한 대원군에게 조선영토를 빼앗지 않는다고 약조한 후 그로 하여금 국정을 총재하도록 하였다. 7월 25일 대원군이 조청 간 종주관계 파기를 선언하고 아산 청국군의 철퇴를 의뢰함에 따라 일본군의 청국군 공격 구실이 생겼다. 오토리는 8월 20일에는 조선 외무대신 김윤식金允植과 더불어 잠정합동조관暫定合同條款을, 26일에는 공수동맹인 조일맹약朝日盟約을 체결하였다. 그러나 군국기무처軍國機務處 설치 후로도 내정개혁이 진행되지 않자 일본여론은 점차 오토리를 비난하였다. 비난여론을 무시할 수 없었던 총리 이토 히로부미伊藤博文(→900)는 결국 오토리 경질 결정을 내렸고, 그 후임으로 같은 조슈長州 출신이었던 내무대신 이노우에 가오루井上馨(→824)를 임명하였다.

[참고문헌] 池田宏 『日本外交史辭典』(山川出版社, 1992), 吉田常吉 『日本近現代人名辭典』(吉川弘文館, 2001), 秦郁彦 『日本近現代人物履歷事典』(東京大學出版會, 2002), 高崎哲郎 『大鳥圭介: 威ありて, 猛からず』(鹿島出版會, 2008)　　　　　　　【김희연】

752
오토와 겐테쓰
音羽玄哲(음우현철)　　　　　　1863?~1933

가에데 겐테쓰楓玄哲(이명)
승려

시가현滋賀縣 아자이군淺井郡 고호쿠초湖北町 출신. 오구라小倉의 진종 오타니파大谷派(히가시혼간지東本願寺)의 조류지淨流寺 가에데 가楓家의 차남으로 태어났다.

1878년 15세 때 히가시혼간지東本願寺에서 부산으로 파견되었다. 이후 조선에 체재하며 1899년에는 지시마千島 포교를 위해 귀국한 오쿠무라 엔신奧村円心(→738)의 후임으로 전라남도 광주로 전근하였고, 히가시혼간지 광주별원의 제2대 윤번이 되었다. 겐테쓰의 재임 중 포교소에 부설되어 있던 광주실업학교의 학교설비 낙성식이 행해졌다. 그러나 학교의 차장으로 상주하던 아사이 야스지로淺井安次郎(육군예비소위)의 소행에 대한 불만으로 히가시혼간지에 자신의 전근을 요청하였다. 오토와의 이의 제기로 아사이는 곧 해임되었으나 1900년 히가시혼간지 진남포교소의 개설과 함께 오토와도 진남포로 이동하게 되었다. 1901년 광주 포교소에 일시 귀임하였으나 바로 귀국하였으며, 시가현 고호쿠군湖北郡 도라히메초虎姬町 미카와三川의 오타니파 겐라이지還來寺의 오토와音羽 가문의 양자가 되었다.

1904년 러일전쟁 종군포교사로 다시 조선에 건너왔으며, 종군포교 이외에도 조선어 통역으로 활동하였다. 이후 서울 종로감옥에서 조선 첫 촉탁 교회사敎誨師로 활동하였으며 1909년까지 조선에 체재하였다.

1909년 오미近江 지방에서 발생한 지진으로 겐라이지가 화재 피해를 입자 교회사를 사임하고 일본으로 귀국하여 사원의 부흥에 힘썼다. 1933년 59세로 사망하였다.

[참고문헌] 敎誨百年編纂委員會 『敎誨百年 下』(淨土眞宗本願寺派本願寺・眞宗大谷派本願寺, 1974), 山本淨邦(邦彦) 「光州實業學校の硏究: 大韓帝國期における日本人佛敎者の社會事業からみた東アジアの近代」(佛敎大學大學院文學硏究科東洋史學專攻 博士論文, 2014)　　　　　　　【야마모토 조호山本淨邦】

753
오하라 신조
小原新三(소원신삼)　　　　1873.3.13.~1953.6.27

우토烏兎(필명)
행정학자, 관료

도쿄부東京府 출신. 1897년 도쿄제국대학東京帝國大學 정치학과를 졸업한 후, 같은 해 12월 고등문관시험 행정과시험에 합격하여 귀족원 사무국에 들어갔다.

1898년 귀족원 사무국 서기관 겸 내무성 참사관으로 취임하였고, 이후 아오모리현青森縣 사무관과 나라현奈良縣 내무부장을 역임하였다. 1910년 10월 조선총독부 내무부 지방국장으로 부임하였고 1919년까지 조선총독부의 위원으로 재직하였다. 1920년 2월 3일부터 1923년 6월 6일까지 와카야마현和歌山縣의 지사로 재직, 1923년 6월 16일부터 1925년 10월 18일까지 니가타현新潟縣 지사로 재직하였다. 이후 퇴관 후에는 잠시 마쓰에시松江市에서 은둔 생활을 하였으나, 1931년 애국부인회의 사무총장에 취임하여 1942년까지 재임하였다.

충청남도 장관을 거쳐 1916년 10월부터 1919년 8월 20일까지 총독부 농상공부 장관으로 재직하였다. 1916년 8월 충청남도 도장관으로 재직 시 미풍양속 보호 및 유지, 지방 개량을 목적으로 향약鄕約을 본떠 각 부, 군에 진흥회를 조직하고, 마을 단위로 진흥회 지부를 조직하게 하였다. 오하라에 관하여서는 관계에서의 행적 이외에는 잘 알려진 바가 없으나, 그는 고등중학교 재학 시절부터 하이쿠에 입문하였으며 재직 중에도 업무의 여가로 자유롭고 대담한 풍의 구작을 추구해 나아갔다. 특히 조선에 건너온 후 경성에서는 자신을 중심으로 하는 구회인 '우소회迂疎會'를 결성하고, 충청남도 장관으로 공주公州에서 재직하였을 때는 '산성음사山城吟社'를 지도하는 등 적극적인 하이쿠 활동을 하였다. 오하라의 조선에서의 약 9년 동안의 하이쿠俳句는 1926년 6월 발행된 『우토코가집烏兎歌集』(無花果吟社, 1926)에 약 200구가 수록되어 있다. 이들 하이쿠는 「이씨박씨李氏朴氏」라는 큰 제재로 구성되어 있으며, 정확히 오하라가 조선에 부임한 시기인 1910년 9월부터 시작하고 있다. 또한 하이쿠의 머리말에 「조선총독부관저朝鮮總督府官邸」, 「충청남도장관에 임명되어忠淸南道官長に任ぜられて」, 「공주에서公州にて」, 「조선을 떠나며去朝鮮」 등을 명기해 놓아 하이쿠를 통해 오하라의 조선에서의 행적을 추적해 볼 수 있다.

귀국 후에도 지방 지사로서 활동하는 한편, 애국부인회의 사무총장으로 장기간 재임하였다. 1934년에는 『사랑은 빛난다愛は輝く』(愛國婦人會, 1934)라는 소설을 애국부인회에서 발간하였다.

[참고문헌] 阿部誠文 『朝鮮俳壇-人と作品〈下卷〉』(花書院, 2003), 朝鮮公論社 編 『在朝鮮內地人紳士名鑑』(朝鮮公論社, 1917), 朝鮮功勞者銘鑑刊行會 編 『朝鮮功勞者銘鑑』(民衆時論社, 1936) 【김보현】

754

오하시 쓰네조
大橋恒藏(대교항장)　　　　　1875.1~?

금융인, 실업가, 언론인

도쿄부東京府 아자부麻布 출신. 1887년부터 사립 오사카예비학교大阪豫備學校, 부립오사카상업학교府立大阪商業學校를 차례로 졸업한 후 조선으로 건너와서 실업에 종사하였다.

정확히 언제 조선에 건너왔는지는 알려져 있지 않다. 다만 1900년대 초 조선으로 건너와 평양에서 활약했다는 것을 알 수 있다. 그는 1913년 7월 5일 평양부平壤府 팔천대정八天代町에 자본금 10만 엔의 서선조림합자회사西鮮造林合資會社를 설립하여 대표가 되었다. 토지조사사업 때에는 평안남도지방토지조사위원회 임시위원으로 활약하였으며, 1918년 평양남금융조합平壤南金融組合, 1919년 11월에는 자본금 170만 엔의 평양은행을 설립하여 대표가 되었다. 또 평양전기주식회사 이사, 서선임업합자회사 업무집행사장 등의 중역으로 활약하였으며, 1914년에 평양청년회장, 1917년에 학교조합의원으로 선출되었고 1916년에는 평양상업회의소 회장 자리에까지 올랐다.

오하시는 평양의 여러 회사에 관여하는 한편 서선지방의 대표적 신문인 평양매일신문사의 사장으로서 언론계에도 발을 내딛었다. 『평양매일신문平壤每日新聞』은 자본금 32만 7천5백 엔의 조합조직으로서, 진남포에서 발행하고 있던 『서선일보西鮮日報』를 합병하여 1920년 4월 평양부 홍매정紅梅町에서 창간하였다(『서선일보』는 1923년 재독립). 신문사의 4대代 사장이었던 오하시는 사옥을 신축하고 『경성일보京城日報』에 근무하던 야마다 이사오山田勇雄를 초빙하여 신문사 업무를 관장하게 하였으며 최신식 부속 설비 등을 완성하여 『평양매일신문』을 조선 서부지역의 대표적 신문으로 성장시켰다.

이 외에도 관선 평양부회平壤府會 의원으로서 지방 번영을 위해 힘썼고, 제1기 관선 평안남도평의원道評議員, 소방구미消防組 조두組頭, 금융조합평의원, 조선소방협회 의원 등도 겸하였다. 특히 평양-원산선 개통 운동 당시 대중을 이끌었을 정도로 서선지역의 유력자였다.

1920년에 설립된 주식회사 대동은행大同銀行 이사, 1920년 평양신탁주식회사 감사역, 평양흥업주식회사平壤興業株式會社 이사를 역임했다.

[참고문헌] 朝鮮總督府 編 『朝鮮總督府及所屬官署職員錄』(朝鮮行政學會, 1914, 1915, 1916, 1917), 中村資良 編 『朝鮮銀行會社要錄』(東亞經濟時報社發行, 1921, 1923, 1927), 阿部薰 編 『朝鮮功勞者名鑑』(民衆時論社, 1935)　　　　　【전성현】

755

와다 이치로
和田一郎(화전일랑)　　　　　1881.5.1~1966

덴민天民, 덴민산시天民散史(필명)
관료, 금융인

니가타현新潟縣 출신. 제일고등학교第一高等學校를 거쳐, 1906년 7월 도쿄제국대학東京帝國大學 법과대학 정치과를 졸업했다. 특별히 재정학財政學을 전공으로 했다고 한다. 졸업 후 대장성大藏省 세무감독국 속屬으로 관직생활을 시작했다. 이 사이 1906년 11월에 고등문관시험高等文官試驗에 합격하였으며, 1907년 5월 7일 대장성 세무감독국 사무관 겸 염무국鹽務局 사무관에 임명되어 고베神戶에서 근무하였다. 동년 12월 19일에는 가나자와현金澤縣 세무감독국장이 되었다. 1909년 11월 5일에는 대장성 서기관이 되었으며, 이때 호세이대학法政大學에서 회계법을 강의하기도 했다.

1909년, 당시 통감부의 차관이었던 아라이 겐타로荒井賢太郎(→590)의 추천을 받아 통감부 서기관이 되었다. 1910년 11월에는 조선총독부 임시토지조사국

서기관이 되었다. 이후에 그는 1911년에 탁지부 사세국司稅局 서기관, 1914년에는 고등토지조사위원회高等土地調査委員會 간사, 1918년부터는 탁지부 이재과장으로 근무하면서 수년 동안 토지조사사업의 실무를 주도하였다. 이재과장일 때는 조선은행과 조선식산은행朝鮮殖産銀行의 감독관 업무를 수행하기도 하였다.

1919년 8월에는 철도부장이 되었다. 그는 이 시절에 1917년 8월 1일부터 시행되고 있던 남만주철도주식회사南滿洲鐵道株式會社의 조선철도 위탁경영을 크게 비판하면서, "조선인 통치, 일반행정, 철도경영, 경영감독, 고용관계"상, 조선총독부가 조선철도를 직영해야 한다는 논리를 세우는 데 크게 기여하였다. 1921년에는 조선총독부 총독관방總督官房 외사과 및 참사관실에서 감찰관 및 참사관으로 활동했다. 이 사이에 조선관세소원심사위원회朝鮮關稅訴願審査委員會 위원, 민사령 및 민적법개정조사위원회民事令及民籍法改正調査委員會 위원, 임시교육조사위원회臨時敎育調査委員會 위원, 조선중앙위생회朝鮮中央衛生會 위원 등으로 활동했다. 1922년에는 재무부장이 되었다.

재무부장으로 재임하던 1923년 4월에는 「조선토지지세제도조사보고서朝鮮土地地稅制度調査報告書」라는 박사학위논문을 제출하여 법학박사를 취득했다. 이 시절에는 산업조사위원회産業調査委員會 위원, 조선귀족에 관한 심사위원회朝鮮貴族ニ關スル審査委員會 위원, 조선제국대학창립위원회朝鮮帝國大學創立委員會 위원, 조선금융제도조사회朝鮮金融制度調査會 위원 등으로도 활동했다. 1924년 8월에 퇴관하였고, 곧바로 조선상업은행 은행장으로 추대되었다.

알려진 바에 따르면 한시와 한문, 센류川柳에도 조예가 깊었다. 퇴관 이후에는 『금오신화金鰲新話』와 『동상기東廂記』 등의 한문소설을 일본어로 번역하였으며, 한시를 매개로 형성된 조선인과 일본인의 친목단체 이문회以文會의 회원이기도 했다. 그러나 역시 경제관료로 남긴 저술이 다수인데, 특히 토지조사사업의 실무를 직접 담당하면서 관련 글을 『조선휘보朝鮮彙報』, 『조선급만주朝鮮及滿洲』 등의 잡지에 자주 기고하였다. 또한 앞에서 언급한 와다의 박사

학위논문은 당시 기고한 글들을 수합하고 임시토지조사국의 잔무를 정리하면서 사이토 마코토齋藤實(→469) 조선총독에게 보고하는 형식으로 작성한 것이다. 그는 이 책에서 토지조사사업을 식민지 통치의 기초사업으로 규정했으며, 이 사업을 통해 토지소유제도의 완성과 재정기초의 수립, 조선지세제도의 완성 등의 효과가 있었다고 주장하였다.

와다가 일본으로 돌아간 것은 1931년 2월 8일이다. 귀국 당일 경성역에 각 관청, 은행, 회사와 각 방면 명사 다수의 전송이 있었음이 신문지상에 보도되기도 했다. 귀국 후인 1935년에 만주국의 토지조사국 고문에 내정되었다는 보도도 있었지만, 실제로 임명되지는 않았던 것으로 보인다.

[참고문헌] 정재정 『일제침략과 한국철도(1892~1945)』 (서울대학교출판부, 1999), 朝鮮中央經濟會 編 『京城市民名鑑』(朝鮮中央經濟會, 1922), 大陸自由評論社 編 『大陸自由評論 事業人物號 第8』(大陸自由評論社, 1923), 朝鮮新聞社 編纂 『半島官財人物評論』(大陸民友社, 1926), 阿部薰 編 『朝鮮功勞者銘鑑』(民衆時論社, 1935), 朝鮮總督府 編 『朝鮮總督府及所屬官署職員錄』(朝鮮總督府, 각년판), 秦郁彦 『戰前期日本官僚制の制度・組織・人事』(東京大學出版會, 1981), 박영미 「일제강점기 在朝日本人의 한문학연구 성과와 그 의의」 『漢文學論集』 34(근역한문학회, 2012), 최원규 「和田一郎의 조선토지제도론과 국・민유지 구분」 『중앙사론』 44(중앙대학교 중앙사학연구소, 2016), 「和田一郎氏退城」(『每日新報』, 1931.2.9)　　　【전영욱】

756

와카마쓰 도사부로
若松兎三郎(약송토삼랑)　　　1869.1.17~1953.12.2

관료, 실업가

오이타현大分縣 구스군玖珠郡 모리무라森町 출신. 교토 도시샤보통학교同志社普通學校를 다닌 후, 1893년 도쿄제국대학東京帝國大學 법학부에 입학하여 정치학과에서 수학하였다. 1896년 2월 고등문관시험에 합격 후 다니던 학교에서 중퇴하였다. 이해 3월부터 조선으로 파견되어 외교관의 길을 걷기 시작했으며 조선에서는 1897년 2월까지 근무하였다. 1897년 3월부터는 미국 뉴욕에 위치한 일본영사관의 영사관보로 파견되어 2년 7개월 간 근무하였다. 1899년 10월에는 영사로 승진하여 중국 항저우杭州로 전근을 갔으며, 여기서 1년간 근무하였다. 1901년 3월에는 중국 사스沙市 영사로 발령을 받았으며, 1902년 5월까지 영사 업무를 맡았다. 이해 잠시 귀국하였다가 도한, 7월부터 목포영사관에서 영사로 근무를 시작하여 26년간 조선에 체류하면서 관료 및 사업가로 활동하였다.

목포영사관에서는 1902년 7월부터 업무를 시작하여 약 4년 동안 재직하였다. 1903년 말 목포에서 일본상인과 한국인 하역업자 간의 충돌로 파업이 발생하였는데 무안감리, 목포세관장 홉킨스, 외부外部 사변관 한영원 등과 수차례 회동하여 협정을 맺고 사건을 마무리하였다. 육지면 재배에 관심을 갖고 지역의 기후, 풍토 등을 조사한 다음 고하도에서 시험재배를 하는 데 성공하였다. 이에 대해서는 1904년 11월 외무대신에게는 면화 시험재배 보고서를 작성하여 보냈고, 재배에 성공한 목화 견본을 오사카로 보내어 품질검사 의뢰를 실시하였다. 이듬해 10월에는 전남 지역의 면작지 현황에 대하여 출장 조사하면서 목포, 무안, 나주, 광주 등이 미국 종 면화 재배에 적합하다는 점을 보고하였다. 이후에도 육지면 재배의 확장에 관하여 건의를 하여 통감부에서는 1906년 6월 권업모범장 목포출장소를 개설하고, 면작을 지도할 기사들을 목포로 파견하였다. 이것은 1908년 대한제국의 '임시면화재배소'로 이관, 목화재배와 관련된 사업 실시와 감독 등의 업무를 담당하였다. 한편으로 천일염 생산과 관련해서도 전남 지역의 해남, 진도, 자은도, 목포 등지를 기사와 더불어 출장을 나가 현지조사를 수행하였으며, 목포 지역의 제염製鹽 현황을 보고하기도 하였다. 이것은 1906년 6월 목포 염전업 주식회사의 설립으로 이어졌다. 다만 그가 요청하였던 천일제염 시험장 설치는 실현되지 않았다. 통감부 설치 이후 1907년 5월부터는 원산으로 전근을 갔다. 1910년에는 평양에서 1년 반 동안 이사청 이사관으로 활동하면서 대동강 준설사업에 관여하였고, 일본인 상업회의소 존폐 문제에도 개입하여 활동하였다. 일진회의 '한일합방청원' 운동이 일어났던 1909년 말 지역 내 일진회, 천도교, 대한협회 지부 인사들의 동향을 조사하여 보고하기도 했다. 1907년 12월에는 순종이 태극장을 하사하였다. '한일강제병합' 이후 1910년 10월에는 부윤府尹으로서 부산에 파견되어 1919년 5월까지 근무하면서 경상남도 지방토지조사위원회 임시위원을 겸임하였다. 부산부윤에서 퇴임한 후 곧바로 인천 미두거래소 사장으로 선임되어 활동하다가 1926년 6월 서울주식시장과의 합병 문제로 지역민과 마찰을 빚다가 책임을 지고 사임하였다. 1927년 귀국하기 전까지 서울 동대문 바깥에 고무공장을 설립하여 운영하기도 하였으나, 사업에는 실패하였다.

귀국 후에는 교토에 생활기반을 잡았다. 1929년부터 도시샤대학 교우회 부회장과 이사, 1938년부터 1947년까지는 교우회 회장, 교무부장 등을 역임하였다. 교토 지역 거주 한인들과 관련해서는 미국인 선교사 베타 어빈의 기부금으로 세워진 교회당을 사용할 수 있도록 하는데 관리들과 교섭하는 역할을 맡기도 하였다. 교통사고로 사망하기 3년 전인 1950년에 자신의 일생을 구술한 자서전을 가족들에게 남겼다.

[참고문헌] 김충식 『목화꽃과 그 일본인』(메디치미디어, 2015), 國史編纂委員會 編 『駐韓日本公使館記錄』(國史編纂委員會, 1997), 國史編纂委員會 編 『統監府文書』(國史編纂委員會, 1998), 國史編纂委員會 編 『韓日經濟關係』(國史編纂委員會, 2003), 永野愼一郎 『日韓をつなぐ「白い華」綿と鹽 明治期外交官若松兎三郎』(明石書店, 2017)   【박한민】

757
와카미야 요시마로
若宮義麿(약궁의마)   1908.1.10~1993.5.14

언론인

히로시마현廣島縣 구레시吳市 출신. 1945년 당시 경성중앙방송국 제1현업과장을 지냈다.

와카미야는 1920년 간자키심상소학교冠崎尋常小學校, 1923년 히로시마체신강습소廣島遞信講習所, 1927년 사단법인 전신협회관리무선전신강습소電信協會管理無線電信講習所(통칭, '메구로 무선目黑無線', 현 전기통신대학電氣通信大學)를 졸업하였다.

1927년에는 조선우선회사朝鮮郵船會社 경성 본점에 입사하였으며 상하이上海 항로 등에 무선 통신 책임자로 동승하였다. 조선우선회사는 1912년 당시의 조선 총독 데라우치 마사타케寺內正毅(→321)가 대규모 기선회사를 조직하여 조선 통일의 목적을 달성하기 위하여 만들어진 총독부 주도의 국책회사였다. 1935년 8월, 배에 오르는 것은 양친에게 심려를 끼친다는 이유로 체신국 친구의 추천을 받아 27세에 경성중앙방송국 기술직으로 자리를 옮겨 기술과장, 제1현업과장 역임하였다. 1942년 11월 조선총독부 경찰 특고 형사 사이가 시치로齋賀七郎가 와카미야의 부하 수 명을 연행하였고, 이것이 발단이 되어 제2방송부(조선어 방송)의 방송원(아나운서는 1942년 7월 이후 '방송원'으로 호칭)들이 연이어 연행되어 방송에 지장을 초래하게 되었다. 면회를 위하여 방문한 와카미야는 가혹한 고문을 받은 부하들의 모습을 목격했다. 이른바 이 '단파사건短波事件'으로 조선 전역에 걸쳐 삼백수십 명이 체포되었다. 이때 체포된 제2방송부의 모윤숙毛允淑은 야와타 마사나리八幡昌成(노창성盧昌成) 제2방송부장의 진력으로 10일간 구류로 해결되었다고 한다. 1944년 4월 임시 소집을 받아 용산의 보병 제78연대 통신중대 병영에 입대했다. 3~4개월 후 제대. 1945년 8월 15일 이후 10월 하순의 귀환에 이르기까지 각종 명암을 체험한 와카미야는 패전 후 얼마 지나지 않은 어느 날에 대하여 다음과 같이 기록하고 있다. "방송 종료 후 시노하라篠原 씨(국장, 이사)와 함께 조선 측 직원으로부터 결별의 환대를 받아 제1스튜디오 안에서 장구를 치고 밤이 늦도록 떠들썩하게 즐겼다."(『회상기』)

1945년 10월 하순, 귀국한 히로시마는 원폭으로 모든 것이 초토화된 상태였고, 군항이었던 구레시에는 격침된 함정이 녹슨 채 방치되어 있었다. 1948년 11월 주고쿠中國 관구 경찰국 통신부에서 경찰통신에 종사하게 되었고, 1953년 11월 경찰국으로 시노하라 쇼조篠原昌三(→540)가 부임하였다. 1955년 무선통신부장, 이후 보전소장保全所長, 경찰학교 강사, 교관을 역임하였고, 『월간 귀환동포月刊引揚同胞』의 주간, 조방회朝放會(구 조선방송협회朝鮮放送協會 일본인 직원 친목조직) 초대 사무국장을 지냈다. 1981년 발행된 조방회 본부의 『JODK-조선방송협회 회상기JODK-朝鮮放送協會回想記』는 발행 시노하라 쇼조, 감수 와카미야 요시마로, 제작 오카다 가즈오岡田一男(→725)로 이루어진, 경성중앙방송국 기술진의 면면이 결집하여 정리한 귀중한 기록이다.

[참고문헌] 朝放會 『JODK-朝鮮放送協會回想記』(朝放會本部, 1981), 津川泉 『JODK 消えたコールサイン』(白水社, 1993), 篠原昌三 編 『舊朝鮮放送協會 日本人職員名簿』(MF(マイクロフィルム), 1955), 學習院大學東洋文化研究所 編 『友邦文庫目錄』(勁草書房, 2011)

【쓰가와 이즈미津川泉】

758
와카사 에이이치
若狹榮市(약협영시)　　　　　　1887.11~?

실업가

시마네현島根縣 야마군耶麻郡 출신. 부산에서 목재업으로 부를 축적하여 유력한 지역 경제인으로 활동하였다.

와카사는 1912년 부산으로 이주하여 목재상을 시작하였는데 이후 제재업製材業으로 사업을 확대하여 토목, 건축용 각종 자재를 생산하여 공급하는 유력업자로 성장하였다. 그가 성장하는 데는 조선총독부 영림청營林廳의 특약점으로 지정된 것이 주요한 계기였다. 함경도 등에서의 안정적 목재 조달과, 생산된 제재의 전국적 판매망을 구축할 수 있었기 때문이다. 판매망은 일본에까지 미쳤다. 사업 성장에 힘입어 1935년에는 주식회사 체제의 와카사재목점若狹材木店(주)을 설립하였다. 자본금 20만 엔의 회사로, 목재점으로는 전국적으로도 손꼽히는 규모였다. 취급 품목도 일본 기업과 제휴하는 방법으로 시멘트, 기타 건축 및 토목재료로 확대하였다. 그리고 신규로 대

규모 제재공장 건설을 위해 당시 매축업자 이케다 스케타다池田佐忠(→885)가 부산항 북쪽 적기만赤崎灣에서 진행하던 매축사업에도 투자하여 공장 부지를 확보하였다. 경제적 성공을 토대로 부산상공회의소 의원으로 선출되어 부산경제계를 대표하는 인물로도 활동하였다.

[참고문헌] 中村資良 編 『朝鮮銀行會社組合要錄』(東亞經濟時報社, 1937), 田中麗水 編 『全鮮商工會議所發達史』(釜山日報社, 1935)

【배석만】

759
와카시오 고노스케
若汐幸之助(약석행지조)　　　　생몰년도 미상

관료

야마구치현山口縣 출신. 조선에 온 시기는 알 수 없으나, 통영에서 잡화상을 경영하다 어업의 중요성을 깨닫고 1914년 이후 어업 관련 직무에 종사했다. 1930년 10월에 조선 제2어업수산 부조합장이 되어 어로 방법의 개선, 수산품의 판로 확장, 수산 가공품 개량, 생산방법의 혁신 등을 위해 일했다.

[참고문헌] 阿部薰 編 『昭和12年版 朝鮮都邑大觀』(民衆時論社, 1937), 貴田忠衛 『朝鮮人事興信錄』(朝鮮人事興信錄編纂部, 1935)

【김계자】

760
와케지마 슈지로
分島周次郎(분도주차랑)　　　　1877~?

영화인

오카야마현岡山縣 출신. 일본의 우익단체 대일본국수회大日本國粹會 조선본부 간사장幹事長 출신의 흥행업자이다. 일제강점기 식민지 조선의 극장 경영주이면서 영화제작자였다. 일찍이 만주로 건너가 다롄大連에서 폭력 조직 와케지마파分島組를 결성하였고 그 후 칭다오靑島를 거쳐 1915년 무렵 조선으로 진출하였다. 그가 조선으로 이주한 시기에 대한 명확한 기록은 남아 있지 않지만, 1916년 경성의 일본인 극장

수좌壽座가 경성극장京城劇場으로 명칭을 변경하여 재개관했을 때 극장 경영에 관여한 것으로 알려져 있어 이미 1910년대에는 경성에 자리를 잡은 것으로 추정된다.

1923년 8월 대일본국수회 조선지부의 주권을 둘러싸고 경성 시내 한복판에서 벌어진 살인미수사건의 주모자로 검거된 당시의 신문기사가 '분도주차랑(46)은 이왕부터 조선에 국수회를 설립하고자 진력하야 이것이 성립된 후 경성본부의 간사장으로 상당히 세력을 가지고 오던 바'(『매일신보』, 1923.10.6)라고 전하는 대로 1920년대 중반까지 국수회 간부로서 폭력사건을 일으켜 물의를 빚기도 했다.

한편 그는 일제강점기 조선흥행업계 전반에 막강한 영향력을 행사한 인물이었다. 조선극장주협회朝鮮劇場主協會 회장을 역임하기도 한 그가 경영에 관여하거나 자본을 투자한 극장은 앞서 언급한 경성극장 외에도 중앙관中央館, 경성연예관京城演藝館, 낙천지樂天地, 용산의 개성좌開盛座, 최초의 연극전문공연장인 동양극장東洋劇場 등인데, 이러한 시설을 기반으로 일제강점기 조선에서 공연된 곡예, 연극 및 가부키歌舞伎, 스모相撲 등의 연예 흥행 전반을 장악했다고 해도 과언이 아닐 정도였다. 1930년대부터는 조선영화계에 깊이 관여하게 되는데, 특히 1930년 12월 그가 소유한 대일본영화흥업주식회사大日本映畵興業株式會社의 투자로 경성부 본정本町 3정목三町目 경성극장 바로 옆 부지에 영화제작 프로덕션 경성촬영소京城撮影所를 설립하고 본격적으로 영화제작자로 나섰다. 80여 평의 촬영장과 30평의 현상실 및 배우 대기실을 갖추었던 것으로 전해지는 경성촬영소에는 이필우, 박제행, 김소봉 등의 감독들이 소속되어 있었고, 이 프로덕션은 1938년 고려영화협회와 동양극장에 인수되기까지 조선 최초의 발성영화인 〈춘향전〉(1935)을 비롯한 많은 조선영화를 제작한 것으로 유명하다. 경성촬영소에서 손을 뗀 이후에도 조선흥행업계에 미친 그의 영향력은 변함이 없었던 것으로 보인다. 1938년 4월 2일자 『매일신보』는 조선총독부가 '국민정신총동원 자원절약운동'에의 참여를 촉구하기 위해 경성의 각 단체장들을 불러 회의를 가졌다는 소식을 싣고 있는데, 여기에 와케지마는 흥업조합장으로서 실행위원 명단에 이름을 올렸다. 뒤이어 같은 해 5월 14일 『동아일보』는 경성흥행협회京城興行協會 회장으로서 와케지마가 경성 내 영화배급업자와 극장경영자들을 모아 자원절약운동 관련 회의를 주재한 것으로 보도했다.

1939년에는 강원도 철원극장鐵原劇場을 인수하였고 1943년 6월 27일 『매일신보』에는 대일본스모협회 회장으로 그에 관한 단신이 실리기도 하는 등 패전에 이르기까지 조선흥행업계의 거물로 활동했다는 사실을 확인할 수 있다.

[참고문헌] 정종화 「식민지 조선영화의 일본인들: 무성영화시기 일본인 제작사를 중심으로」『일본어잡지로 본 조선영화』 2(한국영상자료원, 2011), 김남석 「1930년대 '경성촬영소'의 역사적 변모 과정과 영화 제작 활동 연구」『인문과학연구』 33(강원대학교 인문과학연구소, 2012), 田中則廣 「在朝日本人の映畵製作研究―劍戟俳優·遠山滿の活動をめぐって―」 『メディア史研究』 17(ゆまに書房, 2004)   【임다함】

761

와키타 아사고로
脇田淺五郎(협전천오랑)   1881.10.26~1965.3.16

도마(세례명)

선교사

나가사키현長崎縣 히사카지마久賀島 출신. 제2대 광주 지목구장知牧區長, 제4대 요코하마橫濱 교구장을 지냈다.

1909년 7월 나가사키 신학교를 졸업한 후, 오랫동안 나가사키현과 구마모토현熊本縣에서 사목 활동을 하던 중 1942년 11월에 조선의 광주 지목구장으로 임명되었다.

1942년 12월에 입국하여 서울에서 노기남盧基南 주교를 만난 후, 교구청이 있던 목포로 내려가 활동을 시작하였고, 이듬해 2월 7일 목포에서 지목구장에 취임하였다. 이어 1943년 말경에는 교구청을 광주로 이전한 뒤 광주를 중심으로 사목 활동을 전개하였다.

특히 그는 일제 말기의 어려운 상황 속에서 교회와 성직자, 그리고 신자들을 보호하기 위해 노력하였으며, 패전 직후에는 일제의 잘못을 한국 국민에게 사과하는 편지를 노기남 주교에게 보내기도 하였다.

1945년 8월 조선의 광복과 함께 교구장직을 사임하고 10~11월경 노기남 주교의 도움으로 귀국 길에 올랐다. 그 뒤 1947년 3월 요코하마 교구장으로 임명되어 5월 27일에 주교로 착좌되었다. 전후 요코하마 교구의 부흥과 정비를 위해 노력하여, 시즈오카현靜岡縣의 사목을 파리외방전교회パリ外邦傳敎會에 위임하였고, 요코하마 교구에 많은 선교회를 불러들였다. 그리고 세이센여학원淸泉女學園, 성요셉병원聖ヨゼフ病院 등의 설립에도 협력했다. 1951년 7월 5일 교구장직을 사임하고 만년에 나스那須에서 생활하다가 1965년 3월 16일 사망하였다.

그가 남긴 저서로는 『불교개론佛敎槪論』(1922)과 『주일축일 설교집主日祝日說敎集』全2卷(1928) 등이 있다.

[참고문헌] 유홍렬 『한국 천주교회사』(가톨릭출판사, 1962), 노기남 『나의 回想錄』(가톨릭출판사, 1969), 천주교 광주대교구 편 『광주교구 50년사』(천주교 광주대교구, 1990), 한국가톨릭대사전편찬위원회 편 『한국가톨릭대사전』 9권(한국교회사연구소, 2002), カトリック中央協議會事務局 編 『カトペディア '92』(カトリック中央協議會, 1992), 新カトリック大事典編纂委員會 『新カトリック大事典Ⅳ』(研究社, 2009)

【백병근】

762

와타나베 다카지로
渡邊鷹治郎(도변응치랑)　　　　1851.11.10~1934.7.15

경찰관료

지바현千葉縣 출신. 1877년 세이난전쟁西南の役에서 징모순사徵募巡査로 지원하여 참여하였으며, 세이난전쟁이 끝난 후 경시청 순사로 채용되었다. 1882년 3월 외무성 순사로 전직하여 부산 영사관에 부임한 뒤, 임오군란 이후 한성에서 일본공사관 근무를 시작했다. 을미사변 개입으로 재판을 받기 위해 면직

되어 히로시마에 투옥되었다가 예심 면소된 후 복직되어, 인천영사관, 한성영사관에서 순사로 근무하였다. 1906년 8월 통감부 경부警部로 승진하였으며, 한국 정부의 경무고문警務顧問으로 고빙되었다. '한일강제병합' 이후 조선총독부 통역관 겸 경시로 승진하였다.

1882년 여름부터 부산영사관 순사로 조선에 들어왔으며, 임오군란 이후 한성영사관으로 전근하였다. 1884년 갑신정변 당시 일본공사 다케조에 신이치로竹添進一郎(→310)가 인천으로 피난하는 동안 일행을 보호하였다. 이후 계속 한성에서 근무하였다. 1894년 청일전쟁이 시작되고 나서 스파이 활동을 전개하면서 군사적으로 협력하였으며, 대원군의 거소에 출입하였다. 그 공로로 훈8등 백색동엽장白色桐葉章 및 종군기장從軍記章을 받았다. 1895년 을미사변 당시 공사관 경부 오기와라 히데지로荻原秀次郎에게 협력하여 대원군을 끌어내는 역할 등을 하였다. 사건 가담으로 인하여 히로시마 지방재판소廣島地方裁判所에서 재판을 받기 위해 투옥되었지만 예심에서 면소되어 외무성 순사로 복직하였다. 1903년 10월에는 대한철도회사 고문 기사로 고빙된 공학사 아가와 시게로阿川重郎가 계약서를 작성할 때 입회인으로 참석하기도 하였다. 러일전쟁 당시에는 일본군에 협력한 공로로 훈7등 청색동엽장 및 종군기장을 수여받았다. 1906년 8월 통감부 경부警部로 승진하는 한편 한국 경시청의 경시警視 겸 번역관으로 고빙되었다. '한일강제병합' 이후인 1911년 11월 조선총독부 통역관 겸 경시에 임명되어 1920년까지 근무하였다. 1913년에는 경찰서 경시 신분으로 김윤식金允植과 접촉하기도 하였다. 1928년 9월 29일부터 10월 4일에 걸쳐 『경성일보京城日報』에 연재되는 「한말 무렵韓末の頃」 20~23화를 '와타나베 다카지로 씨 이야기渡邊鷹治郎氏談'로 연재하면서 임오군란, 갑신정변 그리고 청일전쟁 시기의 기억을 회고하기도 하였다.

을미사변에 가담하였다가 1895년 12월에 처형당한 이주회李周會의 유족들을 지원했다. 경찰직에서 퇴직한 이후에도 조선에 거주하였는데, 1933년 6월에는 신태화申泰和를 대표자로 하여 충남 예산군 대

술면 지역에 있는 금광에 대한 채굴권 신청을 하기도 하였다. 1934년 7월 15일 84세로 조선에서 사망했다.

[참고문헌] 강창일 『근대 일본의 조선침략과 대아시아 주의』(역사비평사, 2002), 박맹수 『개벽의 꿈, 동아시아를 깨우다』(모시는사람들, 2011), 김윤식 『續陰晴史』 下(國史編纂委員會, 1955), 國史編纂委員會 編 『駐韓日本公使館記錄』(國史編纂委員會, 1987), 黑龍會 編 『東亞先覺志士記傳』 下(原書房, 1966), 「韓末の頃」 20~23(『京城日報』, 1928.9.29~30, 10.3~4)

【박진홍】

763

와타나베 도시오

渡邊俊雄(도변준웅)　　　　　　생몰년도 미상

관료

1932년 경성제국대학 문과를 졸업하고 1934년 9월 고등문관시험에 합격했다.

전라남도 내무부 지방과地方課 속屬으로 관직을 시작했다. 1935년부터 1936년까지 전라남도 경찰부 경무과 경부와 경찰관교습소 교관을 역임했다. 1937년부터 충청남도로 옮겨 내무부 지방과 이사관理事官을 역임했으며 1938년에는 학무과學務課로 옮겼다. 1939년에는 조선총독부로 옮겨와 농림국 미곡과 사무관을 역임했고 이후 1941년까지 철도국 부산철도사무소 기수와 농림국 양정과糧政課 사무관을 역임하였다. 1942년에 전매국專賣局 사무관, 1943년에 서기관에 임명되었다.

[참고문헌] 高野敬峰 『朝鮮 菓業家名鑑』(東亞食料品新報社, 1930), 국사편찬위원회 한국사데이터베이스 〈http://db.history.go.kr〉　　　　　【박우현】

764

와타나베 도요히코

渡邊豊日子(도변풍일자)　　　　　1885~1970

관료

구마모토현熊本縣 출신. 제오고등학교第五高等學校를 거쳐 1912년 도쿄제국대학東京帝國大學 법과대학 독법과를 졸업하고 같은 해 고등문관시험에 합격했다. 내무성에 들어가 도쿄부 속관屬官이 되어 관료 생활을 시작했다. 1915년 7월 미야기현宮城縣 이사관, 1918년 7월 아이치현愛知縣 이사관에 취임하였다.

1919년 12월에 미즈노 렌타로水野鍊太郎(→439) 정무총감으로 추천으로 조선에 건너와 내무국 제1과장이 되었다. 1921년 2월 감찰관을 겸임하고, 그해 7월 지방과장, 1922년 5월에는 농무과장 겸 토지개량과장으로 자리를 옮겨, 농무과장으로 8년간 재작했다. 그 사이 1922년부터 1923년까지 구미시찰을 다녀왔다. 농무과장 및 토지개량과장 시절에는 산미증식계획 수행에 크게 힘을 발휘하였다. 이후 산림과장(1929년 1월 취임)을 거쳐 1930년 12월 경남 지사로 승진했다. 경남지사 시절에는 농촌갱생운동을 앞장서서 이끌었고, 보통학교 보급계획(1면 1교계획)도 다른 도에 비해 예정보다 앞서 계획을 완료하였다. 경상남도에서도 농업방면으로 자신의 포부를 실행하고 좋은 성적을 올려 산업지사産業知事라는 이름까지 붙게 되었다.

1933년 8월 학무국장에 취임하였다. 학무국장 시절에는 대구, 평양의 의학강습소를 의학전문학교로 승격시켰고, 간이학교의 보급, 교원 자질의 향상, 선교사가 경영하는 학교에 대한 통제를 강화하는 등 학무행정에 힘썼다. 특히 1935년 11월, 평남의 숭실학교 및 숭실전문학교의 조지 매큔George S. McCune 등 관계자가 신사참배를 거부한 것에 대해 학교장 및 학생의 참배 여하를 명확히 회답하도록 요구하고 회답 여하에 따라 파면 혹은 폐교도 불사하겠다는 강경방침을 세웠다. 그때까지 신사참배를 거부하던 것에 대해 경고에 그치던 기존의 방침을 크게 전환한 것이다. 이것이 빌미가 되어 1937년 숭실학교, 숭실전문, 숭의여학교는 폐교되었다. 1936년 학무국장을 끝으로 퇴관하였다. 퇴관과 동시에 선만척식주식회사 이사에 취임하였다. 그 후 조선중요물자영단 이사장, 국민의용대 조선총사령부 차장(1945)을 역임하였다. 패전 후 경성일본인세화회에서 부회장, 문화국장을 역임했다. 일본에 귀환한 후에는 변호사를 개업하는 한편 우방협회友邦協會 이사를 맡아 조선통치사료의 수집, 정리, 편찬에 주력했다.

[참고문헌] 渡邊豊日子 『朝鮮總督府回顧談』(友邦協會, 1984), 阿部薫 編『昭和12年版 朝鮮都邑大觀』(民衆時論社, 1937)   【이형식】

765

와타나베 미유키
渡邊彌幸(도변미행)   1889.8.16~?

금융인, 실업가

교토부京都府 출신. 1915년 교토제국대학京都帝國大學 법과대학을 졸업하고 동년 조선은행에 입사하여 이후 본점과 다롄大連 지점에서 근무했다. 1918년 조선식산은행이 설립되자 삼도三島 은행장에게 발탁되어 비서과장을 담당했다. 1921년 공공금융과장, 1929년 이사, 1937년경 부은행장까지 승진했다. 도쿄東京 주재 이사로 자금조달 방면을 담당하면서 일을 원만히 해결하여 조선식산은행으로서는 없어서는 안 될 인물이라는 평가를 받았다.

1941년 무렵 은행을 떠나 히타치제작소日立製作所 이사가 되었다. 패전 이후 1947년 7월 결성된 귀환자 단체 동화협회同和協會의 부회장으로 활동했다.

[참고문헌] 嶋元勸『朝鮮財界の人々』(경성일보사, 1941), 이형식「패전 후 귀환한 조선총독부관료들의 식민지 지배 인식과 그 영향」『한국사연구』153(한국사연구회, 2011), 국사편찬위원회 한국사데이터베이스 〈http://db.history.go.kr〉   【정병욱】

766

와타나베 시노부
渡邊忍(도변인)   1883~1955

관료

니가타현新潟縣 출신. 제이고등학교第二高等學校를 거쳐 1909년 도쿄제국대학東京帝國大學 법과대학을 졸업했다. 1910년 고등문관시험에 합격하고 내무성에 들어갔다. 같은 해 12월 와카야마현和歌山縣 속관屬官으로 들어가 이후 히다카日高 군장郡長, 후쿠이현福井

縣 학무과장學務課長, 가나가와현神奈川縣 상공과장을 역임했다. 1919년 12월 미즈노 렌타로水野錬太郎(→439) 정무총감에 의해 충북 제1부장으로 발탁되었다. 이후 황해도 내무부장, 평안남도 내무부장을 거쳐 1926년 전북지사로 승진되었다. 1929년 1월 경기도지사로 자리를 옮겼다.

1931년 9월 식산국장 겸 산림부장에 발탁되었으며, 1932년 7월 농림국이 신설되자 다시 초대 농림국장에 취임하였다. 농림국장 시절 조선최대의 문제인 일본 정부의 미곡통제정책에 대해서 민간 측 위원과 협력하여 조선이 미곡통제에서 불이익을 담당하지 않도록 노력했다. 또 쇼와공황昭和恐慌에 의한 미가 폭락으로 타격을 받은 조선 농촌에서는 자작농이 감소하고 지주와 소작인과의 대립이 격화되어 조선 북부에서는 적색농민조합이 나타나 항일농민조합운동이 전개되는 등 심각한 위기에 빠지자 심각해져가는 소작쟁의에 대한 대책으로 소작령을 발안하여 1934년 조선농지령을 제정하는 데 힘썼다. 그 외에도 전작田作 12개년 계획, 다각영농의 장려, 미곡 검사의 국영, 미곡 자금의 대출, 벼 저장, 면양 장려, 면화 증산, 북선北鮮 개척 등 농림국에서 활동했다.

1935년 2월 농림국장을 사임하고 동양척식주식회사 이사에 취임했다. 1943년 1월 결전체제하의 조선식량증산을 목적으로 조선농지개발영단朝鮮農地開發營團이 설립되자 그 이사장에 취임하였고, 1944년에는 조선마사회 이사에 취임하였다. 1944년 10월 조선농지개발영단 이사장을 사임하고 조선식량영단朝鮮食糧營團 이사장에 취임하였으며 패전 후 조선인양동포세화회朝鮮引揚同胞世話會 이사에 취임하여 재조일본인의 귀환, 원호사업에 진력했다.

[참고문헌] 朝鮮人事興信錄編纂部 編『朝鮮人事興信錄』(朝鮮新聞社, 1935), 阿部薫 編『朝鮮功勞者銘鑑』(朝鮮功勞者銘鑑刊行會, 1935)   【이형식】

767

와타비키 도모미쓰
綿引朝光(면인조광)   1883.10.24~1952

의학자, 대학교수

이바라키현茨城縣 출신. 본적지는 도쿄부東京府이다. 제생학사齊生學舍에서 공부하고, 1900년 의술개업시험면허를 취득하고, 1901년 미국으로 유학을 가서 캘리포니아 주 국정시험의술개업면허를 취득하였다. 1902년에는 캘리포니아 주 LA 일본 공제회 병원장을 지냈으며 36년에는 노스웨스턴 대학병리학 교실, 후에 펜실베이니아 대학에서 연구하고(다른 설에 의하면 1901년 일본인회 병원장, 1902년 일리노이 주 의대) 1906년 귀국하였다. 1910년 도쿄 자혜회慈惠會 의전 교수가 되었고, 1913년에는 독일, 유럽 유학을 하고 1915년 귀국하였다. 1918년에는 교토제국대학京都帝國大學에서 의학박사학위(세균)를 받았으며, 1920년 도쿄 자혜의과대학東京慈惠會醫科大學 교수, 1923년(1920년 설도 있음) 경성의전 제1 미생물학 교수, 경성제국대학 위생학(예방의학) 제1강좌 담임교수(1926. 4.1.~1927.6.2)를 역임했다.

저서로『수진세균학실습袖珍細菌學實習』(綿引朝光, 1912),『세균감별장전細菌鑑別掌典』(小泉丹, 1912),『세균학총설細菌學總論』(1922),『병원미생물학(상권)病原微生物學(上卷)』(1917),『세균학(총설)細菌學(總論)』(1926),『세균학실습細菌學實習』(南山堂書店, 1933),『간명위생학簡明衛生學』(金原商店, 1935)이 있다.

[참고문헌] 이충호『일제암흑기의 의사교육사』(국학자료원, 2011), 有馬純吉『昭和六年版 朝鮮紳士錄』(朝鮮紳士錄發行會, 1931)　　　　　　【이충호】

768

와타제 쓰네요시
渡瀨常吉(도뢰상길)　　　　1867.8.27~1944.10.14

선교사, 목사

구마모토현熊本縣 출신. 야쓰시로八代의 번사藩士 가문 출신. 1882년 도쿠토미 소호德富蘇峰(→342)가 세운 오에기주쿠大江義塾에 입학하여 2년 후 소학교 교사가 되었다. 1885년 구마모토에 있는 일본조합교회 야쓰시로교회八代敎會에서 세례를 받았다. 1887년 도쿄로 이사했으나 1890년 다시 구마모토로 귀향하여

구마모토영학교熊本英學校 교장이던 에비나 단조海老名彈正(→689)의 권유로 일본어교사로 근무하다가 1894년 도쿄에 가서 혼고교회本鄕敎會의 전도사가 되었다. 1899년에는 조선에 건너와 오시카와 마사요시押川方義의 추천으로 대일본해외교육회가 경영하는 경성학당의 당장이 되었다. 한국에 있는 동안 경성조합교회에도 협력했다. 와타제는 한일강제병합을 청일전쟁과 러일전쟁의 성과로 이해한다. 한국인을 완전히 일본화시키기 위해서는 한국인을 정신적으로 교화시킬 필요가 있다고 생각하여 1911년 6월 일본조합교회 조선전도부 주임으로 다시 조선에 왔다. 7월 서울에 한양교회를 설립하고, 평양에 기성교회箕城敎會를 설립했다. 와타제가 주도하는 한국 전도는 상당히 급속한 속도로 진행되었다. 이러한 일본조합교회의 한국 전성기는 1920년까지 계속되었다. 이것은 오랫동안 총독부와 일본 재계의 유력자들이 자금 원조가 있었기 때문에 가능한 것이었다. 그러나 3·1운동 이후 무단통치가 문화정치로 변경되면서 총독부의 기부금을 더 이상 받지 못하게 된 결과 조합교회 교인수가 격감하면서 와타제의 한국 전도는 끝이 나게 되었고, 이후 시즈오카靜岡와 나고야名古屋에서 전도활동을 했다.

저서로는『조선교화의 급무朝鮮敎化の急務』(警醒社書店, 1913)가 있다. 조선인이 병합 이후 과거를 잊고 일본의 지배 아래 장래의 희망을 갖는 것이 급선무임을 강조하고, 일본 종교가들이 조선인을 동화, 선도하기 위해 어떻게 해야 하는가를 중점적으로 다룬 글이다. 총독부의 교육과 종교적 침탈에 일본 지식인이 어떻게 동원되었나를 보여주는 자료이다. 주요 내용은 일본조합교회가 조선 교화의 책임자가 되어 조선인을 정신적으로 교화시킬 필요성과 이것을 국민운동으로까지 승화시킬 것을 강조하고 있다. 그리하여 내선일체의 이상을 실현하기 위해 종교가의 역할이 중요하다고 밝히고 있다.

1934년 만주로 건너가 신징교회新京敎會를 창설하고, 1936년 도쿄로 돌아와 조합교회 목사직에서 은퇴하였다. 1940년 흥아신학원興亞神學院을 설립하고 1942년 동아신학교東亞神學校를 설립했다. 1944년 조

선프로테스탄트 제교파 합동을 도모하는 총독부를 돕기 위해 조선에 왔다가 뇌일혈로 사망하였다.

[참고문헌] 韓晳曦 著, 김승태 역 『일제의 종교침략사』 (기독교문사, 1990), 韓晳曦·飯沼二郎 共著 『日本帝國主義下の朝鮮傳道』(日本基督敎敎團出版局, 1985), 上田正昭 外 監修 『日本人名大事典』(講談社, 2002)

【최혜주】

769
요네다 쇼타로
米田庄太郎(미전장태랑)　　　　1873.2.1~1945.12.18

사회학자, 대학교수

나라현奈良縣 소에카미군添上郡 다쓰이치무라辰市村 (현 나라현 나라시奈良市) 출신. 1895년 미국 뉴욕 신학대학에서 공부하고 콜럼비아대학에서 사회학을 공부하였다. 1901년 귀국 후 도시샤대학同志社大學 교수가 되었으며, 1906년부터 일본의 사회학을 확립하는 데 본격적인 활동을 전개했다. 1907년 9월 교토제국대학京都帝國大學의 강사가 되었으며, 교토대학 사회학회를 창립했다. 1913년 일본 사회학원社會學院을 창립하였으며, 노동자의 권익을 옹호하는 글을 다수 발표하였다. 1925년 교토대학 교수직을 사임하고 사회학 체계 완성에 전념하였다.

요네다 쇼타로가 태어난 나라현 다쓰이치무라는 그 당시 차별받는 부락으로 알려져 있다. 1895년 이후 미국 유학에서 기독교 신학과 사회학을 공부하고, 일본의 사회학 체계를 확립하는 데 기여하였는데, 1901년 귀국 후 교회 단체 등에서 연설회를 개최하고, 1904년부터 『평민신문平民新聞』을 탐독하고, 본격적으로 사회학 정립을 시도하였다. 교토대학 사회학회를 창립한 후, 1909년 9월 『개척자開拓者』에 「그리스도교를 일본 사회 문제 해결에 중요한 근본적 세력으로 규정함」이라는 논문을 발표하였고, 1919년 2월에는 『오사카매일신문大阪每日新聞』에 「데모크라시와 아국我國」이라는 논설에서 보통선거 실시와 노동조합 및 노동자 교육기관의 발달을 주장하였다. 1921년 3월 『현대사회문제의 사회학적 고찰現代社會

問題の社會學的考察』이라는 논문집을 홍문당서점弘文堂書店에서 출간했으며, 1925년 교토대학 교수직을 사임한 후 사회주의 운동에 직접 참여하였다. 1948년 유고집 『만근사회학론輓近社會學論』이 관서원關書院에서 출판되었다.

조선에서의 활동 기록은 나타나지 않으나, 1920년대 조선의 사회주의 운동에 많은 영향을 주었던 것으로 보이는데, 『동아일보』 1922년 3월 8일부터 3월 15일까지 「현대 혼인 문제와 연애 외의 요소」 등이 번역된 바 있다.

[참고문헌] 京都大學文學部 編 『京都大學文學部五十年史』(京都大學文學部, 1956), 「현대 혼인문제와 연애 외의 요소」(『동아일보』, 1922.3.8~3.15)　【허재영】

770
요네다 진타로
米田甚太郎(미전심태랑)　　　　1875.8.27~1938.3.4

사법관료, 행정관료, 실업가

도야마현富山縣 가미니카와군上新川郡 출신. 원적原籍은 이시카와현石川縣 가나자와시金澤市이다. 1898년 7월 도쿄법합원東京法學院을 졸업했다. 체신국遞信局 서기보書記補로서 도쿄국東京局에서 근무하다가, 1899년 24세의 나이로 판검사시험과 변호사시험에 동시 합격했다. 그해 12월 사법관시보司法官試補로서 가나자와구재판소金澤區裁判所 검사대리가 되었으며, 1900년 10월 와지마구재판소輪島區裁判所로 옮겨 근무했다. 1901년 7월 미야즈구재판소宮津區裁判所 판사, 1902년 8월 삿포로구재판소札幌區裁判所 검사 등을 역임했다. 이후 행정직으로 자리를 옮겨 1905년 11월 홋카이도청北海道廳 경시警視를 거쳐 1910년 5월 도치기현栃木縣 사무관 겸 경찰부장이 되었다. 1915년 1월 아키타현秋田縣 내무부장, 1919년 4월 이시카와현 내무부장을 역임했다. 1921년 2월 조선으로 건너와 충청북도 지사에 임명되어 내무부장과 경찰부장, 이사관理事官을 바꾸는 등 도정道政을 쇄신하는 데 주력했다. 1923년 평안남도 지사에 임명되었으며, 조선총독부 직속 문관보통징계위원회 평안남도 위원장 등을 겸하여 활동했다. 1926년 3월부터 1929년 1월까지 경기도 지사로 재직하면서 문관보통징계위원회 경기도 위원장을 겸했으며, 1927년부터는 총독부 직속 세제조사위원회 위원과 경기도 농회農會 회장, 1928년부터는 금융제도조사회 위원 등을 겸하여 활동했다. 이 시절 오랫동안 지방 장관으로 재직하면서 많은 경험과 해박한 지식을 지녔고, 총독부 세제조사회나 금융제도조사회의 중진으로서 큰 공헌을 했다는 평가를 받았다. 또한 경기도의 제반 시설이 타도他道에 비해 정책적으로 한 발 앞서도록 했다는 평을 받기도 했다. 충북도지사 시절 『충북산업지忠北産業誌』(1923)의 서문을 작성했으며, 평남도지사 시절 조선총독부 기관지인 『조선朝鮮』에 「시정 15년의 회고施政十五年の回顧」(125호, 1925.10) 등을 실었다.

1924년 3월 자본금 150만 원으로 창립된 전북전기주식회사를 모태로 하여 이후 군산전기주식회사, 정읍전기주식회사, 강경전기주식회사, 천안전기주식회사, 성환발전소成歡發電所 등을 합병하면서 크게 성장한 남조선전기주식회사의 이사로 계속 활동했다.

한편 1929년 10월부터 1938년 3월 사망할 때까지 남조선전기주식회사의 계열사인 남조선수력전기주식회사 대표를 역임했는데, 재직 중 각종 발전소, 변전소 등을 준공하는 등 사세社勢를 확장하여 남조선수력전기주식회사는 8,260마력의 발전능력을 갖는 회사가 되었다. 이 사이 1932년 6월 조선전기협회 평의원이 되어 활동했다.

1937년 과거 조선의 관계에서 고위관료로 재직하다가 실업계에서 중요 지위를 맡은 인사들로 구성된 화월회花月會 회원으로 활동하면서 미나미 지로南次郎(→411) 총독, 오노 로쿠이치로大野綠一郎(→699) 정무총감政務總監 등과도 친분을 쌓았다. 또한 조선인과 일본인 합동의 대표적인 친일협력단체인 동민회同民會의 평의원회장으로도 활동했다.

[참고문헌] 天野行武 『忠北産業誌』(天野行武, 1923), 阿部薰 編 『朝鮮功勞者銘鑑』(民衆時論社, 1935), 鎌田正一 『朝鮮の人物と事業-湖南編(第1輯)』(京城新聞社出版部, 1936), 芳賀登 外 編 『日本人物情報大系』(皓星社, 1999~2002), 岡本眞希子 『植民地官僚の政治史』(三元社, 2008), 朝鮮總督府 編 『朝鮮總督府官報』(朝鮮總督府, 각호), 朝鮮總督府 編 『朝鮮總督府及所屬官署職員錄』(朝鮮總督府, 각년판), 東亞經濟時報社 編 『朝鮮銀行會社組合要錄』(東亞經濟時報社, 각년판)

【변은진】

771
요네쿠라 세이자부로
米倉淸三郞(미창청삼랑)   1899~1975

실업가

나라현奈良縣 출신. 고베神戶에서 형인 요네쿠라 세이지로米倉淸次郞와 함께 고무신 제조를 주력으로 하는 고무제품공장을 경영하였다. 20대 초반이었던 1920년 조선에 건너와서 부산에 정착했다. 처음에는 요네쿠라고무상회米倉ゴム商會를 설립하여 고무신 판매업을 하였다. 조선에 오기 전 형과 함께 경영한 고베의 고무공장으로부터 고무신을 안정적으로 공급받아 판매하였을 것이기 때문에 장사는 잘되었던 것으로 보이며, 이를 토대로 단기간에 부산의 고무신 업계에서 두각을 나타내었다. 부산고무도매상조합 조합장에 선출되었고, 1925년에는 고베의 고무공장을 토대로 마루다이고무공업주식회사丸大護謨工業株式會社를 설립하고 형 세이지로와 함께 공동사장이 되었다. 이듬해인 1926년 4월에는 마루다이고무공업의 부산지점을 설립하였다.

1920년대 중반 형제 동업의 개인공장에서 주식회사 체제로 전환되었지만, 고베의 본사 공장, 부산의 판매지점이라는 구조에는 변함이 없었다. 1920년대 말까지 요네쿠라는 부산의 주요 고무신 판매상이었다고 할 수 있다. 요네쿠라가 본격적인 제조업자로 변신한 것은 1931년경이었다. 같은 해 부산 범일동에 공장을 둔 마루다이고무주식회사丸大ゴム株式會社를 자본금 25만 엔에 설립하였기 때문이다. 동 회사는 기존 마루다이고무공업 부산지점을 분리하여 독립회사로 전환한 것으로 생각되며, 종업원 300명 규모로 당시 조선에서도 손꼽히는 대규모 고무신 제조

공장의 출범이었다. 그리고 1934년 자본금 85만 엔의 산와고무주식회사三和ゴム株式會社 설립은 요네쿠라를 조선을 대표하는 고무신 제조업자로 등장시키는 계기가 되었다. 산와고무는 당시 생고무, 화공약품 등 고무신 제조에 필요한 원자재를 조선에 독점 공급하던 미쓰이물산三井物産 주도로 마루다이고무를 포함한 부산, 대구, 광주, 강경, 이리 등의 13개 주요 고무공장들을 통합하여 설립한 회사였다. 요네쿠라는 조선에서 가장 큰 규모를 갖게 된 산와고무의 사장에 선임되었다. 요네쿠라 경영하의 산와고무는 1937년 중일전쟁 발발 후 본격적인 군수공업화 과정에서 보다 비약적으로 발전하였다. 일반 신발 외에 군화, 방한화, 방독면, 군용벨트, 고무장화 등 군수품 생산을 통한 것이었다. 만주에도 진출하여 별도 법인으로 동일한 회사명의 산와고무를 설립하여 관동군에 군수품을 제조하여 납품하였다. 일제 말인 1944년 산화고무의 종업원은 5천 명에 이르렀고, 요네쿠라는 '고무화의 개조開祖, 조선화朝鮮靴의 창시자, 반도半島 고무공업의 제1인자'로 불렸다. 1942년에는 부산상공회의소 회장에도 선출되었다.

일제 패전 후 일본에 돌아간 요네쿠라는 1946년 2월 오사카大阪에서 쇼에이공업昌永工業이라는 기업체를 인수, '산와三和'라는 상호로 다시 신발제조업을 재개하였다. 1947년부터는 주 생산품을 자전거 타이어와 튜브로 전환하였다. 이후 한국전쟁 특수로 기업을 키워나갔으나, 1963년 노사분규를 계기로 공장을 정리하고, 산와흥산三和興産을 설립, 부동산 임대업으로 업종을 전환하였다. 스미토모화학주식회사住友化學株式會社 회장을 역임하고 최근 일본경제단체연합회(경단련) 회장을 지낸 일본 재계의 거물 요네쿠라 히로마사米倉弘昌가 형 세이지로의 손자이다.

[참고문헌] 民衆時論社朝鮮功勞者銘鑑刊行會 編『朝鮮功勞者銘鑑』(民衆時論社, 1935), 中村資良 編『朝鮮銀行會社組合要錄』(東亞經濟時報社, 각년판), 「부산의 상맥: 三和고무」(『국제신문』, 1990.11.3)　【배석만】

772

요도 도라조
淀虎藏(정호장)　1882~?

영화인

돗토리현鳥取縣 출신. 그가 조선에 건너온 시점은 러일전쟁이 일어난 1904년으로 알려져 있다. 이때 경성 본정本町에 기성양복점을 열면서 사업을 시작하였는데, 1910년에는 모자 소도매로 업종을 변경하였다. 또한 1918년에는 다이쇼석분주식회사大正石粉株式會社를 세우고 이사직에 취임하기도 하였다. 그리고 1925년 7월 22일, 자본금 10,000원을 가지고 모자 등 잡화를 판매하는 요도야상점淀屋商店을 열면서 영화 투자의 기반을 마련하였다.

그는 이듬해인 1926년 2월 조선키네마프로덕션을 설립하였다. 그리고 이경손, 이규설 등 계림영화협회 출신 영화인들을 영입하여 영화 제작에 적극적으로 임하였다. 1927년 3월에는 조선인 갑부 임흥순과 협력하여 주식회사 형태로 체제를 개편하기도 하였다. 회사 실무와 영화 제작에 관한 총괄 업무는 주로 자신의 조카사위인 쓰모리 슈이치津守秀一(→580)에게 맡겼다.

조선키네마프로덕션에서 제작된 영화는 〈농중조〉(이규설 감독, 1926), 〈아리랑〉(나운규 감독, 1926), 〈풍운아〉(나운규 감독, 1926), 〈들쥐〉(나운규 감독, 1927), 〈금붕어〉(나운규 감독, 1927), 〈뿔 빠진 황소〉(김태진 감독, 1927) 등 모두 6편이었다. 1920년대 조선영화계를 대표하는 가장 핵심적인 인물인 나운규의 연출과 주연으로 만들어진 이들 영화는 상당수가 조선 무성영화의 발전을 선도한 중요 작품으로 기록되어 있다.

그러므로 프로덕션 설립을 통해 영화 제작의 토대를 제공함으로써 1920년대 중후반을 대표하는 일련의 작품들이 나오도록 한 요도 도라조의 영향력을 일정 부분 인정하지 않을 수 없다. 비록 일본인이기는 하였으나, 그는 무성영화 제작 초기 조선영화의 성장을 견인한 영화인 중 한 명이었다고 할 수 있다.

이후 조선에서의 그의 활동에 대한 자세한 내용은 파악하기 어렵다. 그러나 일본의 영화잡지『영화순보영화순보保映畫旬報』 7월 11일자 '조선영화 특집'호에 그의 이름이 사단법인 조선영화배급사의 영화 위탁자 중 조선키네마상회 대표로 올라가 있는 바, 1940년대까지도 조선에서 영화업을 계속 하였던 것으로 보인다.

[참고문헌] 김종욱 편저『실록 한국영화총서(상)』제1집 (국학자료원, 2002), 이영일『한국영화전사』개정판(소도, 2004), 한국영상자료원 편역『일본어 잡지로 본 조선영화 2』(현실문화연구, 2011), 국사편찬위원회 한국사데이터베이스〈http://db.history.go.kr〉【함충범】

773

요시노 다자에몬
吉野太左衛門(길야태좌위문) 1879.2.10~1920.1.22

사에몬左衛門(필명)

언론인, 문학가

도쿄부東京府 출신. 1900년 도쿄전문학교 정치경제과를 졸업하고 국민신문사國民新聞社에 입사하여 정치부를 담당하였다. 이후 정치부장으로 승진하고 사회부장을 겸임하며, 부편집장까지 지내었다. 하이쿠를 시작한 것은 1895년 마사오카 시키正岡子規의 문하생이 되고서부터이며, 1901년에는『국민신문』속「하이단俳壇」의 선자選者가 되었다. 구집에는『밤꽃栗の花』(民友社, 1908)이 있다.

1910년 9월 도한渡韓하여, 10월 1일부터 1914년 병으로 퇴직할 때까지 경성일보사京城日報社 사장을 지냈다.『경성일보京城日報』에「경성 하이단京城俳壇」을 편성하는 등, 초기 조선 하이단의 형성에 기여한 공로가 크다.

만년까지 다량의 하이쿠를『호토토기스ホトトギス』에 실었으며, 구집으로는『사에몬 구집左衛門句集』(曲水吟社, 1916)이 있다. 41살에 위암으로 사망하였다.

[참고문헌] 阿部誠文『朝鮮俳壇-人と作品(上卷)』(花書院, 2003), 安住敦『現代俳句大辭典』(明治書房, 1980), 川端源太郎 編『朝鮮在住內地人實業家人名辭典: 第1編』(朝鮮實業新聞社, 1913), 平凡社 編『日本人名事典 第6卷』(平凡社, 1938) 【김보현】

774

요시다 나라마루(2대)
吉田奈良丸(길전나량환) 1879.7.27~1967.1.20

히로하시 히로키치廣橋廣吉(본명), 호센芳泉(호)

예능인

나라현奈良縣 요시노군吉野郡 시모이치초下市町 출신. 일본 근대 초기에 로쿄쿠浪曲의 황금기를 개척한 인물이다. 로쿄쿠는 메이지시대 초기에 시작된 이야기 예능으로 나니와부시浪花節라고도 한다. 샤미센三味線의 반주에 노래와 이야기, 연기를 홀로 진행하는 일본 특유의 대중예술 중의 하나이다. 아버지인 하나가와 리키잔花川力山은 제문낭송송文語り의 명인이었다. 학교에 다닐 때 통학하는 도중 로쿄쿠를 읊조리며 걸어 다녀 주위에서는 그를 미친 사람으로 취급하였으며, 학교에서 독서를 하거나 글을 쓸 때도 큰 소리로 읽어 학교 선생도 집으로 돌려보냈다는 에피소드가 전해질 정도로 로쿄쿠에 열심이었다.

아들의 모습을 본 부친이 초대 요시다 나라마루吉田奈良丸에 입문하게 하였다. 처음에는 와카리키若力, 요시다 고나라小奈良라는 예명으로 활동하였으며 1902년 23세 때 2대 나라마루二代目奈良丸의 이름을 계승하며 단장座長이 되었다. 당시 시대가 크게 변하고 있음을 깨닫고 교토京都의 고등학교에 들어가 공부를 하며 새로운 작품을 자작하기도 했다. 1908년 도쿄로 상경하여 신토미좌新富座 극장에서 공연하여 인기를 얻지만 1909년 도쿄 유라쿠좌有樂座 극장에서 공연은 크게 성공하지 못했다. 하지만 독특한 그의 노래 절조節調가 히지카타土方 백작의 눈에 들어 화족회관華族會館에서〈시치교 오치七卿落ち〉를 공연한 후 널리 이름을 떨치게 되었다.〈시치교 오치〉는 1863년 막부를 타도하고 천황을 내세우고자 정변을 일으킨 7명의 존왕양이파가 실패하여 추방당한 사건을 내용으로 한 이야기이다. 1910년 레코드를 취입하여 대히트를 하게 되는데 레코드 보급이 많지 않았던 당시에 50만 매가 판매될 정도였다고 한다. 부드럽고 격조 높은 절조節調는 나라마루 구즈시奈良丸くずし라는 이름으로 전국적인 명성을 얻었던 것이다.

1917년 미국으로 건너가 순회공연하며 재미 일본인들에게 큰 인기를 얻었으며 당시 미국 윌슨 대통령과 면담할 정도였다. 또 미국에서 일본인으로 최초의 레코드를 취입하기도 했다.

로쿄쿠가 대중적으로 큰 인기를 얻게 되자 민중교화에 이용되기도 한다. 특히 국민들에게 충신애국의 정신을 고취시키기 위해 통속교육회通俗敎育會로부터 촉탁을 받아 교육을 실시했으며 1923년 간토대지진關東大震災 때에는 피난민을 위해 무료로 강연회를 개최하기도 했다. 또 해외이민이 급증하자 식민지에서는 배일감정이 고조된다. 식민지 사람들의 교육을 위해 타이완, 조선, 만주 등지에 해외 순회공연에 동원되기도 하였다. 1925년 라디오방송이 시작되면서 일본 로쿄쿠의 역사에 있어서 전대미문의 인기를 얻게 된다. 1929년 나라마루라는 예명을 제자에게 물려주고 자신은 요시노 야마토노조吉田大和之丞라는 예명으로 개명한다. 전국적인 인기를 바탕으로 여러 개의 로쿄쿠 극장寄席을 운영하고 자식을 로쿄쿠에 입문시켜 로쿄쿠 가문의 최고봉에 이르게 된다. 1967년 1월 87세의 나이로 사망하였다.

[참고문헌] 臼井勝美 外 共編 『日本近現代人名事典』(吉川弘文館, 2001), 京城新聞社 編 『朝鮮の人物と事業』(京城新聞社, 1936)   【홍선영】

775

요시다 슈지로
吉田秀次郎(길전수차랑)   1872.1.25~?

실업가

구마모토현熊本縣 아시키타군蘆北郡 사시키초佐敷町 출신. 마쓰다 도지로松田藤三郎의 3남으로 태어났으며, 후에 요시다 에이타로吉田榮太郎의 양자가 되었다.

요시다가 조선으로 건너온 것은 1897년이다. 처음에는 인천 호리상회堀商會 선박부船舶部에 입사하여 선박운송업에 종사하던 중, 1902년 동同 회사 원산지점 주임으로 발령받아 1908년까지 근무하였다. 1908년 상회가 폐쇄되자 해운업에 자신이 있었던 요시다는 요시다상회吉田商會를 열고 호리상회의 기선을 구

입하여 원산을 기점으로 한 북선 연안의 자영항로를 열었다. 그리고 곧바로 한국정부로부터 부산-웅기, 부산-원산, 원산-웅기, 서호진-강릉 사이의 명령항로 4선線을 개시하기에 이르렀다. 이것이 조선 명령항로의 효시이다. 이후 1912년, 조선총독부는 조선 전 해안의 해운을 통제할 필요에 의해 각지에 분립되어 있던 해운업자를 합동하고 새로운 회사의 창립을 도모하여 조선우선주식회사를 설립하였고, 이 과정에서 주도적 역할을 담당하였던 요시다는 조선우선주식회사의 전무이사專務取締役로 취임하였다. 1918년 조선우선회사의 전무이사직을 사임한 뒤에는 원산에 요시다운수주식회사吉田運輸株式會社, 요시다창고주식회사吉田倉庫株式會社, 조선전분주식회사朝鮮澱粉株式會社, 원산상업은행을 창립하여 사장, 이사로 취임하였고 동년 거처를 인천으로 옮겨 조선토지경영주식회사, 인천미두거래소仁川米豆取引所의 이사가 되어 활약하였다. 이외, 조일양조주식회사朝日釀造株式會社 감사역, 인천창고주식회사仁川倉庫株式會社 중역, 오쿠다정미소주식회사奧田精米所株式會社 사장, 요시다정미소吉田精米所 대표사원, 조선신탁주식회사 사장, 스기노정미소杉野精米所 이사, 월미도 유원주식회사遊園株式會社 이사, 조선성냥 주식회사, 조선직물주식회사, 국제통운주식회사의 이사 등 수많은 회사에 관여하였다. 이런 활발한 상업 활동으로 그는 1909년 원산항 일본인상업회의소 회장에 선출되어 1911년까지 연임하였고, 이후 인천으로 활동 거점을 옮긴 뒤에도 1919년 인천상업회의소 평의원에 당선된 이래 1921년부터 회장에 선출되어 14년 동안 중임하였다.

그가 인천상업회의소 회장으로 있었던 1920년대 당시 지역 최대 현안은 인천의 대표적 기업이며 수입원이었던 인천미두거래소取引所의 경성 이전 저지운동이었다. 거래소는 1918년 경제호황을 배경으로 급성장하였는데, 이 과정에서 경성지역 유지들의 자본이 많이 유입되었다. 문제는 경성의 유력 주주와 중역 일부가 거래소의 경성 이전을 요구하면서 발생하였다. 그는 지역 내 자본가와 유지층을 결합하고 부민대회 등을 개최하여 지역단합을 유도하였으며, 이

를 바탕으로 조선상업회의소 연합회를 통해 진정하였다. 또한 경기도지사, 조선총독부 방문을 통한 거래소 이전 반대 진정을 시도하였다. 이렇게 10여 년 동안 노력한 결과, 1931년 조선총독부는 '조선거래소령朝鮮取引所令'을 공포하여 인천미두거래소를 조선거래소의 인천지점으로 유지시켰다. 요시다는 이 과정에서 인천상업회의소 회장으로서 거래소 이전 반대운동에 앞장섰고, 결국 종래와 같이 인천 지역에서 미두거래소 영업을 지속할 수 있도록 이끌어내었다.

요시다는 상업 활동뿐만 아니라 공적 활동도 활발히 하였다. 1910년 원산항 민단民團 의원이 되어 1911년까지 재임하였고, 인천으로 거주지를 옮긴 뒤에도 인천부협의회 의원에 당선되었다(1920년에 첫 당선. 1926년부터는 계속해서 재선). 1927년 4월에는 경기도평의회 의원에도 당선되어 1933년 4월까지 역임하였다. 요시다는 조선해운무역의 개척자이자 인천을 대표하는 최대 자본가로 평가되었다.

[참고문헌] 阿部薰 編 『朝鮮功勞者名鑑』(民衆時論社, 1935), 朝鮮郵船株式會社 編 『朝鮮郵船株式會社二十五年史』(朝鮮郵船株式會社, 1937), 木村健二 『在朝日本人の社會史』(未來社, 1989), 문영주 「20세기 전반기 인천 지역경제와 식민지근대−인천상업회의소와 재조일본인−」 『인천학연구』 10(인천대학교 인천학연구원, 2009) 【전성현】

776
요시모토 준료
吉本潤亮(길본윤량) 생몰년도 미상

의사

1905년 무렵 한국에 와서 대한국적십자병원 창설에 관여했으며, 그곳에서 주임으로 일했다. 대한의원에서 근무한 기록은 보이지 않는다.

일제 때는 수정壽町(현 주자동)의 경성의원京城醫院 원장으로 일했으며, 1915년 9월 고종과 순종으로부터 대한적십자병원과 대한의원 창설에 대한 공로로 하사금 1,000원을 받았다(『순종실록 부록』, 1915.9.18).

대한의원 창설위원회는 단 한 사람의 한국인도 없이 일본인만으로 구성되었다. 그들은 이토 히로부미伊藤博文(→900)의 측근, 동인회 관계자, 그리고 통폐합 대상인 광제원, 의학교, 적십자병원에서 일한 경력을 가진 사람이었다. 의학교 및 부속병원, 광제원, 적십자병원 등을 통폐합하여 1907년 3월 설립된 대한의원은 그 명칭 '대한大韓'과 달리, 설립과정부터 운영에 이르기까지 철저히 일본제국주의 치하에 있었다.

대부분의 생을 한국에서 지내며 일제의 한국 지배에 기여했으며, 그에 대한 보상을 충분히 누린 것으로 보인다.

[참고문헌] 이충호 『일제암흑기의 의사교육사』(국학자료원, 2011), 國史編纂委員會 編 『純宗實錄附錄』(探求堂, 1986) 【이충호】

777
요시오카 마리코
吉岡萬里子(길강만리자) 1925.7~?

관료

경성 출신. 1908년 요시오카의 조부 일가는 후쿠오카현福岡縣 하카타博多에서 조선으로 건너왔다. 요시오카의 부친은 당시 소학교 5학년이었으며, 종로고등학교 졸업 후 밤에는 선린상업학교를 다니고 낮에는 조선총독부에서 근무, 1920년 보통문관시험에 합격, 1922년 총독부 판임관으로 발령, 1943년 퇴직하였다.

1925년 7월 경성 종로구에 있는 적십자병원에서 태어나, 1931년 조선철도에서 경영하는 유치원에 입학하였다. 1932년 2월 마리코 어머니는 동생을 낳고 회복하다가 사망하였다. 마리코는 남대문공립심상소학교, 경성제일공립고등여학교, 일본의 '국체國體'를 교육하는 청화여숙淸和女塾을 거쳐 1944년 5월에 아버지의 도움으로 조선총독부 인사과에 취직하였다.

1945년 8월 패전 후에도 약 3개월 동안 경성에 머물다가, 11월에 친척과 함께 계모의 고향인 히로시마현廣島縣으로 귀환하였다.

1979년, 1990년, 1992년에 가족과 함께 서울을 방문한 것 이외의 귀국 후 행적과 사망 여부 등은 현재까지 파악하기 어렵다.

[참고문헌] 사와이 리에 저, 김행원 역『엄마의 게이조, 나의 서울』(신서원, 2000), 이연식「해방 후 본토로 돌아간 일본인의 경성 인식－경성 태생 요시오카 마리코(吉岡萬里子)의 사례를 중심으로－」『향토서울』79(서울특별시사편찬위원회, 2011)　　　【조미은】

778
요시자와 미노루
吉澤實(길택실)　　　　　　　?~1988

음악가, 교사

니가타현新潟縣 출신. 니가타사범학교를 거쳐 도쿄음악학교 갑종 사범과에 진학하여 1926년 졸업하였다. 그 후 히로시마 사범학교에서 4년간 근무하고, 1930년에 이가라시 데이자부로五十嵐悌三郞(→817)의 후임으로 경성사범학교 교사로 부임하여 1945년 폐교될 때까지 15년에 걸쳐 경성사범학교에 근무했다. 1941년 조선음악협회 간사로 활동하였고, 당시로서는 흔하지 않았던 혼성합창단을 만들어 독자적인 합창문화를 만들며 음악교육에 독자적인 활동을 펼쳤다. 1945년 인양자로 고향에 귀환하여서도 고교여학생합창단, 혼성합창단 등을 결성하고 후진 양성에 전념하였다. 특히 1970년 퇴직 후부터 1977년까지 니가타에서 '와카바카이若葉會' 피아노 교실을 주최, 음악의 길을 희망하는 학생을 개별 지도하여 많은 우수한 인재를 키웠다. 음악교육자로서 전후 니가타의 음악교육계를 이끌었고, 그 공로를 인정받아 1976년 니가타현 교육위원회와 니가타시장으로부터 표창을 받았다. 조선인 천재음악가 김순남金順男이 그에게서 배운 것은 특기할 만하다.

요시자와의 조선에서의 활동은 경성사범학교에서 15년간 음악을 담당하는 교사로서의 역할이 중요한데, 이것은 크게 세 가지 활동으로 요약할 수 있다. 첫째는 경성사범학교의 음악교육에 독자적인 색채를 부여했다는 점을 꼽을 수 있다. 남녀칠세부동석이라는 관습이 아직 당연시되었던 당시로서는 상상하기 힘들었던 혼성합창단을 독자적으로 만들어 하이든의 〈천지창조〉나, 헨델의 〈할렐루야〉 등을 연주하여 경성의 음악계에 신선한 시도를 하였다. 둘째, 1932년 이래 경성사범학교가 발행했던 『초등창가初等唱歌』의 편집에 핵심적인 역할을 했다. 이 작업은 경성사범음악교육연구회가 담당했는데 요시자와가 그 대표였다. 요시자와는 이 창가집에서 조선 아동의 정서에 일치하고 예술적, 교육적일 뿐 아니라, 조선의 향토적 정서, 풍경, 역사 등을 반영한 소재의 가사를 가진 창가를 만들어 보급하고자 했다. 예를 들면 〈남대문의 종南大門の鐘〉, 〈고려소백자호高麗燒白磁壺〉, 〈신라 법사 의상新羅の法師義湘〉, 〈이퇴계李退溪〉, 또는 〈옛 도성 부여舊都扶余〉 등의 조선역사와 향토색이 드러나는 창가를 다수 수록하였다. 셋째, 1931년 입학하여 1935년 경성사범학교를 졸업한 한국의 천재 작곡가 김순남을 가르친 음악교사가 요시자와 미노루였다. 요시자와가 만들어낸 교내의 음악을 지원하는 활발한 분위기 속에서 김순남은 교내 음악부장을 하였고 피아노연주, 테너독창, 작곡 등 자신의 음악적 재능을 발휘하였다. 기숙사가(경사요가)가 교내 작곡공모에서 일등을 하여 자신감을 얻은 김순남이 졸업 후 도쿄고등음악학원과 도쿄제국음악학교에 유학을 하게 되었다.

1945년 8월 종전, 9월 경성사범학교 폐교 후 1946년 2월에 일본에 인양되어 1948년 5월부터 니가타현립 니가타중앙고등학교에 교사로 근무하다가 나중에는 교감으로(1959년 3월부터) 약 11년간 재직하였다. 개인 피아노 교습을 통해 재능 있는 학생들을 발굴 육성하였고, 니가타 양악가협회회장, 니가타시음악예능협회상임이사 등을 맡아 전후 니가타 음악계의 리더로서 1976년 6월에 니가타현 교육위원회 및 니가타시장으로부터 문화공로자로서 표창을 받았다.

[참고문헌] 東京音樂協會 編 『音樂年鑑 昭和十年版』(音樂世界社, 1935), 藤井浩基「京城師範學校における音樂敎育(1)－1925年~1935年を中心に」『北東アジア文化硏究』 24(鳥取女子短期大學北東アジア文化總合

研究所, 2006), 藤井浩基「朝鮮における石川義一の音樂活動:1920年代前半を中心に」『北東アジア文化研究』19(鳥取女子短期大學北東アジア文化總合研究所, 2004)　　　　　　　　　　　【이경분】

779

요시카와 신타로

吉川信太郎(길천신태랑)　　　　1898.6~?

잇표一瓢(필명)

사법관료, 문학가

시가현滋賀縣 출신. 1921년 3월, 리쓰메이칸대학立命館大學을 졸업하고, 1922년 9월 변호사 시험에 합격하였다. 하이쿠俳句를 시작한 시기는 1916년 무렵이지만 수험 준비 시절과 변호사 시절에는 구작을 중단하였다가 조선 재주 시절 다시 재개하였다.

1930년에 조선에 건너온 요시카와는 조선총독부의 직속기관이었던 각지의 재판소에 소속되어 재직하였다. 1930년부터 1932년까지는 평양지방법원, 1933년에는 부산지방법원, 1934년부터 1937년까지 공주지방법원, 1938년 대전지방법원, 1939년부터 1940년 함흥지방법원, 1941년부터 1942년 부산지방법원, 1943년은 광주지방법원의 제주지청에서 판사로 13년 동안 조선에 부임하였다. 조선에서 다시 구작활동을 시작하였으며 잦은 지방 부임에도 하이쿠 활동을 꾸준히 전개하였다. 평양 시절에는 히로세본조廣瀨盆城의 지도를 받았으며, 강경江景에서는 법원의 직원들을 중심으로 하는 '강경음사江鏡吟社'라는 하이쿠 모임을 조직하기도 하였다. 연간물『경성잡필京城雜筆』속에 「하이쿠 작풍 노래俳風歌」라는 글을 실었으며, 조선에서의 하이쿠는 구집『두 사람의 여행二人旅』(吉川信太郎, 1958)의 「조선편朝鮮編」에 수록되어 있다.

1945년 10월 제주도에서 일본으로 귀국하였고 교토京都에 살면서 하이쿠 활동을 계속해 나아갔다. 구집에는 1958년 1월, 요시카와 히사코吉川ひさ子와의 합동 구집인 『두 사람의 여행』이 있다.

[참고문헌] 阿部誠文『朝鮮俳壇-人と作品〈下卷〉』(花

書院, 2003), 朝鮮總督府 編『朝鮮總督府及所屬官署職員錄』(朝鮮總督府部, 각년판), 寺田壽夫 編『京城雜筆』(京城雜筆社, 1935)　　　　　　　　【김보현】

780

요시토시 에미키

吉利惠美喜(길리혜미희)　　　　1890.7.7~?

경찰관료

가고시마현鹿兒島縣 출신. 1910년 3월에 나가사키중학교長崎中學校를 졸업했으며, 동년 4월에 이자쿠다심상소학교伊作田尋常小學校의 교원으로 근무했다.

조선에서의 요시토시는 전형적인 경찰관료였다. 조선에서의 이력은 1913년 5월에 전라북도 군산경찰서群山警察署에서 순사로 근무한 것이 최초이다. 1918년 12월에 보통문관시험普通文官試驗에 합격했는데, 이는 요시토시의 학력으로 조선에서 '입신출세'할 수 있는 거의 유일한 방법이었다. 이를 통해 판임관이 된 요시토시는 1919년에 순사부장으로 전라북도 고창경찰서高敞警察署에서 근무할 수 있었으며, 더불어 승진이 가능해졌다.

1919년 9월에 경부보警部補에 임명되었고, 전라북도 이리경찰서裡里警察署에서 근무하였다. 1922년 1월에는 경부에 임명되었으며, 1924년부터는 전라북도 임실경찰서任實警察署 서장으로 재근하였다. 1928년 8월에는 조선총독부 경무국 보안과장으로 근무했다. 1933년에는 경시로 승진하여 함경북도 회령경찰서會寧警察署 서장으로 재근하였고, 동년 11월에는 외무성 경시를 겸임하였다. 1934년에는 함경북도 나남마약류중독자치료소羅南麻藥類中毒者治療所에서 근무하였으며, 1935년 6월 시점에는 함경북도마약류중독예방협회咸鏡北道麻藥類中毒豫防協會 회령지부에서 활동했다. 1936년 6월에는 함경남도 원산경찰서元山警察署 서장으로 근무했고, 1937년에 전라남도 경찰부 고등경찰과로 옮겼다. 1938년에는 조선총독부 경무국 보안과 촉탁으로 근무했다. 같은 해 9월에 조선방공협회朝鮮防空協會 주사로 활동한 기록이 있으며, 1939년 4월에는 경찰관공로자로 표창을 받기에 이른다. 1920년대 어느 시점에 조선어장려시험에 합격하기도 했다.

[참고문헌] 阿部薫 編『朝鮮功勞者銘鑑』(民衆時論社, 1935), 越智兵一 編『朝鮮總督府施政二十五周年記念 表彰者名鑑』(朝鮮總督府, 1935), 淵上福之助 著『朝鮮と三州人』(鹿兒島新聞京城支局, 1933)   【전영욱】

781

요시하라 사부로
吉原三郎(길원삼랑)   1854.4.5~1916.11.16

관료

가즈사노쿠니上總國 이즈미군夷隅郡 사쿠타무라作田村 출신. 요시하라 시게로吉原重郎의 3남으로 태어났다. 1876년 사법성 법학생, 1885년 판사보 1888년 법과대학에 진학하여 1889년 졸업했다. 1890년 중의원 서기관을 지낸 이후 사이타마埼玉, 오사카大阪, 아이치현愛知縣 등에서 서기관으로 근무하였다. 1899년 12월 가가와현香川縣 지사, 1906년 내무차관을 거쳐 1908년 퇴관하였다.

퇴관한 해인 1908년 12월에 1908년 일제가 대한제국의 토지와 자원을 수탈할 목적으로 설치한 식민지 착취기관인 동양척식주식회사의 부총재에 취임하였으며 이후 1913년 12월에는 총재에 취임하였다. 1912년에는 러일전쟁의 공로를 인정받아 훈2등에 서임되었다.

[참고문헌] 人事興信所 編『人事興信錄』(人事興信所, 1925), 川端源太郎『朝鮮在住內地人實業家人名辭典 第一編』(朝鮮實業新聞社, 1913), 국사편찬위원회 한국사데이터베이스 〈http://db.history.go.kr〉   【최종길】

782

요코세 모리오
横瀨守雄(횡뢰수웅)   1892.2~?

금융인, 실업가

나가사키현長崎縣 출신. 모리타로守太郎의 차남으로

태어났다. 1912년 나가사키고등상업학교長崎高等商業學校를 졸업하고 1915년 교토대학京都大學 정치과를 졸업하였다.

1915년 교토대학 졸업 후 조선은행에 입사하였으며, 경성본점, 나남, 부산 각 지점을 거쳐 다롄大連 지점 부지배인이 되었다. 1927년 5월 사평위四平衛 지점 지배인이 되었으며 1932년 7월 본점 검사과장이 되었다. 1935년 8월에는 조선은행 이사가 되었고 1941년 조선동아무역주식회사, 조선무역진흥주식회사 사장에 취임하였다.

[참고문헌] 貴田忠衛『朝鮮人興信錄』(朝鮮人事興信錄編纂部, 1935), 阿部薫 編『昭和十二年版 朝鮮都邑大觀』(民衆時論社, 1937)   【마스타니 유이치桝谷祐一】

783

요코타 다쓰유키
横田達之(횡전달지)   생몰년도 미상

영화인

1921년부터 1941년까지 닛카쓰日活에 소속되어 103편의 영화에서 촬영 기술 업무를 담당하였다. 1942년 시점에는 다이에이大映의 기술과장으로 재직 중이었다.

자본금 200만 원을 기반으로 1942년 9월 29일 탄생한 사단법인 조선영화제작주식회사의 설립 과정에서 통폐합 대상이 된 기존 10개 영화사의 기계 설비에 대한 사정查定을 주도한 인물이다.

1942년 4월, 정책 당국은 후일 사단법인 조선영화제작주식회사와 사단법인 조선영화배급사의 사장으로 취임하는 경성상공회의소 부회장 다나카 사부로田中三郎(→250)의 천거와 총독부의 신원 조사를 거쳐 일본의 유력 영화사인 다이에이大映의 기술과장이던 그를 조사관으로 초빙하였는데, 그 과정에서 모리 히로시森浩(→397) 도서과장이 다이에이 측에 정식으로 협조를 요청한 것으로 알려져 있다.

요코타가 각 회사 기계류의 사정을 시작한 것은 1942년 4월 29일부터였다. 그 결과 5월 16일에는 총독부 당국에서 인수 가격이 정식으로 발표되었고, 5

월 19일 10개사의 대표 조직체인 조선영화제작자협회의 의견서 제출이 있은 후, 5월 31일에 매수 가격이 최종적으로 확정되었다.

그는 기계 및 설비에 대한 사정뿐 아니라, 신청 접수, 매입 접수, 대금 지불 등의 제반 업무를 총괄하였다. 기계 설비의 매입과 요금 지불은 사단법인 조선영화제작주식회사 설립 직후인 1942년 10월 8일부터 약 1주일간에 걸쳐 이루어졌다.

사단법인 조선영화제작주식회사 창립 후 요코타 다쓰유키는 회사 명부에 촉탁으로 이름을 올리기도 하였으나 구체적인 활동 내역은 확인되어 있지 않다. 아울러 일본영화데이터베이스 상에 다이에이의 작품인 〈벵갈의 폭풍우ベンガルの嵐〉(1944)의 촬영에 관여한 것으로 기록되어 있는 바, 태평양전쟁 중에 일본영화계로 복귀하였을 것으로 추정된다.

전후에는 다이에이에서 〈니지오虹男〉(1949)의 특수촬영, 〈반딧불의 빛螢の光〉, 〈양귀비楊貴妃〉, 〈환영의 말幻の馬〉(이상 1955)의 색채기술, 〈석가釋迦〉(1961)의 특수기술을 담당하였다.

[참고문헌] 高島金次『朝鮮映畵統制史』(朝鮮映畵文化研究所, 1943), 일본영화데이터베이스〈http://www.jmdb.ne.jp〉　　　　　　　　　　　【함충범】

784

우가키 가즈시게
宇垣一成(우원일성)　　　　1868.6.2~1956.4.30

정치인

오카야마현岡山縣 출신. 1890년 7월, 육군사관학교를 제1기생으로 졸업하였으며, 1900년 육군대학을 졸업했을 때는 3등의 성적으로 천황이 하사하는 군도를 받았다. 이후 육군의 엘리트 코스를 밟아 독일에서 유학하였으며, 귀국 후 참모본부 총무부 부원, 교육총감부를 거쳐 1911년 9월 육군성 군무국 군사과장이 되었다. 이후 참모본부 제1부장, 참모본부 총무부장, 육군대학교 교장 등 요직을 거쳐 1923년 다나카 기이치田中義一 육군대신 아래 차관에 임명되었다.

우가키는 1924년 1월 기요우라 게이고清浦奎吾 내각의 육군대신에 임명된 이래 같은 해 6월에 제1차 가토 다카아키加藤高明 내각에서 유임되었으며 제2차 가토내각, 제1차 와카쓰키 레이지로若機禮次郎 내각에서도 유임되어 육군대신으로서의 재임기간은 4내각에서 3년여에 이른다. 이 시기에 그는 군비 근대화를 지향하는 이른바 '우가키 군축'을 추진하였다. 1929년 7월에 하마구치 오사치濱口雄幸 내각이 성립하자 우가키는 다시 육군대신에 취임하여, 사단의 대륙 이주, 근위 사단 폐지, 교육총감부 폐지 등을 골자로 하는 군제 개혁을 추진하여 이를 통해 항공 전력의 충실, 화력의 충실 등을 목표로 하였다. 1931년 하마구치 내각이 총사직하면서 우가키도 사임하였다.

1927년 4월부터 12월에 걸쳐 사이토 마코토齋藤實(→469) 조선총독이 주네브군축회의에 참가했을 때 우가키는 총독 대리를 맡았으며, 1931년 6월에 정식으로 조선총독에 임명되었다. 우가키는 일본 독점자본의 요구를 반영하여 북한지역을 중심으로 군수공업을 추진하였다. 특히 공업 원료 확보를 위하여 남쪽에서 면화, 북쪽에는 면양 사육을 장려하는 남면북양정책南綿北羊政策, 압록강·두만강 상류지대의 국유림을 개발하는 조선북부지역 개척사업, 식민지 전역에서 금 생산을 장려하는 산금産金 장려정책을 추진하였다. 다음으로는 농촌진흥정책과 농업정책을 추진하여 총동원체제를 구축하기 위한 촌락조직을 강화하고 농촌의 중견인물을 양성하였다. 또한 '내선융화內鮮融和'를 강조하면서 황민화정책을 추진하였다. 일면일교一面一校정책을 추진하여 면 단위 하나마다 소학교 하나씩을 설립하는 정책을 추진하였다.

군축과 군정 개혁, 조선총독으로서의 평판 등을 통해 1937년 1월 24일 우가키는 내각 총리대신에 임명되었으나, 육군성의 중견막료층은 우가키 내각 결정에 반발하여 사퇴를 촉구하였다. 육군의 반대 이유는 우가키의 군축 전력과 3월 사건에 관여했다는 의혹 때문에 지지하기 어렵다는 것이었으며, 육군은 군부대신 현역무관제를 무기로 육군대신을 추천하지 않았다. 육군대신을 임명하지 못한 우가키는 수상 취임 4일 만에 물러나게 되었으며, 이를 세상에서는 '우가키 유산내각'이라 부른다.

1938년 5월 고노에 후미마로近衛文麿 수상에 의해 이례적으로 비 외교관 출신으로서 외무대신에 임명되었다. 우가키는 장제스와의 교섭을 시도하며 중일전쟁 해결을 추진하는 한편, 영국의 중재를 통해 화평의 길을 모색하였으나, 중국사무 통일을 위한 흥아원興亞院 설립 문제로 고노에와 충돌하여 4개월 만에 외무대신을 사임하였다. 그는 1940년대에는 공적인 활동을 하지 않았지만, 전쟁의 양상과 정부의 정책을 비판하는 글을 남겼다. 이 시기의 우가키를 민주주의자, 평화주의자라고 보는 시각도 있으나 전쟁의 성공적 수행을 바라는 철저한 군국주의자로 평가하는 것이 일반적이다.

전후에 공직 추방을 당하였으나 많은 정치가와 군인들이 전범으로 기소된 데 비하여 우가키는 1952년에 추방이 해제되자 이듬해 4월 참의원선거에 출마하였다. 그는 51만 이상의 표를 얻어 전국 최고 득표로 당선되었으나, 선거운동 중에 쓰러져 의원 활동을 거의 하지 못한 채 1956년 사망하였다.

[참고문헌] 北岡伸一 『政黨から軍部へ: 1924~1941』(中央公論新社, 1999), 北岡伸一 『官僚制としての日本陸軍』(筑摩書房, 2012), 御厨貴 編 『歷代首相物語』(新書館, 2013) 【김영숙】

785
우노 도시오
宇野利雄(우야이웅)　　1902.4.8~1998.11.29

수학자, 대학교수

지바현千葉縣 사쿠라시佐倉市 출신. 구제舊制 지바현립사쿠라중학千葉縣立佐倉中學과 제일고등학교第一高等學校를 나왔다. 도쿄제국대학東京帝國大學 이학부 수학과에 입학하여 1926년에 졸업하였다. 이학박사 자격으로 1928년에는 도쿄상선학교東京商船學校 교수를 역임하다 1941년에 경성제국대학 이공학부 교수로 부임하여 조선에 건너왔으며, 경성제국대학 재직 당시 주소는 경기도 양주군 호해면芦海面 공덕리孔德里였다.

전후에는 도쿄도립대학東京都立大學 교수, 니혼대학日本大學 교수 등을 역임하였다. 또 컴퓨터 수치계산의 기초 기술을 확립하여 일본의 컴퓨터 개발에 기여하였다. 후생성厚生省 후생통계위원회위원厚生統計評議會會員, 문부성文部省 통계수리연구소統計數理研究所 평의원評議員을 역임했다.

[참고문헌] 谷サカヨ 『第14版 大衆人事錄』(帝國祕密探偵社, 1943), 森口繁一 『名譽會員 宇野利雄博士を偲ぶ』(情報處理學會會誌, 1993), 宇野一郎 『數學者·宇野利雄との約束』(文藝社, 2007), 한국역사정보통합시스템 〈http://www.koreanhistory.or.kr〉 【김욱】

786
우노 사타로
宇野左太郎(우야좌태랑)　　1895~1981

이쓰운逸雲(이명)

화가

교토부京都府 출신. 충주와 경성에 거주하며 조선미술전람회 동양화부에 꾸준히 출품했다.

1918년 이전에 조선에 건너온 것으로 추정된다. 충주에 거주하면서 1922년 제1회 조선미전 동양화부에서 〈녹음일게綠陰一憩〉로 2등상(1등 없음)을 받는 등 4회까지 수상을 거듭했고 그의 작품을 총독부와 이왕직에서 구매했다. 5년간의 공백기 이후 경성으로 이주하여 10회부터 마지막 조선미전까지 동양화부에 빠짐없이 출품하며 특선과 무감사 등의 높은 성적을 거두었다. 당시의 평론과 기사에 따르면 우노는 교토 지역의 전통 화파인 마루야마시조파円山四條派와 하시모토 간세쓰橋本關雪의 화풍을 계승했고 신체적 장애(벙어리)를 극복하고 화가로서 성공한 것으로 알려져 있다.

1941년에는 조선미전 20주년 동양화부 기념공로자로 선정되었다. 교토로 되돌아가 일본화가로 활동한 것으로 파악된다.

[참고문헌] 한국미술연구소 편 『朝鮮美術展覽會記事資料集』(한국미술연구소, 1999), 阿部薰 『朝鮮人物選集』(民衆時論出版部, 1934), 한국미술정보개발원

〈http://www.koreanart21.com〉

【최재혁】

787

우라세 유타카

浦瀬裕(포뢰유)   생몰년도 미상

우라세 사이스케浦瀬最助(이명)
외무관료

나가사키현長崎縣 출신. 초량왜관草梁倭館으로 어렸을 때부터 파견되어 오랫동안 체류하면서 한국어를 학습하였다. 조선의 개항 이전부터 왜관에서 근무하면서 조선 측 훈도, 통사들과 접촉하면서 문답으로 조선 내부 상황을 파악하고 전달하는 역할을 담당하였다.

1872년 6월 왜관 난출 사건이 발생하였을 당시 간전관幹傳官으로 훈도 안동준安東晙 등과 빈번하게 접촉하였다. 1874년 8월에는 암행어사 수행원이었던 이덕경李德卿에게 청국과 일본이 체결한 조약문을 한 부 증정하여 조선 정부 측에 전달하도록 하기도 하였다. 1876년 1월 구로다 기요타카黑田淸隆 일행이 조약 체결을 하기 위해서 조선으로 파견되었을 때 외무성 4등 서기생 신분으로 동행하였다. 모리야마 시게루森山茂(→390)와 인천부사仁川府使의 회담, 강화도 진무영에서 구로다와 접견대관 신헌申櫶의 교섭, 신헌과 미야모토 오카즈宮本小一의 면담 등에서 통역 업무로 자리에 동석하였다. 조선 측 역관 오경석吳慶錫과 실무 차원에서 접촉하면서 근대 문물 등에 대해서 문답을 나누기도 하였다. 2월 27일 조일수호조규에 서명 조인하고 상호 교환하는 자리에도 동석하였다. 이해 4월 조선에서 1차 수신사修信使 김기수金綺秀가 파견되었을 때 서기생 신분으로 요코하마橫濱에서부터 영접하고 통역을 담당하였다. 이 당시 50여 세의 연배였다고 한다. 수신사 일행이 체류 일정을 마치고 부산으로 되돌아갈 때까지 이들을 수행하였다. 이해 8월 미야모토가 이사관理事官으로 조선에 파견되었을 당시에도 3등 서기생 신분으로 도한하여 조선 측의 관리들과 교섭하는 석상에 동석하여 통역 업무를

담당하였다. 1877년에는 외무4등속으로 조선에 잠시 출장을 나왔다. 1882년에는 부산영사관 고용雇으로 근무하였던 것이 확인된다.

1880년 5월 외무성 고용 조선어학 교수로 있으면서, 일찍이 아메노모리 호슈雨森芳洲가 펴낸 조선어학습교재『교린수지交隣須知』에 대하여, 부산어학소 고용 김수희金守喜와 함께 교정을 하고 내용을 증보하였다. 이것은 1881년 1월 부산에서 간행되었다. 이어서 1882년 1월에는『정정 인어대방訂正 隣語大方』도 교정을 보고 증보하여 외무성에서 발간하였다.

[참고문헌] 김기수 저, 이재호 역『日東記游』(민족문화추진회, 1977), 김홍수『한일관계의 근대적 개편과정』(서울대학교출판문화원, 2009), 신헌 저, 김종학 역『심행일기』(푸른역사, 2010)   **【박한민】**

788

우메 겐지로

梅謙次郎(매겸차랑)   1860.7.24~1910.8.25

관료, 법학자, 대학교수

시마네현島根縣 출신. 1875년 도쿄외국어학교東京外國語學校에 입학하여 프랑스어를 수학하였고, 1880년에 졸업하였다. 다시 사법성 법학교司法省法學校에 들어갔으며 1884년 수석으로 졸업하였다. 1886년부터 1889년까지 문부성文部省 국비유학생으로 프랑스 파리 리옹대학에서 유학하여 법학박사 학위를 취득하였다. 귀국 후에는 1890년부터 도쿄제국대학東京帝國大學 법과대학 교수가 되어 민법을 가르쳤는데, 농상무성 참사관을 겸직하였다. 1893년에는 법전조사회의 민법 및 상법 기초위원으로도 활동하였다. 이후 도쿄제국대학 법과대학장, 와후쓰법률학교和佛法律學校 교장 및 호세이대학法政大學 초대 총리, 내각 법제국장관, 문부성 총무장관 등을 역임하였다. 1906년 대한제국 법률고문으로 고빙되면서 조선에 건너왔는데 7월 부동산법조사회 구성 후 회장으로 활동하면서 토지가옥증명규칙 및 시행세칙 등의 법률 제정에 수정안을 제시하여 이를 반영하는 역할을 담당하였다. 이때 실지조사를 위해 7~8월 사이에 수

원, 개성, 인천, 대구, 부산 등지로 보좌관들을 데리고 출장을 직접 다녀오기도 하였는데, 그 결과물이 『한국부동산에 관한 조사기록韓國不動産二關スル調査記録』이었다. 이해 10월 16일 제정된 「토지가옥증명규칙」은 한국 내에서 일본인을 비롯한 외국인의 토지소유를 합법화한 것이었다. 부동산 관련 법률 설명을 하기 위해서 이해 8월 통감 주최로 열린 10차 시정개선에 관한 협의회에 출석, 발언하기도 하였다. 1907년 7월 제3차 한일협약 체결 당시에는 통감 이토 히로부미伊藤博文(→900)의 명령에 따라 「재판소구성법裁判所構成法」을 비롯하여 사법제도 개편 관련 법령의 초안을 작성하였다. 법전조사국 창설 이후에는 고문으로 임명되었는데, 여기에서는 민법, 형법, 민사소송법, 형사소송법과 관련된 법령의 기초 작업이 이루어졌다. 관습조사사업의 계획과 실시에 관하여 206개의 조사항목을 작성하였다. 여기에 기초하여 전국 13도를 대상으로 민법과 상법 관련 내용에 대한 실지조사 및 전적조사가 실시되었다. 조선의 풍속, 습관 등에 관한 조사활동을 통하여 『관습조사보고서慣習調査報告書』를 발간하였다. 1909년 7월 12일 체결된 「한국 사법과 감옥사무 위탁에 관한 각서韓國司法及監獄事務委托二關スル覺書」와 관련하여 재판소 설치 및 관리감독 등에 관한 검토 의견서로 「사법권위임협약 실시에 관한 비견司法權委任協約ノ實施二關スル卑見」이 남아있는데, 1909년 일본에 귀국하여 체류하던 중에 작성하였던 것으로 추정된다.

국가학회 강연이었던 「한국의 이야기韓國ノ話」는 『국가학회잡지國家學會雜誌』(第21卷 第12號, 1907)에 수록되었다. 이외에 발표한 글로는 「부동산에 관한 한국 구습법 일반不動産に關する韓國舊習法一斑」(『法曹記事』第18卷 第6號, 1908), 「한국의 전당韓國の典當」(『法學協會雜誌』第26卷 第10號, 1908), 「한국 법률제도에 관하여(상·하)韓國の法律制度に就て(上·下)」(『東京經濟雜誌』1512·1514, 1909), 「韓國今後の司法」(『經濟時報』82, 1909), 「法人に關する韓國慣習法一斑」(『法學協會雜誌』第27卷 第5號, 1909), 「韓國の合邦論と立法事業」(『國際法雜誌』第8卷 第9號, 1910), 「合併後の韓國法制」(『刑事法書林』第2卷 第9號, 1910)가 있다. 이후 1910년 8월 장티푸스에 걸려

서울에서 51세의 나이로 사망하였다.

[참고문헌] 이승일 『조선총독부 법제 정책』(역사비평사, 2008), 이영미 저, 김혜정 역 『한국사법제도와 우메 겐지로』(일조각, 2011), 오가와라 히로유키 저, 최덕수·박한민 역 『이토 히로부미의 한국 병합 구상과 조선 사회』(열린책들, 2012), 김효전 『법관양성소와 근대한국』(소명출판, 2014), 문준영 「統監府裁判所 設置에 관한 資料-倉富勇三郎와 梅謙次郎의 의견서」 『法史學研究』 36(한국법사학회, 2007)　　　　【박한민】

789
우사가와 가즈마사
宇佐川一正(우좌천일정)　　　1849.12.24~1927.11.10

육군 군인

조슈번長州藩 출신. 번사藩士 후지무라 다로에몬藤村太郎右衛門의 4남으로 태어나 우사가와 히사히라宇佐川久平의 양자로 들어갔다. 후시미교도대伏水敎導隊에 들어간 이후 1874년 4월에 육군 도야마학교戸山學校를 졸업하고 소위로 임관하였으며 고노에近衛 사단 참모, 제1사단 참모 등을 역임한 후 제10사단 참모장 군무국 군사과장, 제12여단장 군무국장 참의원 간사, 육군중장을 지냈다. 청일전쟁시기에는 제1군 참모로 출정하여 훈장을 받은 바 있으며, 러일전쟁시기에는 육군성에서 군무국장으로 참전하여 훈장을 받았고 이후 남작의 작위를 받고 화족의 반열에 올랐다.

조선으로 건너온 시기가 언제인지 명확하지 않으나 1908년 일제가 대한제국의 토지와 자원을 수탈할 목적으로 동양척식주식회사를 설립할 시기에 위원이 되었다가 이 회사가 설립되면서 총재에 취임하였다.

[참고문헌] 秦郁彦 編 『日本陸海軍總合事典 第2版』(東京大學出版會, 2005), 福川秀樹 『日本陸軍將官辭典』(芙蓉書房出版, 2001), 外山操 編 『陸海軍將官人事總覽 陸軍篇』(芙蓉書房出版, 1981), 川端源太郎 『朝鮮在住內地人實業家人名辭典』第一編(朝鮮實業新聞社, 1913)　　　　【최종길】

790

우사미 가쓰오
宇佐美勝夫(우좌미승부)　　　1869.6.21~1942.12.26

관료, 정치인

야마가타현山形縣 요네자와米澤 출신. 제일고등학교를 거쳐 1896년 7월 도쿄제국대학東京帝國大學 법과대학 정치학과를 졸업했다. 졸업 후 내무속內務屬으로 내무성에 근무하고, 1897년 이후 도쿠시마현德島縣 참사관, 교토부京都府 참사관, 내무성 서기관 등을 거쳐 1908년 도야마현富山縣 지사를 지냈다. 1910년 6월 통감부로 전임하여 한국정부의 내부內部 차관, 1910년 10월부터 1919년 8월까지 조선총독부 내무부 장관을 지내고, 1917년 6월부터는 토목국장도 겸하였다. 일본으로 돌아간 후에는 도쿄부東京府 지사(1921), 상훈국賞勳局 총재(1925), 자원국資源局 장관(1927), 만주국滿洲國 국무고문(1933)을 역임하고, 1934년부터 1942년까지 귀족원 의원을 지냈다.

통감부 부통감 야마가타 이사부로山縣伊三郎(→651)의 추천으로 1910년 6월 통감부 참여관으로서 조선에 건너와 한국정부의 내부 차관에 취임하였다. 야마가타와는 우사미가 도쿠시마현 참사관 재직 시절 지사였던 인연에서 비롯되어 야마가타의 '고굉지신股肱之臣'으로 불리는 사이가 되었다. 우사미는 일본의 한일강제병합 후 그해 10월 야마가타 정무총감 아래서 내무부 장관에 취임하여 내무행정의 기초를 다졌다. 당시 내무부는 지방행정과 종교, 의료 관련의 사무를 담당하고, 따로 학무국을 두어 교육관련 사무도 관장하였다. 우사미의 내무부장관 시절의 주요 시책으로는 먼저 지방행정제도의 개편을 들 수 있다. 1914년 4월 종래 재조일본인 사회에서 실시되던 거류민단제居留民團制를 폐지하고 부제府制와 학교조합제學校組合制를 실시했으며, 1917년에는 면제面制를 시행하였다. 또한 전국 도로망의 확정과 도로의 개수改修 등을 행하였다. 1911년 8월 조선교육령을 발포하여 식민지 교육방침을 제정하였고, 기독교계 사립학교를 이 교육령에 의거하도록 함으로써 종교를 학교에서 분리시켰다. 이밖에 병합에 즈음해서

천황이 내린 은사금恩賜金을 관리하고 처분하였다. 1919년 8월 사이토齋藤 총독이 부임하게 되면서 퇴임하고 일본으로 귀국하였다.

1921년 도쿄부 지사에 취임하여 4년을 재임하였다. 그 기간에 도쿄부 박람회를 개최하고, 간토대지진關東大震災을 수습하였다. 이후 상훈국 총재 및 자원국 장관을 지내고, 1933년에는 만주로 건너가 만주국 국무고문을 역임하였다. 1934년부터 1942년까지 귀족원 의원을 지냈으며, 1942년 12월 제국의회 개원식에 참석한 뒤 갑작스런 심장마비로 사망했다.

[참고문헌] 有馬純吉 『人物評論眞物歟贋物歟』(朝鮮公論社, 1917), 故宇佐美勝夫氏記念會 編 『宇佐美勝夫氏之追憶錄』(故宇佐美勝夫氏記念會, 1943), 戰前期官僚制研究會 編, 秦郁彦 著 『戰前期日本官僚制の制度·組織·人事』(東京大學出版會, 1981)　　【박양신】

791

우스다 잔운
薄田斬雲(박전참운)　　　1877.1.27~1956.3.27

사다타카貞敬(본명)

문학가, 저술가

아오모리현靑森縣 히로사키弘前 출신. '잔운斬雲'은 필명이다. 1899년 도쿄전문학교東京專門學校(현 와세다대학早稻田大學) 문학과 선과選科를 졸업한 뒤 『국민신문國民新聞』 기자로 일했다. 잡지 『신소설新小說』, 『취미趣味』 등의 동인으로 활동하며 소설 등을 발표했고, 쓰보우치 쇼요坪內逍遙, 다카다 사나에高田早苗 등과 친교를 맺었다.

작가로서의 그는 문단에 데뷔했을 무렵에는 자연주의의 영향을 받은 소설이나 희곡, 수필 등을 주로 발표했으나 점차 역사 및 전기 분야로 관심을 옮겨 관련 작품을 다수 남겼다. 대표적인 작품은 역사서로는 『통속 일본전사通俗日本全史』(전20권) 중 18, 19권에 해당하는 『메이지태평기明治太平記』(早稻田大學出版部, 1913), 그밖에 『로마의 세계 통일ローマの世界統一』(聚芳閣, 1925) 등이 있고, 전기로는 중학교 시절부터의 친우였던 유도선수 마에다 미쓰요前田光世의 일

대기를 그린『세계 횡행 유도 무사 수업世界横行柔道武者修業』(博文館, 1912) 외에 『도야마 미쓰루 일대기頭山満翁一代記』(岡倉書房, 1937) 등이 있다.

조선 체류 기간은 1907년에서 1909년까지로 추정되며, 그 스스로 "처음으로 경성에 온 것은 1907년 2월 24일 밤"이라는 기록을 남기고 있다. 조선에 머무는 동안에는『경성일보』기자로 일했고 잡지『조선朝鮮』에도 소설 등의 작품을 발표하는 한편, 1908년 한 해 동안『요보기ヨボ記』(日韓書房, 1908)『암흑의 조선暗黑なる朝鮮』(日韓書房, 1908),『조선만화朝鮮漫畫』(日韓書房, 1908, 삽화가 도리고에 세이시鳥越靜岐와 공저) 등의 조선 관련 저서를 출간하며 왕성한 집필 활동을 하였다.

1909년 일본으로 돌아간 후에는 와세다대학 출판부 편집위원 등을 역임했고, 1917년에는 중의원 의원 노다 우타로野田卯太郎, 도야마 미쓰루頭山満(→335) 등이 조직한 대민단大民團에 참여하여 운영본부에서 일하기도 했다. 이후 전기 작가로 전향하여 관련 저서를 다수 남겼다.

[참고문헌] 日本近代文學館 編『日本近代文學大事典』(講談社, 1977), 東奧日報社 編『靑森縣人名事典』(東奧新聞社, 2002)   【임다함】

792

우시바 다쿠조
牛場卓藏(우장탁장)   1850.12~1922.3.5

관료, 언론인, 실업가, 정치인

미에현三重縣 출신. 1871년에 고향인 이세노쿠니伊勢國에서 도쿄東京로 상경하였다. 1872년 6월부터 1874년 4월까지 게이오기주쿠慶應義塾에서 수학하였으며, 이때 웅변가로 알려졌다. 1876년부터 효고현청兵庫縣廳에서 근무하면서 권업학무과장勸業學務局長을 지냈다. 1880년부터는 내무성으로 자리를 옮겨 통계원統計院 소서기관少書記官을 맡다가 1881년 정변 당시 관계자로서 파면을 당했다. 1883년에는 잠시 조선에 다녀왔으며, 1884년 대장성大藏省 주세관主稅官이 되었다. 1887년 관직에서 물러나 일본토목회사日

本土木會社 창립에 관여하고 1892년부터 1893년까지 중의원 의원을 지냈다. 1894년부터 산요철도山陽鐵道 총지배인이 되었으며, 1898년에는 산요철도 전무이사專務取締役를 역임하였다. 1904년 산요철도 회장이 되었으며, 1906년 산요철도 국유화까지 담당하였다. 일본 철도서비스의 질을 향상시킨 인물로 최초로 식당차, 침대차 등을 도입하는 등 이용자 본위의 경영방침을 시도했다. 1922년 73세로 사망했다.

1882년『시사신보時事新報』창간에 참여하였다. 이해 10월 4차 수신사修信使로 일본에 파견되었던 박영효朴泳孝는 후쿠자와 유키치福澤諭吉에게 조선에서 신문 발행을 도와줄 인물의 추천을 요청했다. 이에 후쿠자와가 이노우에 가쿠고로井上角五郎(→825) 등과 더불어 우시바를 추천하였다. 이들은 귀국하던 수신사 일행과 함께 조선으로 건너왔다. 후쿠자와는『시사신보』에「우시바 다쿠조 군 조선에 가다牛場卓造君朝鮮に行く」라는 사설을 1883년 1월 11일부터 13일까지 연재하면서 우시바의 조선 파견에 대한 기대감을 표명하였다. 조선 입국 후 정무고문政務顧問으로 임명되어 조선의 내정개혁에 참여하게 되었다. 1883년 2월 박영효가 근대적 신문 창간을 위해 한성부 내에 박문국博文局을 설치하여 신문 발행을 준비하자 이노우에 등과 함께 협력했다. 같은 해 3월 박영효가 한성판윤漢城判尹에서 광주유수廣州留守로 좌천되면서 신문 발간이 중지되자 조선인 유학생 29명과 함께 일본으로 돌아갔다.

귀국 후 1884년부터 대장성에 입사하여 근무하다가 1887년 관직에서 물러났다. 일본토목회사日本土木會社 창립에 관여했으며, 이후 산요 철도와 관련된 사업을 주로 담당하였다.

[참고문헌] 국사편찬위원회 편『한국사』38(국사편찬위원회, 1999), 慶應義塾 編『福澤諭吉全集』卷8(岩波書店, 1960), 秦郁彦 編『日本近現代人物履歷事典』(東京大學出版會, 2002) 臼井勝美 外 編『日本近現代人名辭典』(吉川弘文館, 2007), 福澤諭吉事典編輯委員會 編『福澤諭吉事典』(慶應義塾, 2010)   【최덕수】

793

우시지마 쇼조

牛島省三(우도성삼)　　　　1883.3~1940.10.14

실업가, 관료

가고시마현鹿兒島縣 출신. 제칠고등학교第七高等學校를 졸업하였다. 1910년 도쿄제국대학 東京帝國大學 법과대학 법률학과 법률학과(독일법)를 졸업하고 1911년 10월 고등문관시험 행정과 시험에 합격하여 동년 11월 내무부에 들어가 효고현兵庫縣 시보가 되었다. 이후 효고현 경찰, 군수를 역임하고 1916년 돗토리현鳥取縣 이사관 및 현시학관縣視學官을 거쳐 1919년 야마구치현山口縣 경찰부장, 구마모토현熊本縣 경찰 부장, 효고현 경찰부장을 거쳐 1924년 이시카와현石川縣 내무부장, 1925년 나가노현長野縣 내무부장, 1927년 오사카부大阪府 내무부장으로 전임되었다. 1928년 경시청 서기관으로 임명되어 경무부장에 보임되었다. 1929년 7월 이바라키현茨城縣 지사에 임명되어 정부의 재정 긴축 방침에 따른 예산을 편성하는 현립학교의 경비 삭감을 실시함과 동시에 사회 교육·보습 교육의 충실을 도모하고, 트라코마 예방에도 참가했다. 1931년 조선총독부 학무국장學務局長에 임명되어 조선에 건너오게 되었다.

1931년 6월 우가키宇垣 총독 부임 직후에 있었던 인사이동으로 조선에 건너와 학무국장으로 취임하게 되었다. 그해 9월 총독부 내무국장이었던 이마무라今村의 사임으로 인해 내무국장을 겸직하게 된다. 이후 1936년 5월까지 재임하다가 그해 퇴임했다. 재직 중에는 1933년 5월 도제道制 시행施行에 따라 조선의 자치제도를 완성하는 데 공헌하였으며 1933년 당시 조선총독부 내무국장, 중추원中樞院 서기관장, 제생원장濟生院長, 임야조사위원林野調査委員 겸임하고 있었다.

1936년 퇴관해 경춘철도주식회사京春鐵道株式會社 사장에 취임하고 이후 조선중공업주식회사朝鮮重工業株式會社 사장을 지냈다.

[참고문헌] 貴田忠衛 『朝鮮人事興信錄』(朝鮮人事興信錄編纂部, 1935), 阿部薰 編 『昭和12年版 朝鮮都邑大觀』

(民衆時論社, 1937), 淵上福之助 『朝鮮と三州人』(鹿兒島新聞京城支局, 1933), 국사편찬위원회 한국사데이터베이스 〈http://db.history.go.kr〉　　【이가혜】

794

우쓰노미야 다로

宇都宮太郎(우도궁태랑)　　　1861.4.27~1922.2.15

육군 군인

사가佐賀 나베시마번鍋島藩 출신. 사족士族 가메야마 데이이치龜山貞一의 4남으로 태어나 우쓰노미야 주베宇都宮十兵衛의 양자가 되었다. 육군유년학교를 거쳐 1885년 6월 육군사관학교를 졸업(7기)하고, 보병소위로 임관하여 보병 제5연대에 배속되었다. 1888년 11월에는 중위로 진급하고 육군대학교에 입학하였다. 1890년 12월 육군대학교를 졸업(6기)하고 1892년 4월 참모본부에 소속되었으며, 1893년 11월에는 대위로 진급하고 같은 해 12월부터 1년간 인도로 출장을 다녀왔다. 귀국 후 참모본부 제2국원이 되었고 청일전쟁이 발발하자 대본영 육군 참모로서 정보수집과 분석을 담당하였다. 1898년 10월에는 소좌로 진급하였고, 1901년 1월부터 주영대사관 주재무관으로 런던에 체재하였다. 1903년 1월에 중좌, 1905년 3월 대좌로 진급하였다. 러일전쟁 중에는 아카시 모토지로明石元二郎(→629) 주 스웨덴 대사관 주재무관이 벌이고 있던 러시아 약체화를 위한 공작활동을 현지에서 지원하였다. 1906년 3월 귀국 후 육군대학교 간사, 보병 제1연대장, 참모본부 제2부장을 역임하고 1909년 1월 육군소장으로 진급하였다. 1914년 5월에는 중장으로 진급하여 제7사단장, 제4사단장을 역임하였다.

1918년 7월 조선군 사령관으로 임명되어(1918.7.24.~1920.8.16) 조선에 건너왔으며, 1919년 11월 대장으로 진급하였다.

1920년 8월 군사참의관이 되었으며, 1922년 2월 15일 군사참의관 재임 중 사망하였다.

[참고문헌] 秦郁彦 編 『日本陸海軍總合事典』(東京大學出版會, 1991), 阿部薰 編 『昭和12年版 朝鮮都邑大觀』

(民衆時論社, 1937) 【이승희】

795

우쓰미 요시로
內海淑郎(내해숙랑) 생몰년도 미상

실업가

효고현兵庫縣 하리마播磨 출신. 1897년 인천에 들어왔다. 친척이 운영했던 나가토미長富 상점에서 업무를 도왔다. 이후 나가토미의 친척이 운영하는 규마센구미久間善組 인천 지점의 주임이 되었다. 규마센구미는 인천에서 미곡 수출을 담당했다. 규마센구미는 일찍이 조선에 들어와서 곡물수출로 성공했고, 1905년 규마센구미의 1년간 거래액은 70만 원에서 80만 원 사이로 거래규모가 매우 컸다. 1905년 이후 조선곡물 수출의 중심지로 오사카가 부상하자, 인천지점을 오사카로 옮겨 조선곡물무역에 종사했다.

1905년 규마센구미가 인천지점을 철수시킨 이후에도 그는 계속 곡물수출에 종사했고, 1918년 인천미두거래소 중매인으로 허가를 받아서 중매점을 경영했다. 1920년대 후반에는 '조선 쌀계의 패자'로 일컬어질 정도로 크게 성공했다. 인천 본정本町 3정목丁目에 거주했다.

[참고문헌] 中田孝之介 『在韓人士名鑑』(木浦新報社, 1905), 外務省通商局『在外本邦人農工商家漁業者人名錄, 農商工業等二從事スル在外本房人營業狀態取調1件』(外務省通商局, 1905) 【김윤희】

796

우에노 나오테루
上野直昭(상야직소) 1882.11.11~1973.4.11

미학자, 대학교수

효고현兵庫縣 고베시神戸市 출신. 우에노 데루미치上野昭道의 장남으로 태어났다. 도쿄東京 마사노리중학교正則中學校와 제일고등학교를 거쳐 1908년 7월 도쿄제국대학東京帝國大學 문과대학 철학과(심리학 전공)를 졸업했다. 이후 동同대학원에 진학, 1913년 7월 수료했다. 1920년 도쿄여자대학東京女子大學 강사, 도쿄고등사범학교東京高等師範學校 강사, 가쿠슈인學習院대학 강사, 제일고등학교 강사를 거쳤다.

1924년에는 경성제국대학 교수 임명을 전제로 미학예술사 연구를 위해 약 2년간 프랑스, 독일, 이탈리아, 영국, 그리스, 미국 등지에서 재외연구원의 자격으로 유학했다. 1926년 경성제국대학京城帝國大學 교수에 임명되어 1927년부터 법문학부 미학미술사 제1강좌를 담임했다. 경성제국대학에서는 1941년까지 재직했으며, 재직 중이던 1930~1931년에는 베를린대학 교환교수로 일본미술사를 강의했고 1932~1935년에는 규슈제국대학九州帝國大學 교수를 겸임했다. 1935~1937년에는 경성제국대학 법문학부장을 역임했다. 실제로 경성제국대학에서 강의한 것은 1938년까지로 되어있다. 1969년 출간된 그의 회고록 『해후邂逅』에 따르면 미학미술사가 제1강좌인 미학 및 미술개론과 제2강좌인 미술사로 분리된 뒤에도 그는 제1강좌에 집중하였으나 그 자신은 제2강좌 특히 일본미술사에 더욱 관심을 가진 것으로 보인다. 경성제국대학에서 강의록으로 활용된 수기노트『미학개론』(1931)은 한국 최초의 미학강좌 교재로 평가된다.

우에노는 귀국 후 1941년부터 1944년까지 오사카시립미술관장大阪市立美術館長을 역임했다. 1944년 도쿄예술학교장東京藝術學校長에 임명되고 1949년 도쿄예술대학이 설립되면서 학장으로 취임하여 1961년까지 재직했다. 1949년에는 국립박물관장을 지냈다. 1966년에는 아이치현립예술대학愛知縣立藝術大學 개교와 함께 학장에 취임하여 재직하였다. 1975년 4월 11일 신부전으로 고쿠분지시國分寺市의 자택에서 별세했다.

[참고문헌] 우에노 나오테루, 김문환 편역 『미학개론: 이 땅 최초의 미학강좌』(서울대출판문화원, 2013), 朝鮮新聞社 編『朝鮮人事興信錄』(朝鮮新聞社, 1935), 東京獨立文化財研究所美術部 編『日本美術年監』(美術研究所, 1974, 1975), 김문환 「발굴학술자료-우에노 나오테루(上野直昭) 저, 미학개론(美學槪論)(1)」『美學』 49(2007.3), 【박광현, 조은애】

797

우에노 세이이치
上野盛一(상야성일)   1888.9~?

경찰관료

도쿄부東京府 출신. 1913년 경시청 순사가 되어 경무
부警務部에서 근무했다. 이어 경부보警部補를 거쳐
1919년 8월 조선총독부 속屬이 되어 총독부 경무국警
務局에서 근무했다.

1933년 총독부 도경시道警視로 승진해 경상남도 경
무과장 및 도경부급급도경부보특별임용고시위원道
警部及道警部補特別任用考試委員에 보임되었다. 1935년
에는 경상남도 경찰부 경찰협회지부후원회警察協會
支部後援會에서 『경남 여행의 벗慶南旅行の友』이란 책
자를 발간하기도 했다. 1936~1939년 경기도 경찰부
경무과장 겸 순사교습소巡査教習所에서 근무했다.
1941~1942년 경성일보사京城日報社 총무국장을 담당
했다. 이후 기록은 찾을 수 없다.

[참고문헌] 朝鮮總督府 編『朝鮮總督府及所屬官署職員
錄』(朝鮮總督府, 1920~1939), 貴田忠衛 編『朝鮮人事
興信錄』(朝鮮人事興信錄編纂部, 1935), 上野盛一『慶
南旅行の友』(慶尚南道警察部　警察協會支部後援會,
1935), 中村資郎『朝鮮銀行會社組合要錄』(東亞經濟時
報社, 1941, 1942)　　　　　　　　　　【주동빈】

798

우에노 히사
上野ひさ(상야히사)   1893.10.5~1997.3.8

다나카 히사田中ひさ(결혼 전), 우에노 히사코上野久子/上
野ひさ子(이명)

음악가

도쿄시東京市 출신. 1910년에 도쿄음악학교 예과에
입학, 다음해에 본과 기악부(바이올린전공)에 진학하
였다. 본과 졸업 후 연구과에 진학, 1916년에 졸업하
였다. 같은 해 11월에 미학, 미술사학자인 우에노 나
오아키上野直昭와 결혼하였다.

1924년 10월에 남편 우에노 나오아키가 경성제국

대학 예과 강사로 임용됨과 동시에 재외연구원 자격
으로 1927년 3월까지 프랑스, 독일, 이탈리아, 그리
스, 미국에 유학, 1930년 2월에는 교환교수로 독일
에 건너가 1931년에 귀국하였는데, 히사 또한 남편
과 함께 하였다. 1926년에는 남편 나오아키가 경성
제국대학 교수로 임명되었는데 이때 남편을 따라 조
선에 온 것으로 보인다. 그러나 남편의 해외 근무로
인해 유럽과 미국을 같이 다녀 본격적으로 조선에 정
착을 한 것은 1931년부터로 보인다. 『근대일본음악
연감近代日本音樂年鑑』(1931~1942)에도 우에노가 조선
에서 바이올리니스트로 활동하고 있다고 되어 있다.

조선에서의 활동을 보면 경성음악협회나 조선음
악협회 등에 소속을 하지 않고 개인적으로 바이올린
연주활동과 개인 교습을 통해 제자육성을 한 것으로
보인다. 1928년에는 경성음악동호회 주회로 다케이
하루코竹井春子(→309)와 함께 대연주회를 경성공회당
에서 열었는데 본 연주회에서 비발디, 베토벤, 루빈
스타인, 슈만 등의 곡을 연주하였다. 우에노는 조선
에서 크고 작은 연주회를 상당수 열었을 것으로 보이
나 현재로써 그녀의 연주회에 관한 자료가 부족해
전체를 파악하기 힘든 상황이다.

1942년 12월 11일부터 이틀간 조선음악협회주회
로 음악경연대회가 열렸는데 『신시대新時代』(1943년 2
월호)에 의하면 본 대회 입상자인 기무라 도시오木村
敏男가 우에노에게 사사받았다는 기사가 있다. 이처
럼 개인적으로도 제자 육성에 힘쓴 것으로 보인다.

전후, 우에노가쿠엔대학上野學園大學에 교수로 취
임하여, 1958년부터는 동 대학 관현악단 초대 콘서
트마스터를 역임, 1963년에 퇴직하여 명예교수로 지
냈다. 우에노 히사는 항상 기모노를 입고 있어 기모
노 입은 모습이 그녀의 트레이드마크가 되었고, 103
세까지 장수하였다.

[참고문헌] 朝鮮人事興信錄編集部 『朝鮮人事興信錄』
(朝鮮新聞社, 1935), 東京藝術大學音樂部『同聲會會員
名簿』(廣濟堂, 2013), 松下鈞『近代日本音樂年鑑』全19
卷(大空社, 1997)　　　　　　　　　　　【김지선】

799
우에다 겐키치
植田謙吉(식전겸길)　　　　　1875.3.8~1962.9.11

육군 군인

오사카부大阪府 출신. 육군 관리였던 우에다 겐파치植田謙八의 차남으로 1898년 11월 육군사관학교를 졸업(10기)하고 기병소위로 임관하여 기병 제12연대에 배속되었다. 1909년 12월 육군대학교를 졸업(21기)하고 제18사단 참모, 제16사단 참모, 육군성 군무국 과원課員, 참모본부 소속 등을 역임하였다. 시베리아출병에는 우라지오浦鹽(블라디보스토크)파견군 참모로 출정하였다. 교육총감부 소속, 기병 제1연대장 등을 거쳐 1923년 8월 육군소장으로 진급하였고, 이후 항공부 소속, 기병 제3여단장, 군마보충부 본부장 등을 역임하였다. 1928년 8월에는 육군중장으로 진급하였고 지나支那(중국)주둔군 사령관, 제9사단장을 역임하였다. 제9사단장 재임 중이던 1932년 4월 29일 상하이上海 홍커우虹口 공원에서 재중 일본 주요 인사들에게 폭탄을 투척한 윤봉길의 의거에 의해 왼쪽 다리를 잃었다. 1933년 6월에는 참모차장으로 취임하였다.

1934년 8월 조선군 사령관으로 임명되어(1933.8.1. ~1935.12.2.) 조선에 건너왔으며, 같은 해 11월 28일 대장으로 진급하였다.

1935년에는 12월 2일 군사참의관이 되었으며, 1936년 3월 6일 관동군關東軍 사령관 겸 만주국주차 특명전권대사로 취임하였다. 하지만 관동군 사령관 재임 중에 '노몬한사건ノモンハン事件'이 일어나 이에 대한 책임을 지는 형태로 1939년 12월 예비역으로 편입되었다. 패전 후에는 일본전우단체연합회장, 일본향우연맹회장 등을 역임했으며 1962년 9월 11일 사망하였다.

[참고문헌] 秦郁彦 編『日本陸海軍總合事典』(東京大學出版會, 1991), 谷サカヨ『第14版 大衆人事錄』(帝國秘密探偵社, 1943)　　　　　【이승희】

800
우에다 고이치로
上田耕一郎(상전경일랑)　　　　　1889.5.2~?

실업가

교토부京都府 출신. 1913년 고베고등상업학교神戶高等商業學校를 졸업하고 만철滿鐵에 입사하여 대륙으로 건너왔다. 1915년 장춘거래소신탁주식회사長春取引所信託株式會社의 설립과정에서 위원으로 활동하면서 만철에서 동회사로 자리를 옮겼으나, 1917년 퇴사하고 일본으로 귀국하였다. 귀국 후에는 고베에서 선박업을 하던 사토상점佐藤商店에 들어갔고, 다시 선박용 기계제조업체인 오사카제기회사大阪製機會社 지배인이 되었다. 이 시기 제1차 세계대전의 호황기에 편승하여 수완을 발휘한 것으로 보이며, 1919년에는 다시 일본모직주식회사日本毛織株式會社로 옮겨서 동회사 본점, 오사카출장소 가코가와공장加古川工場, 나고야공장名古屋工場 등에서 근무하였다. 1926년 만주와 몽고에서 소고기를 수입하는 사업에 관여하여 다시 대륙과 인연을 맺게 되었고, 만철이 관여한 다롄통조림제조주식회사大連罐詰製造株式會社 설립과 경영에도 참여하여 동회사가 정상 궤도에 올라서는 데 공헌하였다.

1928년에는 만주 안둥현安東縣 상공회의소 서기장을 맡게 되면서 상공회의소 실무 총책으로서 업무를 수행하였다. 조선과의 인연은 1930년 부산상공회의소 이사로 취임하면서부터였다. 역시 상공회의소 회장을 보좌하여 실무를 총괄하는 자리로, 일제말까지 장기간 재임하였다. 우에다가 부산상공회의소에서 장기간 실무 총책으로 있었던 배경에는 그간의 여러 회사에서 근무한 경험, 회사 설립 및 경영에 간여한 이력, 일본과 대륙을 아우르는 활동 반경이 큰 자산으로 작용하였다. 우에다가 실무 총책을 맡은 이후로 부산상공회의소의 사업은 체계화되고 폭이 넓어졌으며, 이를 통해 지역경제에서 차지하는 위상이 크게 높아졌다. 지역 현안, 상호 분쟁의 해결에도 수완을 발휘하여 상공업자, 상공회의소 의원들의 신망도 두터워서 '전조선全朝鮮 상공회의소 이사의 백미'

로 평가되었다.

일제 패전 직후 철수하는 일본인의 구호를 목적으로 설립된 부산일본인세화회釜山日本人世話會 서무부장이 되어 활동하였다.

[참고문헌] 民衆時論社朝鮮功勞者銘鑑刊行會 編『朝鮮功勞者銘鑑』(民衆時論社, 1935), 高橋三七『事業と鄕人 第1輯』(實業タイムス社・大陸硏究社, 1939), 帝國秘密探偵社『大衆人事錄: 海外, 滿・支, 外地 篇 第14版』(帝國秘密探偵社, 1943) 【배석만】

801
우에다 쓰치고로
上田槌五郎(상전퇴오랑)　　　　　1882.12~?

교사

에히메현愛媛縣 이요군伊豫郡 출신. 1903년 3월 에히메현 사범학교를 졸업 후, 동년 4월 에히메현 이요군 야마자키소학교山崎小學校 교사로 취임하였으며 1906년 6월에는 에히메현 사범학교 교사로 전임하였다.

1913년 8월 진영공립소학교장進永公立小學校長에 임명을 받아 조선에 건너왔으며 1919년 3월 경성중학교 교사가 되었고, 1921년 4월 경성사범학교 교사로 전임하여 1922년 4월 동교 교사를 겸임하였다.

[참고문헌] 有馬純吉『昭和六年版 朝鮮紳士錄』(朝鮮紳士錄發行會, 1931), 阿部薰 編『昭和12年版 朝鮮都邑大觀』(民衆時論社, 1937) 【마스타니 유이치桝谷祐一】

802
우에다 아리사와
上田有澤(상전유택)　　　　1850.3.27~1921.11.30

육군 군인

도쿠시마번德島藩 출신. 사족士族 우에다 기치노조上田吉之丞의 차남으로 태어났다. 보신전쟁戊辰戰爭을 거쳐 1869년 2월 제6번대대 사령, 총사銃士 3번대대 사령을 지냈다. 1871년 오사카진대大阪鎭臺 제2분영分營이 설치되자 도쿠시마병대장德島兵隊長으로 입영

하여 11월에 육군대위 심득心得으로 임관되었다. 1873년 10월 보병 제16대대 제2중대 소속, 1875년 5월 보병 제12연대 소속, 1876년 7월 보병 제11연대 제2대대 제3중대장을 거쳐 세이난전쟁西南戰爭에 출정하여 제2여단에 소속으로 활약하였다. 전후 참모본부 관서국원管西局員, 센다이진대仙臺鎭臺 보병 제4연대 제2대대장, 구마모토熊本 진대 참모, 제3사단 참모, 보병 제22연대장을 역임하였다. 1893년 보병 대좌로 진급하고 1894년 6월 제5사단 참모장에 취임하여 청일전쟁에 출정하였다. 1896년 10월 서부도독부西部都督部 참모장이 되었으며, 다음 해 9월 육군소장으로 진급하고 이후 육군대학교장, 보병 제22여단장을 역임하였다. 1902년 중장으로 진급하고 교육총감부 참모장으로 취임하였으며, 1904년 3월 제5사단장으로 취임하고 러일전쟁에 출정하였다. 이후 타이완수비대臺灣守備隊 사령관, 제7사단장을 역임하였으며, 1907년 9월 21일 남작의 작위를 받고 화족華族의 반열에 들게 되었다. 다음 해 12월에는 근위사단장으로 취임하였다.

1911년 8월 조선주차군 사령관으로 임명되어(1911. 8.18.~1912.1.14.) 조선에 건너왔다. 1912년 2월 육군대장 진급과 동시에 후비역後備役으로 편입되었다. 1917년 4월에는 퇴역하였고, 1921년 11월 사망하였다.

[참고문헌] 秦郁彦 編『日本陸海軍總合事典』(東京大學出版會, 1991), 谷サカヨ『第14版 大衆人事錄』(帝國秘密探偵社, 1943) 【이승희】

803
우치가와 미야코
內川美谷子(내천미곡자)　　　　　?~1989.1.1

구라카즈 미야코倉員美谷子(결혼 전)

음악가, 교사

후쿠오카현福岡縣 출신. 1925년에 도쿄음악학교東京音樂學校 갑종사범과甲種師範科에 입학, 1929년에 졸업하였다. 이후 1930년대 초에 조선에 건너와 주로 조선인이 다니는 고등보통학교에서 중등음악교원으로 활동하며 조선인 교육에 공헌을 하였다.

정확한 도한 시기는 불명이나 『조선총독부및소속
관서직원록朝鮮總督府及所屬官署職員錄』(1933~1937)의
기록을 보면 1932년 즈음으로 추정된다.

우치가와는 함경북도에 있는 나남고등보통학교에
서 교편을 잡았다. 그녀의 조선 활동 근황에 대해서
『근대일본음악연감近代日本音樂年鑑』(1935~1942)에 기
록되어 있는데, 이것으로 보아 패전까지 조선에서
교육 활동을 했을 것으로 추측된다.

작곡 활동도 한 것으로 보이는데 그녀의 작품으로
는 후쿠오카현福岡縣 야마토고등학교山門高等學校 교
가가 있다.

[참고문헌] 東京音樂學校 編 『東京音樂學校一覽 從昭
和二年至昭和三年』(東京音樂學校, 1935), 東京音樂學
校 編 『東京音樂學校一覽 從昭和四年至昭和五年』(東
京音樂學校, 1931), 東京藝術大學音樂部 『同聲會會員
名簿』(廣濟堂, 2013), 松下鈞 編 『近代日本音樂年鑑』
(大空社, 1997)   【김지선】

804
우치노 겐지
內野健兒(내야건아)   **1899.2.15~1944.4.12**

아라이 데쓰新井徹(필명)
문학가, 교사

나가노현長崎縣 쓰시마對馬의 이즈하라嚴原 출신. 10
대 무렵부터 단카短歌 등의 문학을 창작하며 동인 활
동을 하였고, 히로시마고등사범학교廣島高等師範學校
를 졸업한 후 일본어와 한문 교원으로 후쿠오카현립
중학교福岡縣立中學校에 부임했다. 그의 부친은 사업
에 실패하고 전라남도 전주로 이주하여 제면업에 종사
하였으며, 우치노는 1921년 조선으로 건너와 부모의
희망에 따라 충청남도 대전의 중학교 교사가 되었다.

1922년 대전을 근거지로 시 활동을 펼치며 『경인耕
人』이라는 시 잡지를 창간하였다. 『경인』은 1920년
대 한반도의 일본어 시 문단을 이해하는 데에 불가결
한 자료라 할 수 있으며, 겐지는 그 활동을 기반으로
한반도의 가인歌人들과도 교유를 맺었다. 이후 『조선
공론朝鮮公論』과 같은 메이저 잡지의 시단 선자를 맡

게 되지만, 좌익의 성향이 강해서였는지 그의 첫 번
째 조선시집 『흙담에 그리다土墻に描く』(耕人社, 1923)
는 발매금지 처분을 받았다. 1925년에는 역시 시인
이었던 고토 이쿠코後藤郁子와 결혼하여 경성 쪽으로
이주하였고 경성공립중학교로 전근하였는데, 이때
유아사 가쓰에湯淺克衛(→812), 나카지마 아쓰시中島敦
(→204) 등이 그의 가르침을 받았을 것으로 추측되며,
안서 김억 등과도 접점을 가졌다. 시 잡지 『경인』은
이해 12월로 종간되었으나 1926년에는 곧바로 경성
시화회京城詩話會를 창립하여 회원 20여 명이 모임을
지속했고, 5월에는 조선 예술 잡지를 표방한 『아침朝』
을 창간하여 겐지는 문예부를 담당하였다. 『아침』은
2호만에 폐간을 맞았으나 '경성시화회'를 '아시아 시
맥협회亞細亞詩脈協會'로 개칭하여 기관지 『아시아 시
맥亞細亞詩脈』을 창간, 발행하였다. 그러나 1927년 종
로경찰서에 의해 『아시아 시맥』 6월호가 발매금지,
압수 처분을 당하고 이 잡지도 11월에 종간을 맞았
다. 1928년에는 아내 이쿠코와 함께 『징鋲』이라는 잡
지를 창간하지만 7월에는 총독부로부터 교사직을 파
면당하고 조선 추방이 선고되었다.

아내 이쿠코, 동생 쇼지壯兒와 함께 도쿄東京로 이
주한 겐지는 1929년 명성학원明星學園에서 근무하였
고 이후 프롤레타리아 시인으로서의 활동을 본격화
하게 된다. 1929년 8월에는 다시 『선언宣言』을 창간
하고 1930년 이후는 아라이 데쓰新井徹라는 필명을
사용하였다. 1930년에 결성된 프롤레타리아 시인회
プロレタリア詩人會에 서기로서 적극 참여하였고,
1931년에는 일본프롤레타리아작가동맹에도 가맹한
다. 1933년에는 『프롤레타리아 시집プロレタリア詩集』
을 이유로 검거, 구류되며 육체적 고문도 겪은 것으
로 알려졌다. 그럼에도 1934년에는 『시 정신詩精神』
을 창간하고 『시인詩人』을 잇달아 간행하면서 프롤
레타리아 시의 재건기를 이끌며 시집 편찬의 일선에
서 활동했다. 두 차례에 걸친 검거와 구류, 시집의
일부 말소 간행 등을 겪으며 신체적으로 쇠약해졌고,
1941년에는 동생 쇼지도 검거되었다.

우치노는 폐결핵으로 요양소 생활을 하다 1944년
향년 64세로 사망하였다. 『흙담에 그리다』 이후의

시집에 『까치カチ』(宣言社, 1930), 『빈대南京蟲』(文泉閣, 1937)이 있으며, 한반도에서 1920년대 일본어 시단이 흥륭하도록 진력하고 동시대의 전위문학과도 호응하며, 약자에 대한 공감으로부터 프롤레타리아 문학에 경도되어 정력적으로 활동한 시인이었다.

[참고문헌] 新井徹著作刊行委員會 『新井徹の全仕事 内野健兒時代を含む抵抗の詩と評論』(創樹社, 1983), 大塚常樹 『現代詩大事典』(三省堂, 2008), 朝鮮藝術社 『朝』創刊號・第2號(朝鮮藝術社, 1926), 任展慧 「朝鮮時代の内野健兒」 『季刊三千里』 第11號(1977), 엄인경 「조선 예술 잡지 『아침(朝)』연구」 『比較日本學』 39집(한양대학교 일본학국제비교연구소, 2017)   【엄인경】

805
우치다 도라
内田虎(내전호)   ?~1977.6.4

다케무라 도라竹村虎(결혼 전), 다케무라 도라코竹村虎子 (이명)
음악가, 교사

이시카와현石川縣 출신. 1912년에 도쿄음악학교東京音樂學校 갑종사범과甲種師範를 졸업하였다. 그녀는 졸업 후 가고시마현鹿兒島 미하라여자사범학교三原女子師範學校 교사로 재직한 후, 1910년 후반에 조선으로 건너와 종전까지 경성여자고등보통학교(경성제이고등여학교)에서 교편을 잡았다. 그녀는 조선인 여학생의 중등음악교육을 담당하면서 총력전체재에서는 조선음악협회의 간사로도 활동하였다.

조선에 온 정확한 시기는 명확하지 않으나 『조선총독부및소속관서직원록朝鮮總督府及所屬官署職員錄』(1918~1939, 결혼 전 이름 다케무라 도라竹村虎를 포함)에 기록이 나오는 것을 보면 1917년 즈음에 왔을 것으로 추정된다.

주로 조선인 여학생이 다니는 경성여자고등보통학교(경성제이고등여학교)에서 음악을 담당하였다. 『매일신보每日申報』(1921.4.29,30, 5.1,3) 기사에 의하면 1921년 5월 1일 가정음악회를 경성일보사와 매일신보사 주최로 경성여자고등보통학교에서 열렸는데,

기시모토 이쿠코岸本郁子와 함께 합창한 것으로 나와 있다. 이때 피아노 반주로는 이시가와 기이치石川義一와 김영환이 출연하였다. 이처럼 조선에서 중등음악교원으로 있으면서 크고 작은 음악회에도 출연했었을 것으로 보인다. 이후, 조선은 총력전체제로 인해 음악조직이 조선음악협회(1941년1월 결성)로 일원화되었는데 이때 협회 발기인으로 간사를 역임하였다.

[참고문헌] 東京藝術大學音樂部 『同聲會會員名簿』(廣濟堂, 2013), 東京音樂學校 編 『東京音樂學校一覽 從明治四十五大正元年至大正二年』(東京音樂學校, 1926), 松下鈞 編 『近代日本音樂年鑑』(大空社, 1997), 朝鮮總督府 編 『朝鮮總督府及所屬官署職員錄』(朝鮮總督府, 1927)   【김지선】

806
우치다 료헤이
内田良平(내전량평)   1874.2.11~1937.7.26

고세키硬石(호)
정치인

후쿠오카현福岡縣 출신. 어릴 적부터 대륙에 관심을 가져 겐요샤玄洋社에 들어갔다.

1894년 동학농민전쟁이 일어나자 같은 현양사 사원인 오하라 요시다케大原義剛와 함께 동학농민군을 지원하기 위해 결성된 '천우협天佑俠'에 참가하여 조선으로 건너왔다. 이때 무기 등을 조달하거나 동학농민군 지도자 전봉준全琫準 등과 접촉을 시도하였으나, 전봉준 등이 지원을 거부하였다. 청일전쟁 직후 귀국하였으나 삼국간섭三國干涉이 일어나자 러시아를 대상으로 시베리아 지역에서 활동했다. 이 사이 중국 쑨원孫文의 활동을 지원하기도 했지만 만주, 몽골 할양이라는 목적을 달성할 수 없다고 판단하자 지원을 중단하고 이후 조선과 러시아 문제에 집중했다. 1901년 1월 '흑룡회黑龍會'를 창립하였고 이들의 활동을 지원하며 흑룡회 기관지의 집필자 등으로 활동했다. 1905년 12월 통감부가 설치되고 통감으로 이토 히로부미伊藤博文(→900)가 부임할 때 통감의 막료로 '한국국상조사촉탁韓國國狀調査囑託'이라는 직함

으로 동행하여 1906년 3월 한성에 들어왔다. 일진회
一進會를 이용하기 위해 1906년 9월 송병준宋秉畯 석
방을 이토에게 건의하고 같은 해 10월 일진회 고문으
로 추대되어 활동하였다. 이후 이용구李容九, 송병준
등과 연대하여 '한일강제병합'을 추진하였으며, 같
은 해 12월 다케다 한시武田範之(→304)를 한국으로 초
청하였다. 1907년 7월 '헤이그 밀사사건'이 일어나자
송병준을 통해 고종에게 양위를 강요하여 성공시켰
다. 이로 인해 반일의병운동이 전국적으로 일어나자
흑룡회 및 일진회 회원으로 구성된 자위단自衛團을
조직하려고 했다. 하지만 소네 아라스케曾禰荒助(→
509) 부통감이 이를 저지하자, 촉탁직 사직을 요청하
고 이토 통감의 사직운동에 착수하는 등 통감부와
대립하였다. 1909년 스기야마 시게마루杉山茂丸(→
520)의 지시로 「합방건의서合邦建議書」를 작성하여 제
출하였다. '한일강제병합' 이후 총독 데라우치 마사
타케寺内正毅(→321)의 조선정책에 반대하며 '조선자치
론朝鮮自治論'을 주장하였다. 1919년 3·1운동이 일어
나자 1920년 7월 현지 공작을 위해 조선에 들어왔다.
1921년 동광회同光會를 설립하여 조선의 '완전동화'
운동을 전개했다.

1923년 9월 일본에서 간토대지진關東大震災이 일어
나자 조선인들이 사회주의자와 내통하고 있으므로
이들에 대한 학살이 정당하다고 주장했다. 일본 내
파시즘 체제가 구축되어 가자 1931년 극우정당인 '대
일본생산당大日本生産黨'을 결성하고 총재가 되었다.
관동군關東軍을 지지하면서 '일만몽연방건설日滿蒙聯
邦建設', '일지공존日支共存', '황모익찬운동皇謨翼贊運
動'을 구상했다. 저서로는 『러시아망국론露西亞亡國論』
(1901), 『지나관支那觀』(1913), 자서전인 『고세키 오십
연보硬石五拾年譜』(1927), 『(황국사담)일본의 아시아(皇
國史談)日本之亞細亞』(1932) 등이 있다.

[참고문헌] 강창일 『근대 일본의 조선침략과 대아시아
주의』(역사비평사, 2002), 국사편찬위원회 편 『駐韓日
本公使館記錄』(國史編纂委員會, 1997), 근대한국외교
문서편찬위원회 편 『近代韓國外交文書』(동북아역사재
단, 2012), 秦郁彦 編 『日本近現代人物履歷事典』(東京
大學出版會, 2002), 臼井勝美 外 編 『日本近現代人名

辭典』(吉川弘文館, 2007), 頭山滿 外 共著 『玄洋社怪人
傳: 頭山滿とその一派』(書肆心水, 2013) 【최덕수】

807
우치다 사다쓰치
内田定槌(내전정퇴)   1865.2.12~1942.6.2

외무관료

후쿠오카현福岡縣 출신. 1889년 도쿄제국대학東京帝
國大學 법과대학을 졸업하고 외무성에 들어갔다.
1890년 청국 상하이上海 영사관 부영사를 거쳐 1893
년 11월부터 한성에서 영사로 근무하였다. 청일전쟁
발발 직전인 1894년 7월 23일 일본군의 경복궁 점령
사건과 갑오개혁甲午改革 전 과정에 걸쳐 일본 정부
의 정책을 일선에서 조선 정부에 전달하는 역할을
담당했다. 전봉준全琫準 체포 후 일본영사관에서 진
행되었던 심문에 참여하기도 했다. 이른바 청일전쟁
당시 일본의 대조선對朝鮮 정책이었던 '조선 보호국
화 정책'의 골격을 마련하였다. 1895년 10월 이노우
에 가오루井上馨(→824) 공사의 이임 이후 새로 부임한
미우라 고로三浦梧樓(→434)의 주도하에 을미사변(명성
황후 시해사건)이 발생하자 사건에 관련된 내용을 조
사하여 당시 외무차관이었던 하라 다카시原敬(→917)
에게 보고했다. 하라에게 비밀리에 서신을 보내어
을미사변과 관련된 탐문내용을 보고하는 한편, 미우
라 공사의 명령으로 일본인 관련 사실을 부정하는
은폐공작에 참여했다. 공적인 보고서에서는 사적인
편지에 없었던 미우라와 대원군의 공모설을 넣었고,
을미사변 관련자들이 히로시마廣島로 호송되자 11월
히로시마 지방재판소에도 같은 내용의 보고서를 제
출하였다. 1896년 3월 하라에게 사적으로 전임을 희
망하는 편지를 보냈다.

1896년 11월에 뉴욕 총영사로 전임하고, 브라질
공사, 스웨덴 공사를 거친 뒤 1924년 터키 특명전권
공사를 마지막으로 외교관을 은퇴했다. 1942년 77
세로 도쿄 자택에서 사망했다. 그의 자택은 중요문
화재로 지정되어 1997년부터 '외교관의 집'으로 공
개 중이다.

[참고문헌] 國史編纂委員會 編『駐韓日本公使館記錄』(國史編纂委員會, 1997), 臼井勝美 外 編『日本近現代人名辭典』(吉川弘文館, 2007), 日本外務省『日本外交史辭典 新版』(山川出版社, 1992), 金文子『朝鮮王妃殺害と日本人』(高文研, 2009), 柏倉康夫『敗れし國の秋のはて: 評傳堀口九萬一』(左右社, 2008) 【최덕수】

808

우카이 노부시게
鵜飼信成(제사신성) 1906.3.9~1987.5.10

법학자, 대학교수

도쿄시東京市 출신. 일본 멘디스트교회 긴자교회銀座教會 목사인 우카이 다카시鵜飼猛의 아들로 태어났다. 1930년에 도쿄제국대학東京帝國大學 법학부를 졸업하고 이듬해인 1931년 조선에 건너와 경성제국대학 강사로 취임하였다.

우카이는 1931년부터 경성제국대학 법문학부 강사로 취임하여 조선에 거주하였다. 1934년에는 조교수로 승진하였다. 조선의 잡지에 다수의 글을 남기고 있는데, 이를테면『조선급만주朝鮮及滿洲』제338호에 실린「종교에 대한 국가의 입장宗敎に對する國家の立場」에서 자신이 예전부터 법률상에서 종교가 가지는 지위에 대해 흥미가 있었다고 밝히며 국가가 종교를 어떻게 받아들이고 보호, 관리하고 있는지 고찰하고 있다. 그의 가족사를 미루어보아 종교에 대한 법률적 관계성이 그의 주요한 관심이었음을 알 수 있다.

『조선급만주』는 이후에도 343, 347, 352호에 걸쳐 중국기행이나 다수결 원리에 대한 글 등을 기고하였으며, 『경성잡필京城雜筆』에는 「만리장성萬里の長城」(226호), 「관료의 봉급官吏の俸給」(244호), 「미국의 여론アメリカの興論」(255호) 등을 썼다. 특히 1940년에 기고한「미국의 여론」에는 우카이가 미국에서 투고한 것으로 나와 있어, 그가 이 시기에 미국에 입국해 있었던 것으로 추정된다. 이밖에도『금융조합金融組合』에 3편의 수필을 기고하였고『국민문학國民文學』제4권 12호에는「총력운동의 신구상總力運動の新構想」이라는 좌담회에 논객으로 친일파인 이성환(일본이름 야스오기 성환安興晟煥, 스에마쓰 야스카즈末松保和(→526) 등과 담화를 나누었다.

일본 패전 전까지 경성제국대학에 몸을 담고 있다가, 패전 후에는 일본으로 건너와 1947년에는 도쿄대학 교수, 1952년에는 동 대학 사회과학연구소 소장이 되었다. 1956년에는 동 대학에서「행정법의 역사적 전개行政法の歷史的展開」라는 논문으로 법학박사를 취득하였다. 1961년에는 국제기독교대학國際基督敎大學 제2대 학장으로 취임하였다. 1967년에는 세이케이대학成蹊大學 교수, 1975년에 센슈대학專修大學 교수 등으로 일했으며 1976년에 제2등 훈장인 교쿠지쓰쇼旭日章을 수여받았다. 1980년에 일본학사회日本學士院 회원이 되었으며 1983년 정년퇴임 후 국제기독교대학 명예교수로 임명되었고, 1987년 사망하였다.

[참고문헌] 고려대학교 일본연구센터 일본연구 아카이브 〈http://archive.kujc.kr〉, 한국역사정보통합시스템 〈http://www.koreanhistory.or.kr〉, 국제기독교대학 〈http://www.icu.ac.jp/about/history.html〉
【김욱】

809

우콘 호즈에
右近末穗(우근말수) 1884.1.18~?

금융인

사가현佐賀縣 출신. 1909년 도쿄고등상업학교東京高等商業學校를 졸업한 후 타이완은행臺灣銀行에 입사하지만 1918년 사임하고 중일상업中日商業 상하이지점上海支店 지점장이 되어 활약하다가 1920년 조선은행朝鮮銀行으로 이직하였다.

1920년 조선은행에 입사하여 도쿄지점東京支店 부지배인副支配人, 만주滿洲 펑톈奉天 지점장 등을 거쳐 1930년 조선은행 대구지점장으로 옮겨왔다. 이후 조선은행 상하이지점장을 역임 후 다시 대구로 돌아가 대구상공은행 전무로 근무하였다. 그는 1932년 상하이사변 후 조선은행이 제대로 기능을 발휘하도록 적극적으로 노력하였으며 금융계에 상당한 공헌을 하였다.

[참고문헌] 貴田忠衛 『朝鮮人事興信錄』(朝鮮人事興信錄編纂部, 1935), 阿部薫 編 『昭和12年版 朝鮮都邑大觀』(民衆時論社, 1937), 谷サカキ 『第14版 大衆人事錄』(帝國秘密探偵社, 1943), 한국역사정보통합시스템 〈http://www.koreanhistory.or.kr〉, 국사편찬위원회 한국사데이터베이스 〈http://db.history.go.kr〉

【이가혜】

810
우타하라 히사시
歌原恒(가원항)　　　　　　　1875.7~1942.5.2

소다이蒼苔(필명)

교사, 문학가

에히메현愛媛縣 마쓰야마松山 출신. 마사오카 시키正岡子規의 사촌 동생이기도 하다. 우타하라는 어학 방면에 재능을 보였고, 제일고등학교에도 입학하였으나 도중에 그만두었다. 하이쿠俳句를 처음 배운 것은 1894년으로 마사오카에게도 지도를 받았다. 우타하라는 1898년부터 영어학교인 국민영학회國民英學會에 재학하며 영어를 배우고 1899년 4월부터 모교에서 영어교사를 하는 등 배움에 노력을 기울였다. 그러나 1901년 12월부터 1902년 11월까지 지원병으로 복역하고, 1903년 9월부터 11월까지 근무강습소집, 1904년 러일전쟁에 출정하는 등 잇단 시대 상황과 병역 복역으로 마쓰야마 중학교에 1904년 복직하였지만 1년 뒤 그만두었다.

1908년 5월, 모든 것을 정리하고 조선에 건너온 우타하라는 대구에서 과수원을 하며 농업에 종사하였다. 그러나 벌이가 시원치 않은 탓에 1915년 6월부터는 본업을 하면서 대구의 도서관에 재직, 1931년부터 37년까지는 대구 부립 도서관에서 서기를 하였다는 기록이 남아있다. 그리고 1932년 5월에는 자신의 식물에 대한 애착과 하이쿠를 접목시켜 저서 『하이쿠에 나타나는 식물俳句に現はれたる植物』(1932)를 대구에서 출판하였다. 1936년에는 '가쓰기음사かつぎ吟

社'라는 하이쿠 결사를 조직하고, 하이쿠 잡지 『가쓰기かつぎ』를 발행하는 등 대구 지방에서 활발한 하이쿠 활동을 이어갔다. 조선에서의 하이쿠는 1983년 우타하라의 40주기에 유족들이 비매품으로 발간한 『우타하라 소다이 구집-현재와 과거의 소다이 구집歌原蒼苔句集-今と昔の蒼苔句集』(歌原昇, 1983) 중 1919년 가을부터 1938년 3월까지의 「현재의 구今の句」에 수록되어 있다. 하이쿠 이외에는 『문헌보국文獻報國』(朝鮮總督府圖書館, 1935~1945)의 제2권 4호에 「사회교육과 도서관社會敎育と圖書館」이라는 글을 실었다.

1941년 건강문제와 셋째 아들이 마쓰야마 고등학교에 입학하게 된 것을 계기로 조선을 떠나게 된다. 만년晩年까지 『호토토기스ホトトギス』에 투고하였으나 얼마 후 건강 악화로 1942년 5월 2일 마쓰야마 자택에서 사망하였다.

[참고문헌] 阿部誠文 『朝鮮俳壇-人と作品〈上卷〉』(花書院, 2003), 朝鮮總督府 編 『朝鮮總督府及所屬官署職員錄』(朝鮮總督府, 1927)

【김보현】

811
유무라 다쓰지로
湯村辰次郎(탕촌진차랑)　　　　　1896.11~?

관료

미야기현宮城縣 이구군伊具郡 가쿠타초角田町 출신. 1916년 도쿄제국대학東京帝國大學 법과졸업. 1917년 7월 고등문관시험에 합격하여 조선총독부 시보로 조선에 건너왔다.

1919년 1월 함경남도 사무관, 5월 총독부 회계과 사무관, 1924년 3월 토지개량과장, 1928년 3월 충청북도 내무부장, 1929년 11월 총독부 식산국 농무과장을 역임하였다. 이후 함경남도 경기도 지사, 총독부 농림국장을 거쳐 1941년 11월 퇴관. 그는 농촌행정에 정통하여 쌀 문제 등에 대해서는 일인자로 알려졌다.

중일 전쟁 발발 이후 전쟁 시국에 대한 협력과 조선 민중에 대한 강력한 통제, 후방 활동의 여러 문제를 처리하기 위해 1940년 10월에 조직된 국민총력조선연맹의 상무이사를 지냈다. 이 조직은 조선의 모든 단체와 개인을 지역과 직장별로 구분하여 국민총력조선연맹 산하에 편성하는 형태로 구성되었다.

[참고문헌] 有馬純吉 『昭和六年版 朝鮮紳士錄』(朝鮮紳士錄發行會, 1931), 阿部薰 編 『昭和12年版 朝鮮都邑大觀』(民衆時論社, 1937), 국사편찬위원회 한국사데이터베이스 〈http://db.history.go.kr〉　【최종길】

812

유아사 가쓰에

湯淺克衛(탕천극위)　　　　1910.2.26~1982.3.15

문학가

가가와현香川縣 출신. 아버지 유아사 요시헤이湯淺伊平와 어머니 스미레すみれ의 장남으로 본명은 다케시猛이다. 3세 때인 1912년 조선수비대였던 부친을 따라 조선으로 이주해 고성군, 겸이포 등을 전전하다 1916년 부친이 조선 내 경찰서에 부임하자 경기도 수원에 정착하게 되었고 수원 공립심상소학교를 다녔다. 1919년 조선에서도 가장 격심했던 수원에서 3·1운동을 목격하였고 이 경험은 훗날 유아사의 처녀작이자 대표작인 「간난이カンナニ」의 주요 모티브로 형상화되었다. 1922년 공립경성중학교에 입학하였는데, 유아사가 다니자키 준이치로谷崎潤一郎의 『치인의 사랑痴人の愛』을 소지하다 발각되어 학교에서 크게 문제시 되었으나 같은 반에 있던 급우 나카지마 아쓰시中島敦(→204)의 중개로 도서관 감금처분만 받고 그쳤다는 일화가 있다.

1927년 중학교를 졸업하면서 도쿄東京로 이주하였다. 이후, 일본과 조선을 왕래하며 조선을 소재로 한 많은 작품을 일본 잡지에 발표하였다. 1935년에는 처녀작 「간난이」를 『문학평론文學評論』에 발표하고 「불꽃의 기록焔の記錄」(『개조改造』)이 제8회 현상창작에 입선하면서 본격적으로 작가활동을 시작하였다. 1936년 제2차 『현실現實』을 발족시키고, 『인민문고人民文庫』에 참가하면서 프롤레타리아문학으로 경도하였으나 1938년 이후에는 척무성拓務省에서 파견한 대륙개척 펜부대나 조선문인보국회에서 활약하다 일본의 패전을 맞이하였다.

유아사는 조선에서 태어나지는 않았지만 유소년, 청년기를 조선에서 보낸 재조일본인 2세라 할 수 있고 「이민移民」(1936), 「망향望鄕」(1939) 등의 작품을 통해서 조선을 자신들의 삶의 터전으로 여기고 사는 일본 본토의 일본인과도 조선인과도 또 다른 이중적 존재로서의 재조일본인들의 삶을 소설화하였으며 조선인과 일본인의 만주이민을 소재로 한 만주개척문학도 다수 남겼다. 3·1운동이 활발했던 수원을 배경으로 일본인 소년 류지龍二와 조선인 소녀 간난이의 교류를 그리면서 일본의 식민지배가 조선에 가져온 비극을 간접적으로 비판한 「간난이」라는 소설로 작가 활동을 시작한 유아사는 한때 프롤레타리아운동에 경도한 시기도 있었으나 「심전개발心田開發」(1937)을 비롯해서 점차 일본의 조선식민정책에 영합하는 작품을 발표하였고 이후 국책문학의 일환으로서 조선을 그렸다. 시국이 허용하는 범위 안에서 조선을 소설화한 유아사 문학의 무자각성과 한계는 패전 이후 일본문단에서 멀어지고 통속작가로 전락하게 된 원인이라 할 수 있겠다.

1945년 패전을 조선에서 맞이하였고 9월 25일 한국에서 일본으로 귀환하였다. 1946년 초출이 잡지에 게재되었을 때 삭제된 후반부를 기억을 더듬어 보완한 완결판 『간난이』를 출판하였다. 그 후 한국에 대한 그리움을 담은 한국 관련 작품을 다수 집필하였고 1955년 브라질 이민조감독으로 브라질을 갔다 온 후로는 일본인의 브라질 이민을 소재로 한 작품과 르포타주를 다수 발표하였다.

1972년 당뇨병의 재발로 입원과 퇴원을 반복하면서 더 이상 집필활동을 하지 못하다 1982년 심부전으로 향년 73세의 나이로 사망하였다. 유아사는 시류에 영합한 측면도 있으나 평생 이민과 개척이라는 주제를 소설화하였으며 조선을 소재로 많은 작품을 남겼다.

[참고문헌] 아쿠타가와 류노스케 외, 최관·유재진 역 『식민지 조선의 풍경』(고려대학교출판부, 2007), 木村幸雄 『日本近代文學大事典』 第三卷(講談社, 1977), 池田浩士 編 『カンナニ 湯淺克衛植民地小說集』(インパクト出版, 1995), 박광현 「유아사 가쓰에 문학에 나타난 식

민2세의 조선」『일본학보』61(한국일본학회, 2004), 辛
承模 「植民地日本語文學の混淆性-張赫宙·湯淺克衛
の文學を中心に-」(名古屋大學 博士論文, 2007)

【유재진】

813

유아사 구라헤이

湯淺倉平(탕천창평)　　　　　1874.2.1~1940.12.24

관료

야마구치현山口縣 출신. 한방의사의 아들로 태어났
다. 야마구치고등학교山口高等學校를 거쳐서 1898년
도쿄제국대학東京帝國大學 법과대학을 졸업하고 같은
해 내무성에 들어갔다. 현치국縣治國 부현과府縣課에
서 근무하다가 고등문관시험에 합격했다. 이후 여러
현의 참사관, 현 경찰부장, 내무부장을 역임하고
1909년 내무사무관, 1910년 내무성 참사관을 거쳐
1912년 내무성 지방국장에 취임했다. 오카야마현岡
山縣 지사, 시즈오카현靜岡縣 지사를 거쳐 1915년 내
무성 경보국장에 취임했다. 다음 해 내각 교체에 의
해 사임하고 1916년에 귀족원의원에 칙선되었다. 재
임 중 귀족원 회파인 동성회同成會에 속하며 정당내
각에는 관여하지 않았다. 1923년 간토대지진關東大震
災 직후에 경시총감에 취임하여 간토대지진의 혼란
속에서 도쿄의 치안 유지, 피해자 구호를 담당했다.
1923년 발발한 황태자암살미수사건인 '도라노몬虎ノ
門 사건'의 책임을 지고 사임하였다. 1924년 내무차
관에 발탁되어 보통선거법안 성립에 진력했다. 1925
년 12월 사이토 마코토齋藤實(→469) 총독의 추천에 의
해 병으로 사망한 시모오카 주지下岡忠治(→551)의 뒤
를 이어 정무총감에 취임했다. 유아사는 처음에 정
무총감 취임을 고사했으나 사이토 총독은 조선의 치
안상황이 악화되는 상황에서 치안전문가이자 정당
색채가 비교적 엷은 유아사에게 삼고초려해서 그 취
임을 설득했다고 한다. 유아사는 정무총감 직을 수
락하면서 신문기자들에게 산업장려에 대해서는 전
임 정무총감의 유지를 받들고 특히 산미 증식 등에
대해서는 최선의 노력을 다하고자 한다고 밝혔다.

1926년부터 산미증식갱신계획을 세워서 14개년간
35만 정보의 토지개량사업을 완성하고 경종법 등을
개선해서 약 820만 석의 산미 증가를 기하고자 했다.
이 계획에서는 사업자금 총액 3억 5천 1만 엔 가운데
토지개량자금 3억 1,100만 엔, 농업개량자금 4,000
만 엔으로 하고 토지개량에 필요로 하는 정부의 인건
비 844만 2천 엔 및 토지개량사업보조금 6,507만 엔
을 제외한 2억 7,818만 엔은 기업가가 조달하는 금액
이었다. 유아사가 착임한 해는 같은 해 4월에 결성된
조선공산당 및 고려공산청년회 제1차 검거가 개시된
직후였다. 1926년 4월 사이토 총독 암살 미수사건인
금호문金虎門 사건, 6월의 6·10만세사건, 이것을 계
기로 하는 공산당 제2차 검거사건 등이 잇따랐다. 소
작관행의 폐해를 교정하고 '공정한 소작제도를 수립'
하기 위한 준비작업으로 1927년부터 5개년간 전조선
의 소작관행 조사에 착수했다. 한편 세제조사위원회
를 설치하여 대장성大藏省 주도하에 세제 정리를 진
행하여 영업세, 자본이자세를 신설하고, 주세령, 조
선소득세령, 사탕소비세령, 면직물도입세령을 개정
하여 증세하였다. 27년 12월 사이토 총독이 병을 이
유로 사임하였는데 실제적으로는 정우회 내각이 경
질한 것이었다. 새롭게 부임한 야마나시 한조山梨半
造(→658) 총독은 유아사에게 정무총감 유임을 요청했
으나 유아사는 정당색이 강하고 평판이 좋지 않은
야마나시를 싫어해서 거절하고 사임했다.

1929년부터 33년까지 회계검사원장을 역임하고
1933년 궁내대신에 취임했다. 쇼와 천황昭和天皇의
신임을 얻어 궁내성의 인사 쇄신을 단행하였다.
1936년 2월 사이토 마코토 내대신이 2·26사건으로
사망하자 그 뒤를 이어 1940년까지 천황의 최측근으
로 천황을 상시 보필하였다.

[참고문헌] 林茂『湯淺倉平』(湯淺倉平傳記刊行會, 1969),
阿部薰 編『昭和12年版 朝鮮都邑大觀』(民衆時論社,
1937)

【이형식】

814

유아사 이치로

湯淺一郞(탕천일랑)　　　　　1869.1.30~1931.6.23

화가

군마현群馬縣 안나가시安中市 출신. 야마모토 호스이
山本芳翠와 구로다 세이키黑田淸輝에게 그림을 배웠으
며, 1896년 백마회白馬會 결성에 참가했다. 1898년 도
쿄미술학교東京美術學校 서양화과를 졸업하고, 1905
년부터 4년간 유럽 유학을 떠났다. 귀국 후에는 이과
회二科會의 결성에 가담했으며, 1931년 도쿄 자택에
서 63세로 타계했다.

유아사는 1913년 5월 서양화가 야마시타 신타로山
下新太郞와 함께 조선호텔 벽화제작의 자료 수집을
위해 처음 조선을 방문했다. 약 한 달간 조선 전국을
여행하고 6월 중순 경 일본으로 돌아간 것으로 보이
며 조선호텔이 완공된 이듬해인 1914년, 벽화 설치
를 위해 재차 조선을 방문했다. 벽화는 조선호텔의
중앙홀과 연회실에 설치되었으며, 수원, 경주, 전라
북도 금산사, 개성, 경성 창덕궁 비원, 우이동, 금강
산, 평양 대동강 등 조선의 풍경으로 채워졌다.

한편 유아사는 이 시기 조선을 주제로 다수의 작품
을 제작했는데, 〈수원 화홍문〉, 〈평양 모란대〉, 〈관
기官妓〉, 〈조선부인〉, 〈부벽루〉 등 스케치를 포함해
약 26점 정도가 확인된다. 외광파外光派를 기반으로
한 이들 작품 대부분은 당시 유아사가 참가하고 있었
던 이과회에 출품되었다.

[참고문헌] 染谷滋　『湯淺一郞展』(群馬縣立近代美術
館, 1991), 坂井基樹 外 編『日韓近代美術家のまなざし
-『朝鮮』で描く』(福岡アジア美術館, 2015), 김정선「1910
년대 일본 근대 화단의 형성과 조선: 유아사 이치로湯淺
一郞, 후지시마 다케지藤島武二를 중심으로」『문물연
구』 21(동아시아문물연구학술재단, 2012)　【김정선】

815

유키모리 마코토

行森孚(행삼부)　　　　　　　1903.5.3~?

사법관료

오카야마현岡山縣 미쓰군御津郡 니야마무라新山村 출
신. 유키모리 가쓰요시行森一嘉의 장남으로 태어났
다. 1923년 3월 오카야마 현립 쓰야마중학교津山中學
校를 졸업했다. 경성제국대학京城帝國大學을 졸업한
후, 1934년 조선총독부 검사에 임용되어 패전할 때
까지 재직한 사법관료이다.

그의 부친은 러일전쟁에 참전한 후 1913년 경북 예
천禮泉으로 이주하였다. 이후 농업에 종사하여 소작
료만 연 1,200석을 거두는 지주로 성장하였다. 예천
군 유지로 면협의원面協議員, 학교조합의원, 재향군
인분회장 등을 역임하며, 대서업代書業과 운송업을
겸했다. 유키모리 마코토의 동생 유키모리 다케유키
行森猛之는 경성치과의학전문학교를 졸업하고 함북
웅기雄基에서 개업하였다.

유키모리 마코토는 1926년 3월 경성제국대학京城
帝國大學 예과를 수료하고, 4월 동교 법문학부에 입학
하였다. 1929년 3월 동교를 졸업하고, 8월 충북 충주
忠州 소재 조선트럭운수주식회사에 취직하였다.
1930년 퇴사하고 일본으로 건너가 호소이 하지메細
井肇가 운영하던 도쿄東京의 월담사月旦社에 취직하
였다. 1931년 11월에는 고등시험 사법과에 합격하였
으며 1932년 4월 조선총독부 판임관견습判任官見習
으로 채용되어 대구지방법원大邱地方法院에서 근무하
였다. 동년 11월 조선총독부 사법관시보司法官試補에
임용되어, 1년 6개월 동안 대구지방법원에서 실무수
습을 거쳤다.

1934년 7월 대구지방법원 예비검사로 발령받았
고, 1935년 7월 전주지방법원 정읍지청井邑支廳 검사
로 전보되었다. 1936년 9월 경성지방법원 철원지청
鐵原支廳 검사로 보임되었다. 1938년 9월 경성복심법
원과 경성지방법원 검사 겸 보도관輔導官으로 경성보
호관찰소京城保護觀察所에 근무하다가 동년 11월 경성
보호관찰소장에 임명되었다. 1939년 12월 대구복심
법원 검사와 대구보호관찰소장을 겸임하였다. 1944
년 8월 경성지방법원 검사와 사무관으로 방공총본부
막료장防空總本部幕僚長 보좌를 겸임하며 법무국法務
局에서 근무하였다. 1945년 2월 서기관 및 예방구금

小豫防拘禁所 교도관으로 승진하여 법무국과 예방보호교도소에서 근무하다가 패전을 맞이했다.

[참고문헌] 朝鮮總督府 編 『朝鮮總督府官報』(朝鮮總督府, 1931~1945), 阿部薰 編 『朝鮮功勞者名鑑』(民衆時論社, 1935), 司法協會 編 『朝鮮司法大觀』(司法協會, 1936), 朝鮮總督府法務局人事係 『昭和七年 司法官試補進退關係綴』(朝鮮總督府, 1932), 전병무 「일제시기 在朝鮮日本人 司法官試補 연구」 『해람인문』 44(강릉원주대 인문학연구소, 2017)   【전병무】

816

유키 아키히코

結城顯彦(결성현언)   1854.11.17~1912.12.26

사법관료, 외무관료

가나가와현神奈川縣 출신. 1881년에는 『문장총화文章叢話』 상·중·하 세 권을 저술하여 출판하였다. 이어서 이듬해에는 『문법요칙文法要則』 상, 하권을 저술하였다. 1885년부터 1887년까지는 조선으로 파견되어 한성영사관에서 서기생書記生으로 근무하였다. 1892년 9월 고베지방재판소神戶地方裁判所 검사로 전보되었다. 타이완臺灣으로도 건너갔는데, 타이완총독부 법원의 판관이자 고등법원 판관 겸 타이페이지방법원臺北地方法院 판관으로 근무하였다. 1897년 11월부터는 신주지방법원장新竹地方法院長 겸 고등법원 판관의 보직에 임명되어 활동하였다. 타이완에서 귀국한 이후 1899년 4월부터는 다시 본국 내 판사로 임용되었으며, 나고야名古屋, 기후岐阜 지방재판소에서 재직하였다.

한성영사관 서기생 겸 판사보判事補로 있다가 오바나가시게大庭永成가 귀국함에 따라 1885년 6월부터 영사대리 사무를 맡아보게 되었다. 이해 8월에는 퇴한령退韓令과 일본여행단속규칙을 발포하여 한성을 출입하는 일본인들과 거류민들에 대한 단속을 실시하였다. 1886년에는 일본인의 가옥매입, 조선 내지여행, 조선상인과 일본인 간의 소송, 체포된 일본상인의 인도 등에 대하여 한성부판윤漢城府判尹 이인응李寅應과 공문을 주고받으면서 관련 업무를 처리하였

다. 이해 7월 무렵에는 콜레라가 유행하였는데, 이에 대응하여 콜레라 예방규칙을 발포하고 시행하였다. 1887년 2월에는 나카무라 사이조中村再造 등 한성에 거류하는 일본 상인들의 상업회의소 설립을 청원해옴에 따라 규칙 등을 검토한 후 이를 인가해 주었으며, 개회식 때 내빈으로 자리에 참석하였다. 3월에는 거류지 내 주택 하수구를 준설하도록 고시하였으며, 4월에는 여관과 음식점을 단속하는 규칙을 발포하기도 하였다. 이해 5월 30일 귀국하였다. 맡고 있던 영사대리 업무는 한성영사관 서기생 히사미즈 사부로久水三郎(→997)가 이어받았다. 나고야 지방재판소 판사로 재직하다가 대한제국으로부터 판사로 고빙 요청을 받았으며, 6월 25일부로 허가 청원서를 제출하여 7월 21일 일본 정부로부터 정식 허가를 받은 다음 조선으로 건너왔다. 1909년 7월 31일부터 주임관 3등의 판사로 임명되었으며, 8월 12일부로 군산구群山區 재판소 판사 보직을 받고 근무를 시작하였다. '한일강제병합' 이후 1911년 1월부로 고등관 4등으로 승격, 6월에는 광주구光州區 재판소 판사로, 이듬해 4월에는 광주 지방법원 판사로 전보되어 재판업무를 담당하다가 12월 26일 사망하였다.

청일전쟁 시기에는 군용품을 각각 육군과 해군에 기증한 바 있다. 한국에서 사망한 후 1912년 12월 26일부로 종4위에 추서되었다.

[참고문헌] 고려대학교 아세아문제연구소 편 『舊韓國外交文書: 日案』 卷1(高麗大學校出版部, 1967), 統理交涉通商事務衙門 編 『日本領使照會』(서울대학교 규장각 한국학연구원 소장), 國史編纂委員會 編 『韓日經濟關係』 卷2(國史編纂委員會, 2003), 京城居留民團役所 編 『京城發達史』(京城居留民團役所, 1912), 『敍位裁可書·明治四十四年』(日本國立公文書館, Ref. A12090061600)

【박한민】

817

이가라시 데이자부로

五十嵐悌三郎(오십람제삼랑)   1893.9.21~1940.5.1

음악가, 저술가

야마가타현山形縣 쓰루오카시鶴岡市 출신. 1915년 국립 야마가타 사범학교 본과 졸업 후, 1919년 11월 사범학교, 중학교, 고등여학교음악과 교원면허취득, 출신학교에서 약 4년 6개월간 교사로 재직하였다. 1924년 6월 퇴직과 함께 경성으로 옮겨 경성여자고등보통학교 교사로 약 1년간 근무하는 등 1937년까지 약 14년간 조선에서 폭넓은 음악교육활동을 했다.

1925년 5월부터 경성사범학교에서 음악교사로 일하다가 1929년 10월 퇴직한다. 1930년 4월 사립 후타바음악원雙葉音樂園을 설립하여 개인 교습을 지속하였다. 1930년 7월부터 1932년 10월까지 조선총독부 이왕직아악부李王職雅樂部 촉탁 강사로 근무하였고, 1932년 4월부터 1937년 12월까지 창덕여학교, 1933년 11월부터 1937년 12월까지 경기중학교, 1935년 4월부터 1937년 12월까지 경복중학교에 촉탁강사로 동시에 여러 학교에 출강하였다. 특히 엘리트학교인 경성사범학교에서 약 4년 이상 음악교원양성에 힘을 썼을 뿐 아니라 작곡가로서 활약하고 음악이론서를 집필했으며, 조선 아악의 오선보를 채보하는 등 다양한 분야에서 활동하였다.

조선에서의 활동을 세 가지로 구분해보면, 첫째, 음악 교육자로서 이가라시는 관립학교의 음악 교육에 다양하게 기여했다. 경성사범학교 교사시절 악전, 음악이론, 솔페지오 등 음악의 기초실력에 바탕을 둔 교육법을 중시하였고, 퇴직 후 후임이었던 요시자와 미노루吉澤實(→778) 등과 함께 '신제음악요의 부 교습법 원론'(1937)을 출판하여 음악을 공부하고자 하는 학생들에게 중요한 교재를 제공했다. 둘째, 작곡가로서 많은 가곡과 창가를 작곡하였는데, 조선 어린이들을 위한 〈고려소백자호高麗燒白磁壺〉, 〈신라 법사 의상新羅の法師義湘〉 등은 경성사범학교의 『초등창가』에 수록되었다. 그가 작곡한 약 50여 곡이 1964년에 『이가라시 데이자부로 유작집五十嵐悌三郎遺作集』으로 출판되었다. 셋째, 그는 이왕직아악부에서 조선 아악의 채보를 시도했던 일본음악가 중 한 명으로서 조선인 음악가들의 존경을 받았다.

하지만 그는 조선 사람의 음악성에 대해 부정적인 인상을 가지고 있었는데, 그 이유로 일본인과 비교해 조선인의 학교 교육의 역사가 짧은 것과 조선인의 생활문화에서의 교양 결여를 꼽는다. 일반적으로 미야기 미치오宮城道雄(→421)나 야나기 가네코柳兼子(→645)와 같은 전문 일본음악가들이 조선인의 음악성을 높이 평가한 것과는 반대 의견이다. 이가라시는 학생들의 음악 학습의 목표를 서구화된 창가(일본식으로 가공된 서양음악)에 두고 서구화 영향을 받지 않은 조선인 고유의 음악성을 이해하지 못하였던 것으로 보인다.

이가라시는 1937년 조선을 떠나 도쿄에 거주하면서 일본음계론 연구와 작곡에 전념했다. 대표작이라 할 수 있는 〈국악송가國樂頌歌〉는 일본의 고전문학을 가사로 하여 일본적인 음계에 근거한 가곡으로서 서양음악에서 탈피해서 독자적인 일본음악이론을 고안하여 일본인으로서의 아이덴티티를 찾고자 한 것이다. 하지만 정치비판적인 언동과 저술로 인해 1939년 10월에 일본육군구치소에 수감되었다가 12월에 출소하지만 건강이 악화되어 1940년 5월 도쿄에서 사망했다.

[참고문헌] 김지선 「일제강점기 국내의 일본인 음악가들과 그 활동」 『韓國音樂史學報』 45(한국음악사학회, 2010), 藤井浩基 「音樂にみる植民地期朝鮮と日本の關係史－1920~30年代の日本人による活動を中心に－」(大阪藝術大學 博士學位論文, 2000), 藤井浩基 「朝鮮における五十嵐の音樂教育活動」 『北東アジア文化研究』 21(鳥取短期大學北東アジア文化總合研究所, 2005)

【이경분】

818
이가라시 산지
五十嵐三次(오십람삼차)　　　　생몰년도 미상

예능인

1920년 중앙시험소 및 경성공업전문학교, 철도국 기계과 등에서 도료에 관한 기술 업무를 담당했고 조선미술전람회 공예부에 심사참여로 활동하며 조선미전 20주년 기념공로자에 선발되었다. 옻칠 재료 및 칠공예에 관한 다수의 기사, 기고를 남겼다.

조선에 온 정확한 시기는 불분명하나 1918년에는 농상무성 소속으로 교토京都에서 칠기 강습회를 개최한 기록이 있으며 1920년부터 조선의 중앙시험소에서 칠공예에 관한 기술 위탁 기수로 임명되었기에 1919~1920년경으로 추정할 수 있다. 조선에 온 후 중앙시험소 이외에도 경성공업전문학교의 조교수를 비롯하여 철도국의 기계과와 경성공장에서 객차의 도료에 관한 업무를 담당했다. 조선의 옻나무 진액 채취 시험에 관련된 글을 『일본칠공회회보』에 보고했고(1928), 조선의 옻칠에 대한 소개 글인 「동양에 유일한 도료 칠에 대한 고찰」(『매일신보』, 1932), 「칠 이야기漆の話」(『경성일보』, 1932) 등을 연재했다. 1932년 신설된 조선미전 공예부에 〈나전칠기화분받침〉을 출품해 입선한 후, 16회(1937)부터 심사참여로 활동하면서 1941년에 조선미전 20주년 기념공로자로 선발되었다.

[참고문헌] 朝鮮工業協會 編『朝鮮の工業と資源』(朝鮮工業協會, 1937), 阿部薰『朝鮮人物選集』(民衆時論出版部, 1934) 　【최재혁】

819
이구치 쇼고
井口省吾(정구성오)　　　　1855.9.20~1925.3.4

육군 군인

스루가노쿠니駿河國 출신. 1878년 12월 육군사관학교를 졸업(구 2기)하고 다음 해 2월 포병소위로 임관하였다. 근위포병연대 소속, 오사카진대大阪鎮臺 산포山砲 제4대대 소속을 거쳐 1882년 4월 중위로 진급하고 참모본부 관동국원關東局員이 되었다. 1885년 5월에는 육군대학교를 졸업(1기)하고 대위로 진급하였다. 이후 독일 유학, 참모본부 제1국원, 육군대학교 교관을 거쳐 1891년 11월 소좌로 진급하였다. 1893년 11월 야포병 제4연대 대대장을 시작으로 참모본부 제1국원, 제2군 작전주임참모, 육군대학교 교관, 참모본부 2부원, 육군대학교 교두教頭(교감), 육군성 군무국 포병과장, 육군성 군무국 군사과장 등을 역임하고, 1902년 5월 육군소장으로 진급하여 참모본부

총무부장으로 취임하였다. 러일전쟁이 발발하자 만주군 총사령부 참모로 병참부문에서 활약하였으며, 전후 육군대학교장으로 취임하였다. 1909년 8월 중장으로 진급하였고, 1912년 11월 제15사단장으로 취임하였다.

1915년 1월 조선군 사령관직으로 임명되어(1915. 1.25.~1916.8.18.) 조선에 건너왔다. 1916년 8월 군사참의관이 되었으며, 같은 해 11월에는 육군대장으로 진급하였다. 1920년 8월에는 후비역後備役으로 편입되었고, 1925년 3월 4일 사망하였다.

[참고문헌] 秦郁彦 編『日本陸海軍總合事典』(東京大學出版會, 1991), 阿部薰『朝鮮人物選集』(民衆時論出版部, 1934) 　【이승희】

820
이기타 가게키
異儀田景樹(이의전경수)　　　　1891.7.24~?

정치인, 실업가

야마구치현山口縣 출신. 이기타 구니타로異儀田國太郎의 장남으로 태어났다.

현재의 상호신용계相互信用契에 해당하는 무진업無盡業에 종사하였다. 1925년부터 평양무진주식회사平壤無盡株式會社 이사 및 지배인으로 근무하였다.

평안남도수리조합장平安南道水利組合長을 거쳐 1938년에는 조선타일주식회사의 감사직을 역임했으며, 1942년에는 평안남도양곡주식회사平安南道糧穀株式會社를 설립하고 사장에 취임했다. 평안남도양곡주식회사는 도내에서 생산한 양곡의 매입은 물론, 조선미곡시장주식회사와 타도양곡주식회사에서 양곡의 매입 및 도내 배분을 목적으로 하였다.

평양부회平壤府會 의원으로도 활약하며 안팎으로 신망을 한 몸에 받았으며, 경영 수완이 비범하다고 평가되었다.

[참고문헌] 阿部薰 編『昭和12年版 朝鮮都邑大觀』(民衆時論社, 1937), 谷サカヨ『第14版 大衆人事錄』(帝國秘密探偵社, 1943), 한국역사정보통합시스템 한국사데이터베이스 〈http://db.history.go.kr〉 　【이가혜】

821

이나다 가쓰히코

稲田勝彦(도전승언)   1851~?

실업가

나가사키현長崎縣 출신.

이나다 가쓰히코는 1895년 인천으로 들어왔다. 그후 인천에서 여관을 경영하면서 토목청부업을 겸하고 있었던 인물이다. 경인철도가 개통될 무렵 정차장 앞에 건물을 신축하여 이나다여관稲田旅館을 개업했다. 당시 이나다 여관은 오쿠사大草와 스이즈水津 등과 함께 인천에서 가장 유명한 여관 중 하나였다.

1897년에는 강화도 동막석산東幕石山의 석재 채굴권 특허를 획득했고, 1908년에는 임산물 처분법 발포에 따라 그곳의 산림 76정보를 불하 받아 석재를 채굴했다. 인천 만석동萬石洞 매축주식회사埋築株式會社의 전신인 매립 공사의 경영에 진력을 다했다. 1908년 인천 매립공사가 완료된 후 1만 정보의 택지를 획득하여 민가를 건설하여 판매했다. 또한 경인철도 영등포 정차장을 비롯하여 새로운 정차장에 지점과 출장소를 증설하여 크게 성공했다.

성격이 온화하고 호인의 풍모를 갖고 있어 거류 일본인들 사이에서 신망이 높았다고 한다. 이로 인해 거류민회, 상업회의소 의장으로 추천되기도 했다.

[참고문헌] 中田孝之介 『在韓人士名鑑』(木浦新報社, 1905), 外務省通商局 『在外本邦人農工商家漁業者人名錄，農商工業等ニ從事スル在外本房人營業状態取調1件』(外務省通商局, 1905), 中村資良 『京城仁川職業名鑑』(東亞經濟時報社, 1926)   【김윤희】

822

이나미쓰 가즈오

稲光一夫(도광일부)   1907.7.21~?

사법관료

아오모리현青森縣 히가시쓰가루군東津輕郡 아라카와무라荒川村 소재 아오모리감옥青森監獄 관사에서 아버지 이나미쓰 겐이치稲光卷一와 어머니 유키ユキ 사이의 장남으로 태어났다. 원적은 야마구치현山口縣 오쓰군大津郡 히오키촌日置村이고 사족士族 출신이다. 친부 이나미쓰 겐이치가 4세 때 사망하여 숙부 이나미쓰 지로稲光次郎에게 입적되었다. 1935년 7월 조선총독부 판사로 임용되어 패전 때까지 재직한 사법관료이다.

조선으로 이주한 시기는 정확치 않으나, 그의 숙부가 일찍이 동양척식회사東洋拓植會社 등에서 근무한 적이 있다.

1921년 4월 경성중학교京城中學校에 입학하여 1926년 3월 졸업하였다. 동년 4월 경성제국대학京城帝國大學 예과에 입학하여 1928년 3월 수료하였다. 동년 4월 경성제국대학 법문학부에 입학하여 1931년 3월 졸업하였다. 동년 7월 조선총독부 판임관견습判任官見習으로 임용되어 경성지방법원京城地方法院 서기과書記課에서 근무하였다. 재직 중 1932년 11월 고등시험 사법과에 합격하였다. 당시 주소는 경성부京城府 길야정吉野町 1정목一丁目이었다. 1933년 11월 조선총독부 사법관시보司法官試補에 임용되어, 경성지방법원에서 1년 6개월 동안 실무수습을 했다.

1935년 7월 평양지방법원平壤地方法院 예비판사로 발령받았다. 1936년 6월 평양지방법원 판사로 임명되었다. 1937년 10월 대구지방법원 판사로 전보되었다. 1941년 5월 경성지방법원 검사로 전직하였고, 사무관을 겸하여 법무국法務局 행형과行刑課에서 근무하였다. 1944년 8월 대전지방법원 예심판사로 다시 전직하였다. 이후 패전 때까지 재직하였다.

[참고문헌] 朝鮮總督府 編 『朝鮮總督府官報』(朝鮮總督府, 1926~1945), 朝鮮總督府法務局人事係 『昭和八年 司法官試補進退關係綴』(朝鮮總督府, 1933), 司法協會 編 『朝鮮司法大觀』(司法協會, 1936), 전병무 「일제시기 在朝鮮日本人 司法官試補 연구」 『해람인문』 44(강릉원주대 인문학연구소, 2017)   【전병무】

823

이나바 이와키치

稲葉岩吉(도엽암길)   1876.12.4~1940.5.23

고바야시小林(본성), 기미야마君山(호)

교사, 역사학자, 대학교수

니가타현新潟縣 출신. 고바야시 마사유키小林正行의 장남으로 태어났으며, '이나바'는 어머니의 성姓을 이은 것이다. 1900년 고등상업학교부속외국어학교 高等商業學校附屬外國語學校(현 도쿄외국어대학東京外國語大學) 중국어부中國語部를 졸업한 후 베이징北京으로 유학을 떠났고, 1902년부터 오사카상선大阪商船 근무하였다. 1904년 10월 러일전쟁 때 통역으로 압록강군 소속으로 종군從軍, 1908년부터 남만주철도주식회사南滿洲鐵道株式會社의 만선역사지리조사부滿鮮歷史地理調査部에서 근무하면서 『만주역사지리滿州歷史地理』 편수, 1915년부터 참모본부 촉탁囑託, 야마구치고등상업학교山口高等商業學校와 육군대학교의 강사와 교수 등을 역임하면서 동양사, 중국정치사, 사회경제사 등을 강의하였다. 1922년 조선총독부 조선사편찬위원회 위원으로 임명되어 1937년까지 근무하였으며, 그 후 만주로 건너가 건국대학교 교수로 지내다가 1940년 사망하였다.

일본 육군대학교 교수로 재직하던 이나바는 1922년 12월부터 조선총독부 조선사편찬위원회 위원·간사·촉탁, 1923년 1월부터 구관급제도조사위원회舊慣及制度調査委員會 위원, 1925년 6월부터 조선사편찬위원회를 확대 강화하여 발족한 조선사편수회朝鮮史編修會 수사관修史官·간사·촉탁 등을 맡고, 동 10월에는 평안남도 순천군順川郡에 있는 위만 관련 왕묘와 전정殿庭 등 유적을 순찰하였으며, 1928년 8월 동민회同民會 주최 하기대학夏期大學에서 '역사상으로 본 내선관계內鮮關係'를 강의하였다.

1932년 7월 교토제국대학京都帝國大學에서 『광해군 시대의 만선관계光海君時代の滿鮮關係』로 문학박사를 취득, 1934년 2월 만주 출장, 9월 경학원經學院 문묘 추계석전文廟秋季釋奠 종료 후 강연하고, 1935년 2월부터 임시역사교과용도서조사위원회臨時歷史教科用圖書調査委員會 위원을 맡고, 11월 중화中和 방면의 낙랑樂浪 유적을 시찰하였으며, 1936년 8월 목포부 교육회 주최 하기대학에서 '만주 및 조선역사 강좌滿洲及朝鮮歷史講座'를 강의하였다. 1937년 6월 조선사편

수회 수사관을 자원 퇴직, 같은 해 만주로 가서 건국대학교建國大學校 창립위원으로 활동하고 교수가 된 후 사망할 때까지 근무하였다. 1939년 11월 정동선천군연맹精動宣川郡聯盟 주최 강연에 초빙되어 '내선일체'를 강의하였으며, 1940년 4월에는 일본 왕으로부터 『조선사朝鮮史』 편찬 등의 공적으로 훈장 욱일장旭日章을 받고, 5월 23일 만주의 수도 신징新京(현 창춘長春) 자택에서 사망하였다.

이나바의 조선 관련 저술은 『조선문화사연구朝鮮文化史研究』(東京, 雄山閣, 1925), 『조선민족사朝鮮民族史』(『朝鮮史講座 分類史』중 1권, 朝鮮史學會, 1925), 『광해군 시대의 만선관계光海君時代の滿鮮關係』(京城, 大阪屋號書店, 1933), 『한반도의 보장과 랴오둥반도韓半島の保障と遼東半島』상·하(『東洋時報』 105/106, 東洋協會, 1907), 「진번군의 위치眞番郡の位置」(『歷史地理』 24-6, 京城, 日本歷史地理學會, 1914), 「조선사회의 제문제朝鮮社會の諸問題」(『朝鮮』 268호, 1937. 9. 1) 등 매우 많다.

1940년 만주에서 사망했다.

[참고문헌] 川田瀧三郎 『新潟縣人鮮滿名鑑錄』(越佐新報社鮮滿支局, 1926), 朝鮮神社錄刊行會 編 『朝鮮紳士錄(昭和六)』(朝鮮神社錄刊行會, 1931), 朝鮮新聞社 編 『朝鮮人事興信錄』(朝鮮人事興信錄編纂部, 1935), 박한민 「稻葉岩吉(1876~1940)의 조선사 인식」(한국교원대학교 대학원 석사논문, 2010), 정상우 「稻葉岩吉의 '滿鮮史' 체계와 '朝鮮'의 재구성」 『역사교육』 116(역사교육연구회, 2010), 정상우 「滿鮮史와 日本史의 위상: 稻葉岩吉의 연구를 중심으로」 『한국사학사학보』 28(한국사학사학회, 2013), 한국역사정보통합시스템 〈http://www.koreanhistory.or.kr〉 【조미은】

824

이노우에 가오루

井上馨(정상형)   1836.1.16~1915.9.1

세가이世外(호)

정치인, 실업가

야마구치현山口縣 출신. 1835년 태어나 어렸을 적엔 주로 농경에 종사하다가 17세에 번교藩校 명륜관明倫

館에 입학했다. 21세에 참근교대參勤交代를 수행하며 에도江戸를 왕복하면서 난학蘭學, 포술총술砲術 등을 배웠다. 1860년 이후 하기번萩藩의 존왕양이파尊王洋夷派의 중심인물로 활동했다. 1863년 이토 히로부미伊藤博文(→900), 이노우에 마사루井上勝 등과 런던에 유학했지만 하기번이 외국선박을 포격한 것을 알고 이토 등과 귀국한 뒤 개국開國을 주장했다. 메이지유신明治維新 이후 새 정부에 참여하여 규슈 진무총독참모九州鎭撫總督參謀, 나가사키부 판사長崎府判事를 역임했다. 오쿠마 시게노부大隈重信가 대장성大藏省 차관大輔이 되자 기도 다카요시木戸孝允, 오쿠마, 이토 등과 대장성에 의거하여 개화정책을 추진했다. 1871년 폐번치현廢藩置縣 이후 대장성 차관이 되어 강력한 실권을 행사했지만 정부 내의 비판으로 1873년 사직하고 사업에 종사했다. 1876년 특명부전권대사로「조일수호조규朝日修好條規」를 체결하였다. 1878년 참의 겸 공부경工部卿, 1879년 외무경外務卿이 되었다. 제1차 이토 내각에서 외무대신이 되어 조약개정 교섭을 진행했지만 국내의 비판으로 1887년 사퇴하였다. 이후 구로다 기요타카黑田淸隆 내각의 농상무대신, 제2차 이토 내각의 내무대신, 임시대리 수상 등을 역임했다. 1894년 청일전쟁 중에는 조선주재 특명전권대신, 제3차 이토 내각의 대장대신 등을 지냈다. 제3차 이토 내각에서 헌정당憲政黨에 대항하기 위한 정당을 결성하려다가 실패한 후 정계 일선에서 물러나 원로元老로 활약했으며 재벌의 고문으로 활동하여 재계에 강한 영향력을 행사하였다.

1875년 9월 운요호雲揚號 사건이 발생하자, 같은 해 12월 특명전권대신 구로다와 함께 특명 부전권변리대신으로 파견되었다. 조선 측 대표인 접견대관 신헌申櫶과 사건의 처리와 수교를 교섭하였다. 1876년 2월「조일수호조규」가 체결된 후 일본 정부가 조선과의 통상장정 체결 교섭을 계획하자 구로다와 함께「일선수호조규의 이행 운영에 관한 상신」을 작성하여「조일수호조규」체결 당시의 군함외교를 이용하여 무관세 원칙을 관철해야 한다고 주장했다. 1884년 12월 조선에서 갑신정변甲申政變이 일어나 3일 만에 실패로 끝나자, 전권대신에 임명되어 군대

와 함께 한성에 들어왔다. 갑신정변과 일본 정부의 연관성을 부정하고, 일본인 피해에 대한 보상과 관련자 처벌, 김옥균金玉均 등 망명자 인도 거부를 관철하여 1885년 1월「한성조약漢城條約」을 체결하였다. 청일전쟁 중이던 1894년 10월 조선주재 특명전권대신으로 파견되어, 조선 정부의 내정개혁에 개입하였고 흥선대원군興宣大院君을 압박하였다. 동학농민군이 봉기하자 조선 정부에 이를 진압하기 위한 일본군 파견을 요청하도록 했다. 청일전쟁이 끝난 뒤 조선 내 전신과 철도를 계속 일본이 장악하고자 했던 무쓰 무네미쓰陸奧宗光의 한일신협약 체결 계획에 대해 조선 내외의 반발을 의식하여 이를 거부하였다. 이후 1895년 9월 조선공사가 육군 장성 출신 미우라 고로三浦梧樓(→434)로 교체되자 귀국하였다.

1898년 3차 이토 내각에서 대장대신大藏大臣을 맡아 지조증징안地租增徵案에 반대하는 헌정당憲政黨이 중의원 다수를 차지하자, 이에 대항하기 위해 이토와 함께 정부당을 조직하려고 했다. 하지만 야마가타 아리토모山縣有朋 등의 반대로 무산되었다. 이후 정치에서 물러나 원로로 활약하였다. 일본철도회사와 일본우편회사 설립을 위해 노력하였으며, 일본 재계의 막후에서 강한 영향력을 가지고 있었다. 1915년 오키쓰興津에서 병사했다.

[참고문헌] 최덕수 외『조약으로 본 한국 근대사』(열린책들, 2010), 國史編纂委員會 編『駐韓日本公使館記錄』(國史編纂委員會, 1997), 근대한국외교문서편찬위원회 편『近代韓國外交文書』, (동북아역사재단, 2012), 秦郁彦 編『日本近現代人物履歴事典』(東京大學出版會, 2002), 臼井勝美 外 編『日本近現代人名辞典』(吉川弘文館, 2007), 金文子『朝鮮王妃殺害と日本人』(高文研, 2009)

【최덕수】

825
이노우에 가쿠고로
井上角五郞(정상각오랑)　　1860.11.30~1938.9.23

다쿠엔琢園(호)

정치인, 실업가

빈고노쿠니備後國(현 히로시마현廣島縣) 후카쓰군深津郡 출신. 1879년 상경하여 후쿠자와 유키치福澤諭吉의 서생으로서 게이오기주쿠慶應義塾에 입학, 1882년 졸업했다. 1883년 1월 조선으로 건너와『한성순보漢城旬報』를 간행하고 1886년 말 귀국했다. 1890년 제1회 제국의회의 중의원 의원으로 당선된 뒤 1924년까지 연속으로 14선을 달성하였다. 그러는 한편 홋카이도탄광철도北海道炭鑛鐵道 전무, 일본제강소日本製鋼所 회장, 교토전기철도京都電氣鐵道 사장을 비롯하여 다수의 회사, 은행의 임원을 지내는 등 실업계에서 활약하였으며, 국민공업학원國民工業學院을 설립하여 그 이사장을 지냈다.

1883년 1월 조선 정부 고문으로 파견된 우시바 다쿠조牛場卓藏(→792), 다카하시 마사노부高橋正信와 동행하여 조선에 건너왔다. 김윤식과 교류를 하고, 그해 6월 김윤식의 추천으로 외아문外衙門 고문에 임명되었다. 이후 박문국博文局을 설치하고『한성순보』를 창간하였다. 1884년 12월에 발생한 갑신정변의 모의과정에 깊이 관여했으며, 정변 후 일본으로 도피하였다. 이듬해 1월 사태 수습을 위해 파견된 특명전권대사 이노우에 가오루井上馨(→824)를 수행해서 조선으로 돌아와 한성조약 체결을 위해 김윤식과 막후교섭을 벌였다. 이노우에는 김윤식에게 청일전쟁의 가능성을 제시하며 일본과의 교섭을 빨리 마무리지을 것을 종용하였다. 한성조약 체결 후 김윤식의 권고로 조선에 남아 외아문에 복직하고, 1886년 1월부터『한성주보漢城週報』를 발행하였다. 1886년 말 일본으로 돌아갔다. 조선에서의 경험을 기록한『한성지잔몽漢城之殘夢』(春陽書樓, 1891)을 남겼다.

1887~88년 미국에 다녀온 후 1890년 제1회 제국의회의 중의원 의원에 당선되고, 이후 14선을 달성하며 정치가로서 활동하였다. 경부철도와 남만주철도의 설립에 관여했으며, 홋카이도탄광철도 전무, 일본제강소 회장을 비롯해 다수의 회사, 은행의 설립에 관여하고 임원을 지냈다. 도쿄상공회의소 부회장, 제국철도협회 부회장 등을 역임했다.

[참고문헌] 國史大辭典編集委員會 編『國史大辭典』第1卷(吉川弘文館, 1986), 近藤吉雄 編『井上角五郎先生傳』(井上角五郎先生傳記編纂會, 1943), 김종학「이노우에 가쿠고로(井上角五郎)와 갑신정변: 미간사료『井上角五郎自記年譜』에 기초하여」『한국동양정치사상사연구』13(1)(한국동양정치사상사학회, 2014)【박양신】

826

이노우에 기요시
井上淸(정상청)　　　　　1885.9.17~?

행정관료, 실업가

도쿄시東京市 우시코메구牛込區 출신. 1885년 9월 17일 이토 마사요시伊藤正誼의 4남으로 태어났으며, 1917년 숙부 이노우에井上 집안에 양자로 입적되었다. 1909년 7월 도쿄제국대학東京帝國大學 법학부 정치과를 졸업했으며, 그해 11월 고등문관시험에 합격했다. 1910년 12월 조선으로 건너와 조선총독부 임시토지조사국 감사관 등으로 근무하다가 1913년 총독부 사무관이 되었다. 이후 충청남도 제2부장, 함경북도 제1부장, 함경북도 내무부장, 재무국 세무과장, 함경남도 내무부장, 경기도 내무부장 등을 거쳤다. 1928년 1월 관직을 물러나 그해 11월 조선연초원매팔주식회사朝鮮煙草元賣捌株式會社 사장이 되었다. 1931년 9월 경성부윤京城府尹으로 관계에 복귀하여 1933년 12월 총독부 체신국장遞信局長이 되어 1936년 7월 퇴관退官할 때까지 역임했다. 퇴직 후부터 1945년경까지 조선전력주식회사 전무이사, 남조선수력전기주식회사南朝鮮水力電氣株式會社 사장, 북선합동전기주식회사北鮮合同電氣株式會社 사장 등 주로 전력계통에 종사했다. 부인 지세千世와 사이에 2남 5녀를 두었다.

1910년 12월 28일 조선총독부 임시토지조사국 서기가 되어 조사과에서 근무했다. 1912년 1월 11일 부로 의원면관依願免官한 후 총독부 시보試補로 있다가 4월 1일부터 임시토지조사국 감사관으로 근무했다. 1913년 총독부 사무관이 되어 5월 17일부터 임시토지조사국 총무과에서 근무했다. 1915년 5월 1일 관제개정에 의하여 총독부 임시토지조사국 부사무관이 되었다. 1917년 8월 29일 총독부 도사무관이 되어 충청남도 제2부장에 임명되었다. 1920년 6월 21일 함경북도 제1부장으로 갔다가, 1921년 2월 12일 관제개정에 의해 함경북도 내무부장이 되었다. 이 사이 함경북도 보통시험위원회, 소학교 및 보통학교 교원시험위원회 등의 위원장을 겸했다.

1921년 8월 25일 다시 총독부 사무관으로 복귀하여 재무국 세무과장이 되었으며 전매국專賣局 사무관을 겸임했다. 이 사이 총독부 직속 임야조사위원회 위원, 조선재정조사위원회 간사 및 위원 등을 겸했다. 그해 12월 6일 다시 총독부 도사무관으로서 함경남도 내무부장이 되었다. 1926년 1월 8일 구미 각국으로 1년간 출장을 떠났다가 1927년 2월 귀국했고, 1927년 3월 10일 총독부 사무관으로 내무국에서 잠시 근무하다가 5월 12일 경기도 내무부장이 되었다. 1928년 1월 20일 의원면관으로 관직을 물러나 2월부터 그해에 창립된 조선연초원매팔주식회사의 전무이사專務取締役로 있다가 11월부터 사장을 역임했다. 이 사이 1929년 5월 조선박람회 평의원 등으로 활동했다.

1931년 9월 23일 경성부윤京城府尹으로 관계에 복귀했다. 이 사이 1932년 7월 조선박람회 고문, 나병예방협회 발기인 등으로 활동했다. 1933년 12월 5일 총독부 체신국장으로 승진하여, 조선-일본 간 전화, 조선-만주 간 우편, 위체(환)爲替(換) 관계, 조선-일본 간 항공로 등 여러 현안을 해결한 후 1936년 7월 퇴관했다. 이 사이 총독부 직속기관인 무선통신사자격검정위원회 위원장, 조선간이생명보험사업자문위원회 위원, 조선간이생명보험심사회 위원, 체신관서현업원공제조합심사회 의장, 체신관서현업원공제조합재산관리위원회 위원장, 시가지계획위원회 위원 등을 겸했다.

퇴직 후에는 조선전력주식회사 전무이사, 강릉전기주식회사 이사, 남조선수력전기주식회사 사장 등을 역임했다. 이밖에 1943년 북선합동전기주식회사 사장이 되었으며, 1944년 7월 재단법인 조선전기공업학교 이사, 10월 사단법인 조선전기협회 이사 등에 임명되었다.

1944~45년경까지 조선에 체재하면서 활동한 것

으로 확인되나, 이후의 행적과 정확한 귀국 일시, 사망일 등은 불분명하다.

[참고문헌] 朝鮮新聞社 編『朝鮮人事興信錄』(朝鮮新聞社, 1935), 阿部薰 編『朝鮮功勞者銘鑑』(民衆時論社, 1935), 森川淸人 編『朝鮮總督府施政二十五周年記念表彰者名鑑』(表彰者名監刊行會, 1935), 高橋三七『事業と鄕人 第1輯』(實業タイムス社·大陸硏究社, 1939), 芳賀登 外 編『日本人物情報大系』(皓星社, 1999~2002), 岡本眞希子『植民地官僚の政治史』(三元社, 2008), 朝鮮總督府 編『朝鮮總督府官報』(朝鮮總督府, 각호), 朝鮮總督府 編『朝鮮總督府及所屬官署職員錄』(朝鮮總督府, 각년판), 東亞經濟時報社 編『朝鮮銀行會社組合要錄』(東亞經濟時報社, 각년판) 【변은진】

827
이노우에 마사지
井上雅二(정상아이) 1877.6.23~1947.6.23

고도梧堂(호)
관료, 실업가, 정치인

효고현兵庫縣 히카미군氷上郡 출신. 1891년부터 2년간 해군예비교를 다녔으며, 졸업 후 해군기관학교에 들어가 수학하였다. 1896년 타이완臺灣에서 귀국한 후 도쿄전문학교東京專門學校에 무시험으로 입학, 영어정치과에서 수학하였다. 이듬해에는『니혼신문日本新聞』, 1898년에는『요미우리신문讀賣新聞』의 통신원으로 위촉된 가운데 조선과 중국, 몽고 등지를 시찰하였다. 동아동문회東亞同文會가 창설되자 간사로 취임하였다. 1902년에는 러시아, 터키 등지를 시찰한 후 독일 베를린 대학 정치경제과에 들어가 수업을 들은 후 이듬해 동유럽, 시베리아를 경유하여 10월 귀국하였다. 1904년부터 1910년까지 한국에서 활동하였다. 이후 농상무성의 촉탁으로 유럽 각국의 식민지 상공업, 남양 등지를 조사하였다. 동양협회 평의원, 남양협회 전무이사, 중의원 의원(1924) 등을 역임했으며 동아동문회에서는 이사까지 지냈다. 이외에도 페루, 호주, 라틴 아메리카, 그리스 관련 협회에서 평의원으로도 활동하였다. 동양척식주식회사 상무고문(1931)도 역임하였다.

러일전쟁이 발발한 1904년에는 체신성遞信省의 현지상황 조사 촉탁으로 한성에 주재하였는데, 일본군 제1군에 종군하여 압록강 지역까지 다녀오기도 하였다. 한편으로는 동아동문회 한국 파견원으로도 위촉되어 활동하였다. 1905년 봄에 다시 한국으로 건너와『인천상보仁川商報』의 확장에 관여하였고, 이것을 『조선일일신문朝鮮日日新聞』으로 제호를 변경하여 발간하는 가운데 사장으로 취임하였다. 이해 9월부터는 한국정부의 재정고문본부財政顧問本部 재무관에 임명되었으며, 10월에는 재정감사관財政監査官으로 전라남도 지역을 시찰하였다. 1906년에는 수원부(2월), 광주부(10월)의 재정고문지부에서 근무하는 가운데 경기도와 전남 각 지역을 돌아보았다. 광주에 있는 동안 11월에는 광주농공은행 감독업무를 맡기도 하였다. 1907년 8월에는 재정고문본부 총무부에서 근무하게 되었으며, 9월부터는 임시제실유급국유재산조사국臨時帝室有及國有財産調査局의 위원에 위촉되었다. 11월에는 궁내부宮內府 서기관(주임관)이 되어 궁내부 차관 쓰루하라 사다키치鶴原定吉(→579)를 보좌하였다. 궁내대신宮內大臣 관방서무과장官房庶務課長 직책을 맡아보면서 관리들의 임면 관련 공문 처리를 담당하였다. 1908년 3월에는 궁내성 사무 시찰을 위해서 잠시 도쿄로 출장을 나갔다가 4월 말에 돌아왔다. 1909년 1월 순종이 남부 지역을 순행巡幸할 당시 궁내대신의 서기관으로 수행하였으며, 여기에 진력한 공로로 은병을 하사받았다. 이해 4월에는 궁내관전형위원宮內官銓衡委員으로 임명되어 활동하기도 하였다. 1909년 12월 의원면직을 신청하였으며 퇴직금으로 1,500원을 받았다. 한국에서는 이듬해 1월 13일에 떠났다. 1906년 대한제국 정부의 재정고문으로 재직하는 가운데『한국경영자료 이집트의 영국韓國經營資料 埃及に於ける英國』(東亞同文會 藏版, 淸水書店 發行)을 편찬하여 출간하였다. 이 책은 영국인 밀러가 쓴 저서를 발췌 번역한 것이다. 이 외에도「식민지의 농사경영殖民地の農事經營」(『朝鮮之實業』 16, 1906),「식민재정론殖民財政論」(『韓半島』 2-2, 1906),「20세기 초기 열강의 식민지 현황과 성쇠의 원인第二十世紀初頭に於ける列强植民地の現況と其の盛衰の原因」(『朝鮮』 1-1, 1908),「한국박물관과 식물원 설립에 관하여韓國博物館及植物園設立に就て」(『朝鮮』 1-4, 1908),「각국 식민지의 교육기관各國植民地の敎育機關」(『朝鮮』 3-6, 1909) 등을 재직하는 동안 잡지에 게재하였다. 1907년에는 도쿄에서 발행되고 있던『동방협회회보東邦協會會報』 149호에「한국담韓國談」을 게재하였다.

1930년대에는 잡지『조선朝鮮』에「금석지감을 금할 길이 없다今昔の感に堪えず」(245호, 1935),「내선일가몽內鮮一家夢」(284호, 1939)을 기고하였다.『조선신보朝鮮新報』1935년 5월에는 '조선통치의 회고와 엄정비판朝鮮統治の回顧と嚴正批判'이라는 특집에「국제적으로 보는 조선통치國際上より觀にる朝鮮統治」라는 제목으로 조선통치와 관련한 기고문을 세 차례에 걸쳐 연재하기도 하였다.

[참고문헌] 中田孝之介 編『在韓人士名鑑』(木浦新報社, 1905), 井上雅二 編『韓國經營資料 埃及に於ける英國』(淸水書店, 1906), 永見七郎『世界を股にかけて-井上雅二氏の前半生』(日本植民通信社, 1932), 東亞同文會 編『續對支回顧錄』(原書房, 1941), 서울대학교 중앙도서관 소장『朝鮮新報』신문스크랩 자료

【박한민】

828

이노우에 쇼시치
井上庄七(정상장칠)   1890~?

실업가

효고현兵庫縣 출신.

1910년 조선으로 이주하여 구룡포에 거주하였다. 이노우에구미井上組 대표. 야마가미구미山神組, 일본수산, 선해어업鮮海漁業 이사, 경북 수산회의원 등을 맡은 바 있다.

[참고문헌] 阿部薰 編『昭和12年版 朝鮮都邑大觀』(民衆時論社, 1937), 中田孝之助 編『在韓人士名鑑』(木浦新報社, 1905)

【이선윤】

829
이노우에 스미코
井上壽美子(정상수미자)　　　　　　1923~?

회사원

경성 출신. 경성제이고등여학교와 계성여학원啓聖女學院(해방 후 명동성당 뒤의 계성여고)을 졸업한 뒤 미쓰이경금속三井輕金屬에서 회사원으로 근무했다. 1945년 11월 부모의 고향 시모노세키下關로 돌아갔다.

이노우에의 부친은 메이지시대明治時代에 조선으로 건너와 조선총독부에 근무하며 조선 각지에서 생활하다가 스미코가 소학교에 입학할 무렵 경성에 정착했다. 그 전까지 관사에 살던 이노우에는 부친이 체신국에서 공직생활을 마감한 뒤 고시정古市町(현 동자동)에 새집을 지어 5남매를 두고 패전 직후까지 살았다.

부친의 소개로 1945년 5월 군수회사인 미쓰이경금속에 취직했으나 패전으로 인해 회사 생활은 오래 지속되지 않았다. 패전 직전 남편 이노우에井上와 약혼하였는데 남편은 육군 간부 후보생으로 버마 전선에 배치되었다. 그의 집 또한 메이지시대에 조선으로 이주하였으며, 따라서 조선에서 태어난 2세였다.

패전 직후 이노우에 일가는 과거 '일본인 조계租界'와 같은 형태로 잔류가 가능할 것으로 내다보고 귀국을 단념하고 있었으나, 미군의 진주 후 잔류가 불가능하다고 판단하여 고시정에 있던 60평 대지에 건평 40평 규모의 가옥을 이북에서 월남한 조선인에게 25,000원에 처분하고 부산항을 떠나 센자키仙崎로 귀국하였다. 귀국 때까지 시모노세키 조후초長府町의 고향 집은 도쿄에서 소개疏開한 숙부가 관리하고 있었으므로 거주할 곳은 있었지만, 오랜 기간 조선에서 생활했기 때문에 도움을 받을 연고자가 마땅치 않아 생활고에 시달렸다. 이노우에는 그곳에서 잠시 부모님과 지낸 뒤 남편이 1946년 7월 귀국하자 시부모의 고향 나가사키長崎로 가 결혼식을 올렸다. 남편은 귀국 후 잠시 실업상태에 있었으나 시동생의 도움으로 미쓰이해상보험三井海上保險에 취직했다.

[참고문헌] 井上壽美子「遥かな追憶」『平和の礎: 海外

引揚者が語り繼ぐ勞苦』　5卷(平和祈念事業特別基金, 1995), 李淵植『朝鮮引揚げと日本人』(明石書店, 2015), 이연식「해방 후 한반도 거주 일본인 귀환에 관한 연구」(서울시립대학교 박사학위논문, 2009)　【이연식】

830
이노우에 오사무
井上收(정상수)　　　　　　1887.12.5.~?

S.P.R.(필명)
언론인

원적지는 나가노현長野縣 가미타카이군上高井郡으로 1910년 도요대학東洋大學을 졸업하고 오랫동안 신문기자로서 일하였다. 1919년 11월 조선으로 건너와 오사카아사히신문사大阪朝日新聞社 경성 지국장으로서 부임하였다. 1926년 퇴임하기까지 언론인으로서 3·1운동 이후 언론 매체에 글이나 강연 등을 통해 '통치의 오해와 의혹의 일소에 노력'하였다고 동시대 재조일본인들에게 평가받았으며 당국의 조선 통치에 협조한 공적을 인정받았다. 실제로 잡지『조선급만주朝鮮及滿洲』등에는 조선통치의 방침이나 역대 통감들에 관한 기술도 보여 대표적 재조일본인 언론인으로서 활약한 면모를 알 수 있다. 1927년 10월『개성시보開城時報』의 경영을 양도받아『극동시보極東時報』로 개명하고 사장이 되었으며 1934년까지 편집과 경영을 담당하였다. 이후 경영권을 양도한 후에도『극동시보』에는 지속적으로 관여했다. 1932년 1월 대륙통신발행사의 경영을 양도받아 사장에 취임하였고, 4월에는 역시『일간대륙日刊大陸』으로 개명하여 경영했다. 1935년에는 통신일간대륙사 사장이라는 직함으로 활동했다.

이렇게 신문사를 경영하는 한편, 1927년부터 1929년까지는 총독부 관방문서과의 촉탁으로 일하며 총독부 기관지인『조선朝鮮』의 편찬 사무에도 참여하였다. 잡지『조선』에는 1927~8년에 걸쳐「일선 만요 노래 이야기日鮮萬葉歌話」를 연재하였고 비슷한 시기에 한반도의 단카 전문잡지『진인眞人』의 특집호에 조선의 민요 및 가요, 자연의 특징에 관한 글을 쓰기

도 하는 등 일본과 한국의 고대 가요에 상당한 관심과 지식을 가졌던 것을 알 수 있다. 또한 이노우에는 문예, 종교, 사회문제 등에 관한 광범위한 독서가로 알려졌으며, 애국부인회 조선본부 유치원 창립 때 후원회를 조직하여 10년간 간사장을 역임하였고, 1934년에는 이 후원회를 '어머니 회母の會'로 개칭하여 이 모임의 업무를 총괄하기도 하였다. 또한 경성사범학교 부속소학교의 학부형회 간부를 맡기도 해 당시로서는 드물게 어린이와 육아에 관심을 가지고 일을 한 인물이라는 점에서도 주목할 필요가 있다.

1939년부터는 월간 잡지 『경성잡필京城雜筆』에 자신의 소속을 『매일신보毎日新報』, 『국민신보國民新報』로 변경하고 이 소속은 1941년까지 이어지고 있다. 이와 같이 이노우에는 20년 이상 경성에서 신문인으로서 활동하며 다분야에 걸쳐 많은 기고와 발언을 한 인물로, 1919년 이후 1941년에 이르기까지 여러 신문과 잡지에 이름과 S.P.R.이라는 필호를 혼용하며 상당히 많은 글을 게재하였다.

그 외에도 『독기를 뱉다毒を吐く』(內鮮兒童愛護聯盟, 1924), 『반도에 묻다半島に聽く』(炎車洞書房, 1926), 『오늘날의 조선 재화今日の朝鮮財話』(大阪屋號書店, 1928), 『조선 금석 이야기朝鮮今昔物語』(極東時報社, 1929), 『관리 공양役人供養』(極東時報社, 1931), 『조선 태평기朝鮮太平記』(日刊大陸社, 1935)와 같은 단독 저서도 많다. 총독부의 조선 통치와 조선 문화에 관해 많은 글을 남기고 사회적으로 영향력도 상당했던 재조일본인 저널리스트이므로 향후 상세한 고찰이 더 필요한 인물이다.

[참고문헌] 이치야마 모리오, 엄인경 역 『조선의 자연과 민요』(역락, 2016), 엄인경·이윤지 공역 『조선 민요의 연구』(역락, 2016), 中村資良 編 『京城仁川職業名鑑』(東亞經濟時報社, 1926), 越智兵一 編 『朝鮮總督府始政25周年記念表彰者名鑑』(朝鮮總督府始政25周年記念表彰者名鑑刊行會, 1935), 井上收 『役人供養』(極東時報社, 1931), 국사편찬위원회 한국사데이터베이스 〈http://db.history.go.kr〉 【엄인경】

831

이노우에 이진
井上位人(정상위인)　　　　　　생몰년도 미상

화가, 문학가

인물에 관한 상세한 이력은 불명이나, 20세기 전반 한반도에서 간행된 일본어 문헌 등의 자료를 통해서 보면 이노우에의 시인과 화가로서의 활약상이 돋보인다. 특히 1920년대에 『문교의 조선文敎の朝鮮』이나 『조선 및 만주朝鮮及滿洲』, 『조선철도협회 회지朝鮮鐵道協會會誌』 등의 메이저 잡지에 기고한 글들을 다수 확인할 수 있는데, 주로 조선의 예술과 생활의 관계나 조선 문예계의 상황에 관해 기술한 내용이다. 그 중 『문교의 조선』에는 창작 문예 작품도 게재하고 있으며, 경성제국대학 개학기념호에 〈반도 문화의 긍지半島文化の誇〉라는 그림을 수록한 것으로 보아 교육에 종사했거나 교육계와 관련이 깊었던 인물로 보인다. 경성에서 한반도 최대의 단카短歌 잡지였던 『진인眞人』은 몇 번의 특집을 기획하며 이노우에의 글을 수록하고 있는데, 한반도에서 활동하는 대표적 시인이라는 입장에서 그를 섭외하였던 것으로 추측된다. 또한 이노우에의 화가로서의 면모는 이외에도 조선미술전람회 도록에 1920년대 후반에 입선한 기록과 그림을 통해 알 수 있다.

[참고문헌] 이치야마 모리오, 엄인경 역 『조선의 자연과 민요』(역락, 2016), 朝鮮寫眞通信社 編 『第5回~第7回朝鮮美術展覽會圖錄』(朝鮮寫眞通信社, 1926~1928), 京城新聞社 編 『朝鮮の人物と事業』(京城新聞社, 1930) 【엄인경】

832

이다 도쿠지로
井田德次郎(정전덕차랑)　　　　　　1895.4~?

금융인

후쿠오카현福岡縣 출신. 후쿠오카중학 슈유칸修猷館 졸업 후 은행원으로 취직했다.

함경농공은행咸鏡農工銀行을 거쳐 조선식산은행朝

鮮殖産銀行에 입사했으며 조선 북부지역의 각 지점 근무 후 부산에서 근무했다. 1932년 3월 조선식산은행 철원지점장으로 발령 받은 후, 조선식산은행 여수지점장, 조선식산은행 순천지점장, 조선식산은행 원산지점장 등을 지냈다.

[참고문헌] 阿部薰 編『昭和12年版 朝鮮都邑大觀』(民衆時論社, 1937), 谷サカヨ『第14版 大衆人事錄』(帝國秘密探偵社, 1943)   【이선윤】

833
이리에 가즈코
入江一子(입강일자)   1916.5.15.~?

화가

대구 출신. 대구공립고등여학교, 일본의 여자미술학교女子美術學校를 졸업하고 백화점 도안가와 화가로 활동하였다.

대구공립고등여학교에 재학 중이던 1933년 조선미전에 〈뒷골목〉을 출품하여 입선하였고 이듬해에 일본의 여자미술학교女子美術學校 사범과 서양화부에 진학하였다. 대구 출신 화가인 이인성과도 친밀한 관계를 유지하였으며 백일회白日會 전시회에도 출품하였다. 1938년 여자미술학교 졸업 후에는 마루젠山丸 경성지점과 도쿄 본점에서 도안가로 근무하였고 대구, 펑톈奉天(審陽) 등에서 개인전을 개최하였다. 도쿄에서 근무하던 1945년 1월 대구로 돌아와 종전을 맞이하였다.

실크로드를 여행하며 제작한 작품을 중심으로 수차례 개인전을 개최하였으며 일본의 여류화가협회, 독립미술협회 회원으로 활동하였다.

[참고문헌] 坂井基樹 外 編『日韓近代美術家のまなざし-『朝鮮』で描く』(福岡アジア美術館 外, 2015), 阿部薰『朝鮮人物選集』(民衆時論出版部, 1934)   【김용철】

834
이리에 노리히라
入江敎平(입강교평)   1875~?

관료

오카야마현岡山縣 출신. 1897년 오카야마현립중학교岡山縣立中學校를 졸업한 후 고베우편국神戸郵便局 외국우편과와 모지우편국門司郵便局에서 근무했다.

일본의 고베우편국, 모지우편국을 거쳐 1904년 경성우편국으로 전근해 왔다. 이후 1906년부터 조선총독부에 소속되어 1910년 10월 1일 조선총독부 통신서기通信書記, 1912년 4월 1일 조선총독부 체신서기遞信書記로 근무했다. 이후 인천국 우편과장, 해주국장海州局長, 대전국장大田局長, 군산국장群山局長, 남대문국장南大門局長을 거쳐, 1923년 2월 27일에 조선총독부 체신부사무관 고등관 6등으로 승진하였다. 1923년 3월 1일 본관本官을 퇴직한 직후, 1923년 3월 26일 조선총독부 우편소장 및 황해도 연안우편소장延安郵便所長을 역임했다. 통신사업의 보급발달을 조장하고 지방의 산업, 문화개적에 기여했다는 평가를 받았다. 1935년 종6위 훈6등 서보장 외에 여러 종류의 훈장 및 기념장을 받았다.

연안 근방의 토지를 매입하여 농장을 경영하여 대지주가 되었는데, 특히 농사개량 및 소작인 지도에 힘썼다.

[참고문헌] 阿部薰 編『昭和12年版 朝鮮都邑大觀』(民衆時論社, 1937), 笠原敏二『朝鮮及滿洲に活躍する岡山縣人 第1卷』(朝鮮及滿洲に活躍する岡山縣人發行所, 1936), 국사편찬위원회 한국사데이터베이스〈http://db.history.go.kr〉   【이가혜】

835
이마니시 류
今西龍(금서룡)   1875.8·15~1932.5.20

료사이了哉(아명)
사학자, 대학교수

기후현岐阜縣 이히군揖斐郡 이케다마치池田町 출신. 1903년 도쿄제국대학東京帝國大學을 졸업하고, 1906년 한국에 건너와 경주 등지에서 고고학 조사를 시행하였다. 1913년 조선총독부의 고적 조사古蹟調査에 참여하여, 평안남도 용강군에서 세키노 다다시關野貞

(→502)와 함께 점제현신사비砧碑縣神祠碑를 발견하였다. 같은 해 일본 교토제국대학京都帝國大學 강사가 되었고, 1916년에는 조교수가 되었다. 1922년 조선총독부 직속 기관인 고적조사위원회古蹟調査委員會 조사위원, 박물관협의회博物館協議會 협의원에 임명되었다. 1922년 문학박사 학위를 받고 1924년까지 베이징北京에 유학하면서 베이징대학北京大學에서 조선사를 강의했다. 1926년부터는 교토대학京都大學과 경성제국대학 교수를 겸직했으며, 1923년부터 1932년 사망에 이르기까지 조선총독부 조선사편수위원朝鮮史編修委員을 지냈다. 또한 1929년에는 시학위원視學委員에 임명되기도 하였다.

이미나시는 일제 강점기 대표적인 식민사학자로, 조선에서의 고적 답사, 경성제국대학 교수, 조선사편수위원을 지내면서, 일본 군부와 합작하여, 한국사를 왜곡·말살하는 데 앞장선 학자로 평가받고 있다. 평안도 지방과 낙동강 유역의 고적 조사 사업을 바탕으로 1918년 2월 11일부터 29일까지『매일신보每日申報』에 「조선고적조사朝鮮古蹟調査-임나任那에 대對호야」를 연재하였으며, 조선총독부에서 발행한『조선휘보朝鮮彙報』1918년 2월호에「임나에 대하여任那に就て」,『사림史林』제4권 제3·4호(1919.7.10. 京都帝國大學 史學研究會)에「가라강역고加羅疆域考」등의 논문을 발표했다. 이 논문들은 야마토 왜大和倭가 한반도에 진출하여 가라, 신라, 백제 등을 지배했다는 임나일본부설任那日本府說을 뒷받침하는 것들로, 그의 유저遺著인『조선 고사 연구朝鮮古史の研究』(1937, 近澤書店, 京城)에 재수록되었다.

1923년부터 조선사 편수위원 임용 및 1926년 경성제국대학 교수 겸직 이후 백제사와 신라사에 대한 관심이 더 높아졌는데, 조선교육회朝鮮教育會의 기관지인『문교의 조선文教の朝鮮』1929년 6월호, 1930년 6월호 ~ 11월호까지 6회에 걸쳐「전라북도 서북지방 여행잡기全羅北道西部地方旅行雜記」를 연재하였으며, 1931년 2월호, 11월호, 1932년 1월호, 3월호 ~ 5월호에「백제사 강화百濟史講話」를 연재하였다.

대표적인 저서로는『단군고檀君考』(1929, 靑邱說叢, 京城),『만주어 이야기滿洲語のはなし』(1931, 靑邱說叢,

京城),『신라사 연구新羅史研究』(1933, 近澤書店, 京城),『백제사 연구百濟史研究』(1934, 近澤書店, 京城),『조선사의 간朝鮮史の栞』(1935, 近澤書店, 京城),『조선 고사 연구朝鮮古史の研究』(1937, 近澤書店, 京城),『고려사 연구高麗史研究』(1944, 近澤書店, 京城) 등이 있다.

현재 일본 덴리대학天理大學에는 그가 수집한 한국 관련 필사본, 활판본, 목판본의 자료 1,867종의 자료가 소장되어 있는 것으로 알려져 있다.

[참고문헌] 국립문화재연구소『해외전적문화재조사목록』(국립문화재연구소, 2006), 今西龍『檀君考』(靑邱說叢, 1929), 今西龍『滿洲語のはなし』(靑邱說叢, 1931), 今西龍『新羅史研究』(近澤書店, 1933), 今西龍『百濟史研究』(近澤書店, 1934), 今西龍『朝鮮史の栞』(近澤書店, 1935), 今西龍『朝鮮古史の研究』(近澤書店, 1937), 今西龍『高麗史研究』(近澤書店, 1944)

【허재영】

836
이마다 게이치로
今田慶一郎(금전경일랑)　　　　　　1907~1984

화가

시마네현島根縣 출신. 1929년 도쿄미술학교島根東京美術學校에 입학하여 1934년 일본화과를 졸업했다. 조선으로 건너와 경성공립직업학교 등에서 근무했다.

1938년 17회 조선미전에 출품하여 구본웅으로부터 신선한 화의와 세련된 기법, 자연에 대한 회화적 해석 등이 좋으며 작화 태도가 양심적이라는 평가를 받았다. 1942년 제21회 조선미전에〈월명月明〉으로 무감사 출품에 이어 1943년 제22회에서는〈어린 잎若葉〉으로 추천 작가가 되었다. 사토 구니오佐藤九二男(→485)로부터 재미있고 부드러운 작품이나 일본의 문부성미술전람회의 가토 에이조加藤榮三가 시도한 바 있어 창의적이지 못하다는 평가를 받기도 했다.

1944년 결전미술전람회 동양화부 심사원이 되었다.

[참고문헌]『東京藝大美術館所藏日本近代美術の名品展－森鷗外と米原雲海を中心に』(島根縣立石見美術館, 2012), 朝鮮新聞社 編『朝鮮人事興信錄』(朝鮮新聞

社, 1922)   【최재혁】

837
이마무라 다케시
今村武志(금촌무지)   1880.11.2~1960.8.21

관료, 정치인

미야기현宮城縣 출신. 1908년 7월 도쿄제국대학 법과대학을 졸업한 뒤 조선으로 건너왔다. 1909년 11월 고등문관시험에 합격하였다. 부인은 지에코千枝子이며, 슬하에 4남 2녀를 두었다. 처남은 자작 하기와라 가즈토시萩原員振이다.

1908년 조선에 건너와서 한국통감부 경제사항 조사사무촉탁에 임명되었다. 12월에 통감부 속屬으로서 지방부에서 근무하였다. 1909년 고등문관시험에 합격한 뒤에는 통감부 이사청 부이사관이 되었다. 병합 이후에는 1910년 10월 조선총독부 사무관 겸 조선총독부 중추원 서기관으로 임명되었으며, 1911년 경성전수학교京城專修學校 강사를 겸임하였다. 1914년 6월 도 사무관이 되어 경상남도 재무부장으로 임명되었다. 1915년 5월에는 경상남도 제2부장으로 보직이 바뀌었고, 1917년 2월 경기도 제2부장이 되었다. 1918년 10월에는 탁지부度支部 전매과장이 되었으며, 이후 전매국 서무과장을 거쳐 1925년 8월에 황해도지사로 영전하였다. 야마나시 한조山梨半造(→658) 총독 시절인 1928년 3월에 총독부 식산국장으로 발탁되었으며, 1929년 11월 내무국장에 취임하여 중추원 서기관장을 겸임하였다. 총독부 제생원濟生院 원장, 조선사편수회 위원 등을 겸직하였다. 이렇게 처음부터 조선에서 관직생활을 하여 경력을 쌓은 이마무라는 '조선형 관료' 또는 '현지형 관료'로 분류된다.

식산국장 시절 총독부 잡지 『조선朝鮮』에 「어업조합규칙개정에 관하여漁業組合規則改正に就て」(1928.9), 「신어업령 발포에 관하여新漁業令の發布に就て」(1929.3) 등을, 내무국장 때는 「시대의 추이와 조선의 시설時代の推移と朝鮮の施設」(1930.1), 「조선지방제도 개정에 관하여朝鮮地方制度の改正に就て」(1931.1) 등의 글을 기고하였다. 『조선급만주朝鮮及滿洲』에도 「조선

의 산업 잡화朝鮮の産業雜話」(1928.8), 「조선의 산업개설朝鮮の産業概設 」(1929.3), 「조선의 산업朝鮮の産業」(1929.10) 등의 글을 남겼다.

1931년 7월 조선 생활을 마치고 일본으로 귀국하였다. 1932년 사이토 마코토齋藤實(→469) 내각이 성립하자 7월에 사할린청樺太廳 장관에 임명되었다. 1938년까지 근무한 뒤 퇴직하여 일본척식협회 이사를 지냈다. 1942년 9월 센다이仙臺 시장으로 천거되었다. 1946년 4월 중의원선거 당시 유권자명부 누락 사태에 책임을 지고 그해 5월 시장직에서 물러났다. 그 뒤 전쟁기 익찬체제翼贊體制 협력 경력으로 인해 공직 추방되었다.

[참고문헌] 角田廣司 編『在朝鮮內地人紳士名鑑』(朝鮮公論社, 1917), 貴田忠衛 編『朝鮮人事興信錄』(朝鮮新聞社, 1922), 有馬純吉『昭和六年版 朝鮮紳士錄』(朝鮮紳士錄刊行會, 1931), 阿部薰 編『朝鮮功勞者銘鑑』(民衆時論社, 1935), 總理廳官房監査課 編『公職追放に關する覺書該當者名簿』(日比谷政經會, 1949) 【고태우】

838
이마무라 도모
今村鞆(금촌병)   1870.9.30~1943.1~2?

라엔螺炎(호)

경찰관료, 조선민속학자, 문학가

고치현高知縣 도사시土佐市 출신. 원래 도모라는 이름의 한자는 '兎毛'였는데 군장으로서의 위엄이 없어 스스로 '鞆'라는 한자로 개명했다는 일화를 스스로 잡지 『센류삼매川柳三昧』(제12호)에서 밝히고 있다. 경찰감옥학교를 졸업하였는데 1891년 오사카부大阪府 순사로 임명받고 1894년 사직했다. 1898년 보통문관시험을 합격하고 도쿄 경무청에서 1899년부터 경부로 근무했으며 1903년 7월에 호세이대학法政大學 전문부 법률과를 졸업하였다. 시기를 특정할 수는 없으나, 조선으로 오기 전에 오사카, 고치현, 이바라키현茨城縣, 타이완총독부臺灣總督府, 경시청, 기후현岐阜縣의 경부 등을 역임했다는 이력이 확인된다.

경찰로서 이마무라가 조선으로 건너온 것은 1908

년 여름으로, 충청도와 강원도에서는 지방 경찰부장직에 취임하였다. 1910년부터는 조선총독부 경무총감부 남부경찰서의 경시로 임명되었다. 경찰이라는 관계상 일찌감치 조선의 풍속과 습관에 대한 이해의 필요성을 깨닫고 1914년에 5년동안의 조사와 잡지 기고, 강연 내용을 모아『조선풍속집朝鮮風俗集』이라는 단행본을 저술하였다. 이 책의 초판, 재판이 모두 매진되고 1919년 3판까지 발행됨으로써, 이마무라는 명실상부한 조선 민속 전문가로 자리매김한다. 1915년 경시이자 도사島司로서 제주도에 가서 1917년까지 토지조사위원회의 임시위원직을 유지한다. 경찰에서 물러난 후, 1920년대에는 이왕직李王職 서무과장 등의 직함으로 조선 민속 관련 연구와 저작 활동에 집중하였고, 1925년에는 관직에서 퇴직한다.

한편 일찍부터 이마무라는 라엔螺炎이라는 호로 하이쿠俳句와 센류川柳와 같은 일본 전통시가 장르를 창작하였으며 수필 분야에서도 활발한 활동을 하였다. 1920년대에는 조선과 일본의 하이쿠 작가들과『조선하이쿠일만집朝鮮俳句一萬集』(1926) 등의 대규모 작품집을 기획하였다. 또한 남산음사南山吟社의 멤버로서『센류삼매川柳三昧』(1928~30)라는 센류 전문잡지의 간행에도 주축으로 참여하였으며, 그의 대저작의 하나로 1928년 남산음사에서 발행된『역사민속 조선만담歷史民俗朝鮮漫談』은 여기에 대대적으로 소개된다. 이마무라의 이러한 문학 관련 활동은 개성적 창작물이라는 면에서도 접근할 가치가 있지만, 예회例會 등을 통한 그의 문학적 교유권이 당시 재조일본인과 조선인 문필가에까지 닿아 있었다는 점에서도 주목할 만하다.

조선 사정에 통달하고 좌담에 능숙한 이마무라는 계절감이 절대적으로 필요한 하이쿠 계통의 지식적 요구에 부응하는『조선세시기朝鮮歲時記』(1926)를 남겼고, 당시 유행하던 에로·그로·난센스적 기지를 발휘하여 센류와 유머러스한 수필적 기사를『만한지실업滿韓之實業』,『조선朝鮮』(조선총독부),『조선급만주朝鮮及滿州』,『경무휘보警務彙報』,『전매통보專賣通報』,『경성잡필京城雜筆』등 조선의 주요 잡지 매체에 지속적으로 게재하였다. 뿐만 아니라 1920년대 후반에는 언론인, 문필가를 겸한 단카短歌 쪽 지식인들과 함께 조선의 민요에 관한 조사와 연구 작업도 함께 하였고, JODK(경성방송국)의 이사로서 문학과 조선의 풍습에 관한 라디오 강담, 강연 방송에도 출연하여 조선 전문가로서 다양한 분야에서 활동하였다.

50세 후반이 되는 1920년대 후반부터 칠순에 이르기까지 이마무라는 체신부, 조선사편수회, 전매국, 철도국, 중추원, 개성부 등의 촉탁囑託으로 위촉되어 조선의 역사와 배船, 인삼의 역사, 조선의 옛 제도 등에 관한 조사를 지속하였고, 이에 관한 내용을 엮어『배의 조선船の朝鮮』(1930),『인삼사人蔘史』(전7권, 1934~1940),『고려 이전의 풍속관계자료 촬요高麗以前の風俗關係資料撮要』(1941) 등을 저작하였으며, 수필집『코를 문지르며鼻を撫りて』(1940)를 내는 등 만년에 이르기까지 문학 활동도 지속하였다.

[참고문헌] 이마무라 도모 저, 홍양희 역『제국의 경찰이 본 조선풍속 조선풍속집』(민속원, 2011), 朝鮮新聞社 編『朝鮮人事興信錄』(朝鮮新聞社, 1922), 주영하「조선인의 미풍과 풍속교화-이마무라 도모의『조선풍속집』연구-」『제국 일본이 그린 조선민속』(한국학중앙연구원, 2009), 엄인경「식민지 조선의 센류(川柳)와 민속학」『日本語文學』제63집(일본어문학회, 2013)

【엄인경】

839

이마무라 운레이

今村雲嶺(금촌운령)   생몰년도 미상

세이지로政二郎(본명)
교사

경성 계동에 있었던 용곡여학교龍谷女學校 미술교사를 지냈고 1906년부터 일본화가 시미즈 도운淸水東雲(→553)의 제자로 입문하여 그림을 익혔다. 1915년에는 조선물산공진회에 출품하였으며 1922년 이후에는 조선미전에 수차례 출품하였다.

도한시기는 불명이며 1906년부터 시미즈에게 그림을 배웠고 시미즈의 제자들이 결성한 조운샤如雲社에도 참가하였다. 이한복, 안종원, 안중식과도 교유

했던 사실이 알려져 있다. 이때 그린 〈잡화도〉(고려대박물관), 〈향원익청香遠益淸〉(개인소장) 같은 작품들이 최근에 확인되었다. 1926년 니시혼간지西本願寺가 설립한 용곡여학교의 교사를 지냈으며 1922년 조선미전의 설치 이후 다섯 차례에 걸쳐 입선하였다. 출품작은 주로 화조화나 일본인의 생활상을 다룬 회화였으며 스승 시미즈와 함께 조선의 풍속을 다룬 그림을 담은 그림엽서를 여러 차례 제작하였다.

[참고문헌] 坂井基樹 編『日韓近代美術家のまなざし－『朝鮮』で描く』(福岡アジア美術館 外, 2015), 今西龍『檀君考』(靑邱說叢, 1929)　　　　【강민기】

840
이마이다 기요노리
今井田淸德(금정전청덕)　　　　1884.2.1~1940.5.8

관료, 정치인

오카야마현岡山縣 출신. 구니자와 요사부로國澤與三郞의 3남으로 태어났다. 1890년 이마이다 젠주로今井田善十郞의 양자가 되어 가독을 상속했다. 관서중학교關西中學校, 제육고등학교第六高等學校를 거쳐 1909년 도쿄제국대학東京帝國大學 법과대학 정치학과를 졸업하고 고등문관시험에 합격했다. 이후 체신성에 들어가 일관되게 체신업무에 종사했다.

1910년 체신사무관에 임명되어 오사카중앙우편국장大阪中央郵便局長이 되었고 1911년 이후 체신관리사무국관 고베관리국神戶管理局 총무부장, 전기국 사무관, 체신성 부사무관, 도쿄체신국 과장에 임명되었다. 1914년 체신사무 연구를 위해 영국, 미국, 프랑스를 외유하고 이듬해에 돌아와서 체신관리 전화건설국 서기관, 체신국 서무과장 겸 전화과장, 동 사무관, 관동청 사무관, 임시진재구호사무국 사무관 등을 거쳐 도쿄, 구마모토熊本의 각 체신국장을 역임했다. 1925년 체신성 본성으로 돌아와 간이보험국장, 저금국장 등에 취임하였다.

1927년 오사카시 참여參與에 초빙되어 전기국장에 취임했다. 1929년 7월 하마구치 오사치濱口雄幸 내각이 설립하자 다시 관계에 복귀하여 체신사무차관에

임명되었다. 1931년 6월 우가키 가즈시게宇垣一成(一784)는 자신의 조선총독 취임이 결정되자, 동향 출신인 이마이다를 정무총감에 기용하였다. 이마이다는 총독을 보좌하여 1930년대 초반 만성적인 농업공황으로 야기된 조선농촌경제의 몰락과 이로 인한 농민의 혁명 세력화를 방지할 목적으로 농촌진흥운동을 발족하고 1932년 7월부터 농촌사회를 통제하고 식민지 지배체제의 안정을 목표로 이 운동을 추진했다. 산미 장려와 그 통제 대책, 조선 내 공업발전대책, 각종 산업기관의 통제에 관한 방침, 대對 만주 무역 및 이민 문제에 대한 정책들을 수립하고 실행하였다. 특히 재임 중 체신관료의 경력을 살려 전력개발에 힘썼다. 삼척석탄개발, 묵호축항, 강릉산업 강원도 일대를 개발했다. 발전증설에 대응해서 배전 부분에서 기존의 회사를 정리통합해서 중앙의 경성전기, 남선합동, 서선전기, 북선전기회사로 시설을 합리화했다. 조선전기사업령 제정을 비롯하여 조선의 전기사업통제에 힘을 기울였다.

1936년 8월 우가키 총독과 함께 사임한 후 1936년부터 1940년까지 귀족원 의원을 역임하였다. 1937년 우가키가 천황으로부터 내각을 조직하라는 명령을 받자 내각 조직의 참모장 격으로 우가키 내각 성립에 분주했지만, 군부의 반대로 성사되지 못했다. 전력조사회 위원 등 주로 전기관계의 공직에 임명되거나 촉탁이 되었다. 그 이후 자택에서 한거하다가 향년 57세로 병사했다.

[참고문헌] 今井田淸德傳記編纂會 編『今井田淸德』(武田泰郞, 1943), 「權威者を網羅し米穀問題を硏究」(『경성일보』, 1934.4.12)　　　　【이형식】

841
이마이 요리지로
今井賴次郞(금정뇌차랑)　　　　1894.4~?

관료, 실업가

군마현群馬縣 출신. 1919년 도쿄제국대학東京帝國大學 공학부 전기과를 졸업하고 1919년 12월 지원병으로 나가노전신대長野電信隊에서 복무한 뒤 1921년 조선

총독부 체신국 기수技手로 부임했다. 그 후 1937년까지 전기와 전력 계통의 기술관료로 활동했고 1939년부터 서선합동전기주식회사西鮮合同電氣株式會社 사장을 지냈으며 패전 후에는 평양일본인세화회平壤日本人世話會 초대 회장으로 추대되었다.

1921년 조선총독부 체신국 기수로 조선과 인연을 맺은 이마이는 3개월 만에 기사로 승진한 뒤 줄곧 전기와 전력 계통의 전문기술관료로 성장했다. 1928년에는 미주지역의 전기사업을 시찰하였고 전기사업조사위원회 간사 및 자원조사위원 등으로 활약했다. 1929년 12월 체신국 전기과장으로 승진하였으며, 1931년에는 전력통제계획 실시에 따라 중소 규모의 배전회사들을 정리, 합병하는 데 공을 세워 종5위, 훈 6등 즈이호쇼瑞寶章를 수장하였다. 1937년 칙임기사勅任技師로 공직생활을 마감하고 1939년 이후 서선흥업주식회사西鮮興業株式會社 대표이사, 노구치 시타가우野口遵(→212)가 설립한 조선송전주식회사朝鮮送電株式會社 이사, 그리고 서선합동전기주식회사 사장을 지냈다.

이마이는 기술관료였지만 업무 판단이 신속하고 원활한 행정능력을 발휘해 업자들로부터 호평을 받았으며 민관을 통틀어 체신과 전기 분야의 최고 전문가로서 인정받았다. 1937년 공직에서 물러난 뒤 2년 만에 동종 계열의 서선합동전기주식회사의 사장이 된 것은 식민지 조선의 전형적인 '낙하산 인사'의 사례를 보여준다. 당시 일본 본토는 전시체제로 접어들어 전력에 관한 국가관리체제를 강화하였고, 조선총독부에도 일원적 통제를 강화할 것을 요구하였다. 그러나 총독부 산하 체신국 관료들은 획일적인 전력통제를 회피하며 식민지 관료와 자본의 유착관계를 심화시켰다. 이 때문에 이 지시를 전면적으로 실시하는 대신 조선임시전력조사회를 개최하여 업계의 의견을 청취한 뒤 1943년 조선전력관리령朝鮮電力管理令을 공포하고 전력의 발전과 송전을 조선전업朝鮮電業이라는 국책회사가 담당하도록 하였다. 그리고 바로 이 회사는 노구치가 소유한 일본질소日本窒素에 의해 장악되었다.

이처럼 이마이는 식민지에서 전력 관련 국책회사

를 재벌에 위탁하고, 재벌은 퇴직 관료에게 경영을 맡겨 식민권력과 재벌의 유착관계를 심화하던 연결고리 그 자체였다. 이마이가 1928년 전기와 전력 공영론이 대두하던 시점에 직접 체신국장을 설득해 민영화를 유지하고자 했던 것이라든가, 그가 관련 업계로부터 좋은 평가를 받은 것도 바로 이러한 구조 때문이었다.

패전 후 민관을 아우를 수 있는 인물이라는 중론에 따라 평양일본인세화회平壤日本人世話會 초대 회장으로서 추대되었다. 그러나 소련 점령당국은 일본인의 이동을 금지한 채 집단 억류하고 있었고 모든 일본인 단체를 부인했으며, 1945년 9월 중순부터 조선인들에 의해 인민위원회가 정식으로 발족되자 일본인들은 거주하던 집을 비우고 학교건물, 구 유곽지역, 군수창고 등에 집단 수용되었다. 여타 지역의 경우는 대개 1946년 봄부터 집단적으로 38도선을 넘어 남하 탈출을 시도했으나, 평양은 북한에서도 점령당국에 의해 치안이 가장 엄중하게 유지된 곳이었기 때문에 대개는 1947년 소련점령군과 북한 정권이 이들의 남하를 묵인할 때까지 집단 억류 상황에 놓았다. 특히 소련군과 북한 정권은 구 식민관료들을 우선적으로 투옥하거나 타지로 압송하였으며, 1947년 하반기가 되어서야 극소수의 고급 기술자만을 우대했기 때문에 사실상 평양의 일본인세화회는 처음부터 무력했다. 평양일본인세화회 회장이 이마이에서 얼마 후 모토지마 후미이치本島文市로 바뀐 것으로 보아 패전 국면에서 그의 활동은 극히 제한적이었던 것으로 보인다.

[참고문헌] 京城新聞社出版部 編 『朝鮮の人物と事業』(京城新聞社出版部, 1937), 篠木敬雄 編 『朝鮮の電氣事業を語る』(朝鮮電氣協會, 1937), 李淵植 『朝鮮引揚げと日本人』(明石書店, 2015), 오진석 「일제 말 전력 국가관리체제의 수립」 『한국경제학보』 제18권 제1호(연세대학교 경제연구소, 2011), 이연식 「해방 후 한반도 거주 일본인 귀환에 관한 연구」(서울시립대학교 박사학위논문, 2009), 今井賴次郎 「電氣事業」 『朝鮮鐵道業會誌』(1936.3), 「使命に邁進, これ報國」 『朝鮮電氣雜誌』 28(1939), 「西鮮電氣社長 今井賴次郎氏內定」

『동아일보』, 1937.10.8), 「閣議 決定事項 人事: 朝鮮
總督府 技師 兼 朝鮮遞信技師 今井賴次郎 依願免本官」
(『동아일보』, 1937.8.5)　　　　　　　　　【이연식】

842

이마이 이노스케

今井猪之助(금정저지조)　　　　1872.3.19~1926.9.16

교사

나가노현長野縣 요코토리무라橫鳥村(현 다테시나마치立
科町의 북서부) 출신. 1895년 3월 나가노현 사범학교
를 졸업하였다. 현내의 소학교에서 근무하며 『시나
노교육회잡지信濃敎育會雜誌』에 「활동적 방면에서 읽
기 교수원리를 설함活動的方面より讀方敎授の原理を說
く」(1901.5), 「단급교수 여언單級敎授餘言」(1903.5~1903.
11), 「쓰기 교수에 대하여書き方敎授に就いて」(1904.3)
등을 발표하였다. 1907년 4월 한국 정부에 초빙되어
관립 한성사범학교 부속 보통학교, 경기도 재동공립
보통학교齋洞公立普通學校 등을 거쳐, 1912년부터
1924년까지 인천공립보통학교 교장을 역임하였다.

1907년 4월 한국정부에 초빙되어 관립 안동보통학
교安洞普通學校 교사로 부임해, 1908년 1월부터는 관
립 한성사범학교 부속 보통학교 교사를 역임하였다.
1910년부터 재동공립보통학교 등을 거쳐, 1912년 6
월부터 1924년까지 인천공립보통학교 교장을 맡았
다. 또한 1912년부터 1916년도까지 인천공립간이상
업학교 교사를 겸임했다.

조선총독부는 1915년 9월 11일부터 10월 말까지 개
최될 시정 5년 기념 조선물산공진회始政五年記念朝鮮
物産共進會에 맞추어 1914년 말에 공립보통학교에 각
지방의 향토 자료 및 향토 사료를 보고하도록 시달했
다. 조선총독부는 조선물산공진회 교육부문 출품을
위해 자료를 구한 것이다. 1915년에 보고된 필사본으
로는 현재 『인천향토자료 조사사항仁川鄕土資料調査事
項』(인천시 화도진도서관 소장), 전라남도 편 『향토사료』
(국립중앙도서관, 서울대 소장), 전라북도 편 『향토자료』
(서울대 소장), 경상남도 편 『향토자료』(同), 황해도 편
『향토자료』(同), 경기도 편 『향토사료』(국회도서관 소

장)가 남아 있다. 공립보통학교에서 보고했다는 점에
서 총독부 학무국과 관련되었을 것으로 판단된다. 『인
천향토자료 조사사항』은 1914년 12월에 총독부의 명
을 받아 이듬해 7월에 보고된 자료집으로, 조선물산
공진회 교육부문 출품을 위해 이마이가 주도해 작성
된 인천 향토자료집이다. 이마이는 향토자료집 이외
에도 교원 제작품으로 인천근해산 어류표본을 제출
해 입상했다. 『매일신보每日申報』(1921.5.2.~5.6)에 「미
취학未就學 아동 여하如何히 하여 수용할까」를 3회 기
고하기도 했다.

『매일신보』(1924.12.17)에 의하면, 1924년 12월 12
일 인천 부윤府尹에게 서류 조사로 소환되어 이를 계
기로 퇴임했다. 『동아일보』는 1921년 6월 인천공립
보통학교 근속 10주년 기념 축하회가 개최되었고,
1926년 9월 16일 『다롄신문大連新聞』 인천지국장 이
마이가 지병으로 사망했다고 전했다.

[참고문헌] 이마이 이노스케 외 편저, 이동철 외 역 『인
천향토자료 조사사항』상 · 하(인천학연구원, 2007), 今
井猪之助 편 『仁川鄕土資料調査事項』(1915, 인천시 화
도진도서관 소장), 朝鮮總督府 『朝鮮彙報』(朝鮮總督
府, 1915.9), 『朝鮮總督府官報』976(朝鮮總督府, 1915.
11.3), 朝鮮公論社 『在朝鮮內地人紳士名鑑』(朝鮮公論
社, 1917)　　　　　　　　　　　　　　　　【김광식】

843

이모리 메이지

伊森明治(이삼명치)　　　　　　　　　　　1885.3~?

금융인, 실업가

후쿠오카현福岡縣 출신. 1908년 고베고등상업학교神
戶高等商業學校를 졸업한 후 1909년 4월 조선으로 건
너와 함경농공은행에 입사했다. 1912년 경상농공은
행으로 옮겼다가 다시 함경농공은행으로 돌아와 함
흥지점장이 되었다.

1918년 6개 농공은행이 조선식산은행으로 통합되
자 동행의 목포 및 평양 지점장, 본점 상업금융과장
및 권업금융과장을 맡았으며 1930년 이사가 되었다.
1934년 조선식산은행을 사직하고 방계회사인 조선

저축은행의 은행장이 되었다. 1938, 39년 조선총독부 직속 저축장려위원회 위원으로 활동했다.

[참고문헌] 和田八天穗·藤原喜藏 共編『朝鮮の回顧』(近澤書店, 1945), 嶋元勸『朝鮮財界の人人』(京城日報社, 1941), 국사편찬위원회 한국사데이터베이스 〈http://db.history.go.kr〉　　　【정병욱】

844

이무라 사다미
井村定省(정촌정성)　　　　1893.11~?

금융인

야마구치현山口縣 도쿠야마시德山市 출신. 1914년 야마구치고등상업학교山口高等商業學校를 졸업하고 햐쿠주은행百十銀行에서 근무했다.

1919년 조선식산은행朝鮮殖産銀行에 입사했으며, 1922년부터 평양지점 3석席, 신의주, 대구 각 지점 2석(지배인 대리)을 거쳤다. 1927년 논산 지점장으로 발령받았으며, 이후 충주, 금천 각 지점장, 본점 검사역檢査役, 성진城津(구 함경북도 학성군) 지점장을 역임했다.

[참고문헌] 阿部薰 『朝鮮人物選集』(民衆時論出版部, 1934), 谷サカヨ『第14版 大衆人事錄』(帝國秘密探偵社, 1943)　　　【이선윤】

845

이방자
李方子(이방자)　　　　1901.11.4~1989.4.30

나시모토노미야 마사코梨本宮方子(이명)
왕비, 사회활동가

도쿄시東京市 고지마치麴町 출신. 나시모토노미야梨本宮 가문에서 태어났다. 부친은 황족 모리마사守正, 모친은 이쓰코伊都子이다. 1908년 4월 가쿠슈인學習院 여학부 소학과에 입학하여 수학하였다. 1916년 8월, 영친왕 이은李垠과의 약혼이 발표되고 1920년 4월 28일 결혼하였다. 결혼 후에도 주로 도쿄에서 생활하였다. 1921년 장남 진晉을 출산하고, 1931년에

구玖를 출산하였으나 진은 1921년 5월 11일에 사망하였다. 1926년 순종이 사망함에 따라 이은이 이왕李王이 되었고, 이방자는 왕비가 되었다. 1927년 5월부터 1년간 이은과 함께 유럽을 여행하였다. 1945년 일본이 태평양전쟁에서 패망하였고, 1947년 5월 3일 왕족 신분을 상실하였다. 1961년 한국 측에서 이은 및 이방자의 귀국을 추진하여 1963년 11월 22일에 한국으로 이주하였다. 그 후는 한국인으로서 각종 자선 사업에 종사하였다. 1989년 4월 30일 창덕궁에서 사망하였다.

이방자는 1920년 이은(영친왕)과의 결혼으로 한국과 관계를 가졌다. 그 결혼은 소위 내선융화內鮮融和를 위한 정략결혼이었다고 한다. 그러나 근년의 연구에 의하면 이 결혼의 발안자는 이방자의 모친 이쓰코였고, 황실과 결혼이 어려운 상황에서 계급을 유지하기 위하여 적극적으로 왕공족과의 결혼을 주선한 것이었다. 이방자와 이은의 결혼은 왕공족의 신분을 법적으로 규정하는 문제로 발전하였고, 일본 황실전범皇室典範의 해석과 개정 문제와도 연결되어 큰 논쟁이 되었다. 이방자와 이은 사이에 아들 진이 태어났다가 1922년 5월 11일 한국에서 돌연 소화불량으로 사망하였다. 그 사망 원인에 대해서는 독살설이 유포되었고, 이방자도 그렇게 믿었다. 이후 이방자와 이은은 주로 일본에서 생활하였다. 태평양전쟁에서 패망한 일본은 1947년 5월 3일 새로운 헌법을 발포하였고, 이로 인하여 왕공족은 폐지되었다. 이방자와 이은은 그 신분을 상실하였고, 재일조선인과 같이 일본국적도 상실하였다. 한국정부는 1961년 3월 이수길李壽吉 한국구황실재산사무총국장을 일본에 보내 이방자와 이은의 귀한을 촉구하였다. 이 시기 애매했던 왕공족의 한국국적 보유도 확인되었다. 1962년 11월 박정희 대통령이 이방자, 이은과 면회하고 귀국을 부탁하였다. 그러한 끝에 1963년 11월 22일, 이방자와 이은은 귀한하고 대한국민으로 한남동 외국인 아파트에서 생활하였다. 귀국 후 바로 이방자는 숙명학원淑明學園 이사장에 취임하였으나, 반일 감정의 역풍 때문에 자리를 떠났다. 이방자는 복지 분야에서 현저한 활동을 실시하였다. 1960년 일본에

서 찬행회贊行會라는 자선단체를 설립하였고, 귀국 후 찬행회를 자행회慈行會로 개명하고 운영을 계속하였다. 1971년 10월 정신장애아를 위한 학교로 자혜학교慈惠學校를 설립하였다. 또한 신체장애자의 자립을 지원하는 보린회保隣會에서 활동하고, 1967년 11월 명휘원明暉園으로 개명하여 운영하였다.

[참고문헌] 李方子 『動亂の中の王妃』(講談社, 1969), 小田部雄次 『李方子: 一韓國人として悔いなく』(ミネルヴァ書房, 2007), 新城道彦 『天皇の韓國併合』(法政大學出版部, 2011), 坂本眞一 「조선왕실 자손들과 그 대한민국 국적」 『서울국제법연구』 6-1(서울국제법연구원, 1999)　　　　　　　【마스타니 유이치桝谷祐一】

846
이소가야 스에지
磯谷季次(기곡계차)　　　　　　1907~1998.10.11

사회활동가, 문학가

시즈오카현靜岡縣 출신. 10여 명의 형제 가운데 막내로 태어나 4세 때 어머니를, 11세 때 아버지를 잃고 누나들 손에 자랐다. 소학교 졸업 후 도쿄東京의 우에노上野와 아사쿠사淺草 일대에서 목재소를 경영하던 형의 집에서 생활하다가 독립한 뒤 건축 등 막노동에 종사했으나 어릴 적부터 문학, 예술, 철학을 즐겼다. 목재소 시절에는 다다이즘dadaism에 심취해 그림을 그리던 친척 형을 보며 삶의 자유를 희구했고, 막노동 시절에는 노동현장에 위장 취업한 사회주의 활동가들로부터 영향을 받았다. 1923년 간토대지진關東大震災 당시 학살된 조선인들을 우에노공원上野公園에서 목격하면서 일본 사회의 문제점을 생각하게 되었다. 그는 1927년 군 입대를 계기로 조선과 인연을 맺었고, 제대 후에는 조선의 북쪽 지역에서 노동운동에 투신했다. 패전 후에는 북한에 억류된 일본인들의 귀국을 위해 헌신했고, 1947년 귀국 후에도 출간활동을 통해 한반도 문제에 지속적인 관심을 보였다.

이소가야는 1927년 조선 함경북도 나남에 있는 19사단 산하 보병 76연대 10중대에 입대하며 조선과 인연을 맺었다. 그는 집에서 보내온 『사상전집』이

문제가 되어 군대 안에서도 요주의 인물로 낙인찍혔고, 1931년에 제대하였지만 귀국해도 별다른 생계의 방도가 없었다. 조선에서 과수원 경영을 꿈꾸었고, 종자돈을 마련하고자 흥남의 조선질소비료주식회사 제3공장에 취직하였는데, 조선인 노동자들의 열악한 노동환경을 목격한 뒤로 노동운동에 투신하였다.

당시 조선에서는 1930년 프로핀테른의 '9월 테제'를 계기로 민족통일전선을 중시하던 1920년대의 부르주아 민족주의 노선이 퇴조하고 더욱 선명한 계급투쟁과 프롤레타리아 국제 연대를 강조하였다. 이 과정에서 1931년 봄부터 사회주의 활동가들이 대거 검거되었는데, 그는 1932년 4월 제2차 '태로사건太勞事件(태평양노동조합사건)'에 연루되어 함흥지방법원에서 6년형을 선고 받고 서대문형무소로 이감되어 수형생활을 하였다. 출옥 후에는 문천군 천내리의 오노다시멘트小野田セメント의 하청공장과 흥남질소비료공장의 자회사인 함흥합동목재주식회사에서 일했다. 그는 고등경찰의 감시 속에서도 태로사건에 연루된 조선인 동지들과 함께 일본의 패전을 전망하며 조용히 패전 후 활동을 준비하였다.

패전 후에는 북한 사회주의 정권 수립을 위해 협력하는 한편 함흥 일본인회를 중심으로 북한에 방치된 일본인들의 모국 귀환을 위해 노력하였다. 이를 위해 잡지 『신생新生』을 발간하여 조선 침략과 식민 지배에 대한 반성이 결여된 재류 일본인의 의식을 개조하여 북한 사회주의 건설에 협력하도록 하는 한편, 소련 점령당국과 북한 정권을 움직여 인도주의적 관점에서 억류 중인 일본인의 귀국을 돕도록 유도하고자 했다. 이러한 노력의 결과로 태로사건 이래 동지적 관계를 유지해 온 함흥검찰소의 주인규와 이상북, 함흥시당부의 이달진, 문태화 등의 도움을 얻어 일본인들이 38도선을 넘도록 집단 탈출을 조직화할 수 있었다. 그는 1946년 11월, 18년 7개월 동안의 조선 생활을 뒤로하고 일본으로 돌아갔다. 귀국 후 이소가야는 소학교에서 야경夜警 일을 하며 주로 저작활동에 전념하여 자신의 일기를 바탕으로 『식민지의 감옥: 혁명가의 경험적 기록植民地の獄－革命家の經驗的記錄』(鄕土書房, 1949)을 출간해 조선에서 식민기구

가 독립운동가와 혁명가들을 어떻게 다뤘는지를 고발했으며, 후에는 패전 직후 북한의 정치 상황과 억류 일본인들의 생활상 등을 증보해『조선종전기朝鮮終戰記』(未來社, 1980),『내 청춘의 조선わが靑春の朝鮮』(影書房, 1984) 등을 출간하였다.

말년에는 비정부기구NPO인 '북조선 귀국자의 생명과 인권을 보호하는 모임北朝鮮帰國者の生命と人權を守る會' 등에 관여했고, 말년에는『좋은 날이여 오라: 북한의 민주화에 관한 나의 유서良き日よ、木たれ−北朝鮮民主化への私の遺書』를 집필해 부자 세습, 사회주의 동지들에 대한 숙청 등 북한 정권의 비상식적 행태를 비판하면서 북한이 건강한 사회주의 국가로 성장하기를 바랐다. 조선에서 그의 삶은 오롯이 식민지 민중을 위한 것이었고, 패전 후에는 북한에 버려진 일본인을 위한 것이었다. 그는 아무런 사심도 없이 진정으로 조선을 사랑한 일본인으로 인구에 회자되고 있다.

[참고문헌] 李淵植『朝鮮引揚げと日本人』(明石書店, 2015), 이연식「해방 후 한반도 거주 일본인 귀환에 관한 연구」(서울시립대학교 박사학위논문, 2009), 이연식「구 조선총독부 경찰관료와 사상범의 '식민지 조선' 회고와 남북한 인식」『한일민족문제연구』28호(한일민족문제학회, 2015.06),「각지에서 검거 오백, 제2차 태로사건 전모」(『동아일보』, 1933.7.1)　　【이연식】

847
이소바야시 신조
磯林眞三(기림진삼)　　　　1853.3.3~1884.12.7

육군 군인

도사번土佐藩(현 고치현高知縣) 출신. 번사藩士 이소바야시 진페이磯林仁平의 장남으로 출생했다. 1871년 5월 상경한 이소바야시는 메이지明治 정부의 직속 군대인 어친병御親兵 9번대 대장을 맡았다. 1872년 3월에는 교도단의 생도를 거쳐 1873년 12월 육군사관학교에 입대했다. 1875년 1월 소위로 임관, 6월 교도단 보병1대대에 부임했다. 1877년 세이난전쟁西南戰爭에 참가했고 4월 중위로 진급했다. 1878년에는 근위

국近衛局 문고주관, 9월 근위전령사를 거쳐 1881년에는 참모본부 관동국원에 임명되었다.

1882년 임오군란 이후「조일수호조규속약」에 근거하여 참모본부 소속 장교들이 공사관 소속 무관으로 파견되었다. 이소바야시는 1882년 7월 하나부사 공사와 함께 조선에 왔다. 그는 조선의 일본공사관의 호위업무를 담당했으며, 청나라와의 전쟁에 대비하여 서울과 지방을 오가며 정보수집, 지도 작성 등을 행하기도 했다. 이소바야시는 1883년 2월 대위로 진급했다.

갑신정변 당시 이재황은 이소바야시에게 보호를 요청하기도 했다. 갑신정변 당시 민중들은 일본인이 개화파의 편이 된 것에 분노하여 청병과 합세하여 일본공사관을 습격하고 경성 내의 일본상인들을 죽이기도 했다. 일본공사는 공사관원, 호위병, 상민을 인솔하여 서대문을 지나 인천으로 향했다. 1884년 12월 7일 이소바야시는 수행원 2명을 인솔, 수원부에 갔다가 갑신정변의 소식을 듣고 돌아오던 중 과천에서 김태흥金太興, 원한갑元漢甲에게 살해당했다. 1884년 마포 일대의 주요 시설을 담은「마포 근방도麻浦近傍圖」와「마포에서 문수산성까지의 노상도自麻浦至文殊山城路上圖」를 완성한 직후였다.

이소바야시 살해사건으로 일본공사관은 살해범 조사를 강력히 요청했고, 조선 정부는 범인 2명을 체포, 사형에 처했다.

유해는 인천에 매장되었다가 1885년 4월 도쿄 야스쿠니 신사靖國神社로 옮겨졌고, 5월 합사되었다.

[참고문헌] 秦郁彦 編『日本陸海軍總合事典』(東京大學出版會, 2012), 朝鮮總督府『尋常小學校 國史 補充教材 教授參考書』(朝鮮總督府, 1922), 남영우「朝鮮末 日帝 參謀本部 장교의 한반도 정찰과 지도제작」『대한지리학회지』44(대한지리학회, 2009)　　【김상규】

848
이시구로 요시야스
石黑義保(석흑의보)　　　　생몰년도 미상

교사, 화가

나가노현長野縣 야시로마치屋代町 출신. 도쿄미술학교東京美術學校 서양화과를 졸업하였다. 1917년 도한한 후에 춘천고등보통학교 교사로 근무하며 조선미전에 출품하였고 용산중학교로 전근하여 1940년까지 근무하였다. 조선창작판화회朝鮮創作版畫會와 여란회麗蘭會(이후 청구회靑邱會로 개명)에서 활동하였다.

1929년 도다 가즈오遠田運雄의 뒤를 이어 용산중학교 도화교사로 부임한 후, 1930년 사토 데이이치佐藤貞一, 하야가와 소센早川草仙 등과 함께 조선창작판화회朝鮮創作版畫會 전시회에 출품하였다. 또한 마쓰다 마사오松田正雄(→354), 가타야마 단堅山坦 등의 일본화가, 그리고 사토 데이이치佐藤貞一, 진나이 쇼레이陣內松齡, 이승만 등과 함께 조선예술사朝鮮藝術社 회화연구소 동인으로 활동하였다.

[참고문헌] 辻千春「植民地朝鮮における創作版畫の展開-「朝鮮創作版畫會」を中心に」『名古屋大學博物館報告』30(名古屋大學博物館, 2015), 辻千春「植民地期朝鮮における創作版畫の展開(2)」『名古屋大學博物館報告』31(名古屋大學博物館, 2016)　【김용철】

內務局 지방과장地方課長을 역임했다. 1923년부터 1926년까지 고적조사위원, 사사사장시험위원社司社掌試驗委員을 역임했다. 1926년에는 신직심상시험위원神職尋常試驗委員, 임야조사위원회林野調査委員會 위원도 역임했다.

1927년 2월부터 타이완총독부臺灣總督府로 옮겨 문교국장文敎局長, 1929년 8월부터 타이완총독부 내무국장內務局長을 역임했다. 1931년 5월 일본으로 돌아와 나라현奈良縣 지사, 1931년 12월부터 1937년 6월까지 이와테현岩手縣 지사를 역임했다. 1937년 6월부터 1938년 12월까지 홋카이도청北海道廳 장관長官을 역임했다. 1941년 12월에는 문부차관文部次官에 취임했다. 1942년 6월부터 1943년 10월까지 대정익찬회大政翼贊會의 연성국장鍊成局長을 역임했다.

[참고문헌] 秦郁彦 編『日本官僚制總合事典: 1868-2000』(東京大學出版會, 2001), 秦郁彦 編『日本近現代人物履歷事典』(東京大學出版會, 2002), 국사편찬위원회 한국사데이터베이스〈http://db.history.go.kr〉　【박우현】

849
이시구로 히데히코
石黑英彦(석흑영언)　1884.12.20~1945.6.21

관료

히로시마현廣島縣 출신. 히로시마중학교廣島中學校, 제삼고등학교第三高等學校를 거쳐 1910년 7월 도쿄제국대학東京帝國大學 법과대학 법률학과를 졸업했다. 1911년 5월 문부성유신사료편찬사무국文部省維新史料編纂事務局 서기가 되었다. 동년 11월 고등문관시험에 합격했다. 1913년 6월 문부속文部屬이 되고 보통학무국普通學務局에 배속되었다. 1916년 아키타현秋田縣 이사관理事官, 1918년 9월 군마현群馬縣 시학관視學官을 역임했다.

1919년 8월 조선총독부로 옮겨 강원도 제3부장第三部長에 취임했다. 1920년 5월부터 평안북도 제3부장, 1921년 2월부터 평안북도 경찰부장警察部長을 역임했다. 이어서 1922년 5월부터 조선총독부 내무국

850
이시다 센타로
石田千太郎(석전천태랑)　1894.8.5~?

관료

아이치현愛知縣 출신. 1914년 체신관리연습소遞信官吏練習所를 졸업하고, 체신성遞信省 통신서기보通信書記補에 임명되었다. 1916년 1월 지원병으로서 전신대電信隊에 입영하였다. 제대 후인 1921년에 고등문관시험高等文官試驗에 합격하였다.

고등문관시험에 합격한 직후인 1922년, 조선총독부 도속道屬 및 도이사관道理事官에 임명되어 평안북도 지방과장으로 근무했다. 1926년에 조선총독부 임야조사위원회林野調査委員會로 근무지를 옮겼으며, 1927년에는 조선총독부 산림부 임무과林務課에서 재근하였다. 이후 근무지의 변화가 잦은데, 1928년에는 강원도 경찰부장, 1929년에 평안남도 경찰부장, 1931년에는 경상남도 경찰부장을 역임했다.

1933년 8월에는 조선총독부 식산국殖産局 광산과장에 임명되었다. 광산과장 시절에 연료선광연구소燃料選鑛研究所 소장, 지방관리양성소地方官吏養成所 강사(1937), 압록강수력발전개발위원회鴨綠江水力發電開發委員會 위원(1937), 액체연료조사위원회液體燃料調査委員會 위원, 산금자금심사위원회産金資金審査委員會 위원(1938), 저축장려위원회貯蓄奬勵委員會 간사 등을 겸임했다. 1938년 8월 18일에 평안남도 지사로 임명되어 1941년 11월 19일까지 재임하였으며, 이후 조선총독부 후생국장厚生局長에 임명되었다. 이 시기 제생원濟生院 원장, 조선중앙임금위원회朝鮮中央賃金委員會 위원을 겸했다. 1942년 10월 체신국장이 되었고, 1943년 8월에 퇴관하였다. 퇴관 이후에는 조선석탄주식회사朝鮮石炭株式會社 사장으로 활동했다.

이시다는 체신관료, 내무관료, 경찰관료, 식산관료, 다시 후생관료 및 체신관료를 두루 거친 이력의 소유자였다. 이 중에 식산과 후생에 특히 관심이 많았다. 「조선광업의 근황을 말하다朝鮮鑛業の近況を語る」(『조선급만주朝鮮及滿洲』, 1934.10·11), 『조선광업의 현황朝鮮鑛業の現況』(중앙조선협회中央朝鮮協會, 1935), 「대동아전쟁과 군인원호사업大東亞戰爭と軍人援護事業」(『조선사회사업朝鮮社會事業』, 1942.10), 「방공피해에 대한 구제조치에 대해空襲被害に對する救濟措置に就いて」(『조선사회사업』, 1942.1) 등의 글에서 이를 살펴볼 수 있다.

[참고문헌] 朝鮮新聞社 編『朝鮮人事興信錄』(朝鮮新聞社, 1935), 阿部薰 編『朝鮮功勞者銘鑑』(民衆時論社, 1935), 人事興信所 編『人事興信錄 第13版 上』(人事興信所, 1941), 谷サカヨ『大衆人事錄 第14版 外地·滿支·海外篇』(帝國秘密探偵社, 1940) 【전영욱】

851

이시다 쓰네히데

石田常英(석전상영) 1890.10~?

관료

미야기현宮城縣 센다이시仙臺市 출신. 이시다 쓰네히라石田常平 장남으로 태어났다. 1917년 도쿄제국대학

농과대학 임학과를 졸업, 동년 8월 야마가타현山形縣 임업기사가 되었고, 1918년 6월 도쿄부 기수로 전임, 1919년 야마구치현山口縣 기사, 1923년 야마나시현山梨縣 기사를 역임하였다.

1925년 12월 총독부 기사에 취임하여, 삼림부 임무과에서 근무하는 한편 1926년 10월 수원 고등농림학교 교수를 겸임하였다. 이어서 총독부 도기사가 되었고, 경상북도 산림과장에 취임했다.

[참고문헌] 有馬純吉『昭和六年版 朝鮮紳士錄』(朝鮮紳士錄發行會, 1931), 貴田忠衛『朝鮮人事興信錄』(朝鮮人事興信錄編纂部, 1935) 【마스타니 유이치桝谷祐一】

852

이시바시 료스케

石橋良介(석교량개) 1894~?

영화인

나가사키현長崎縣 출신. 경성 명치좌明治座와 대륙극장大陸劇場의 흥행주로서 조선흥행연합회의 임원을 역임한 인물이다.

1942년 1월 7일 영화 흥행업자들을 총망라하여 영화 흥행업계의 대표 조직으로 결성된 조선흥행연합회에서 전무이사직을 맡은 이시바시의 역할은 매우 컸다. 그는 영화 흥행업계를 대표하여 사단법인 조선영화제작주식회사의 창립 위원(1942.2)을 거쳐 이사(1942.5)에 취임하였으며, 조선흥행연합회의 일원으로서 영화 배급통제 문제에 적극 대처하였다. 일례로, 1942년 4월 초부터 중순까지 모리 히로시森浩(→397) 총독부 도서과장이 일본영화배급사 측과 최후 교섭을 위해 도쿄에 건너 간 것에 발맞추어, 그 역시 조선흥행연합회 이사 나리키요 다케마쓰成淸竹松와 함께 도쿄로 넘어가 일본의 정세를 조사하기도 하였다.

이시바시는 조선흥행연합회의 초대 이사장으로 있던 마지마 우메키치間島梅吉(→381)가 사망한 이후 동 단체의 부이사장이 되었는데, 『영화순보映畵旬報』 1943년 7월 11일자 '조선영화 특집'호에는 이시바시의 직함이 여전히 전무이사로 되어 있다가 다카시마

긴지高島金次(→286)가 쓴『조선영화통제사朝鮮映畫統制史』(1943)에는 10월 10일 현재 부이사장으로 기록되어 있는 것으로 보아 그 시점은 1943년 7월부터 10월 사이로 추정된다.

[참고문헌] 한국영상자료원 편역『일본어 잡지로 본 조선영화 4』(현실문화연구, 2013), 高島金次『朝鮮映畫統制史』(朝鮮映畫文化研究所, 1943), 京城日報社 編『昭和十六年度朝鮮人名錄』 朝鮮年鑑附錄(京城日報社, 1940) 【함충범】

853
이시바타 사다
石幡貞(석번정)　　　　　　생몰년도 미상

도가쿠東嶽(호)

외무관료

후쿠시마현福島縣 출신. 1876년에는 외무성 4등 서기생이었고, 이듬해에는 외무 6등속이 되었다. 1878년에는 외무 5등속으로 승진하였다. 임오군란을 조선에서 경험한 후 귀국하여 1882년 10월에는 2등속이 되었으며, 군란 발발 당시 진력한 공으로 훈장과 연금을 하사받았다.

1875년 초 조선에 건너왔다가 군함 파견 요청 건으로 히로쓰 히로노부廣津弘信와 일시 귀국, 5월에 다시 돌아왔다. 1876년 1월 구로다 기요타카黑田淸隆 일행이 조선에 파견되어「조일수호조규」를 체결할 당시 동행하여 서무 및 기록 업무를 담당하였다. 이해 7~8월 미야모토 오카즈宮本小一가 이사관理事官으로 조선에 파견되었을 때에도 4등 서기생 신분으로 한성에 다녀왔다. 이해 11월에 쓰시마對馬를 거쳐 부산에 도착하였으며, 이듬해까지 부산에서 근무하였다. 1877년 10월에는 하나부사 요시모토花房義質(→912)가 대리공사로 도한하였는데, 그를 부산에서부터 수행하여 한성에 들어갔다. 이때 고온포, 제물포, 통진, 양천 등 경기도 내 여러 지역을 들르면서 한성에 위치한 청수관淸水館에 들어갈 때까지 견문한 기록을 남겼다. 그것을 책자로 엮은 것이『조선귀호여록朝鮮歸好餘錄』이다. 여기에는 그가 동래부사東萊府使 홍우

창洪祐昌과 주고받은 서한, 1877년 당시 제정된 조선어학교칙朝鮮語學校則, 제생의원 고시濟生醫院告示, 종두조례種痘條例 등의 다양한 내용이 견문과 더불어 수록되어 있다. 한성에서는 남묘南廟와 동묘東廟, 제지장製紙場 등 도성의 내외 여러 곳을 둘러보았다. 한 달 가량 체류한 후 이해 12월 30일 부산으로 돌아왔다. 1879년 4월 하나부사 대리공사가 부산 두모진豆毛鎭에서 발생한 수세 문제를 해결하기 위해서 조선으로 파견되었을 때에도 그의 수행원(외무5등속)으로서 재차 도한하여 교섭 자료를 정리하고, 사안별 경과를「제요提要」로 작성하는 역할을 담당하였다. 1881년에는 한성공사관에서 근무하였다. 1882년에는 원산으로 부임해 가는 오쿠 기세이奧義制(→735)와 야노 요시테쓰矢野義徹(→650)에게 각각 부치는 글을 작성해서 주기도 하였다. 임오군란 발발 당시 외무 4등속 신분으로 하나부사 변리공사와 함께 공사관에서 탈출하여 제물포로 피난, 영국선박 플라잉 피쉬호에 승선하여 나가사키長崎로 귀국하였다. 8월 10일 시모노세키下關에서 하나부사 일행과 재차 도한하였으며, 화도花島에서 하나부사가 이유원李裕元과 회담할 때 동석하였다. 하나부사로부터 9월 3일 한 달 휴가를 받은 후 시모노세키를 경유하여 도쿄로 돌아갔고, 외무성에 상황을 보고하였다.

그가 메이지 연간에 쓴 각종 글을 모아서 편찬한 책이 1910년 3월『동악문초東嶽文抄』(전4권)라는 제목으로 간행되었다. 여기에는 곤도 마스키近藤眞鋤(→110), 아사야마 겐조淺山顯藏(→611) 등에 대한 간략한 전기, 1892년 8월 원산에서 준공된 제방에 대한「원산항 축제기元山港築堤記」도 실려 있다. 간행 당시 예순 살이 넘었던 것으로 확인된다.

[참고문헌] 근대한국외교문서 편찬위원회 편『近代韓國外交文書』卷6(서울대학교출판문화원, 2013),『宮本大丞朝鮮理事始末』(日本 外務省 外交史料館 所藏), 石幡貞『朝鮮歸好餘錄』(日就社, 1878),『明治十二年代理公使朝鮮事務始末』(國史編纂委員會 소장), 田保橋潔『近代日鮮關係の硏究』上(朝鮮總督府中樞院, 1940), 石幡貞『東嶽文抄』(石幡富子 發行, 1910), 박한민「조일수호조규 관철을 위한 일본의 정찰활동과 조선의 대응」

『歷史學報』217(歷史學會, 2013)　　【박한민】

854

이시이 기쿠지로

石井菊次郎(석정국차랑)　　1866.4.24~1945.5.25

외무관료

가즈사노쿠니上總國 나가라군長柄郡(현 지바현千葉縣 모바라시茂原市) 출신. 지바중학교千葉中學校, 대학예비문大學豫備門을 거쳐 1887년 도쿄제국대학 법과대학에 진학하여 1890년에 졸업하였다. 동년 7월 외무성 시보外務省試補로 출사하였고 1891년 10월에는 교제관시보로서 파리에 부임하였다. 5년간의 유럽 생활을 마치고 1896년 인천 영사, 1897년 겸공사관 이등서기관으로서 청국에 근무하면서 의화단사건과 베이징 농성을 겪었다. 1900년 외무성에 귀환하여 전신과장이 되었고 1904년에는 통상국장으로 승진하였다. 고무라 주타로小村壽太郎(→81)가 포츠머스 강화회의에 전권위원으로서 임했을 당시, 진다 스테미珍田捨巳(→907) 차관 휘하에 있던 이시이는 러시아 측이 사할린 남부를 할양할 의사가 있다는 정보를 입수하여 가쓰라 다로桂太郎 외무대신서리에게 보고함으로써 강화조약체결에 일조하였다. 1908년 6월에는 사이온지 긴모치西園寺公望 내각의 하야시 다다스林董 외무대신 하에서 외무차관에 취임하였다. 1911년 남작에 제수되었다가 1915년 자작으로 승급되었다.

이시이는 1896년 9월 인천영사에 임명되어 10월에 부임하였다. 을미사변 이후 일본으로 망명하였던 조선인 박영효朴泳孝, 유길준俞吉濬, 권형진權瀅鎭을 살해하고 일본인 나카무라中村楯雄와 오기荻勝顯를 연행하려 하였다가 실패 후 귀국한 한철하韓哲夏, 윤상필尹相弼의 동정을 보고하였다. 한편 11월에는 외무차관의 명에 따라 일본으로 망명하였다가 귀국한 한성신보사 기자 윤성구尹星求의 신변 보호를 담당하기도 하였다. 이듬해인 1897년 3월에는 서기생書記生 나카무라中村庄次郎를 대동하고 평양을 정찰하였고, 5월에는 통상국장의 훈령에 따라 인천 일본인 상업회의소의 연혁, 조직, 감독방안 관련 법령 및 정관定

款에 관하여 보고하였다. 또한 6월 인천항에 표류한 풍덕, 영암, 순천 거주 조선인들에 대한 구휼금 및 그들의 구조를 도운 일본어민에 대한 상금 지급을 요청하였다. 11월에는 일본 정부에 의하여 겸진남포영사兼鎭南浦領事에 임명된 데 대한 인가장을 조선 정부로부터 교부받았다. 그 외에 이시이가 담당한 업무로는 인천 일본조계 앞바다 매립공사에 관한 인천감리仁川監理 강화석姜華錫과의 협의 및 실지조사를 비롯해, 삼화감리三和監理 정현철鄭顯哲에게 진남포조계지단租界地段의 지권地券 발급을 수차례 독촉한 일 등이 있다. 이해 11월 청국에서 근무하라는 발령을 받았다가 1900년에는 일본으로 귀국하여 외무성 전신국장, 통상국장을 차례로 역임하였다. 1904년 9월에는 조선 정부로부터 훈2등에 서훈되었는데, 이는 그해 초 일본을 방문하였던 조선 보빙대사報聘大使 이지용李址鎔의 영접을 담당한 일본 측 관리에 대한 표창의 일환이었다.

1912년 주프랑스대사로 임명되어 재임하던 중 제1차 세계대전을 예측하는 전보를 외무성에 타전하였다. 1915년에는 오쿠마 시게노부大隈重信 내각 하에서 오우라사건大浦事件으로 사직한 가토 다카아키加藤高明를 이어 외무대신에 임명되었다. 1916년에는 시데하라 기주로幣原喜重郎(→542) 차관과 함께 러일동맹조약을 체결하여, 러시아가 일본에 대항하는 조약을 타국과 체결하지 않도록 견제하였다. 또한 위안스카이袁世凱의 제정복고 움직임이나 중국을 세계대전에 참전시키려는 열강의 책동을 봉쇄하고자 하였다. 1917년 11월 2일 데라우치 마사타케寺內正毅(→321) 내각 아래 특파대사로서 워싱턴에서 랜싱-이시이협정Lansing-Ishii Agreement을 체결하여, 일본이 만주와 몽고에서 특수한 이익special interest을 갖는다는 것을 확인하였다. 또한 1918년 2월 주미대사로서 시베리아 군대 파견에 관한 미일간 교섭을 담당하였다가 이듬해 귀국하였다. 1920년 6월 주프랑스 대사에 임명되어 베르사이유 강화조약에 관한 최고회의 및 대사회의, 1921년 8월 5일 국제연맹 회의에 일본대표로 출석하는 등 국제외교무대에서 활약하였다. 1927년 12월 관직에서 물러난 후 만년에는 추밀원에

적을 두었다. 1940년 9월 26일 독일, 이탈리아와 삼국동맹조약을 체결할 것을 결정한 추밀원회의에서 이시이는 동맹조약에 일단 찬성을 표하면서도 독일을 가리켜 '흡혈을 일삼는 국가'라고 평하면서 동맹조약 운용에 주의하도록 경고하였다. 1945년 5월 26일 도쿄대공습 때 메이지신궁明治神宮에 참배하러 가는 중 행방불명이 되었다. 저서로『외교여록外交餘錄』(1930), 유고로『외교수상外交隨想』(1967)이 있다.

[참고문헌] 국사편찬위원회『韓國近代史資料集成 7: 韓日經濟關係 2』(국사편찬위원회, 2003), 長岡新次郎「石井菊次郎」『日本外交史辭典』(山川出版社, 1992), 長岡新次郎「石井菊次郎」『日本近現代人名辭典』(吉川弘文館, 2001), 秦郁彦『日本近現代人物履歷事典』(東京大學出版會, 2002)

【김희연】

855

이시즈카 에이조
石塚英藏(석총영장)   1866.10.31~1942.7.28

외무관료

아이즈번會津藩(현 후쿠시마현福島縣)의 사족 출신. 1890년 도쿄제국대학東京帝國大學 법과대학 정치학과를 수석으로 졸업한 후 관료로 임용되어 법제국法制局에서 근무를 시작하여 참사관, 서기관의 자리를 역임하였다. 1894년 12월부터 이듬해 7월까지는 조선에 고문관으로 파견되었다. 1898년부터는 타이완총독부臺灣總督府로 파견되어 참사관과 참사관장을 지냈다. 이듬해에 구미 지역으로 출장을 다녀왔다. 1905년부터는 관동주關東州에서 민정장관을 지냈으며, 관동도독부關東都督府가 설치된 이후에도 민정장관으로 있다가 1907년 의원면직을 신청하였다. 이해 9월부터는 통감부로 자리를 옮겨 참여관이 되었고 관직생활을 계속 하였다. 조선총독부가 설치 이후에는 취조국장관取調局長官, 농상공부장관農商工部長官을 역임하였다. 1916년 10월부터 동양척식주식회사東洋拓植株式會社 총재가 되었다. 1929년부터 1931년까지는 타이완총독을 역임하였으며, 이후 사망할 때

까지 추밀고문관樞密顧問官 직을 유지하였다.

1894년 12월 조선 내각에 고문관으로 고빙되면서 도한하였다. 내부 고문內部顧問으로 재직하면서 관제 개정과 규칙 제정, 정부 내의 여러 사무에 관여하였다. 이듬해 10월 고문관 고빙계약이 만료되었고, 다른 일이 생겨 이 달 말에 귀국하였다. 10월 8일 을미사변이 일어난 다음날, 사건을 일으키고 여기에 가담한 일본인들이 왕비시해를 두고 벌인 행동, 외국 공사들의 동향과 향후 미치게 될 영향 등을 정리한 보고서를 작성하여 스에마쓰 겐초末松謙澄 법제국장관法制局長官에게 곧바로 송부하였다. 귀국하고 난 후 같은 해 12월 말에 외부대신外部大臣 김윤식金允植이 다시 초빙하고자 한다는 요청 의뢰를 일본 정부에 보내기도 하였다. 재차 도한한 것은 1907년 가을 무렵으로 이때부터 맡은 직책은 통감부 참여관統監府參與官이었다. 1908년 10월부터는 통감부 총무국장 사무취급總務局長事務取扱의 업무를 도맡았다. 이해 12월에는 일본대박람회 평의원. 1909년에는 한국황제 순종에게서 훈1등 태극장을 받았다. 의병처리 문제와 관련해서 「폭도문제에 관하여暴徒問題に就て」를 잡지『조선朝鮮』1-1호의 시사평론란에 게재하기도 하였다. 통감부 총무국장 업무를 취급하면서 일본 정부와 업무상 주고받은 각종 행정처리 문서는『통감부문서統監府文書』에 상세하게 잘 남아있는 편이다. '한일강제병합' 후 조선총독부가 설치되자 이해 10월부터 취조국장 직책에 임명되었다. 의주, 평양, 용암포 등의 북부지역, 그리고 부산, 진주, 마산, 광주, 군산 등의 남부지역 시찰에 다녀오기도 하였다. 1912년 4월부터 농상공부장관에 취임하였다. 농상공부장관으로 재직하는 동안 고등토지조사위원회 위원, 시정 5년 조선물산공진회 사무위원장, 조선귀족에 관한 심사위원 등의 업무도 맡았다. 조선의 재원과 광업, 식림, 공업 등 산업개발과 관련하여 농상공부장관으로서 시책을 발언하였던 것은『매일신보每日申報』1914년 1월 1일 신년호에 실리기도 하였다. 잡지에는 「반도산업의 과거 현재 그리고 장래半島産業の過去現在及將來」(『朝鮮公論』1-4), 「유망한 조선의 식림有望なる朝鮮の植林」(『朝鮮彙報』), 「조선 치수업의

현재와 장래 朝鮮に於ける治水業の現在及將來」(『朝鮮及滿洲』 85), 「신 광업령과 조선의 광업新鑛業令と朝鮮の鑛業」(『朝鮮及滿洲』 103) 등의 글을 게재하였다. 1916년 7월에는 함경남도 지역으로 출장을 나가 광산의 시굴 현황을 시찰하고 돌아오기도 하였다.

1916년 10월 동양척식주식회사 총재에 취임한 후 11월 도쿄로 갔다가 한 달 후에 서울로 복귀하여 본격적으로 동척 관련 사업을 개시하였다. 그 후로 「동척회사의 사명과 포부東拓會社の使命と抱負」(『朝鮮公論』 5-4), 「동척의 확장과 수익증가東拓の擴張と收益增加」(『朝鮮公論』 7-6), 「조선의 장래와 일본국민의 각오朝鮮の將來と日本國民の覺悟」(『朝鮮及滿洲』 118) 등의 글을 잡지에 실었다.

[참고문헌] 李元淳『朝鮮時代史論集』(느티나무, 1993), 秦郁彦 編『日本近現代人物履歷事典』(東京大學出版會, 2002), 金賢錫「갑오개혁기 일본의 조선보호국화정책과 일본인 고문관의 활동」『한국근현대사연구』 24 (한국근현대사학회, 2003), 조선총독부관보활용시스템 〈http://gb.nl.go.kr〉　　　　　【박한민】

856
이시지마 가메지로
石島龜次郎(석도구차랑)　　　1887.8.26~1941.4.18

기지로雉子郎(필명)

문학가

사이타마현埼玉縣 출신. 대대로 무명천을 생산하는 점포의 일곱 형제 중 막내로 태어났다. 공부에 뜻이 있었으나 가업을 이어나가야 했기에 구마가야중학교熊谷中學校를 퇴학하고 점포 점원이 되었다. 이후 점원을 하는 한편 가와시마 기호쿠川島喬北의 지도를 받으며 하이쿠에 입문하였고, 1904년 7월 5일, 『부성浮城』이라는 하이쿠 잡지를 창간하는 등 어린 나이 때부터 열정적으로 하이쿠 활동을 하였다. 그러나 1908년 구세군 활동에 눈을 뜨게 되어 가게를 그만두고, 『부성』을 폐간하는 등 하이쿠에서 멀어지게 된다. 이시지마는 구세군사관학교를 졸업하고 대위까지 승진하고, 1913년 6월 일본 최초의 구세군 야마무로 신페이山室軍平의 조카딸과 결혼하였다. 하이쿠俳句 구집으로는 1911년 1월 부성회에서 발간된 『기지로 구집雉子郎句集』(『雉子郎句集』 浮城會, 1911) 이 있다.

이시지마는 결혼 후, 구세군 대위로 조선에 부임하게 되어 1913년 10월 경 아내와 함께 도한하였고 이 무렵부터 다시 하이쿠에 복귀하기 시작했다. 이시지마는 경성에 부임하자마자 「기지로암자雉子郎庵」라는 구회句會를 만들어 자택에서 구회를 열고, 일본 현지의 『호토토기스ホトトギス』에도 투고하는 등 활발한 하이쿠 활동을 이어갔다. 또한 1915년 무렵에는 자신이 주최하고 지도하는 월례 구회인 '부성회浮城會'를 만드는 등 주체적인 활동을 하였다. 또한 『경성일보京城日報』의 「하이단俳壇」 선자選者로서 조선 하이단의 번영에 힘썼다. 그러나 자식들의 잇단 죽음으로 1916년 10월 구회를 해산하고 이후에는 경성에서 열리는 구회에 드문드문 출석하였다.

1921년 경, 일본에 돌아간 이시지마는 다시 하이쿠를 재개하여 전문 하이진俳人의 길을 걷는 한편 구세군 도쿄 본영에 귀임하여 군무에 정진하였으나, 1941년 장폐색으로 사망하였다.

[참고문헌] 阿部誠文『朝鮮俳壇-人と作品〈上卷〉』(花書院, 2003), 安住敦『現代俳句大辭典』(明治書房, 1980)　　　　　【김보현】

857
이시카와 기이치/이시카와 요시카즈
石川義一(석천의일)　　　1887.4.13.~1962.1.17

음악가, 교사

후쿠시마현福島縣 소마군相馬郡 출신. 1906년 9월 미국 캘리포니아로 건너가 1914년 캘리포니아주의 퍼시픽 칼리지(시카고 대학이라는 모순된 정보가 있음) 음악부에서 피아노와 작곡을 공부하고 1919년 졸업하였다. 1920년 일본으로 귀국한 후, 1921년부터 1925년까지 조선총독부에 근무하고 귀국했다. 귀국 후에도 조선 아악의 기보화 작업과 관련해서 1930년대 중반까지 경성을 자주 방문했다.

1921년 조선으로 와서 다나베 히사오田邊尚雄(→246)

의 도움으로 경성여자고등보통학교 교사로 근무했고 1922년에는 경성사범학교의 강사로 일하다가 조선총독부의 평안남도 통역생, 1923년에서 1924년 조선총독부 평안남도 내무부 사회과 촉탁으로 음악 활동을 했다. 1922년 평양으로 옮긴 후부터 1921년 10월부터 진행해 오고 있던 조선 민요 연구에 본격적으로 착수하였다. 평양을 중심으로 평안남도, 영변을 비롯한 평안북도, 경상남도, 함경도, 제주도, 울릉도, 추자도까지 전국을 다니면서 채보하는 일에 전념하였다. 이 작업은 총독부 관계자의 적극적인 편의 제공에 의해 이루어졌으며, '일선융화日鮮融和' 정책의 일환으로 볼 수 있다.

1925년 일본으로 귀국한 후에는 1927년부터 조선 아악 채보를 하기 위해 약 10여 년간 경성에 자주 방문하여 몇 달씩 체류했다. 1928년부터 이왕직 촉탁이 된 백우용의 고문으로도 활동하였지만, 1930년 백우용의 사망 이후에도 작업을 계속했고, 283곡, 5천(또는 8천) 쪽 이상의 분량을 채보했다. 1935년 채보 작업이 끝난 듯하지만, 정작 이왕직의 조선음악가들로부터 부정적인 평가를 받아 출판으로 이어지지 못한 듯하다. 음악저술가로서 이시카와의 글은 『경성일보京城日報』, 『매일신보』, 『동아일보』와 같은 신문과 『조선朝鮮』, 『조선공론朝鮮公論』, 『조선급만주朝鮮及滿洲』, 『음악과 축음기音樂と蓄音機』 같은 잡지에 조선 민요 및 조선인 교육 등과 관련하여 다수 게재되어 있다.

전후 일본에서 1950년대까지 작곡과 연주활동을 지속하였으나 뇌연화증으로 쓰러진 후 1962년 사망했다.

[참고문헌] 국립국악원 『이왕직아악부와 음악인들』(국립국악원, 1991), 김수현 「石川義一의 1920년대 조선에서의 활동에 대한 연구」 『2007 문화관광부 선정 전통예술 우수 논문집』(한국국악학회, 2007), 이수정 「이왕직 아악부의 조직과 활동」(한국학중앙연구원 박사학위논문, 2016), 藤井浩基 「朝鮮における石川義一の音樂活動:1920年代前半を中心に」 『北東アジア文化研究』 19 (鳥取女子短期大學北東アジア文化總合研究所, 2004)

【이경분】

858

이시카와 도모리
石川登盛(석천등성)   1885.10.1~?

관료, 실업가

후쿠시마현福島縣 출신. 기쿠치 우타로菊池卯太郎의 3남으로 태어났고, 이시카와 긴사쿠石川銀作의 양자가 되었다. 1912년 도쿄제국대학 법과를 졸업, 고등문관시험에 합격하고 이와테현岩手縣 경부로 취임하였다. 그 후 이와테현 군장郡長, 이사관을 역임하였다.

1919년 총독부 도사무관에 취임하고 도한, 전라북도 재무부장, 도경찰부장, 총독부 사무관, 경무국 보안과장을 역임하였다. 1926년 경무국 위생과장, 경무과장 겸 도서과장을 거쳐 평안북도 지사로 나아갔다. 1932년 퇴관하고 조선화재보험주식회사 사장으로 취임하였다.

[참고문헌] 貴田忠衛 『朝鮮人事興信錄』(朝鮮人事興信錄編纂部, 1935), 猪野三郎 編 『第12版 大衆人事錄』(帝國秘密探偵社國勢協會, 1937) 【마스타니 유이치桝谷祐一】

859

이시하라 이소지로
石原磯次郎(석원기차랑)   1864.10.14~?

실업가, 정치인

교토부京都府 기이노코오리紀伊郡 기치조지인무라吉祥院村 출신. 어려서 국사國士 고故 자작子爵 시나가와 야지로品川彌次郎에게서 수학했다. 어릴 때부터 집안의 가업으로 농사일을 했다. 1887년 흥농회興農會를 조직하고 회장으로 활동했다. 기치조지인촌의 촌장村長으로 약 9년간 재직하면서 촌회村會, 군회郡會, 부회府會 등의 의원과 의장에 추천되었고 부농회府農會 간사로도 임명되어 활동했다. 야마시로제사회山城製絲會 회장, 야마시로잠사동업조합山城蠶絲同業組合 조합장, 기치조지인신용조합吉祥院信用組合 조합장, 사립 여자가정학교女子家庭學校 교장 등을 역임했다. 촌장 시절 수해를 입은 마을의 재건을 위해 3년 동안 노력했다. 이와 같이 여러 차례 농촌과 교육의 진흥에 진력했다 하여 몇 차례 표창을 받기도 했다.

1910년 일제의 강제병합 이후 가족과 함께 조선으로 건너와 용산에 정착하여 20여 년간 생활하면서 실업계와 교육계, 정계 등 여러 부문에서 활발한 활동을 펼쳤다. 이러한 활동으로 '용산의 개척자' 중 한 사람이라는 평가를 받기도 했다. 여러 회사의 주주로서 대표 또는 이사직을 역임했으며, 신용산유치원新龍山幼稚園, 창덕가정여학교彰德家庭女學校 등을 설립했다. 또한 1920년 이래 줄곧 도회道會 및 부협의회府協議會의 관선의원官選議員을 지냈으며, 1930년대 이후 전시하에서는 여러 관변단체에 참여하여 적극적으로 활동했다. 부인은 이시하라 데루에石原照榮(1865년생)이며, 장남은 『경성일일신문京城日日新聞』의 주필이자 경성부회京城府會 의원을 지낸 이시하라 겐이치石原憲一(1890년생)이다.

1910년 조선에 건너온 이래 20여 년간 줄곧 실업부문과 정치사회부문의 활동을 병행했다. 먼저 실업계 활동을 보면, 도한 이전인 1908년 경성에 이시하라 주조장石原酒造場을 설립한 것이 그 출발이었다. 1914년 보덕주의報德主義를 체현하여 실업친화회實業親和會라는 조직을 결성했으며, 1915년 용산신용조합龍山信用組合을 설립하여 이후 줄곧 이사 및 조합장을 역임했다. 또한 16명의 주주를 모아 자본금 20만 원으로 조선제이주식회사朝鮮製飴株式會社를 설립했으며, 나다야주조장灘屋酒造場 등을 경영했다.

이후 회사의 주주로서 대표직을 맡은 경우만 보더라도, 1921년 7월 설립된 주식회사 경룡관京龍舘 대표, 그 즈음 설립된 성남연예주식회사城南演藝株式會社 대주주로서 대표, 1927년 10월 설립된 쇼와제지주식회사昭和製絲株式會社 대표 등을 역임했다. 이밖에도 1919년 2월 설립된 조선토지경영주식회사朝鮮土地經營株式會社 감사 및 이사, 그해 8월 설립된 용산공작주식회사龍山工作株式會社 주주로서 감사 및 이사(1925년 9월 이후), 1922년 4월 설립된 중앙물산주식회사中央物産株式會社 감사, 1927년 10월 설립된 주식회사 가부상회可部商會 이사, 1936년 6월 설립된 주식회사 천향각天香閣 감사 등을 역임했다.

이 사이 경기도 시흥군 북면의 초생지草生地를 개

간하여 과수를 재배했다. 또한 이천군 부발면夫鉢面의 초생지 약 103정보町步를 개척하여 이민을 장려한 후 1926년 3월 이천수리조합利川水利組合을 설립하고 대표를 맡았다. 1938년 9월부터는 조선주조조합중앙회朝鮮酒造組合中央會 대표, 1943년 2월부터는 법인조합 경성용산대가조합京城龍山貸家組合 대표를 맡아 활동했다. 또한 1940년대에도 계속 경성상공조합연합회 회장, 경성청주주조조합京城淸酒造組合 조합장, 용산신용조합 조합장 등 이전의 직위를 계속 유지했다. 이밖에도 1943년 12월 조선무도구주식회사朝鮮武道具株式會社, 1944년 3월 유한회사 보덕친화회報德親和會 등의 설립에도 참여했다.

다음으로 이러한 왕성한 실업계 활동과 발맞춰 추진한 정치사회부문 활동을 보면, 먼저 교육계 활동으로서 1915년 사립 신용산유치원을 설립한 것을 들 수 있다. 이 유치원은 이후 창덕유치원彰德幼稚園으로 이름을 바꿨다. 1929년 유지를 규합하여 기부금 2만여 원으로 창덕가정여학교彰德家庭女學校를 설립하여 운영하고 교장을 역임했다. 정치활동으로는 1920년 이래 줄곧 경기도평의회 평의원, 경기도회 관선의원, 경성부협의회京城府協議會 관선의원 등을 지냈으며, 경성부 용산교화구龍山敎化區 위원장 등으로도 활동했다.

한편 1937년 7월 중일전쟁 이후에는 여러 관변단체와 정치협력단체에 참여하여 적극적으로 활동했다. 그 시작은 1931년 9월 일제의 만주침략 이후인데, 1924년 8월 결성되어 조선 내 대표적인 친일단체로 손꼽히는 갑자구락부甲子俱樂部 회장계會長係에서 활동했다. 또한 1935년 11월 '사상범 선도'를 목적으로 설립된 관변단체인 소도회昭道會 상무이사로 선임되었다. 1937년 이후에는 동민회同民會 역원, 배영동지회排英同志會 상담역, 국민정신총동원조선연맹國民精神總動員朝鮮聯盟 및 국민총력조선연맹國民總力朝鮮聯盟 이사, 방송협회 감사, 처우감사운동 준비위원 등 여러 단체에서 활동하면서 실업가로서 일제의 침략전쟁을 적극 후원하였다. 뿐만 아니라 1943년 10월 25일 경성호국신사京城護國神社 창립, 1945년 5월 18일 경성의 가토신사加藤神社 설치에도 적극 관여하였다.

1945년 8·15 때까지 경성에서 활동한 것으로 확인
되나, 귀국 일시, 이후의 행적, 사망 일시 등은 불분
명하다.

[참고문헌] 朝鮮公論社 編『在朝鮮內地人紳士名鑑』(朝
鮮公論社, 1917), 阿部薰 編『朝鮮功勞者銘鑑』(民衆時
論社, 1935), 森川淸人 編『朝鮮總督府施政二十五周年
記念表彰者名鑑』(表彰者名監刊行會, 1935), 高橋三七
『事業と鄕人 第1輯』(實業タイムス社大陸硏究社, 1939),
和田八千穗·藤原喜藏 編『朝鮮の回顧』(近澤書店, 1945),
芳賀登 外 編『日本人物情報大系』(皓星社, 1999~
2002) 【변은진】

860
이쓰키 히로유키
五木寬之(오목관지)　　　　1932.9.30~생존

문학가

후쿠오카현福岡縣 야메시八女市 출신. 생후 얼마 지나
지 않아 조선으로 건너와 살게 되었다. 조선의 각지
를 전전한 후, 경성의 미사카御坂소학교에 입학, 남
대문소학교 등을 거쳐 평양의 야마테山手소학교를
졸업했다. 평양일중학교 1학년 재학 중에 패전을 맞
이해 1947년에 후쿠오카로 귀환했다. 후쿠시마고등
학교福島高等學校를 졸업한 후, 와세다대학早稻田大學
노문과에 진학했고 재학 중에 동인잡지『동하凍河』
를 창간했다. 수업료 미납으로 대학에서 제적당한
후, 9년 동안 편집, 라디오 프로그램 제작, 작사,
방송대본 집필 등 각종 직업을 경험했다. 「잘 있거
라, 모스코바폭력단さらば, モスクワ愚聯隊」(『小說現代』,
1966.6)을 발표, 이 작품이 제6회 소설현대신인상을
받으면서 본격적인 작가활동을 시작했다. 1967년에
는 「창백해진 말을 보라蒼ざめた馬を見よ」(『別冊文藝春
秋』, 1966.12)로 제56회 나오키상直木賞을 수상했다.
식민지조선에서 자란 글로벌한 시점에서 러시아, 유
럽 등을 무대로 한 작품도 다수 발표한 이쓰키는 엔
터테인먼트 작가로서 넓은 독자층을 확보했다. 대표
작으로 「청년은 황야를 지향한다靑年は荒野をめざす」

(『平凡パンチ』), 「청춘의 문靑春の門」(『週刊現代』) 등이
있다.

작가로서 이쓰키는 식민지 조선 출신인 자신의 위
치를 '외지인양파外地引揚派'라고 표현하면서, 만주,
조선 등지의 '외지'=식민지에서 살다가 패전으로 인
해 '내지'=일본으로 귀환한 인양자로서의 경험을 작
품 속에서 그려냈다. '외지인양파'로서의 정체성과
발화위치를 다른 전후파 작가와는 절대적으로 다른
경험적, 세대적 차이로 인식한 이쓰키는 태양족太陽
族 등 전후 일본사회의 세태 풍속을 작품 속에서 다
루는 한편으로, 식민지에서 성장한 체험을 바탕으로
러시아, 유럽 등을 무대로 한 작품도 다수 발표한다.
나오키상(1967), 요시카와에이지吉川英治문학상(1976)
등 일본 문단 내 굴지의 문학상을 다수 수상했다.

다양한 경험을 거친 후 1965년에 소련과 북유럽을
여행했고, 귀국 후에는 아내의 출신지인 가나자와金
澤에 정착해서 본격적인 작가활동을 시작했다. 1972
년부터 2년간 작가활동을 중지한 후 다시 정력적인
집필활동을 재개해서 리처드 바크Richard Bach의 「갈
매기의 꿈Jonathan Livingston Seagull」을 번역, 베스트
셀러가 되기도 했다. 1978년부터 32년 동안 나오키
상 선정위원을 맡는 등 문학상 선정위원으로도 오랫
동안 활동했다.

[참고문헌] 日本近代文學館 編 『日本近代文學大事典
第一卷』(講談社, 1977), 五木寬之·後藤明生「對談 文
學における原體驗と方法─朝鮮·ロシア·小說─」『文
學界』(文藝春秋, 1969.4) 【신승모】

861
이와모토 마사조
岩本正藏(암본정장)　　　1905.10.15~1998.3.9

음악가, 교사

도치기현栃木縣 우쓰노미야시宇都宮市 출신. 1926년
에 도쿄음악학교東京音樂學校 예과에 입학, 이듬해 본
과 기악부(바이올린 전공)에 진학하여 1930년에 졸업
했다. 졸업 후에는 사이타마 현립埼玉縣立 우라와제
일고등여학교浦和第一高等女學校(1935~1943)에서 교편

을 잡았다. 그 후, 총독부 정보과 촉탁으로 1944년경에 조선에 건너와 약 1년 반 정도 조선에서 음악 활동을 하였다.

귀국 후에는 고향인 도치기현을 중심으로 예술문화의 진흥을 위해 음악활동을 전개 하였다. 그는 바이올리니스트로써 활발한 공연활동과 제자육성에도 힘을 썼다. 또한 유아교육에도 관심이 많아 1953년에는 우쓰노미야시 니시하라西原에 미도리 유치원みどり幼稚園을 설립하여 이사장 겸 원장을 역임하였다. 의사인 부인과 피아니스트인 딸을 두었다.

1944년경에 조선에 건너왔다. 조선총독부 정무총감을 역임한 다나카 다케오田中武雄(→247)의 자식에게 음악을 가르쳤는데 이러한 친분으로 일본에서 징병을 가지 않고 조선으로 건너오게 되었다.

1944년 5월 30일, 선전개발에 관한 사무를 보기 위해 조선총독부촉탁(월 수당200원)으로 임명받았다. 1944년에 작성된 것으로 보이는 『「조선음악협회회의안朝鮮音樂協會會議案』을 보면 조선총독관방정보과 촉탁에 이와모토의 이름이 나와 있는데, 선전과 문화전반에 걸쳐 관할했던 부처인 정보과 소속으로 조선음악협회와 관련된 일을 한 것으로 보인다.

1944년 5월 8일 조선흥행단속규정朝鮮興行取締規定(조선총독부령 제197호)이 정해진 이후 총독부의 지시로 조선음악협회가 음악기예자격인정시험音樂技藝者認定試驗을 동년 8월 16일과 17일에 걸쳐 시행하였다. 본 시험은 전쟁 말기에 행해진 극단적인 음악 통제로, 총독부는 건전한 국민오락의 확립이라는 명목하에 말단의 개인의 음악행위까지 통제하려고 하였다. 음악활동을 하고 싶은 사람은 본 시험(일본어, 기예, 구술)에 합격하여 기예자증명서技藝者證明書를 발급(음악전문학교출신자, 중등교원음악과면허장소유자, 거장으로 인정된 자는 무시험인정자로 발급) 받아야만 했는데, 총독부정부과장이 위원장으로 추대 되었다. 이와모토를 비롯한 총독부 관계자인 정보사무관, 경무과사무관, 연성과사무관, 교학관, 그리고 조선음악협회 이사인 오바 유노스케, 현재명 등이 위원으로 추대되어, 시험위원을 역임하였다.

지휘 활동도 하였다. 1945년 3월 10일 제40회 육군

기념일을 맞이하여 조선음악협회와 매일신보사 주체로 덕수궁 뜰에서 열린 군가발표연주회에서는 이와모토의 지휘로 경성중앙방송관현악단, 후생악단, 대동아악단과 각 악단 합창단이 총독부정보부에서 지정한 〈필승의 노래〉와 매일신문이 선정한 군가 〈육군가〉등을 발표하였다.

귀국 후 고향인 도치기로 돌아가 도치기를 중심으로 음악활동과 교육활동을 전개하였다. 그는 도치기 교향악단栃木交響樂團 이사장을 역임, 바이올린과 비올라교육 육성에도 많은 공헌을 하였다. 바이올리스트인 가미야마 미도리神山みどり, 이다 요시에飯田芳江, 비올리스트인 오이누마 세이지生沼晴嗣 등 많은 제자를 길러냈다. 미도리 유치원을 설립, 유아교육에도 힘을 썼다. 작곡으로 도치기 현립 우쓰노미야 기타고등학교栃木縣立宇都宮北高等學校 교가가 있다.

[참고문헌] 朝鮮總督府 『嘱託任命書』(岩本正藏), 金志善 「總力戰體制下の朝鮮と音樂の役割: 組織の一元化と在朝鮮日本人音樂家の活動」 『日本研究』 26(高麗大學校, 2016)　　　　　　　　　　　【김지선】

862
이와모토 쇼지
岩本正二(암본정이)　　　　　　　　　　　　1912~?

만화가, 언론인

조선 출신. 1931년부터 1945년까지 『조선공론朝鮮公論』 등의 매체에 만화와 삽화를 게재했으며 조선미술전람회의 평론 등을 발표하며 『경성일보』의 기자로 활동했다.

체계적으로 미술과 만화를 배운 기록은 없으나 고대사 연구가이자 『요로즈초호萬朝報』의 기자였던 부친 젠분善文의 영향과 경성에서도 열렸던 도쿄만화회의 순회전시 등을 통해 만화 기자로서의 업무를 익혔던 것으로 추정된다. 1931년부터 『조선공론』에 만문을 담당한 형 젠베이善併와 함께 경성의 다양한 풍경과 세태를 풍자적으로 묘사한 「경성만담풍경」을 기고했다. 간략한 선묘로 표현한 만화와는 달리 연재소설 삽화에서는 입체감과 공간감을 면으로 강

조한 회화적인 표현을 구사했다. 1936년부터 『조선 공론』에 「시사만담時事漫談」, 「시사만태時事漫態」라는 제목으로 연재한 만화에서는 사회면의 가십 기사나 세태, 국제 정세 등을 유머러스하게 풍자하는 내용을 유려한 선묘로 다루었다.

1942년 무렵부터 연재한 「사방팔방의 이야기四方八方の話」에는 태평양전쟁에 돌입한 시국의 상황을 반영하여 내선일체, 전쟁고무 등 군국주의적 색채를 띤 내용이 두드러졌다. 이밖에 『경성일보』가 발행한 어린이용 신문 『경일소학생신문』에서 화가 간바야시 히사오神林久雄(→64)와 근무했으며 1940년 『조선급만주朝鮮及滿洲』에 조선미술전람회의 전시평을 남겼으나 화가로 참여한 기록은 없다.

귀국 후의 구체적인 행적은 확인되지 않으며 대여점용 만화나 어린이용 과학 잡지의 삽화를 그렸던 자료가 일부 남아 있다.

[참고문헌] 谷サカヨ 『第14版 大衆人事錄』(帝國秘密探偵社, 1943), 高晟埈 「在朝鮮日本人漫畫家の活動について-岩本正二を中心に」 『新潟縣立近代美術館研究紀要第』 13(新潟縣立近代美術館, 2014)　【최재혁】

863
이와사 시게이치
岩佐重一(암좌중일)　　　　　　　　　1874~?

영화인

후쿠오카福岡 출신. 도쿄제국대학東京帝國大學 국문과를 졸업하였다. 1896년부터 1902년까지 후쿠이현福井縣에서 교직 생활을 하였으며, 러일전쟁에도 참전하였다. 1911년부터 해군병학교 교관 생활을 하였고, 1919년 이후에는 마쓰모토고등학교松本高等學校 교수 및 마쓰모토여자사범학교松本女子師範學校 교사를 지냈다. 그리고 1924년, 조선총독부의 장학관 겸 편집과장으로 초대되어 조선으로 건너왔다.

1928년부터 1939년까지 경성고등상업학교 제3대 교장을 역임하며 교육계의 주요 인사가 되었다.

그는 영화 제작사 통폐합의 결과 자본금 200만 원을 기반으로 1942년 9월 29일 창립된 사단법인 조선

영화제작주식회사의 임원 12명 중 1인으로 이름을 올렸으며, 회사의 고문직을 맡기도 하였다.

[참고문헌] 高島金次 『朝鮮映畫統制史』(朝鮮映畫文化研究所, 1943), 국사편찬위원회 한국사데이터베이스 〈http://db.history.go.kr〉　【함충범】

864
이와사키 다미오
岩崎民雄(암기민웅)　　　　　　　　　생몰년도 미상

군인

조선군(조선 주둔 일본군) 내에서 대민 선전과 여론 통제 등의 일을 중추적으로 담당한 부서는 정보반이었는데, 이러한 업무의 중요성은 중일전쟁을 통과하며 더욱 커지게 되었다. 이에 조선군사령부는 전쟁 발발 3개월 후인 1937년 10월 20일 신문반을 설치하고 여기로 하여금 언론 보도 기능을 담당하게 하였다.

이어 1938년 1월 17일에는 신문반이 보도반으로 재편되었는데, 이때 조선군 보도반의 초대 반장에 임명된 인물이 이와사키 다미오이다. 활동 당시 그의 계급은 대좌였다. 그는 동년 10월 조선군 보도반이 보도부로 확대, 개편될 때까지 시국인식 강화와 국방사상 고취를 위해 강연, 공연, 신문, 출판(물), 영화 등을 통한 대민 선전 활동을 적극적으로 펼치는 한편, 여론의 일원화를 바탕으로 전시 총동원을 도모하였다.

[참고문헌] 高橋猛 編 『昭和16年度/18年度朝鮮人名錄』(京城日報社, 1940/1942), 한상언 「조선군 보도부의 영화활동 연구」 『영화연구』 41호(한국영화학회, 2009)　【함충범】

865
이와오 조엔
巖常圓(암상원)　　　　　　　　1874.10.4~1948.7.3

승려

분고노쿠니豐後國(현 오이타현大分縣) 출신. 현재의 오이타현 쓰쿠미시津久見市에 위치한 정토진종淨土眞宗

혼간지파本願寺派 사이쿄지西敎寺의 제13대 주지였던 이와오 게이사이巖慶哉의 장남으로 태어났다. 도쿄공립학교東京公立學校를 거쳐 도시샤대학同志社大學 신학과를 졸업하고 1897년 9월 혼간지파 대학림大學林(현 류코쿠대학龍谷大學의 전신)에 입학하였으나 이듬해 9월 퇴학하였다.

1900년 히메지소토쿠여학교姬路崇德女學校, 1901년 사립도쿄중학교私立東京中學校 교원으로 근무했다. 1902년부터 1904년까지 사이쿄지西敎寺의 주지를 지내고, 1904년 조선에 건너왔다.

1904년 7월 조선으로 건너온 이와오는 조선의 남부와 중서부를 행각한 후, 경상남도와 경상북도에서 조선인 포교를 시도하며 현지 풍속과 조선어를 습득했다. 또한 경상남도에 기장학당機張學堂이라는 일본어학교를 설립했고, 이후 이 기장학당이 보명학교普明學校로 개명되었다.

이와오는 1907년 9월 경성에 포교사로 부임할 때까지 교육에 종사하였다. 1907년 혼간지파가 조선인을 대상으로 하는 가교회장을 경성에 설치할 때 이와오가 그 책임자로 초빙되었는데 그는 이 교회장을 대성교회大聖敎會라 명명하고 조선인 포교에 임했다. 또한 1908년 4월에 설치된 영등포감옥에서 교회사(촉탁)로 활동을 시작하였으며, 개교총감부에서는 조선인을 대상으로 하는 일본어 교육과 일본인 승려 등을 대상으로 하는 조선어 교육에 종사하였다.

1910년 10월에는 대성교회 산하 교육기관으로 불교고등학원과 계명학교가 설치되어 그 경영을 책임지는 학감으로 취임하였다. 1912년 혼간지파 개교사와 대성교회의 요직을 사임한 후, 전임 교회사로서 1913년 경성감옥교무소장, 1920년 대구감옥 교무계 주임으로 취임하였다. 조선인 감옥에서의 교회敎誨가 통역을 매개로 이루어졌던 것이 일반적이었던 당시, 이와오는 극히 드물게 조선어에 능한 교화사로 활동하였다. 1924년 교회사를 사임하고 동년 12월 일본으로 귀국하였다.

귀국 후 오이타현을 중심으로 혼간지파의 포교사로 지냈으며, 벳푸別府의 여학교 교장을 역임하고 도쿠시마현德島縣의 공장에서 포교를 하였다. 전후에는 소속 사찰인 사이쿄지로 돌아가, 1948년 7월 사망했다.

[참고문헌] 中西直樹 『植民地朝鮮と日本佛教』(三人社, 2013), 敎誨百年編纂委員會 『敎誨百年 下』(淨土眞宗本願寺派本願寺·眞宗大谷派本願寺, 1974), 淨土眞宗本願寺派國際部·淨土眞宗本願寺派アジア開敎史編纂委員會 編 『淨土眞宗本願寺派アジア開敎史』(本願寺出版社, 2008) 【야마모토 조호山本淨邦】

866
이와이 가네오
岩井金男(암정금남)　　　　　　　생몰년도 미상

영화인

도쿄영화계에 종사하던 중, 영화 제작사 통폐합의 결과로 1942년 9월 29일 창립된 사단법인 조선영화제작주식회사의 제2제작과장으로 영입되어 조선영화계에서 활동을 하게 되었다. 입사는 나카타 하루야스中田晴康(→207) 상무의 천거를 통해 성사되었고, 인사 발령은 1942년 10월 20일에 이루어졌다. 주소지는 경성 황금정黃金町 3-174였다.

사단법인 조선영화제작주식회사의 제2제작과는 문화영화 제작을 담당하고 있었다. 설립 당시 연간 5종의 작품 및 각 5벌씩의 상영용 프린트 제작을 목표로 두고 실제로도 〈반도의 아가씨들半島の乙女たち〉(이병일 감독, 1942), 〈우리는 지금 출정한다我等いまぞ征く〉(박기채 감독, 1942), 〈쇼와19년昭和十九年〉(모리나가 겐지로森永健次郎 감독, 1942)을 비롯하여 〈영광의 날榮光の日〉, 〈소생하는 흙蘇へる土〉, 〈조선에 온 포로朝鮮に來た俘虜〉, 〈우리들 군항 깃발과 함께われら軍艦旗と共に〉, 〈빛나는 승리輝く勝利〉, 〈일장기 만세日の丸萬歲〉(이상 1943), 〈국토방위를 위하여國土防衛のために〉, 〈적기는 다시 온다敵機はまた來る〉, 〈승리勝利〉, 〈개척되는 대륙拓け大陸〉(이상 1944), 〈감격의 일기感激の日記〉(1945) 등 다수의 영화를 기획하였으나, 이 가운데 완성을 이룬 경우는 일부였던 것으로 보인다.

사단법인 조선영화제작주식회사의 제작 업무는 이것이 사단법인 조선영화배급사에 흡수되는 과정을 거쳐 1944년 4월 7일 설립된 사단법인 조선영화사에 이관되었다. 일본의 영화잡지 『영화순보映畵旬報』 1943년 7월 11일자 '조선영화 특집'호에 실린 「경성 주요 영화 관계자 명부」에 이와이 가네오의 이름이 올라와 있었던 반면 사단법인 조선영화사 창립 당시의 진용에서는 그 이름이 빠져 있는 바, 사단법인 조선영화제작주식회사의 조직 개편 과정을 거치며 보직에서 물러나게 된 것으로 보인다.

전후에는 예술연구소프로덕션藝研プロ에서 〈지옥의 피리地獄の笛〉(1949)를 시작으로, 1952년부터 1953년까지 도에이東映에서 〈주정뱅이 가수醉いどれ歌手〉(1952) 등 3편의 작품을 기획하였다. 이어 1954년에는 전후 재결성된 닛카쓰日活로 자리를 옮겨 〈학생 동반자살學生心中〉(1954)부터 〈조직폭력 유혈의 투쟁組織暴力 流血の抗爭〉(1971)까지 총 79편의 영화에서 기획을 담당하였다.

[참고문헌] 한국영상자료원 편역 『일본어 잡지로 본 조선영화 2』(현실문화연구, 2011), 한국영상자료원 편역 『일본어 잡지로 본 조선영화 4』(현실문화연구, 2013), 高島金次 『朝鮮映畵統制史』(朝鮮映畵文化硏究所, 1943), 한상언 「일제말기 통제 영화제작회사 연구」 『영화연구』 36호(한국영화학회, 2008), 일본영화데이터베이스 〈http://www.jmdb.ne.jp〉 【함충범】

867
이와이 게이타로
岩井敬太郎(암정경태랑)　　　　1873.1.14~?

경찰관료

나가사키현長崎縣 사족 출신. 1900년 7월 도쿄제국대학東京帝國大學 법과대학 정치과를 졸업하였다. 이해 11월부터 경시속警視屬 겸 경시청 경부警部로 임용되어 관직 생활을 시작하였다. 1901년 형사순사교습교사로 있다가 11월 고등문관시험에 합격하였다. 합격 후에는 경시총감警視總監 관방 제1과에서 근무를 하였다. 1903년 3월 경시警視가 된 후 고마쓰가와小松川 경찰서장이 되었으며, 검역사무지소장의 직책도 맡았다. 1905년 경시 신분으로 대한제국 경무청警務廳에 초빙되어 도한하였다. 1910년 한국에서 귀국하

였으며, 미야자키현宮崎縣과 나가사키현長崎縣 등지에서 내무부장內務部長을 역임하였다. 1915년 1월에는 나가사키현 내무부장으로 주식회사 나가사키현 농공은행長崎縣農工銀行 감리관 및 시市 관리 징계심사위원懲戒審査委員, 정촌町村 관리 징계심사위원懲戒審査委員에 임명되기도 하였다. 1916년 11월에는 가나가와현神奈川縣 내무부장으로 재직하고 있으면서 지방삼림회 의원도 겸직하였다.

1905년 6월 대한제국의 경무청警務廳 소속 보좌관으로 초빙되어 경성에서 근무하기 시작하였다. 1908년 1월 내부 서기관內部書記官에 임명되었으며, 내부 경무국警務局 보안과장保安課長으로 재직하면서 법령과 주요사안을 의결하는 내부심사회內部審査會 위원으로도 활동하였다. 이해에는 한국 측 호적제도의 연혁, 현재의 인구 증감 등을 조사하여 정리한 후 민적조사에 대하여 한국인이 가지고 있는 인식, 민적조사에 들어가는 경비 문제를 다룬 『한국의 호적에 관하여韓國ノ戶籍ニ就テ』라는 조사보고서를 통감부 내부內部를 통해서 발간하기도 하였다. 이듬해 1월에는 순종純宗의 남부 지역 순행巡幸에 동행하였다. 9월에는 북간도 지역을 시찰하기 위해서 경부 최기홍崔基洪을 데리고 출장을 다녀오기도 하였다. 보안과장으로 계속 재직하던 중 1910년 3월에는 본인을 비롯하여 그간 한국으로 고빙되어 온 경찰관들의 활동상을 비롯하여 한국경무고문부韓國警務顧問局의 연혁과 실적을 상세하게 정리하여 저술한 『고문경찰소지顧問警察小誌』를 발간하였다. 1910년 4월 19일부로 내부서기관 겸 경시에서 의원면직 신청 후 퇴직하였다.

1910년 4월 한국에서 귀국한 후 미야자키현 사무관으로 전근을 가 경찰부장에 보임되었다. 1940년 12월 개최된 국민가족회의에서 나가사키 대표로 참석하였으며, 제1위원회에서 활동하였던 것이 확인된다.

[참고문헌] 岩井敬太郎 『顧問警察小誌』(韓國內部警務局, 1910), 松田利彦 「解說」 『韓國 「倂合」 期警察資料』 卷1(ゆまに書房, 2005), 國史編纂委員會 編 『駐韓日本公使館記錄』(國史編纂委員會, 1997), 日本 國會圖書館 近代デジタルライブラリー 官報 〈http://dl.ndl.go.jp〉 【박한민】

868

이와이 세이시로
岩井誠四郎(암정성사랑)   1886.11.17~1966

의사, 대학교수

지바현千葉縣 출신. 본적지는 도쿄도東京都이다. 1912년 규슈제국대학九州帝國大學 의학부를 졸업하였고, 1918년까지 규슈제대 제1내과에서 조수로 활동하였다. 그 기간 동안 도쿄제대東京帝大에서 3~4년간 혈청화학血淸化學을 연구하기도 하였다. 1918년에는 야마구치 현립병원山口縣立病院 내과부장대리 및 기타자토 연구소北里研究所 기사로 재직하였다. 1920년에는 규슈제대에서 의학박사(내과) 학위를 취득하고 게이오대慶應大 조교수가 되었다.

1920년 조선총독부 의관, 제1내과부장 겸 경성의전 제1내과학 교수로 재직하였는데 당시 조선 제일의 임상가로 손꼽혔으며 시가 기요시志賀潔(→534)의 권유로 조선 왕가와 만주국 왕 부의溥儀의 주치의로 활동했다.

1927년부터 1945년 일본이 패전할 때까지 경성제대 제1내과학 교수, 1934년부터 1936년까지 경성제대부속의원장으로 재직하면서 조선에서 활동하면서 일본인 학생과 조선인 학생을 구별하지 않고, 많은 조선인 학생을 일본으로 유학시켰다.

일본으로 귀국하여 1946년부터 국립 구리하마 병원장久里濱病院長으로 재직하였고, 1950년부터는 요코하마시橫濱市의 경우병원警友病院 원장을 역임하였다. 1966년 향년 80세로 사망하였다.

[참고문헌] 阿部薰 『朝鮮人物選集』(民衆時論出版部, 1934), 貴田忠衛 『朝鮮人事興信錄』(朝鮮人事興信錄編纂部, 1935)   【이충호】

869

이와이 쇼지
岩井庄次(암정장차)   1898.1~?

회사원

지바현千葉縣 출신. 교토 리쓰메이칸대학京都立命館大學 경제학부를 다녔고 니혼대학日本大學 상학부商學部를 졸업했다.

1918년 7월에 도한하여 대흥전기주식회사大興電氣株式會社에 입사했다. 한반도의 전기업계를 제패한 오구라 다케노스케小倉武之助(→694)의 산하에 있으면서 대흥전기주식회사의 방계사업은 물론 오구라가 관여한 사업 대부분에서 수완을 발휘했다. 포항, 금천, 상주, 함흥 지점장을 역임했고, 대구본점 감리과장을 거쳐 경주, 안동, 제주, 고성의 각 전기주식회사 중역을 맡았다.

[참고문헌] 貴田忠衛 『朝鮮人事興信錄』(朝鮮人事興信錄編纂部, 1935), 阿部薰 編 『昭和12年版 朝鮮都邑大觀』(民衆時論社, 1937)   【이현진】

870

이와쿠라 모리오
岩倉守男(암창수남)   1884.9~?

관료, 금융인

가가와현香川縣 미토요군三豊郡 간다무라神田村 출신. 1905년 가가와현립중학교香川縣立中學校를 졸업하고 나가사키고등상업학교長崎高等商業學校를 졸업했다.

1909년 조선총독부 도지부度支部의 초빙으로 도한하여 평양재무감독부에서 근무했다. 이후 안주금융조합安州金融組合 이사로 활동했고 조선식산은행朝鮮殖産銀行 서기로 자리를 옮겨 근무했다. 광주본점, 영산포지점, 여수지점장 등을 거쳐 1919년 7월에는 조치원지점장으로 부임했다. 조선식산은행 간부를 지냈고 군산냉동회사 경영을 맡아 수산물 업계에도 관여했다. 이후 조선통조림회사朝鮮缶詰會社를 조직하여 경영하기도 했다.

[참고문헌] 朝鮮新聞社 編 『朝鮮人事興信錄』(朝鮮新聞社, 1922), 阿部薰 編 『昭和12年版 朝鮮都邑大觀』(民衆時論社, 1937)   【이현진】

871

이와타 가나에

岩田鼎(암전정)　　　　　　　　　1870~?

예능인

후쿠이현福井縣 출신. 조선과 만주 안동현에서 사진 관을 운영하였고 순종 황제의 공식적인 사진을 촬영 하는 등 통감부시기 주요사진가로서 활동하였다.

1898년 조선으로 와 1920년대까지 사진가로서 활 동하였다. 도한 초기 생영관生影館 사진기사였던 그 는 1900년 경 이와타 사진관岩田寫眞館을 개설하고 1907년 조선을 방문한 황태자 요시히토嘉仁의 기념 사진첩을 제작, 판매하였다. 메이지 천황明治天皇의 초상사진을 참고한 순종황제의 공식 초상사진 등 통 감부의 정치적인 의도에 따른 사진을 통하여 근대화 된 군주의 이미지를 부각시키고 충군정신을 고양시 키는 데 기여하였다. 이토 히로부미伊藤博文(→900)의 암살과 일제의 강제병합 이후에는 1915년 조선물산 공진회에 사진을 출품하거나 1922년 조선사진협회 의 공모전에 심사위원으로 참여하였고 안중근 초상 사진 엽서를 판매하여 치안방해죄로 구속되기도 하 였다.

[참고문헌] 朝鮮公論社 編 『在朝鮮內地人紳士名鑑』(朝 鮮公論社, 1917), 東亞經濟時報社 編 『(京城仁川)職業 名鑑』(東亞經濟時報社, 1926), 권행가 「근대적 시각체 제의 형성과정: 청일전쟁 전후 일본인사진사의 사진활 동을 중심으로」『한국근현대미술사학』 26(한국근현대 미술사학회, 2015)　　　　　　　　　　【김용철】

872

이주인 히코키치

伊集院彦吉(이집원언길)　　1864.7.22~1924.4.26

외무관료

가고시마현鹿兒島縣 출신. 1890년 도쿄제국대학東京 帝國大學 법과대학을 졸업하고 외무성 시보試補가 되 었다. 1893년 즈푸芝罘(현 산동성 옌타이) 부영사, 1894 년 영국공사관 서기관을 거쳤으며 1896년 부산영사,

1899년 인천영사를 지냈다. 1901년 톈진天津 영사로 부임, 1902년 총영사로 승진하였다. 1900년 의화단 사건 이후 확대된 일본인거류지 경영에 노력하고 위 안스카이袁世凱, 탕샤오이唐紹儀와 친분을 맺었다. 1908년 베이징 주재 공사로 승진하여 러일전쟁 후의 만주문제에 대한 청일교섭, 1911년의 신해혁명 및 그 후 중일 간 교섭을 담당했다. 1916년 이탈리아 공사 에 임명되어 1919년 파리강화회의에 일본 측 대표를 수행했다. 1920년 외무성 내에 정보국이 신설되자 국장이 되었다. 1922년 관동장관關東長官이 되어 일 본을 떠났다가 1923년 9월 2차 야마모토 곤베에山本 權兵衛 내각에서 외무대신이 되었지만, '도라노몬 사 건虎ノ門事件'으로 내각이 총사퇴하자 3개월 만에 사 임하였다.

1896년 10월 부산 영사로 부임하였다. 부임 후 당 시 임시대리공사 가토 마스오加藤增雄(→54)에게 일본 상인들의 이익을 위해 목포, 진남포 개항을 서두를 것을 요청했다. 1897년 러시아가 절영도를 석탄저장 소로 임대하려는 정황과 이 지역의 일본인 토지에 대해 보고하였다. 1898년부터 마산포馬山浦 개항에 대비하여 인근 지역에 대하여 조사를 실시하였다. 마산포 지역을 새롭게 개항하게 되면 기존에 개항하 여 운영 중인 부산항의 기능이 축소될 것을 예상하여 그에 따른 대처를 본국에 요청하기도 하였다. 1899 년 마산 영사관 설치에 앞서 부지를 선정하고 토지를 매입하였다. 1899년 6월에는 인천영사로 부임했다. 1900년 들어서는 신설한 진남포 영사관鎭南浦領事館 의 영사 업무까지도 겸직하였다. 톈진 총영사로 있 던 1904년, 영사관을 설치하지 않은 한국을 대신하 여 톈진 지역 거류 한국인을 보호하라는 훈령을 받았 다. 1905년에 한국 정부에서 명예영사로 훈4등 팔괘 장을 수여받았다. 1908년 베이징 주재 특명전권공사 로 임명된 이후 1905년 을사조약으로 외교권을 상실 한 한국을 대신하여 한청 간의 외교교섭을 담당하였 다. 1909년 2월 한청어업협정을 체결하였고 9월에는 도문강圖們江(두만강)을 한국과 청 사이의 국경으로 정한 간도협약間島協約을 체결하였다.

인천영사로 재직한 이후로 한국에서 근무한 일은

없었지만, 1905년 을사조약 체결 이후 한국의 외교권을 일본이 대행하게 되면서 1908년 베이징 공사로 임명된 이후에는 한청 교섭까지 담당하였다. 1922년 관동 장관이 되기까지 외교관 경력을 유지하였으며, 1923년 외무대신이 되었다. 1924년 병으로 60세에 사망했다.

[참고문헌] 國史編纂委員會 編『駐韓日本公使館記錄』(國史編纂委員會, 1987), 黑龍會 編『東亞先覺志士記傳』下(原書房, 1966), 東亞同文會 編『對支回顧錄』下(原書房, 1968) 【박진홍】

873

이즈미 데쓰
泉哲(천철)   1873.10~1943.7

대학교수, 법학자
홋카이도北海道 출신. 1894년 삿포로농학교札幌農學校 본과 입학 후 중퇴하고 1899년 도미渡美하였다. 로스앤젤레스 대학에서 농업경제학, 콜롬비아대학에서 국제법을 수강하였다.

귀국 후 도쿄고등공업학교東京高等工業學校 교수, 메이지대학明治大學 교수, 도쿄외국어학교東京外國語學校 교수 등을 역임하였다. 1927년 경성제국대학 교수로 부임하였으며, 1935년 정년퇴직 후에는 남만주철도주식회사 조사부 촉탁으로 활동하였다.

1914년부터 1924년까지 메이지대학에서 식민정책과 국제법을 가르쳤고 1927년 3월 메이지대학을 사임한 뒤 4월에는 경성제국대학 법문학부 교수로 취임했다. 그는 1935년 10월 정년까지 동 학부에서 국제공법과 외교사 강좌를 담당했다.

1920년대 중반에서 1930년대 중반에 걸쳐 국제정세 및 정치동향에 관한 글을『조선급만주朝鮮及滿洲』나『경무휘보警務彙報』,『조선의 교육연구朝鮮の敎育研究』등의 잡지에 다수 발표했다. 다이쇼大正 데모크라시의 영향을 받아 민주주의적 식민정책을 주장했으며, 만주국 건국 직후에는 만주국이 국제법상 지니는 문제에 대해 비판하는 글을 발표하기도 했다. 하지만 1933년 일본이 국제연맹을 탈퇴한 후에는 만

주국 불승인을 결의한 국제연맹에 적대적 태도를 취하기도 했다.

정년퇴직 후에는 곧바로 남만주철도주식회사 조사부 촉탁이 되었으나 얼마 뒤 뇌혈전으로 쓰러졌다. 1943년 8월, 71세의 나이로 별세했다.

[참고문헌] 池田喬二『日本植民地研究史論』(未來社, 1990), 鄭圭永「京城帝國大學にみる戰前日本の高等敎育と國家」(東京大博士論文, 1995) 【박광현, 조은애】

874

이즈미 세이이치
泉靖一(천정일)   1915.6.3~1970.11.15

대학교수
도쿄시東京市 출신. 부친 이즈미 사토시泉哲(식민정책학자, 메이지대학 및 경성제국대학 교수), 모친 하쓰요ハツヨ의 장남으로 태어났다. 소학교 재학 중에 경성제국대학 교수인 부친을 따라 조선으로 건너와서, 이후 경성제국대학 법문학부를 졸업하고 동 법문학부 조교수로 임명되었다. 귀환 이후 도쿄대학 동양문화연구소 교수 등을 역임했다.

도요시마사범학교豊島師範學校 부속 소학교 재학 중에 경성제국대학 교수로 부임한 부친을 따라 조선으로 건너왔다. 경성부 공립동대문심상소학교 6학년으로 전입학했고, 경성공립중학교를 졸업한 후, 경성제국대학 예과에 입학했다. 경성제국대학 법문학부(처음에는 문학과, 후에는 철학과로 전과)를 졸업했고, 동대학 법문학부 조수를 거쳐 공학부 조수 겸 서기, 학생 주사보主事補, 대륙자원과학연구소 촉탁을 거쳐 경성제국대학 법문학부 조교수로 임명되었다. 일본의 패전으로 대학이 폐쇄되자 후쿠오카시福岡市 하카타博多로 귀환했다. 귀환 후 수년 동안은 하카타에 설치된 재외동포구호회구료부在外同胞救護會救療部에서 근무했다. 대표 저서 중에 조선과 관련된 저작으로『제주도濟州道』(東京大學出版會, 1966)가 있다.

1949년 4월에 메이지대학明治大學 정치경제학부 조교수를 거쳐 1951년에 도쿄대학 동양문화연구소 조교수로 임명된다. 1964년에 동 연구소 교수로 승

진했고 소장을 역임했다.

[참고문헌] 藤本英夫 『泉靖一傳 アンデスから濟州島へ』(平凡社, 1994), 高橋猛 編 『昭和16年度/18年度 朝鮮人名錄』(京城日報社, 1940/1942)　【신승모】

875

이치야마 모리오
市山盛雄(시산성웅)　　　　　　1897.2.9~1988

실업가, 문학가

야마구치현山口縣 구마게군熊毛郡 출신. 이치야마 야에노신市山八重之進의 차남으로 출생하였다. 다섯 살 연하의 아내 시즈에靜枝와의 사이에 1남 2녀를 두었다.

이치야마가 니혼간장주식회사日本醬油株式會社에 입사한 것은 1915년 3월로 입사 이후 3년 정도는 본사에 근무하였고 특히 1915년 4월 노다간장주식회사野田醬油株式會社에 합병되자마자 곧바로 출장소 주임이 되었다. 본사에서의 근무 능력을 인정받아 1918년 펑톈奉天의 출장소장으로 가서 만주 지역 판로를 확장하는 데에 힘썼다. 1922년 7월 노다간장주식회사 경성출장소로 오게 되었고, 1929년 7월에 만선영업소滿鮮營業所를 경성으로 이전하자마자 조선출장소장 겸 인천공장장이 되었다. 1930년대 중반 일본으로 귀국한 이후에도 고령에 이르기까지 노다간장주식회사에 종사했던 것으로 보인다.

이치야마는 1920년대 조선에서 지금의 깃코만龜甲萬, キッコーマン인 노다간장 경성출장소장으로서 잘 알려져 있지만, 가인歌人으로서 문학적 활동을 한 내용도 매우 중요하다. 처녀 가집歌集 『옅은 그림자淡き影』(ポトナム社, 1922)를 시작으로 활발한 단카短歌 창작은 물론이려니와, 1923년에는 한반도 전역의 동인들을 규합하여 호소이 교타이細井魚袋(→944), 미치히사 료道久良(→445) 등과 단카 결사인 경성 진인사眞人社를 창립함으로써 한반도 단카계의 개척자 격이 되었다. 그리고 진인사가 발간한 단카 전문 잡지 『진인眞人』의 중심인물로서 단카 창작은 말할 것도 없고, 조선 민요에 관심을 가지고 관련 성과까지 다수 남겼다. 특히 「조선 민요의 연구朝鮮民謠の硏究」(『진인』

1927년 신년 특집호)를 기획하여 최남선崔南善, 이광수李光洙, 이은상李殷相 등 조선의 문학계(특히 민요계)를 대표하는 세 명과 함께 조선 민요와 민예에 일가견 있는 재조일본인 문인들 8명과 조선 민요에 관한 1920년대 후반의 담론을 모으기도 했으며, 이 특집호는 같은 해 도쿄에서 단행본으로 출간되어 조선 민요에 관한 최초의 연구서로서 일본에 보급되었다.

또한 조선에서의 약 10년간의 생활과 한반도를 고향으로 표현한 개인 가집 『한향韓鄕』(眞人社, 1931)은 큰 반향을 일으켰고, 1930년대에도 조선을 읊은 『조선 가집朝鮮歌集』(朝鮮歌話會, 1934), 『조선풍토가집朝鮮風土歌集』(朝鮮公論社, 1935)의 편찬을 주도하였다. 도쿄東京로 옮겨간 잡지 『진인』에 조선 관련 기사를 지속적으로 게재하며 한반도 가단에 여전히 영향력을 끼쳤다. 이치야마는 1930년대 중반 업무상의 이유로 일본으로 귀국하게 되었고, 일본 귀국 이전에 『소자본 독립사업小資本獨立事業』, 『만몽의 부원滿蒙の富源』 등의 편저서를 냈고, 귀국 후에는 1940년 『노다 간장주식회사 이십년사野田醬油株式會社二十年史』를 편찬하였다. 전후에도 『광고 만드는 법과 내는 법廣告の作り方と出し方』(三葉社, 1940), 『지바현 노다 향토사千葉縣野田鄕土史』(長谷川書房, 1958), 『노다의 역사野田の歷史』(崙書房, 1965), 『해설 노다 노동쟁의 자료집성解說·野田勞働大爭議資料集成』(崙書房, 1973), 『노다의 간장역사野田の醬油史』(崙書房, 1980) 등을 저술, 『운연雲淵』(長谷川書房, 1952), 『리네의 유역利根の流域』(長谷川書房, 1953), 『아메리카 풍토초アメリカ風土抄』(長谷川書房, 1975) 등의 가집을 간행하며 실업가와 가인으로서 만년까지 꾸준히 활동하였다. 그는 유능한 실업가이자 단카 종사자로서 조선의 단카계와 조선 민요 연구를 발흥시킨 문예인으로, 특히 1920년대와 30년대 단카를 통해 조선과 조선인, 조선 풍토의 특수함을 도출해 내고자 한 점을 평가할 수 있다.

[참고문헌] 細井魚袋·市山盛雄 編 『眞人』(眞人社, 1924~1945), 市山盛雄 編 『朝鮮民謠の硏究』(坂本書店, 1927), 市山盛雄 『韓鄕』(眞人社, 1931), 市山盛雄 編 『朝鮮風土歌集』(朝鮮公論社, 1935), 엄인경 「『진인』 해제」 『한반도 간행 일본 전통시가 자료집 6~27(단카

잡지1~22)』(도서출판 이회, 2013), 엄인경 「한반도의 단가(短歌) 잡지 『진인(眞人)』과 조선의 민요」 『비교일본학』 30(한양대학교 일본학국제비교연구소, 2014)

【엄인경】

876

이치지 고스케
伊地知幸介(이지지행개)　　　　1854.2.3~1917.1.23

육군 군인

사쓰마번薩摩藩(현 가고시마현鹿兒島縣) 출신. 번사藩士 이치지 나오에몬伊地知直右衛門의 장남으로 태어났다. 첫 번째 부인은 원수 오야마 이와오大山巖의 조카였다. 메이지정부明治政府의 직속 군대인 어친병御親兵에 발탁되어 상경, 육군유년학교陸軍幼年學校를 거쳐 1875년 12월 육군사관학교에 입학하였다. 1877년에 발발한 세이난전쟁西南戰爭에 참가했다. 1879년 2월 포병소위로 임관하였고, 같은 해 12월 육군사관학교를 졸업했다(육군사관생도 제2기). 사관학교 동기로는 오타니 기쿠조大谷喜久藏(→745), 이구치 쇼고井口省吾(→819), 나가오카 가이시長岡外史, 다무라 이요조田村怡與造 등이 있다. 1880년에는 프랑스, 이어서 1884년에는 독일로 유학을 떠났다.

1889년 11월 야전포병 제1연대장에 취임하였다. 청일전쟁에서 제2군 참모부장으로 출전하였다. 그후 대본영 참모, 참모본부 제1부장, 주영일본공사관 부속무관으로 근무하였다. 1900년 10월에는 참모본부 제1부장이 되었으며, 이어서 야전포병감, 주한일본공사관 부속무관 등을 역임하였다.

러일전쟁 당시에는 1904년 5월 제3군 참모장에 취임하였고, 사령관 노기 마레스케乃木希典 아래에서 뤼순旅順 요새 공략전을 실시하였다. 뤼순 공방전에서 일본군은 막대한 손해를 냈지만, 사령관 노기가 신격화되는 가운데 그 부정적인 평가는 이치지가 짊어지게 되었다. 1905년 1월 뤼순 요새사령관에 임명되었고, 1906년 4월에는 도쿄만 요새 사령관으로 자리를 옮겼다. 같은 해 7월 육군 중장으로 승진, 1907년 9월에는 러일전쟁의 공적으로 남작의 작위를 받

았다. 1908년 12월에는 메이지 천황明治天皇이 친히 제11사단장에 임명하였다.

러일전쟁 직전인 1904년 1월부터 2개월간 주한일본공사관 부속무관으로 근무하였다. 이것은 러일전쟁을 앞두고 참모본부가 정보임무와 특별임무에 종사하도록 하기 위한 인원을 한국으로 파견한 계획의 일환이었다. 참모본부는 이치지에게 주한 일본군을 지휘 관리하는 역할을 기대하였다. 또한 프랑스어가 능숙했기 때문에 개전 전후의 외교문제 처리를 담당하는 역할에 대한 기대도 있었다고 한다. 그러한 가운데 이치지는 주한 일본군을 중심으로 한 한국 통치기관인 '반도총독부조례안半島總督府條例案'을 대본영에 상주하였다. 이것은 무관총독제武官總督制를 채택한 이후의 조선총독부로 이어지는 것이었다. 또한 재개된 한일 밀약교섭에 관여하였고, 러일전쟁 중 한반도에서 일본군의 자유행동을 보장하기 위하여 '한일의정서'를 체결하는 교섭에도 기여하였다. 더욱이 '한일의정서' 체결에 반대하던 이용익李容翊을 일본으로 송치하는 등 반일파를 배척하는 공작에도 관여하였다.

[참고문헌] 中田孝之助 編 『在韓人士名鑑』(木浦新報社, 1905), 川端源太郎 編 『京城と內地人』(日韓書房, 1910)

【오가와라 히로유키小川原宏幸】

877

이치카와 엔노스케(2대)
市川猿之助(2代目)(시천원지조(2대))
　　　　　　　　　1888.5.10~1963.6.12

기노시 마사야스喜ベ斗政泰(본명), 이치카와 단고市川團子(초대), 이치카와 엔오市川猿翁(초대)

가부키歌舞伎 배우

도쿄부東京府 출신. 초대 이치카와 엔노스케市川猿之助의 장남이다. 1892년 도쿄東京 가부키좌歌舞伎座에서 이치카와 단고市川團子의 이름으로 〈세키가하라 호마레노가치도키關原譽凱歌〉의 공연을 통해 첫 무대에 섰다. 사립 명문이었던 게이카중학교京華中學校를 졸업하였는데, 당시 가부키 업계에서는 이례적인 일

로 꼽힌다. 1909년 2대 이치카와 사단지市川左團次의 자유극장自由劇場에 참가, 1910년에 도쿄 가부키좌에서 2대 이치카와 엔노스케를 습명襲名하였다. 이후 연극, 무대예술을 공부하기 위해 유럽과 미국에 유학하였다.

1920년에는 춘추좌春秋座를 결성, 신작 및 번역물을 공연하였다. 일시적으로 쇼치쿠松竹를 이탈하였으나 복귀 후 2대 이치카와 사단지 이치자一座에 들어가 고전 가부키를 공연하였다. 이치가와는 명랑하고 남성적인 예풍으로 〈가나데혼 추신구라假名手本忠臣藏〉의 혼조本藏 역, 〈겐로쿠 추신구라元祿忠臣藏〉의 이세키 도쿠베에井關德兵衛 역으로 유명했다.

자녀로는 3대 이치카와 단시로市川段四郎와 초대 이치카와 미요스케市川三四助가 있다. 야고屋號는 오모다카야澤瀉屋이다.

오가부키大歌舞伎 배우 중에서 이치가와는 조선 공연을 자주 한 편으로 1937년 6월, 1939년 4월, 1942년 9월의 공연을 확인할 수 있다. 1937년 공연은 일반 흥행으로 6월 1~6일 경성부민관에서 열렸다.

그의 공연은 1939년 이후 그 성격이 오락에서 전쟁 협력을 위한 것으로 크게 변한다. 동년 4월 24~26일의 공연은 경성부민관에서 열렸는데 황군 위문이 목적이었다. 중국, 조선 순회공연으로 상하이上海 → 난징南京 → 베이징北京 → 톈진天津 → 신징新京 → 펑톈奉天 → 다롄大連 순으로 중국 공연을 마친 후 조선으로 들어와 평양(23일)→경성(24일 이후)의 공연이 예정되었다. 해당 공연은 1개월 전부터 『경성일보京城日報』에 엔노스케 관련 특집이 실릴 정도로 큰 화제가 되었다. 당시 엔노스케의 장남 단시로(3대 이치카와 단시로)가 여배우였던 다카스기 사나에高杉무苗와 결혼하였는데 신혼인 그들 부부와 같이 동행하였기 때문에 한층 이슈가 되었다. 이들 일행은 공연에 앞서 용산 육군병원을 위문하였으며, 공연은 총독부 관계자와 출정 장병 유가족 2,000여 명을 초대하여 군 당국의 열렬한 성원 속에 이루어졌다. 상연 목록으로는 〈에혼타이코키 아마가사키노바繪本太功記 尼崎の場〉, 〈렌지시 세이료잔노바聯獅子 淸涼山の場〉, 〈하시벤케이橋弁慶〉 등이 있다.

1942년 공연은 9월 21~24일 경성부민관에서 열렸는데 반도 징병령 발포 기념 공연이었다. 상연 목록은 〈구라마야마다요리鞍馬山だより〉, 〈오무라 마스지로大村益次郎〉였다. 그중 〈오무라 마스지로〉는 각본가 고다 도쿠郷田悳의 신작으로 전시체제의 시대극으로 만들어진 작품이었다.

그의 모든 공연에는 게자온가쿠下座音樂로 에도시대江戶時代부터 내려오는 나가우타샤미센長唄三味線의 명문 기네야 사키치杵屋佐吉(4대)의 이에모토家元가 동행하였다.

전후에도 소련, 중국 등 해외에서의 고전 가부키를 공연하는 등 활발한 활동을 펼쳤다. 1957년 일본배우협회의 초대회장에 취임하였고, 그간의 공적이 인정되어 1952년에는 일본예술원상을 수상, 일본예술원 회원이 되었다.

[참고문헌] 野島壽三郎 編『歌舞伎人名事典』(日外アソシエーツ株式會社, 1988), 神山彰・丸茂祐佳・兒玉龍一 編『最新歌舞伎大事典』(柏書房, 2012), 郷田悳『國民皆兵 郷田劇曲集 第一輯』(立命館出版部, 1941)

【김지선】

878

이치키 미키오
櫟木幹雄(역목간웅)   1884~?

실업가

야마구치현山口縣 하기시萩市 출신. 1905년 일본우선주식회사日本郵船株式會社에 입사해 오사카大阪 지점장을 역임하였다. 1923년 상하이上海 지점장으로 부임하여 4년간 근무하다가 1926년 일본우선주식회사에서 가장 중요한 영업소인 고베神戶 지점의 지점장으로 전임하여 9년간 근무하였다. 1935년 전무이사로 승진하였다.

1935년 일본우선주식회사의 전무이사로 승진하면서 근해우선주식회사近海郵船株式會社와 조선우선주식회사朝鮮郵船株式會社의 이사를 겸직하게 된 이치키는 1936년 4월 일본우선주식회사의 대표 자격으로 조선우선주식회사 이사에 선출되었다. 1938년 말 우선회사의 임기가 만료됨에 따라 조선우선주식회사의 사장으로 거론되었는데, 1939년 2월 말 조선우선주식회사 사장이었던 모리 벤지로森辨治郞가 갑자기 사망하면서 이치키는 중역회를 통해 사장으로 추대하였다. 사장으로 재직 중 조선을 기점으로 한 로컬선local線의 중요성을 강조하는 한편 북중국으로의 진출에 매우 적극적이었다. 1941년 통제정책의 일환으로 조선해운조합령이 실시되자 이에 대한 협력단체로 설립된 조선해운조합(조선해운협회로 개칭)에서 회장직을 맡았다.

　[참고문헌] 朝鮮總督府 編『朝鮮總督府及所屬官署職員錄』(朝鮮總督府, 1939), 中村資良 編『朝鮮銀行會社要錄』(東亞經濟時報社發行, 1937, 1939, 1942), 高杉東奉·高橋三七 『事業と鄕人』(實業タトムス社 大陸硏究社, 1939), 嶋元勸 『朝鮮財界の人人』(京城日報社, 1941)　　　　　　　　　　　　　【전성현】

879

이치하라 모리히로

市原盛宏(시원성굉)　　　1858.5.17~1915.10.4

금융인, 정치인

구마모토현熊本縣 출신. 1879년 도시샤대학同志社大學 학부를 졸업한 후 동 대학 교수, 동화학교東華學校 부교장을 역임하였다. 1889년에 미국으로 유학하여 예일대학교Yale University에서 경제학을 학습하고 박사학위를 취득한 후 1894년 일본은행에 입행하였다. 1899년에 제일은행으로 자리를 옮긴 후, 제일은행 본점 부지배인으로 2회에 걸쳐 한국에 건너가 한국경제 및 은행권발행 등에 대한 조사를 행하였다. 1902년 제일은행 사직 후 요코하마시장橫濱市長에 취임하였다.

　1906년 5월 제일은행 한국총지점 지배인에 임명되었고, 7월에는 이사가 되었다. 1909년 한국은행(1911년 조선은행으로 개칭)이 설립되자 초대 총재에 취임하였다(재임기간: 1909.10.29~1915.10.4). 당시 한국은행이 제일은행의 자산 및 인력을 승계하는 형태로 설립되었기 때문에 업무의 연속성을 위해 총재로 선임된

것으로 보인다. 1915년 조선은행 총재 재임 중 사망하였다.

　[참고문헌] 高杉東峰 『朝鮮金融機關發達史』(實業タイムス社, 1940), 星野喜代治『回想錄』(日本不動産銀行十年史編纂室, 1967), 君島一郎『私の銀行ライフ』(日本銀行, 1974), 朝鮮銀行史硏究會 編『朝鮮銀行史』(東洋經濟新聞社, 1987), 한국역사정보통합시스템 〈http://www.koreanhistory.or.kr〉　【조명근】

880

이케가미 기사부로

池上儀三郎(지상의삼랑)　　　1889~?

행정관료

후쿠오카현福岡縣 미쓰이군三井郡 출신. 현립메이젠중학교縣立明善中學校를 졸업하고 1911년 도한하였다. 서기를 거쳐 전라북도 도청 관방주사官房主事, 토목주사土木主事를 역임한 후 퇴직하였다. 이후 1933년에는 익옥(전라북도 익산益山과 옥구沃溝)수리조합 이사로서 농업활동에 종사하였다.

　1920년 전라북도 군산지역의 수리관개시설을 확충하기 위해 설립된 익옥수리조합의 이사로 취임한 후, 농민들과의 적극적인 면담 조사와 함께 공사비 200만 엔으로 만수면적 140여 정보町步(1정보=약 9917㎡)가 넘는 저수지를 조성함으로써 전라북도 평야 약 8,000여 정보의 관개용수 공급에 일조하였다.

　[참고문헌] 阿部薰 『朝鮮人物選集』(民衆時論出版部, 1934), 阿部薰 『昭和12年版 朝鮮都邑大觀』(民衆時論社, 1937), 국사편찬위원회 한국사데이터베이스 〈http://db.history.go.kr〉　　　　　　【강원주】

881

이케가미 시로

池上四郎(지상사랑)　　　1857.5.11~1929.4.4

관료

아이즈번會津藩(현 후쿠시마현福島縣) 와카마쓰若松 출신. 번사藩士인 이케가미 다케스케池上武輔의 4남으

로 태어났다. 11살 때 보신전쟁戊辰戰爭이 발발하자 아이즈번은 막부 편에 가담하였다. 형 도모지로友次郞는 막부군과 정부군 사이에 벌어진 도바·후시미 전투鳥羽·伏見戰鬪에서 전사하고, 아버지는 호쿠에쓰 전쟁北越戰爭에서 부상당했다. 이케가미는 백호대白虎隊의 입대를 희망했지만, 백호대는 15살 이상이라는 규약 때문에 입대를 단념하고 아이즈 와카마쓰성에서 농성했다. 성 안에서는 탄환 운반이나 부상자의 치료에 종사하고 성 밖에서 싸우는 번병의 사기를 고무하기 위해 연날리기를 도왔다고 한다.

그 후 번교인 잇신칸日新館에서 배웠을 뿐 정식으로 근대식 교육을 받지 못했다. 1874년 상경하여 직장을 찾아 헤매다가 1877년 경시국 일등순사로 채용되었다. 그 후 지바千葉, 효고兵庫 경찰부장 등 지방의 경찰부서를 전전하다가 1913년 오사카大阪 경찰부장을 끝으로 경찰 관료 생활을 마쳤다.

1913년 오사카 시장에 취임하여 이후 약 10여 년간 시장으로 재임하였다. 1923년 오사카 시장을 그만두고 나서 사회 일선에서 물러난 뒤 4년 만에 1927년 12월 71세의 고령으로 조선총독부 정무총감에 취임했다. 71세의 고령인 이케가미가 발탁된 것은 간다 경찰서장神田警察署長 시절부터 오랜 기간 정우회와 관계를 가지고 관서정우회를 개척한 공로가 인정된 것이라고 한다. 이케가미는 취임 직후 "조선인의 생활을 안정시킬 사회시설이 가장 급무라고 믿는다. 종래 경무, 산업 방면에는 상당한 치적이 있었지만, 사회시설 방면은 조금 곤란에 처해 있는 것 같다. 나는 여기에 전력을 기울이고자 한다"고 포부를 밝혔다. 정무총감 재임 때에는 영세농 소액자금의 대부, 부역의 폐지, 화전의 정리 및 화전민의 구제, 소작관행의 개선, 공영주택 및 공영 전당포 등의 사회적 시설, 교육의 실제화, 교과서 개정, 사범교육 개선, 초등교육 보급(1면 1교 정책), 축항, 치산, 산업 등에 관한 계획, 한해 피해민과 조선귀족의 구제 등에 힘썼다. 재임 중 1929년 4월 도쿄에서 병으로 쓰러져 급사하였다.

[참고문헌] 前大阪市長池上四郎君彰德會 編『元大阪市長池上四郎君照影』(前大阪市長池上四郎君彰德會,

1941), 高橋猛編『昭和16年度/18年度 朝鮮人名錄』(京城日報社, 1940/1942), 李炯植『朝鮮總督府官僚의 統治構想』(吉川弘文館, 2013)　　　　【이형식】

882
이케 기요시
池淸(지청)　　　　　　　　1895.6.10~1952.10.17

행정관료

야마구치현山口縣 도쿠야마초德山町 출신. 이케 야사부로池彌三郞의 차남으로 출생하였다. 조선총독부에서 체신행정분야의 관료로서 장기간 활약하다 조선총독부말기에는 평양부 지사를 역임하였다. 종5위 훈4등從五位勳四等 서훈자이다.

1917년 체신관리 연습소를 졸업하고 같은 해 도한하여 조선총독부 체신국 서기로 재직하였다. 1925년 고등 문관 행정과 고시에 합격, 경성 저금 관리소 과장과 체신국 사무관을 거쳐 1932년 서무 과장에 임명되었다. 그 후 해원심판소 이사관, 신의주 세관장, 총독부 사무관, 농림국 과장, 경남 내무부장 등의 중직을 역임하고 1942년 평양부 부윤으로 취임하였다. 조선 총독부 행정 지주의 하나였던 통신 우정 사업의 토박이이자 뛰어난 전문 인력으로, 외부와의 각종 협상뿐 아니라 내부 인사 업무에까지 영향력을 유지하면서 그 수완을 발휘하였다.

[참고문헌] 貴田忠衛『朝鮮人事興信錄』(朝鮮人事興信錄編纂部, 1935), 猪野三郎 編『第12版 大衆人事錄』(帝國秘密探偵社國勢協會, 1937), 谷サカヨ『第14版 大衆人事錄』(帝國秘密探偵社, 1943年), 국사편찬위원회 한국사데이터베이스〈http://db.history.go.kr〉
　　　　　　　　　　　　　　　　【강원주】

883
이케다 구니오
池田國雄(지전국웅)　　　　　　생몰년도 미상

관료

1931년부터 1941년까지 조선총독부 경무국 도서과

검열실에서 통역관으로 근무하며 영화 검열 사무를 담당하였다. 직책을 맡는 동안 「검열상으로 본 조선의 최근 영화계檢閱上より見たる朝鮮に於ける最近の映畫界」(『조선朝鮮』 1938.2), 「조선의 영화계를 말하다朝鮮の映畫界を語る」(『조선朝鮮』 1942.1) 등 영화(검열) 관련 글을 발표하기도 하였다.

[참고문헌] 정진석『극비 조선총독부의 언론검열과 탄압』(커뮤니케이션북스, 2007), 阿部薰『朝鮮人物選集』(民衆時論出版部, 1934)　　　　　　【함충범】

884

이케다 기요시

池田清(지전청)　　　　　1885.2.15~1966.1.13

관료

구마모토현熊本縣 출신. 가고시마鹿兒島에서 제일중학교第一中學校, 제오고등학교第五高等學校를 졸업하고, 1913년 2월 도쿄제국대학東京帝國大學 법학부 독법과獨法科를 졸업했다. 같은 해 고등문관시험에 합격하여 경시청警視廳 경부로 임명되어 간다니시키초神田錦町 경찰서에 전입했다.

1915년 7월 고마쓰가와경찰서장小松川警察署長, 1916년 경시청 경시警視로서 혼조경찰서장本所警察署長, 무코지마경찰서장向島警察署長, 1918년 7월 시타야경찰서장下谷警察署長, 우에노경찰서장上野警察署長을 역임했다. 그 후에는 감찰관으로서 1919년 6월 제2방면, 1920년 3월 제1방면을 담당했으며 1920년 8월 총감관방總監官房 외사과장外事課長이 되었다. 1922년 10월 기후현岐阜縣 경찰부장으로 있다가 1923년에는 내무서기관內務書記官으로서 신사국神社局 제1과장을 담당했다. 1923년 10월 위생국衛生局 보건과장保健課長, 1924년 12월 신사국 총무과장總務課長, 1928년 교토부京都府 경찰부장, 1929년 2월 오사카부大阪府 경찰부장, 7월 8일 효고현兵庫縣 내무부장을 담당하다가 7월 22일 아다치 겐조安達謙藏(→588) 내무대신에 의해 내무성 신사국장에 발탁되었다. 1929년 가을 이세대신궁伊勢大神宮 천궁제遷宮祭에서 중요한 임무를 담당했다. 1929년 11월 벨기에 황제로부터 훈장을 수여받았고, 1933년 11월에는 신궁 조영에 진력한 공로로 교쿠지쓰주주쇼旭日中綬章를 받았다.

1930년 7월 5일 우가키 가즈시게宇垣一成(→784)의 조선총독 부임과 함께 그의 부탁으로 조선으로 건너왔고 1931년 6월 조선총독부 경무부장에 취임했다. 이때 임야조사위원회林野調査委員會 위원도 겸직했다. 1933년 당시 조선경찰협회朝鮮警察協會 회장, 조선무덕회본부朝鮮武德會本部 부총재, 조선소방협회朝鮮消防協會 회장을 역임했다. 또한 우가키 총독의 뜻에 따라 경찰병력을 농어촌진흥운동에도 적극적으로 참여시켰다. 조선나병예방협회朝鮮癩豫防協會를 설립하였으며 소록도小鹿島에 요양소를 지어 한센병 환자들을 수용했다.

1936년 4월 홋카이도청北海島廳 장관으로 임명되었다가 1937년 6월 오사카부大阪府 지사가 되었다. 1939년 9월에는 경시총감警視總監을 담당하였다가 그 다음 해인 1940년 1월 의원면직하였다. 이후 1942년 1월 해군사정장관海軍司政長官, 해남해군특무부海南海軍特務部 총감總監으로 있다가, 1944년 8월 오사카부 지사가 되었다. 1945년 4월 사직했지만, 제2차 세계대전 패배 후 1945년 8월 15일에서 30일 사이 귀족원貴族院 의원에 올랐다가 공직추방 명령을 받았다. 1951년 8월 공직추방이 해제된 후 1952년 10월에서 1955년 1월까지 중의원 의원을 지냈다. 1966년 1월 사망했다.

[참고문헌] 朝鮮中央經濟會 編 『京城市民名鑑(再版)』(朝鮮中央經濟會, 1922), 民衆時論社朝鮮功勞者銘鑑刊行會 編『朝鮮功勞者銘鑑』(民衆時論社朝鮮功勞者銘鑑刊行會, 1935), 秦郁彦 編『日本官僚制總合事典』(東京大學出版會, 2001), 秦郁彦 編『日本近現代人物履歷事典』(東京大學出版會, 2002), 岡本眞希子『植民地官僚の政治史-朝鮮・臺灣總督府と帝國日本』(三元社, 2008), 松田利彦『日本の朝鮮植民地支配と警察――九〇五~一九四五年-』(校倉書房, 2009)　　【주동빈】

885

이케다 스케타다

池田佐忠(지전좌충)　　　　　1885.8.25~1952.7

실업가

구마모토현熊本縣 아마쿠사군天草郡 출신. 시모우라무라下浦村 4077번지에서 농가의 3남으로 태어났다. 시모우라무라는 시모우라석공下浦石工(이 지역에 석재가 많아 석공이 많이 배출된 것에서 유래)으로 유명한 곳으로, 1954년에는 혼도시本渡市에 합병되었고, 2006년 재차 합병을 거쳐 아마쿠사시天草市가 되었다.

소학교 졸업 후, 사숙私塾(한문 교육)과 교외생校外生으로 중등교육을 거친 후 가업인 농사에 종사하다가 러일전쟁 후 군대에 들어가 헌병상등병으로 만주의 펑톈奉天, 히로시마현廣島縣의 다다노우미초忠海町, 경상북도 대구 적성파견소赤城派遣所 등에서 헌병군으로 근무하였다. 1916년 문경분견소聞慶分遣所에서의 헌병군조를 끝으로 만기 제대하고 실업계로의 진출을 꾀했다.

식림, 개간, 목탄 제조업을 시작으로 승합자동차에 의한 운수업으로부터 1920년 자본금 10만 엔의 이케다합명회사池田合名會社, 1921년에는 자본금 25만 엔의 조선개척주식회사, 1922년에는 자본금 30만 엔의 경북자동차주식회사를 일으켰다. 이 시기의 공적 활동과 공직으로는 조선산업철도(이후의 경북선) 기성동맹회 회장, 경북자동차협회의 이사장, 문경면협의회 의원, 학교조합관리자, 경상북도 산업자문위원, 도평의원 등을 역임했다.

이후 1924년 항만 등의 건설 및 매립 조성 사업에 참여하여 경상남도 통영읍의 개수改修를 완성하고 목포와 인천, 원산 등의 개수 및 매립 계획을 입안하였다. 그리고 매년 태풍 피해를 입어도 공적 원조를 받지 못하고 있던 부산 남항의 건설에 착수했다. 남항은 연안 무역 및 어항으로서의 기능을 가지고 있었으며, 매립과 방파제의 축조 및 시가지 조성을 아울러 총 공사비 500만 엔의 사업이었다. 이케다는 자본금 50만 엔의 부산매축합자회사釜山埋築合資會社를 조직한 후, 동양척식주식회사로부터 자본 원조를

받아 약 10여 년에 걸친 공사를 거쳐 1940년에 완성하였다. 이외에도 1931년에는 부산대교건설계획(총 예산 265만 엔)을 입안하여 이를 국가에 양도, 동년 부산진매축회사로부터 적기만赤崎灣 매립 사업을 양도받았다. 이 사업을 공업용지 조성과 임해철도 부설로 확대하여 제1기 106만 평을 1937년, 제2기 18,678평을 1940년, 제3기 32,000평을 1944년에 완성하였다(총 공사비450만 엔). 그리고 1939년 자본금 100만 엔으로 부산임항철도주식회사를 설립하여 1941년 완성, 운행을 개시하였다.

이상과 같은 부산에서의 여러 공사 사업과 병행하여 경상남도 동남단의 울산과 야마구치현山口縣의 일본해에 면해 있는 유야만油谷灣을 연결하는 유울항로油蔚航路를 개설하고 울산 공업용지와 항만시설을 완비, 유야만의 항만 시설과 연락 철도 건설을 구상하여 이를 「일만 연결의 교통 정책日滿聯絡の交通政策」과 「울산 공업항 건설 계획 개요」로 정리하여 1939년 발표하였다. 그리고 1940년에는 울산항 개발 기성회와 지주 동맹회를 조직하는 한편, 자본금 100만 엔의 조선축항주식회사를 설립하였다. 또한 울산 측 시찰단을 거느리고 유야만을 방문하고, 야마구치현 지사에게 진정하여 1943년 울산항 창설 기공식(총 공사비 1550만 엔, 5년 이내)을 열기에 이르렀다.

그러나 이러한 계획은 태평양전쟁의 심화와 함께 좌절되었고, 패전 후 이케다는 유야만으로 귀환하였다. 그리고 조선축항주식회사를 유야만축항주식회사로 사명을 변경하고 회사를 이전하여 염전 개발이나 근처 항만 정비 등에 종사했다. 나아가 멕시코 유전 건설과 후지산富士山 기슭 국제학원도시 건설 등의 구상을 가지고 있었으나, 1952년 7월 도쿄도東京都 나카노구中野區에서 병으로 사망하였다.

이케다의 사업 방식의 특징은 매축한 부지를 이용하여 차기 사업을 추진하는 매축사업의 연쇄성, 강력한 정부와 군사 관련 인맥의 이용, 외골수적인 '사업 보국'의 신념 등을 지적할 수 있다. 그 중에서도 사업의 연쇄성이 특기할 만하며, 이를 자본으로 뒷받침했던 것이 동양척식주식회사였다.

[참고문헌] 池田國司 『池田佐忠 事業と人生』(池田國

司, 1999), 木村健二 「戰時下蔚山都市計劃と油蔚航路」 『日本帝國勢力圈の東アジア都市經濟』(慶應義塾大學 出版會, 2013), ペイ・ソクマン 「釜山港埋築業者池田 佐忠の企業活動」 『韓國民族文化』 42號(釜山大學校韓 國民族文化研究所, 2012)　　【기무라 겐지木村健二】

886
이케다 주사부로
池田十三郎(지전십삼랑)　　　　1870.8.3~?

관료

도쿄부東京府 출신. 1892년 7월 10일 도쿄제국대학東 京帝國大學 법과대학 법률학과를 졸업했다. 1892년 7 월 19일 도쿄우편전신학교東京郵便電信學校 교수로 임 명되었다. 1896년 5월 체신성遞信省 통신사무관通信 事務官으로 임명되어 우쓰노미야우편전신국장宇都宮 郵便電信局長, 고베우편전신국장神戶郵便電信局長을 역 임했다. 1898년 3월 체신서기관遞信書記官으로 임명 되었고 동년 11월 오사카우편국장大阪郵便局長으로 전근되었다. 1900년 12월 체신성참사관遞信省參事官 겸 체신서기관遞信書記官으로 임명되었고, 1901년 10 월 체신사무시찰을 목적으로 구미각국을 시찰하였 는데 같은 해 10월 4일 런던에서 열린 만국전신회의 萬國電信會議에 위원으로 참가했다. 1902년 5월 귀국 하여 요코하마우편국장橫濱郵便局長, 도쿄우편국장東 京郵便局長을 역임했다.

최초의 도한은 한국통신사무인계위원장韓國通信事 務引繼委員長 자격으로 출장을 왔었던 1905년 4월이 다. 1906년 1월 통감부 체신감리사국장統監府通信監理 事局長으로 임명되어 정식으로 조선으로 옮겨왔다. 1907년 훈2등에 서훈되어 태극장太極章을 하사받았 다. 1910년 10월 1일 조선총독부 체신국장관에 임명 되어 1917년까지 재직했다. 1910년에는 훈1등에 서 훈되어 팔괘장八卦章을 하사받았다. 1911년부터 1917 년까지 조선총독부토목회의朝鮮總督府土木會議 위원 을 역임했다. 『사설무선전신통신종사자자격검정私 設無線電信通信從事者資格檢定』(朝鮮總督府, 1917)을 저술 하고, 퇴직 후 1935년 10월 15일부터 17일까지 『조선

신문朝鮮新聞』에 '조선통치의 회고와 엄정비판: 시정 25주년에 즈음해 조야명사의 집필朝鮮統治の回顧と嚴 正批判: 施政卅五周年に際し朝野名士の執筆'이라는 기획 중 '통신행정통일의 경위通信行政統一の經緯'을 3회에 걸쳐 연재했다.

1917년 퇴관 후 일본으로 돌아가 1923년 일본염료 주식회사日本染料株式會社 대표이사 사장取締役社長에 취임했다가 1925년 퇴임했다.

[참고문헌] 朝鮮公論社 編 『(在朝鮮內地人)紳士名鑑』 (朝鮮公論社, 1917), 「朝鮮統治の回顧と嚴正批判(145) 施政卅五周年に際し朝野名士の執筆: 通信行政統一の 經緯(一)」(『朝鮮新聞』, 1935.10.15), 국사편찬위원회 한국사데이터베이스 〈http://db.history.go.kr〉

【박우현】

887
이케다 히데오
池田秀雄(지전수웅)　　　1880.2.2~1954.1.20

언론인, 관료, 정치인

사가현佐賀縣 출신. 이케다 데쓰池田轍의 3남으로 태 어났다. 제오고등학교第五高等學校를 거쳐 1909년 도 쿄제국대학東京帝國大學 법과대학을 졸업하고 동년 11월 고등문관시험 행정과에 합격하였으나 아사히 신문사朝日新聞社에 입사하여 정치부 기자로 활동했 다. 1910년 내각척식국內閣拓殖局 소속이 되어 이후 척식국 서기관, 나가노현長野縣 이사관理事官, 히로시 마현廣島縣 이사관, 미야기현宮城縣 시학관視學官, 기 후현岐阜縣 경찰부장과 외무사무관 겸 내무서기관, 히 로시마현과 미야기현의 각 내무부장 등을 역임했다.

1924년 6월 아키타현秋田縣 지사로 취임하고 동년 12월 조선총독부로 이동하여 식산국장殖産局長으로 임용되었다.

1924년 12월부터 1928년 3월까지 조선총독부 식 산국장을 지냈으며 임야조사위원회林野調査委員會 위 원을 겸직했다. 1929년 7월에는 홋카이도北海道 장관 이 되어 1931년 10월까지 재임 후 퇴직했다. 홋카이 도 장관 퇴관 후 1931년 10월 마쓰오카 마사오松岡正

男의 뒤를 이어 총독부 기관지 경성일보사京城日報社 사장에 취임, 이듬해 사임했다.

1932년 2월, 제18회 중의원 의원 총선거衆議院議員總選擧에서 사가현 제1구로 입헌민정당立憲民政黨에서 출마하여 당선되었다. 이후 1942년 4월 제21회 총선거에 이르기까지 연속 4선을 달성하였고, 그 동안 입헌민정당 총무, 개진당改進黨 고문, 히로타廣田내각의 상공정무차관商工政務次官 등을 역임했다.

저서로 히라이 미쓰오平井三男와의 공저『조선독본朝鮮讀本』(松山房, 1929), 『만주통치론滿洲統治論』(日本評論社, 1934), 『조선산업정책 절호의 전환기朝鮮産業政策の絕好なる轉換期』(金港堂書籍, 1935), 『소련 정치의 연구ソ聯政治の研究』(理想社, 1954) 등을 남겼다.

[참고문헌] 衆議院·參議院 編『議會制度七十年史－衆議院議員名鑑』(大藏省印刷局, 1962), 歷代知事編纂會『日本の歷代知事 第1卷』(歷代知事編纂會, 1982), 秦郁彦 編『日本官僚制總合事典：1868-2000』(東京大學出版會, 2001), 『新訂 政治家人名事典 明治~昭和』(日外アソシエーツ, 2003)　　　　　　　【이윤지】

888
이케베 류이치
池邊龍一(지변룡일)　　　　1881.1.1~1960.1.11

관료

나가사키현長崎縣 출신. 사립상공중학교私立商工中學校를 거쳐 1904년 도쿄고등상업학교를 졸업하고 외교관시험에 합격하여 외무성에서 근무했다.

1907년 한국통감부속으로 임명되었다. 내각총리대신비서관, 동양척식부총재를 거쳐, 동양척식총재에 취임했다. 조선, 만주국, 화북, 남양제도 등, 일본제국의 식민지 경영에 참여했다. 1925년부터 1931년까지 남양흥발南洋興發 감사역으로 근무했다.

전후에 연합국군 최고사령관 총사령부에 의해 공직에서 추방되었다.

[참고문헌] 藤澤淸次郞 編『朝鮮金屬組合と人物』(大陸民友社, 1937), 문춘미「20세기초 한국의 일본농업이민 연구: 동양척식주식회사를 중심으로」『한림일본학』(한

림대학교 일본학연구소, 2013)　　　　【김소영】

889
이케베 히토시
池部鈞(지부균)　　　　1886.3.3~1969.12.17

야마시타 히토시山下鈞(이명)

화가

1919년부터 이케베池部 성姓을 사용했다.

도쿄미술학교東京美術學校를 졸업하고 국민신문사를 거쳐 경성일보사 만화기자로 근무하였다. 만화잡지『도바에トバエ』창간에 참여하였고 일수회一水會 회원으로 활동하였다. 만화가 오카모토 잇페이岡本一平와는 처남 매부 사이이다.

도쿄미술학교를 졸업한 후 1911년 국민신문사에서 만화기자로 활동하였고 국민신문사 도쿠토미 소호德富蘇峰(→342)가 경성일보 감독이었던 관계로 도한하여 경성일보사 만화기자로 활동하였다. 1912년 귀국할 때까지 경성일보의 삽화 등을 담당하였으며 당시 국민신문사에서 활동하던 서양화가 쓰루타 고로鶴田吾郞(→578)와 교대하였다. 이후 국민신문사에서 만화를 그렸고 제국미술원전람회, 일전日展 등에 출품하였다.

[참고문헌] 坂井基樹 編『日韓近代美術家のまなざし－『朝鮮』で描く』(福岡アジア美術館 外, 2015), 谷サカヨ『第14版大衆人事錄』(帝國秘密探偵社, 1943)

【김용철】

890
이쿠다 조코
生田長江(생전장강)　　　　1882.4.21~1936.1.11

고지弘治(본명)

저술가, 문학가

돗토리현鳥取縣 히노군日野郡 가이바라무라貝原村(현 히노마치네우日野町根雨) 출신. 1895년 히노군 고등소학교를 졸업하고, 1897년 모모야마가쿠인桃山學院 2학년을 다녔다. 1898년 프로테스탄트 계열의 교회에

서 세례를 받았으며, 1899년 상경하여 아오야마가쿠인靑山學院 중학부의 4학년생이 되었다. 1900년 제일고등학교第一高等學校 문과에 입학하였으며, 1903년 도쿄제국대학東京帝國大學 문과대학 철학과에 진학하여 미학을 전공하였다. 1906년 도쿄대학을 졸업하고, 1907년 고향에서 결혼한 뒤 1909년까지 영어여학교에서 영어 강사를 지냈다. 이 시기 여성 문학 진흥에 노력하였다. 1909년 니체의 『짜라투스트라』를 번역했으며, 1911년 초 이 책을 간행하였다. 1914년 모리타 소헤이森田草平와 함께 『반향反響』을 창간했으며, 1916년부터 1929년까지 『니체 전집』 10권을 출간하였다. 1914년 전후부터는 사회문제 비평에 눈을 돌렸으며, 1919년 자본론 제1 분책을 번역 출간하였다. 1925년부터 1930년까지 가마쿠라 유이가하마鎌倉由比에 거주했는데, 한센병에 걸렸다. 1934년 실명했으며, 1935년 『석존전 상권』, 『니체전집』 12권을 완성하였다. 1936년 자택에서 사망한 뒤 가마쿠라의 조코쿠사長谷寺에 묻혔다.

이쿠다는 1920년대 조선의 문학과 여성운동에 많은 영향을 주었다. 『동아일보』1922년 6월 13일부터 6월 30일까지 「사회문제 12강」이 「부인문제의 개관」이라는 제목으로 번역되어 게재되었는데, 이는 서양의 여성운동사를 정리한 것이다. 1918년 모리타 소헤이와 가토 아사토리加藤朝鳥가 공저한 『신문학사전新文學辭典』은 1920년대 작가와 평론가들이 가장 즐겨 읽는 참고서 가운데 하나였다. 또한 일제 강점기 니체 철학은 이쿠다의 번역본을 통해 국내에 전파되었으며, 혼마 히사오本間久雄(→955)과 공저한 『최신 사회문제연구 12강』, 『사회 개조의 8대 사상가』 등은 국내 여성문제, 문예사상 등을 연구하는 사람들이 애독한 책이었다.

[참고문헌] 生田長江 『生田長江全集』 1~8(大東出版社, 1911), 김의정 「동방여성문학」 『중국어문학지』 39(중국어문학회, 2012)　　　　　【허재영】

891

이쿠타 세이자부로
生田淸三郎(생전청삼랑)　　　　1884.1.13~?

관료, 정치인, 실업가

시코쿠四國 도쿠시마현德島縣 출신. 1905년 주오대학中央大學의 전신인 법학원을 우등으로 졸업하였다. 이해 11월에 고등문관시험, 12월에는 변호사 시험에 합격하였다. 부친은 이쿠타 와헤이生田和平이며, 부인은 히사시龜였다. 슬하에 1남 1녀를 두었다.

1906년 1월 조선통감부 속관이 되어 조선에 건너왔다. 이듬해 1907년 서기관이 되었고, 1908년 대한제국 정부에 초빙되어 내부內部 서기관, 농상공부 서기관 등을 역임했다. 한일강제병합 이후 1915년 3월 농상공부 수산과장으로 승진하였다. 다시 1917년 상공과장商工課長이 되었고, 이어서 1920년 4월 중국, 인도와 구미 각국으로 출장을 떠나 약 1년 반 동안 각지를 시찰하고 1922년 조선에 돌아왔다. 이후 식산국 사무관 및 감찰관에 임명되었으며, 1922년 7월 칙임관으로 승진하여 외사과장을 지냈다. 1923년 2월 평안북도지사에 발탁되었다. 1925년 오쓰카 쓰네사부로大塚常三郎의 후임으로 총독부 내무국장으로 영전하였으며 중추원 서기관장을 겸임하다가 1929년 관직을 그만 두었다. 처음부터 조선에서 관직생활을 하여 경력을 쌓아간 이쿠타는 '조선형 관료' 또는 '현지형 관료'로 분류된다.

퇴임 후에는 1935년 설립된 다사도철도주식회사多獅島鐵道株式會社의 사장에 취임했다. 일제 말기인 1945년 5월 2일 경성부윤에 임명되었다가 같은 해 6월 16일자로 경기도지사로 전출되었다.

총독부 잡지 『조선朝鮮』에 「영국의 사상문제英國に於ける思想問題」(1922.5), 「지방제도의 금석과 장래에 대한 희망地方制度の今昔と將來に對する希望」(1925.10), 「조선지방선거단속규칙 발포에 관하여朝鮮地方選擧取締規則の發布に就て」(1929.11) 등을, 『조선급만주朝鮮及滿洲』에도 「최근 20년간 조선지방제도의 추이 最近二十年間に於ける朝鮮地方制度の推移」(1927.4), 「조선의 지방행정朝鮮の地方行政」(1929.10) 등의 글을 기고하였다.

전후에 경기도지사로 있다가 미군이 진주한 뒤 물러났다. 1945년 10월에 경기도청 일본인 관료들과 함께 업무횡령과 독직사건 혐의에 연루된 바 있다.

[참고문헌] 角田廣司 編『在朝鮮內地人紳士名鑑』(朝鮮公論社, 1917), 民天時報社編輯局 編『海外邦人の事業及人物 第壹輯第一版』(民天時報社, 1917), 朝鮮中央經濟會 編『京城市民名鑑』(朝鮮中央經濟會, 1922), 藤澤論天 編『半島官財人物評論』(大陸民友社, 1926), 有馬純吉 『昭和六年版 朝鮮紳士錄』(朝鮮紳士錄刊行會, 1931), 阿部薫 編 『朝鮮功勞者銘鑑』(民衆時論社, 1935), 『每日新報』(1945.6.19, 1945.10.5) 【고태우】

892

이쿠타 신포

生田信保(생전신보)   1898.7.28~1976.1.20

의사, 대학교수

도야마현富山縣 출신. 1917년 도쿄 치과의학교를 졸업하였다.

1919년 4월 총독부의원 의관으로서 도한, 1922년 4월, 경성의학전문학교 조교수를 겸임하였다. 1927년 의학박사 학위를 취득하였다. 1928년 경성제국대학 조교수 겸 경성의학전문학교 교수를 담당하게 되었고, 1930년 10월 경성제국대학 조교수로 부임했다.

[참고문헌] 有馬純吉『昭和六年版 朝鮮紳士錄』(朝鮮紳士錄發行會, 1931), 貴田忠衛『朝鮮人事興信錄』(朝鮮人事興信錄編纂部, 1935) 【마스타니 유이치桝谷祐一】

893

이타가키 세이시로

板垣征四郎(판원정사랑)   1885.1.21~1948.12.23

육군 군인

모리오카번盛岡藩(현 이와테현岩手縣) 출신. 사족士族 이타가키 마사노리板垣政徳의 3남으로 태어났다. 육군중앙유년학교를 거쳐 1904년 10월 육군사관학교를 졸업(16기)하고 보병소위로 임관하여 보병 제4연대에 배속되었다. 1904년 12월부터 1906년 1월까지

러일전쟁에 출정하였다. 1916년 육군대학교를 졸업(28기)하고 보병 제4연대 중대장, 참모본부 소속, 중지나中支那(중국중) 파견대 참모 등을 거쳐 1920년 4월 소좌로 진급하였다. 이후 보병 제47연대 대대장, 참모본부 부원, 지나공사관 주재 무관 보좌관, 보병 제33연대 참모, 제19사단 사령부 소속, 보병 제33연대장, 관동군 고급참모, 관동군 제2과장을 등을 역임하였다. 관동군 고급참모로 재직 중이던 1931년 9월 부하인 이시와라 간지石原莞爾와 함께 만주사변을 일으켜 일본의 만주침략을 이끌었다. 1932년 8월 육군소장으로 진급하여 관동군 사령부 소속 만주국 집정 고문으로 취임하였다. 이후 만주국 군정부 최고고문, 관동군 참모부장, 관동군 참모장 등을 역임하고 1936년 4월 중장으로 진급하였다. 1937년 3월 제5사단장으로 취임하였으며 1938년 6월 제1차 고노에 후미마로近衛文麿 내각에서 육군대신 겸 타이완 사무국 총재로 취임하였다. 이어 1939년 1월 히라누마 기이치로平沼騏一郎 내각에서도 육군대신으로 연임되었으며, 내각이 총사직한 직후인 같은 해 9월에는 지나 파견군 총참모장으로 취임하였다.

1941년 7월 대장으로 진급함과 동시에 조선군 사령관(1941.7.7~1945.2.1)으로 임명받아 도한하였다. 1945년 2월 1일 조선군 사령관의 호칭이 조선군관구 사령관(1945.2.1~1945.4.7)으로 변경되었으며, 동시에 제17방면군 사령관을 겸직하였다.

1945년 4월 제7방면군 사령관으로 임명되어 싱가포르로 이동했다. 패전 직후인 1946년 4월 전쟁범죄로 체포령이 내려졌으며 다음 달 예비역으로 편입되었고, 1948년 12월 23일 도쿄東京 스가모형무소巢鴨刑務所에서 A급 전범으로 교수형이 집행되었다.

[참고문헌] 秦郁彦 編『日本陸海軍總合事典』(東京大學出版會, 1991), 板垣征四郎刊行會 編『秘錄板垣征四郎』(芙蓉書房, 1972) 【이승희】

894

이타니 기사부로

井谷義三郎(정곡의삼랑)   1876.4.28~?

실업가

와카야마현和歌山縣 나카군那賀郡 출신. 부산에서 미곡상으로 부를 축적하여 유력한 지역 경제인으로 활동하였다.

1894년 오사카大阪 이오이상점五百井商店 부산지점원으로 조선에 들어왔다. 이오이상점은 오사카의 거상 이오이 조베五百井長兵衛의 상점으로 일찍이 조선과의 무역에 종사하여 부산지점을 열었다. 주로 공산품 잡화를 가져와 팔고, 그 대금으로 미곡을 매수하여 일본으로 가져가는 사업을 전개하였다. 이때 부산지점 지배인으로 들어온 것이 일제시기 부산을 대표하는 일본인 자산가였던 하자마 후사타로迫間房太郎(→934)였고, 이타니는 그의 휘하에 있었으나 1905년 하자마가 독립하면서 지배인이 되었다. 1908년 그 역시 독립하여 이타니 기사부로 상점井谷義三郎商店을 설립하였다. 이타니 상점 역시 곡물무역상점으로 이타니가 이오이 상점 부산지점에서 근무한 경험을 살려 동일한 업종으로 자본축적을 전개한 것이었다. 그의 상점 경영은 성공을 거두었으며, 이를 바탕으로 일제시기에는 전국을 대표하는 일본인 곡물상 중 한 명으로 성장하였다. 성공에 힘입어 사업 다각화도 전개하였는데, 금융, 창고, 운송, 부동산 등, 여러 회사의 설립과 경영에 참여하였다. 1927년 설립된 자본금 20만 엔의 가마니 제조회사 경남승입주식회사慶南縄叺株式會社에서는 초대 사장에 선임되어 장기간 경영을 담당하였다. 미곡상조합장, 부산미곡거래소釜山米穀取人所 간사장, 부산상공회의소 부회장 등을 역임하였고, 부산부에 도로부지를 제공하는 등, 부산경제계의 대표이자 지역 유지로서의 활동도 활발히 전개하였다.

[참고문헌] 阿部薫 編 『朝鮮功勞者銘鑑』(民衆時論社, 1935), 中村資良 編 『朝鮮銀行會社組合要錄』(東亞經濟時報社, 각년판) 【배석만】

895

이토 간도
伊藤韓堂(이등한당)   ?~1943.4.17

이토 우사부로伊藤卯三郎(본명)
언론인, 교사

후쿠오카현福岡縣 출신. 생년월일은 불명이나 『매일신보每日申報』 1943년 4월 18일자 기사의 부고에 향년 55세로 기술되어 있다. 『조선신문朝鮮新聞』, 『경성일보京城日報』 등 조선의 유력한 일본인 신문에서 기자, 편집 등을 담당했으며, 조선어 연구 교육 및 보급에 크게 활약했다.

기존의 연구에 의하면 도한년도가 1905년, 1906년 등으로 기술되어 있으나, 『매일신보』에 기술된 부고의 약력에 의하면 1903년 도한한 것으로 추정된다. 1910년 4월 진남포신보사鎭南浦新報社에 입사하여 편집국장을 담당하게 되면서 본격적으로 조선 신문계에 투신하게 되었고, 1912년 일신상의 이유로 동사를 퇴직하였다. 1915년 2월 인천의 조선신문사朝鮮新聞社에 입사하여 편집을 담당하게 되었으며, 1919년 3월 경성일보사京城日報社로 자리를 옮겼다.

1921년 4월 매일신보사每日申報社 편집장으로 입사하여 24년 7월까지 근무했으며, 이처럼 조선 유수의 일본인 신문 기자로 근무하며 한편으로 조선어판 편집을 담당하는 등 탁월한 조선어 실력을 겸비하고 있었다. 매일신보사를 퇴사한 1924년 이후로는 조선어 보급과 장려에 진력하여 1926년 4월 '조선통신사朝鮮通信社'를 창립했다. '조선에 대한 각종 사상 연구를 목적으로 매일 발간되는 조선어 신문, 잡지, 저술 등의 내용 중 주요한 부분을 일본어로 번역하여 제공'하는 것을 목적으로 내세운 일본어 신문 『조선사상통신朝鮮思想通信』을 창간하여 1926년 4월 23일부터 1943년 4월 사망하기까지 발행했다.

필명을 '한당韓堂'이라고 지을 만큼 조선에 지대한 관심을 가지고 있었던 것으로 추측되며, 『1일 1시간 1년 졸업 경찰관 조선어 교과서一日一時間一年卒業警察官朝鮮語敎科書』(朝鮮語研究會, 1929), 『조선어 시험 문제 및 번역문집朝鮮語試驗問題竝譯文集』(朝鮮語研究會, 1930), 『조선어 체신 회화朝鮮語遞信會話』(朝鮮語研究會, 1930) 등 재조일본인 각 계층의 조선어 학습서를 발행하고 '조선어연구회朝鮮語研究會'를 발족하여 한글을 지도하고 잡지를 발행하는 등 조선어 보급 및 교육의 권위자로 초창기 조선어 연구에 있어 중요한 역할을 담당했다. 이 공로를 인정받아 시정 25주년 및 30주년 2회에 걸쳐 조선총독의 표창을 받았다.

1943년 4월 17일 경성부 태평통 자택에서 식도암으로 사망했다. 이에 이토가 간행하던 『조선사상통신』도 생전의 의사에 따라 1948년 4월 27일을 끝으로 폐간되었다.

[참고문헌] 植田晃次「朝鮮語研究會(李完應會長·伊藤韓堂主幹)の活動と民間團體としての性格」『言語文化研究』36(大阪大學大學院言語文化研究科, 2010), 山田寬人 「『朝鮮文朝鮮語講義錄』發行の背景－朝鮮語學習に對する需要の變遷」『北東アジア研究』17(島根縣立大學北東アジア地域研究センター, 2009) 【이윤지】

896
이토 노리오
伊藤憲郎(이등헌랑)　　　　　1892.12.25~?

사법관료

아오모리현青森縣 아오모리시青森市 출신. 1918년 7월 도쿄제국대학東京帝國大學 법학부 독일법학과를 졸업했다. 동년 10월 조선총독부 사법관시보司法官試補에 채용되어 조선으로 건너왔다. 1920년부터 경성지방법원京城地方法院, 해주지방법원海州地方法院 등에서 판사로 근무하다가, 1927년 검사로 전직하였다. 1944년 의원면직할 때까지 조선총독부 검사로 재직한 대표적인 사상검사思想檢事였다.

1918년 10월 경성지방법원에 배치되어, 약 1년 6개월의 실무수습을 받았다. 1920년 6월 광주지방법원 정읍지청井邑支廳 판사로 발령받았다. 1921년 3월 경성지방법원 판사로 옮겼다. 1922년 7월 해주지방법원 판사로 전근되었다. 1923년 7월 경성복심법원 판사에 보임되었다. 1924년 9월 판사 재직 중 경성제국대학京城帝國大學 예과 촉탁강사에 임명되어 출강하였다. 1927년 12월 판사에서 검사로 전직하여 평양복심법원平壤覆審法院 검사 겸 고등법원高等法院 검사로 이른바 사상검사에 임명되었다. 즉 고등법원 검사국 사상부의 책임자가 되었던 것이다. 이후 사상

사건을 전담하는 것은 물론 글과 강연회를 통해 사상문제의 전문가로 활동하였다. 대표적인 예가 1930년 3월 조선총독부 학무국이 주최하는 '사상문제강연회'에 강사로 참여한 일이다. 동년 9월 검사로서 법무국 법무과 사무관으로 파견되었다. 1931년 봄 도쿄東京로 출장하여 도쿄제국대학 법학부 로야마 마사미치蠟山正道 교수를 만나 사회주의 이론에 대해 자문하였다. 이를 계기로 사상문제를 전문적으로 다루는 월간지 『고검사상월보高檢思想月報』(1931년 8월 『사상월보思想月報』, 1934년 12월 『사상휘보思想彙報』로 제호변경)의 창간을 주도하였다. 사회주의 탄압을 임무로 하는 조선총독부 검사들에게 정보의 원활한 소통 및 제공하기 위해서였다. 동년 4월 조선총독부 고등법원 검사국 사상부 명의의 『고검사상월보』 창간호를 발행했다. 이후 이 월간지의 편집자로서 『사상월보』 제3권 제5호(1933년 8월)까지 근무한 것으로 보인다.

1933년 8월 사무관을 면직하고 경성복심법원 겸 경성지방법원 검사로 복귀하였다. 광주지방법원, 대구복심법원 등을 거쳐 1938년 9월 전주지방법원 검사정檢事正으로 승진하였다. 1941년 11월 평양지방법원 검사정을 지냈고, 1943년 3월 부산지방법원 검사정 겸 부산예방구금위원회회장釜山豫防拘禁委員會會長에 임명되었다. 1944년 10월 부산지방법원 검사정을 의원면직하였다.

문필에 재주가 있던 그는 판검사로 재직 중 다양한 주제의 기고문과 논문 등을 상당수 남겼다. 현재까지 발견된 것만 해도 약 60편에 이른다.

우선 판사 시절에 쓴 글 중 대표적인 것은 다음과 같다. 「유골 등 간접횡령죄에 대하여遺骨等間接橫領罪に就て」(『朝鮮司法協會雜誌』 2-7, 1923), 「사실의 추정에 대한 일고찰事實の推定に對ける一考察」(『朝鮮司法協會雜誌』 4-6, 1925), 「판결에 나타난 조선의 문화判決に現はれた朝鮮の文化」(『朝鮮司法協會雜誌』 5-11, 1926), 「인간미와 재판관의 고뇌人間味と裁判官の悩み」(『朝鮮及滿洲』 229, 1926.12) 등이다.

사상검사로 왕성하게 활동했던 시절의 대표적 글은 다음과 같다. 「치안유지법 제1조의 구성 및 해석治安維持法第一條の構成及解釋」(『警務彙報』 272, 1928.12),

「치안유지법소정의 목적요건治安維持法所定の目的要件」(『朝鮮司法協會雜誌』 8-12, 1929), 「조선에 있어서 사형의 고찰朝鮮に於ける死刑の考察」(『警務彙報』 281, 1929. 9), 「치안유지법소정의 결사행위治安維持法所定の結社行爲」(『朝鮮司法協會雜誌』 9-5, 1930), 「위험사상과 육친감정危險思想と肉親感情」(『朝鮮』 186, 1930.11), 「사법에서 본 사상문제司法から見た思想問題」(『思想月報』 1-7, 1931.10), 「무슨 이유로 일본과 조선의 공산주의자는 제휴하는가何故內鮮の共産主義者は提携するか」(『思想月報』 1-10, 1932.1), 「국제정치관계와 조선의 형사정책國際政治關係と朝鮮の刑事政策」(『朝鮮司法協會雜誌』 11-6, 1932), 「조선에 있어서 형사정책의 윤곽朝鮮に於ける刑事政策の輪廓」(『朝鮮司法協會雜誌』 11-8, 1932) 등이다.

검사정 시절에 쓴 대표적인 글은 다음과 같다. 「이주와 범죄移住と犯罪」(『朝鮮司法協會雜誌』 19-4, 1940), 「생각나는 대로思ひ出づるまま」(『朝鮮司法協會雜誌』 20-2, 1941), 「전시하 수상-범죄에서 본 일본과 조선 관계朝戰時下隨想-犯罪から見た內鮮關係」(『朝鮮』 338, 1943.7), 「조선연맹의 정치성朝鮮聯盟の政治性」(『國民總力』 6, 1944.11) 등이다.

패전 후 귀국하여 자신의 회고록격인 『시노부구사偲ぶ艸』(私家版, 1966)를 출간하였다. 사망년도는 알 수 없다.

[참고문헌] 伊藤憲郎 『法筺秘語』(財團法人京城法政學校, 1924), 朝鮮中央經濟會 編 『京城市民名鑑』(朝鮮中央經濟會, 1921), 貴田忠衛 『朝鮮人事興信錄』(朝鮮新聞社, 1935), 司法協會 編 『朝鮮司法大觀』(司法協會, 1936), 伊藤憲郎 『偲ぶ艸』(私家版, 1966), 水野直樹 「思想檢事たちの"戰中"と"戰後"」 『日本の朝鮮·臺灣支配と植民地官僚』(思文閣出版, 2009), 임경석 「일본인의 조선 연구 : 사상검사 이토 노리오(伊藤憲郎)의 사회주의 연구를 중심으로」 『韓國史學史學報』 29(韓國史學史學會, 2011), 「思想關係事件은 伊藤 判事가 專擔」(『東亞日報』 1928.2.23)　　　　　　【전병무】

897

이토 다이키치
伊藤泰吉(이등태길)　　　1899.12.17~1965.7.31

관료, 정치인

사이타마현埼玉縣 출신. 제일고등학교第一高等學校를 거쳐 도쿄제국대학東京帝國大學 법학부 정치학과를 다녔으며, 재학 중이던 1924년 11월에 고등문관시험高等文官試驗에 합격했다. 1925년 대학을 졸업하였고, 이후 평안남도에 배속되었다.

1926년에 조선총독부 경무국 보안과 속屬으로 전근하였다. 1932년에는 총독관방總督官房 외사과장으로 재직하였다. 1934년에는 충청북도 경찰부장으로 근무하면서 경찰직으로 이직하였으며, 1935년에는 경상북도 경찰부장이 되었다. 1936년에는 조선총독부 경무국 경무과장으로 근무했다. 경무과장으로 활동하던 1941년까지 시가지계획위원회市街地計劃委員會 간사, 조선경찰공제조합심사회朝鮮警察共濟組合審査會 위원, 내무국 지방관리양성소 강사, 압록강수력발전개발위원회鴨綠江水力發電開發委員會 위원, 조선중앙방공위원회朝鮮中央防空委員會 간사, 조선중앙정보위원회朝鮮中央情報委員會 간사, 농촌진흥위원회農村振興委員會 위원, 물가위원회物價委員會 간사, 산금협의위원회産金協議委員會 전문위원, 시국대책조사회時局對策調査會 간사, 자원위원회資源委員會 간사 등으로 활동했다.

1941년에 총독관방 인사과장이 되었으며, 1942년에는 조선총독부 사정국司政局 칙임사무관勅任事務官으로 활동했다. 같은 시기에 만주개척민지원자훈련소滿洲開拓民志願者訓鍊所 소장으로도 활동했으며, 동년 10월 23일에는 전매국장에 취임하였다. 1943년 12월 1일에 전매국이 폐지되면서 잠시 직책을 잃었다가 1944년 8월 17일에 체신국장이 되었다.

기고문으로는 「만주에서의 조선인의 교육과 개척지도滿洲に於ける朝鮮人の教育と開拓指導」(『조선朝鮮』, 1942.9), 「국경경비의 노고를 생각한다國境警備の勞苦を思ふ」(『조선』, 1940.3) 등이 있다. 조선총독부 관료 이력은 대체로 다양했지만, "경무국에서 인기가 많

고 조선 전역의 경찰관들을 위해 물심양면으로 힘썼다"는 평가에서 보이는 것처럼 경찰관료의 정체성이 강하다고 할 수 있다. 그가 경무과장 시절에 집필한 『조선경찰의 일반朝鮮警察の一般』(정치교육협회政治教育協會, 1937)은 총독부 경찰제도의 특징 등과 관련해서 지금도 중요한 자료로 취급되고 있다.

조선총독부 체신국장으로 패전을 맞이했다. 이후 경무국 위생과장이었던 아베 이즈미阿部泉(→604) 등과 함께 1945년 12월 15일 공금횡령 등의 죄목으로 서울대법원에서 재판을 받았다. 당시 이 재판을 보도한 언론에 따르면 이 재판의 방청석에는 "왜놈 관리들의 최후까지 착취를 꾀하여 사복을 채우려는 단말마의 발악의 죄를 우리들의 손으로 처단하는 광경을 보고자 아침부터 밀려든 방청객으로 초만원을 이루었다"고 했다. 이토는 1946년 3월 14일에 징역 2년, 집행유예 5년형을 언도받았고, 이후 일본에 귀국하게 된 경위는 불분명하다.

1946년 10월 7일, 가와고에시川越市 시장에 취임하였으며, 1947년에는 공선公選된 초대 시장이 되었다. 이후 6차례나 시장에 연임되면서 18년 9개월 동안 재임하였다. 재임 중이던 1965년 7월 31일에 65세의 나이로 사망하였다.

[참고문헌] 국사편찬위원회 편 『자료대한민국사』 제1권(국사편찬위원회, 1968), 阿部薫 編 『朝鮮功勞者銘鑑』(民衆時論社, 1935), 朝鮮新聞社 編 『朝鮮人事興信錄』(朝鮮新聞社, 1935), 人事興信所 編 『人事興信錄 第14版 下』(人事興信所, 1943), 秦郁彦 『戰前期日本官僚制の制度·組織·人事』(東京大學出版會, 1981)【전영욱】

898
이토 사시치
伊藤佐七(이등좌칠)　　　　1873.2.12~?

실업가
야마구치현山口縣 출신. 나카다 산자부로中田參三郎의 차남으로 태어났으나 곧 이토 신베에伊藤新兵衛의 양자가 되었다.

1897년 11월 조선으로 건너온 이래 평양 이문리里門里에서 이토상점伊藤商店을 경영하며 무역업에 종사했다. 1920년 평양신탁무진회사平壤信託無盡會社를 창립하여 사장으로 취임하였다. 1925년 평양무진회사平壤無盡會社를 창립하여 상임감사역으로 선출되었고, 1931년 2월 사장으로 취임한, 실업계의 대건투가大健鬪家라는 평을 받았다. 상공회의소 특별의원 및 학교조합의원 등의 공직에서 활동했다.

[참고문헌] 朝鮮公論社 編 『在朝鮮內地人紳士名鑑』(朝鮮公論社, 1917), 阿部薫 編 『昭和12年版 朝鮮都邑大觀』(民衆時論社, 1937), 谷サカヨ 『第14版 大衆人事錄』(帝國秘密探偵社, 1943), 국사편찬위원회 한국사데이터베이스 〈http://db.history.go.kr〉　　【이가혜】

899
이토 주이치
伊藤壽一(이등수일)　　　　1895.1.1~?

실업가
미에현三重縣 출신. 이토 오지로伊藤大次郎의 장남으로 태어났다. 1914년에 나고야중학교名古屋中學校를 졸업하였다. 1909년 한국정부의 초청으로 조선에 건너와 사업을 시작한 부친의 뒤를 이어 사업에 매진했다.

1926년 5월 주식회사 이토상행伊藤商行의 전무이사專務取締役에 취임하였다. 이후 1927년 5월에 계량기 회사인 조선계기주식회사朝鮮計器株式會社의 전무이사에 취임하였다. 1930년에는 유리공업으로 사업을 확장하여 조선사리주식회사朝鮮砂利株式會社를 설립하여 대표이사를 역임하였다. 1932년 11월 경성상공회의소의원이 되었으며 1933년 5월에는 신용산금속조합의 감사에 취임하였다. 1933년 10월 국산자동차매매주식회사 감사역, 1934년 6월 조선공업협회감사, 1935년 5월 신용산금속조합장에, 1936년 1월에는 국산자동차매매주식회사 대표이사에 취임했다.

용산 방면을 대표하는 신진기예의 재계인으로 업자 사이에서도 청년 실업가로서 명성과 인망이 있고 상공회의소 의원 중에서도 특히 신망이 두터운 사람으로 평가되었다.

[참고문헌] 阿部薫 編 『昭和12年版 朝鮮都邑大觀』(民衆

時論社, 1937), 谷サカヨ『第14版 大衆人事錄』(帝國秘密探偵社, 1943), 大京城公職者名鑑刊行會編纂係 編『大京城公職者名鑑』(京城新聞社, 1936), 藤澤淸次郎 編『朝鮮金屬組合と人物』(大陸民友社, 1937), 국사편찬위원회 한국사데이터베이스 〈http://db.history.go.kr〉

【이가혜】

900

이토 히로부미

伊藤博文(이등박문)　　　1841.10.16~1909.10.26

슌포春畝, 소로가쿠슈진滄浪閣主人(호)

정치인

스오노쿠니周防國 구마게현熊毛縣 쓰카리촌束荷村(현 야마구치현山口縣 구마게군熊毛郡 야마토초大和町) 출신. 농민 하야시 주조林十藏의 아들로 태어났다. 어릴 적 이름은 리스케利助였고, 나중에는 슌스케俊輔라고 불렀다. 메이지유신明治維新 이후 히로부미博文로 개명하였다. 1854년 아버지가 하기번萩藩의 번사藩士 이토 나오에몬伊藤直右衛門의 양자가 되어, 그 이후 이토로 성을 바꾸고 최말단 사족이 되었다. 요시다 쇼인吉田松蔭의 쇼카손주쿠松下村塾에서 배웠고, 그 후 다카스기 신사쿠高杉晋作, 기도 다카요시木戶孝允, 구사카 겐즈이久坂玄瑞 등의 영향을 받았다. 1862년 영국공사관 소각 사건에도 참가하는 등, 전형적인 존왕양이尊王攘夷 운동의 지사로 활동하였다.

1863년 이노우에 분타井上聞多(이노우에 가오루井上馨(→824)) 등과 더불어 영국으로 유학하였다. 하지만 1864년 하기번이 기타 여러 번과 충돌하였다고 하는 보도를 접하자 급히 귀국하여 개국론을 주장하며 번의 여론을 바꾸려 하였다. 4개국 연합함대의 시모노세키下關 포격 사건에 대해서는 통역으로 강화 사절에 참가하였다. 동년 막부에 의한 제1차 조슈長州 전쟁에 관한 번 수뇌 등의 처치에 분노하였고, 다카스기 등과 거병하였다. 번 내전에서 승리한 후 번 주류파로써 번정藩政 개혁에 참여하였다. 주로 대외교섭을 담당하였고, 동시에 기도 다카요시를 따르며 무력 막부 타도운동에 힘썼다.

1868년, 메이지정부의 외국사무담당으로 출사, 참여 겸 외국사무국판사, 효고현兵庫縣 지사를 역임하였다. 이듬해 무쓰 무네미쓰陸奧宗光 등과 당면한 정치개혁에 대한 건의서를 제출하여 일찌감치 개명파 관료로서 두각을 나타냈다. 오쿠라쇼유大藏少輔 겸 민부쇼유民部少輔가 되어 화폐제도 개혁을 담당하였고, 1870년에는 재정과 화폐제도를 조사하기 위하여 미국으로 출장을 갔으며, 이듬해 금본위제의 채용, 신화폐조례의 공포를 이끌어냈다. 1871년 이와쿠라 사절단岩倉使節團에 오쿠보 도시미치大久保利通, 기도 다카요시木戶孝義 등과 함께 부사로 참가하여 미국 및 유럽으로 출장, 그 사이에 오쿠보 도시미치의 신임을 얻게 되었다. 1873년 귀국 후 커다란 문제가 되었던 정한 논쟁에서는 오쿠보, 기도를 지지하여 정한파를 물리쳤다(메이지 6년 정변). 분열 후의 정부에서 산기參議 겸 고부쿄工部卿를 역임하며, 산기 겸 오쿠라쿄였던 오쿠마 시게노부大隈重信 및 산기 겸 나이무쿄內務卿를 지낸 오쿠보 도시미치를 중심으로 하는 번벌藩閥 정부의 중심인물로 근대화 정책의 추진에 중요한 역할을 담당하는 지위에 올랐다. 불만을 품고 있던 사족층의 반정부적 동향이 이어졌고 아직 튼튼하지 못하던 메이지정부의 기초를 굳히기 위하여 1875년에는 전년 타이완 출병에 반대하여 하야한 기도 다카요시의 정부 복귀를 꾀하면서 오사카회의大阪會議를 개최하였다. 의회제도의 단계적 도입과 삼권분립을 인정하는 입헌제로의 이행 방침을 제시하였고, 원로원과 대심원의 설치와 지방관 회의 개최를 실시하였다. 또한 지방관회의 의장, 정체취조어용政體取調御用, 법제국장관 등을 겸임하여 지배기구의 법제적 정비를 도모하였다.

1877년 세이난전쟁西南戰爭을 진압한 메이지정부가 새로운 체제로 이행을 시도하고 있던 1878년 당시, 메이지정부의 중심인물이었던 오쿠보가 암살당하여 '유신 삼걸'이라고 불리던 기도 다카요시, 사이고 다카모리西鄕隆盛, 오쿠보 도시미치가 모두 세상을 떠났다. 이를 이어 나이무쿄로 취임하여 그들을 대신하는 정부의 중심이 된 자가 이토였다. 류큐琉球 처분, 시보제도侍補制度의 폐지, 교육령 제정 등 내외 여러 정책을 추진하였다. 한편 1881년의 헌법 제정, 국회 개설 문제를 둘러싸고 오쿠마 시게노부와 대립하면서 오쿠마 등의 개명파 관료를 일제히 추방함과 동시에 1890년 의회 개설을 약속하였다(메이지 14년 정변).

이듬해인 1882년 유럽으로 건너가 독일, 오스트리아에서 1년 정도 헌법 조사를 실시하였다. 귀국 후인 1884년, 궁중에 제도취조국制度取調局을 창설하면서 그 장관이 되었고, 입헌제로 이행하는 데 수반하는 제반 제도의 정비에 착수하였다. 번병藩屛이 되는 것과 동시에 의회제도에서 상원을 설치하는 것을 고려하였기 때문에 동년 화족령華族令을 제정하여 새로이 '화족'을 창출하였다. 이를 비롯하여 1885년에는 태정관太政官 대신 내각제도를 창설하여 초대 수상에 취임하였다. 또한 이노우에 고와시井上毅, 이토 미요지伊東巳代治, 가네코 겐타로金子堅太郎 등과 함께 헌법, 황실전범 외에 귀족원령, 중의원의원선거법 등의 초안 기초에 착수하였고, 1888년 추밀원이 신설되자 의장으로서 헌법 초안 등의 심의를 담당하였다.

또한 1885년에는 전년 말 조선에서 일어난 갑신정변의 선후책을 강구하기 위하여 청국으로 가서 리훙장李鴻章과 '톈진조약天津條約'을 체결하였다. 이 조약 이후 청일전쟁에 이르기까지 약 10년간 동아시아의 국제관계는 상대적으로 안정기를 맞이하였다. 1889년 대일본제국헌법이 발포되자 '초연주의' 입장을 분명하게 밝혀 정당의 동향을 고려하지 않고 의회 운영을 실시할 것을 선언하였다. 1890년 의회 개설 당시에는 초대 귀족원 의장이 되었고, 이후 야마가타 아리토모山縣有朋, 마쓰카타 마사요시松方正義 양 내각의 의회 운영에 조언을 하였다. 1892년 민당과 대립이 격화되자 결과적으로 실패로 끝나기는 하였으나 스스로 정당 결성에 착수하였다. 마쓰카타 내각이 무너진 후 원훈들을 망라하여 제2차 내각을 조직하였고, 내정과 외교상 현안이 되는 사항에 대처하였다. 군비 확장 정책과 조약 개정 교섭을 둘러싸고 '민당연합' 혹은 '대외강경파對外硬派'의 격렬한 공세에 직면하였는데, 1894년 오랜 현안이었던 조약 개정을 실현(영사재판권 철폐)하는 한편 청일전쟁을 수행하였다.

조선에서 일어난 갑오농민전쟁을 계기로 7월에 청군과 충돌, 조선 내정 개혁 교섭을 둘러싸고 의견이 대립하였는데, 8월에 청일전쟁이 일어났다. 이듬해인 1895년 4월, 무쓰 무네미쓰와 함께 전권대사로서 리훙장과 시모노세키下關의 슌판로春帆樓에서 청일강화조약(시모노세키 조약)에 조인하였고, 조선에 대한 청국의 종주권을 부정함과 동시에 타이완, 랴오둥반도遼東半島, 펑후제도澎湖諸島 등을 할양하도록 하였다. 그러나 랴오둥반도의 할양이 독일, 프랑스, 러시아의 삼국간섭을 초래하였고, 일본은 랴오둥 반도를 포기할 수밖에 없었다.

1896년 8월 수상을 사임하였다. 1898년 정당 연계의 필요성을 통감한 이토는 세 번째로 내각을 맡게 되면서 자유, 진보 양당과 제휴를 모색하였으나 실패하였다. 전후 경영의 재원으로 의회에 지조증세안地租增稅案을 제출하여 정당 측으로부터 격렬한 반대를 받게 되자 다시 정당 결성에 착수하였다. 그러나 정부 내부에서도 반대가 있어 좌절하고 사직하였다. 그 후 조선, 중국으로 외유를 나가 긴박한 중국 정세를 직접 보고 귀국하였다. 이때 한국 황제 고종을 알현하였다. 긴박한 동아시아 정세에 대응할 수 있는 국내 체제의 재편 강화를 기도하여 정당 개조를 구상하였고, 1900년 입헌정우회立憲政友會를 결성하여 총재가 되었다. 정우회를 배경으로 하여 제4차 내각을 발족시켰으나, 이듬해 귀족원의 강력한 반발을 받았고, 더욱이 재정 방침을 둘러싸고 내각이 통일되지 않았기 때문에 총사직하였다. 동년 영일동맹론이 제기되자 러일협상의 가능성을 노려 러시아를 방문하였다. 그러나 구체적인 성과는 얻지 못하였고, 결과적으로 1902년 영일동맹 체결을 촉진하는 결과가 되었다. 귀국 후에는 야당의 입장을 관철하려 한 정우회를 통솔하는 문제로 고뇌하였고, 1903년 총재를 사임하고 추밀원의장에 취임, 이후 원로로서 내외의 중요 정책 결정에 관여하였다. 특히 러일전쟁의 수행과 러일전쟁 이후의 조선 문제, 만주문제 처리에 중요한 역할을 하였다.

1905년 특파전권대사로 한국을 방문한 이토는 제2차 '한일협약'의 체결을 주도하였고, 한국으로부터 외교권을 탈취하여 보호국으로 삼았다. 이어 통감부가 설치되자 초대 통감으로 취임하여 내정 개혁을 진행하는 한편, 점차 내정의 제반 권한을 수탈하여 식민지화를 진행시켜 한일강제병합으로 진행되는 기반을 만들었다. 특히 1907년 헤이그 밀사사건의 선후책으로 한국과 체결한 제3차 '한일협약'에 의하여 내정 관련 권한을 통감에 집중시켜 통감부를 식민지 통치기관으로 삼았고, 한국을 괴뢰국가로 만들었다. 근대화 정책 진전에 따른 수익자층이 증가하도록 기도하는 한편 줄곧 의병전쟁을 비롯한 반일운동에 직면했으며 이에 대해서는 탄압을 멈추지 않았다.

1909년 통감직을 사임하고 태자태사太子太師로 한국 황태자를 데리고 일본으로 건너가 도호쿠東北, 홋카이도北海道를 순방하였다. 같은 해 10월, 러시아와의 관계를 조정하기 위하여 러시아 재무장관 코코프초프와 회담하기 위해 만주로 건너갔다. 26일 하얼빈에 도착하였을 때 역 선두에서 한국의 독립운동가 안중근安重根에게 사살되었다.

1895년 8월에 후작, 1907년 9월에는 공작의 작위를 받았고, 종1위從一位로 서훈되었다. 국장으로 현 도쿄東京 시나가와구品川區 니시오이西大井에 있는 이토 가의 묘지에 매장되었다.

[참고문헌] 오가와라 히로유키 저, 최덕수·박한민 역 『이토 히로부미의 한국 병합 구상과 조선 사회』(열린책들, 2012), 이토 유키오 저, 이성환 역 『이토 히로부미』(선인, 2014), 伊藤之雄 『立憲國家の確立と伊藤博文』(吉川弘文館, 1999), 瀧井一博 『伊藤博文』(中央公論新社, 2010), 小川原宏幸 「伊藤博文の韓國統治と朝鮮社會-皇帝巡幸をめぐって(「韓國併合」100年を問う)」 『思想』 1029(岩波書店, 2010), 小川原宏幸 「歷史研究最前線(67) いま, 私たちの歷史認識を問う-伊藤博文の韓國統治をめぐって」 『歷史地理教育』 771(歷史教育者協議會, 2011), 坂本一登 「伊藤博文と明治國家形成-『宮中』の制度化と立憲制の導入」 『日本歷史』 548(吉川弘文館, 1991) 【오가와라 히로유키小川原宏幸】

901

젠쇼 에이스케
善生永助(선생영조) 1885~1971

언론인, 관료, 대학교수

가가와현香川縣 료가군綾歌郡 출신. 조선총독부 촉탁으로 1923년부터 1935년까지 총독부 간행 조사 자료의 편찬을 담당했다.

1910년 와세다대학早稻田大學 정치경제학부를 졸업했다. 『오사카마이니치신문大阪每日新聞』 나고야名古屋 지국 기자를 거쳐, 농상무성農商務省 촉탁, 『이코노미스트』 기자 및 편집주임을 역임했다. 대학 재학 시절부터 동양, 특히 중국 사정에 해박하여 1917년 『최근의 중국경제最近支那經濟』, 1920년 『전후의 중국戰後之支那』, 1924년 『최근의 중국무역最近の支那貿易』을 출간하기도 했다.

1923년 7월 조선총독부 조사과(이후, 총독관방 문서과) 촉탁으로 임명되었다. 총독부의 조사 업무는 1919년 3·1운동 이후 조선 통치에 필요한 사회 전반의 사정을 파악하기 위해 추진된 것으로, 조선의 제도, 풍속, 사회문화 실태를 대상으로 했다. 오다우치 미치토시小田内通敏에 이어 '부락部落 조사' 업무를 담당했다. 이후 1935년까지 12년간 조선총독부 촉탁으로 일하며 방대한 조사 보고서를 편찬했다. 제목은 다음과 같다. 「조선의 내지인朝鮮に於ける內地人」(1924), 「조선의 시장朝鮮の市場」(1924), 「조선인의 상업朝鮮人の商業」(1925), 「시가지의 상권市街地の商圈」(1926), 「화전의 현상火田の現狀」(1926), 「조선의 계朝鮮の契」(1926), 「조선의 요업朝鮮の窯業」(1926), 「조선의 물산朝鮮の物産」(1927), 「조선의 인구현상朝鮮の人口現狀」(1927), 「조선의 범죄와 환경朝鮮の犯罪と環境」(1928), 「조선의 재해朝鮮の災害」(1928), 「조선의 소작 관습朝鮮の小作慣習」(1929), 「조선의 시장경제朝鮮の市場經濟」(1929), 「생활상태조사1.수원군」(1929), 「생활상태조사2.제주도」(1929), 「생활상태조사3.강릉군」(1931), 「생활상태조사4.평양부」(1932), 「생활상태조사5.조선의 취락朝鮮の聚落 전편前篇」(1933), 「생활상태조사6.조선의 취락 중편中篇」(1934), 「생활상태조

사7. 경주군」(1934), 「생활상태조 8. 조선의 취락 후편後篇」(1935) 이외에도 총독부 간행물이 아닌 사적인 저서로 「조선의 인구연구朝鮮の人口研究」(1925)를 출판한 바 있다. 각 조사 주제는 총독부의 명령에 따라 정해졌다. 시기별로 그 내용을 분류해 보면, 초기에는 식민자 일본인에 대한 조사를 비롯해 상업, 시장 요업 등 각종 산업과 사회문제에 대한 연구를 중심으로 했다. 이후 점차 지역사회로 조사 대상을 옮겨 지역의 경제사정, 부락, 생활, 문화(풍속, 민심, 위생 등)에 대한 경제지지經濟地誌를 작성했다. 개별 지역조사 외에도 총괄조사로 한반도의 모든 지역의 사회문화 실태를 대상으로 한 기획도 추진했다. 애초의 계획은 취락, 의식주, 관혼상제, 생계비, 사회조직, 가족제도, 문화와 사상, 경제기구를 차례로 조사할 예정이었으나, 실제로는 「조선의 취락」 3권이 편찬되는 데 그쳤다.

1935년 이후는 조선을 떠나 만철경제조사국滿鐵經濟調査局, 척식장려관拓植獎勵館, 만주국 국무원과 총무청 기획처 촉탁으로 1941년까지 근무했다. 1942년 교토제국대학京都帝國大學 농학박사학위를 취득했고, 이듬해부터 쇼와여자대학昭和女子大學에서 교수로 재직했다.

1953년 정년퇴직하여 그해부터 1968년까지 덴리대학天理大學 조선학과에서 시간강사로 조선경제와 조선민족론에 대하여 강의했다. 패전 이후에 남긴 저술로는 「조선의 민족성朝鮮の民族性」(『朝鮮學報』 14, 1959), 「개성상인의 상습관開城商人の商習慣」(『朝鮮學報』 46, 1968) 등이 있다. 우방협회 이사로 재임했으며, 우방문고友邦文庫에는 그의 녹음기록(「善生永助先生に聽く會」 1~2, 1969) 등의 자료가 소장되어 있다.

[참고문헌] 주영하 외 『(제국 일본이 그린) 조선민속』(한국학중앙연구원, 2009), 최석영 『일제의 조선연구와 식민지적 지식 생산』(민속원, 2012), 김일권 외 공저 『한국 근현대 100년과 민속학자-한국학 주제사전-』(한국학중앙연구원, 2014), 박현수 「일제의 朝鮮調査에 관한 연구」(서울대학교 박사논문, 1993), 林慶澤 「植民地朝鮮における日本人の村落調査と村落社會-朝鮮總督府囑託善生永助を中心に」 『韓國朝鮮の文化と社會』

5(2006)　　　　　　　　　　　　【양지혜】

902

조코 요네타로
上甲米太郎(상갑미태랑)　　　1902.4.16~1987.3.22

교사, 사회활동가

에히메현愛媛縣 출신. 구제舊制 중학교를 졸업한 뒤, 17세 때 조선으로 건너가 경성의 교원양성학교에 입학했다. 1922년 조선의 공립보통학교의 교사가 되었고, 1924년 야로보통학교冶爐普通學校의 교장이 되었다. 전전부터 식민지 조선의 독립을 지지했고, 교육운동가로 활동하다 치안유지법 위반으로 투옥되었으나 자신의 주장을 굽히지 않았으며 일생 조선에 애착을 가지고 조선과 일본의 우호관계를 위해 진력한 인물로 평가받는다.

1919년에 식민지 치하의 조선으로 건너가 경성의 고등보통학교 부설 임시교원양성소를 졸업했고, 1922년부터 경상남도 농촌지역에서 보통학교 교사와 교장으로 근무했다. 조선인 아이들과 교류, 생활하면서 점차 일본과 조선의 관계와 정치적인 문제에 대해 깊이 생각하게 되었고, 조선인 농민에 대한 제국 일본의 수탈을 비판하는 입장에서 교육 활동을 전개했다. 1930년 12월 사회주의적 성향을 띤 교육운동잡지 『신흥교육新興敎育』을 읽는 독서회를 기획하다 치안유지법 위반으로 검거되었다. 조코가 교장 겸 교사로 근무하던 조선 농촌의 학교에서 수업 중에 체포되었다고 한다. 체포된 후 교직에서 추방당했고 서대문 형무소에서 2년 동안 복역했다. 석방 후에는 특고特高 경찰의 감시 속에서 홋카이도北海道와 규슈九州의 탄광으로 보내져 강제 연행된 조선인 노동자의 통역과 관리인으로 지냈다. 후쿠오카福岡의 미이케탄광三池炭鑛에서 패전을 맞이했다.

전후에는 교단으로 돌아가지 않고, 조선인들이 모여 사는 지역에 거주하면서 '아이들을 지키는 모임子どもを守る會' 등의 활동을 전개했다.

[참고문헌] 上甲まち子 外 共著 『上甲米太郎―植民地・朝鮮の子どもたちと生きた敎師』(大月書店, 2010),

이준식 「재조(在朝) 일본인교사 죠코(上甲米太郎)의 반제국주의 교육노동운동」 『한국민족운동사연구』 49(한국민족운동사학회, 2009)　　　　【신승모】

903
즈모토 모토사다
頭本元貞(두본원정)　　　1863.1.23~1943.2.15

언론인, 정치인

호키노쿠니伯耆國(현 돗토리현鳥取縣 히노군日野郡) 출신. 메이지明治에서 쇼와昭和 전기에 걸쳐 활약한 저널리스트. 우익적 국가주의자로 평가된다.

돗토리현과 아이치현愛知縣의 중학교에 재적한 후 도쿄대학東京大學 예비문豫備門을 거쳐 1880년 삿포로농학교札幌農學校 입학했다. 다케노부 요시타로武信由太郎, 시가 시게타카志賀重昻 등과 함께 제4기생으로 수학했으며, 재학 중 주세페 마치니Giuseppe Mazzini의 글에 감화되어 일본의 국정을 해외에 소개하는 것이 자신의 사명이라 결의했다고 한다.

졸업 후 도쿄東京에서 이토 히로부미(伊藤博文(→900)의 비서관으로 근무하면서 탁월한 영어 능력을 발휘하여 『저팬 메일ジャパン・メール』의 번역 기자로 근무했다. 이후 이토 히로부미, 시부사와 에이이치澁澤榮一(→560) 등 당대의 실권자들에게 중용되어 장기간 국제무대에서 활동했다.

1896년 제2차 이토 내각 총사직을 계기로 비서관을 퇴직하고 이토에게서 자금 지원을 받아 이듬해까지 신문 경영을 위한 구미 시찰에 나섰다. 1897년 도쿄에서 야마다 스에하루/스에지山田季治를 사장으로 하는 영자신문『저팬 타임즈ジャパン・タイムズ』를 창간하여 주필로 참여했다.

1903년 제8회 중의원 의원 총선거에 출마하여 낙선했다. 1906년 이토의 한국 통감 취임을 수행하여 한성부漢城府(현 서울)로 부임, 영국인 하지J. W. Hodge가 경영하던 영자신문『서울 프레스The Seoul Press』를 매수하고 사장 겸 주필이 되었다. 통감부는 처음에는 보조금을 지급하는 방식으로『서울 프레스』를 지원하였으나 이토가 통감으로 부임하면서 해당 신문을 보다 본격적인 통감부의 선전 도구로 활용하기 위하여 영자신문 제작의 경험과 영어 능력이 뛰어난 즈모토를 사장으로 임명하게 된 것이다. 『서울 프레스』는 즈모토의 사장 취임 후 1906년 12월 5일부터 일간 발행되면서 통감부 기관지라는 위치에서 일본의『저팬 타임즈』와 협력하여 베셀E. T. Bethell의 영어 일간지『코리아 데일리 뉴스The Korea Daily News』와 헐버트H.B.Hulbert가 발행하는 월간지『코리아 리뷰Korea Review』등의 반일 논조를 반박하고 일본의 한국 침략을 선전하는 역할을 담당했다.

1909년에는 뉴욕으로 건너가 1910년부터 1911년에 걸쳐 격주간으로『오리엔탈 이코노믹 리뷰The Oriental Economic Review』를 간행했다. 귀국 후인 1913년『저팬 타임즈』사장으로 취임하지만 이듬해인 1914년 퇴임하고 잡지『헤럴드 오브 에이지아ヘラルド・オブ・エイジア』를 창간하여 주간이 되었다.

이토가 암살된 후 시부사와 에이이치의 양행洋行에 수행하여 통역을 담당했으며, 『영어시사회화英語時事會話』(ジャパン・タイムズ社, 1913) 등 영어 교재를 저술하기도 했다. 1917년 제13회 중의원 의원 총선거에 다시 돗토리현 선거구에서 출마하여 당선되었다.

1943년 향년 82세로 사망했다.

[참고문헌] 정진석 「The Seoul Press와 일본의 대한 언론침략」 『신문과 방송』 통권184호(한국언론진흥재단, 1986), 白山映子 「頭本元貞と太平洋問題調査會」 『近代日本研究』 第25號(慶應義塾福澤研究センター, 2008), 上田正昭 編 『日本人名大辭典』(講談社, 2001)

【이윤지】

904
지바 기치야
千葉喜千彌(천엽희천미)　　　1884.3.1~?

육군 군인, 금융인

지바현千葉縣 출신. 지바 쇼야千葉省彌의 4남으로 출생하였다. 1901년 지바현립농학교千葉縣立農學校를 졸업하고 1901년 농사시험장의 기수가 되었다. 1903년 12월에 지원병으로 입영, 1905년 6월 보병소위로 임관되어 8월 러일전쟁에 참전하였다. 1906년 3월 전공으로 훈6등勳六等 즈이호쇼瑞寶章를 받았다. 이후 한국수비대에 배속된 후 1906년 제대하였다.

1906년 9월 도한하여 통감부 근업모범장勸業模範場 임시면화재배소臨時棉花栽培所 기수技手로 근무하였다. 이후 농상공부 종묘장장種苗場長, 총독부 도기수道技手 등을 역임하며 함경북도, 전라남도 등지에서 근무하다가 1918년 10월 사직하였다. 이후 조선식산은행朝鮮殖産銀行에 입사하여 재계에서 활약하였다. 1935년 조선식산은행 춘천지점장에 취임하여 농사 관련 전문지식을 살려 지방금융계의 실권을 장악하였다. 제국재향군인회帝國在鄉軍人會 경성연합회京城聯合會 감사를 역임하였으며 재향군인회장으로부터 두 번의 표창을 받았다.

[참고문헌] 朝鮮新聞社 編『朝鮮人事興信錄』(朝鮮新聞社, 1922), 貴田忠衛『朝鮮人事興信錄』(朝鮮人事興信錄編纂部, 1935), 국사편찬위원회 한국사데이터베이스 〈http://db.history.go.kr〉   【강원주】

905
지바 료
千葉了(천엽료)   1884.3.2~1963.11.8

관료

미야기현宮城縣 출신. 지바 다네사다千葉胤繼의 5남으로에서 태어났다. 1908년 도쿄제국대학東京帝國大學 법과대학 정치학과를 졸업하고 대학원에서 경제정책을 전공했다. 1908년 11월 고등문관시험 행정과에 합격하여 농상무성 산림국 사무관, 1909년 내무성으로 옮겨 아오모리현靑森縣 촉탁이 되었다. 이후 시즈오카현靜岡縣 이사관, 아키타현秋田縣 경찰부장, 경기도 경찰부장, 조선총독부 사무관, 감찰관, 참사관을 역임하고 1923년 2월 니가타현新潟縣 내무부장에 취임하였다.

1919년 8월 조선총독부 도사무관으로 조선에 건너와 경기도 제3부장으로 근무했다. 1920년 경기도 도사무관, 1921년 2월 경기도 경찰부장, 1922년 총독부 경무국 사무관, 1924년 3월 미에현三重縣 지사,

1927년 4월 나가노현長野縣 지사, 1931년 12월 히로시마현廣島縣 지사, 1932년 6월 니가타현新潟縣 지사를 역임했다.

[참고문헌] 歷代知事編纂會『新編 日本の歷代知事』(1991), 秦郁彦『日本官僚制總合事典: 1868-2000』(東京大學出版會, 2001), 국사편찬위원회 한국사데이터베이스 〈http://db.history.go.kr〉   【최종길】

906
진나이 모키치
陣内茂吉(진내모길)   1873.7.23~?

실업가

후쿠시마현福島縣 다마가와무라玉川村 출신. 이후 진나이 가로 입양되었다. 후쿠시마현 이와가오카중학교岩ヶ岡中學校 졸업 후 반봉의숙盤峰義塾에서 수학하였다. 1893년 일본철도주식회사의 철도공사에 종사하다 1902년 도한하여 토목 건축 산업 분야에서 활약하였다.

1902년 11월, 도한 후 경부선철도공사에 참여하였다. 이후 독립하여 진나이구미陣内組를 조직, 토목건설 청부업을 경영하였다. 철도공사 전문으로, 경남철도, 경동철도, 평원선, 동해안선 등 수백만 엔 대의 대형공사를 수주하여 완성하였다. 1922년, 금융업에 진출하여 신용산금융조합新龍山金融組合을 만들어 조합장으로 선출되었다. 1931년에는 경성상공회의소京城商工會議所 회장에 취임했다.

[참고문헌] 東北振興社 編『滿洲國と東北人』(東北振興社, 1939), 中村資良 編『京城仁川職業名鑑』(東亞經濟時報社, 1926), 京城新聞社 編『朝鮮の人物と事業』(京城新聞社, 1930), 有馬純吉『昭和6年版朝鮮紳士錄』(朝鮮紳士錄發行會, 1931), 貴田忠衛『朝鮮人事興信錄』(朝鮮人事興信錄編纂部, 1935), 阿部薰『昭和12年版 朝鮮都邑大觀』(民衆時論社, 1937年), 阿部薰『朝鮮人物選集』(民衆時論出版部, 1934), 국사편찬위원회 한국사데이터베이스 〈http://db.history.go.kr〉

【강원주】

907

진다 스테미

珍田捨巳(진전사사)　　　　　1857.1.19~1929.1.16

외무관료

히로사키번弘前藩(현 아오모리현靑森縣) 히로사키시弘前市 출신. 1877년 미국으로 건너가 1886년 감리교 부목사가 되었다. 1885년부터 외무성에서 근무하며 1890년 샌프란시스코 영사로 근무 중 이민문제, 시카고 만국박람회 출진 등을 담당했다. 러일전쟁 후 강화교섭에 참여했으며, 1911년부터 미국특명전권대사가 되었다. 1919년 제1차 세계대전 파리회의에 전권강화위원으로 참여하였다. 쇼와昭和 천황 즉위 후 1927년 시종장에 임명되었다.

　1894년 12월 인천 영사에 임명되어 1895년 2월 조선 정부의 인가를 받아 정식으로 부임했다. 이노우에 가오루井上馨(→824) 공사의 지시에 따라 차관에 대한 내용을 관련자에게 전달하거나 이준용 체포에 대한 소문을 단속했다. 1895년 3월 당시 외무성 통상국장通商局長이었던 하라 다카시原敬(→917)에게 일본인 거류지 확장 건으로 인천 감리와 상의하여 측량을 실시 중이지만 철도 선로가 확정되지 않았기 때문에 작업이 지연되고 있다는 상황을 알렸다. 아울러 부임지의 특성상 인천항에서는 교섭이 빈번한데 재정이 곤란한 형편이라는 점도 보고했다. 1895년 6월부터는 상하이上海에 총영사로 부임했다. 상하이 근무 기간 중 청일 간 강화조약에 대한 소식을 조선에 전달하고, 민영익閔泳翊과 이범진李範晉의 중국 내 활동에 관한 소식을 조선의 이노우에 공사에게 보냈다. 1911년 미국특명전권대사로 부임한 이후에는 이승만李承晩 등 미국 내 조선인의 동향을 보고하였다.

　러일전쟁 강화 교섭에 일본 대표단의 일원으로 참여하고, 제1차 세계대전 후 파리 강화회의에 일본 대표로 참여했다. 쇼와 천황 즉위 후 1927년 시종장에 임명되었으며 1929년 사망했다.

　[참고문헌] 秦郁彦 編『日本近現代人物履歷事典』(東京大學出版會, 2002), 臼井勝美 外 編『日本近現代人名辭典』(吉川弘文館, 2007), 國史編纂委員會 編『駐韓日本公使館記錄』(國史編纂委員會, 1987)　　【박진홍】

908

진보 신키치

神保信吉(신보신길)　　　　　　　　1877.8~?

관료, 실업가

도치기현栃木縣에서 출생했다. 1897년 11월 재판소 서기 등용시험에 급제하여 시즈오카현靜岡縣 및 요코하마橫濱의 각 지방재판소 서기로 근무한 이력이 있으며, 니혼대학日本大學 법과에 진학하여 1902년 7월에 졸업했다.

　1906년 3월 이토 히로부미(伊藤博文(→900) 통감 수행으로 조선에 왔고 통감부 비서과에서 근무했다. 1909년에 판사로 임명되어 원산재판소에서 근무했다. 1910년 10월에는 조선총독부 판사로 임명되었으며 공주지방법원 홍성지청, 평양지방법원 신의주지청에서 근무했다. 신의주 검사국에서 근무할 당시 각 사법관의 명성을 얻기도 했다. 이후 1921년 1월에 퇴관하여 신의주에 변호사를 개업하고 법조계에서 활약했다. 이와 동시에 신의주전기주식회사 사장으로 있으면서 조선전기사업계에서 활약하기도 했다.

　진보는 국경 유일의 언론기관인 압강일보鴨江日報 부사장으로 언론계와도 관계를 가졌고, 조선전기협회평의원, 신의주상공회의소특별의원, 부회府會의원, 신의주학교조합의원 등 공직에 선출되어 지방발전에 진력했다. 신의주에 소화제철소昭和製鐵所 설치 문제가 발생하자 제일선에 나섰고 국경철도 건설의 필요성을 역설하며 철도부설기성회鐵道敷設期成會를 조직, 결국 당국자의 찬성을 얻어 그 목적을 달성하는 등의 큰 활약을 펼쳤다.

　[참고문헌] 朝鮮公論社 編『在朝鮮內地人紳士名鑑』(朝鮮公論社, 1917), 貴田忠衛『朝鮮人事興信錄』(朝鮮人事興信錄編纂部, 1935), 阿部薰『朝鮮人物選集』(民衆時論出版部, 1934), 阿部薰 編『昭和12年版 朝鮮都邑大觀』(民衆時論社, 1937)　　　　【이현진】

909

하가 에이지로

芳賀榮次郎(방하영차랑)　　　1864.9.15~1953.2.27

육군 군인, 의사

후쿠시마현福島縣 출신. 번사藩士 하가 다이고芳賀代吾의 아들로 태어났으며 1887년12월 제국대학 의과대학을 졸업했다. 1888년 제국대학 대학원에 입학하여 독일 외국인 초빙교사 스크린버에게 외과학을 배웠다. 졸업 후 군의관으로 조선의 원산·평양·의주를 거쳐 중국의 야전병원野戰病院에서 일하였다.

1896년부터 1898년에 걸쳐 관비유학생으로 독일에서 유학하였다. 뢴트겐 장치를 구입하여 육군 군의학교에 보내 일본 최초로 뢴트겐 기계를 구입하였다. 러일전쟁 때는 제5사단, 근위사단과 제1사단의 군의부장으로서 만주 각지를 전전하였다. 1907년부터 1910년까지 육군 군의학교의 교장을 지냈다. 『외과통론外科通論』(1890), 『총창론강의銃創論講義』(1904) 등의 저서가 있다.

1914년 7월 조선총독부의 의원장이 되어 조선으로 건너왔다. 이때의 계급은 군의감이었으며 1915년에는 군의총감으로 승진하였다. 조선에서는 총독부의원장과 총독부의원부속의학강습소장도 겸임하였다. 총독부의원부속의학강습소는 1916년 4월 경성의학전문학교로 승격되었으며, 하가는 이 학교의 교장으로 근무하였다. 하가는 조선에 의학대학을 설치하려는 구상을 가지고 있었으며, 기초의학을 충실히 시키기 위해 고바야시 세이지로小林晴治郎와 같은 본국의 전문 연구자를 초빙하여, 해부학 교실·생화학 교실·병리학 교실 등 학교 건물의 증축에 힘썼다. 1919년과 1920년에는 조선에 의과대학 설치를 총독부 당국에 건의하였다. 이외에도 각 지방에 관립병원인 자혜의원慈惠醫院의 확충을 추진하고, 한센병환자의 격리시설 후보지로 전라남도의 소록도小鹿島를 선정하였다(1917년 소록도 자혜의원 설립). 1920년 10월 경성의학전문학교장을 퇴관하고 시가 기요시志賀潔(→534)에게 총독부의원장과 경성의학전문학교장 지위를 물려주었다.

귀국 후, 1921년 1월 예비역에 편입되었다. 도쿄東京 요쓰야四谷에서 민간의로 개업하고, 1933년 장남에게 물려주었다. 이후 도쿄 니시오기쿠보西荻窪에서 외과의원을 개업하였다. 1944년 아오모리현青森縣으로 소개疎開, 그곳에서 일본의 패망을 맞이하였다. 도쿄 신주쿠新宿에서 진료소를 열었으나 1949년 폐쇄하였고, 1953년 사망하였다.

[참고문헌] 松田利彦「京城帝國大學の創設」酒井哲哉·松田利彦 共編『帝國日本と植民地大學』(ゆまに書房, 2014), 秦郁彦 編『日本陸海軍總合事典 第2版』(東京大學出版會, 2005), 泉孝英 編『日本近現代醫學人名事典』(醫學書院, 2012), 佐藤剛藏『朝鮮醫育史』(佐藤先生喜壽祝賀會, 1956), 片岡義雄「陸軍軍醫中將芳賀榮次郎博士に關する研究」『防衛衛生』33-10~35-5(1986~88), 「芳賀榮次郎先生－われらの先輩訪問記」『外科』12-7~9(1950.7~9)　　【마쓰다 도시히코松田利彦】

910

하기와라 슈이치

萩原守一(추원수일)　　　1868.2.27~1911.05.26

가메타로龜太郎(아명)

외무관료

야마구치현山口縣 도요우라군豊浦郡 출신. 이시카와 준페이石川順平의 차남인데, 야마가타 아리토모山縣有朋에게 인정을 받은 후 당시 사용하던 하기와라萩原라는 성을 그대로 이어서 사용하였다. 1895년 도쿄제국대학東京帝國大學 법과대학 법률학과를 졸업하였다. 두 달 후인 9월에 제2회 외교관급 영사관시험에 합격하였다. 이해 10월부터 영사관보領事官補로 인천에서 외교관 생활을 시작하였는데, 11월에는 고등문관시험에도 합격하였다. 1897년에는 외교관보로 독일, 1899년 2월에는 공사관 3등서기관으로 임명되어 벨기에로 건너가 근무한 후 1901년 귀국하였다. 다시 조선에 서기관으로 파견되어 근무하다가 1906년에 귀국하였다. 이후 중국 펑톈 총영사奉天總領事를 두 차례 역임하였다. 1908년 6월부터 외무성 통상국장通商局長에 취임하여 재직하던 중 위암에 걸려 1911

년 사망하였다.

1895년부터 2년간 인천영사관에서 영사관보로 근무하였다. 1895년 12월 하시구치 나오에몬橋口直右衛門(→922) 영사가 조선 현지에서 사망하고, 후임인 이시이 기쿠지로石井菊次郎(→854) 영사가 1896년 9월 새로 임명되어 부임하기 전까지 인천영사관 영사업무 대리를 담당하였다. 이때 인천항의 상업현황과 동정, 전환국典圜局의 보조화폐 남발에 따른 문제점 등을 조사하여 보고하였다. 인천 일본인 거류지의 인구가 증가하고 거류민회의 역할이 늘어남에 따라 의원직 선출에 대한 규칙을 개정하는 데 관여하기도 하였다. 조선에서 귀국한 후『국민적 대한책國民的對韓策』이라는 22쪽 분량의 소책자를 출간하였다. 여기서는 조선 내 의병활동 등이 활발해지면서 일본에 대한 감정이 좋지 않아졌는데, 이를 해결할 방책 세 가지를 제시하였다. 그 내용은 종교 및 자선사업의 장려, 계림장업단鷄林奬業團과 같은 대상隊商 조직을 통한 일본인들의 관리 보호 실시, 빈민구제나 의술 사업의 장려였다. 1901년에 주한 일본공사관으로 발령을 받아 재차 도한하게 되었고, 6월 18일 한성에 도착하였다. 2등서기관 겸 영사로 재직하다가 1903년 4월 2일부로 공사관 1등서기관으로 승진하였으며, 1906년까지 공사관에서 근무하였다. 하야시 곤스케林權助(→928) 공사가 휴가차 귀국해 있는 동안에는 임시대리공사 업무를 맡아보았다. 1903년 1월 한성부판윤 장화식張華植이 제일은행권 통용금지 명령을 내려 일본인들이 여기에 강하게 반발하였다. 하야시 공사가 부재중이었기 때문에 그를 대신하여 외부대신 이도재李道宰와 담판을 벌였고, 금지를 철회한다는 확약을 받아냈다. 한국정부가 군함을 구입하는 건과 관련하여 미쓰이물산三井物産과 계약을 체결하도록 주선하였는데, 이때 들여온 배가 양무호揚武號였다. 이해 10월에는 인천에서 출발하여 진남포鎭南浦, 용암포龍巖浦를 거쳐 중국 안동현安東縣을 경유하여 의주까지 출장을 다녀오면서 러시아 부대의 동향, 용암포 지역의 선박 설비 등에 대하여 조사 보고하였다. 1904년에는 나가모리 도키치로長森藤吉郎가 산림 및 황무지 개척과 관련하여 50년 동안의 특허

를 요청한 건과 관련하여 대리공사 신분으로 조선 정부와 교섭을 하면서 요구사항을 관철시키려 하였다. 이 사실이『황성신문皇城新聞』등의 신문을 통해서 알려지면서 재야에서는 보안회保安會 등을 조직하여 반대운동을 거세게 전개하였다. 12개 조항으로 된 변명서를 작성하여 한국정부와 각국 공관으로 보냈으나,『황성신문』에서 논설「일본공사의 변론을 변론함辨論日公使之辨論」을 연재하여 이를 조목별로 반박하였다. 1905년 10월에는 조선 각지에서 발생한 의병들을 진압하기 위해서 일본군 헌병을 동원한다는 내용의 공문을 외부대신 박제순朴齊純에게 통지하기도 하였다.

귀국 후 국가학회國家學會에서「조선 근래의 정황과 국민의 대한책朝鮮近時ノ情況幷ニ國民ノ對韓策」이라는 제목으로 강연을 실시하였다. 이 내용은『국가학회잡지國家學會雜誌』11권 120호에 수록되었다. 여기서는 조선의 연혁, 정체, 인구, 생활정도, 교육, 조혼 등을 먼저 언급한 다음 일본 국민이 조선에 대하여 취해야 할 정책을 논하였다.

[참고문헌] 국사편찬위원회 편『신편 한국사43 국권회복운동』(국사편찬위원회, 1999), 秦郁彦 編『日本近現代人物履歷事典』(東京大學出版會, 2002), 外務省外交史料館日本外交史辭典編纂委員會 編『新版 日本外交史辭典』(山川出版社, 1992), 秦郁彦 編『日本官僚制總合事典』(東京大學出版會, 2001), 高麗大學校 亞細亞問題研究所 編『舊韓國外交文書: 日案』卷5(高麗大學校出版部, 1968), 京城府 編『京城府史』卷1(京城府, 1934), 黑龍會 編『東亞先覺志士記傳』下(原書房, 1966)　　　　　　　　　　　　　　　　【박한민】

911
하기와라 히코조
萩原彦三(추원언삼)　　　　　　1890.4.6~1967.10.15

관료, 실업가, 변호사

사이타마현埼玉縣 출신. 1915년에 도쿄제국대학東京帝國大學 재학 중 고등문관시험에 합격하고 1916년에 도쿄제국대학 법과를 졸업했다. 1916년 조선총독부

시보로 조선에 부임한 이후 함경남도 지사까지 승진했다. 척무성拓務省 관리과장으로 전보 된 뒤 1940년 조선광업진흥주식회사朝鮮鑛業振興株式會社 사장으로 부임하여 자회사인 조선인광주식회사朝鮮燐鑛株式會社의 사장도 겸했다. 패전 후 변호사로 활동하며 중앙일한협회中央日韓協會에서 고문, 우방협회友邦協會 이사로 활동하며 우방협회 시리즈에 많은 글을 남겼다.

1916년에 조선총독부 시보試補가 되어 조선으로 왔다. 1918년에 조선총독부 참사관에 임명되고 1923년에 학무국 학무과장겸 종교과장으로 부임했다. 이후 수산과장, 관방문서과장, 심의실審議室 사무관, 토지개량과장, 관방문서과장, 심의실 주석主席 사무관 겸 문서과장을 역임했다. 1933년 함경남도 지사로 취임했다. 1935년에 척무성 관리국장으로 전임되어 일본으로 귀환했다. 1940년 8월 마그네사이트 외 중요 광물에 관한 광상의 조사, 제련업에 필요한 기구 기계 재료 또는 설비의 매매를 목적으로 조선광업진흥주식회사가 설립되자 사장으로 취임하기 위해 다시 조선으로 왔다. 같은 해 10월 인광 및 그 광구 내에 부존하는 타 광물 및 토석의 채굴 가공 판매 및 수이출입업을 경영하기 위해 설립한 조선광업진흥주식회사의 자회사인 조선인광주식회사 사장을 겸했다. 1944년 산금정리관계 직원이 부정행위로 구속되고 조사가 계속 확대되자 책임을 지고 1945년 2월 사직하고 도쿄로 귀환했다.

조선관련 대표저술은「수리조합의 성적에 관하여水利組合の成績に就て」『朝鮮』152(朝鮮總督府, 1928.1),「조선의 자원조사에 관하여朝鮮に於ける資源調査に就て」『朝鮮』184(朝鮮總督府, 1930.9),「시정 20년 우리나라는 조선에서 무엇을 이루었는가施政二十年我國は朝鮮で何を爲したか」,『朝鮮』185(朝鮮總督府, 1931.10) 등이 있다.

전후 변호사로 활동하면서 재조일본인 귀환자의 권익을 위해 활동했다. 1952년에 '한일 양국 간의 친교, 문화교류, 경제제휴'를 목적으로 설립한 중앙일한협회에서 고문으로 활동했다. 우방협회 이사로 활동하면서 1961년에 협회 사무를 주도하며 우방협회 시리즈를 발간할 때 직접 집필에 참여했다.

[참고문헌] 高橋三七『事業と鄕人』(實業タトムス社 大陸硏究社, 1939), 이형식「패전 후 귀환한 조선총독부 관료들의 식민지 지배 인식과 그 영향」『한국사연구』153(한국사연구회, 2011) 【송규진】

912
하나부사 요시모토
花房義質(화방의질)   1842.2.10~1917.7.9

외무관료

오카야마현岡山縣 출신. 유년시절에 한학을 비롯하여 난학蘭學과 포술을 배웠다. 20대 초반에는 구미 각국으로 유학을 다녀왔다. 1869년부터 외무성에 들어가 관직생활을 시작하였다. 1870~1871년에는 각각 야나기와라 사키미쓰柳原前光, 사와 요시노부澤宣嘉의 수행원으로 청국에 건너가「청일수호조규淸日修好條規」교섭과 체결에 참여하였다. 1873년에는 러시아공사관 외무 1등서기관으로 러시아 수도로 파견되었다. 에노모토 다케아키榎本武揚 러시아 주차 일본공사를 보좌하여「사할린 지시마 교환조약樺太千島交換條約」(1875)을 체결하였다. 1877년부터 1882년까지 조선 주재 대리공사, 변리공사를 역임한 후 1883년 특명전권공사로 러시아에 파견되어 근무하다가 1886년 귀국하였다. 이후 농상무차관, 궁중고문관, 제실회계심사국장, 궁내차관 등을 두루 거쳤으며, 1907년 자작의 작위를 받았다. 1910년에는 일본적십자사 부사장, 1912년부터 1917년까지는 사장을 역임하였다.

1872년 9월, 외무대승外務大丞 신분으로 조선에 처음 파견되었는데, 조선 문제에 관여하기 시작한 첫 계기였다. 동래부東萊府에 도착 후 외무성의 명령에 따라 왜관을 일본 공관으로 접수하려는 역할을 담당하였으며, 논란이 된 쓰시마번對馬藩의 무역 부채 문제를 해결하고자 하였다. 하지만 조선 측의 반발로 인하여 소기의 성과를 거두지는 못하고 귀국하였다. 1877년부터는「조일수호조규朝日修好條規」체결 후 부산 이외에 두 군데의 개항장을 추가로 설정하기 위해 대리공사代理公使로 파견되었다. 그는 개항장 설정을 위해서 군함을 타고 동해안과 서해안의 여러 지역을 조사하였다. 1878년 11월 29일 부산에 도착한 대리공사 하나부사는 12월 4일 군함을 통한 무력시위를 전개하면서 조선 정부가 수세를 정지시켰다. 수세정지의 목적을 달성한 그는 일단 귀국하였다. 1879년 4월, 조선으로 재차 파견된 하나부사는 두모진豆毛鎭 수세사건에 대하여 배상을 요구하면서, 다른 한편으로는 개항장을 추가로 선정하려 하였다. 이때 조선 내지통행과 대구 시장의 개방, 화폐의 주조와 일본화폐의 유통 등도 추가로 요구하였다. 교섭이 진행되는 동안 수행원들과 내지인 수원, 강화 등지를 정탐하면서 정보를 수집하였다. 개항장 추가 선정의 경우 1880년부터 덕원부 원산진을 개항장으로 설정한다는 '개항예약開港像約'으로 확정하였다. 개항장 '간행이정間行里程' 거리는 10리로 규정하였다. 1880년 12월에는 변리공사辨理公使로 승격하여 부임하였다. 고종 알현 당시 천황의 국서를 정식으로 봉정하였다. 이때 체류하던 서대문 밖 청수관淸水館을 일본의 상주공관으로 삼아 일본공사 일행이 체류할 수 있는 공간을 확보하였다. 5월부터 조선 정부와 통상장정 및 해관세칙에 관한 협상을 시작하였으나 7월 23일 발생한 임오군란으로 인하여 중단되었다. 조선인들의 습격을 받게 된 하나부사는 공사관에 불을 지른 후 제물포로 탈출, 영국선박 플라잉 피시호를 타고 귀국했다. 임오군란의 사후 처리와 관련하여 재차 도한, 조선 측 대표였던 이유원李裕元, 김홍집金弘集과 수차례의 교섭한 후 8월 30일 「제물포조약」과 「조일수호조규속약朝日修好條規續約」을 체결하였다. 전자는 일본에 대한 손해보상과 공사관 내 군사주둔 권리를, 후자는 '간행이정'을 100리로 확장하고 공사관 관원이 호조를 발급받아 조선 내지를 자유로이 여행할 수 있도록 규정하였다.

귀국 후 1890년 2월 21일에는 도쿄지학협회東京地學協會에서 조선을 개항하게 된 연혁에 대하여 연설을 하였다. 이 때의 강연 내용은 「조선개항의 시말朝鮮開港ノ始末」(『국가학회잡지國家學會雜誌』 4-37)에 수록되었다. 1878년과 1879년 도한 당시 조선 정부와의 상세한 교섭내용은 국사편찬위원회 소장 『메이지11

년 대리공사 도한시말明治十一年代理公使渡韓始末』, 『메이지12년 대리공사 조선사무시말明治十二年代理公使朝鮮事務始末』을 통해서 확인해 볼 수 있다.

[참고문헌] 김경태 『한국근대경제사연구』(창작과비평사, 1994), 黑瀨義門 編 『子爵花房義質君事略』(東京印刷, 1913), 孫禎睦 『韓國開港期都市變化過程硏究』(一志社, 1982), 安岡昭男 「花房義質の朝鮮奉使」『花房義質關係文書目錄』(北泉社, 1996), 박한민 「1878년 두모진 수세를 둘러싼 조일 양국의 인식과 대응」『韓日關係史硏究』 39(한일관계사학회, 2011), 박한민 「조일수호조규 관철을 위한 일본의 정찰활동과 조선의 대응」『歷史學報』 217(歷史學會, 2013) 【박한민】

913
하네 효조
羽根兵三(우근병삼) 　　　　　**생몰년도 미상**

경찰관료

사가현佐賀縣 출신.

1915년 4월 13일 조선총독부 순사가 되어 경상북도 대구경찰서에서 근무했다. 1917년에는 영천경찰서와 경무총감부警務總監部 경무과에서 근무했다. 1919년 8월 19일에는 마산경찰서에서 근무했으며, 같은 해 12월 1일 도경부道警部 특별임용시험에 합격했고 18일 순사부장이 되었다.

1920년 3월 15일에는 조선총독부 도경부보道警部補로 경상남도 경무과에서 근무했다. 같은 해 9월 24일에는 순사교습소 교관을 담당했다.

1922년 11월 20일에는 조선총독부 도경부로 경찰부 위생과에서 근무했다. 또한 1924년 10월 15일에는 김해경찰서장에, 1928년 2월 18일 밀양경찰서장에 보임되었고 1929년 조선총독부 속으로 경무국 경무과에서 근무하게 되었다.

1933년 9월 4일에는 훈8등의 즈이호쇼瑞寶章를 수장하였고, 1934년 10월 18일 부로 조선총독부 도경시道警視로 전라남도 경찰부 고등경찰과장을 담당하게 되어 1936년까지 근무했다.

이후 1937~1938년 경기도 경찰부 경성 서대문경

찰서, 1939~1940년 경성본정경찰서京城本町警察署, 1941~1942년 경기도 경찰부 경무과 및 순사교습소에서 근무했다. 이후 행적은 미상이다.

[참고문헌] 朝鮮總督府 編『朝鮮總督府及所屬官署職員錄』(朝鮮總督府, 1921~1942), 朝鮮總督府 編『朝鮮總督府始政二十五周年 記念表彰者名鑑』(朝鮮總督府, 1935)　　　　　　　　　　　　　【주동빈】

914

하라 가쓰이치/하라 쇼이치

原勝一(원승일)　　　　　　　　　1856.10~?

실업가

야마구치현山口縣 출신. 소학교 교사를 거쳐 1880년 이시카와현石川縣 지조개정 토목 담당으로 일했다. 그 후 후쿠이현福井縣과 시마네현島根縣을 거쳐 1897년 야마구치현 도요우라군豊浦郡 군장郡長으로 임명되었다. 1899년 야마구치현 아카마가세키시赤間關市 시장에 취임해 1905년까지 근무했다.

시장직을 사직한 후 조선으로 건너와 1907년 6월 대한권농주식회사大韓勸農株式會社(이후 조선권농주식회사로 개칭) 전무이사로 일했다. 대한권농주식회사는 부동산담보 및 대부업을 주된 업무로 하는 회사였다. 1916년 조선권농주식회사 이사직을 사임한 후 오쿠라상사大倉商事株式會社 경성출장소 상담역으로 근무했다. 이후 대전에 충청면화주식회사忠淸棉花株式會社 설립에 관여하고 두만강임업주식회사豆滿江林業株式會社 이사직을 맡는 등 실업가로 활동했다.

1911년 경성거류민단 의원에 당선되었으며 1913년에 경성상업회의소 의원 및 회장으로 활동했다. 조선에 주둔하는 사단의 증설을 요구하는 기성동맹회增師期成同盟會 회장으로 활동하면서 청원활동을 한 바 있다.

[참고문헌] 京城新報社『朝鮮紳士錄』(日韓印刷株式會社, 1909), 川端源太郎『朝鮮在住內地人實業家人名辭典』第一編(朝鮮實業新聞社, 1913), 朝鮮公論社 編『在朝鮮內地人紳士名鑑』(朝鮮公論社, 1917)　【이동훈】

915

하라다 긴노스케

原田金之祐(원전금지우)　　　　1854.3.22~1934.5.22

실업가

시가현滋賀縣 오쓰시大津市 벳쇼別所 출신. 1882년 미쓰이三井 계열의 국책 해운회사인 공동운수회사共同運輸會社 창립발기인 총회에 시가현의 발기인 총대로 참가하였다. 1883년 도호쿠지방東北地方 및 홋카이도北海道 연안의 업무 시찰 중 도야마현富山縣 후시키항伏木港에서 후시키공동운수회사伏木共同運輸會社를 설립, 후시키지점 지배인에 취임하였다. 1894년 4월 공동운수회사가 우편기선미쓰비시회사郵便汽船三菱會社와 합동하여 일본우선주식회사日本郵船株式會社가 설립된 후 하라다는 오사카지점大阪支店으로 옮겨 근무하였고, 1906년 12월에는 본점으로 들어가 조도과장調度課長이 되었다. 1911년 11월에는 일본우선회사 이사로 임명되면서 회사 내의 실권자로 다가갔다. 1912년 조선총독부 국책회사인 조선우선주식회사朝鮮郵船株式會社 사장으로 취임하여 일본과 조선을 오가며 해운업에 종사하던 하라다는 1924년 조선우선주식회사 이사 자리에서 물러나 도쿄東京로 돌아갔다. 1934년 5월 22일 81세의 나이로 사망했다.

하라다의 조선 진출은 1912년 조선우선주식회사의 설립과 함께 시작되었다. 조선총독부는 종래 개개로 분립된 조선 내 해운업자를 합동하여 하나의 큰 회사를 설립하고 총독부 감독 하에 절제 있는 항해를 수행하도록 할 계획을 세웠다. 조선총독부가 일본우선주식회사와 오사카상선주식회사大阪商船株式會社 등 본국 내 거대 해운회사의 투자를 유치하자 당시 우선회사 이사였던 하라다는 조선우선주식회사 창립 발기인 총회에 창립위원으로서 참여하였고 조선우선주식회사의 창립 사무를 주관하게 되었다. 1912년 자본금 300만 엔의 조선우선주식회사 설립과 동시에 사장으로 추대된 하라다는 재직 중 조선 연안항로를 정비하였고, 조선총독부 철도국과 제국철도원, 일본우선주식회사, 오사카상선주식회사와 연대수송편聯帶輸送便을 개시하였으며, 조선을 기점으로 하는 해외항로, 즉 블라디보스토크浦鹽과 북청항로北淸航路를 개시하였고 이를 나가사키長崎까지 연장하였다. 거대 해운회사의 사장이라는 요직에서 출발한 하라다의 조선에서의 입지는 다양한 활동들을 통해 조선 정·재계로 확대되었다. 1914년 9월 시정5년 기념조선물산공진회施政五年記念朝鮮物産共進會 총독부 평의원으로 촉탁되었고, 이듬해 1월에는 협찬회 상의원에 호선되었으며, 곧이어 경성협찬회 부회장에 선임되었다. 1915년 6월에는 경성 내 경제인들의 단체인 경성일본인상업회의소 회장에 선출되면서 경성 재계의 중요 인물이 되었다. 1915년 10월 교토京都 즉위대례即位大禮 당일 현소대전賢所大前의 의급자신전의及紫宸殿 의식에 초대받아 조선 재임자 총대로 참석하였다. 1915년 11월 조선상업회의소령이 발포된 후 조선인과 일본인을 통합한 경성상업회의소를 설립할 당시 창립위원장에 선임되었고, 1916년 2월 경성상업회의소 초대 회장으로 임명되었다. 1921년 산업조사위원회가 설치되었을 때 산업조사위원으로 위촉되었다. 이 외에도 일본적십자사 조선본부 평의원으로 활동하는 등 조선 내 유력가로서의 사회활동도 활발히 전개하였다.

[참고문헌] 川端源太郎 『朝鮮在住內地人實業家人名辭典』 1(1913), 有馬純吉 『人物評論 眞物歟贋物歟』(朝鮮公論社, 1917), 朝鮮公論社 編 『在朝鮮內地人神士銘鑑』(朝鮮公論社, 1917), 德富猪一郎 『素空山縣公傳』(山縣公爵傳記編纂會, 1929), 上田正昭 外 監 『日本人名大辭典』(講談社, 2001) 【전성현】

916

하라다 세이이치
原田淸一(원전청일)　　　　1884.1.12~?

실업가

야마구치현山口縣 출신.

1902년 야마구치현 구마게군熊毛郡에서 경영하던 겐타주조장原田酒造場을 부산으로 이전하고, 러일전쟁에 종군하였다. 1906년 조선으로 와서 1911년부터 잡화도매상을 경영했으나 1921년 주조업으로 전업

하여 1923년 동양조장東釀造場을 매수하여 한반도 주조업계에 진출하였다. 1929년 설립된 마산신탁주식회사馬山信託株式會社의 이사직을 역임하였으며, 1935년 당시 겐타주조장 장주場主, 마산상공회의소馬山商工會議所 부회장, 학교조합 의원, 마산주조조합 조합장, 마산연예주식회사馬山演藝株式會社 감사역, 마산기선주식회사馬山汽船株式會社 이사取締役를 겸직하고 있었다. 1941년에는 마산햄제조주식회사馬山HAM製造株式會社의 감사역을 역임했다.

[참고문헌] 貴田忠衛 『朝鮮人事興信錄』(朝鮮人事興信錄編纂部, 1935), 阿部薫 編 『昭和12年版 朝鮮都邑大觀』(民衆時論社, 1937), 국사편찬위원회 한국사데이터베이스 〈http://db.history.go.kr〉 【이가혜】

917

하라 다카시
原敬(원경)　　　　1856.3.15~1921.11.4

슈잔鷲山, 이치잔一山, 이쓰잔逸山(호)

외무관료, 정치인

이와테현岩手縣 출신. 조부가 모리오카번盛岡藩의 가로家老 직에 있던 상급무사 가문에서 태어나 1871년 모리오카번盛岡藩 출신자를 위해 설립된 교칸기주쿠共慣義塾에 입학했다. 하지만 학비 문제로 인하여 1872년 가톨릭 신학교에 입학했다. 1876년 사법성司法省 법학교法學校에 입학했지만 1879년 교장 배척운동 주모자로 퇴학처분을 받고 우편호치신문사郵便報知新聞社에 들어갔다. 1882년 외무성으로 취직하여 청국 톈진天津 영사, 프랑스 파리공사관 서기관 등을 역임하였다. 1889년 귀국하여 농상무성 참사관參事官, 대신비서관, 관방비서과장 등을 역임했다. 1892년 무쓰 무네미쓰陸奧宗光가 외무대신이 되자 외무성 통상국장通商局長, 1895년에는 외무차관外務次官 직책을 담당하였다. 1896년 무쓰가 사임하자 조선 주재공사가 되었으나, 제2차 마쓰가타 마사요시松方正義 내각이 수립되자 사퇴했다. 1897년 오사카마이니치신문사大阪毎日新聞社에 입사하였으며, 1898년 사장이 되었다. 1900년 이토 히로부미伊藤博文(→900)가

입헌정우회立憲政友會를 창당하자 입당하여 간사장이 되었다. 1902년 이와테현岩手縣 모리오카시盛岡市 중의원선거에 출마하여 이후 1920년까지 8회 당선되었다. 제1차 사이온지 긴모치西園寺公望 내각, 제2차 사이온지 내각, 제1차 야마모토 곤베山本權兵衛 내각에서 내무대신을 지냈다. 1914년에는 정우회政友會 총재가 되었다. 1918년 '쌀소동米騷動' 사건으로 데라우치 마사타케寺內正毅(→321) 내각이 사퇴하자 입헌정우회로 내각을 조직하여 일본 최초로 중의원에 의석을 가진 총리대신이 되었다. 1921년 11월 4일 도쿄역東京驛 개찰구를 지나가다가 나카오카 곤이치中岡艮一의 습격을 받아 66세로 사망했다.

1884년 갑신정변甲申政變 발발 당시 톈진 주재 영사로 청측의 동향을 기민하게 파악하였고, 이토 등에게 일본의 대응책을 마련하는 데 중요한 역할을 담당하면서 외교관으로서 능력을 인정받았다. 1892년 8월 외무성 통상국장에 취임하였으며, 같은 해 9월 청일전쟁 직전 조선과 일본 간 최대의 외교현안이었던 방곡령防穀令 손해배상 및 일본인의 어업 금지 등의 담판을 위해 조선으로 건너왔다. 체류 중 방곡령 배상에 대해 당시 독판교섭통상사무督辦交涉通商事務 민종묵閔種默과 교섭하였으나 결렬되자 10월에 귀국하였고, 11월에 교섭 경과를 정리하여 보고서로 제출하였다. 청일전쟁 중에는 외무성 통상국장과 취조국장取調局長을 겸임하였으며, 시모노세키조약下關條約 체결 직후에 외무차관에 기용되어 전후 일본 정부의 동아시아 정책을 총괄하였다. 1896년 2월 고종의 '아관파천俄館播遷' 단행으로 조선 내에서 일본의 영향력이 축소되는 가운데 같은 해 7월 조선공사로 부임하였다. 공사 부임 이후 조선 정부 내에 친일세력을 양성하는 데 주력하였다. 또한 삼국간섭으로 인한 대외상황을 감안하여 구미 외교관 및 선교사와의 교류에 적극 노력했다. 한편으로는 교육시설과 의료지원 사업을 통해 우회적으로 조선인과의 관계 개선에 힘써 내외적으로 일본에 우호적인 여건을 조성하는 데 주력하였다. 당시 독립협회 회장이었던 서재필徐載弼과 접촉하여 독립문 건립기금 조성에 협조하고『독립신문獨立新聞』에 대한 재정적인 지원 방안을

모색하였다. 부임 직후 공사관 기밀비를 대폭 증액하여 조선 정부 내의 관료들을 친일세력으로 포섭하고자 했다. 이후 외무성 관료에서 정치가로 변모하여 체신대신과 내무대신 등을 역임했다. 1906년 12월 초대 조선통감이었던 이토 히로부미와 조선 통치에 관한 의견을 교환하였으며, '한일강제병합' 전후 조선에 대한 식민정책 수립에 핵심적인 역할을 수행하였다. 1911년 5월 조선을 방문하기도 하였다. 조선에 대해서는 일관적으로 동화정책을 추진하였으며, 교육을 통해 조선과 일본이 동화될 수 있다고 믿고 조선정책에 반영하였다. 1919년 3·1운동 당시 일본 정부의 총리대신으로 이에 대한 대응책을 지시하였고, 소위 '문화정책'의 기초를 마련하였다. 그리고 총리대신으로 재직하는 동안「조선통치사견朝鮮統治私見」을 작성하여 1920년대 식민지 지배 정책의 전면적인 전환에 중요한 역할을 담당하였다.

[참고문헌] 秦郁彦 編『日本近現代人物履歷事典』(東京大學出版會, 2002), 臼井勝美 外 編『日本近現代人名辭典』(吉川弘文館, 2007), 김영숙「외무성 통상국장 하라 다카시(原敬)의 조선 출장과 외교활동」『日本學報』74(한국일본학회, 2008), 최덕수·김용덕「하라 다카시의 '동화정책론' 연구」『근대교류사와 상호인식』2(아연출판부, 2007)　　　　【최덕수】

918
하마구치 요시미쓰
濱口良光(빈구량광)　　　　　생몰년도 미상

교사, 문학가

도요대학東洋大學 출신으로 새로운 동화작가로 당시 주목을 받은 인물이다. 연희전문학교의 전신으로 알려져 있는 경신학교儆新學校 교수를 역임하면서, 시간이 될 때마다 동화를 강연하고 자택에 아이들을 불러 교양을 쌓게 하는 등 독지가로서도 알려졌다. 1920년대부터 1930년대 초반까지 조선의 옛이야기 관련 희곡을 쓰기도 하고, 경성에서 발간된 주요 일본어 잡지에 기고를 하고 작품 선정 등의 역할도 했던 것이 확인된다. 1920년대까지 본격적인 논의의

대상이 되지 못했던 조선 아동, 조선의 종교, 어린이 교육, 동화, 동요 등에 초점을 맞추어 그 연구와 자료 수집에 힘을 쏟았던 인물이다. 특히「희곡 무영탑담(1장)戲曲無影塔譚(一場)」(『朝鮮及滿州』第26卷第199號, 1924. 6)과 「희곡 자식 기진(1장)戲曲子供壽進(一場)」(『朝鮮及滿州』第27卷第200號, 1924.7)은 조선의 전통문예물을 재해석하여 일본어로 번역하는 과정에서 재창작된 것으로 이는 이후 현진건의 『무영탑』(『동아일보』 1938.7~1939.2, 1941년 단행본으로 간행)과 함세덕의 희곡「에밀레종」창작의 모티프가 되어 한국근대문학의 형성에 영향을 주었다는 점에서 큰 의의가 있다.

1930년대 중반 이후부터는 조선의 석기, 공예, 민예 등의 전문가로서 활동하며 야나기 무네요시柳宗悅(→646)와 아사카와 노리타카淺川伯敎(→612) 등과 오래도록 친교를 나누게 된다. 1933년에는 아동용으로『만주사변 조선파견군 분전이야기滿洲事變朝鮮派遣軍奮戰物語』를 썼고, 1942년에는 조선수출공예협회의 이름으로『조선의 옛 모양朝鮮の古模樣』을 편찬하였다. 야나기가 주재하는 미술잡지『공예工藝』에도 1946년까지 관련 글을 기고하였으며, 1966년에는『조선의 공예朝鮮の工藝』, 1973년에는『이조의 미 민예李朝の美民藝』등의 저서를 남겼다.

[참고문헌] 이치야마 모리오 편, 엄인경 역『조선의 자연과 민요』(역락, 2016), 高崎宗司・深澤美惠子・李尙珍 編『回想の淺川兄弟』(草風館, 2005), 김효순「조선전통문예 일본어번역의 정치성과 현진건의『무영탑』에 나타난 민족의식 고찰」『일본언어문화』제32호(일본언어문화학회, 2015), 김효순「'에밀레종' 전설의 일본어 번역과 식민지시기 희곡의 정치성-함세덕의 희곡「어밀레종」을 중심으로-」『일본언어문화』제36호(일본언어문화학회, 2016) 【엄인경】

919
하세가와 요시미치
長谷川好道(장곡천호도)　　　　1850.10.1~1924.1.27

육군 군인
조슈번長州藩 소속 이와쿠니번岩國藩의 무사인 하세가와 도지로長谷川藤次郎의 장남으로 태어났다. 조슈번이 주위의 유력 번들과 함께 막부 타도를 위해 봉기했을 때 하세가와는 번의 세이기타이精義隊에 입대하여 메이지유신明治維新에 동참하게 되었다. 입대 직후 하세가와는 번주를 따라 교토에 가서 교토의 경비를 담당했다. 보신전쟁戊辰戰爭에서는 19세의 나이로 도산도東山道 선봉을 명령받았고, 오우奧羽 등 각지에서 전공을 세웠다. 그 결과 세이기타이 소대장으로 발탁되었다.

보신전쟁이 끝나고 1870년 1월에 오사카병학료大阪兵學療에 입학했다. 이곳은 육군사관학교의 전신이자 메이지 초기의 장교배출기관이었다. 1871년 8월에 소위 대리로 임관하여, 12월에는 대위, 1872년 4월에 소좌, 73년 11월에 중좌로 진급하였다. 1877년 세이난전쟁西南戰爭에 보병 제1연대장으로 출정해 규슈九州 각지를 전전하면서 무공을 세웠다. 다음해 1월에 히로시마廣島 진대 보병 제11연대장에 임명되고, 12월에는 육군대좌로 진급했다. 이후 히로시마 진대 참모장, 오사카 진대 참모장, 중부감군부 참모를 역임하고 1885년 6월에 프랑스에 파견되었다. 다음 해에 귀국해 육군소장으로 진급한 후 제12여단장에 임명되었다. 하세가와가 이렇게 승진할 수 있었던 것은 야전전투에서의 무공뿐만 아니라 그가 당시 육군을 지배하고 있던 조슈파 출신이라는 점이 작용했을 것이다.

1894년 7월 청일전쟁이 일어나자 여단장으로 제6사단장 구로키黑木 사단 소속으로 출정했다. 일본군이 일방적으로 승리하는 가운데 하세가와는 소속을 제2군 오야마 이와오大山巖 사령관 휘하로 옮겨 뤼순旅順 공략전에 참가하여 뤼순을 점령하는 데 공을 세웠다. 청군 북양해군의 본거지인 웨이하이웨이(威海衛) 공격전에도 참가해 그곳을 함락시켰다. 청일전쟁의 공을 인정받아 남작 작위를 수여받았다.

러일전쟁 때에는 근위사단장으로 제1군 구로키 다메모토黑木爲楨의 예하에 속해 최선봉으로 출정했다. 그의 부대는 3월에 진남포에 상륙해 러시아에 앞서 평양을 장악했고, 5월에는 압록강을 사이에 두고 벌어진 러시아와의 서전에서 승리한 후 파죽지세로 만주로 진군했다. 하세가와는 6월 전장에서 육군대장으로 승진했다. 이후 9월 한국주차군사령관에 임명되어 한국과 본격적으로 인연을 맺게 된다.

전투경험이 풍부한 하세가와를 최전방에서 소환하여 한국주차군 사령관에 임명된 것은 한국지배에 대한 중요한 포석이었다. 하세가와의 무단적인 성격은 한국에 대해서 가혹하고 무자비한 탄압정책으로 표출되었다. 하세가와는 1908년 12월 한국주차군 사령관직을 물러날 때까지 2개 사단 규모의 병력지원을 받으면서 전국 각지에서 전개되고 있던 의병운동을 탄압했다.

1912년 참모총장에 임명되었고 1915년 1월 원수로 진급하였고, 1916년 7월에 백작을 수여받았다. 1916년 10월 초대 조선총독인 데라우치 마사타케寺內正毅(→321)가 총리대신에 오르자 조슈 파의 리더 야마가타 아리토모山縣有朋는 그 후임으로 하세가와를 추천했다. 하세가와는 고사했으나 조슈 파의 파벌 이익을 위하여 거듭 권유하는 야마가타, 데라우치의 설득으로 어쩔 수 없이 총독에 취임했다고 한다. 하세가와는 총독 재임 시절 당뇨병으로 고생하면서 조선통치에는 관심을 보이지 않았지만, 금전적 욕심이 과해 총독기밀비도 봉급처럼 착복했다고 한다. 하세가와 총독 시기는 데라우치 총독 시기의 방침을 답습하면서 산업 제일주의를 표방하며 농·상·공업의 진흥을 꾀하기 위해 식산은행 설립과 같은 금융경제의 시설을 정비했다. 한편 주세, 연초세령을 개정하여 증세를 꾀했고, 토지조사사업이 완료됨과 동시에 일본 정부로부터 받는 보조금을 전부 삭감시켜 조선의 재정독립을 달성했다. 급격한 증세와 헌병에 의한 무단통치는 3·1운동을 초래했으며, 3·1운동에 대한 책임을 지고 경질되었다.

[참고문헌] 조명철 「제2대 조선총독 하세가와 요시미치」 『조선총독 10인』(가람기획, 1996), 李炯植 『朝鮮總督府官僚の統治構想』(吉川弘文館, 2013)　【이형식】

920
하세가와 요시오
長谷川義雄(장곡천의웅)　　1873.8.8~1930.1.23

가테이華汀(호)
언론인

구마모토현熊本縣 출신. 메이지明治에서 쇼와昭和 전기에 걸쳐 활동한 신문 경영자.

세이세이코濟々黌(현 구마모토현립세이세이코고등학교熊本縣立濟々黌高等學校) 등에서 수학하고 『규슈니치니치신문九州日日新聞』에 입사. 이후 『니호신문二豊新聞』의 주필 및 사장을 역임했고, 러일전쟁에서는 『후쿠오카니치니치신문福岡日日新聞』 등 몇몇 신문사의 의뢰를 받아 종군기자로 활약했다. 만주와 몽골 지역을 일본의 아시아 정책 실현을 위한 중요 지역으로 인식하여 조선 진남포 지역 유지들을 중심으로 「만몽시찰단滿蒙視察團」을 조직하기도 했다.

1906년 조선 진남포의 일본인 유지의 초빙에 응하여 『남포신문南浦新聞』의 주필이 되었고, 『진남일보鎭南日報』와 『남포신문』이 통합되어 1907년 5월 출범한 『진남포신보鎭南浦新報』의 주필 겸 사장으로 취임한다. 이후 해당 신문은 1913년 『서선일보西鮮日報』로 개제되어 진남포뿐 아니라 평양까지 그 세력을 확장해 나갔다.

1920년 4월, 평양과 진남포 지역의 유지가 공동 출자한 『평남매일신문平南每日新聞』가 출범, 하세가와가 전무 겸 주필로 신문사 운영의 전반을 담당하게 되었다. 그러나 1922년부터 평양과 진남포 양측 경영진의 갈등이 표면화되어 동년 5월 하세가와가 기자 5, 6인과 더불어 신문사를 퇴사했고, 실권은 평양 측으로 옮겨가 신문의 제호도 『평양매일신문平壤每日新聞』으로 변경되었다.

하세가와는 1923년 10월 31일 다시 진남포에서 새로이 『서선일일신문西鮮日日新聞』을 창간하여 『평양매일신문』과 경쟁 구도를 유지했으며, 27년 『평양매일신문』 측에서 재합병을 제안했으나 실현되지 않았다. 하세가와가 1930년 향년 58세로 사망한 이후 『서선일일신문』은 하세가와 데루오長谷川照雄가 이어 경영을 계속했으나, 결국 1940년 1월 『평양매일신문』에 흡수되었다.

[참고문헌] 阿部薰 『朝鮮人物選集』(民衆時論出版部, 1934), 金泰賢 「朝鮮における在留日本人社會と日本人

經營新聞」(神戸大學院博士學位論文, 2011) 【이윤지】

921

하스모토 야스마루

蓮元康丸(연원강환)　　　1866.7.15~1930.12.19

하스모토 야스마루蓮元泰丸/蓮元安丸(이명)

관료

시가현滋賀縣 출신. 유간지唯願寺 주지의 차남으로 태어났다. 어릴 때에는 오타니파 혼간지大谷派本願寺 계열의 학교에서 교리와 한문을 배웠다. 형이 하스모토 겐세이蓮元憲誠인데, 원산 히가시혼간지東本願寺 유학생으로 1882년 3월 31일 원산元山에서 안변부安邊府까지 '간행이정間行里程'을 위반하고 나갔다가 조선인들에게 구타를 당해 사망했다. 형의 유지를 계승하고자 하여 같은 해 7월 부산으로 건너왔다. 통역관 우라세 유타카浦瀬裕(→787)에게 한국어를 배웠다. 이후 통역관으로서 조선에서 30년 넘게 활약했다.

　부산에서 사비유학생으로 있다가 부산총영사 마에다 겐키치前田獻吉(→375)의 주선으로 1885년 4월 일본 해군성海軍省 소속 류조함龍驤艦에 임시 통역으로 고용되어 거문도를 다녀왔다. 통역으로서 영국 동양함대의 거문도 점거 동향을 파악하는 역할을 담당했다. 그의 이름과 한국어를 능히 구사한다는 사실은 거문도 조사를 위해서 조선 정부가 파견한 엄세영嚴世永의 보고에서도 확인 가능하다. 1888년 1월부터는 원산으로 건너가 공립병원 사무를 맡아 보았다. 1890년 초에는 두 달에 걸쳐 함경도 지역을 돌아다니며 지역을 시찰하였다. 이해 9월부터는 원산소학교元山小學校에서 임시교사 직책을 맡았다가 1891년 1월에 그만두었다. 한편으로는 지역 내에 한어학회를 설립하여 학생들을 가르치기도 했다. 1894년 청일전쟁 발발 후에는 일본 육군보병 제22연대 제20대의 통역으로 활동하였다. 이듬해 구스노세 유키히코楠瀬幸彦(→142)의 추천으로 군부軍部 번역관에 고빙되었다. 1895년 10월 8일 발생한 을미사변 당시 오우라 시게히코大浦茂彦와 함께 경성수비대장 우마야하라 쓰토무馬屋原務本 소좌少佐에게 육군사관들에 대한

통역으로 고용되어 경복궁 안까지 들어갔다. 사건 가담으로 인하여 퇴한退韓 명령을 받고 11월 초 인천을 떠났다. 히로시마에서 체포되어 감옥에 갇혔다가 예심재판을 받은 후 1896년 1월 20일 증거불충분으로 면소免訴 처분을 받고 풀려났다. 1896년 5월부터 참모본부參謀本部에서 육군 통역생通譯生으로 근무했다. 1898년 10월에는 일본육군의 대연습 훈련을 시찰하기 위해서 도일한 이윤용李允用 일행을 통역으로 수행하기도 했다. 1901년 말부터 목포영사관 군산분관群山分館에서 통역생通譯生으로 근무하기 시작했으며, 여기에서 1908년 6월까지 재직하다가 상경했다. 상경 후에는 통감부 통역관으로서 경성공소원京城控訴院 번역관으로, 1909년 6월부터는 내부內部 사무관 겸 내부대신內部大臣 박제순朴齊純의 비서관으로 근무했다. '한일강제병합' 이후 1910년 10월 1일부로 조선총독부 통역관에 임용되었으며, 경무총감부警務總監部 서무과에서 근무했다. 1912년 8월에는 '한국병합기념장韓國倂合記念章'을 받았다. 1914년 11월 26일부로 신병을 이유로 의원면직 하였다.

　퇴직 후 귀국하여 야마구치현山口縣 사바군佐波郡에 자리를 잡고 요양을 하면서 생활하다가 65세 나이로 사망하였다. 『조선항만지朝鮮港灣誌』를 남겼다고 하나 정식 출간하지는 않았다고 한다.

　[참고문헌] 高尾新右衛門　編 『元山發達史』(啓文社, 1916), 黑龍會 編『東亞先覺志士記傳』下(原書房, 1966), 『本省官吏關係雜纂』(日本外務省 外交史料館 所藏), 『受號通覽』(アジア歴史資料センター, Ref. C10101717900), 조선총독부관보활용시스템 〈http://gb.nl.go.kr〉

【박한민】

922

하시구치 나오에몬

橋口直右衛門(교구직우위문)　　　1856~1895

외무관료

가고시마현鹿兒島縣 출신. 일본 서양화의 아버지로 평가되는 구로다 세이키黑田淸輝의 매형義兄으로 알려져 있다. 1883년 외무성 서기생이 되어 미국공사

관 및 프랑스공사관에서 근무하였다. 1887년부터 1891년까지 한성에서 부영사로 근무한 뒤, 1893년 베이징, 뉴욕에서 근무한 뒤, 1895년 10월 인천 영사가 되었으나 같은 해 12월 40세로 병사하였다.

1887년 8월부터 1890년 3월까지 한성 영사관에서 부영사로 근무하면서 영사업무를 보좌하였다. 1888년 6월 도성 내에서 어린아이를 외국인이 유괴한다는 소문이 흉흉하던 당시 거류 일본인들이 경솔하게 행동하지 말도록 주의하는 고시를 내렸다. 이해에는 두 차례에 걸쳐 조선 내 홍삼제조법을 조사하여 본국 외무성 통상국장에게 보고하기도 하였다. 한성 거류 일본인과 조선인들 사이의 분쟁이 심해지고 있던 1889년 5월에는 거류민과 흥행업자를 대상으로 하여 평소 소행과 장소의 적절성 등을 따져 영업허가를 내주거나 영업정지 처분을 하겠다고 하는 유고문諭告文을 발포하였다. 같은 해 거류민 총대사무소와 협의하여 소방기관을 조직하기도 하였다. 1890년 1월 조선상인들이 철시撤市하면서 외국상점의 도성 내 철폐를 요구하던 움직임을 보이던 당시 일본상인들에게 조선 정부의 조처를 알리면서 평소와 같이 생업에 종사하도록 훈유하는 고시문을 발포하기도 하였다. 그 후 외무성 근무, 베이징, 뉴욕 근무를 거친 뒤 1895년 10월 인천영사관에 1등 영사로 재차 파견되었다. 이해 10월 8일 을미사변이 발생하자 외무성의 지시를 받아 사건의 조사에 참여하였으며, 인천에 출입하는 외국 군함의 동향을 보고하였다. 같은 해 11월 28일 춘생문春生門 사건이 발생하자 주모자 중 하나인 이범진李範晉과 민영익閔泳翊, 서재필徐載弼 등의 동향을 조사하여 본국으로 보고하였다. 인천-용산 간을 항해하는 소증기선 단속규칙의 초안을 작성하여 외무차관 하라 다카시原敬(→917)에게 상신하기도 하였다.

1895년 12월 훈6등 즈이호쇼瑞寶章를 받았다. 같은 해 12월 26일 근무지인 조선에서 병으로 사망하였다.

[참고문헌] 黑龍會 編『東亞先覺志士記傳』下(原書房, 1966), 東亞同文會 編『對支回顧錄』下(原書房, 1968), 京城居留民團役所 編『京城發達史』(京城居留民團役所, 1912), 國史編纂委員會 編『韓國近代史資料集成』

6·7(國史編纂委員會, 2013) 【박진홍】

923
하시 모리사다
土師盛貞(토사성정)　　　1888.4.19~?

관료, 언론인

가고시마현鹿兒島縣 가고시마시鹿兒島市 출신. 1915년 5월 도쿄제국대학東京帝國大學 법과대학 정치과를 졸업했는데, 재학 중인 1914년 고등문관시험에 합격했다. 1915년 9월 이시카와현石川縣 경부警部를 시작으로 관료생활을 시작했다. 1917년 이시가와현 경시警視로 승진하고 이어 1919년 와카야마현和歌山縣 히다카 군장日高郡長으로 임명되었다.

1920년 3월 조선총독부 사무관으로 조선으로 건너와 식산국에서 근무한 하시 모리사다는 1922년 조선총독부 경무국으로 옮겨 1923년 전라남도 경찰부장을 역임하였다. 1925년 조선총독부 문서과장이 되었다. 같은 해 12월부터 조선총독부 관방근무官房勤務가 되어 구미 각국으로 출장을 갔다가 1927년 3월 귀국했는데, 귀국 후 「런던 체재 중에 있었던 노동쟁의倫敦滯在中の出來事 勞働爭議」(『경무휘보警務彙報』254, 1926.6)나 「구미의 사회주의운동歐米の社會主義運動」(『조선급만주朝鮮及滿洲』240, 1927.11), 「정당정치와 조선의 문제政黨政治と朝鮮の問題」(『조선급만주』246, 1928.5) 등 여러 편의 글을 남겼다. 같은 해 4월 경기도 경찰부장으로 임명되어 1년 남짓 근무하였다. 1928년 체신국 해사과장에 임명되었다. 1929년 11월에는 식산국 상공과장으로 자리를 옮겼는데, 여러 해 동안 현안이 되어 있던 거래소법取引所法 개정문제를 해결하였다. "거래소를 회원조직에서 할 것인가, 아니면 주식조직에서 할 것인가"라는 근본적인 문제에서 해결하며 총독부 방침을 결정하고 반대론을 설득하기까지 그의 활동은 두드러진 바가 있었다. 같은 해 9월 전매국장으로 발탁되었는데, 이때 염전 확장을 실행하였다. 1932년 5월 평안북도 지사로 자리를 옮겼고, 1935년 4월에는 경상남도 지사가 되었다. 퇴관 후인 1938년에는 매일신보사의 감사역을 역임하고 조선방송협회의 제2대 회장으로 취임하는 등 언론분야에서 활동하였다.

[참고문헌] 홍순권 편『일제시기 재부산일본인사회 주요인물 조사보고』(선인, 2006), 越智兵一 編『朝鮮總督府始政二十五周年記念表彰者名鑑』(朝鮮總督府始政二十五周年記念表彰者名鑑刊行會, 1935), 長田睦治 編『昭和十年版 釜山名士錄 附銀行會社名鑑』(釜山名士錄刊行會, 1935)   【전성현】

924
하시모토 기치조
橋本吉藏(교본길장)   1891.10.22~?

의사, 의학자, 대학교수

지바현千葉縣 산부군山武郡 출신. 1891년 10월 22일, 농업에 종사하던 하시모토橋本芳藏의 장남으로 출생했다. 1918년 5월 지바의학전문학교千葉醫學專門學校를 졸업한 후 도쿄東京의 미쓰이자선병원三井慈善病院 산부인과 연구생이 되었으며, 동시에 일본의학전문학교日本醫學專門學校 산부인과에서 근무했다. 1919년 조선으로 건너와 이후 조선총독부의원朝鮮總督府醫院 의관醫官, 경성의학전문학교京城醫學專門學校 조교수, 용산철도병원龍山鐵道病院 산부인과장 등을 역임했다. 1930년 지바의과대학千葉醫科大學에서 의학박사 학위를 받았다. 1931년 1월 퇴직한 후 경성에 하시모토의원橋本醫院을 개원했다. 1933년 3월 가독家督을 상속받았다. 부인 도미코トミ子와 사이에 2남 3녀를 두었다.

1919년에 조선총독부의원 의관이 되어 조선으로 건너와 산부인과에서 근무했으며, 동시에 경성의학전문학교 산부인과 조교수를 겸임했다. 1922년 8월 남만주철도주식회사南滿洲鐵道株式會社 철도의鐵道醫로 촉탁囑託되어 용산철도병원龍山鐵道病院 산부인과장이 되었다. 1926년 총독부 철도국 철도의가 되었다. 1930년 12월 27일 지바의과대학에서『수란관의 약리輸卵管の藥理』라는 논문으로 의학박사 학위를 받았다. 1931년 1월 24일 의원면직依願免職으로 퇴직한 후 경성부京城府 강기정岡崎町에 하시모토의원이라는

산부인과 의원을 개원했다. 1933년 5월 초 '유아애호주간乳兒愛好週間'을 맞이하여 실시한 대강연회에서 '임산부에 필요한 두세 가지 마음가짐心得'이라는 제목으로 강연을 했다. 산부인과 분야의 권위자로서 경성부의사회京城府醫師會 부회장에 추대되어 역임한 바 있다.

1930년대 초반까지 조선에서 활동한 것으로 확인되나, 정확한 귀국 일시, 사망일시 등은 불분명하다.

[참고문헌] 貴田忠衛『朝鮮人事興信錄』(朝鮮人事興信錄編纂部, 1935), 阿部薰 編『朝鮮功勞者銘鑑』(民衆時論社, 1935), 芳賀登 外 編『日本人物情報大系』(皓星社, 1999~2002)   【변은진】

925
하시모토 나카바
橋本央(교본앙)   1865.2~?

실업가, 관료

구마모토현熊本縣 출신. 1886년 육군사관학교 예비교인 구마모토 육웅향育雄響을 졸업한 후, 야마구치현山口縣의 오노다小野田 시멘트 회사에서 시멘트 제조법을 배웠다. 1891년부터 3년간 러시아 블라디보스토크에서 유학하며 러시아어를 익혔으며, 1901년 블라디보스토크에 하시모토 양행橋本洋行을 세워 실업에 종사했다. 1905년 러일전쟁에 일본군 러시아어 통역관으로 참전했으며, 같은 해, 연말 군산에 이주, 무역업과 정미업에 종사했다. 구마모토 약학전문학교를 졸업한 차남은 경성에서 약국을 경영했다.

1905년 군산에서 무역업과 정미업을 시작으로 본격적으로 조선에서 활동한 하시모토는 1916년 사업의 범위를 넓혀 전라북도 김제 죽산竹山에 토지를 사들여 하시모토 농장橋本農場을 경영했다. 농장은 익산益山, 김제의 만경평야 일대 500여 정보(15만여 평)에 이르는 방대한 토지의 농장이었다. 1921년 김제학교조합의 관리자로 취임했으며 1925년 동진수리조합東津水利組合의 수립에 기여했으며 1939년 전라북도 김제읍의 읍장이 되었다.

일제강점기 전북지방의 토지수탈을 그린 조정래

의 『아리랑』은 하시모토를 "러일전쟁 통역관 출신으로 만경평야의 절반을 차지한 대지주"이자 조선인을 악랄하게 약탈한 이로 그리고 있다.

[참고문헌] 조정래 『아리랑』(해냄, 1994), 群山日報編輯局 編 『全北忠南之主腦地』(群山日報編輯局, 1913), 鎌田白堂 『朝鮮の人物と事業. 第1輯, 湖南篇』(實業之朝鮮社出版部, 1936), 「橋本央氏歸朝」(『釜山日報 湖南日日』, 1928.10.12)   【이정욱】

926

하야미 히로시

速水滉(속수황)   1876.12.23.~1943.6.27

심리학자, 대학교수

도쿄시東京市 시바구芝區 출신. 1900년 7월에 도쿄제국대학東京帝國大學 문과대학 철학과를 졸업하였으며, 동년 10월에는 모교 조수助手로 채용되었다. 이후 1901년 9월에는 야마구치고등학교山口高等學校의 교수, 1909년에는 제일고등학교第一高等學校 교수로 근무하였다. 1919년 9월에는 제1고등학교 문과주임文科主任으로 승진하였다. 1921년에 문학박사 학위를 취득하였으며 1924년에 도한하였으며 1925년에는 재외연구원 자격으로 구미에서 유학을 하고 1926년 6월에 조선으로 돌아왔다. 동년 경성제국대학京城帝國大學 교수로 발령을 받았고, 1936년에 총장이 되었다. 1943년 사망. 대표적인 저서로 『비네 씨 인격 변환론ビネー氏人格變換論』(育成會 1901), 『심리학心理學』(博文館 1902), 『현대의 심리학現代の心理學』(不老閣書房 1914), 『심리학論理學』(岩波書店 1917) 등이 있다.

1924년 10월경에 조선에 들어와 경성법학전문학교京城法學專門學校에 교수로 취임하였다. 1925년 3월에는 유학의 기회를 얻어 재외연구원으로서 영국, 독일, 미국 등지에서 순방 유학을 다녀왔다. 1926년 4월에 월에 경성제국대학 교수로 발령을 받았고, 동년 9월에 경성제국대학 법문학부法文學部 부장교수部長教授로 임명되어 1928년 9월까지 임무를 수행하였다. 이후 전임 교수로 재직하다 교원의 신임을 얻어 1936년, 야마다 사부로山田三郎(→664)의 뒤를 이어 '외

지' 교육기관의 최고직위라 일컬어지는 경성제국대학 총장의 요직을 맡았다. 1939년에 발행된 『사업과 향인事業と鄕人』 제1집에는 하야미 히로시의 인물평으로 "아베 요시시게安倍能成(→602) 박사 등과 함께 젊을 때부터 성실한 학자로 또 노력가로서 학계에서 중요시되는 인물", "대학총장은 무엇보다도 덕이 높은 인물이어야만 하는데 하야미速水 총장은 그 점에서 나무랄 데 없는 사람"이라는 평이 실렸다. 조선 재류 시절의 주소는 경성부京城府 동서헌정東西軒町 50-24였다.

주요 저서로 경성제국대학대륙문화연구회京城帝國大學大陸文化硏究會에서 1929년에 출간한 『열하·북경의 사적관견熱河·北京の史的管見』을 편찬하였으며, 이는 북경과 열하 지방을 답사한 기록물로 박지원의 『열하일기熱河日記』도 인용되어 있다. 더불어 「교육칙어와 메이지 대제敎育勅語と明治大帝」(『文敎の朝鮮』 第136號), 「일본문화의 대륙진출日本文化の大陸進出」(『文敎の朝鮮』 第174號) 등 에세이와 교양에 관한 글도 다수 남겼다.

태평양전쟁이 한창이던 1943년에 사망하였다.

[참고문헌] 有馬純吉 『昭和6年版 朝鮮紳士錄』(朝鮮紳士錄發行會, 1931), 貴田忠衛 『朝鮮人事興信錄』(朝鮮人事興信錄編纂部, 1935), 阿部薰 『昭和12年版 朝鮮都邑大觀』(民衆時論社, 1937), 猪野三郎 『第12版 大衆人事錄』(帝國秘密探偵社國勢協會, 1937), 荒川幾男 編 『日本人名大事典』(平凡社, 1979), 고려대학교 일본연구센터 일본연구 아카이브 〈http://archive.kujc.kr〉   【김욱】

927

하야사카 구베에

早坂久兵衛(조판구병위)   1888.12.16~1946.1.6

이레네오(세례명)

사제

미야기현宮城縣 센다이시仙臺市 출신.

1898년 3월 센다이시 모토데라코지심상소학교元寺小路尋常小學校를 졸업하고 1902년 3월 센다이시 히

가시니반초고등소학교東二番丁高等小學校를 졸업했다.

이후 1907년 3월 도호쿠중학교東北中學校를 졸업한 후 1907년 9월 제이고등학교第二高等學校에 입학했다. 1910년 6월 동 고등학교 문과를 졸업했다.

1910년 11월 이탈리아 로마의 프로파간다대학 College of Propaganda에 입학, 1915년 5월 29일 동 대학에서 철학 및 신학박사 학위를 취득하고 이후 사제로 서품되었다.

일본 귀국 후 1915년 8월에 센다이 가톨릭 교회에서 일하고, 이후 미야기현, 센다이시, 이와테현岩手縣 등지의 교회에서 주임 신부로 활동하였다. 1941년 12월에는 센다이 교구의 회계를 담당하였으며, 이듬해 1월에는 센다이 교구장 및 센다이시 다다미야초榿屋丁 가톨릭 교회 주관자 대리를 겸임했다.

1942년 7월 무세Mousset 주교가 대구 대목구장직大邱代牧區長職을 사퇴하자 8월 29일자로 제3대 대구 대목구장에 임명되었다. 그가 대목구장에 임명된 것은 당시 민족 말살 정책을 추진하던 일본의 제국주의 정책에 따른 것이었다. 10월 8일 대구에 부임한 하야사카 신부는 같은 달 25일 대구 대목구 계산동 주교좌 성당에서 착좌식을 거행하고 대구 대목구장직을 담당하게 되었으며, 12월 25일 수페스sufes 명의 주교로 서품敍品을 받았다.

조선 교회의 첫 일본인 대목구장이었고, 일본인 성직자의 조선 교회 진출의 첫 사례이기도 하였다. 인류의 보편 교회인 가톨릭의 일이라고는 하지만, 일제 강점기에 조선의 남반부 사목 책임자로 일본인이 임명된 사실은 제국주의 시대의 정치적 의도가 강하게 반영된 인사 조치가 아닐 수 없었다. 하야사카 주교의 심정도, 교구민인 조선 신자들의 심정도 복잡하기는 마찬가지였다. 주교는 착좌식 당일 "교구민이 일치 협력하여 이른바 대동아전쟁大東亞戰爭을 수행하는 천황을 위하고 국가를 위해 그리고 대구교구를 위하여 만전을 기함으로써 봉공奉公의 지성을 다할 것을 결심하는 바입니다"라는 취임 인사를 하였다. 그는 일본인 성직자로 당시 일본 제국주의의 영향에서 완전히 벗어날 수는 없었을 것이나, 여러모로 가해지는 일제 당국의 종교 활동에 대한 간섭과

탄압에 적절히 대응하면서 1945년 8월 일본 제국 패전 때까지 대구 대목구를 이끌었다.

1945년 패전으로 조선에서 일본인들이 물러갔음에도 불구하고 조선에 남아 교구의 사목을 계속 담당하였던 하야사카 주교는 미묘한 처지에 놓이기도 하였다. 1946년 1월 6일 병환으로 대구에서 사망하였으며, 유해는 대구 성직자 묘지에 안장되었다. 하야사카의 집안은 천주 신앙이 매우 돈독하여, 그의 형 히사노스케久之助는 현대 일본 가톨릭교회 사상 최초로 1927년에 나가사키長崎 교구의 주교로 착좌하였다.

[참고문헌] 유홍렬 『한국천주교회사』(가톨릭출판사, 1975), 대구대교구사 편찬위원회 편 『대구 본당 백년사』(대구대교구사 편찬위원회, 1986), 한국가톨릭대사전 편찬위원회 편 『한국가톨릭대사전』 12권(한국교회사연구소, 2006)   【백병근】

928

하야시 곤스케

林權助(임권조)   1860.3.23.~1939.6.27

외무관료

아이즈會津 번사藩士 출신. 아명은 이와토磐人이다. 1868년 도바 후시미 전투鳥羽・伏見の戰い에서 부친 마타자부로又三郎와 조부 곤스케權助가 사망하였기 때문에 이와토는 가문을 계승하여 곤스케로 개명하였다. 1871년 12세 때 도쿄에 올라가 고다마 사네부미兒玉實文 육군 소좌의 집에 들어갔다. 고다마를 따라 1874년에 오사카, 1876년에 가고시마로 이사하였고, 가고시마에서는 서남전쟁을 목격하였다. 그 후 가고시마에서 농사를 하고 지내다가, 1879년에 오사카로 옮겨가 오사카 전문학교에서 수학하였다. 이어서 1881년 도쿄로 가 도쿄대학 예비문을 거친 다음 도쿄대학 법과대학 정치학과에 입학하였다. 1887년 7월 졸업 후 외무성에 들어갔다. 그 후 즈푸芝罘 재근 부영사를 시작으로 인천 재근 영사, 상하이上海 재근 영사, 영국 주재 일본공사관 일등서기관, 청국 주재 일본공사관 일등서기관, 청국주차특명전권공사, 한국주차특명전권공사, 청국주차특명전권공사, 이탈

리아주차특명전권공사, 중국주차특명전권공사, 간도
청間東廳 장관, 영국주차특명전권대사를 역임하였다.

1888년 11월 하야시는 인천 재근 영사로 부임하였
다. 이때 파크스Harry S. Parkes가 인천조계장정의 작
성을 제창하였고, 하야시는 상하이거류지장정을 본
받아 1889년 4월 그것을 작성하였다. 같은 해 제주도
에서 한일 어민 간에 갈등이 발생하여 하야시는 제주
도까지 출장을 가 현장조사를 실시하였다. 또한 평
양에서 위안스카이袁世凱 주도 하에 행해지고 있던
청국 상민의 밀무역을 저지하였다. 1892년 3월 상하
이 재근 영사로 이전하였고, 그 후 여러 직임을 겪었
다가 1899년 공사로서 다시 한국에 부임하였다. 재
임 중 러시아를 견제하는 일에 진력하였다. 먼저 러
시아의 마산포 조차를 저지하였고, 등대의 설치, 제
일은행권 유통, 인삼 전매제 등을 발의하고 실행하
였다. 또한 일본인 고문관을 채용하도록 활동하였
다. 한편 러시아가 제기하고 이노우에 가오루井上馨
(→824)가 지지한 조선의 국외중립화안을 방해한 것도
주목할 만하다. 박제순, 브라운John M. Brown 등과
친분이 있었다. 1904년 2월 러일 간 전쟁이 막 시작
한다는 정보를 얻어 2월 6일에는 기밀 보호를 위하여
경성 전신국을 3일간 봉쇄하였다. 이 조치 덕분에 일
본해군은 전쟁 초기 행동에서 우위를 지킬 수 있었
다. 그 후 한국과 일본 사이에서 한일의정서(1904.
2.23.), 제1차 한일협약(1904.8.22), 제2차 한일협약(을
사조약, 1905.11.18.)을 전권공사로서 교섭, 조인하였
다. 제2차 한일협약의 교섭에서는 한국 측의 저항에
대응하기 위하여 이토 히로부미伊藤博文(→900)의 협력
을 요청하였고, 전 과정을 면밀히 기획하였다. 그 후
한국통감부 설치 업무를 끝내고 이토 통감의 부임과
동시에 1906년 2월 귀국하였다.

1898년 9월 청국 주재 일본공사관 일등서기관 때
무술정변戊戌政變이 일어나, 개혁파가 다수 체포당하
였다. 그때 하야시는 량치차오梁啓超의 일본 망명을
도왔고, 장인후안張蔭桓의 사형 명제를 위하여 진력
하였다. 러일전쟁 후, 청국전권공사로 부임하였을
때는 간도間島를 두고 한중 영유권 문제에 대해 교섭
하였다. 1916년 8월 중국 펑톈奉天 정자툰鄭家屯에서

중국군과 일본군이 충돌하였을 때, 하야시는 일본군
의 잘못을 비난하였기 때문에 군부로부터 탄핵을 받
았다. 장쉰張勳의 청조 복벽復辟 운동을 저지하기도
하였다.

[참고문헌] 서영희『대한제국 정치사 연구』(서울대학교
출판부, 2003), 林權助『わが七十年を語る』(第一書房,
1935), 森山茂德『近代日韓關係史研究』(東京大學出版
會, 1996) 【마스타니 유이치桝谷祐一】

929
하야시다 긴지로
林田金次郎(임전금차랑) 1861.9.13~?

실업가

나가사키현長崎縣 미나미타카키군南高來郡 시마바라
초島原町 출신. 보통학교를 마치고 미곡상을 경영하
였다.

1894년 11월 처음으로 조선에 건너온 직후이던
1895년에 잡화점을 운영하다 1897년에 평양무연탄
총판平壤無煙炭總販이라는 회사를 열고, 일본과의 연
탄 무역업에 종사하였다. 1904년부터 1905년 사이
러일전쟁 기간 동안 한화교환소에서 환전업을 통해
큰 이익을 얻었으며, 이때 얻은 부를 토대로 거류 일
본인 사회에서 입지를 구축했다. 경성 일본인상업회
의소 의원(1904~1913)과 경성 일본인거류민단 의원으
로 활동했으며, 1913년에는 하야시상점林田商店을 경
영하였다. 1917년에는 수산물 판매 및 위탁 수송, 냉
장고업을 하고 있던 주식회사 경성일환수산京城日丸
水産에서 감사역을 역임, 이후 1927년까지 당 회사의
중역으로 지냈다. 하야시는 이외에도 1921년 조선실
업은행朝鮮實業銀行의 대주주의 한 사람으로 있으면
서, 경성요업京城窯業과 삼남식산三南殖産, 논산정미
論山精米(株), 대진상점大津商店 등의 대주주 및 중역
으로 재직했다. 여기서 기와 제작 및 판매업을 하던
경성요업을 제외한 다른 회사들은 공통적으로 미곡
및 정미업에 해당했다. 삼남식산과 논산정미는 1911
년에 설립되었던 충청남도 논산에 위치한 회사들로
미곡의 매매와 정미업을 행하던 회사였으며, 대진상

점의 경우, 진남포에 위치한 미곡상점이었다. 논산정미는 그의 아들이 전무이사를 역임하고 있기도 했다.

하야시는 조선상업회의소령에 따라 조선인과 일본인 상업회의소가 통폐합 된 이후 1915년부터 1922년까지, 제1기 의원부터 4기 의원까지 총 4회에 걸쳐 상업회의소 의원으로 활동하기도 했다. 의원 당시의 주요 활동으로는 1919년 10월에 열렸던 제1회 ‘전선상업회의소연합회’에 경성 대표 중 한명으로 참석하여 ‘통신기관의 불비’ 문제를 제기하며 촉구했던 것과 1920년 1월 13일 경성상업회의소 상업부위원장으로서 같은 해 2월 6일에 얼렸던 ‘임시전선상업회의소’ 연합회에서 ‘평원철도기성문제’를 제기하고 이를 결의했던 등의 활동이 기록으로 남아 있다. 이후 그는 1920년 처음 열렸던 경성부협의회 선거에서 차점으로 당선되어 제1기 경성부협의원으로 활동하기도 한다. 1939년에는 경성신사대제京城紳士大祭 부위원장을 역임하였으며, 1943년에는 전시기를 맞아 군애국부軍愛國部 5백 원을 헌금한 것으로 신문지상에 오르내리기도 하는 등, 대표적인 경성의 재조일본인 유지로서 활동했다.

[참고문헌] 東亞經濟時報社 編『朝鮮銀行會社組合要錄』(東亞經濟時報社, 1931~1942), 朝鮮新聞社 編『朝鮮人事興信錄』(1922), 阿部薰 編『朝鮮功勞者銘鑑』(民衆時論社, 1935), 「全鮮商議聯合會 제1일, 개회 초두 논전」(『매일신보』, 1919.10.11), 「商議 분과위원」(『매일신보』, 1920.1.13), 「全鮮商議聯合會, 平元鐵道期成問題 결의」(『매일신보』, 1920.2.7), 「府協議員 당선, 總票數 三四四二票, 無效票數 六七票, 內地人 十八名, 朝鮮人 十二名」(『매일신보』, 1920.11.22), 「人事」(『매일신보』, 1939.10.12), 「朝鮮書籍에서 五千圓－軍愛國部에 獻納鍮器 遝至」(『매일신보』, 1943.3.31) 【기유정】

930
하야시 모하치로
林茂八郎(임무팔랑) 　　　　　1873.5.15~?

실업가

구마모토현熊本縣 가미마시키군上益城郡 미후네초御

船町 출신. 1893년에 구마모토시熊本市에 있는 사립 규슈중학교私立九州中學校를 졸업하였다. 2년 후인 1895년에는 요코하마橫濱로 가서 양주식료품점 와겐상회에 입사하였으나 1898년 12월부로 이를 그만두고, 1899년에 도쿄의 도쿄맥주회사東京麥酒會社 설립과 동시에 이에 입사하게 된다. 그러나 1907년 1월에 회사가 없어지면서, 대일본맥주회사大日本麥酒會社에 입사하여, 요코하마 출장소橫濱出張所로 전근하여 근무하게 된다.

1910년 2월 대일본맥주회사의 경성출장소 직원으로 조선에 왔다. 이후 1915년 7월 15일 발표되었던 조선총독부의 ‘조선상업회의소령’에 따라 기존 조선인 상업회의소를 일본인 상업회의소에 통폐합시키게 되는데, 이 상업회의소에서 제1기 평의원으로서 1917년까지 활동했다. 평의원 활동기간 동안 조선적십자사협찬위원과 경성식료품어상조합조장등의 직을 맡기도 했다.

[참고문헌] 川端源太郎『朝鮮在住內地人實業家人名辭典 第一編』(朝鮮實業新聞社, 1913), 朝鮮公論社 編『在朝鮮內地人紳士名鑑』(朝鮮公論社, 1917), 「赤愛總會委員」(『매일신보』, 1915.7.13) 【기유정】

931
하야시 센주로
林銑十郎(임선십랑) 　　　　1876.2.23~1943.2.4

육군 군인, 정치인

이시카와현石川縣 가나자와시金澤市 출신. 사족의 아들로 태어났다. 1894년 7월 청일전쟁이 발발하자 4고 보충과를 중퇴하고 사관후보생이 되어 육군사관학교에 입학하였다. 1896년 육군사관학교를 졸업(8기)하고, 1897년 6월 소위로 임관하여 보병 제7연대에 배속되었다. 1903년 11월에는 육군대학교를 졸업(17기)하였으며, 러일전쟁에도 종군하여 뤼순旅順 요새 공방전에도 참가하였다. 이후 보병 제2여단장, 도쿄만東京灣 요새 사령관, 육군대학교장, 근위사단장 등을 역임하였다.

1930년 12월에는 조선군 사령관(1930.12.22.~1932.

5.26)으로 취임하였다. 다음 해 만주사변滿洲事變이 발발하자 관동군關東軍의 요청을 받아들여 육군중앙의 지시 없이 독단으로 휘하의 조선군을 국경을 넘어 만주로 진군시켜 '통수권 간범干犯'이라는 비판을 받았으며 '월경장군越境將軍'이라는 칭호도 얻게 되었다. 하지만 이에 대한 징계 없이 1932년 4월에는 대장으로 진급하였다.

귀국 후인 1934년 1월 사이토 마코토齋藤實(→469) 내각의 육군대신으로 취임하였다. 이어 오카다 게이스케岡田啓介 내각에서도 육군대신으로 연임되었다. 1936년에는 예비역으로 편입되었고, 그 다음 해에는 내각총리대신으로 취임(제33대)하였다. 이후 내각참의, 대일본흥아동맹大日本興亞同盟 총재 등을 역임하고 1943년 2월 4일 사망하였다.

[참고문헌] 秦郁彦 編『日本陸海軍總合事典』(東京大學出版會, 1991), 宮村三郎『林銑十郎 上』治百年史叢書(原書房, 1972)　　　　　　　　【이승희】

932
하야시 시계조
林繁藏(임번장)　　　　　1887.09.05~1945.10.3

관료, 금융인

후쿠오카현福岡 출신. 1905년 후쿠오카현립중학교 슈유칸修猷館, 1909년 도쿄고등상업학교東京高等商業學校, 1913년 교토제국대학京都帝國大學 법과대학 정치학과를 졸업했다. 교토제국대학 재학 중인 1910년 결혼하고 1912년 고등문관시험에 합격했다. 1914년 5월 조선총독부에 임관하여 탁지부에서 근무하면서 조선에서 생활을 시작했다. 이후 조선총독부 관리로 주로 경제 분야에 근무했으며 1929년부터 재무국장을 맡았다. 1937년에 퇴관하고 조선식산은행 은행장이 되어 1945년 패전할 때까지 맡았다. 병으로 패전 직후 일본으로 귀환하여 동년 10월에 사망했다.

조선에서 행적은 두 시기로 나누어 볼 수 있다. 첫째 시기는 1914년부터 1937년까지로 조선총독부 관리를 역임한 시기이다. 1916년 조선총독부 도사무관이 되어 경상북도지방과장을 지낸 1916~1917년을 제외하면 줄곧 중앙의 탁지부 및 재무국에서 관리로 지냈다. 1919년 탁지부 관세과 및 임시관세조사과 과장, 1921년 재무국 사계과장, 1928년 재무국 이재과장, 1929년부터 재무국장을 역임했다. 그 사이 조선관세소원심사위원회 간사, 조선총독부임야조사위원회 위원, 조선사편수위원회 위원, 조선전기사업조사위원회 위원, 조선총독부보물고적명승천연기념물보존회 위원을 맡았으며 재무국장 취임 이후 제국의회 척무성소관사무 정부위원으로 활약했다. 이밖에 조선식산은행, 동양척식회사, 조선은행의 감리관도 맡았다. 이재과장 시기부터 금융제도 정비를 맡았으며 재무국장 재임 시기에 보통은행 신탁회사 무진회사無盡會社 등의 정리통합, 조선금융조합연합회 창설이 추진되었다.

둘째 시기는 1937년부터 1945년까지 조선식산은행 은행장 시기이다. 아루가 미쓰토요有賀光豊(→594)에 이어 은행장에 취임한 그는 군수생산 지원을 위해 특별금융부를 신설하고, 전쟁비용 조달을 위한 증권업무를 확대하였다. 그의 재임 시기 조선식산은행은 1940년 국가의 융자명령을 받는 '수명은행受命銀行', 1942년 설립된 전시금융금고戰時金融金庫의 조선 내 대리기관으로 지정되었다. 전시기 주요 금융 현안은 조선총독부의 재무국장, 조선은행과 조선식산은행의 은행장이 모인 '삼거두三巨頭 회의'를 통해 처리되었다고 한다.

하야시는 1945년 초 발병하여 이후 병상에서 은행장 업무를 보았다. 패전 직후 병이 심해져 아베 노부유키阿部信行(→597) 조선총독에게 6개월 휴가를 신청하고 치료차 9월 3일 일본으로 귀환했으나 10월 3일 사망했다.

[참고문헌] 정병욱 『한국근대금융연구-조선식산은행과 식민지 경제』(역사비평사, 2004), 林繁藏回顧錄編集委員會 編『林繁藏回顧錄』(林繁藏回顧錄編集委員會, 1962), 국사편찬위원회 한국사데이터베이스 〈http://db.history.go.kr〉　　　　　　　【정병욱】

933

하야시 시게키
林茂樹(임무수)   1885~1964

관료, 금융인, 실업가

히로시마廣島 출신. 도쿄제국대학東京帝國大學 법학과 출신으로 1912년 고등문관시험에 합격한 뒤 조선에 건너가 조선에서 관료생활을 시작했다. 1931년 학무국장으로 부임하여 업무를 수행하다 퇴직한 후 조선식산은행 이사, 조선화재해상보험주식회사朝鮮火災海上保險株式會社 이사, 반도토지건물주식회사半島土地建物株式會社 이사, 조선제염공업주식회사朝鮮製鹽工業工業株式會社 이사, 국민총력조선연맹 이사, 한강수력전기주식회사漢江水力電氣株式會社 전무, 한성은행 은행장, 경춘철도주식회사京春鐵道株式會社 사장을 역임하는 등 일제 강점기 후반에 조선경제계에서 커다란 역할을 담당했다. 패전 후 귀환하여 중앙일한협회中央日韓協會 이사, 우방협회友邦協會 이사로 활동했다.

1913년에 총독부 사계과 사무관, 1919년에 사계과장, 1921년에 전매국 제조과장, 1925년에 철도국 경리과장을 역임했고, 1929년에 전북지사를 거쳐 경북지사로 취임했다. 1931년에 우가키 가즈시게宇垣一成(→784)가 조선총독으로 부임하면서 학무국장으로 승진했다. 1933년에 퇴직한 뒤에는 조선식산은행 이사, 1935년에는 화재보험, 해상보험, 운송보험 및 화재해상운송의 재보험 사업을 경영하는 조선화재해상보험주식회사朝鮮火災海上保險株式會社 이사로 활동하면서 경험을 쌓은 뒤 1937년에는 일반은행업무를 담당하는 한성은행 은행장으로 취임했다. 1938년에는 조선금융조합연합회 회장으로 하마평에 올랐지만 이를 거절했다. 이는 당시 금융권에서 자리를 놓고 치열한 경쟁관계 때문인 듯하다. 한성은행 은행장으로 다른 인물이 취임할 것이라는 소문이 나자 사임하고 수력 및 화력 발전 개발 및 전력 및 공급 기타 전기사업을 목적으로 한 한강수력전기주식회사가 1939년에 설립하자 전무에 취임했다. 1940년에 국민총력조선연맹이 발족하자 이사로 활동했다.

1941년에는 주택의 건축 매매 임대 관리, 토목건축의 청부 및 설계감독을 주 업무로 하는 반도토지건물주식회사가 설립하자 이사가 되었다. 철도운수 및 창고 업무, 자동차와 그에 의한 일반운수업무와 운송취급업무, 임업과 토지건물경영 기타 개척에 관한 업무, 목재와 신탄의 매매 및 위탁판매 재목의 벌채사업을 목적으로 한 경춘철도주식회사 이사로 활동하다 1941년에는 경춘철도주식회사 사장으로 취임했다. 1942년에는 소금 제조 및 판매, 고즙苦汁을 원료로 하는 약품 제조 및 판매를 목적으로 한 조선제염공업주식회사 이사로 활동했다.

패전 후 재조일본인 귀환자의 권익을 위해 활동했던 동화협회가 1952년에 '한일 양국 간의 친교, 문화교류, 경제제휴'를 목적으로 중앙일한협회로 개칭할 때 이사가 되었다. 우방협회 이사로 활동하면서 1961년 이후에 협회 사무를 주도했다.

[참고문헌] 越智兵一 編『朝鮮總督府始政二十五周年記念表彰者名鑑』(朝鮮總督府始政二十五周年記念表彰者名鑑刊行會, 1935), 이형식「패전 후 귀환한 조선총독부관료들의 식민지 지배 인식과 그 영향」『한국사연구』 153(한국사연구회, 2011)   【송규진】

934

하자마 후사타로
迫間房太郎(박간방태랑)   1860.10.20~1942.8.23

실업가, 정치인

와카야마현和歌山縣 나카군那賀郡 출신. 부친은 하자마 가시로迫間嘉四郎로 그의 4남으로 태어났다. 19세 무렵 오사카 이오이五百井 상점에 들어간 뒤 1880년 조선으로 와서 부산지점 지배인이 되어 무역업에 종사했다.

부인은 도치에都智惠. 자녀로 4남 3녀를 두었다. 장남 가즈오一男[1899년 9월생, 도쿄상과대학 졸업. 가업을 계승하여 조선수산㈜ 사장, 조선전기철강㈜ 이사 역임. 재향군인회 부연합 분회장, 하자마본점 경영. 무역상], 차남 히데오秀雄(1901년 9월생, 메이지대학 졸업. 하자마 상점 경영주, 농구기계업), 4남 다케오武雄

(1908년 1월생, 도쿄제대 농과대학 졸업, 남선상사南鮮商社 사장), 장녀 요시코嘉子(1898년 3월생, 부산고등여학교 졸업), 차녀 지에코智惠子(1910년 3월생, 고베 성심학원聖心學院 졸업), 3녀 미에코美重子(1911년 11월생, 고베 성심학원 졸업)가 있다. 3남 시게오重男(1903년 9월생, 와세다대 졸업)은 와카야마현의 나데 야마베에名手山兵衛의 양자가 되었다.

1884년 부산거류지회釜山居留地會 의원에 당선되었고, 거류민단법 실시와 함께 민회民會의원이 되었고, 부산일본인상업회의소 의원 및 회장직을 맡았다. 1896년 이후 러시아가 절영도에서 군항을 건설할 목적으로 토지를 구입하려 했으나, 이미 하자마가 대거 잠매潛賣하여 이를 좌절시켰다. 1899년에는 일본 정부가 마산포에 군항을 설치하려던 러시아에 대항해 하자마를 부추겨 주변지역 토지를 구입하게 하여 이를 저지시켰다(마산포사건). 당시 토지매수가 불법임에도 하자마는 일본영사의 보호 아래 토지 매수운동을 벌였고, 이러한 정경유착을 통해 거부를 축적할 수 있었다. 1905년 이오이상점에서 독립해 무역 및 부동산경영에 종사했다. 이때 이미 거부를 쌓아 부산 상권에서 확고한 지반을 다졌다. 부산창고주식회사, 부산곡물수출조합 및 미곡상조합을 설립했고, 경부철도 부설 발기인이었으며, 부산잔교주식회사釜山棧橋株式會社를 발기해 항만시설 개축에 참여했다. 병합 이후 부산공동창고㈜의 사장, 부산수산, 경남은행 및 부산상업은행, 부산증권과 남조선신탁㈜의 이사 및 주주, 부산요업窯業, 부산일보사, 조선수산수출㈜, 마산수산㈜, 경상합동은행의 주주 등 부산·경남지역 주요 은행 회사의 주주 및 중역을 지냈다. 또한 남조선철도㈜, 조선철도㈜, 경춘철도㈜ 주주, 조선우선郵船㈜과 조선흥업㈜, 조선방직㈜, 조선화재해상보험㈜, 조선가스전기朝鮮瓦斯電氣㈜와 조선저축은행의 이사 및 주주를 지내면서 일본과 조선 내외의 거대 회사에 자본투자를 계속했다. 공직 진출 역시 활발하여 부산부협의회원, 경남도평의회원에 추대되었고, 경남도회의원 부의장을 지냈다. 부산상공회의소 특별의원을 역임했고 부산번영회의 회장에 발탁되었다. 이러한 재력과 화려한 경력은

그를 가시이 겐타로香椎源太郎(→20), 오이케 주조大池忠助와 함께 '부산의 3대 원로', '3대 거부'로 불리게 하였다. 축적된 부는 토지의 집적으로 이어졌다. 1927년 금융공황 당시 경남의 무라이농장村井農場 3,000여 정보의 토지를 매입했고, 이를 통해 1931년에는 경남 일대와 전북 남원, 전남 해남에 총 584정보를, 그의 장남 가즈오는 3,404정보의 농지를 소유한 초거대지주가 되었다. 이 토지는 부산토지㈜와 조선부동산㈜를 통해 관리되었다. 1930년대 후반 이후 하자마는 주로 일본에서 거주했고, 가즈오를 필두로 그의 아들들이 하자마의 회사를 인계받고, 또 새로운 회사를 설립하면서 하자마 일족의 족벌경영 체제를 구축해갔다.

하자마는 1940년 지병인 신경통에 심장병이 발병했고, 1942년에 병세가 악화하여 8월 23일 사망했다.

[참고문헌] 角田廣司 編 『在朝鮮內地人紳士名鑑』(釜山名士錄刊行會, 1917), 貴田忠衛 『朝鮮人事興信錄』(朝鮮人事興信錄編纂部, 1935), 越智兵一 編 『朝鮮總督府施政25周年記念表彰者名鑑』(朝鮮總督府始政二十五周年記念表彰者名鑑刊行會, 1935), 猪野三郎 編 『第12版 大衆人事錄』(帝國秘密探偵社國勢協會 1937), 최원규 「19세기 후반·20세기초 경남지역 일본인 지주의 형성과정과 투자사례」 『韓國民族文化』 14-1(부산대학교 한국민족문화연구소, 1999) 【고태우】

935

하타다 다카시

旗田巍(기전외)　　　　　1908.11.7~1994.6.30

대학교수

경남 마산 출신. 재조일본인 2세로, 1945년 이후 일본에서 새로운 조선사 연구를 한 개척자이자 선구자이다. 마산소학교(1921 졸업)와 부산중학교(1925 수료)까지 약 17년 동안을 한국에서 생활했다. 그 후 일본 구마모토熊本 제오고등학교第五高等學校(1928 졸업)와 도쿄제국대학東京帝國大學 문학부 동양사학과(1931 졸업)를 나와 동양사학계에서 일했다. 1940년에 중국으로 건너가 만철조사부 북지北支 경제조사소 조사

원으로 '화북농촌관행조사華北農村慣行調査'를 담당했고, 1944년 10월부터 북지 개발회사 조사국에서 노동력 급원給源 조사를 했다. 일본 패전 이후 중화민국 정부의 국제문제연구소 연구원으로 일했으며, 1948년 11월 일본으로 돌아갔다.

고등학교 교사 및 리쓰메이칸대학立命館大學 강사로 일하다 1950년 도쿄도립대학東京都立大學 인문학부 교수로 부임했다. 그는 한국전쟁이 한창이던 1951년 『조선사朝鮮史』를 간행해 1945년 이전의 조선사 연구를 '너무나도 비인간적인 학문'이자 '인간이 없는 역사학'이라고 비판했다. 그리고 '조선인의 고뇌를 자기의 고뇌로 하는 것이 조선사 연구의 기점'이며, '조선의 인간이 걸어온 조선인의 역사를 연구하지 않으면 안 된다'는 새로운 조선사 연구의 방향을 명확히 제시했다. 특히 평화통일의 비원을 짓밟는 한국전쟁을 '말로 다할 수 없는 불행'이라며, 언젠가 이 난국을 조선 민족 스스로가 극복해낼 수 있기를 염원했다.

이후 하타다는 고려시대 독자적인 정치제도, 토지제도, 신분제도 등에 관한 연구를 하면서 동시에 새로운 조선사 연구를 위한 '조선사연구회' 창립(1959)에 중심적인 역할을 했다. 또한 1959년 9월부터 '조선장학회' 이사가 되어 일했다. 60년대 초반에는 살인죄로 기소되어 사형이 확정된 재일조선인 2세 이진우 소년의 구명운동(1960~1962)에 앞장섰다. 더 나아가 일본의 진정한 과거에 대한 반성과 배상이 없는 한일국교정상회담을 반대하며 특히 문화재 반환의 필요성을 역설했다.

하타다는 이진우 구명운동을 통해 일본 사회에 조선에 대한 편견이 뿌리 깊게 남아있음을 절감했다. 그래서 조선사연구자로서 식민사관이 만들어낸 일선동조론日鮮同祖論, 타율성론他律性論, 정체론停滯論과 같은 조선사상朝鮮史像을 비판하며 새로운 조선사상을 창출하려고 노력했다. 그 결과로 『원구元寇』(1965)』와 『일본인의 조선관日本人の朝鮮觀』(1969) 등을 간행했고, 역사교사들과 함께 『조선의 역사를 어떻게 가르칠 것인가朝鮮の歷史をどう敎えるか』(하타다 편수대표, 1976)를 간행해 조선사 교육에 중요한 역할

을 했다.

하타다는 1972년 도쿄도립대학을 정년퇴직하고 명예교수가 되었다. 다시 1974년 센슈대학專修大學 교수가 되어 1979년에 퇴관했다. 노년에 한국의 의병장 최익현에 관한 연구를 통해 조선 민중의 살아있는 역사를 그려내고자 했다. 이렇게 평생에 걸쳐 조선사의 올바른 이미지를 만들기 위해 노력한 하타다는 1994년 6월 30일 심부전으로 세상을 떠났다. 해방 후 한국 역사학자들 중에 그의 도움을 받지 않은 사람은 거의 없을 정도이다. 한국의 제1세대 역사학자들은 하타다를 '학문의 양심' '일본의 양심' '학문의 스승' '한일교류의 선구자'로 부르며 존경했다. 한국 정부도 1994년 10월 그의 공적을 기려 문화훈장 보관상寶冠章을 수여했다.

[참고문헌] 고길희『하타다 다카시-마산에서 태어난 일본인 조선사학자-』(지식산업사, 2005), 高吉嬉『〈在朝日本人二世〉のアイデンティティ形成-旗田巍と朝鮮·日本-』(桐書房, 2001), 貴田忠衛 『朝鮮人事興信錄』(朝鮮人事興信錄編纂部, 1935)　　　　【고길희】

936

핫토리 에이

服部惠英(복부혜영)　　　　생몰년도 미상

영화인

영화제작사 통폐합 결과 자본금 200만 원을 기반으로 1942년 9월 29일 창립된 사단법인 조선영화제작주식회사의 업무과장을 맡은 인물이다. 도쿄東京의 영화계에서 활동하다가, 사단법인 조선영화제작주식회사의 상무이자 촬영소장으로 임명된 나카타 하루야스中田晴康(→207)의 천거를 받아 조선으로 건너온 것으로 알려져 있다. 주소지는 경성 앵정정櫻井町 1-56이었다.

사단법인 조선영화제작주식회사의 제작 업무는 이것이 사단법인 조선영화배급사에 흡수되는 방식으로 1944년 4월 7일 설립된 사단법인 조선영화사에 이관되었다. 일본의 영화잡지 『영화순보映畵旬報』 1943년 7월 11일자 '조선영화 특집'호에 실린 「경성

주요 영화 관계자 명부」에 핫토리 에이의 이름이 올라와 있었던 반면 사단법인 조선영화사 창립 당시의 진용에서는 이름이 빠져 있는 바, 사단법인 조선영화제작주식회사의 조직 개편 과정을 거치며 보직에서 물러나게 된 것으로 보인다.

[참고문헌] 한국영상자료원 편역『일본어 잡지로 본 조선영화 4』(현실문화연구, 2013), 高島金次『朝鮮映畵統制史』(朝鮮映畵文化硏究所, 1943), 谷サカヨ『第14版 大衆人事錄』(帝國秘密探偵社, 1943)　【함충범】

937
핫토리 우노키치
服部宇之吉(복부우지길)　　　1867.6.2~1939.7.11

대학교수, 중국철학자

무쓰노쿠니陸奧國 출신. 1887년 제일고등학교第一高等學校를 졸업, 제국대학帝國大學 문과대학(현 도쿄대학東京大學 문학부)에 입학, 1890년 제국대학 철학과를 졸업한다. 1891년에 제삼고등학교 교원을 거쳐, 1894년 도쿄고등사범학교 교수로 임용된다. 1897년 문부성 비서관으로 채용, 1898년 문부성 시학관 겸 문부성 참사관으로 재직하다가 1899년 문부 대신 비서관을 사퇴하고 도쿄대학 문과 조교수로 채용되었다. 1899년 한학 연구를 위해 청국淸國 유학을 명받고 유학길에 올랐다. 1900년 청국 베이징北京 5사단 일본군수비지 정리위원으로 촉탁, 문부성 훈령에 따라 일본 귀환, 1900년 2년간의 독일 유학을 명받고 유학길에 올랐다. 1901~1902년 청국사변의 전공으로 메이지明治 정부, 프랑스, 러시아로부터 훈장을 수여, 1902년 도쿄제국대학 문과대학 교수로 임명, 문학박사 수여, 1902년 청국 정부의 초빙으로 베이징대학당北京大學堂 사범관 주임교수로 부임, 1909년 1월까지 중국 베이징대학당 교수로 재직하며 베이징대학교의 개교와 관련하여 핵심적인 역할을 했다. 1909년 도쿄제대 문과대학 교수로 임명되어, '지나支那철학', '지나학', '지나문학 제3강좌'를 강의한다. 1911~1913년 도쿄고등사법학교 교수를 겸직, 1915~1916년 미국출장, 1년간 하버드대학의 교환교수로 재직했다.

1923년 11월 경성제대 창설을 촉탁 받아 조선제국대학창립위원회 위원, 대지문화사업對支文化事業 조사회 위원으로 추대, 1925년 9월 조선사편수회 고문으로 추대, 1926년 4월 경성제국대학京城帝國大學 초대총장이 되었다. 1927년 경성제국대학 총장에서 물러나, 대지문화사업 조사회 위원으로 추대, 1928년 경성제국대학에서 '지나철학 제3강좌'를 강의했다. 1928년 도쿄제국대학 교수 정년퇴직하고 명예교수로 추대, 1939년 동방문화학원 이사장 및 도쿄 연구소장, 1933년 일만문화협회日滿文化協會 이사로 활동하다가 1939년에 사망했다. 저서로는『중등논리학中等論理學』(富山房, 1891), 『논리학교과서論理學敎科書』(富山房, 1898), 『북경 농성일기北京籠城日記』(博文館, 1900), 『청국통고淸國通考』第一編·第二編(三省堂, 1905), 『동양윤리강요東洋倫理綱要』(京文社, 1916), 『지나연구支那硏究』(京文社, 1916), 『공자급공자교孔子及孔子敎』(京文社, 1917)『유교와 현대사조儒敎と現代思潮』(明治出版社, 1918), 『지나의 국민성과 사상支那の國民性と思想』(京文社, 1926), 『공자교대의孔子敎大義』(富山房, 1939)가 있다.

[참고문헌] 박명규 외『식민권력과 근대지식: 경성제국대학 연구』(서울대학교출판문화원, 2011), 貴田忠衛『朝鮮人事興信錄』(朝鮮人事興信錄編纂部, 1935)

【박광현, 연윤희】

938
호리구치 구마이치
堀口九萬一(굴구구만일)　　　1865.1.28.~1945.10.30

외무관료

니가타현新潟縣 출신. 1893년 도쿄제국대학東京帝國大學 법과대학 법률학과를 졸업하였다. 1894년 일본에서 처음 시행된 외교관급영사관시험外交官及領事官試驗에 합격하여 영사관보로 인천에서 근무를 시작하였다. 1895년 을미사변에 관련되어 직위해제 되었다가 1896년 면소免訴되자 복직하여 중국 샤스沙市에서 근무하였다. 이후 1896년 네덜란드, 1899년 브라질, 1906년 스웨덴, 1909년 멕시코, 1913년 스페인,

1918년 브라질, 1923년 루마니아에서 근무한 뒤 1925년 사직하고 강연, 수필 등으로 활동했다. 시인 호리구치 다이가쿠堀口大學의 아버지이기도 하다.

청일전쟁 발발 이후 1894년 9월 인천에 영사관보로 부임한 후, 이듬해 3월부터는 한성에서 근무를 시작했다. 같은 해 9월 이노우에 가오루井上馨(→824)의 후임으로 부임한 미우라 고로三浦梧樓(→434)에게서 대원군과 접촉하여 필담으로 대화하라는 지시를 받고, 9월 29일 흥선대원군興宣大院君과 접촉하였다. 10월 7일 밤 한성영사관 경찰이었던 하기와라 히데지로萩原秀次郎, 한성신보漢城新報 사장 아다치 겐조安達謙藏(→588) 등과 동행하여 대원군을 재차 방문하였다. 그 후 대원군을 가마에 태워 8일 새벽 을미사변이 일어난 경복궁으로 데려갔다. 사변 발생 후 사건이 외부에 알려지자 일본 정부에서는 사건조사단을 파견하였고, 당시 공사 미우라 등과 함께 본국으로 소환되어 비공개 군사재판을 받았다. 이들에 대한 재판 결과는 증거불충분으로 처리되어 무죄 판결을 받고 풀려났다.

을미사변 관여 혐의로 정직 처분을 받았지만 1896년 복직하여 멕시코에 임시대리공사로 부임하였다. 1925년 루마니아를 마지막으로 외교관 경력을 마치고, 이후 강연과 수필 등으로 생활했다. 제2차 세계대전 중에는 미국에 대한 적대감을 고취하는 글을 썼다. 패전 직후인 1945년 10월 사망했다.

[참고문헌] 秦郁彦 編『日本近現代人物履歷事典』(東京大學出版會, 2002), 臼井勝美 外 編『日本近現代人名辭典』(吉川弘文館, 2007), 柏倉康夫『敗れし國の秋のはて: 評傳堀口九萬一』(左右社, 2008) 【최덕수】

급이었다.

1880년 12월 하나부사 요시모토花房義質(→912) 변리공사를 수행하여 조선에 왔다. 이듬해 4월 하나부사 공사는 군무사 경리당상 민겸호閔謙鎬와 예조판서 홍우창洪祐昌과 접촉하는 가운데 군사교관을 지원한다고 하면서 호리모토 소위를 추천하였다. 무위소 별선군관 윤웅렬尹雄烈은 호리모토와 여러 차례 접촉하면서 병제개혁과 관련된 논의를 한 바 있다. 교련병대敎鍊兵隊가 창설된 후 군사교관으로 채용되어 1881년 5월부터 기초적인 제식훈련과 군사이론, 총기사용법 등에 대한 훈련을 담당하였다. 통역 다케다 신타로武田甚太郎와 순사 고바야시小林某가 그를 보조하였다. 조선 측에서는 윤웅렬이 영병관으로, 김노완과 전석두 등이 임시사관으로 교련병대에 관여하였다. 같은 해 6월에는 민겸호와 예조판서 심순택沈舜澤에게 병력 훈련을 위해서는 사관 양성 및 병학교 설치가 필요하다는 내용의 서한을 보내기도 하였다. 조선이 미국과 조약을 체결하려는 무렵에는 일본이 조선에 대하여 대응할 방책을 건의하는「일한교제론日韓交際論」을 집필하였다. 1882년 중위로 승진하였다. 이해 7월 23일 임오군란 발생 당시 군중의 습격을 받아 조선 현지에서 32세의 나이로 사망하였다.

임오군란 수습 이후 사체는 본국으로 송환되었으며, 야스쿠니신사靖國神社에는 1882년 11월 6일 합사되었다. 1907년 7월에는 종5위에 추서되었다.

[참고문헌] 石幡貞『陸軍中尉堀本禮造傳』(1907,『花房義質關係文書』수록), 黑龍會 編『東亞先覺志士記傳』下(原書房, 1966), 崔炳鈺『開化期의 軍事政策硏究』(景仁文化社, 2000) 【박한민】

939
호리모토 레이조
堀本禮造(굴본예조) 1850~1882.7.23

육군 군인

사누키노쿠니讚岐國 가가와군香川郡 사족 출신. 1880년 11월 일본육군 참모본부參謀本部에서 조선으로 파견하였다. 도한 당시 육군 공병陸軍工兵 소위少尉 계

940
호리 쇼이치
堀正一(굴정일) 1890~?

금융인

미에현三重縣 출신. 1916년 도쿄제국대학東京帝國大學 법과대학 독법과를 졸업하고, 이듬해 한성은행에 취직하였다. 1918년 조선식산은행으로 이직하여 상업

금융부, 도쿄사무소에 근무했고 전주지점장을 맡았다. 1923년 조선식산은행 이사였던 나카무라 미쓰요시中村光吉가 만주합동은행장이 되자 그도 만주합동은행의 비서역으로 만주에 간 후 봉천지점 겸 서소문지점西小門支店 지배인을 맡았다. 1924년 다시 조선상업은행으로 옮겨 조사과장, 전무이사를 역임하고 1939년 3월 은행장이 되었다. 은행가형을 벗어난 조선금융계의 뛰어난 인물이란 평을 받았다. 귀환 후 1947년 7월 결성된 귀환자 단체인 동화협회同和協會의 평의원이 되었다.

[참고문헌] 和田八千穗·藤原喜藏 共編 『朝鮮の回顧』(近澤書店, 1945), 정병욱 「조선총독부 관료의 일본 귀환 후 활동과 한일교섭」 『역사문제연구』 14(역사문제연구소, 2005), 국사편찬위원회 한국사데이터베이스 〈http://db.history.go.kr〉   【정병욱】

941
호리우치 스미코
堀內純子(굴내순자)   1929.2.3.〜?

문학가

경성 출신. 가케바 사다키치掛場定吉와 스에와의 사이에서 3녀 중 막내로 태어났다. 부친인 가케바는 홋카이도대학北海道大學을 졸업하고 조선총독부의 관리로서 임업시험장에서 근무하였고 모친은 14세에 조선총독부의 관리인 친척집을 돕기 위해 조선으로 건너왔다. 호리우치는 1938년 경성에서 부친이 병으로 사망한 이후에도 1945년 귀환되기까지 모친과 자매와 조선에 남아 생활하였다. 남대문공립심상소학교를 졸업하고 1941년 모친과 언니들이 다닌 경성제일공립고등여학교에 입학하였다. 졸업 후 모친의 강한 반대를 무릅쓰고 해군에 지원하여 진해에서 근무하였다. 1945년 8월 15일 일본제국의 패망을 진해에서 군속으로서 맞이하였고 1945년 10월 18일 경성을 떠나 진해로부터 귀환하였다.

1945년 귀환한 이후 도쿄학예대학東京學藝大學에 입학하였으나 병으로 중퇴하고 10여 년에 가까운 요양 생활을 하였다. 1958년 위생검사기사衛生檢查技師

로서 누마즈시립병원沼津市立病院에서 근무하다 1968년 퇴직하였다. 이후 아동문학가로서 집필에 전념하였다.

1983년 『머나먼 종소리はるかな鐘の音』로 제21회 노마아동문예추천작품상野間兒童文藝推奬作品賞을, 1987년 『루비색 여행ルビー色の旅』으로 제25회 노마아동문예상을 수상하였다. 1993년에는 『두 명의 아이코ふたりの愛子』로 제23회 아카이토리문학상赤い鳥文學賞을 수상하였다. 동인지 『히마와리ひまわり』의 동인이다. 『작은 마을의 집배원小さな町のゆうびんやさん』(講談社, 1981)이 『작은 마을의 집배원』(성바오로출판사, 1991)으로, 『그리운 사바나なつかしのサバンナ』(えひくまの出版, 1986)가 아동문학 계간지인 2010년 『열린아동문학』 가을호에 「그리운 사바나」로 번역되어 한국에 소개되었다.

『머나먼 종소리』는 같은 병실에 입원해 있는 세 명의 소녀가 약사 선생님의 이야기를 통하여 시간여행을 하게 된다. 이야기의 시점은 1943~1945년의 경성으로, 소학교 5학년 사생대회에서 생긴 일, 남산에서 만난 군인들, 나무를 훼손하여 혼난 일, 조선인을 대상으로 한 비라, 8월 15일 패전 날의 경성 풍경 등 5장면으로 구성되어 작가의 어린 시절의 추억으로 시간여행을 떠나고 있다. 또 『서울은 쾌청ソウルは快晴』(1985)은 1945년 귀환한 작가가 39년 만에 고향 경성을 43명의 고교동창생들과 방문하고, 방문지에서의 감회를 어머니에게 말하는 형식으로 쓴 아동문학이다. 작가는 2박 3일간의 짧은 여행을 통해 한국과의 강한 유대를 확인한다. 『포도색 노트葡萄色のノート』(2002)에서는, 14세의 소녀 주인공이 할머니로부터 생일선물로 2박 3일의 한국여행과 이 여행을 위한 '시간여행용 자료'로서 '포도색 노트'를 받는다. '포도색 노트'는 세대를 달리하는 5명의 소녀가 14세가 되는 시점에서의 경험을 적고 있는데, 이를 통해서 주인공은 증조모가 한국에 가게 된 과정, 증조모의 세 딸, 즉 자신의 할머니를 포함하는 할머니들의 식민지 조선에서의 생활, 이후 귀환하여 겪게 되는 경험을 알게 된다.

[참고문헌] 堀內純子 「はるかな鐘の音」 「戰爭と平和」

子ども文學館4』(日本圖書センター, 1904), 堀內純子『ソウルは快晴』(けやき書房, 1985), 堀內純子『葡萄色のノート』(あかね書房, 2002), 廣瀨令子「植民地から本國へ—ある女性植民者二世の葛藤」『移民硏究年報』19(日本移民學會, 2013) 　　【송혜경】

942

호리코시 유지로

堀越友二郎(굴월우이랑)　　생몰년도 미상

영화인

대구 보총극장寶塚劇場의 흥행주로서, 조선흥행연합회의 부이사 겸 경상북도 지부장이 된 인물이다.

조선흥행연합회는 1942년 1월 7일 조선 전체의 영화 흥행업자들이 모여 발족한, 영화 흥행 부문의 이익단체였다. 결성 당시 조선에서는 영화 제작 및 배급 부문에 대한 통폐합 조치가 진행 중이었기에, 이 단체는 조선의 영화계를 대표하는 조직으로서의 면모를 갖추고 있었다. 이에 따라, 호리코시 역시 2월 10일 사단법인 조선영화배급사의 창립위원회 위원에 이름을 올렸다.

본거지를 대구에 둔 그가 조선흥행연합회 부이사장이 될 수 있었던 이유는, 부이사장 2인 가운데 1인은 지방 대표로 한다는 연합회 내부 규정 때문으로 보인다. 참고로, 1943년 10일 10일 현재 조선흥행연합회의 각 지부 구성 및 지부장 명단은 다음과 같다. 경기도 지부장—오이시 사다시치大石貞七(→721), 경상남도 지부장—사쿠라바 후지오櫻庭藤夫, 경상북도 지부장—호리코시 유지로, 강원도 지부장—나카지마 다로中島太郎, 전라남도 지부장—구로세 도요조黑瀨豊藏, 전라북도 지부장—마쓰나가 시게루松永茂, 충청남도 지부장—도쓰카 소조戶塚莊三, 충청북도 지부장—소노다 미오園田實生, 황해도 지부장—히구치 기네조樋口甲子藏, 평안남도 지부장—구보 헤이지로久保兵二郎, 평안북도 지부장—다무라 나오타로田村直太郎, 함경남도 지부장—고바야시 도요조小林豊三, 함경북도 지부장—쇼겐 노리아키祥原彌顯.

[참고문헌] 한국영상자료원 편역『일본어 잡지로 본 조

선영화 4』(현실문화연구, 2013), 高島金次『朝鮮映畫統制史』(朝鮮映畫文化硏究所, 1943) 　　【함충범】

943

호사카 유후

保坂由布(보판유포)　　1908.4.13~2014.11.10

마사키 유후正木由布(결혼 후)

교사

도쿄시東京市 출신. 1928년 도쿄음악학교東京音樂學校 내 제4임시교원양성소第四臨時敎員養成所(임시교원양성소: 일본 내 중등교육기관의 확충에 따른 동 기관의 교원양성을 목적으로, 임시적으로 만들어진 2년제 속성 교원양성기관)에 입학, 1930년 동교를 졸업하였다. 조선의 중등교육기관에서 음악 교과를 담당하며 조선인 여학생 육성에 공헌하였다.

졸업 후 바로 조선으로 건너왔다.『조선총독부및소속관서직원록朝鮮總督府及所屬官署職員錄』(1930~1934)에 의하면 평양여자고등보통학교에 근무한 것으로 기록되어 있다. 임시교원양성소의 복무규정에 의해 지정된 학교에서 교직의 의무(제4임시교원양성소의 경우 학자자급을 받은 경우는 3년, 안 받은 경우는 1년)를 이행해야 했는데, 그 첫 발령이 조선이었던 것이다. 호사카의 자녀에 의하면 1933년 결혼 후 다음해 학교를 그만두었다 한다. 그 후 여러 학교에서 비상근강사로 지내며 집에서 피아노를 교습하는 한편 평양공회당에서 피아노 발표회를 열었고, 조선인 제자 중에는 일본의 음악학교에 입학한 학생도 있었다고 한다.

패전 후 1년 후인 1946년 8월 남편의 고향인 나가노현長野縣 이다시飯田市로 돌아가 이다고등학교飯田高等學校에서 음악교원으로 활동하였다.

[참고문헌] 東京藝術大學音樂部『同聲會會員名簿』(廣濟堂, 2013), 松下鈞 編『近代日本音樂年鑑』(大空社, 1997) 　　【김지선】

944

호소이 교타이
細井魚袋(세정어대)　　　　1889.1.2~1962.11.2

호소이 네노스케細井子之助(본명)
실업가, 문학가

지바현千葉縣 기사라즈시木更津市 출신. 기사라즈중
학교를 졸업하였고 14세 때부터 단카 창작을 시작하
였으며『여명黎明』단카회,『중앙공론中央公論』,『동
아의 빛東亞の光』등의 잡지를 거쳐서 1914년『미즈
가메水甕』의 동인이 되었다. 단카는 오노에 사이슈尾
上柴舟에게 사사하였고 1910년대 후반에는 이미 선자
選者를 역임할 만큼 단카 문단의 중진이 된다. 지바현
에서 근무하던 그는 1921년에 조선으로 건너와 경성
에 재주하였다.

호소이 교타이는 조선으로 와서 조선총독부 지방
관서에 소속되어 1922년에는 경기도 개성군, 1923년
에는 경기도 연천군의 위촉 직원으로 근무한 기록이
있다. 조선에 재주한 시기는 약 3년 정도인데 그 동
안 조선의 주요 신문 가단의 선자를 맡는 등 한반도
의 단카短歌 문단에 큰 족적을 남겼다고 할 수 있다.
처음에는 고이즈미 도조小泉苳三(→96) 등의 버드나무
사ポトナム社를 통해 단카 활동을 하였으나, 1923년
7월 이치야마 모리오市山盛雄(→875), 미치히사 료道久
良(→445) 등과 함께 단카 전문잡지『진인眞人』을 창간
하고 한반도 가단歌壇의 대표임을 천명하게 되었다.
원래 조선 땅에 묻힐 의지를 밝혔으나 간토대지진關
東大震災과 부친의 위독한 상황에 의해 도쿄東京로 돌
아가게 된다. 일본으로 가자마자 도쿄 진인사를 창
립하여 당분간 경성 진인사와 도쿄 진인사의 병립
활동으로『진인』을 주재하며 유지했다.『진인』태평
양전쟁 말기부터 한동안『미즈가메』와 합병하는 형
태가 되나 1947년 이후 다시 복간되었고, 호소이 교
타이는 1962년『진인』이 종간되고 임종을 맞을 때까
지 서정성을 추구하는 단카 창작을 지도하였다.

호소이 교타이는 일본으로 돌아간 후에는 내무성
內務省, 도쿄도東京都 등에 근무했는데, 1960년 즈음
에는 회사 중역이었다는 기록도 있다. 그의 개인 가

집에는『퇴색하는 생활褪せゆく生活』,『오십년五十年』
(長谷川書房, 1952) 등이 있다.

[참고문헌] 細井魚袋·市山盛雄　編　『眞人』(眞人社,
1924~1943), 千葉政一 編『全二本歌人寫眞名鑑』(二本
文藝新聞社年鑑局, 1960), 十月會 編『戰後歌人名鑑』
(短歌新聞社, 1985), 昭和歌人名鑑刊行會『昭和歌人名
鑑』(日本代初センター, 1991), 大島史洋 外 編『現代短
歌大事典』(三省堂, 2000)　　　　　【엄인경】

945

호소이 하지메
細井肇(세정조)　　　　1886.2~1934.10.19

언론인, 저술가

도쿄東京 출신. 우치다 료헤이內田良平(→806) 등이 주
도한 한일강제병합운동을 지원하였다.『도쿄아사히
신문東京朝日新聞』기자로 있다가 1910년 한일강제병
합을 기념하여 기쿠치 겐조菊池謙讓(→153)와 조선연구
회를 설립하였다. 그러나 경영이 어려워지자 1911년
아오야기 쓰나타로靑柳綱太郎(→623)에게 경영권을 맡
기고 일본으로 돌아갔다. 1919년 3·1독립운동 이후
에는 그 원인을 수천 년의 특수한 역사와 습속 및
심성을 가진 조선인을 이해하지 못한 식민정책에서
찾고 내선융합을 위해서는 조선문화 연구가 중요하
다고 인식하고 조선으로 건너왔다. 1920년 자유토구
사를 설립하여 도쿄에 본사를, 경성에 지사를 두고
편집인 겸 발행인으로서 조선의 민속연구에 착수하
였다. 이후 자유토구사 사장으로서『통속조선문고朝
鮮通俗文庫』와『선만총서鮮滿叢書』등을 기획하였고
여기에는『사씨남정기』,『구운몽』,『광한루기(춘향
전)』,『장화홍련전』등 다수의 조선 고소설이 번역,
수록되어 있다. 1930년 월단사月旦社를 창설하고 잡
지『사람들의 소문人の噂』, 후에『사람들과 국책人と
國策』을 발행, 주재하였다.

주요 저서에『(조선궁정비화) 국태공의 눈초리(朝鮮
宮廷秘話)國太公の眦』(昭文社, 1929),『조선총서朝鮮叢書』
(朝鮮問題研究所, 1936),『조선 문제의 귀추朝鮮問題の歸
趨』(亞細亞文化聯盟本部, 1925),『조선 통치심리의 근본

적 변경에 관한 의견서朝鮮統治心理の根本的變更に關する意見書』(발행자불명, 1924), 『정감록鄭鑑錄』(自由討究社, 1923), 『만선의 경영鮮滿の經營』(自由討究社, 1921), 『조선문화사론朝鮮文化史論』(朝鮮研究會, 1911), 『(현대)한성의 풍운과 명사(現代)漢城の風雲と名士』(日韓書房, 1910) 등이 있다.

[참고문헌]「在外本邦人農工商家漁業者人名錄」 外務省記錄3-3-7-25 『農工商業等ニ從事スル在外本邦人營業狀態取調一件』(外務省通商局, 1905), 鈴木庸之助 『日韓商工人名錄 下卷』(合資會社實業興信所, 1908), 김효순 「3.1 운동과 호소이 하지메(細井肇) 감수「홍길동전」번역 연구: 홍길동 표상과 류큐 정벌 에피소드를 중심으로」『한림일본학』28(한림대학교 일본학연구소, 2016), 박상현 「호소이 하지메(細井肇)의 일본어번역본 『장화홍련전(薔花紅蓮傳)』 연구」『일본문화연구』37 (동아시아일본학회, 2011)　　　　【김효순】

946
호소키바라 세이키
細木原靑起(세목원청기)　　　1885.5.15~1958.1.27

도리고에 세이시島越靜岐(이명)

만화가, 문학가

오카야마현岡山縣 출신. 구성舊姓은 도리고에, 본명은 다쓰에辰江. 풍속화가 구로사키 슈사이黑崎修齋에게 그림을 배운 후 일본미술원을 졸업하고 도쿄만화회 소속 만화가로도 활동했다. 도리고에 세이키라는 필명으로 『경성일보』와 잡지 『조선』에 만화를 기고했으며 『조선만화朝鮮漫畵』의 그림을 담당했다.

1906, 7년 무렵 도한한 것으로 추정되며 2년 동안 하이쿠俳句 작가와 만화가로 활동하며 경성일보와 조선에 만화와 하이쿠를 기고했다. 1909년 경성일보 기자였던 우스다 잔운薄田斬雲(→791)이 집필한 『조선만화』의 그림을 담당했다. 『조선만화』는 조선의 사회 계급과 계층, 음식 및 놀이 문화를 비롯한 풍속과 풍물을 다뤘으며 한국에서 최초로 만화라는 용어를 사용한 저술이기도 하다. 이 책에는 조선을 제재로 한 하이쿠 100수가 수록되어 있고 하이쿠 가인이기

도 했던 호소키바라가 지은 38수가 포함되어 있어 하이쿠의 편집도 담당했을 가능성도 높다. 이에 앞서 1908년에는 우스다가 쓴 『요보기ヨボ記』에도 9매의 삽화를 담당하기도 했다. 조선인에 대한 멸칭인 '요보'는 『조선만화』에서도 이어지며 조선을 정체되고 비문명적인 상태로 표현하는 차별적 서술은 호소키바라가 담당한 만화에서도 조선인을 희화화하여 전형화한 묘사로 나타난다. 한편 호소키바라는 「미감 없는 나라美感なき國」(『조선』8호, 1908.10) 라는 미술 비평문에서도 오감의 둔함으로 인해 상상력과 관찰력이 떨어져 미술의 발전 역시 없다는 논리의 글을 기고하기도 했다.

1909년 일본으로 돌아와 『도쿄니치니치신문東京日日新聞』, 『오사카아사히신문大阪朝日新聞』 등에 만화와 유머소설, 삽화 등을 그렸고 하이진으로 활동했다. 1924년에 일본 최초의 만화 개설서인 『일본만화사』를 간행했다.

[참고문헌] 한일비교문화세미나 역 『조선만화-100년 전 조선, 만화가 되다』(어문학사, 2012), 川端源太郞編 『京城と內地人』(日韓書房, 1910)　　　【최재혁】

947
호시노 기요지
星野喜代治(성야희대치)　　　1893.11.11~1979.10.14

관료, 금융인

후쿠시마현福島縣 출신. 아이즈중학교會津中學校, 제일고등학교第一高等學校를 거쳐 1918년 7월 도쿄제국대학東京帝國大學 법과대학 영법과를 졸업했다. 동년 대장성大藏省에 들어가 주세국 조사과에 근무했다. 이후 마에바시前橋와 오사카기타大阪北 세무서장, 도쿄세무감독국의 경리부장 및 간세부장間稅部長, 은행검사관, 영선관재국營繕管財局 총무과장, 외국위체관리부 총무과장, 은행국 보통은행과장과 특별은행과장, 대신관방 비서과장 겸 대장대신비서관, 검사부장을 역임했다. 1938년 7월 대장성大藏省을 사직하고 동년 8월 조선은행 이사에 취임하였다. 1945년 2월 조선은행 부총재가 되었으며 동년 11월 해임되고 일

본으로 귀환하였다. 1946년 공직 추방되었다가 1951
년 해제되었고 1953년 폐쇄기관조선은행특수청산인
이 되었고 이후 1957년 설립된 조선은행 제2회사 일
본부동산은행의 은행장, 회장, 상담역, 1977년 개칭
된 일본채권신용은행日本債券信用銀行의 상담역을 역
임했다.

호시노가 조선은행의 이사 및 부은행장을 지낸 시
기는 1938년 8월부터 1945년 11월까지의 7년간이지
만 조선에 머무른 기간은 1939년 8월경부터 1941년
8월까지와 1945년 1월부터 11월까지로 만3년이 되지
않으며, 나머지 기간은 은행의 도쿄주재 이사로 근
무했다. 조선에 체류했던 1940년에 조선산금매입주
식회사 중역을 겸했고 이해 '지나사변' 공으로 훈장
을 받았다.

체류기간은 짧지만 특히 1945년 패전 전후 활동은
패전 이후 한국 경제에 큰 피해를 끼쳤다. 그는 불리
한 전황에도 화폐 공급에 차질이 없도록 조선은행권
의 조선 내 인쇄를 추진하여 패전을 맞이하기 전에
천 원권 70억 원, 백 원권 21억 원을 인쇄하였다. 이
때 인쇄된 화폐가 전부 사용된 것은 아니지만 해방
이후의 인플레이션을 초래하였다.

조선은행이 증발한 화폐는 주로 조선총독부 관리
와 일본군인, 민간 일본인의 퇴각 자금으로 쓰였다.
또 무사 귀환을 원활하게 하기 위한 각종 기밀비나
접대비로 쓰였다. 호시노는 8월 15일 이후 11월 귀환
할 때까지 대략 200만 원 정도의 기밀비를 사용하였
으며, 그 용처는 대부분 미군 접대였다. 아울러 그는
패전 전후 장부상 조선은행 경성본점 소유의 국채
49억 원을 도쿄 지점 소유로 변경했다. 이는 이후
양국의 분쟁 대상이 되었다.

1945년 10월 연합군총사령부의 비군사화의 정책
에 따라 일본 내 조선은행 지점은 폐쇄되었다. 1945
년 11월 귀환한 호시노는 이듬해 '일본의 팽창과 관
계된 금융기관'의 중역으로 공직 추방되었다가 1951
년 해제되었다. 이후 그는 중의원에 참고인으로 출
석하여 회사와 중역을 죄인 취급하는 '폐쇄기관령'을
개정하여 상법에 따라 조선은행을 청산해야 한다고
주장했다. 결국 1953년 11월 폐쇄기관조선은행특수

청산인이 된 그는 귀환자 단체, 금융계와 언론의 반
대 및 비판에도 불구하고 대장성과 협의하여 1957년
자본금 10억 엔의 일본부동산은행을 설립하고 은행
장이 되었다.

[참고문헌] 星野喜代治 『回想錄』(日本不動産銀行十年
史編纂室, 1967), 정병욱 「조선은행 일본지점의청산과
정과한일관계」『사학연구』 95(한국사학회, 2009), 정
병욱 「해방 직후 일본인 잔류자들-식민지배의 연속과
단절」『역사비평』 64(역사문제연구소, 2003)

【정병욱】

948

호시데 도시오

星出壽雄(성출수웅)   1912~?

관료

경성京城 출신. 1937년 경성제국대학京城帝國大學 법
문학부를 졸업했다.

1938년 조선총독부 도경시道警視, 경기도 경찰부
경제경찰과에서 근무했으며, 1940년에는 조선총독
부 사무관으로 경무국警務局 경무과와 식산국에서 근
무했다. 1942년 징병제 시행 준비위원회 간사, 1943
년 조선총독부도 경시를 거쳐 1945년 총독부 도사무
관, 전라북도 경찰부장 등을 역임했다.

패전 후에 일본으로 돌아가서는 1946년 야마구치
현山口縣 우베시宇部市 총무부장, 1947년 우베시 부시
장을 거쳐, 1959년에서 1969년까지 우베시 시장으로
재직했다.

[참고문헌] 松田利彦·やまだあつし 『日本の朝鮮、臺
灣支配と植民地官僚』(思文閣出版, 2009), 鄭祐宗「植
民地支配體制と分斷體制の矛盾の展開-敗戰後山口縣
の對在日朝鮮人統治を中心に-」『立命館法學』 5·6
(2010)   【김소영】

949

호시 도루

星亨(성형)   1850.5.19~1901.6.21

하마키치濱吉, 노보루登(아명)

관료, 정치인, 변호사

에도江戸(현 도쿄도東京都) 출신. 부교쇼부속영학교奉
行所附屬英學校, 가이세이쇼開成所 등에서 배운 뒤 오
바마번小濱藩, 오사카大阪, 등에서 영어교사로 근무
했다. 이때 무쓰 무네미쓰陸奧宗光와 알게 되어 와카
야마번和歌山藩, 가나가와현神奈川縣 등에서 영어교
사로 근무한 후 대장성大藏省에 들어갔다. 요코하마
세관장 근무 시절 영국공사 파크스와의 분쟁으로 세
관장에 해임된 후 1874년 영국으로 유학하여 1877년
일본인 최초로 영국 변호사 자격증을 얻었다. 같은
해 귀국한 후 1878년 최초의 사법부 소속 변호사代言
人가 되었다. 1881년 자유당이 결성되자 다음해 자유
당에 가입하여 메이지 정부와 대립하며 메이지 정부
에 대한 저항과 입옥入獄을 반복했다. 1889년 메이지
헌법이 반포되자 사면된 후 1890년 입헌자유당立憲自
由黨 간사가 되었고 1892년 중의원 의원에 당선되었
다. 이후 1895년 조선 법부 고문, 1896년 주미공사,
1900년 체신대신遞信大臣 등을 지냈다.

　1894년 12월 간다神田 긴키칸銀輝館에서 청일전쟁
에 대한 연설을 한 후, 같은 달 조선을 시찰했다.
1895년 1월 당시 조선공사 이노우에 가오루井上馨(→
824)를 만나고 귀국하여 '조선의 실황'에 대한 연설을
한 뒤 자유당 내에서 이노우에가 요구한 조선차관이
가결되도록 하고 일본 정부를 압박했다. 같은 해 3월
자신의 서생書生들과 함께 조선에 입국하여 이노우
에의 추천을 받고 4월에 조선 법부 고문에 임명되었
다. 정식으로 체결된 약정서에서는 국장 이하 관료
에 대한 지휘권과 법무아문 및 재판소의 제반 사무에
종사할 것을 명시했다. 법부 고문에 임명된 후 조선
의 재판제도 개혁에 착수하여 일본과 유사한 재판소
구성법 편제 및 발포하고 형법, 소송수속 입안, 법관
양성소 개설 준비에 주력했다. 1895년 4월 왕족의
범죄를 전담하는 특별재판소를 설립하고 곧바로 대
원군의 손자 이준용을 체포한 후 재판을 받게 하여,
조선 사회를 놀라게 했다. 1895년 7월 박영효의 국왕
폐위음모사건이 발생하자 박영효를 일본공사관으로
피신시킨 뒤 일본으로 망명할 수 있도록 도왔다.

1895년 10월 을미사변이 일어나자 일본으로 귀국하
여 당시 일본 총리대신이었던 이토 히로부미伊藤博文
(→900)에게 보고했다. 이후 조선으로 돌아가지 않고
같은 해 12월, 병을 이유로 법부고문을 사임했다.

　1895년 10월 귀국한 후 이토의 추천으로 다음해
4월 주미공사에 임명되었다. 1899년 헌정당憲政黨 내
주도권을 확립한 후 다음해 이토를 총재로 하는 입헌
정우회立憲政友會를 창립하여 제4차 이토 내각의 체
신대신이 되었지만 '도쿄시회 비리사건東京市會汚職事
件'에 수하인물이 관련되어 사임했다. 1901년 검객
이바 소타로伊庭想太郎의 칼에 찔려 사망했다.

　[참고문헌] 秦郁彦 編『日本近現代人物履歷事典』(東京
　大學出版會, 2002), 臼井勝美 外 編『日本近現代人名
　辭典』(吉川弘文館, 2007), 有泉貞夫『星亨』(朝日新聞
　社, 1983), 金文子『朝鮮王妃殺害と日本人』(高文研,
　2009), 윤소영「갑오개혁기 日本人 顧問官의 활동」『한
　국민족운동사연구』30(한국민족운동사학회, 2002)

　　　　　　　　　　　　　　　　　　　【박진홍】

950

호즈미 신로쿠로

穂積眞六郎(수적진육랑)　　　　1889.6.30~1970.5.23

관료, 실업가

도쿄시東京市 출신. 1913년 도쿄제국대학東京帝國大學
법과대학 정치과를 졸업하고, 이듬해 7월 대학원을
수료했다.

　1914년 11월 고등문관시험에 합격하여 총독부시보
로 도한했다. 1915년 12월 황해도 사무관으로 임명되
고, 1917년 3월 평안남도 지방계주임, 1918년 1월 총
독부철도국감리과사무관, 1920년 3월 경기도 권업
과장, 1921년 6월 경기도 재무부장, 1923년 3월 부산
세관장, 1924년 12월 신의주 세관장, 1926년 5월 조
선총독부회계과장을 역임했다. 1928년 3월 총독부
심의실에 근무하는 동시에 구미 각국에 출장하였고,
같은 해 8월 재무국세무과장이 되었다. 1929년 11월
외사과장을 역임했다. 1932년 7월부터 1941년 11월
까지는 식산국장으로 장기간 재임했다. 1941년 퇴임

후에는 경성상공회의소 회두, 조선상공회의소 회두, 경선전기주식회사 사장, 조선흥업주식회사 사장, 경기도상공경제회 회두, 조선상공경제회 회두 등을 역임했다. 또 조선비행기공업주식회사를 설립하였고, 조선무연탄주식회사 이사, 원산북항주식회사 사장 등을 역임했다.

전후 조선에서 일본인 귀환에 진력하여 조선인양동포세화회회장朝鮮引揚同胞世話會長, 인양자단체전국연합회부위원장을 역임했다.

1950년 우방협회를 설립하여 이사장으로 재직했다. 1958년 조선사연구회를 설립했다.

[참고문헌] 穗積眞六郎 『わが生涯を朝鮮に-穗積眞六郎先生遺筆』(財團法人友邦協會, 1974), 永島廣紀 編 『植民地帝國人物叢書』第27卷(ゆまに書房, 2010), 이상의 「1930년대 조선총독부 식산국의 구성과 공업화정책-상공과를 중심으로」『한국근현대사연구』40(한국근현대사학회, 2007)　　　　　【김소영】

951
혼고 도모지로
本鄕友次郎(본향우차랑)　　생몰년도 미상

경찰관료

도쿄부東京府 출신. 1906년부터 1941년까지 통감부統監府 및 조선총독부에서 근무했던 경찰관료이다.

1906년 8월 28일 통감부 순사가 되었고, 1916년 훈7등 즈이호쇼瑞寶章를 수여받았다. 1919년 8월 20일 관제개정官制改定에 따라서 조선총독부 도순사道巡査가 되었다. 1922년 8월 1일에는 총독부 고원雇員이 되어서 경무국警務局 보안과保安課에서 근무했고, 1926년 4월 24일에는 경무국에서 근무했다.

이후 행적은 알 수 없으나, 1937~1941년 총독부 경무국 경무과 촉탁囑託으로 근무했다는 기록이 남아 있다.

[참고문헌] 朝鮮總督府 編『朝鮮總督府始政二十五周年記念表彰者名鑑』(朝鮮總督府, 1935), 朝鮮總督府 編『朝鮮總督府及所屬官署職員錄』(朝鮮總督府, 1937~1941)　　【주동빈】

952
혼다 고스케
本田幸介(본전행개)　　1864.1.4~1930.4.20

농학자, 대학교수, 관료

도쿄시東京市 출신. 가고시마현鹿兒島縣 번사藩士 출신인 부친 노무라 모리히데野村盛秀의 차남으로 태어났으며, 양부養父 혼다 나카지로本田仲次郎에게 입양되어 성장했다. 1886년 7월 고마바농학교駒場農學校 농학과를 졸업한 후 농상무성農商務省 수산국水産局, 농무국農務局 등에서 근무했다. 1889년 8월 도쿄농림학교東京農林學校 교수, 1890년 6월 일본제국대학 농과대학 조교수가 되었다. 1891년 문부성文部省 파견 유학생으로 3년간 독일에서 농학을 연구한 후 귀국했으며, 이후 제국대학 농과대학 교수가 되어 축산학 등을 강의했다. 1899년 3월 농학박사 학위를 받았다. 유럽 특히 이탈리아와 독일의 축산학 체계 도입으로 유명하다. 1903년 6월부터 중국과 조선 양 국에 파견되기 시작했으며, 통감부 설치 후 기사技師로 파견되었다. 1906년 5월 통감부 산하 권업모범장勸業模範場 기사技師 겸 장장場長, 1908년 수원농림학교水原農林學校 교장이 된 후 1919년 12월까지 계속 겸임했다. 1918년 4월 규슈제국대학九州帝國大學 농과대학을 설립하고 초대 농학부장을 역임했으며, 이후 제실임야국帝室林野局 장관으로 근무했다. 저서로는 『특용작물론特用作物論』(1892), 『보통작물론普通作物論』(1892) 등이 유명하다. 1930년 4월 20일 사망했는데, 사망 당시 일본 도쿄와 조선의 수원에서 추도식이 거행되었다. 부인은 혼다 데이코本田てい子이며 슬하에 1남 3녀를 두었다.

통감부 기사로 임명되어 조선으로 건너온 후 1906년 5월부터 1919년 12월까지 농상공부 기감技監으로서 수원의 권업모범장 기사 겸 장장으로 재직했다. 1908년 1월 수원농림학교 교장을 겸임하여 역시 1919년까지 재직했다. 이 사이 1916년 6월 미국출장을 명령 받고 그해 가을부터 이듬해 2월까지 미국 시찰을 다녀왔다. 당시 순종純宗이 출장비로 500원을 하사했다고 한다. 1917년 2월 귀국 후 경제연구회에서 귀국강연을 하고 잡지에 시찰담을 싣기도 했다. 1916년 11월까지 동양척식주식회사 고문으로 활동했으며, 조선농회朝鮮農會 부회장 등을 역임했다. 20여 년간 식민지 조선의 농업계에 종사하여 '조선 농업 개발의 대은인大恩人'으로 평가되곤 했다.

일본으로 돌아간 후의 조선 관련 활동으로는, 1920년 2월 도쿄에서 구마모토 리헤이熊本利平(→132) 등을 중심으로 조선인 유학생 및 재조일본인 유학생을 지원하기 위해 조직된 보인회輔仁會의 평의원에 선임되었다. 한편 조선에서는 1921년 6월 이완용李完用, 송병준宋秉畯 등이 중심이 되어 '혼다박사 기념사업本田博士記念事業'을 준비했다. 이후 기념문고 설립, 기념도서 간행, 기념비 건립 등의 사업을 하기로 했다. 이에 따라 1924년 5월 수원 권업모범장에서 혼다박사 동상 제막식이 개최되었다. 동상 건립을 위해 순종이 300원 하사했다. 1926년 10월 이래 경주에 세계적인 공원을 계획하는 일을 맡기도 했으나, 1930년 사망했다.

조선에 있을 당시 「조선에서 농사개량의 근본의朝鮮に於ける農事改良の根本義」(『朝鮮及滿洲』 75호, 1913.10), 「농가의 부업農家の副業」(『朝鮮總督府月報』 제5권 1호, 1915.1), 「조선우의 양성미질 조장朝鮮牛の良性美質助長」(『朝鮮彙報』 1915. 7), 「농사의 개량農作物の改良」(『朝鮮彙報』 1916.1), 「미 대륙 시찰담 - 조선에서 보는 타지의 농업米大陸の 視察談-朝鮮にて 見たる 彼地の 農業」(『半島時論』 제1권 2호, 1917.5), 「조선농업의 개량할 만한 2대 요점朝鮮農業の 改良すべき 二大要點」(『半島時論』 제1권 4호, 1917.7), 「조선의 목양朝鮮の牧羊」(『朝鮮彙報』 1919.1), 「조선농업의 기왕을 돌아보며朝鮮農業の旣往を 顧みて」(『朝鮮彙報』 1919.12) 등 수많은 글을 발표했다.

[참고문헌] 리진호 『식민지 조선의 일본인 인명사전』 (지적박물관출판부, 2011), 구자옥 『우리 농업의 역사 산책』(이담북스, 2011), 朝鮮公論社 編 『在朝鮮內地人 紳士名鑑』(朝鮮公論社, 1917), 阿部薰 編 『朝鮮功勞者 銘鑑』(民衆時論社, 1935), 芳賀登 外 編 『日本人物情報 大系』(皓星社, 1999~2002), 日外アソシエーツ 編 『20 世紀日本人名事典』(紀伊國屋書店, 2004)　【변은진】

953

혼다 다케오
本多武夫(본다무부)　　　　　　　1905~?

관료

후쿠오카현福岡縣 출신. 규슈제국대학九州帝國大學 법문학부를 졸업하였다. 1928년 10월 고등문관시험에 합격한 후 1929년 7월 척무성拓務省 소속으로 공직 생활을 시작하였다.

1932년 7월 조선으로 건너와 충청북도 학무과장직을 맡았고, 1933년 12월부터는 함경남도 학무과장과 이재과장理財科長을 역임하였다. 그리고 평안북도 경찰부장으로 재직 중이던 1940년 9월 2일 발령을 받아 조선총독부 경무국 도서과장직을 맡았다.

그가 과장으로 있던 시기, 총독부 도서과에서는 1940년 1월 4일 공포되고 8월 1일부터 시행에 들어간 조선영화령朝鮮映畵令에 기반하여 각각 10개사와 40여 사에 달하던 조선 내 영화 제작 및 배급 회사에 대한 통제 작업을 진행하였다. 물론 이는, 조선영화계를 일원적 단일 영화 제작사 및 배급사로 통폐합하려는 당국의 정책 기조에 따른 것이었다.

내무성은 전시 물자 관리의 일환으로 생필름 배급 통제 등을 통해 영화 제작 및 배급 부문에 대한 통폐합 방침을 관철하려 하였으며, 이에 조선 내 영화 제작업자 및 배급업자들은 총독부에 자신들의 사정을 피력하였는데, 그 과정에서 총독부 도서과는 중재적 입장을 취하기도 하였다.

결국 1941년 11월 26일 조선총독부는 정보과를 신설하는 것을 핵심으로 하는 기구 개편을 단행하였고, 이를 계기로 혼다 다케오도 같은 날 경질되어 총독부 학무국 학무과장으로 발령되었다. 1941년 11월 26일부터 당시 총독부 보안과장이던 후루카와 가네히데古川兼秀(→961)가 잠시 도서과장을 겸하다가, 12월 8일부터 함경북도 경찰부장직에 있던 모리 히로시森浩(→397)가 후임으로 자리를 채우게 되었다.

[참고문헌] 정진석 『극비 조선총독부의 언론검열과 탄압』(커뮤니케이션북스, 2007), 高島金次 『朝鮮映畵統制史』(朝鮮映畵文化研究所, 1943), 국사편찬위원회 한

국사데이터베이스 〈http://db.history.go.kr〉

【함충범】

954

혼마 다카요시

本間孝義(본간효의)   1885.5.1~1972

관료

니가타현新潟縣 나카간바라군中蒲原郡 출신. 아버지 료헤이良平(1863년 7월생)와 어머니 쓰유코露子(1868년 10월생) 사이에 장남으로 태어났다. 1910년 7월 도쿄제국대학 공과대학 토목공학과를 졸업하고 체신성 임시발전수력조사국에서 근무하게 되었다. 이듬해에 기사技師로 승진하여 나가노출장소장長野出張所長에 임명되었다.

부인 아이코愛子(1893년 12월생)는 니가타현 사카모토 유린坂本有隣의 딸이며, 니가타고등여학교를 졸업했다. 취미는 독서였다. 자녀로 3남을 두었고, 장남 요시오義雄(1914년 11월생)는 교토제대를 졸업한 뒤 아버지의 뒤를 이어 조선총독부(농림국)에서 근무했다. 차남은 히데토시英俊(1919년 4월생, 와세다대 졸업), 3남은 마사토요正豊(1925년 1월생)였다.

1913년 4월 조선총독부 기사로 임명되어 6월에 조선으로 건너와 관방토목국 공무과工務課에서 근무하기 시작했다. 1920년 4월에는 경성공업전문학교 강사 촉탁을 겸임했다. 1921년 7월부터 1922년 6월까지 토목사업 시찰을 위해 구미 각국에 출장을 나가 견문을 넓혔다. 1922년 7월 토목부 공사과 기사로서 체신국발전수력조사 사무를 촉탁받았다. 1929년 2월 칙임관대우勅任官待遇를 받았다. 1937년부터는 경성토목출장소장을 지내면서 한강치수와 충청지역 치수업무를 담당했다. 1938년 11월 퇴관할 당시에는 기술관으로서는 드물게 고등관 1등까지 승진하였다. 이밖에 총독부 직속 조선전기사업조사회 위원 및 간사(1931~32), 압록강수력발전개발위원회 위원(1937~38)을 겸직했다.

주로 하천행정에 종시히면서 전문 기술관료로 활동했다. 「조선 수리계획의 근본문제朝鮮に於ける水利計劃の根本問題」(『朝鮮總督府月報』, 1914.7), 「조선 수력전기의 경제적 가치朝鮮に於ける水力電氣の經濟的價値」(『朝鮮彙報』1920.3), 「조선수력전기계의 앞길朝鮮水力電氣界の前途」(『朝鮮』, 1923.4), 「조선의 하천에 관하여 朝鮮の河川に就て」(『朝鮮及滿洲』, 1936.11) 등 하천개수와 전력조사, 각종 치수사업과 관련한 다수의 글을 남겼다.

퇴관 후에는 자본금 2,500만 원의 거대 회사 한강수력전기주식회사漢江水力電氣株式社(1939년 설립)의 상무이사 기사장이 되어 청평·화천발전소를 건설했다. 조선연안개발朝鮮沿岸開發㈜의 이사를 지냈고 1943년 조선전업주식회사朝鮮電業株式會社가 창립된 뒤 고문을 맡았다.

패전 뒤 일본으로 돌아가 여생을 보내면서 같은 총독부 관료 출신의 신바 고헤이榛葉孝平(→571), 혼마 도쿠오本間德雄와 함께 『조선의 국토개발사업朝鮮の國土開發事業』(友邦協會 編, 1967)을 저술하였다. 이 책은 토목 분야에서 자신들의 업적을 정리하면서 조선총독부의 통치를 정당화하는 내용을 담고 있다. 말년인 1966년 7월 한국을 방문하기도 하였다.

[참고문헌] 朝鮮公論社 編 『在朝鮮內地人紳士名鑑』(朝鮮公論社, 1917), 貴田忠衛 『朝鮮人事興信錄』(朝鮮人事興信錄編纂部, 1935), 越智兵一 編 『朝鮮總督府始政二十五周年記念表彰者名鑑』(朝鮮總督府始政二十五周年記念表彰者名鑑刊行會, 1935), 高橋三七 『事業と鄕人 第一輯』(1939), 谷サカヨ 『第14版 大衆人事錄』(帝國秘密探偵社, 1943), 本間美保子 編 『本間德雄を偲んで』(本間三保子, 1977), 고태우 「조선총독부 토목행정과 토목관료의 '조선개발' 인식」 『역사와 경계』 97(부산경남사학회, 2015)   【고태우】

955

혼마 히사오

本間久雄(본간구웅)   1886.10.11~1981.6.11

영문학자, 대학교수

야마가타현山形縣 요네자와시米澤市 에치고越後 출신. 1909년 와세다대학早稻田大學 영문과를 졸업하고

1918년 와세다대학 강사가 되었다. 1928년 와세다대학 해외 유학생에 선발되어 영국에 유학했으며, 1931년 와세다대학 문학부 교수로 취임하였다. 1920년대 일본의 민중 예술 논쟁을 주도한 인물의 한 사람이며, 민중 예술을 교화 운동의 기관으로 간주하였다. 1934년 『영국 근세 유미주의 연구』로 박사학위를 받았으며, 1935년부터 1939년까지 『메이지문학사明治文學史』를 집필하였다. 전후 1957년 와세다대학을 퇴임하고, 1958년 짓센여자대학實踐女子大學 교수로 취임하여 1962년에 명예교수가 되었다.

혼마는 일본 근현대 영문학자이자 평론가, 번역자로 1920년대 일본의 민중예술론을 이끌어 온 인물이다. 그의 문학 이론은 이광수를 통해 국내에 널리 전파되었는데, 1922년 3월 발행된 『개벽』 제21호의 「문학에 뜻을 두는 이에게」에서 가장 대표적인 문학서로 혼마가 지은 『문학개론』을 추천한 데서도 확인할 수 있다. 이광수는 1915년 9월부터 1919년 2월까지 와세다 대학에서 문학을 공부했는데, 혼마가 이 대학의 강사가 된 시점이 1918년인 점을 고려하면, 이광수의 문학 이론 형성 과정에서 혼마의 영향이 컸음은 쉽게 짐작할 수 있다. 혼마는 『문학개론』 서구 문학 이론을 일본식으로 재해석했으며, 일본의 근대 문학 형성 과정에 대한 『메이지문학사』를 완성하였다. 1917년 프랑스 작가 로망 롤랑의 Theatre du peuple(민중극론, 1903)를 『민중예술론』으로 번역한 뒤, 노동자와 민중을 교화하는 수단으로서 예술의 가치를 강조하여 계몽주의 문학을 확립하였다.

1981년 6월 도쿄대학 의학부 부속병원에서 96세로 사망했다.

[참고문헌] 本間久雄 『新文學槪論』(新潮社, 1917), 本間久雄 『現代の思潮と文學』(大同館書店, 1920), 本間久雄 『現代の女性觀』(廣文堂, 1925), 本間久雄 『文學槪論』(東京堂書店, 1926), 구장률 「문학지(文學知)의 번역」 『민족문학사연구』 47(민족문학사학회 · 민족문학사연구소, 2011), 박양신 「다이쇼 시기 일본 · 식민지 조선의 민중예술론」 『한림일본학』 21(한림대학교 일본학연구소, 2013) 【허재영】

956
후루미 이즈시오
古海嚴潮(고해엄조)　　1865.10.30~1938.8.7

육군 군인

에히메현愛媛縣 출신. 1887년 7월 육군사관학교를 졸업(구 9기)하고 보병소위로 임관하였다. 1891년 11월 육군대학교에 입학했지만 청일전쟁이 일어나 1894년 7월에 임시 중퇴하였다. 1896년 2월 육군대학교로 다시 복귀하고 같은 해 3월 우등으로 졸업하고 참모본부 제3부에 배속되었다. 러일전쟁에도 출정하여 1905년 1월 압록강군 참모가 되어 평톈奉天 전투 등에 참전하였다. 1907년 7월 제5사단 참모장에 취임하고 같은 해 11월에는 대좌로 진급하였다. 1909년 11월 제18사단 참모장으로 이동하였고, 1912년 4월에는 육군소장으로 진급하여 보병 제36여단장으로 취임하였다.

1914년 4월 조선주차군 참모장(1914.4.17~1916.4.1)으로 임명받아 도한했으며, 1916년 4월에는 조선주차헌병 사령관(1916.4.1~1918.7.28)으로 취임하여 헌병경찰제도 하에서 조선총독부 경무총장을 겸임하였다. 같은 해 8월에는 중장으로 승진하였다.

1918년 7월 제17사단장으로 이동했으며, 1921년 7월 예비역으로 편입되었다.

[참고문헌] 秦郁彦 編 『日本陸海軍總合事典』(東京大學出版會, 1991), 中田孝之助 編 『在韓人士名鑑』(木浦新報社, 1905) 【이승희】

957
후루쇼 이쓰오
古庄逸夫(고장일부)　　1895~?

관료, 실업가

구마모토현熊本縣 출신. 도쿄제국대학東京帝國大學 법학부 정치학과 재학 중에 고등문관시험 합격, 1919년 대학을 졸업하던 해 조선총독부 시보試補로 채용되어 조선에 건너온 뒤, 1939년까지 전국 각지에서 관료로 근무하였으며, 공직 퇴임 후부터 1944년까지 조선중앙무진주식회사朝鮮中央無盡株式會社 사장을 역임하였다. 1936년경에 족적族籍을(족칭族稱과 본적)을 '구마모토현 평민平民'에서 도쿄 부東京府 평민으로 바꾸었다. 일본으로 귀국한 시기와 사망 연대는 현재까지 파악하기 어려우며, 귀국 후의 활동도 저술 이외에는 마찬가지 상황이다.

1919년 조선총독부 소속으로 관직 생활을 시작하여, 1920년 도사무관道事務官으로 승진하면서 전라남도에서 근무하고, 1923년 충청북도와 경기도, 1924년 충청남도, 1926년 충청남도 등에서 재무부장을 역임하였으며, 1928년 구미 여러 나라를 시찰하고 귀국 한 뒤 경기도 재무부장으로 근무하였다. 1929년 고등관 3등으로 승진하면서 토지개량부土地改良部로 옮겨 토지개량과장土地改良課長으으로 근무하고, 1931년 개간과장開墾課長을 겸무하였으며 1932년 4월 토지개량부장 사무를 겸무하였다. 이어 같은 해 7월 농림국農林局으로 옮겨 토지개량과장土地改良課長으로, 1933년 농정과장農政課長으로 근무하였으며, 1935년 광주세무감독국장이 되었다. 1936년 5월 경성京城 세무감독국장이 되고 7월 10일자로 칙임관勅任官 대우를 받았으며, 1939년 1월 26일자로 퇴직하고, 2월 8일 특지特旨로 위1급位一級 승진하여 종4위 훈6등이 되었다.

각종 조직에서 임원으로 활동하였는데, 1928년부터 보통시험위원, 문관보통징계위원, 세제조사위원회임시위원, 금융제도준비조사위원, 1929년부터 임시소작조사위원회 위원, 임야조사위원회 위원, 미곡조사 위원 등을 역임하고, 1932년 농촌진흥위원회 위원, 1933년 임시조선미곡조사위원회 위원, 1934년 조선간이생명보험사업자문위원회朝鮮簡易生命保險事業諮問委員會 간사, 1935년 광주세무감독국소할 내소득세심사위원회 회장, 1937년 재단법인조선주조협회財團法人朝鮮酒造協會 이사 등을 맡았다. 1939년 재단법인조선재무협회 이사에서 퇴임하고 1942년 지방금융협의회 설립위원이 되었다.

1930년부터 토지개량기술원강습회와 지방행정강습회, 1932년 수원고등농림학교, 1934년 신규채용자강습회 등에서 강사로도 활동했으며, 공직에서 퇴직한 직후인 1939년 1월 31일부터 1944년 1월 31일까지는 조선중앙무진주식회사朝鮮中央無盡株式會社 사장으로 활동하였다.

조선 관련 저술로는 『조선지방제도강의朝鮮地方制度講義』(帝國地方行政學會朝鮮本部, 1926), 『황도낙토를 조선에 건설하라皇道樂土を朝鮮に建てよ』(同民會, 1935) 등이 있다.

전후 조선 관련 저술로 『조선토지개량사업사朝鮮土地改良事業史』(友邦協會, 1955), 『조선통치회상록朝鮮統治回想錄』(1962), 『조선지방제도개론朝鮮地方制度槪論』(1963), 『풍설50년風雪五十年』(1963), 『풍설70년風雪七十年』(1965), 『조선의 세제와 운영朝鮮の稅制と運營』(1965) 등이 있다. 저술 이외에 이쓰오가 일본으로 귀국한 시기, 귀국 후 행적, 사망 연대 등은 현재까지 파악하기 어렵다.

[참고문헌] 『朝鮮總督府官報』 제2785호(1936.4.28, 348면), 貴田忠衛 『朝鮮人事興信錄』(朝鮮人事興信錄編纂部, 1935), 阿部薰 編 『朝鮮功勞者銘鑑』(民衆時論社, 1935), 高橋三七 『事業と鄕人』第1輯(實業タイムス社·大陸硏究社, 1939), 嶋元勸 『朝鮮財界の人人』(京城日報社, 1941), 한국역사정보통합시스템 〈http://www.koreanhistory.or.kr〉, 일본국립국회도서관 〈http://www.ndl.go.jp〉, 구마모토대학 〈http://www.kumamoto-u.ac.jp〉, webcatplus 〈http://webcatplus.nii.ac.jp〉

【조미은】

958

후루야마 고마오
古山高麗雄(고산고려웅)   1920.8.6~2002.3.11

문학가

조선 신의주 출신. 주로 자신의 태평양전쟁 종군 체험이나 전후의 생활을 소재로 하는 소설을 발표했다.

유복한 개업의 가정에서 태어났다. 1938년 신의주중학교新義州中學校를 수석으로 졸업하고 우수한 성적으로 평안북도 지사상을 수상하여 졸업식 대표로 답사를 읽을 자격을 갖추었으나 자습을 결석하고 연못에서 스케이트를 타는 등의 품행이 문제시되어 수상과 답사 모두 취소되었다.

1939년 제이고등학교第二高等學校 이과에 불합격했다. 필기시험에는 합격했으나 면접에서 교련과 체조 과목을 싫어한다고 밝힌 것이 그 원인이라 한다. 조호쿠고등보습학교城北高等補習學校에 다니며 입시를 준비하던 중 야스오카 쇼타로安岡章太郎(→682)와 지우가 되었다. 후루야마는 야스오카의 아쿠타가와상芥川賞 수상작 『나쁜 친구들惡い仲間』에 등장하는 '후지이 고마히코藤井高麗彦'의 모델이기도 하다. 1940년 게이오기주쿠慶應義塾 의학부 예과와 제삼고등학교第三高等學校 문과 병류丙類에 동시 합격하여 후자에 입학했으나 강의에는 출석하지 않고 유곽을 드나들며 집에서 송금하는 용돈을 탕진하는 생활을 보냈다.

1941년 성적 불량과 출석일수 부족으로 인하여 진급 시험에서 낙제, 퇴학 처분을 받고 같은 해 모친이 사망하였다. 1942년 가을 징병검사에서 제2을종第二乙種으로 합격하여, 센다이仙臺의 보병 제4연대에 배속되었다. 간부후보생요원으로 편입되었으나 군인칙유軍人勅諭의 암송을 거부한 것을 이유로 낙제, 병졸로 제2사단사령부에 전속되어 버마 등 남방 전전을 전전하다 라오스에서 종전을 맞이했다. 종전 당시 일등병(포츠담 상등병)이었다. 포로수용소 근무 경력으로 인하여 BC급 전범 용의자로 베트남에서 구속되어 사이공 형무소에 수감된다. 1947년 금고 8개월 판결이 내려지나 미결통산으로 익일 석방되었고 복원復員하였다.

1948년 재단법인 일본영화교육협회日本映畵敎育協會에 입사, 1950년에 퇴사 후 가와데쇼보河出書房에 입사했다. 57년 가와데쇼보 도산으로 인하여 퇴직하였으며 1967년 『계간예술季刊藝術』 동인으로 참가하여 편집장으로 취임했다.

1969년 처녀작 『묘지에서墓地にて』를 발표, 1970년에는 제2차 대전 후 전범 용의로 구류된 주인공의 체험을 묘사한 『프레오 8의 여명プレオー8の夜明け』을 발표하여 동년 제63회 아쿠타가와상을 수상했다.

이후 『작은 시가도小さな市街圖』(1972)로 1973년 예술선장신인상藝術選獎新人賞, 『매미의 추억セミの追憶』(1994)으로 1994년 가와바타 야스나리 문학상川端康成

文學賞, 자신의 전쟁 체험을 기반으로 전쟁에 휘말린 이들에 대한 진혼의 심정을 그린 『단작전斷作戰』(1982), 『용릉회전龍陵會戰』(1985), 『후콩 전기フーコン戰記』(1999)의 3부작으로 2000년 기쿠치 간 상菊池寛賞 등을 수상했다.

2002년 가나가와현神奈川縣 사가미하라시相模原市 가미이쓰루마上鶴間의 자택에서 향년 81세로 사망했다.

[참고문헌] 古山高麗雄 『二十三の戰爭短編小說』(文藝春秋, 2004), 玉居子精宏 『戰爭小說家 古山高麗雄傳』(平凡社, 2015) 【이윤지】

959
후루이치 고이
古市公威(고시공위) 1854.9.4~1934.1.28

공학자, 관료, 대학교수

에도江戶(현 도쿄도東京都) 출신. 메이지시대明治時代와 다이쇼시대大正時代에 걸쳐 활약한 토목공학자이자 당대 공학계의 원로. 도쿄제국대학東京帝國大學 공과대학 초대 학장, 토목학회土木學會 초대 회장, 일본공학회日本工學會 이사장, 이화학연구소理化學硏究所 제2대 소장 등을 역임하며 일본의 근대공학 및 토목공학 제도를 정비했다. 제국대학 명예교수. 남작.

히메지姬路 출신의 번사藩士 후루이치 다카시古市孝와 세이せい의 장남으로 태어났다. 1869년 구 막부의 가이세이쇼開成所를 전신으로 개교한 가이세이학교開成學校에 입학, 1970년 공진생貢進生(각 번에서 우수한 학생을 선발하여 지원한 장학생)으로 다이가쿠난코大學南校(가이세이학교의 후신) 프랑스어과에 진학했다. 1873년 학교 조직 개편과 더불어 프랑스어과 학생들을 위한 제예학과諸藝學科(이공과대학polytechnique의 번역)가 신설되어 이에 진학했으나, 1875년 문부성文部省 최초의 유학생으로 프랑스 파리의 중앙공업대학(에콜 상트랄Ecole centrale)에 파견되었다. 토목공학을 전공하고 1879년 8월 동교 차석 졸업, 공학사 학위를 얻었다. 프랑스 기업의 스카우트를 거절하고 소르본대학 이학부에서 수학과 천문학을 공부하여 이듬해 이학사 학위를 취득했다.

1880년 귀국, 내무성內務省 토목국土木局 기사技師와 도쿄대학東京大學 강사를 겸하며 고등수학을 강의하는 등 이후 관료와 대학 교원의 양 분야에서 활약하게 된다. 시나노가와信濃川, 아가노가와阿賀野川, 쇼가와庄川 등 내무성 직할 공사의 감독을 담당했으며, 그 학식 및 행정 수완을 인정받아 1886년 5월 1일 32세의 나이로 제국대학 분과로 발족한 공과대학(도쿄대학 공학부의 전신)의 교수 및 초대 학장으로 취임했다. 또한 초대 문부차관인 쓰지 신지辻新次 등과 더불어 동년 5월 불학회佛學會(일불협회日佛協會의 전신), 동년 11월 도쿄불학교東京佛學校(이후 도쿄법학교東京法學校와 합병하여 호세이대학法政大學의 전신이 된다)를 설립하여 동교의 초대 교장에 취임했다.

1890년에는 내무성 토목국장으로 임명되었고, 최초의 귀족원 칙선 의원이 된다. 1894년 내무성 초대 토목기감土木技監으로 취임하여 토목국장, 공과대학장을 겸임하며 토목 행정의 개선을 꾀하고 법규를 제정하는 등 기술상, 행정상 양면으로 탁월한 성과를 남겨 근대 토목업계의 최고 권위로 일컬어진다.

1898년 체신차관으로 전임하여 1900년 12월까지 재임. 1902년에는 제철사업조사회위원장으로 능력을 발휘하여 이듬해 3월 21일 당시 일본의 국유철도망을 관할하던 철도작업국 장관으로 취임했다.

러시아와의 긴장이 고조됨에 따라 9개월 만에 철도작업국 장관직을 사임하고 전시 보급로가 될 경부철도의 관선총재官選總裁로 부임하여 경성-부산 간 철도 공사의 지휘를 담당하게 되었다. 러일전쟁 후에도 한국통감부 철도관리국 장관으로 유임하며 한국의 철도 정비가 일단락된 1907년 6월 장관직을 사임하고 귀국했다. 1914년 4월 1일 행정구역 개편에 따라 경성부 서부 동자동의 도동, 신촌동, 주교, 석교동과 한지면의 갈월리 각 일부를 병합하여 고시정古市町이라 칭하게 되었는데, 이는 철도관리국 장관이었던 후루이치의 자택이 이 지역에 위치했던 것에서 유래한 것이다. 고시정은 1946년 10월 1일 일본식 지명을 개정하면서 중구 동자동으로 개칭되었다.

일본에도 지하철이 필요하다는 하야카와 도쿠지부川德次의 주장을 대폭 지원하여 1920년 8월 29일에 설립된 일본 최초의 지하철 도쿄지하철도주식회사東京地下鐵道株式會社의 초대 사장으로 추대되었다. 일시적으로 노무라 류타로野村龍太郎에게 위임하기도 했으나 1925년의 지하철 건설 기공식에서 첫 삽을 뜬 장본인이고, 각 관청에 대한 교섭이나 철도성鐵道省 기술자의 파견 요청 등에 정력적으로 임하며 갓 발족한 도쿄지하철도 경영에 크게 공헌했다.

만년에는 제국학사원 회원, 토목학회 회장, 이화학연구소장, 학술연구회의회장, 추밀고문관, 만국공업회의회장 등을 역임하고, 1919년 남작에 서임되었다. 1934년 만 79세로 사망, 도쿄도東京都 도시마구豊島區 소메이묘지染井靈園에 안장되었다.

도쿄도 분쿄구文京區 혼고本鄕에 현존하는 후루이치의 자택은 1887년 무렵 건축된 것으로 추정되며, 2003년 3월 그 주택 및 창고가 국가 등록 유형문화재로 지정되었다. 또한 5년간의 강의 노트가 후루이치문고古市文庫로 도쿄대학 공학부 토목공학과에 소장되어 있다.

[참고문헌] 서울특별시사편찬위원회 편『서울지명사전』(서울특별시사편찬위원회, 2009), 飯田賢一『技術思想の先駆者たち』(東洋經濟新報社, 1977), 故古市男爵記念事業會 編『古市公威』(故古市男爵記念事業會, 1937), 金關義則「古市公威と土木學會の設立」『土木學會誌』60(1)(土木學會, 1975)　　【이윤지】

960

후루이치 스스무
古市進(고시진)　　1898.2.6~1963

관료, 사회활동가

이시카와현石川縣 출신. 누노메 야스이사布目安久 아들로 태어났으나 후루이치 야스시古市靖의 양자가 되었다. 1922년 도쿄제국대학東京帝國大學 법학부 정치학과를 졸업, 조선총독부 비서관 모리야 에이오守屋榮夫에게 발탁되어 1922년 조선총독부 소속으로 조선에 건너왔다. 경성, 경기도, 강원도, 전라남북도, 충청남도, 함경남도, 황해도 등에서 관료로 활동하였다.

전후에도 2년여 동안 경성에서 머물면서, 그리고 일본으로 귀국한 뒤에도 일본인 귀환을 위하여 적극 활동하였다. 그러나 그의 정확한 귀환 시기는 현재까지 파악하기 어렵다. 종교는 일련종日蓮宗, 취미는 요쿄쿠謠曲이다.

1922년 4월 조선총독부 소속으로 공직 생활을 시작하여, 1923년 토목부, 1924년 고등문관시험 행정과에 합격한 후 함경남도 내무부 등을 거쳐, 1926년 함경남도 경무과警務課 경시警視 겸 경찰관강습소 교수, 1927년 경기도 경찰부 경시에서 보안과장, 1928년 4월 강원도와 1929년 1월 경기도에는 내무부 학무과장 등으로 임명되었다. 1930년 조선총독부 경무국 보안과 사무관이 되고 총독관방總督官房 외사과外事課 업무를 겸하면서 하얼빈哈爾濱, 상하이上海에 주재하였다. 1932년 12월 충청남도 경찰부장, 1935년 1월 전라남도 경찰부장, 1936년 5월 전라북도 내무부장, 1937년 4월 대구부윤, 1939년 6월 황해도 내무부장, 1941년 8월 경기도 내무부장, 1942년 경성부윤 등으로 임명되었다. 1945년 5월 총독관방 등으로 임명되고 6월 16일 고등관1등으로 승진하였으며, 그 이틀 뒤인 18일에 퇴직하였다.

후루이치는 근무지에서 다양한 조직 또는 단체의 임원을 맡았는데, 1928년부터 문관보통징계위원회 위원, 보통시험위원과 위원장(전라남도, 전라북도, 황해도), 소학교 및 보통학교교원시험 위원, 1930년 조선교육회 평의원, 1933년부터 도경부 및 도경부보특별임용고시위원道警部及道警部補特別任用考試委員, 문관보통분한위원회文官普通分限委員會 위원, 1934년부터 이원징계위원회吏員懲戒委員會 위원, 1935년부터 전라남도농촌진흥위원회 위원, 1936년부터 지방미곡통제조합연합회와 조선농회의 전라북도 회장, 1937년부터 대구복명보통학교大邱復明普通學校와 대구상성회大邱常成會 이사, 1939년부터 순사징계위원회巡査懲戒委員會 위원, 조선금융조합연합회 감리관, 방공위원회防空委員會 위원, 1940년부터 임금위원회 위원, 조선불교총본사설립위원회朝鮮佛教總本寺設立委員會 고문, 1941년부터 해군협회황해도지부 부지부장副支部長, 경성구호회京城救護會 이사, 주택대책위

원회 간사, 경기도자동차배급통제협의회 이사장, 1942년부터 물가위원회와 조선중앙호적정비대책위원회朝鮮中央戶籍整備對策委員會 위원, 경기도사회사업협회·경성폐물이용보국회京城廢物利用報國會·아사노육영회淺野育英會·경성부사회사업협회 등의 이사, 만주사변으로 전사한 일본 군인들을 기리고자 조직된 충령현창회忠靈顯彰會 경기도지부 경찰부장, 1943년부터 무연탄이용강화위원회·금속류회수위원회金屬類回收委員會·기업정비위원회 등의 위원, 1944년부터 경제안정대책위원회 위원, 1945년부터 조선마사회朝鮮馬事會 평의원, 저축장려위원회 위원, 중요 도시에 강력한 소개疏開를 신속히 단행하여 방공도시防空都市를 구성하고자 조직된 소개대책위원회疏開對策委員會 고문 등이었다.

후루이치의 기타 사회활동으로는 1942년 5월 매일신보사 주최 '징병제도실시감사축하대회'에 참석하였고, 1944년 4월 매일신보사 주필이었던 오카와大川가 사망하자 그 자녀들을 위한 교육기금을 마련하는데 유지들과 함께 발기인으로 참여하였다. 후루이치는 1935년 만주국에서 주는 만주국황제방일기념장滿洲帝國皇帝訪日紀念章과 일본적십자사로부터 유공장有功章을 받았다. 1944년 6월 공습경보령 때 경성부 방위본부에서 관리하던 사이렌 소리에 문제가 발생한 것과 관련하여 감독관 직무 태만이라는 사유로 같은 해 7월에 견책을 받았다.

1945년 8월 20일 조직된 경성내지인세화회京城內地人世話會에서 상임위원, 원호부장 등 임원을 역임하였으며, 특히 원호부장으로 있을 때는 세화회 자금조달을 위해 차용증을 만들어 귀환자로부터 1억원 이상을 차입하는 등 적극 활동하였고, 1946년 3월 제2대 회장과 안내소장이 되었다. 세화회는 일본인들의 귀환 촉진과 원호 등을 위한 사업을 벌이다가 1946는 12월 조선에서 완전히 철수하였다.

귀국 후 1947년 7월에 설립된 동화협회同化協會 이사, 1952년 10월에 조선 문제 연구기관으로 결성된 우방협회友邦協會 감사, 같은 해 11월 동화협회를 개칭한 중앙일한협회中央日韓協會 이사 등을 지내면서 귀환과 조선 관계 사업에 적극 참여하였는데, 그와

같은 활동은 한국으로까지 확대되었다. 1952년 6월 11일 후루이치는 일본 화물선 아키마루安藝丸의 사무장으로 부산항에 들어와, 국무총리 장택상으로부터 특별히 상륙허가를 받고 조선총독부 관료 출신 한국인과 사업을 상담하였는데, 이 일로 장택상 총리는 결국 사임하였다. 후루이치는 게이오전기주식회사京王電器株式會社에서도 근무하였다.

1963년 사망하였으며, 일본에는 1976년 후루이치의 사망 13주기를 맞아 귀환 사업과 관련한 공적을 기려 세운 '후루이치 비古市進之碑'가 있다.

[참고문헌] 古市進之碑·京城商工會議所 『京城府內經濟團體名簿』(京城商工會議所, 1941), 民衆時論社『朝鮮都邑大觀』(民衆時論社, 1937), 猪野三郎 『第十二版大衆人事錄』(帝國秘密探偵社國勢協會, 1937), 貴田忠衛 『朝鮮人事興信錄』(朝鮮人事興信錄編纂部, 1935), 노기영 「해방 후 일본인의 귀환(歸還)과 中央日韓協會」 『韓日民族問題研究』10(한일민족문제학회, 2006), 이형식 「패전 후 귀환한 조선총독부관료들의 식민지 지배 인식과 그 영향」 『한국사연구』153(한국사연구회, 2011), 정병욱 「조선총독부 관료의 일본 귀환 후 활동과 한일교섭—1950, 60년대 同和協會·中央日韓協會를 중심으로—」 『역사문제연구』14(역사문제연구소, 2005), 한국역사정보통합시스템 〈http://www.koreanhistory.or.kr〉 【조미은】

961
후루카와 가네히데
古川兼秀(고천겸수)　　　　　　1901~?

관료

후쿠시마현福島縣 출신. 1925년 3월 도쿄제국대학東京帝國大學 법학부 정치과를 졸업하였다. 대학 재학 중 고등문관시험에 합격하여 졸업 직후인 동년 4월부터 조선총독부 전매국 소속으로 공직 생활을 시작하였다.

1928년 3월 이후 강원도 지방과장, 평안남도 지방과장, 함경북도 재무부장, 경상북도 재무부장을 거쳐, 1934년부터는 황해도 경찰부장, 평안북도 경찰

부장을 역임한 뒤, 1936년 10월 16일 조선총독부 경무국 도서과장직에 올랐다.

그가 과장으로 재임 중이던 1937년 7월 7일 중일전쟁이 발발함으로써 총독부 도서과의 검열은 더욱 강화되었는데, 이로 인해 도서과의 직원 수도 기존의 24명에서 1937년 31명, 1938년 34명 등으로 늘어났고, 태평양전쟁 이후인 1942년에는 41명에 달하였다.

후루카와 가네히데는 1939년 12월 24일 보안과장으로 자리를 옮겼는데, 1941년 11월 26일부터 동년 12월 8일까지 잠시 도서과장직을 겸하기도 하였다. 1942년 10월에는 함경북도 지사가 되었으며, 이어 평안남도 지사로 발령 받았다.

패전 당시에도 평안남도 지사로 있었는데, 한반도 북방으로 들어온 소련군에 의해 소련으로 연행되어, 그곳에서 억류 상태로 있다가 본국으로 돌아갔다. 전후 일본에서는 실업계에 종사하였다.

[참고문헌] 정진석 『극비 조선총독부의 언론검열과 탄압』(커뮤니케이션북스, 2007), 국사편찬위원회 한국사 데이터베이스 〈http://db.history.go.kr〉 【함충범】

962
후루하타 세이조
降旗淸三(강기청삼)　　　　　　1892~?

언론인, 영화인

나가노현長野縣 마쓰모토시松本市 출신. 1913년 조선으로 건너와 조선신문사의 평양지국장과 대구지국장을 거쳐, 조선상공신문사 영어부장 및 동아법정신문사 전무이사를 역임하고, 1932년에는 동아법정신문사를 매수하여 '법정신문사'로 개칭하고 사장에 취임하였다.

1939년 4월 5일 공포된 일본의 영화법을 모태로 한 조선영화령朝鮮映畫令(1940년 1월 4일 공포, 8월 1일 시행)에 근거하여 영화 제작사와 배급사의 통폐합이 진행되고 있을 때, 그 대상이던 영화사는 모두 9개사였다. 해당 회사와 대표자 명단은 다음과 같다. 조선영화주식회사(최남주), 고려영화협회(이창용), 명보영화합자회사(이병일), 한양영화사(김갑기), 조선예흥사(서

항석), 경성영화제작소(야나무라 기치조梁村奇智城(→647)), 조선구귀영화사(황국영화사로 개칭, 후루하타 세이조), 조선문화영화협회(쓰무라 이사무津村勇(→581)), 경성발성영화제작소(다카시마 긴지高島金次(→286)). 그리고 얼마 뒤에 조선예흥사가 빠지고 동양발성영화촬영소(구니모토 다케오國本武夫-조선인 이기호의 창씨)와 선만기록영화제작소(구보 요시오久保義雄(→136))가 합류하면서 10개사가 되었다.

후루하타는 조선구귀영화사(황국영화사)의 대표였다. 조선구귀영화사에서는 조선군 보도부가 후원한 군사홍보 문화영화 〈승리의 뜰勝利の庭〉(방한준 감독, 1940) 등의 제작이 이루어졌다.

아울러 제작 부문 통폐합을 위해 조선총독부의 주도로 1940년 12월 10일 결성된 조선영화제작자협회의 일원으로 참여하고 협회 회계간사를 맡기도 하였다.

[참고문헌] 高島金次 『朝鮮映畵統制史』(朝鮮映畵文化研究所, 1943), 국사편찬위원회 한국사데이터베이스 〈http://db.history.go.kr〉   【함충범】

963
후세 다쓰지
布施辰治(포시진치)   1880.11.13~1953.9.13

변호사

미야기현宮城縣 오시카군牡鹿郡 헤비타촌蛇田村에서 농가의 2남 3녀 중 막내로 태어났다. 인권변호사이자 사회운동가. 어릴 적 묵자의 겸애사상에 심취하여 정교회의 세례를 받고 간다神田의 니콜라이 신학교에 입학하였다. 그러나 3개월 만에 퇴학한 이후에는 사회운동에 참가하였다. 처음에는 와세다대학부稻田大學의 전신인 도쿄전문학교東京專門學校에 입학하였다가 이후에 메이지 법률학교明治法律學校(지금의 메이지대학)으로 옮겨 1902년에 졸업하였다. 이후 사법검사 시험에 합격하여 사법관 시보로 법조계 생활을 시작하였다. 이후 우쓰노미야지방재판소宇都宮地方裁判所에서 검사대리를 지내다가 사직하고 변호사 활동을 시작했다. 특히 그는 일본공산당에 대한 탄압 사건인 3·15사건 변론 도중에 권력을 비판했다는

이유로 법정모독의 징계를 받아 변호사 자격을 박탈당하기도 하였다. 나아가 1939년에는 치안유지법 위반으로 징역 2년을 선고받아 복역했다.

변호사로서 많은 쟁의사건, 폐창운동, 보통선거 등의 사회문제와 관련된 사건에 적극적으로 관계하였는데 그 가운데서도 조선의 독립운동과 관련된 사건으로 유명하다. 특히 박열사건 변호, 조선공산당사건 변호, 관동 대지진 당시 조선인 학살과 관련하여 당국을 강하게 비판하는 등 조선인의 권리와 인권변호에 많은 노력을 기울였다. 일본의 침략적 행위에 의한 한일강제병합을 규탄한 그는 1911년에 「조선의 독립운동에 경의를 표함」이라는 글을 발표하여 한국 독립운동의 정당성을 인정하고 이를 지지하였다. 특히 그는 1919년 2월 일본에서 일어난 2·8독립선언과 관련하여 검거된 최팔용, 송계백 등 조선청년독립단 관련 인물에 대한 변호를 담당하였다. 이후 의열단 단원으로 일본 황궁 부근에 있는 니주바시二重橋에 폭탄을 던진 김지섭의 변호를 맡기도 하였다. 특히 1923년 간토대지진關東大震災으로 인한 조선인 학살사건에 대하여 조선인의 입장에 선 활동을 하였다. 그의 조선인 관련 사건 변호 가운데 가장 유명한 것은 박열 사건이다. 이른바 천황의 암살을 시도하였다는 혐의로 기소된 박열과 가네코 후미코金子文子(→6)에 대한 변론을 담당하였다.

그 외에도 일본이 조선 농민의 토지를 수탈하기 위하여 서립한 동양척식주식회사의 토지조사 행위를 사기로 규정하고 나주지역 농민의 토지반환 소송을 진행하기도 하였다. 그리고 봉건적 신분차별 철폐를 주장한 형평사 운동에도 참여하는 등 민족을 넘어선 인권운동과 피차별 민중들의 권익보호에 적극적으로 개입하였다. 그리고 1946년에는 해방된 한국의 국가건설을 위해 『조선건국 헌법 초안』이란 책을 저술하기도 하였다.

전후에도 센다이에서 일어난 효조가와라評定河原 사건(1948년 9월 9일 북한의 건국을 축하하기 위하여 센다이시의 효조가와라 운동장에 모인 조선인들이 북한깃발을 계양·행진한 것과 관련하여 검거된 사건), 재일조선인에 대한 교육차별 사건인 한신 교육사건, 타히라 사건, 대동

회관 사건 등 조선인과 관련된 사건의 변호를 담당하였다. 한국 정부는 그의 이러한 활동을 높이 평가하여 2004년에 건국훈장 애족장을 수여하였다. 그는 일본인으로서는 유일한 대한민국 건국훈장 수여자이다.

[참고문헌] 이규수 외 『후세 다츠지』(지식여행, 2010), 布施柑治 『ある弁護士の生涯』(岩波書店, 1963), 大石進 『改訂版 弁護士布施辰治』(西田書店, 2011), 高史明 外 『布施辰治と朝鮮 普及版』(高麗博物館, 2011)

【최종길】

964
후지무라 주스케/후지무라 다다스케
藤村忠助(등촌충조)　　　　　　　　1875.2.12~?

언론인, 정치인, 실업가

야마구치현山口縣 출신. 1894년 조선에 건너와 인천에서 일본인상업회의소, 한국권농회韓國勸農會, 거류민단, 경성일보사 인천지국, 인천야학교 등에서 활동하였다. 1915년 경성으로 옮겨 경성일보사 본사 임원, 부협의회의원府協議會議員과 부회의원府會議員, 학교조합의원 등을 지내면서, 경성수산京城水産㈜와 조선제빙朝鮮製氷㈜ 등 사업 경영에도 적극 참여하고, 갑자구락부甲子俱樂部, 동민회同民會, 소봉회蘇峰會 등의 사회단체에서 활동하였다. 일본 귀국 시기, 귀국 후 행적, 사망 연대 등은 현재까지 파악하기 어렵다.

1894년 11월 조선으로 건너와 인천에서 일본인상업회의소와 한국권농회에서 활동하고, 거류민단 의원과 경성일보사 인천지국 주임·이사 등을 지냈으며, 인천야학교 운영에 참여하였다. 1915년 경성으로 이주하여 경성일보사 본사에서 이사·경리부장·영업국장·지배인 등을 지내면서, 1920년 5월 함흥에서 개최된 함원선咸元線 개통식 참여, 1921년 8월 경성일보 창간 15주년을 맞아 10년 근속 사원 표창 수상하였고, 1923년 6월 퇴직하였다.

1926년 11월부터 1939년까지 경성부협의회의원과 부회의원을 지내면서, 학교조합의원, 자치제도연구

위원, 전선공직자대회全鮮公職者大會 위원장·의장, 조선박람회경성협찬회朝鮮博覽會京城協贊會 상의원常議員 전형詮衡, 경성전기 및 가스사업 부영준비위원회府營準備委員會 위원, 오물조사특별위원회 위원 등도 맡았다. 1934년 8월 경기도 도회의원 보궐선거 후보로 출마 후 사퇴, 1938년 4월 경성부제 실시 25주년 기념일에 경성부 근속자 표창 수상, 5월 경성부회의원 황군위문단 및 시찰단으로 중국과 만주 방문, 1939년 5월 부회의원 선거에 출마했으나 낙선되었다.

후지무라는 1943년 현재까지 사업 경영과 관련 활동에도 적극 참여했음을 파악할 수 있는데, 동아연초東亞煙草, 조선인촌朝鮮燐村㈜, 만주실업滿洲實業㈜ 등의 대주주, 경성수산㈜ 이사·대표, 경성교외궤도京城郊外軌道㈜ 이사, 조선탄산냉동朝鮮炭酸冷凍㈜와 조선제빙㈜ 대표, 경성인쇄조합京城印刷組合 조합장, 1932년 7월 경성일보사 주최 신흥만몽박람회新興滿蒙博覽會 상담역相談役 등을 지냈다. 그밖에 갑자구락부 간사, 동민회 상임이사, 1937년 경성에서 개최된 소호회蘇峰會 조선지부 발회식에서 상임간사로 선정되는 등 사회단체에서도 활동하였다. 소호회는 일본 문호 소호蘇峰 도쿠토미 이이치로德富猪一郎가 주장하는 황실중심주의를 선양하고자 1930년 도쿄에서 창립되었다.

조선 관련 저술로는 『경성일보사지京城日報社誌』(京城日報社, 1920), 『선만주식연감鮮滿株式年鑑』(京城日報社, 1923), 『만성대동보萬姓大同譜』(萬姓大同譜發行所, 1933) 등이 있다.

[참고문헌] 이마이 이노스케 편, 이동철 외 역 『인천향토자료조사사항』 상(인천학연구원, 2007), 최병택·예지숙 공저 『경성리포트』(시공사, 2009), 京城新報社 『朝鮮紳士錄』(京城新報社, 1909), 牧山耕藏 『朝鮮紳士名鑑』(日本電報遍信社 京城支局, 1911), 朝鮮公論社 『在朝鮮內地人紳士名鑑』(朝鮮公論社, 1917), 朝鮮中央經濟會 編 『京城市民名鑑』(1922), 京城商業會議所 『京城商工名錄』 1권 부록(京城商業會議所, 1923), 藤村德一 『朝鮮公職者名鑑』(1927), 京城新聞社 大京城公職者名鑑刊行會 『大京城公職者名鑑』(京城新聞社, 1936), 기유정 「1920년대 경성의 有志政治와 京城府協議會」 『서울학

연구』28(서울시립대학교 서울학연구소, 2007), 한국역사정보통합시스템〈http://www.koreanhistory.or.kr〉

【조미은】

965
후지시마 다케지
藤島武二(등도무이)   1867.10.15~1943.3.19

화가

가고시마현鹿兒島縣 출신. 처음 일본화에 뜻을 두었으나 서양화로 전향, 1891년부터 야마모토 호스이山本芳翠의 쇼고간화학교生巧館畵學校에서 본격적인 서양화 수업을 받았다. 1896년 고향 선배였던 구로다 세이키黑田淸輝의 추천으로 도쿄미술학교東京美術學校 조교수에 임용, 이후 타계할 때까지 동교同校에서 후학 지도에 힘썼다. 1905년부터 4년간 프랑스, 이탈리아에 유학했다. 귀국 후 문부성미술전람회 심사위원, 제국미술원 회원을 거쳐 1937년에는 제1회 문화훈장을 수상했다.

후지시마는 공식적인 기록에 의하면 1913년, 1935년 총 두 차례 조선을 방문한 것으로 보인다. 1913년 11월 25일 도쿄東京를 출발해 처음으로 조선에 건너온 후지시마는 다음 해 1월 5일에 귀국할 때까지 약 한 달간 조선에 머물렀다. 구체적인 일정과 방문 목적에 관해서는 현재 불명한 점이 많으나, 이 시기 조선을 주제로 그린 작품으로는『미술신보美術新報』에 실린 스케치를 포함해〈꽃바구니花籠〉,〈조선풍경〉등 13점 정도가 알려져 있다. 또한 첫 조선 방문의 소감을 쓴「조선관광소감」(『미술신보』제13권 5호, 1914년 3월)이 남아 있다.

한편, 후지시마는 1923년과 1924년, 1935년에 조선미술전람회朝鮮美術展覽會 서양화부(제2회, 제3회, 제35회) 심사위원으로 위촉되었으나,『동아일보東亞日報』(1923년 4월 15일),『조선일보朝鮮日報』(1924년 5월 24일) 등의 신문기사를 참조하면 1923년과 1924년 모두 건강상의 이유로 사임하고, 1935년 한차례 심사를 위해 방문했다.

[참고문헌]『藤島武二展』(ブリヂストン美術館,

2002), 김정선「1910년대 일본 근대 화단의 형성과 조선: 유아사 이치로(湯淺一郎), 후지시마 다케지(藤島武二)를 중심으로」『문물연구』21(동아시아문물연구학술재단, 2012)

【김정선】

966
후지오 노부히코
藤尾信彦(등미신언)   생몰년도 미상

군인

1938년 10월 설립된 조선군사령부 내 보도부의 초대 보도부장으로 임명된 인물이다. 활동하던 때의 계급은 소장이었다. 조선군 보도부 발족 당시 그의 휘하에서는 중좌, 소좌, 대위, 하사관, 통역관, 촉탁, 사무원 등 모두 11명의 사람들이 업무를 담당하였다.

1938년 4월 공포되고 5월부터 실시된 국가총동원법과 동년 7월부터 전개된 국민정신총동원운동을 염두에 두건대, 조선군 보도부의 설립은 중일전쟁의 장기화로 인한 일본과 조선에서의 전시체제의 강화라는 시대적 배경 하에서 이루어진 것으로 볼 수 있다. 주요 업무는 강연, 공연, 신문, 출판(물), 영화에 대한 통제와 이를 통한 대민 보도 및 선전 활동 등이었다.

[참고문헌] 谷サカヨ『第14版 大衆人事錄』(帝國秘密探偵社, 1943), 한상언「조선군 보도부의 영화활동 연구」『영화연구』41(한국영화학회, 2009)   【함충범】

967
후지와라 기조
藤原喜藏(등원희장)   1888.1~?

관료

이와테현岩手縣 이사와군膽澤郡 스이자와초水澤町 출신. 후지와라 긴조藤原金藏의 장남으로 태어났다. 1914년 도쿄제국대학東京帝國大學 법과대학을 졸업하고 11월 고등문관시험에 합격했다. 1915년 2월 아오모리현靑森縣 촉탁, 1916년 3월 아오모리현 경시를 겸임했다. 1919년 12월 조선총독부 노무국 사무관에 임명되었다. 1921년 6월 함경남도 경찰부장, 1923년 2월 평안남도 경찰부장, 1924년 3월 경기도 경찰부장, 12월 총독 부서관 겸 사무관, 1925년 8월 문서과장, 1928년 3월 평안남도 내무부장을 지냈다.

[참고문헌] 朝鮮紳士錄刊行會 『朝鮮紳士錄』(朝鮮紳士錄刊行會, 1931), 국사편찬위원회 한국사데이터베이스 〈http://db.history.go.kr〉　　　【최종길】

968
후지와라 데이
藤原てい(등원데이)　　　1918.11.6～2016.11.15

문학가

나가노현長野縣 출신. 나가노스와고등여학교長野諏訪高等女學校를 졸업하고, 1939년에 중앙기상대 직원이었던 닛타 지로新田次郎(본명: 후지와라 히로토藤原寬人)와 결혼했다. 1943년에 남편의 전근으로 만주에 함께 가서 신징新京에서 패전을 맞이했다.

후지와라 데이는 남편이 소련군에게 억류되어 있어 홀로 아이 셋을 데리고 도보로 조선 반도를 가로질러 1946년 9월에 일본으로 귀국했다. 이때의 인양 체험을 바탕으로 쓴 작품이 『흐르는 별은 살아있다流れる星は生きている』(1949)인데, 1982년에 드라마로 제작되는 등 일본에서 베스트셀러가 되었을 뿐만 아니라, 특히 남한에서 대중적으로 큰 반향을 불러 일으켰다. 그리고 1950년에 역시 여성 인양자 이야기를 다룬 표제작 장편과 3개의 단편을 엮어 소설집 『회색 언덕灰色の丘』이 출간되었다. 여기에 수록된 단편 중의 하나인 「38도선의 밤三十八度線の夜」에는 반도를 가로지르고 경계를 횡단하면서 느낀 패전국 일본인의 비참하고 불안한 심리가 잘 그려져 있고, 한편으로는 자신의 주변을 둘러싼 조선, 소련, 미국의 존재도 그려져 있어 한반도 냉전의 분위기를 동시대적으로 담아내고 있다.

귀국해서는 도쿄 무사시노시武藏野市 교육위원장과 『요미우리신문讀賣新聞』지상의 '인생안내' 코너에서 회답해주는 일을 1997년까지 13년간 계속했다. 2001년에는 차남과 장녀를 데리고 예전에 살았던 신징을 방문했다.

[참고문헌] 中野重治 外 『戰爭と文學9 さまざまな8·15』(集英社, 2012), 김예림 「종단한 자, 횡단한 텍스트: 후지와라 데이의 인양서사, 그 생산과 수용의 정신지(精神誌)」 『상허학보』 34(상허학회, 2012)　　　【김계자】

969
후지와라 요시에
藤原義江(등원의강)　　　1898.12.5～1976.3.22

음악가

야마구치현山口縣 시모노세키시下關市 출신. 무역업에 종사하던 영국(스코틀랜드)인 아버지와, 같은 지역에서 비파를 연주하던 일본인 어머니 사이 출신. 이후 어머니를 따라 오사카大阪, 규슈九州 각지를 전전하였는데 그가 7살이 되던 해에 오이타大分에서 게이샤오키야藝者置屋(게이샤藝者, 유녀遊女를 데리고 있는 곳으로 요정料亭, 찻집茶屋 등에서 필요할 때 보내는 곳)를 운영하고 있는 후지와라 도쿠사부로藤原德三郎의 인지를 받아 후지와라藤原라는 성을 호적에 올렸다. 후지와라는 11살 때에 처음 생부와 만나 양육비를 받아 도쿄東京로 이사하여 교세이소학교曉星小學校, 메이지가쿠엔明治學院 중등부, 와세다실업학교早稻田實業學校, 게이호쿠중학교京北中學校 등을 전전하였다. 전문 음악 교육을 받지 못했으나 아사히가극단アサヒ歌劇團에 입단하고 성악 연마를 위해 이탈리아에 유학하였다.

1923년 귀국 후 전국 각지에서 리사이틀을 성공시켰고 1934년에는 후지와라가극단藤原歌劇團을 결성, 일본 최고의 오페라를 상연하는 곳으로 인식, 발전시켰다.

1920년대부터 조선에서의 독창회를 개최하였다. 1929년 11월 14일에 매일신보사 주최로 경성공회당에서 독창회가 열렸다. 그 외에도 1932년 10월 23, 24일에는 매일신보사, 경성일보사 주최로 경성공회당에서, 1934년 5월 7일에는 매일신보사 주최로 경성공회당에서 독창회가 열렸다. 당시 신문광고에는 후지와라를 세계적인 가수로 소개하였는데, 당시 오페라 곡을 중심으로 공연을 한 그의 독창회는 조선인 지식층, 전문학교 이상의 교육을 받은 학생층에게 관심을 받았다.

후지와라는 독특한 창법을 가지고 있었는데, 그 창법을 후지와라부시藤原節라고 불렀다. 이는 길고 가늘게 소리를 내어 일본의 민요풍의 맛을 내는 것으로 알려져 있었는데, 당시 저속한 감이 있다는 평가를 받았다. 또한, 후지와라는 일본에서 전문 음악 교육을 받지 않은 탓으로 악보를 읽지 못한다는 소문과 음악을 이해하지 못한다는 소문도 있었다.

『매일신보毎日新報』 사회 · 정치부장, 『조선일보』 편집국장 · 부사장 겸 주필을 역임한 홍종인洪鐘仁(1903~1998)은 『삼천리三千里』(1938년 12월호)에서 후지와라의 공연에 대해 일본에서 없어서는 안 될 인물로 재색을 겸비한 행운아라고 소개하며, 〈카르멘〉, 〈리골레토〉, 〈나비부인〉 등의 가극을 잘 소화하고, 일본의 정서를 표현하는 노래에 능하다고 평가하였다.

한편, 조선인 전문학교 학생의 문화감상기(『삼천리』 1940년 5, 6, 7월호)에는 후지와라의 공연에 대해 조선의 음악적 수준을 잘 모르는 것 같다고 비판하며 레코드로 들은 것보다 실연은 별로 좋은 인상을 주지 못하였다고 평하였다. 특히, 고음부분에서 반음씩 꺾는 창법(후지와라부시)은 귀에 거슬렸다고 폄하하는 등 명곡을 부르는 것보다 민요를 노래하는 것이 더 나을 것 같다고 혹평하였다.

조선에서 열린 공연에 대한 호평 또는 혹평은 당시 그의 공연에 대해 많은 관심을 가지고 있었다는 것으로 조선인 지식층, 학생층이 일본인 음악가의 공연을 하나의 문화생활로 즐겼다는 사실을 파악 할 수 있다.

후지와라와 후지와라 가극단은 1946년 1월에 제국극장帝國劇場에서 열린 『춘희椿姫』의 무대공연을 계기로 전후의 오페라 공연을 재개하게 된다. 후지와라는 1948년에 일본예술원상日本藝術院賞을 수상하였으며 후지와라 가극단은 1981년에 일본오페라협회와 합병하여 재단법인 일본오페라진흥회로 거듭났다.

[참고문헌] 藤江義江 『藤原義江 流轉七十五年 オペラ

と戀の半生』(日本圖書センター, 1998), 堀內久美雄 編 『新訂標準音樂辭典トーワ第二版』(音樂之友社, 1966), 山口縣敎育會 編 『山口縣百科事典』(大和書房, 1982), 金志善 「植民地朝鮮における日本人音樂家による音樂會: 韓國西洋音樂受容史の一側面として」 『東京藝術大學音樂學部紀要』 42(東京藝術大學, 2017) 【김지선】

970

후지와라 지즈코
藤原千鶴子(등원천학자)   1923~?

교사

도야마富山 출신. 4세 때인 1928년 부친을 따라 조선으로 건너왔고 진해고등여학교鎭海高等女學校를 졸업한 뒤 하동소학교河東小學校에서 교원으로 근무하였다. 1945년 9월 밀항선을 타고 남편의 고향 히로시마廣島로 돌아갔다.

후지와라는 교사인 부친 나가야 유조長谷勇藏의 1928년 조선 발령으로 함께 이주하였다. 부친은 진해공업보습학교, 진해심상소학교, 울산보통학교, 온산보통학교 등을 거쳐 하동소학교 교장으로 근무하였다. 진해에서 자란 그녀 역시 고등여학교를 졸업하고 1944년 부친이 교장으로 있던 하동소학교로 발령을 받았으며, 그곳에서 남편을 만나 결혼하였다. 시댁은 시아버지 또한 군산에서 농학교 교장으로 근무하던 교육자 집안이었다.

그녀는 발령 후 학생들의 전시 동원에 주력했는데 전황이 악화되자 1945년 6월 남편은 대구 80연대의 신병교육대 조교로 입대하였다.

패전 이후 후지와라와 부친은 같은 학교에 근무하던 조선인 교사의 선동으로 학교에 연금되는 등 조선인들로부터 위협을 받았다. 이에 경방단警防團의 안내로 마을의 일본인들은 하동경찰서에 집결하였고, 후지와라와 친정 부모는 일본인 500명과 함께 안전을 위해 일본군 부대가 있던 사천의 소학교에서 공동생활을 하였다. 그 과정에서 남편은 휴가차 집에 들렀다가 종전으로 인해 원대 복귀를 포기하고 그대로 탈영하였다. 1945년 9월 14일 사천의 일본군 부대가 철수하자 공동 생활하던 일본인들은 삼천포로 이동해 조선인으로부터 목선을 빌려 밀항하였다. 당시 후지와라는 현해탄을 건너며 출산을 하였으며 태풍을 만나 쓰시마에 정박한 뒤 몸을 추슬렀다. 그 후 남편의 고향인 히로시마로 돌아갔고, 남편은 현청에 교원으로 복직을 신청했으나 나이 제한으로 인해 복직이 거부되자 농사를 지으며 생계를 이었다.

[참고문헌] 藤原千鶴子「引揚げ體驗記」『平和の礎』7卷(平和祈念事業特別基金, 1997), 李淵植『朝鮮引揚げと日本人』(明石書店, 2015), 이연식「해방 후 한반도 거주 일본인 귀환에 관한 연구」(서울시립대학교 박사학위논문, 2009)　【이연식】

971

후지즈카 지카시

藤塚鄰(등총린)　1879.6~1948.12.24

소켄素軒, 보칸로望漢盧(호)

한학자, 대학교수

본적지는 미야기현宮城縣 시오가마시鹽竈市이다. 본성本姓은 사사키佐々木. 부친 도쿠타로篤太郎, 모친 나호코なほ子 사이 출신. 1908년 도쿄제국대학東京帝國大學 문과대학 지나支那철학과 졸업 후 사립 일본 사이비학교濟美學校 강사로 재직하다가 이듬해 제8고등학교 교수로 취임했다. 1921년 중국유학 후 1926년 경성제국대학京城帝國大學 교수로 임명되었다. 1931년 동교 법문학장이 되었으나 병환으로 사임했다.

후지즈카는 조선의 한문학을 중심으로 연구하였으며, 크게는 청조 고증학의 아시아적 전개와 영향에 관심을 가졌다. 1930년대 중반에서 1940년대에는 추사秋史 김정희金正喜 연구에 매진했다. 1936년 김정희와 완원阮元, 옹방강翁方綱 등의 영향관계 등 경학을 중심으로 한 조선, 중국, 일본의 교류를 연구한 논문「이조의 청조문화 이입과 김완당李朝における淸朝文化の移入と金阮堂」(1936)으로 문학박사학위를 받았다. 이는 이후 그의 아들 후지즈카 아키나오藤塚明直에 의해 『청조문화 동전의 연구淸朝文化東傳の研究』(1976)라는 제목으로 출판되었다. 후지즈카는 김정희

와 청조문화의 관계에 관한 논문「김완당과 청조문화金阮堂と淸朝文化」를『조선흥업구락부朝鮮實業俱樂部』에 연재하기도 했으며(1936.10~1936.12),『문교의 조선文教の朝鮮』,『조선급만주朝鮮及滿洲』 등을 통해서도 지속적인 문필활동을 했다.

한편 경성제국대학 재직 중에는 정인보鄭寅普, 최남선崔南善, 장택상張澤相, 박영철朴榮喆, 김용진金容鎭, 임상종林尙鍾, 이병직李秉直, 이한복李漢福, 손재형孫在馨 등 조선의 많은 인사들과 교류하였다. 그는 이들과 함께 서화와 한묵翰墨 자료를 감상하고 자료를 수집하는 데에도 이들의 도움을 받았던 것으로 보인다.

1940년 일본으로 귀국한 후 다이토분카가쿠인大東文化學院의 명예교수로 임명되었고, 1948년에는 시분카이斯文會 이사장 및 다이토분카가쿠인 전문학교 총장에 취임했다. 전후에는『일선청의 문화교류日鮮淸の 文化交流』(中文館書店, 1947)를 출간하였다.

[참고문헌] 후지쓰카 지카시 저, 윤철규 외 역『秋史 金正喜 研究』(과천시문화원, 2008), 후지쓰카 지카시 저, 후지쓰카 아키나오 엮음, 윤철규 외, 역『淸朝文化 東傳의 研究 한글완역본』(과천문화원, 2009), 朝鮮新聞社 編『朝鮮人事興信錄』(朝鮮新聞社, 1935), 上田正昭 外 監修『日本人名大辭典』(講談社, 2001), 박영미「일제강점기 재조일본인의 한문학연구 성과와 그 의의」『한문학논집』34(근역한문학회, 2012), 김채식「후지쓰카 치카시(藤塚鄰)의 삶과 학문」『秋史硏究』3(秋史研究會, 2006)　【박광현, 조은애】

972

후지타 료사쿠

藤田亮策(등전양책)　1892.8.25~1960.12.12

대학교수, 고고학자, 역사학자

니가타현新潟縣 고시군古志郡 출신. 아버지 후지타 후쿠주로藤田福十郎와 어머니 다케タケ 사이에서 차남으로 태어났다. 1915년 7월 제일고등학교 의과醫科를 졸업하고 도쿄제국대학 의과대학에 입학했으나 심한 근시로 인해 의사의 길을 포기하고 문과대학으로

옮겨 일본사학을 전공했다. 구로이타 가쓰미黑板勝美의 지도로 1918년 7월 「에도시대의 조운江戸時代の漕運」이라는 논문을 제출하고 졸업했다. 이때까지만 해도 고고학이 아닌 교통사交通史에 관심을 가지고 있었다. 졸업 후 그해에 문부성文部省 유신사료편찬사무국維新史料編纂事務局 촉탁으로 근무했다. 1920년 6월 궁내성宮內省 제릉료諸陵寮 고증과考證課에서 근무했으며 그해 11월부터는 장전보掌典補를 겸했다. 1922년 은사 구로이타의 소개로 1923년 조선총독부 고적조사위원 등이 되어 조선으로 건너왔다. 이후 조선총독부 편수관編修官, 조선사朝鮮史 수사관修史官, 경성제국대학京城帝國大學 교수, 조선총독부 박물관장 등을 역임하면서 1945년 종전 때까지 조선의 고적조사, 보존체계 등 고고학 분야에서 활동했다. 1945년 10월 귀국하여 도쿄예술대학東京藝術大學 교수, 나라국립문화재연구소奈良國立文化財研究所 소장 등을 역임했으며, 조선의 고고학과 관련한 많은 서적을 남겼다. 1960년 68세로 사망했다.

1923년 6월 총독부 학무국學務局 감사관鑑査官이 되어 조선총독부박물관 협의원, 학무국박물관 주임, 고적조사위원회 위원으로 줄곧 활동했다. 1924년 고적조사과 폐지로 인해 조선총독부 편수관, 조선사 수사관修史官에 임명되었다. 1926년 경성제국대학 법문학부 조교수가 되었다. 1929년 청구학회靑丘學會가 창립되자 그 평의원과 위원이 되어 활동했다. 1932년 오다 쇼고小田省吾(→704), 이마니시 류今西龍(→835)의 뒤를 이어 경성제국대학 교수가 되어 조선사를 담당했다. 1933년 조선사편수회 위원, 1934년 교과용도서조사위원회 위원, 1936년 금강산탐승시설조사위원회 위원, 1937년 박물관건설위원회 위원, 1941년 조선보물고적명승천연기념물보존위원회朝鮮寶物古蹟名勝天然記念物保存委員會 위원 등이 되어 1945년까지 줄곧 조선에서 활동했다. 1941년 경성제국대학 법문학부장이 되었다가 1943년 해임되었다.

조선에 머무는 사이 구미 각국을 시찰하고 돌아와 평양에 연구소를 설치하고 고분·사적 발굴 활동을 활발히 전개했다. 조선 각지와 만주 동북지역에서 유적 및 고분의 발굴조사에 종사하는 한편, 보물·고분의 보존령保存令 제정 등 조선의 고문화 보존사업에도 주력했다. 웅기군 송평동松坪洞 패총貝塚, 대구 대봉정大鳳町 지석묘支石墓 등의 조사가 대표적이다. 만주의 경우, 1937년 10월 간도성間道省 민중교육관 주사主事 다케시타 데루히코竹下暉彦가 처음 발견한 소영자유적小營子遺蹟에 대해, 1938년 7월 2~18일에 걸쳐 집중 발굴조사를 실시한 것이 대표적이다.

이밖에도 『조선금석지자료朝鮮金石志資料』(1932), 『경국대전집주經國大典輯註』(1936), 『조선고고학-고고학강좌7朝鮮考古學-考古學講座7』(雄山閣, 1936) 등의 저서와 각종 발굴조사보고서를 비롯하여 『조선朝鮮』, 『청구학총靑丘學叢』 등에 수많은 연구논문을 남겼다.

한편 조선총독부 박물관장, 경성제국대학 교수 등으로 재직하면서 1920년대 중반부터 1940년까지 한반도 전 지역의 유적과 유물을 찍어서 보관한 사진 1,876장의 유리원판 필름이, 2012년 성균관대학교 박물관에 의해 9년에 걸쳐 모두 디지털 복원되었다.

1945년 10월 귀국하여 지바현千葉縣에서 살았다. 1947년 '교육직원 적격심사'에 합격하여 다시 교단에 서게 되었다. 1948년 일본고고학협회日本考古學協會 초대회장, 일본학술회日本學術會 의회원 등으로 선출되었다. 1949년 도쿄예술대학의 전신前身인 도쿄미술학교東京美術學校 교수가 되었으며, 도후쿠대학東北大學, 가나자와대학金澤大學, 게이오대학慶應義塾 등에서 고고학을 강의하여 후진을 양성했다. 1950년 덴리대학天理大學에서 다카하시 도루高橋亨(→293) 등과 함께 조선학회朝鮮學會를 창립하고 간사로 활동했다. 1955년 도쿄예술대학 평의원 및 도서관장이 되었다. 1959년 정년퇴임 후 나라국립문화재연구소 소장이 되어 헤이조쿄平城京 조사 보존 등에 주력했다. 학술원學術院 회원, 쇼소인正倉院 평의원 등을 역임했다.

한편 전전에 오랫동안 조선에서 조사한 것을 바탕으로 조선의 고고학과 관련한 수많은 논문과 저서를 집필했다. 『조선고문화종감朝鮮古文化綜鑑』(養德社, 1947~1959), 『조선고고학연구朝鮮考古學研究』(高桐書店, 1948), 『조선학논고朝鮮學論考』(藤田先生記念事業會, 1963) 등이 대표적이다.

[참고문헌] 朝鮮新聞社 編 『朝鮮人事興信錄』(朝鮮新聞

社, 1935), 『ブリタニカ國際大百科事典: 小項目事典』 (ティビーエス·ブリタニカ, 1972), 芳賀登 外 編 『日本人物情報大系』(皓星社, 1999~2002), 日外アソシエーツ 編 『20世紀日本人名事典』(紀伊國屋書店, 2004)

【변은진】

973

후지타 쓰구아키라

藤田嗣章(등전사장)　　　　1854.1.27~1941

의사, 육군 군인

에도江戶(현 도쿄도東京都) 출신. 1877년 도쿄 육군본병원陸軍本病院 육군군의보로 배정되어 3년 3개월, 1880년 9월 구마모토로 전임하여 4년간 근무했다. 1894년 청일전쟁이 발발하자 제6사단야전병원장이 되었다. 구마모토육군예비병원장을 거쳐, 1896년 혼성제1여단군의부장 및 타이완병참군의부장, 1898년 타이완육군군의부장, 1902년 3월 제5사단군의부장에 임명되었다. 1904년 러일전쟁이 발발하자 제4군군의부장에 임명되어 만주로 파견되었다.

1906년 8월 한국주차군의부장韓國駐箚軍醫部長으로 도한하여, 1910년 조선총독부의원장, 1911년 조선의학회 초대회장, 군의총감 등을 역임했다. 1914년 7월 관직에서 퇴임했다.

[참고문헌] 阿部薰　『朝鮮人物選集』(民衆時論出版部, 1934), 최규진 「후지타 쓰구아키라의 생애를 통해 본 식민지 조선의 의학/의료/위생」 『의사학』 25-1(대한의사학회, 2016), 이충호 「일제강점기 조선인 의사교육에 종사한 일본인 교사에 관한 자료」 『역사교육논집』 45(역사교육학회, 2010)　　　　　　　【김소영】

974

후지타 쓰구오

藤田嗣雄(등전사웅)　　　　1885.3.30~1967.10.7

법학자, 관료, 대학교수

도쿄부東京府 출신. 육군군의총감 후지타 쓰구아키藤田嗣章의 장남. 1910년 도쿄제국대학東京帝國大學 법학과를 졸업하고, 같은 해 고등문관시험에 합격하여 조선총독부 회계국시보에 임명되었다.

1917년 육군성 참사관으로 임명되어 군사행정에 관한 법안을 기초하고 제도를 조사했다. 1934년 육군성을 퇴관했다.

전후 국립국회도서관전문조사원, 조치대학 上智大學 교수를 역임했다. 1953년 「군대와 자유軍隊と自由」에서 재군비의 필요성을 주장했다. 저서로 『메이지 군제明治軍制』, 『메이지 헌법론明治憲法論』, 『구미 군제에 관한 연구歐米の軍制に關する研究』 등이 있다.

[참고문헌] 川端源太郎 編 『京城と內地人』(日韓書房, 1910), 이형식 「1910년대 조선총독부의 인사정책」 『한일군사문화연구』 13(한일군사연구학회, 2012)

【김소영】

975

후지타 쓰구하루

藤田嗣治(등전사치)　　　　1886.11.27~1968.1.29

화가

도쿄부東京府 출신. 도쿄미술학교 서양화과를 졸업하고 1913년에 도불渡佛. 1940년에 일본으로 귀국했다. 파리에서는 에콜 드 파리Ecole de paris의 대표작가로 명성을 얻었다. 귀국 후에는 육군미술협회 부회장으로 전쟁기록화 제작을 인솔하였으며, 전후戰後 이러한 행적이 비판 받자 일본을 떠나 프랑스로 귀화하여 그곳에서 타계했다.

후지타는 1913년 도불하기 직전, 적어도 두 차례이상 조선을 방문한 것으로 보인다. 최초의 방문은 1912년 7월로, 신혼여행을 겸해 부인과 함께 당시 조선총독부 병원장을 역임하던 부친을 만나기 위해서였으며, 경성, 평양 등을 여행했다. 그리고 이듬해 초, 재차 조선을 방문했는데, 프랑스로 떠나기 전 부친을 뵙고 작품을 팔아 유학 자금을 마련하기 위해서였다. 약 2개월 간 체류했으며, 현재 시모노세키下關 시립미술관에는 이 시기 제작한 것으로 추정되는 〈조선풍경〉(1913)이 소장되어 있다.

한편 1929년 가을 프랑스로 건너간 이래 처음으로

일본에 일시 귀국하게 되는데, 이때 프랑스인 아내 유키를 비롯해 가족들과 함께 조선 각지를 여행했다. 이 세 번째 방문을 끝으로 이후 조선 관련 기록은 보이지 않는다.

[참고문헌] 林洋子 『藤田嗣治作品をひらく』(名古屋大學出版會, 2008), 坂井基樹 外 編 『日韓近代美術家のまなざし-『朝鮮』で描く』(福岡アジア美術館 외, 2015)

【김정선】

976

후지타 후미요시
藤田文吉(등전문길)　　　　　1909.1.4~?

금융인

후쿠오카현福岡縣 출신. 1934년 주오대학中央大學 법학부를 졸업하고 바로 조선식산은행에 입행, 지점을 거쳐 1937년 본점 조사부에서 근무했다. 당시 조사부에서 편찬하던 『조선식산은행이십년지朝鮮殖産銀行二十年志』 간행작업에 참여했다. 1941년부터 패전 당시까지 본점 특별금융부에 근무했으며 1944년 조사역이 되었다. 특별금융부는 전시기 '반도의 대륙병참기지 사명'에 비추어 '시국산업의 진흥'을 위해 설치된 부서로 주된 업무는 군수산업 자금 지원이었고, 패전 이후 '융자명령'에 의한 일본인 기업 퇴각 자금도 담당했다.

귀환 뒤 1946년 도쿄에서 차茶 도매상을 시작하였다. 1974년 폐업하고 자신의 식민지 체험을 바탕으로『한 일본인은행원의 조선사 잡감과 조선식산은행一日本人銀行員の朝鮮史雜感と朝鮮殖産銀行』, 『조선산업경제의 근대화와 조선식산은행朝鮮産業經濟の近代化と朝鮮殖産銀行』을 집필했다.

[참고문헌] 殖銀行友會 編 『殖銀時代をかえりみて』(殖銀行友會, 1968), 藤田文吉 『朝鮮産業經濟の近代化と朝鮮殖産銀行』(西田書店, 1993), 藤田文吉 『一日本人銀行員の朝鮮史雜感と朝鮮殖産銀行』(藤田文吉, 1988), 정병욱 「8·15 이후 '融資命令'의 실시와 무책임의 체계」 『한국민족운동사연구』 33(한국민족운동사학회, 2002)
【정병욱】

977

후치자와 노에
淵澤能惠(연택능혜)　　　　　1850~1936.2.8

교사

이와테현岩手縣 출신. 1879년 미국으로 건너가 미국식교육과 기독교를 접하고, 이후 귀국하여 1882년 4월 교토에 있던 기독교계 학교인 도시샤여학교同志社女子校에 입학하여 약 3년간 수학하였다. 도쿄 도요에이와조가쿠인東洋英和女學院과 히토쓰바시고등여학교一橋高等女學校 등에서 교사로 근무했다.

1905년 5월 도한하여 1906년 1월 애국부인회 한국지부와 한일부인회를 조직해 조선여성의 친일교육을 계획하였다. 1906년 5월 명신여학교(숙명여자고등보통학교)를 설립하여 일본어를 정규과목으로 편성하고 일본어로 수업을 진행했다.

1921년 일본기독교부인교풍회 조선부회장 및 경성지부장으로 선임되어 15년간 활동하였다. 1936년 경성에서 사망하였다.

[참고문헌] 다카사키 소지 저, 이규수 역 『식민조선의 일본인들』(역사비평사, 2006), 村上淑子 『淵澤能惠の生涯: 海を越えた明治の女性』(原書房, 2005), 윤정란 「19세기말 20세기 초 재조선 일본여성의 정체성과 조선여성교육사업: 기독교 여성 후치자와 노에(淵澤能惠, 1850-1936)를 중심으로」 『역사와 경계』 73(부산경남사학회, 2009), 스가와라 유리 「일제강점기 후치자와 노에(淵澤能惠: 1850~1936)의 조선에서의 활동」 『일본학』 35(동국대학교 일본학연구소, 2012) 【김소영】

978

후치카미 사다스케
淵上貞助(연상정조)　　　　　1869~?

실업가

부친 규베에休兵衛와 함께 서울 상업계의 유명한 부자로 알려져 있다. 아버지 규베에는 가고시마현鹿兒島縣 오스미노쿠니大隅國 아이라군姶良郡 가모초浦生町의 부농 집안 출신. 어려서 상업에 뜻을 갖고 교토와 오사카 지방을 돌아본 후 오키나와沖繩 산 설탕, 면제품 등을 서울에 수출하는 일을 했다. 이를 계기로 1883년 하마다상회濱田商會 지배인으로 서울에 들어왔다. 1885년 일한무역상사를 창립했고, 한인을 대상으로 한 무역에 종사했다. 한국제품을 모방한 일본도기를 히젠肥前 이마리伊萬里에서 수입하여 판매했다. 한국인들 사이에 인기를 끌었고 일본산 도기를 판매하여 크게 성공했다. 거류민회 총대, 상업회의소 회장 등을 지낸 그는 서울 거류일본 경제계의 선각자라고 평가되었다.

사다스케는 15세인 1884년 부산에 와서 친척 요시베에吉兵衛와 하마다 다쓰노스케濱田辰之助가 조직한 하마다구미 지점의 견습생이 되었다. 서울, 인천, 원산 등의 시장상황을 시찰한 후 일본으로 돌아가 도쿄전수학교 경제학과에 입학했다. 1891년 학교를 중퇴하고 오사카 출신의 와이다 사시치和井田佐七의 도움으로 서울 이현泥峴에 잡화점을 개업했다.

사다스케는 1893년 상하이와 홍콩에 시장상황을 시찰했다. 그는 아버지의 사업을 이어받아서 1897년 서울에 자본금 2천 원, 거래액 1만 원 이상을 기록하고 있는 후치카미淵上상점을 운영했다. 또한 경성일한무역회사 그리고 오사카에 본점을 두고 있던 일한무역상회를 운영했다. 청일전쟁 이후 서울에 일본산 도기 수입이 확대되자 질 나쁜 일본산 도기 수입도 크게 증가했다. 조악한 제품의 판매로 일본산 도기에 대한 신뢰도가 무너지자 그는 1899년 도기조합을 결정하여 조악한 제품의 판매를 단속하여 일본산 도기의 신뢰도를 높였다. 1904년 러일전쟁이 발발하고 일본 주차군대가 서울에 주둔하게 되자 그는 주차군 납품업자로 활동했다. 1910년 이전 서울 거류일본인 사회에서 굴지의 자산가로 손꼽히는 인물이었다.

그는 서울 거류일본인 사회에서도 명망이 높았다. 1895년 서울 거류민 총대와 상업회의소 회장을 겸직했으며, 서울 도로 개수위원으로 활동하기도 했다. 또한 1905년에서 1906년 간 거류민회 대리민장을 지냈다. 특히 용산거류민단 설립에 앞장섰고, 거류민단장에 선출되기도 했다. 1908년에는 가업을 접고 서울 필동에 거주했다. 거류민 사회의 발달에 기여

한 공로로 거류민단으로부터 금배를 받기도 했다.

[참고문헌] 中田孝之介 『在韓人士名鑑』(木浦新報社, 1905), 外務省通商局 『在外本邦人農工商家漁業者人名錄, 農商工業等ニ從事スル在外本房人營業狀態取調1件』(外務省通商局, 1905), 高橋刀川 『在韓成功之九州人』(虎與號書店, 1908), 東亞經濟時報社 編 『京城仁川職業名鑑』(東亞經濟時報社, 1926)　【김윤희】

979
후치카미 히사시
淵上壽(연상수)　　　　　　　1915.9.25~?

사법관료

원적은 가고시마현鹿兒島縣 이즈미군出水郡 이즈미초出水町이다. 경기도京畿道 수원공립보통학교水原公立普通學校 관사에서 아버지 후치카미 나가토시淵上長利와 어머니 다네タネ 사이의 3남으로 태어났다. 1941년 조선총독부 판사로 임용되어 패전 때까지 재직한 사법관료이다.

그의 부친은 1908년 용산거류민단龍山居留民團이 세운 용산심상고등소학교龍山尋常高等小學校의 교사로 조선에 건너왔다. 이후 수원水原, 경성京城 등지의 소학교 교사를 하다가 1920년 경기도 시학관視學官이 되었다. 1921년부터 1928년까지 조선총독부 간호부조산양성소看護婦助産養成所 교관을 지냈다. 1939년 당시 경기도 학무과學務課 소속 경성보도연맹위원京城保導聯盟委員이며 경성부京城府 욱정旭町 1정목一丁目에 거주하고 있었다.

1928년 4월 경성중학교京城中學校에 입학하여 1932년 3월 졸업하였다. 동년 4월 경성제국대학京城帝國大學 예과에 입학하여 1935년 3월 수료하였다. 동년 4월 동교 법문학부에 진학하였다. 1938년 11월 고등시험高等試驗 사법과司法科에 합격하였다. 1939년 3월 경성제국대학을 졸업하였다. 동년 5월 조선총독부 사법관시보司法官試補에 임용되어, 1년 6개월 동안 경성지방법원京城地方法院에서 실무수습을 했다.

1941년 1월 경성지방법원 예비판사로 발령받았다. 동년 3월 경성지방법원 판사로 임명되어 패전할 때

까지 재직하였다.

패전 후 일본으로 귀국하여 재판관을 지낸 것으로 확인된다.

[참고문헌] 朝鮮總督府 『朝鮮總督府官報』(朝鮮總督府, 1931~1945), 森川淸人 編 『朝鮮總督府施政二十五周年 記念表彰者名鑑』(表彰者名鑑刊行會, 1935), 朝鮮總督 法務局人事係 『昭和十四年(其ノ一) 司法官試補進退書 類』(朝鮮總督府, 1932), 전병무 「일제시기 在朝鮮日本 人 司法官試補 연구」 『해람인문』 44(강릉원주대 인문 학연구소, 2017)　　　　　　　　　　【전병무】

980

후카미 기요시

深水淸(심수청)　　　　　　1869.6.19~1942.1.23

언론인, 실업가

구마모토현熊本縣 출신. 1890년 구마모토세이세이코 熊本濟濟黌를 졸업하고 도쿄 유득관有得館에서 독일 어를 공부했다. 1894년 니혼법률학교日本法律學(니혼 대학日本大學의 전신)를 졸업한 후 1895년 삿사 도모후 사佐佐友房의 소개로 타이완으로 건너갔다. 타이난현 臺南縣 지사였던 후로쇼 가몬古莊嘉門 밑에서 학무과 주임으로 일했다. 1898년 공직에서 퇴직한 후 삿사 도모후사佐佐友房의 비서로 일하면서 구마모토국권 당熊本國權黨의 상임간사로도 활동했다. 이후 조선으 로 이주하여 언론인 및 실업가로 활동했다.

1903년 한성신문사漢城新聞社 주간으로 재직했으 나 건강상의 문제로 일본으로 일시 귀국했다. 다시 조선으로 건너와 1907년 4월 한국식산회사韓國殖産株 式會社를 설립하고 이사로 일했다. 1910년대 초 『경 성일보京城日報』 영업 주간으로 근무했다. 1911년 경 성거류민단京城居留民團 의원 및 경성상업회의소京城 商業會議所 부회장으로 선임되었다. 삿사 도모후사와 후로쇼 가몬古莊嘉門 등 구마모토국권당과 밀접하게 관련된 인물로 국권주의자 성향의 인물이었다.

[참고문헌] 京城新報社 『朝鮮紳士錄』(日韓印刷株式會 社, 1909), 川端源太郎 『朝鮮在住內地人實業家人名辭 典』 第一編(朝鮮實業新聞社, 1913)　　　　【이동훈】

981

후쿠다 유조

福田有造(복전유조)　　　　　　　　　1866~?

후쿠다 요오福田陽雄(이명)

실업가, 언론인

나가사키현長崎縣 쓰시마對馬 이즈하라嚴原 출신. 도 쿄東京에 머물면서 보통학을 공부하였고 1913년 도 쿄메이지학원東京明治學院을 졸업하였다. 후쿠다 집 안福田家으로 입양된 후 부친인 후쿠다 소베에福田增 兵衛로부터 무역 부문을 양도받았다.

부산으로 도항한 후쿠다는 부친 소베에의 상업을 보좌하면서 개항장 상업활동과 관련된 많은 경험을 쌓았고 조선의 사정에 대해 관심을 가지게 되었다. 1897년 목포가 개항하자 목포로 이주한 후쿠다는 '후 쿠다상점福田商店'을 열어 독자적인 상업활동을 시작 했는데, 목포에 거주한 일본인 실업가 중 '초창자初創 者'로 평가된다. 1900년 목포일본인상업회의소 창립 과 동시에 회장의 자리에 이름을 올렸고 거류민회 부의장의 요직을 맡았다. 뿐만 아니라 목포지역의 상업단체인 곡물상조합, 수출상조합, 수출미개량조 합, 우피검사조합 등을 이끄는 목포 일본인사회의 중심인물이었다. 일찍이 해운업에도 관심을 기울여 후쿠다회조부福田回漕部를 경영한 후쿠다는 오사카 상선주식회사大阪商船株式會社 대리점을 운영하였고 1909년 전라도 연안항로를 명령항로로 운영했으며 1912년 조선우선주식회사 설립 당시에는 목포지역 의 발기인으로 참여하였다. 이 외에도 목포식산주식 회사 사장, 목포전등주식회사 감사역, 태평주조주식 회사 사장을 역임하는 등 각종 기업활동을 전개하였 고, 전라남도의 언론기관인 목포신보·광주일보의 사장이라는 요직을 맡았다. 1920년 후쿠다 소유의 토지를 가지고 후쿠다농사주식회사福田農事株式會社 를 설립했는데, 해당 지역은 전라북도 고창군, 전라 남도 나주군, 영암군 등에 있는 밭 500여 정보, 논 200여 정보, 임야 250정보였다. 1920년 후쿠다 소베 가 죽자 부산으로 돌아와 부친의 사업을 이었다. 이 때 후쿠다 요오福田陽雄로 개명하였다. 후쿠다양조장

福田釀造場과 부동산 관리 등 각각에 지배인을 두고 경영하도록 하였다. 이후 부산 대청산 사면에 위치한 별장 향양원向陽園(지금의 부산 가톨릭센터 자리)에서 여유로운 여생을 보냈다.

[참고문헌] 中田孝之助 編 『在韓人士名鑑』(木浦申報社, 1905), 朝鮮公論社 編 『在朝鮮內地人紳士銘鑑』(朝鮮公論社, 1917), 越智兵一 編 『朝鮮總督府施政二十五周年紀念表彰者銘鑑』(朝鮮總督府始政二十五周年記念表彰者名鑑刊行會, 1935)　【전성현】

982

후쿠다 히데오

福田秀雄(복전수웅)　　　　　생몰년도 미상

영화인

영화 제작사 통폐합 결과 자본금 200만 원을 기반으로 1942년 9월 29일 창립된 사단법인 조선영화제작주식회사의 경리과장을 맡은 인물이다. 주소지는 경성 대화정大和町 1-23이었다.

이후 1944년 4월 7일 사단법인 조선영화배급사가 사단법인 조선영화제작주식회사를 흡수하여 사단법인 조선영화사로 체제 개편을 이루게 되면서, 그는 총무부 경리과장 겸 경리 제2계장으로 자리를 옮기게 되었다.

1969년 후지TVフジテレビ와 도쿄영화東京映畫에서 공동 제작한 〈어용금御用金〉에 공동제작자로 이름이 올라가 있다.

[참고문헌] 한국영상자료원 편역 『일본어 잡지로 본 조선영화 2』(현실문화연구, 2011), 한국영상자료원 편역 『일본어 잡지로 본 조선영화 4』(현실문화연구, 2013), 高島金次 『朝鮮映畫統制史』(朝鮮映畫文化研究所, 1943)　【함충범】

983

후쿠시마 겐지로

福島源次郎(복도원차랑)　　　　　1881.3~?

실업가

히로시마현廣島縣 아사군安佐郡 출신. 집안이 원래 상가商家로 마麻 도매업을 하였다. 이러한 집안 분위기로 어려서부터 잡화 행상을 경험하기도 하였다. 고료중학교廣陵中學校를 졸업하고 도쿄東京로 상경하여 세이소쿠영어학교正則英語學校를 졸업했다. 1905년에는 창업 근거지 물색을 목적으로 중국 상하이上海, 즈푸芝罘를 여행하였다.

중국을 여행한 이듬해인 1906년에는 조선에 들어와 각지를 여행하고 부산이 경제활동을 전개하기에 가장 유리한 적지로 판단, 정착하였다. 큰형으로부터 자금을 얻어서 부산항에 정박하는 선박에 필요한 각종 물품을 공급하는 선구상船具商을 열었다. 후쿠시마상점福島商店이라는 이름이었고, 처음에는 주로 손으로 짠 어망 및 어구를 취급했으며, 1907년부터 기계를 이용한 어망제조도 시작하였다. 1911년부터는 대구형무소와 교섭하여 죄수들을 수제 어망직조에 동원하였다. 일종의 훈련의 명분이었으나, 저렴한 노동력 동원으로 생산비를 크게 줄일 수 있었다. 여기에 힘입어 전국 각지의 형무소에 죄수 노동을 이용한 제망작업장을 개설하여 사업을 확대하였다. 1915년에는 부산선구조합釜山船具組合을 설립하여 조합장에 취임하였고, 1919년에는 부산 영도에 어망연사공장魚網撚糸工場을 추가로 건설하였다. 어망제조 및 판매를 통해 자본축적에 성공한 것을 토대로 1913년 이래 부산상공회의소 의원, 부회장, 부산부협釜山府協 의원 등으로도 활동하여, 부산경제계를 대표하는 인물로 부상하였다.

1942년 현재 조선연사어망공업조합朝鮮撚絲漁網工業組合의 조합장으로 어망제조업에서 조선의 대표하는 지위에 있었음이 확인되나, 이후 행적은 확인되지 않는다.

[참고문헌] 中村資良 編 『朝鮮銀行會社組合要錄』(東亞經濟時報社, 1942), 阿部薰 編 『朝鮮功勞者銘鑑』(民衆時論社, 1935)　【배석만】

984

후쿠에 시카요시

福江鹿好(복강록호)　　　　　　　1887.2~?

경찰관료, 언론인

야마구치현山口縣 출신. 1907년 10월 야마구치현에서 경찰이 된 이후, 경찰로 관직생활을 계속했다. 1914년 3월에 순사부장으로 승진하였으며, 1915년 8월에 경부소방사시험警部消防士考試에 합격하였다. 1916년 9월에 야마구치현 순사교습소巡査教習所 조교로 근무하였고, 1917년 7월에는 야마구치현 경부로 임명되었다.

식민지기 조선에서의 언론은 기본적으로 매일 검열을 거쳐야 했다. 특히 3·1운동 이후 기존의『매일신보每日新報』외에『동아일보東亞日報』와『조선일보朝鮮日報』2개의 한글신문 발행을 허가한 조선총독부는 그만큼 해당 신문의 기사를 효과적으로 검열할 필요성을 느꼈다. 1919년 8월,「사무분장규정」이 개정된 배경도 여기에 있다. 이로써 조선총독부 경무국 고등경찰과는 신문, 잡지, 출판물 및 저작물 관련 사항, 즉 검열을 담당하는 전문부서가 되었다. 1926년 4월에 또 한 번의 제도 개편이 이루어지는데, 이때 고등경찰과가 보안과로 개칭되면서 정치 및 사상운동을 담당하고, 도서과가 검열을 전담하기로 한 것이다. 후쿠에는 이 2개의 부서에서 언론 검열의 실무를 담당했던 인물이었다.

1922년 6월에 조선총독부 도경부보道警部補에 임명되어 경상북도 경찰부 고등경찰과 및 형사과를 겸직하는 것으로 조선 생활을 시작했다. 1924년부터 조선총독부 고등경찰과에서 속屬으로 근무하기 시작했으며, 1926년 4월의 제도 개편으로 인해 도서과 속이 되었다. 1934년 도서과 이사관으로 승진하였다. 이때 조선과 만주의 출판검열을 연락하는 업무를 담당했으며, 1939년까지 도서과에서 근무했다. 같은 해 봄에 퇴관한 후, 4월 3일부터 1941년 5월 31일까지 매일신보사每日新報社 전무이사로 활동하였다. 1941년에 조선총독부 내무국 노무과 촉탁으로 활동했다는『조선총독부 및 소속관서직원록朝鮮總督府及所屬官署職員錄』의 기록이 있다.

매일신보사에서의 주된 업무가 무엇이었는지는 확인하기 어렵지만, 입사하자마자 조선총독부가 발행한 한글해석본인『보리와 병대麥と兵隊』를 인쇄했다고 한다. 도서과에서 근무한 경력이 워낙 오래되었기 때문인지 "도서과의 살아있는 사전"이라는 평가를 받았다.

[참고문헌] 정진석『극비 조선총독부의 언론검열과 탄압』(커뮤니케이션북스, 2007), 阿部薰 編『朝鮮功勞者銘鑑』(民衆時論社, 1935), 高橋三七『事業と鄕人 第1輯』(實業タトムス社 大陸硏究社, 1939)　【전영욱】

985

후타구치 요시히사

二口美久(이구미구)　　　　　　　1856~?

외무관료

가나자와현金澤縣 출신. 1871년부터 외무성外務省 한어학소漢語學所에서 중국어를 학습하였으며, 1876년 5월 베이징北京에 유학생으로 파견되어 어학연수를 하였다. 1890년 3월부터 8월까지는 상하이上海 일본영사관에서 서기생으로 영사 사무대리 업무를 맡기도 하였다. 1893년에는 외무속外務屬으로 외무성 물품검열담당 직무와 대신관방大臣官房 기록과 업무를 겸직하였다. 1898년 11월 1등영사로 승진하였다. 1900년 하반기까지 2년간 청국 샤쓰沙市로 건너가 영사로 재직하였다. 1900년 11월에는 러시아 사할린 소재 코르사코프 항哥爾薩港의 영사로 임명되어 러시아로 건너갔다. 1901년 6월부로 다시 청국 쑤저우蘇州에 가서 영사직을 수행하라는 명을 받았으며, 1903년 7월까지 영사업무를 맡았다. 1903년 10월 고등관 4등에 서임되었으나, 문관분한령文官分限令에 의거하여 10월 24일부로 휴직하였다.

1894년 6월 사이온지 긴모치西園寺公望 대사가 조선으로 파견될 당시 모토노 이치로本野一郞 외무성 참사관과 함께 출장을 나온 바 있다. 1896년 2월 4일부로 원산영사관에서 2등영사로 근무하도록 발령을 받았다. 2월 12일자로 영사 업무에 관한 위임장을 발부받은 후 도한, 원산에는 이 달 27일에 도착하였다. 위임장은 3월 11일 고무라 주타로 공사가 제출하였으며, 13일 조선 정부가 인가장認可狀을 교부하였다. 1898년 11월 21일까지 원산 영사관에서 근무하였다. 조선에서 영사로 재직하는 동안 강원도 강릉 부근 지역을 비롯하여 평안도 양덕 및 고원 지방 등에서 의병활동으로 인하여 불온한 정황이 감지되자 정찰 인원을 파견하여 관련 정보를 수집한 후 보고하였다. 민용호閔龍鎬나 서기유 등의 의병활동이나 러시아 육군사관의 입경, 갑산 부근에 출몰한 러시아인이나 청국인 등의 동향 등이 여기에 해당하는 내용이다. 1897년 5월 비개항장이었던 길주 지역에 출몰하면서 밀무역을 실시한 사건과 관련해서는 서기생 다카오 겐조高雄謙三를 지역에 파견, 조사를 하도록 한 후 관련 내용을 종합하여 보고하였다. 1898년 5월 조선 정부가 성진城津, 군산, 마산을 새로 개항하기로 결정을 내렸다는 통지를 덕원감리德源監理로부터 받은 후, 6월에 보름가량 성진 지역을 시찰하고 돌아왔다. 이때 성진의 지형, 각 지역과의 육로 및 해로 상의 거리, 교통운수 상황, 민정과 풍속, 물산 등에 대하여 조사하였다. 아울러 일본인 거류지와 영사관 설치 부지, 항만 등에 대해서도 견적을 내어 보고하였다. 북관무역北關貿易의 추이를 볼 때 신속하게 개항 시일을 확정해 달라는 일본 상인들의 의견서를 첨부하여 제출하였다.

원산 영사로 약 2년 8개월 정도 재직한 후 청국으로 건너가 영사 업무를 계속하였다. 원산영사관의 후임은 오가와 시게모리小川盛重였다.

[참고문헌] 高麗大學校 亞細亞問題硏究所 編 『舊韓國外交文書: 日案』 卷3(高麗大學校出版部, 1967), 國史編纂委員會 編 『駐韓日本公使館記錄』(國史編纂委員會, 1997), 高尾新右衛門 編 『元山發達史』(啓文社, 1916), 角山榮 編 『日本領事報告の硏究』(同文館, 1976), 閻立 「「朝貢體制」と「條約體制」のあいだ」 『大阪經大論集』 58-6(大阪經濟大學, 2008) 【박한민】

986

히가시 주베에

東仲兵衛(동중병위)   1887.5.15~?

경찰관료

가고시마현鹿兒島縣 출신. 이후의 이력은 불분명하지만, "18살에 현역으로 지원하여 전심전력으로 군무에 힘썼다"는 기록으로 보아 러일전쟁 때 군인으로 활동한 것으로 추정된다.

조선에 온 것은 1909년 12월의 일이다. 1910년 1월 25일에 대한제국 내부內部의 경무국 산하인 경찰관연습소警察官練習所의 교습생을 거쳐 같은 해 4월, 경상북도 영천경찰서榮川警察署, 1914년 3월에는 경산경찰서慶山警察署에서 근무하였다. 1915년 9월에는 보통문관시험普通文官試驗에 합격하였고, 이듬해 1월에 순사부장으로 승진하였다. 1918년 2월에 조선총독부 경부로 임명되어 경상북도 경찰부에서 재근하였다. 1920년 4월에는 경상북도 청송경찰서靑松警察署 서장이 되었다. 1924년 4월부터 1927년 11월까지는 고령경찰서高靈警察署 서장, 다시 11월 5일부터는 경주경찰서慶州警察署 서장으로 근무하였다. 1929년 2월 26일부터는 김천경찰서金泉警察署 서장으로 재근하였다. 1931년 12월에 고등관 7등에 해당하는 경시로 승진하였고, 군산경찰서群山警察署 서장이 되었다. 서장 재임기간이었던 1932년에 전라북도 직속기관인 군산마약류중독자치료소群山麻藥類中毒者治療所 소장으로 활동하였다.

1935년 4월 29일에는 조선경찰협회朝鮮警察協會로부터 영년근속자로 표창을 받았다. 1936년에 대구경찰서에서 근무하였으며, 1938년 경상북도 영천군 영천읍장에 임명되었다는 기록도 있다.

[참고문헌] 阿部薰 編 『朝鮮功勞者銘鑑』(民衆時論社, 1935), 越智兵一 編 『朝鮮總督府施政二十五周年紀念表彰者銘鑑』(朝鮮總督府始政二十五周年記念表彰者名鑑刊行會, 1935), 淵上福之助 『朝鮮と三州人』(鹿兒島新聞京城支局, 1933) 【전영욱】

987

히구치 도라조

樋口虎三(통구호삼)   1878~?

실업가

오사카大阪 출신. 22세 때인 1899년에 조선에 정착하여 남조선전기회사南朝鮮電氣會社를 설립했다. 조선전기협회의 주요 멤버로서 전라북도 군산과 전주를 주 무대로 활동하며 전라북도 도회 의원, 군산부회 의원을 지냈으며, 패전 후에는 군산일본인세화회群山日本人世話會 회장으로서 일본인들의 모국 귀환을 원호하였다.

1899년 조선으로 건너온 히구치는 목포를 거쳐 군산에 정착해 면포상을 운영하기 시작하며 지역 유지로 성장했다. 그는 1907년 거류민회 의원, 부협의회 원, 부회 의원, 1915년 군산신사 조영 민간위원, 1924년 상공회의소 의원 및 회장, 부회 부의장, 관선 도회 의원 등을 지냈다.

1910년 한일강제병합 후에는 당대의 유망업종이던 전기·전력사업에서 두각을 나타냈다. 1912년 군산전기회사 창립과 더불어 전무로서 경영에 참여했고, 1927년 전북전기회사를 합병하여 남조선전기주식회사로 기업이 확장되었을 때에는 전무이사로 승진해 사실상 회사를 도맡아 운영하였다. 그 밖에 남조선수력전기회사 간부, 충남전기회사 사장, 천안전등회사 사장, 평택전기회사 간부, 서선합동전기회사西鮮合同電氣會社 감사, 함남전기회사咸南電氣會社 간부, 전북상사회사全北商事會社 감사 등을 겸임하며 재조일본인 기업가로서 성장하였다.

그가 조선전기협회 간부로서 전기·전력업계에서 굴지의 인물로 성장한 배경에는 1920년대 전기·전력업의 공영화 반대 교섭 능력이 자리 잡고 있었다. 한일강제병합 후 1910년 타이완 원료 가격의 상승으로 조선의 전력업계는 침체에 빠져 있었다. 그러나 1920년대로 접어들며 일본 본토의 경제는 만성불황에 시달렸지만 조선 전력업계는 원료 가격과 설비가의 하락으로 고수익을 보장하는 사업으로 각광받았다. 게다가 조선에서는 간단한 발전 설비로도 창업

이 가능했으므로 일본인이 집주하는 도시를 중심으로 본토에서 들여온 중고 설비로 발전소를 설치해 지역 내 전등 수요에 대응하였으며 여력이 있는 경우에는 기업에 동력을 제공하기도 하였다. 이처럼 1920년대 전력업이 고수익을 보장하는 사업으로 각광을 받자 경영난에 허덕이던 여타 산업부문의 기업들은 전기요금 인하운동을 벌였고 지역에 따라서는 부영화 추진 움직임을 보였다. 급기야 일부 도시에서 요금 납부 거부, 소등운동까지 벌어지는 상황에서 히구치를 비롯한 조선전기협회는 시기상조론을 앞세워 공영화에 따른 관료 경영의 병폐를 지적하며 조선총독부에 진정서를 제출하였다. 아울러 조선총독부의 '1지역 1사업주의'를 적극 지지함과 동시에 사업 발전을 저해하는 전주세의 철폐, 전력개발을 위한 저리 자금의 융통 등 각종 보호와 지원을 요청했다. 이처럼 히구치는 공영화에 반대하는 한편 조선총독부의 지역 독점제를 적극 지지함으로써 전력업계의 수익 확보에 공을 세웠으며, 1937년 이후 조선총독부가 전시 체제를 강화하기 위해 전기회사의 합병을 추진하자 효율적으로 대응해 나갔다.

히구치는 패전 후 군산일본인세화회群山日本人世話會 회장으로 재류 일본인의 귀환을 원호하였다. 그는 군산과 전주 일대의 일본인들을 귀국시키고자 군산항을 귀환항으로 활용하고자 했으나 미군정은 이를 허가하지 않았으며 군산의 조선인들은 일본인들의 밀항을 더욱 엄하게 감시했다. 그러자 히구치를 비롯한 군산세화회 간부들은 미군을 상대로 한 로비를 강화함으로써 유리한 조건에서 일본으로 돌아갈 수 있는 분위기 조성에 주력했다. 그 결과 군산의 일본인들은 대개 미군정이 지정한 일부 기술자를 제외하고 1945년 11월에 공식 귀환선으로 일본으로 돌아갔다.

[참고문헌] 樋口虎三 「歐洲大戰後の物價の騰貴になやまれつつ事業經營難を突破して」 『朝鮮の電氣事業を語る』(朝鮮電氣協會, 1937), 이연식 「해방 후 한반도 거주 일본인 귀환에 관한 연구」(서울시립대학교 박사학위논문, 2009), 오진석 「한국 근대 전력산업의 발전과 경성전기㈜」(연세대학교 박사학위논문, 2006), 이준식 「일제강점기 군산에서의 유력자집단의 추이와 활동」 『동

방학지』131(연세대학교 국학연구원, 2005), 「有望한 炭鑛, 發電所를 계획」(『時代日報』, 1924.10.17)

【이연식】

988
히구치 헤이고
樋口平吾(통구평오)　　　　　　1852~?

실업가

사가현佐賀縣 기시마군杵島郡 니시카와노보리무라西川登村 고다시小田市 출신. 고다시는 히젠 도자기肥前燒의 산지였기 때문에 어려서부터 도자기 판매에 열의를 갖고 있었다. 1877년 가고시마鹿兒島에 히젠 도자기 점포를 개설했다. 그때 마침 부산이 개항되어 규슈九州의 많은 사람들이 도항한다는 소식을 듣게 되었고, 고향으로 돌아와 지역의 도자기업자, 유지들과 협의하고 제반 준비를 거쳐 1879년 부산으로 들어와 오다구미小田組를 조직했다.

그는 부산에서 히젠 도자기를 수출하여 판매하기 시작했지만, 1881년 제반 사정으로 인해 오다구미가 해산하게 되었다. 이에 오다구미를 승계하여 독자적으로 영업을 시작했지만 잘 되지 않았다.

1883년 인천이 개항되자 그는 곧바로 인천으로 와서 도자기뿐만 아니라 다른 잡화를 판매하는 잡화점을 열었다. 히구치樋口 상점은 인천에서 최초의 일본인 잡화점이었다. 인천개항 초기 일본에서 수입되는 수입상품은 매우 조악했을 뿐만 아니라 가격도 점점 폭등하여 소비자들의 불만이 높아졌고, 수입판로 역시 위축되기 시작했다. 그는 거류지 상인들을 설득하여 협의조합을 조직했고, 조장이 되었다. 협의조합은 조악한 수입상품의 판매를 억제하는 데 힘썼지만 큰 효과를 거두지 못했다. 그는 다시 1889년 도에키샤同益社를 조직해서 사장이 되었고, 일본산 제품 독점매입소를 오사카에 설립했다. 오사카에서 인천으로 수입되는 일본 상품은 모두 도에키샤를 거치도록 했다. 이후 일본 상품에 대한 신용이 점차 높아지기 시작했다. 그러나 1만 여원의 물품 대금이 미불되는 사태가 발생하게 되어 이 회사는 파산했다.

1894년 청일전쟁이 발발하자 그는 한국과 일본 인부 수천 명을 모아 일본군 병참에 동원시키는 일 등을 하여서 일본 군대에 대한 협조로 크게 공을 세웠다. 또한 이 과정에서 역부 동원으로 큰 이익을 보았다. 그때 그는 상업회의소 회원으로 인천 거류민을 대표하여 군수품수송위원 6명 중 1명으로 선발되었다. 청일전쟁 중 그의 공로가 인정되어 훈6등 즈이호쇼瑞寶章와 100원의 상금을 받았다. 또한 종군기장從軍記章도 수여되었다.

청일전쟁 이후 그는 인천에서 다시 도자기수입 뿐만 아니라 면제품, 곡물 등의 수입에도 종사했다. 또한 다양한 수입상품을 취급하는 잡화상점인 히구치 상점을 다시 열었다. 히구치 상점은 1905년 1년 거래액이 1만 원에서 1만 5천 원 정도에 달했다. 1905년 이후 인천 거류일본인이 증가하자, 그는 대금업을 겸업하면서 영업을 확장했다.

개항 초기부터 거류 일본인 사회의 일에 적극적으로 참여했고, 1885년부터 1905년까지 거류지 의원, 상업회의소 의원을 지냈다.

[참고문헌] 다카사키 소지 저, 이규수 역 『식민조선의 일본인들』(역사비평사, 2006), 中田孝之介 『在韓人士名鑑』(木浦新報社, 1905), 外務省通商局 『在外本邦人農工商家漁業者人名錄, 農商工業等ニ從事スル在外本邦人營業狀態取調1件』(外務省通商局, 1905), 高橋刀川 『在韓成功之九州人』(虎與號書店, 1908) 【김윤희】

989
히라노 다카지로
平野高次郎(평야고차랑)　　　　　1900~?

실업가

후쿠이福井 출신. 1915년 조선으로 이주하여 전라북도 익산에서 농업에 종사했고, 1945년 11월 교토 마이즈루舞鶴로 귀국하였다.

14세 때 잠시 오사카大阪의 숙부 점포에서 일을 돕다가 1915년 농업 이민 붐이 일자 동양척식주식회사 김제 지점 관내의 농업 이민에 응모하였다. 당시 응모 조건은 1호당 논 2정보를 제공하며 농지의 변제는

5년 동안은 이자만 지불하고 20년 동안 상환하는 것이었다. 이에 히라노는 마을 주민과 함께 응모하여 전라북도 익산군 오산면 신지리 화개동 일대에 정착하였다. 당시 이 농촌은 일본인 4세대, 조선인 14세대의 작은 규모였다. 그는 1918년 결혼한 뒤 현역으로 입대하였고 1921년에 제대하였다.

제대 후 농업에 전념하였는데 인근에 사는 일본인 농가는 대개 후쿠이현, 이시카와현石川縣, 시코쿠四國 지역 사람들이었다. 1923년에는 미뤄 둔 결혼식을 올렸으며, 1924년에는 장남 다카토시高年가 태어났다. 패전 직전까지 지역에서 산미개량조합 이사를 역임하며 식량 증산 운동에 적극 협력했으며 경방단 단장으로서 마을 일본인들로부터 깊은 신임을 얻었다. 1936년에는 집을 신축하고 안정된 생활을 구가했다.

패전 후 바로 귀국할 생각이었으나 평양으로 배치된 장남 다카토시의 제대를 기다리다가 1945년 11월에 귀국하였다. 당시 그의 장남은 육군 갑종간부후보생 13기로서 평양 추을교육대秋乙教育隊에서 훈련을 받고 진남포 마그네슘 공장 일본인 사택 경비부에서 근무하였다. 그러나 소련군이 진주하면서 포로가 되어 흥남항에서 쌀, 구리, 납 등의 조광물과 육류를 선적하는 일을 하다가 1946년 6월 블라디보스토크로 이동하여 다시 잡역에 투입되었고, 그 후 코카서스 지역에 강제 수용되었다가 1947년 11월에 귀국하였다. 얼마 후 이시카와현 공무원 채용시험에 합격해 생계를 이어갔다.

[참고문헌] 平野高年「親子苦難の引揚記」『平和の礎: 海外引揚者が語り継ぐ勞苦』5卷(平和祈念事業特別基金, 1995), 李淵植『朝鮮引揚げと日本人』(明石書店, 2015), 이연식「해방 후 한반도 거주 일본인 귀환에 관한 연구」(서울시립대학교 박사학위논문, 2009)

【이연식】

990
히라노 에스이
平野惠粹(평야혜수)   1855.11.4~1914.9.9

승려

후쿠야마福山 출신. 진종대곡파 승려이다. 후쿠야마 조후쿠지長福寺 마키노 에쓰키牧野惠月의 막내아들로 어린 시절 후쿠야마 오타太田 센넨지專念寺에 들어가, 1869년 센넨지 주지가 되었다. 1877년 8월 히가시혼간지東本願寺로부터 조선 개교를 명받아 9월 사가佐賀 고덕사高德寺 오쿠무라 엔신奧村円心(→738)과 함께 부산에 착임한다. 11월 구 쓰시마對馬 번주 소宗 씨의 대면소對面所를 빌려 수리하여 포교를 개시, 이곳이 후에 부산 별원이 된다. 이듬해 1월 일본으로 귀국, 부산 개교 현황에 대해 히가시혼간지에 보고했다.

1877년 9월 오쿠무라와 함께 부산에 상륙했다. 1878년 2월부터 활동을 개시하여 부산에 800평 토지와 건물을 빌려 부산 별원을 설립하고 포교 활동을 시작했다. 히라노는 별원에서 거류민 자제들의 교육을 담당하였다.

[참고문헌] 다카사키 소지 저, 이규수 역『식민지조선의 일본인들』(역사비평사, 2006), 柏原祐泉 外『眞宗人名辭典』(法藏館, 1999), 大谷派本願寺朝鮮開教監督部 編『朝鮮開教五十年史』(1924)   【제점숙】

991
히라마 분주
平間文壽(평간문수)   1900~1986

음악가, 대학교수

후쿠시마현福島縣 후쿠시마시福島市 출신. 1920년 도쿄음악학교東京音樂學校에 입학하여 성악을 전공하였다. 1923년 이탈리아 밀라노에서 유학하고 1927년 귀국 후 테너로서 활발한 연주회 활동을 했다. 1929년 제국음악학교 성악과 주임교수가 되었고, 1930년 가극연구단체를 조직하여 오페라 운동을 벌였으며, 1936년 연주가의 복지를 위해 일본연주가연맹을 조직하여 실행위원이 되었다. 1937년부터 제자들이 결성한 '시노부회しのぶ會'의 발표회를 지속적으로 가졌으며 사망할 때까지 음악교육자로 많은 제자를 육성했다.

1940년 조선총독부 학무국 학무과 소속 촉탁으로

서 매월 월급 100원을 받으면서 조선 악계의 조직을 정비하고 지도하였다. 이와 동시에 경성여자사범학교, 교학연수소敎學硏修所, 조선방송협회 등의 촉탁을 겸직하였으며, 조선총독부의 명을 받아 1941년에는 조선음악협회를 창립하였고, 이사직 및 양악부장직을 맡았다. 1942년 경성여자의전문학교 강사 겸직하였으며, 같은 해 부민관에서 문하생 조직 '시노부회'의 제3회 발표회를 가졌다. 그는 많은 조선인 제자들을 거느리는 일본음악가로 오경심, 임향자, 한갑수, 고종익, 전형철, 강장일, 박기석, 김형구, 박경희, 노찬정, 이은순, 장세원, 김훈 등이 그의 제자로 알려져 있다. 그는 일본음악가로서는 1940년대 한글신문 『매일신보』에 가장 많이 노출된 사람이다. 1940년부터 1945년 사이 30회 이상 그에 관한 기사와 그가 직접 쓴 글이 게재되어 있다. 1940년 말부터 매달 1회 "일백만 경성부민들의 정신생활을 윤택케 하고 정조교양에 이바지"하고자 개최된 제1회 부민음악감상회에도 안성교, 김원복, 이흥렬 등의 조선음악인들과 함께 출연하였다. 1943년에 '시노부회'의 제4회 발표회와 함께 그는 조선에서의 마지막 독창회를 개최하였다. 1944년에는 방한준 감독의 프로파간다 영화 〈병정님兵隊〉에 출연하여, 전쟁을 위한 위문공연단의 단원으로서 조선음악가들과 함께 노래하였다. 1945년 동아교통공사東亞交通公社 조선총지사와 오무라광업주식회사小林鑛業株式會社의 음악부를 지도하였고, 패전 후 도쿄로 귀국하였다.

1948년 도쿄 게이오기주쿠慶應義塾의 미타강당三田講堂에서 귀국 독창회를 개최하였고, 1951년에는 가나가와현神奈川縣의 후지자와시藤澤市에서 '시노부회'의 제5회 발표회를 기점으로 전전의 활동을 전후에도 이어갔다. 1967년 악단 42년 기념 독창회를 마지막으로 성악가로서 은퇴하고, 제자들을 이탈리아로 유학 보내면서 제자 육성(우치다 요이치內田陽一郎, 다나카 스미코田中住子 등)에 몰두하였다. 1972년 『노래의 교실歌の敎室』이라는 책의 출판기념회와 '시노부회' 제8회 발표회를 악단 50주년 기념으로 도쿄문화회관 소강당에서 개최하였다.

[참고문헌] 平間文壽 『歌の敎室』(しのぶ會, 1972), 김

지선 「일제강점기 국내의 일본인 음악가들과 그 활동」 『韓國音樂史學報』 45(한국음악사학회, 2010), 이경분 「일제시기서양음악문화와일본인의영향」 『音樂論壇』 25(한양대학교 음악연구소, 2011), 金志善 「植民地朝鮮における中等音樂敎育と敎員の實態ー『日本近代音樂年鑑』と『東京音樂一覽』の資料をめぐって」 『こども敎育寶仙大學紀要』 2(こども敎育寶仙大學, 2011)

【이경분】

992

히라타 유이치
平田友一(평전우일)   생몰년도 미상

금융인

히로시마현廣島縣 아사군安佐郡 출신.

1912년 도한하여 일본맥주부산판매조합 진해출장소 주임이 되었다. 그 후 부산상업은행에 들어가 1917년 동 은행 진해 지점장이 되었다. 부산상업은행이 조선은행과 합병한 후 조선은행 마산지점 지배인, 본점 검사역을 거쳐 1922년 3월 동 은행 모토마치本町 지점 지배인이 되었다.

[참고문헌] 阿部薰 編 『昭和十二年版 朝鮮都邑大觀』 (民衆時論社, 1937), 貴田忠衛 『朝鮮人事興信錄』(朝鮮人事興信錄編纂部, 1935) 【마스타니 유이치桝谷祐一】

993

히로다 야스시
廣田康(광전강)   1889.2~1958

의사, 의학자, 대학교수

미야기현宮城縣 센다이시仙臺市 출신. 1914년 12월 도쿄제국대학東京帝國大學 의과대학을 졸업하고 1915년 1월 모교의 부수副手로 촉탁되어 근무하다가 1918년 5월 조수助手가 되었다. 1919년 7월 나가사키의과대학長崎醫科大學 부속 의학전문학교 교수가 되었다. 1924년 8월 조선으로 건너와 조선총독부의원朝鮮總督府醫院 의관醫官, 경성의학전문학교京城醫學專門學校 교수 등을 역임했다. 1925년 6월 의학박사 학위를

받았으며, 1926년 9월 조선총독부 재외연구원在外研究員 신분으로 서구 각국을 유학했다. 1928년 3월 귀국하여 1938년 7월까지 경성제국대학 의학부 교수, 부속의원장 등을 지냈다. 피부과학 분야에 많은 논문을 남겼으며, 슬하에 2남 2녀를 두었다. 1958년 사망했다.

1924년 8월 18일 조선총독부의원 의관 겸 경성의학전문학교 교수로 임명받아 조선으로 건너왔다. 그해 6월 28일 사직한 와타나베 스스무渡邊晉의 후임으로 8월 26일 총독부의원 피부과장에 임명되었다. 1925년 6월 의학박사 학위를 받았다. 1926년 9월 조선총독부 재외연구원 신분으로 독일, 프랑스, 영국, 미국 등지로 유학했다. 1928년 3월 귀국하여, 3월 20일 경성제국대학 의학부 교수 겸 경성의학전문학교 교수로 발령받았다. 피부과학, 비뇨기과학 등의 강좌를 담당하면서 주임교수로 1938년 7월 9일까지 근무하고 의원면관依願免官으로 사직했다. 1930년 5월 31일부터 2년간 경성제국대학 부속의원장을 겸임했으며, 1935년 10월 15일부터 경성제국대학 평의원에 임명되었다. 이 사이 일본피부과학회 회장 등을 맡아 활동했으며, 피부과학 분야에서 연구논문을 많이 남겼다. 대표적인 저서로는 『신피부과학新皮膚科學』(가네하라상점金原商店, 1934) 등이 있다.

1938년 경성제국대학 교수직을 물러난 후의 행적과 정확한 귀국일시는 알 수 없다. 1958년 사망했다.

[참고문헌] 朝鮮新聞社 編 『朝鮮人事興信錄』(朝鮮新聞社, 1935), 阿部薰 編 『朝鮮功勞者銘鑑』(民衆時論社, 1935), 芳賀登 外 編 『日本人物情報大系』(皓星社, 1999~2002)　　　　　　　　　　【변은진】

994

히로쓰 기치사부로
廣津吉三郎(광진길삼랑)　　　　1878.6.24~1949.1

실업가

야마구치현山口縣 출신. 염전을 경영하던 히로쓰 우메지로廣津梅次郎와 시즈シヌ의 3남으로 태어났다. 1892년 아버지의 권유로 부산釜山에서 살던 후지이

요스케藤井良助와 결혼한 누나를 보기위해 처음으로 조선에 건너왔다. 1897년 다시 도한渡韓한 히로쓰는 1945년까지 군산을 근거지로 미곡무역상을 하며 군산미곡거래소 회장 등을 역임했다.

1892년 부산으로 첫 도한 이후 2년간 조선에 체류한 후 일본으로 귀국한 히로쓰는 1895년 청일전쟁으로 인해 부산총영사관에서 조선어 통역으로 일했다. 하지만 평양에서 병을 얻어 일을 그만두고 부산에서 요양 후 일본으로 귀국했다. 1897년 다시 부산에 건너온 히로쓰는 장작과 숯을 매매하여 부를 축적했으며 이하라 다네井原タネ와 결혼한 후, 야마구치현의 가족을 부산으로 이주시켰다. 1901년 부산의 대화재로 인해 상점이 불타버리고 조카가 살고 있던 군산으로 이주했다. 1904년 러일전쟁에 평양, 압록강, 만주, 러시아 등에서 첩보원으로 활동한 후, 군산으로 돌아온 히로쓰는 미곡무역상을 시작했다. 1934년 미곡통제법으로 인해 쌀의 자유판매가 금지된 후, 농장을 경영하기도 했다.

1935년 히로쓰가 군산 신흥정新興町에 지은 '군산 신흥동 일본식 가옥' 일명 '김혁종 가옥'은 현재, 국가등록문화재 제183호에 지정되었으며 일제 강점기 조선에 세워진 전통 일본식 가옥의 면모를 볼 수 있는 귀중한 자료가 되고 있으며 「장군의 아들」, 「타짜」 등 영화 촬영지로도 활용되고 있다.

1945년 9월 야마구치현으로 귀환하여 1949년 1월 병사했다.

[참고문헌] 阿部薰 編 『朝鮮功勞者銘鑑』(民衆時論社, 1935), 鎌田白堂 『朝鮮の人物と事業. 第1輯, 湖南篇』(實業之朝鮮社出版部, 1936), 藤井和子 「植民地都市群山の社會史(1)」 『社會學部紀要』 第115號(關西學院大學, 2012)　　　　　　　　　　【이정욱】

995

히로타 나오자부로
廣田直三郎(광전직삼랑)　　　　1872.1.8~?

육군 군인, 사법관료, 교사

후쿠오카현福岡縣 출신. 1898년 7월 도쿄제국대학東

京帝國大學 사학과 졸업 후 오사카중학교大阪中學校, 센다이중학교仙臺中學校, 히코네중학교彦根中學校, 오카야마중학교岡山中學校 등에서 근무하였으며, 1900년 『중학서양역사中學西洋歷史』(來島正時, 1900)를 저술하였다. 1904년 2월 예비사관으로 소집되어 5월에 조선에 건너왔다. 한국주차군사령부韓國駐箚軍司令部에서 군법회의판사軍法會議判士를 겸하며 종사하였으며, 1906년부터 1907년까지 통감부 교육사무 촉탁囑託, 1910년부터 통감부중학교와 조선총독부중학교 교사, 1913년부터 부산중학교 교장으로 근무하였다. 일본으로 귀국한 시기와 사망 연대 등은 현재까지 파악하기 어렵다.

1904년 12월 한국주차군사령부 하세가와長谷川 군사령관 및 오타니大谷 군참모장 휘하로 전속되어 군법회의판사를 겸하였다. 1905년 11월 고종 황제가 한국 주재 일본 군인들에게 훈장을 줄 때, 육군중위였던 히로타 나오자부로는 훈5등에 특서特敍되고 태극장太極章을 받았다. 1906년 4월 군소집에서 해제된 후 통감부 교육사무 촉탁이 되어 재조일본인 교육사무를 담당하였는데, 한국학제韓國學制를 만드는데도 참여하며 전국 각지의 학교를 시찰 및 규찰規察하였으며, 1907년 해임되었다.

1910년부터 통감부중학교와 조선총독부중학교의 교사로 근무하면서, 임시교과용도서편집 겸 검정사무 촉탁과 사범학교, 중학교, 고등여학교 등의 교원검정예비시험감독원, 임시문관보통시험위원 등도 맡았으며, 공립보통학교장강습회의 조선사 강사, 도부군서기강습회道府郡書記講習會의 조선사적朝鮮史蹟 강사, 공립소학교교원하계강습회 강사 등으로도 활동하였다. 1913년 4월 부산중학교 초대 교장으로 발령받은 후 1917년 현재까지 교사로도 겸직하였음을 파악할 수 있다. 조선 관련 저술로는 「벽제관 전투碧蹄館의 會戰」(『朝鮮講演』 1輯, 조선일보사, 1910)가 있다.

일본으로 귀국한 정확한 시기는 알 수 없으나, 귀국 후 1923년 4월부터 1928년 8월까지 나가사키중학교長崎中學校(구 나가사키중학長崎中學) 교장, 1931년 4월부터 1934년 3월까지 도쿄철도중학교東京鐵道中學校(시바우라공업대학芝浦工業大學의 전신) 교장 등을 역임

하였다. 사망 연대도 현재까지는 파악하기 어렵다.

[참고문헌] 홍순권 외 『부산의 도시 형성과 일본인들』(선인, 2008), 朝鮮公論社 編 『在朝鮮內地人紳士名鑑』(朝鮮公論社, 1917), 한국역사정보통합시스템 〈http://www.koreanhistory.or.kr〉　　　【조미은】

996

히사마 겐이치

久間健一(구간건일)　　　　　　1902~ ?

관료, 농학자

에히메현愛媛縣 출신. 1920년 수원농림전문학교水原農林專門學校에 입학, 1923년 2월 졸업 후 같은 해 4월 강원도 종묘장 도기수道技手로 춘천에 발령 받았다. 여기서 일반 농민을 대상으로 하는 강습, 실지지도, 농사시찰과 조사 등을 담당. 1926년 10월 수원고등학교 조교수로 발령받아 작물학을 가르쳤다. 1930년 신설된 제도인 소작관보小作官補로 충청도에 부임, 1932년 소작관으로 승진했고, 황해도(1934~1936), 경기도(1937~1944)에서 도소작관을 역임했다. 그러나 1943년 출간한 『조선농정의 과제朝鮮農政의 課題』(성미당서점成美堂書店)가 출판되자마자 내용이 문제가 되어 판매 금지되고, 소작관 자리에서 면직되었다. 1944년~1945년 8월까지 조선농회 조사과장을 역임하였다. 1945년 11월 일본으로 돌아가 1946~1953년까지 일본 사가현佐賀縣 농림부장, 1953~1960년대 농림성농업기술연구소 농림기관農林技官을 지냈다.

히사마는 19세인 1920년 수원농림전문학교에 입학하였는데 이 학교는 1918년 산미증식계획에 따라 3년제 조선총독부 수원농림전문학교로 승격되었다. 그는 여기서 작물학, 농학 등의 자연과학의 실습 위주 교육을 받았고, 1922년 수원농림전문학교가 다시 수원농림고등전문학교로 바뀌면서 1923년 고농高農 1회 졸업생이 되었다. 같은 해 강원도 종묘장(권업모범장의 지장支場) 도기수로서 춘천에 부임하여 주로 일반 농민을 대상으로 하는 강습, 실지지도, 농사시찰과 조사 등을 담당했다. 1926년 전문학교 출신인 그가 모교인 수원농림전문학교의 조교수로 부임하여

작물학을 가르쳤고, 그는 이때 「소농의 저항성에 관한 차아노프의 이론」, 「농민가족경제와 경영규모에 관한 연구」, 「노동군제도와 고지대제도勞動隊制度と雇只隊制度」 등 세 편의 논문을 썼다. 이 중 두 번째 논문은 차아노프의 가설을 바탕으로 전북 옥구군 대야면의 농가 500여 호를 대상으로 실증적 자료를 수집, 통계 처리하여 쓴 글로 그가 많은 시간과 노력을 기울였을 뿐만 아니라 통계처리에도 매우 능했음을 보여준다. 세 번째 논문은 조선의 고지雇只를 영국의 노동대와 비교한 것으로 작물학을 주로 공부한 그가 경제학 이론에도 상당한 능력을 보여주는 글이다. 그는 1930년 새롭게 신설된 소작관제도에 의하여 충청도 소작관보로 부임한 후 1944년까지 15년간 소작관으로서 조선의 농촌, 특히 소작문제, 농촌진흥운동이나 조선농지령 등을 비롯한 일제의 농정책을 현장에서 관리하게 된다. 그러면서 그는 꾸준히 『조선농회보』, 『지방행정』, 『농업경제연구』, 『농업과 경제』 등에 논문들을 발표하고, 그 중 일부를 묶어 『조선농업의 근대적 양상朝鮮農業の近代的樣相』(1935)과 『조선농정의 과제朝鮮農政の課題』(1943)를 출판했는데, 점차 조선 농업의 근대적 양상 보다는 그것이 초래한 문제점과 총독부의 농정에 대한 비판 논조가 강해졌다. 이 때문에 그는 소작관에서 면직되었다. 그는 1930년대 농업공황 이후 피폐된 조선농촌의 현장을 직접 보고 느낀 인물로 그 자신의 경험을 바탕으로 3권의 저서와 40여 편에 달하는 논문을 발표해 인정식印貞植으로부터 '조선 농업문제 최고의 권위'라는 평가를 받기도 했다. 한편 1937년 이후부터는 조선의 각 지역을 지대별로 분류하고 이를 비교 분석하는 저서를 준비했는데, 태평양 전쟁의 발발과 1944년 소작관 사직, 1945년 일제의 패망 등으로 결국 문헌자료와 도서를 조선에 둔 채 연구의 초고와 자료를 챙겨 일본으로 돌아 간 후 『조선 농업경영지대의 연구朝鮮農業經營地帶の研究』(1950)를 출판했다. 그는 이 저서로 일본 규슈九州대학에서 농학박사 학위를 받았다.

1945년 11월 일본으로 돌아간 그는 사가현 농림부장(1946~1953)을 거쳐 농림성총합기술연구(현 농업환경기술연구소) 기관技官으로 1960년대까지 근무하였다. 그는 1956년 『농업경영의 구조 : 사가단계의 구조農業經營の構造: 佐賀段階の構造』를 출판했는데 사가현 농업구조에 관한 책으로 이후 더 이상 조선 관계의 글은 쓰지 않았고, 일체 조선에서의 경력에 대한 기록을 남기지 않았다.

[참고문헌] 우대형 「일제하 久間健一의 농업 인식과 식민지 농정의 모순」, 홍성찬 외 『일제하 경제정책과 일상생활』(혜안, 2008), 久間健一 『朝鮮農業の近代的樣相』(西ケ原刊行會, 1935), 久間健一 『朝鮮農政の課題』(成美堂書店, 1943), 久間健一 『朝鮮農業經營地帶の研究』(農林省農業總合研究所, 1950), 久間健一 『農業經營の構造: 佐賀段階の構造』(1956) 【하지연】

997
히사미즈 사부로
久水三郎(구수삼랑) 1857~?

외무관료

아오모리현青森縣 출신. 1871년 공진생 후보貢進生候補 번비藩費 유학생이 되었으며, 홋카이도 개척北海道開拓 관비유학생 등을 거쳐 외무성에 들어가 견습생으로 관직생활을 시작하였다. 1889년부터 1892년까지 원산영사관에서 근무하다가 중국 지푸芝罘 영사관으로 전출되었다. 1893년 12월 영사관 서기생書記生에서 2등영사로 승진하였다. 2등영사로 중국 지푸영사관에서 근무하다가 1897년 8월 귀국하였다. 1900년 6월 싱가포르 영사에 임명되었는데, 1902년에는 싱가포르 영사로서 무역사정을 조사하기 위해서 남아프리카에 다녀온 후 1903년 2월 싱가포르를 거쳐 일본으로 돌아갔다. 이해 4월에는 시애틀 영사로 발령을 받아 미국으로 건너갔고 1907년까지 근무하였다. 통감부 설치 이후에는 이사청의 이사관으로 대구와 원산에서 근무하였으며, '한일강제병합' 이후에는 인천부윤仁川府尹, 조선총독부 외사과장外事課長을 역임하였다.

1882년 외무5등속으로 한성공사관에서 근무하였다. 임오군란 발발 당시 인천으로 잠시 출장을 나가 있다가 하나부사 일행과 같이 귀국하였다. 8월 1일 부산을 거쳐 인천으로 재차 파견되어 군란 이후 조선 내 동향을 파악한 후 나가사키長崎로 돌아가 보고하였다. 1885년에는 인천영사관에서 근무하면서 우편국장 및 판사보判事補를 겸직하였다. 고바야시 단이치小林端一 인천영사가 전근을 6월 이후에는 영사대리 업무를 보면서 한성영사관 업무도 임시 담당하기도 하였다. 1889년 5월부터 원산영사관으로 전근을 가 1892년 5월까지 영사대리 업무를 담당하였다. 이 해 10월에는 덕원부사德源府使와 일본인 거류지 구역을 정비하기 위한 조사를 함께 실시하였다. 이듬해에는 함경도 감사가 방곡령防穀令을 실시함에 따라 1월 말 부산, 인천을 거쳐 한성까지 가서 일본공사와 함께 외아문 독판을 면담하고 해제 처분을 받아냈다. 이후 현지시찰을 하기 위해서 함흥에 출장을 다녀오기도 했다. 1897년 10월부터 1등영사로 신설된 목포영사관에서 근무하면서 거류지 조성작업, 해안 제방공사 등을 시행하였다. 광주실업학교 光州實業學校 운영에도 관여하여 교장 오쿠무라 이오코奧村五百子(→739)가 도일할 때 오쿠마 시게노부大隈重信에게 면담을 부탁하기도 하였다. 해당 학교에 대한 경비보조를 통해 영사관에서 이를 관할하도록 해 줄 것을 외무성에 요청하였다. 1899년 6월 목포영사에서 면직되었다. 1908년 6월부터 통감부의 대구이사청大邱理事廳 이사관理事官에 임명되어 활동하면서 「목욕탕영업단속규칙湯屋營業取締規則」, 민단 구역 내에서의 청소방법 등을 고시하였다. 1909년 5월 중순부터는 원산으로 전근을 가 근무하는 가운데 「요리가게음식점단속규칙料理屋飲食店取締規則」, 「예기작부단속규칙藝妓酌婦取締規則」 등을 발포하고 거류민들에게 청결을 유지하도록 고시하였다. 한국 황제로부터는 훈2등 팔괘장을 하사받은 바 있다. '한일강제병합' 이후 1910년 10월부터는 인천부윤이 되어 외국인거류지를 철폐하고, 거류지회의 각종 사무를 회수하면서 새로 규칙들을 제정하였다. 1916년까지 부윤으로 재직하는 가운데 경기도 지방토지조사위원회에서 임시위원으로도 활동하였다. 1916년 12월부터 1919년 8월까지 조선총독부 사무관으로서 외사과장 직책을 수행한 후 사직하였다. 이해 9월 초 경성을 떠나 귀국하였다.

관직에서 물러난 후 도쿄로 건너가 생활한 것으로 보인다. 목포 개항 35주년이 되던 1933년 8월에는 초청을 받아 잠시 목포로 건너가 지역을 둘러보기도 했다. 그가 도착할 때의 모습과 옛 경험담은 『목포신보木浦新報』 1933년 8월 6일 기사 「꿈같은 개항의 옛날을 말하다夢のやうな開港の昔を語る」에 실려 있다. 1935년에는 인천개항 50주년 기념으로 인천사 편찬을 위해서 파견된 위원들이 1주일 간 방문하여 구술을 채록하였다. 1936년 2월 25일부터 3일에 걸쳐 『조선신문朝鮮新聞』에 회고적 성격의 글로 「무인의 들판을 개척한 목포개항無人の野を拓いた木浦開港」을 남겼다.

[참고문헌] 근대한국외교문서 편찬위원회 편 『近代韓國外交文書』 卷6(서울대학교출판문화원, 2013), 高尾新右衛門 編 『元山發達史』(啓文社, 1916), 都甲玄鄕 編 『釜山府史原稿』 卷6(釜山府, 1937), 高麗大學校 亞細亞問題研究所 編 『舊韓國外交文書 : 日案』 卷1(高麗大學校出版部, 1965), 『大隈重信關係文書』 卷9(みすず書房, 2013), 조선총독부관보활용시스템 〈http://gb.nl.go.kr〉

【박한민】

998

히야마 우메키치

檜山梅吉(회산매길)   생몰년도 미상

금융인

도치기현栃木縣 출신. 히야마 스테마쓰檜山捨松의 3남에 태어났다. 니혼대학日本大學을 졸업한 후 대장성大藏省 은행국에 근무하였다.

총독부 재무국으로 전임되어 도한하였다. 1932년 조선상업은행에 입사하였고, 함흥 겸 단천 지점장을 거쳐 1935년 부산지점 지배인이 되었다.

[참고문헌] 猪野三郎 編 『第12版 大衆人事錄』(帝國祕密探偵社國勢協會, 1937), 谷サカヨ 『第十四版 大衆人事錄』(帝國祕密探偵社, 1943)

【마스타니 유이치桝谷祐一】

999

히요시 마모루

日吉守(일길수)   1885~?

화가

도쿄시東京市 아자부麻布 출신. 1909년 도쿄미술학교
東京美術學校 도안과를 졸업, 같은 해 6월에 경성중학
교 도안과 교사로 부임했다. 1922년 제1회 조선미술
전람회朝鮮美術展覽會 출품 이후 입선과 특선을 거듭
했으며, 심사위원을 역임 했다. 1925년에는 동교 출
신의 도다 가즈오遠田運雄, 야마다 신이치山田新一(→
665)와 함께 조선미술협회 결성에 힘썼다.

히요시는 경성중학교 도안과 교사로 부임한 1909
년부터 1940년대 일본으로 귀국하기 까지 약 30년간
조선에 거주했다. 1920년까지 경성중학교에 재직했
으며 이 시기 와다나베 고조渡邊浩三, 야마구치 다케
오山口長男(→652) 등이 그에게서 그림을 배웠다. 1922
년부터는 조선총독부가 매년 주최한 조선미술전람

회에 적극적으로 출품하는 한편, 심사위원을 역임하
기도 했다. 1925년에는 도쿄미술학교 출신 서양화가
도다 가즈오, 야마다 신이치와 함께 당시 조선산업
은행장이었던 와다 이치로和田一郎(→755)의 도움으로
조선미술협회를 개설했다. 1941년에는 미술인의 집
단적 친일 활동을 유도한 조선미술가협회의 발기인
으로 참여하기도 했다.

주로 조선의 풍속, 풍경을 주제로 한 사실적인 작
품을 다수 제작했으며, 「조선화단의 초기朝鮮畵壇の
初期」(『朝鮮及滿洲』 378호, 1939), 「조선미술계의 회고朝
鮮美術界の回顧」(『朝鮮の回顧』, 1945) 등을 집필했다.

귀국 후에는 부인의 출생지인 시즈오카현靜岡縣 하
마마쓰濱松에서 지냈다.

[참고문헌] 朝鮮新聞社 編 『朝鮮人事興信錄』(朝鮮新聞
社, 1935), 阿部薫 『朝鮮人物選集』(民衆時論出版部,
1934), 坂井基樹 編 『日韓近代美術家のまなざし-『朝
鮮』で描く』(福岡アジア美術館, 2015)   【김정선】

【군인】

【법조인】

【언론인】

【의료인】

【정치인】

【기타 - 왕비, 저술가, 회사원】

재조일본인 정보사전 편찬위원회

▸ **연구책임자** : 정병호(고려대학교 일어일문학과 교수)

▸ **공동연구원** : 최덕수(고려대학교 한국사학과 명예교수)　　　김효순(고려대학교 글로벌일본연구원 부교수)

　　　　　　　엄인경(고려대학교 글로벌일본연구원 부교수)　　　유재진(고려대학교 일어일문학과 부교수)

　　　　　　　박광현(동국대학교 국어국문학과 교수)　　　　　김계자(고려대학교 글로벌일본연구원 연구교수)

　　　　　　　이윤지(고려대학교 글로벌일본연구원 연구교수)　　김보경(고려대학교 글로벌일본연구원 연구교수)

▸ **필자 소개** (가나다순)

강민기姜玟奇　홍익대학교 예술학과 초빙교수

강원주姜元珠　고려대학교 글로벌일본연구원 연구교수

고길희高吉嬉　야마가타대학山形大學 지역교육문화학부地域敎育文化學部 교수

고태우高泰雨　대림대학교 강사

기무라 겐지木村健二　시모노세키시립대학下關市立大學 명예교수

기유정奇柔呈　원광대학교 동북아시아인문사회과학연구소 HK+연구교수

김계자金季자　고려대학교 글로벌일본연구원 연구교수

김광식金廣植　일본학술진흥회 특별연구원 POST-DOC

김보경金普慶　고려대학교 글로벌일본연구원 연구교수

김보현金寶賢　고려대학교 글로벌일본연구원 연구교수

김상규金相奎　고려대학교 한국사학과 박사과정

김소영金素伶　고려대학교 한국사연구소 연구교수

김영숙金英淑　아주대학교 강사

김용철金容澈　고려대학교 글로벌일본연구원 교수

김욱金旭　고려대학교 중일어문학과 박사과정

김윤희金允嬉　고려대학교 한국사연구소 연구교수

김정곤金正坤　대구한의대학교 국제문화연구소 전임연구원

김정선金正善　동아대학교 고고미술사학과 조교수

김지선金志善　도쿄예술대학東京藝術大學 음악학부音樂學部 교육연구조수敎育硏究助手

김효순金孝順　고려대학교 글로벌일본연구원 부교수

김희연金希姸　고려대학교 한국사학과 박사과정

나카무라 시즈요中村靜代　홍익대학교 조형대학 조교수

마스타니 유이치桝谷祐一　고려대학교 한국사학과 박사과정

마쓰다 도시히코松田利彦　국제일본문화연구센터國際日本文化研究センター 교수

박광현朴光賢　동국대학교 국어국문학과 교수

박양신朴羊信　가천대학교 연구원

박우현朴祐賢　고려대학교 한국사학과 박사과정

박윤재朴潤栽　경희대학교 사학과 교수

박진홍朴晋弘 고려대학교 한국사학과 박사과정
박한민朴漢珉 동국대학교 역사교과서연구소 POST-DOC
배석만裵錫滿 고려대학교 한국사연구소 연구교수
백병근白秉根 한국교회사연구소 연구원
변은진卞恩眞 전주대학교 한국고전학연구소 연구교수
손지혜孫知慧 간사이대학關西大學 동서문화연구소東西文化研究所 연구원
송규진宋圭振 고려대학교 아세아문제연구소 교수
송병권宋炳卷 고려대학교 한국사연구소 연구교수
송혜경宋惠敬 한국방송통신대학교 통합인문학연구소 연구교수
신승모辛承模 동국대학교 일본학연구소 전문연구원
쓰가와 이즈미津川泉 각본가, 교리쓰여자대학共立女子大學 문예학부文藝學部 강사
야마모토 조호山本淨邦 붓쿄대학佛教大學 총합연구소總合研究所 특별연구원
야마시타 다쓰야山下達也 메이지대학明治大學 문학부文學部 준교수
양지혜梁知惠 한양대학교 사학과 박사과정
엄인경嚴仁卿 고려대학교 글로벌일본연구원 부교수
연윤희延允禧 동국대학교 국어국문학과 박사과정
오가와라 히로유키小川原宏幸 도시샤대학同志社大學 글로벌지역문화학부グローバル地域文化學部 준교수
유재진兪在眞 고려대학교 일어일문학과 부교수
이가혜李嘉慧 고려대학교 중일어문학과 박사과정
이경분李京粉 서울대학교 일본연구소 HK연구교수
이동훈李東勳 계명대학교 국제지역학부 강사
이병진李秉鎭 세종대학교 국제학부 일어일문학전공 교수
이선윤李先胤 홍익대학교 게임학부 조교수
이승신李承信 배재대학교 학술교수
이승희李升熙 동덕여자대학교 일본어과 조교수
이연식李淵植 조치대학上智大學 일본학술진흥회 외국인연구원
이윤지李允智 고려대학교 글로벌일본연구원 연구교수
이정욱李正旭 전주대학교 역사문화콘텐츠학과 조교수
이충호李忠浩 충북도립대학 명예 홍보대사
이현진李賢珍 고려대학교 글로벌일본연구원 연구교수
이형식李炯植 고려대학교 아세아문제연구소 부교수
임다함任다함 고려대학교 글로벌일본연구원 연구교수
임세화林世華 동국대학교 국어국문학과 박사과정
장신張信 역사문제연구소 상임연구위원
전병무田炳武 강릉원주대 인문학연구소 연구교수
전성현全盛賢 동아대학교 석당학술원 소속교수
전영욱全煐旭 역사문제연구소 연구원
정병욱鄭昞旭 고려대학교 민족문화연구원 교수
정병호鄭炳浩 고려대학교 일어일문학과 교수
제점숙諸点淑 동서대학교 동아시아학과 부교수

조명근曺銘根 영남대학교 역사학과 조교수
조미은趙美恩 성균관대학교 겸임교수
조은애曺恩愛 동국대학교 국어국문학과 박사과정
주동빈朱東彬 고려대학교 한국사학과 박사과정
최덕수崔德壽 고려대학교 한국사학과 명예교수
최재목崔在穆 영남대학교 철학과 교수
최재혁崔在爀 한국근현대미술사학회 이사
최종길崔鐘吉 동아대학교 산학협력단 선임연구원
최혜주崔惠珠 한양대학교 비교역사문화연구소 교수
하지연河智妍 이화여자대학교 이화사학연구소 연구원
함충범咸忠範 한양대학교 현대영화연구소 연구교수
허재영許在寧 단국대학교 교육학과 부교수
홍선영洪善英 국제일본문화연구센터國際日本文化研究センター 외래연구원

개화기·일제강점기(1876~1945)
재조일본인 정보사전

Biographical Encyclopedia of Japanese Residents in Joseon
from the Enlightenment Period to Japanese Colonial Era(1876-1945)

고려대학교 글로벌일본연구원 재조일본인 정보사전 편찬위원회 편

2018년 8월 30일 초판 1쇄 펴냄

편 자 고려대학교 글로벌일본연구원 재조일본인 정보사전 편찬위원회
발행처 보고사
발행인 김흥국

등록 1990년 12월 13일 제6-0429호
주소 경기도 파주시 회동길 337-15
전화 031)955-9797
      02)922-5120~1(편집부), 02)922-2246(영업부)
팩스 02)922-6990
메일 bogosabooks@naver.com

Copyright ⓒ 고려대학교 글로벌일본연구원 재조일본인 정보사전 편찬위원회

ISBN 979-11-5516-712-0 01910
정 가 60,000원

이 저서는 2013년 대한민국 교육부와 한국학중앙연구원의
한국학사전편찬사업의 지원을 받아 수행된 연구임.
(한국학중앙연구원-2013-사업코드-AKS-2013-CKD-1230002)